Sitta von Reden und Kai Ruffing (Hrsg.)
Handbuch Antike Wirtschaft

Handbücher zur Wirtschaftsgeschichte

Herausgegeben von
Marcel Boldorf und Christian Kleinschmidt

Handbuch
Antike Wirtschaft

Herausgegeben von
Sitta von Reden und Kai Ruffing

**DE GRUYTER
OLDENBOURG**

ISBN 978-3-11-221361-2
e-ISBN (PDF) 978-3-11-057041-0
e-ISBN (EPUB) 978-3-11-056769-4

Library of Congress Control Number: 2023936795

Bibliografische Information der Deutschen Nationalbibliothek
Die Deutsche Nationalbibliothek verzeichnet diese Publikation in der Deutschen Nationalbibliografie;
detaillierte bibliografische Daten sind im Internet über http://dnb.dnb.de abrufbar.

© 2025 Walter de Gruyter GmbH, Berlin/Boston
Dieser Band ist text- und seitenidentisch mit der 2023 erschienenen gebundenen Ausgabe.
Einbandabbildung: Relief Romain (relief funéraire: scène de halage): Musée lapidaire d'Avignon,
inv. 16274. © Fondation Calvet, Avignon.
Satz: Meta Systems Publishing & Printservices GmbH, Wustermark
Druck und Bindung: CPI books GmbH, Leck

www.degruyter.com

Vorwort zur Gesamtreihe

Die *Handbücher zur Wirtschaftsgeschichte* setzen bei aktuellen Forschungen auf dem Gebiet der Wirtschaftsgeschichte an und richten sich auf spezifische Themenfelder aus. Damit unterscheiden sie sich von den bisherigen Handbüchern zur Wirtschaftsgeschichte, die einen eher chronologischen oder auch regionalen bzw. länderspezifischen Ansatz verfolgten und deren Erscheinen einige Jahrzehnte zurückliegt. Das Fach hat sich inzwischen weiter ausdifferenziert und dabei auch neue Themen und Methoden in den Blick genommen. Im Ganzen soll die neue Handbuchreihe eine vertiefte, sachbezogene Auseinandersetzung mit Schwerpunkten des Fachs auf der Basis einer breiten Wahrnehmung der Forschung ermöglichen. Sie richtet sich in erster Linie an Fachhistorikerinnen und Fachhistoriker, aber auch an Studierende, Lehrerinnen und Lehrer sowie an ein breites, historisch interessiertes Publikum.

Während für den englischsprachigen Raum vergleichbare Handbuchkonzepte für unterschiedliche Fächer und Forschungsfelder schon seit längerem vorliegen (Oxford und Cambridge Handbooks), ist dies für das Fach Wirtschaftsgeschichte im deutschsprachigen Raum nicht der Fall. Die vorliegende Handbuchreihe richtet sich dementsprechend in erster Linie am deutschsprachigen Forschungsraum aus, nicht ohne die jeweiligen Inhalte auch in einen internationalen bzw. transnationalen Kontext zu stellen.

Das übergeordnete Thema „Wirtschaft" wird von uns in einem breiten Verständnis rezipiert und soll Anschlussmöglichkeiten an gesellschaftliche, politische, soziale und kulturelle Fragen bieten, ohne Vollständigkeit anstreben zu können. Die Beiträge der einzelnen Bände zeichnen sich durch eine inhaltliche und methodische Vielfalt aus, wobei die jeweilige Schwerpunktsetzung und Gestaltung in der Verantwortung der Herausgeber der Bände liegt.

Marcel Boldorf (Lyon)
Christian Kleinschmidt (Marburg)

Inhalt

Vorwort zur Gesamtreihe —— V

Abbildungsverzeichnis —— XI

Abkürzungsverzeichnis —— XIII

Karte 1: Der griechisch-sprachige Ostmittelmeerraum —— XIV

Karte 2: Das Römische Imperium in seiner größten Ausdehnung —— XV

    Sitta von Reden und Kai Ruffing
    Einleitung —— 1

A Die Erforschung der antiken Wirtschaft

    Patrick Reinard
1   **Schlachtfeld und Pluralismus: Ein Forschungsüberblick zur griechisch-römischen Wirtschaft** —— 7

    Arjan Zuiderhoek
2   **Ancient Economic History and Social Scientific Theory** —— 41

    Martin Bentz
3   **Archäologie und Wirtschaftsgeschichte** —— 65

    Johannes Eberhardt
4   **Antike Numismatik und Wirtschaftsgeschichte** —— 89

    Andreas Victor Walser
5   **Epigraphik und Wirtschaftsgeschichte** —— 119

    Sven Tost
6   **Papyrologie und Wirtschaftsgeschichte** —— 137

    Sabine Föllinger
7   **Antike Philosophie und Wirtschaftsgeschichte** —— 163

B Strukturbedingungen der antiken Wirtschaft

Raimund Schulz und Sven Günther
8 **Ökologie des Mittelmeerraums** —— 187

Walter Scheidel
9 **Demographie** —— 209

Helmuth Schneider
10 **Technik und Wirtschaft** —— 227

Beate Wagner-Hasel
11 **Frauen in der antiken Wirtschaft** —— 253

Oliver Schipp
12 **Arbeit und Arbeitswelten** —— 281

C Die griechische Wirtschaft (1200 v. Chr.–100 v. Chr.)

Sitta von Reden
13 **Wirtschaft und Austausch im frühen Ostmittelmeerraum (1200–600 v. Chr.)** —— 307

Dorothea Rohde
14 **Finanzen und Steuersysteme** —— 333

Astrid Möller
15 **Landwirtschaft und Haushaltswirtschaften** —— 359

Helga Scholten
16 **Handwerk** —— 389

Christian Mann
17 **Wirtschaft und Militär** —— 413

Marietta Horster
18 **Wirtschaft und Religion** —— 435

Armin Eich
19 **Kredit und Banken** —— 459

Sven Günther
20 **Vernetzung der Wirtschaft: Handel, Mobilität und Warenzirkulation** —— 485

D Die römische Wirtschaft (700 v. Chr.–ca. 300 n. Chr.)

Andrea Roppa
21 The Economy of the Western Mediterranean in the Archaic Period —— 511

Sven Günther
22 Imperium und Provinzen —— 531

Annalisa Marzano
23 The Economy of the City of Rome —— 559

Reinhard Wolters
24 Imperiale Finanzen —— 583

Werner Tietz
25 Landwirtschaft und Villawirtschaft —— 607

Oliver Stoll
26 Wirtschaft und Militär —— 629

Wolfgang Spickermann
27 Wirtschaft und Religion —— 665

Merav Haklai
28 Credit and Banking —— 691

Miko Flohr
29 Manufacturing in the Roman World —— 719

Christoph Schäfer
30 Vernetzung der Wirtschaft: Handel, Mobilität und Warenzirkulation —— 743

Kai Ruffing
31 Krise des 3. Jahrhunderts und Transformationen in der Spätantike —— 769

Kai Ruffing
32 Wirtschaft an den Grenzen des Reiches —— 787

Liste der Autorinnen und Autoren —— 807

Index —— 811

Abbildungsverzeichnis

Abbildung 3.1: Rekonstruktion der Größe von Siedlungskammern in Böotien auf Grundlage von Survey-Daten, ergänzt durch mathematische Berechnungen (‚Thiessen Polygone'), © John Bintliff. —— 73

Abbildung 3.2: Bevölkerungsentwicklung in Mittelitalien auf Grundlage von Surveydaten aus Albegna und Nettuno. © W. Jongmann. —— 73

Abbildung 3.3: Fries vom Grab des Großbäckers Eurysaces in Rom mit Darstellung der Arbeitsschritte der Brotherstellung, 30 v. Chr. Bearbeitet nach: Monumenti inediti pubblicati dall'Instituto di Corrispondenza Archeologica II. Rom 1838, Taf. 58. © M. Bentz. —— 76

Abbildung 3.4: Prozesskette der Keramikherstellung, © M. Bentz. —— 77

Abbildung 3.5: Prozesskette der Keramikherstellung anhand der kleinen Töpferei N 28–30 (außerhalb des Herkulaner Tors) in Pompeji, © N. Monteix. —— 77

Abbildung 3.6: Chronologische Verteilung von Schiffswracks im Mittelmeer. Nach: Lo Cascio, E. Die neue Wirtschaftsgeschichte des römischen Reiches. (Beiträge zur Wirtschaftsarchäologie, Bd. 1) Bonn 2017, 46. —— 80

Abbildung 3.7: Warenfluss (und dessen Intensität) von Terra Sigillata im Westen des Römischen Reiches. Die Farben markieren die Hauptproduktionszentren. © M. Flückinger, E. Hornung, M. Larch, M. Ludwig, A. Mees. —— 83

Abbildung 4.1: a) Rom, 8 Aurei, Gallienus, 262 n. Chr., AV 27,58 g, Rs. (https://ikmk.smb.museum/object?id=18205741) Foto: Reinhard Saczewski —— 90
b) Paestum, Semis, ca. 100–75 v. Chr., AE 5,27 g, Vs. und Rs. (https://ikmk.smb.museum/object?id=18200478) Foto: Lutz-Jürgen Lübke (Lübke und Wiedemann) —— 90

Abbildung 4.2: a) Rom, Sesterz, ab 211 v. Chr., AR 1,05 g, Vs. (https://ikmk.smb.museum/object?id=18201113) Foto: Dirk Sonnenwald —— 91
b) Rom, 60 As, um 211 v. Chr., AV 3,41 g, Vs. (https://ikmk.smb.museum/object?id=18200936) Foto: Reinhard Saczewski —— 91
c) Himera, 5 Onkiai, ca. 415–409 v. Chr., AE 28,22 g, Rs. (https://ikmk.smb.museum/object?id=18244802) Foto: Reinhard Saczewski —— 91
d) Akragas, Litra, ca. 471–450 v. Chr., AR 0,80 g, Vs. (https://ikmk.smb.museum/object?id=18252348) Foto: Reinhard Saczewski —— 91
e) Akragas, Litra, ca. 471–450 v. Chr., AR 0,80 g, Rs. (https://ikmk.smb.museum/object?id=18252348) Foto: Reinhard Saczewski —— 91
f) Rom, Denar, 46 v. Chr., AR 3,94 g, Vs. (https://ikmk.smb.museum/object?id=18202023) Foto: Dirk Sonnenwald —— 91
g) Rom, Cistophor, Domitianus, 82 n. Chr., AR 11,24 g, Rs. (https://ikmk.smb.museum/object?id=18202808) Foto: Lutz-Jürgen Lübke (Lübke und Wiedemann) —— 91
h) Rom, Denar, 46 v. Chr., AR 4,14 g, Rs. (https://ikmk.smb.museum/object?id=18200465) Foto: Lutz-Jürgen Lübke (Lübke und Wiedemann) —— 91
i) Philippopolis, Bronze, 193–211 n. Chr., AE 7,82 g, Rs. (https://ikmk.smb.museum/object?id=18248676) Foto: Lutz-Jürgen Lübke (Lübke und Wiedemann) —— 91
j) Rom, Kontorniat, Nero, ca. 350–400 n. Chr., AE 26,83 g, Rs. (https://ikmk.smb.museum/object?id=18200483) Foto: Lutz-Jürgen Lübke (Lübke und Wiedemann) —— 91
k) Rom, Sesterz, Nero, um 64 n. Chr., AE 27,93 g, Rs. (https://ikmk.smb.museum/object?id=18204405) Foto: Dirk Sonnenwald —— 91

Abbildung 4.3: a) Ionien (?), 1/96 Stater, ca. 600–550 v. Chr., EL 0,15 g (https://ikmk.smb.museum/object?id=18202885) Foto: Dirk Sonnenwald —— 98
b) Ionien (?), Stater ca. 650–600 v. Chr., EL 17,53 g (https://ikmk.smb.museum/object?id=18200915) Foto: Dirk Sonnenwald —— 98

c) Syrakus, 100 Litren, ca. 406–380 v. Chr., AV 5,78 g (https://ikmk.smb.museum/object?id=18200115) Foto: Lutz-Jürgen Lübke (Lübke und Wiedemann) —— 98
d) Syrakus, Dekadrachme, um 406 v. Chr., AR 43,03 g (https://ikmk.smb.museum/object?id=18214398) Foto: Dirk Sonnenwald —— 98
e) Senonen, Stater, ca. 2.-1. Jh. v. Chr., AV 7,23 g (http://numismatics.org/collection/2012.49.16) Foto: ANS —— 98
f) Senonen, 1/4 Stater, ca. 2.-1. Jh. v. Chr., AV 1,73 g (https://finds.org.uk/database/artefacts/record/id/556382) Foto: The Portable Antiquities Scheme —— 98

Abbildung 4.4: a) Phokaia, 1/12 Stater, ca. 530–496 v. Chr., AR 1,34 g, Vs. (http://numismatics.org/collection/1977.158.325) Foto: ANS —— 102
b) Massalia, Hemiobol, ca. 470–460 v. Chr., AR 0,46 g, Vs. (http://numismatics.org/collection/1944.100.17533) Foto: ANS —— 102
c) Aigina, Drachme, ca. 550–500 v. Chr., AR 5,11 g, Vs. (https://ikmk.smb.museum/object?id=18206510) Foto: Lutz-Jürgen Lübke (Lübke und Wiedemann) —— 102
d) Athen, Didrachme, ca. 550–520 v. Chr., AR 8,48 g, Vs. (https://ikmk.smb.museum/object?id=18226291) Foto: Dirk Sonnenwald —— 102
e) Korinth, Stater (Tridrachme), um 550 v. Chr., AR 8,23 g, Vs. (https://ikmk.smb.museum/object?id=18215030) Foto: Lutz-Jürgen Lübke (Lübke und Wiedemann) —— 102
f) Selinous, Didrachme, ca. 530–510 v. Chr. AR 8,74 g, Vs. (https://ikmk.smb.museum/object?id=18216057) Foto: Dirk Sonnenwald —— 102
g) Olynth oder Syrakus?, Tetradrachme, ca. 520–500 v. Chr., AR 17,44 g, Vs. (https://ikmk.smb.museum/object?id=18218530) Foto: Reinhard Saczewski —— 102
h) Syrakus, Tetradrachme, ca. 510–500 v. Chr., AR 17,06 g, Vs. (https://ikmk.smb.museum/object?id=18216053) Foto: Dirk Sonnenwald —— 102
i) Sybaris, Stater, ca. 550–510 v. Chr., AR 7,82 g, Vs. (https://ikmk.smb.museum/object?id=18215968) Foto: Dirk Sonnenwald —— 102

Abbildung 4.5: a) Akragas, 5 Litren (Pentalitron), ca. 460–440 v. Chr., AR 4,07 g, Vs. (https://ikmk.smb.museum/object?id=18226931) Foto: Reinhard Saczewski —— 104
b) Akragas, Litra, ca. 460–450 v. Chr., AR 0,89 g, Vs. (https://ikmk.smb.museum/object?id=18226963) Foto: Reinhard Saczewski —— 104
c) Akragas, Didrachme, 510–483/482 v. Chr., AR 8,45 g, Vs. (https://ikmk.smb.museum/object?id=18226526) Foto: Reinhard Saczewski —— 104
d) Akragas, Trias, ca. 430–420 v. Chr., AE 16,85 g, Vs. (https://ikmk.smb.museum/object?id=18226521) Foto: Dirk Sonnenwald —— 104
e) Akragas, Trias, ca. 430–420 v. Chr., AE 13,79 g, Vs. und Rs. (https://ikmk.smb.museum/object?id=18226506) Foto: Dirk Sonnenwald —— 104
f) Akragas, Litra, ca. 471–450 v. Chr., AR 0,80 g, Rs. (https://ikmk.smb.museum/object?id=18252348) Foto: Reinhard Saczewski —— 104
g) Akragas, 1/2 Litra (Hemilitra), ca. 425–406 v. Chr., AE 19,39 g, Vs. (https://ikmk.smb.museum/object?id=18225997) Foto: Dirk Sonnenwald —— 104
h) Akragas, 1/2 Litra (Hemilitra), ca. 425–406 v. Chr., AE 19,39 g, Rs. (https://ikmk.smb.museum/object?id=18225997) Foto: Reinhard Saczewski —— 104

Abkürzungsverzeichnis

Die in diesem Handbuch benutzten Abkürzungen von Quellen und Zeitschriften folgen dem erweiterten Abkürzungsverzeichnis des *Neuen Pauly*. Für Papyri wurden die Abkürzungen der *Checklist of Editions of Greek, Latin, Demotic, and Coptic Papyri, Ostraca, and Tablets* benutzt. Zusätzlich finden sich folgende Abkürzungen in einzelnen Kapiteln:

Rhodes – Osborne, GHI	=	Rhodes. P./Osborne, R., Greek Historical Inscriptions 478–404 BC. Oxford 2017.
I. Ephesos	=	Merkelbach, R. et al., Die Inschriften von Ephesos, Bonn 1979–1984.
I. Iasos	=	Blümel, W., Die Inschriften von Iasos, Bonn 1985.
I. Milet III	=	Herrmann, P., et al., Inschriften von Milet, Teil 3, Berlin 2006.
I. Pergamon III	=	Habicht, C. Die Inschriften des Asklepieions. Mit einem Beitrag von Michael Wörrle. Altertümer von Pergamon VIII, 3. Berlin 1969.
I. Priene	=	Hiller von Gaertringen, F., Die Inschriften von Priene, Berlin 1906.
I. Priene²	=	Blümel, W., Die Inschriften von Priene, 2. Aufl. Bonn 2014.
LOD	=	Lhôte, É., Les lamelles oraculaires de Dodone. Genf 2006.
TH	=	Camodeca, G., Tabulae Herculanenses: edizione e commento. Rom 2017.

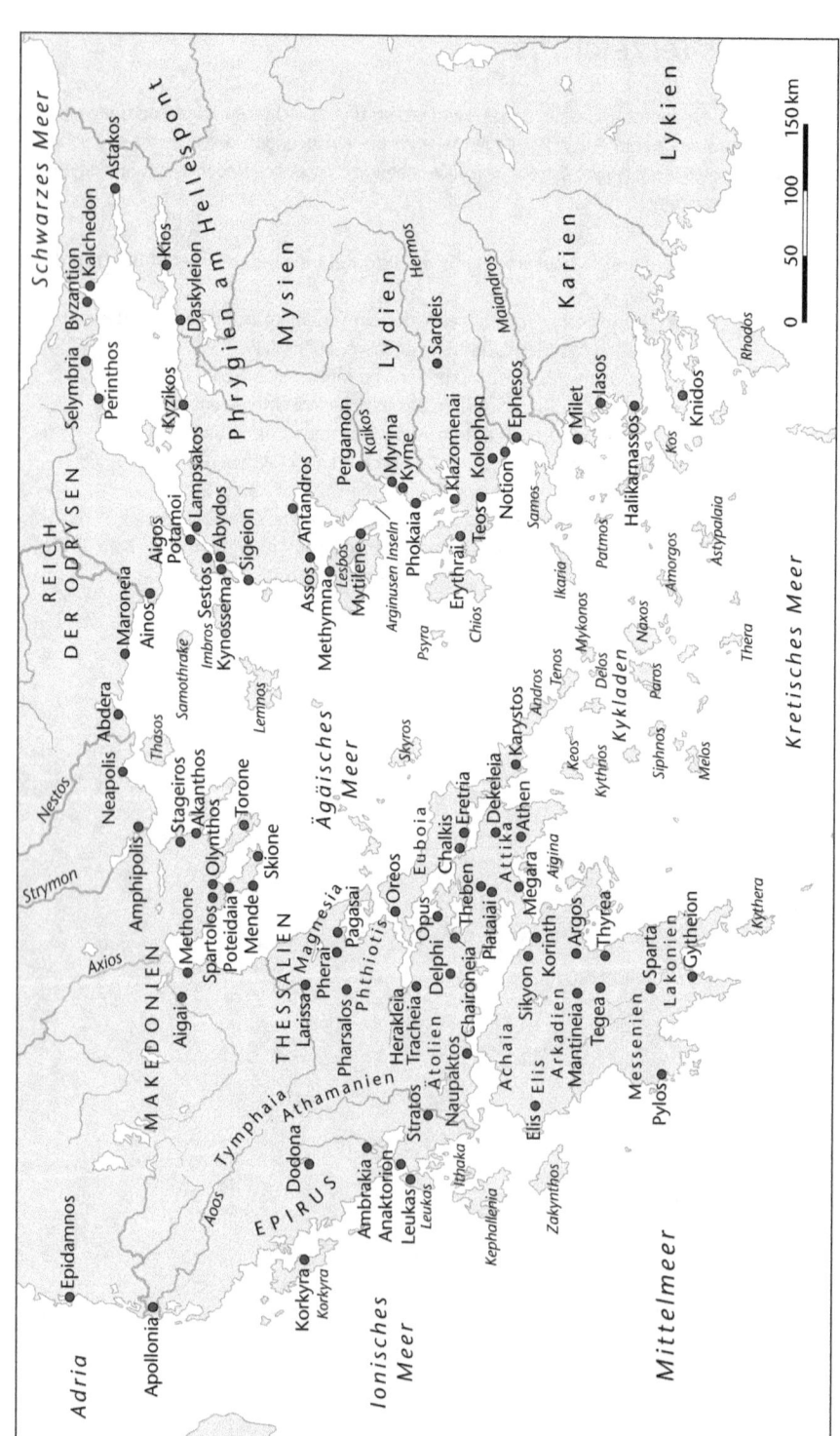

Karte 1: Der griechisch-sprachige Ostmittelmeerraum © Peter Palm.

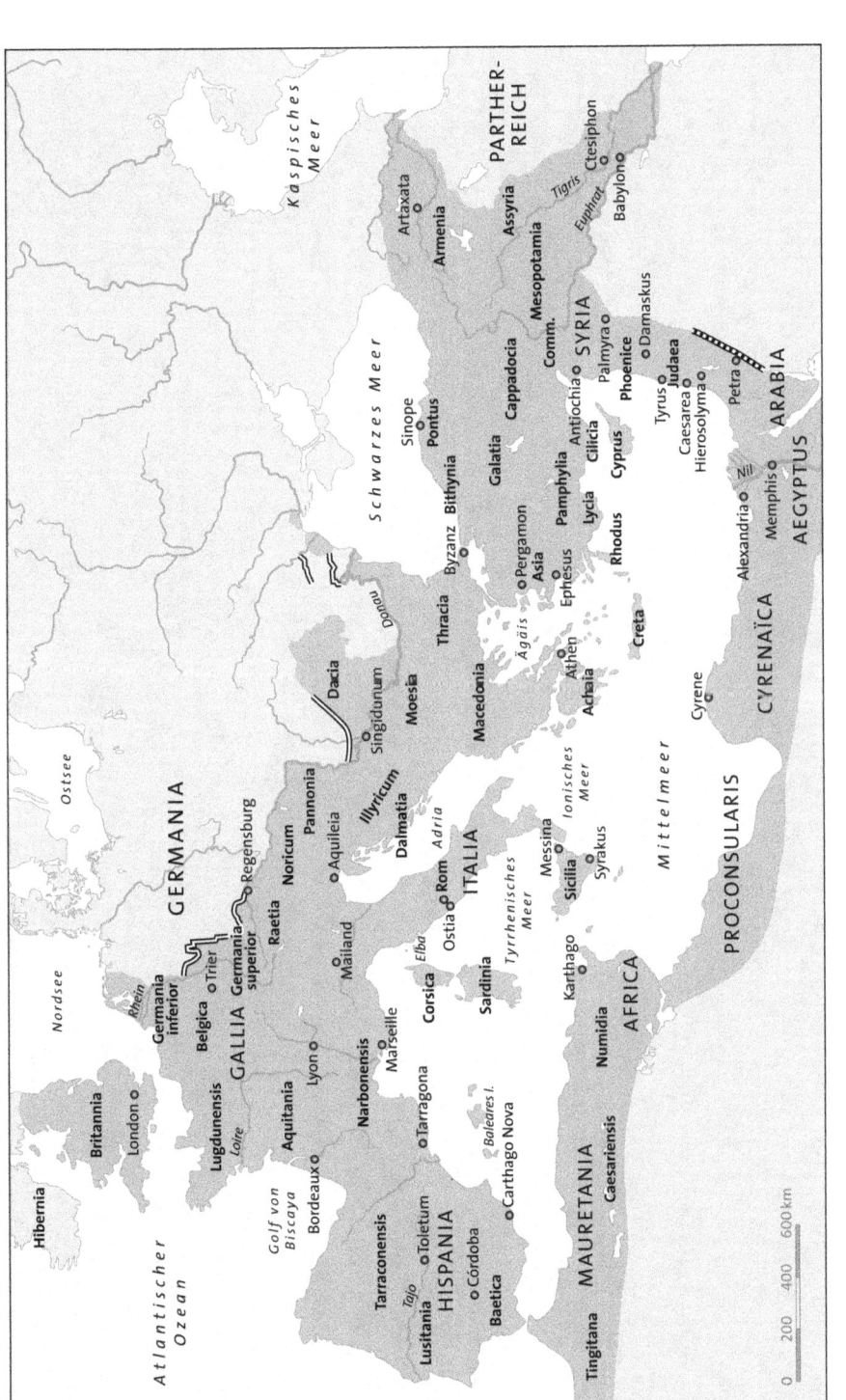

Karte 2: Das römische Imperium in seiner größten Ausdehnung im 2. Jahrhundert n. Chr. © Peter Palm.

Sitta von Reden und Kai Ruffing
Einleitung

Die griechisch-römische Antike wird oft als die Wiege Europas bezeichnet – im Sinne ihrer Grundlegung von europäischen Demokratien, Rechtssystematik oder der Verbreitung des Christentums. An die antike Wirtschaft wird in diesem Zusammenhang seltener gedacht, nicht zuletzt weil insbesondere in der deutschsprachigen Forschung schon seit den Zeiten Jacob Burckhardts die Wirtschaft hinsichtlich ihrer historischen Wirkmächtigkeit mit großer Zurückhaltung betrachtet wurde.[1] Und doch waren die ökonomischen Schriften des griechischen Philosophen und Historikers Xenophon die meistgelesenen Manuale zur Ökonomie bis ins 18. Jahrhundert und bestimmte die Wirtschaftsethik des Aristoteles bis in die Neuzeit das Denken europäischer Philosophen.[2] Neuerdings wird die antike Wirtschaft auch wegen ihrer außerordentlichen Leistungsfähigkeit gewürdigt.[3] Trotz vormoderner technischer Voraussetzungen und Kommunikationsbedingungen brachten sowohl Athen als auch Teile des römischen Reichs eine Wirtschaftsleistung hervor, die in Europa erst im 19. Jahrhundert wieder erreicht wurde. Wie war dies möglich? Und schließlich widmen sich Wirtschaftswissenschaftler und Wissenschaftlerinnen wieder intensiv antiken theoretischen Schriften, da sie Fragen stellen und Konzepte formulieren, die nicht weit von modernen Problemstellungen entfernt liegen.[4] Die antike Wirtschaft zählt und hat bis heute weder historisch noch theoretisch ihre prägende Kraft verloren.

Seit vor fast 35 Jahre das letzte Handbuch zur antiken Wirtschaft in deutscher Sprache erschienen ist, in dem überraschenderweise nur die Wirtschaft des römischen Imperiums behandelt wurde, hat sich die Forschung wesentlich weiterentwickelt. Wichtige Impulse dieser Entwicklungen finden sich in der englischsprachigen, von Walter Scheidel, Ian Morris und Richard Saller herausgegebenen Cambridge Economic History of the Graeco-Roman World wieder: das schon erwähnte Interesse an

---

[1] Vgl. schon *Schulin, E.* Kulturgeschichte und die Lehre von den Potenzen. Bemerkungen zu zwei Konzepten Burckhardts und ihrer Weiterentwicklung im 20. Jh., in: *Boockmann H./Jürgensen K.* (Hg.), Nachdenken über Geschichte. Beiträge aus der Ökumene der Historiker in memoriam Karl Dietrich Erdmann, Neumünster 1991, 145–156, hier 151; *Kloft, H.*, Makroökonomik, Mikroökonomik und Alte Geschichte. Ein alter Hut und neue Fransen, in: *Strobel, K.* (Hg.), Die Ökonomie des Imperium Romanum. Strukturen, Modelle und Wertungen im Spannungsfeld von Modernismus und Neoprimitivismus. Akten des 3. Trierer Symposiums zur Antiken Wirtschaftsgeschichte, St. Katharinen 2002, 67–85
[2] Grundlegend weiterhin *Burkhardt, J./Oexle, O. G./Spahn, P.* Wirtschaft, in: *Brunner, O./Conze, W./Koselleck, R.*: (Hgg.) Geschichtliche Grundbegriffe, Stuttgart 1992, 511–594.
[3] *Ober, J.* Wealthy Hellas, *Transactions of the American Philological Association* 140, 2010, 241–86; *Kron, G.* Comparative evidence and the reconstruction of the ancient economy: Greco-Roman housing and the level and distribution of wealth and income, in: *de Callataÿ, F.* (Hg.) Quantifying the Greco-Roman Economy and Beyond. Bari 2014, 123–146.
[4] *Föllinger, S./Korn, E.* (Hgg.), Von besten und zweitbesten Regeln. Platonische und aktuelle Perspektiven auf individuelles und staatliches Wohlergehen. (Philippika 137) Wiesbaden 2019.

der Leistungsfähigkeit (*performance*) der antiken Wirtschaft; die Einbeziehung von Theoremen der Neuen Institutionen Ökonomik (NIÖ); der Versuch sozialwissenschaftlicher Methodik, die weniger beschreibend und interpretierend, als modellbildend und quantifizierend vorgeht; und schließlich die Ausweitung des Begriffs der antiken Wirtschaft auf die Wirtschaften des Nahen Ostens und anderer griechisch-römischer Grenzgebiete. Die methodischen und theoretischen Anstöße, die von der *CEHGRW* ausgingen, haben die Forschung der folgenden Jahre entscheidend bestimmt und sind in vielen Einzelstudien weiterentwickelt worden. Gerade im Bereich der Wirtschaftsgeschichte der römischen Kaiserzeit wurden quantitative Zugänge fruchtbar gemacht.[5] Darüber hinaus haben sich über die Ansätze der NIÖ die Differenzen zwischen den sogenannten Primitivisten und Modernisten der antiken Wirtschaftsgeschichte entschärft und ist eine Vermittlung von marktorientierten Ansätzen einerseits und die soziale Einbettung vormoderner Wirtschaft berücksichtigenden Herangehensweisen andererseits in vielen Untersuchungen zu erkennen.[6]

Aber auch die NIÖ als Ausweg aus einer zunehmend unproduktiven Debatte um die Modernität der antiken Wirtschaft wird heute in der Forschung mit größerer Skepsis betrachtet. Die neoinstitutionelle Grundfrage, wie institutioneller Wandel wirtschaftliches Wachstum fördert, scheint vielen Forscherinnen und Forschern einer neoliberalen Teleologie verhaftet, die wirtschaftliches Wachstum als Erfolgsgeschichte der modernen Marktwirtschaft glorifiziert. Sollte es die Grundfrage der Wirtschaftsgeschichte sein, Gründe für die marktorientierte Leistungsfähigkeit historischer Wirtschaften im neoliberalen Sinne zu erforschen?[7] Nicht auch zuletzt die wirtschaftlichen Erfolge mancher asiatischer Wirtschaften, in denen Privateigentum und liberale Marktpolitik eine geringere Rolle spielen als in westlich geprägten Wirtschaften, wirft die Frage auf, ob die theoretischen Annahmen der NIÖ historisch und global allgemeingültig sind.[8] Andererseits liefert die NIÖ auch die Möglichkeit, die kulturelle Gebundenheit wirtschaftlichen Handelns in unterschiedlichen Gesellschaften und Zeiten besser zu erfassen. Insbesondere im Bereich der Transaktionskostentheorie macht es die NIÖ möglich, die begrenzte Rationalität wirtschaftlichen Handelns bei der Analyse wirtschaftsgeschichtlicher Fragestellungen angemessen zu berücksichtigen.[9] Ab-

---

[5] Vgl. Insbesondere das Oxford Roman Economy Projekt https://www.romaneconomy.ox.ac.uk/ (23. 02. 23).
[6] Zu diesen Ansätzen, s. Reinhard, in diesem Band; und kürzlich *Dross-Krüpe, K. und Ruffing, K.* (Hgg.), Markt, Märkte und Marktgebäude in der antiken Welt. Wiesbaden 2022.
[7] *Boldizzoni, F.*, The Poverty of Clio. Resurrecting Economic History. Princeton 2011; *von Reden, S./ Kowalzig, B.*, New Institutional Economics, Economic Growth and Institutional Change, in: *von Reden, S.* (Hg.), The Cambridge Companion to the Ancient Greek Economy. Cambridge 2022, 347–359; bes. 355–358.
[8] *Weisweiler, J.* (Hg.), Debt in the Ancient Mediterranean and the Near East. Credit, Money and Social Obligation. Oxford: Oxford University Press 2022, 6.
[9] Vgl. *Ruffing, K.*, Neue Institutionenökonomik (NIÖ) und Antike Wirtschaft, in: Droß-Krüpe, K./Föllinger, S./Ruffing, K. (Hr.), Antike Wirtschaft und ihre kulturelle Prägung. The Cultural Shaping of the Ancient Economy, Wiesbaden 2016, 11–22.

gesehen von all dem ist in den letzten beiden Jahrzehnten eine deutlich intensivere Aufmerksamkeit der Forschung für lokale ökonomische Zusammenhänge zu beobachten. Insofern lässt sich in den letzten Jahren eine Vielzahl von Zugängen zur Erforschung der antiken Wirtschaft konstatieren.

In diesem nunmehr theoretisch wieder offeneren Forschungsraum positioniert sich das vorliegende Handbuch. Es orientiert sich an den neusten Tendenzen und Ergebnissen der Forschung und versucht darauf aufbauend neue Untersuchungen und Untersuchungsmethoden anzuregen. Um die Bedeutung theoretischer Diskussionen für die antike Wirtschaftsgeschichte zu signalisieren, werden diese in einem eigenen Kapitel vorgestellt (Kap. 1). Das Problem wirtschaftshistorischer Methodik, die Frage also, ob sie eine im humanistischen Sinne interpretierende Geschichtswissenschaft ist oder sich als historische Wirtschaftswissenschaft modellbildend und quantitativ arbeitend zu verstehen hat, wird von Althistoriker/-innen unterschiedlich beantwortet. Sie bleibt aber grundlegend für die Verortung althistorischer Forschung (Kap. 2).[10] Angesichts rasant zunehmender archäologischer, numismatischer, epigraphischer und papyrologischer Daten nehmen die Möglichkeiten der Quantifizierung zu und bieten computergestützte Untersuchungsmethoden neue Möglichkeiten der Verarbeitung großer Datenmengen („Big Data") zur Klärung spezifischer Fragen.[11] Entsprechender Raum ist in diesem Band der Darstellung althistorischer Quellen und Datenlagen zur Erforschung der antiken Wirtschaft gewidmet (Kap. 3–7). Nicht alle Beiträge in diesem Teil stellen die Quantifizierbarkeit des Quellenmaterials in den Mittelpunkt. Vielmehr ist es ihr Anliegen zu zeigen, wie sich nicht nur der althistorische Quellenbestand, sondern auch die Methoden seiner Auswertung in den letzten 50 Jahren weiterentwickelt haben.

Die Kapitel des Teils B folgen der Grundannahme, dass der antike Mittelmeerraum und die sozialen und technologischen Bedingungen der in diesem Raum siedelnden Bevölkerungen wesentliche Möglichkeiten (*opportunities*) und Einschränkungen (*constraints*) mit sich brachten. Diese könnte man als die Rahmenbedingungen der antiken Wirtschaft bezeichnen. Hierzu gehören zu den guten Kommunikations- und Austauschmöglichkeiten über ein zentrales Meer auch die große Variabilität des Mikroklimas und damit verbundene demographische Faktoren. Gesamtgültig für den Zeitraum diese Handbuchs (ca. 1200 v. Chr. bis ca. 4. Jh. n. Chr.) waren auch die technologischen und sozialen Produktionsbedingungen, die die Kapazitäten der antiken Wirtschaft einerseits einschränkten andererseits aber innerhalb dieser Bedingungen auch institutionelle Optimierungsstrategien hervorbrachten. Dies darf keineswegs dahingehend verstanden werden, dass diese Rahmenbedingen über mehr als 1500 Jahre

---

[10] Vgl. dazu auch *Manning, J./Morris, I.*, Introduction, in: Dies. (Hgg.) The Ancient Economy, Evidence and Models. Stanford 2005, 1–44; *Ambrosius, G./Plumpe, W./Tilly, R.*, Wirtschaftsgeschichte als interdisziplinäres Fach, in: *Ambrosius, G./Petzina, D./Plumpe, W.* (Hgg.), Moderne Wirtschaftsgeschichte. Eine Einführung für Historiker und Ökonomen, München 2006, 9–38.
[11] *Weaverdyck, E. S.*, Material Evidence, in: *von Reden, S.* (Hg.), Handbook of Afro-Eurasian Economies. Vol. 1. Berlin 2019, 311–342.

gleich blieben. Dies wäre insbesondere angesichts massiver demographischer Verlagerungen und technischer Fortschritte im hier betrachteten Zeitraum unbegründet. Doch in der Langzeitperspektive schufen Klima (Kap. 8), Demographie (Kap. 9), Technologie (Kap. 10) und die sozialen Umstände der Produktion (Kap. 11 und 12) Strukturen, die der antiken Wirtschaft ihre Eigenheit geben.

Dagegen veränderte sich der politische Rahmen der griechisch-römischen Wirtschaft von der Frühzeit bis zur Spätantike erheblich. Dem ist mit der etwas unglücklichen Unterscheidung von ‚griechischer' und ‚römischer' Wirtschaft in Teil C und D dieses Bandes Rechnung getragen. Unglücklich ist die Unterscheidung, weil Römer ab dem 2. Jahrhundert v. Chr. im griechisch-sprachigen Ostmittelmeerraum massiv aktiv waren und sein wirtschaftliches Gepräge signifikant mitbestimmten. Umgekehrt trieben griechisch-sprachige Stadtbevölkerungen, die seit dem 6. Jahrhundert v. Chr. in Unteritalien und Sizilien gesiedelt hatten, die Vernetzung des westlichen mit dem östlichen Mittelmeerraum entscheidend voran. Zudem ist es in einer postkolonialen Forschungslandschaft nicht ganz unproblematisch von griechischer und römischer Wirtschaft zu sprechen, solange eine Vielzahl von Bevölkerungen, die sich weder als griechisch noch als römisch verstanden hätten, an dieser Wirtschaft maßgeblich beteiligt waren. Die Bezeichnungen sind somit lediglich als Heuristik und weniger als Faktizität zu verstehen. Dennoch schufen der griechische Stadtstaat (Polis) und das römische Imperium politische Bedingungen und wirtschaftliche Reichweiten, deren Fehlen eine gemeinsame Darstellung von Finanz-, Steuer-, und Tributsystemen (Kap. 14 und 24; auch 19 und 28)), aber auch die Rolle von Militär (Kap. 17 und 26) oder Religion (Kap. 18 und 27) als Wirtschaftsfaktoren erheblich erschwert hätte. Schließlich waren die Formen der transregionalen und imperialen Vernetzung der griechischen und römischen Wirtschaften (Kap. 20, 30 und 32) von grundsätzlich unterschiedlichen politischen Rahmenbedingungen geprägt, so dass eine gemeinsame Darstellung wichtige Unterschiede eingeebnet hätten. Die weitgehende thematische Parallelstellung der Teile C und D soll dennoch Vergleichsmöglichkeiten bieten und Entwicklungen im griechisch-römischen Wirtschaftsraum unter unterschiedlichen politischen Bedingungen aufzeigen.

Es bleibt uns die angenehme Pflicht neben den Autorinnen und Autoren dieses Bandes all jenen zu danken, die sein Entstehen möglich gemacht haben. Wir bedanken uns zunächst bei den Herausgebern Marcel Boldorf und Christian Kleinschmidt sowie auch Florian Hoppe vom de Gruyter Verlag für die Einladung zur Beteiligung an den Handbüchern zur Wirtschaftsgeschichte. Wir danken ebenso Claudia Heyer und Georg Bucher vom de Gruyter Verlag für die Betreuung des Bandes während seiner Entstehung. Peter Palm, Berlin, sei für seine gelungenen Karten gedankt. Marius Rositzka und Johanna Humburg, Seminar für Alte Geschichte der Universität Freiburg, haben den Band redaktionell bearbeitet. Marius Rositzka hat zudem den Index erstellt. Ihnen beiden sind wir zu besonderem Dank verpflichtet.

A **Die Erforschung der antiken Wirtschaft**

Patrick Reinard
1 Schlachtfeld und Pluralismus: Ein Forschungsüberblick zur griechisch-römischen Wirtschaft

I Einleitung

Vor fast einem Vierteljahrhundert beschrieb Karl Christ die Forschungsbemühungen um die althistorische Wirtschaftsgeschichte zutreffend mit folgenden Worten:

> Sie wurden schon im 19. Jahrhundert durch den Widerstreit einerseits konkreter ‚sachphilologischer' sowie konventioneller, lediglich in ihrer Thematik innovativer Arbeiten, andererseits weithin abstrakter, nationalökonomischer und sozialwissenschaftlicher Theorien bestimmt. Durch die zunehmende Verflechtung von Wirtschaft und Gesellschaft als Forschungsobjekt ist dieser Bereich zudem in stärkstem Maße mit weltanschaulichen, ideologischen und politischen Elementen, Auffassungen und Wertungen überformt und durchsetzt worden. Diese Tendenzen, die sich schon früh abzeichneten, sollten sich im 20. Jahrhundert verstärken und geraume Zeit dominieren, bis schließlich gerade hier erneut Positivismus und Pragmatismus überwogen.[1]

Die in diesem Zitat verdichtete Entwicklung soll im Folgenden hinsichtlich ihrer wichtigsten und nachhaltigsten Strukturlinien in chronologischer Abfolge beschrieben werden. Der Fokus kann dabei nur auf wenigen ausgewählten Forscherinnen und Forschern sowie auf exemplarischen Publikationen liegen. Neben den jeweiligen qualitativen Entwicklungsschritten soll das Verbindende der einzelnen Forschungsansätze betont werden.

Die wissenschaftsgeschichtliche Forschung hat sich dem Themenfeld der Wirtschaftsgeschichte vielfach gewidmet und einzelne Forscher wie etwa Max Weber, Eduard Meyer, Michael Rostovtzeff oder Moses Finley standen dabei ganz besonders im Zentrum des Interesses. Im Rahmen dieses Überblicks kann der unterschiedliche Forschungsstand zu einzelnen Personen nicht problematisiert und auch nicht auf ‚wissenschaftlerbiographische' Einzelprobleme eingegangen werden. Der Blick muss auf die Hauptaussagen der Forschungsbeiträge begrenzt bleiben.

II Von Arnold Heeren bis zur Bücher-Meyer-Kontroverse

Den Beginn der deutschsprachigen Forschung zur antiken Wirtschaftsgeschichte kann man in dem monumentalen Werk ‚Ideen über die Politik, den Verkehr und den Han-

---

1 *Christ, K.*, Griechische Geschichte und deutsche Geschichtswissenschaft. München 1999, 222 f.

del der vornehmsten Völker der alten Welt' des Göttinger Historikers **Arnold H. L. Heeren** sehen, das von 1793 bis 1796 entstand.[2] Heeren behandelte u. a. die Perser, Babylonier, Inder, Skythen, Ägypter und Griechen, nicht aber die römische Zeit. Er betonte die Bedeutung der Sklaverei, die dazu geführt habe, dass man Handwerk und Erwerbstätigkeit in der Antike abschätzig bewertet habe. Deshalb hätte sich in griechischen Stadtstaaten auch keine begüterte Mittelschicht etablieren können;[3] in dieser Einschätzung sowie generell in seinen Urteilen über die antike Wirtschaft vergleicht Heeren seine Gegenwart mit den antiken Zuständen.

Während Heeren einen Gesamtblick auf das Altertum anstrebte, fokussierte sich **August Boeckh** – nach anfänglichem Überlegen, ebenfalls eine Gesamtdarstellung der griechischen Wirtschaftsgeschichte zu schreiben – auf Athen und berücksichtigte in der 1817 veröffentlichten und noch 1967 nachgedruckten Untersuchung ‚Die Staatshaushaltung der Athener' umfänglich das inschriftliche Quellenmaterial.[4] Boeckh thematisierte das Geld- und Kreditwesen, den Handel, die Demographie – wobei er auf das Nachfragepotenzial im Zusammenhang mit Preisbildung einging – und betrachtete kurz Landwirtschaft und Handwerk. Umsichtig wurde die Abhängigkeit Athens von Getreideimporten herausgearbeitet. Eine Idealisierung der Antike sowie einen Vergleich zwischen Antike und Moderne unterließ Boeckh.

Ab 1864 legte der Ökonom und Wirtschaftshistoriker **Karl Rodbertus** verschiedene Arbeiten zur Wirtschaft der griechisch-römischen Antike vor.[5] Er erkannte die Sklaverei als wesentliches Element der antiken Wirtschaft und sah eine Dominanz der Hauswirtschaft gegeben. Der *oikos* sei, selbst bis in die Kaiserzeit hinein, die wesentliche Bezugsgröße für Produktion und Konsumption und auch für die Wirtschaft von Städten die entscheidende Grundkonstante. Rodbertus ging dabei von der Perspektive der Besteuerungstypologie aus und fokussierte auf die seiner Meinung nach geringe Anzahl von Transaktionen innerhalb eines Produktionsprozesses. Materialien und Güter hätten während der Herstellung nicht den Besitzer gewechselt,

---

2 Das Werk erhielt mehrere Auflagen: *Heeren, A. H. L.*, Ideen über die Politik, den Verkehr und den Handel der vornehmsten Völker der alten Welt. Göttingen 1793–1796; 4. Aufl. 1824–1826; zu Heeren vgl. *Schneider, H.*, Die Erforschung der antiken Wirtschaft vom Ende des 18. Jahrhunderts bis zum Zweiten Weltkrieg: Von A. H. L. Heeren zu M. I. Rostovtzeff, in: *ders.*, Antike zwischen Tradition und Moderne. Wiesbaden 2016, 336 ff.; *Reinard*, Griechen, 140 f.; die grundlegende wissenschaftshistorische Studie hat Becker-Schaum 1993 vorgelegt; *Becker-Schaum, C.*, Arnold Herrmann Ludwig Heeren. Ein Beitrag zur Geschichtswissenschaft zwischen Aufklärung und Historismus. Frankfurt a. M. 1993.
3 Vgl. *Schneider*, Erforschung, 338.
4 *Schneider*, Erforschung, 338 ff. Boeckhs Werk erhielt mehrere Auflagen (3. Aufl. 1886) und wurde auch in andere Sprachen übersetzt; vgl. allgemein zu Boeckh auch *Schneider, H.*, August Boeckh, in: *ders.*, Antike zwischen Tradition und Moderne. Wiesbaden 2016, 253–267; *Hanses, M.*, Boeckh, August, in: DNP Suppl. 6, 2012, Sp. 118–122; *Christ, K.*, Klios Wandlungen. Die deutsche Althistorie vom Neuhumanismus bis zur Gegenwart. München 2006, 22; *Christ*, Griechische Geschichte, 15 ff.
5 Hier wesentlich: *Rodbertus*, Nationalökonomie. 2 Bde.; zu Rodbertus vgl. *Schneider, H.*, Rodbertus, Karl, in: DNP Suppl. 6, 2012, Sp. 1071–1072; *Schneider*, Erforschung, 343 f.; ferner die knappe Bemerkung bei *Christ*, Griechische Geschichte, 223.

sondern wären im geschlossenen Hauswirtschaftssystem verblieben.[6] Forschungsgeschichtlich wichtig sind diese Thesen, gleichwohl sie nur auf verhältnismäßig schmaler Quellenbasis, u. a. auf Aristoteles, aufbauen, weil sie in ähnlicher Form von den deutlich stärker rezipierten Forschern Karl Bücher und Max Weber fortgeführt wurden.[7]

Ein ebenfalls ‚primitivistisches' Bild der antiken Wirtschaft zeichnete **Albert B. Büchsenschütz**. Wichtig sind seine Arbeiten ‚Besitz und Erwerb im griechischen Altertum' sowie ‚Die Hauptstätten des Gewerbefleisses im klassischen Alterthume', beide aus dem Jahr 1869.[8] Seine Studien widmen sich der archaischen und klassischen Zeit. Ebenso wie Rodbertus sieht er in der Sklaverei ein typisches Merkmal der antiken Wirtschaft. Ferner betont er die grundlegende Bedeutung der Landwirtschaft, die Höhe der Transportkosten und der Zollabgaben sowie die eher niedrigen Materialwerte und Marktpreise. Er erkennt eine vermeintliche Ineffizienz des Handels und benennt die in den Quellen ersichtliche Geringschätzung des Handwerks, welche eigentlich nur zum Zwecke des Eigenbedarfs wichtig gewesen sei. Eine Hauswirtschaft im Rodbertus'schen Sinne sei nach Büchsenschütz für die homerische Frühzeit anzunehmen. Generell sei, auch in Ermanglung einer breiten Abnehmerschicht, ein weitläufiger Handel inexistent gewesen. Sowohl die Griechen als auch die Römer seien keine ‚gewerbetreibenden' Völker gewesen.[9]

Im gleichen Jahr wie Büchsenschütz legte auch **Hugo Blümner**, der auf archäologische und philologische Forschung spezialisiert war, seine Arbeit ‚Die gewerbliche Thätigkeit der Völker des klassischen Alterthums' vor.[10] Zwischen 1875 und 1887 folgte dann das vierbändige Werk ‚Technologie und Terminologie der Gewerbe und Künste bei den Griechen und Römern'.[11] Diese Studie, die man als traditionelle Realienforschung bezeichnen kann, stellt das Fundament für die moderne antike Technikgeschichte dar; nach 1969 erfolgte 2010 ein weiterer Nachdruck.[12]

---

6 *Eich*, Ökonomie, 11 ff.; *Schneider*, Rodbertus, 1071; vgl. auch *Reinard*, Griechen, 139.
7 *Schneider*, Rodbertus, 1072.
8 Zu Büchsenschütz vgl. *Schneider, H.*, Büchsenschütz, Albert Bernhard, in: DNP Suppl. 6, 2012, Sp. 165–166; *Schneider*, Erforschung, 340 ff.; *Reinard*, Griechen, 140.
9 Obwohl seine Studien in den 1960er Jahren nachgedruckt wurden, hat man Büchsenschütz' Einschätzungen der griechischen Wirtschaft – wie *Schneider*, Büchsenschütz festhält – nur wenig rezipiert. Interessant ist dabei, dass der sich generell modernistisch positionierende Eduard Meyer in seiner ‚Geschichte des Altertums' von der Büchsenschütz'schen Bewertung der griechischen Wirtschaft beeinflusst war; vgl. *Schneider*, Büchsenschütz.
10 *Blümner, H.*, Die gewerbliche Thätigkeit der Völker des klassischen Alterthums. Leipzig 1869 (ND 1969).
11 *Blümner, H.*, Technologie und Terminologie der Gewerbe und Künste bei Griechen und Römern. 4 Bde. Leipzig 1875–1887 (ND 1969).
12 *Schneider, H.*, Von Hugo Blümner bis Franz Maria Feldhaus. Die Erforschung der antiken Technik zwischen 1874 und 1938, in: *ders.*, Antike zwischen Tradition und Moderne. Wiesbaden 2016, 311 f.; *Schlumpf, D.*, Blümner, Hugo, in: DNP Suppl. 6, 2012, 114 f.

Der Ökonom **Karl Bücher** erkannte im Jahr 1893 in einem viel diskutierten und vielfach neu aufgelegten Buch über die Entstehung der Volkswirtschaft[13] für seine Gegenwart eine Volks- und für das Mittelalter eine Stadtwirtschaft, während nach seiner Ansicht die antike Ökonomie von einer geschlossenen Hauswirtschaft geprägt gewesen sei.[14] Produktion und Konsumption hätten im Altertum innerhalb des *oikos* stattgefunden, wodurch eine Autarkie erreicht worden sei; der Handel habe keine große Bedeutung gehabt. Die Menschen hätten demnach für sich selbst gewirtschaftet, weitestgehend losgelöst von Verbindungen zu Märkten. Büchers Bestreben, die Entwicklung der Ökonomie in einem chronologischen Stufenmodell zu erklären, ist u. a. durch dessen Endpunkt motiviert. Bei der Lektüre erscheint die gegenwärtige industrielle Wirtschaft als die Weiterentwicklung früherer Epochen.[15] Zweifellos waren Büchers Analysen und Beschreibungen der antiken Verhältnisse durch das vorgefertigte Stufenmodell beeinflusst. Auf diese ‚primitivistische' Einschätzung reagierten Altertumswissenschaftler mit einiger Vehemenz.[16]

Eduard Meyer kritisiert Büchers Darstellung bei der Versammlung deutscher Historiker in Frankfurt im Jahr 1895 und entwickelt in seinem Vortrag ‚Die wirtschaftliche Entwicklung des Altertums'[17] ein ‚modernistisches' Gegenbild.[18] Seehandel als Beispiel für die Weitläufigkeit wirtschaftlicher Betätigungen und Vernetzung in der Antike sei, so Meyer, schon seit Beginn der Archaik vorauszusetzen. Ferner nutzte Meyer moderne Terminologie zur Beschreibung und Erklärung der antiken Wirtschaft; auch im sechsten Band seiner monumentalen ‚Geschichte des Altertums' tritt Meyer für ein Anwenden des Begriffs ‚Kapitalismus' auf die wirtschaftlichen Verhältnisse im demokratischen Athen ein.[19] Durch Meyers ‚modernistische' Reaktion auf Bücher wurde der Anfang der sog. ‚Bücher-Meyer-Kontroverse' markiert.[20] Aus ihr

---

13 *Bücher*, Entstehung; vgl. zu Bücher grundlegend *Wagner-Hasel, B.*, Die Arbeit des Gelehrten. Der Nationalökonom Karl Bücher (1847–1930). Frankfurt a. M. 2011 und bes. 185 ff. zu ‚Die Entstehung der Volkswirtschaft'; ferner *Schneider*, Erforschung, 344 f.
14 *Ruffing, K.*, Die berufliche Spezialisierung in Handel und Handwerk. Untersuchungen zu ihrer Entwicklung und zu ihren Bedingungen in der römischen Kaiserzeit im östlichen Mittelmeerraum auf der Grundlage der griechischen Inschriften und Papyri. 2 Bde. Rahden/Westf. 2008, 1.
15 Wie *Wagner-Hasel*, Arbeit, 76 ff. aufgezeigt hat, zog Bücher auch komparativ die sog. adlige Hausväterliteratur des 18. Jahrhunderts heran, um generell den Wandel der Hauswirtschaft im Zuge der Industrialisierung zu abstrahieren. Dadurch wurden für ihn die Strukturunterschiede zwischen antiker *oikos*-Wirtschaft und den späteren Phasen seines Stufenmodells ersichtlich.
16 Positiv rezipiert wurden Büchers Thesen von Henri Francottes in dessen 1900 erschienenen Werk ‚L'Industrie de la Grèce ancienne'; vgl. *Wagner-Hasel*, Arbeit, 281.
17 *Meyer*, Entwicklung, 1924.
18 *Ruffing*, Spezialisierung, 1; vgl. zu Meyer auch *Christ, K.*, Von Gibbon zu Rostovtzeff. Leben und Werk führender Althistoriker der Neuzeit. Darmstadt 1972, 286 ff.; *ders.*, Römische Geschichte und deutsche Geschichtswissenschaft. München 1982, 93 ff.; *ders.*, Klio, 34 ff.; *Schneider*, Erforschung, 345 ff.; allg. *Meißner, B.*, Meyer, Eduard, in: DNP Suppl. 6, 2012, Sp. 817–821 (mit weiterer Literatur).
19 *Christ*, Griechische Geschichte, 117.
20 Grundlegend: *Schneider, H.*, Die Bücher-Meyer Kontroverse, in: *ders.*, Antike zwischen Tradition und Moderne. Wiesbaden 2016, 269–291; *Wagner-Hasel*, Arbeit, 280 ff.; *Mazza, M.*, Meyer vs Bücher: Il

entwickelten sich die beiden konträren Ansichten des ‚Primitivismus' und des ‚Modernismus', die die Forschung über viele Jahrzehnte prägen sollten.

III Von Max Weber bis zur neoprimitivistischen Orthodoxie

Max Weber hat sich vielfach zur antiken Wirtschaftsgeschichte geäußert und dabei stets die sozialgeschichtlichen Aspekte vertiefend beachtet; aus seinem reichen Werk haben bis heute besonders die Untersuchung ‚Die römische Agrargeschichte in ihrer Bedeutung für das Staats- und Privatrecht', die Studie ‚Die sozialen Gründe des Untergangs der antiken Kultur' (1896),[21] die zentrale Analyse ‚Agrarverhältnisse im Altertum'[22] sowie der vielrezipierte Essay ‚Die Stadt' (1913/4) unmittelbar sowie – vielleicht noch stärker – mittelbar Einfluss auf die Forschung.[23] Für Weber waren die antike Mittelmeerwelt von einer Küsten- und der Orient sowie Ägypten von einer Stromkultur geprägt.[24] Handel hätte es zwar lokal sowie auch interlokal gegeben, er sei aber im Vergleich zu den späteren Jahrhunderten weniger bedeutsam und auf wenige Luxusgüter beschränkt gewesen. Ferner sei für die Alte Welt, insbesondere in griechischer Zeit, ein ‚Stadtfeudalismus' charakteristisch.[25] In den Städten erkannte Weber ein ‚Konsumenten-Proletariat', aber keine Arbeiterschicht. Webers berühmtes Modell der ‚parasitären Konsumentenstadt' war und ist für die Forschung ein wichtiger Bezugs- und Diskussionspunkt.[26] Ein modernes Proletariat als soziale Klasse, so Weber,

---

dibattito sull'economia antica nella storiografia tedesca tra otto e novecento, in: Società e storia, 29, 1985, 507–546; vgl. auch *Finley, M. I.*, The Bücher-Meyer Controversy. New York 1979, der die wichtigsten Beiträge der Kontroverse zusammengestellt hat. Nicht zu Unrecht spricht *Christ*, Griechische Geschichte, 226 von der „Rodbertus-Bücher-Meyer-Debatte". Wie *Schneider*, Erforschung, 345 f. herausarbeitet, verfolgte Meyer auch die Intention, die Bedeutung der antiken Geschichte für die eigene Gegenwart aufzuzeigen, um einem drohenden Bedeutungsverlust des Altertums im Zuge einer Abkehr von humanistischen Bildungsidealen entgegenzuwirken.

21 Vgl. *Demandt, A.*, Der Fall Roms. Die Auflösung des römischen Reiches im Urteil der Nachwelt. 2. Aufl. München 2014, 288 f.

22 Nach *Heuß, A.*, Max Webers Bedeutung für die Geschichte des griechisch-römischen Altertums, in: HZ, 201, 1965, 529–556, bes. 538 handelte es sich bei dieser Studie um „die originellste, kühnste und eindringlichste Schilderung, die die Wirtschafts- und Gesellschaftsentwicklung des Altertums jemals erfahren hat"; vgl. *Christ*, Römische Geschichte, 109.

23 *Weber*, Agrargeschichte; *ders.*, Gründe; *ders.*, Agrarverhältnisse; *ders.*, Stadt; vgl. *Christ*, Griechische Geschichte, 223 f.; zu den für die antike Wirtschaftsgeschichte wesentlichen Studien Webers vgl. *Schneider, H.*, Weber, Max, in: DNP Suppl. 6, 2012, Sp. 1294–1297, 1295; *ders.*, Erforschung, 349 ff.; allgemein zu Weber vgl. *Christ*, Römische Geschichte, 107 ff.

24 *Christ*, Griechische Geschichte, 226.

25 *Christ*, Griechische Geschichte, 225.

26 Vgl. z. B. *Erdkamp, P.*, Beyond the Limits of the ‚Consumer City'. A Model of the Urban and Rural Economy in the Roman World, in: Historia, 50, 2001, 332–356.

fehle der antiken Welt, da Kultur und Produktion größtenteils auf Sklavenarbeit beruht hätten. Die Städte hätten sich deswegen nur sehr begrenzt zu Produktionszentren entwickelt. Hier erkennt Weber klare Unterschiede zum Mittelalter. Webers antike Stadt war eng mit dem unmittelbaren Umland verbunden, aber nicht auf überregionale Importe angewiesen, weshalb Autarkie vorgeherrscht hätte.[27] Ein Austausch über einen Markt hätte ferner keine entscheidende Rolle gespielt, da eine Eigenproduktion zwecks Selbstversorgung ausgeprägt gewesen sei.

Folgerichtig positionierte sich Weber in der Bücher-Meyer-Kontroverse auf der Seite des ‚Primitivismus'. Er lehnte z. B. die Verwendung des modernen Begriffs ‚Fabrik' ab, setzte sich für eine differenzierte Verwendung der Termini ‚Kapital' und ‚Kapitalismus' ein,[28] betonte, mit explizitem Bezug zu Rodbertus, die grundlegende Bedeutung des *oikos* und unterstrich die fundamentale Rolle der Agrarwirtschaft als Grundlage einer Subsistenzwirtschaft.[29] Für den Hellenismus sieht Weber weiterführend – sein Hauptexempel ist der Ptolemäische Königsstaat – ein Nebeneinander von geringer Geldwirtschaft in einer von kleinbürgerlichen und -bäuerlichen Sozialgruppen geprägten Gesellschaft sowie ein insgesamt geringes Handelsaufkommen, das durch Zölle gebremst würde.[30] Zusätzlich seien die staatlichen Maßnahmen wie Liturgien, Monopole und andere dirigistische Eingriffe zu beachten. Insgesamt könne man diese Wirtschaft nicht als ‚modern' bezeichnen. Berühmt ist die Weber'sche Unterscheidung zwischen dem *homo politicus* der Antike und dem *homo oeconomicus* des Mittelalters,[31] diese Kategorisierungen liegen chronologisch parallel zu der Deutung der antiken Konsumenten- und der mittelalterlichen Produzentenstadt.

Der Althistoriker, ein Schüler Theodor Mommsens und – nach Matthias Gelzer[32] – *princeps papyrologorum*, **Ulrich Wilcken** äußerte sich im Jahr 1899[33] sowie im Jahr 1912 zur Debatte, wobei er sich einerseits auf der ‚modernistischen' Seite Meyers positionierte und andererseits bereits damals explizit auf die große Bedeutung der

---

27 *Schneider*, Weber, 1295.
28 Insbesondere Land- und Sklavenbesitz sah Weber als ‚Kapital' an, das in einem freien Marktverkehr ökonomisch verhandelt und in Wert gesetzt werden konnte; vgl. *Schneider*, Weber, 1296.
29 *Christ*, Griechische Geschichte, 226.
30 Vgl. *Christ*, Griechische Geschichte, 229.
31 *Ruffing*, Orthodoxie, 4.
32 Vgl. *Gelzer, M.*, Gedächtnisrede auf Ulrich Wilcken, in: ders., Kleine Schriften, Bd. 3, 1964, 336–344.
33 Vgl. auch den Nachdruck *Wilcken, U.*, Griechische Ostraka aus Aegypten und Nubien. Ein Beitrag zur antiken Wirtschaftsgeschichte. 2 Bde. Leipzig/Berlin 1899 (ND 1970); zu Wilcken vgl. *Christ*, Griechische Geschichte, 176 ff.; *Drexhage/Konen/Ruffing*, Wirtschaft, 3; *Kreucher, G.* (Hg.), Rostovtzeffs Briefwechsel mit deutschen Altertumswissenschaftlern. Einleitung, Edition und Kommentar. Wiesbaden 2005, 20 ff.; *Christ*, Klio, 47 f.; *Poethke, G.*, Ulrich Wilcken, in: *Capasso, M.* (Hg.), Hermae. Scholars and Scholarship in Papyrology. Pisa 2007, 81–96; *Kruse, Th.*, Erkenntnis aus den kleinsten Einzelheiten. Der Althistoriker Ulrich Wilcken und die Papyrologie in Deutschland, in: *Baertschi, A. M./King, C. G.* (Hgg.), Die modernen Väter der Antike. Die Entwicklung der Altertumswissenschaften an der Akademie und Universität im Berlin des 19. Jahrhunderts. Berlin 2009, 502–527; *Palme, B.*, Wilcken, Ulrich, in: DNP Suppl. 6, 2012, Sp. 1317–1320.

dokumentarischen Quellen, insbesondere der papyrologischen Überlieferung, für die Wirtschaftsgeschichte hinwies;[34] diese Quellengattung rückte ab den 1880er Jahren, also ca. 100 Jahre nach der Publikation des ersten dokumentarischen Papyrus (der sog. Charta Borgiana), langsam in das Bewusstsein der Althistorie.[35] Es muss gesagt werden, dass Wilcken die besondere Bedeutung der Papyri und Ostraka für die Debatte in dem 1899 vorgelegten Standardwerk ‚Griechische Ostraka' nicht nur postulierte, sondern ausgesprochen umfangreich und klar anhand einer eindrücklichen und auf einer sehr breiten dokumentarischen Quellenbasis aufbauenden Darstellung des Steuer- und Finanzwesens in ptolemäischer und römischer Zeit demonstrierte.[36]

Wilckens Wunsch nach einem stärkeren Einbeziehen der damals noch jungen papyrologischen Disziplin kam sein Schüler **Friedrich Oertel** nach.[37] Er legte 1917 eine wegweisende Studie zur Liturgie im griechisch-römischen Ägypten vor, welche nochmals die große Bedeutung der dokumentarischen Überlieferung verdeutlichte und im Jahr 1965 nachgedruckt wurde.[38] Neben einer steten Bemühung um die papyrologischen Quellen befasst sich Oertel in einer Makroperspektive ausführlich mit den Fragen zur generellen Rolle von Kapitalismus und Sozialismus in der Antike; bereits in dem vielbeachteten Nachwort zur dritten Auflage von R. von Pöhlmanns[39] zweibändigem ‚Sozialismus'-Werk thematisierte Oertel umsichtig die Anwendbarkeit moderner Termini in der Erforschung der antiken Wirtschaft und Gesellschaft.[40] Be-

---

34 *Wilcken*, Ostraka, 664 f.; vgl. *ders.*, Grundzüge und Chrestomathie der Papyruskunde. Bd. 1: Historischer Teil. Leipzig 1912, ND 1963, 239.
35 Vgl. *Rupprecht, H.-A.*, Kleine Einführung in die Papyruskunde. Darmstadt 1994 (ND 2005), 14 ff.
36 *Palme*, Wilcken, 1318.
37 Zu Oertel vgl. *Palme, B.*, Oertel, Friedrich, in: DNP Suppl. 6, 2012, Sp. 899–900; *Schneider*, Erforschung, 370 f.; für Oertels wirtschaftsgeschichtliche Schriften vgl. *Oertel, Fr.*, Kleine Schriften zur Wirtschafts- und Sozialgeschichte des Altertums, hrsg. v. Braunert H. Bonn 1975.
38 *Oertel, Fr.*, Die Liturgie. Studien zur ptolemäischen und kaiserlichen Verwaltung Ägypten. Leipzig 1917 (ND 1965).
39 Vgl. *von Pöhlmann, R.*, Geschichte der sozialen Frage und des Sozialismus in der antiken Welt, 2 Bde., mit einer Einleitung zur Neuausgabe v. Christ, K. Darmstadt 1984; zu von Pöhlmann vgl. *Christ*, Klio, 30 ff.; *Ruffing, K.*, Der Mensch als politisches und ökonomisches Wesen. Robert von Pöhlmann und die Geschichte der sozialen Frage und des Sozialismus in der Antike, in: *Deglau, C./Reinard, P. (Hgg.)*, Aus dem Tempel und dem ewigen Genuß des Geistes verstoßen? Karl Marx und sein Einfluss auf die Altertums- und Geschichtswissenschaften. Wiesbaden 2020, 199–223. Der Terminus ‚Kapitalismus' wurde auch von Guiseppe Salvioli in einer 1906 vorgelegten und bis 1985 in verschiedenen Auflagen und Übersetzungen publizierten Studien ‚Le capitalisme dans le monde antique. Etudes sur l'histoire de l'économie romaine' intensiv behandelt; vgl. *Salvioli, G.*, Le capitalisme dans le monde antique. Paris 1906 (ND 1979); *ders.*, Il Capitalismo Antico. Storia dell'economia romana. A cura di A. Giardina. Bari 1985. Er sah in der Antike keinen Kapitalismus im modernen Sinne, sondern lediglich ein Handels- und Wucherkapital, das durch Kauf und teureren Verkauf, nicht aber durch planvolle Kapitalbildung und Produktionsinvestitionen entstanden sei. Salviolis Positionen entsprechen frühen primitivistischen Positionen. Beeinflusst war er durch Karl Marx; vgl. *Wagner-Hasel*, Arbeit, 281; *Reinard*, Griechen, 142.
40 Vgl. *Christ*, Griechische Geschichte, 232.

sonders wichtig ist sein Vortrag ‚Die soziale Frage im Altertum' auf dem deutschen Historikertag in Breslau im Jahr 1926. Oertel erkannte einen ‚Sozialismus auf Teilung', der keineswegs eine Abschaffung von Privateigentum zum Ziel gehabt hätte. Strikt lehnte er einen Vergleich von antiker Massensklaverei, die für wirtschaftliche Entwicklung zentral gewesen sei, mit den Fabrikarbeitern des industriellen Zeitalters ab. Ferner kam er zu dem Schluss, dass Kapital in der Antike zumeist nicht in Produktion, sondern in Handel und Reederei, Staatspacht und Grundbesitz etc. investiert worden sei. Große Produktionsbetriebe seien in der Antike immer Zusammenschlüsse verschiedener Kleinbetriebe gewesen, hätten aber nicht unter einem kapitalstarken Betreiber gestanden; nach seiner Einschätzung hätte es in der Antike ‚Fabriken' im eigentlichen Sinne nicht gegeben. Hinsichtlich dieser Einschätzungen sowie der Bewertung der Sklaverei folgt Oertel Max Weber.[41] Stark beeinflusst war Oertel hingegen auch von Rostovtzeff, wie etwa ein 1939 publizierter Beitrag für die Cambridge Ancient History über das Wirtschaftsleben des römischen Kaiserreichs zeigt.[42] Hier greift er u. a. den von Rostovtzeff verwendeten Begriff der Bourgeoisie auf und sieht ebenso wie der russische Gelehrte in dieser Sozialschicht einen wesentlichen Träger der Wirtschaft.

Eine Sammlung der antiken Lohn- und Preisangaben sowie eine große Gesamtdarstellung der antiken Wirtschaftsgeschichte, die Oertel für die Reihe ‚Handbuch der Altertumswissenschaft' vorbereitete, konnte er leider nicht realisieren;[43] umfängliche Vorarbeiten wurden im Zweiten Weltkrieg zerstört.[44] Von der Gesamtdarstellung hätte man sicherlich erwarten dürfen, dass sie – in einer Tradition mit Wilcken stehend – sehr breit auf dokumentarischen Quellen aufgebaut, zudem sozioökonomische Perspektiven, die von v. Pöhlmann, Weber u. a. beeinflusst gewesen wären, eingenommen und ferner auch, beeinflusst von Rostovtzeff, moderne Termini und Konzepte auf die Antike angewendet hätte.[45]

---

41 *Christ*, Griechische Geschichte, 233.
42 *Oertel, Fr.*, The Economic Life of the Empire, in: CAH 12, 1939, 232–281 (= Kl. Schr. 1975, 364–416); s. auch *ders.*, The Economic Unification of the Mediterranean Region. Industry, Trade and Commerce, in: CAH 10, 1934, 382–423; vgl. *Schneider*, Erforschung, 371.
43 *Christ*, Klio, 54.
44 *Palme*, Oertel, 899.
45 Im Jahr 1925 publizierte Michael Schnebel seine auf papyrologischen Quellen aufgebaute Untersuchung der Landwirtschaft im hellenistischen Ägypten; das Werk wurde 1977 nachgedruckt. Ebenso wie Oertel, Rostovtzeff oder Préaux (s. u.) erschloss Schnebel darin in einer Forschungstradition mit Wilcken stehend das bis dahin in der Wirtschaftsgeschichte nur wenig wahrgenommene papyrologische Material; *Schnebel, M.*, Die Landwirtschaft im hellenistischen Ägypten. Bd. 1: Der Betrieb der Landwirtschaft. München 1925 (ND 1977); vgl. auch die kleineren Arbeiten *Schnebel, M.*, An Agricultural Ledger in P. Bad. 95, in: JEA, 14, 1928, 34–45; *ders.*, Die Geschäfte des Γάιος Ἰούλιος Φίλιος, in: Aegyptus, 13, 1933, 35–41. Weitere geplante Studien (vgl. *Kreucher*, Briefwechsel, Nr. 96) konnte Schnebel, der Jude war, leider nicht realisieren. Er und seine Ehefrau begingen wenige Tage nach der Reichspogromnacht im November 1938 Selbstmord; vgl. *Kreucher*, Briefwechsel, 186.

Die ‚modernistische' Seite wurde nachhaltig durch die einflussreichen und sämtliche Quellengattungen berücksichtigenden Arbeiten von **Michael I. Rostovtzeff** beflügelt.[46] Insbesondere seine beiden Gesamtdarstellungen, die ‚Social and Economic History of the Roman Empire' aus dem Jahr 1926 und die ‚Social and Economic History of the Hellenistic World' aus dem Jahr 1946, wurden zu Standardwerken, die bis heute in zahlreichen Übersetzungen, Auflagen und Nachdrucken rezipiert werden.[47] Rostovtzeff scheute sich nicht, ähnlich wie Meyer, moderne Termini auf die Antike anzuwenden, und erkannte im Hellenismus einen weitverzweigten kapitalistischen Handel, der von den Stadteliten getragen worden sei. Unter den institutionellen Rahmenbedingungen des Römischen Kaiserreiches habe sich dieser Handelsverkehr gesteigert und auch Produktion und Agrarwirtschaft hätten positive Entwicklungen, bis hin zur kapitalistischen Massenproduktion, vollzogen. Die städtischen Eliten waren für Rostovtzeff eine Bourgeoisie. Sie seien die wesentlichen Träger des Handels, aber auch der Kultur gewesen. Rostovtzeff identifiziert die ‚Bourgeoisie' als eigentlich wesentliche wirtschaftliche sowie letztlich politische Konstante.[48]

Rostovtzeffs Thesen bauen auf einer ganzheitlichen Quellenwahrnehmung auf. Wilckens Postulat befolgte er. Die papyrologischen Quellen,[49] aber auch die epigraphische, archäologische und numismatische Überlieferung[50] wurden von Rostovtzeff auf

---

46 Rostovtzeff verortete sich selbst, noch bevor er seine beiden Hauptwerke vorlegte, ausdrücklich auf der ‚modernistischen' Seite; vgl. *Rostovtzeff, M.*, Capitalisme et économie dans l'antiquité, in: Pallas, 33, 1987, 19–40; zu Rostovtzeff vgl. *Christ*, Gibbon, 334 ff.; *Andreau, J.*, M. Rostovtzeff et le ‚capitalisme' antique vu de Russie, in: Pallas, 33, 1987, 7–17; *Marcone, A. (Hg.)*, Michael I. Rostovtzeff. Scripta Varia. Ellenismo e impero romano. Bari 1995; *Heinen, H.*, Michael Ivanovich Rostovtzeff (1870–1952), in: *Raphael, L. (Hg.)*, Klassiker der Geschichtswissenschaft. Bd. 1: Von Edward Gibbon bis Marc Bloch. München 2006, 172–189; *Ruffing*, Spezialisierung, 2 f.; *Schneider, H.*, Rostovtzeff, Michael Iwanowitsch, in: DNP Suppl. 6, 2012, Sp. 1083–1089; *ders.*, Erforschung, 364 ff. (jeweils mit weiterer Literatur); ein Überblick zum wissenschaftsgeschichtlichen Forschungsstand zu Rostovtzeff bietet jetzt auch *Fichtner, N.*, Der Althistoriker Michail Rostovtzeff. Wissenschaft und Politik im vorrevolutionären und bolschewistischen Russland (1890–1918). Wiesbaden 2020, 15 ff. Ausdrücklich positionierte sich Rostovtzeff in einem Aufsatz über die Möglichkeit einer wirtschaftshistorischen Erklärung für den Untergang der antiken Welt auch gegen Karl Bücher und Max Weber; vgl. *Rostovtzeff, M.*, The Decay of the Ancient World and Its Economic Explanation, in: Economic History Review, 2, 1929/1930, 197–214; vgl. *Demandt*, Fall, 452 ff. (hier bes. 453 f.).
47 *Rostovtzeff, M. I.*, The Social and Economic History of the Roman Empire. 2 Bde. Oxford 1926. Die beiden monumentalen Werke erschienen 1931 und 1955 in deutscher Übersetzung und wurden mehrfach neu aufgelegt; auch in anderen Sprachen liegen die Studien bis heute vielfach vor.
48 *Christ*, Griechische Geschichte, 238.
49 Z. B. *Rostovtzeff, M. I.*, A Large Estate in Egypt in the Third Century B.C. A Study in Economic History. Madison 1922; vgl. *Heinen, H.*, Das hellenistische Ägypten im Werk M. I. Rostovtzeffs, in: *Kinsky, R. (Hg.)*, Offenheit und Interesse. Festschrift für Gerhard Wirth. Amsterdam 1993, 237–269.
50 Exemplarisch verwiesen sei hier nur auf seine verschiedenen Studien zur antiken Wandmalerei sowie die enorme Forschungs- und Publikationsarbeit zu Dura-Europos; vgl. *Christ*, Griechische Geschichte, 234 ff.; 468 ff. mit den verschiedenen bibliographischen Verweisen; vgl. auch die Studien zu römischen *tesserae*: *Rostovtzeff, M.*, Römische Bleitesserae. Ein Beitrag zur Sozial- und Wirtschaftsgeschichte der Römischen Kaiserzeit (2. ND 1979).

der damals breitest möglichen Grundlage rezipiert. Dies zeigt sich nicht nur in den beiden Hauptwerken, sondern auch in zahlreichen anderen Studien. Sein Bild der handeltreibenden städtischen Eliten, das drastisch von den Aussagen der literarischen Quellen abwich, gründete er bspw. umsichtig auf inschriftliche und ikonographische Zeugnisse. Die breite Quellenbasis erlaubte Rostovtzeff eine vom Austausch von Konsumgütern geprägte antike Welt zu zeichnen, in der Märkte und Produktionsorte vielfach verbunden waren; bemerkenswert ist z. B. seine These, der Aufstieg des römischen Galliens zur bedeutendsten Industrielandschaft hätte einen Niedergang der italischen Produktion bedingt. Trotz seiner ‚modernistischen' Terminologie und Einschätzung betonte Rostovtzeff auch die klaren Unterschiede zwischen antiker und moderner Ökonomie. So sei selbst in der Hochphase des Kaiserreiches die Agrarwirtschaft für die Gesellschaft immer noch der wichtigste Wirtschaftsbereich gewesen und der enorme Handel sei letztlich doch klar hinter den Entwicklungen des frühneuzeitlichen Kapitalismus zurückgeblieben; für die hellenistische Wirtschaft, die nach Rostovtzeff nicht so weit entwickelt war wie die kaiserzeitliche, zeichnete er diese Unterschiede noch deutlicher.[51] Insgesamt vertrat Rostovtzeff eine ‚modernistische' Perspektive, differenzierte und abstrahierte dabei die Unterschiede zwischen hellenistischer, römischer und moderner Wirtschaft klar und führte in seinen beiden Hauptwerken eine beeindruckende Quellenvielfalt und eine entsprechend methodisch breite Quellenkritik eindringlich vor Augen.[52]

Mit zwei vielbeachteten und anregenden Monographien zur griechischen Wirtschaftsgeschichte in archaischer und klassischer Zeit, erschienen in den Jahren 1928 und 1931, leistete **Johannes Hasebroek** einen wichtigen Beitrag.[53] Er ging, auch wenn er ansonsten gewisse Distanzen zu Büchers Thesen aufweist, ebenfalls von einer relativ geschlossenen Hauswirtschaft aus, sah eine klare Dominanz der Agrarwirtschaft vor anderen ökonomischen Betätigungen wie Handel etc. und lehnte den Gebrauch moderner Termini ab.[54] Griechische Stadtstaaten hätten keine Wirtschafts- und Handelspolitik betrieben, wie man dies für moderne Nationalstaaten beobachten könne.[55] Den Poleis sei es um eine gesicherte Nahrungsmittelbeschaffung sowie um konstante

---

51 *Schneider*, Rostovtzeff, 1087.
52 Während Rostovtzeffs Arbeiten bis heute berühmt und vielrezipiert sind, ist im deutschen Sprachraum die Studie von Paul Cloché kaum noch bekannt (*Cloché, P.*, Les classes, les métiers, le traffic. Paris 1931). Bemerkenswert an diesem Werk ist die sehr breite Berücksichtigung der archäologischen Überlieferung, die ebenso wie bei Rostovtzeff für die Wirtschaftsgeschichte erschlossen wurde; vgl. *Schneider*, Erforschung, 370.
53 Zu Hasebroek vgl. *Pack, E.*, Johannes Hasebroek und die Anfänge der Alten Geschichte in Köln. Eine biographische Skizze, in: Geschichte in Köln, 21, 1987, 5–42; *Christ*, Griechische Geschichte, 230 ff.; *Ruffing*, Spezialisierung, 4; *Schneider*, Erforschung, 358 ff.; *Reinard*, Griechen, 142 ff. Bereits vor seinen beiden wichtigen Monographien hatte Hasebroek einschlägige Aufsätze zu Einzelaspekten der griechischen Wirtschaft vorgelegt: *Hasebroek, J.*, Griechisches Bankwesen, in: Hermes, 55, 1920, 113–173; *ders.*, Die Betriebsformen des griechischen Handels im IV. Jahrhundert, in: Hermes, 58, 1923, 393–425.
54 *Ruffing*, Spezialisierung, 4.
55 *Christ*, Griechische Geschichte, 231.

fiskalische Staatseinnahmen gegangen, doch seien darüber hinaus ökonomische Strategien und Mechanismen nicht entwickelt bzw. erkannt worden. Einen Übergang von der Haus- zur Stadtwirtschaft erkannte Hasebroek für das 6. Jh. und eine Weiterentwicklung hin zur Geldwirtschaft erst für das 5. Jh. v. Chr.,[56] wobei stets die landwirtschaftliche Produktion am wichtigsten gewesen sei und der Handel wenig Bedeutung gehabt hätte. Nach Hasebroek gab es zwar einen Markthandel, dieser hätte jedoch das Verhalten der durch landwirtschaftliche Eigenproduktion versorgten Menschen kaum beeinflusst.[57] In Archaik und Klassik habe es, so Hasebroek in Auseinandersetzung mit Gedenken und Ideen Max Webers, nur den *homo politicus*, nicht den *homo oeconomicus* gegeben. Entsprechend deutlich von Weber beeinflusst, betont Hasebroek die militärische Bedeutung der griechischen Stadtstaaten sowie die Notwendigkeit der Poleis, Ernährung und Schutz der Bürger zu gewährleisten.[58] Hieraus erwächst in Hasebroeks Darstellung eine relative ökonomische Isolation einzelner Städte, die um Ressourcen ringen müssten. Explizit betont Hasebroek, dass seine Ausführung, die man klar dem Primitivismus zurechnen muss, stets die vorhellenistische Zeit im Blick hätte, da er ab der zweiten Hälfte des 4. Jh. v. Chr. klare Veränderungen in der antiken Wirtschaft ausmacht, die er jedoch nicht ausführlich analysiert hat.

Der Ökonom und Wirtschaftshistoriker **Lujo Brentano** publizierte 1929 wiederum eine modernistische Studie, die auf einer umsichtigen Analyse der literarischen Überlieferung sowie einer kritischen Prüfung der Forschungsmeinungen von Forschern wie Büchsenschütz und Rodbertus aufbaute;[59] auch mit den Einschätzungen von Karl Marx setzte sich Brentano sehr kritisch auseinander. Er erkannte u. a. eine große Bedeutung des Handels in griechischer Zeit und lehnte Büchers Stufenmodell ab.

Im Jahr 1933 wurde der ‚Economic Survey of Ancient Rome' (ESAR) initiiert, dessen Leitung **Tenny Frank** übernahm. Diese fünf Bände sowie einen Indexband umfassende Serie hatte zum Ziel, die einschlägigen Quellenzeugnisse sämtlicher Überlieferungsgruppen für die Wirtschaftsgeschichte der Republik- und der Kaiserzeit zusammenzustellen. Dies erfolgte ohne theoretisches Modell, die direkte Quellenaussage sollte stets im Fokus stehen.[60] In gewisser Hinsicht stehen die ESAR-Bände in einer Tradition mit Wilcken und Rostovtzeff, die eine umfassendere Quellenberücksichtigung – insbesondere im Bereich der dokumentarischen und archäologischen Überlieferung – gefordert und den entsprechenden Mehrwert durch eigene Studie demonstriert hatten.[61]

---

56 *Christ*, Griechische Geschichte, 231.
57 *Reinard*, Griechen, 143 f.
58 Vgl. *Christ*, Griechische Geschichte, 232.
59 Vgl. *Reinard*, Griechen, 146 f.
60 *Drexhage/Konen/Ruffing*, Wirtschaft, 2; *Ruffing*, Spezialisierung, 4; zur ESAR-Serie vgl. auch *Schneider*, Erforschung, 369.
61 Von den ESAR-Bänden ist u. a. das 1936 erschienene Werk über das römische Ägypten von *Johnson, A. C.*, Roman Egypt to the Reign of Diocletian, in: *Frank, T. (Hg.)*, An Economic Survey of Ancient Rome, Bd. 2. Baltimore 1936 (ND 1975) bis heute ein vielzitiertes Standardwerk. Erwähnt sei hier auch der ESAR-Beitrag von *Heichelheim, F. M.*, Roman Syria, in: *Frank, T. (Hg.)*, An Economic Survey of Ancient Rome, Bd. 4. Baltimore 1938, 181–258.

Die erste fachwissenschaftliche Gesamtdarstellung der antiken Wirtschaftsgeschichte, die vom Paläolithikum bis in das 7. Jh. n. Chr. reichte, wurde 1938 von **Fritz Moritz Heichelheim** versucht.[62] Die monumentale Untersuchung erschien in verschiedenen Sprachen und fand zu Recht eine weite Verbreitung; im Jahr 1968 verstarb Heichelheim, während er die englische Neuauflage seines Werkes bearbeitete.[63] Neben der chronologischen Breite zeichnet sich die Studie auch durch eine reichhaltige und vielschichtige Quellenerfassung aus.[64] Heichelheim hatte, bevor er durch den Nationalsozialismus zur Flucht aus Deutschland gezwungen wurde, in Gießen auch sehr verdienstvoll an den Papyri und Ostraka der Universitätssammlung gearbeitet. Dementsprechend war ihm die dokumentarische und archäologische Überlieferung sehr wichtig. Inhaltlich besonders bemerkenswert ist die Anwendung des Begriffs eines Wirtschaftsgeistes sowie der Theorie unterschiedlicher Wirtschaftsstile; hier war Heichelheim maßgeblich von dem einflussreichen Konjunkturforscher Arthur Spiethoff beeinflusst. Intensiv wurden die Termini und die dahinterstehenden Strukturvorstellungen der ‚Stile' Hauswirtschaft, Stadtwirtschaft, Landschaftswirtschaft und Volkswirtschaft verwendet. Nur auf den ersten Blick erscheint dies wie eine Erweiterung des u. a. seit Bücher bekannten Stufensystems. Allerdings ist Heichelheims Bild der antiken Wirtschaft deutlich weniger schematisch und hinsichtlich der Entwicklungen dynamischer. Ab dem 6. Jh. v. Chr. sieht er in Griechenland eine Stadtwirtschaft ausgeprägt, die durch wirtschaftlichen Austausch und eine etablierte Geldwirtschaft im ganzen östlichen Mittelmeerraum üblich wurde, sowie – aufgrund der phönizischen Kulturräume und der griechischen Kolonisation – auch gen Westen ausstrahlte; ab dem 5./4. Jh. v. Chr. erkannte Heichelheim dann für den westlichen Mittelmeerraum, aber auch für den Schwarzmeerraum die Stadtwirtschaft als typisch an. Zugleich habe sich im 4. Jh. v. Chr. in Griechenland der Stil der Landschaftswirtschaft etabliert. Diese habe schließlich den ganzen, im weitesten Sinne griechischen Großraum von Sizilien bis zum Perserreich geprägt. Die hellenistischen Staaten deutet Heichelheim dann als Flächenstaaten. Es waren nun nicht mehr die Bürger einzelner Städte, sondern größere und sozial breitere Gesellschaftsgruppen, die zum politisch-militärischen, kulturell-religiösen und wirtschaftlichen Träger dieser Flächenstaaten wurden. Diese ausgedehnten Gemeinwesen seien durch Landschaftswirtschaften geprägt gewesen, hätten aber nach und nach einen neuen Wirtschaftsstilwechsel erreicht. Heichelheim erkannte hier die Anfänge des Volkswirtschaftsstils, da die hellenistischen Staaten in ihren Herrschaftsgebieten eine wirtschaftlich vereinende

---

[62] *Heichelheim*, Wirtschaftsgeschichte. Ein Nachdruck erfolgte 1969; eine zweite, erweiterte Auflage in englischer Übersetzung wurde 1958–1970 publiziert; vgl. auch die italienische Ausgabe: *ders.*, Storia Economica del Mondo Antico. Introduzione di M. Mazza. Bari 1972.
[63] *Ruffing*, Spezialisierung, 5; vgl. zu Heichelheim auch *Christ*, Römische Geschichte, 193 ff.; *Kreucher*, Briefwechsel, 105 ff.; *Schneider*, Erforschung, 372.
[64] Gewiss liegt ein Vergleich der beiden Großwerke von Heichelheim und Rostovtzeff nahe, wobei Zweitgenannter eine vielfach breitere und bis heute nachhaltigere Wirkung entfachte; vgl. *Christ*, Römische Geschichte, 193.

Entwicklung ausgelöst hätten. Durch den Aufstieg Roms sei diese Entwicklung gestoppt worden. Rom selbst habe innerhalb seines Imperiums keine einende Funktion ausgelöst, eine beginnende Volkswirtschaft bzw. Ansätze des entsprechenden Wirtschaftsstils habe es deswegen nicht mehr gegeben. In der Spätantike erkennt Heichelheim dann eine nichtgeeinte Mischung aus Haus-, Stadt-, Landschafts- und Volkswirtschaftsstil. In der ausgehenden Antike sei Rom sowie ferner das Sasanidenreich zu einem Feudalismus geworden, wobei der Hauswirtschaftsstil charakteristisch geworden sei.

Diese anhand von Wirtschaftsstilen abstrahierte Entwicklung wird bei Heichelheim durch die Wahrnehmung eines Wirtschaftsgeistes flankiert. So sieht er in der griechischen Archaik einen universalistisch geprägten Wirtschaftsgeist, dessen Bezugsgrößen die Familie und daran anknüpfend dann die Bürgergemeinschaft der Stadtstaaten sind. Die klassische Zeit ist dann besonders von den Metöken (Ansiedlern ohne Bürgerrechte) geprägt, die einen – dann auch die Polisbürger erfassenden – Wirtschaftsindividualismus entwickelt hätten. Daran anknüpfend seien der Hellenismus und die Kaiserzeit von einem noch vielschichtigeren Wirtschaftsindividualismus geprägt gewesen.

Unabhängig davon, wie man Heichelheims Bild der antiken Wirtschaft heute beurteilen möchte, muss festgehalten werden, dass seine Darstellung sehr individuell und innovativ war. Er durchbrach den Rahmen der Modernismus-Primitivismus-Debatte und entwickelte dank des von außen in die Althistorie eingeführten Modells der Wirtschaftsstile ein eigenständiges, differenzierteres Bild.

Nachdem Wilcken bereits für eine Erschließung der Papyri und Ostraka als wirtschaftshistorische Quellen geworben und den Mehrwert selbst demonstriert hatte, erfolgt im Jahr 1939 mit der großen und bis heute für die Erforschung des hellenistischen Ägyptens grundlegenden Studie ‚L'économie des Lagides' von **Claire Préaux** ein weiteres wichtiges Werk, das sich auf die in Rede stehende Überlieferungsgruppe fokussierte und einen bleibenden wirtschaftshistorischen Mehrwert erzeugte.

Im Jahr 1944 legte dann der Soziologe und Wirtschaftshistoriker **Karl Polanyi** sein berühmtes Werk ‚The Great Transformation' vor.[65] Polanyi ging von der Grundprämisse aus, dass die moderne Marktwirtschaft erst durch die industrielle Revolution entstanden sei; moderne wirtschaftstheoretische Vorstellungen und Terminologien seien deshalb nicht unreflektiert auf die Antike anwendbar.[66] In früherer Zeit hätte sich keine Marktwirtschaft entwickeln können und der Güter- und Warenaustausch sei nicht über Märkte, sondern durch andere gesellschaftlich bedingte Formen des

---

[65] Eine deutsche Übersetzung erschien im Jahr 1978 und erhielt später weitere Auflagen; vgl. ebenso das zwar zumeist im Schatten von ‚The Great Transformation' stehende, aber für die althistorische Wirtschaftsgeschichte ebenso anregende Werk ‚Ökonomie und Gesellschaft'; vgl. ferner auch Polanyi, Economies.
[66] Zu Polanyi vgl. *Schneider, H.*, Polanyi, Karl, in: DNP Suppl. 6, 2012, Sp. 999–1001 (mit weiterer Literatur).

Austauschs wie die Reziprozität und Redistribution durchgeführt worden; Polanyi rezipierte Vorstellungen und Termini aus der Ethnologie. Neben diesen beiden besonderen, nicht marktgebundenen Distributionsformen erkannte Polanyi als dritte charakteristische Besonderheit der vormodernen Wirtschaft die Autarkie. Polanyi sah durchaus, dass das Altertum Märkte entwickelt hatte, er beschied diesen allerdings eine lediglich lokale und nebensächliche Bedeutung. Das lokale Marktgeschehen habe keinen Einfluss auf die Wirtschaftsmentalität gehabt. Autarkie, Reziprozität als sozioökonomische Verhaltensnorm sowie die Redistribution von Gütern seien innerhalb antiker bzw. vormoderner Gemeinwesen die entscheidenden Aspekte einer ‚Wirtschaft' gewesen.

Für den Fernhandel entwickelte Polanyi die Modellvorstellung des ‚port of trade'; dieser war ein institutioneller Ort, an welchem Austausch zwischen Fernhandelsakteuren mit möglichst geringen Kontakten und Konflikten stattfinden konnte. Enge Verbindungen und dynamische Steigerungen von freien Handels- und Austauschkontakten spielten dabei eine Nebenrolle. Für den antiken Fernhandel, so Polanyi, sei die direkte staatliche Regelung entscheidend; bei diesem Konzept eines ‚administered trade' konzentriert sich Polanyi besonders auf das klassische Athen.

Ein großer Verdienst von Polanyi ist die Betonung der ‚Einbettung' wirtschaftlicher Aktivitäten in soziale Normen, Regeln und Institutionen. Polanyi beeinflusste u.a. hinsichtlich des Bewusstseins für eine ‚embedded economy' direkt Finley, der in seinen eigenen Arbeiten viele Vorstellungen und Ideen von Polanyi aufgriff und weiterentwickelte.

Arnold H. M. Jones hat sich im Rahmen seiner zahlreichen Studien zur griechisch-römischen Antike hinsichtlich der Wirtschaftsgeschichte insbesondere mit einer These zur ökonomischen Bedeutung der Städte hervorgetan.[67] Für ihn waren die Städte keine Produktionszentren, sondern im Sinne Max Webers reine Konsumentenstädte; neben einem dezidiert der Wirtschaftsgeschichte gewidmeten Buch sind vor allem seine Studien zu antiken Städten zu nennen.[68] In den städtischen Zentren lebten die im Umland über Landbesitz verfügenden urbanen Eliten. Güterzirkulation lief also vorrangig nur lokal ab und agrarwirtschaftliche Betätigung blieb in der Antike stets der Hauptinhalt des Wirtschaftslebens. Jones' monumentale ‚Geschichte der Spätantike'[69] schloss chronologisch und inhaltlich – wie bereits der Untertitel ‚A Social, Economic, and Administrative Survey' ankündigt – im weitesten Sinne an Rostovtzeffs Werk zur Sozial- und Wirtschaftsgeschichte an. Jedoch gelangte Jones anders

---

[67] Vgl. *Rebenich, St.*, Jones, Arnold Hugh Martin, in: DNP Suppl. 6, 2012, Sp. 627 ff.; vgl. auch *Ruffing*, Spezialisierung, 6.

[68] *Jones*, History; für die Forschungen zum Stadtwesen sei exemplarisch auch auf *ders.*, The Cities of the Eastern Roman Provinces. Oxford 1937 (ND 1971); *ders.*, The Greek City from Alexander to Justinian. Oxford 1940; *ders.*, The Economic Life of Towns of the Roman Empire, in: *ders.*, Roman Economy, 35–60 verwiesen.

[69] *Jones*, The Later Roman Empire, 284–602. A Social, Economic, and Administrative Survey. 3 Bde. Oxford 1964, ND 1973.

als der russische Historiker zu einer deutlich primitivistischeren Bewertung. Auf Finley und andere englischsprachige Forscher in der Wirtschaftsgeschichte hatte Jones großen Einfluss.

Für die griechische Wirtschaftsgeschichte war die von **Michel Austin und Pierre Vidal Naquet** vorgelegte Monographie aus dem Jahr 1972 einflussreich;[70] sie erschien 1984 in deutscher Übersetzung. Die beiden französischen Historiker vertraten eine ebenfalls primitivistisch orientierte Deutungsweise und betonten insbesondere die herausragende Rolle des Sklaveneinsatzes. Insgesamt sind ihre Positionen in vielen Bereichen mit denen von Finley vergleichbar, der mit seinem ein Jahr später erschienenen Buch die althistorische Wirtschaftsgeschichtsschreibung maßgeblich beeinflussen sollte.

Moses I. Finley hat bis heute einen großen unmittelbaren und mittelbaren Einfluss auf die Forschung. Er wurde, wie oben schon gesagt, insbesondere von Karl Polanyi, ferner aber auch von Max Weber beeinflusst[71] und sprach sich nachdrücklich gegen eine modernistische Sichtweise der antiken Wirtschaftsgeschichte aus. Sein Hauptwerk ist die bis heute in mehreren Auflagen und Übersetzungen publizierte Monographie ‚The Ancient Economy' aus dem Jahr 1973.[72] Es handelt sich um ein immer noch unverzichtbares Standardwerk, dessen argumentativ weitsichtige und meinungsstarke Thesen einen steten Bezugspunkt für Diskussionen über wirtschaftsgeschichtliche Bewertungen darstellen. Finley fokussierte sich hauptsächlich auf literarische Quellen,[73] integrierte soziologische Perspektiven und arbeitete komparativ, indem er Vergleichsmaterial aus der jüngeren Vergangenheit heranzog.

Anders als etwa Meyer, Rostovtzeff oder Oertel, aber ähnlich wie Weber lehnte Finley die Anwendung moderner Termini ab.[74] Sein Hauptargument gründete darin,

---

70 *Austin, M./Vidal Naquet, P.*, Economies et sociétés en Grèce ancienne. 2. Aufl. Paris 1973.
71 Weitere Einflüsse waren u. a. auch M. Bloch, H. Pirenne oder K. Marx, mit deren Werken sich Finley intensiv beschäftigte, sowie im direkten Austausch auch A. A. Schiller, M. Horkheimer, W. L. Westermann oder A. H. M. Jones; vgl. *Schneider, H.*, Finley, Moses I., in: DNP Suppl. 6, 2012, Sp. 402; vgl. zu Finley und Marx auch *Reinard*, Griechen, 127 f. Trotz dieser verschiedenen Einflüsse zeigt sich im Finley'schen Werk sehr deutlich eine große innovative Individualität. *Christ, K.*, Neue Profile der Alten Geschichte. Darmstadt 1990, 337 fasst dies trefflich zusammen: „Finley ging weder in Westermanns papyrologischen Untersuchungen noch in Schillers juristischen Forschungen, weder in Horkheimers sozialwissenschaftlichen Initiativen noch in Polanyis wirtschaftswissenschaftlichen Aktivitäten völlig auf. Er wurde weder zum orthodoxen Marxisten noch zum rein pragmatischen Ökonomen. Er war eine eigenwüchsige, starke Persönlichkeit, welche die verschiedensten geistigen Strömungen von Vergangenheit und Gegenwart auf selbständige Weise in sich zu verbinden wußte."
72 Im Jahr 1985 erfolgte eine zweite Auflage, die um ein Kapitel erweitert war. Inzwischen ist die mit einem wissenschaftsgeschichtlich sehr lesenswerten Vorwort von I. Morris versehene Ausgabe von 1999 zur Lektüre heranzuziehen; eine deutsche Übersetzung erfolgte 1977 (3. Aufl. 1993); vgl. *Rebenich, St.*, C. H. Beck 1763–2013. Der kulturwissenschaftliche Verlag und seine Geschichte. München 2013, 632.
73 Zu Finleys Distanz zu dokumentarischen Quellen vgl. *Bagnall, R. S.*, Evidence and Models for the Economy of Roman Egypt, in: *Manning, J. G./Morris, I.* (Hgg.), The Ancient Economy. Evidence and Models. Stanford 2005, 187 f.
74 Zu Finley vgl. *Christ*, Profile, 317 ff.; *Ruffing*, Spezialisierung, 7 ff.; allgemein vgl. *Tschirner, M.*, Moses I. Finley. Studien zu Leben, Werk und Rezeption. Diss. phil. Marburg 1994; *Nippel, W.*, Moses I.

dass die antiken Sprachen selbst kein Wort für abstrakte Begriffe wie ‚Wirtschaft', ‚Arbeit' oder ‚Markt' gehabt hätten. Folglich sei die ‚Wirtschaft' in antiken Gesellschaften von geringer Bedeutung gewesen. Durch die Anwendung moderner Termini würden nach Finley also ein schiefes Bild und eine Überinterpretation entstehen. Besonders betonte Finley, dass die Antike kein interdependentes und integriertes Marktsystem entwickelt hätte. Vielmehr habe ein Autarkiebestreben bzw. eine Subsistenzwirtschaft vorgeherrscht. Zwar hätte es kleinere Märkte gegeben. Diese seien aber von regionaler Bedeutung gewesen und aufgrund der dominierenden Subsistenzwirtschaft ländlicher Anwesen, die in der Kaiserzeit zudem zunehmend geringeren Landbesitz besessen hätten, wäre es kaum zu einer Überproduktion gekommen. Verfügbare Güter für einen freien Markthandel habe es somit nur bedingt gegeben.

Antike Eliten waren nach Finley in erster Linie Landbesitzer, während Händler, Handwerker und Gewerbetreibende stets ein niedriges soziales Prestige gehabt hätten. Diese Sicht gründet sich auf der Analyse antiker Literaturquellen, die zumeist von hohen gesellschaftlichen Personenkreisen für eine hohe städtische Sozialschicht geschrieben wurden. Finleys Bewertung der Bedeutung von Handel und Handwerk steht in vieler Hinsicht konträr zu Rostovtzeffs Einschätzung, der basierend auf Epigraphik und Archäologie für die Provinzen des römischen Reiches die Meinung vorbrachte, dass insbesondere der Handel für soziale städtische Eliten von großer Bedeutung gewesen sei. In Finleys Bild fügt sich auch seine Bewertung der Berufsvereine ein, die nicht bestanden hätten, um ökonomische Interessen zu vertreten bzw. nicht bestanden hätten, damit ihre Mitglieder ökonomische Vorteile, Informationen etc. generierten. Antike Vereine seien nicht mit den späteren Gilden vergleichbar.

Ein weiteres Grundcharakteristikum der antiken Wirtschaft sei nach Finleys Einschätzung der umfängliche Einsatz von Sklaven in Landwirtschaft und Produktion.[75] Freie Lohnarbeit habe nur eine untergeordnete Rolle gespielt. Finley deutet die antike Gesellschaft als eine Sklavenhaltergesellschaft. Die Bedeutung des Einsatzes von Sklaven sowie auch die bereits angesprochene geringe Größe vieler ländlicher Agrarbetriebe hätten ferner auch dazu geführt, dass es kaum technologischen Fortschritt gegeben habe. Ein Bestreben, Überschüsse und Profite zu steigern, sei nicht feststellbar. Die Mehrung von Landbesitz, nicht die Steigerung von Produktion sei ein grundsätzliches Bestreben in der antiken Wirtschaft gewesen.

Finleys negative Einschätzung des antiken Handels verbindet er mit dem von Weber beeinflussten Bild einer parasitären Konsumentenstadt. Güter zirkulierten nur regional, wobei reiche Familien sich durch ihren Landbesitz und der auf ihnen betrie-

---

Finley, in: *Raphael, L. (Hg.)*, Klassiker der Geschichtswissenschaft, Bd. 2. München 2006, 63–76; *Schneider*, Finley (mit weiterer Literatur); *Rebenich*, Beck, 630 ff.

[75] Zu Finleys zahlreichen Sklavereistudien vgl. u. a. *Christ*, Profile, 324 ff.; zur sog. Finley-Vogt-Kontroverse vgl. *Deissler, J.*, Cold Case? Die Finley-Vogt-Kontroverse aus deutscher Sicht, in: *Heinen, H. (Hg.)*, Antike Sklaverei: Rückblick und Ausblick. Neue Beiträge zur Forschungsgeschichte und zur Erschließung der archäologischen Zeugnisse. Stuttgart 2010, 77–93.

benen Subsistenzwirtschaft vom Markthandel autark gemachten hätten. Die geringe Bedeutung des Handels zeige sich ferner an den Bedingungen des Transportwesens. Straßen seien nicht mit dem Ziel, den wirtschaftlichen Austausch zu verbessern – denn dieser war ja nur regional ausgeprägt –, sondern aufgrund militärischer oder politischer Motive angelegt worden. Über Wasser- und Seewege sei zwar ein größerer Handelsverkehr möglich gewesen, doch ließe sich dieser kaum beobachten. Nur Luxusgüter seien im Fernhandel interessant gewesen. Die Finanzierung von lokalen Importen habe eine (Konsumenten-)Stadt lediglich durch landwirtschaftliche Produktion und Landbesitz generiert, nicht durch den Export handwerklicher Erzeugnisse und ähnlichem. Daran schließt auch die Einschätzung an, dass es in den antiken Staaten keine Wirtschaftspolitik gegeben habe, sondern allenfalls eine ‚Nahrungspolitik' sowie ggfs. das Bestreben, steuerliche Einkünfte zu steigern. Allerdings hätte die Antike den Zusammenhang von Wirtschaftsentwicklung und der Erhebung staatlicher Abgaben nicht erfasst.

Finleys Darstellung der Wirtschaft der griechisch-römischen Antike bleibt bis heute bedeutend. Sein fulminantes Buch versuchte eindringlich, die tieferen Strukturen der antiken Wirtschaft freizulegen. Dabei sah er, wie zwingend die Kombination sozial- und wirtschaftsgeschichtlicher Fragen und Methoden war. Seit Polanyi und Finley, aber ebenso auch Austin und Vidal Naquet, wurde die bis heute wichtige Forschungsperspektive der ‚embedded economy' in der Erforschung der antiken Wirtschaft etabliert. Ferner legte Finley eindringlich die Unterschiede zwischen moderner und antiker Wirtschaft offen. Die Forschungsperspektive, die ‚The Ancient Economy' vorgab, wird gelegentlich als Neoprimitivismus bezeichnet.

In der deutschsprachigen Forschung wurde die Einführung in die antike Wirtschaft aus dem Jahr 1976 von **Thomas Pekáry** sehr einflussreich;[76] das Buch wurde 1979 erneut aufgelegt und blieb bis in die 1990er Jahre neben der Übersetzung von Finleys Werk die einzige deutschsprachige Einführung in die griechisch-römische Wirtschaftsgeschichte. Pekáry vertrat ebenfalls eine primitivistische Sichtweise, die sich in vielen Punkten mit Finleys Darstellung verbinden ließ. In zwei Bereichen sind jedoch grundsätzliche Unterschiede auszumachen. Pekáry trat im Gegensatz zu Finley für einen theorie- und modellfreien Zugriff auf die antiken Quellen ein; er lehnte nicht nur die Übertragung moderner Terminologie ab, sondern betonte die Notwendigkeit einer gänzlichen Loslösung von soziologischen und wirtschaftswissenschaftlichen Modellen. Zudem sah er die dringende Notwendigkeit, das vielfältige Quellenmaterial in allen verfügbaren Überlieferungsgruppen für die Wirtschaftsgeschichte in Wert zu setzen. Hier knüpfte Pekáry an Historiker wie Wilcken und Rostovtzeff an, die eine Erweiterung der Quellenbasis für die Bewertung der antiken Wirtschaft bereits nachhaltig betont und umgesetzt hatten.

In seiner 1979 vorgelegten Gesamtdarstellung der römischen Wirtschaftsgeschichte[77] positionierte sich **Francesco de Martino** gegen die von Modernisten bemühte

---

76 *Ruffing*, Spezialisierung, 10.
77 Im Jahr 1985 erschien das Werk in einer deutschen Übersetzung; eine zweite Auflage folgte 1991.

Bezeichnung der antiken Wirtschaft als ‚kapitalistisch' und betonte ähnlich wie Finley die mangelhafte technische Weiterentwicklung in der Antike.[78] Andere primitivistische Einschätzungen wies er hingegen zurück. Ihm galt die Wahrnehmung der Wirtschaft als ‚embedded economy' und der damit verbundene theoretische Zugriff als zu modellhaft bzw. schematisch. Ferner folgt er nicht der Bewertung, dass der Markt bzw. Markthandel keine große Rolle im Wirtschaftsleben gespielt hätte. Hinsichtlich der Sklaverei konstatierte de Martino zwar scharfsinnig, die theoretisch denkbare Konsumentenschicht sei durch Sklaveneinsatz reduziert worden. Allerdings war – anders als für verschiedene Primitivisten – für ihn eine auf Sklavenarbeit aufbauende Wirtschaft hinsichtlich Produktivität nicht grundsätzlich einer Lohnarbeiterwirtschaft unterlegen. Übereinstimmend mit anderen Forschern wie etwa Finley erkannte de Martino dann wiederum die fehlende Ausprägung einer theoretischen Wirtschaftswissenschaft. Da die höchsten sozialen Gruppen ihr Vermögen in Landbesitz angelegt hätten, sei hier keine dynamische Entwicklung entstanden, die ein tieferes Verständnis der Wirtschaft hätte erzeugen können.

Eine vorherrschende *domus*-Wirtschaft erkennt de Martino für das frühe archaische Rom, wobei zum einen die Landwirtschaft in allen Phasen Roms die Grundlage der Wirtschaft war und es zum anderen stets auch ökonomischen Austausch mit Auswärtigen gegeben habe. Mit dem Ausweiten der Geldwirtschaft habe sich der Handel immer weiter verbreitet und schließlich habe die Wirtschaft ab der augusteischen Zeit einen Aufschwung genommen und die Beschränkung auf eine Hauswirtschaft war nicht mehr wesentlich. Als wichtiger Akteur in der Phase des Aufschwungs in der Kaiserzeit benennt de Martino den Ritterstand. Seine Einschätzung der kaiserzeitlichen Wirtschaft lässt sich in den wesentlichen Grundpositionen mit der Einschätzung Rostovtzeffs abgleichen. Für die Spätantike betont de Martino die Folgen des äußeren Drucks, die den Warenverkehr nach und nach einschränkten.

Im Jahr 1982 hat **Herbert Grassl** in einer wegweisenden Monographie bis dahin wenig beachtete literarische Quellen frei von einer theoretischen Grundannahme analysiert. Seine Studie war hinsichtlich der häufig auf selektiver Quellenwahrnehmung beruhenden Bewertung der antiken Wirtschaftsmentalität sehr wichtig, konnte er doch ein Bewusstsein für abstrakte ökonomische Entwicklungen und Kausalität in der Literatur breit aufzeigen.

Häufig wurde die Forschungsgeschichte der antiken Wirtschaftsgeschichte, die seit der Bücher-Meyer-Kontroverse von Modernismus und Primitivismus geprägt wird, mit der Metapher ‚Schlachtfeld' beschrieben. Dieses markante Wort verwendete 1983 **Keith Hopkins**[79] und positionierte sich selbst nachdrücklich auf der primitivistischen Seite; man spricht gelegentlich – so auch Hopkins selbst – von einer ‚primitivistischen Orthodoxie', die die folgenden, direkt von Finley beeinflussten Positionen als

---

78 *Ruffing*, Spezialisierung, 11 f.
79 *Hopkins*, Introduction, IX: „The Ancient Economy is an Academic Battleground"; vgl. *Drexhage/Konen/Ruffing*, Wirtschaft, 1; *Ruffing*, Spezialisierung, 12; *ders.*, Orthodoxie, 3.

Grundannahme vertritt: Hopkins betont die Autarkie. Dörfer, Stadtsiedlungen oder einzelne Regionen hätten in der Antike in aller Regel das herstellen können, was sie für ihre Versorgung benötigten. Die Gesellschaft sei stets landwirtschaftlich geprägt gewesen. Während der überwiegende Teil der Bevölkerung mit der Produktion lebensnotwendiger Güter befasst gewesen sei, hätten reiche und sozial hochstehende Landbesitzer in städtischen Zentren gelebt. In diesen bildeten sich lokale Märkte, die die nötigen Produkte aus dem nahen Umfeld bezogen. Auch Handwerkproduktion bildete sich in diesen Zentren aus, stellte aber nur Produkte für den lokalen Markt her. Überregionaler Handel spielte insgesamt nur eine sehr untergeordnete Rolle. Landtransport sei zu teuer und deshalb nur für Luxusgüter profitabel gewesen. Auch der Seehandel habe kaum eine größere Bedeutung erlangt. Hopkins unterstreicht hinsichtlich der minderen Bedeutung des Handels u. a. zwei wesentliche Punkte: die geringe theoretische Konsumentenschicht, die als Abnehmer von Waren hätte dienen können, sowie die aufgrund technischer und struktureller Schwächen nicht erfolgte Produktionssteigerung, weshalb größere Exporte nicht möglich gewesen wären. Deutlich klingen die Grundprinzipien der Weber'schen Konsumentenstadt durch; antike städtische Zentren werden nicht als Produktionsorte, sondern als vom Umland direkt abhängige Konsumorte verstanden. Aufgrund dieser Grundkonstanten habe sich kein Bewusstsein für eine ökonomische Weiterentwicklung ausgebildet.

Hopkins' Positionen sind stark von Finley, aber auch von Jones beeinflusst. Diese ‚Orthodoxie' wurde von mehreren Historikern aus Cambridge mit verschiedenen Studien unterlegt;[80] gelegentlich spricht man von der ‚Cambridger Schule', die durch Finley angeregt wurde und zahlreiche wichtige Studien vorgelegt hat. Der Einfluss dieses Neoprimitivismus auf die Forschungsentwicklung kann kaum überschätzt werden. Die Studien haben in vielfacher Hinsicht zu einer Schärfung von Terminologie, Modellbildung, Quellenkritik etc. geführt und maßgeblich die Selbstreflektion im Umgang mit allzu modern gedachten Vorstellungen von der antiken Wirtschaft gesteigert. Die hier erfolgte wichtige und nötige Korrektur modernistischer Bilder, die nicht selten einen quantitativen, aber keinen qualitativen Unterschied zwischen Antike und Nachantike sehen, wirkt bis heute ausgesprochen stimulierend.

IV Vom Quellenzuwachs zum Pluralismus

Gegner der neoprimitivistischen Sichtweise verwiesen vielfach darauf, dass sich der Primitivismus zumeist darauf fokussieren würde, was die antike Wirtschaft alles nicht gewesen sei. In der Tat ist eine – jedoch berechtigte – Konstante des Primitivismus die klare Herausarbeitung der Unterschiede zwischen Antike und Moderne.

---

80 Vgl. *Ruffing*, Spezialisierung, 12; *ders.*, Orthodoxie, 3.

Dem entgegnet **Henri Willy Pleket**, der ab 1984 in mehreren wichtigen Studien die Wirtschaft der Kaiserzeit detailliert mit anderen vorindustriellen Gesellschaften und ihren Wirtschaftsformen verglich.[81] Es gelang ihm, u. a. durch ein breites Heranziehen von epigraphischer Überlieferung, verschiedene Gemeinsamkeiten zwischen dem Imperium Romanum und der Frühen Neuzeit aufzuzeigen, wonach man verschiedenen primitivistischen Annahmen nun weniger Allgemeingültigkeit zuerkennen konnte.

Sehr klar gegen eine primitivistische Bewertung sprach sich der französische Historiker **Fernand Braudel** aus. Er erkannte in einer 1986 publizierten und sehr einschlägigen Studie in der hellenistischen und römischen Wirtschaft einen sich selbst regulierenden Markt und sprach sich für die Anwendbarkeit des Terminus ‚Kapitalismus' für die Antike aus.[82]

Obwohl Forscher wie Wilcken, Oertel, Schnebel oder Préaux die Relevanz der papyrologischen Überlieferung bereits nachhaltig aufgezeigt hatten, wurde die reiche dokumentarische Überlieferung Ägyptens lange Zeit als nebensächlich betrachtet oder gar ignoriert. Das Nilland war ein Sonderfall. **Dominic Rathbone** explizierte 1989 nochmals deutlich, dass die ganze antike Welt von kulturellen, sozialen und wirtschaftlichen Besonderheiten geprägt sei und man das papyrologische Quellenmaterial Ägyptens keinesfalls als Singularität ohne Allgemeinanspruch abtun könne.[83] Ab dem Ende der 1980er und den frühen 1990er entstanden schließlich vermehrt Studien, die sich der Auswertung der papyrologischen Zeugnisse widmeten.[84]

So legte z. B. der Pekáry-Schüler und MBAH-Herausgeber[85] **Hans-Joachim Drexhage** 1991 eine Monographie vor, in der erstmals die in papyrologischen Quellen greifbaren Angaben zu Preisen, Miet- /Pachtsummen, Löhnen etc. versammelt waren. Ein solches Vorhaben wollte schon Oertel angehen. Drexhage kam mit seiner Studie auch

---

81 *Pleket, H. W.*, Urban Elites and the Economy in the Greek Cities in the Roman Empire, in: MBAH, 3/1, 1984, 3–36; *ders.*, Greek Epigraphy and Comparative Ancient History: Two Case Studies, in: EA, 12, 1988, 25–37; *ders.*, Wirtschaft; vgl. *Ruffing*, Spezialisierung, 13.
82 Vgl. *Ruffing*, Orthodoxie, 15.
83 *Rathbone, D.*, The Ancient Economy and Graeco-Roman Egypt, in: *Criscuolo, L./Geraci, G.* (Hgg.), Egitto e storia antica dall'ellenismo all'età araba. Bilanco di un confronto. Bologna 1989, 159–176.
84 Vgl. *Ruffing.*, Orthodoxie, 5; 17. Dank der papyrologischen Quellen war es auch möglich, die Demographie als wichtigen Teil einer gesamtwirtschaftlichen Beurteilung vermehrt in den Blick zu nehmen. Wichtige Studien wurden 1994 von Roger S. Bagnall und Bruce W. Frier oder 2006 von Willy Clarysse und Dorothy J. Thompson vorgelegt; vgl. *Bagnall, R. S./Frier, B. W.*, The Demography of Roman Egypt. Cambridge 1994; *Clarysse, W./Thompson, D. J.*, Counting People in Hellenistic Egypt. 2 Bde. Cambridge 2006.
85 Forschungsgeschichtlich von Relevanz ist auch die im Jahr 1982 erfolgte Gründung der MBAH (zunächst ‚Münstersche Beiträge zur antiken Wirtschaftsgeschichte', ab 2009 dann ‚Marburger Beiträge zur Antiken Handelsgeschichte'). Es handelt sich um die erste auf antike Wirtschaftsgeschichte spezialisierte Fachzeitschrift, in der vorrangig quellennahe Studien publiziert wurden bzw. werden. Die MBAH hatte damit auch Anteil an der ab den 1980er Jahren einsetzenden Entwicklung, die die Forschungen zur Wirtschaftsgeschichte auf eine neue Quellengrundlage stellte.

dem Bestreben seines Lehrers Pekáry nach, die Erforschung der antiken Wirtschaft auf breitere Quellenfundamente zu stellen; ferner folgt die Fokussierung auf die papyrologische Überlieferung dem am Beginn des Jahrhunderts getätigten Aufruf Wilckens. Drexhages Studie erlaubte erstmals in einem geschlossenen Raum, dem kaiserzeitlichen Ägypten, Preis- und Wertangaben im Rahmen von Preis-Lohn-Verhältnissen ansatzweise zu kontextualisieren sowie die Entwicklung von Preisen über längere Zeiträume zu beobachten.[86]

Im Jahr 1992 erschien die von **Hans Kloft** vorgelegte Einführung in die antike Wirtschaftsgeschichte, die als zweites deutschsprachiges Buch dieser Art nach Pekárys vielgelesenem Werk anzusehen ist. Kloft distanzierte sich von primitivistischen Einschätzungen und knüpfte in manchen Wertungen an Heichelheim an.[87] Er ging davon aus, dass wirtschaftliche Zusammenhänge und Kausalitäten in der Antike bereits teilweise abstrahiert worden seien, es also eine durchaus mit nachantiken Epochen vergleichbare Wirtschaftsmentalität gegeben habe. Er betonte Verbindungen zwischen der Wirtschaft und – von ihm Potenzen genannten – Gegebenheiten wie etwa Naturraum, Bevölkerung, Religion, Kultur, Technik etc.; aus diesen Potenzen ergaben sich Beeinflussungen der wirtschaftlichen Situationen.

Auch Forschungen zu Inschriften und Kleininschriften zeigten parallel zu den papyrologischen Untersuchungen, dass die antike Wirtschaftswelt komplexer und vielschichtiger war als es die zumeist eine Makroperspektive einnehmende Position der Primitivisten und Modernisten vermuten ließ. In der Einleitung eines wichtigen Bandes aus dem Jahr 1993, in welchem in mehreren Beiträgen Kleininschriften als Quellen für die Wirtschaftsgeschichte behandelt wurden, sprach sich **William V. Harris** klar gegen Positionen des Primitivismus aus und erkannte für die Wirtschaft der Kaiserzeit insbesondere eine Warendistribution über den Markt.[88] Unter Bezugnahme auf die Ferntransportgüter Wein und Öl ging er von teilweise integrierten Märkten

---

[86] Exemplarisch zu nennen wären hier z. B. auch die wichtigen Studien von *Rathbone*, Rationalism oder *Kehoe*, Management. Dank der Papyri entstanden auch Studien, die anhand von Detailanalysen größerer Forschungsannahmen erschüttern konnten. So zeigte die Studie von *Rathbone*, Rationalism eigentlich keinerlei tiefe Wirtschaftskrise, die man ausgehend von literarischen Quellen für das 3. Jh. n. Chr. in der Forschung ausmachen wollte. Auch die Untersuchung der Preisentwicklung in Ägypten ließ bis in die späten 260er Jahre keine ökonomische Krise erkennen; vgl. *Drexhage, H.-J.*, Zur Preisentwicklung im römischen Ägypten von ca. 260 n. Chr. bis zum Regierungsantritt Diokletians, in: MBAH, 6/2, 1987, 30–45; *Rathbone, D.*, Monetization, not Price-inflation, in Third-Century AD Egypt?, in: *King, C. E./Wiggs, D. G.* (Hgg.), Coin Finds and Coin Use in the Roman World. Berlin 1996, 321–339. Die Zusammenstellung und Erforschung der Preisangaben wurde für die Spätantike jüngst von *Morelli, F.*, I prezzi dei materiali e prodotti artigianali nei documenti tardoantichi e del primo periodo arabo (IV ex.–VIII d. C.). Berlin 2019 fortgesetzt.

[87] Vgl. *Ruffing*, Spezialisierung, 13 f.

[88] *Harris, W. V.*, Between Archaic and Modern: Some Current Problems in the History of the Roman Economy, in: ders. (Hg.), The Inscribed Economy. Production and Distribution in the Roman Empire in the Light of *instrumentum domesticum*. Ann Arbor 1993, 11–29.

aus.[89] Harris riet, ebenso wie Pleket, auch zu einem komparativen Ansatz. Die kaiserzeitliche Wirtschaft Roms könne man mit den Gegebenheiten in der Frühen Neuzeit vergleichen und müsse die Frage diskutieren, ob antike Produzenten von Massengütern nicht doch weitsichtige rationale Planungen unternommen hätten.[90]

Ab den späten 1980er Jahren erfolgten auch wegweisende Studien, die sich maßgeblich auf archäologische Quellen stützten. Insbesondere wurden die Amphoren als für die Wirtschaftsgeschichte ausgesprochen wichtige Quellengruppe in nachhaltigen Studien ausgewertet. Im Jahr 1997 publizierte **Jose Remesal Rodríguez** eine bedeutsame Untersuchung zu Dressel 20-Amphoren in Germanien und der Baetica; ursprünglich war das Werk schon 1986 in spanischer Sprache erschienen. In dieser sowie in vielen weiteren Studien zeigte Remesal Rodríguez den Mehrwert der Kombination von archäologischen und epigraphischen Quellen für die Wirtschaftsgeschichte auf. Seine Studien zu den Amphorenbefunden vom Monte Testaccio in Rom sowie das bahnbrechende CEIPAC-Projekt sind in ihrer Bedeutung für die Forschung nicht zu überschätzen. Remesal Rodríguez' Arbeiten sowie der angesprochene, von Harris 1993 herausgegebene Band sind als Paradebeispiele für die erkenntnistheoretische Bedeutung von Kleininschriften anzusehen. Die intensive Erforschung von Stempeln, Tituli Picti und Dipinti in Kombination mit der Aufarbeitung der Amphorenbefunde hat Analysen zum Fernhandel in der Kaiserzeit auf eine gänzlich neue Grundlage gestellt.

1986, also im gleichen Jahr, in dem Remesal Rodríguez die spanische Version seiner 1997 publizierten Monographie vorlegte,[91] publizierte **André Tchernia** eine Untersuchung zur Weinwirtschaft in Italien. Diese Arbeit fokussierte sich ebenfalls auf die Amphoren und verdeutlichte die ökonomische Bedeutung sowie die Weitläufigkeit des Weinhandels. Weitere wichtige Studien zu Amphoren und ihrem wirtschaftsgeschichtlichen Quellenwert wurden von **Stephanie Martin-Kilcher**[92], **Verena Maier-Maidl**[93] und **Ulrike Ehmig**[94], die u. a. die Befunde aus Augst und Kaiseraugst,

---

89 Vgl. *Ruffing*, Orthodoxie, 6 f.
90 Vgl. *Ruffing*, Orthodoxie, 7.
91 *Remesal Rodriguez, J.*, La annona militaris y la exportación de aceite Bético a Germania. Con un Corpus de sellos en ánforas Dressel hallados en: Nimega, Colonia, Mainz, Saalburg, Zugmantel y Nidda-Heddernheim. Madrid 1986.
92 *Martin-Kilcher, St.*, Die römischen Amphoren aus Augst und Kaiseraugst. Ein Beitrag zur römischen Handels- und Kulturgeschichte 1. Die südspanischen Ölamphoren (Gruppe 1). August 1987; ders., Die römischen Amphoren aus Augst und Kaiseraugst 2. Amphoren für Wein, Fischsauce, Südfrüchte (Gruppen 2–24) und Gesamtauswertung. August 1994; ders., Verbreitungskarten römischer Amphoren und Absatzgebiete importierter Lebensmittel, in: MBAH, 13/2, 1994, 95–121.
93 *Maier-Maidl, V.*, Stempel und Inschriften auf Amphoren vom Magdalensberg. Wirtschaftliche Aspekte. Klagenfurt 1992.
94 *Ehmig, U.*, Die römischen Amphoren aus Mainz, Bd. 1. Möhnesee 2003; dies., Die römischen Amphoren im Umland von Mainz. Wiesbaden 2007; dies., Dangstetten IV. Die Amphoren. Untersuchungen zur Belieferung einer Militäranlage in augusteischer Zeit und den Grundlagen archäologischer Interpretation von Fund und Befund. Stuttgart 2010. Den hier angeführten Publikationen zu den Amphoren könnten zahlreiche weitere Studien zu dieser Quellengruppe an die Seite gestellt werden.

vom Magdalensberg in Kärnten bzw. aus Mainz und Dangstetten aufgearbeitet haben, geleistet.

Ab den späten 1990er Jahren rückten auch die Terra-Sigillata-Produktionsstätten in Arezzo und La Graufensenque in den Fokus der Forschung. Besonders sind die Studien von **Gunnar Fülle** zu nennen, der basierend auf archäologischen und epigraphischen Quellen zur Organisation der Produktion sowie zur ökonomischen Bedeutung neue Informationen erarbeitete.[95] Hier wurden ansatzweise Fragen zur betriebswirtschaftlichen Produktionsplanung angegangen. Im Jahr 2002 legte dann **Allard W. Mees** seine Studie ‚Organisationsformen römischer Töpfer-Manufakturen am Beispiel von Arezzo und Rheinzabern' vor. Die Studie eröffnete ebenfalls einen tiefen Einblick in eine Produktionsorganisation und verwendete für diesen Zweck komparativ papyrologische Quellen. Diese Interdisziplinarität kann sinnbildlich für die Entwicklung der Wirtschaftsgeschichte in den letzten zwei Jahrzehnten des 20. Jahrhunderts gesehen werden. Die ab den 1980er Jahren aufkommenden und bis heute vielerorts fortgeführten wirtschaftsarchäologischen Arbeiten definierten nicht nur den Quellenstand für Studien zum Fern- und Binnenhandel sowie zur Organisation von Produktionsstätten neu und etablierten nicht nur eine neue Methodik in der Schnittstelle zwischen Archäologie, Epigraphik und Wirtschaftsgeschichte, sondern erfüllten bzw. erfüllen in gewisser Hinsicht auch den Appell Rostovtzeffs, der eine intensive Integration der archäologischen Überlieferung in die wirtschaftshistorische Forschung gefordert hatte.

Durch die deutliche Zunahme von Studien zu bisher vernachlässigten Quellengruppen wurde die vormals oft schematisch geführte Diskussion über Primitivismus und Modernismus zunehmend überwunden. Im Jahr 1998 publizierte **Paul Cartledge** einen anregenden Forschungsüberblick zu den verschiedenartigen Ökonomien im antiken Griechenland und führte anstelle von ‚Primitivisten' – ‚Modernisten' die in der angelsächsischen Sozialanthropologie verbreitete Unterscheidung von ‚Substantivisten' – ‚Formalisten' ein.[96] Diese grenzte Wirtschaften als eine allgemeinmenschliche Praxis zur Sicherung des Lebens von Wirtschaften als eine auf Maximierung gerichtete Strategie, die allen Menschen innewohnt, ab. Man kann dies sinnbildlich verstehen: Mit dem Abrücken von der fest etablierten Terminologie ging auch eine Weiterentwicklung der konzeptuellen Modellbildung einher. Dabei blieben zwar insbesondere primitivistische Grundpositionen ein wichtiger Bezugspunkt, an welchem sich die Forschung gewappnet mit neuen Quelleninformationen immer wieder abarbeitete, doch verlor die Kontroverse merklich an Bedeutung und wurde zunehmend weniger ‚dogmatisch' geführt.

---

95 *Fülle, G.*, The Internal Organization of the Arretine *Terra Sigillata* Industry: Problems of Evidence and Interpretation, in: JRS, 87, 1997, 111–155; *dies.*, Die Organisation der *Terra sigillata*-Herstellung in La Graufensenque. Die Töpfergraffiti, in: MBAH, 19/2, 2000, 62–98; *dies.*, Die Organisation der *Terra sigillata*-Herstellung in La Graufensenque. Die Herstellersignaturen, in: Laverna, 11, 2000, 62–98.
96 *Cartledge*, Economy.

Ein hervorragendes Beispiel für die Weiterentwicklung primitivistischer Positionen ist eine Untersuchung von **Helmuth Schneider**, die sich der Subsistenzwirtschaft, der Redistribution sowie ihren kausalen Zusammenhängen mit einem Marktwesen im Kaiserreich widmete.[97] Für Schneider, dem in der Nachfolge von Hugo Blümner zweiten wichtigen Technikhistoriker der deutschsprachigen Althistorie, seien isolierte Märkte und eine auf Selbstversorgung orientierte Wirtschaftsform maßgeblich gewesen. Hier blieben primitivistische Thesen lebendig, wurden aber auf der Grundlage einer verbesserten Quellenlage und spürbar diskussionsoffener vorgetragen.

Die zunehmende Überwindung der Kontroverse zeigt sich exemplarisch an der Einschätzung **Karl Strobels**, die er in einem Beitrag zu einem von ihm im Jahr 2000 herausgegebenen Band zur Keramikproduktion ausführte. Gewiss, so Strobel, müsse eine kritische Beschäftigung mit primitivistischen und modernistischen Quellen stets ein Ausgangspunkt sein. Jedoch müssten die engen Grenzen dieser Kontroverse überwunden und der Blick auf einzelne Bereiche wie bspw. die Funktion des Marktes, die Monetarisierung, die Verrechtlichung der Wirtschaftstätigkeit, die Investitionen in Produktionsmittel und Infrastrukturen, ‚Fabrikproduktionen' von Nahrungsmitteln, Ressourcennutzung etc. gerichtet werden.[98] Die verbreiterte Quellenlage erlaubte zunehmend detailliertere Untersuchungen und Beschreibungen in einzelnen geographischen Regionen[99] und erzeugte in ihrer Gesamtheit auf einer Makroebene ein deutlich positiveres Bild von der Bedeutung und Weitläufigkeit des Handels.

Michel Polfer explizierte 2001 ebenfalls die Bedeutung der archäologischen Überlieferung.[100] Er betonte zwar – ganz ähnlich wie die Primitivisten – den Unterschied zwischen antiker und moderner Wirtschaft, distanzierte sich ansonsten aber deutlich von primitivistischen Positionen. Polfer erkannte ein Profitstreben, eine Orientierung der Produktion an lokalen und überregionalen Märkten sowie Investitionen in Infrastruktur und Produktion von Massengütern. Die Positionen von Strobel und Polfer sind hinsichtlich ihrer grundsätzlichen Perspektive auf die Wirtschaftsgeschichte gut vergleichbar und stehen stellvertretend für die Fragen und Themen, die die Forschung basierend auf einem erweiterten Quellenbestand zu Beginn der 2000er Jahre vermehrt in den Blick nahm.

---

97 *Schneider, H.*, Das Imperium Romanum. Subsistenzproduktion – Redistribution – Markt, in: *Kneissl, P./Losemann, V. (Hgg.)*, Imperium Romanum. Studien zu Geschichte und Rezeption. Festschrift für Karl Christ. Stuttgart 1998, 654–673.
98 *Strobel, K.*, Zwischen Primitivismus und Modernismus: Die römische Keramikindustrie und die Suche nach einem Kategorisierungsmodell für die römische Wirtschaft, in: *ders. (Hg.)*, Forschungen zur römischen Keramikindustrie. Produktions-, Rechts- und Distributionsstrukturen. Mainz 2000, 1–8; vgl. *Ruffing*, Orthodoxie, 9.
99 Dabei entstanden auch wichtige Studien, die die wirtschaftsgeschichtliche Entwicklung einer bestimmten geographischen Region über einen langen Zeitraum beschrieben; z. B. *Chaniotis, A. (Hg.)*, From Minoan Farmers to Roman Traders. Sidelights on the Economy of Ancient Crete. Stuttgart 1999.
100 *Polfer, M.*, L'archéologie de l'artisanat et le débat sur la nature de l'économie romaine: quelques réflexions critiques, in: *ders. (Hg.)*, L'artisant romain: évolutions, continuités et ruptures. Montagnac 2001, 7–17.

Dabei sind drei Aspekte auffallend: Es ergab sich – bedingt durch die Kombinierbarkeit von archäologischen, epigraphischen, numismatischen und papyrologischen Quellen – eine stärkere Fokussierung auf die Wirtschaft der römischen Kaiserzeit, wobei die Anzahl von Studien zu früheren oder späteren Zeiten niedriger ausfiel; die z. B. von de Martino vorgebrachte Forderung, sich stärker auf bestimmte Epochen und weniger auf Gesamturteile über *die* antike Wirtschaft zu konzentrieren, kann dementsprechend als erfüllt angesehen werden.

Ferner beruhte das Innovationspotenzial nur noch vereinzelt auf der Auswertung literarischer Quellen. Es waren jetzt unmittelbar tradierte materielle Überlieferungsgruppen, die die Forschung dominierten. Damit verlor auch das Argument der sozial andersartigen Wirtschaftsmentalität antiker Eliten zunehmend an Bedeutung. Die Geringschätzung von Handel und Handwerk gründete sich auf literarische Zeugnisse, die hauptsächlich an ein Publikum in politischen Zentren adressiert waren. Inschriften, Papyri, Ostraka, Schreibtafeln, Grabdenkmäler etc. verifizierten dieses Bild nicht.

Schließlich fällt auf, dass die Primitivismus-Modernismus-Kontroverse zunehmend überwunden wurde. Dabei nahm man aber häufig die Perspektive ein, dass man primitivistische Forschungspositionen negieren, nicht modernistische belegen wollte. Z. B. wurde die primitivistische Einschätzung, nach welcher die technische und dadurch auch die wirtschaftliche Entwicklung in der Antike stagniert habe, durch einen 2006 von **Elio Lo Cascio** herausgegebenen Sammelband hinterfragt und in weiten Teilen anhand der archäologischen Quellen als nicht haltbar bewertet.[101] Folglich muss man festhalten, dass der Primitivismus, insbesondere dank Finleys herausragender Monographie sowie den Forschungen der Cambridger Schule, im Gegensatz zum Modernismus einen viel größeren und wichtigeren Einfluss entfacht hat.

Die Verbreitung der Quellenbasis hat eine deutlich offenere und pluralistischere Forschungssituation entstehen lassen. Es erfolgten nun auch Publikationen, die neue Modelle vorstellten. **Ken Dark** beschrieb 2001 die kaiserzeitliche Wirtschaft mit einem Fokus auf der Sigilatta-Produktion als Proto-Industrialisierung, die er dadurch determiniert sah, dass handwerkliche Produktion zwecks Generierung von Massengütern für einen Fernhandel koordiniert wurde.[102] Dabei sei eine Verteilung der Produktion auf viele verschiedene Werkstätten erfolgt. Darks Modell steht dem primitivistischen Modell der auf Subsistenz abzielenden ‚peasant economy' gegenüber.

Zehn Jahre nach seiner Einführung (s. o.) legte **Kloft** einen wichtigen Aufsatz vor, in dem makro- und mikroökonomische Perspektiven kombiniert wurden.[103] Dabei

---

101 Vgl. *Ruffing*, Orthodoxie, 11.
102 *Dark, K.*, Proto-Industrialization and the Economy of the Roman Empire, in: *Polfer, M. (Hg.)*, L'artisan romain: évolutions, continuités et ruptures. Montagnac 2001, 19–29.
103 *Kloft, H.*, Makroökonomik, Mikroökonomik und Alte Geschichte. Ein alter Hut und neue Fransen, in: *Strobel K. (Hg.)*, Die Ökonomie des Imperium Romanum. Strukturen, Modelle und Wertungen im Spannungsfeld von Modernismus und Neoprimitivismus. St. Katharinen 2002, 67–85; vgl. *Ruffing*, Spezialisierung, 14. Hier sei auch auf Klofts Überblickswerk zur Wirtschaft des Römischen Reiches verwiesen, das – ähnlich wie Rostovtzeff – auf sämtlichen Quellenüberlieferungen beruht und die Breite des verfügbaren Materials eindringlich verdeutlicht; *Kloft*, Wirtschaft.

war das Ziel u. a., erkenntnistheoretisch und quellenkundlich orientierte Zugriffe zu verbinden. Ferner rief Kloft auch die von Heichelheim eingebrachten Wirtschaftsstile sowie die von Max Weber angewendete Appropriation von wirtschaftsgeschichtlichen Verlaufsmodellen wieder ins Gedächtnis. Insgesamt stellen Klofts Arbeiten einen sehr wichtigen Beitrag zur Vermittlung zwischen den primitivistischen und modernistischen Ansichten dar.

Auch in der Auswertung und Analyse literarischer Quellen, die vormals die wesentliche Grundlage für primitivistische Einschätzungen waren, inzwischen aber weniger Bedeutung hatten, wurden deutliche Weiterentwicklungen erreicht. Dies gelang vorrangig dadurch, dass man bisher weniger wahrgenommene Autoren systematisch erschloss und sich nicht mehr nur auf die ‚großen Namen' der griechisch-lateinischen Literaturgeschichte beschränkte. So konnte **Grassl**, methodisch an sein Buch von 1982 anknüpfend, im Jahr 2004 einen wichtigen Aufsatz vorlegen, in welchem er anhand literarischer Überlieferung ein marktwirtschaftliches Verhalten ab dem 6. Jh. v. Chr. erkannte; allgemein deutete er die antike Wirtschaft als Marktwirtschaft.[104]

Besondere Bedeutung erlangte in der Wirtschaftsgeschichte ab dem frühen 21. Jahrhundert die theoretische Grundlage der Neuen Institutionenökonomik (NIÖ), die erstmalig in den Aufsätzen der ‚Cambridge Economic History of the Greco-Roman World' (2007) auf die Erforschung der antiken Wirtschaft angewandt wurde.[105] Die NIÖ betrachtet wirtschaftliche Prozesse nicht losgelöst von gesellschaftlichen und kulturellen Gegebenheiten und sieht den Menschen und sein ökonomisches Verhalten nicht vor einem neoklassischen Hintergrund[106] d. h. man geht nicht davon aus, dass ein Mensch theoretisch stets ideal im Sinne von Nutzen- und Profitgenerierung bzw. -maximierung agiert. Vielmehr fokussiert man sich auf die beschränkte Informationslage, auf deren Basis wirtschaftliche Entscheidungen getroffen werden, sowie auf Transaktions- und Durchsetzungskosten; darunter versteht man den sämtlichen Aufwand, der für das Erreichen von Wissen über wirtschaftliche Situationen, für das Abwickeln von Geschäften, für das Aushandeln von Preisen, für das Aufrechterhalten von sozialen Bindungen, für das Organisieren von Transporten, für das Reagieren auf plötzliche Veränderungen, für das Verhalten gegenüber einem Abgaben erhebenden

---

104 *Grassl, H.*, Marktorganisation und Preisbildung in der römischen Kaiserzeit, in: *Rollinger, R./Ulf, Chr. (Hgg.)*, Commerce and Monetary Systems in the Ancient World: Means of Transmission and Cultural Interaction. Stuttgart 2004, 352–365; vgl. *Ruffing*, Orthodoxie, 11.

105 *Scheidel/Morris/Saller*, Introduction in: *Scheidel, W./Morris, I./Saller, R. P. (Hgg.)*, The Cambridge Economic History of the Greco-Roman World. Cambridge 2007. Die NIÖ geht auf den Ökonomen Douglass North zurück, der im Jahr 1993 für seine Arbeit den Nobel-Preis erhielt. Als wesentliche Einführungswerke sei auf *Richter, R./Furubotn, E. G.*, Neue Institutionenökonomik. Eine Einführung und kritische Würdigung. 4. Aufl. Tübingen 2010 sowie *Voigt, St.*, Institutionenökonomik. 2. Aufl. Paderborn 2009. verwiesen; vgl. auch *Ruffing*, Institutionenökonomik.

106 Zur NIÖ *Ruffing*, Institutionenökonomie, 12 ff; *von Reden, S./Kowalzig B.*, New Institutional Economics, Economic Growth and Institutional Change, in: *von Reden, S. (Hg.)*, Companion Greek Economy, 347–359.

Staat etc. geleistet werden muss. Als ‚Institutionen' werden dabei die von Menschen gestalteten politischen, sozialen, kulturellen, religiösen und ökonomischen Strukturen angesehen, die durch die Kosten der Informationsermittlung sowie die Transaktions- und Durchsetzungskosten ausgestaltet werden.

Des Weiteren wird in der Prinzipal-Agenten-Theorie, die Teil der NIÖ bzw. der Transaktionskostentheorie ist, das Verhältnis von Personen, die Aufträge delegieren, zu solchen Personen, die Aufträge ausführen sollen, untersucht und das sog. Agency-Dilemma, d. h. die stets mangelhafte Kontrollmöglichkeit eines Prinzipals sowie die sog. asymmetrische Informationslage im Verhältnis zwischen Auftraggeber und Beauftragtem hinsichtlich verschiedenster Problemlösungsoptionen behandelt. Die NIÖ schafft ein Bewusstsein für die beschränkte Rationalität. Dadurch sensibilisiert sie zum einen für das Bestreben, Transaktionskosten zu senken, und zum anderen für die durch unvollkommene Information entstehende Unsicherheit im Agieren eines Menschen. Letztlich bietet die NIÖ ein theoretisches Instrumentarium um menschliches Verhalten differenzierter beschreiben und verstehen zu können.

Ein weiterer wichtiger Analyseschritt der NIÖ besteht in der Unterscheidung von informellen (z. B. Sitten und Traditionen, typische soziale Verhaltensweisen, menschliche Gewohnheiten, gesellschaftliche Tabus, kulturelle Zusammengehörigkeit etc.) und formellen Handlungsbeschränkungen (z. B. rechtlicher Rahmen, Verträge, Eigentumsrechte etc.).

Schließlich abstrahiert die NIÖ auch die Bedeutung des Staates für die Wirtschaft. Unterschieden wird zwischen der Vertrags- und der Beutetheorie:[107] Die Vertragstheorie besagt, dass ein Staat die wirtschaftliche Situation seiner Gesellschaft insgesamt bessern soll. Dafür setzt er einen rechtlichen Rahmen formell durch, der jedem Menschen eine sichere Ausgangsbasis für seine wirtschaftlichen Aktivitäten gewährleistet. Die Beutetheorie sieht den Staat bzw. eine bestimmte soziale, den Staat tragende Gruppe als gewinnmachend an; d. h. die vom Staat bzw. von der Gruppe formell etablierten Regeln dienen der Bereicherung des Staates und blenden die Entwicklung der Gesellschaft aus. Die NIÖ füllte das Schlagwort der in Institutionen ‚eingebetteten' Wirtschaft (‚embedded economy') methodisch mit neuem Leben.

Die NIÖ als Analyseinstrument wurde in der Forschung zur antiken Wirtschaft in vielen verschiedenen Bereichen angewendet. Im Jahr 2005 nutzte **Lo Cascio** die NIÖ und ihre Abstraktion der Bedeutung des Staates für eine Untersuchung des kaiserzeitlichen Roms.[108] Die Verrechtlichung der Wirtschaftsbeziehungen und die Bedeutung einer einheitlichen Reichswährung waren für ihn wesentliche Errungenschaften, die u. a. ein wirtschaftliches Wachstum ermöglichten. Ferner fanden die NIÖ bzw. die Transaktionskostentheorie und die Prinzipal-Agenten-Theorie auch z. B. bei

---

107 Vgl. *Ruffing*, Orthodoxie, 13.
108 *Lo Cascio, E.*, La ‚New Institutional Economics' e l'economia imperiale romana, in: *Pani, M.* (Hg.), Storia romana e storia moderna. Fasi in prospettiva. Bari 2005, 69–83; vgl. auch *Lo Cascio*, Role.

der Auswertung von Rechtsquellen[109] oder bei der Untersuchung von Handelsaktivitäten Anwendung.[110]

Eine weitere wichtige Entwicklung innerhalb der wirtschaftsgeschichtlichen Forschung stellt die quantifizierende Methode dar. Insbesondere ein 2007 publizierter Sammelband, den **Alan K. Bowman** und **Andrew Wilson** herausgegeben haben, etablierte die Quantifizierungsmethode in der Forschung. In früheren Studien wurde häufig die Sinnlosigkeit einer Quantifizierung mit dem Argument der Quellenarmut behauptet. Dank der bereits skizzierten Forschungsentwicklung seit den 1980er Jahren erweiterte sich die Überlieferungslage derart, dass Quantifizierungen von Waren- und Materialmengen, Nahrungsmittelbedarfen und agrarwirtschaftlichen Entwicklungen, Transportnotwendigkeiten, Arbeitsaufwand, Arbeitsteilung und Arbeitsmarkt, Urbanisierung und Konsumverhalten, wirtschaftspolitische Maßnahmen u. a. m.[111] nun doch methodisch durchführbar wurden.

In Kombination mit sozialwissenschaftlich komparatistischen Methoden, die in dem 2005 von **Joseph G. Manning** und **Ian Morris** herausgegebenen Aufsatzband programmatisch vertreten wurden,[112] eröffneten z. B. auch der Fortschritt in der Demographieforschung, für die insbesondere die innovativen Arbeiten **Walter Scheidels** stehen,[113] oder die systematische Auswertung von Preisinformationen, wie sie etwa schon **Gary Reger** in der Analyse der inschriftlichen Zeugnisse des Apollontempels aus Delos seit 1994 unternommen hatte[114], ein fruchtbares, häufig auch wirtschaftsvergleichendes Betätigungsfeld. Quantifizierungsfragen werden zumeist aus der Perspektive von Marktentwicklung, Wirtschaftswachstum, Stagnation oder Niedergang gestellt, um grundsätzliche Tendenzen einer wirtschaftsgeschichtlichen Entwicklung – nicht selten in einer epochenübergreifenden Perspektive – ableiten zu können. Dabei sollen dynamische Entwicklungen erkennbar und beschreibbar gemacht sowie die Frage nach integrierten Marktsystemen und wechselwirkenden Beeinflussungen untersucht werden.

---

109 Z. B. *Kehoe/Ratzan/Yiftach*, Law.
110 Z. B. *Droß-Krüpe, K.*, Prinzipale und Agenten im römischen Handel. Fallstudien zum antiken Handel im Spiegel der Neuen Institutionenökonomik, in: *Droß-Krüpe, K./Föllinger, S./Ruffing, K. (Hgg.)*, Antike Wirtschaft und ihre kulturelle Prägung – The Cultural Shaping of the Ancient Economy. Wiesbaden 2016, 63–75.
111 Für die Methodik der Quantifizierung wurde in Oxford ein herausragendes Forschungsprojekt initiiert, welches sehr anregende Ergebnisse vorlegen konnte; vgl. *Bowman/Wilson*, Settlement; *dies.*, Economy.
112 *Manning, J. G./Morris, I. (Hgg.)*, The Ancient Economy. Evidence and Models. Stanford 2005.
113 *Scheidel, W.*, Measuring Sex, Age and Death in the Roman empire. Explorations in Ancient Demography. Ann Arbor 1996; *ders.*, Demography, in: *Scheidel, W./Morris, I./Saller, R. P. (Hgg.)*, The Cambridge Economic History of the Greco-Roman World. Cambridge 2007; vgl. auch die oben angemerkten papyrologischen Studien.
114 *Reger, G.*, The Price Histories of some Imported Goods on Independent Delos, in: *Scheidel, W./von Reden, S. (Hgg.)*, The Ancient Economy. New York 2002, 133–154; *ders.*, Regionalism; vgl. auch die oben angemerkten papyrologischen Studien.

Allgemein wurden bereits in früheren Studien – zu nennen wären etwa Finley oder Pleket – komparative Ansätze verfolgt. Mittels der Zugrundelegung der Methode der ‚cross over history' verglich **Peter Fibiger Bang** in seiner 2008 unter dem bemerkenswerten Titel ‚The Roman Bazaar' publizierten Studie das römische Reich mit dem Indien der Mogulzeit. Bang sah in dieser Gegenüberstellung – trotz kultureller, religiöser, naturräumlicher und administrativer Unterschiede – bessere Vergleichsmöglichkeiten, während er jeden Vergleich zwischen dem römischen Reich und der Frühen Neuzeit in Europa ablehnte.

Insbesondere durch die Anwendung der NIÖ wurden in der Forschung verbesserte Bedingungen für komparatistische Fragestellungen erreicht; dabei werden aktuell auch universalhistorische Perspektiven wichtiger, die – wie etwa der 2015 erschienene gewichtige Band von **Andrew Monson** und **Walter Scheidel** zu ‚fiscal regimes' in der Vormoderne zeigt – in vielfacher Hinsicht neue Erkenntnisse und Horizonterweiterung ermöglichen.

Während Bang sich deutlich von der Cambridger Schule beeinflusst zeigt, spielt die vormals omnipräsente Forschungskontroverse in anderen Publikationen kaum noch eine Rolle. In einem 2011 von **Nicolas Monteix** und **Nicolas Tran** herausgegebenen Band, der sich dem römischen Handwerk in Kampanien widmet, fokussierten sich die Beiträge auf neue Methoden zur wirtschaftshistorischen Auswertung archäologischer Quellen, ohne sich dabei noch an primitivistischen Einschätzungen abzuarbeiten. Monteix selbst lehnt den Terminus ‚Handwerk' ab, da dieser eine moderne konzeptionelle Vorstellung evoziere, und konzentriert sich auf angewendete Technologien und die Abfolge von Produktionsschritten.[115] Der traditionelle Zugriff auf das Thema ‚Handwerk' wird hier aufgebrochen und differenzierter wahrgenommen. Monteix geht dabei von einem im Mittelmeerraum zu einer bestimmten Zeit allgemein gleichmäßig verbreiteten technologischen Wissensniveau aus.

Der Ökonom und Wirtschaftshistoriker **Peter Temin** legte 2013 sein Buch ‚The Roman Market Economy' vor. Basierend auf einer relativ geringen Quellenbasis erkennt er für das republikanische und frühkaiserzeitliche Rom ein System verbundener Märkte und einen ansatzweise gleichen Weizenpreis. Demzufolge habe es in römischer Zeit eine Marktwirtschaft gegeben; eine solche, aber eher mit einem Fokus auf dem ökonomischen Verhalten einzelner Menschen in einem lokalen Raum und basierend auf einer deutlich breiteren und kritischeren Quellenarbeit, nahm auch Grassl bereits an.[116] Temin wendet sich zwar explizit gegen Finley, der eben keine

---

[115] *Monteix, N.*, De ‚l'artisanat' aux métiers. Quelques réflexions sur les savoir-faire du monde romain à partir de l'exemple pompéien, in: *Monteix, N./Tran, N.* (Hgg.), Les savoirs professionnels des gens d métier. Études sur le monde du travail dans les sociétés urbaines de l'empire romain. Neapel 2011, 7–26.

[116] Man kann hier hinsichtlich der grundsätzlichen Bewertung des ‚Marktes' ferner an Gemeinsamkeiten mit den oben angesprochenen Positionen von Harris oder Braudel denken, gleichwohl diese auf einem anderen Weg, der von intensiver quellenkritischer Arbeit geprägt war, zu ihren Interpretationen gelangten.

verbundenen oder gar integrierten Märkte sah, geht aber methodisch sehr vergleichbar vor: Er zeichnet ein makroperspektivisches Bild, das aber nur auf vereinzelten Quellennachrichten fußt und zudem die Transportbedingungen nur unzureichend berücksichtigt.[117] Ohne hier ins Detail gehen zu können, darf man das Buch von Temin – auch wenn man seine These nicht kritiklos teilen mag – als gutes Beispiel für die Vielfältigkeit der unterschiedlichen Ansätze anerkennen, die in der jüngeren Forschung zur antiken Wirtschaftsgeschichte vorherrschen.[118]

In größerem Umfang werden in der aktuellen Forschung auch globalgeschichtliche Zusammenhänge untersucht.[119] Maßstäbe setzen dabei die interdisziplinären Forschungen um **Sitta von Reden**, durch welche erstmals die ökonomischen Verbindungen und Wechselwirkungen zwischen dem afrikanischen, mediterranen und asiatischen Raum systematisch in den Blick genommen worden sind.[120] Die althistorische Wirtschaftsgeschichte hat nur in Einzelfällen – zu nennen wäre z. B. der Indienhandel – die ökonomischen Kontakte in Regionen jenseits des ‚traditionellen' griechisch-römischen Kulturraums untersucht.[121] Der globalgeschichtliche Ansatz erlaubt erstmals wirtschaftshistorische Rekonstruktionen vor dem Hintergrund interstaatlicher und interkultureller Verbindungen. Dadurch werden u. a. auch die Langlebigkeit globalökonomischer Verbindungen sowie die Wechselwirkungen zeitgleich existenter lokaler und überregionaler Wirtschaftsräume aufgezeigt.

Innerhalb des hier nur exemplarisch skizzierten Pluralismus an gegenwärtigen Forschungsmethoden sind schließlich auch aktuelle experimentalarchäologische und unterwasserarchäologische Projekte sowie der vermehrte Einsatz von naturwissenschaftlichen und digitalen Methoden zu nennen.[122] Naturräumliche sowie archäozoologische und archäobotanische Fragen,[123] die z. B. für die Erforschung des Land-

---

117 Zur Kritik an Temin vgl. *Erdkamp*, Economy; *von Reden*, Wirtschaft, 166.
118 Angemerkt sei auch, dass Temin in gewisser Hinsicht eine wichtige Tradition fortsetzt. Von Anfang an spielten in der Forschungsgeschichte der antiken Wirtschaft auch die Beiträge von nichtaltertumswissenschaftlichen, sondern ‚fachfremden' wirtschafts- und sozialwissenschaftlichen Forschern (z. B. Bücher, Brentano, Polanyi u. a.) eine wichtige und ausgesprochen bereichernde Rolle.
119 *Wilson*, Trade Commerce, Bd. 3; *von Reden*, Wirtschaft; s. auch den Beitrag von *Günther* in diesem Band.
120 *Von Reden*, Handbook.
121 *Raschke, M. G.*, New Studies in Roman Commerce with the East. (Aufstieg und Niedergang der römischen Welt, Bd. 2.9) Berlin 1987, 604–1378; *Cobb, M.*, Rome and the Indian Ocean Trade from Augustus to the Early Third Century CE. Leiden 2018; *de Romanis, F.*, The Indo-Roman Pepper Trade and the Muziris Papyrus. Oxford 2020.
122 Zu naturwissenschaftlichen Studien vgl. die Beiträge in *Scheidel, W. (Hg.)*, The Science of Roman History. Biology, Climate, and the Future of the Past. Princeton/Oxford 2018.
123 Vgl. z. B. *van der Veen, M.*, Archaeobotany: The Archaeology of Human-Past Interactions, in: *Scheidel, W. (Hg.)*, The Science of Roman History. Biology, Climate, and the Future of the Past. Princeton/Oxford 2018, 53–94; *MacKinnon, M.*, Zooarchaeology. Reconstructing the Natural and Cultural Worlds from Archaeological Faunal Remains, in: *Scheidel, W. (Hg.)*, The Science of Roman History. Biology, Climate, and the Future of the Past. Princeton/Oxford 2018, 95–122.

transportes oder der Agrarwirtschaft aufschlussreich sind, sowie anthropologisch-biologische Themen,[124] die man z. B. in Erweiterung demographischer Fragen untersuchen kann, sind durch moderne Naturwissenschaften inzwischen besser erforschbar.

Aufbauend auf den Fortschritten in der Erforschung und Erschließung antiker Schiffwracks können Nachbauten antiker Schiffe angefertigt werden, deren Segeleigenschaften in Experimenten dank digitaler Messtechnik exakt erfasst werden. Die Effizienz des Fluss- und Seetransportes kann so auf einer völlig neuen Grundlage untersucht werden. Die Möglichkeiten von quantifizierenden Forschungsfragen sowie von Aussagen über die Konnektivität antiker Gesellschaften werden dadurch deutlich erweitert.[125] Auch naturwissenschaftliche Zugriffe auf Wetter- und Winddaten[126] haben bereits grundlegend neue Erkenntnisse für die Bewertung der Seefahrt sowie des nautischen Wissens in der Antike erbracht und erlauben, die Diskussionen über Fernhandel und verbundene Marktsysteme auf einer gänzlich neuen Informationsbasis zu führen.[127] Hier wird eine neue Analysequalität in der Erforschung des antiken Transport- und Handelswesens erreicht. Sowohl die neuen naturwissenschaftlichen als auch die experimentalarchäologischen Ansätze generieren neue interpretativ auswertbare Daten, die zusätzlich zu den antiken schriftlichen und materiellen Quellen befragt werden können.

Generell steht zu erwarten, dass mit dem digitalen ‚Simulieren' von antiken Wirtschaftsentwicklungen,[128] wobei hierfür stets sämtliche zur Verfügung stehenden historischen Informationen als Ausgangsbasis dienen, in näherer Zukunft ganz neue Potenziale sowie weitreichende neue Forschungsfelder eröffnet werden.

Bibliographie

Boeckh, A., Die Staatshaushaltung der Athener. Berlin 1817 (3. Aufl. 1886; ND 1967).
Bowman, A. K./Wilson, A. (Hgg.), Quantifying the Roman Economy. Methods and Problems. Oxford 2007.

---

124 Vgl. z. B. die verschiedenen Beiträge in *Scheidel*, Science, 123 ff.; vgl. auch *ders.*, Physical Well-Being, in: *ders. (Hg.)*, The Cambridge Companion to the Roman Economy. Cambridge 2012, 321–333.
125 Vgl. z. B. *Schäfer, Chr.*, Öl für Germanien – Überlegungen zum römischen Fernhandel, in: ScrMerc 45, 2016, 7–38; *ders./Hofmann-von Kapherr, K.*, Experimentalarchäologie trifft auf Schifffahrt. Ein römischer Prahm im Test, in: AW 5, 2017, 76–83.
126 Vgl. *Harper, K./McCormick, M.*, Reconstructing the Roman Climate, in: *Scheidel, W. (Hg.)*, The Science of Roman History. Biology, Climate, and the Future of the Past. Princeton/Oxford 2018, 11–52.
127 Vgl. *Warnking*, Seehandel; *ders.*, Roman Trade Routes in the Mediterranean Sea: Modeling the Routes and Duration of Ancient Travel with Modern Offshore Regatta Software, in: *Schäfer, Chr. (Hg.)*, Connecting the Ancient World. Mediterranean Shipping, Maritime Networks and their Impact. Rahden/Westf. 2016, 45–90; *ders.*, A Business Model for Roman Maritime Trade, in: *Schäfer, Chr. (Hg.)*, Connecting the Ancient World. Mediterranean Shipping, Maritime Networks and their Impact. Rahden/Westf. 2016, 173–210.
128 Vgl. *Brughmans, T./Wilson, A. (Hgg.)*, Simulating Roman Economies. Theories, Methods, and Computational Models, Oxford 2022.

Bowman, A. K./Wilson A. (Hgg.), Settlement, Urbanization, and Population. Oxford 2011.
Bowman, A. K./Wilson, A. (Hgg.), The Roman Agricultural Economy. Organization, Investment, and Production. Oxford 2013.
Bowman, A. K./Wilson, A. (Hgg.), Trade, Commerce and the State in the Roman Economy. Oxford 2018.
Bücher, K., Die Entstehung der Volkswirtschaft. Tübingen 1893 (17. Aufl. 1926).
Büchsenschütz, A. B., Besitz und Erwerb im griechischen Alterthume. Halle 1869 (ND 1962).
Cartledge, P., The Economy (Economies) of Ancient Greece, in: Dialogos, 5, 1998, 4–24.
De Martino, F., Wirtschaftsgeschichte des alten Rom. 2. Aufl. München 1991.
Drexhage, H.-J., Preise, Mieten, Pachten, Kosten und Löhne im römischen Ägypten bis zum Regierungsantritt Diokletians. St. Katharinen 1991.
Drexhage, H.-J./Konen, H./Ruffing, K., Die Wirtschaft der römischen Kaiserzeit in der modernen Deutung: Einige Überlegungen, in: Strobel, K. (Hg.), Die Ökonomie des Imperium Romanum. Strukturen, Modelle und Wertungen im Spannungsfeld von Modernismus und Neoprimitivismus. St. Katharinen 2002, 1–66.
Droß-Krüpe, K./Föllinger, S./Ruffing, K. (Hgg.), Antike Wirtschaft und ihre kulturelle Prägung – The Cultural Shaping of the Ancient Economy. Wiesbaden 2016.
Eich, A., Die politische Ökonomie des antiken Griechenland (6.–3. Jahrhundert v. Chr.). Köln 2006.
Erdkamp, P., How Modern Was the Market Economy of the Roman Empire?, in: Oeconomia, 4, 2014, 225–235.
Finley, M. I., Die antike Wirtschaft. 3. Aufl. München 1993.
Finley, M. I., The Ancient Economy. Updated with a New Foreword by Ian Morris. Berkeley/Los Angeles 1999.
Grassl, H., Sozialökonomische Vorstellungen in der kaiserzeitlichen griechischen Literatur (1.–3. Jh. n. Chr.). Wiesbaden 1982.
Hasebroek, J., Staat und Handel im Alten Griechenland. Tübingen 1928.
Hasebroek, J., Griechische Wirtschafts- und Gesellschaftsgeschichte bis zur Perserzeit. Tübingen 1931.
Heichelheim, F. M., Wirtschaftsgeschichte des Altertums vom Paläolithikum bis zur Völkerwanderung der Germanen, Slaven und Araber. 2 Bde. Leiden 1938 (ND 1969).
Heichelheim, F. M. An Ancient Economic History. 3 Bde. Leiden 1958–1970.
Hopkins, K., Introduction, in: Garnsey, P./Hopkins, K./Whittaker, C. R. (Hgg.), Trade in the Ancient Economy. London 1983, IX–XXV.
Jones, A. H. M., Ancient Economic History (Inaugural Lecture at University College, London). London 1948.
Jones, A. H. M., The Roman Economy. Studies in Ancient Economic and Administrative History, hrsgb. v. Brunt, P. A. Oxford 1974.
Kehoe, D., Management and Investment on Estates in Roman Egypt during the Early Empire. Bonn 1992.
Kehoe, D. P./Ratzan, D. M./Yiftach, U. (Hgg.), Law and Transaction Costs in the Ancient Economy. Ann Arbor 2015.
Kloft, H., Die Wirtschaft des Imperium Romanum. Mainz 2006.
Lo Cascio, E., The Role of the State in Roman Economy: Making Use of the New Institutional Economics, in: Bang, P. F./Ikeguchi, M./Ziche, H. G. (Hgg.), Ancient Economies. Modern Methodologies. Archaeology, Comparative History, Models and Institutions. Bari 2006, 215–254.
Meyer, Ed., Die wirtschaftliche Entwicklung des Altertums, in: ders. (Hg.), Kleine Schriften, Bd. 1. 2. Aufl. Halle 1924, 81–168.
Pekáry, Th., Die Wirtschaft der griechisch-römischen Antike. 2. Aufl. Wiesbaden 1979.
Pleket, H. W., Wirtschaft, in: Fischer, W. et al. (Hgg.), Handbuch der europäischen Wirtschafts- und Sozialgeschichte. Bd. 1. Stuttgart 1990, 25–160.
Polanyi, K., Primitive, Archaic, and Modern Economies, hrsgb. v. Dalton, G. Boston 1971.
Polanyi, K., Ökonomie und Gesellschaft, hrsgb. v. Humphreys, S. 2. Aufl. Frankfurt a. M. 2008.
Polanyi, K., The Great Transformation. Politische und ökonomische Ursprünge von Gesellschaften und Wirtschaftssystemen. Frankfurt a. M. 1978.

Préaux, C., L'économie des Lagides. Brüssel 1939.
Rathbone, D., Economic Rationalism and Rural Society in Third-Century A. D. Egypt. The Heroninos-Archive and the Appianus Estate. Cambridge 1991.
Von Reden, S., Antike Wirtschaft. Berlin/Boston 2015.
Von Reden, S. (Hg.), Handbook of Ancient Afro-Eurasian Economies, 3 Bde. Berlin/Boston 2019–2023.
Von Reden, S. (Hg.), The Cambridge Companion to the Ancient Greek Economy. Cambridge 2022.
Reger, G., Regionalism and Change in the Economy of Independent Delos, 314–167 BC. Berkeley 1994.
Reinard, P., „Die Griechen werden ewig unsere Lehrer bleiben". Karl Marx und die griechische Antike: Zwischen prometheischem Ideal und primitivistischer Ökonomie, in: *Deglau, C./Reinard, P. (Hgg.)*, Aus dem Tempel und dem ewigen Genuß des Geistes verstoßen? Karl Marx und sein Einfluss auf die Altertums- und Geschichtswissenschaften. Wiesbaden 2020, 107–156.
Remesal Rodríguez, J., Heeresversorgung und die wirtschaftlichen Beziehungen zwischen der Baetica und Germanien. Materialien zu einem Corpus der in Deutschland veröffentlichten Stempel auf Amphoren der Form Dressel 20. Stuttgart 1997.
Rodbertus, K., Untersuchungen auf dem Gebiete der Nationalökonomie des klassischen Alterthums 1. Zur Geschichte der agrarischen Entwicklung Roms unter den Kaisern oder die Adscriptitier, Inquilinen und Colonen, in: Jahrbuch für Nationalökonomie und Statistik 2, 1864, 206–268.
Rodbertus, K., Untersuchungen auf dem Gebiete der Nationalökonomie des klassischen Alterthums 2. Zur Geschichte der römischen Tributsteuern seit Augustus, in: Jahrbuch für Nationalökonomie und Statistik 4, 1865, 341–427; 5, 1865, 135–171 u. 241–315; 8, 1867, 81–126 u. 385–475.
Rostovtzeff, M. I., Gesellschaft und Wirtschaft im römischen Kaiserreich. 2 Bde. (engl. Orig. 1926) Leipzig 1931.
Rostovtzeff, M. I., Die hellenistische Welt. Gesellschaft und Wirtschaft. 3 Bde. (engl. Original 1941) Tübingen 1955–1956.
Ruffing, K., Von der primitivistischen Orthodoxie zum römischen Basar. Die Wirtschaft des Römischen Reiches in der Forschung des ausgehenden 20. und des beginnenden 21. Jahrhunderts, in: *Lafer, R./Strobel, K. (Hgg.)*, Antike Lebenswelten. Althistorische und papyrologische Studien. Berlin/Boston 2015, 3–27.
Ruffing, K., Neue Institutionenökonomik (NIÖ) und Antike Wirtschaft, in: *Droß-Krüpe, K. et al. (Hgg.)*, Antike Wirtschaft. Wiesbaden 2016, 11–22.
Scheidel, W. (Hg.), The Science of Roman History. Biology, Climate, and the Future of the Past. Princeton/Oxford 2018.
Scheidel, W./Morris, I./Saller, R. P. (Hgg.), The Cambridge Economic History of the Greco-Roman World. Cambridge 2007.
Schneider, H., Antike zwischen Tradition und Moderne. Gesammelte Schriften zur Wirtschafts-, Technik- und Wissenschaftsgeschichte, in: *Ruffing, K./Droß-Krüpe, K. (Hgg.)*, Gesammelte Schriften. Wiesbaden 2016.
Tchernia, A., Le vin de l'Italie romaine. Essai d'histoire économique d'après les amphores. Rom 1986.
Warnking, P., Der römische Seehandel in seiner Blütezeit. Rahmenbedingungen, Seerouten, Wirtschaftlichkeit. Rahden/Westf. 2015.
Weber, M., Die römische Agrargeschichte in ihrer Bedeutung für das Staats- und Privatrecht. 1891, ND in: Weber, M., Gesamtausgabe, Abt. 1, Bd. 2. hrsgb. v. Deininger, J. Tübingen 1986.
Weber, M., Die sozialen Gründe des Untergangs der antiken Kultur. 1896. ND in: Weber, M., Gesamtausgabe, Abt. 1, Bd. 6. hrsgb. v. Deininger, J. Tübingen 2006.
Weber, M., Agrarverhältnisse im Altertum. 1909. ND in: Weber, M., Gesamtausgabe, Abt. 1, Bd. 6. hrsgb. v. Deininger, J. Tübingen 2006.
Weber, M., Die Stadt, in: *Weber, M. (Hg.)*, Wirtschaft und Gesellschaft. 1922. ND in: Weber, M., Gesamtausgabe, Abt. 1, Bd. 25. hrsgb. v. Hanke, E./Morlok, C. Tübingen 2015.

Arjan Zuiderhoek
2 Ancient Economic History and Social Scientific Theory

I Introduction

At some point early in the 4th century BC, a certain Aeschines of Sphettus (not the famous orator but a former pupil of Socrates) was involved in a court case in Athens.[1] The case concerned Aeschines' failure to repay a loan. We only know about it because passages from the speech composed by the orator Lysias for the (unknown) adversary of Aeschines in the case were quoted in a much later source (Ath., *Deipn.* 13, 611e–612e). Aeschines' adversary stated the following:

> I would never have expected, gentlemen of the jury, that Aeschines would have dared to become involved in such an embarrassing case, and I believe it would be difficult for him to find another that so blatantly abuses our legal system. For this man, gentlemen of the jury, owed Sosinomus the banker and Aristogiton money, on which he was paying three drachmas per month [per 100 drachmae, that is, 36% annually]; and he came to me and asked me not to stand by and watch him lose all his property because of the interest. 'I'm setting up a business to make perfume,' he said; 'I need start-up money, and I can offer you nine obols per mina as interest' [i.e. 1.5 drachmae per 100 drachmae per month, or 18% per annum].

Aeschines, however, failed to pay back this loan. The speaker continues:

> But the fact is, gentlemen of the jury, it is not just me he treats this way, but everyone who comes in contact with him. Don't the shopkeepers in his neighborhood, from whom he gets goods on credit and then fails to pay for them, lock up their stores and bring him into court? And doesn't he make the people who live near him so miserable that they abandon their own houses and rent others far away? Whenever he gathers contributions for a group dinner, he doesn't return the money that's left over... So many people come to his house at dawn to ask for the money they're owed, that passers-by think he's dead and they've come for his funeral! And the people in the Piraeus have adopted the attitude that it looks much safer to sail to the Adriatic than to get involved with him; because he regards any money he's been loaned as much more his own than what his father left him.[2]

Historians studying ancient Greek finance have focused on this passage, considering it key to our understanding of Athenian credit relations. What is interesting, however, is that, having analyzed the passage, they arrive at diametrically opposed conclusions regarding the nature of Athenian financial life.

---

[1] My opening paragraph consciously echoes that of the first chapter of Millett, Lending, for reasons that will become clear shortly.
[2] Translation and explication of interest rates by S. Douglas Olson, Loeb.

For Paul Millett, the passage illustrates the informal, socially embedded character of Athenian credit relations: people who required a loan would first approach kin, friends and neighbors before turning to individuals engaged in commerce (the 'people in the Piraeus'). Only as a last resort would they make use of professional bankers like Sosinomus.[3] For Edward Cohen, however, the passage rather offers testimony for the centrality of bankers in the Athenian economy: in his reading, Aeschines, needing investment capital, first approached the banker Sosinomus, and only then approached a friend (the speaker) to help him pay off the bank loan when the high bank interest proved burdensome.[4] What is more, argues Cohen, the passage shows that bankers were prepared to take considerable risks to secure a profit, lending at high rates even to disreputable borrowers like Aeschines, which Cohen interprets as illustrative of the highly commercialized nature of Athenian economic life.[5]

Here, then, we have a clear-cut example of two historians coming to very different, even opposed, conclusions based upon analysis of exactly the same source. How do such discrepancies in interpretation come about? Often, it is partly to do with researchers reading the same text differently, as happens here with Millett and Cohen, who disagree over the temporal sequence of the events described: whereas Cohen thinks Aeschines approached the banker first, Millett thinks Aeschines first approached friends and neighbors, and only then went to the banker. Yet there is a far more fundamental factor at play here, which explains why Millett and Cohen (and other historians involved in similar debates) end up in this situation: they start from fundamentally different presuppositions concerning the nature of Athenian economy and society, which structure their accounts and inform their interpretations of the sources. Whereas Millett explicitly grounds his analysis of Athenian credit relations in anthropological theories of reciprocity (most notably the work of Marshall Sahlins[6]) and regards Athens as a society where the role of the market was limited, Cohen clearly views 4th-century BC Athens as a market economy.

The Millett-Cohen case, moreover, is illustrative of yet a further duality typical of the debate over the nature of the ancient economy, namely that between scholars who embrace modern, usually social-scientific, concepts and theories in their analysis of ancient society, and those who explicitly reject such an approach. Cohen operates as a philological empiricist, arguing that his conception of 4th-century BC Athens as a market economy ("a system of production, distribution, and consumption actuated by a supply-demand pricing mechanism") can be derived directly and unproblematically from contemporary sources, specifically Aristotle's discussion, in the *Politics* (1256b, 40–1257a, 1), of the *chrematistike ktetike* (*techne*), the "moneyed mode of acquisition"

---

[3] *Millett*, Lending, 1–4.
[4] *Cohen, E. E.*, Review of Paul Millett, Lending and Borrowing in Ancient Athens, BMCR 03.04.10; *id.*, Athenian Economy, 213–214.
[5] *Cohen*, Athenian Economy, 144.
[6] *Sahlins, M.*, Stone Age Economics. Chicago 1972.

that the philosopher thought could be observed in the Greek cities of his day.[7] Millett, by contrast, formulates a model of Athenian credit relations inspired by anthropological concepts and comparative-historical examples, which he then tests against the ancient evidence, and is berated by Cohen for doing so.[8]

The tension between these two methodologies goes back right to the earliest round of contention over the character of the ancient economy in the late 19th and early 20th centuries, when ancient historians such as Eduard Meyer criticized the economist Karl Bücher for formulating an ideal-typical model of the ancient economy as a 'household economy' (*Hauswirtschaft*) as part of a larger theory of the stages of European economic development, and it never really went away.[9] Provoked by what he considered misleading, albeit largely implicit, modernizing anachronisms in the mostly very empirical analyses of the Hellenistic and Roman economies in the works of Michael Rostovtzeff and others published during the first half of the 20th century, Moses Finley in the 1960s and 1970s made use of anthropological and sociological (primarily Weberian) ideas and concepts to argue for essential differences between the Greco-Roman economy and the economies of later medieval, early modern and modern Europe.[10] Finley, in turn, was fiercely criticized by his more empiricist colleagues for precisely this: his adoption of social scientific models in explaining ancient society.[11] This methodological debate continues, and has become no less fierce.[12] Why is there such antagonism between ancient economic historians over the use of ideas, theories and concepts from other fields, mostly the social sciences? Should we use such theories and concepts in our analyses of ancient economic life, and if so, which ones might we use, when should we use them, and what might we use them for?

II What are theories and models, and what are they for?

Historians and archaeologists have strange jobs, for unlike most other scholars and scientists, they cannot directly observe their object of study. The past has irretrievably gone, but it has left fragments and traces, in the form of texts, artefacts and other types of remains. Careful study of these fragments and traces is indispensable to

---

7 *Cohen*, Athenian Economy, 4–5.
8 *Millett*, Lending; *Cohen*, Review of Millett.
9 See *Finley*, Bücher-Meyer Controversy, and also *Reinard* in this book.
10 *Finley*, Ancient Economy.
11 An early empiricist critique of Finley is *Frederiksen, M.*, Theory, Evidence and the Ancient Economy, in: JRS 65, 1975, 164–171; note also several contributions in *Scheidel/von Reden*, Ancient Economy.
12 See the programmatic statements in *Drexhage, H.-J./Konen, H./Ruffing, K.*, Die Wirtschaft des römischen Reiches (1.–3. Jahrhundert). Eine Einführung. Berlin 2002, 11; 21; 144 and the response by *Scheidel, W.*, The Roman Economy, in: Classical Review 55, 2005, 251–253.

historical research, but on its own is mostly not sufficient to generate historical explanations, since too many pieces of the puzzle are missing. What is needed is some kind of narrative or explanatory framework to put the fragments into a meaningful arrangement, so that understanding is reached. Theories and concepts based on the study of better-documented periods can provide such a framework. The social sciences, which focus on the contemporary world, have developed a wide range of theories and concepts to make sense of the flood of primary data that they are confronted with. Such theories, suggesting causal links between social phenomena and having been tested against modern data, can then be used to study the fragmentary information which historians have left from the past, in several ways. First, modern theories, by suggesting causal linkages, can help historians to ask new questions, and to view the information derived from the sources in a new light. Second, the causal linkages suggested by the theories can help historians to arrange and explicate the data from their sources in such a way that a new explanation is constructed. The theory helps the historian to argue for new patterns within the data and/or between sets of data, and, frequently, to make clear why some sources are more important than others. The result of all this, ideally, is a new explanatory model for understanding the historical situation or phenomenon under study, which can be tested and refined through further research.

One obvious danger of this methodology is that through use of modern theory, all kinds of anachronisms will seep into our historical explanations, since social scientific theories are based on modern assumptions that may not necessarily apply to people and societies in the past. This risk cannot be entirely avoided, but it can usually be controlled for through a variety of techniques such as reducing the theory to its bare bones, expanding its range or otherwise tweaking it a little, but, most importantly, by simply being very clear and upfront about the theory's underlying assumptions, discussing them and testing them against the evidence. There can also be a clear upside to the lack of 'fit' that is sometimes perceived between modern social theories and past societies, in that application of modern theory might allow the historian very clearly to point out the areas where the past does *not* resemble the present, where it is different and essentially foreign to modern experience.

Moreover, the 'objective' history aimed at by empiricist historians is in fact an impossibility. Sources do not speak for themselves; they ask no questions (though they may provide answers). Historians ask questions, and these questions, if not of a purely antiquarian nature, are always rooted, even if unconsciously, in their worldview and the present-day concerns of their society.[13] Moreover, empiricist historians too need an explanatory narrative or framework within which to integrate the scattered information derived from the sources, and this framework, and the assumptions on which it is inevitably based, cannot but derive, like the questions they ask and the selection of issues addressed in their research, from their own contemporary experi-

---

[13] *Finley, M. I.,* Ancient History: Evidence and Models. New York 1986, esp. 1–6.

ences and habitus. Yet their positivist stance ensures that their assumptions remain implicit, hidden from the reader and perhaps even, to an extent, from the author. It is methodologically preferable, and intellectually more honest, to be explicit about one's theoretical assumptions: for only thus will it become clear to the reader what, precisely, is being argued, and why. This will make it easier to test the explanatory model proposed, and to produce a counter-argument. On methodological grounds, therefore, theoretically explicit historical analyses are to be preferred to purely empiricist ones. Yet theoretically inspired explanations of course also rely on analysis of the sources: progress in historical understanding is achieved through the development of models that can integrate *more* information from the sources, in a more coherent way (i.e. explain more about the past, and explain it better) than previously existing models could. Partial exceptions to this rule are parametric models and simulation models, which are primarily useful to reduce uncertainty regarding the scale, impact or frequency of (quantifiable) phenomena where direct information (on these aspects) from the sources is lacking. Yet even such models ultimately need to be tested against whatever empirical data we can find, and they frequently incorporate in their variables estimates derived from the sources.[14]

III Why the polemics?

From Bücher's integration of the ancient world into his *Stufentheorie*, to Hasebroek's and Finley's use of Weberian ideas, to more recent controversies over which types of social science theories to use, to battles over the value of parametric models or comparative analyses: the field of ancient economic history has consistently been mired in methodological controversy. Why is this so?

The social sciences were born in the late eighteenth and nineteenth centuries in response to the huge societal changes wrought in western countries by the Industrial Revolution, scientific and medical advances and the forging of modern social, legal and political structures through a series of social and political revolutions. Which factor(s) had caused the rise of Modernity? Commentators from Adam Smith to Karl Marx to Max Weber and beyond sought the seeds of the modern capitalist economy in the commercial development of the (later) medieval and early modern European cities.[15] But for men steeped in the classical tradition, as most 18th-, 19th- and early 20th-century economists, sociologists and historians were, such an analysis immediately presented a problem, for they were only too well aware of the sophisticated nature

---

14 A classic example is Keith Hopkins's 'taxes & trade-model' of the Roman imperial economy, see Hopkins, Taxes and Trade.
15 See *Finley, M. I.*, The Ancient City from Fustel de Coulanges to Max Weber and beyond, in: *id.*, Economy and Society in Ancient Greece. Ed. with an introduction by B. D. Shaw and R. P. Saller. London 1981, 3–23; *Holton, R. J.*, Cities, Capitalism and Civilization. London 1986.

of ancient Greek and Roman societies, with their high levels of urbanization. Yet the ancient world, despite its many cities, had not experienced an economic take-off; it had vanished. How to explain this?

Answers varied but can be divided into two broad camps. First, there were those arguing that there was an essential difference between ancient cities and their role in economic life, and hence the structure of Greek and Roman economies, and medieval and (early) modern European cities, their economic role, and the structure of the medieval and the (early) modern European economy. This was the argument of *Stufentheoretiker* like Karl Bücher, for whom the ancient economy centered on the self-sufficient household, while the city-based economy was a feature only of the European Middle Ages. The most sophisticated analysis along these lines was developed by Werner Sombart and Max Weber, who argued that there was an important qualitative difference between Greek and Roman cities and later European ones. Ancient 'consumer cities' primarily drew in produce from the countryside based on a legal claim, often as rent, without offering the countryside products of urban manufacture in return, whereas medieval European 'producer cities' developed a dynamic reciprocal relationship with the countryside, exchanging manufactured goods for agricultural produce. This dynamic relationship then formed the basis for further specialization and an expansion of markets in the centuries to follow, laying the groundwork for the development of capitalism and the Industrial Revolution.[16]

The second answer to the conundrum of ancient urbanization and its economic role developed mostly in response to the 'difference-argument' just sketched. Its protagonists, ancient historians such as Eduard Meyer and Julius Beloch, emphasized sameness. The economy of antiquity in their view was actually very similar to the later European economy in terms of commerce and industrial development, and its evolution over time mirrored the development of European economic history, culminating in a Hellenistic world and early Roman empire that were strikingly 'modern' in socio-economic terms.[17]

Both these points of view were rooted in the political-ideological struggles of their time. Bücher and other economists of the German Historical School used their stage theories of economic and industrial development, which provided intellectual cover for German protectionist economic policies, to argue against the universalizing claims of the free trade-advocating classical economists.[18] Yet in the context of the contemporaneous battle among historians between those favoring sociological history (such as Karl Lamprecht) and those favoring political history (e.g. Georg von Below), and wor-

---

[16] *Finley*, Ancient City; *Erdkamp, P.*, Beyond the Limits of the "Consumer City": a Model of the Urban and Rural Economy in the Roman World, in: Historia 50, 2001, 332–356; *Zuiderhoek, A.*, The Ancient City. Cambridge 2017, esp. 43–49.
[17] See the various contributions in *Finley*, Bücher-Meyer Controversy.
[18] See *Drukker, J. W.*, The Revolution that Bit Its Own Tail: How Economic History Changed Our Ideas on Economic Growth. Amsterdam 2006.

ried about the reduction of the number of hours for Greek, Latin and ancient history in the German school curriculum, ancient historians such as Robert von Pöhlmann and Meyer strove to emphasize the contemporary relevance and modernism of the ancient world. For 'socialist' stage theories, emphasizing the difference between the ancient and modern worlds, they had no patience.[19]

The ancient economic historians who were the 20th-century successors to this debate similarly found inspiration in the ideological conflicts of their time for their reconstructions of the ancient economy. Thus Michael Rostovtzeff, a Russian émigré who had fled the Bolshevik revolution, imagined a Hellenistic and Roman economy that was bourgeois-capitalist like the modern West, and could be analyzed using the terminology of modern western economic and social discourse.[20] Moses Finley, a socialist émigré from the capitalist, McCarthyite United States, using Weberian social theory and insights from substantivist anthropology, argued for an ancient economy that functioned in a fundamentally non-capitalist way, stressing that "[t]echnical progress, economic growth, productivity, even efficiency have not been significant goals since the beginning of time."[21] Modern neo-classical economic theory was thus exposed for what it was: a model to analyze (and legitimate) modern capitalist economies, certainly not useable for the distinctly un-modern ancient world.

Responses to the work of Finley often took the form of attempts to show that characteristics of the modern western economy, such as integrated factor and product markets, rationalist economic attitudes and *per capita* economic growth, were present in the ancient world.[22] And, whereas Finley and those inspired by his work relied on (Weberian) sociology and anthropological models and theories to make their case, their opponents, if they were theory-inclined at all, usually opted for varieties of neo-classical economic analysis.[23] In the debate over the nature of the ancient economy, choice of method, i.e. whether to make use of (mostly) social-scientific theory, and if so, which kind of theory, thus often correlates strongly with one's overall position in the debate.

The debate was, and remains, strongly ideological, which explains its vehemence. Since the Renaissance, the idealization of classical antiquity has been part of the foundational discourse of western society. If it could be shown that Greek and Roman economies already functioned in a modern, capitalist way, then this would seem to provide crucial historical legitimacy for the current capitalist economic order. If it could indeed be demonstrated that Classical Athens, arguably the world's first democracy, was already a capitalist market economy, then this would constitute an impor-

---

19 DNP s. v. Bücher- Meyer-Kontroverse (H. Schneider).
20 *Reinhold, M.*, Historian of the Classical World: a Critique of Rostovtzeff, in: *id.*, Studies in Classical History and Society. Oxford 2002, 82–100 [orig. publ. in Science & Society 10.4, 1946, 361–391].
21 *Finley*, Ancient Economy, 147.
22 See the surveys of the debate in *Scheidel/von Reden*, Ancient Economy.
23 Most recently *Temin*, Roman Market Economy.

tant piece of evidence in favor of the argument that capitalism and democracy are natural bedfellows (not an unimportant observation in a Cold War-context).[24] These were views that ancient economic historians who were (and are) rather less convinced of capitalism's blessings could not leave unanswered: for them, emphasizing antiquity's otherness, its lack of a modern-looking interdependent market system, provided a splendid opportunity to relativize the universalist claims of the neo-classical economists, the main theoreticians of the capitalist market economy.

Such methodological polemics continue, as is demonstrated by the recent controversy over the use of neo-institutional economic analysis in ancient history, complaints about a supposed neoliberal turn in ancient economic history, and the use of Marxism in ancient studies. All this and more will be discussed in the brief survey of social scientific theory used in ancient economic history, to which we now turn.

IV Do all roads lead to Rome (and Athens)? Different theoretical approaches to the study of ancient economic history

In this section, I first deal with the substantivist tradition, then with several varieties of economic theory, and finally with ecological, climatological and demographic approaches to ancient society.

1 Substantivism

The term derives from the work of the Hungarian anthropologist Karl Polanyi, signifying the study of the 'substantive' ways people go about securing their livelihood in their specific natural and societal contexts. This is one way to define economics, quite apart from the conventional neo-classical definition, which holds that economics is the study of the allocation of scarce resources brought about by individuals rationally pursuing to maximize their utility. The assumptions inherent in this latter definition, Polanyi argued, only became relevant to the study of human economic behavior with the rise of capitalist market societies in (early) modern Western Europe. For most of human history, however, even though many societies knew markets, commercial exchange was not the dominant allocation mechanism, but existed alongside other forms of exchange, such as redistribution and reciprocity (gift-exchange). Anthropological and historical work in the substantivist tradition starts from the assumption

---

[24] *Nafissi, M.,* Class, Embeddedness, and the Modernity of Ancient Athens, in: CSSH 46, 2004, 378–410, esp. 381.

that the precise ways in which people go about securing their livelihood are strongly determined by their world views, mentalities and social institutions: in Polanyi's terms, their economic behavior is 'embedded' within their society. Only in the (early) modern European world had the economy become a 'disembedded', autonomous sphere of society, dominated by impersonal markets. Consequently, neo-classical economic theory, with its assumptions of scarcity of resources, unlimited wants and rational utility maximization, was only relevant to the modern world. For non-western or pre-modern societies, different analytical tools were required.[25]

Polanyi's work (re-)ignited a great debate among economic anthropologists over the applicability of modern western economic theory to non-western, non-capitalist societies (which had already been foreshadowed in the challenges to market-based approaches inherent in Bronislaw Malinowski's study of the Trobriand Kula ring and in Marcel Mauss's work on the gift).[26] This was a debate between 'formalists' claiming the universal validity of neo-classical economics, which could, in their view, even be applied to non-market societies, and 'substantivists' denying this and emphasizing the importance of local social institutions and worldviews for understanding economic behavior.

The ancient historian most influenced by Polanyi was Moses Finley, who in his 'Ancient Economy' aimed to demonstrate (without using the term) how embedded Greek and Roman economic behavior was in socio-cultural institutions. He gave his analysis a distinctly Weberian twist, however, by arguing that it was the Greco-Roman status structure, and the value system upon which it rested, which blocked the road towards the development of a capitalist market economy in the ancient world. The ancient citizen-elites, obsessed with politics, prestige and agrarian respectability, did not think to employ the huge amounts of land, labor and capital that they controlled in ways that would increase productivity. They did not attempt to forge connections between the prodigious intellectual and scientific achievements of their societies and the processes of production and distribution, to generate technological innovation; they, in short, lacked the capitalist spirit.

We already saw how Paul Millett's study of Athenian credit relations was strongly informed by ideas of the anthropologist Marshall Sahlins, specifically his typology of different forms of reciprocity and the way that these relate to the relative social or kinship distance between the participants in any exchange.[27] Independently, Sally Humphreys had earlier already advocated the use of anthropology as the discipline that could elucidate the Athenian economy and resolve the perceived tension between the 'primitive', or embedded, features of the economy and more 'modern' market-

---

25 *Polanyi*, Great Transformation; *id.*, Livelihood of Man.
26 *Malinowski, B.*, Argonauts of the Western Pacific. London 1922; *Mauss, M.*, Essai sur le don: Forme et raison de l'échange dans les sociétés archaïques, in: L'Année sociologique n.s. 1, 1923–1924, 30–196.
27 *Millett*, Lending; *Sahlins*, Stone Age Economics.

based aspects of it.[28] For the Roman world, C. R. Whittaker has argued against market-based interpretations of the imperial economy, emphasizing the redistributive aspects of resource and surplus allocation by the imperial landholding elites.[29]

Neither Polanyi nor Finley had denied the existence of markets in the ancient world; they had just questioned their dominance in economic life (assumed in the works of 'modernist' scholars such as Meyer and Rostovtzeff) and highlighted the importance of other forms of exchange. An interesting feature of more recent work associated with the substantivist tradition is, however, that its authors emphasize the cultural and social embeddedness of markets themselves. As the anthropologist Stephen Gudeman has argued, the substantivists were guilty of their own form of universalism (just like neo-classical economists and 'formalist' economic anthropologists) in projecting abstractly defined models of reciprocity and redistribution onto societies that were very different from one another.[30] There are many different forms of reciprocity or redistribution, dependent on specific societal contexts and worldviews. Yet as Sitta von Reden has pointed out, if reciprocities can differ from one society to the next, so can markets.[31] The anthropologist David Graeber and others have emphasized that markets and credit relations are attested as far back as Mesopotamia, and probably go back much further, and that they assume many different forms in different societies.[32] Among ancient historians, Peter Bang has made the most concerted effort to sketch the contours of a specifically Roman imperial form of market. Viewing Rome as a tributary empire (i.e. one that exploited its subjects via tribute extraction, instead of actively remodeling subjects' economies to increase surplus, as modern colonial empires did), comparable to other such empires like the Mughal, Han Chinese and Ottoman, Bang drew on the anthropologist Clifford Geertz's concept of the 'bazaar economy' to model Roman market exchange. Tributary empires needed to mobilize and distribute resources and to convert surplus into coin, and this stimulated the development of markets, but, like the Moroccan bazaars studied by Geertz, such markets in early empires like Rome were fragile and characterized by high uncertainty. To reduce levels of uncertainty (over product quality, trustworthiness of trading partners and so forth) Roman merchants, salespersons and consumers entered into a wide range of social relationships and networks, which strongly determined the char-

---

[28] *Humphreys, S.*, Anthropology and the Greeks. London 1978, esp. Ch. 6 'Economy and Society in Classical Athens.' Also *Austin, M. M./Vidal-Naquet, P.*, Economic and Social History of Ancient Greece: An Introduction. Berkeley/Los Angeles 1977.

[29] *Whittaker, C. R.*, Land, City, and Trade in the Roman Empire. London 1993. For recent work on non-market exchange in the ancient world see *Hollander, D. B./Blanton, T. R./Fitzgerald, J. T. (eds.)*, The Extramercantile Economies of Greek and Roman Cities: New Perspectives on the Economic History of Classical Antiquity. London 2019.

[30] *Gudeman, S.*, Economics as Culture: Models and Metaphors of Livelihood. London 1986.

[31] *Von Reden, S.*, Exchange in Ancient Greece. London 1995, 2–3.

[32] *Graeber, D.*, Debt: the First Five Thousand Years. New York 2011.

acters of Roman markets.³³ The role of uncertainty in market exchange is associated with the concept of transaction costs, which derives from the branch of economic theory called New Institutional Economics (NIE) that has recently figured prominently in ancient economic history research (including Bang's). As we shall see, parts of this body of theory display interesting overlap with the substantivist agenda. This brings us to the role of formal economic theory in ancient history.

2 Economic theory

In recent decades, it has become common for ancient economic historians, both those viewing Greek and Roman economies as strongly market-based and those less convinced of the dominance of trade and markets, to make use of various types of economic theory. This started with Keith Hopkins' use of basic macro-economic theory in his famous 'Taxes and Trade in the Roman Empire' article from 1980, and it is a measure of the influence of Finley's rejection of modern economics that this approach was deemed very controversial at the time.³⁴ Where Hopkins argued that Roman taxation stimulated trade and generated a moderate but sustained level of *per capita* growth in the early empire, Willem Jongman applied neo-classical theory to the economy of Pompeii to demonstrate that it was trapped in a low-level equilibrium from which only agricultural productivity-enhancing technological innovation could deliver it (which was not forthcoming).³⁵ A broad neo-classical analysis of the Roman economy can be found in the work of the economist Peter Temin, who argues for the existence of well-integrated empire-wide factor and product markets during the early Roman empire.³⁶ The most innovative recent work in ancient economic history has however been inspired by branches of economic theory that variously deviate from, are critical of, and/or aim to improve upon the mainstream neo-classical consensus. Primary among these are New Institutional Economics (NIE), particularly the version of it developed by the economist Douglass North, and, to a lesser extent, behavioral economics, development economics, complexity economics and (neo-)Marxism.

NIE finds its origin in the realization that neo-classical economics does not take sufficient theoretical account of the real world costs that are connected to economic actions, costs associated with searching for information, bargaining and enforcement, in short: transaction costs.³⁷ Societies respond to such problems by developing institutions, defined by Douglass North as 'the rules of the game', encompassing both formal

---

33 *Bang*, Roman Bazaar.
34 *Hopkins*, Taxes and Trade.
35 *Jongman, W.*, The Economy and Society of Pompeii. Amsterdam 1988.
36 *Temin*, Roman Market Economy; note also *Jones, D. W.*, Economic Theory and the Ancient Mediterranean. Chichester 2014.
37 See *Coase, R. H.*, The Nature of the Firm, in: Economica 4, 1937, 386–405; *Williamson, O. E.*, The Economics of Organization: The Transaction Cost Approach, in: AJSoc 87, 1981, 548–577.

legal rules and informal social norms. 'Organizations', in North's parlance, that is, groups of people organized according to some kind of governing structure (in the modern world e.g. firms, unions, associations of all kinds), then play the game, that is, interact with one another in the framework created by the institutions.[38] A society that produces institutions and organizations that bring down transaction costs will improve the efficiency of its economic life, and hence be more prone to increase its overall and *per capita* welfare over time than other societies with less efficient institutions. Thus North sought to explain the 'Rise of the West', i.e. the rise of the modern capitalist economies of Europe and the Atlantic world, as the result of the development of a specific regime of property rights. Only *within this specific institutional framework* could Adam Smith's invisible hand do its work so that the individual pursuit of private profit resulted in socially productive outcomes.[39] This analysis is in a way very akin to that of Polanyi, as it grounds the European economic trajectory very firmly within the specifics of European institutions and social structures. It flies right in the face of the universalist theoretical claims of neo-classically inspired economists and economic historians – an observation which sits somewhat uneasily with recent neo-Marxist critiques of the NIE that accuse it of serving as a capitalist apologia.[40]

Other criticism of NIE as it was developed in North's earlier work and as it has been applied in economic historical scholarship since the 1970s is more substantial. Institutional change was often assumed to be a product of market forces, resulting in a view of economic history as a Darwinian 'survival of the fittest' in which those institutions that were most 'efficient', meaning those that were better at reducing transactions costs and addressing market failures than others, eventually won out. Institutional and organizational change (or stability) can have many causes, however, which often have nothing specifically to do with efficiency or (market) economic processes.[41] As examples, Sheilagh Ogilvie has pointed to stochastic shocks (epidemics, natural disasters, technological innovations, decisions by the powerful), cultural beliefs and ideas, and conflicts over resource distribution.[42] Moreover, institutions and organizations often benefit some groups in society more than others; they might even

---

[38] *North*, Institutions.
[39] *North, D. C./Thomas, R. P.*, The Rise of the Western World: A New Economic History. Cambridge 1973; *Bang, P. F.*, Ancient Economy and New Institutional Economics, in: JRS 99, 2009, 194–206, esp. 197–198.
[40] See *Hobson, M. S.*, Historiography of the Study of the Roman Economy: Economic Growth, Development, and Neoliberalism, in: *Platts, H. et al. (eds.)*, TRAC 2013: Proceedings of the Twenty-Third Annual Theoretical Roman Archaeology Conference, King's College, London 2013. Oxford 2014, 11–26; *Boldizzoni*, Poverty; *Vlassopoulos*, Marxism, 221–222.
[41] *Granovetter, M.*, Economic Action and Social Structure: the Problem of Embeddedness, in: AJSoc 91, 1985, 481–510; *Ogilvie, S.*, 'Whatever Is, Is Right'? Economic Institutions in Pre-Industrial Europe, in: EconHR 60, 2007, 649–684, with many references to earlier literature.
[42] *Ogilvie*, 'Whatever is, is right'?, 667.

negatively affect others, and thus reduce overall economic well-being. If the benefitting group or groups are socially powerful, such institutions might nonetheless be historically 'successful', that is, survive, and even prosper, for a long time.[43] As Koenraad Verboven phrases it: "Institutions profoundly affect the efficiency of markets, but efficiency is not what drives institutional development."[44]

In his later work, North shifted gear, and came to stress the role played by cultural beliefs and worldviews (or 'shared mental models') in shaping institutions, particularly informal ones such as social norms, which change only very slowly, to explain economic stability and change.[45] He also argued that whether an institution benefits society as a whole, in addition to the benefits it might bring to a small subset of society, depends very much on the incentive structure created by the institutional set up of the society in question. Influential interest groups might protect institutions or organizations that benefit them but hamper overall economic performance; many ruling elites throughout history appear to have behaved in this way.[46] NIE, in this later Northian version, thus offers a powerful analytical toolbox that might be used to explain both growth and stagnation, increased productivity as well as exploitation and rent-seeking. With its emphasis on cultural beliefs and world views influencing social norms and formal institutions such as the legal framework and constitutions, it is a theoretical perspective well suited to the methodological constraints facing ancient economic historians, who mostly lack statistical evidence but are reasonably well-informed about ancient legal systems, constitutions, social structures and norms and worldviews (albeit mostly those of the elite) through their qualitative literary and documentary sources. This might account for some of NIE's recent popularity in the field. With its focus on world views, social norms and social and political structures, NIE in its later Northian variety is methodologically quite close to substantivism and Finley's approach, but it is more open-ended, allowing explanations of both stagnation *and* growth.[47] In that sense, it has provided primitivists/substantivists and modernists/formalists with something akin to a common theoretical language.[48]

Early NIE-adopters among ancient historians such as Jean-Jacques Aubert, Morris Silver and Elio Lo Cascio presented very market-economic and growth-focused ac-

---

43 *Ogilvie*, 'Whatever is, is right'?, 663–664 mentions medieval and early modern European craft guilds as an example. See also: *id.*, Institutions and European Trade: Merchant Guilds, 1000–1800. Cambridge 2011.
44 *Verboven*, Knights, 37.
45 *Denzau, A./North, D. C.*, Shared Mental Models: Ideologies and Institutions, in: Kyklos 47, 1994, 3–31; *North*, Understanding.
46 See *North, D. C./Wallis, J. J./Weingast, B. R.*, Violence and Social Orders: A Conceptual Framework for interpreting Recorded Human History. Cambridge/New York 2009.
47 *Bang*, Ancient Economy, 196–197.
48 See esp. *Scheidel, W./Morris, I./Saller, R. (eds.)*, The Cambridge Economic History of the Greco-Roman World. Cambridge 2007.

counts of the ancient economy.⁴⁹ This trend has continued recently, particularly in Greek economic history, with the work of Josiah Ober and Alain Bresson, who employ many insights derived from NIE to detect a market-economic miracle (efflorescence) in the world of the Classical city-states.⁵⁰ Yet there is also the work of Bang, who has employed NIE to study the rent-seeking behaviors of Rome's elites and the fragility of ancient markets, and Dennis Kehoe's NIE-inspired analysis of the legal framework of Roman agricultural exploitation, emphasizing the protection Roman law and the Roman state offered to small tenant-farmers.⁵¹ Thus, different ancient-historical analyses incorporating insights from NIE might still start from very different views of ancient institutions and organizations and the shared mental models that gave rise to them.⁵²

Finley once wrote of "the common cultural-psychological framework" of the Greco-Roman world, which consisted of a mentality that was "acquisitive but not productive."⁵³ Finley's stress on mentalities, as well as North's emphasis on shared mental models, brings us to another comparatively recent development in economic theory, namely the rise of behavioral economics.⁵⁴ Focusing on economic actors rather than institutions, with origins in cognitive psychology, behavioral economics is strongly critical of the rational choice-assumption that underpins neo-classical economics' notion of the utility-maximizing *homo economicus*. Human rationality, Herbert Simon, one of the field's originators, argued, is always bounded, that is, constrained by incomplete information and intellectual and psychological limits related to the processing of information, yet it is also strongly influenced by norms of fairness. When making decisions, people try to optimize their sense of satisfaction, which includes considerations of fairness, rather than maximize their individual utility.⁵⁵ Experimental re-

---

49 *Aubert, J.-J.*, Business Managers in Ancient Rome: A Social and Economic Study of *Institores*, 200 B.C.–A.D. 250. Leiden 1994; *Silver, M.*, Economic Structures of Antiquity. Westport/London 1995; *Lo Cascio, E.*, The Role of the State in the Roman Economy: Making Use of the New Institutional Economics, in: *Bang, P. F./Ikeguchi, M./Ziche, H. G.* (eds.), Ancient Economies, Modern Methodologies, 215–234.
50 *Ober, J.*, The Rise and Fall of Classical Greece, Princeton 2015; *Bresson, A.*, The Making of the Ancient Greek Economy: Institutions, Markets, and Growth in the City-States. Princeton 2016.
51 *Bang*, Roman Bazaar; *id.*, Ancient Economy; *Kehoe, D.*, Law and the Rural Economy in the Roman Empire. Ann Abor 2007; *id.*, Poverty, Distribution of Wealth, and Economic Growth in the Roman Empire, in: *Erdkamp, P./Verboven, K.* (eds.), Structure and Performance in the Roman Economy: Models, Methods and Case Studies. Brussels 2015, 183–196, at 191–192.
52 See my remarks in *Zuiderhoek, A.*, Introduction: Land and Natural Resources in the Roman World in Historiographical and Theoretical Perspective, in: *Erdkamp, P./Verboven, K./Zuiderhoek, A.* (eds.), Ownership and Exploitation of Land and Natural Resources in the Roman World. Oxford 2015, 1–17.
53 *Finley*, Ancient Economy, 34; 144.
54 See *Weber, R./Dawes, R.*, Behavioral Economics, in: *Smelser, N. J./Swedberg, R.* (eds.), The Handbook of Economic Sociology. Princeton 2005, 90–107; *Verboven*, Knights, 41–47 offers a thoughtful account. See also *Thaler, H.*, Behavioral Economics: Past, Present, and Future, in: American Economic Review 106, 2016, 1577–1600.
55 *Simon, H. A.*, Reason in Human Affairs. Stanford 1983; *Verboven*, Knights, 41–42.

search has borne this out, demonstrating that individual actors are indeed willing to incur costs to ensure fairness in transactional outcomes, particularly when the transaction involves someone who has benefitted them in the past. Considerations of reciprocity and altruism thus play a crucial part in human decision-making, albeit in a manner inflected by the specific cultural context of the protagonists.[56] Behavioral economics has so far not been much used for analysis of ancient economies. Given its focus on (culture-specific) ideas of fairness in economic transactions, it provides a crucial theoretical and experimental underpinning of the Weberian-Finleyan assumption that mentalities and world views (North's shared mental models) are vital to the understanding of economic structure and development and it could thus revitalize such research. Moreover, as Verboven notes, since behavioral economics suggests that human cooperation is based on reciprocity and altruism, it provides us with an important new perspective on institutions and organizations, which are after all the outcome of, and hence embody, human cooperation, as crucial to the maintenance of socio-economic and political stability.[57]

Also relevant for ancient economic historians is development economics, particularly the 'entitlements and capabilities'-approach associated with the economist Amartya Sen.[58] Sen's development economics, like NIE and behavioral economics, follows neo-classical economics in taking the individual as its starting point but (again like NIE and behavioral economics) tries to correct for neo-classical theory's analytical failings, which derive from its unrealistic assumptions. Sen particularly attacks the notion that individuals are all equally free and able to participate in market transactions. Sen argued that people's ability to exchange the material and immaterial resources that they possess or have access to (their endowment entitlement set: e.g. labor power, property, cash) for other resource-alternatives (such as jobs, or essential goods and services) on offer in the market place (their exchange entitlement set) was not solely determined by the price mechanism but by a host of non-economic factors. This observation Sen derived from his study of large 20th-century famines in India, Bangladesh, Ethiopia and elsewhere, where he showed that, counterintuitively, a decline in the availability of food was not the primary cause of widespread hunger. Rather, people starved because they lacked sufficient entitlements to command access to food: their endowments did not suffice (e.g. they lacked sufficient cash or property) or were not sufficiently in demand (e.g. their labor power was not wanted, they could not get a job) for them to be able to acquire food. Other factors, such as war-related hoarding, could also lead to a breakdown of exchange entitlements.[59] The insight that

---

56 See the studies cited by *Verboven*, Knights, 41–47.
57 *Verboven*, Knights, 46–47.
58 *Morris, C. (ed.)*, Amartya Sen. Cambridge 2009; *Gotoh, R./Demouchel, P. (eds.)*, Against Injustice. The New Economics of Amartya Sen. Cambridge 2009; *Sen, A.*, Development as Freedom. Oxford 1999.
59 *Sen*, Poverty and Famines; *Ringen, S.*, Review of A. Sen, Poverty and Famines, in: European Sociological Review 1, 1985, 94–96.

hunger, or, in a wider sense, poverty, has essentially to do with power, i.e. with *who* can legitimately command *what*, is of course a very productive one, and not just for modern societies. To those who envision Greek and Roman economies as characterized by widespread poverty and underdevelopment, Sen's approach might help to identify the social, political, legal and economic barriers that prevented ordinary individuals from gaining access to vital resources or opportunities to better themselves. Alternatively, those who posit a sustained rise in standards of living in the Greek Classical period and during the early Roman empire might use Sen's insights to investigate the implications of this argument, namely to identify the societal mechanisms or preconditions that allowed successive generations of ordinary Greeks and Romans successfully to exchange their endowment entitlements for exchange entitlements for centuries on end.

Sen's ideas on famines have found application in studies of ancient food supply and food markets by Garnsey and Erdkamp.[60] Yet there are clearly possibilities for a more thoroughgoing engagement, in which particularly Sen's insight that poverty and underdevelopment have multifarious causes originating in the specific life situation of individuals can be inspiring. Together with the philosopher Martha Nussbaum, the economist Mahbub ul Haq and others, Sen, building on his earlier work on entitlements, developed the capabilities-approach to human development, central to which is the Human Development Index (HDI) that plays an important role in the United Nations' annual Human Development Reports, which Sen and ul Haq helped initiate.[61] The crucial insight here is that human wellbeing depends on far more than simply standard of living; it depends on what an individual is capable of achieving. Human life contains many 'functionings', among which are such states as having a job, being healthy, being safe, feeling happy, having self-respect, and so on. A person's set of capabilities reflects the extent to which he or she has the freedom to achieve such functionings, and that of course depends on a much wider range of variables than just their income.[62] Hence, the HDI incorporates various 'key dimensions of human development', such as being able to lead a long and healthy life and being able to acquire knowledge through schooling, alongside standard of living (expressed as gross national income *per capita*). As the UN's researchers note, "The HDI can [...] be used to question national policy choices, asking how two countries with the same level of GNI per capita can end up with different human development outcomes", which also makes it a very interesting tool for economic historians trying to analyze the specific outcomes in terms of wellbeing for past societies.[63]

---

[60] *Garnsey, P.*, Famine and Food Supply in the Graeco-Roman World: Responses to Risk and Crisis. Cambridge 1988, 33; *id.*, Famine in History, in: *id.* (ed.), Cities, Peasants and Food in Classical Antiquity. Essays in Social and Economic History. Cambridge 1998, 272–292; *Erdkamp, P.*, The Grain Market in the Roman Empire. Cambridge 2005.
[61] *Verboven*, Knights, 47–49.
[62] *Sen, A.*, Inequality Re-examined. Harvard 1992; *Anderson, E.*, Review of Sen, Inequality Re-examined, in: Economics and Philosophy 11, 1995, 182–189.
[63] http://hdr.undp.org/en/content/human-development-index-hdi, consulted 02/01/2020.

Sen's broader theory of development economics has been used in the work of ancient historians, e.g. that of Scheidel on poverty and quality of life (and note also Vandorpe's study of human happiness in Roman Egypt), but clearly there is room for more: skeletal studies pointing to declining health (and probably life expectancy) precisely during the period of Roman history (early and high empire) when *per capita* economic growth is often presumed to have been highest suggest that Sen et al. are right to emphasize the multi-dimensional character of human wellbeing.[64] One might also think of comparative-historical applications, investigating the causes of differential outcomes in terms of wellbeing for historical societies with broadly similar economic profiles: progress in the availability and analysis of archaeological proxy data could help add flesh to the bones of such studies.

The sharpest criticism of development economics and NIE-based approaches to ancient economic history has come from neo-Marxist scholars. Matthew Hobson writes, in an essay criticizing what he views as the essentially neo-liberal subtext of the current focus on *per capita* economic growth in developmental and institutional economic work on the Roman economy, "[...] it is too simplistic a notion to equate growth in GDP with prosperity, happiness or well-being and any attempt to do so is ideologically driven."[65] Such simplicity is of course precisely what Sen tries to avoid with his capabilities-theory, which presents a multi-dimensional approach to human development. In this sense, Sen's work bears a distant resemblance to Marxism, since for Marxists, a failure of (neo-)classical economists is precisely that they mostly ignore extra-economic factors that are crucial to economic outcomes (people's wellbeing), namely the social and political structures facilitating, and legitimating, exploitation and capital accumulation. To truly understand a historical economy (that is, a particular mode of production), one has to thoroughly understand the workings of its social structure, or, in Marxian terms, the prevailing relations of production, for these are ultimately determinative of the level of wellbeing of the different groups within that society (the social classes).[66] Yet in other respects, Sen's work stays as far removed from Marxism as can be, since for all Sen's criticism of the reductionist character of the neo-classical concept of utility, Sen's analysis remains deeply individualistic, focus-

---

[64] Scheidel, W., Stratification, Deprivation and Quality of Life, in: *Atkins, E. M./Osborne. R. (eds.), Poverty in the Roman World.* Cambridge 2006, 40–59; Vandorpe, K., A Happiness index for Antiquity? Hellenistic Egypt as a Case-Study, in: *Bussi, S. (ed.), Egitto dai Faraoni agli Arabi. Atti del convegno "Egitto: amministrazione, economia, società, cultura dai Faraoni agli Arabi."* Pisa/Roma 2013, 91–103; on skeletal studies: Verboven, Knights, 49, referring to *Koepke, N./Baeten, J. (eds.), The Biological Standard of Living during the Last Two Millennia,* in: European Review of Economic History 9, 2005, 61–95. A fine-tuned version of the same trend was found by *Jongman, W. M./Jacobs, J. P. A. M./Klein Goldewijk, G. M.*, Health and Wealth in the Roman Empire, in: Economics and Human Biology 34, 2019, 138–150.
[65] Hobson, Historiography, 21.
[66] On Marxism in economic-historical analysis see *Hatcher, J./Bailey, M.*, Modelling the Middle Ages. Oxford 2001, Ch. 3 'Class Power and Property Relations.'

ing on individual entitlements and capabilities and how these affect the individual's bargaining position in the market, with less attention for the broader economic, social and political power mechanisms that might initiate and perpetuate inequality.[67]

Identifying such mechanisms and explaining their centrality, and the exploitation and struggles that result from them, in both capitalist and pre-capitalist societies, is of course the specialty of Marxist economics and historiography. Marxist approaches to ancient social and economic history were important in the former Soviet bloc and flourished in continental Europe in the 1960s, 1970s and 1980s. In particular, the important work on Roman slavery of the scholars associated with the Gramsci Institute in Rome should be singled out.[68] Much of this work centered on how to apply the classic Marxist notion of a 'slave mode of production' to the ancient world, how this mode arose, functioned, experienced a long drawn-out crisis during the Roman imperial period, and how it eventually transitioned into a medieval 'feudal mode of production.' Empirical and theoretical problems associated with the notion of an ancient 'slave mode of production', such as the difficulty of envisioning ancient slaves as a class, given slaves' widely divergent life trajectories, the fact that poor slaves shared with poor free persons a lack of access to the means of production, and the wide attestation of non-servile forms of labor, led to disillusionment with the concept. Yet whereas this inspired the more Weberian Finley to develop a notion of Classical Greece and Republican and early imperial Italy as 'slave societies', i.e. societies with a relatively large number of slaves and where slave labor constituted the main basis for elite income, but without the economy as a whole being totally dependent on slave labor, some Marxist historians took a decidedly different direction.[69]

Geoffrey de Ste. Croix's Marxist history of the ancient world focused not so much on slavery but on the class struggle(s) between owners-exploiters and the exploited masses as the main driver of Greco-Roman history.[70] To create his exploited underclass, de Ste. Croix was forced to lump together in an artificial way a wide range of underprivileged groups, including chattel slaves, various categories of serfs (including, in his definition, tenant-farmers), debt bondsmen and other types of agricultural workers. His class struggle also looks rather one-sided, i.e. it mainly consists of the top visiting exploitation on the bottom. Yet what matters for the purpose of this chapter is that Marxian approaches focus directly on the socio-economic significance

---

[67] O'Hearn, D., Amartya Sen's Development as Freedom: Ten Years Later, in: Policy & Practice. A Development Education Review 8, 2009, 9–15, https://www.developmenteducationreview.com/issue/issue-8/amartya-sens-development-freedom-ten-years-later, consulted 06/01/2020; Navarro, V., Development and Quality of Life: A Critique of Amartya Sen's Development as Freedom, in: International Journal of Health Services 30, 2000, 661–674; Verboven, Knights, 48.

[68] Giardina, A., Marxism and Historiography: Perspectives on Roman History, in: Wickham, C. (ed.), Marxist History-Writing for the Twenty-First Century. Oxford 2007, 15–31.

[69] Finley, M. I., Ancient Slavery and Modern Ideology. Expanded Edition by B. D. Shaw. Princeton 1998 [Orig. publ. 1980].

[70] De Ste. Croix, Class Struggle.

of group-level inequalities of power and property that are inherent to all complex societies, and offer a range of tools to analyze these inequalities. They do this in a manner largely missing from neo-classical, New Institutional, behavioral and even development economics, theories that are in this respect rather handicapped by their methodological individualism. Note, for instance, Peter Rose's recent Marxist analysis of Archaic Greece, which squarely focuses on the wealth and power inequalities and antagonisms between the social classes that, in his view, led to the development of the polis and determined its early history.[71] It is, for similar reasons, unsurprising that the sharpest recent critiques of neo-classical, NIE and development economics-based work in ancient economic history has come precisely from neo-Marxist scholarship.[72]

What both Marxism and the other approaches discussed above are less good at is dealing with the causes and consequences of contingency (stochastic shocks). For this, we need another theoretical perspective, namely complexity economics, which derives from the field of complexity science. Complexity science deals with 'complex systems': systems in which entities interact according to simple rules, and in which these interactions then give rise to larger-scale patterns, the properties of which generally differ greatly from those of the entities whose interactions produced them. 'Complexity' thus means that 'the whole is greater than the sum of its parts'; a standard example is how the interactions of myriad individual traders give rise to stock market fluctuations.[73] An economy is the perfect example of how simple interactions between entities (people, companies) give rise to a vastly complex system that has little in common with the properties of the original entities. This disparity between the characteristics of the original entities and those of the complex system that is the outcome of their interactions is called 'emergence'. Whereas neo-classical and neo-Malthusian theories (see below) view the economy as tending towards equilibrium (between supply and demand, or between population and resources), from a complexity perspective the economy is regarded as perpetually dynamic, constantly 'emerging' from the myriad interactions between the agents that make up the parts that give rise to the whole.[74]

Based on these insights a range of methods have been developed to analyze the structure of complex social and economic systems, such as agent-based modelling, social network analysis, simulation models, Monte Carlo analysis and others, most of which have recently found some application in ancient studies.[75] One advantage of these computer-based analyses is that they allow researchers to test models of the

---

71 *Rose, P. W.*, Class in Archaic Greece. Cambridge 2012.
72 *Hobson*, Historiography; *Vlassopoulos*, Marxism; *Boldizzoni*, Poverty.
73 See *Brughmans et al.*, Formal Modelling Approaches, 3.
74 *Beinhocker, E. D.*, The Origin of Wealth: Evolution, Complexity, and the Radical Remaking of Economics. Boston 2006.
75 *Brughmans et al.*, Formal Modelling Approaches; *Verboven, K. (ed.)*, Complexity Economics: Building a New Approach to Ancient Economic History. Cham 2021.

ancient economy based on different economic theories against large, mostly archaeological data sets.[76] This is done by first translating the model into a formal (quantitative) hypothesis or range of hypotheses, which can then be tested against the data.

Complexity-based methodologies are particularly popular among archaeologists, given that these methodologies provide them with a set of analytical tools to get to grips with the large bodies of data produced by scientific archaeology over the past few decades. Another reason complexity-perspectives are particularly congenial to archaeologists is that they allow a holistic view of a specific region or site. The society that once existed in a particular archaeologically definable region or site can be approached as a complex adaptive socio-ecological system, where ecological and social factors interacted in non-linear, dynamic fashion to produce a complex whole that was more than the sum of its parts. Internal or external stressors (e.g. climate change) or stochastic shocks (epidemics, invasions) led the system to adapt, usually through an increase in complexity. The great advantage of modelling a past regional economy and society in this way is that it potentially allows the archaeologists to integrate all of the different types of archaeologically, environmentally and historically analyzable data in a meaningful way to facilitate understanding of past complexity and change over time.[77] There is no *a priori* reason why complex adaptive socio-ecological system modelling could not be applied to the ancient Greek polis world, Hellenistic kingdoms or the Roman empire as a whole, but to truly test hypotheses, a regional scale for now seems more feasible. Complexity-based methods have also made some headway in ancient historical studies, particularly probabilistic methodologies such as Monte Carlo analysis, which has *inter alia* provided us with new insights into the spread of Roman citizenship and the effectiveness of emergency grain funds kept by Roman provincial cities.[78]

---

[76] See e.g. *Brughmans, T./Poblome, J.*, Roman Bazaar or Market Economy? Explaining Tableware Distributions through Computational Modelling, in: Antiquity 90, no. 350, 2016, 393–408; *Brughmans, T.*, Evaluating the Potential of Computational Modelling for Informing Debates on Roman Economic Integration, in: *Verboven (ed.)*, Complexity Economics, 105–123.

[77] See e.g. *Poblome, J.*, The Economy of the Roman World as a Complex Adaptive System: Testing the Case in Second to Fifth Century CE Sagalassos, in: *Erdkamp, P./Verboven. K. (eds.)*, Structure and Performance, 97–140.

[78] Cf. *Brughmans et al.*, Formal Modelling Approaches, 9: "Monte Carlo methods consist of a suite of approaches to problem-solving which rely on a technique of repeated random sampling or one which replicates repeated random sampling." For elucidation see *Lavan, M.*, Epistemic Uncertainty, Subjective Probability, and Ancient History, in: JInterH, 50.1, 2019, 91–111, esp. 105–111. Applications: *id.*, The Spread of Roman Citizenship, 14–212 CE: Quantification in the Face of High Uncertainty, in: P&P, 230, 2016, 3–46; *Solonakis, N./Touré, A./Elhouderi, M.*, The Financial Sustainability of Grain Funds: A Model-Based Approach using Monte Carlo Simulation, in: *Lavan, M./Jew, D./Danon, B. (eds.)*, The Uncertain Past: Probability in Ancient History. Cambridge 2022, 231–270.

3 Ecology, climate, demography

The holistic approach to past economies of complex adaptive systems-theory brings us to those perspectives on ancient economies that stress the impact of ecological, climatological and biological factors. Topics that have been studied include the impact of specific diseases and disease ecologies on economic life and specifically labor productivity, see e.g. the work of Sallares on malaria in Roman Italy.[79] The effect of the ecological fragmentation of the Mediterranean region on Greek and Roman economies has been the focus of Horden and Purcell, who stressed the need for economic interaction via networks of connectivity between regions to overcome the potential drawbacks of specific micro-ecological contexts.[80] Garnsey explored weather patterns and their impact on Greco-Roman economies in his study of interannual variability in rainfall in the Mediterranean region and its effect on the Greco-Roman food supply.[81]

Recent climate-related research on antiquity has focused on climate *change* as a possible driver of socio-political and economic change. These theories range from the proposition that the shift to a cooler and wetter Subatlantic regime ca. 850–750 BC initiated the increase in agricultural productivity and population growth that may have resulted in polis-formation in Archaic Greece, to the argument that a Roman Climate Optimum/Roman Warm Period, roughly ca. 200 BC–200 AD (the periodization is very controversial) in Europe and the North Atlantic could ultimately explain the empire's flourishing, to, most recently, the suggestion that a change to more adverse climatic conditions, combined with pandemic disease outbreaks, in Late Antiquity might be responsible for the empire's decline and fall.[82] Much of the debate on the proxy-data for these proposed climatic changes and for the actual severity of the disease outbreaks (Antonine Plague, Plague of Cyprian, Justinianic Plague) is highly technical and often defies easy generalizations, but the methodological point to take home seems to be that one should avoid environmental determinism. It is methodologically faulty, for instance, simply to state that climate change and the presence or absence of large-scale disease events can explain the rise, flourishing and decline of the Roman empire. It is only through a detailed study of the precise impact of climate change and disease events on Roman institutions and the agency of groups and indi-

---

79 Sallares, R., Malaria and Rome: A History of Malaria in Ancient Italy. Oxford 2002.
80 Horden, P./Purcell, N., The Corrupting Sea: A Study of Mediterranean History. Oxford 1998.
81 *Garnsey*, Famine and Food Supply.
82 Morris, I., The Eighth-Century Revolution, in: *Raaflaub, K./van Wees, H. (eds.)*, A Companion to Archaic Greece. Malden/Oxford, 64–80, at 66–67; McCormick, M. et al., Climate Change during and after the Roman Empire. Reconstructing the Past from Scientific and Historical Evidence, in: JInterH 43, 2012. 169–220; Harper, K., The Fate of Rome: Climate, Disease, and the End of Empire. Princeton 2017; *Erdkamp, P./Manning, J. G./Verboven, K. (eds.)*, Climate Change and Ancient Societies in Europe and the Near East: Diversity in Collapse and Resilience. Cham 2021. Also *Manning, J. G.*, The Open Sea: The Economic Life of the Ancient Mediterranean World from the Iron Age to the Rise of Rome. Princeton 2018, esp. Ch. 5.

viduals, and the ways in which these institutions, groups and individuals responded to the impact of climate and disease, that we can learn what the socio-economic effects of climate change and disease-events actually were, and how and why such external factors might have precipitated social and economic change. Different societies with different institutional configurations, social hierarchies and mentalities react differently to the same climatic or epidemiological challenges. How else might we explain that a Roman Warm Period that is said to have begun around 200 BC stimulated Roman military and economic expansion and success, but did nothing similar for, say, the Seleucid, Ptolemaic or Parthian empires?[83] Data about climate change and disease events contribute further pieces to the historical puzzle, but in themselves do not provide a solution: only analysis of the way(s) in which the economic and social structures of a particular society responded to such exogenous challenges (in comparison, ideally, with how other societies coped with the same challenges) can do that.[84]

Ecology and climate also powerfully influence another factor that has often been invoked in debates about Greco-Roman economies, namely population. Demographic analyses, in particular neo-Malthusian population-resources models, have played an important part in debates about Roman economic development. In demographic terms, Greek and Roman societies have been defined as 'high-pressure regimes' where high mortality had to be compensated for by high fertility.[85] And yet at various times in classical antiquity, populations grew.[86] Particularly for the Roman world, population growth has been linked to the ultimate inability of the Roman economy permanently to raise the standard of living of the mass of the population to a level well above subsistence. Even if most historians and archaeologists now agree that economic output in the Roman world increased significantly from the late Republic onwards, in the longer run, it is argued, population growth would outstrip output growth, bringing living standards back down to near subsistence. The most focal proponent of this neo-Malthusian model has been Scheidel, who has argued that the ancient world, given its low levels of technological change, was caught in "a 'low equilibrium trap', in which in the long term, limited increases in output will raise surpluses less than population size and the latter will eventually offset intermittent productivity gains."[87] This analysis has been countered by Erdkamp, who argues that, aided by improved market conditions and growing urbanization from the early empire on-

---

[83] *Haldon, J. et al.*, Plagues, Climate Change, and the End of an Empire: A Response to Kyle Harper's The Fate of Rome (1) Climate, in: History Compass 16, 2018, 1–13, at 5 (https://onlinelibrary.wiley.com/doi/epdf/10.1111/hic3.12508, consulted 20/02/2020).
[84] *Erdkamp, P.*, War, Food, Climate Change and the Decline of the Roman Empire, in: Journal of Late Antiquity 12, 2019, 422–465.
[85] *Frier, B. W.*, More is Worse? Some Observations on the Population of the Roman Empire, in: *Scheidel, W. (ed.)*, Debating Roman Demography. Berlin/Boston 2000, 139–159.
[86] *Scheidel, W.*, Demography, in: *Scheidel, W./Morris, I./Saller, R. (eds.)*, Cambridge Economic History, 38–86.
[87] *Scheidel*, Demography, 55–56.

wards, population growth led to more efficient, labor-intensive forms of cultivation in Roman agriculture and to growth and development of the non-agricultural sectors of the economy that could productively absorb the excess labor from the countryside. Thus, the foundation was laid for an extended period of prosperity, which in the Roman West lasted until the 3rd century, but in the East continued into the 5th and 6th. This scenario does not fit the Malthusian model, as Erdkamp points out, since the East had always been the most densely populated and urbanized part of the Roman world. If the Roman economy was indeed vulnerable to Malthusian checks, we would expect them to manifest themselves there. Yet it was the less densely populated West that declined first.[88] To this, we might add that if we follow the logic of complexity economics, population growth could be viewed as a trigger that stimulated the complex adaptive system(s) of the Roman economy to achieve still higher levels of complexity, creating a social and institutional set up that had its own new internal economic logic and that did no longer resemble the initial situation that prevailed when the trigger of population growth first occurred. Achieving this higher level of complexity could make the system, or sub-systems of it, more fragile, more likely to spin out of control when confronted with stochastic shocks (epidemics, invasions, civil wars). Alternatively, it might increase the overall resilience of the system or its subsystems, reducing the chances of collapse. Such an analysis could then point the way towards an explanation for the differential fates of the eastern and western halves of the Roman empire in Late Antiquity.

Bibliography

Bang, P. F., The Roman Bazaar. A Comparative Study of Trade and Markets in a Tributary Empire. Cambridge 2008.
Bang, P. F., The Ancient Economy and New Institutional Economics, in: JRS, 99, 2009, 194–206.
Bang, P. F./Ikeguchi, M./Ziche, H. G. (eds.), Ancient Economies, Modern Methodologies: Archaeology, Comparative History, Models and Institutions. Bari 2006.
Boldizzoni, F., The Poverty of Clio: Resurrecting Economic History. Princeton 2011.
Brughmans, T. et al., Formal Modelling Approaches to Complexity Science in Roman Studies: A Manifesto, in: Theoretical Roman Archaeology Journal, 2/1/4, 2019, 1–19.
Cohen, E. E., Athenian Economy and Society: A Banking Perspective. Princeton 1992.
De Ste. Croix, G. E. M., The Class Struggle in the Ancient Greek World. London 1981.
Erdkamp, P./Verboven, K. (eds.), Structure and Performance in the Roman Economy: Models, Methods and Case Studies. Brussels 2015.
Finley, M. I. (ed.), The Bücher-Meyer Controversy. New York 1977.
Finley, M. I., The Ancient Economy. Updated Edition with a Foreword by Ian Morris. Berkeley 1999 (first published 1973).
Hopkins, K., Taxes and Trade in the Roman empire (200 B.C.–A.D. 400), in: JRS, 70, 1980, 101–125.

---

[88] *Erdkamp, P.*, Economic Growth in the Roman Mediterranean World: An Early Good-bye to Malthus?, in: Explorations in Economic History, 60, 2016, 1–20.

Millett, P., Lending and Borrowing in Ancient Athens. Cambridge 1991.
North, D. C., Institutions, Institutional Change and Economic Performance. Cambridge 1990.
North, D. C., Understanding the Process of Economic Change. London 1999.
Polanyi, K., The Great Transformation: The Political and Economic Origins of our Time. New York 1944.
Polanyi, K., The Livelihood of Man. Ed. by H. W. Pearson. New York 1977.
Scheidel, W./von Reden, S. (eds.), The Ancient Economy. (Edinburgh Readings on the Ancient World) Edinburgh 2002.
Sen, A., Poverty and Famines. An Essay on Entitlement and Deprivation. Oxford 1981.
Temin, P., The Roman Market Economy. Princeton 2013.
Verboven, K., The Knights who say NIE: Can Neo-Institutional Economics Live up to its Expectations in Ancient History Research?, in: Erdkamp, P./Verboven, K. (eds.), Structure and Performance, 33–57.
Vlassopoulos, K., Marxism and Ancient History, in: Allen, D. S./Christesen, P./Millett, P. (eds.), How to do Things with History: New Approaches to Ancient Greece. Oxford 2018, 209–235.

Martin Bentz
3 Archäologie und Wirtschaftsgeschichte

I Einleitung

Alle materiellen Hinterlassenschaften – seien es einzelne Objekte oder unterschiedliche Arten von Befunden – können für wirtschaftshistorische Fragen nutzbar gemacht werden und manche wirtschaftshistorische Frage lässt sich ausschließlich durch deren Analyse beantworten. So ist z. B. jedes vom Menschen geschaffene Objekt im Hinblick auf die Beschaffung der verwendeten Ressourcen und Produktionsprozesse, sein Fundort für Fragen der Distribution sowie des Konsumverhaltens bestimmter Gruppen und Individuen vielfältig auswertbar. Zudem sind zahlreiche Fragen zu Produktion und Verbreitung von Waren, zu Demographie und Siedlungsstrukturen spezifischer Regionen nur anhand von archäologischen Untersuchungen zu klären.

Trotz dieser in gewisser Weise selbstverständlichen Erkenntnis haben sich die archäologischen Disziplinen, besonders die Klassische Archäologie, lange zu wenig von wirtschaftshistorischen Fragen leiten lassen, sondern vielmehr ihr Material eher im Hinblick auf bildwissenschaftliche Aspekte oder gattungsimmanente Typologien aufbereitet. Dabei wurden natürlich zahlreiche wirtschaftsrelevante Aspekte berücksichtigt, etwa Materialanalysen oder Verbreitung von Waren, jedoch nicht dezidiert auf wirtschaftshistorischer Ebene reflektiert.[1] Umgekehrt haben archäologische Quellen und Diskussionen kaum Eingang in die wirtschaftshistorischen Forschungen und Handbücher gefunden, die vor allem auf Schriftquellen basieren.

Diese lange Zeit mangelnde Integration der altertumswissenschaftlichen Ansätze[2] hat sicher mehrere Gründe. Zum einen arbeiten Archäologen durch ihre konkreten Projekte häufig sehr viel stärker material- und regional orientiert und sind dadurch mehr an der Mikroebene und der Rekonstruktion lokaler Kontexte interessiert als an übergreifender Modellbildung, zumal die Materialgrundlage häufig erst noch – mit zumeist großem Aufwand – gelegt werden muss. Zum anderen gibt es unterschiedli-

---

1 Davies, J. K. in: Morris, I./Saller, R./Scheidel, W. (Hgg.), The Cambridge Economic History of the Graeco-Roman World. Cambridge 2007, 334: „Scholars of coins or painted pottery or sculpture have, for good or for bad reasons, been more concerned with classification, dating, images, and aesthetic values than with aggregates of production or with distribution maps."
2 Lawall, M. L., Towards a New Social and Economic History of the Hellenistic World, in: JRA 26, 2013, 497: "archaeological research remains difficult to integrate into economic-historical narratives"; Stissi, V. V., Pottery to the People. The Production, Distribution and Consumption of Decorated Pottery in the Greek World in the Archaic Period (650–480 BC). Amsterdam 2002, 202: "There is a strange gap between more historical and more archaeological studies of Greek craft and its place in society". Jongman, Performance, 104 hingegen fordert zur Zusammenarbeit auf: „There is no reason to be on a different planet" und „The choice is not between on the one hand big histories based on generalizations from secondary literature and on the other hand deeply factual microhistories."

che Methodenkompetenzen, die es erschweren, bestimmte Quellengattungen benachbarter Disziplinen in ihrem Aussagewert sicher zu beurteilen. Diese Unsicherheit mag auch durch kontroverse Methodendiskussionen innerhalb der Fächer verstärkt werden, die Außenstehende verunsichern.

Seit geraumer Zeit hat sich eine ‚Wirtschaftsarchäologie' herausgebildet, die ihre Wurzeln in der prähistorischen Archäologie des angelsächsischen Raums hat[3] und sich inzwischen auch in der Klassischen Archäologie durch zahlreiche Projekte und Tagungen manifestiert, auch wenn sie erst am Anfang steht.[4] Immer wichtiger ist die interdisziplinäre Zusammenarbeit und besonders die Anwendung naturwissenschaftlicher Methoden, die in eigenen Teildisziplinen wie u. a. die Geoarchäologie, Zooarchäologie, Bioarchäologie oder Archäobotanik weiterentwickelt werden.

Im Folgenden sei kein wirtschaftshistorischer Abriss aus archäologischer Sicht gegeben, sondern Methoden, Arbeitsbereiche, Materialien und Perspektiven archäologischer Forschungen zum Thema dargestellt. Unstrittig ist unter Archäologen die zentrale Bedeutung der regionalen Perspektive und die Bedeutung der interregionalen Konnektivität sowie das Vorhandensein marktwirtschaftlicher Mechanismen zumindest in Teilbereichen des Untersuchungsfeldes.

II Methoden

Die Archäologie bedient sich bei der Untersuchung wirtschaftlicher Zusammenhänge sehr unterschiedlicher Methoden, die der entsprechenden Aufbereitung der Quellen sowie ihrer Interpretation dienen. Wie in allen Wissenschaften werden diese Methoden weiterentwickelt und kritisch diskutiert, insbesondere im Hinblick auf ihre Aussagekraft für übergeordnete Fragestellungen.

Zur Analyse von **Fundobjekten** werden zum einen traditionelle bildwissenschaftliche Methoden angewendet, um Darstellungen z. B. von Handwerkern oder Händlern in Malerei und Skulptur auszuwerten oder um Fundgattungen typologisch, stilistisch und chronologisch einzuordnen. Zum anderen werden alle Arten von Artefakten, seien es Geräte, Werkzeuge oder Produkte im Zuge des „material turn" im Hinblick auf

---

[3] Zunächst hat diese Entwicklung in der Prähistorie in den 1970er Jahren begonnen; s. *Levy, T. E.,* Economic Archaeology, in: *Fagan, B. M. (Hg.),* The Oxford Companion to Archaeology. Oxford 1996, 191–192; *Feinman G. M.,* Economic Archaeology, in: *Pearsall, D. M. (Hg.),* Encyclopedia of Archaeology, Bd. 2. Oxford 2008. 1114–1120; zuletzt *Kerig/Zimmermann,* Economy; vgl. auch *Recker, U./Schefzig, M.,* Wirtschaftsarchäologie. Gegenstand, Methode – Forschungsstand, in: *Kasten B. (Hg.),* Tätigkeitsfelder und Erfahrungshorizonte des ländlichen Menschen in der frühmittelalterlichen Grundherrschaft (bis ca. 1000). Festschrift für Dieter Hägemann zum 65. Geburtstag. (Vierteljahrschrift für Sozial- und Wirtschaftsgeschichte, Beiheft, Bd. 184) Stuttgart 2006, 267–286.
[4] Zuletzt 2018 der 19. Internationale Kongress für Klassische Archäologie in Köln/Bonn mit 128 Panels zum Thema „Archaeology and Economy in the Ancient World", die in 56 Bänden 2019–2023 publiziert wurden: *Bentz/Heinzelmann,* Archaeology.

ihre Objektbiographien untersucht und ihr Material analysiert, um Herkunft oder technologische oder funktionale Fragen zu klären. Die Archäometrie bietet in diesem Rahmen wichtige **naturwissenschaftliche Untersuchungsmethoden** an. Organische Funde wie Pflanzen werden durch Archäobotaniker, tierische Überreste durch Archäozoologen, menschliche Überreste durch Archäobiologen ausgewertet, Residuen in Gefäßen durch Chemiker oder Mineralogen.

Befunde bzw. Fundzusammenhänge werden durch Ausgrabungen oder Prospektionen dokumentiert. Insbesondere die Prospektionsmethoden,[5] die Flächen bis hin zu Mikroregionen von mehreren Quadratkilometern Größe betrachten helfen, haben sich zuletzt stark weiterentwickelt. Man unterscheidet bei der Begehung durch Archäologen zwischen extensivem Survey, bei dem lediglich bestimmte Fundkonzentrationen kartiert werden, und dem intensiven Survey, bei dem möglichst alle Oberflächenfunde bzw. sichtbaren Befunde dokumentiert werden. Geophysikalische Prospektionen führen in der Regel Geophysiker durch; hierdurch können architektonische Reste oder Geländeformationen, die nicht an der Oberfläche sichtbar sind, visualisiert werden. Verschiedene Methoden der Fernerkundung helfen, dreidimensionale Geländemodelle zu entwickeln. Diese nichtinvasiven Techniken können mit Ausgrabungen oder mit Bohrungen durch Geoarchäologen kombiniert werden, um alte Küstenlinien, Flussverläufe oder die Klimageschichte[6] der Region zu rekonstruieren.

Als wichtigste Analysemethode von **räumlichen Daten** haben sich die in der Geographie entwickelten Geoinformationssysteme (GIS) auch in der Archäologie etabliert, welche es erlauben, Objekte, Befunde und ganze Landschaften zu verknüpfen, um Zusammenhänge wie z. B. die Entwicklung von Siedlungsmustern zu erfassen, zu interpretieren und zu visualisieren. Diese Methode wird von der Archäoinformatik an den archäologischen Bedarf angepasst und weiterentwickelt, ebenso wie verschiedene Formen der **Netzwerkanalyse bzw. Sozialen Netzwerkanalyse**, die in den Sozialwissenschaften entwickelt worden ist und es erlaubt, Relationen zwischen Akteuren, seien es Personen oder Institutionen, darzustellen.[7]

Quantifizierungsmethoden werden in allen Bereichen angewendet, um von repräsentativen Fallbeispielen ausgehend z. B. Produktionsmengen in Handel und Landwirtschaft, Handelsvolumina oder den Konsum von Gütern zu berechnen, aber auch den ökonomischen Aufwand von Bauprojekten sowie Bevölkerungszahlen. Hierüber lassen sich z. B. Argumente für Konjunkturschwankungen oder Fragen des Wirtschaftswachstums berechnen. Entscheidend ist hierbei, eine solide Materialbasis für derartige Berechnungen zu schaffen. Wichtiger Vorreiter ist das Oxford Roman Econo-

---

5 S. zuletzt *Alcock, S. E./Cherry, J. F. (Hgg.)*, Side-by-Side Survey: Comparative Regional Studies in the Mediterranean World. Oxford 2016; *Bergemann/Belvedere*, Survey.
6 S. hierzu z. B. die „Geodatabase of Historical Evidence on Roman and Post-Roman Climate" von *McCormick M./Harper K./More, A./Gibson, K.:* https://doi.org/10.7910/DVN/TVXATE (abgerufen am 30. 6. 2020).
7 *Knappet*, Network; *Mills*, Network für eine gute Darstellung der Methodik; s. auch *Zuiderhoek* in diesem Band.

my Project, das zahlreiche Datenbanken und Publikationen als Basis für Quantifizierungen bereitstellt.[8] Noch für längere Zeit wird hierin eine der Hauptaufgaben der Archäologie liegen, Materialgrundlagen und entsprechende Datenbanken zu schaffen, die gestiegenen Ansprüchen genügen und auch qualitativ auswertbar sind; dies kann aber nicht von Einzelnen geleistet werden, sondern erfordert Kooperationen.

Auf einer ganz anderen Ebene spielt die **Experimentalarchäologie** eine immer wichtigere Rolle, um Phänomene und Prozesse zu verstehen. Durch den Nachbau z. B. antiker Töpferöfen und den Brand mit traditionellen Methoden können technische Vorgänge, Material-, Zeit- und Personalaufwand sehr viel besser rekonstruiert werden. Der ethnographische und der interkulturelle **Vergleich** hingegen kann auf zwei Ebenen fruchtbar gemacht werden, einerseits können hierdurch konkrete archäologische Funde und Befunde verglichen und erklärt werden, andererseits können Interpretationsansätze in unterschiedlichen kulturellen Kontexen gewinnbringend in Bezug gesetzt werden.

III Rohstoffe/Ressourcenbeschaffung

Die Abhängigkeit von Rohstoffen und weiteren Ressourcen war ein entscheidender Faktor für wirtschaftliches Handeln; so intensivieren sich wegen des Metallreichtums bereits in der Frühzeit archäologisch nachweisbare Handelsrouten, die das ganze Mittelmeer verbinden – vom östlichen Mittelmeer über Sardinien nach Spanien oder die Zinnstraße nach England. Aber auch Luxusressourcen wie Bernstein, Gewürze und andere waren im Mittelmeerraum begehrt und wurden aus Randregionen von der Ostsee bis nach Südasien importiert. Rohstoffreichtum war Grundlage von Prosperität von Städten und ganzen Regionen. Die Archäologie hat sich zunächst intensiv mit den technologischen und logistischen Aspekten der Gewinnung von Rohstoffen und dessen Handel auseinandergesetzt, seien es Metalle, die für Münzen, Alltags- und Luxusobjekte benötigt wurden, sei es Stein, der vor allem als Baumaterial diente. Der in großen Mengen benötigte Rohstoff Ton war hingegen nahezu überall und unbegrenzt verfügbar. Knapper und in Bezug auf Fragen der Resilienz problematisch war hingegen die Beschaffung von Brennstoffen; zur Diskussion um den Brennstoffbedarf und das Phänomen der ‚Entwaldung' des Mittelmeerraums gibt es zunehmend neue Modellberechnungen im Austausch archäologischer und naturwissenschaftlicher Daten.[9]

---

[8] Exemplarisch sei hier *Bowman/Wilson*, Quantification genannt; zu den Datenbanken s. die Homepage des Projekts: http://www.romaneconomy.ox.ac.uk/ (abgerufen am 30. 6. 2020). Weitere Datenbank-Projekte werden im Folgenden genannt.
[9] Vgl. *Janssen, E. et al.*, Fuel for Debating Ancient Economies. Calculating Wood Consumption at Urban Scale in Roman Imperial Times, in: Journal of Archaeological Science: Reports 11, 2017, 592–599 mit Verweisen.

Archäometrische Untersuchungen schaffen immer bessere Voraussetzungen, Herkunft und Verwendung von Rohstoffen zu bestimmen. Die im Rohstoffabbau in großer Zahl eingesetzten Arbeitskräfte, insbesondere Sklaven, lassen sich archäologisch nur selten genauer erfassen.

1 Bergbau

Die technologischen Aspekte des Metallabbaus lassen sich wegen der immer größeren Zahl an Fallbeispielen gut nachvollziehen. Alle Arbeitsschritte lassen sich inzwischen dokumentieren und innerhalb einer Prozesskette interpretieren. Hinzu kommt in den letzten Jahren deren kontextuelle Interpretation in der Landschaft; so lassen sich unterschiedliche extensive und intensive Formen des Bergbaus beobachten, die bis zu spezialisierten ‚Montanlandschaften' reichen, die ganze Regionen wirtschaftlich prägten.[10]

Zum Beispiel ist die Silberbergbauregion von Laurion in Attika gut untersucht, wo zunächst eine extensive Nutzung zu beobachten ist, die von spätarchaischer bis in hellenistische Zeit einer intensiven Nutzung wich, nach der es in der Kaiserzeit bis in frühbyzantinische Zeit zu einem Stillstand kam.[11] Der Abbau, teils im Tagebau, zum größeren Teil unter Tage, lässt sich über geologische und archäologische Untersuchungen im Detail nachweisen und darüber die Arbeitsorganisation und der Personalaufwand feststellen. Das metallhaltige Gestein wurde sortiert, in Mörsern zerkleinert und Mühlen gemahlen, sodann nass getrennt und in Erzwäschen für die Verhüttung vorbereitet. Für jeden Arbeitsschritt gab es eigene Werkstätten/Anlagen mit spezifischer Einrichtung und Werkzeugen sowie charakteristischem Abfall, die sich in großer Zahl erhalten haben. Die eher kleinteilige Struktur der zahlreichen Anlagen in Nähe der Schächte mag mit der Vermeidung von Transportwegen, aber auch mit der Verpachtungsstruktur der Minen durch den Staat zusammenhängen. Auf den Bergbau reagierte das Umland durch die entsprechende Gestaltung von Landwirtschaft, Siedlungen und den Aufbau einer Infrastruktur wie Transportwegen. Surveys zeigen, dass sich die Siedlungsdichte mit der Intensität des Bergbaus synchron veränderte.

---

10 Zu den technologischen Aspekten *Weisgerber, G.*, Montanarchäologie. Grundzüge einer systematischen Bergbaukunde für Vor- und Frühgeschichte und Antike Teil I, in: *Hauptmann, A./Pernicka, E./ Wagner, G. A. (Hgg.)*, Archäometallurgie der Alten Welt. Beiträge zum internationalen Symposium „Old Worlds Metallurgy". Heidelberg 1987. (Der Anschnitt, Beiheft, Bd. 7) Bochum 1989, 79–98 und *Weisgerber G.*, Montanarchäologie. Grundzüge einer systematischen Bergbaukunde für Vor- und Frühgeschichte und Antike Teil II, in: Anschnitt 42, 1990, 2–18; übergreifend *Stöllner*, Montanarchäologie; zahlreiche Fallbeispiele in *Stöllner, T. (Hg.)*, Man and Mining. Studies in Honour of Gerd Weisgerber on Occasion of his 65th Birthday. (Der Anschnitt, Beiheft, Bd. 16) Bochum 2003.
11 Zuletzt *Nomicos, S.*, Laurion. Montan- und siedlungsarchäologische Studien zum antiken Blei-Silberbergbau. Rahden/Westf. 2021.

2 Stein-/Marmorsteinbrüche

Für Großbauprojekte wie Stadtmauern oder öffentliche Bauten wie Tempel benötigten die Städte große Mengen an Steinmaterial. In Griechenland gab es nur wenige große Marmorvorkommen: bei Athen, auf den Kykladen, auf Thasos und der Insel Prokonessos. Wegen der hohen Abbau- und Transportkosten war seine Verwendung daher beschränkt und häufig wurden für Bauten und Skulpturen weichere Kalksteine verwendet, im vorrömischen Italien auch häufig Tuff, die sehr viel einfacher und schneller abzubauen und meist lokal verfügbar waren und am Ende mit Stuck versehen wurden. So waren selbst an den Haupttempeln der panhellenischen Heiligtümer von Delphi und Olympia lediglich die Skulpturen bzw. in Delphi eine Fassade in Marmor gefertigt; in den Kolonien Unteritaliens und Siziliens gibt es so gut wie keine Marmorarchitektur, und die Marmorskulpturen sind überwiegend unterlebensgroß. Die archäologische Forschung hat zahlreiche Steinbrüche kartiert und die Prozesskette von Abbau über Transport, Bearbeitung und Verwendung anhand von Arbeitsspuren, Halbfabrikaten und verworfenen Werkstücken in Teilen gut rekonstruieren können; über archäometrische Methoden wird zudem die Herkunft von optisch nicht immer sicher zuweisbarem Material bestimmt.[12] Weitere Studien zu Verbreitung und Verwendung bestimmter Steinsorten, zur regionalen Arbeitsteilung im Rahmen der Steinversorgung in unterschiedlichen Zeiten fehlen jedoch.

Üblich war der Tagebau, bei dem zunächst das Material durch Aufhauen von Kanten, Schrotung oder Sägung und Abtrennung durch gewässerte Holz- oder Metallkeile herausgelöst wird. Die Werkstücke werden vor Ort recht genau ausgearbeitet, allerdings bossiert belassen, um sie vor Transportschäden zu schützen. Wo möglich wurde der See- dem aufwendigeren Landtransport vorgezogen, für den ein gut ausgebautes Straßennetz Voraussetzung war. Für das klassische Athen hat M. Korres den Weg von den Steinbrüchen am Pentelikon zu den Bauten auf der Akropolis von Athen anschaulich dargestellt; das beste Beispiel für die Rekonstruktion aller Arbeitsschritte beim Kalksteinabbau sind die Steinbrüche des 6.–5. Jahrhunderts v. Chr. von Selinunt auf Sizilien mit zahlreichen teilausgearbeiteten Bauteilen *in situ*.[13]

In der Kaiserzeit kamen zahlreiche weitere Marmorsteinbrüche in Italien, Nordafrika und im östlichen Mittelmeer hinzu, so dass kaum noch Mangel in den marmorarmen Gebieten bestand. Insbesondere Buntmarmore wurden nun systematisch abgebaut und über weite Strecken verhandelt, zum Teil als Halbfertigprodukte, zum Teil aber auch schon als Fertigprodukte in genormten Maßen. Bislang sind nahezu 800 Steinbrüche der römischen Welt bekannt; dies schließt auch die zahlreichen

---

[12] *Dworakowska*, Quarries; *Nolte*, Bildhauerwerkstätten; *Waelkens, M. (Hg.)*, Ancient Stones. Quarrying, Trade and Provenance. Löwen 1992.
[13] *Korres, M.*, Vom Penteli zum Parthenon. Werdegang eines Kapitells zwischen Steinbruch und Tempel. München 1992; *Peschlow-Bindokat, A.*, Die Steinbrüche von Selinunt. Die *Cave di Cusa* und die *Cave di Barone*. Mainz 1990.

Steinbrüche lokalen Gesteins in den Provinzen ein.[14] Gut erforscht sind z. B. die Steinbrüche des *marmor numidicum* im nordafrikanischen Simitthus/Chemtou, auch in ihrem urbanen Kontext; dort haben sich u. a. ein Arbeitslager für die Steinbruchsklaven sowie Werkstätten erhalten.[15]

IV Landschaftsarchäologie, Demographie, Landwirtschaft

1 Demographie und Siedlungsstruktur

Für die Berechnung von Bevölkerungszahlen, für die früher vor allem Schriftquellen herangezogen wurden, haben die in den letzten Jahrzehnten intensivierten urbanistischen Studien und Prospektionsmethoden neue Grundlagen geschaffen und erlauben es – mit einer gewissen Bandbreite – Durchschnittszahlen von Einwohnern pro Hektar zu ermitteln.[16] Zu berücksichtigen ist hierbei die Fläche einer Siedlung, insbesondere der mit Wohnbauten bebaute Anteil. Da jedoch kaum eine Siedlung bzw. Stadt vollständig ergraben wurde, sind Prospektionen von großer Bedeutung. Zur Bestimmung der Anzahl der Hausbewohner ist wiederum der Haustypus zu berücksichtigen, ob es sich z. B. um einstöckige oder mehrstöckige Bauten handelt, Einfamilienhäuser oder um ‚Mietskasernen'. Von exemplarisch untersuchten Teilen einer Stadt kann dann hochgerechnet werden. Die Bestimmung der durchschnittlichen Familiengröße bzw. Hausbewohner beruht weitgehend auf schriftlichen Quellen, hängt aber stark von der reinen Wohn- oder auch gewerblichen Nutzung der Häuser und der damit verbunden Anzahl von Sklaven ab; der Wert schwankt in der Forschung zwischen 3–7 und variierte sicher stark je nach Region, Zeit und sozialer Stellung. Auf dieser Basis lassen sich bestimmte Siedlungstypen unterscheiden – zweifellos waren griechisch-klassische oder republikanisch–frühkaiserzeitliche Städte wie Olynth oder Pompeji mit ca. 100–150 Einwohner/ha weniger dicht bewohnt als kaiserzeitliche Metropolen oder Hafenstädte wie Ostia mit seinen zahlreichen Apartmenthäusern mit bis zu 400 Einwohner/ha und mehr.

Deutlich schwieriger ist es, die Bevölkerungszahlen ganzer Regionen mit archäologischen Methoden zu berechnen, da hierzu die Siedlungsstruktur mit Unterzentren

---

14 Ohne Details gesammelt in der von B. Russell erstellten Stone Quarries Database, http://oxrep.clas sics.ox.ac.uk/databases/stone_quarries_database/ (abgerufen am 30. 6. 2020).
15 *Rakob, F. (Hg.)*, Die Steinbrüche und die antike Stadt. (Simitthus, Bd. 1) Mainz 1993; *Mackensen, M.*, Militärlager oder Marmorwerkstätten. Neue Untersuchungen im Ostbereich des Arbeits- und Steinbruchlagers von Simitthus/Chemtou. (Simitthus, Bd. 3) Mainz 2005.
16 Zuletzt zusammenfassend unter Berücksichtigung der archäologischen Forschungen *Hanson/Ortman*, Populations; zu ergänzen ist der inzwischen gut zu beurteilende Fall Selinunt: *Zuchtriegel, G.*, Zur Bevölkerungszahl Selinunts im 5. Jh. v. Chr., in: Historia 60, 2011, 115–121.

und Einzelgehöften zu bestimmten Phasen bekannt sein muss und die topographischen Voraussetzungen für Nutzung und Besiedlung sehr unterschiedlich sind. Wegen der Ertragsmengen wird jedoch von einer maximalen Bevölkerungsdichte von 50 Bewohnern/km² ausgegangen; in vielen Regionen liegt diese Zahl deutlich niedriger. Grundsätzlich werden die Voraussetzungen für den Vergleich und die historische Deutung landschaftsarchäologischer Untersuchungen immer besser, da es insbesondere in Italien und Griechenland, aber auch anderen Regionen, nahezu flächendeckend Survey-Projekte gibt. Die Methodik variiert jedoch stark und es gibt nach wie vor keine klaren Standards für Dokumentation und Materialvorlage. Trotz grundlegender Fragen – wie denen nach der Begehungsmethode, der Dunkelziffer nicht beobachteter Fundstellen, den Kriterien z. B. zur Deutung bestimmter Fundplätze als Siedlung, Gehöft unterschiedlicher Größe, der Auswahl aussagekräftiger Artefakte und Ökofakte sowie den Datierungsschwierigkeiten – zeichnen sich häufig jedoch Muster ab, die sich strukturell vergleichen lassen und Aussagen zu Bevölkerungszahlen, Siedlungswesen (Abb. 3.1), Ressourcen- und agrarische Nutzung und Klimawandel in der *longue durée* ermöglichen.[17]

Die regionale Betrachtung ermöglicht es zudem, subalterne Schichten zu erfassen, die in den Städten weniger Spuren hinterlassen haben.[18] Anhand der steigenden Zahl bioarchäologischer Untersuchungen können zudem demographische Fragen über Körpergrößen, Alter, Krankheiten oder Herkunft der Bevölkerung qualitativ verfeinert werden.[19] Die Zusammenschau archäologischer Untersuchungen in Italien hat in den letzten Jahren ein klares Bild der demographischen Entwicklung ergeben: die Bevölkerungszahlen stiegen seit dem 3. Jahrhundert v. Chr. deutlich an, in der Frühen Kaiserzeit erreichten sie ihren Höhepunkt, um dann bis in die Spätantike wiederum sehr stark zu sinken (Abb. 3.2).[20]

---

17 S. grundsätzlich *Bintliff, J./Sbonias, K. (Hgg.)*, Reconstructing Past Population Trends in Mediterranean Europe (3000 BC–AD 1800). (Archaeology of Mediterranean Landscapes, Bd. 1) 2. Aufl. Oxford 2016; zuletzt zum Vergleich von Regionen in Griechenland *Bintliff*, Survey; zu Sizilien *Bergemann, J.*, Überlegungen zur Methode und zum Vergleich zwischen den Ergebnissen verschiedener Surveys in Sizilien, in: *ders. (Hg.)*, Griechen in Übersee und der historische Raum. Internationales Kolloquium Göttingen 2010. (Göttinger Studien zur mediterranen Archäologie, Bd. 3) Rahden/Westf. 2012, 34–38; zu Italien *Attema, P. A. J./van Leusen, M.*, Intraregional and Interregional Comparison of Occupation Histories in Three Italian Regions: The RPC Project, in: *Alcock/Cherry*, Survey, 86–100 und *de Haas/Tol*, Integration.
18 Zu Rom *Launaro*, Population; zu Griechenland z. B. *Zuchtriegel, G.*, Colonization and Subalternity in Classical Greece. Experience of the Nonelite Population. Cambridge 2018.
19 *Jacobs, J. P. A. M./Jongman, W. M./Klein Goldwijk, G. M.*, Health and Wealth in the Roman Empire, in: Economics and Human Biology 34, 2019, 138–150.
20 S. u. a. *Launaro*, Population; *de Haas/Tol*, Integration und zuletzt zusammenfassend *Jongman*, Performance.

3 Archäologie und Wirtschaftsgeschichte — 73

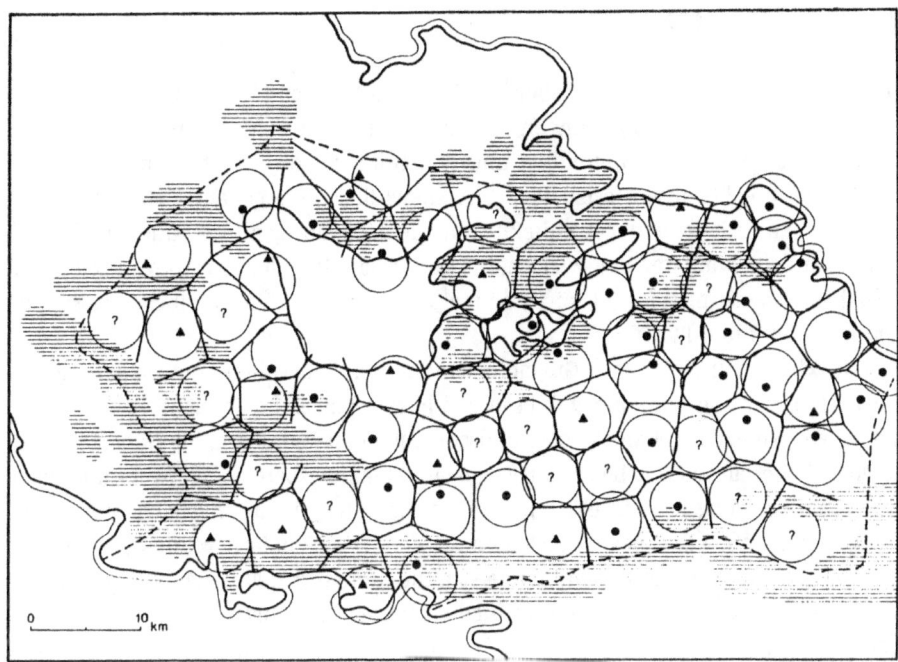

Abb. 3.1: Rekonstruktion der Größe von Siedlungskammern in Böotien auf Grundlage von Survey-Daten, ergänzt durch mathematische Berechnungen („Thiessen Polygone"), © John Bintliff.

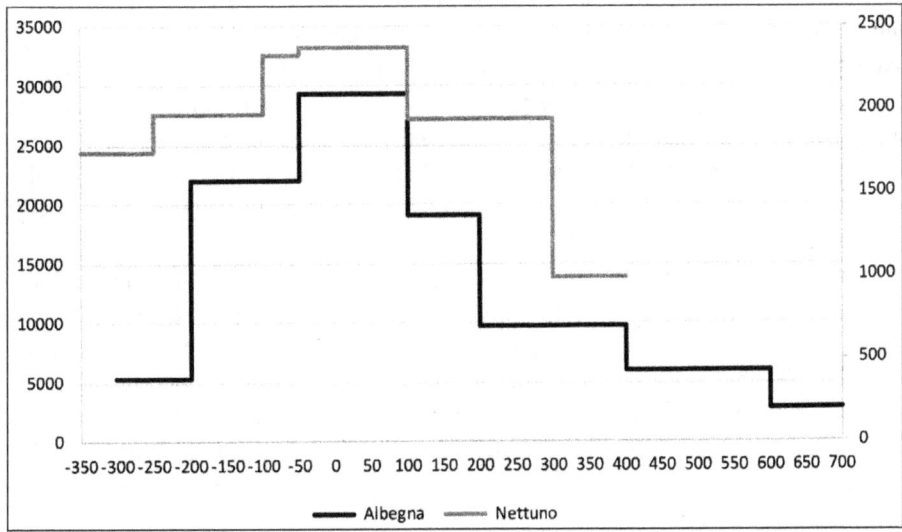

Abb. 3.2: Bevölkerungsentwicklung in Mittelitalien auf Grundlage von Surveydaten aus Albegna und Nettuno. © W. Jongmann.

2 Landwirtschaft

Die Archäologie kann zu Fragen der Landwirtschaft durch die Betrachtung von vier unterschiedlichen Quellengattungen beitragen. Erstens durch die Analyse der Landschaft mit dem Ziel, Landaufteilung und Landnutzung sowie Dichte und Größe von Siedlungen und Gehöften festzustellen, zweitens durch die genaue Betrachtung von landwirtschaftlich genutzter Architektur und den zugehörigen Installationen, drittens durch Untersuchung der landwirtschaftlichen Produkte anhand von Werkzeug, Aufbewahrungsbehältnissen und Rückständen sowie viertens über bildliche Darstellungen in Malerei und Plastik.

Griechische und römische Gutshöfe, Landhäuser, Bauernhöfe und Gehöfte mit ihrer Architektur und Funktion stehen in den letzten Jahren im Fokus der Forschung.[21] Sie lassen sich als unabhängige ökonomische Einheiten definieren, die isoliert gelegen sowohl Wohn- als auch Arbeits- und Lager- und Stallungsbereiche aufweisen können. Ihre Identifizierung bei Surveys erfolgt über charakteristische Oberflächenfunde, die mit gut ergrabenen Beispielen verglichen werden. Eine Standardarchitektur existierte in Griechenland nicht; in Italien bildete sich im Laufe der Späten Republik der Typus der Villa heraus, der regional und zeitlich variierte. Zur Beurteilung ihrer jeweiligen Leistungsfähigkeit ist die Größe der zugehörigen Landflächen entscheidend. Die Flurbegrenzungen in Form von Gräben, Wegen oder Terrassierungen lassen sich in einigen Fällen noch recht klar nachweisen, in anderen können die Parzellengrößen über die Verteilung der Gehöfte erschlossen werden. Im Falle dünner Besiedlung im nahen Umkreis der Städte wird gelegentlich die These eines ‚Ackerbürgertums', das von der Stadt aus die Felder versorgte, vertreten. Zahlreiche Geräte wie Öl- und Weinpressen bzw. Getreidemühlen sowie charakteristische Lagerbehältnisse, Spinnwirtel und Webgewichte, Bienenkörbe sowie Transportamphoren, geben Aufschluss über Art, Menge, Weiterverarbeitung und Handel der agrarischen Erzeugnisse. Ställe sowie Knochenreste erlauben Rückschlüsse auf die Viehhaltung; die Wohnbereiche können im Hinblick auf die Bewohner und deren Stellung interpretiert werden. In römischen *villae rusticae* sind nur gelegentlich Bediensteten- bzw. Sklaventrakte nachzuweisen, so dass der Grad der Bedeutung der Sklavenarbeit in der Landwirtschaft archäologisch nicht exakt belegt werden kann.

Zentrale Voraussetzung zur Beurteilung der Produktion und Distribution landwirtschaftlicher Erzeugnisse – das sind insbesondere Öl, Wein und Getreide – ist ihre Lagerung, die sich über entsprechende architektonische Räume und Behältnisse manifestiert. Neuere Untersuchungen[22] haben die Bandbreite der Möglichkeiten vom Einzelhaushalt über verschieden dimensionierte und spezialisierte landwirtschaftliche Betriebe und Läden bis hin zu Großspeichern an Häfen und Städten aufgezeigt.

---

21 Zu den griechischen Farmhäusern *McHugh*, Farmstead mit Verweis auf die regionalen Studien; zur ökonomischen Funktion der römischen Villa u. a. *Marzano*, Villas.
22 *Van Oyen*, Storage.

Zu allen Zeiten und in allen Regionen ergeben sich unterschiedliche Muster aus der diachronen Zusammenschau der archäologischen Beobachtungen. Im Falle des römischen Italien zeigt sich z. B. parallel zu stärkerer Urbanisierung und dem Ansteigen der Bevölkerung ein Wandel vom Kleinbauerntum zur Latifundienwirtschaft, was mit dem Aufkommen der spezialisierten Villa seit dem 2. Jahrhundert v. Chr. verbunden werden kann, die die Kleingehöfte verdrängt. Dieses Modell ist jedoch nicht auf alle Teile des Reiches synchron zu übertragen.

Großen Einfluss auf steigende Produktionsmengen mit weniger Personaleinsatz hatten technologische Weiterentwicklungen. Während die Bilder auf griechischen Vasen des 6. und 5. Jahrhunderts v. Chr. reine Hebelpressen für die Wein- und Ölgewinnung zeigen, die durch Gewichte nach unten gedrückt wurden, erhöhte sich seit dem Hellenismus die Effizienz durch Hinzunahme von Pressen mit Drehbewegungen.[23] Bei der Getreideverarbeitung stellte zunächst die Erfindung der ‚Olynthmühle' im 5. Jahrhundert v. Chr. eine wichtige Innovation dar, in deren oberen Mahlstein das Getreide eingefüllt werden konnte, der per Hebelwirkung seitlich beweglich war. Sie wurde im Hellenismus durch die Rotationsmühle mit großem Einfülltrichter abgelöst, die durch Esel oder Sklaven im Kreis gedreht wurde; zahlreiche Beispiele haben sich z. B. in Pompeji erhalten.[24] Eine technologische Revolution bildeten Wassermühlen, die vermutlich im 1. Jahrhundert v. Chr. entwickelt wurden, sich im Laufe der Kaiserzeit immer weiter verbreiteten und eine quasi ‚industrielle' Produktion ermöglichten.[25] Am besten untersucht ist die Mühle von Barbegal in Südgallien aus dem 2. Jahrhundert n. Chr. mit 16 Mahlwerken, die eine geschätzte Tagesleistung von bis zu 4,5 t Mehl erbringen konnte.

V Handwerkliche Produktion

Die Archäologie hat sich seit ihrem Bestehen intensiv mit der *kunst*handwerklichen Produktion befasst. Seit der Erweiterung des Blickfelds auf alle produktiven Bereiche lassen sich jedoch wirtschaftliche Prozesse in ihrer Gesamtheit besser beurteilen. Um die Materialfülle und die mit jedem produktiven Bereich verbundenen Probleme zu bewältigen, gibt es Spezialisten u. a. für Keramik- Glas- und Textilherstellung, für Metall- und Steinverarbeitung, Lebensmittel und Bauwesen, die einzelne Materialgattungen und Produktionsprozesse aufarbeiten. Andere konzentrieren sich auf gut erhaltene urbane Kontexte wie in Pompeji und Herculaneum. Die Fragen und methodischen Ansätze betreffen die Organisation der Arbeit, die *chaîne opératoire* und technologi-

---

23 S. hierzu auch die „Olive Oil and Wine Presses Database": http://oxrep.classics.ox.ac.uk/databases/olive_oil_and_wine_presses_database/ (abgerufen am 30. 6. 2020) mit 233 Einträgen. Zur Wein- und Ölproduktion: *Brun*, Vin.
24 *Monteix*, Bakeries; mit Nachweisen.
25 *Brun/Fiches*, Energie Hydraulique.

Abb. 3.3: Fries vom Grab des Großbäckers Eurysaces in Rom mit Darstellung der Arbeitsschritte der Brotherstellung, 30 v. Chr. Bearbeitet nach: Monumenti inediti pubblicati dall'Instituto di Corrispondenza Archeologica II. Rom 1838, Taf. 58. © M. Bentz.

sche Fragen, die soziale Stellung der Handwerker und Genderfragen, Fragen des Verhältnisses von Produzenten und Konsumenten sowie die Berechnung von Produktionsmengen.

Die Quellengrundlage bilden Werkstätten mit ihren Arbeitsgeräten, die Produkte selbst sowie Bilder, die zahlreiche Informationen zu Akteuren und Arbeitsschritten bieten, auch wenn sie ‚Konstruktionen' sind, die im Hinblick auf Auftraggeber und Realitätsgehalt kritisch analysiert werden müssen.[26] Hohen Informationswert haben z. B. archaische Vasenbilder aus Griechenland, die wichtige Angaben zur sozialen Hierarchie der Handwerker anhand unterschiedlicher Physiognomie und Bekleidung geben; aus römischer Zeit sei als bestes Beispiel der Fries am Grab des Bäckers Eurysaces in Rom genannt, auf dem eine detaillierte Darstellung aller Arbeitsschritte der Brotherstellung wiedergegeben ist (Abb. 3.3).

Herstellungsprozesse werden mit ihren einzelnen Elementen von der Rohstoffaufbereitung bis zur Fertigstellung des Endprodukts verstärkt als *chaine opératoire* betrachtet. Dies ermöglicht sowohl eine Analyse aller technologischen Aspekte, aber auch der materiellen, personellen und räumlichen Ressourcen (Abb. 3.4–5). Zum besseren Verständnis der Abläufe spielen ethnographische und interkulturelle Vergleiche[27] sowie experimentalarchäologische Versuche eine nicht unwesentliche Rolle.

---

26 Nahezu alle griechischen Darstellungen bei *Chatzidimitriou*, Ergasterion; s. zusammenfassend auch *Burford, A.*, Künstler und Handwerker in Griechenland und Rom. (Kulturgeschichte der antiken Welt, Bd. 24) Mainz 1985.

27 S. z. B. *Bentz, M./Helms T. (Hgg.)*, Craft Production Systems in a Cross Cultural Perspective. (Studien zur Wirtschaftsarchäologie, Bd. 1) Bonn 2018.

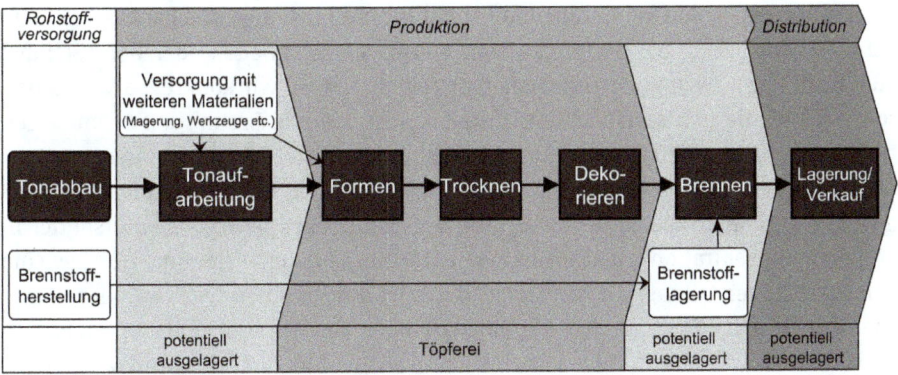

Abb. 3.4: Prozesskette der Keramikherstellung, © M. Bentz.

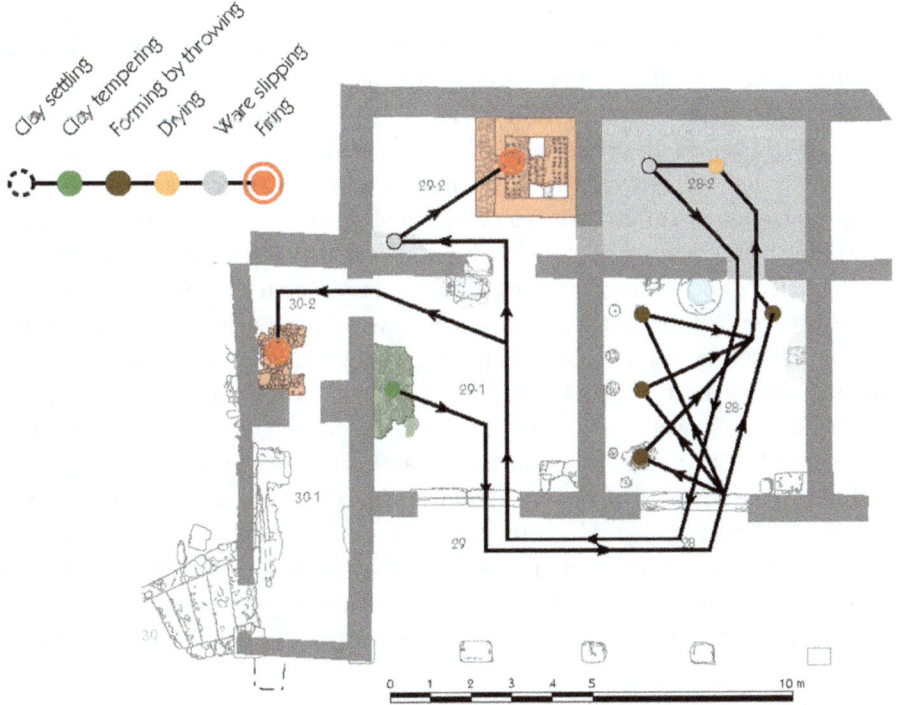

Abb. 3.5: Prozesskette der Keramikherstellung anhand der kleinen Töpferei N 28–30 (außerhalb des Herkulaner Tors) in Pompeji, © N. Monteix.

Werkstätten als Produktionseinheiten[28] werden einerseits über gleichartige Produkte definiert, die sich durch technische oder stilistische Eigenheiten oder über Stempel oder Signaturen zusammenschließen; andererseits kennen wir konkrete architektonische Räume, die sich anhand fester Installationen wie z. B. Brenn- und Schmelzöfen bei der Keramik-, Metall- oder Glasherstellung als solche benennen lassen. In den meisten Fällen sind jedoch nur einzelne Räume, Öfen oder Abfallgruben mit Produktionsresten erhalten. Einige Gewerbe lassen sich nur über bewegliche Hilfsmittel in größerer Konzentration nachweisen, wie z. B. tönerne Spinnwirtel und Webgewichte bei der Textilherstellung. Die Bandbreite der Produktionsstätten reicht von der häuslichen Kleinproduktion, für den Eigenbedarf oder den Verkauf, über spezialisierte Kleinbetriebe wie z. B. in den *tabernae* Pompejis bis hin zu Großmanufakturen mit Dutzenden Arbeitern. Es gibt ganz offenbar keine chronologische Entwicklung, sondern zu allen Zeiten mehrere Produktionsweisen parallel, die einerseits mit dem hergestellten Produkt zusammenhängen, andererseits auf unterschiedlich gut vorhandene Ressourcen vor Ort und auf unterschiedlich starke Nachfragen flexibel reagierten.

Auch wenn der Normalfall auf dem Land die häusliche Kleinproduktion war und in Siedlungen und Städten kleinere und mittlere Betriebe für den lokalen Bedarf überwogen, kann zu allen Zeiten an einigen Orten eine hohe Spezialisierung und Überschussproduktion sowohl von Gebrauchs- als auch von Luxuswaren beobachtet werden. Wichtiger als die Größe der einzelnen Werkstatt war zur Effizienzsteigerung die Bildung von Werkstatt-*Clustern*, bis hin zu großen Handwerkervierteln. Hier wurden gemeinsame Infrastrukturen genutzt und arbeitsteilig gearbeitet, d. h. nicht alle Arbeitsschritte wurden in einer Werkstatt durchgeführt, sondern nur Teilschritte in spezialisierten Betrieben. So gab es bei der Keramikherstellung Betriebe, die ausschließlich den Ton aufbereiteten, in anderen wurde nur geformt und dekoriert, während wiederum andere ausschließlich für den Brand zuständig waren. Das bislang beste Beispiel für ein großes Töpferviertel des 6.–5. Jahrhunderts v. Chr. ist in Selinunt untersucht worden, wo eine Überschussproduktion an Gebrauchswaren berechnet werden kann, die den Bedarf der Stadt um ein Vielfaches übersteigt und vermutlich eine Großregion versorgte; hier fanden sich auch erstmals ‚Manufakturen', die mehrfach so groß sind wie übliche griechische Töpfereien; in großen Töpferöfen von über 5 m Durchmesser konnten z. B. über 2000 Dachziegel gleichzeitig gebrannt werden.[29] In Korinth wurde vor allem im 7. Jahrhundert und in Athen im 6. und 5. Jahrhundert v. Chr. bemalte Keramik überwiegend für den weltweiten Export

---

[28] Es gibt inzwischen mehrere Datenbanken, z. B. material- und kulturübergreifend angelegt „Werkstätten vormoderner Wirtschaftsräume" mit 1900 Datensätzen, https://arachne.dainst.org/project/grako (abgerufen am 30. 6. 2020) oder zu Töpferöfen in Griechenland den von E. Hasaki konzipierten „WebAtlas of Ceramic Kilns in Ancient Greece", https://atlasgreekkilns.arizona.edu/ (abgerufen am 30. 6. 2020); vgl. auch zu vor allem kaiserzeitlichen Keramikproduktionsstätten in Italien die umfangreiche Zusammenstellung in *Olcese*, Atlante.
[29] *Bentz*, Keramikproduktion.

hergestellt. Gerade für diese gut untersuchten Waren lassen sich sehr gut Marktmechanismen mit Wechselspiel zwischen Angebot und Nachfrage beobachten. Ein im Verhältnis zur Stadt großes, in seiner Struktur eher kleinteilig organisiertes Töpferviertel der Kaiserzeit, das ebenfalls exportorientiert war, wurde z. B. im kleinasiatischen Sagalassos ergraben.[30]

Außerhalb der Städte bildeten sich, im Zuge der Herausbildung der Latifundienstruktur seit der Späten Republik, einerseits Großtöpfereien heraus, die z. B. Amphoren für die landwirtschaftlichen Waren gleich vor Ort herstellten, andererseits im Hinterland von Städten große Ziegel-'Fabriken' für den Baubedarf. Parallel entstanden Großbetriebe für andere Waren, die für einen überregionalen Markt in Masse produzierten, wie z. B. Terra Sigillata in La Graufesenque in Südgallien oder Rheinzabern in Obergermanien (Abb. 3.6).

Die Organisationsstruktur und Arbeitsteilung lässt sich hier u. a. über die Stempel der Töpfer und ergänzende schriftliche Quellen gut rekonstruieren.[31] Die Massenproduktion wurde einerseits durch eine Weiterentwicklung der Brennofentechnik, andererseits durch serielle Herstellungsverfahren der Terra Sigillata aus Formschüsseln ermöglicht.

Zu allen Zeiten kommt es zu Technologietransfers, etwa durch Migration von Handwerkern wegen Krisen am Heimatort oder der großen Nachfrage andernorts bzw. der Erschließung neuer Märkte. So emigrierten nach einem lang anhaltenden Monopol Athens bei der Produktion bemalter Keramik zahlreiche Handwerker im späteren 5. Jahrhundert in Folge des Peloponnesischen Krieges, wodurch in nahezu allen Regionen Griechenlands und des Mittelmeeres in kurzer Zeit eigene Werkstätten für rotfigurige Keramik entstanden, um die jeweilige lokale Nachfrage zu befriedigen. In der Folge ändert sich die Verbreitung athenischer Keramik deutlich. In den römischen Provinzen entstanden wegen der gestiegenen Nachfrage Produktionszentren, wie für die genannte Terra Sigillata, die zunächst nur in Italien hergestellt wurde.

Die Weiterverarbeitung der landwirtschaftlichen Produkte erfolgte z. T. in den Städten. Gut erforscht ist z. B. die Struktur von Bäckereien in den Vesuvstädten mit aufeinander abgestimmten Groß- und Kleinbäckereien mit Mühlen, Öfen und Verkaufsinstallationen.[32]

---

30 *Poblome, J.*, The Potters of Ancient Sagalassos Revisited, in: *Wilson A. R./Flohr, M.* (Hgg.), Urban Craftsmen and Traders in the Roman World. Oxford 2016, 377–404; generell: *Goodman, P.*, Working Together: Clusters of Artisans in the Roman City, in: *Wilson, A./Flohr, M.* (Hgg.), Urban Craftsmen and Traders in the Roman World. Oxford 2016, 301–333.
31 *Mees, A. W.*, Organisationsformen römischer Töpfer-Manufakturen am Beispiel von Arezzo und Rheinzabern. Unter Berücksichtigung von Papyri, Inschriften und Rechtsquellen. (Monographien des Römisch-Germanischen Zentralmuseums Mainz, Bd. 52) Bonn 2002; s. auch die Datenbank zur Gattung: https://www1.rgzm.de/samian/home/frames.htm (abgerufen am 30. 6. 2020).
32 *Monteix*, Bakeries.

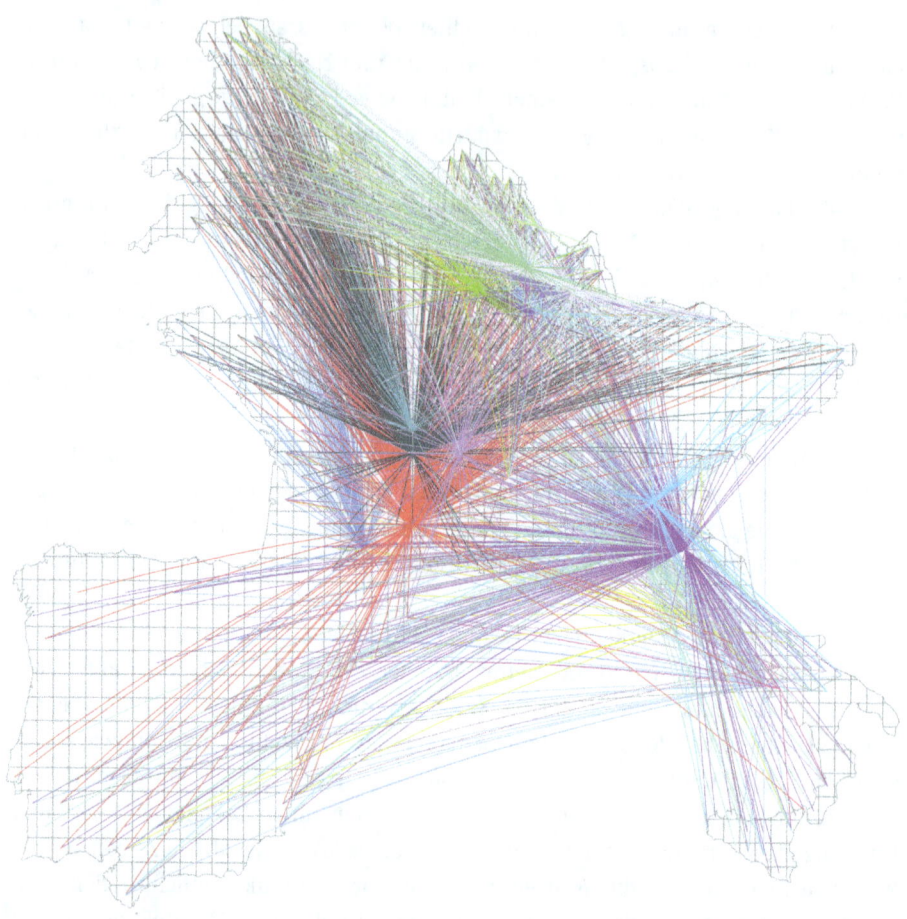

Abb. 3.6: Warenfluss (und dessen Intensität) von Terra Sigillata im Westen des Römischen Reiches. Die Farben markieren die Hauptproduktionszentren. © M. Flückinger, E. Hornung, M. Larch, M. Ludwig, A. Mees.

Deutlich intensiviert haben sich Untersuchungen zur Bauwirtschaft, die den Herstellungsprozess analysieren und sowohl Materialverbrauch als auch Arbeitsstunden quantifizieren, um sie im jeweiligen wirtschaftlichen Kontext vergleichbar und interpretierbar zu machen. Pionierarbeit für diesen Bereich waren die Untersuchungen zu den Caracalla-Thermen in Rom.[33]

---

[33] Zuletzt zur Methode: *DeLaine*, Construction.

VI Distribution und Konsum

1 Lokaler Handel/Einzelhandel

Zum lokalen Handel in den Städten, der archäologisch auf Grundlage von Bildern[34] sowie Verkaufsräumen mit den assoziierten Funden untersucht werden kann, gibt es zahlreiche neue Zusammenstellungen und Analysen.[35] Entscheidend für die Deutung von Verkaufsräumen ist ihre Ausstattung mit festem und beweglichem Mobiliar: Theken und Tresen, Gefäße wie v. a. Amphoren sowie Münzen, aber auch Wandmalereien geben Auskunft über die Verkaufsaktivitäten. Maßgefäße, Messtische (*ponderaria*) und Gewichte für Waagen[36] dokumentieren Standardisierungen und staatliche Vorgaben zum Handel seit archaischer Zeit.

Neben dem Verkauf aus Werkstätten heraus lassen sich Verkaufsräume identifizieren, die an Wohnhäuser angeschlossen sind oder vorgeblendete Ladenzeilen bilden, als unabhängige Bauten gestaltet sind, wie Hallenbauten oder Gebäude mit großen Höfen bzw. Spezialformen wie z. B. das römische Macellum für den Lebensmittelverkauf. Diese Bauten liegen zumeist an Marktplätzen bzw. entlang von Hauptverkehrsachsen. In Griechenland begann die erste Systematisierung bzw. Spezialisierung von Verkaufsräumen in größeren Städten bereits im 6. Jahrhundert v. Chr. und wird ab der der zweiten Hälfte des 4. Jahrhundert und im Hellenismus nochmals deutlich intensiviert; in römischen Städten lässt sich das Aufkommen von *tabernae* und deren Verdichtung seit dem 2. Jahrhundert v. Chr. gut nachvollziehen. In Pompeji und Ostia erlauben detaillierte Verbreitungskarten Aussagen über einzelne Gewerbe im Rahmen der Stadtentwicklung und -versorgung.

2 Handel und Konsum

Bei der Beurteilung des regionalen und überregionalen Handels spielt die Geographie eine große Rolle. Die jeweiligen Verhältnisse bedingen eine archäologisch zu untersuchende Infrastruktur wie Straßen[37] und Häfen sowie Transportmittel wie Wagen und Schiffe. All diese Faktoren haben Auswirkungen auf die Transportkosten. Im Mittelmeer ist davon auszugehen, dass der Transport per Schiff in der Regel deutlich günstiger war als der Landtransport.

---

34 Für Griechenland: *Chatzidimitriou*, Ergasterion.
35 Für Griechenland: *Karvonis*, Oikèma; zu Rom: *Ellis*, Taberna.
36 Grundlegend *Lang/Crosby*, Weights.
37 S. die Datenbank von 2013 *McCormick, M. et al.*, Roman Road Network, https://doi.org/10.7910/DVN/TIOKAU (abgerufen am 30. 6. 2020).

Schiffswracks sind eine wichtige, wenn auch in ihrer Deutung nicht unumstrittene Quelle. In seiner grundlegenden Zusammenstellung konnte Parker 1992 bereits über 1000 Funde zusammenstellen; die aktuellste Datenbank weist 1784 Einträge auf.[38] Die Funde sowie bildliche Darstellungen ermöglichen es, mehrere Größen und Typen, je nach Einsatzgebiet und Warenart, zu definieren. Anhand der Überreste in Verbindung mit schriftlichen Quellen lässt sich eine durchschnittliche Tragekapazität von 100–150 t für griechische Handelsschiffe ermitteln, während römische Öl- und Weinfrachter im Schnitt dreimal so groß waren; große Getreidetransporter konnten über 1000 t beinhalten. Das größte je gebaute Frachtschiff der Antike, die von Hieron II. um 240 v. Chr. in Auftrag gegebene *Syrakusia*, besaß mindestens 1700 t Tragfähigkeit.

Charakteristisch waren in der Regel Mischladungen mit unterschiedlichen Anteilen an Waren, auch wenn es, etwa im Rahmen der römischen *annona*, reine Getreidetransporte zur Versorgung Roms gegeben hat, oder Spezialschiffe für schweres Baumaterial. Da es einen regen regional orientierten Zwischenhandel gab, der über zentrale *hubs*, d. h. zentrale Umschlaghäfen, abgewickelt wurde, und zudem häufig die ursprüngliche Fahrtrichtung der Schiffe nicht mehr bestimmbar ist, sind nicht alle Routen gesichert.

Vieldiskutiert ist der Aussagewert der chronologischen Verteilung aller Schiffswracks mit einer Spitze in der Späten Republik und der Frühen Kaiserzeit (Abb. 3.7). Spiegeln sie tatsächlich ein Wirtschaftswachstum, höhere Handelstätigkeit und die Erschließung neuer Märkte oder sind andere Gründe dafür verantwortlich, dass zu bestimmten Zeiten mehr Schiffe gesunken sind als zu anderen? Auch müssen diese Daten regional differenziert betrachtet werden.

Die Forschung zu Häfen hat sich mit Hilfe von geoarchäologischen Untersuchungen in den letzten Jahren intensiviert.[39] Die Bandbreite reicht von einfachen Anlegestellen über Häfen mit reiner *gateway*-Funktion für das Hinterland bis hin zu Hafenstädten mit zentralörtlicher Funktion für das Umland. Andere wiederum sind Großstädten zugeordnet, wie Ostia oder Piräus, oder besitzen, wie etwa Delos, eine wichtige Funktion als Handelsplatz ohne jegliches Hinterland. Die jeweilige Infrastruktur und deren Dimensionen, wie Hafenbecken, Schiffshäuser, Lagerhäuser und die Anbindung an das Hinterland erlauben Rückschlüsse auf ihre wirtschaftliche Funktion. In Ostia lässt sich z. B. gut beobachten, dass nach Bau des neuen Hafens von Portus, der mit dem großen Hafenbecken ganz auf die Versorgung Roms mit den großen Getreidefrachtern ausgerichtet war, der ältere und kleinere Flusshafen von Ostia seine Funktion änderte

---

38 *Parker*, Shipwrecks; oxrep.classics.ox.ac.uk/databases/shipwrecks_database/ (abgerufen am 30. 6. 2020); zu Schiffen immer noch grundlegend: *Casson, L.*, Ships and Seamanship in the Ancient World. Princeton 1971.
39 *Feuser*, Hafenstädte; s. auch die „Geodatabase of Ancient Ports and Harbours" mit ca. 3000 Einträgen von *de Graauw, A./Maione-Downing, B./McCormick, M.* von 2013: https://doi.org/10.7910/DVN/3KQFUT (abgerufen am 30. 6. 2020).

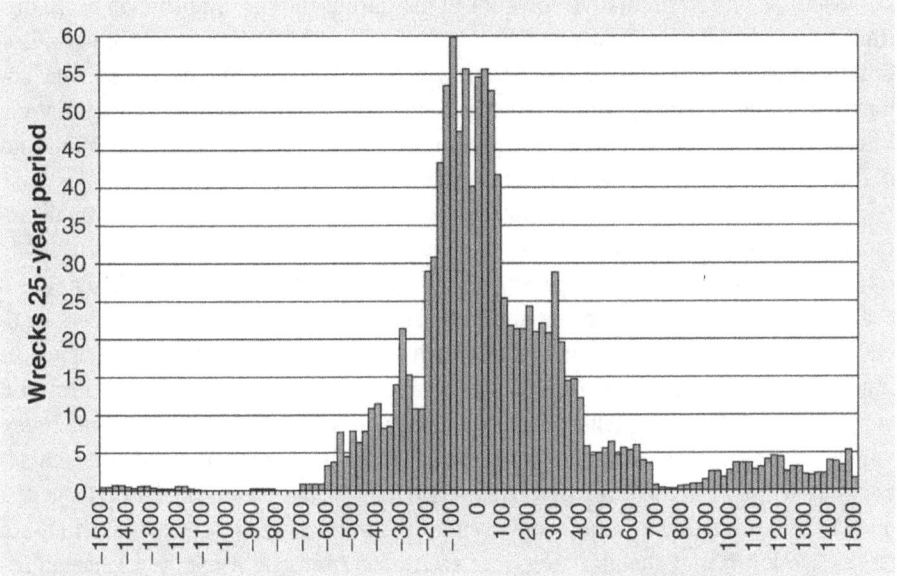

Abb. 3.7: Chronologische Verteilung von Schiffswracks im Mittelmeer. Nach: Lo Cascio, E. Die neue Wirtschaftsgeschichte des römischen Reiches. (Beiträge zur Wirtschaftsarchäologie, Bd. 1) Bonn 2017, 46.

und sich zum Umschlagplatz für Luxuswaren nicht nur für Rom, sondern für weite Teile des Mittelmeers entwickelte.

Die Verbreitung von Waren und ihr Verwendungskontext sind der wichtigste archäologische Indikator für wirtschaftliche und kulturelle Beziehungen. Ein einzelner Fund besitzt jedoch nur begrenzte Aussagekraft, da sie sowohl durch Kauf als auch als Geschenk oder Erbstück oder als Abfall an einen bestimmten Ort gelangt sein kann. Daher bedarf es der gründlichen Aufarbeitung ganzer Fundplätze oder Fundgattungen, um zu verlässlichen Aussagen zum Konsumverhalten an einem Ort oder der Verbreitung bestimmter Waren zu gelangen.

Besondere, singuläre Einzelfunde, wie z. B. der monumentale griechische Bronzekrater, der beim keltischen Fürstensitz von Vix gefunden wurde, werden mit großer Wahrscheinlichkeit als diplomatische Geschenke an die lokalen Herrscher gedeutet, um den von dort kontrollierten Handelsweg zu sichern. Andere wertvolle Funde wie Bronzegefäße oder luxuriöse Gelage-Utensilien, die ausschließlich, aber regelmäßig in Gräbern lokaler Oberschichten auftreten, können als Gastgeschenke und Statussymbole im Rahmen von Elitenetzwerken gedeutet werden, wie es bereits bei Homer beschrieben wird.

Wenn z. B. repräsentative Inventare/Ausstattungen von Haushalten,[40] Heiligtümern[41] oder Gräbern bekannt sind, kann einerseits der Konsum einzelner Wirtschaftseinheiten, andererseits der Bedarf ganzer Siedlungen an regionalen und importierten Waren hochgerechnet werden; dasselbe gilt für die genaue Aufnahme bestimmter Bautypen, auf deren Grundlage die Menge an benötigten Baustoffen und der dafür nötige Aufwand berechnet werden kann.

Die Verbreitungskarten bestimmter Waren zu interpretieren ist nicht immer einfach. In weiten Bereichen steht die Archäologie hier noch am Anfang, da zu wenig und zu unspezifische Daten vorliegen. So lässt sich der Öl- und Weinhandel dank des Transports in Amphoren[42] besser nachvollziehen als von Getreide, das in vergänglicher Verpackung verschifft wurde. Aber auch Amphoren sind nicht immer sicher zu interpretieren. Ihre spezifische Form bildet ein wichtiges Gliederungskriterium und verrät zumeist ihren Herstellungsort und das darin befindliche Produkt, ähnlich den von modernen Marketingabteilungen geschaffenen Behältnissen wie der gleich erkennbaren Cola-Flasche oder den Wein- und Bierflaschen verschiedener Regionen oder Produzenten. Auch wenn Amphoren zu bestimmten Zeiten gestempelt sind, um Größe, Herkunft und Qualität zu garantieren oder römische Amphoren gelegentlich Dipinti mit Angaben zu Inhalt, Herkunft oder Preis aufweisen, gab es eine rege Nach- und Wiederverwendung, die die Interpretation im Einzelfall erschwert und eine Untersuchung der jeweiligen Objektbiographie nötig macht. Man muss bei allen Untersuchungen die kritische Menge definieren, ab der ein primärer Handel zwischen Produzenten und bestimmten Abnehmern plausibel erscheint. Daher muss die Aufarbeitung neuen Materials nach wie vor für die allermeisten Gattungen im Vordergrund stehen.

Zu allen Zeiten lassen sich an den unterschiedlichsten Warenklassen, sei es Stein, Keramik oder auch Textilien Marktmechanismen feststellen.[43] Gut untersucht ist in dieser Hinsicht die athenische Keramik, deren Werkstätten flexibel auf unterschiedliche Nachfragen in den Kolonien und besonders Etrurien reagierte und z. T. Sonderformen und Bilder nur für spezifische Absatzgebiete produzierte. Die intensive Aufarbei-

---

40 Das ist wegen der unterschiedlichen Erhaltungsbedingungen nicht immer einfach. Zu Griechenland s. z. B. *Nevett*, Society; *Cahill, N.*, Household and City Organisation at Olynthos. New Haven/London 2002; *Bentz*, Keramikproduktion; zu Pompeji s. *Allison*, Households; wichtig ist auch die Untersuchung von Abfällen, s. *Ballet, P./Cordier, P./Dieudonné-Glad, N.* (Hgg.), La ville et ses déchets dans le monde romain. Rebuts et recyclages. Actes du colloque de Poitiers (19–21 septembre 2002). (Archéologie et histoire romaine, Bd. 10) Montagnac 2003.
41 Zu Heiligtümern und Konsum *Hoernes, M. et al.* (Hgg.), Sanctuaries and the Power of Consumption. Networking and the Formation of Elites in the Archaic Western Mediterranean World. (Philippika, Bd. 92) Wiesbaden 2015.
42 *Lawall, M. L.*, Transport Amphoras and Market Behaviour in the Economies of Classical and Hellenistic Greece, in: *Harris, E. M./Lewis, D. M./Woolmer, M.* (Hgg.), The Ancient Greek Economy. Markets, Households, and City-States. Cambridge 2015, 254–275.
43 Zur griechischen Keramik übergreifend *Tsingarida/Viviers*, Pottery; zu Stein *Russel*, Trade; zu Textilien *Droß-Krüpe*, Textiles.

tung der Verbreitung von Terra Sigillata aus spezifischen Produktionszentren erlaubt es sehr gut, die Reichweite und Intensität des Handels darzustellen (Abb. 3.6).[44]

Dass nicht nur überwiegend regionale Produkte konsumiert wurden, lässt sich am Beispiel des Weins zeigen. So wurde Wein vom Vesuvabhang in großen Mengen nach Südgallien exportiert, während gleichzeitig verschiedene Weine aus dem östlichen Mittelmeer in Pompeji konsumiert wurden. Der besonders geschätzte chiotische Wein findet sich z. B. in weiten Teilen des Mittelmeers.

Aber auch auf den ersten Blick gewöhnliche Alltagsgegenstände wurden weit verhandelt. So finden sich korinthische Reibschalen, die der Essenszubereitung dienten, sowohl in Athen, wo es eigentlich genügend eigene Keramikwerkstätten gab, und anderen Orten Griechenlands, als aber auch in ferneren Regionen verbreitet, vom Schwarzen Meer über Nordafrika bis Italien. Offenbar besaßen sie einen technologischen bzw. funktionalen Vorsprung, weswegen sie auf dem Markt erfolgreich waren.

Die Ursachen für den Handel mit bestimmten Waren kann demnach sehr verschiedene Gründe haben. Vergleicht man die Verbreitungskarten von Produkten, sieht man, dass manche Luxuserzeugnisse den Hauptrouten der Getreideversorgung Athens oder Roms in bestimmten Zeiten folgten, also offenbar als ‚Beipack' dienten.

VII Zusammenfassung und Ausblick

Die Klassische Archäologie hat in den letzten Jahrzehnten sowohl das Spektrum der untersuchten Quellengattungen erheblich erweitert als auch das der angewendeten Analysemethoden, vor allem seien die naturwissenschaftlichen und digitalen Methoden hervorgehoben. Mit deren Hilfe sind u. a. zahlreiche Quellensammlungen, vor allem in Form von Datenbanken, entstanden, die eine wichtige Grundlage für zahlreiche wirtschaftshistorische Fragestellungen bilden können. So gibt es Repertorien zu einzelnen Fundgattungen, wie z. B. bestimmten Keramikproduktionen, aber auch zu Museumsbeständen sowie zu Befundarten wie Werkstätten, Brennöfen, Steinbrüchen etc. Diese Grundlagenarbeit steckt jedoch immer noch in den Anfängen und die Daten sind oft schwer zu benutzen, da mit neuen methodischen Ansätzen die Ansprüche an die Datenqualität steigt bzw. Projekte angesichts der existierenden Förderstrukturen häufig Anschubfinanzierungen, jedoch keine nachhaltige Unterstützung erfahren können. Neue Verbundstrukturen und überregionale bzw. auch verstärkte internationale Zusammenarbeit wären vonnöten, um hier Abhilfe zu schaffen. Auf Deutschland bezogen seien hier das im Aufbau befindliche Programm zur Schaffung einer Nationalen Forschungsdateninfrastruktur (NFDI) zu nennen oder als konkreten Einzelfall das Netzwerk universitärer Münzsammlungen in Deutschland (NUMiD).

---

44 *Flückinger, M. et al.*, Roman Transport Network Connectivity and Economic Integration (July 2019). CEPR Discussion Paper No. DP13838. S. 17 Abb. 4. https://ssrn.com/abstract=3428360 (aufgerufen 30. 6. 2020).

In den letzten Jahren gibt es zahlreiche, häufig regionale, archäologische Fallstudien zu Siedlungsstrukturen, Demographie oder Ressourcengewinnung, zu Produktionsweisen in unterschiedlichen zeitlichen oder gesellschaftlichen Kontexten, zu Distributionsmechanismen von Grundnahrungsmitteln oder Luxusprodukten in regionaler bis überregionaler Perspektive, aber auch zu Konsumptionsmustern, die sich anhand von Haus- oder Heiligtumsinventaren erkennen lassen. Es gelingt bislang nicht immer, die Ergebnisse solcher Studien – z. B. mit Hilfe wirtschaftswissenschaftlicher Modelle – in einen allgemeineren wirtschaftshistorischen Diskurs einzubinden; dies ist weiterhin eine wichtige Aufgabe für die zukünftige interdisziplinäre Zusammenarbeit.

Bibliographie

Allison, P. M., Pompeian Households. An Analysis of Material Culture. Los Angeles 2008.

Bentz, M., Zur Rolle der Keramikproduktion in der griechischen Stadt klassischer Zeit. Ein quantitativer Ansatz am Beispiel von Selinunt, in: Kölner und Bonner Archaeologica, 7, 2017, 17–44.

Bentz, M./Heinzelmann M., Archaeology and Economy in the Ancient World. 56 Bde. Heidelberg 2019–2023.

Bergemann, J./Belvedere, O. (Hgg.), Survey-Archäologie. Naturwissenschaftlich-technische und historische Methode in Italien und Deutschland. (Göttinger Studien zur mediterranen Archäologie, Bd. 8) Rahden/Westf. 2017.

Bintliff, J., Regional Field Surveys and Population Cycles, in: Bintliff, J./Sbonias, K. (Hgg.), Reconstructing Past Population Trends in Mediterranean Europe (3000 BC–AD 1800). (Archaeology of Mediterranean Landscapes, Bd. 1) 2. Aufl. Oxford 2016, 21–34.

Bowman, A./Wilson, A. (Hgg.), Quantifying the Roman Economy. Methods and Problems. (Oxford Studies on the Roman Economy) Oxford 2009.

Brun, J.-P., Le vin et l'huile dans la Méditerranée antique: viticulture, oléiculture et procédés de transformation. Paris 2003.

Brun, J.-P./Fiches, J.-L. (Hgg.), Énergie hydraulique et machines élévatrices d'eau dans l'antiqué. Actes du colloque international organisé à Vers-Pont-du-Gard. (Collection du Centre Jean Bérard, Bd. 27) Neapel 2015.

Chatzidimitriou, A., Parastaseis Ergasterion kai emporiou stin eikonographia ton archaikon kai klassikon chronon. Athen 2005.

De Haas, T. C. A./Tol, G. (Hgg.), The Economic Integration of Roman Italy. Rural Communities in a Globalizing World. Leiden 2017.

DeLaine, J., Quantifying Manpower and the Cost of Construction in Roman Building Projects: Research Perspectives, in: Brogiolo, G. P./Camporeale, S./Arnau A. C. (Hgg.), Archeologia dell'Architettura XXII. Costi, tempi e metri cubi. Quantificare in architettura. Rom 2017, 13–20.

Droß-Krüpe, K. (Hg.), Textile Trading and Distribution in Antiquity – Textilhandel und Distribution in der Antike. (Philippika, Bd. 73) Wiesbaden 2014.

Dworakowska, A., Quarries in Ancient Greece. (Academia scientiarum polona, Bibliotheca antiqua, Bd. 14) Warschau 1975.

Ellis, S. J. R., The Roman Retail Revolution: The Socio-Economic World of the Taberna. Oxford 2018.

Feuser, S., Hafenstädte im östlichen Mittelmeerraum vom Hellenismus bis in die römische Kaiserzeit. Städtebau, Funktion und Wahrnehmung. (Urban Spaces, Bd. 8) Berlin 2020.

Hanson, J. W./Ortman, S. G., A Systematic Method for Estimating the Populations of Greek and Roman Settlements, in: JRA, 30, 2017, 301–324.

Jongman, W. M., The Economic Archaeology of Roman Economic Performance, in: *Groenhuijzen, M. R./ Joyce, J./Verhagen, P. (Hgg.)*, Finding the Limits of the Limes. Modelling Demography, Economy, and Transport on the Edge of the Roman Empire. Cham 2019, 95–107.

Karvonis, P., Oikèma ou pièce polyvalente. Recherches sur une installation commerciale de l'Antiquité grecque. Oxford 2018.

Kerig, T./Zimmermann, A. (Hgg.), Economic Archaeology: From Structure to Performance in European Archaeology. (Universitätsforschungen zur prähistorischen Archäologie, Bd. 237) Bonn 2013.

Knappett, C. (Hg.), Network Analysis in Archaeology. New Approaches to Regional Interaction. Oxford 2013.

Lang, M./Crosby, M., Weights, Measures and Tokens. (Agora, Bd. 10) Princeton 1964.

Launaro, A., Peasants and Slaves: The Rural Population of Italy (200 BC to AD 100). (Cambridge Classical Studies) Cambridge 2011.

Marzano, A., Roman Villas in Central Italy. A Social and Economic History. (Columbia Studies in the Classical Tradition, Bd. 30) Leiden/Boston 2007.

McHugh, M., The Ancient Greek Farmstead. Oxford 2017.

Mills, B. J., Social Network Analysis in Archaeology, in: Annual Review of Anthropology, 46, 2017, 379–397.

Monteix, N., Contextualizing the Operational Sequence: Pompeian Bakeries as a Case Study, in: *Wilson, A. R./ Flohr, M. (Hgg.)*, Urban craftsmen and Traders in the Roman World. Oxford 2016, 153–179.

Nevett, L. C., House and Society in the Ancient Greek World. Cambridge 1999.

Nolte, S., Steinbruch – Werkstatt – Skulptur. Untersuchungen zu Aufbau und Organisation griechischer Bildhauerwerkstätten. (Göttinger Forum für Altertumswissenschaften, Beihefte, Bd. 18) Göttingen 2005.

Olcese, G., Atlante dei siti di produzione ceramica (Toscana, Lazio, Campania e Sicilia). (Immensa Aequora, Bd. 2) Rom 2012.

Parker, A. J., Ancient Shipwrecks of the Mediterranean and the Roman Provinces. (BAR International Series, Bd. 580) Oxford 1992.

Russell, B. J., The Economics of the Roman Stone Trade. Oxford 2013.

Stöllner, T., Methods of Mining Archaeology (Montanarchäologie), in: *Roberts, B. W./Thornton, C. P. (Hgg.)*, Archaeometallurgy in Global Perspective. New York 2014, 133–159.

Tsingarida, A./Viviers, D. (Hgg.), Pottery Markets in the Ancient Greek World (8th –1st Centuries B.C.). Proceedings of the International Symposium Held at the Université libre de Bruxelles, 19–21 June 2008. Brüssel 2013.

Van Oyen, A., The Socio-Economics of Roman Storage. Agriculture, Trade and Family. Cambridge 2020.

Johannes Eberhardt
4 Antike Numismatik und Wirtschaftsgeschichte

I Einleitung

Münzgeld ist ein ökonomisches und mediales Erfolgsmodell. Bis in das 5. Jahrhundert v. Chr. hatte es sich im antiken Mittelmeerraum und in China in variantenreicher Fülle an Material, Form und Gebrauch etabliert. Millionenfach überliefert, bieten Münzen der Wissenschaft seit Jahrhunderten eine vielschichtige Quellenbasis. Münzen können archäologische Befunde datieren helfen und lassen Rückschlüsse auf beinahe alle Facetten der Geschichte zu.

In der über 1200-jährigen Geschichte des Münzgelds als Element der antiken Wirtschaft lassen sich Kontinuitäten und Wandel beschreiben. Hieran offenbart sich das Potenzial des numismatischen Quellenmaterials. Rezente Forschungen und weiterführende Perspektiven können so vorgestellt werden. In den letzten Jahrzehnten gewann die Numismatik gerade durch Neufunde und die aufkommenden digitalen Geisteswissenschaften (Publikation, Datenanreicherung, Kooperationen) stark an Dynamik. Etablierte Einführungen zur Wirtschaftsgeschichte haben trotz mancher Deutungsdynamiken ihre Rezeptionsberechtigung ebenso wenig verloren wie numismatische Standardwerke.[1] Dieser Beitrag möchte daher nicht zuletzt dafür eintreten, Bedeutungen und Funktionen der Münzen in der antiken Wirtschaft von den Objekten ausgehend zu erforschen.

II Münzen und ihre Geldfunktionen

Was ist eine Münze?[2] Für die Antike lässt sich diese Frage leichter beantworten als für eine Zeit, in der Münzen teils aus Polymerverbindungen bestehen oder auch als Symbole von Krypto-Währungen benutzt werden. Münzen waren in der Antike *eine* Form des Geldes. Sie bestanden aus Metall (vor allem Legierungen aus Gold, Silber, und Buntmetallen, die bisweilen fließend ineinander übergehen konnten, Abb. 4.1 a).

---

[1] Neben Corpora und Katalogen, etwa die Einführungen von: *Breglia, L.*, Numismatica antica – Storia e Metodologia. (I fatti e le idee: saggi e biografie, Bd. 111) Milano 1964; *Christ, K.*, Antike Numismatik. Einführung und Bibliographie. 3. Aufl. Darmstadt 1991; *Göbl, R.*, Antike Numismatik. 2 Bde. München 1978; *Kraay*, Greek Coins.
[2] Wichtige Überblicksdarstellungen bieten: *Barello*, Moneta; *Howgego*, Geld; *Mittag*, Griechische Numismatik; *Nicolet-Pierre*, Numismatique Grecque.

Abb. 4.1 a und b: Die drei Monetae (l.), Bronze Silber und Gold jeweils mit Waage und Münzhaufen. Bisweilen liefern auch Münzen (r.) Hinweise auf die Herstellung geprägten Geldes:
a) Rom, 8 Aurei, Gallienus, 262 n. Chr., AV 27,58 g, Rs. (https://ikmk.smb.museum/object?id=18205741);
b) Paestum, Semis, ca. 100–75 v. Chr., AE 5,27 g, Vs. und Rs. (https://ikmk.smb.museum/object?id=18200478).

Sie wurden geprägt, seltener gegossen. Für die Prägung benötigte entsprechendes Personal Stempel aus einem härteren Material als das der Münzen – und einen Hammer (Abb. 4.1 b).

Die Stempel mussten in mehreren Arbeitsschritten hergestellt (geschnitten) werden. Durch das Prägen wurden Schrötlinge (diese Rohlinge sind kleine genormte Barren) zu Münzen. Diese kommunizieren durch das Zusammenspiel von Farbe, Form und äußerer Gestaltung (Darstellung, Aufschriften) ihren Wert. Ein Nachwiegen und weiteres Prüfen kann so möglichst überflüssig gemacht werden. Zwischen Nominal- und Materialwert besteht meist eine Diskrepanz. Zugrunde lag jeweils ein Gewichtsstandard (Münzfuß).[3] Dieser konnte *al pezzo* (jedes Einzelobjekt erzielt möglichst genau ein bestimmtes Gewicht) oder *al marco* (eine bestimmte Menge von Münzen erreicht ein bestimmtes Gewicht) zu Grunde liegen. Gerade bei Bronzemünzen war die Toleranz der Normierung teils groß. Hier waren meist Durchmesser oder Wertsymbole das entscheidende Charakteristikum für die Nominalzuweisung seitens der Nutzer. Der Münzfuß war wirtschaftlich wichtiger als der selten belegte Nominalbegriff. Münzen waren langfristig erfolgreich, wenn sie im alltäglichen Gebrauch eine gewisse Handlichkeit besaßen. Für Gewicht, Feingehalt und Akzeptanz birgt eine Autorität (Herausgeber/Münzherr), die diese Merkmale zu reglementieren und zu kontrollieren hatte. Dies gelang keineswegs immer. Münzen waren nur in gewissen Grenzen und mancherorts punktuell erfolgreiches Geld. In bestimmten Kontexten ist die Bedeutung der Münzen in der antiken Wirtschaft gegenüber etwa der Naturalienwirtschaft und weiteren nichtmonetären Kompensationsformen leicht zu überschätzen.

Wofür benötigten die Menschen Münzen? Die Geschichte der Münze wurde seit der Antike politisch funktionalisiert.[4] Dabei tritt deutlich heraus, dass man sich über

---

3 Übersicht zu Nominalen und Münzfüßen: *Mittag*, Griechische Numismatik, 13.
4 Der ältere Plinius ist beispielsweise bestrebt, die Erfindung der Münzen seitens der Römer möglichst früh anzusetzen (Plin. nat. 33, 42–44); dazu *Burnett*, Early Roman Coinage, 299; *von Reden*, Money, 186–198.

Kulturgut Münze

Abb. 4.2: Das Kulturgut Münze umfasst die drei ineinandergreifenden Geldfunktionen:
a) Rom, Sesterz, ab 211 v. Chr., AR 1,05 g, Vs. (https://ikmk.smb.museum/object?id=18201113);
b) Rom, 60 As, um 211 v. Chr., AV 3,41 g, Vs. (https://ikmk.smb.museum/object?id=18200936);
c) Himera, 5 Onkiai, ca. 415–409 v. Chr., AE 28,22 g, Rs. (https://ikmk.smb.museum/object?id=18244802);
d) Akragas, Litra, ca. 471–450 v. Chr., AR 0,80 g, Vs. (https://ikmk.smb.museum/object?id=18252348);
e) Akragas, Litra, ca. 471–450 v. Chr., AR 0,80 g, Rs. (https://ikmk.smb.museum/object?id=18252348);
f) Rom, Denar, 46 v. Chr., AR 3,94 g, Vs. (https://ikmk.smb.museum/object?id=18202023);
g) Rom, Cistophor, Domitianus, 82 n. Chr., AR 11,24 g, Rs. (https://ikmk.smb.museum/object?id=18202808);
h) Rom, Denar, 46 v. Chr., AR 4,14 g, Rs. (https://ikmk.smb.museum/object?id=18200465);
i) Philippopolis, Bronze, 193–211 n. Chr., AE 7,82 g, Rs. (https://ikmk.smb.museum/object?id=18248676);
j) Rom, Kontorniat, Nero, ca. 350–400 n. Chr., AE 26,83 g, Rs. (https://ikmk.smb.museum/object?id=18200483);
k) Rom, Sesterz, Nero, um 64 n. Chr., AE 27,93 g, Rs. (https://ikmk.smb.museum/object?id=18204405).

mögliche Zwecke ihrer Entstehung Gedanken machte. Bis heute sind die von Aristoteles[5] benannten Aspekte das Grundgerüst, wenn es um die Annäherung an die Frage geht, warum Menschen begannen, Münzen herzustellen und bislang dabei blieben (Abb. 4.2).

Messen und Benennen: Da man Gold, Silber und Bronze nicht lebensverlängernd essen kann, basiert jeder Münzgebrauch auf komplexen Konventionen. Der Wert der

---

[5] Aristot. pol. 1, 3, 13–14 (1257 a); Aristot. eth. Nic. 1132 b 20–34; dazu *von Reden*, Money, 1–3, 35.

Tab. 1: Gewichts-/Geldsysteme in der Antike.

In Korinth teilte man den Stater in 3 Drachmen zu je 6 Obolen; dies galt auch für Teile der *Magna Graecia* und Siziliens. Im 5. Jh. v. Chr. war die athenische Tetradrachme aus vier Drachmen zu je sechs Obolen am weitesten verbreitet.

Das attische und aiginetische Nominalsystem des 6. Jh. v. Chr., wie es auch in Sizilien und anderswo übernommen wurde, gliederte sich wie folgt:
1 Talent = 60 Minen = 6.000 *dr.*

		drachmon	*stater* (z. B. Aigina)	*obolos*	größte (teils kurzzeitig)
	1 Mine	= 100	= 50	= 600	ausgeprägte Nominale:
		2	= 1	= 12	10 *dr.* (AV/AR), im ptolem.
		1		= 6	Ägypten auch 100 *dr.* (AV)

Römische Kaiserzeit (bis in das späte 3. Jh. n. Chr.):

aureus	*denarius*	*sestertius*	*dupondius*	*as*	*semis*	*quadrans*
1	= 25	= 100	= 200	= 400	= 800	= 1600
	1	= 4	= 8	= 16	= 32	= 64
		1	= 2	= 4	= 8	= 16
			1	= 2	= 4	= 8
				1	= 2	= 4
					1	= 2

Münze ist – wenn auch allgemein anerkannt – virtuell. Münzen repräsentieren somit immer abstrakte Aushandlungsprozesse. Münzgeld kann bestehende Praktiken vereinfachen. Wenn ein Nachwiegen weitgehend überflüssig wird, beschleunigt dies bereits sämtliche monetäre Praktiken. Münzen funktionieren fast von sich aus, sofern ihr kommunizierter Wert zu entschlüsseln ist. Münzgeld beeinflusst die Wirtschaftssprache. Werte werden so griffig benennbar (Tab. 1 und Abb. 4.2 a–e). Das Abmessen wird objektiviert, Zählen und Aufteilen erleichtert. Kann man sich etwa vorzüglich darüber streiten, ob die eine Kuhhälfte genau der anderen entspricht oder die Qualität von gut aufteilbarem Getreide oder etwa Hacksilber/Barrengeld ausreichend vergleichbar ist, dienen Münzen dazu, Bedürfnisse nach Verlässlichkeit effizient zu befriedigen. Idealerweise entspricht eine halbe Drachme eben jeder beliebigen anderen halben Drachme selben Münzfußes und Typs. An diesem Punkt setzten von Beginn an Manipulations- und Fälschungspraktiken an.

Speichern und Bewahren: Wie Barrengeld und Hacksilber speichern Münzen Werte. Metallbearbeitung erlaubt es, das Menschheitsproblem des Verfalls der meisten Lebensmittel zu kompensieren. Zwar können sich Bronze und Silber in der Natur auch zersetzen, doch ist ihre Konservierung durch trockene Lagerung recht leicht und bis hin zu großen Summen platzsparend zu bewerkstelligen. Große Speicher von Münzgeld konnten etwa Tempel darstellen (Abb. 4.2 g).

Handeln und Bezahlen: Für dieses Feld sind die beiden ersten Geldfunktionen die Grundlage. Münzen dienen als transportable Tausch- und Zahlungsmittel. Während andere Handelsgüter, etwa Getreide oder Nutztiere, weniger voraussetzungslos transportfähig sind, lassen sich Münzen nicht nur besser verbergen, bewahren, teilen und tauschen, sondern auch schneller und weniger anfällig befördern. Münzgeld diente keineswegs nur als Bargeld dem Handel (Abb. 4.2 i–k). Verlässliche Geldfunktionen begünstigen abstrakte Praktiken. Kredit, Darlehen, Vorauszahlung, Buchgeld und Vorläufer des Reiseschecks – der Münzgebrauch begünstigt diese Triebfedern der Wirtschaft.[6]

Symbol und Kulturgut: Münzprägung ist eine Kulturtechnik und als solche ein Statussymbol ihrer Gestalter und Nutzer. Hierin liegt ein entscheidender Punkt ihrer Entstehung. Münzkultur verändert Gesellschaften. Münzen sind Massenmedien. In ihren Funktionsfeldern traten Münzen erfolgreich neben bestehende Praktiken und trugen ihre Botschaften von Hand zu Hand. Ihre Effizienz führt zu einer Prominenz des Münzgeldes in der Geschichte. Immer wieder diente es zur Begründung und Erklärung von sozialen Praktiken. Schließlich formt der Besitz von Geld historische Prozesse entscheidend mit. Nicht erst die Bogenschützen der Perser[7] oder die dreißig Silberlinge[8] verweisen auf die Attraktivität der Münze als Trägerin kultureller Bedeutung. Wirtschaftsgeschichte kann noch viel direkter von dieser Quellengruppe profitieren.

III Ressourcen und Methoden

1 Zugänge und Hilfsmittel

Die Beschäftigung mit Münzen berührt stets Fragen der Geld- und Wirtschaftsgeschichte. Die Numismatik entfaltet sich zwischen Sammlung/Tresor, Bibliothek, (auch mobilem) Schreibtisch/Display und archäologischer Feldarbeit. Für die antike Numismatik sind neben den Objekten (Münzen, Medaillons, Marken, Stempel, Werkzeuge) vor allem Textquellen,[9] epigraphische, papyrologische Zeugnisse, schrifttragende Artefakte und weitere Parallelbefunde (vergesellschaftete Objekte, archäologische Daten) elementare Bestandteile.

Münzen werden in teils systematischen staatlichen und großen privaten Sammlungen, in noch größerer Zahl jedoch im Kunsthandel sowie in kleinen privaten Kollektionen rund um den Globus verwahrt. Sie sind in noch größerem Umfang verborgen unter der Erde, im Wasser sowie in Horten zu erwarten. Die millionenfach und

---

6 *Von Reden*, Money, 92–124.
7 Die Münzen der ‚Perser' finanzieren im Korinthischen Krieg politische Verschiebungen. Die *toxotai* sind von einem Heros- oder Königsbildnis geziert, das einen Bogen trägt: Plut. Arataxerxes 20, 4–6 und Agesilaos 15, 6–8, dazu *Alram*, Persian Coinage, 66.
8 2. Mose 21, 32; Mt. 26, 15 und 27, 3–10.
9 Eine wichtige Textquellensammlung stellen die beiden Bände *Melville Jones* 1993 und 2007 dar.

in Tausenden von Einzeltypen erhalten gebliebenen Münzen haben für die Forschung zunächst drei entscheidende Vorteile. Diese liegen in ihren Geldfunktionen begründet. 1. **Haltbarkeit und Authentizitätsnähe**: Als anorganische Artefakte überstehen sie die Jahrtausende verhältnismäßig verfälschungsresistent. Goldmünzen werden über die Jahrhunderte praktisch nicht chemisch angegriffen und kommunizieren so am wenigsten strittig ihre Objektgeschichte (Gebrauchs-/Umlaufspuren). Aber auch Silber- und Bronzemünzen sind mit adäquater restauratorischer Expertise nicht weniger wertvolle Informationsträger. Die historischen Aussagen des Münzbilds (Aufschriften und Darstellungen) bleiben relativ leicht lesbar. 2. **Massencharakter und Geschlossenheit**: Durch die Haltbarkeit liegt das Corpus vergleichsweise vollständig vor. Dies führt häufig zu belastbaren Aussagen, kann aber auch zu voreiligen Verallgemeinerungen führen. 3. **Handelbarkeit**: Die Mobilität der Handels- und Tauschobjekte ermöglicht, dass eine bewegliche Quelle im Fall eines identifizierbaren Ausgabe- und Fundorts einen erweiterten, räumlich-chronologischen Quellenwert besitzt. Objektgeschichte kann somit gravierend dazu beitragen, Wirtschaftsgeschichte zu betreiben.

Numismatische Bibliographien füllen Bände.[10] Die Quellen werden seit dem 16. Jahrhundert in Publikationen vom illustrierten Geschichtswerk bis hin zum regelrechten *conspectus* herausgegeben.[11] Die Digitalisierung macht einzelne Sammlungen aber auch einschlägige Corpora weltweit und mobil zunehmend zugänglich. Hochauflösende Fotos, Beschreibungen und die normdatenbasierte Erfassung von Metadaten machen Onlineportale zu effizienten und miteinander vernetzten Quellensammlungen (etwa durch Linked Open Data mit Creative Commons Lizenzen und Public Domain Mark 1.0).[12] Genannt seien an dieser Stelle die Kataloge der American Numismatic Society, der Bibliothèque Nationale de France, des British Museum und des Münzkabinetts der Staatlichen Museen zu Berlin mitsamt der immer weiter anwachsenden ikmk-Familie (der Interaktive Katalog des Münzkabinetts dient 2022 bereits über 30 Institutionen als digitale Publikationsbasis).[13] Die Initiativen dieser Einrichtungen ermöglichen bereits die Entstehung von Spezialportalen (Digitalisierungsprojekte zu den jeweiligen gedruckten Standardwerken) zu den Münzen der Makedonischen, Pto-

---

10 Etwa der Survey of Numismatic Research (seit 1967 von der International Numismatic Commission, jetzt International Numismatic Council herausgegeben). Ein nützliches Recherchetool bietet https://donum.numismatics.org/ (abgerufen am: 27. 02. 2019).
11 Etwa zu den Münzen Italiens: *Rutter, Historia numorum*. Corpora werden nunmehr auch digitalisiert und mit ausführlich beschriebenen Einzelobjektbelegen versehen, wie dies eine Druckpublikation niemals leisten könnte.
12 *Dahmen, K.*, Ins Netz und gut? Die Digitalisierung im Berliner Münzkabinett und neue Themenportale für die Numismatik der römischen Antike, in: Numismatisches Nachrichtenblatt, 2015, 177–179; ders *Dahmen, K./Martin, K./Wienand, J./Weisser, B.*, Das Netzwerk universitärer Münzsammlungen in Deutschland (NUMiD): Neue Perspektiven der Digitalisierung in der Numismatik, in: ABI Technik, 2018, 317–326; *Duyrat, F./Glenn, S./Meadows, A. (Hgg.)*, Alexander the Great. A Linked Open World. Bordeaux 2018.
13 http://numismatics.org/search/; https://gallica.bnf.fr/; https://www.britishmuseum.org/; https://ikmk.smb.museum; https://ikmk.net/ (alle abgerufen am: 27. 02. 2019).

lemäischen und Seleukidischen Könige, den Münzen der Römischen Republik, der Römischen Kaiserzeit, den provinzialrömischen Münzen,[14] Hortfunden der griechischen Münzen[15] und Hortfunden der Münzen der Römischen Republik.[16] Das Münzkabinett in Berlin entwickelt zurzeit einen interaktiven Typenkatalog zu den Münzen von Thrakien, Mösien, Mysien und der Troas.[17] Fundmünzenportale wie zu den Städten Pergamon[18] und Priene[19] bilden eine weitere Säule der aktuellen digitalen Publikationsprojekte. Neben der eigenen Berliner Sammlung verwenden zunehmend auch weitere Einrichtungen im deutschsprachigen Raum die Datenbanksoftware des Münzkabinetts zur digitalen Publikation ihrer Bestände und gleichzeitigem Zur-Verfügung-Stellen der Daten für die genannten Spezialportale.[20] Neben diesen expandierenden Onlinequellensammlungen entstehen fortlaufend gedruckte Corpora, numismatische Monographien und Einzeluntersuchungen.

2 Methoden

Quellen sind keine aktiven Informanten, sie müssen ‚zum Sprechen gebracht' werden.[21] Gerade vorkaiserzeitliche Münzen sind durch ihre teils über Generationen hinweg kaum veränderte Gestaltung, die in der Regel keine Jahreszahlen und vor dem Hellenismus kaum Personennamen oder Herrscherbilder/-titel tragen, nicht ohne numismatische Kenntnisse auswertbar. Die Quellenarbeit beginnt mit dem Wiederauffinden (etwa auf Ausgrabungen), im Idealfall mit Autopsie, korrekter Ansprache und Beschreibung der Objekte. Unter Einbeziehung von Parallelbefunden lässt sich das Material bestimmen, ordnen und weiter auswerten. Ergebnisse dieser Arbeiten summieren sich seit Jahrhunderten und an vielen Orten innerhalb verschiedener Wissenschaftstraditionen. Vor Kenntnissen der Archäologie, Chronologie, Kultur-, Kunst-, Religionsgeschichte ist Materialkenntnis die Grundlage, um diese Quellengruppe für die

---

14 Makedonische Könige: http://numismatics.org/pella/; Seleukidische Reichsprägungen: http://numismatics.org/sco/; Ptolemäische Münzen: http://numismatics.org/pco/; Münzen der Römischen Republik: http://numismatics.org/crro/; RIC-online: http://numismatics.org/ocre/. RPC-online: https://rpc.ashmus.ox.ac.uk/ (alle abgerufen am: 27. 02. 2019).
15 http://coinhoards.org/ (abgerufen am: 27. 02. 2019).
16 http://numismatics.org/chrr/ (abgerufen am: 27. 02. 2019).
17 https://www.corpus-nummorum.eu/ (abgerufen am: 27. 02. 2019).
18 http://ww2.smb.museum/mk_pergamon/ (abgerufen am: 27. 02. 2019).
19 http://ww2.smb.museum/mk_priene/ (abgerufen am: 27. 02. 2019).
20 Siehe neben ikmk.net (Anm. 13) auch http://www.numid-verbund.de/ (abgerufen am: 27. 02. 2019).
21 *Barello*, Moneta, 133–153; *Kemmers, F./Myrberg, N.*, Rethinking Numismatics. The Archaeology of Coins, in: Archaeological Dialogues, 18/1, 2011, 87–108; *Krmnicek, S.*, Das Konzept der Objektbiographie in der antiken Numismatik, in: *von Kaenel, H.-M./Kemmers, F.* (Hgg.), Coins in Context I. New Perspectives for the Interpretation of Coin Finds. Kolloquium Frankfurt a. M. 25.–27. Oktober 2007. (Studien zu Fundmünzen der Antike, Bd. 23) Mainz 2009, 47–59; *Thüry, G.*, Die antike Münze als Fundgegenstand. Kategorien numismatischer Funde und ihre Interpretation. (Archaeopress Archaeology) Oxford 2016.

Erforschung der antiken Wirtschaft zu nutzen. Hochwertige sowie gut lesbare Einführungsliteratur[22] bietet eine solide Basis und einen Kompass, Material und Literatur zu überblicken.

Die häufigsten Fragestellungen seitens der Forschung betreffen Zeit (Chronologie) und Raum (Herstellung, Zirkulation, Verlust), den konkreten Gebrauch der Objekte,[23] sowie die Interpretation historischer Aussagen (Mediencharakter der Münzen).[24] Dazu werden zunächst Münzstätten sowie ihre Erzeugnisse identifiziert und lokalisiert. Gewicht/Münzfuß (Metrologie), Produktionsprozess, Fabrik und Gestaltung erlauben Rückschlüsse auf Herkunft, Vorbilder und wirtschaftliche Netzwerke.

Im 19. Jahrhundert wurde immer deutlicher, dass der Weg zum möglichst nützlichen Münzkorpus über die Analyse der verwendeten Stempel führt. Da Vorder- und Rückseitenstempel nicht gleichmäßig verschleißen, lässt sich die Abfolge der verwendeten Prägeinstrumente rekonstruieren (Stempelanalyse). Anhand der Auswertung von Stempelkopplungen lassen sich innerhalb der Emissionen relative Chronologien vorschlagen, die wiederum der historischen Einordnung und Auswertung der Quellen dienen. Mithilfe dieser aufwändigen Methoden können Einzeluntersuchungen nach wie vor die bisherigen Kenntnisse maßgeblich erweitern.

Doch auch einzelne Objekte werfen Licht auf die zentralen Forschungsfragen.[25] Hierfür lassen sich etwa archäologische Befunde, Münzbilder, Eingriffe und Manipulationen am Objekt,[26] regions-, typen- aber auch quellenübergreifende[27] Motivwanderungen (der Münzbilddiskurs) sowie Gewicht und Metallzusammensetzung auswerten. Zu den Methoden der Numismatik zählen somit zunächst einfach anmutende Verfahren wie das Vergleichen von Befunden. Diese Arbeiten können durch die Dichte der Überlieferung jedoch komplex sein. Um Materialzusammensetzung und sogar -herkunft zu analysieren, haben sich zerstörungsfreie[28] und nicht-

---

22 *Howgego*, Geld; *Mittag*, Griechische Numismatik; *Rowan*, Coins as Sources; *Thonemann*, Hellenistic World; *Wolters*, Nummi Signati.
23 *Kemmers, F./Myrberg, N.*, Rethinking Numismatics. The Archaeology of Coins, in: Archaeological Dialogues, 18/1, 2011, 87–108.
24 *Mittag*, Griechische Numismatik, 218–223: Prägeherren und Prägeanlässe, Botschaften der Münzbilder (konkrete Bezüge), Umlauf und Gebrauch geben gerade im Bereich der griechischen Münzen noch immer viele Rätsel auf.
25 Stratigraphierte Funde, die numismatische Datierungsansätze zur Münzprägung von Selinous stützen: *Badertscher, Th. et al.*, Forschungen auf dem Monte Iato 2015, in: Separatum aus Antike Kunst, 59, 2016, 66–81 Taf. 8–10. Objektgeschichtliche Überlegungen, z. B.: *Furtwängler, A. E.*, Auf den Spuren eines ionischen Tartessos-Besuchers: Bemerkungen zu einem Neufund, in: Mitteilungen des Deutschen Archäologischen Instituts, Athenische Abteilung, 92, 1977, 61–70.
26 Etwa durch Zerhacken, Befeilen, Überprägen, Gegenstempeln, Punzieren, Eradieren, Lochen, Henkeln, Beschreiben (z. B. mit Graffiti), oder Um-/Einarbeiten (z. B. Schmuckmünzen).
27 Beispiel für Motivwanderungen: *Gorini, G.*, Rapporti iconografici tra monete preromane e prodotti artistici del Veneto antico, in: Archeologia Veneta, 35, 2012, 217–225.
28 *Davis, J. et al.*, Neutron tomographic analysis: Material characterization of silver and electrum coins from the 6th and 5th centuries BCE, in: Materials Characterization, 118, 2016, 175–185.

zerstörungsfreie Verfahren herausgebildet (letztere mithilfe notwendiger Materialentnahmen).[29]

Einzelne Orte, wie die Agora in Athen, die Städte Pergamon oder Priene[30] sind numismatisch besonders gut überliefert. Befunde in datierbaren Schichten lassen gar mikrohistorische Untersuchungen zu den monetären Alltagspraktiken von Bewohnern einzelner Häuser zu.[31] Vor allem die weitere Erforschung extraurbaner und ländlicher Gebiete ist ein Desiderat, welches ergänzende Einsichten zur Bedeutung des Münzgelds in der antiken Wirtschaft verspricht.[32] Neuere Fundmünzenpublikationen[33] und Projekte, die auf Bürgerbeteiligung abzielen (*citizen science*), führen bereits zu einem starken Anstieg des zur Verfügung stehenden Quellenmaterials wie auch zu Herausforderungen an die Forschungspraxis.[34] Die systematische Erfassung von Normdaten (etwa Orts- und Personennamen) wird es zunehmend erlauben, quantitative Analysen durchzuführen.

Die Kombination traditioneller und digitaler Methoden verspricht eine weiter anwachsende und zunehmend komplexe Forschungs- und Quellensituation. Umso wichtiger wird es, das Material interdisziplinär und international kooperierend auszuwerten.

IV Das Quellenmaterial: diachrone Dynamiken der Münzkultur

Das Forschungspotential der Numismatik für die Wirtschaftsgeschichte variiert diachron, transregional und qualitativ erheblich. Um das Quellenmaterial zu überblicken, muss nach den wichtigsten Entwicklungslinien der monetären Bedingungen und Praktiken gefragt werden: Wer stellte warum, wann, wo und wie Münzen her?

Voraussetzungen zur Entwicklung des Münzgelds waren Menschen und Märkte, die seiner bedurften. Es brauchte ferner (religiöse/politische) Legitimation sowie Strukturen (Mobilität, Institutionalisierung, Recht, Administration),[35] Metall, welches

---

29 Frankfurter Projekte: https://www.uni-frankfurt.de/69815799/M%C3%BCnzen_und_die_Dynamik_der_Macht und https://www.uni-frankfurt.de/69818132/ContentPage_69818132 (beide abgerufen am: 27. 02. 2019).
30 In Ansatz und Anspruch noch immer vorbildhaft: *Regling*, Priene.
31 *Rumscheid, F.*, Die hellenistischen Wohnhäuser von Priene. Befunde, Funde und Raumfunktionen, in: *Haug, A./Steuernagel, D. (Hgg.)*, Hellenistische Häuser und ihre Funktionen. Internationale Tagung Kiel, 4. bis 6. April 2013. Bonn 2014, 143–160; https://www.ai.uni-bonn.de/lehre-und-forschung/priene (abgerufen am: 27. 02. 2019).
32 *Greaves, A. M.*, The land of Ionia. Society and Economy in the Archaic Period. Malden 2015, 27–44.
33 Kooperative Anstrengungen laufen immer effizienter zusammen, wie etwa auf http://ecfn.fundmuenzen.eu/ bereits zu sehen ist (abgerufen am: 27. 02. 2019).
34 Ein Beispiel ist das Portable Antiquities Scheme auf https://finds.org.uk/ (abgerufen am: 27. 02. 2019).
35 *Van Alfen, P. G.*, Muddle Wrestling: Grappling for Conceptual Clarity in Archaic Greek Money, in: *Canevaro, M. et al. (Hgg.)*, Ancient Greek History and Contemporary Social Science. (Edinburgh Leventis Studies, Bd. 9) Edinburgh 2018, 485–511.

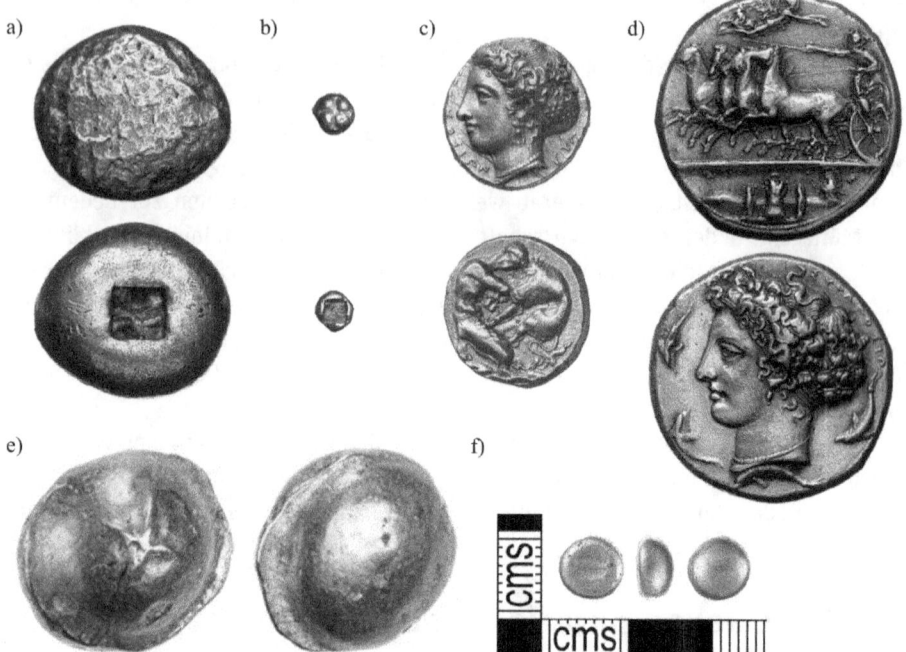

Abb. 4.3: Geprägte Münzen verschiedener Fabrik aus dem 7. bis 1. Jahrhundert v. Chr.:
a) Ionien (?), 1/96 Stater, ca. 600–550 v. Chr., EL 0,15 g (https://ikmk.smb.museum/object?id=18202885);
b) Ionien (?), Stater ca. 650–600 v. Chr., EL 17,53 g (https://ikmk.smb.museum/object?id=18200915);
c) Syrakus, 100 Litren, ca. 406–380 v. Chr., AV 5,78 g (https://ikmk.smb.museum/object?id=18200115);
d) Syrakus, Dekadrachme, um 406 v. Chr., AR 43,03 g (https://ikmk.smb.museum/object?id=18214398);
e) Senonen, Stater, ca. 2.–1. Jh. v. Chr., AV 7,23 g (http://numismatics.org/collection/2012.49.16);
f) Senonen, 1/4 Stater, ca. 2.–1. Jh. v. Chr., AV 1,73 g (https://finds.org.uk/database/artefacts/record/id/556382).

durch Handel oder Primärgewinnung bezogen werden konnte, und Kreativität – kurz: Münzkultur.[36]

Der Schritt von Barren und Hacksilber zur Münze und zurück war mancherorts klein.[37] Um ein genormtes Metallstück zur Münze zu machen, konnte es bereits durch

---

[36] Zu verschiedenen Wandlungsprozessen, die mit dem Aufkommen von Münzen einhergingen: *Berthold, A.*, Die zwei Seiten der Münze. Etappen einer Erfindung (7.–4. Jahrhundert v. Chr.), in: *Cordez, P. et al. (Hgg.)*, Object Fantasies. Experience and Creation. (Object Studies in Art History, Bd. 1) Berlin 2018, 31–48; *Peacock, M.*, Introducing Money. (Economics as Social Theory, Bd. 33) Abingdon 2013; *Schaps, D. M.*, The Invention of Coinage and the Monetization of Ancient Greece. Ann Arbor 2005; *Seaford, R.*, Money and the Early Greek Mind. Homer, Philosophy, Tragedy. Cambridge 2004.
[37] *Balmuth, M. S. (Hg.)*, Hacksilber to Coinage. New Insights into the Monetary History of the Near East and Greece. A Collection of Eight Papers Presented at the 99th Annual Meeting of the Archaeological Institute of America. (Numismatic Studies, Bd. 24) New York 2001; einen Überblick gibt *Kroll*, Monetary Background.

Punzen, Ornamente oder Bilder ausreichend markiert werden. Das zugrundeliegende Prinzip ist auch bei Münzen signierender Stempelschneider dasselbe (Abb. 4.3 a–b vs. c–d).

Die Theorie, dass die Entstehung des Geldes aus der Religion (Glaube/Vorstellungen aber vor allem Rituale/Opferpraktiken) hervorgegangen sei,[38] hat Vorzüge und Grenzen. In einer Welt, in der profane Praktiken vorstellbar sind, endet die religiöse Dimension des Ausmünzens von Metall und der Münzwirtschaft an den Einflussgrenzen der Religionen. Ist umgekehrt *alles* religiös, so wird der Erkenntnisgewinn der von Bernhard Laum ausgeführten Perspektive ebenfalls unspezifisch und geschmälert. Dennoch ist es berechtigt, in Kulturen in denen Geld im medialen sowie performativen Zusammenhang mit religiös markierten Ritualen, Klängen, Geschichten, Mythen und Kunstformen steht, auch die spezifische Ausgestaltung des Münzgelds nicht als rein pragmatisch-logische Konsequenz von handfesten Bedürfnissen zu denken.[39]

1 Der Beginn der Münzprägung: Vom Elektron- zum Gold- und Silbergeld

Wo und in welchem genauen historischen Kontext die ersten Münzen entstanden, wird sich vielleicht nie abschließend klären lassen. Datierungshinweise aus antiken Texten lassen sich durch archäologische Befunde kaum stützen.[40] Gleichwohl erarbeitet die Numismatik ein zunehmend stimmiges Bild. Nach vielfältigen, zunächst (17.–19. Jahrhundert) theologisch-textkritisch begründeten Frühdatierungen verschob sich die Debatte bis in die 2. Hälfte des 20. Jahrhunderts[41] zugunsten spätdatierender Ansätze (Beginn der Münzprägung im frühen 6. Jahrhundert v. Chr.). Datierungsforschung zu den Fundmünzen im Artemision in Ephesos[42] und Untersuchungen zu Funden im Zerstörungshorizont im Kontext der persischen Eroberung von Sardeis[43] legen den Beginn der Elektronmünzprägung im lydisch-ionischen Bereich im dritten Viertel

---

38 *Laum*, Heiliges Geld.
39 *Von Reden*, Money, 156–185. Zu nicht profan-musischen Hintergründen des Münzgelds: *Eberhardt, J.*, Von der Musik zur Münze, in: Geldgeschichtliche Nachrichten, 300, 2018, 338–348.
40 *Stingl, T.*, Äginetische Elektronprägungen? Zwei Schildkröten auf Münzen aus dem Tresor des Münzkabinetts der Staatlichen Museen zu Berlin, in: *Einicke, R. et al. (Hgg.)*, Zurück zum Gegenstand, Bd. 2. (Schriften des Zentrums für Archäologie und Kulturgeschichte des Schwarzmeerraumes, Bd. 16/2) Langenweißbach 2009, 337–340, hier 338 Anm. 6.
41 V. a. *Price/Waggoner*, Archaic Greek Coinage; darin beispielsweise folgend *Howgego*, Geld; *Le Rider*, Naissance de la Monnaie.
42 Zur Forschungsdebatte: *Fischer-Bossert, W.*, Horses with and without Wings, in: *Asolati, M./Callegher, B./Saccocci, A. (Hgg.)*, Suadente nummo vetere. Studi in onore di Giovanni Gorini. Padua 2016, 1–21; *Mittag*, Griechische Numismatik, 39–59; *Wartenberg*, Geburt der Münze.
43 *Cahill/Kroll*, Sardis.

des 7. Jahrhunderts v. Chr. und den Übergang zu einer Währung aus Gold- und Silbermünzen in Lydien um die Mitte des 6. Jahrhunderts v. Chr. nahe.

Ein Grund für das Aufkommen des Elektrongeldes[44] mag vor allem in Ausgaben der Gemeinwesen (Kriegsführung, Spielewesen, Baumaßnahmen, Feste, Administration) gelegen haben.

Elektron kommt auch natürlich vor. Für die Elektronprägung wurden Gold und Silber jedoch von Beginn an sorgfältig legiert[45] und abgemessen. Diese Legierung mit einem niedrig einstelligen Prozentanteil an Kupfer war die Grundlage teils tief gestaffelter Münzgeldsysteme. Bis zu acht Nominalstufen (Euroländer haben acht geläufige Münz- und sieben Geldscheinnominale) verweisen auf ausdifferenzierte monetäre Praktiken. Gleichwohl waren auch die niedrigsten Nominale (bis hinab zum 1/192-Elektron-Stater)[46] kein Kleingeld für tägliche Einkäufe auf dem Markt.[47]

Die gezielte Legierung aus Silber mit dem deutlich teureren Gold besaß ein hohes Gewinnpotential. Das Wertverhältnis der beiden Edelmetalle schwankt in der Antike vor allem zwischen 15:1 und 10:1. Im westlichen Kleinasien scheint zumindest in der Mitte des 6. Jahrhunderts v. Chr. ein Verhältnis von 13 1/3:1 geläufig gewesen zu sein. Die Münzen waren (Nominal vs. Material) wohl deutlich überbewertet. Stießen die Münzen auf Akzeptanz, schützte sie dies vor einer Behandlung als bloßes Metall und somit vor einem Wiedereinschmelzen.[48] Die Effizienzsteigerung durch nun überflüssiges Nachwiegen und der Vertrauensvorschuss zugunsten des monetarisierten Wirtschaftens hatten offensichtlich Erfolg. Verschiedene Städte übernahmen die Elektronmünzprägung. Korrespondierende Gewichtsstandards verweisen auf Netzwerke. Kooperierende Münzstätten zeigten später, wie diese Basis auch zu administrativer Zusammenarbeit führen konnte.[49]

Akzeptanz und Gebrauch von Münzgeld setzte also funktionierende Strukturen eines monetarisierten Gemeinwesens voraus: Gesetzgebung und Kontrolle. Dies erklärt, warum lydisch-ionisches Elektrongeld so gut wie nie außerhalb seines Ausgaberaums zirkulierte.[50] Dies gilt auch für Elektron aus Phokaia.[51] Zufall oder prominente Aktivitäten im westlichen Mittelmeerraum lassen vereinzelte Funde in Spanien und

---

44 *Van Alfen et al.*, White Gold; *Konuk*, Asia Minor; *Wartenberg*, Geburt der Münze; *Weidauer*, Probleme Elektron.
45 *Craddock, P. T./Ramage, A.*, King Croesus' Gold. Excavations at Sardis and the History of Gold Refining. (Archaeological Exploration of Sardis, Bd. 11) London 2000.
46 *Stingl*, Barren.
47 *Wartenberg*, Geburt der Münze, 40 folgt den Kalkulationen Velde, F., On the Origin of Specie. Chicago 2012, 1–36; online abrufbar: www.frbatlanta.org/-/media/Documents/news/conferences/2012/monetary-economics/papers/velde.pdf, hier 20–23.
48 *Mittag*, Griechische Numismatik, 47–49.
49 *Van Alfen/Mackil*, Cooperative Coinage.
50 Bisher einer der wenigen Hinweise auf eine Zirkulation außerhalb Ioniens/Lydiens: http://coinhoards.org/id/igch0689 (abgerufen am: 27. 02. 2019).
51 *Furtwängler*, Neufund.

Mittelitalien erklärlich werden.⁵² Während das lydische Elektrongeld verhältnismäßig gut und stabil legiert war, schwankte der Goldgehalt der meisten übrigen Stadtausgaben (bereits optisch leicht erkennbar) deutlich stärker. Die Strichprobe am sogenannten lydischen Stein mag ein Aussortieren besserhaltiger Elektronmünzen mit sich gebracht haben. Dass das Elektronsystem dennoch ein gutes Jahrhundert lang bestand, mag vielleicht auch am Gewinn des Ausmünzens („Schlagschatz") liegen. Kam in der ersten Hälfte des 6. Jahrhunderts v. Chr. etwa der Moment, an dem Lydien die durch seine hochwertigeren Münzen subventionierte Monetarisierung Ioniens und den Gewinn der Städte nicht mehr mittragen konnte oder wollte? Das Elektrongeld verschwand nun weitgehend von der wirtschaftshistorischen Bildfläche. Nur wenige Orte wie Mytilene, Phokaia⁵³ oder Kyzikos hielten an seiner Ausgabe und Verwendung fest.

Aktuelle Forschungsprojekte zum frühen Elektrongeld werden in naher Zukunft weitere Ergebnisse veröffentlichen und bestehende Hypothesen zu überprüfen helfen. Das Thema ‚die Entstehung der Münze' wird aber auch dann nicht abschließend bearbeitet sein.⁵⁴

Als es in Lydien vor der sechsten Jahrhundertmitte v. Chr. zur Umstellung von Elektron auf ein bimetallisches Münzsystem mit bis zu 14 Nominalstufen kam, etablierte sich auch im griechischen Mutterland und Süditalien bereits das Silbergeld – zunächst nicht ausgemünzt, bald jedoch in großer Formvielfalt wetteifernder Gepräge.

2 Vom Siegeszug des Silbergelds zur Bronzerevolution

Konkurrenz und Vernetzung prägten das Bild der expandierenden griechischen Welt.⁵⁵ Phokaia ist nachgerade ein Paradebeispiel, wie sich monetäre Netzwerke (hier) von Ionien aus Richtung Westen ausdehnen konnten. Dass Massalía sich unter anderem am Münzfuß von Phokaia wie auch an Formen und Darstellungen der Münzen dieser Stadt orientiert (Abb. 4.4 a–b),⁵⁶ ist umso beeindruckender, als dass diese Aneignungspraxis monetäre Phänomene überschreiten konnte, die sich zwischen Ägäis und Italien herausgebildet hatten.

---

52 *Van Alfen, P. G./Bransbourg, G.*, Until the Iron Resurfaces: The Phocaeans in the West, in: ANS Magazine, 12/3, 2013, 6–17.
53 *Bodenstedt*, Elektronmünzen.
54 www.oeaw.ac.at/en/ancient/research/documenta-antiqua/numismatik/asia-minor-and-the-birth-of-coinage/ (abgerufen am: 27. 02. 2019), dazu *Wartenberg*, Geburt der Münze.
55 *Mittag*, Griechische Numismatik, 58–95 (Archaik) und 96–163 (Klassik); *Mitchiner, M.*, Ancient Trade and Early Coinage, Bd. 1. London 2004. Ferner: *Malkin, I.*, A Small Greek World. Networks in the Ancient Mediterranean. (Greeks Overseas) Oxford 2013, zu numismatischen Quellen: 83–84.
56 *Furtwängler, A. E.*, Monnaies grecques en Gaule. Le trésor d'Auriol et le monnayage de Massalía 525/520–460 av. J.-C. (Typos: Monographien zur antiken Numismatik, Bd. 3) Fribourg 1978, 40–44.

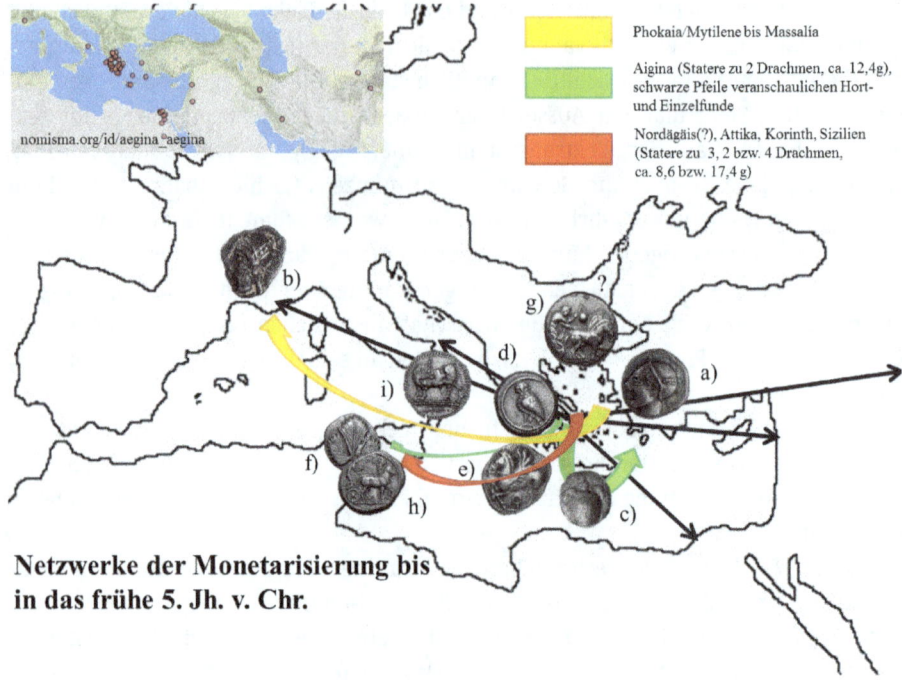

Netzwerke der Monetarisierung bis in das frühe 5. Jh. v. Chr.

Abb. 4.4: Hauptlinien des Transfers von Münzvorbildern und Edelmetall:
a) Phokaia, 1/12 Stater, ca. 530–496 v. Chr., AR 1,34 g, Vs. (http://numismatics.org/collection/1977.158.325);
b) Massalia, Hemiobol, ca. 470–460 v. Chr., AR 0,46 g, Vs. (http://numismatics.org/collection/1944.100.17533);
c) Aigina, Drachme, ca. 550–500 v. Chr., AR 5,11 g, Vs. (https://ikmk.smb.museum/object?id=18206510);
d) Athen, Didrachme, ca. 550–520 v. Chr., AR 8,48 g, Vs. (https://ikmk.smb.museum/object?id=18226291);
e) Korinth, Stater (Tridrachme), um 550 v. Chr., AR 8,23 g, Vs. (https://ikmk.smb.museum/object?id=18215030);
f) Selinous, Didrachme, ca. 530–510 v. Chr. AR 8,74 g, Vs. (https://ikmk.smb.museum/object?id=18216057);
g) Olynth oder Syrakus?, Tetradrachme, ca. 520–500 v. Chr., AR 17,44 g, Vs. (https://ikmk.smb.museum/object?id=18218530);
h) Syrakus, Tetradrachme, ca. 510–500 v. Chr., AR 17,06 g, Vs. (https://ikmk.smb.museum/object?id=18216053);
i) Sybaris, Stater, ca. 550–510 v. Chr., AR 7,82 g, Vs. (https://ikmk.smb.museum/object?id=18215968).

Innerhalb dieser Klammer der Monetarisierung waren es zuvor Aigina, Korinth, Athen und vielleicht auch schon Sybaris (Abb. 4.4 c, e, d und i),[57] die gegen Mitte des 6. Jahrhunderts v. Chr. die Idee der Münzprägung mit jeweils eigenem Münzfuß oder Nominalsystem adaptierten. Zwischen Attika, Peloponnes, Nordägäis, *Magna Graecia* und Sizilien spielte sich ein dynamisierender Siegeszug des Silbergeldes ab.[58] Bis zum Ende des 6. Jahrhunderts v. Chr. prägten bereits Dutzende *poleis* ihr eigenes Geld. Das

---

57 *Kroll/Waggoner*, Dating.
58 *Kraay*, Greek Coins; *Rowan, C.*, Coinage as Commodity and Bullion in the Western Mediterranean, ca. 550–100 BCE, in: Mediterranean Historical Review, 28/2, 2013, 105–127; *Rutter, Historia numorum*; *Sheedy*, Aegina.

Achaimenidenreich sicherte sich mit Sardeis, der in den 540er Jahren v. Chr. eroberten Hauptstadt Lydiens, die Prägestätte für die königlichen Dareiken aus Gold und *sigloi* aus Silber.[59] Außerhalb dieser Räume gelangte das Münzgeld zunächst meist nur punktuell und scheint dabei teils als Metallgeld betrachtet worden zu sein. Erst im 5. und 4. Jahrhundert v. Chr. beginnen etwa auch Etrusker, Phönizier, Karthager und vereinzelt bereits gallische Kelten mit eigenen, von den griechischen Münzen inspirierten Prägungen.

Metallvorkommen auf Siphnos, im nördlichen Ägäisraum und schließlich in Attika (Laurion) begünstigten die massenhafte Ausprägung von Münzen. Diejenigen Münzstätten, die über besonders reiche Ressourcen verfügten, beeinflussten die übrigen Prägeautoritäten. Zunächst war es Aigina[60] und ihr Münzfuß (Stater/*didrachmon* von 12,47g, Abb. 4 c), der vor allem von dorischen Gebieten in Kleinasien, den Ägäisinseln und Kreta übernommen wurde. Aiginetische Münzen gelangten bis nach Ägypten,[61] Persepolis[62] und in den Adriaraum.[63] Diese Befunde flankieren schriftliche Überlieferungen,[64] wenn auch nicht deren chronologische Verortungen.[65] Aus dem Ägäisraum gelangten Münzen Richtung Südwesten (etwa in Form der korinthischen Pegasi, sprichwörtlich umgedeuteten *poloi*, Fohlen bis Italien/Sizilien, Abb. 4 e) ihre Form wurde teils durch Überprägen direkt oder durch Nachahmung indirekt zum Vorbild der eigenen, rasch weiterentwickelten Serien.[66] Die Erforschung von Überprägungspraktiken, Gegenstempeln, gefalteten und wiederverwendeten Schrötlingen[67] sowie von Metallzusammensetzungen bleibt in Anbetracht des potentiellen Erkenntnisgewinns für die quellenarme Zeit der entstehenden Münzkultur ein Desiderat.

---

59 *Alram*, Persian Coinage.
60 *Sheedy*, Aegina.
61 Beispielsweise Demanhur: http://coinhoards.org/id/igch1637 und Zagazig http://coinhoards.org/id/igch1645 (beide abgerufen am: 27. 02. 2019).
62 *Meadows, A.*, The Apadana Foundation Deposit (IGCH 1789): Some Clarification, in: Numismatic Chronicle, 163, 2003, 342–344; zu http://coinhoards.org/id/igch1789 (abgerufen am: 27. 02. 2019).
63 *Gorini, G.*, Le monete di Egina ed Atene in Adriatico, in: *Braccesi, L.* (Hg.), I Greci in Adriatico, 1. (Hesperìa: studi sulla grecità di occidente, Bd. 15) Rom 2002, 279–289.
64 Strab. 8, 6, 16. Ferner zum Topos der Aigineten als besonders erfolgreiche Händler Hdt. 4, 152.
65 Wie beispielsweise auf dem Marmor Parium (IG XII 5,444) 895/93.
66 *Arnold-Biucchi, C./Beer-Tobey, L./Waggoner, N. M.*, A Greek Archaic Silver Hoard from Selinus, in: ANSMN, 33, 1988, 1–35 Taf. 1–15; Objektgeschichte anhand der Analyse von Überprägungen: *Garraffo, S.*, Le riconiazioni in Magna Grecia e in Sicilia. Emissioni argentee dal VI al IV secolo a. C. (Studi e materiali di archeologia greca, Bd. 2) Catania 1984; ders., Nuove riconiazioni in Magna Grecia e in Sicilia, in: *Fiorentini, G./Caltabiano, M./Calderone, A.* (Hgg.), Archeologia del Mediterraneo. Studi in onore di Ernesto de Miro. (Bibliotheca archaeologica, Bd. 35) Rom 2003, 351–361; *Westermark, U.*, An Overstrike of Akragas on Corinth, in: Schweizer Münzblätter, 35, 140, 1985, 85–87.
67 *Kroll J. H.*, Striking and Restriking on Folded Flans. Evidence from Athens, Cyzicus, Sinope, Elis, Thebes, and Aegina, in: *Caccamo Caltabiano, M. et al.* (Hgg.), XV. International Numismatic Congress, Taormina 2015. Proceedings. Rom 2017, 378–382.

Münzfuß, Nominalsystem und Schrötlingsform wurden wie im Falle Massalías häufig nach denen der Mutterstadt gewählt.[68] Vor allem chalkidische sowie korinthische Standards und Münzbilder nahmen hier besonderen Einfluss.[69] Das 5. Jahrhundert v. Chr. stand bald im Zeichen der athenischen Tetradrachme. Wirtschaftskraft, politische Macht, Handelseinfluss und deren Grenzen lassen sich anhand numismatischer Befunde analysieren. Das Athenische Imperium musste und konnte nicht durchsetzen, dass die Städte in seinem Machtbereich keine eigenen Münzen emittierten.[70] Das Beispiel zeigt jedoch bereits, dass besondere Erfolgsmodelle langfristig zur Reduktion von Vielfalt führten. Münzen wie die *glaukes* also ‚Eulen aus Athen' (Stater/*tetradrachmon* von 17,46 g) wurden zu Namensgebern und Wirtschaftsikonen. Über Metall- und Nominalwert hinaus führten der Vertrauensvorschuss und die Vorzüge im Zahlungsverkehr zu Asymmetrien. Innerhalb der konkurrierenden Nominal- und Münzfußsysteme wurde das athenische vielerorts zur Referenz.

Kleingeld für den polisinternen Gebrauch und interregional anerkannte Münzen zirkulierten parallel.[71] Mancherorts hielt sich nicht-münzliches Metallgeld, wie das zu wiegende Rohbronzegeld (*Aes rude*) in Italien, Sizilien und anderswo. Dies führte zu einer Anpassung im neuen Münzgeld. Griechen Siziliens rechneten eine *litra* (etwas über 100 g Bronze) als 1/5 Drachme. Das Wort Lira ist eine Konsequenz dieser Traditionen. Rohbronzegeld blieb im Wirtschaftssystem wichtig. Im fünften Jahrhundert wagte man in Sizilien und am Schwarzen Meer einen kühnen Schritt. Es wurden Münzen produziert, die nun als bronzenes Kreditgeld nicht wie üblich annähernd ihren Nominalwert in sich trugen, dennoch gegen entsprechende Silbermünzen eingetauscht werden konnten (z. B. drei *trias* zu vier *onkiai* gegen eine *litra*, Abb. 4.5).

Kenntlich gemacht wurde der Nennwert durch entsprechende Markierungen. Litra- und Obolsysteme koexistierten. Die frühen ‚Scheidemünzen' waren nicht nur für den täglichen Zahlungsverkehr ein revolutionäres Konzept der klassischen Zeit.[72] Dass man in Gortyn auf Kreta den Scheidemünzen gesetzlich zur Akzeptanz verhelfen musste,[73] zeigt, wie sehr diese hochentwickelten monetären Praktiken an effiziente Gemeinwesen gebunden waren.

Erfolgreiche Münzkultur war offen, also konnektiv und integrativ. So existierten prominente Gemeinwesen, die bis in die Spätklassik keine eigenen Münzen ausgaben: etwa Sparta.

---

68 *De Angelis, F.*, Archaic and Classical Greek Sicily. A Social and Economic History. (Greeks Overseas) Oxford 2016, 222–318.
69 *Fischer-Bossert*, Coinage Sicily.
70 *Von Reden*, Money, 72–79.
71 Plat. leg. 5, 742 a–b, dazu *von Reden*, Money, 66.
72 Einführung in die frühen griechischen Bronzemünzprägungen: *Price*, Greek Bronze Coinage.
73 *Von Reden*, Money, 32.

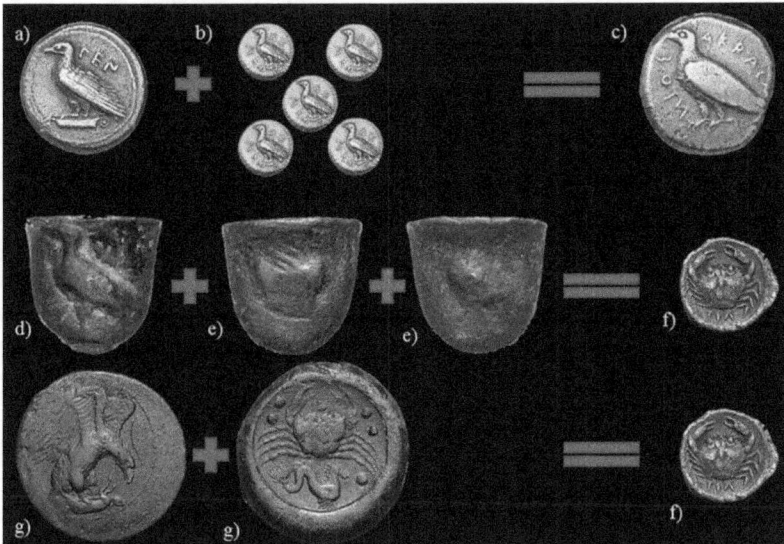

Abb. 4.5: Ein Pantalitron und fünf Litren ergeben eine Didrachme (oben). Drei Trias (zu je 4 *onkiai*) ergeben 12 *onkiai* oder eine Litra (Mitte); zwei Hemilitren (zu 6 *onkiai*) ebenfalls (unten):
a) Akragas, 5 Litren (Pentalitron), ca. 460–440 v. Chr., AR 4,07 g, Vs. (https://ikmk.smb.museum/object?id=18226931);
b) Akragas, Litra, ca. 460–450 v. Chr., AR 0,89 g, Vs. (https://ikmk.smb.museum/object?id=18226963);
c) Akragas, Didrachme, 510–483/482 v. Chr., AR 8,45 g, Vs. (https://ikmk.smb.museum/object?id=18226526);
d) Akragas, Trias, ca. 430–420 v. Chr., AE 16,85 g, Vs. (https://ikmk.smb.museum/object?id=18226521);
e) Akragas, Trias, ca. 430–420 v. Chr., AE 13,79 g, Vs. und Rs. (https://ikmk.smb.museum/object?id=18226506);
f) Akragas, Litra, ca. 471–450 v. Chr., AR 0,80 g, Rs. (https://ikmk.smb.museum/object?id=18252348);
g) Akragas, 1/2 Litra (Hemilitra), ca. 425–406 v. Chr., AE 19,39 g, Vs. und Rs. (https://ikmk.smb.museum/object?id=18225997).

3 ‚Reichsgeld' und Stadtemissionen: Der Hellenismus

Der Hellenismus war eine expansive Zeit der Münzkultur. Diese erfasste nun beschleunigt neue geographische und soziale Räume.[74] Außerhalb des persischen Anatoliens wurden Goldmünzen vor dem 4. Jahrhundert v. Chr. nur sporadisch ausgegeben. In Krisenzeiten geschah dies etwa in Athen, Akragas und in Syrakus. Dies änderte sich bald rasant und schließlich grundlegend, als Makedonien zur hegemonialen Gestalterin wurde. Mit dem Siegeszug Alexanders des Großen wurden enorme Mengen Goldes und Silbers akquiriert und nach athenischem Fuß ausgemünzt.[75] Reiche entstanden und ihre Kriege, Bautätigkeiten sowie Investitionen in die Kultur wurden mit immer wieder neuen Münzserien finanziert. Städte wurden gegründet, die wiederum ihr eige-

---

74 *Mittag*, Griechische Numismatik, 164–217; *Thonemann*, Hellenistic World, 24–88; 103–107.
75 *Thonemann*, Hellenistic World, 9–23.

nes Geld und teils auch hellenistisches ‚Reichsgeld' parallel ausgaben. Umlaufgebiet, Prägeumfang und Ausgabegeschwindigkeit nahmen im expandierenden monetarisierten Raum zu.[76]

In der Neuzeit nicht überbaut und archäologisch gut erschlossen lassen sich beispielsweise im spätklassisch-hellenistischen Priene monetäre Praktiken in einem städtischen Gemeinwesen umfänglich rekonstruieren.[77] Siedlungs- und Hortfunde wie diese werden weiter ediert/ausgewertet und lassen zunehmend Schlüsse auf das Wirtschaftsleben einer in vielen Bereichen monetarisierten Stadt zu. Einen entgegengesetzten Forschungspol stellt das Ptolemaierreich dar. Hier lässt sich vorzüglich die Makroebene der hellenistischen Münzkultur untersuchen. Ägypten, wo Steuer- und Münzgeldpraktiken gut bezeugt sind, ist für das 3. Jahrhundert v. Chr. paradigmatisch. In Priene sind die tausendfach gefundenen Bronzemünzen meistens handlich und zeugen von einem Hunger nach Kleingeld. In Ägypten konnten sie großformatiger sein. Wenn mit diesem Medium Steuern abgeführt wurden,[78] zeigt sich ein besonders hoher Monetarisierungsgrad. Schließlich begünstigten all diese Entwicklungen neue Netzwerke.[79] Anhand dieser quellenreichen Pole (Stadt, Land, Reich) zeigt sich das besondere Potential von Numismatik und Wirtschaftsgeschichte.

Nicht nur die neuen hellenistischen ‚Reichsprägungen' eroberten den Mittelmeerraum und zunehmend auch entferntere Gebiete. Zwischen Indus und Atlantik begannen auch Bevölkerungen eigenes Münzgeld auszugeben, die zuvor wenig monetarisiert waren.[80] Etruskische Städte intensivierten ihre Münzproduktion.[81] Keltische Bevölkerungen begannen Gold- und Silbermünzen zu verwenden und auch selbst zu fertigen.[82] Hierfür griff man nicht nur auf Vorbilder der Söldnerarbeitgeber des

---

76 *Meadows, A.*, The Spread of Coins in the Hellenistic World, in: *Bernholz, P./Vaubel R. (Hgg.)*, Explaining Monetary and Financial Innovation: A Historical Analysis. (Financial and Monetary Policy Studies, Bd. 39) Berlin/New York 2014, 169–194.
77 *Regling*, Priene; *Rumscheid, F.*, Die hellenistischen Wohnhäuser von Priene. Befunde, Funde und Raumfunktionen, in: *Haug, A./Steuernagel, D. (Hgg.)*, Hellenistische Häuser und ihre Funktionen. Internationale Tagung Kiel, 4. bis 6. April 2013. Bonn 2014, 143–160.
78 *Von Reden*, Money, 33–34.
79 Netzwerke: *von Reden*, Money, 79–85; *Thonemann*, Hellenistic World, 3–42;66–107.
80 *Arslan, E. A.*, Monete e circolazione monetaria in area Adriatica in età preromana, in: *Lenzi, F. (Hg.)*, Rimini e l'Adriatico nell'età delle guerre puniche. (Archeologia dell'Adriatico, Bd. 2) Bologna 2006, 33–54; *Frey-Kupper, S.*, Coins and their Use in the Punic Mediterranean. Case Studies from Carthage to Italy (Fourth to First Century BC), in: *Quinn, J./Vella, N. (Hgg.)*, The Punic Mediterranean Identities and Identification from Phoenician Settlement to Roman Rule. (British School at Rome Studies) Cambridge 2014, 76–108, hier 82–87; *Gorini*, Italia Settentrionale; *Puglisi, M.*, Distribuzione e funzione della moneta bronzea in Sicilia dalla metà del V sec. a.C. all'età ellenistica, in: *Alfaro, C. (Hg.)*, XIII. Congreso internacional de numismatica, Madrid 2003. Actas-Proceedings-Actes. Madrid 2005, 285–294; *Thonemann*, Hellenistic World, 87–107; *Visonà, P.*, More Greek Coins from Carthage and Elsewhere in Tunisia, in: Numismatic Chronicle, 176, 2016, 111–133.
81 *Rutter*, Historia numorum.
82 *Nick, M.*, Am Ende des Regenbogens... Ein Interpretationsversuch von Hortfunden mit keltischen Goldmünzen, in: *Haselgrove, C. (Hg.)*, Iron Age Coinage and Ritual Practices. (Studien zu Fundmünzen der Antike, Bd. 20) Mainz 2005, 115–155; *Nick*, Gabe; *Sills*, Gold Coinage.

hellenistischen Ostens zurück.[83] China hatte zu dieser Zeit vom Gerätegeld zu gegossenen runden Bronzemünzen gefunden.[84] In Rom und Mittelitalien begann man vom *Aes rude* zum Münzgeld zu wechseln,[85] bevor man schließlich zunehmend griechischen Vorbildern folgte und das ‚Kurantschwergeld' wieder fallen ließ. Ab ca. 211 v. Chr. emittierte die Römische Republik das silberne 10-As-Stück, dass für über vier Jahrhunderte zum maßgeblichen Leitnominal wurde. Das mittelmeerdurchdringende Zeitalter des *Denars* stand bevor[86] – doch der Weg dorthin war weit.

4 Imperiale Stadtemissionen: Rom

Rom entschied sich erst im fortgeschrittenen 4. Jahrhundert v. Chr. eigene Münzen herzustellen.[87] Dieser Prozess lässt vielfältige Rückschlüsse auf die wirtschaftliche Entwicklung,[88] soziale Praktiken[89] und politische Symbolik zu.[90] Über Jahrhunderte kam Rom weitgehend ohne eigenes gemünztes Geld aus. In Zeiten der rasanten Expansion benötigte und organisierte die Republik konnektive Emissionen – und zwar in Bezug auf Material, Münzfuß, Nominalsystem wie auch Medialität. Die ersten Münzen Roms traten (wie in den Einflussgebieten der hellenistischen Reiche lokale Emissionen neben ‚Reichsprägungen' standen) neben das Rohbronzegeld. Dennoch flankierte das gegossene Schwergeld in Gestalt rechteckiger Barren (aber auch tief gestaffelter Nominalstufen bis weit in den handlichen Bereich hinein) Roms Weg in die Münzkultur. Mit geometrischen Darstellungen versehene Bronzebarren (sog. *ramo secco*) blieben bis in das 4. Jahrhundert v. Chr. umlaufend einen entscheidenden Schritt davon entfernt, Münzgeld zu verkörpern, denn ihr Gewicht war nicht hinreichend ge-

---

83 *Arslan, E. A.*, La moneta celtica in Italia settentrionale, in: *Piana Agostinetti, P. (Hg.)*, Celti d'Italia. I Celti dell'età di la Tène a Sud delle Alpi, Atti del Convegno internazionale, Roma 16–17 dicembre 2010. (Studi etruschi, Bd. 59) Rom 2017, 429–488 Taf. 34–43; *Scheers, S.*, L'influence grecque sur les monnaies de la Gaule du 3e au 1er siècle av. J.-C., in: *Fondazione "Andrea Pautasso" per gli studi di numismatica (Hg.)*, Numismatica e archeologia del celtismo padano. Atti del Convegno internazionale. Aosta 1994, 99–115.
84 Eine erste Annäherung an das umfangreiche Material begünstigt: *Hartill*, Chinese Coins.
85 *Haeberlin, Aes Grave*; *Termeer*, Latin Colonization, 170–285; *Vecchi, I.*, Italian Cast Coinage. A Descriptive Catalogue of the Cast Bronze Coinage and Its Struck Counterparts in Ancient Italy from the 7th to 3rd Centuries BC. London 2013.
86 *Von Reden*, Money, 88; *Woytek*, Denarius.
87 *Crawford*, Republican Coinage; *Howgego*, Geld, 25–26; 65–68; 76–100; 116–127; *Wolters*, Nummi Signati, 10–13.
88 *Coffee, N.*, Gift and Gain. How Money Transformed Ancient Rome. Oxford 2017, 25–85; *Kemmers, F.*, Coin Use in the Roman Republic, in: *Haymann, F./Hollstein, W./Jehne, M. (Hgg.)*, Neue Forschungen zur Münzprägung der Römischen Republik. Beiträge zum internationalen Kolloquium im Residenzschloss Dresden 19.–21. Juni 2014. (Nomismata: historisch-numismatische Forschungen, Bd. 8) Bonn 2016, 347–372.
89 *Bernard, S.*, The Social History of Early Roman Coinage, in: JRS, 108, 2018, 1–26.
90 *Hölscher*, Repräsentationskunst.

normt.[91] Die Ausmünzung von mehrpfündigen Schwergeldstücken brachte unhandliche, aber hochwertige Münzen hervor. Die kleineren Stückelungen waren aber sehr wohl dazu tauglich, den täglichen Wirtschaftsverkehr zu bereichern.[92] Dazu zirkulierten zunehmend Silbermünzen, die aus dem griechischen Süden, dem keltischen Norditalien kamen, oder aber durch Rom selbst in Kampanien geprägt wurden. Dies geschah jedoch offenbar nicht vor dem 3. Jahrhundert v. Chr.[93] Dieses Nebeneinander verschiedener Münztraditionen begleitete den Aufstieg Roms zur entscheidenden Macht in Italien.[94] Im Verlauf des Zweiten Römisch-Punischen Kriegs schloss sich schließlich die Wende zum Münzsystem nach griechischem Vorbild ab: Silbermünzen (Reichs- und Provinzialstandard) und geprägte, bronzene Scheidemünzen verdrängten bald das Schwergeld. Der neue silberne *denarius* zu 10, ab ca. 141 v. Chr. zu 16 *asses*, war bis in das 3. Jahrhundert hinein[95] die Standardmünze des Römischen Reichs.[96] Unter Augustus wurde Gold zum regelmäßig ausgemünzten Großgeld. Der *aureus* galt 25 Denare oder 100 Sesterzen. Jeder Sesterz vier *as*. Viele Städte in der östlichen Reichshälfte gaben eigene Münzen heraus.[97] Doch dies geschah nicht kontinuierlich. Das Weiterverwenden von Bronzemünzen für den Zahlungsverkehr innerhalb der Stadt über einen Zeitraum von Jahrhunderten hinweg deutet sich in den Grabungsbefunden an. In diesem Bereich und in Bezug auf gruppenadressierte Emissionen lassen aktuelle Forschungsprojekte auf weitere gewinnbringende Ergebnisse hoffen.

Die Geldentwertung und der Zusammenbruch des Aureus-Denar-Römische-Provinzialprägungen-Systems im mittleren 3. Jahrhundert brachte eine gewandelte Herangehensweise an das Münzgeld und sukzessiv neue Nominale sowie eine komplexere Prägeorganisation mit sich.

5 Die Münzkulturen am Ende der Antike

Die Diokletianische Münzreform beendete die autonomen Provinzialprägungen und läutet für die Forschung die numismatische Spätantike ein. Als Zähleinheit blieb der

---

91 *Kemmers* F./*Murgan,* A., Temples, Hoards and Pre(?)monetary Practices – Case Studies from Mainland Italy and Sicily in the 1st Millennium B.C., in: *Baitinger, H.* (Hg.), Materielle Kultur und Identität im Spannungsfeld zwischen mediterraner Welt und Mitteleuropa. (RGZM-Tagungen, Bd. 27) Darmstadt 2016, 277–290, hier, 277–278.
92 *Burnett,* Early Roman Coinage, 302–305; *Crawford, M. H.,* Coinage and Money under the Roman Republic. (Library of Numismatics) London 1985, 39–47.
93 *Burnett, A. M./Molinari, M. C.,* The Capitoline Hoard and the Circulation of Silver Coins in Central and Northern Italy in the Third Century BC, in: *van Alfen, P. G./Bransbourg, G./Amandry, M.* (Hgg.), FIDES. Contributions to Numismatics in Honor of Richard B. Witschonke. New York 2015, 21–119, Taf. 1–6.
94 *Termeer,* Latin Colonization, 170–285.
95 *Howgego,* Geld, 130–140.
96 *Rowan,* Coins as Sources; *Woytek,* Denarius; *Yarrow,* Republic.
97 Gesammelt in den teils online publizierten bisherigen zwölf von geplanten 14 Bänden „Roman Provincial Coinage". Es liegen bisher die Teile I–IV, VII und IX vor (RPC, https://rpc.ashmus.ox.ac.uk/).

Denar bestehen – und erfuhr später in Europa eine Renaissance. Über die Inflationen des 3. und 4. Jahrhunderts hinweg blieb Gold bald in Form des *solidus* die entscheidende Münze für größere Zahlungen. Der Gebrauch des alltäglichen Geldes blieb lokal heterogen. Zwischen Stadt und Land erhielt sich wie auch zwischen dem Westen und Osten des Reiches eine große Bandbreite an Praktiken. Dezentralisierte Reichsprägungen, solide Goldnominale und eine monetarisierte Fiskalpolitik verweisen auf ein effizientes Administrieren des zunehmend defensiven Spätroms/Byzanz'.[98] Münzfunde indizieren eine weitere Monetarisierungswelle.[99] Von den Alpen bis nach Skandinavien, von den Britischen Inseln bis in den Osten Europas häufen sich nun Funde römischer, sasanidischer und lokaler imitierender Münzen.[100] Die Nachfolgestaaten des Römischen Reichs übernahmen oftmals vor allem die Edelmetallprägungen, passten sie aber ihren monetären Bedürfnissen an. Traditionen, die bis in die hellenistische Zeit keltischer Münzprägungen verwurzelt sind, werden nicht nur stilistisch wieder sichtbar, sondern auch im Münzgebrauch. Das Partherreich und angrenzende Gebiete waren seit dem Hellenismus von der Münzkultur erfasst. Die Traditionen der islamischen Reiche schlossen wiederum an diesen Münzgeldgebrauch an. Am Ende der Antike hat sich in vielen Teilen des ehemaligen Römischen Reichs eine Abkehr von der Lebensform *polis* und ein Wandel der Münzkultur ereignet: Münzregal – Goldabfluss – Ikonoklasmus und Handelsdenar zählen zu den großen Themen am Beginn der Nachantike.

V Strukturen – Funktionen – Praktiken: *longue durée* und Dynamik in der Numismatik

Nach den diachronen Beobachtungen zum Quellenmaterial können nun Voraussetzungen und Konsequenzen sowie Kontinuitäten und Wandel der Münzgeldfunktionen beschrieben werden.

1 Voraussetzungen der Münzkulturen

Münzgeld war in der Antike nur, was zumindest zu bestimmten Momenten seiner Objektgeschichte die Geldfunktionen erfüllte. Ansonsten spricht man von Marken,

---

[98] Monetäre Praktiken konstantinischer Zeit: *Wienand, J.*, Der Kaiser als Sieger. Metamorphosen triumphaler Herrschaft unter Constantin I. (Klio Beihefte, Bd. 19) Berlin 2012, 43–86.
[99] Beispielsweise *Chameroy, J.*, Münzhort des ausgehenden 4. Jh. im Vicus von Mayen (Lkr. Mayen-Koblenz), in: Jahrbuch des RGZM, 59, 2012, 545–607; *Wigg-Wolf, D./Voß, H.-U.*, Romans and Roman Finds in the Central European Barbaricum. A New View on Romano-Germanic Relations?, in: *González Sánchez, S./Guglielmi, A. (Hgg.)*, Romans and Barbarians Beyond the Frontiers: Archaeology, Ideology and Identities in the North. (TRAC: Themes in Roman Archaeology, Bd. 1) Oxford 2017, 105–124.
[100] *Biermann, F.*, Byzantine Coin Finds from the 6th to the 8th Century between Elbe and Oder and their Meaning for Settlement History, in: *M. Wołoszyn (Hg.)*, Byzantine Coins in Central Europe between the 5th and 10th Century. (Moravia magna, Bd. 3) Kraków 2009, 531–544.

Medaillons oder eben Barren und Gewichten. Diese Objekttypen können in Münzkulturen optisch an Münzgeld angelehnt sein. Die Übergänge sind bisweilen fließend, da auch beispielsweise ein Kontorniat (protomedaillenartiges spätantikes Medaillon mit namensgebendem breiten Rand[-stab]) in gewissen Räumen und Zeiten als Münze aufgefasst worden sein mag. Dies kann sogar für Nagelköpfe und weitere Metallscheiben zutreffen. Umgekehrt waren in weitgehend monetarisierten Kontexten alte oder aus dem Verkehr gezogene Münzen ihren Geldfunktionen entzogen. Es lässt sich beobachten, wie im Laufe der Zeit und an unterschiedlichen Orten Akzente und Deutungen frei verschiebbar waren.

Metallbesitz ist eine Voraussetzung zur Herstellung von Münzen. Fragen nach der Metallversorgung geraten zunehmend in das Blickfeld der Forschung. Das historische Basiswissen über die Herkunft des Metalls kann anhand von Metallanalysen systematisch hinterfragt und ausdifferenziert werden: Während der rasanten Ausbreitung der Münzgeldkulturen waren es bereits verschiedene Orte rund um die Ägäis, die das meiste Silber und Gold lieferten. Mit dem Aufkommen der Bronzemünzen wurden auch Zinnvorkommen für die Münzgeldwirtschaft wichtig. Gerade die bisher wenig erforschte Herkunft der Kupferlegierungen wird zurzeit analysiert.[101] Das hellenistische Edelmetall der Reichsprägungen wurde gerade durch Zuströme aus den reichen Ressourcen des ehemaligen Achaimenidenreichs ermöglicht. Gold wurde zunehmend bedeutend und gelangte auch (oftmals über Karthago) aus Nordafrika in die Münzgeldkreisläufe. Mit der wachsenden Hegemonie Roms im westlichen Mittelmeerraum gelangte spanisches Silber verstärkt in den breiten Pool immer wieder verwendeten Edelmetalls der Münzkulturen. Keltisches Gold mischte sich mit importierten, platinhaltigeren Stateren der hellenistischen Reiche, blieb aber neben neuen Quellen, wie etwa Dakien, weiter von Bedeutung. Die Ausmünzung des Metalls geschah nur teilweise (etwa im Athen des 5. Jahrhunderts v. Chr.) in der Nähe der ausgebeuteten Vorkommen.

In der griechisch-römischen Welt war der Gebrauch von Münzen vorwiegend an die Entwicklung von Handel und urbanen Strukturen gebunden. Die Existenz mobiler Münzstätten mahnt dabei zur interpretatorischen Vorsicht. Umgekehrt wären Städte ohne Münzgebrauch eine Überraschung.[102] Nicht immer waren politische Gravitationszentren die quantitativ entscheidenden Ausgabestätten des Münzgelds (z. B. Aigina mit der in Münzfuß und -fabrik für verschiedene Gemeinwesen vorbildlichen Prägung). In der frühen Kaiserzeit prägte Rom sein Reichsgeld aus Edelmetall in Gallien (Lugdunum). Seit der zweiten Hälfte des 1. Jahrhunderts n. Chr. erfolgte dies dann wieder in Rom. Im Osten des Mittelmeerraums war die Situation auch in der Kaiserzeit komplexer. Eine Reihe von Städten prägten neben Bronzemünzen ihren hellenistischen Traditionen folgend eigene, meist geringhaltige Silbermünzen. Eine zunehmend institutionalisierte Dezentralisierung fand im 3. Jahrhundert n. Chr. statt. Neue Münzstätten entstanden oft in der Nähe militärischer Brandherde.

---

101 Siehe Anm. 29 zu den Arbeiten in Frankfurt a. M.
102 *Von Reden*, Money, 64.

2 Messen und Benennen: Wert und Abstraktion

Bezeichnungen von Münzen leiten sich besonders am Beginn von Monetarisierungsprozessen vom Material und von Zähl- oder Gewichtseinheiten ab. Die Drachme, ‚eine Hand voll' (sechs) *oboloi*, erinnerte noch lange an den Waren- und Metallwert sowie an rituelle Konnotationen dieser Objekte (*oboloi*, Spieße). Daneben existiert der normative Ansatz (etwa „Brauch, Sitte, Gesetz",[103] *nomos*) und regelrechte Spitznamen (so die ‚Bogenschützen'). Die Begriffe *nomos* oder *stater* sind oftmals Hilfslösungen, um für eine quellenarme Zeit die jeweiligen Einheitsmünzen zu benennen: das (gesetzmäßig) Gültige, das, was (allgemeinbekanntes Pragmatisches) wiegt. Was terminologisch zu Beginn schwierig zu greifen ist, wird später klarer fassbar. Editionen zu Löhnen, Preisen und Werten bieten reichhaltiges Material für die Erforschung der antiken Wirtschaft.[104] Ihre Auswertung lässt Numismatik und Wirtschaftsgeschichte verschmelzen.

Gewichte bleiben als Wert- und Münzbezeichnung durch die gesamte Antike von Bedeutung. Die *litra* (*libra*) wurde als Bronzegewichtseinheit nur zeitweise zum handlichen Silberäquivalent. In Mittelitalien waren *as* und *nummus* lokal divergierende Standardbronzeeinheiten (Abb. 4.2 d–e). Der *as* wurde in Rom zunächst libral ausgemünzt und sank später zur Bronzescheidemünze herab. Der ‚Zehner' (*as*) wurde als Denar bekannt und der ‚zwei-und-halbe[-*as*]' als Sesterz. In der Spätantike hielten sich neutralere Begriffe wie *nummus* und traten neben normative Bezeichnungen, wie *solidus*. In den Quellen können anachronistische Bildungssprache – aber auch pragmatisches Benennen – beobachtet werden. Hier muss Textkritik ansetzen, um hinter den Vorhang aus Schreibhabitūs zu blicken. Entscheidend ist, dass Benennen und Messen als kulturelle Praxis immer auch historisch-politische Aussagen und Wertungen transportiert. Geläufige Sorten, wie die ‚Fohlen aus Korinth' und die ‚Eulen aus Athen', prägen das monetarisierte Denken nicht nur, sondern lassen auf den Grad der Monetarisierung von Gemeinwesen schließen: Denken die Menschen in Gewichten bestimmter Produkte/Materialien oder aber in Münznominalen? Neben *chremata* traten *oboloi*, *drachmai*, schließlich *nomoi*. Neben *pecunia* etablierten sich *aes*, *denarius*, *aureus* und wertender: *solidus*.[105] Wertzeichen lassen Zahl/Stück vor das Metonymische treten. So in Sizilien, Etrurien und Rom oder durch die Reformmünzen seit Anastasius. Immer muss aber gefragt werden, ob dabei ein hoher Grad an Monetarisierung vorlag oder mithilfe dieser Maßnahmen angestrebt wurde.

3 Handel und Bezahlung: Gemeinwesen und individueller Alltag

Aufstrebender Handel, wachsende Mobilität, steigende Investitionen der Gemeinwesen und die Monetarisierung der Gesellschaften begünstigen einander. Vor diesem

---

103 *Von Reden*, Money, 35. Zu Übersetzung und Einordnung: *Mittag*, Griechische Numismatik, 16.
104 *Von Reden*, Money, 125–137.
105 *Von Reden*, Money, 6–8.

Eindruck ist die Entwicklung hin zur Münzkultur als ein bedeutender Impuls der Menschheitsgeschichte zu werten. Dies erklärt zugleich, warum antike Autoren wie Herodot oder Plinius der Ältere Geldfunktionen thematisieren,[106] wenn sie die Entstehung des Münzwesens hinterfragen. Wertunterschiede im Fernhandelswarenaustausch ließen sich mit Münzen nicht nur effizient abfedern. Die Münzen selbst wurden zu Exportschlagern. Doch ist vor simplifizierenden Deutungen zu warnen. Monetäre Praktiken haben sich nicht gleichmäßig entwickelt. Vielfältige Münzkulturen entstanden. Ihre Vernetzung war oftmals ein wichtigerer Faktor der Monetarisierung als der Entwicklungsstand von Handel und öffentlicher Fiskal-/Verwaltungspraxis.[107] Gleichwohl zeigt sich das Potential der Münzen als wirtschaftshistorische Quellengruppe gerade im Feld von Handel und Bezahlung.[108]

Fernhandel/Großzahlungen sind die eine, Münzgeld im alltäglichen Zahlungsverkehr die andere Seite der Monetarisierung. Die Versorgung der Bevölkerung mit Münzgeld war mancherorts die Triebfeder des Münzausstoßes. Oft ging es um anlassbezogene Zahlungen. Große Schübe leisteten oftmals Kriege und Reichs-/Stadtgründungen. Diese wiederum wurden auch durch das zur Verfügung stehende Münzmetall finanzierbar. Athen im 5. Jahrhundert v. Chr., die Kriege Alexanders des Großen, das Hegemonieringen Roms ab dem späten 3. Jahrhundert v. Chr. ließen gewaltige Mengen an Münzgeld in den Umlauf gelangen. Die ausgestoßene Geldmenge kann mithilfe hypothetischer Annahmen berechnet werden.[109] Die Anzahl der existierenden Stempel bestimmter Typen lässt sich oftmals rekonstruieren. Das Hilfskonstrukt der Annahme, aus einem Stempel mögen durchschnittlich 10.000–20.000 Münzen geschlagen worden sein, erlaubt somit vorsichtige Kalkulationen zu Prägevolumina. Münzwirtschaft war an die Entwicklung der Preise, vor allem aber an die Verfügbarkeit von Münzgeld gebunden. Die Fundnumismatik beobachtet immer wieder einen Mangel an Kleingeld. Man ließ fremde Münzen im Umlauf, importierte sie gar von Fern und Nah. Sie wurden oftmals mit Gegenstempeln versehen und so teils in ihrem Umlauf begünstigt.[110] Das Überprägen, Imitieren und Absorbieren ferngeprägter Münzen lässt sich bis in die Spätantike immer wieder belegen. Bisher fehlende Forschungen (etwa

---

106 Hdt. 1, 94. Dazu: *Rutter, N. K.*, Herodotus I. 94. 1 and the "First Finders" of Coinage, in: *Ministero per i beni culturali e ambientali (Hg.)*, Studi per Laura Breglia. Bd. 1: Generalia – Numismatica Greca (= Bollettino di numismatica / Supplemento al n. 4.). Roma 1987, 59–62. Vgl. Anm. 4.
107 *Kritzinger, P.*, Das römische Steuersystem in der Kaiserzeit: Überlegungen zur Begrifflichkeit und zum Einzug, in: *Günther, S. et al. (Hgg.)*, Marburger Beiträge zur Antiken Handels-, Wirtschafts- und Sozialgeschichte 36, 2018. Rahden Westf. 2019, 89–143.
108 *Von Reden*, Money, 26 rezipiert *Howgego*, Geld: Bezahlungen zwischen Gemeinwesen, gegenüber der Armee, die Entrichtung von Strafen, Städtische Zahlungen (etwa für Feste und Spiele), Administration – all dies wurde typischerweise mit Münzen bezahlt.
109 *Meadows, A.*, The Spread of Coins in the Hellenistic World, in: *Bernholz, P./Vaubel R. (Hgg.)*, Explaining Monetary and Financial Innovation: A Historical Analysis. (Financial and Monetary Policy Studies, Bd. 39) Berlin/New York 2014, 169–194; *von Reden*, Money, 88.
110 *Chameroy, J.*, Manipulating Late Hellenistic Coinage. Some Overstrikes and Countermarks on Bronze Coins of Pergamum, in: Chiron, 46, 2016, 85–118.

zu Bronzeemissionen und Peripherien) werden besonders auf diesen Gebieten wichtige Beiträge leisten können.

4 Speichern und Bewahren: vom Geld zur Quelle

Die Objekte selbst sind es, die neben Texten, Aufschluss zu den antiken Praktiken geben. Jedoch handelt es sich ausschließlich um Münzgeldmengen, die aus verschiedenen Gründen nicht wieder in den Umlauf gerieten (oder eingeschmolzen wurden), also bewusst oder unbewusst verborgen blieben. Münzhortanalysen lassen tiefgreifende Rückschlüsse auf die Wirtschaftsgeschichte zu, haben aber methodische Grenzen.[111] Der Bedarf an Münzgeld, aber auch die inflationsbedingte Thesaurierung zeigen, dass zwischen Münz- und Metallhort nicht immer klar zu unterscheiden ist.[112] Münzen konnten aus dem Umlauf geraten und nur noch als Metall angesehen werden, aber auch reaktiviert werden. Die Vorstellung, dass gerade in Krisenzeiten Horte deponiert wurden, greift in Anbetracht individueller Handlungsspielräume und mikrohistorischer Praktiken zu kurz. Gleichwohl lässt sich für solche Phasen (mit hoher Zirkelschlussgefahr) oft ein Anstieg der Funde beobachten. Dies führt wiederum zu Schwerpunkten in der Forschung, was die Häufung von entsprechenden Funden miterklären kann: man findet, wo man sucht. Bei der Betrachtung des aktuellen Stands der Hortfund- und Fundmünzenerfassung fällt vor allem auf, wo und wann Mittel zur Bearbeitung und Publikation der Funde zur Verfügung gestellt wurden. Repräsentativität der Funde ist immer zu hinterfragen. Als besonders schwierig erweist es sich oftmals, die Umlaufzeit von Münzen zur Datierung von Fundkomplexen zu Grunde zu legen. Die Schlussmünze muss nicht zwingend nahe am Niederlegungs- oder Verlustzeitpunkt geprägt worden sein. Umso mehr Fundkomplexe publiziert und weiter ausgewertet sind, umso geschlossener und aussagekräftiger wird das Gesamtbild. Fundmünzenportale wie das Portable Antiquities Scheme oder ICGH-online stellen vielleicht den Beginn von einem bald zur Normalität gehörenden Umgang mit Funden dar. Internationale Kooperationen und die Realitäten des 21. Jahrhunderts berücksichtigende Gesetzgebungen sowie die Übernahme der Verantwortung für die Publikation des überlieferten Materials stellen große Herausforderungen für die öffentliche Hand dar. Ob offiziell organisiert, illegal oder geduldet, täglich werden Funde gezeigt, die den unterfinanzierten archäologischen Arbeiten zuvor kommen. Viele Informationen gehen dabei verloren, andere werden jedoch so erst zugänglich.

---

111 Überblickdarstellung zu Fundmünzennumismatik bieten: *Barello*, Moneta, 133–153; *Thüry, G.*, Die antike Münze als Fundgegenstand. Kategorien numismatischer Funde und ihre Interpretation. (Archaeopress Archaeology) Oxford 2016.
112 *Kemmers F./Murgan, A.*, Temples, Hoards and Pre(?)monetary Practices – Case Studies from Mainland Italy and Sicily in the 1st Millennium B.C., in: *Baitinger, H. (Hg.)*, Materielle Kultur und Identität im Spannungsfeld zwischen mediterraner Welt und Mitteleuropa. (RGZM-Tagungen, Bd. 27) Darmstadt 2016, 277–290.

5 Mediencharakter und Eigensinn

Münzen bewegten sich in der Antike auf einem meist recht freien Markt. Bis auf wenige Ausnahmen konnten sie durch ihre bloße Materialität Akzeptanz und Marktzugang gewinnen oder erfolglos sein. Die Herausforderungen hierfür sind zum einen, durch die Ausgabe Vorteile oder Gewinn zu garantieren und dennoch als vollwertig angesehen zu zirkulieren. Zweitens mussten die Münzen Vertrauen generieren: in ihre Fälschungssicherheit und in die Konstanz ihrer Ausgabe (bleibende Qualität des Metalls und konstantes Gewicht, *al marco* oder *al pezzo*). Da die Herstellungskosten qualitativ hochwertiger Münzen größer waren als die flüchtiger Gepräge, sind Erstere auch ein Zeichen von Zeiten der Konkurrenz zwischen Ausgabeorten und zu Fälschungen. Münzen besaßen durch ihre Medialität überdies Bedeutung jenseits der Geldfunktionen. Sie konnten Emotionen wecken, gar als schön gelten. Besonders privilegierte Stempelschneider konnten im 5. Jahrhundert v. Chr. sogar individuell hervortreten (Abb. 4.3 c–d).[113] In einer Zeit, die vergleichsweise arm an Massenmedien war, sind Münzen Trägerinnen von vielschichtiger Massenkommunikation.[114] Bei scheinbar unpolitischer Schönheit ist also immer auch von einer weiteren Kommunikationsebene, von historischen Aussagen auszugehen, die sich mit den wirtschaftlichen Aspekten überlagern, teils gegenseitig bedingen. Die Materialität und Medialität der Münze ist nicht zuletzt ihr wirtschaftshistorisches Erfolgsrezept.

Studien zu den Zielgruppen[115] bestimmter Münzen (beispielsweise Gold vs. Bronze) und ihrer Bilder sind ein weiteres gewinnbringendes Forschungsgebiet. Nicht nur die genialen Werke der signierenden Stempelschneider, sondern jede einzelne Emission und jeder einzelne Stempel bekommt hierdurch Relevanz für kultur- wie auch wirtschaftsgeschichtliche Fragestellungen.

Münzen zeigen Götter und religiöse Symbole, sind Trägerinnen und Stützen religiös legitimierter Herrschaft. Dabei bewegt sich ihr Mediencharakter immer zwischen dem Vorder- und Hintergründigen, dem Hier und Jetzt, einem nominalen Alltag und dem Langfristigen, dem Jenseitigen, wie auch weit entfernten Orten und Zielen, metaphysischem Symbolismus und Visionen. Sie waren immer mehr als Geld. Der individuelle Umgang mit den Objekten unterstreicht diese Qualität.[116] Der wirtschaftliche Erfolg von bestimmten Münzen basiert auf mehr als auf der Verfügbarkeit von Münzgeld sowie

---

113 *Berthold/Weisser*, Künstler.
114 *Kurke, L.*, Coins, Bodies, Games, and Gold. The Politics of Meaning in Archaic Greece. Princeton 1999; *Skinner, J.*, Fish Heads and Mussel-Shells: Visualizing Greek Identity, in: *Foxhall, L./Gehrke, H.-J./Luraghi, N. (Hgg.)*, Intentional History. Spinning Time in Ancient Greece. (Alte Geschichte) Stuttgart 2010, 137–160; *Thonemann*, Hellenistic World.
115 *Kemmers, F.*, Not at Random. Evidence for a Regionalised Coin Supply?, in: *Bruhn, J./Croxford, B./Grigoropoulos, D. (Hgg.)*, TRAC 2004: Proceedings of the Fourteenth Annual Theoretical Roman Archaeology Conference, Durham 2004. Oxford 2005, 39–49; *Kemmers*, Legion.
116 Reichhaltiges Material bieten: *Burström, N. M./Ingvardson, G. T. (Hgg.)*, Divina moneta. Coins in Religion and Ritual. (Religion and Money in the Middle Ages, Bd. 2) London 2018.

seinem Transport durch Kriegszüge und Handelspolitik. Münzbilder sind intentional. Sie konnten inkludieren und zugleich ausschließen. Sie weckten Emotionen wie das Begehren, sich des Mediums zu bedienen, es sich anzueignen und zu betrachten.[117] Dies kann vom keltischen Norden bis hin zum aithiopischen Süden, von Indien bis nach Germanien beobachtet werden. Aneignungspraktiken geschahen nicht überall gleichmäßig oder linear. Nach Generationen von Umbildungen innerhalb des Münzbilddiskurses konnten Gepräge erneut radikal ursprünglich wirken (etwa Abb. 4.3 e–f).

Die Bedeutung des Münzgelds abseits der zentralen Geldfunktionen hat auf Praktiken verwiesen, die einen gewissen Eigensinn voraussetzen. Das bewusst nicht etwa blinde Befolgen von Normen, Vorgaben sowie Vorbildern und dabei dennoch keine offensive Ablehnung zu zeigen, prägt auch die Münzkultur. Umbildungen im Münzbilddiskurs sind nur so verständlich. Immer noch zu wenig erforscht sind Schmuckmünzen, Graffiti, Erasionen (das Tilgen von Kaiserköpfen etwa). Münzen in religiösen Kontexten zeigen, dass die Thesen um einen sakralen Hintergrund der ‚Idee Münze' nicht vorschnell beiseitegeschoben werden dürfen. Sind nicht *Iuno Moneta* und ihr Tempel untrennbar mit dem Emittieren von Geld verbunden (Abb. 4.2 f)? Eingangs wurde festgehalten, dass der Wert der Münzen immer virtuell ist. Die Konventionalität der Wertzuschreibungen des Münzgelds zeigt sich einmal mehr, wenn mit ihnen der Fährmann bezahlt wird.

VI Ausblick

Die Numismatik kann auf mehr als ein halbes Jahrtausend an Forschungstraditionen zurückblicken. Immer war dabei die Geschichte der antiken Wirtschaft ein zentrales Bearbeitungsfeld. Die Objekte selbst, ihre Fundkontexte, das Wissen über Ausgabe, Zirkulation, Münzfuß, und begleitende kulturelle Praktiken machen Münzen zu zentralen Quellen der Wirtschaftsgeschichte. Die Zunahme von Qualität sowie Quantität der Quellenerfassung und -auswertung hat in den letzten Jahrzehnten (etwa durch neue archäologische und historische Befunde, auswertende Einzel- und Überblicksdarstellungen sowie die Digitalisierung) das Potential des Materials für die Forschung stetig zunehmen lassen. Hinzu kommen intensivierte internationale Kooperationen. Problematische Entwicklungen (das Aufkommen von Metalldetektoren, illegaler Kunsthandel, Raubgrabungen) führen vonseiten des Gesetzgebers, des Handels, wie auch der Sammlungen zu erhöhter Sensibilität, Provenienzforschung auszubauen. Nachhaltiger Kulturgüterschutz benötigt Ehrlichkeit, Transparenz, Aufklärung und tragfähig-faire Kompromisse. Öffentliche Projekte zur Bündelung der Anstrengungen, zu reglementieren und zu entkriminalisieren, können in Zukunft dazu beitragen, die Qualität der Objektmetadaten also den wirtschaftsgeschichtlichen Quellenwert der Numisma-

---

[117] *Von Reden*, Money, 55–63.

tik weiter zu erhöhen und zugleich das Material in größerem Umfang nutzbar zu machen. Anlaufende Projekte zur automatisierten und selbstlernenden digitalen Bilderkennung und damit perspektivisch zur Unterstützung von Typenbestimmungen großer Objektmengen lassen mit Spannung auf die nähere und weitere Zukunft der Numismatik blicken.

Diverse inhaltliche Schlüsselfragen sind dabei nicht abschließend geklärt. Neue Forschungen zeitigen immer auch neue Desiderate. Den Informationsgehalt eines jeden einzelnen numismatischen Objekts und (Parallel-)Befunds sowie die sich weiter ausdifferenzierenden wirtschaftsgeschichtlichen Ansätze, Fragestellungen und Methoden möglichst nachhaltig zu kombinieren, ist eine anspruchsvolle – noch mehr aber eine vielversprechende Herausforderung.

Bibliographie

Van Alfen, P. G./Mackil, E., Cooperative Coinage, in: *van Alfen, P. G. (Hg.)*, Agoranomia: Studies in Money and Exchange Presented to John H. Kroll. New York 2006, 201–246.

Van Alfen, P. et al. (Hgg.), White Gold: Studies in Early Electrum Coinage. Jerusalem/New York 2020.

Alram, M., The Coinage of the Persian Empire, in: *Metcalf, W. E. (Hg.)*, The Oxford Handbook of Greek and Roman Coinage. Oxford 2012, 61–87.

Barello, F., Archeologia della moneta. Produzione e utilizzo nell'antichità. (Università, Bd. 704) Rom 2014 [2006].

Berthold, A./Weisser, B., Athen und Syrakus. Wirtschaftliches Denken und geniale Künstler, in: *Völlnagel, J./Wullen, M. (Hgg.)*, Unsterblich! Der Kult des Künstlers. Berlin 2008 [hier 1–6, Sonderdruck].

Bodenstedt, F., Die Elektronmünzen von Phokaia und Mytilene. Tübingen 1981.

Burnett, A. M., Early Roman Coinage and Its Italian Context, in: *Metcalf, W. E. (Hg.)*, The Oxford Handbook of Greek and Roman Coinage. New York/Oxford 2012, 297–314.

Cahill, N./Kroll, J. H., New Archaic Coin Finds at Sardis, in: AJA 109, 2005, 589–617.

Crawford, M. H., Roman Republican Coinage. 2 Bde. 10. Aufl. Cambridge 2014 [1974].

Fischer-Bossert, W., The Coinage of Sicily, in: *Metcalf, W. E. (Hg.)*, The Oxford Handbook of Greek and Roman Coinage. Oxford 2012, 142–156.

Gorini, G., La presenza greca in Italia Settentrionale: La documentazione numismatica, in: *Chaves Tristán, F. (Hg.)*, Griegos en Occidente. Sevilla 1992, 91–114.

Haeberlin, E. J., Aes Grave. Das Schwergeld Roms und Mittelitaliens einschließlich der ihm vorausgehenden Rohbronzewährung. Frankfurt a. M. 1910.

Hartill, D., Cast Chinese Coins: A Historical Catalogue. Victoria 2005.

Howgego, Ch. J., Geld in der antiken Welt. Was Münzen über Geschichte verraten. Darmstadt 2000.

Hölscher, T., Die Bedeutung der Münzen für das Verständnis der politischen Repräsentationskunst der späten römischen Republik, in: *Hackens, T. (Hg.)*, Proceedings of the 9th International Congress of Numismatics I. Numismatique antique. Louvain 1982, 269–282.

Kemmers, F., Coins for a Legion. An Analysis of the Coin Finds from the Augustan Legionary Fortress and Flavian *canabae legionis* at Nijmegen. (Studien zu Fundmünzen der Antike, Bd. 21) Mainz 2006.

Konuk, K., Asia Minor to the Ionian Revolt, in: *Metcalf, W. E. (Hg.)*, The Oxford Handbook of Greek and Roman Coinage. Oxford 2012, 43–60.

Kraay, C. M., Archaic and Classical Greek Coins. New York 1976.

Kroll, J. H., The Monetary Background of Early Coinage, in: *Metcalf, W. E. (Hg.)*, The Oxford Handbook of Greek and Roman Coinage. Oxford 2012, 33–42.

Kroll, J. H./Waggoner, N. M., Dating the Earliest Coins of Athens, Corinth and Aegina, in: AJA, 88/3, 1984, 325–340.
Laum, B., Heiliges Geld. Eine historische Untersuchung über den sakralen Ursprung des Geldes. Berlin 2006 [zuerst erschienen in Tübingen 1924].
Le Rider, G., La naissance de la monnaie. Pratiques monétaires de l'Orient ancien. (Histoires) Paris 2001.
Melville Jones, J. R., Testimonia Numaria. Greek and Latin Texts Concerning Ancient Greek Coinage. Bd. 1: Texts and Translations. London 1993.
Melville Jones, J. R., Testimonia Numaria. Greek and Latin Texts Concerning Ancient Greek Coinage. Bd. 2: Addenda and Commentary. London 2007.
Mittag, P. F., Griechische Numismatik. Eine Einführung. (Alte Geschichte Forschung) Heidelberg 2016.
Nick, M., Gabe, Opfer, Zahlungsmittel. Strukturen keltischen Münzgebrauchs im westlichen Mitteleuropa. Bd. 1: Text und Karten. (Freiburger Beiträge zur Archäologie und Geschichte des ersten Jahrtausends, Bd. 12) Rahden/Westf. 2006.
Nicolet-Pierre, H., Numismatique grecque. (Collection U. Histoire: Les outils de l'histoire) Paris 2002.
Price, M. J., Early Greek Bronze Coinage, in: *Jenkins, G. K./Kraay, C. M. (Hgg.)*, Essays in Greek Coinage. Presented to Stanley Robinson. Oxford 1968, 90–104.
Price, M./Waggoner, N., Archaic Greek Coinage. The Asyut Hoard. London 1975.
Von Reden, S., Money in Classical Antiquity. (Key Themes in Ancient History) Cambridge 2010.
Regling, K., Die Münzen von Priene. Berlin 1927.
Rowan, C., From Caesar to Augustus (c. 49 BC–AD 14). Using Coins as Sources. (Guides to the Coinage of the Ancient World) Cambridge 2018.
Rutter, N. K., Historia numorum: Italy. London 2001.
Sheedy, K. A., Aegina, the Cyclades, and Crete, in: *Metcalf, W. E. (Hg.)*, The Oxford Handbook of Greek and Roman Coinage. Oxford 2012, 105–127.
Sills, J., Gaulish and Early British Gold Coinage. London 2003.
Stahl, A. M., The Transformation of the West, in: *Metcalf, W. E. (Hg.)*, The Oxford Handbook of Greek and Roman Coinage. Oxford 2012, 633–654.
Stingl, T., Barren oder Münzen? Überlegungen zum Beginn der Elektronprägung in Westkleinasien, in: ROREAS, 23/24, 2000/2001, 35–52 Taf. 1–3.
Termeer, M. K., Latin Colonization in Italy before the End of the Second Punic War. Colonial Communities and Cultural Change. Diss. phil. Groningen 2015.
Thonemann, P., The Hellenistic World. Using Coins as Sources. (Guides to the Coinage of the Ancient World) Cambridge 2015.
Wartenberg, U., Die Geburt der Münze: Elektron als Geldmittel. Neue Wege der Forschung, in: Mitteilungen der Österreichischen Numismatischen Gesellschaft, 56/1, 2016, 30–49.
Weidauer, L., Probleme der frühen Elektronprägung. (Typos, Bd. 1) Fribourg 1975.
Wolters, R., Nummi Signati. Untersuchungen zur römischen Münzprägung und Geldwirtschaft. (Vestigia, Bd. 49) München 1999.
Woytek, B. E., The Denarius Coinage of the Roman Republic, in: *Metcalf, W. E. (Hg.)*, The Oxford Handbook of Greek and Roman Coinage. Oxford 2012, 315–334.
Yarrow, L. M., The Roman Republic to 49 BCE. Using Coins as Sources. (Guides to the Coinage of the Ancient World) Cambridge et al. 2021.

Andreas Victor Walser
5 Epigraphik und Wirtschaftsgeschichte

I Einleitung

Die Aufzeichnung von Texten in Form von Inschriften auf unterschiedlichen Materialien stellt ein kulturelles Phänomen dar, das in der griechischen und römischen Zivilisation herausragende Bedeutung hatte. Inschriften haben sich zu Hunderttausenden von der Antike bis heute erhalten. Die manchmal aus nur einzelnen Buchstaben, manchmal aber auch mehreren hundert Zeilen bestehenden Texte, ganz überwiegend in Griechisch oder Latein, selten in nur lokal gebräuchlichen Sprachen verfasst, stellen für die Erforschung der Geschichte und Kultur des griechischen und römischen Altertums eine Quellengattung von zentraler Bedeutung dar. Sie beleuchten häufig auch Facetten der antiken Kultur, die die antiken Autoren für selbstverständlich erachteten und denen sie deshalb kaum Beachtung schenkten. Dies gilt keineswegs nur, aber ganz besonders auch für die antike Wirtschaft.

Die Auseinandersetzung mit Inschriften ist Gegenstand der als Epigraphik bezeichneten wissenschaftlichen Disziplin, die sich mit allen schriftlichen Äußerungen aus der Antike befasst, sofern sie nicht als Literatur in Handschriften oder auf Papyri oder Münzen überliefert sind.[1] In der Antike wurden ganz verschiedene Materialien mit Inschriften versehen: Texte wurden in Stein gemeißelt oder in Metall geschnitten oder geprägt, als Stempel, Ritzungen oder gemalte Aufschriften auf Keramik unterschiedlichster Arten angebracht, aber auch auf organische Materialien wie Holz, Wachs oder Textilien aufgezeichnet.

Die folgende Übersicht beginnt in einem ersten Teil mit grundsätzlichen methodischen Überlegungen zu Inschriften als (wirtschafts-)historischen Quellen. In einem zweiten Teil werden exemplarisch Inschriften oder Inschriftengruppen vorgestellt, aus denen Kenntnisse zu bestimmten Bereichen der antiken Wirtschaft gewonnen werden können.[2]

---

[1] *Eck*, Epigraphik, 92.
[2] Die Rolle der Epigraphik für die antike Wirtschaftsgeschichte wurde bereits wiederholt unter unterschiedlichen Gesichtspunkten beleuchtet: *Pleket, H. W.*, Economic History of the Ancient World and Epigraphy, in: Akten des 6. Internationalen Kongresses für griechische und lateinische Epigraphik München 1972. München 1973, 243–257; *Bresson, A.*, Greek Epigraphy and Ancient Economics, in: *Davies, J. K./Wilkes, J.* (Hgg.), Epigraphy and the Historical Sciences. Oxford 2002, 223–247; *Salmeri, G.*, Epigraphy and the Economy of the Roman Empire, in: *Davies, J. K./Wilkes, J.* (Hgg.), Epigraphy and the Historical Sciences. Oxford 2002, 249–267; *Schneider*, Archiv.

II Grundlagen

1 Inschriften in der Antike und ihre Überlieferung

Es steht außer Frage, dass der heute noch erhaltene Bestand an Inschriften nur einen verschwindend kleinen Bruchteil der in der Antike angefertigten Inschriften ausmacht, während der allergrößte Teil über die Jahrhunderte verloren gegangen ist. Bis heute erhalten blieben naturgemäß fast ausschließlich solche Inschriften, die auf unvergänglichen Materialien aufgezeichnet worden waren. Deshalb handelt es sich bei den allermeisten epigraphisch überlieferten Texten um Inschriften auf Stein, während alle anderen Materialgruppen zahlenmäßig nur eine marginale Rolle spielen. Inschriften auf Metall, die im griechischen Raum wohl stets selten,[3] im römischen Westen jedoch durchaus verbreitet waren, hätten sich zwar ebenfalls gut erhalten können, wurden jedoch bevorzugt zur Wiederverwendung der verwendeten Metalle (meist Bronze, seltener Edelmetalle) eingeschmolzen. Nur unter außerordentlichen Bedingungen blieben Inschriften auf vergänglichen organischen Materialien wie Holz erhalten, obwohl solche In- und Aufschriften im antiken Alltag allgegenwärtig und vermutlich wesentlich zahlreicher waren als Steininschriften. Neben den Steininschriften bilden Texte auf Keramik die zahlenmäßig größte Gruppe, doch handelt es sich meist nur um Kleininschriften, die aus wenigen Buchstaben oder einzelnen Wörtern bestehen.[4] Gemalte Aufschriften oder Graffiti auf Wänden, die meist auf den Putz aufgetragen waren, blieben hingegen wiederum nur selten erhalten.

Da die Überlieferungschancen von Texten auf verschiedenen Materialien ganz unterschiedlich waren, bilden die noch erhaltenen Inschriften keineswegs eine repräsentative Stichprobe des gesamten ursprünglichen epigraphischen Bestandes. Wenn wir von den Kleininschriften zunächst absehen, so stellen die noch erhaltenen Inschriften fast ausschließlich eine Auswahl der auf Stein angebrachten Texten dar. Es ist deshalb für die historische Auswertung epigraphischer Zeugnisse unabdingbar, sich vor Augen zu halten, wodurch die Aufzeichnung von Texten gerade in dieser Form, als Inschrift auf Stein, motiviert war. Das Einmeißeln erfüllte stets einen doppelten Zweck: Der Text sollte für eine Öffentlichkeit sichtbar präsentiert werden und dabei dauerhaft bewahrt werden. Nur wenn diese doppelte Zielsetzung verfolgt wurde – die Publizität und die Dauerhaftigkeit –, war die Inschrift auf Stein ein geeignetes Medium. Weder nur zur Veröffentlichung noch allein zur Bewahrung wurde ein Text

---

[3] Der überraschende Fund eines aus 135 Bronzetäfelchen bestehenden Archivs, das Transaktionen mit sakralen Geldern dokumentiert, vor wenigen Jahren in Argos (vgl. SEG 54, 427; *Kritzas, Ch.*, Ἔκθεση χαλκῶν ἐνεπίγραφων πινάκων Ἄργους. Athen 2022) zeigt freilich auch hier, dass die Überlieferungssituation nur schwer einzuschätzen ist.

[4] Eine Besonderheit stellen als Ostraka bezeichnete Keramikfragmente dar, die als Schriftträger für längere Texte wie Briefe oder Abrechnungen verwendet wurden. Sie stammen mit wenigen Ausnahmen aus Ägypten und werden in der Regel im Rahmen der Papyrologie bearbeitet.

in Stein gemeißelt. Die Anfertigung einer Inschrift auf Stein war aufwändig und kostspielig,[5] und als eigentliche Gebrauchstexte waren massive Steinschriften nicht geeignet. Sollte ein Text lediglich aus einem aktuellen Anlass öffentlich bekannt gemacht werden, begnügte man sich auch bei offiziellen Verlautbarungen damit, ihn auf weiß getünchte Holztafeln aufzuzeichnen und diese öffentlich aufzustellen. Texte, die man dauerhaft bewahren, aber nicht präsentieren wollte, hielt man in der Regel auf Papyrus oder Pergament, manchmal auch Holz fest, und hinterlegte sie sicher in einem Archiv. Allein um einen Text zu archivieren, wurden Texte nicht auf Stein festgehalten, und folglich sind Steininschriften auch nicht mit Archivdokumenten zu verwechseln.[6] Die für die Wirtschaftsgeschichte so wertvollen Gebrauchstexte, die die ägyptischen Papyri in großer Zahl tradieren – Verträge, Abrechnungen, Quittungen etc. –, überliefern die Steininschriften so gut wie nie.

Bei manchen Gattungen von Inschriften liegt auf der Hand, weshalb man sich entschieden hat, sie auf Stein festzuhalten. Bei Grabinschriften, die möglichst dauerhaft den Bestattungsplatz markieren und die Erinnerung an Verstorbene bewahren sollten, lag die Aufzeichnung auf Stein ebenso nahe wie bei Weihinschriften, die eine religiöse Handlung auf lange Zeit sichtbar machen wollten. Ebenso wie Bauinschriften, die meist das Engagement des Bauherrn, Magistraten oder eines Geldgebers kommemorierten, oder Ehreninschriften, die die verdienstvollen Leistungen der Geehrten dauerhaft dokumentierten, waren diese Texte von Anfang an mit Blick auf ihre Veröffentlichung als Inschrift auf Stein konzipiert worden. Dabei waren die Inschriften häufig nur *ein* Element eines archäologischen Monuments – z. B. eines Bauwerkes oder einer Statue mit Basis –, zu dessen Wirkung sie beitrugen, es aber nicht zwingend in erster Linie ausmachten.

Viele andere Texte, insbesondere öffentliche Urkunden jeglicher Art – Gesetzestexte, Briefe von Herrschern und Amtsträgern, Beschlüsse staatlicher Organe, Verträge, Inventare, Abrechnungen etc. –, waren weder primär auf ihre inschriftliche Veröffentlichung hin konzipiert noch war ihre Funktion an die Aufzeichnung auf Stein gebunden. Ihre Publikation als Inschrift erfolgte sekundär, war das Ergebnis bewusster Selektionsprozesse und folgte Motiven, die mit dem Inhalt des Textes bisweilen nur indirekt zu tun hatten. Öffentliche Urkunden wurden zweifellos häufiger inschriftlich publiziert als private, aber auch hier war die Veröffentlichung auf Stein keineswegs der Regelfall.

Auch wenn Inschriften auf Stein mithin direkte Zeugnisse aus der Antike sind, so handelt es sich um subjektiv gestaltete und gezielt für die Veröffentlichung und Vermittlung an die Nachwelt ausgewählte Texte, die so wenig wie literarische Werke

---

5 Vgl. *McLean, B. H.*, An Introduction to Greek Epigraphy of the Hellenistic and Roman Periods: From Alexander the Great to the Reign of Constantine (323 BC–AD 337). Ann Arbor 2002, 13 f. zu überlieferten Herstellungskosten.
6 Diese für die Interpretation von Inschriften fundamentalen Zusammenhänge sind wiederholt dargelegt worden: vgl. etwa *Robert, L.*, Die Epigraphik der klassischen Welt. Bonn 1970, 14–17.

ein unverfälschtes Bild der Vergangenheit vermitteln wollen.[7] Das schmälert ihren Wert als Quelle für wirtschaftshistorische Untersuchungen nicht, macht aber einen methodisch reflektierten quellenkritischen Umgang unerlässlich.

Illustrieren lassen sich die hier lediglich anzudeutenden Sachverhalte exemplarisch anhand eines epigraphischen Zeugnisses von herausragender wirtschaftshistorischer Bedeutung: des Höchstpreisedikts Diokletians.[8] Im Verbund mit den übrigen Tetrarchen versuchte Diokletian im Jahr 301 n. Chr. durch die Festlegung von Höchstpreisen für eine breite Palette von Produkten und Dienstleistungen die Inflation im Imperium Romanum zu stoppen. Der langen Liste von rund 1500 Produkten und Dienstleistungen und ihren jeweiligen Maximalpreisen ist eine ausführliche, rhetorisch sorgfältig stilisierte Präambel vorangestellt, in der der Erlass als Maßnahme gegen die zügellose Habsucht der Verkäufer begründet und mit der kaiserlichen Sorge um das Gemeinwohl legitimiert wird.

Unsere Kenntnisse des Edikts basieren auf etwa 150 Fragmenten des Textes, die von rund 40 Orten stammen, an denen es an prominenten Stellen inschriftlich publiziert war. Alle liegen im griechischen Osten, und offenbar war nur hier das Edikt auf Stein festgehalten worden. Auch im Osten konzentrieren sich die Funde auf wenige Provinzen, so dass zu vermuten ist, dass die Publikation des Edikts auf die Initiative einiger weniger Statthalter zurückging. Ihr Interesse dürfte weit eher der in der Praefatio formulierten Reichspropaganda gegolten haben als den einzelnen Preisen. Die inschriftliche Aufzeichnung des vollständigen Textes diente in erster Linie der Monumentalisierung des Edikts, und tatsächlich mussten die Inschriften allein schon aufgrund der Länge des Textes beeindruckend gewirkt haben. Für die rechtliche Wirksamkeit des Edikts war die Publikation auf Stein unerheblich, und einen praktischen Nutzen für die Handeltreibenden dürfte sie nicht gehabt haben. Nur in der Provinz Achaia wurde das Edikt in griechischer Sprache festgehalten, in den kleinasiatischen Provinzen erfolgte die Aufzeichnung hingegen auf Latein und damit in einer Sprache, die kaum ein Bewohner oder eine Bewohnerin der Provinz verstand. Dass Exemplare aus dem lateinischen Westen fehlen, erlaubt für sich genommen nicht den Schluss, dass das Edikt hier nicht promulgiert wurde und keine Gültigkeit hatte. Auch wenn man sich den Luxus der Veröffentlichung auf Stein ersparte, konnte die Bekanntma-

---

7 Die Einschätzung von *Schneider*, Archiv, 97 scheint diesbezüglich zu optimistisch.
8 Text und Kommentar *Lauffer, S.*, Diokletians Preisedikt. Berlin 1971; zu den seither hinzugekommenen Fragmenten *Crawford, M. H.*, Discovery, Autopsy and Progress: Diocletian's Jigsaw Puzzles, in: *Wiseman, T. P.* (Hg.), Classics in Progress. Essays on Ancient Greece and Rome. Oxford 2002, 145–163; eine deutsche Übersetzung findet sich bei *Brandt, H.*, Geschichte der römischen Kaiserzeit. Von Diokletian und Konstantin bis zum Ende der konstantinischen Dynastie (284–363). Berlin 1998, 78–84, eine konzise Inhaltsübersicht bietet zuletzt *Schneider*, Archiv, 109–115; zu den hier interessierenden Fragen der Veröffentlichung *Crawford, M. H./Reynolds, J. M.*, The Publication of the Prices Edict: A New Inscription from Aezani, in: JRS, 65, 1975, 160–163; *Millar, F.*, Epigraphy, in: ders., Rome, the Greek World, and the East. Bd. 1: The Roman Republic and the Augustan Revolution. Chapel Hill/London 2002, 59–61.

chung des Edikts ohne Weiteres auch über Aushänge auf Holztafeln oder Abschriften auf Papyrus oder Pergament erfolgt sein.

Ob die Präambel tatsächlich Rückschlüsse auf die wahren Beweggründe für den Erlass des Edikts erlaubt oder diese in propagandistischer Absicht eher verschleiert werden, bleibt in der Forschung umstritten und kann aufgrund der Inschrift allein nicht sicher entschieden werden. Rückschlüsse darauf, welche Wirkungen das Edikt entfaltete, erlauben die Inschriften nicht, und auch seine Aufzeichnung auf Stein bezeugt nicht zwingend, dass die Anordnungen des Edikts tatsächlich über eine längere Dauer durchgesetzt wurden. Nach Laktanz, der das Edikt als einziger in einem substanzielleren, seinerseits wieder stark ideologisch gefärbten historischen Bericht erwähnt, führte es zum wirtschaftlichen Desaster und musste nach kurzer Zeit aufgehoben werden.[9] Ob das Edikt Gültigkeit behielt, war für die inschriftlichen Aufzeichnungen nicht direkt von Belang. Angebracht etwa auf der Wand eines öffentlichen Gebäudes oder Tempels, blieben die Inschriften auch dann noch sichtbar, wenn die Höchstpreise keine Bedeutung mehr hatten.

Kleininschriften auf Gebrauchsgegenständen meist aus Keramik – Amphoren, Terra Sigillata, Lampen, Ziegeln, Gewichten, Bleirohren etc. – dienten naturgemäß ganz anderen Zwecken als Texte, die man in Stein meißelte. Solche Inschriften, die etwa mittels Stempel, als Graffiti oder mit Farbe auf als *instrumenta domestica* bezeichneten Gegenstände angebracht wurden, erfüllten ganz unterschiedliche Funktionen, verwiesen etwa auf die Herstellenden, machten Angaben zu Material oder Inhalt oder nannten Händler oder Besitzer und Besitzerinnen. Die Inschriften dienten meist ephemeren Zwecken und sie richteten sich nicht an die Öffentlichkeit. Für sich genommen sind diese Texte meist kryptisch und erlangen nur in Verbindung mit dem als Schriftträger dienenden Gegenstand Bedeutung.[10]

2 Zeitliche und räumliche Verteilung der Inschriften

Die Praxis, Inschriften auf Stein aufzuzeichnen, war auch in der griechischen und römischen Welt ein keineswegs überall in allen Epochen gleich verbreitetes kulturelles Phänomen. Die in der Forschung als „epigraphic habit" bezeichnete kulturelle Disposition, bestimmte kommunikative Bedürfnisse durch die Setzung von Inschriften zu befriedigen, war zu verschiedenen Zeiten und an verschiedenen Orten höchst unterschiedlich ausgeprägt.[11] Die Entwicklung des „epigraphic habit" ist ein komplexer

---

9 Lact. mort. pers. 7, 6 f. Vgl. zu diesen Fragen etwa *Brandt, H.*, Erneute Überlegungen zum Preisedikt Diokletians, in: *Demandt, A. (Hg.)*, Diokletian und die Tetrarchie. (Millennium-Studien, Bd. 1) Berlin 2004, 47–55 (mit weiterer Literatur).
10 Vgl. die Übersicht von *Pucci*, Inscribed *instrumentum*.
11 Zum Konzept grundlegend *MacMullen, R.*, The Epigraphic Habit in the Roman Empire, in: American Journal of Philology 103, 1982, 233–246. Zum Folgenden vgl. jeweils mit weiteren Literaturangaben *Bodel*, Epigraphy, 6–15; *Beltrán Lloris*, Epigraphic Habit; *Eck*, Epigraphik, 98–100.

Prozess, der von vielfältigen kulturellen Faktoren abhängig ist. Er ist eng an Entwicklungen gekoppelt, die wir als „Hellenisierung" und „Romanisierung" zu fassen versuchen, ist damit jedoch nicht gleichzusetzen.

Die Gesamtzahl der bekannten Inschriften in griechischer und lateinischer Sprache aus der Antike wird auf rund 800.000 geschätzt,[12] doch ist eine solche Zahl angesichts der Diversität des epigraphischen Materials wenig aussagekräftig. Die frühesten griechischen Inschriften in Alphabetschrift erscheinen im späten 8. und frühen 7. Jh. v. Chr. etwa in Form von Namen, Besitzerangaben oder kurzen Weiheformeln, in der zweiten Hälfte des 7. Jh. v. Chr. werden erste Gesetzestexte inschriftlich festgehalten.[13] Bis zum Ende der archaischen Zeit finden sich Inschriften in der griechischen Welt nur sporadisch in überschaubarer Zahl. Nach der Wende zum 5. Jh. v. Chr. explodiert die Zahl der bekannten Inschriften regelrecht, wobei dafür fast ausschließlich Athen verantwortlich ist. Während die epigraphische Produktion in Athen im 5. und mehr noch im 4. Jh. v. Chr. ihren Höhepunkt erreichte und danach wieder zurückging, setzte sie in den meisten Teilen der griechischen Welt überhaupt erst in spätklassischer Zeit in nennenswertem Maß ein. Zur Blüte kam sie im Hellenismus, als sich im Gleichschritt mit der Polis als politisch-sozialem Organisationsmodell auch der griechische „epigraphic habit" in weiten Teilen des östlichen Mittelmeerraums und Teilen des Mittleren Ostens durchsetzte. Auch in der römischen Kaiserzeit bis in die Spätantike wurden im Osten griechische Inschriften in großer Zahl hergestellt.

Der Gesamtbestand an griechischen Inschriften bleibt in bemerkenswertem Maße durch die etwa 20.000 attischen Inschriften dominiert, die rund 20 % des gesamten Inschriftenbestandes ausmachen. Jenseits von Athen ist die epigraphische Kultur in der griechischen Welt durch eine große Diversität geprägt: Welche Texte zu einem gewissen Zeitpunkt bevorzugt auf Stein aufgezeichnet wurden, variierte nicht nur von Region zu Region, sondern oft sogar von Polis zu Polis.

Die frühesten lateinischen Inschriften stammen aus dem späten 6. oder 5. Jh. v. Chr. Erst ab dem 2. Jh. v. Chr. werden die Inschriften etwas zahlreicher, doch sind aus der republikanischen Zeit insgesamt nicht mehr als etwa 3700 Texte bekannt geworden, die weniger als 1 % des Gesamtbestandes ausmachen. Mit dem Beginn der Kaiserzeit nimmt die Produktion lateinischer Inschriften schlagartig zu und breitet sich rasch über Italien hinaus auf die Provinzen im Westen aus. Sie erreicht mit unterschiedlichen regionalen Schwerpunkten im 2. und frühen 3. Jh. n. Chr. ihren Höhepunkt. Nach einem starken Rückgang im Zuge der „Reichskrise" des 3. Jh. nimmt die epigraphische Produktion im 4. Jh. zumindest in manchen Regionen nochmals zu, bevor sie im 5. Jh. allgemein zurückgeht und im 6. Jh. weitgehend erlischt.

---

12 Ältere Schätzungen etwa in *Bodel*, Epigraphy, 4 (600.000) oder *Beltrán Lloris*, Epigraphic Habit, 134 (über 450.000 lateinische Inschriften); *Hedrick, Chr. W.*, Democracy and the Athenian Epigraphical Habit, in: Hesperia, 68, 1999, 391 (ca. 100.000 griechische Inschriften).
13 Vgl. den konzisen Überblick über die ältesten griechischen Inschriften in SEG 39, 1764.

Regional verteilen sich die lateinischen Inschriften mengenmäßig sehr ungleich: Rund die Hälfte aller Inschriften stammt aus Italien, 90.000 bis 100.000 allein aus Rom. Von den Provinzen im Westen sind die nordafrikanischen und iberischen sowie Dakien besonders reich an Inschriften, während die Zahl der Funde etwa aus Gallien, Germanien und Britannien klein bleibt.

Regionale und zeitliche Unterschiede zeigen sich natürlich nicht allein in der Gesamtzahl der hergestellten Inschriften, sondern auch darin, wie sich die Gesamtzahl auf unterschiedliche Inschriftentypen verteilt. Während mancherorts fast ausschließlich Grabinschriften hergestellt wurden, dominieren andernorts Weih- und Ehreninschriften oder Kleininschriften auf *instrumenta domestica* den epigraphischen Befund. Die lokalen Ausprägungen des „epigraphic habit" sind von vielfältigen Faktoren beeinflusst, zu denen die lokal vorhandenen Steinvorkommen ebenso gehören wie die spezifischen sozialen und ökonomischen Verhältnisse.

Unterschiede in der regionalen Verteilung der Inschriftenfunde sind sicherlich auch auf divergierende Überlieferungsvoraussetzungen in nachantiker Zeit und auf die mehr oder weniger intensive Erforschung zurückzuführen, doch sollte der Einfluss dieser Faktoren insgesamt nicht überschätzt werden.

3 Möglichkeiten und Grenzen

Aus den skizzierten grundlegenden Charakteristika der epigraphischen Überlieferung ergeben sich eine ganze Reihe von Schlussfolgerungen, denen bei der Auswertung von Inschriften in wirtschaftsgeschichtlichen Untersuchungen Rechnung zu tragen ist. Zu beginnen ist mit der banalen Feststellung, dass Inschriften zu unterschiedlichen Zeitpunkten und in unterschiedlichen Regionen in ganz ungleichem Maße als Quellen zur Verfügung stehen. Über die wirtschaftlichen Verhältnisse im archaischen Griechenland liefern Inschriften so wenig Informationen wie über diejenigen im republikanischen Rom. Aber auch in späteren Epochen, in denen sich der „epigraphic habit" weit verbreitet hat, finden sich Regionen wie etwa Unteritalien in denen nur sehr wenige Inschriften gefunden wurden.

Als Mittel der öffentlichen Kommunikation sind Inschriften primär ein Element der Stadtkultur und finden sich schwergewichtig in urbanen Kontexten oder an anderen vielbesuchten Orten wie Heiligtümern. Die Verhältnisse im ländlichen Raum sind im epigraphischen Befund deshalb in der Regel sehr viel schlechter dokumentiert als diejenigen in den Städten. Gleichwohl gibt es Regionen, etwa im kaiserzeitlichen Lydien oder Phrygien in Kleinasien, wo man von einer eigenständigen epigraphischen Kultur des ländlichen Raumes sprechen kann.[14] Ganz generell gilt wie für die allermeisten Quellengattungen, dass sich verschiedene gesellschaftliche Gruppen in ganz

---

14 Vgl. *Schuler*, Inscriptions and Identities; *Thonemann, P.*, Households and Families in Roman Phrygia, in: *ders.*, Roman Phrygia. Culture and Society. Cambridge 2013, bes. 125.

unterschiedlichem Maße in Inschriften artikulieren konnten. Der Inschriftenbestand dürfte die gesellschaftliche Pyramide spiegelverkehrt abbilden, wobei die Eliten über- und die niedrigeren Bevölkerungsschichten unterrepräsentiert sind.

Entscheidend ist auch, dass aus der Dichte der epigraphischen Überlieferung nicht ohne Weiteres auf den wirtschaftlichen Entwicklungsstand geschlossen werden kann. Zweifellos ist der „epigraphic habit" von ökonomischen Faktoren beeinflusst, aber er wird nicht dadurch determiniert: Regionen, aus denen weniger Inschriften bekannt sind, waren nicht zwingend ärmer oder wirtschaftlich weniger entwickelt als solche mit einem größeren bekannten Inschriftenbestand. Generell bleiben Vergleiche zwischen verschiedenen Regionen oder unterschiedlichen Epochen, die allein aufgrund der am Inschriftenbestand gewonnenen „Rohdaten" beruhen, schwierig: Sie setzen voraus, dass die im Inschriftenbestand beobachteten Unterschiede nicht auf Unterschiede im „epigraphic habit" oder in der Überlieferungssituation zurückzuführen sind. Ob dem so ist, lässt sich freilich nur dort abschätzen, wo die epigraphische Überlieferung so dicht ist, dass die Spezifika des „epigraphic habit" und der Überlieferungsbedingungen erkennbar werden.

Besonders da, wo stereotype Inschriften in größerer Zahl vorliegen – etwa Grabinschriften, Kleininschriften auf *instrumenta domestica* – liegt es zweifellos nahe, aus dem Inschriftenbestand quantitative Daten zu gewinnen und diese statistisch auszuwerten. Auch hier stellt sich jedoch die entscheidende Frage, ob der heute fassbare Inschriftenbestand die zugrundeliegenden antiken Verhältnisse in einer Form repräsentiert, der überhaupt quantitative Rückschlüsse ermöglicht. Zahlenangaben, die die Inschriften selbst liefern – etwa Preis- oder Mengenangaben –, bleiben von Ausnahmen abgesehen zu isoliert oder unvollständig, um tatsächlich verwertbar zu sein. Im Allgemeinen kann die Epigraphik den vielbeklagten Mangel an quantitativ verwertbaren Daten, der für die antike Wirtschaftsgeschichte ein fundamentales Problem darstellt, nur in ganz seltenen Fällen beheben.

Die epigraphische Überlieferung ist stets lückenhaft und erlaubt deshalb kaum negative Schlussfolgerungen: Nur weil bestimmte Phänomene im epigraphischen Befund nicht fassbar werden, muss dies nicht heißen, dass sie nicht existierten. Der Wert der epigraphischen Überlieferung liegt in dem, was sie tatsächlich positiv bezeugt.

III Ausgewählte Beispiele

Den dargelegten Charakteristika der epigraphischen Evidenz entsprechend erhellen die Inschriften verschiedene Bereiche der antiken Wirtschaft in ganz ungleichem Maße. In manchen Fällen sind es spektakuläre Einzelfunde, die schlaglichtartig und punktuell ökonomische Phänomene beleuchten, in anderen beginnen sich erst in der seriellen Auswertung von hunderten für sich genommen wenig bemerkenswerten Texten wirtschaftliche Strukturen abzuzeichnen. Ausgewählte Beispiele zu verschiedenen Bereichen der antiken Wirtschaft aus dem griechischen Osten wie dem lateinischen Westen sollen dies illustrieren.[15]

1 Bevölkerung

Im Verständnis der demographischen Verhältnisse in der antiken Welt hat die Forschung der vergangenen Jahrzehnte entscheidende Fortschritte erzielt, und die Auswertung des epigraphischen Quellenmaterials spielte dabei eine wichtige Rolle.[16] Teil des Erkenntnisfortschrittes war indes zunächst die Einsicht, dass Inschriften zur Beantwortung mancher demographischen Fragestellung weniger beitragen können, als bisweilen vermutet wurde. So bleiben die wenigen inschriftlich überlieferten Zensuszahlen oder Angaben zur Größe einer bestimmten Bevölkerungsgruppe in einer Stadt zu isoliert, um daraus Rückschlüsse auf absolute Bevölkerungszahlen zu gewinnen. Als illusorisch erwies es sich auch, aus den Altersangaben in Grabinschriften auf die durchschnittliche Lebenserwartung zu schließen. Zwar liefern die Inschriften solche Daten zu Tausenden, doch sind diese keineswegs repräsentativ, da beispielsweise früh verstorbenen Kindern selten ein Grabstein gesetzt wurde, Frauen weniger oft mit einem Grabstein bedacht wurden als Männer und die ärmeren Bevölkerungsgruppen untervertreten sind. Wo diese Verzerrungen nicht ausschlaggebend sind, können sich die an sich spröden, stark formalisierten Grabinschriften jedoch als außerordentlich wertvolle Quellenbasis erweisen: So bilden die Angaben zu den Lebensdaten in den stadtrömischen Grabinschriften aus dem 4. bis 6. Jh. n. Chr. deutlich saisonale Schwankungen der Sterblichkeit ab, mit klaren Höhepunkten im Spätsommer und Herbst. Ebenso zeichnen sich saisonale Schwankungen in der Geburtenrate ab. Vergleichbare saisonale Schwankungen, die auf ökologische Faktoren wie Krankheiten zurückzuführen sein dürften, zeigen sich mit anderem Muster auch etwa in Ägypten. Dass sich in der Spätantike diese saisonalen Schwankungen erkennen lassen, ist einer Änderung im „epigraphic habit" zu verdanken: Vermutlich unter christlichem Einfluss wurde es üblich, in der Grabinschrift das exakte Todesdatum und seltener auch das Geburtsdatum zu registrieren. Wertvolle Einsichten zum Heiratsverhalten und zu den familiären Strukturen wurden aus der Analyse der Rollen gewonnen, die etwa die Ehepartner und Ehepartnerinnen, Eltern, Geschwister oder Verwandte in den Grabinschriften einnehmen.

---

15 Die Übersicht bleibt notwendigerweise selektiv. Den Beitrag der Epigraphik zur Technikgeschichte der Antike beleuchtet *Kolb*, Epigraphy, zur Erforschung der Sklaverei *Chaniotis, A.*, Epigraphic Evidence, in: *Hodkinson, S./Kleijwegt, M./Vlassopoulos, K.* (Hgg.), The Oxford Handbook of Greek and Roman Slaveries. Oxford Handbooks Online. 2018 (DOI: 10.1093/oxfordhb/9780199575251.013.32018).
16 Vgl. *Scheidel, W.*, Epigraphy and Demography: Birth, Marriage, Family, and Death, in: *Davies, J. K./Wilkes, J.* (Hgg.), Epigraphy and the Historical Sciences. Oxford 2002, 101–129.

Die jüngere demographische Forschung demonstriert damit beispielhaft, wie ertragreich die statistische Analyse einer größeren Zahl formelhafter Inschriften sein kann, sofern den Grenzen ihrer Aussagekraft Rechnung getragen wird.

2 Staat und Wirtschaft

Die wirtschaftlichen Aktivitäten des Staates sind durch Inschriften besonders gut bezeugt, da nicht nur die staatlichen Organe selbst Inschriften zur dauerhaften Publikation etwa von Gesetzen oder Dekreten genutzt haben, sondern außerdem ein besonderes Interesse daran bestand, das wirtschaftliche Handeln im Dienst oder im Interesse des Staats in dieser Weise zu dokumentieren. Der Forschung der letzten Jahrzehnte ist es deshalb gelungen, ein außerordentlich detailreiches Bild besonders der Finanzen der griechischen Poleis in klassischer und mehr noch in hellenistischer Zeit zu zeichnen, das in erster Linie auf den Inschriften beruht.[17] Auch wenn es nur in Ausnahmefällen (Athen, Delos) möglich ist, das Finanzwesen einer bestimmten Polis umfassend darzustellen, so zeichnet sich in der Gesamtschau doch ein aufschlussreiches Spektrum der Möglichkeiten ab, insbesondere auch der staatlichen Interventionen ins Wirtschaftsgeschehen. Auch in der epigraphischen Überlieferung haben freilich Routinegeschäfte selten Spuren hinterlassen, während insbesondere etwa die euergetischen Leistungen Einzelner zu Gunsten der Öffentlichkeit sehr häufig dokumentiert sind und deshalb in ihrer Bedeutung leicht überschätzt werden.

Das Finanzwesen des römischen Staates wird durch die Inschriften nicht im gleichen Maße erhellt, auch wenn sie besonders für die Finanzverwaltung wichtige Zeugnisse liefern.[18] Auch unsere Kenntnisse des Steuersystems im Imperium Romanum beruhen zu einem wesentlichen Teil auf epigraphischen Quellen.[19] Die Erforschung des Zollwesens wurde durch mehrere spektakuläre Einzelfunde, von denen die *Lex portorii Asiae* der bedeutendste ist, in jüngerer Zeit auf völlig neue Grundlage gestellt.[20] Zahlreiche epigraphische Zeugnisse zeigen, wie der römische Staat ins Wirt-

---

17 Vgl. aus einer Vielzahl von Studien nur die Synthese von *Migeotte, L.*, Les finances des cités grecques aux périodes classique et hellénistique. Paris 2014; dazu *Chankowski, V./Rousset, D.* (Hgg.), Les finances des cités grecques. Actes de la table ronde internationale, Lyon, mars 2015, in: Topoi, 20, 2015, 339–494.
18 Vgl. nur *Eck, W.*, Provincial Administration and Finance, in: *Bowman, A. K./Garnsey, P./Rathbone, D.* (Hgg.), The Cambridge Ancient History, Bd. XI. Cambridge 2000, 266–292, mit zahlreichen Verweisen auf die epigraphische Überlieferung.
19 Für eine Übersicht *Günther, S.*, Taxation in the Greco-Roman World: The Roman Principate, in: Oxford Handbooks Online. 2016 (DOI: 10.1093/oxfordhb/9780199935390.013.38).
20 *Cottier, M. et al.* (Hgg.), The Customs Law of Asia. Oxford 2008; siehe außerdem die Zollinschrift aus Kaunos (I. Kaunos 35) und das bislang erst in Auszügen publizierte Zollgesetz der Provinz Lycia (*Takmer, B., Lex Portorii Provinciae Lyciae*: Ein Vorbericht über die Zollinschrift aus Andriake aus neronischer Zeit, in: Gephyra, 4, 2007, 165–188). Zum römischen Zollwesen *Kritzinger, P./Schleicher, F./Stickler, T.* (Hgg.), Studien zum römischen Zollwesen. Duisburg 2015.

schaftsgeschehen eingriff, angefangen bei den unzähligen Baumaßnahmen bis hin zu Maßnahmen wie dem bereits erwähnten Preisedikt Diokletians.

Zu den Bereichen, in denen der römische Staat im Wirtschaftsgeschehen eine besonders aktive Rolle einnahm, gehörte der Bergbau. Wie der Abbau, der in den Händen von Pächtern lag, organisiert war und wie die Verhältnisse in einer Siedlung in einem Bergwerksbezirk aussahen, zeigt die Bergwerksordnung für den Distrikt Vipasca im heutigen Portugal – ein auf zwei Bronzetafeln überlieferter spektakulärer Einzelfund.[21]

3 Landwirtschaft

Bekanntermaßen haben die antiken Schriftsteller der Landwirtschaft nie jenes Interesse entgegengebracht, das sie angesichts ihrer Bedeutung als wichtigster Sektor der antiken Wirtschaft verdienen würde. Neben den ideologisch stark gefärbten Schriften der Agrarschriftsteller und der archäologischen Überlieferung bilden Inschriften die wichtigste Grundlage zu ihrer Erforschung, obwohl sich auch in der epigraphischen Überlieferung der bäuerliche Alltag nur selten niedergeschlagen hat. Die wirtschaftlichen Sorgen und Ängste der Landbevölkerung werden etwa in Weihinschriften greifbar, in denen Bauern um erfolgreiche Ernten oder um Heil für ihr Vieh bitten, wie sie in größerer Zahl vor allem aus weniger urbanisierten Regionen des kaiserzeitlichen Kleinasien bekannt sind. Im ländlichen Raum verweisen auch Grabmonumente häufig auf die bäuerliche Lebenswelt, nicht zuletzt Abbildungen von Tieren und Pflanzen auf Reliefs.[22] Eine mit Blick auf die Landwirtschaft besonders reichhaltige Quellengruppe bilden rund 250 epigraphisch überlieferte Urkunden, die sich auf die Verpachtung agrarischer Grundstücke beziehen.[23] Sie zeigen nicht nur, unter welchen Konditionen die Verpachtungen erfolgt sind, sondern liefern auch Hinweise auf die Anbaumethoden, die Bepflanzung und auf die vorhandene Infrastruktur. Auch sonst sind es vor allem Inschriften, die Informationen zur Strukturierung des Kulturlandes oder zu den Besitzverhältnissen liefern, insbesondere mit Blick auf öffentlichen Grundbesitz, Güter im Besitz von Heiligtümern oder die Domänen der Angehörigen von hellenisti-

---

21 CIL II 5181; FIRA I² 104 (*Lex metallis dicta*) und 105 (*Lex metalli Vipascensis*); dt. Übers. bei *Freis, H.*, Historische Inschriften zur römischen Kaiserzeit: von Augustus bis Konstantin. (Texte zur Forschung, Bd. 49) Darmstadt 1984, Nr. 83 f.; vgl. *Kolb*, Epigraphy, 224 f.; *Schneider*, Archiv, 100–103. Zu staatlichen und privaten Aktivitäten im Bergbau und Metallhandel auch *Edmondson*, Economic Life, 688–690, der auch die Relevanz der Kleininschriften besonders auf Bleibarren diskutiert.
22 *Schuler*, Inscriptions and Identities, hat das Material gesammelt und analysiert. Ein Beispiel für die selteneren Bezüge auf die Landwirtschaft im lateinischen Westen ist die bekannte Grabinschrift eines Schnitters aus Mactar in Nordafrika (CIL VIII 11824; ILS 7557). Vgl. *Edmondson*, Economic Life, 675.
23 Die Texte sind bei *Pernin, I.*, Les baux ruraux au Grèce ancienne. Corpus épigraphique et étude. Lyon 2014, zusammengestellt und analysiert.

schen Herrscherhäusern, römischer Großgrundbesitzer und der Kaiser.[24] Mit der *lex agraria* aus dem Jahr 111 v. Chr. liegt in epigraphischer Überlieferung ein umfassender Gesetzestext vor, der im Nachklang der Reformen der Gracchen die Besitzverhältnisse am Staatsland (*ager publicus*) in Italien und in den Provinzen zu regeln bemüht war und damit wesentliche Informationen zu den Agrarverhältnissen im republikanischen Rom liefert.[25] Eine Serie von Inschriften aus dem Bagradas-Tal in der Nähe von Dougga in Nordafrika aus dem 2. Jh. n. Chr. liefert ausführliche Informationen zur Verwaltung der kaiserlichen Domänen, und dabei insbesondere zur Lage der *coloni*, die die kaiserlichen Güter als Kleinpächter gegen die Abgabe eines Ernteanteils bewirtschafteten.[26]

Epigraphischen Quellen ist es zu verdanken, dass die Rolle der Bewässerung in der Landwirtschaft der Antike stärker ins Bewusstsein gerückt ist. Mit der *lex rivi Hiberiensis* liegt seit wenigen Jahren ein außerordentliches Dokument vor, das detaillierte Einblicke in die Organisation der Bewässerung im Ebrotal in Spanien im 2. Jh. liefert.[27]

Häufiger als vielleicht erwartet wird in Inschriften auch die Tierzucht erwähnt. Dabei wird deutlich, dass ihr Stellenwert in verschiedenen Regionen höchst unterschiedlich war, je nachdem, welche ökologischen Bedingungen vorherrschten.[28]

4 Handwerk und Gewerbe

Wir verdanken der epigraphischen Überlieferung vor allem die Kenntnis einer großen Zahl von Berufsbezeichnungen aus dem Handwerk und Gewerbe.[29] Sie erscheinen überwiegend in Grab- und Weihinschriften und dienen meist nur zur Identifikation

---

24 Von den zahlreichen jüngeren Studien vgl. nur etwa *Schuler, Chr.*, Ländliche Siedlungen und Gemeinden im hellenistischen und römischen Kleinasien. (Vestigia, Bd. 50) München 1998, zu Kleinasien, mit weiteren Hinweisen bei *Walser, A. V.*, Asia Minor, in: *von Reden, S. (Hg.)*, The Cambridge Companion to the Ancient Greek Economy. Cambridge 2022; *Rousset, D.*, Sacred Property and Public Property in the Greek City, in: JHS, 133, 2013, 113–133, zu öffentlichem und heiligem Besitz.
25 CIL I² 585; *Crawford, M. H. (Hg.)*, Roman Statutes. (Bulletin of the Institute of Classical Studies Supplement, Bd. 34). London 1996, 113–180; knappe Übersicht bei *Schneider*, Archiv, 98–100.
26 Eine Übersicht über die Dokumente bietet *Edmondson*, Economic Life, 680 f.; grundlegend *Kehoe, D. P.*, The Economics of Agriculture on Roman Imperial Estates in North Africa. Göttingen 1988.
27 AÉ 2006, 676; *Beltrán Lloris, F.*, An Irrigation Decree from Roman Spain: The Lex Rivi Hiberiensis, in: JRS, 96, 2006, 147–197; vgl. mit weiteren Hinweisen *Kolb*, Epigraphy, 226 f.; allgemein *A. Willi*, Irrigation in Roman Western Europe, Siegburg 2021.
28 *Chandezon, Chr.*, L'élevage en Grèce (fin Ve–fin Ier s. a.C.). L'apport des sources épigraphiques. Paris 2003, sammelt und kommentiert die einschlägigen griechischen Inschriften aus klassischer und hellenistischer Zeit; wenige Hinweise zum lateinischen Westen liefert *Edmondson*, Economic Life, 681 f.
29 Den Beitrag epigraphischer Studien zur Erforschung der antiken Arbeitswelt diskutieren *Salvaterra, C./Cristofori, A.*, Twentieth-Century Italian Scholarship on Roman Craftsmen, Traders, and their Professional Organizations, in: Flohr/Wilson, Urban Craftsmen, 62 f.

der Verstorbenen oder der Dedikanten und Dedikantinnen, ohne darüber hinaus Informationen zu liefern. Dennoch erlaubt ihre Analyse wichtige Rückschlüsse auf Arbeitsteilung, berufliche Spezialisierung und die Struktur der Wirtschaft.[30] In inschriftlichen Quellen der Kaiserzeit sehr gut repräsentiert sind die vielerorts existierenden Berufsvereinigungen, die im gesellschaftlichen Leben eine bedeutende Rolle spielten.[31] Nur sporadisch erscheinen Inschriften, die – wie die berühmten Bauinschriften vom Erechtheion auf der athenischen Akropolis – genauere Informationen zur Organisation des Arbeitsprozesses in einem bestimmten Handwerkszweig geben.[32]

In ganz anderer Weise Einblick in die Produktionsabläufe geben die Kleininschriften auf Keramik, etwa jene aus La Graufesenque, dem wichtigsten Herstellungsort der südgallischen Terra Sigillata.[33] Es handelt sich bei diesen gut 200 Inschriften um Graffiti, die noch vor dem Brand in nur als Schriftträger verwendete Keramik eingeritzt wurden. Sie listeten offenbar die Art und Zahl der Keramikwaren auf, die ein Töpfer zum Brand in einen der gemeinschaftlich betriebenen Brennöfen gegeben hatte. Die Öfen hatten eine gewaltige Größe, so dass gleichzeitig regelmäßig über 25.000 Keramikerzeugnisse gebrannt werden konnten. Die Inschriften deuten darauf hin, dass die Herstellung der Terra Sigillata in den Händen einer größeren Zahl von Töpfereibetrieben lag, die sich aber zumindest für den Brennprozess zusammengeschlossen haben. Offen bleibt, ob es sich bei den Töpfereien um unabhängige, von ihren Eigentümern geführte Betriebe handelte.

5 Kredit und Banken

Anders als Darlehensgeschäfte der öffentlichen Hand, die vor allem für die griechischen Poleis gut bezeugt sind, haben Kredit- oder Bankgeschäfte zwischen Privatleu-

---

30 *Joshel, S. R.*, Work, Identity and Legal Status at Rome. London 1992; *Ruffing, K.*, Die berufliche Spezialisierung in Handel und Handwerk: Untersuchungen zu ihrer Entwicklung und zu ihren Bedingungen in der römischen Kaiserzeit im östlichen Mittelmeerraum auf der Grundlage der griechischen Inschriften und Papyri. (Pharos, Bd. 24) Rahden/Westf. 2008.
31 Einen Überblick über die jüngere Forschung geben Flohr, M./Wilson, A., Roman Craftsmen and Traders: Towards an Intellectual History, in: *Flohr/Wilson*, Urban Craftsmen, 42; exemplarische epigraphische Studien bieten *Royden, H. L.*, The Magistrates of the Roman Professional Collegia in Italy from the First to the Third Century AD. Pisa 1988, zum Westen; *Dittmann-Schöne, I.*, Die Berufsvereine in den Städten des kaiserzeitlichen Kleinasiens. Regensburg 2008, und *Zimmermann, C.*, Handwerkervereine im griechischen Osten des Imperium Romanum. Bonn 2002, zum Osten.
32 IG I³ 474–476; Teilübersetzung und Übersicht bei *Austin, M./Vidal-Naquet, P.*, Gesellschaft und Wirtschaft im alten Griechenland. München 1984, 243–248; vgl. auch etwa die Bauinschriften aus Epidauros bei *Prignitz, S.*, Bauurkunden und Bauprogramm von Epidauros (400–350). Asklepiostempel, Tholos, Kultbild, Brunnenhaus. (Vestigia, Bd. 67) München 2014; ders., Bauurkunden und Bauprogramm von Epidauros II (350–300). Abaton, Kleisia, Aphroditetempel, Artemistempel, Theater, Epidoteion. (Vestigia Bd. 75) München 2022.
33 Für die Texte *Marichal, R.*, Les graffites de La Graufesenque. Paris 1988; zusammenfassend *Schneider*, Archiv, 131–133.

ten erwartungsgemäß nur in Ausnahmefällen epigraphische Spuren hinterlassen. Sie geraten dann in den Blick, wenn in einer Krisensituation staatliche Interventionen notwendig werden, die inschriftlich dokumentiert werden.[34]

Eine viel diskutierte Ausnahme stellen die gegen 200 als *horoi* bezeichneten Marksteine dar, die im 4. und 3. Jh. v. Chr. in Athen verwendet wurden, um unterschiedliche Darlehensgeschäfte zu dokumentieren. Diese *horoi* wurden direkt auf oder bei einer Immobilie platziert, die als Sicherheit für das Darlehen diente, das auf dem Stein registriert war.[35]

Während die athenischen *horoi* eine nur hier vorkommende Inschriftengattung darstellen, verdanken wir dem Zufall die Überlieferung von zwei Gruppen von Texten, die in der antiken Welt zu Tausenden existiert haben dürften, aber sich sonst nicht erhalten haben. Die eine bilden 153 beschriebene Wachstäfelchen, die zum Archiv des Bankiers L. Caecilius Iucundus gehörten und schon 1875 in seinem Haus in Pompei gefunden wurden.[36] Es handelt sich mehrheitlich um Quittungen, die Aufschluss über die Kreditgeschäfte eines professionellen Bankiers in der frühen Kaiserzeit geben. Eine weitere Gruppe von 118 Wachstäfelchen wurde 1959 in einem verschütteten Haus in der Nähe von Pompei gefunden.[37] Es handelt sich um Archivurkunden, die Geschäfte einer Gruppe von Freigelassenen, vor allem des C. Sulpicius Cinnamus und des C. Sulpicius Faustus, dokumentieren. Die Dokumente sind vielfältiger als jene aus dem Archiv des Iucundus und beziehen sich auf unterschiedliche Kredit- und andere Rechtsgeschäfte. Die Kredite in durchaus ansehnlicher Höhe dienten zumindest teilweise der Finanzierung von Handelstransaktionen in Puteoli. Die Geschäftsverbindungen der Sulpicii reichten bis ins Umfeld des Kaisers. Die Auswertung der Dokumente ist noch keineswegs abgeschlossen und bislang bleiben zahlreiche Fragen offen, insbesondere bezüglich der Rolle und Stellung der Sulpicii.

6 Handel, Märkte, Preise

Das Handels- und Marktgeschehen wird vor allem dann in Inschriften greifbar, wenn es über staatliche Eingriffe geregelt werden sollte und entsprechende Gesetze und

---

[34] Für ein solches Fallbeispiel aus Ephesos *Walser, A. V.*, Bauern und Zinsnehmer. Politik, Recht und Wirtschaft im frühhellenistischen Ephesos. (Vestigia, Bd. 59) München 2008, mit Verweisen auf vergleichbares epigraphisches Material.
[35] *Finley, M. I.*, Studies in Land and Credit in Ancient Athens, 500–200 B. C. The *Horos* Inscriptions. With a New Introduction by P. Millett. New Brunswick 1985, hat die *horoi* in einer wegweisenden Studie untersucht.
[36] Grundlegend *Andreau, J.*, Les affaires de Monsieur Jucundus, Rom 1974; ders., Banking and Business, passim.
[37] Edition und Übersetzung *Wolf, J. G.*, Neue Rechtsurkunden aus Pompeji. *Tabulae Pompeianae novae*. Lateinisch und deutsch. (Texte zur Forschung, Bd. 98) Darmstadt 2010. Zum Inhalt *Andreau*, Banking and Business, 71–79; *Schneider*, Archiv, 125–128.

Dekrete auf Stein festgehalten wurden. Bekannt und viel diskutiert ist eine Reihe von Interventionen griechischer Poleis aus klassischer Zeit: In Thasos wurde im späten 5. Jh. v. Chr. der Weinhandel reglementiert, in Delphi wenig früher der (Wieder-)Export von Wein verboten; Athen sicherte sich im 4. Jh. v. Chr. ein Monopol auf den Export von Ocker aus Keos; in Erythrai erließ man im gleichen Jahrhundert gesetzliche Regelungen für den Handel mit Wolle, auf Delos im 3. Jh. v. Chr. für denjenigen mit Kohle.[38] Zu den Bemühungen, das Marktgeschehen zu regeln, gehören auch inschriftlich überlieferte gesetzliche Maßnahmen, um einheitliche Münz- und Gewichtsstandards durchzusetzen.[39] Inschriften überliefern nicht nur Regularien für das ständige Marktgeschehen in den Städten, sondern auch für temporäre Märkte, die vor allem in ländlichen Gegenden bedeutend waren.[40]

Nicht selten finden sich in der epigraphischen Überlieferung auch Angaben zum Preis einzelner Produkte oder Produktgruppen, deren Aussagekraft jedoch gering bleibt. Eine aufschlussreiche Ausnahme bilden die zahlreichen Preisangaben in Inschriften aus Delos, die es erlauben, die Preisentwicklung etwa von Öl oder Holz über einen längeren Zeitraum zu verfolgen.[41] Die Preisangaben im Höchstpreisedikts Diokletians (s. o.) sind nicht so sehr wegen ihrer absoluten Höhe von Interesse, sondern weil sie relativ zueinander in Beziehung gesetzt werden können.

Inschriftliche Erwähnungen von Handeltreibenden, Bestimmungen zum Handel in Staatsverträgen oder vergleichbare Texte liefern zahlreiche Hinweise auf Handelsbeziehungen, ohne dass sich daraus genauere Vorstellungen über die Warenströme gewinnen ließen. Gerade in diesem Bereich verspricht jedoch die systematische Auswertung der Kleininschriften (Stempel, Dipinti, Graffiti) entweder auf den Waren selbst oder mehr noch auf den Transportbehältern, insbesondere den allgegenwärtigen Amphoren, eine Verbesserung des Kenntnisstandes. Die Interpretation dieser oft extrem verkürzten Angaben ist sehr schwierig, weil schon die grundsätzliche Funktion etwa von Amphorenstempeln keineswegs offensichtlich ist. Außerdem stellen sich angesichts der enormen Zahl dieser Inschriften in Verbindung mit einer nicht immer befriedigenden Publikationslage enorme methodische Herausforderungen. Das Erkenntnispotential, das in der Untersuchung der Kleininschriften auf den *instrumenta*

---

38 Thasos: IG XII Suppl. 347; Delphi: CID I 3; Athen: Rhodes – Osborne, GHI 40; Erythrai: I.Erythrai 15; Delos: I.Delos 509.
39 Athen: Osborne – Rhodes, GHI 155 (ca. 414 v. Chr.); Rhodes – Osborne, GHI 25 (375/74); IG II/III2 1013 (vgl. *Doyen, Ch., Ex schedis Fourmonti. Le décret agoranomique athénien (CIG I 123 = IG II–III²* 1013), in: Chiron, 46, 2016, 453–487) (2. Jh. v. Chr.); Delphi: F.Delphes III 2, 139 (2. Jh. v. Chr.); Olbia: I.Kalchedon 16 (4. Jh. v. Chr.).
40 *De Ligt, L.,* Fairs and Markets in the Roman Empire. Economic and Social Aspects of Periodic Trade in a Pre-Industrial Society. Amsterdam 1993, mit Zusammenstellung der primär epigraphischen Evidenz 243–258.
41 Die delischen Preisserien bilden die Grundlage der Studie von *Reger, G.,* Regionalism and Change in the Economy of Independent Delos. Berkeley/Los Angeles/Oxford 1994.

domestica für das Studium der antiken Wirtschaft liegt, ist dennoch sehr groß und keineswegs ausgeschöpft.[42]

IV Zusammenfassung und Ausblick

Dieser notwendigerweise lückenhafte Überblick kann lediglich aufzeigen, dass Inschriften unterschiedlichster Art für die Untersuchung vielfältiger Aspekte der antiken Wirtschaft eine zentrale Quellengrundlage darstellen. Der Bestand an Inschriften steigt dabei laufend in beträchtlichem Maße an, kommen doch jährlich rund 1500 Neufunde hinzu.[43]

Inschriften können als Quellen nie alleine stehen: Da sie stets nur ganz punktuell Informationen liefern, hat ihre Interpretationen stets in Verbindung mit der gesamten zur Verfügung stehenden Überlieferung zu erfolgen, zu der literarische Quellen ebenso gehören wie die materielle Hinterlassenschaft. Nicht nur im Falle der *instrumenta domestica*, wo dies auf der Hand liegt, sondern ganz generell stellen auch die Inschriftenträger selbst archäologische Zeugnisse dar und müssen als solche verstanden werden. Ebenso selbstverständlich muss die Interpretation der Texte auch in einem konzeptionellen Rahmen erfolgen, den die Inschriften allein nicht liefern können. Die Detailinformationen, die einzelne Inschriften zu meist isolierten Phänomenen liefern, in ein Gesamtbild der wirtschaftlichen Verhältnisse an einem Ort oder in einer Region zu integrieren, gehört zu den zentralen Herausforderungen der antiken Wirtschaftsgeschichte.

---

42 *Edmondson*, Economic Life, 683–685 bietet einen ersten Einblick in das römische Material; exemplarische Studien zu Inschriften auf römischen Amphoren hat Ehmig vorgelegt (*Ehmig, U.*, Die römischen Amphoren aus Mainz. (Frankfurter Archäologische Schriften, Bd. 4) Möhnesee 2003; *dies.*, Die römischen Amphoren im Umland von Mainz. Mit Beiträgen von Małgorzata Daszkiewicz und Gerwulf Schneider, Karin Kraus sowie Klaus Ruthenberg. (Frankfurter Archäologische Schriften, Bd. 5) Wiesbaden 2007; *dies.*, Dangstetten IV: Die Amphoren. Untersuchungen zur Belieferung einer Militäranlage in augusteischer Zeit und den Grundlagen archäologischer Interpretation von Fund und Befund. (Forschungen und Berichte zur Vor- und Frühgeschichte in Baden-Württemberg, Bd. 117) Stuttgart 2010); zum griechischen Material vgl. die Beiträge bei *Badoud, N./Marangou-Lerat, A.* (Hgg.), Analyse et exploitation des timbres amphoriques grecs. Rennes 2019; *Chaniotis, A.*, Inscribed *Instrumenta Domestica* and the Economy of Hellenistic and Roman Crete, in: *Archibald, Z. H./Davies, J. K./Gabrielsen, V.* (Hgg.), Making, Moving, and Managing. The New World of Ancient Economies. Oxford 2005, 92–116, wertet Kleininschriften für die Wirtschaftsgeschichte des hellenistischen und kaiserzeitlichen Kretas aus; *Pucci*, Inscribed *instrumentum*, und *Cooley, A.*, The Cambridge Manual to Latin Epigraphy. Cambridge 2012, 82–104 diskutieren die Bedeutung der Kleininschriften für das Studium der antiken Wirtschaft im Allgemeinen.
43 Die griechischen Neufunde werden im Supplementum Epigraphicum Graecum (https://scholarlyeditions.brill.com/sego/), die römischen in der Année Épigraphique gesammelt und durch thematische Indizes erschlossen, die auch auf wirtschaftshistorisch relevante Texte verweisen. Die Gesamtbestände der Inschriften erschließen am einfachsten verschiedene Datenbanken: Für die lateinischen Inschriften siehe v. a. die Epigraphik-Datenbank Clauss/Slaby (https://db.edcs.eu), für die griechischen Inschriften Searchable Greek Inscriptions (https://epigraphy.packhum.org).

Bibliographie

Andreau, J., Banking and Business in the Roman World. (Key Themes in Ancient History) Cambridge 1999.

Beltrán Lloris, F., The "Epigraphic Habit" in the Roman World, in: *Bruun, Chr./Edmondson, J. (Hgg.)*, The Oxford Handbook of Roman Epigraphy. Oxford 2015, 131–148.

Bodel, J., Epigraphy and the Ancient Historian, in: *ders. (Hg.)*, Epigraphic Evidence. Ancient History from Inscriptions. London 2001, 1–56.

Eck, W., Lateinische Epigraphik, in: *Graf, F. (Hg.)*, Einleitung in die lateinische Philologie. Stuttgart 1997, 92–111.

Edmondson, J., Economic Life in the Roman Empire, in: *Bruun, Chr./Edmondson, J. (Hgg.)*, The Oxford Handbook of Roman Epigraphy. Oxford 2015, 671–695.

Flohr, M./Wilson, A. (Hgg.), Urban Craftsmen and Traders in the Roman World. Oxford 2016.

Kolb, A., Epigraphy as a Source on Ancient Technology, in: *Erdkamp, P./Verboven, K. (Hgg.)*, Structure and Performance in the Roman Economy. Models, Methods and Case Studies. Brüssel 2015, 223–238.

Pucci, G., Inscribed *instrumentum* and the Ancient Economy, in: *Bodel, J. (Hg.)*, Epigraphic Evidence. Ancient History from Inscriptions. London 2001, 137–190.

Schneider, H., Die Inschriften als Archiv der römischen Wirtschaftsgeschichte, in: *Schneider, H./Thomas, L. (Hgg.)*, Alte Geschichte und Epigraphik. Werner Eck zum 75. Geburtstag. (Philippika, Bd. 131) Wiesbaden 2019, 87–141.

Schuler, Chr., Inscriptions and Identities of Rural Population Groups in Roman Asia Minor, in: *Davies, J. K./Wilkes, J. (Hgg.)*, Epigraphy and the Historical Sciences. Oxford 2002, 63–100.

Sven Tost
6 Papyrologie und Wirtschaftsgeschichte

I Einleitung

Schon in der Frühzeit ihrer Forschungsgeschichte während der ersten Jahrzehnte des 20. Jahrhunderts hatte sich die Papyrologie als eine der jüngsten Disziplinen im Fächerkanon der Klassischen Quellen- und Altertumswissenschaften intensiv mit wirtschaftshistorischen Themen zu befassen begonnen.[1] Diese Ausrichtung lag primär im dokumentarischen Charakter und inhaltlichen Gegenstand der von ihr erforschten Textquellen – vornehmlich Papyri in griechischer, zu einem geringeren Teil auch lateinischer und koptischer Sprache[2] – begründet, die vielfach der schriftlichen Fixierung einer Steuerung und Planung von Ressourcenflüssen sowie einer Vereinbarung oder Sicherung von Verfügungsrechten entsprungen waren. Das Interesse früher Vertreterinnen und Vertreter des Fachs an ökonomischen Aspekten scheint darüber hinaus aber auch nicht unwesentlich von deren eigenem zeitlichen Umfeld geprägt und durch dessen (wirtschafts-)politische Ordnungsmuster und Diskurse angeregt worden zu sein. Schließlich fielen die ersten wissenschaftlichen, ausschließlich auf Papyrusfunde abzielenden Grabungskampagnen in Ägypten und die Herausgabe früher Corpora sowohl literarischer als auch dokumentarischer Papyruseditionen in das Zeitalter eines modernen und sehr weit fortgeschrittenen Kolonialimperialismus,[3] in dessen Verlauf die großen europäischen Nationalstaaten vom liberalen Konzept eines Freihandels, der bis in das zweite Drittel des 19. Jahrhunderts vorgeherrscht hatte, allmählich abgerückt und stattdessen zu einer zunehmend protektionistischen Wirtschaftspolitik übergegangen waren. Es ist daher nicht weiter verwunderlich, dass diese rezenten Erfahrungen einen gewissen Einfluss auf den ersten Versuch einer

---

[1] Texteditionen und -corpora sowie einschlägige Reihenveröffentlichungen werden im Folgenden nach der *Checklist of Editions of Greek, Latin, Demotic, and Coptic Papyri, Ostraca, and Tablets* abgekürzt: http://www.papyri.info/docs/checklist (abgerufen am: 15. 03. 2019).
[2] Eine Integration weiterer Schriftsprachen und Philologien (Demotisch, Koptisch, Hebräisch, Aramäisch, Mittelpersisch, Syrisch und Arabisch) sowie Nachbardisziplinen (Ägyptologie, Judaistik, Iranistik, Arabistik) setzte erst relativ spät ein und ist eng an bestimmte Forschungsstandorte und deren Wissenschaftstraditionen gebunden.
[3] Die ersten wissenschaftlich begleiteten Grabungen nach Papyri waren mit Unterstützung der 1882 gegründeten Privatstiftung *Egypt Exploration Fund* (seit 1919 *Egypt Exploration Society*) unter Leitung von David George Hogarth, Bernard Pyne Grenfell und Arthur Surridge Hunt 1895/1896 in der in Westmittelägypten gelegenen Fayyum-Oase durchgeführt worden. 1897 hatten Grenfell und Hunt außerdem eine mehrjährige Grabungstätigkeit weiter südlich bei der antiken Stadt Oxyrhynchos aufgenommen. Die ersten Corpora mit Editionen von Papyri waren bereits zuvor in Dublin, London, Berlin und Wien mit P. Petr. I (1891), P. Lond. I und P. Petr. II (1893), BGU I und CPR I (1895) herausgegeben worden. Sie enthielten ausschließlich Material, das aus dem Antiquitätenhandel bezogen worden war.

systematischen Aufarbeitung des Quellenbestands der Papyri,[4] aber auch darauf gründende Gesamtdarstellungen zu einzelnen Perioden des griechisch-römischen Ägyptens gefunden haben.[5] Dieser Einfluss von gegenwärtigen Entwicklungen und Anschauungen auf den Forschungsgegenstand lässt sich in bald mehr, bald weniger verdeckter Weise an einzelnen Kernaussagen, noch deutlicher freilich an der offensichtlich als selbstverständlich betrachteten Anwendung und Übertragung moderner Begrifflichkeiten („Nationalität", „Nationalismus", „Industrie", „Welthandel") sowie damit verbundenen Vorstellungen festmachen.[6] Gleichzeitig ist diesen wie auch späteren Beschäftigungen mit ökonomischen Verhältnissen und Entwicklungen im Rahmen papyrologischer Forschungen gemeinsam, dass sie für gewöhnlich keinem dezidiert theoriegeleiteten Ansatz folgen, sondern fast ausschließlich induktiv auf Einzelbeobachtungen aufbauen, die vom positiven Quellenbefund einzelner oder mehrerer Zeugnisse ausgehen. Der Zweite Weltkrieg und die Zeit danach markierten eine ungleich schärfere Zäsur, als dies im Verlauf des Ersten Weltkriegs und der Zwischenkriegszeit der Fall gewesen war, und das gleich in mehrfacher Hinsicht. Grabungskampagnen europäischer und nordamerikanischer Forschungsgruppen wurden zwar weiterhin unternommen, förderten allerdings nicht mehr so große Mengen an Papyri zutage. Wohl aus diesem Grund intensivierten sich deren schon früher begonnene Aktivitäten in Oberägypten und dehnten sich auf weiter abgelegene Plätze – vor allem auf ehemalige römische Festungsanlagen und Handelsstationen, aber auch auf Bergwerke – im angrenzenden Gürtel der ägyptischen West- und Ostwüsten aus, die zwar weniger Papyri, dafür aber eine große Zahl an den mit Papyrusdokumenten vergleichbaren

---

4 Einen ersten Überblick legte Ulrich Wilcken in einem gemeinsam mit dem Rechtshistoriker Ludwig Mitteis verfassten vierbändigen Handbuch „Grundzüge und Chrestomathie der Papyruskunde" (Leipzig/Berlin 1912) vor.
5 Zum Beispiel: *Milne, J. G.*, A History of Egypt under Roman Rule. London 1924; *Bevan, E.*, A History of Egypt under the Ptolemaic Dynasty. London 1927; zur politischen Ökonomie des ptolemäischen Ägypten und zum Konzept einer zentralistisch gesteuerten „Staatswirtschaft": *Préaux, C.*, L'économie royale des Lagides. Bruxelles 1939; *Rostovtzeff, M.*, A Large Estate in Egypt in the Third Century B. C. Madison 1922; zur neueren Sicht: *Bingen, J.*, Hellenistic Egypt: Monarchy, Society, Economy, Culture. Edinburgh 2007; zur Vorstellung eines „protofeudalen Zwangsstaats" in der Spätantike: *Bell, H. I.*, The Byzantine Servile State in Egypt, in: JEA, 4, 1917, 86–106; vgl. demgegenüber *Keenan, J. G.*, Papyrology and Byzantine Historiography, in: BASP, 30, 1993, insbes. 138–141.
6 Vgl. Grundz. Wilck., 4: „Das Ziel der ptolemäischen Regierung Ägyptens war, möglichst große Schätze aus dem Lande herauszuwirtschaften, um durch diese, mit starker Armee und Flotte, eine möglichst große Rolle in der internationalen Mittelmeerpolitik spielen zu können"; *Bell*, State, 103: „[...] the great mass of the proletariat, rural and urban, hopelessly poor, burdened with taxes and liturgies, fleeced by corrupt officials, continually toiling with no hope of bettering their condition, and in constant fear of finding their way into prison, whether it were the state prison or the private prison of some great landowner"; *Bell, H. I.*, Hellenic Culture in Egypt, in: JEA, 8, 1922, 155: „It is clear, in fact, that Greek was now, in Egypt, a doomed language, kept alive only by its use as the official tongue of the Byzantine government; and when the government ceased with the Arab conquest, Greek soon died out. [...] Egypt had become once more a part of that Oriental world from which the fiery genius of Alexander had separated her for a thousand years."

beschrifteten Tonscherben (Ostraka) bargen.[7] Das neue Fundmaterial gelangte auch nicht mehr so ungehindert und zahlreich in die Forschungssammlungen an Museen, Bibliotheken und Universitäten in Europa und den Vereinigten Staaten von Amerika, sondern verblieb in Ägypten. Gleichzeitig wurde zumindest der offizielle Antiquitätenhandel stark eingeschränkt und strengeren Kontrollen unterworfen. Dementsprechend hat die Papyrusforschung der Nachkriegszeit ihr Hauptaugenmerk auf eine Aufarbeitung der vorhandenen Sammlungsbestände gelegt, was sich an einer höheren Zahl an jährlich erschienenen Editionsbänden ablesen lässt.[8] Die Erarbeitung historischer Synthesen und materialbasierter Gesamtdarstellungen, wie sie noch in der ersten Hälfte des 20. Jahrhunderts entstanden waren, hielt jedoch nicht in einem ähnlichen Umfang und Tempo Schritt.[9] Gleichzeitig haben der komplexe Aufbau und die Gestaltung der Texteditionen, aber auch die Tendenz einer fortschreitenden Spezialisierung und einer Fokussierung von Bearbeiterinnen und Bearbeitern auf einzelne Perioden und Dokumentengattungen außerfachliche Zugänge nicht unbedingt erleichtert, vielmehr lange Zeit eine breitere Rezeption in der historischen Forschung verhindert. Eine fachliche Öffnung, die einerseits zu einer stärkeren Rezeption papyrologischer Forschungen und Ergebnisse in den Nachbarwissenschaften oder im Kontext weiter gefasster, diachron, inter- und transdisziplinär ausgerichteter Studien,[10] andererseits zu einem neu erstarkten Interesse der Papyrologie an übergeordneten Fragestellungen und damit auch zu einem Aufgreifen theoretischer Konzepte und neuer Methoden geführt hat,[11] geht erst auf eine Entwicklung der jüngeren Zeit zurück.[12]

---

[7] Ostraka machen fast ein Drittel des bisher veröffentlichten Bestands von über 60.000 Einzelzeugnissen aus.
[8] Zwischen 1951 und 2010 wurden etwa doppelt so viele Editionsbände herausgegeben wie im vergleichbaren Zeitraum zwischen 1891 und 1950.
[9] Den Höhepunkt und vorläufigen Abschluss hatten die beiden Untersuchungen *West, L. C./Johnson, A. C.*, Currency in Roman and Byzantine Egypt. (Princ. Stud. Pap., Bd. 5.) Princeton 1944 und *Johnson, A. C./West, L. C.*, Byzantine Egypt: Economic Studies. (Princ. Stud. Pap., Bd. 6.) Princeton 1949 gebildet. Die überwiegende Zahl an breiter angelegten Studien, die papyrologisches Quellenmaterial berücksichtigten, wurden hingegen fast ausschließlich von Historikern verfasst, die keinerlei oder nur sehr geringe praktische Erfahrungen in der Edition von Papyri hatten, wie *Jones, A. H. M.*, The Later Roman Empire, 284–602: A Social, Economic, and Administrative Study. Oxford 1964.
[10] *Wickham, C.*, Framing the Early Middle Ages: Europe and the Mediterranean, 400–800. Oxford 2005; Reihenveröffentlichungen althistorischer Forschungsnetzwerke wie des von Nijmegen aus geleiteten *Impact of Empire* oder *The Oxford Roman Economy Project*.
[11] Etwa die Anwendung von Methoden einer Netzwerkanalyse in *Ruffini, G. R.*, Social Networks in Byzantine Egypt. Cambridge 2008.
[12] Vgl. *Rathbone, D.*, The Romanity of Roman Egypt: A Faltering Consensus, in: JJP, 43, 2013, insbes. 90–91.

II Vergleich und Abgrenzung zu anderen Arten einer schriftlichen Dokumentation

Keiner anderen Schriftquelle der Antike wird ein ähnlich enger und vielfältiger Bezug zum Alltagsleben – und damit auch zu den darin verorteten Wirtschaftsprozessen – attestiert wie den dokumentarischen Papyri.[13] Zwar gewähren auch andere Textzeugnisse dokumentarischen Charakters – allen voran die sich nicht nur anderer Formen und Beschreibstoffe bedienenden, sondern auch anderen Funktionen unterworfenen Inschriften und Münzen – wesentliche Einblicke in ökonomische Verhältnisse und Kreisläufe. Doch in der Praxis ihrer Verwendung als Schriftträger sowie in der Bedeutung ihrer historischen Aussagekraft erweisen sich diese als stärker einer institutionellen oder kommunalen Sphäre verhaftet. In ihrer Eigenschaft als auf Publizität ausgerichtete Kommunikationsinstrumente – in dem einen Fall als Aufzeichnungs- und Erinnerungsmedium, im anderen als Zahlungs- und Wertbemessungsmittel – treten sie vornehmlich im Umfeld von Herrschaftsträgern oder Gemeinwesen auf. Ihre Textinhalte und -botschaften, deren redaktionelle Bearbeitung im Auftrag politischer Entscheidungsträger oder führender Repräsentanten von Gemeinwesen geschah, entsprachen dabei nicht allein den allgemein vorgegebenen Mustern gesellschaftlicher Normen und Werte. Sie stellten darüber hinaus auch den Anspruch, als öffentlich sanktioniert zu gelten und dementsprechend wahrgenommen zu werden, weshalb ihre mediale Aufbereitung und Fixierung, aber auch die Gestaltung ihres Schriftbilds ganz dem Erfordernis einer Aufstellung, Zirkulation und Rezeption im öffentlichen Raum angepasst waren. Das Ziel einer lang andauernden Sicht- und Verfügbarkeit wurde durch den Einsatz dauerhafter, hochwertiger und damit auch mit höheren Kosten und größerem Bearbeitungsaufwand verbundener Materialien (Stein, Metall) gewährleistet. Der durch all diese Faktoren bedingte stärkere Grad an herrschaftlicher Steuerung wirkt sich letztlich auf ein unverkennbares Richtungsgefälle in der durch sie vermittelten Sicht auf soziale und wirtschaftliche Verhältnisse aus. Denn der Gegenstand und die Umwelt werden in diesen schriftlichen Zeugnissen – von einigen Ausnahmen wie zum Beispiel Wandgraffiti oder einfachen Grabinschriften abgesehen – vorrangig aus der Perspektive politischer und ökonomischer Eliten beleuchtet.

Die schriftliche Dokumentation der Papyri und verwandter Texte auf Tonscherben (Ostraka), Holztafeln und Pergamenten unterscheidet sich vom Befund der Inschriften und Münzen weniger in inhaltlicher als in struktureller Hinsicht. Sie sind in vielen Fällen das Produkt einer internen – d. h. nicht primär an einer späteren Veröffentlichung orientierten – Schreib- und Aufzeichnungspraxis,[14] das neben den darin abgebildeten Informationsflüssen ein breiteres Spektrum an Akteuren, Handlungsebenen und sozialen Schichten abdeckt. Die Zweckbestimmung dieser Dokumen-

---

13 *Bagnall*, Reading, vii.
14 *Turner*, Papyri, 127.

te ging, indem sie den Bereich einer privaten oder geschäftlichen Korrespondenz, persönlicher Notizen und Abrechnungen sowie unterschiedlicher Formen von Rechtsgeschäften einschließt, zudem weit über den Gebrauch in einem herrschaftlichen, institutionellen oder kommunalen Kontext hinaus. Dadurch werden nicht allein – wie bei inschriftlichen Zeugnissen – das (vorläufige) Ergebnis einer Aushandlung und Wahrnehmung von Interessen und Ansprüchen einzelner oder Gruppen von Individuen, sondern auch der Weg dorthin aus nächster Nähe greifbar. Dieser Unterschied beim „Sitz im Leben" korreliert mit einer auf einen engeren Rezipientenkreis abgestimmten medialen Funktion. Die daraus resultierende knapper bemessene Zeitdauer einer zweckgebundenen Relevanz war ausschlaggebend dafür, dass für diese Art von Schriftstücken Materialien als Beschreibstoffe herangezogen wurden, die mit geringerem Aufwand beschafft und bearbeitet werden konnten, im Fall organischer Schriftträger allerdings auch von weniger dauerhafter Beschaffenheit waren. Der hauptsächlich in Ägypten produzierte und zunächst auch nur dort verwendete Papyrus bewährte sich nicht allein aufgrund seiner vergleichsweise niedrigen Herstellungs- und Beschaffungskosten gegenüber anderen Schriftträgern aus Marmor, Bronze oder Tierhäuten. Er bot außerdem den Vorteil einer besonders flexiblen Handhabung in Hinblick auf sein geringes Transportgewicht, eine rasche Beschriftung, eine platzsparende Aufbewahrung sowie eine durch Abwaschen der Tinte ermöglichte Wiederverwendung. Diese Vorzüge dürften nicht unwesentlich zur weiteren Verbreitung des Papyrus auch außerhalb Ägyptens beigetragen haben. Über Vermittlung phönizischer und griechischer Händler hatte sich der Gebrauch von Papyri wohl noch im Verlauf der ersten Hälfte des 1. Jahrtausends v. Chr. auf den gesamten Mittelmeerraum sowie einige angrenzende Regionen hin ausgedehnt.[15] Ausnahmen bildeten vor allem Siedlungsgebiete und -plätze, die aufgrund ihrer peripheren oder innerkontinentalen Lage über keine oder eine nur eingeschränkte Verkehrsanbindungen verfügten, weshalb dort auf geeignete und vor Ort verfügbare Alternativen wie Tonscherben oder Holztafeln zurückgegriffen wurde.[16] Das billigste Schreibmaterial stellten – nicht nur in Ägypten – Ostraka dar, die überall in größeren Mengen aus der im Alltag zu Bruch gegangenen Gebrauchskeramik gewonnen werden konnten.[17]

Sowohl in ihrer Eigenschaft als Kommunikationsmedium und Informationsspeicher als auch in Anbetracht einer starken inhaltlichen Fokussierung auf eine Kontrolle wirtschaftlicher Abläufe sind dokumentarische Papyri strukturell wohl den im Alten Vorderen und Mittleren Orient sowie in der bronzezeitlichen Ägäis lange gebräuchlichen, ungebrannten und deshalb ebenfalls nicht besonders haltbaren Tontäfelchen in sumerischer, elamischer, akkadischer, hethitischer und altpersischer Keilschrift, aber auch mykenischer Linear B-Silbenschrift am nächsten verwandt. Eine

---

15 *Turner*, Papyri, 2 (mit Anm. 9).
16 Vgl. T. Bloomberg; T. Vindol. I–IV; T. Vindon.; *Marichal, R.*, Les graffites de la Graufesenque. Paris 1988; O. BuNjem.
17 *Bagnall*, Reading, 11.

historische Auswertung und Einordnung dieser beiden Arten von verwandten „Massenquellen" sehen sich nicht nur vor dem Hintergrund einer fragilen Beschaffenheit des Materials, sondern vor allem aufgrund einer punktuellen Streufundsituation und daraus resultierender Einschränkungen in Hinblick auf weiter zu fassende Schlussfolgerungen vor recht ähnliche Schwierigkeiten gestellt.

III Überlieferungsbefund, methodische Probleme und Grenzen der Aussagekraft

Die vielseitigen Möglichkeiten einer Nutzung von Papyri als Primärquellen zur Erforschung des antiken Alltagslebens, ökonomischer und administrativer Praktiken sehen sich allerdings einer Reihe methodischer Herausforderungen gegenüber, die vor allem aus einer sowohl räumlich als auch zeitlich ungleichmäßigen Verteilung des erhaltenen Materials resultieren. Die räumlich unterschiedliche Streuung hängt zunächst primär mit den physischen Eigenschaften von Papyri und Pergamenten als organischen Stoffen zusammen, die ein materielles Überdauern nur bei einer Lagerung oder Konservierung unter klimatischen Bedingungen zulassen, wie sie etwa in den subtropischen Randzonen des südlichen und östlichen Mittelmeerraums vorherrschen. Dass ein Großteil der Papyrusfunde aus Ägypten stammt – und damit ausgerechnet aus jener Region, in der dieser Beschreibstoff nahezu ausschließlich produziert, von dort aus dann in andere Gegenden exportiert wurde –, zeigt dabei bloß eine von mehreren Facetten dieses Problems eines Ungleichgewichts im Quellenbefund auf. Gleichzeitig scheint dieser Umstand zumindest zeitweilig die auch mit anderen Argumenten begründete und bereits von einem antiken Autor wie Tacitus vertretene These einer vermeintlichen „Sonderstellung" Ägyptens gestützt zu haben.[18] Zumindest aus papyrologischer Perspektive lässt sich eine solche Behauptung längst durch die Existenz einiger weniger weiterer, für das Gesamtbild jedoch umso wichtigerer, außerhalb Ägyptens gelegener Fundplätze – namentlich im Nahen Osten wie bei Dura Europos im heutigen Syrien, am Mittleren Euphrat, in Israel (bei Nessana/Tel Nitzana an der Grenze zur Sinaihalbinsel, bei Hyrkania/Khirbet al-Mird südöstlich von Jerusalem, bei der Festung Masada und an weiteren Orten am Toten Meer) sowie in Jordanien (bei Petra) – leicht widerlegen.[19] Es versteht sich von selbst, dass das

---

[18] Vgl. Tac. hist. 1, 11, 1; Grundz. Wilck., XV; zum heutigen Verständnis: Hickey, T. M., Writing Histories from the Papyri, in: *Bagnall, R. S.* (Hg.), The Oxford Handbook of Papyrology. Oxford/New York 2009, 500 (mit Anm. 36).

[19] Vgl. *Bagnall*, Evidence, 188 und 189; Gascou, J., The Papyrology of the Ancient Near East, in: *Bagnall, R. S.* (Hg.), The Oxford Handbook of Papyrology. Oxford/New York 2009, 475–477; P. Dura; P. Euphrates I–III, siehe dazu auch: http://www.papyrologie.paris-sorbonne.fr/menu1/collections/pgrec/peuphrategeneral.htm (abgerufen am: 15. 03. 2019); P. Ness. I–III; P. Jud. Des. Misc.; P. Murabba'ât; P. Yadin I–II; P. Masada; P. Petra I–IV.

allgemein gültige Problem einer stets punktuellen Fundsituation, die sowohl Papyri als auch andere Arten von gegenständlichen Quellen betrifft, durch den Umstand einer nachantiken Nutzung von Siedlungsplätzen, aber auch den Verlauf einer modernen Grabungs- und Erforschungsgeschichte verschärft wird.

Auf der anderen Seite sind selbst für Ägypten erhebliche Unterschiede in der lokalen Streuung und Dichte der Dokumentation festzustellen, welche immerhin die nicht unwesentliche Frage nach den jeweiligen – und nicht immer als identisch zu betrachtenden – Entstehungs-, Aufbewahrungs- oder Fundorten berühren. Diese Disparitäten sind erstens auf die zum Teil von starken Gegensätzen bestimmte Landestopographie zurückzuführen und zweitens dem Faktor dadurch bedingter klimatischer Einflüsse geschuldet. Denn während ein Großteil des erhaltenen Materials aus den eher von Trockenheit bestimmten Rändern des mittel- und oberägyptischen Niltals sowie der im Westen daran angrenzenden und südöstlich des Moeris-/Quarunsees gelegenen weitläufigen Geländedepression des Fayyum-Beckens stammt, ist der vermutlich als weitaus umfangreicher einzuschätzende Bestand von Schriftdokumenten aus dem dichter besiedelten, aber auch einem feuchteren Klimaeinfluss ausgesetzten unterägyptischen Nildelta zu einem großen Teil verloren gegangen. Ähnlich wie im Fall der nur vereinzelt auf europäischem Boden getätigten Papyrusfunde, deren Textinhalte jedoch allesamt literarischen Charakters sind,[20] verdankt sich ein allfälliges Vorhandensein – wie im Fall der in Thmuis und Bubastis im östlichen Delta entdeckten Dokumente – einzig dem Zufall einer unbeabsichtigten Konservierung durch Karbonisierung/Verkohlung im Zuge von Bränden, mit der ein natürlicher Verfallsprozess der organischen Schriftträger dauerhaft unterbunden wurde.[21] Noch stärker wiegt freilich der fast vollständige Verlust an Textmaterial aus der am Mittelmeer gelegenen Stadt Alexandria, die während des nahezu gesamten Entstehungszeitraums griechischer Papyri vom 3. Jahrhundert v. Chr. bis zum 8. Jahrhundert n. Chr. das administrative Zentrum, nämlich zunächst ptolemäische Reichs-, dann römische Provinz- und schließlich auch Diözesenhauptstadt, gewesen ist. Eine Ausnahme bilden lediglich einige Hundert Dokumente, vor allem Briefe, Geschäfts- und Rechtsurkunden, aber auch ein paar Verwaltungsschreiben, die nach Ausweis expliziter Angaben in den Texten selbst zwar in Alexandria ausgefertigt worden waren, danach aber über ihre Adressaten oder Umwege nach Mittelägypten gelangt sind. Ein Teil des Urkundenmaterials ist zudem auch nur deshalb erhalten, weil insbesondere in hellenistischer Zeit beschriftete Papyri mitunter auch als Abfallprodukt für die Herstellung von Mumien-

---

20 Neben den bereits 1752 bei Ausgrabungen in der Villa dei Papiri in Herculaneum zutage getretenen verkohlten Papyri mit philosophischen Werken Epikurs und einiger Vertreter aus dessen Schule ist hier auch der nördlich von Thessaloniki entdeckte Derveni-Papyrus – ebenfalls philosophischen Inhalts – zu nennen, der aufgrund seiner Datierung in die zweite Hälfte des 5. Jahrhunderts v. Chr. als die älteste erhaltene (griechische) Handschrift Europas gilt.

21 Vgl. P. Thmouis; P. Bub. I–III.

kartonage, einer Art Pappmaché zur Fertigung von Mumienhüllen oder zur Auskleidung von Sarkophagen, herangezogen wurden.[22]

Neben diesen topographisch-klimatisch bedingten Überlieferungsumständen kommen weitere, auch andernorts das lokale und chronologische Verteilungsmuster beeinflussende demographische und soziokulturelle Faktoren wie Änderungen im Siedlungs- und Bewirtschaftungsverhalten, Ausprägungen eines Stadt-Land-Gefälles oder Umbrüche in den Dokumentations-, Aufbewahrungs-, Entsorgungs- und Wiederverwertungspraktiken zum Tragen. In Ägypten lässt sich ein Wandel in der Siedlungs- und Wirtschaftsgeographie besonders deutlich am Beispiel der Nutzung des ursprünglich aus sumpfigem Marschland bestehenden, aber bereits zur Zeit des Mittleren Reichs unter mehreren Pharaonen der zwölften Dynastie durch Kanal- und Dammanlagen erschlossenen Fayyum-Beckens nachweisen. Nach einer vorübergehenden Phase einer Stagnation und zeitweiligen Vernachlässigung während des Neuen Reichs und der Spätzeit scheint das Gebiet während der ptolemäischen Herrschaft eine verstärkte Besiedelung, die Gründung zahlreicher Dörfer, eine Ausweitung der Anbauflächen und einen entsprechenden Ausbau der Verkehrs- und Wasserversorgungsinfrastruktur erfahren zu haben.[23] Der hohe Grad an Siedlungsdichte und wirtschaftlicher Nutzung hatte auch noch die gesamte römische Zeit hindurch weiter angedauert, bevor das 4. Jahrhundert n. Chr. vor dem Hintergrund einer Zunahme des Steuerdrucks, administrativer Probleme, mangelnder Koordination und lokaler Konflikte rund um die Wasserversorgung eine Zäsur setzte, die einen allgemeinen Niedergang durch Abwanderung, Aufgabe von Ackerland und Siedlungen, vor allem an den äußeren Rändern der Fayyum-Oase, mit sich brachte.[24] Als eine weitere Folge lässt sich für solche Siedlungsplätze nicht selten ein abruptes Ende der schriftlichen Dokumentation feststellen.[25] Dass eine solche Entwicklung mit einem veränderten Stadt-Land-Gefälle und einer Tendenz zur Verstädterung durch eine als „Munizipalisierung" bezeichnete administrative Anpassung und Transformation der vielen ägyptischen Lokalstädte (*metropoleis*) in (selbstverwaltete) „Kurialstädte" in severischer Zeit eingeleitet und durch die am Beginn des 4. Jahrhunderts erfolgte Umwandlung in *civitates* verstärkt worden sein dürfte, lässt sich zwar nicht beweisen, wird allerdings durch eine auffällige Schwerpunktverlagerung in der Evidenz nahegelegt.[26] Für das 3. und 4. Jahrhundert

---

22 Vgl. P. Cair. Zen. I–II; BGU IV.
23 P. Fay., Einl.
24 Vgl. *Bagnall, R. S.*, The Population of Theadelphia, in: BSAC, 24, 1982, 35–57; *Derda, T.*, Arsinoites Nomos: Administration of the Fayum under Roman Rule. (JJP Suppl., Bd. 7) Warszawa 2006, 7–8; *Haug, B.*, Environment, Adaption, and Administration in the Roman Fayyūm, in: *Quenouille, N. (Hg.)*, Von der Pharaonenzeit bis zur Spätantike. Kulturelle Vielfalt im Fayum. Wiesbaden 2015, 65–68.
25 Im Fall der am nördlichen Rand gelegenen Siedlung Soknopaiu Nesos reißt die Evidenz der Papyri bereits während des 3. Jahrhunderts, beim im Südwesten gelegenen Theadelphia im 4. Jahrhundert ab.
26 *Palme*, Range, 358: „Much of the material surviving from the Ptolemaic and Roman periods was produced and found in villages, while nearly all of the papyri from the Byzantine period come from cities [...]".

manifestiert sich zudem eine weitere Umschichtung, die sich nicht nur in einem Gefälle zwischen städtischen und dörflichen Befunden, sondern auch in der Zusammensetzung des Materials selbst zeigt. Ein deutlicher Anstieg der Zahl an Dokumenten aus einem amtlichen Milieu deutet auf die Bündelung lokaler Verwaltungsaufgaben im Kompetenzbereich städtischer Gemeinden hin, bis diese im Verlauf des 5. Jahrhunderts auszudünnen beginnt. Stattdessen scheint eine mancherorts einsetzende, die Bildung von Großgrundbesitz fördernde Akkumulierung von Ressourcen an Land und Arbeitskraft große Mengen an geschäftlichem Schriftverkehr und buchhalterischen Aufzeichnungen hervorgebracht zu haben,[27] die zumeist mit der Verwaltung ländlicher Güter in direktem Bezug stehen, aber von in den Städten ansässigen Gutsverwaltern gesammelt worden waren und deshalb schließlich auch dort gefunden wurden.[28] Spätestens für die Zeit ab dem 6. Jahrhundert verdichten sich in diesen privaten Haushaltsdossiers Anzeichen für einen Wandel des „öffentlichen" Lebens, der auf eine staatlich-institutionelle Einbindung dieser Domänenhaushalte für die Bewältigung kommunaler Aufgaben hinausgelaufen sein und eine stärkere Verflechtung privater und öffentlicher Interessen zur Folge gehabt haben dürfte.[29] Gleichzeitig kann jedoch nicht ausgeschlossen werden, dass der Dokumentationsbefund, der eine solche Lesart suggeriert, auch auf Änderungen in den Aufzeichnungsmethoden, im Sprach- und Schriftgebrauch zurückgeht. Das betrifft erstens die Frage, welche Information zu welcher Zeit, welchem Zweck in schriftlicher Form festgehalten oder bloß mündlich kommuniziert wurde.[30]

Zweitens lässt sich der Gebrauch einiger der erhaltenen Texttypen für den ganzen oder einen Großteil des Dokumentationszeitraums, die Verwendung anderer hingegen nur für einzelne Zeitabschnitte nachweisen. Das Verschwinden bestimmter Urkundengattungen und -formate sowie das Auftreten anderer mögen in einigen Fällen durchaus einen institutionellen Wandel widerspiegeln,[31] während in anderen ein Kausalzusammenhang nicht schlüssig nachgewiesen werden kann.[32] Drittens hatte die

---

27 *Bagnall*, Egypt, 149 mit relativierender Einschränkung und Mahnung zu einer differenzierenden Beurteilung.
28 Vgl. etwa das bislang ca. 350 verstreut publizierte Einzelzeugnisse umfassende Privatarchiv der im Oxyrhynchites und Herakleopolites beheimateten Großgrundbesitzerfamilie der Apionen aus der Zeit vom 4. bis zum 7. Jahrhundert; dazu allgemein: *Mazza, R.*, L'archivio degli Apioni. Terra, lavoro e proprietà senatoria nell'Egitto tardoantico. Bari 2001. Wegen seines zeitlichen und geographischen Ausdehnungsrahmens muss dieses mit Sicherheit als Sonderfall betrachtet werden, der sich nur schwer einordnen lässt und keine Schlussfolgerungen in Hinblick auf die sozioökonomischen Verhältnisse in anderen Gebieten Ägyptens erlaubt.
29 *Bagnall*, Egypt, 159–160; *Palme*, Range, 386.
30 Neben örtlichen Gegebenheiten und einem zunehmenden Institutionalisierungsgrad ist vor allem die soziale Herkunft der Akteure als ausschlaggebend aufzufassen.
31 Etwa im Fall von Sitzungsberichten und -protokollen städtischer Ratsversammlungen, deren Dokumentation kurz nach deren Einführung am Beginn des 3. Jahrhunderts n. Chr. einsetzt, doch offenkundig kaum über das Ende des 4. Jahrhunderts hinausreicht.
32 Zum Beispiel das fast vollständige Aussetzen eines Befunds von Zensusdeklarationen nach der Mitte des 3. Jahrhunderts; vgl. *Bagnall*, Egypt, 182–183.

Entwicklung unterschiedlicher Modi von Mehrsprachigkeit, die in Ägypten teils aus der Errichtung von Fremdherrschaften, einem Wechsel des Herrschaftsträgers und einer nicht nur damit einhergehenden Ansiedelung fremder Gruppen, teils aus soziokulturellen Momenten resultierte,[33] zeitweilig ein paralleles, aber weitgehend getrenntes Auftreten („Diglossie" und „Digraphie") oder eine Interaktion („Bilingualismus") unterschiedlicher Schriftsprachen hervorgebracht,[34] die wiederum Auswirkungen auf die alltäglichen Kommunikations- und Dokumentationspraktiken zeitigte,[35] wohl aber auch die Wahl von Beschreibstoffen beeinflusste.[36] Die Edition und historische Auswertung der beiden dadurch entstandenen Gruppen von Texten – nämlich den in zwei Sprachen abgefassten Dokumenten einerseits und zeitgleich bzw. parallel ausgefertigten monolingualen Schriftstücken andererseits – erfordern philologische Kenntnisse, die von einzelnen Forscherinnen und Forschern nur selten abgedeckt werden können. Daraus ergibt sich ein weiteres Problem, das eine auf Vergleichbarkeit abzielende und mehrere Perspektiven berücksichtigende Erschließung dieser Quellen für wirtschaftshistorische und andere aspektorientierte Forschungen unmittelbar berührt – nämlich der Umstand eines zwischen den jeweiligen Sprachgruppen herrschenden Ungleichgewichts hinsichtlich der Verfügbarkeit an editiertem Material. Bemühungen um eine Einordnung und Abgrenzungen des Befunds an mehr- und einsprachigen Texten wer-

---

[33] Das betrifft vor allem das Aufkommen des Koptischen als ägyptischer Schriftsprache im 4. Jahrhundert n. Chr., dessen Gebrauch zunächst noch stark an ein bestimmtes Milieu, einzelne Textgenres und den Kontext privater Korrespondenz und Aufzeichnungen gebunden war.
[34] Darunter fällt die in ptolemäischer Zeit und noch bis in das 2. Jahrhundert n. Chr., auf Mumientäfelchen sogar noch länger gepflegte zweisprachige Schriftpraxis in Demotisch und Griechisch, für die allein rund 2000 „Bilinguen" in Editionen vorliegen. Im Gegensatz zum Griechischen hatte sich das Lateinische in Ägypten sowie anderen Regionen des östlichen Mittelmeerraums niemals durchzusetzen vermocht. Es kam in Form einer „Diglossie" hauptsächlich beim Schriftverkehr im römischen Heer sowie auf höherer Behördenebene wie der des Statthalters zum Einsatz; seit dem 4. Jahrhundert n. Chr. fanden lateinische Elemente, Termini, Lehnwörter, Buchstaben oder Textteile Eingang in Notarsunterschriften, bei Datierungen von Rechtsurkunden und offiziellen Dokumenten sowie in Prozessakten. Bislang wurden etwas mehr als 250 griechisch-lateinische Dokumente publiziert. Ab dem Ende des 5. Jahrhunderts tauchen koptische Textteile in griechischen Verträgen auf. Das Mittelpersische (auch Pahlavi oder Pehlewi genannt) wurde als Schriftsprache in Ägypten nur während der sasanidischen Herrschaft von 619 bis 629 n. Chr. verwendet. Von den rund 1000 weltweit bekannten Zeugnissen auf Papyrus, Pergament, Leinen und Tonscherben – hauptsächlich wirtschaftlichen Mitteilungen in Zusammenhang mit der Heeresversorgung – sind bisher etwa 400 ediert worden, die kaum Berührungen zwischen den einzelnen Sprach- und Personengruppen erkennen lassen; vgl. *Fournet, J.-L.*, Multilingual Environment of Late Antique Egypt: Greek, Latin, Coptic and Persian Documentation, in: *Bagnall, R. S. (Hg.)*, The Oxford Handbook of Papyrology. Oxford/New York 2009, 418–451.
[35] In Verträgen, Lieferungskäufen und außergerichtlichen Vergleichen aus den ersten Jahrzehnten der arabischen Herrschaft löst Koptisch das Griechische als die dominierende Schriftsprache ab.
[36] Es ist auffällig, dass das zunächst nur literarischen Texten vorbehaltene, dann aber zunehmend auch für koptische Privatbriefe verwendete Pergament spät – offenbar erst während oder nach der sasanidischen Besetzung – für das Abfassen von Dokumenten in griechischer Sprache herangezogen wurde.

den aber auch dadurch erschwert, als sich selbst die Relation zwischen den in der Antike produzierten und heute verfügbaren Mengen an Dokumenten nicht einmal annähernd abschätzen lässt.

Die Textgestalt und die Fundumstände geben viertens nur selten explizit oder implizit Aufschluss über Methoden, Ausmaß und Dauer einer Aufbewahrung von Schriftstücken und deren allfällige Weiterverwendung. Gerade aber diese Begleitmomente sind als entscheidende Einflussfaktoren für die Generierung von Textarchiven oder -dossiers, also eine bereits in der Antike – nach welchen Kriterien auch immer – mit Absicht erfolgte gemeinsame Deponierung unterschiedlicher Dokumente an einem bestimmten Platz zu betrachten,[37] da sich diese auf eine ungleiche, jeweils nach Jahrhunderten schwankende zeitliche Verteilung des erhaltenen und näher datierbaren Urkundenmaterials auswirkten.[38] Eine der wesentlichen Ausgangsschwierigkeiten für die Bewertung von Archivzusammenhängen besteht zunächst darin, dass deren archäologischer Fundkontext in vielen Fällen, vor allem aus der Frühzeit einer Grabungs- und Forschungsgeschichte, oft nur unzureichend oder gar nicht aufgenommen worden war.[39] Neben einem Sammeln und Aufbewahren loser Blätter, wie sie für Privat- und Geschäftsarchive kennzeichnend sind, waren in einem offiziellen oder institutionellen Umfeld weitere Ablage- und Archivierungsmethoden zum Einsatz gekommen, die einerseits eine Rückgabe oder Weiterleitung von Originaldokumenten ermöglichen, andererseits eine bessere Übersicht und Kontrolle gewährleisten sollten. So wurden bereits von ptolemäischer bis in römische Zeit hinein private Geschäftsabschlüsse notariell beglaubigt und in öffentlichen Archiven registriert.[40] In byzantinischer Zeit war man von diesem Verfahren einer öffentlichen Registrierung durch offizielle Organe abgekommen; Verträge und andere Formen einer urkundlichen Bestätigungen von Transaktionen wurden nunmehr von mit „staatlicher" Genehmigung

---

[37] Die größten geschlossenen Fundgruppen publizierter Texte bilden das „Zenon-Archiv" aus dem 3. Jahrhundert v. Chr. (mit über 1800 Papyri) und das „Abu Mina-Archiv" aus der ersten Hälfte des 7. Jahrhunderts n. Chr. (mit rund 1400 Ostraka). Das eine beinhaltet die Geschäftskorrespondenz eines in Philadelphia ansässigen Gutsverwalters des Apollonios, des Leiters des Finanzressorts (*dioiketes*) unter Ptolemaios II. (P. Cair. Zen. I–V), das andere Quittungen und Zahlungsanweisungen aus dem organisatorischen Umfeld der lokalen Weinproduktion einer am Nordrand der libyschen Wüste gelegenen Gemeinde (O. AbuMina). Der Umfang der aus römischer und byzantinischer Zeit erhaltenen Geschäfts- und Privatarchive fällt demgegenüber geringer aus; das des Heroninos, des Verwalters von Gütern eines gewissen Appianus in Theadelphia, aus dem 3. Jahrhundert n. Chr. umfasst ca. 450 Dokumenten, das des Gutsbesitzers und Rechtsgelehrten Dioskoros von Aphrodito aus dem 6. Jahrhundert ca. 570 Zeugnisse.
[38] Habermann, W., Zur chronologischen Verteilung der papyrologischen Zeugnisse, in: ZPE, 122, 1998, 144–160; zur gewichtigen Rolle von Archivbefunden: *ebd.*, 151.
[39] *Cuvigny, H.*, The Finds of Papyri: The Archaeology of Papyrology, in: *Bagnall, R. S. (Hg.)*, The Oxford Handbook of Papyrology. Oxford/New York 2009, 48–49.
[40] *Wolff, H.-J.*, Das Recht der griechischen Papyri Ägyptens in der Zeit der Ptolemäer und des Prinzipats: Organisation und Kontrolle des privaten Rechtsverkehrs. (Handbuch der Altertumswissenschaft 10.5.2) München 1978, 18–23.

tätigen Privatnotaren (*symbolaiographoi, nomikoi, tabelliones*) aufgesetzt, deren Originale den Geschäftsparteien ausgehändigt, nicht mehr jedoch separat dokumentiert wurden.[41] Seit römischer Zeit fanden sich Einzelblätter gleichgearteter Dokumente, vor allem eines offiziellen Schriftverkehrs, sekundär auch zu längeren Aktenkonvoluten (*tomoi synkollesimoi*) zusammengeklebt.[42] Einen gewissen Anhaltspunkt über Vorgaben und Intensität einer Archivierung liefert auch ein Teil der auf Papyrus überlieferten Amtskorrespondenz, deren Inhalte in Auszügen übertragen oder mittels Abschrift des Originalwortlauts in eigens angelegte Amtsjournale und Kopialbücher Eingang gefunden haben.[43] Nicht nur bei literarischen, sondern auch bei dokumentarischen Texten größeren Umfangs lässt sich für die spätere Zeit mit dem Aufkommen des Codex-Formats fallweise auch ein Wechsel in der Anlage und Handhabung des Aufzeichnungsmediums feststellen, indem anstelle der bis dahin üblichen Papyrusrollen auf zusammengebundene Einzelblätter geschrieben wurde.[44] Über die weitere Bestimmung dieser antiken Dokumentensammlungen, deren wohl auch unterschiedliche Archivierungsdauer, weiteren Verbleib oder auch Wege einer Sekundärverwendung ist nur wenig bekannt. Private Verträge, Urkunden zu Besitzstand und Status werden innerhalb der Familie wohl über mehrere Generationen aufbewahrt worden sein, weil diese für die Legitimation von Ansprüchen weiterhin von Relevanz gewesen sein dürften.[45] Ähnlich hat es sich nachweislich mit Aufzeichnung gerichtlicher Entscheidungen und Urteilssprüche verhalten, wie aus dem Wortlaut einiger Petitionen hervorgeht, die sich auf eine vergangene Rechtsprechung in Präzedenzfällen oder das vorläufige Ergebnis laufender Prozessverfahren beziehen.[46] Andere, weniger wichtige oder auch gegenstandslos gewordene Schriftstücke waren, sofern sie nicht in Privathäusern zwischengelagert, weggeworfen und dem Verfall preisgegeben worden waren, gemeinsam mit dem Abfall aus Kanzleien und öffentlichen Stellen an den Rändern von Siedlungen entsorgt worden, wo sie im späten 19. oder frühen 20. Jahr-

---

[41] *Tost*, Notaries, Graeco-Roman Egypt, in: *Bagnall, R. S. et al. (Hgg.)*, The Encyclopedia of Ancient History. Wiley Online Library: https://onlinelibrary.wiley.com/doi/abs/10.1002/9781444338386.wbeah25094 (abgerufen am: 15. 03. 2019).
[42] Wie die Zensusdeklarationen P. Oxy. LXXIV 4986–4988. Ein eindrucksvolles Beispiel für einen *tomos synkollesimos* findet sich in Pap. Lugd. Bat. V, Tafel 1.
[43] Vgl. P. Oxy. LIV 3741 Verso sowie die vollständige Übertragung von aus- und eingegangenen Schreiben in P. Panop. Beatty 1 und 2.
[44] Solche „dokumentarischen Codices" begegnen vor allem im 6. und 7. Jahrhundert bei oberägyptischen Steuerregistern wie in P. Aphrod. Reg., P. Sorb. II 69 und P. Herm. Landl.; vgl. dazu *Gascou, J.*, Les codices documentaires égyptiens, in: *Blanchard, A. (Hg.)*, Les débuts du codex. (Bibliologia. Elementa ad librorum studia pertinenta, Bd. 9) Turnhout 1989, 71–101.
[45] Vgl. P. Yadin und P. Diog. mit publizierten Dokumenten aus dem „Babatha"- bzw. „Diogenes-Archiv".
[46] Vgl. P. Oxy. II 237 und dazu *Bryen, A. Z.*, Tradition, Precedent, and Power in Roman Egypt, in: *Procházka, S./Reinfandt, L./Tost, S. (Hgg.)*, Official Epistolography and the Language(s) of Power: Proceedings of the First International Conference of the Research Network Imperium & Officium. (Pap. Vind., Bd. 8) Wien 2015, 201–215.

hundert *in situ* von Fellachen oder Archäologen aufgefunden oder systematisch ausgegraben wurden.[47] Eine kaum zu beziffernde Menge war noch einer Wiederverwertung zugeführt worden – sei es als Schriftträger,[48] sei es in einem anderen Kontext.[49] Dieses komplexe Zusammenspiel unterschiedlicher, natürlicher und soziokultureller, antiker wie rezenter, die Streuung des Fundmaterials beeinflussender Faktoren stellt jeglichen Versuch einer Auswertung dieser Art von Schriftzeugnissen vor erhebliche methodische Herausforderungen, deren Reichweite sowohl innerhalb als auch außerhalb des Fachs der Papyrologie leicht unterschätzt wird. Um das Potenzial von Papyri als Quellenmaterial ausschöpfen und die Grenzen von deren Aussagekraft richtig einschätzen zu können, bedarf es einer reflektierten und differenzierenden Herangehensweise sowie einer möglichst scharfen Eingrenzung der jeweiligen Aufgabenstellung. Dabei spielt es keine Rolle, ob diese schlussendlich in die Formulierung einer verallgemeinernden Schlussfolgerung münden soll, die auf der Lesung und Deutung eines Einzeldokuments oder einer kleineren Gruppe von ähnlichen bzw. zusammenhängenden Texten beruht, oder ob ein größeres *sample* an Urkunden oder daraus gewonnene Detailinformationen für eine mit quantifizierenden Methoden arbeitende Untersuchung herangezogen werden sollen.

IV Themenbreite und Informationsgehalt in Hinblick auf wirtschaftshistorische Fragen

Je nach Entstehungsumfeld und Verwendungszweck kann bei Papyri und verwandten Schriftträgern grundsätzlich zwischen zwei größeren Gruppen dokumentarischer Texte, für die sich als Sammelbegriff die Bezeichnung „Urkunden" durchgesetzt hat, unterschieden werden: 1. offiziellen Schriftstücken, die auch als Dokumente eines „öffentlichen Lebens" verstanden werden können, und 2. Zeugnissen eines „privaten Lebens".[50] Trotz inhaltlicher Überschneidungen der beiden Sphären, die wiederum maßgeblich aus einer gemeinsamen Involvierung in wirtschaftliche Vorgänge und Belange – Regeln und Umsetzung rund um die Einforderung und Bereitstellung von

---

47 *Luijendijk, A.*, Sacred Scriptures as Trash: Biblical Papyri from Oxyrhynchus, in: Vigiliae Christianae, 64, 2010, 217–254 mit dem Fallbeispiel einer antiken Entsorgung von Papyri, aus dem Muster eines antiken Wegwerfverhaltens abgeleitet werden können.
48 Die Beschriftung leer gebliebener Rückseiten älterer Schriftstücke, die nicht selten zu diesem Zweck zugeschnitten oder zerschnitten wurden, scheint – wie sich aus vielen Beispielen beidseitig beschrifteter Papyri ersehen lässt – jedenfalls ein weit verbreitetes, sogar milieu- und sprachgruppenübergreifendes Phänomen gewesen zu sein, wodurch indirekt der Verdacht genährt wird, dass es so etwas wie einen Handel mit „Altpapier" gegeben hat.
49 Die Verarbeitung zu Mumienkartonagen, aus denen immerhin ein Großteil des frühen Urkundenmaterials wiedergewonnen werden konnte, lässt sich bis in das 4. Jahrhundert n. Chr. nachweisen.
50 *Palme*, Range, 361.

Ressourcen – als Bindeglied resultieren, darf eine solche Trennung durchaus den Anspruch auf Allgemeingültigkeit für einen Großteil des Dokumentationszeitraums griechischer Papyri vom 3. Jahrhundert v. Chr. bis zum 8. Jahrhundert n. Chr. erheben. Innerhalb der beiden Textgruppen werden üblicherweise weitere Unterteilungen nach Sachthemen, Dokumentenschemata und Formulartypen vorgenommen.[51]

In die Gruppe der offiziellen Dokumente fallen Schreiben und Aufzeichnungen einer Kommunikation und Interaktion zwischen Herrschaftsträgern, untergeordneten Instanzen sowie einzelnen oder Gruppen von Personen. Ein Teil davon betraf erstens den Bereich der Gesetzgebung, die zur Durchsetzung und Bekanntmachung einzelner Dekrete, Beschlüsse und Maßnahmen – seien es herrschaftliche oder amtliche Entscheidungen – auf eine Weiterleitung mittels Abschriften oder Rundschreiben angewiesen war und dadurch den ordnungs- und wirtschaftspolitischen Handlungsrahmen vorgab, dem sich sämtliche Akteure innerhalb und außerhalb des Verwaltungsapparats zu unterwerfen hatten.[52] Bei dieser Art eines in „absteigender" Richtung erfolgten Schriftverkehrs lässt sich die größte inhaltliche Schnittmenge mit dem Medium epigraphischer Texte feststellen. Eine zweite Sorte von offiziellen Schriftstücken steht mit dem öffentlichen Aufgabenfeld der Rechtspflege und sozialen Kontrolle in Bezug. Sie vermittelt insofern den Eindruck einer von einem initiativen und einem reaktiven Prinzip getragenen Wechselbeziehung, als einerseits Verfehlungen und Übertretungen angezeigt, selbige andererseits im Rahmen eines mehrere Instanzen durchlaufenden und schrittweise dokumentierten Verfahrensverlaufs untersucht und geahndet wurden.[53] Allfällige Entscheidungen und Urteilssprüche konnten eine Einschränkung des Handlungsspielraums und Eingriffe in die Vermögensverhältnisse der beschuldigten Personen nach sich ziehen.[54]

Weitaus umfangreicher fällt die – auch in wirtschaftlicher Hinsicht relevante – Evidenz zu einer dritten Kategorie des offiziellen und wiederum wechselseitig geführten Schriftverkehrs zwischen den Behörden und der Bevölkerung aus: die Verwaltung von Steuern und Abgaben sowie die penible Erhebung und Archivierung der dafür wichtigen Daten einer Bemessungsgrundlage. Die Besteuerung von Land orientierte sich in ptolemäischer und römischer Zeit an Erfahrungswerten der zu erwartenden Erträge. Zu diesem Zweck wurden Kontrollregister geführt, die im Zuge einer amtlichen Eintragung von Grundstückskäufen oder anderen Formen einer Eigentumsübertragung sowie regelmäßig stattfindender Inspektionen erstellt und abgeglichen wur-

---

51 Vgl. die typologische Auflistung, die den Index-Bänden des SB zu entnehmen ist.
52 Vgl. C. Ord. Ptol.; *Oliver, J. H.*, Greek Constitutions of Early Roman Emperors. Philadelphia 1989; P. Oxy. LXIII 4400 Addendum mit einem Auszug aus dem Edikt XIII des Kaisers Justinian.
53 Eingaben und Anzeigen: P. Enteux.; vgl. dazu *Kelly, B.*, Petitions, Litigation, and Social Control in Roman Egypt. Oxford/New York 2011; *Feissel, D./Gascou, J.*, La pétition à Byzance. Paris 2011, Haftbefehle: P. Mich. X 589–591, Gerichtsakten und Prozessprotokolle: *Coles, R. A.*, Reports of Proceedings in Papyri. (Pap. Brux., Bd. 4) Bruxelles 1966; *Thomas, J. D.*, P. Ryl. IV 654: The Latin Heading, in: CE, 73, 1998, 132–134; P. Thomas 24–25.
54 Zum Beispiel die Verhängung einer Geldstrafe in SB I 5240; vgl. dazu *Kruse*, Schreiber, 532–533.

den.⁵⁵ Die Steuerleistung wurde in Form von Getreide an zentral verwaltete Speicher abgeliefert, wo eigene Beamten (*sitologoi*) den Eingang dokumentierten, quittierten und auf amtlichem Weg darüber an den Strategen (*strategos*) als höchste Instanz auf lokaler Ebene Bericht zu erstatten hatten.⁵⁶ Zusätzlich wurden Sondersteuern wie jene für Obst- und Weingärten (*apomoira, eparurion*) erhoben.⁵⁷ In Geld zu leistende Abgaben, darunter Gewerbe-, Vieh- und Sklavensteuern, waren an „staatliche" Banken zu entrichten.⁵⁸ Außerdem waren Männer zwischen dem 14. und 60. oder 65. Lebensjahr dazu verpflichtet, eine Kopfsteuer (*syntaxis* in ptolemäischer, *laographia* in römischer Zeit) zu zahlen, sofern sie nicht aufgrund eines privilegierten Status – etwa als Inhaber des römischen Bürgerrechts, Bürger einer der drei (später vier) griechischen Städte (Alexandria, Naukratis, Ptolemais und Antinoupolis), für die Ausübung lokaler Priesterämter oder als Einwohner ägyptischer Metropolen – davon ausgenommen oder zumindest teilbefreit waren. Dementsprechend kam den unterschiedlichen Formen einer Beurkundung von Personen- und Steuerstatus, Besitzstand sowie allfälligen Änderungen, die entweder von den Behörden im Rahmen einer wahrscheinlich jährlich stattfindenden *epikrisis* (einer amtlichen Erfassung der jeweiligen Statuszugehörigkeit von Personen) vorgenommen oder den offiziellen Stellen in Gestalt von Eigendeklarationen, aber auch Geburts- und Todesanzeigen für Angehörige vorgelegt wurden, eine große Bedeutung zu. Die erhobenen Daten dienten einerseits der „staatlichen" Berechnung und Kontrolle, sorgten andererseits aber auch dafür, dass die sozialen Vorrechte und wirtschaftlichen Vorteile der erfassten Personen gewahrt wurden und an nachfolgende Generationen weitervererbt werden konnten. Nach einem ersten Einschnitt mit der durch die *constitutio Antoniniana* im Jahr 212 promulgierten Ausdehnung des römischen Bürgerrechts auf (fast) alle freien Reichsbewohner wurde unter Diokletian das gesamte Steuersystem auf eine neue Bemessungsgrundlage gestellt. Fortan wurden die Größe einer wirtschaftlichen Nutz- oder Anbaufläche sowie der Viehbestand und die Verfügbarkeit von Arbeitskräften als Richtwerte herangezogen und dementsprechend in Listen verzeichnet. Ein Großteil des in Geld und/oder Naturalien eingetriebenen Steueraufkommens war entweder als *annona militaris*, d. h. eine jährlich anfallende Abgabe für die Aufrechterhaltung von Heer und zentralem Verwaltungsapparat, oder als *embole*, d. h. Kornsteuerlieferung für die Grundversorgung der beiden Reichshauptstädte Rom und Konstantinopel, ausgewiesen. Die über den gesamten Dokumentationszeitraum verteilten, auf Papyrus, Ostraka und seit dem 7. Jahrhundert auch auf Pergament festgehaltenen Steuerquittungen machen gemeinsam mit ähnlichen Bestätigungen, die für die Verschiffung und den Transport dieser Steuereinkünfte ausgestellt wurden,⁵⁹ mit ca. 8500 Einzelzeug-

---

55 Vgl. BGU X 1926; P. Bagnall 46; P. Petaus 43–44.
56 Vgl. P. Dion., Appendix B (S. 308); BGU XIII 2299–2303, Berichte: SB XX 15150; P. Giss. I 63.
57 Vgl. P. Köln XII 470; SB XVI 12349.
58 Vgl. SB VI 9545 (29), Kleinvieh: O. Wilb. 3, Sklavenkauf: P. Oxy. I 96.
59 Vgl. P. Oxy. XLVIII 3395; SPP III² 100.

nissen fast ein Sechstel des gegenwärtig edierten Gesamtbestands von ca. 61.500 Urkunden aus. Ein ähnlicher Erfassungs-, Kontroll- und Bestätigungsaufwand dürfte mit der vor allem für die römische Zeit bezeugten Erhebung von Zöllen und Gebühren für die Durchführung und Sicherung eines entlang von See- und Landhandelswegen verlaufenden Waren- und Güterverkehrs angefallen sein.[60] Die Aufrechterhaltung einer entsprechenden Kontroll-, Verkehrs- und Versorgungsinfrastruktur, der zahlreichen Zoll-, Rast- und Wachstationen setzte eine funktionierende Logistik voraus, die primär auf die Bedürfnisse eines „staatlichen" Transport- und Nachrichtenwesens (*cursus publicus*) ausgerichtet war.[61]

Neben ihrem Hauptinteresse an regelmäßigen Einkünften aus Steuern, Abgaben und Zöllen waren die Herrschaftsträger aber auch darum bemüht, sich den Zugriff auf wichtige Landesressourcen und Arbeitskräfte zu sichern. Vor allem die ptolemäische und die römische Zentralgewalt bedienten sich hierfür mehrerer Methoden, indem sie etwa die Gewinnung bestimmter Bodenschätze in Bergwerken und Steinbrüchen sowie die Produktion und den Verkauf einzelner Produkte (Salz, Natron, Alaun, Gewürze, Öl, Bier) unter „staatliches" Monopol stellten,[62] einen Teil der administrativen Aufgaben durch Steuerpacht auslagerten oder in Form von Zwangsdiensten organisierten (Amtsliturgie). Die vor allem in ptolemäischer Zeit zwecks Einhebung einiger (zumeist in Geld abzuliefernder) Abgabenarten etablierte Steuerpacht beruhte auf dem Prinzip einer Interessensgemeinschaft zwischen dem „Staat" und einem gleichsam als „Privatunternehmer" auftretenden Pächter.[63] Zwar hatte dieser für Ausfälle einzustehen und diese gegebenenfalls aus eigenen Mitteln auszugleichen, gleichzeitig stand es ihm jedoch frei, einen Eigenprofit aus der Differenz zwischen der tatsächlich eingenommenen Summe und dem vom „Staat" eingeforderten und an diesen abzuliefernden Gesamtbetrag zu erwirtschaften. In römischer Zeit ist man von diesem Modell einer „Arbeitsteilung und Gewinnbeteiligung" abgerückt, indem die Steuererhebung und -verwaltung fortan fast ausschließlich auf direktem Weg und in staatlicher Regie erfolgten, während man die Steuerpacht auf den Bereich indirekter Steuern und Abgaben einschränkte.[64]

Dessen ungeachtet entwickelte sich mit dem Ausbau des Liturgiewesens eine andere Form von Auslagerung administrativer Funktionen: Kommunale Aufgaben, die zunächst im Rahmen einer freiwilligen Bekleidung von Ehrenämtern wahrgenommen worden waren, wurden bereits während des 2. Jahrhunderts n. Chr. zunehmend in zeitlich begrenzte und unbezahlte Zwangsdienste umgewandelt.[65] Eine regelmäßig zu erfüllende Arbeitspflicht hatte in Ägypten zuvor nur im Bereich der für die landwirt-

---

60 Vgl. P. Customs.
61 Vgl. P. Oxy. LX 4087–4088.
62 Vgl. P. Tebt. III.1 732.
63 Vgl. BGU VI 1242.
64 Vgl. BGU XI 2057.
65 *Lewis*, Services.

schaftliche Produktivität des Landes unerlässlichen und bereits seit pharaonischer Zeit zentral koordinierten Infrastruktur für die Wasserversorgung bestanden. Während in ptolemäischer Zeit die Kosten für eine Instandhaltung und Säuberung von Dämmen und Kanälen noch aus einer eigenen, auf Landbesitz erhobenen und für die Bezahlung von Lohnarbeitern aufgewandten Deichsteuer (*chomatikon*) bestritten worden waren,[66] hatte hierfür in der römischen Kaiserzeit die arbeitsfähige und in Listen erfasste männliche Landbevölkerung Ägyptens ihre eigene Arbeitskraft an fünf Tagen im Jahr zur Verfügung zu stellen. Nur privilegierte Schichten, darunter vielleicht auch die Einwohner der ägyptischen Metropolen, scheinen davon ausgenommen gewesen zu sein oder stattdessen einen Geldbetrag erstattet zu haben.[67] Für die ordnungsgemäße Absolvierung dieser fünftägigen Dienstpflicht wurden den Betreffenden entsprechende, mitunter auch die Aushubmenge (in der Einheit eines *naubion* = ca. 3,9 m^3) bezeichnende Zertifikate ausgestellt.[68]

Die Ausweitung von Zwangsdiensten auf andere Personengruppen und weiter gefasste Kreise der Gesellschaft verstärkte sich unter dem Eindruck der am Beginn des 3. Jahrhunderts auf eine Entlastung lokaler Verwaltungsstrukturen abzielenden „Munizipalisierung" der ägyptischen Metropolen, die nach dem Vorbild anderer Städte im Römischen Reich nunmehr mit einer Ratsversammlung (*bule*) ausgestattet wurden.[69] Da die Ausübung eines liturgischen Amts mit einer finanziellen Belastung und Haftung verbunden war, orientierten sich die Auswahl und Bestellung eines geeigneten Kandidaten an dessen Vermögensstand als ausschlaggebendem Qualifikationskriterium.[70] Anfangs hatte diese Zwangsverpflichtung deshalb vorwiegend die Repräsentanten städtischer und dörflicher Eliten betroffen, wurde jedoch in weiterer Folge auch auf weniger vermögende Gesellschaftsschichten ausgedehnt. Die enge Verflechtung von wirtschaftlichen und ordnungspolitischen Interessen zeichnet sich nicht zuletzt in der Ausprägung einer weiteren Entwicklungsstufe im 5. Jahrhundert ab, als Träger von Liturgien nicht mehr länger dazu verpflichtet waren, die Amtstätigkeit oder entsprechende Dienste selbst zu verrichten (*munus personale*). Stattdessen hatten sie nur noch für den finanziellen Aufwand einer Ausübung durch eine andere Person aufzukommen (*munus patrimonii*).[71] In einem letzten Schritt ging dann selbst diese materielle Leistungspflicht einzelner Personen auf deren Haushalte (*oikoi*), daneben aber auch auf städtische und dörfliche Gemeinden über,[72] wodurch die erfor-

---

66 Vgl. P. Köln XII 469.
67 Vgl. BGU XX 2852.
68 Vgl. SB XVIII 13982; SB XXVI 16363.
69 Allgemein: *Bowman, A. K./Rathbone, D.*, Cities and Administration in Roman Egypt, in: JRS, 82, 1992, 107–127.
70 Vgl. P. Fay. 23.
71 Vgl. SB XXII 15471.
72 Vgl. P. Oxy. LV 3805.

derlichen Aufwendungen ähnlich den Steuer- und anderen Abgabenlasten verteilt und administriert wurden.[73]

Eine verstärkte Einbindung bzw. Institutionalisierung „privater" Handlungsräume kam nach Ausweis dreier besonderer Dokumententypen auch in anderen Bereichen einer lokalen Ordnungspolitik zum Tragen. Sogenannte „Gestellungsbürgschaften", die in ptolemäischer und römischer Zeit noch ausschließlich im zivil- oder strafrechtlichen Kontext (etwa zum Zweck des Erscheinens einer Person vor Gericht oder den Behörden[74]) ausgestellt und später auf den Bereich von Zwangsdiensten ausgedehnt worden waren,[75] wurden ab dem 6. Jahrhundert wohl vermehrt aus fiskalischen Erwägungen, nämlich als ein Mittel gegen Steuerflucht, eingesetzt.[76] Derselbe Paradigmenwechsel lässt sich auch an einer wachsenden Zahl an einvernehmlichen Streitschlichtungsverträgen (*dialyseis*) unter Einschaltung „privater" Schiedsrichter ablesen, auf die man sich in außergerichtlichen Vergleiche (*compromissa*) geeinigt hatte[77] und wodurch eine Alternative zur Durchsetzung sachlicher und ökonomischer Ansprüche abseits einer offiziellen Jurisdiktion geschaffen wurde.[78]

Die letztgenannten Beispiele von Texten leiten bereits zur zweiten Hauptgruppe von Dokumenten über: Zeugnissen eines privaten oder geschäftlichen Schriftverkehrs und Aufzeichnungszwecks. Sie können typologisch in drei größere Subgruppen – in Briefe, Rechtsurkunden und Geschäftsdokumente – unterteilt werden. Obwohl sie insgesamt wohl ein noch breiteres Spektrum der Gesellschaft als jenes von Zeugnissen des „öffentlichen Lebens" einfangen, ist damit zu rechnen, dass sie aufgrund ihrer größeren Vielfalt gleichzeitig auch einer ungleichmäßigeren sozialen Streuung und damit auch einer stärkeren Gewichtung in Hinblick auf Geschlecht, Verwendungszweck, Nutzerkreise und individuelle Praktiken unterliegen. Der Befund legt nahe, dass rudimentäre Lese- und Schreibfähigkeiten geschlechts- und milieuübergreifend weiter verbreitet gewesen sein müssen, als aus anderen Arten einer schriftlichen Dokumentation für gewöhnlich hervorzugehen scheint. Das bedeutet freilich nicht, dass alle Personen, die sinnerfassend lesen konnten, auch dazu imstande waren, eigenhändig kurze Texte zu verfassen. Zwar begegnet bei Unterschriften in Verträgen, zum Teil aber auch Quittungen mitunter der zusätzliche Hinweis, dass die betreffende männliche oder weibliche Person „der Buchstaben/Schrift unkundig" war.[79] Dass An-

---

[73] Allgemein: *Gascou, J.*, Les grands domaines, la cité et l'état en Égypte byzantine. Recherches d'histoires agraire, fiscale et administrative, in: Travaux et mémoires, 9, 1985, 1–90.
[74] Vgl. P. Oxy. II 259; BGU II 581.
[75] Vgl. CPR XVII A 32; SB XVI 12384.
[76] Vgl. P. Lond. III 778 sowie *Palme*, Range, 386–387, mit Verweisen auf Zusammenstellungen nach Jahrhunderten und Verwendungszwecken in Anm. 87 und 88.
[77] Vgl. P. Herm. 31; CPR VI 7.
[78] Vgl. P. Neph. 19–20; zur bedeutenden wirtschaftlichen Rolle kirchlicher Institutionen vgl. außerdem *Wipszycka, E.*, Les ressources et les activités économiques des églises en Égypte du IV au VIII siècle. (Pap. Brux., Bd. 10) Bruxelles 1972.
[79] Vgl. BGU II 409, eine Pachtzinsquittung, wo in den letzten vier Zeilen eine andere Person – zunächst im Namen des trotz subjektiver Formulierung nur vermeintlichen Verfassers des Schriftstücks und anschließend mit eigenem Namen – unterschreibt.

alphabetismus einzig oder fast ausschließlich die einfache Bevölkerung betroffen habe, lässt sich daraus jedoch nicht ableiten, sondern sogar anhand zweier Beobachtungen relativieren: erstens gibt es unter den Privatbriefen und Geschäftsquittungen sowie persönlichen Notizen eine Reihe fehlerhaft und ungelenk geschriebener „Selbstzeugnisse", die deutlich machen, dass Geschlecht, sozialer Stand oder Beruf nicht den einzigen Ausschlag gegeben haben können;[80] zweitens wurden, wie Schriftvergleiche zwischen Haupttext und Ende oder Unterschrift in ein und demselben Dokument zeigen, nicht selten die Schreibdienste einer anderen Person in Anspruch genommen, selbst wenn das Dokument einen subjektiv formulierten Wortlaut aufweist.[81] Es werden demnach auch kontext- oder gattungsgebundene Faktoren darüber entschieden haben, ob ein Text eigenhändig verfasst, jemand anderem diktiert oder diese Aufgabe samt Ausformulierung überhaupt einem professionellen Schreiber übertragen wurde. Es versteht sich von selbst, dass ärmere Schichten nur in dringenden und außergewöhnlichen Fällen oder auf eine ausdrückliche Aufforderung hin von schriftlicher Kommunikation Gebrauch gemacht haben werden – ein Umstand, den es im Zuge einer Beschäftigung mit der Quellengruppe privater und geschäftlicher Zeugnisse in weitaus höherem Maße als bei einer Auswertung von Dokumenten des „öffentlichen Lebens" zu berücksichtigen gilt.

Ökonomische Aspekte finden sich in einer Vielzahl und in unterschiedlichen Gattungen privater und geschäftlicher Urkunden berührt. Wie beim offiziellen Schriftverkehr und Aufzeichnungswesen – insbesondere rund um die Administration von Steuern und Abgaben – lag der Schwerpunkt auf Angelegenheiten, die den Besitz oder die Nutzung von Grund und Boden betrafen, da Grundbesitz wie in jeder vormodernen Agrargesellschaft sowohl die Existenzgrundlage eines überwiegenden Teils der Bevölkerung als auch die Quelle von Reichtum und dessen beliebteste Anlageform bildete. Während in Privatbriefen allfällige Bezugnahmen auf den eigenen Grundbesitz bloß im Kontext kleinerer Mitteilungen gemischten Inhalts auftreten,[82] enthalten Geschäftsbriefe in der Regel konkrete Aufträge und Berichte, die ausschließlich eine Verwaltung von Landgütern betreffen.[83] Gemeinsam mit Abrechnungen über Erträge und Ausgaben, Zahlungs- und Lieferungsanweisungen, Quittungen und Verträgen gewähren sie Einblick in die Nutzung und Ausweitung von Anbauflächen, Arbeitsaufwand und organisatorische Abläufe, Infrastruktur, Produktionsmittel und -mengen, Verbrauch und Verkauf sowie Abnehmer und Geschäftskontakte.[84] In der Wahl der Anbauprodukte (hauptsächlich Weizen, Gerste, Hülsen-, Öl- und Feldfrüchte, Wein, Baumobst), bei de-

---

80 Vgl. dazu das auf einen eher unbeholfenen Schreiber zurückzuführende Schriftbild im Muster eines Lieferungskaufs in SPP III² 85 (mit Tafel LVIII), das offensichtlich einem privaten Verwendungszweck diente.
81 Vgl. die von einer anderen, im Schreiben sehr ungeübten Hand stammende Unterschrift der „formell" als Zahlungsempfänger und Aussteller auftretenden Person in SPP III² 64 (mit Tafel XLV).
82 Vgl. PSI XV 1541.
83 Vgl. P. Oxy. XLVIII 3407.
84 Vgl. P. Oxy. X 1288; SPP VIII 1092; P. Oxy. LXX 4780; P. Cair. Preis.² 38.

ren Verarbeitung wie auch Maßnahmen zur regelmäßigen Wartung und Aufrechterhaltung des für die Landwirtschaft erforderlichen künstlichen Bewässerungssystems war es während des gesamten Dokumentationszeitraums zu keinen gravierenden Veränderungen gekommen.[85] Anders verhält es sich im Bereich der Besitzverhältnisse und Arbeitsorganisation, die nicht nur vor dem Hintergrund von Herrschaftswechseln, sondern auch institutionellen und gesellschaftlichen Entwicklungen einem dauerhaften Wandel in Hinblick auf eine Verteilung von Grund und Boden, Eigentumsansprüche und Nutzungsrechte, direkte und indirekte Bewirtschaftung ausgesetzt waren. Steuerregister und amtliche Kontrollverzeichnisse weisen für die ptolemäische, römische und byzantinische Zeit jeweils unterschiedliche Kategorien von Land aus, die sich auf direkt verwaltete Ländereien in königlichem oder kaiserlichem Eigentum und andere, die vom Herrscher zunächst zeitlich begrenzt und unter bestimmten Voraussetzungen an einzelne Gruppen oder Körperschaften (Funktionäre, Soldaten, Heiligtümer, Gemeinden) vergeben wurden, bezogen hatten.[86] Die bereits für das Ende der ptolemäischen Periode zu beobachtende Verstetigung von Verfügungsrechten zu faktischen Eigentumsverhältnissen setzte sich unter römischer Herrschaft fort und hatte sowohl eine vermehrte Klassifizierung von Ländereien als „öffentlichem Land" als auch eine Ausweitung des Anteils an nunmehr echtem „Privatland" zur Folge.[87] Größe und Art des Landeigentums, aber auch örtliche Gegebenheiten wirkten sich auf dessen Nutzung und (Teil-) Bewirtschaftung – etwa die Auslagerung von Arbeit und die Sicherung von Einkünften im Rahmen unterschiedlich befristeter Pachtverhältnisse – aus. Dass die Pachtwirtschaft offensichtlich parallel zur Vermehrung privaten Eigentums im Laufe der Kaiserzeit an Bedeutung gewonnen hatte, lässt sich vielleicht auch an der steigenden Zahl von Pachtverträgen aus römischer Zeit ablesen.[88] Die Wortlaute dieser Urkunden nennen die Namen der involvierten Geschäftsparteien und liefern auch eine genaue Beschreibung des Pachtobjekts, von dessen Größe und Lage, geben Aufschluss über Laufzeit, Bodenqualität, Anbaufrucht, vorhandene Infrastruktur und Arbeitsmittel, legen aber auch Pflichten, Abgabenhöhe sowie Art und Ausmaß allfälliger Kompensationen fest.[89] In Verbindung mit Darlehensgeschäften sowie unter dem

---

85 In die Zeit des Beginns einer ptolemäischen Herrschaft fällt jedoch eine entscheidende Weichenstellungen in Hinblick auf eine Kultivierung zweier Nutzpflanzen, nämlich die Verbreitung und der systematische Anbau von Hartweizen sowie eine Intensivierung des Weinbaus; vgl. dazu Thompson, D. J., New and Old in the Ptolemaic Fayyum, in: Bowman, A. K./Rogan, E. (Hgg.), Agriculture in Egypt from Pharaonic to Modern Times. (Proceedings of the British Academy, Bd. 96) London 1999, 123–138; zur Spezialisierung und Organisation von Weingütern in römischer Zeit vgl. außerdem Ruffing, Weinbau.
86 Vgl. P. Tebt. III.1 808; P. Cair. Zen. II 59155; P. Tebt. I 62; BGU VI 1216; P. Ryl. II 168; PSI IX 1070.
87 Vgl. P. Mich. V 313; P. Mil. Vogl. II 103; SB XVI 12493.
88 Innerhalb der Gruppe von publizierten Vertragstexten, welche sich gegenwärtig auf etwa 6000 Stück belaufen, hat nicht weniger als ein Viertel den Abschluss eines Pachtverhältnisses zum Inhalt.
89 Vgl. P. Oxy. XLVII 3354.

Eindruck gelegentlicher Ernteausfälle und eines wachsenden Steuerdrucks scheint das Pachtsystem aber auch wesentlich zur Förderung persönlicher Abhängigkeitsverhältnisse beigetragen zu haben („Kolonat" und „Patroziniumsbewegung"), die in späterer Zeit die Bildung von lokalem Großgrundbesitz begünstigt haben. Die Viehzucht hat eine nicht mindere Rolle gespielt und war ein integraler Bestandteil landwirtschaftlicher Betriebe. Das in Herden gehaltene Kleinvieh wurde primär als Woll- und Milch-, Schweine als Fleischlieferanten, Rinder vor allem als Arbeits-, Esel und Kamele als Last- und Transporttiere gezüchtet,[90] wie offizielle Dokumente (etwa Viehbestandsdeklarationen), aber auch Geschäftsbriefe und Haushaltsabrechnungen zeigen.[91]

Während zumindest ein Teil des Kleinhandwerks ebenfalls in ländlichen Gebieten, vor allem im Umfeld größerer Landgüter, angesiedelt war und dort nicht nur die anfallenden Reparaturen und Auftragsarbeiten für den Eigenbedarf abgedeckt haben dürfte,[92] nimmt die Mehrzahl der Schriftzeugnisse auf die Ausübung des handwerklichen Gewerbes im urbanen Raum Bezug.[93] Die Evidenz fällt in Hinblick auf verwertbare Informationen aus unterschiedlichen Urkundengattungen etwas punktueller und disparater aus, als dies für die agrarische Produktion der Fall ist. Sie enthält neben einschlägigen Texten zu Handwerkern und deren Tätigkeit, wie sie in Arbeits- und Werkverträgen,[94] Lieferungskäufen für im Voraus bezahlte, aber noch nicht gefertigte Waren sowie in Quittungen über ausgelieferte Waren vorliegen,[95] eine Fülle an detaillierten Angaben. Dazu zählen Hinweise auf bestimmte Berufszweige, Räumlichkeiten und Werkstätten in Lehrlings- und Mietverträgen,[96] offiziellen Schreiben, Stellungnahmen von Berufsvereinigungen und Steuerabrechnungen,[97] die in ihrer Vielfalt auf einen hohen Grad an Spezialisierung – besonders im Textilgewerbe – schließen lassen.[98] Eine Existenz größerer Manufakturen und Produktionseinheiten ist lediglich in Einzelfällen nachweisbar und wird auf einige wenige Geschäftszweige beschränkt gewesen sein,[99] ohne dass es sich dabei zwangsläufig um Monopole, „öffentliche" Aufträge an Handwerkskorporationen oder andere Formen einer herrschaftlich oder „staatlich" induzierten Gütererzeugung gehandelt haben muss. Die Warenketten, d. h. die einzelnen Produktionsschritte von einer Gewinnung der Rohstoffe bis hin zu deren Verarbeitung und Vertrieb, waren im Allgemeinen weitgehend lokal organisiert und die Wege zu den Abnehmern und Verbrauchern entsprechend kurz bemessen. Die Beteiligung unfreier Arbeitskräfte am Herstellungsprozess dürfte wesentlich ge-

---

90 Vgl. *Schnebel*, Landwirtschaft.
91 Vgl. SB XVIII 13241; SB XVI 12577; P. Stras. VI 518; P. Mil. Vogl. II 52.
92 Vgl. SB XVI 12703.
93 Vgl. *van Minnen*, Craftsmen; allgemein: *Reil*, Beiträge.
94 Vgl. PSI VIII 902; P. Oxy. LVIII 3933.
95 Vgl. P. Prag. I 46; SPP III² 63.
96 Vgl. SB XXIV 16253; P. Ross. Georg. III 38.
97 Vgl. PSI X 1139; CPR XIV.
98 Vgl. *van Minnen*, Trade und zuletzt *Droß-Krüpe*, Wolle.
99 Vgl. P. Oxy. Hels. 40 mit den Bemerkungen in *Bagnall*, Reading, 80–81.

ringer als beim Einsatz von Sklaven auf landwirtschaftlichen Gütern ausgefallen sein, wenngleich deren Zahl dort – verglichen mit anderen Teilen der hellenistischen und römischen Welt – bescheiden war.[100]

Eine vergleichbare Polarität, wie sie zwischen einer ländlichen, eher auf den lokalen Bedarf ausgerichteten und einer stärker spezialisierten, auf ein größeres Volumen abzielenden sowie einen größeren Abnehmerkreis bedienenden städtischen Handwerksproduktion festgestellt werden kann, zeichnet auch das Handelsgewerbe aus. Die archäologischen und schriftlichen Dokumentationen aus den weiter entfernten Oasengebieten von Dachla und Charga der Westwüste,[101] zu den Steinbrüchen am Mons Porphyrites und Mons Claudianus in der Ostwüste sowie den beiden wichtigsten Hafenorten am Roten Meer (Myos Hormos und dem weiter südlich gelegenen Berenike), aber auch das eine oder andere Einzelzeugnis werfen ein Schlaglicht auf Art und Umfang eines Gütertransports zu Lande und zu Wasser,[102] der neben den üblichen Tauschnetzwerken eines „lokalen Markts" bestand. Die bezeugten Transportmengen, deren Kaufpreise und materielle Bemessungswerte, die üblicherweise frequentierten Verkehrsrouten und die Ausdehnung von Verkehrsräumen machen deutlich, dass eben nicht nur die für den Fernhandel typischen Luxusgüter und hochwertigen Rohstoffe oder das im Rahmen einer „staatlichen Redistribution" benötigte Steuergetreide, sondern gelegentlich auch Massenkonsumgüter wie Olivenöl und Wein über längere Wegstrecken bewegt wurden, selbst wenn diese sonst mehrheitlich lokal oder interlokal vertrieben wurden.[103]

Geld- und Darlehensgeschäfte, welche sich bisweilen als zinslos ausgeben, einen gesetzlich geregelten Zinssatz verrechnen oder eine Pfand- oder andere Gegenleistungen (*antichresis*) verlangen,[104] lassen ebenso wie die zahlreichen Angaben von Nominalbeträgen in Abrechnungen, Quittungen und Briefen bereits für das 3. Jahrhundert v. Chr. auf einen hohen Grad an Monetarisierung schließen. Doch ist es nicht immer klar bzw. wird erst aus einem umfassenderen Kontext ersichtlich, inwieweit zwischen Buchgeld und Barzahlungen unterschieden werden muss und in welcher Form – selbst bei privaten Transaktionen – diese Zahlungen faktisch geleistet wurden. Wie im Fall der Naturaldarlehen hatten diese Geldgeschäfte in der Regel vor allem einer Deckung des eigenen unmittelbaren Bedarfs gedient, geringe Summen betroffen und

---

100 Vgl. *Bagnall*, Egypt, 123–127; *ders.*, Slavery.
101 Vgl. P. Kellis I und IV; O. Waqfa.
102 Vgl. *Maxfield, V. A.* /*Peacock, D.*, The Roman Imperial Quarries: Survey and Excavation at Mons Porphyrites 1994–1998. Bd. 2: The Excavations. (Egypt Exploration Society Excavation Memoirs, Bd. 82) London 2007; O. Claud. I–IV; *Peacock, D.*/*Blue, L.* (Hgg.), Myos Hormos – Quseir al-Qadim: Roman and Islamic Ports on the Red Sea. Bd. 2: Finds from the Excavations 1999–2003. (British Archaeological Reports International Series, Bd. 2286) Oxford 2011; O. Berenike I–III; *Sidebotham, S. E.*, Berenike and the Ancient Maritime Spice Route. (The California World History Library, Bd. 18) Berkeley 2011; Einzelbeispiele: BGU III; SB XVIII 13167.
103 Vgl. *Bagnall*, Evidence, 196–197.
104 Vgl. SB III 7201; P. Select. 9; P. Oxy. LXXII 4918.

waren recht kurzen Laufzeiten unterworfen.[105] Die Etablierung eines Münzverkehrs im Alltag Ägyptens geht als eine von mehreren wesentlichen Neuerungen auf die ptolemäische Herrschaft zurück.[106] Daneben blieben die Einrichtung und die Anwendung eines seit pharaonischer Zeit in Ägypten weit verbreiteten Korngiros eine ungebrochen anhaltende Transaktionspraxis. Die Münzverschlechterungen und Währungsreformen der Späten Kaiserzeit scheinen Preisbildungsmechanismen bloß kurzfristig und vorübergehend beeinflusst, sich über längere Zeitabschnitte aber nur gering auf das durchschnittliche Wirtschafts- und Konsumverhalten ausgewirkt zu haben.[107] Ein Vergleich zwischen der Entwicklung von Preisen auf Lebensmittel und andere Waren, der Höhe von veranschlagten und geleisteten Steuer-, Miet- und Pachtzinszahlungen auf der einen sowie überlieferten Lohnangaben in Quittungen, Verträgen und Abrechnungen als Indiz zur Einschätzung einer Kaufkraft auf der anderen Seite zeichnet trotz der Unvollständigkeit, Bruchstückhaftigkeit und ungleichen Gewichtung der schriftlichen Evidenz durchaus ein Bild, wie es auch aus anderen vormodernen Agrargesellschaften geläufig ist, in denen nicht nur Dienstleistungen, sondern auch der Faktor einer Erwerbsarbeit generell gering bewertet waren.[108] Wie auch bei anderen Versuchen einer deskriptiven Erfassung, der Sammlung und kritischen Auswertung von Daten dienen derartige Vergleiche als Ausgangspunkt für wirtschaftshistorische Thesenbildungen, die sich in den letzten Jahrzehnten der Forschung auf einige zentrale Themenfelder konzentriert haben.

V Schluss: Wirtschaftshistorische Leitfragen anhand jüngerer Fallstudien

Ausgehend von einem lange vorherrschenden Gesamteindruck eines statischen Wesens wirtschaftlicher Verhältnisse im Altertum kommt der Frage von Kontinuitäten, Dynamiken und Zäsuren eine wichtige Bedeutung zu. In der Frühzeit der Papyrologie hatte sich diese verständlicherweise maßgeblich noch an politischen Faktoren wie Herrschaftswechseln und einem damit verbundenen Wandel der jeweiligen Verwaltungssysteme orientiert. Heute werden diese Fragen unter der etwas modifizierten und erweiterten Perspektive einer „Reichweite des Staats" und der Dichotomie „priva-

---

105 Vgl. BGU VII 1649.
106 Vgl. *von Reden*, Money.
107 Vgl. *Rathbone, D.* Monetisation, not Price-Inflation, in Third-Century Egypt, in: *King, C. E./Wigg, D. G.* (Hgg.), Coin Finds and Coin Use in the Roman World. (Studien zu Fundmünzen der Antike, Bd. 10) Berlin 1996, 321–339; *Bagnall*, Currency.
108 Vgl. *Drexhage*, Preise; *Morelli*, Olio, insbes. 182; *Morelli*, Tessuti; *Rathbone, D.*, Earnings and Costs. Living Standards and the Roman Economy, in: *Bowman, A. K./Wilson, A. I.* (Hgg.), Quantifying the Roman Economy: Methods and Problems. Oxford/New York 2009, 299–326; *Morelli*, Prezzi.

ter" und „öffentlicher" Zugriffsmöglichkeiten und Handlungsräume verfolgt.[109] Der darin berührte Aspekt der Entwicklung und Etablierung von formalen und informellen Regelwerken spielt eine weitaus größere Rolle in den gegenwärtig laufenden Diskussionen rund um eine allenfalls greifbare Ausprägung einer „Marktorientierung", einen allenfalls festzumachenden Grad an „Marktintegration", die jeweils zum Tragen kommenden Wechselwirkungen in Hinblick auf eine Urbanisierung und deutlich erkennbare Indizien für ein „Wirtschaftswachstum". Das hat in methodischer Hinsicht einerseits zu einem verstärkten Aufgreifen von Konzepten der „Neuen Institutionenökonomik" geführt,[110] andererseits quantifizierende Ansätze gefördert,[111] sich letzten Endes aber auch auf ein besonderes Interesse an der Erforschung einer Rationalisierung und Optimierung von Produktionsabläufen ausgewirkt.[112] Der zuletzt genannte Aspekt sowie die – auch eine sozialhistorische Interessenslage bedienende – Thematik einer (ungleichen) „Verteilung von Reichtum" bündeln sich wiederum in einer Reihe jüngerer Arbeiten zur Formation und Organisation von Großgrundbesitz und dessen Verhältnis zu staatlichen Strukturen.[113]

Bibliographie

Bagnall, R. S., Currency and Inflation in Fourth-Century Egypt. (BASP Suppl., Bd. 5) Atlanta 1985.
Bagnall, R. S., Landholding in Late Roman Egypt. The Distribution of Wealth, in: JRS, 82, 1992, 128–149.
Bagnall, R. S., Egypt in Late Antiquity. Princeton 1993.
Bagnall, R. S., Slavery and Society in Late Roman Egypt, in: *Halpern, B./Hobson, D. (Hgg.)*, Law, Politics and Society in the Ancient Mediterranean World. Sheffield 1993, 220–240.
Bagnall, R. S., Reading Papyri, Writing Ancient History. London/New York 1995.
Bagnall, R. S., Evidence and Models for the Economy of Roman Egypt, in: *Manning, J. G./Morris, I. (Hgg.)*, The Ancient Economy: Evidence and Models. Stanford 2005, 187–204.
Bowman, A. K., Quantifying Egyptian Agriculture, in: *Bowman, A. K./Wilson, A. I. (Hgg.)*, Quantifying The Roman Economy: Methods and Problems. Oxford/New York 2009, 177–204.
Drexhage, H.-J., Preise, Mieten/Pachten, Kosten und Löhne im römischen Ägypten bis zum Regierungsantritt Diokletians. Vorarbeiten zu einer Wirtschaftsgeschichte des römischen Ägypten I. St. Katharinen 1991.
Droß-Krüpe, K., Wolle – Weber – Wirtschaft. Die Textilproduktion der römischen Kaiserzeit im Spiegel der papyrologischen Überlieferung. (Philippika, Bd. 46) Wiesbaden 2011.

---

109 Für die ptolemäische Zeit: *Manning*, Land; *ders.*, Relationship; für den Übergang vom ptolemäischen zum römischen Herrschaftssystem: *Monson*, Change; für die römische Kaiserzeit: *Rowlandson*, Landowners; *Rathbone*, Rationalism; für die Spätantike: *Banaji, J.*, Agrarian Change in Late Antiquity: Gold, Labour, and Aristocratic Dominance. Oxford 2001; *Sarris, P.* Economy and Society in the Age of Justinian. Cambridge 2006.
110 Vgl. *Kehoe*, Management.
111 Vgl. *Bowman*, Quantifying.
112 Vgl. *Rathbone*, Rationalism.
113 Vgl. bereits *Bagnall*, Landholding sowie zuletzt *Hickey*, Landholding und *ders.*, Wine mit gewichtigen Argumenten gegen „revisionistische" Tendenzen, wie sie wiederum vermehrt historische Gesamtdarstellungen jüngeren Datums prägen.

Hickey, T. M., Aristocratic Landholding and the Economy of Byzantine Egypt, in: *Bagnall, R. S. (Hg.)*, Egypt in the Byzantine World, 300–700. Cambridge/New York 2007, 288–308.
Hickey, T. M., Wine, Wealth, and the State in Late Antique Egypt: The House of Apion at Oxyrhynchus. Ann Arbor 2012.
Kehoe, D. P., Management and Investment on Estates in Roman Egypt during the Early Empire. (Pap. Texte Abh., Bd. 40) Bonn 1992.
Kruse, T., Der Königliche Schreiber und die Gauverwaltung. (Archiv Beih., Bd. 11) München/Leipzig 2002.
Lewis, N., The Compulsory Public Services of Roman Egypt. Second Edition. (Pap. Flor., Bd. 28) Firenze 1997.
Manning, J. G., Land and Power in Ptolemaic Egypt: The Structure of Land Tenure. Cambridge 2003.
Manning, J. G., The Relationship of Evidence to Models in the Ptolemaic Economy, in: *Manning, J. G./Morris, I. (Hgg.)*, The Ancient Economy: Evidence and Models. Stanford 2005, 163–186.
Monson, A., From the Ptolemies to the Romans. Political and Economic Change in Egypt. Cambridge/New York 2012.
Morelli, F., Olio e redistribuzioni nell'Egitto tardo (V–VIII a. C.). Firenze 1996.
Morelli, F., Tessuti e indumenti nel contesto economico tardoantico: i prezzi, in: Antiquité Tardive 12: Tissus et vêtements dans l'Antiquité tardive, 2004, 55–78.
Morelli, F., I prezzi dei materiali e prodotti artigianali nei documenti tardoantichi e del primo periodo arabo (IV ex.–VIII d. C.). (MPER N.S., Bd. 33) Wien 2019.
Palme, B., The Range of Documentary Texts: Types and Categories, in: *Bagnall, R. S. (Hg.)*, The Oxford Handbook of Papyrology. Oxford/New York 2009, 358–394.
Rathbone, D., Economic Rationalism and Rural Society in Third-Century A. D. Egypt. The Heroninos Archive and the Appianus Estate. Cambridge 1991.
Reil, T., Beiträge zur Kenntnis des Gewerbes im hellenistischen Ägypten. Leipzig 1913.
Rowlandson, J., Landowners and Tenants in Roman Egypt: The Social Relations in Agriculture in the Oxyrhynchite Nome. Oxford 1996.
Ruffing, K., Weinbau im römischen Ägypten. St. Katharinen 1999.
Schnebel, M., Die Landwirtschaft im hellenistischen Ägypten. (Münch. Beitr., Bd. 7) München 1925.
Turner, E. G., Greek Papyri: An Introduction. Oxford 1968.
Van Minnen, P., The Volume of the Oxyrhynchite Textile Trade, in: MBAH, 5, 1986, 88–95.
Van Minnen, P., Urban Craftsmen in Roman Egypt, in: MBAH, 6, 1987, 31–88.
Von Reden, S., Money in Ptolemaic Egypt. From the Macedonian Conquest to the End of the Third Century BC. Cambridge/New York 2007.

Sabine Föllinger
7 Antike Philosophie und Wirtschaftsgeschichte

I Antike Philosophie und moderne Forschung zur Ökonomie – ein problematisches Verhältnis

Überblicksdarstellungen zur Wirtschaftsgeschichte oder zu Klassikern wirtschaftlichen Denkens beginnen gerne mit den Philosophen Platon und vor allem Aristoteles, die im Athen des vierten Jahrhunderts v. Chr. wirkten.[1] Beide integrierten in ihre philosophischen Überlegungen auch Reflexionen zu wirtschaftlichen Fragen. Aus diesem Grund stellen sie wesentliche Beiträge zur Wirtschaftsgeschichte dar. Allerdings ist ihr Beitrag in der Forschung auch immer wieder marginalisiert, bestritten, als „Vorstufe" ‚wirklich' ökonomischen Denkens betrachtet oder gar nicht gesehen worden.[2] Dafür lassen sich verschiedene, aber ineinandergreifende Gründe ausmachen:[3]

1) Es wird mit einem modernen und als Norm gesetzten Verständnis von ‚Ökonomie' gearbeitet:[4] Antike Texte werden ausgehend von einer normativen Vorannahme untersucht, was ‚ökonomisches Denken' ist bzw. zu sein hat, nämlich etwa die Untersuchung einer „Rationalität", wie sie dem modernen Modell des *homo oeconomicus* unterliegt, oder die Erkenntnis und Untersuchung von Marktgesetzlichkeiten oder die Beschäftigung mit ‚Arbeitstheorie' und ‚Geldtheorie'. Aus dieser Vorannahme resultierte, dass man sich immer wieder mit denjenigen Textpassagen antiker Texte beschäftigte, die noch am ehesten dem ähnelten, was moderne Ökonomik ausmacht.[5] Aber eine systematische Lektüre dieser Werke unter ökonomischen Gesichtspunkten unterblieb. Andere Philosophen oder Philosophien rückten erst gar nicht in das Blickfeld.

2) Die Äußerungen antiker Philosophen stehen unter einem ‚Moral- und Politikverdikt': Antike Philosophen hätten kein Verständnis für wirtschaftliche Zusammenhänge gehabt, weil sie Wirtschaft nur aus der moralischen Perspektive betrachteten. Problematisch hierbei ist, dass nicht unterschieden wurde zwischen dem normativen Entwurf und der Analyse wirtschaftlicher Realität, auf den dieser Entwurf reagiert,[6] oder dass nicht präzise die sprachliche Ebene beachtet wurde, so dass Deskription

---

[1] Vgl. beispielsweise *Schumpeter*, Geschichte; *Starbatty, J. (Hg.)*, Klassiker des ökonomischen Denkens. Bd. 1: Von Platon bis John Stuart Mill. München 1989; *Söllner, F.*, Die Geschichte des ökonomischen Denkens. 3. Aufl. Berlin/Heidelberg 2012.
[2] Vgl. *Rechenauer*, Hesiod, 3 Anm. 1; zur Forschung vgl. auch *von Reden*, Wirtschaft, 170 f.
[3] Vgl. zum folgenden ausführlich *Föllinger*, Platon, 23–30.
[4] Zu dieser Forschungsdiskussion vgl. *Schefold*, Platon, 19–25; 51–55.
[5] Vgl. auch *Natali*, Oikonomia, 96.
[6] Vgl. zu Platon *Föllinger*, Platon, passim.

und Normierung verwechselt wurden.[7] Damit zusammen hängt die Anschauung, antike Denker hätten Politik und Wirtschaft nicht getrennt gesehen, was damit verknüpft wird, dass es in der Antike keinen von der Politik unabhängigen Bereich der Wirtschaft gegeben habe.[8] Stets habe die Wirtschaft unter dem Primat der Politik gestanden, dem *homo oeconomicus* der Neuzeit stehe der *homo politicus* der Antike gegenüber.

Auch hier liegt eine Verwechslung von Normierung und Analyse der wirtschaftlichen Realität vor: Philosophische Entwürfe fordern ggf. politische Normierungen, weil die wirtschaftliche Realität als problematisch erkannt wurde.

3) Philosophische Anschauungen werden auf biographistische Weise mit der Zugehörigkeit zu einer ‚Klasse' oder ‚politischen Gruppe' begründet und moralisch abgewertet: Anstatt etwa genauer die Gründe für die Reichtumskritik, die sich in philosophischer Literatur finden, zu untersuchen und vor dem jeweiligen philosophischen Hintergrund zu betrachten, wird diese – vorschnell – mit der Zugehörigkeit der Philosophen zur konservativen oder reaktionären Aristokratie (bei Cicero mit seiner Zugehörigkeit zur Gruppe der Optimaten) begründet und teilweise auch abgewertet.[9] Dies kann dazu führen, dass man sich in der Forschung auf die Person fokussiert anstatt auf Inhalt, Intention und Argumentation des jeweiligen Werks.

4) Da die Wirtschaft Athens selbst auf Autarkie und Subsistenz der Einzelhaushalte ausgerichtet gewesen sei,[10] sei es den Philosophen gar nicht möglich gewesen, Wirtschaftstheorien im modernen Sinn zu entwickeln. So stritt Finley in seinem einflussreichen Zugriff „The Ancient Economy" (1973) der Antike sowohl ‚Wirtschaft' als auch ‚Ökonomie' im modernen und damit eigentlichen Sinne ab. Dabei schloss er aus dem (vermeintlichen) Fehlen einer ökonomischen Theorie darauf, dass es dann auch die einer solchen Theorie zugrundeliegenden Prozesse nicht gegeben habe, wobei er dezidiert die Theorie von Marktprozessen meinte.[11] Finleys Vorgehen ist aus verschiedenen Gründen methodisch problematisch und deswegen inzwischen kritisiert worden.[12]

---

7 Vgl. das Beispiel „Aristoteles", unten, 4.2.2.
8 Hierzu vgl. *Föllinger*, Platon, 24 mit Forschungsliteratur.
9 Ausführlich dazu *Föllinger*, Platon, 17–19. Vgl. dazu auch unten, 4.2.1.
10 S. auch *Reinard* in diesem Band.
11 *Finley*, Economy, 21; vgl. auch: *Finley*, Economy, 17–34.
12 Vgl. *Cartledge, P.*, The Economy (Economies) of Ancient Greece, in: Dialogos, 5, 1998, 4–24 (wiederabgedr. in: *Scheidel, W./von Reden, S. (Hgg.)*, The Ancient Economy. Edinburgh 2002, 11–32) und *Eich, A.*, Die politische Ökonomie des antiken Griechenland (6.–3. Jahrhundert v. Chr.). (Passauer Historische Forschungen, Bd. 14) Köln/Weimar 2006, 40 Anm. 83. Vgl. zusammenfassend *Ruffing*, Wirtschaft, 11.

II „Wirtschaft" und „Ökonomie"

An der hier geschilderten Situation änderte und ändert sich nur vereinzelt und allmählich etwas.[13] Um einen adäquaten Zugang in dieser Gemengelage zu gewinnen, empfiehlt es sich zuerst, ‚Wirtschaft' von ‚Ökonomie' zu unterscheiden.[14] Beide Begriffe werden zwar im Alltagsgebrauch mitunter synonym gebraucht, aber sie meinen Unterschiedliches. Dabei empfiehlt sich eine Begriffsklärung, die moderne normative Vorannahmen, was beides sei oder nur sein könne, vermeidet. So lässt sich Wirtschaft bestimmen als „ein empirisches Phänomen, das alle Tätigkeiten zur Reproduktion des Lebens als Reaktion auf Mangel zur Daseinsfürsorge und Entfaltung menschlicher Bedürfnisse in je historischer Bestimmung umfaßt."[15] Davon unterschieden ist die Ökonomie als auf dieses Phänomen sich beziehende systematisierende Reflexion.[16] Ausgangspunkt von Wirtschaft und damit auch der Reflexion über sie ist also der Mangel. Entsprechend ist dem einflussreichen Ansatz von Lionel Robbins zufolge Ökonomie eine „Theorie der Wahlhandlungen unter Knappheitsbedingungen."[17] Eine solch weit gefasste Bestimmung ist offen für verschiedene historische Formen ökonomischer Reflexion. Als wesentlicher Zug von Wirtschaft erscheint jedenfalls der Umgang mit Mangel und als wesentlicher Zug der Ökonomie die Reflexion darauf. Diese Differenzierung erlaubt es auch, ein in der Forschung verbreitetes Urteil aufzubrechen, dass es nämlich im Denken der Antike keine Einsicht in einen von der Politik unabhängigen Bereich der Wirtschaft gegeben habe. Auch die lange verbreitete Ansicht, ein auf seinen Nutzen bedachter *homo oeconomicus* habe weder in der antiken Realität noch als Modell antiker Theoriebildung existiert, erweist sich dann als hinfällig.

III Anfänge ökonomischer Reflexion in der frühgriechischen Dichtung

Verhaltensweisen des *homo oeconomicus* tauchen bereits in der frühen griechischen Literatur auf, in der das Nachdenken über wirtschaftliche Zusammenhänge beginnt. So erfahren wir in Homers „Odyssee" (siebtes Jahrhundert v. Chr.) immer wieder etwas über den Haushalt, *Oikos*, des Odysseus, auch wird implizit deutlich, dass das Wohlergehen des individuellen Haushaltes Einfluss auf die Gesamtheit hat. Denn

---

13 Vgl. die Ansätze von *Lowry*, Archaeology; *Schefold*, Platon; Wieland, Entdeckung. Siehe hierzu *Föllinger*, Platon, 25 f.
14 Vgl. hierzu *Föllinger*, Platon, 5–8.
15 *Wieland*, Entdeckung, 28.
16 Vgl. *Wieland*, Entdeckung, 28. Vgl. die englische Unterscheidung von *economy* und *economics*.
17 *Manstetten*, Menschenbild, 79.

Odysseus' Sohn Telemachos beruft eine Versammlung des Volkes von Ithaka ein und bringt die Klage vor, dass die jungen Männer der heimischen Elite Odysseus' Abwesenheit ausnutzten, um Haus und Hof des Odysseus zu belagern, seine Frau Penelope zur Wiederverheiratung zu drängen und sich dabei an Hab und Gut des Odysseus zu vergreifen (*Odyssee* 2,1–79), ihn also wirtschaftlich zu schädigen. Ganz explizit formuliert Hesiod, ebenfalls im siebten Jahrhundert v. Chr., die Voraussetzungen und Regeln gelingenden Wirtschaftens in seinem Epos „Werke und Tage". Dieses Gedicht stellt eine Mahnung an den Bruder Perses dar, der Hesiod offensichtlich in Erbschaftsstreitigkeiten übervorteilt hat und dabei von den bestechlichen Richtern unterstützt wurde. Dabei kritisiert Hesiod auch das Verhalten der „geschenkefressenden", also korrupten Richter. Innerhalb seiner Normierungsvorschläge steht der Wert fleißiger Arbeit und ehrlich verdienten Unterhalts im Mittelpunkt, und die allgemeinen Ratschläge werden durch einen Bauernkalender ergänzt.

Der Beitrag solcher Texte zur Wirtschaftsgeschichte liegt sowohl in der Erkenntnis, dass erfolgreiches und effizientes Wirtschaften nicht nur ein Vorteil für den Individualhaushalt, sondern für die ganze Gesellschaft darstellt, als auch in dem aus heutiger Sicht erstaunlichen Sachverhalt, dass bereits mit der Entstehung der frühesten Literatur der Blick auf die Bedeutung der Wirtschaft gelenkt wird.[18] Zwar wurde schon vereinzelt diesen Texten als ‚Vorläufern' Aufmerksamkeit geschenkt. Aber dennoch kann man sagen, dass die Erforschung dieser Sachverhalte erst an ihrem Beginn steht, weil Wirtschaftshistoriker ihnen, wohl nicht zuletzt wegen ihrer literarischen Form, weniger Aufmerksamkeit geschenkt haben. Das gleiche gilt für literarische Texte der Klassischen Zeit, wie der Tragödie, der Komödie und der Geschichtsschreibung, deren Erforschung unter wirtschaftsgeschichtlichem Gesichtspunkt erst am Anfang ist.[19]

IV Der ökonomische Diskurs im vierten Jahrhundert v. Chr.

Geradezu eine Explosion wirtschaftlicher Reflexion gibt es im vierten Jahrhundert v. Chr. Dabei muss man zwei Gruppen von Texten unterscheiden: 1) die sogenannten „Ökonomischen Schriften", deren Thema die Haushaltsökonomik ist, und 2) Texte, die

---

[18] Zu Hesiod vgl. *Rechenauer,* Hesiod: Hesiod geht in seinen Überlegungen von der Mangelsituation des Menschen aus und sieht Konkurrenz als ein ökonomisch wirksames Prinzip, er reflektiert aber auch die Bedeutung einer Ausbalancierung des individuellen Egoismus. Den Pandora-Mythos deutet Rechenauer im Rahmen seiner ökonomischen Analyse von Hesiods Gedicht neu und innovativ als Reflexion über den Mangel.

[19] Vgl. z. B. *Spielvogel, J.,* Wirtschaft und Geld bei Aristophanes. Untersuchungen zu den ökonomischen Bedingungen in Athen im Übergang vom 5. zum 4. Jh. v. Chr. (Frankfurter Althistorische Beiträge, Bd. 8) Frankfurt a. M. 2001.

Reflexionen zur Ökonomie bieten und im Zusammenhang umfassenderer philosophischer Untersuchungen stehen.

1 Die „Ökonomischen Schriften"

1) Die „Ökonomischen Schriften"[20] stellen eine Fach- bzw. Sachliteratur dar, deren explizites Ziel die – durchaus mit Handlungsanweisungen verbundene – Reflexion über wirtschaftliche Fragen darstellt. Hierzu gehören Werke, die sich mit der guten und gewinnbringenden Führung eines Haushaltes beschäftigen.[21]

Xenophons „Oikonomikos",[22] der die optimale und profitable Führung eines wohlhabenden athenischen Haushalts und damit den Bereich der Mikroökonomie behandelt, konzipiert die Ökonomik als eine vermittel- und erlernbare *techne*, also als eine Verfahrensweise, durch die ein Teilbereich menschlichen Lebens theoretisch und praktisch geregelt wird. Dabei legt er sein Augenmerk auf Aspekte der optimalen Personenführung und Arbeitsteilung und die Qualitäten des Landwirts, die für Produktivität und Effizienz unerlässlich sind.

Ausschließlicher auf die Personen im Haushalt konzentriert sind die Bücher I und III der „Oeconomica", die unter dem Namen des Aristoteles überliefert sind,[23] aber der *communis opino* zufolge nicht von ihm stammen. Diese drei Schriften fristeten lange ein Schattendasein in der Forschung, aber eine jüngere Untersuchung hat ihren Charakter erhellt. So sind Buch I und II „Technai im Sinne von systematischen Lehrbüchern".[24] Buch I widmet sich, anschließend an Aristotelisches Gedankengut, der Oikonomik im engeren Sinn, wohingegen Buch II Maßnahmen zur staatlichen Geldvermehrung erörtert. Buch III legt den Fokus auf das Verhältnis von Mann und Frau und weist einen Duktus der Beratung auf.[25]

Die „Ökonomischen Schriften"[26] wurden in der modernen wirtschaftsgeschichtlichen Forschung lange marginalisiert,[27] weil sie – jedenfalls auf den ersten Blick – kaum etwas bieten, was man aus moderner volkswirtschaftlicher Sicht von einer wirtschaftstheoretischen Schrift erwarten würde. In jüngerer Zeit ändert sich dies. So

---

20 Vgl. *Föllinger*, Literatur.
21 Siehe den Überblick bei *Zoepffel*, Aristoteles, 118–205; 247–310 und die zweisprachige, mit Erläuterungen versehene Ausgabe von *Audring/Brodersen*, Oikonomika. Einige zentrale Ausschnitte aus den ‚Ökonomischen Schriften' bietet auch *Rohde, D./Sommer, M.*, Geschichte in Quellen – Antike: Wirtschaft. Darmstadt 2016. Zu den einzelnen Aufgabenbereichen der Hausverwaltung, die in diesen Schriften thematisiert werden, vgl. *Natali*, Oikonomia, 100.
22 Die Datierung ist unsicher.
23 Vgl. hierzu den umfassenden Kommentar von *Zoepffel*, Aristoteles.
24 *Zoepffel*, Aristoteles, 135.
25 *Zoepffel*, Aristoteles, 236–238; 638.
26 Vgl. *Föllinger*, Literatur.
27 Zur Forschung vgl. *Zoepffel*, Aristoteles, 49–65; *Föllinger*, Literatur, 585 f.

kritisiert man, dass eine solche Erwartung ahistorisch sei.[28] Diese Schriften werden verstärkt herausgegeben, übersetzt und kommentiert.[29] Man versucht für deren besseres Verständnis eine Einordnung in den allgemeinen theoretischen Diskurs.[30] Neuere Ansätze versuchen vor allem den Aufweis, dass die Beurteilung, diese Schriften seien „ethisch" und für wirtschaftsgeschichtliche Zugriffe uninteressant, unzulänglich ist. Vielmehr erweisen sich Elemente, die von moderner Warte aus als ethisch oder moralisch beurteilt werden, als Teil einer auf Effizienz ausgerichteten ‚Betriebsführung', etwa wenn Xenophons „Oikonomikos" auf die Bedeutung einer guten Personalführung abhebt, und erfahren im Lichte moderner institutionenökonomischer Theorie eine neue Einordnung.[31] In diesem Rahmen ist auch die Behandlung der Geschlechterfrage zu verstehen. Hier geht es nicht um Vorschläge, wie ein Gentleman sich zu verhalten habe, sondern in den Anweisungen bzw. Ratschlägen für eine gelingende Aufgabenteilung zwischen dem *oikonomos* und seiner Frau wird das Bewusstsein für die wirtschaftliche Bedeutung der Tätigkeit der Frau deutlich.[32] Eine weitere Dimension, die erneuter Untersuchung bedürfte, ist die politische Dimension dieser Schrift, zumal Xenophon auch eine Schrift zur Verbesserung des Staatshaushaltes, die „Poroi", verfasst hat. Diese wird zwar zur Gruppe der „Ökonomischen Schriften" gerechnet, aber ihnen kommt eine Sonderstellung zu, weil hier explizit über die Verbesserung der Staatseinkünfte nachgedacht wird. Die Entstehung dürfte in die Zeit des wirtschaftlichen Niedergangs Athens in der Mitte des vierten Jahrhunderts v. Chr. fallen, woraus sich ihr Charakter erklärt. Denn auch wenn diese Schrift in Traktatform geschrieben ist, liegt ihre Funktion in einem wirtschaftspolitischen Appell an die Athener.[33] Die Vorschläge, die der Autor vorlegt, sollen Athens Wirtschaft verbessern. So sollen etwa Anreize für ein verstärktes wirtschaftliches Engagement der Metöken geschaffen werden. Dies waren ortsansässige Fremde ohne Bürgerrecht, die durch ihre Wirtschaftstätigkeiten für das historische Athen eine wichtige Einkommensquelle waren. Darüber hinaus werden Empfehlungen zur Stärkung des Handels und für direkte Eingriffe der Polis in das Wirtschaftsleben gegeben, um den Profit

---

28 *Lowry*, Archaeology, 77–80; *Zoepffel*, Aristoteles, 55–65; *Audring/Brodersen*, Oikonomika, 7–10.
29 *Audring/Brodersen*, Oikonomika.
30 Zu Xenophon vgl. *Schmitt, A.*, Philosophische Voraussetzungen der Wirtschaftstheorie der griechischen Antike (5./4. Jahrhundert v. Chr.), in: *Schefold, B.* (Hg.), Xenophons ‚Oikonomikos', Vademecum zu einem Klassiker der Haushaltsökonomie. Düsseldorf 1998, 95–174.
31 *Föllinger, S./Stoll, O.*, Die wirtschaftliche Effizienz von Ordnung und personalen Beziehungen. Ein neuer Blick auf Xenophons Oikonomikos, in: *Ruffing, K./Droß-Krüpe, K.* (Hgg.), *Emas non quod opus est, sed quod necesse est*. Beiträge zur Wirtschafts-, Sozial-, Rezeptions- und Wissenschaftsgeschichte der Antike. Festschrift für Hans-Joachim Drexhage zum 70. Geburtstag. Wiesbaden 2018, 143–158.
32 Siehe *Föllinger, S.*, Frau und *Techne*: Xenophons Modell einer geschlechtsspezifischen Arbeitsteilung, in: *Feichtinger, B./Wöhrle, G.* (Hgg.), Gender Studies in den Altertumswissenschaften. Möglichkeiten und Grenzen. (Iphis. Beiträge zur altertumswissenschaftlichen Gender-Forschung) Trier 2002, 49–63.
33 *Schorn, S.*, The Philosophical Background of Xenophon's Poroi, in: *Hobden, F./Tuplin, Ch.* (Hgg.), Xenophon: Ethical Principles and Historical Enquiry. Leiden 2012, 689–724, hier: 67.

aus den Silberbergwerken in Laureion zu erhöhen. Die „Poroi" bieten wirtschaftshistorisch interessante Details. Ihr Beitrag zur Geschichte von Wirtschaft und Ökonomie ist in Ansätzen diskutiert, aber noch nicht umfassend untersucht und gewürdigt worden.[34] Weiterführend wäre auch ein Vergleich mit dem zweiten Buch der Ps.-Aristotelischen „Oeconomica",[35] das der *techne* der Chrematistik, die sich mit Mitteln der Reichtumsvermehrung beschäftigt, zuzuweisen ist.

Insgesamt wächst also allmählich das Bewusstsein dafür, dass die antiken Schriften, die sich theoretisch mit dem ‚Haus' und seinen Strukturen beschäftigen, einen nennenswerten Beitrag zur Wirtschaftsgeschichte bilden, wenn man diese wirklich ‚historisch' und nicht mit einer ahistorisch von bestimmten Vorannahmen bedingten Sichtweise aus betreibt. Darüber hinaus entdeckt man die Bedeutung dieser Schriften für die Geschichte des Haushalts und für die Frage, warum er in der Wirtschaftsgeschichte gerne marginalisiert wurde, und misst ihnen Bedeutung bei für rezente Diskussionen über das Verhältnis von Haushalt und Staat und die damit verbundene Frage nach Geschlechterrollen.[36]

2 Ökonomie bei den Philosophen

Ökonomische Überlegungen sind Teil philosophischer Werke, die nicht per se ‚ökonomisch' sind wie die Fach- und Sachliteratur der ersten Kategorie und deren Interesse nicht die Haushaltsökonomik als solche ist. Hierzu zählen vor allem Platons Dialoge „Politeia" und „Nomoi" und Aristoteles' Reflexionen, die er in der „Politik" und in Buch V der „Nikomachischen Ethik" bietet. Die Gründe, warum diese Reflexionen vielfach nicht als vollwertige Beiträge zur Ökonomie angesehen wurden, sind bereits genannt worden.[37]

a) Platon

Der Ausgangspunkt von Platons bekannterem Dialog „Politeia" ist die Frage, was Gerechtigkeit ist. Um diese besser klären zu können, entwickelt Sokrates das Modell eines hierarchisch gegliederten Staates. Geleitet wird dieser von einer aus einem Wächterstand erwachsenen Schicht von Philosophenherrschern. Während Wächter und Philosophenherrscher strikten Regelungen wie Eigentumsverzicht unterliegen,

---

[34] Zur bisherigen Forschung vgl. *Föllinger*, Literatur, 588 f. und *von Reden*, Wirtschaft, 178 f.
[35] Vgl. *Brodersen, K.*, Aristoteles. 77 Tricks zur Steigerung der Staatseinnahmen. Oikonomika II. Griechisch/Deutsch. Übersetzt und hrsg. von Brodersen, K. Stuttgart 2006.
[36] Vgl. etwa *Reuthner, R.*, Die Hausfrau und die Ökonomie in Ökonomiken und Haushaltslehren von der Antike bis ins 19. Jahrhundert. Berlin 2018.
[37] Vgl. oben, 163 f.

da sie sich aufgrund einer guten Veranlagung und einer langen Erziehung ausschließlich auf die Belange der Gemeinschaft konzentrieren sollen, ist das für den untersten Stand, der für den wirtschaftlichen Erhalt des Staates verantwortlich ist, nicht der Fall. In Platons Spätwerk „Nomoi" hingegen ist die Ausgangsfrage, welche Gesetze ein optimaler, neu zu gründender Staat haben müsse, wobei der Anlass die (fiktive) Gründung einer neuen kretischen Kolonie, Magnesia,[38] ist. Über diese diskutieren ein namenloser Athener, der Spartaner Megillos und der Kreter Kleinias. Wie in der „Politeia" ist in den „Nomoi" das Staatsziel, für Individuum und Staat ein „gelungenes Leben" (Eudaimonie) zu erlangen (III 701D–702B). Aber anders als in der „Politeia" wird die beste Möglichkeit, diese zu verwirklichen, nicht in einer Herrschaft von Philosophenkönigen gesehen. Jetzt wird vielmehr eine Mischverfassung als Staatsform entwickelt, die demokratische Elemente hat und an deren höchster Stelle Gesetze stehen. Für deren Durchsetzung sorgt ein groß angelegter Apparat von Funktionsträgern. Die verschiedenen Beamten und Organe werden durch eine Mischung aus Wahl und Losverfahren bestimmt. Alle Bürger haben aktives und passives Wahlrecht, sind also einmal in der Rolle der Wähler und dann wieder als Gewählte Inhaber politischer Macht. Gleichzeitig wird durch verschiedene Regelungen auf eine Balance im Staat hingearbeitet, da das Auseinanderklaffen der ‚sozialen Schere' als größte Gefährdung für die Gemeinschaft angesehen wird. Dem eigentlichen Staatsziel der Eudaimonie entsprechend wird eine Güterordnung entwickelt, innerhalb derer der Reichtum an unterster Stelle steht:[39] Materielle Mittel sind dem Wohlergehen von Körper und Seele unterzuordnen („Nomoi" V 743D5-E1).

Während Platon in der „Politeia" eher ökonomische Fragen allgemeiner Art angeht, bieten die „Nomoi" ein dichtes Regelwerk von Wirtschaftsregeln, die auch aus moderner ökonomischer Perspektive von Interesse sind. Dies hat die Forschung lange Zeit – bis auf wenige Ausnahmen – nicht erkannt.[40] Denn Platon fiel unter das ‚Ethik-Verdikt', demzufolge die politische und/oder ethische Fokussierung der antiken Philosophen ihnen eine Erkenntnis wirtschaftlicher Prozesse verwehrt habe,[41] oder es wurde biographistisch spekuliert, dass seine Ansichten mit der konservativen bzw. reaktionären Haltung eines typischen ‚Aristokraten' zu erklären seien.[42] Auch die dialogische Darstellungsform seiner Reflexionen bot Probleme, etwa wenn Schumpeter Platons „Politeia" als „Staatsroman" bezeichnete, der „ebensowenig Analyse" sei, „wie

---

[38] Der Name Magnesia taucht in den „Nomoi" nicht auf, aber es ist von der „Stadt der Magneten" (z. B. IX 860E6) die Rede, und die moderne Forschung hat Verbindungen zu einer Stadt gleichen Namens auf Kreta, die zu Platons Zeit nicht mehr existierte, gezogen. Zu der – letztlich nicht lösbaren – Frage nach der Historizität vgl. *Schöpsdau*, Nomoi IV–VII, 140–142.
[39] Nomoi IX 870A6–B6, vgl. III 697B; V 743E–744A; I 631B–C.
[40] Vgl. hierzu den Forschungsüberblick bei *Föllinger*, Platon, 23–30.
[41] Vgl. *Schefold*, Platon, 25–33; *Helmer*, Platon, 9 f.; 15 f. Siehe oben, 163 f.
[42] Siehe hierzu oben, 164. Vgl. auch den Forschungsüberblick bei *Schrießl*, Kritik, 14–29.

die Darstellung der Venus durch einen Maler wissenschaftliche Anatomie ist."[43] Die Konzentration auf die „Politeia" verhinderte ebenfalls eine adäquate Beschäftigung mit Platon, da gerade in seinem Alterswerk „Nomoi" differenzierte Ausführungen zu finden sind, die aber bis in jüngere Zeit von der Platonforschung im allgemeinen weniger beachtet wurden.

In jüngster Zeit lässt sich hingegen eine gewisse Trendwende feststellen. Dies betrifft das Interesse speziell an den „Nomoi",[44] aber ansatzweise auch an den ökonomischen Überlegungen Platons allgemein. Er wird als Kritiker der Marktwirtschaft,[45] die er als selbständigen Bereich erkannt und in Form einer politischen Ökonomie behandelt habe,[46] oder als Begründer einer differenzierten Rationalitätsform[47] gewürdigt. Dabei entspricht – einer jüngeren Arbeit zufolge[48] – Platons Reichtumskritik gerade nicht einer typisch aristokratischen Haltung, sondern widerspricht ihr.

Unter ökonomischer Perspektive ist zum einen die Analyse zentral, die Platon Sokrates in der „Politeia" geben lässt (II 369B–372E):[49] Die Existenz wirtschaftlicher Prozesse wird anthropologisch verortet. Denn weil der Mensch von Natur aus nicht autark ist, ist er von Tausch und Handel abhängig. Der Staat entsteht, um materiellen Mangel zu beseitigen. Dabei geht es aber nicht um eine Subsistenzwirtschaft, sondern die Produktion von Überschuss ist nötig, um Außenhandel zu betreiben und die Möglichkeit zum Export zu haben. Dabei werden zwei positive Seiten des Handels deutlich: Er hat die Funktion der Distribution,[50] und er ermöglicht eine effiziente Arbeitsweise, da die auf dem Markt verhandelten Dinge Produkte der Arbeitsteilung sind. Mit dem Markt ist das Geld verbunden. Anders, als immer wieder vertreten, wertet Platon Handel und Markt also nicht ab. Aber er thematisiert die Gefahr, dass die im Menschen verankerte Gier nach ‚Mehr', die Pleonexie, im Bereich des Handels besonders zum Zuge komme.[51] Dabei liegt seiner Kritik auch die Beobachtung von Marktgesetzlichkeiten zugrunde.[52] Diese Erkenntnis führt ihn zu Vorschlägen politischer Normierung. Diese erwachsen nicht nur aus der Furcht vor einer Gefährdung der individuellen Moral, sondern sie haben ein politisches Motiv: Gesellschaftliche

---

43 Dieses Urteil hinderte Schumpeter aber nicht daran, gleichzeitig zu erkennen, dass bei Platon „doch [...] irgendwie der Ansatz zur Analyse vorhanden" sei, vgl. *Schumpeter*, Geschichte, 94. Zur Kritik an dieser Widersprüchlichkeit vgl. auch *Wieland*, Entdeckung, 48.
44 Erwähnt sei hier v. a. der umfangreiche Kommentar von Schöpsdau, der auch auf das Verhältnis der in den „Nomoi" entwickelten Regeln zur Realität des vierten Jahrhunderts v. Chr. eingeht.
45 *Schefold*, Platon.
46 *Helmer*, Platon.
47 *Wieland*, Entdeckung.
48 *Schriefl*, Kritik.
49 Vgl. *Föllinger*, Platon, 33–38.
50 Zu dieser positiv zu bewertenden Funktion des Handels und des Geldes vgl. auch „Nomoi" XI 919B–C.
51 *Föllinger*, Platon, 39–43.
52 *Föllinger*, Platon, 43–48.

und staatliche Disruptionserscheinungen, die Folge ungleicher Vermögensverhältnisse sind, sollen vermieden werden.[53]

Aus dieser Analyse erwachsen Normierungsvorstellungen, die in den in der „Politeia" und in den „Nomoi" vorgestellten fiktiven Staatsentwürfen entwickelt werden. Dabei entfalten die sowohl um allgemeine als auch um detaillierte Regelungen bemühten „Nomoi" präzise Vorschriften, die eine durch ungleiche Vermögensverteilung bewirkte Spaltung der Bürgerschaft des Staates durch die Reglementierung des wirtschaftlichen Bereiches verhindern sollen, wie etwa Gesetze, die eine völlig freie Preisentwicklung unterbinden (XI 917C).[54] Diese Normierungen basieren auf impliziten oder expliziten Analysen wirtschaftlichen Verhaltens und zeugen von der Kenntnis von Marktgesetzen, die es erlaubt, Parallelen zum modernen Modell des *homo oeconomicus* zu ziehen.[55] Sie resultieren also aus der Erfahrung, dass Menschen die Marktgesetze ausnutzen, nicht aber daraus, dass Platon, wie etwa Finley meinte,[56] keinen Einblick in Prinzipien der Marktgesetzlichkeiten gehabt oder als Moralist eine Abneigung gegen das Geld gehegt habe.

Die explizite oder implizite Normierung, die wir vor allem in der „Politeia" – in Form allgemeinerer Überlegungen – und in den „Nomoi" – in Form von Detailregelungen – finden, basiert also auf der bereits erfolgten Erkenntnis marktwirtschaftlicher Prozesse. Hier liegt der Sinn einer genauen Textlektüre, die unterscheidet, wo Platon einen Ist-Zustand vorstellt und wo er einen Soll-Zustand imaginiert und wo man implizit in der Normierung den Ist-Zustand erkennt. Eine solche Analyse der Platonischen (und Aristotelischen) Texte zeigt, dass der *homo oeconomicus* der Antike wohlbekannt war und die normierenden Zugriffe, die Platon und Aristoteles bieten, eine Reaktion darauf sind. Ihre Ausführungen sind also gerade nicht als Beschreibung eines Ist-Zustandes der ‚Embeddedness', wie Polanyi[57] sie interpretierte, aufzufassen. Eine Dichotomie eines antiken *homo politicus* oder *homo ethicus* contra einen modernen *homo oeconomicus* ist nicht zu halten.

Die Bedeutung und das Potential genauer Lektüre sollen zwei Beispiele demonstrieren: In Platons „Nomoi" geht der (namenlose) athenische Gesprächspartner, der die Gesprächsführung innehat, auf die Praxis der Monopolbildung ein (XI 918A–920C).[58] Denn er erwähnt das Verhalten eines Herbergsbesitzers, der die einsame Lage seiner Unterkunft dadurch ausnutzt, dass er Wucherpreise verlangt, und setzt dagegen die Normen einer Kultur, die die Werte der Gastfreundschaft hochhalte. Dabei wird deutlich, dass Gewinnmaximierung unter Ausnutzung von Mangelsituationen eine durchaus übliche Erfahrung war und die Kritik an derlei Händlergebaren allge-

---

53 *Föllinger*, Platon, 41 f.; 127–130.
54 Vgl. hierzu *Föllinger*, Platon, 144 f.; *Bösherz*, Anreize.
55 *Bösherz*, Anreize.
56 Vgl. oben, 163 f.
57 *Polanyi, K.*, The Great Transformation, New York 1944. S. auch den Beitrag von *Reinard* in diesem Band.
58 Vgl. hierzu *Föllinger*, Platon, 14–17.

mein gepflegt wurde (also offensichtlich nicht nur eine ‚aristokratische' Kritik darstellte).[59] Diese Art von Hinweisen kann man als Indizien *ex negativo* für das Bewusstsein von Marktgesetzlichkeiten bezeichnen, die, gerade weil sie ein positives normatives Gegenbild aufbauen, einen Rückschluss auf reales wirtschaftliches Handeln zulassen.

Dies gilt ebenso für eine Passage aus Xenophons „Oikonomikos": In diesem als Sokratischer Dialog gestalteten Werk[60] verweist der als Vorbild für einen gewinnorientierten Betrieb vorgeführte *oikonomos* Ischomachos Sokrates auf das vorbildhafte Verhalten seines Vaters. Dieser, so Ischomachos, habe „aus Liebe zur Landwirtschaft und zur Arbeit" (20,25: *dia tēn philogeōrgian kai philoponian*) heruntergekommenes Land aufgekauft, wieder in Schuss gebracht und dann weiterverkauft. Sokrates reagiert ironisch und weist darauf hin, dass Ischomachos' Vater nichts anderes getan habe als die Getreidehändler, die aus „Liebe zum Getreide" (20,27: *philositoi*) dieses an Orten, an denen es keines gebe, besonders gerne verkauften. Die Ironie des Sokrates, die Ischomachos gleich durchschaut (20,29: „du spottest", *paizeis*), macht deutlich, dass Gewinnorientierung, Ausrichtung am wirtschaftlichen Maximum, Ausnutzung von Notsituationen, Kenntnis und Ausnutzung ‚marktwirtschaftlicher Gesetze' durchaus verbreitet waren. Dies wird unterstützt durch Sokrates' Verallgemeinerung, alle liebten von Natur aus (*physei*) das, woraus sie Nutzen ziehen könnten (20,29).

Beide Autoren zeichnen hier also das Bild des real existierenden *homo oeconomicus*, der die ihm verfügbaren Informationen (keine Konkurrenz im Hotelwesen, Mangelsituation in der Getreideversorgung) im Sinne eines – in der modernen ökonomischen Terminologie – ‚rationalen' Handelns nutzt.

Die Beispiele verdeutlichen, wie wichtig eine sorgfältige Lektüre der Werke, die sich mit ökonomischen Fragen befassen, ist. Zieht man die unterschiedlichen literarischen Formen, in denen Platon, Aristoteles und Xenophon schrieben, in Betracht und interpretiert in der beschriebenen Weise die Texte adäquat, so geben sie uns mehr Aufschluss über reales wirtschaftliches Handeln und eine darauf aufbauende ökonomische Analyse, als man auf den ersten Blick vermuten könnte und vermutet hat.

Eine neue Perspektive, die den Platonischen Schriften eher gerecht wird als biographische Ansätze, bietet eine institutionenökonomische Analyse.[61] Dies gilt vor allem im Blick auf Platons „Nomoi": Der Entwurf eines dichten Regelwerkes, das auch den ökonomischen Bereich umfasst, hat seinen gedanklichen Ausgangspunkt in Überlegungen, dass zwar die Erziehung des Menschen zu Einsicht und vernunftgemäßem

---

[59] So heißt es in „Nomoi" XI 918D6–8 allgemein, dass die Berufe im Handel und in der Gastronomie „einen schlechten Ruf hätten " (διαβέβληται) und „beschimpft würden" (ἐν αἰσχροῖς γέγονεν ὀνείδεσιν). Um ein Bild der allgemeinen Beurteilung des Handels im Klassischen Athen zu gewinnen, wäre es u. a. nützlich, die Aristophanischen Komödien unter dieser Perspektive näher zu untersuchen.
[60] Vgl. oben, 4.1. Zur literarischen Gestaltung siehe *Föllinger, S.*, Sokrates als Ökonom? Eine Analyse der didaktischen Gestaltung von Xenophons ‚Oikonomikos', in: Würzburger Jahrbücher für die Altertumswissenschaft. Neue Folge, 30, 2006, 5–23.
[61] *Föllinger*, Platon; *Föllinger/Korn*, Glück und Ökonomie; siehe *Ruffing*, Wirtschaft, 12 f.; *von Reden*, Wirtschaft, 91, 102–104.

Handeln das höchste Ziel sein muss, dass es aber gleichzeitig wichtig ist, Strukturen zu schaffen, die für ein Mindestmaß an Sicherheit sorgen. Dieser Sicherheit soll die Vielzahl von Institutionen, die Platon die Gesprächspartner der „Nomoi" entwickeln lässt, dienen. Dabei geht es sowohl um formale, kodifizierte Regeln, die mit staatlichen Sanktionen versehen sind, als auch um informelle Regeln, die es zu bewahren oder neu zu etablieren gilt. Bei beiden geht Platon vielfach von Gesetzen seiner Zeit aus, modifiziert sie aber zum Teil auf signifikante Art und Weise, indem er etwa das Maß an Eigenverantwortung erhöht, mit strengeren Sanktionen arbeitet oder auf ältere Regeln zurückgreift.[62] Aufgabe des Gesetzgebers in diesem Staatsmodell ist es also auch, die Entwicklung bestimmter kultureller Faktoren zu beeinflussen.[63]

Ein aufschlussreiches und witziges Detail sei hier erwähnt: Die Gesprächspartner des Platonischen Dialogs überlegen auch, welche Strategien zur Motivation der Bürger sie künftigen Gesetzgebern raten können, und plädieren in diesem Rahmen dafür, die Sinnhaftigkeit besonders wichtiger Gesetze durch Proömien zu erklären. Dabei wird das einem *homo oeconomicus* entsprechende Verhalten des Normalbürgers vorausgesetzt, wie folgende Stelle schön zeigt („Nomoi" XI 913B3–8): Das Gesetz, wie man mit Geldfunden umzugehen habe, solle, so die Überlegung, mit einem Vorwort versehen sein, das den Bürgern ein Nutzenkalkül vor Augen stellt: Das Geld an sich zu nehmen, bedeute einen kleineren Profit als das richtige Verhalten, das darin bestehe, es nicht zu behalten.

Insgesamt zeugen die Regelungen der „Nomoi" im wirtschaftlichen Bereich von einem großen Misstrauen gegenüber der Möglichkeit, dass Menschen nicht zu ihrem eigenen finanziellen Vorteil handeln könnten, und setzen, im Unterschied zu Regelungen für andere Bereiche des Polislebens, nicht auf die sanktionierende Macht des eigenen Gewissens oder des gesellschaftlichen Ansehens, sondern arbeiten stark mit staatlicher Regulierung.

An diesem Punkt gilt es weiterzudenken und dies in einem interdisziplinären Zugriff zu tun.[64] Dabei könnte der Ansatz, Platon ökonomisch zu lesen, ausgebaut, andere Werke mit einbezogen und stärker das Verhältnis seiner Darstellungen zur Realität seiner Zeit beleuchtet werden.

b) Aristoteles

Im Unterschied zu Platon wurde Aristoteles für die Wirtschaftsgeschichte ein höherer Stellenwert zuerkannt.[65] Denn man sah bei ihm mehr Ansätze zu Fragestellungen, die

---

62 Vgl. *Föllinger/Korn*, Glück, 354–356; *Föllinger, S.*, Die Rolle der Rhetorik in Platons Nomoi, in: *Kappl, B./Meier, S.* (Hgg.), Gnothi sauton. Festschrift für Arbogast Schmitt zum 75. Geburtstag. Heidelberg 2018, 127–147.
63 Zur Bedeutung der Religion im Rahmen dieser Regeln vgl. *Noack, H.*, Religion als kultureller Ordnungsrahmen in Platons Nomoi. (Philippika, Bd. 143) Wiesbaden 2020.
64 Einen Ansatz zu einem solch interdisziplinären Versuch bietet *Föllinger/Korn*, Regeln.
65 Vgl. oben, 163 f.

denen moderner ökonomischer Zugänge entsprechen.[66] Dabei standen im Fokus der Forschung vor allem bestimmte Passagen seiner „Politik" und seiner „Nikomachischen Ethik".

Die „Politik" ist ein Werk in acht Büchern. Das Leitmotiv der Bücher II–VII ist das Thema ‚Verfassungen'.[67] Aristoteles untersucht historische Verfassungen und stellt Überlegungen zu einer ‚besten Verfassung' an. Buch I hingegen gibt eine Genese des Staates und eine Analyse seiner Bestandteile, der Haushalte. Diese sind nach Aristoteles durch die als Herrschaftsformen bestimmten Personen- und Funktionenrelationen (Mann – Frau, Herr – Sklave, Vater – Kinder) und die Formen des Erwerbs gekennzeichnet. Die wirtschaftshistorische Forschung interessierte sich besonders für dieses erste Buch. Dabei richtete sie den Blick vor allem auf Aristoteles' generelle Überlegungen über das Verhältnis von Haus und Staat und seine Differenzierung unterschiedlicher Erwerbsformen.

In der „Nikomachischen Ethik" galt das moderne wirtschaftsgeschichtliche Interesse bisher vor allem Buch V, Kapitel 8. Hier entwickelt Aristoteles im Rahmen seiner Reflexionen über Gerechtigkeit[68] eine Theorie des Geldes, insofern er überlegt, auf welcher Vergleichbarkeit ein Handel mit Geld eigentlich beruht. Inwieweit man seine Position als Vorreiterin moderner Geldtheorien sehen kann, ist umstritten.[69]

Probleme bereitet bei der Analyse der Texte der Umstand, dass Aristoteles' Ansichten zu bestimmten Fragen zu divergieren scheinen. Dies betrifft etwa die Frage der Autarkie: So ist nach „Politik" I 2 nicht der Einzelhaushalt autark, sondern erst der Staat, die *polis*, die überhaupt wegen der fehlenden Autarkie der Einzelhaushalte entsteht. Dagegen steht in I 9 die Autarkie des Einzelhaushaltes im Vordergrund. Dies ist aber nur auf den ersten Blick widersprüchlich, weil die Perspektive jeweils eine andere ist.[70] Ähnliches lässt sich zu Aristoteles' Bewertung der Chrematistik, der Technik des Reichtumserwerbs, sagen. Lange Zeit galt die *communis opinio*, Aristoteles habe diese generell aus moralischen Gründen abgelehnt. Seine Überlegungen dazu sind aber differenzierter.[71] Denn er unterscheidet zwei Formen der Chrematistik (Pol. I 9. 1257b):[72] Die „naturgemäße" Chrematistik zielt auf Einnahmen, um sie sinnvoll auszugeben; die „nicht naturgemäße" und von Aristoteles abgewertete Chrematistik hat die Vermehrung des Geldes als solche zum Ziel. Aber selbst dieser zweiten Form

---

66 Siehe *Lowry, S. T.*, Ökonomische Ideen in Aristoteles' Politik, in: *Schefold, B.* (Hg.), Aristoteles: Politik. Vademecum zu einem Klassiker des antiken Wirtschaftsdenkens. Düsseldorf 1992, 127–164.
67 Vgl. *Schütrumpf*, Aristoteles I, 37–39.
68 Zur „Nikomachischen Ethik" vgl. *Brüllmann, Ph.*, Ethische Schriften, in: *Rapp, Ch./Corcilius, K.* (Hgg.), Aristoteles-Handbuch. Leben-Werk-Wirkung. Stuttgart/Weimar 2011, 134–146.
69 Zum Problem siehe *Meikle, S.*, Aristotle's Economic Thought. Oxford 1995. Zur Diskussion vgl. *Schefold, B.* (Hg.), Xenophons „Oikonomikos". Vademecum zu einem Klassiker der Haushaltsökonomie. Düsseldorf 1998, 44–5; *von Reden*, Wirtschaft, 173–176.
70 Vgl. *Schütrumpf*, Aristoteles I, 319 f.
71 Zur Diskussion vgl. *Schütrumpf*, Aristoteles I, 321–335 und *Schefold*, Platon und Aristoteles.
72 Vgl. *Schefold*, Platon, 38 f.

der Chrematistik erkennt Aristoteles ein Recht zu. Denn um die Armut in Athen und Attika bekämpfen zu können, gibt er den Ratschlag, dass die Bevölkerung durch Landwirtschaft und Handel an Vermögen gewinnen solle.[73] Dass auch der Staat davon abhängig ist, Reichtum zu erwerben, macht er ebenfalls deutlich (I 11. 1259a33–36); er sieht also als Ziel eines Staates den Wohlstand des Staates an, betrachtet ihn aber nicht als erschöpfendes Staatsziel.[74] Auch muss man seinen Appell, die verschiedenen Ratschläge zum Reichtumserwerb, etwa durch Monopolbildung, „zu sammeln" („Politik" I 11. 1259a3–5), wohl als Vorschlag für eine Art ‚Handbuch der Chrematistik' auffassen.

Von besonderer Bedeutung ist die Bestimmung, die Aristoteles in „Politik" I 2 von dem Verhältnis von Staat (*Polis*) und Haushalt (*Oikos*) gibt. Beide hängen eng zusammen. Denn der Staat ist aus den Einzelhaushalten zusammengesetzt. Allerdings formuliert Aristoteles hier nicht eine Norm. Denn mit der berühmten Formulierung, der Mensch sei ein „*zoon politikon* (soziales Lebewesen)", schreibt Aristoteles nicht eine Verhaltensweise vor, sondern er gibt eine anthropologische Deskription: Zum Menschen gehört das Leben in Gemeinschaft genauso dazu wie sein Charakteristikum, in fester Paarung zu leben. Das in diesem Zusammenhang gebrauchte Wort *politikon* ist ein Begriff, der aus der Biologie kommt und erst einmal nur bezeichnet, dass ein Lebewesen in der Gemeinschaft lebt. Was den Menschen über eine Gemeinschaft, die auch „soziale Lebewesen" wie Bienen und Wespen aufweisen, hinaushebt, ist die nur für ihn spezifische Vernunft und die mir ihr zusammenhängende Sprache, die ihm die Unterscheidung von ‚Gerecht' und ‚Ungerecht' und damit eine Art von besonderer Gemeinschaft ermöglicht. Im deskriptiven Bereich bleibt auch die Schilderung, wie es zum Staat kommt: Gerade die mangelnde Autarkie des einzelnen und des Hauses führt zur Staatenbildung.

Wie im Hinblick auf die Platonischen Schriften[75] ist also auch bei Aristoteles eine textgenaue Lektüre nötig, um zu unterscheiden, was Normierung ist, was Deskription ist und wo tatsächlich Wertungen stattfinden. Eine systematische neue Untersuchung der ökonomischen Ausführungen in den Aristotelischen Schriften unter diesen Gesichtspunkten, die zu den einschlägigen Stellen andere Werke des Aristoteles mit heranziehen würde, wäre vielversprechend und würde der Komplexität der Aristotelischen Schriften gerecht. Dabei muss man in Rechnung stellen, dass Aristoteles in seinen Werken vielfach, und so auch in der Aristotelischen „Politik", nicht Ergebnisse

---

73 „Politik" VI 5. Siehe auch „Politik II" 5. Vgl. *Schütrumpf*, Aristoteles I, 321 f.
74 Flashar spricht von Ansätzen zu einer „Nationalökonomie" (*Flashar, H.*, Die Ökonomik als Teil der praktischen Philosophie des Aristoteles, in: *Schefold, B. (Hg.)*, Aristoteles: Politik. Vademecum zu einem Klassiker des antiken Wirtschaftsdenkens. Düsseldorf 1992, 71–93, bes. 82 f.). Vgl. auch *Issing, O.*, Aristoteles – (auch) ein Nationalökonom?, in: *Schefold, B. (Hg.)*, Aristoteles: Politik. Vademecum zu einem Klassiker des antiken Wirtschaftsdenkens. Düsseldorf 1992, 95–125. Zur Wirtschaftspolitik der griechischen Polis siehe *Ruffing*, Wirtschaft, 69–72. Vgl. *von Reden*, Wirtschaft, 31 f.
75 Vgl. oben, 4.1.

„vorstellt", sondern sie „entwickelt".[76] Einem solchen Verständnis wäre es auch förderlich, stärker zu berücksichtigen, dass sich Aristoteles in ökonomischen Fragen implizit und explizit mit Platon auseinandersetzt. Von der Forschung bereits gewürdigt, weil augenfällig, ist seine Auseinandersetzung mit Platon in Buch II der „Politik". Hier kritisiert er die in Platons „Politeia" entwickelte Vorstellung, man solle in den herrschenden Ständen des utopischen Staates das Eigentum und die Familien, also die *oikoi*, abschaffen.[77] Weniger gesehen wurde, dass dieser Kritik eine Anthropologie zugrunde liegt, die sich von der Platons insofern unterscheidet, als der *Oikos* nicht eine Nebensache ist, sondern der Mensch ein *zoon oikonomikon*, ein „Lebewesen mit Haushaltung" (EE VII 10.1242a22–26), ist. Dieses den Menschen von den Tieren unterscheidende Kriterium macht es nach Aristoteles auch unmöglich, wie der platonische Sokrates die Abschaffung der Arbeitsteilung im Haushalt mit Tiervergleichen zu begründen.[78]

Auch die Aufhebung von Privatbesitz, die Platon – jedenfalls im Rahmen theoretischer bzw. utopischer Staatsentwürfe – als eigentlich beste, aber praktisch aufgrund der menschlichen Natur nicht umsetzbare Voraussetzung für einen gelingenden Staat vorschlägt, kritisiert Aristoteles („Politik" II 5): Prinzipiell führe die Aufhebung von Privatbesitz und die Vergemeinschaftung von Besitz zu mehr Streit. Und da der Mensch von Natur aus sorgsamer mit den eigenen Dingen umgehe, sei es von Vorteil, Privatbesitz zu belassen. Aber das Ziel solle sein, ihn im Sinn der Allgemeinheit zu verwenden. Dabei sieht es Aristoteles durchaus als einen menschlichen Wesenszug an, Freude daran zu haben, Nahestehenden aufgrund des Besitzes Gutes zu tun, verweist aber auch auf die negativen Erfahrungen, die man mit gemeinsamem Besitz und den daraus resultierenden Streitigkeiten hat, die vor allem dann entstehen, wenn der Bodenbesitz gemeinsam ist und diejenigen, die mehr arbeiten, weniger erhalten. Er betrachtet es – unter Verweis auf gelungene historische Beispiele – als Aufgabe des Gesetzgebers, Akzeptanz für Regelungen zu erwirken, die eine Art von Gebrauchsrecht für Privatbesitz erwirken. Wenn er davon ausgeht, dass Menschen dies aufgrund eines guten Charakters akzeptieren würden, ist er optimistischer als Platon.[79]

Insgesamt fehlt eine systematische Aufarbeitung der Wirtschaftstheorien des vierten Jahrhunderts v. Chr., die Platon, Xenophon und Aristoteles sowie die Ps.-Aristoteli-

---

76 Vgl. *Schütrumpf*, Aristoteles II, 110 zu Aristoteles' Vorgehensweise in Buch III der „Politik", die er auch in anderen Aristotelischen Schriften gegeben sieht. Zur Aristotelischen Vorgehensweise in den Pragmatien allgemein siehe *Föllinger, S.*, Aristotle's Biological Works as Scientific Literature, in: *Doody, A./Föllinger, S./Taub, L. (Hgg.)*, Structures and Strategies in Ancient Greek and Roman Technical Writing. (Studies in History and Philosophy of Science 43. Part Special Issue 2012) 237–249.
77 Vgl. *Koslowski, P.*, Zum Verhältnis von Polis und Oikos bei Aristoteles. Politik und Ökonomie bei Aristoteles. Straubing/München 1979.
78 Vgl. *Föllinger, S.*, Differenz und Gleichheit. Das Geschlechterverhältnis in der Sicht griechischer Philosophen des 4.–1. Jahrhunderts v. Chr. (Hermes-Einzelschrift, Bd. 74) Stuttgart 1996, 206–217.
79 Zur Diskussion siehe *Schütrumpf*, Aristoteles II, 188–192.

schen „Oikonomika" vergleichend untersuchen würde.[80] Diese würden entsprechend dem, was hier methodisch vorgeschlagen wurde, nicht nur die theoretischen Konzepte analysieren und in Bezug setzen, sondern auch direkt und indirekt Aufschluss über reale Wirtschaft und Wirtschaftsmentalität geben.

c) Hellenismus

Im Hellenismus blieb die Reflexion ökonomischer Fragen von Seiten der Philosophie lebendig. Dies lässt sich trotz der schlechten Überlieferungslage sagen. Soweit man nach dem jetzigen Stand der Forschung erkennen kann, richtete sich das Interesse der Philosophen eher auf Probleme individueller Natur. So werden vor allem die Personenrelationen im *Oikos* untersucht, wobei die Texte, wie die neupythagoreischen Briefe, einen appellativen Charakter haben können.[81] Oder es wird die Frage verfolgt, inwieweit überhaupt der *Oikos* und seine Zusammenhänge für ein individuelles geglücktes Leben von Bedeutung sind; dies fassen wir in der auf einem Papyrus überlieferten Schrift des Epikureers Philodem (110–40 v. Chr.), die als neuntes Buch eines Sammelwerks Περὶ κακιῶν καὶ τῶν ἀντικειμένων ἀρετῶν (*peri kakiōn kai tōn antikeimenōn aretōn* – „Über schlechte Eigenschaften und die ihnen entgegengesetzten Tugenden") erhalten ist und von der modernen Forschung unter dem Titel Περὶ οἰκονομίας (*peri oikonomias*) zitiert wird. Philodem setzt sich kritisch mit der „Ökonomischen Literatur" der Klassischen Zeit auseinander.[82] Ausgehend von der Frage, welche Rolle die *oikonomia* für einen Philosophen spielt, sieht er deren Aufgabe darin, Geld zu beschaffen und zu verwalten,[83] und kritisiert sowohl Xenophon[84] als auch die Ansichten der Ps.-Aristotelischen „Oikonomika" I, die er als Werk des Aristotelesschülers Theophrast zitiert. Im Zentrum steht die Frage, wie ein Philosoph auf rechte Weise Reichtum erwerben und gebrauchen könne.

Die stoische Philosophie der hellenistischen Zeit hat sich im Rahmen anthropologischer Fragestellungen mit Themen ökonomischer Natur befasst[85] und normative Schlussfolgerungen gezogen. Ihre Vertreter sahen die richtige Ausübung der Ökonomik nicht nur als ‚Fachwissenschaft' (*techne*), sondern auch als Sache einer richtigen Haltung (*hexis*) an.[86] Der Gründer der stoischen Schule, Zenon, soll für die Abschaffung des Münzgelds (Diogenes Laertios L 7,33) plädiert haben, wohingegen Chrysipp den Erwerb von Eigentum keineswegs ablehnte (SVF 3,172 ff, v. a. 173,8–9).[87] Vertreter

---

80 Auf ein solches Desiderat wies *Zoepffel*, Aristoteles, 172 Anm. 267 bereits 2006 hin.
81 Vgl. *Audring, G./Brodersen, K.*, Oikonomika; *Natali*, Oikonomia, 104–109.
82 Vgl. *Tsouna, V.*, The Ethics of Philodemus. Oxford 2007, 163–194.
83 Vgl. *Natali*, Oikonomia, 110–114.
84 *Zoepffel*, Aristoteles, 252.
85 Vgl. den Überblick bei *Natali*, Oikonomia, 114–126.
86 Siehe hierzu *Natali*, Oikonomia, 115.
87 Vgl. *Dyck*, Cicero, 110.

der mittleren Stoa wie Antipater und Panaitios äußerten sich ebenfalls zu diesen Fragen und geben mit ihren Normierungen indirekt Aufschluss über das Wirtschaftsverhalten.[88]

Eine systematische Analyse ökonomischer Anschauungen der hellenistischen Philosophie ist ein Desiderat und sollte trotz der fragmentarischen Überlieferungslage angegangen werden.[89]

d) Ökonomie in Rom: Ciceros „De officiis"

Für die Philosophie in der ausgehenden römischen Republik und Kaiserzeit fehlen ebenfalls systematische Analysen. Dies mag damit zusammenhängen, dass die Forschung auch für diese Zeit, ausgehend von einem modernen Standpunkt, monierte, dass es keine ‚richtige' wirtschaftstheoretische Reflexion gegeben habe.[90]

Wie für die griechische Antike kann man hier zwei Arten von Schriften ausmachen: „Ökonomische Schriften", wie sie die Werke der Agronomen Cato, Varro und Columella präsentieren,[91] und Reflexionen ökonomischer Art innerhalb philosophischer Werke. Zur zweiten Gruppe zählt vor allem Ciceros letzte Schrift „De officiis", die er 44 v. Chr. verfasst hat. In dieser geht er vielfältig auf Fragen ökonomischer Art ein und informiert dabei auch über wirtschaftliche Praktiken seiner Zeit.[92] Ihr wendet sich jüngere Forschung etwas stärker zu.[93] In dieser als Brief gestalteten Abhandlung wendet Cicero sich zwar an seinen Sohn, gleichzeitig versteht er sie aber auch als Unterweisung der Jugend der römischen Elite und damit der politisch Verantwortlichen der Zukunft. Die drei Bücher stellen Untersuchungen darüber an, was ‚nützlich' ist (*utile*) und was das ist, was gesellschaftliches Ansehen bringt, also das ‚Ehrenvolle' (*honestum*), und wie das Verhältnis beider ist. Angesichts des Umstandes, dass „die durch das formale Recht gesetzten Spielräume so viel weiter waren, als der Sitte und den Erwartungen der Abhängigen entsprach, kam viel auf die persönliche Haltung der Bürger an." Damit kam der „kontrollierende(n) Funktion des Ansehens" eine gesellschaftlich und politisch wichtige Rolle zu.[94] „Nutzen" und „Ehrenvolles" stellen

---

88 Vgl. *Natali*, Oikonomia, 116–117. Siehe dazu unten, 5. Vgl. *Vivenza*, Cicero.
89 Ein guter Ausgangspunkt ist der Überblick bei *Natali*, Oikonomia. Im Rahmen ihrer Beschäftigung mit Ciceros „De officiis" geben *Dyck*, Cicero, und *Vivenza*, Cicero, aufschlussreiche Informationen zu ökonomischen Anschauungen der Stoa.
90 Zur Diskussion siehe *Schefold*, Pflichten; *Vivenza*, Cicero.
91 Vgl. *von Reden*, Wirtschaft, 84 f.; 179–181.
92 Zur Forschungssituation vgl. die Skizze von *Schefold*, Pflichten, 5–8.
93 Vgl. den von Schefold hrsgb. Sammelband, in dem Kloft in seinem sonst eher biographistisch orientierten Aufsatz auf das Potential hinweist, das Ciceros Schrift für wirtschaftsgeschichtliche Fragestellungen hat (*Kloft, H.*, Cicero und die Wirtschaft seiner Zeit, in: *Schefold, B.* (Hg.), Marcus Tullius Cicero: De officiis. Vademecum zu einem Klassiker des römischen Denkens über Staat und Wirtschaft. Düsseldorf 2001, 75–94).
94 *Schefold*, Pflichten, 9.

nach Cicero keinen Widerspruch dar, und wo dies der Fall zu sein scheint, geht es in Wirklichkeit um einen Scheinnutzen. Dabei adaptiert Cicero stoische Philosophie und instrumentalisiert sie für seine Argumentation: Denn während bei den Stoikern das *honestum* das Kriterium für die Beurteilung eines Nutzens ist, steht für Cicero der Nutzen an oberster Stelle, dem das *honestum* eingepasst wird.[95] Cicero lehnt seine Ausführungen an ein Werk des Stoikers Panaitios (2. Jh. v. Chr.) an, um sich mit der politischen Wirklichkeit auseinanderzusetzen und seine eigene Position zu begründen. So sieht er die massiven Probleme der ausgehenden römischen Republik als Resultat von Verteilungskämpfen[96] und beharrt in diesem Zusammenhang auf der Unantastbarkeit des Eigentums. Auch wenn er davon ausgeht, dass es nicht von Natur aus Eigentum gibt (1,21–25), sondern aufgrund menschlicher Setzung und durch historische Entwicklungen wie militärische Operationen, Gesetze und Verträge entstand, hinterfragt er nicht grundsätzlich die Existenz von Eigentum, vielmehr plädiert er für dessen Unverletzlichkeit.[97] Dabei benutzt er die stoische Philosophie, um seine – politisch motivierte – Position zu begründen. Denn ein Verstoß gegen die Unverletzbarkeit von Eigentum ist für ihn nicht einfach ein Vergehen gegen menschlich gesetzte Regeln, sondern er stellt ein Delikt gegen die menschliche Gemeinschaft dar (1,21: „*violabit ius humanae societatis*") und damit, da diese auf Natur beruhe, gegen die Natur (3,21). Darüber hinaus begründet er die Unverletzlichkeit des Eigentums sogar mit einer Staatstheorie (2,73), der zufolge Staaten überhaupt zum Schutz des Eigentums entstanden. Zugrunde liegt hier die stoische Auffassung, dass der Egoismus, die Selbstfürsorge, allen Lebewesen und so auch dem Menschen von Geburt Eigentümliches und nichts Verwerfliches sei.[98] Die stoische Philosophie dient Cicero auch explizit als Begründung für seinen Appell, den gemeinsamen Nutzen (1,22: „*communes utilitates*") in den Mittelpunkt zu stellen. Dies kann man als eine Art Aufruf ‚Eigentum verpflichtet' auffassen (1,68). Hiermit hängt es wohl zusammen, dass der Großhandel bei Cicero eine positive Würdigung erfährt, da er für die Elite die Möglichkeit bietet, die politisch, sozial und wirtschaftlich wichtige Tugend der Großzügigkeit (*beneficentia*) auszuüben. Die Habgier (*avaritia*) hingegen wird als Grund dafür gesehen, dass Menschen sich in diese Gemeinschaft nicht einfügen (1,68, 92). Dies ist wohl auch der Grund dafür, dass Cicero den Zwischenhandel als besonders negativ wertet, da sein Gewinn auf Lüge beruhe (1,150).

---

95 Zur Forschung vgl. *Vivenza*, Cicero, 397.
96 Vgl. *Schneider, H.*, „[...] *ut suum quisque teneat*". Verteilungspolitik und Verteilungskonflikte in Ciceros de officiis, in: *Ruffing, K./Droß-Krüpe, K.* (Hgg.), *Emas non quod opus est, sed quod necesse est*. Beiträge zur Wirtschafts-, Sozial-, Rezeptions- und Wissenschaftsgeschichte der Antike. Festschrift für Hans-Joachim Drexhage zum 70. Geburtstag. (Philippika, Bd. 125) Wiesbaden 2018, 439–450.
97 Zum stoischen Hintergrund von Ciceros Haltung zum Privateigentum vgl. *Vivenza*, Cicero, 104: Antipater von Tarsos vertrat die Auffassung, dass Eigentum, da es nicht ‚von Natur' aus gegeben sei, umverteilt werden müsse – eine Meinung, der auch Blossius aus Cumae anhing und die Tiberius Gracchus beeinflusste. Diogenes von Babylon, Antipaters Lehrer, hingegen und Panaitios waren der Meinung, wenn sich erst einmal Besitz entwickelt habe, müsse er vom Staat geschützt werden.
98 Vgl. *Dyck*, Cicero, 110.

Cicero reflektiert aber auch über notwendige staatliche Eingriffe in das Wirtschaftsleben (2,74–75) und bietet dabei einen Einblick in die Realität römischer Wirtschaft, da er historische Beispiele staatlicher Wirtschaftsmaßnahmen wie die Getreideverteilungen des Gaius Gracchus und des Marcus Octavius nennt. Dabei mutet sein Appell, bei sozialen Maßnahmen von Staatsseite aus die Balance zwischen der Versorgung des einzelnen Bürgers und der Notwendigkeit einer gefüllten Staatskasse zu wahren und lieber generell und kontinuierlich Vorsorge für eine Grundversorgung aller Bürger zu treffen (2,74), geradezu modern an.

Vergleicht man die in „De officiis" geäußerten Vorstellungen mit denen der klassischen griechischen Philosophie, so springt ins Auge, dass der Reichtumserwerb keinesfalls als negativ gesehen wird, auch wenn nicht alle Formen gebilligt werden (2, 89).[99] Dabei geben die zahlreichen Beispiele für Arglist und Betrug, die aus dem wirtschaftlichen Bereich stammen (III 58–71), nicht nur Einblick in Ciceros Normierungsvorstellungen, sondern auch in Praktiken seiner Zeit, die durch die Rationalität eines *homo oeconomicus* geprägt war. Ciceros Beispiele tangieren vor allem den Bereich von Interessenkonflikten zwischen ‚individuellem Nutzen' und ‚Gemeingut' und somit eine Frage, die originär für die Wirtschaftsgeschichte ist.[100] Auch die Frage, auf welche Weise Händler bewusst Informationsasymmetrien ausnutzen dürfen, wird behandelt.

Die Beispiele haben gezeigt, wie ergiebig Ciceros letztes Werk ist. Künftige Forschung könnte hier anknüpfen und die Untersuchungen auf sein Gesamtwerk ausdehnen. Auch fehlen Untersuchungen zu den Stoikern der Kaiserzeit: Seneca, Epiktet und Musonius Rufus.

e) Ausblick: Die Begründung der modernen Wirtschaftstheorie aus der Philosophie der Antike

Am Schluss soll auf einen weiteren vielversprechenden Bereich künftiger Forschung eingegangen werden. Es handelt sich um den Einfluss, den die antike Philosophie auf die Wirtschaftstheorie der Moderne ausgeübt hat. Denn die ökonomischen Theorien der Moderne verdanken ihren Ursprung in vielen Dingen antiken Überlegungen. So war Adam Smith stark vom stoischen Welt- und Menschenbild beeinflusst. Dies äußert sich nicht nur implizit, sondern er bezieht sich auch explizit auf antike Stoiker. Denn seine Vorstellungen, dass der ‚Egoismus' ein ureigenstes Charakteristikum des Menschen sei und dass die Selbstsorge jedes einzelnen dem Gemeinwohl diene, ist genauso stoisch beeinflusst wie seine Konzeption der ‚unsichtbaren Hand'.[101] Dieser Bereich

---

99 Vgl. *Vivenza*, Cicero, 390.
100 Vgl. *Vivenza*, Cicero, 388.
101 *Föllinger*, Stoa.

wurde in den letzten Jahren verstärkt angegangen.[102] Aber er bedarf weiterhin intensiver Forschung, die von Klassischen Philologen, Philosophen, Neuzeithistorikern und Wirtschaftsgeschichtlern gemeinsam betrieben werden müsste. Dabei müsste auch auf die den unterschiedlichen Konzeptionen zugrundeliegenden, aber nicht immer explizit gemachten verschiedenen Weltbilder eingegangen werden. So treffen sich Adam Smith, Platon und Aristoteles zwar darin, dass sie Gewinnstreben als menschliches Charakteristikum betrachten. Aber während die beiden antiken Philosophen seine Risikobehaftetheit hervorheben, geht Smith von einem positiven Resultat des Gewinnstrebens für die Gemeinschaft aus: Gewinnstreben ist gut für die Dynamik der Wirtschaft und damit für Kultur und Gesellschaft.[103] Aristoteles und Smith treffen sich auch in dem Punkt, dass beide die Funktion des Geldes im Gebrauch, nicht in der Aufhäufung sehen. Aber auch hier sind die Bewertungen unterschiedlich: Aristoteles geht es darum, dass Geldgier einem ‚gelungenen Leben' nicht dient, weil für die Aufhäufung von Geld, im Unterschied zum Gebrauch von Geld, keine Satisfaktionsgrenze besteht. Smith hingegen sieht darin, dass die, die Geld haben, es gebrauchen, eine gesellschaftlich positive Seite des individuellen Gewinnstrebens. Die Erwirtschaftung und der Gebrauch des Gewinns sind Rädchen in der Maschinerie ökonomischer Prozesse,[104] bei der unter idealen Bedingungen dank dem Walten einer ‚unsichtbaren Hand' für die Koinzidenz von Eigenliebe und Gemeinwohl gesorgt wird und niemand zu kurz kommt.[105] Auch der ‚Vater der modernen Ökonomie' ging also von bestimmten – hinterfragbaren – Annahmen aus, die einerseits partiell auf antiken Konzeptionen beruhen, andererseits dank dem Einfluss, den seine Theorie ausübte, durchaus folgenreich wurden.

Bibliographie

Audring, G./Brodersen, K., OIKONOMIKA. Quellen zur Wirtschaftstheorie der griechischen Antike, eingel., hrsg. u. übers. von Audring, G. und Brodersen, K. (Texte zur Forschung 92) Darmstadt 2008.
Bösherz, Ph., Der ‚homo oeconomicus' und Anreize zu wertorientiertem Handeln, in: *Föllinger, S./Korn, E. (Hgg.)*, Von besten und zweitbesten Regeln. Platonische und aktuelle Perspektiven auf individuelles und staatliches Wohlergehen. (Philippika, Bd. 137) Wiesbaden 2019, 229–243.
Dyck, A. R., A Commentary on Cicero, De Officiis. Ann Arbor 1996.
Finley, M. I., The Ancient Economy. Updated with a new foreword by I. Morris. (Sather Classical Lectures 48) 3. Aufl. Berkeley/Los Angeles 1999.

---

102 *Kopp*, Nationalökonomie; *Kraus, J. X.*, Die Stoa und ihr Einfluß auf die Nationalökonomie. Diss. phil. St. Gallen 2000; *Vivenza, G.*, Adam Smith and the Classics. Oxford 2001 (it. Original: 1984); *Föllinger*, Stoa.
103 Vgl. *Manstetten*, Menschenbild, 260.
104 Vgl. *Manstetten*, Menschenbild, 43 und *Föllinger*, Platon, 45–47.
105 *Föllinger*, Stoa, 1071–1076. Zu einem Vergleich von Platon und Adam Smith vgl. *dies.*, Platon, 45–48.

Föllinger, S., Der Einfluß der stoischen Philosophie auf die Grundlagen der modernen Wirtschaftstheorie bei Adam Smith, in: *Neymeyr, B./Schmidt, J./Zimmermann, B. (Hgg.)*, Stoizismus in der europäischen Philosophie, Literatur, Kunst und Politik. Eine Kulturgeschichte von der Antike bis zur Moderne. Bd. 2. Berlin/New York 2008, 1063-1079.

Föllinger, S., Ökonomische Literatur, in: *Zimmermann, B./Rengakos, A. (Hgg.)*, Handbuch der griechischen Literatur der Antike. Bd. 2: Die Literatur der klassischen und hellenistischen Zeit. München 2014, 584-590.

Föllinger, S., Ökonomie bei Platon. Berlin 2016.

Föllinger, S./Korn, E., Glück und Ökonomie – ein interdisziplinäres Projekt zur Bedeutung von Institutionen bei Platon, in: *Mammitzsch, H. et al. (Hgg.)*, Die Marburger Gelehrten-Gesellschaft. *Universitas litterarum* nach 1968. Berlin 2016, 337-362.

Föllinger, S./Korn, E. (Hgg.), Von besten und zweitbesten Regeln. Platonische und aktuelle Perspektiven auf individuelles und staatliches Wohlergehen. (Philippika, Bd. 137) Wiesbaden 2019.

Helmer, É., La part du bronze. Platon et l'économie. Paris 2010.

Kopp, T., Die Entdeckung der Nationalökonomie in der schottischen Aufklärung – Natur- und sozialphilosopische Grundlagen der klassischen Wirtschaftslehre. Diss. phil. St. Gallen 1995.

Lowry, S. T., The Archaeology of Economic Ideas. The Classical Greek Tradition. Durham 1987.

Manstetten, R., Das Menschenbild der Ökonomie. Der *homo oeconomicus* und die Anthropologie von Adam Smith. (Alber Thesen 7) 3. Aufl. Freiburg/München 2004.

Natali, C., Oikonomia in Hellenistic political thought, in: *Laks, A./Schofield, M. (Hgg.)*, Justice and Generosity. Studies in Hellenistic Social and Political Philosophy. Proceedings of the Sixth Symposium Hellenisticum. Cambridge 1995, 95-128.

Rechenauer, G., Wirtschaften als Weg des Menschseins: Ökonomie bei Hesiod, in: *De Gennaro, I. et al. (Hgg.)*, Wirtliche Ökonomie. Philosophische und dichterische Quellen. Zweiter Teilband. Nordhausen 2016, 3-43.

Von Reden, S., Antike Wirtschaft. Berlin/Boston 2015.

Ruffing, K., Wirtschaft in der griechisch-römischen Antike. (Geschichte kompakt) Darmstadt 2012.

Schefold, B., Platon und Aristoteles, in: *Starbatty, J. (Hg.)*, Klassiker des ökonomischen Denkens, 1. Bd.: Von Platon bis John Stuart Mill. München 1989, 19-55.

Schefold, B., Von den Pflichten, in: ders. (Hg.), Marcus Tullius Cicero: De officiis. Vademecum zu einem Klassiker des römischen Denkens über Staat und Wirtschaft. Düsseldorf 2001, 5-32.

Schöpsdau, K., Platon, Nomoi (Gesetze) Buch I-III, Übersetzung und Kommentar von K. S. (Platon, Werke, im Auftrag der Kommission für Klassische Philologie der Akademie der Wissenschaften und der Literatur zu Mainz hrsg. von Heitsch, E. und Müller, C. W. IX 2, 1. Teilbd.) Göttingen 1994.

Schöpsdau, K., Platon, Nomoi (Gesetze) Buch IV-VII, Übersetzung und Kommentar von K. S. (Platon, Werke, im Auftrag der Akademie der Wissenschaften und der Literatur zu Mainz hrsg. von Heitsch, E. und Müller, C. W. IX 2, 2. Teilbd.) Göttingen 2003.

Schöpsdau, K., Platon, Nomoi (Gesetze) Buch VIII-XII, Übersetzung und Kommentar von K. S. (Platon, Werke, im Auftrag der Akademie der Wissenschaften und der Literatur zu Mainz hrsg. von Heitsch, E., Müller, C. W. und Sier, K. IX 2, 3. Teilbd.) Göttingen/Oakville 2011.

Schriefl, A., Platons Kritik an Geld und Reichtum. (Beiträge zur Altertumskunde 309) Berlin 2013.

Schütrumpf, E., Aristoteles, Politik Buch I: Über die Hausverwaltung und die Herrschaft des Herrn über den Sklaven. Übersetzt und erläutert von E. S. (Aristoteles, Werke in deutscher Übersetzung, begr. von Grumach, E., hrsg. von Flashar, H. 9: Politik Teil I) Berlin 1991.

Schütrumpf, E., Aristoteles, Politik Buch II. Über Verfassungen, die in einigen Staaten in Kraft sind, und andere Verfassungen, die von gewissen Männern entworfen wurden und als vorbildlich gelten. Buch III: Über die Verfassung. Übersetzt und erläutert von E. S. (Aristoteles, Werke in deutscher Übersetzung, begr. von Grumach, E., hrsg. von Flashar, H. 9: Politik Teil II) Berlin 1991.

Schumpeter, J. A., Geschichte der ökonomischen Analyse. Nach dem Manuskript hrsg. von Schumpeter, E. B. 1. Teilbd. Göttingen 1965 (ND 2009).

Vivenza, G., Cicero und die traditionelle Wirtschaftsmoral in der Antike, in: *Schefold, B. (Hg.)*, Vademecum zu einem Klassiker des römischen Denkens über Staat und Wirtschaft. Düsseldorf 2001, 97–137.
Wieland, J., Die Entdeckung der Ökonomie. Kategorien, Gegenstandsbereiche, Rationalitätstypen der Ökonomie an ihrem Ursprung. 2. Aufl. Marburg 2012.
Zoepffel, R., Aristoteles, Oikonomika. Schriften zu Hauswirtschaft und Finanzwesen, übers. und erl. von R. Z. (Aristoteles, Werke in deutscher Übersetzung, begr. von Grumach, E. hrsg. von Flashar, H. 10 II) Berlin 2006.

B **Strukturbedingungen der antiken Wirtschaft**

Raimund Schulz und Sven Günther
8 Ökologie des Mittelmeerraums

I Einleitung: Einheit und Fragmentierung ökologischer Räume in der Antike

Die Ökologie beschreibt Abhängigkeiten und Wechselbeziehungen zwischen Lebewesen und ihrer natürlichen Umwelt innerhalb geographisch und/oder (seltener) politisch determinierter Räume.[1] Bezogen auf historische Verhältnisse und Kontexte geht die „environmental history" oder „historical ecology" der Frage nach, in welcher Hinsicht die Entwicklung von menschlichen Gruppen und gesellschaftlich-kulturellen Großformationen („Zivilisationen") von ihrer natürlichen Umgebung ermöglicht und beeinflusst wurde, wie diese Formationen umgekehrt in die Natur eingriffen und welche politischen, gesellschaftlichen sowie wirtschaftlichen Konsequenzen das Wechselverhältnis zwischen beiden Bereichen hatte.[2] Konzentriert man sich auf das wirtschaftliche Handeln menschlicher Gemeinschaften, so ergeben sich zwei miteinander korrespondierende Frageperspektiven: 1. Welche ökologischen Voraussetzungen und Rahmenbedingungen bewirkten, beeinflussten und begrenzten bzw. forcierten wirtschaftliches Handeln menschlicher Gemeinschaften? 2. Welche Auswirkungen hatten umgekehrt wirtschaftliche Handlungen auf die Ökologie der von ihnen betroffenen Räume?

Beide Bereiche, die von der *Ökologischen Ökonomik* als Teilgebiet der Sozialökologie in den Blick genommen werden, sind durch dynamische Rückkopplungseffekte miteinander verbunden: Die ungleiche Verteilung von Ressourcen und Bevölkerungskonzentrationen führte in der Vormoderne in bestimmten Großräumen nicht nur zur Intensivierung der Landwirtschaft, sondern auch zu institutionalisierten Formen wirtschaftlichen Austausches (z. B. in Form von Handel, Monetarisierung, Transporttechnik), die neue Naturräume für die wirtschaftlich Handelnden erschlossen und zur Nutzung in diese (z. B. durch Hafen-, Berg- und Schiffbau sowie Kanalanlagen und

---

[1] Vgl. *Horden/Purcell*, Sea, 45. Die älteren Werke benutzen gerne den Begriff „environment" und gehen stärker von einem statischen Naturraum aus, der von Lebewesen, Menschen und „Zivilisationen" geformt und beeinflusst wird, so z. B. *Hughes*, Ecology, 2: „Ecology [...] is the study of the interrelationships of living things to one another and their surrounding environment."
[2] Sie ist damit Teil der Sozialökologie. Eine komparativ angelegte „historical ecology", die sämtliche „civilizations" und Naturräume der Erde umfasste, legte im Jahre 2001 der renommierte Frühneuzeitler *F. Fernández-Armesto* vor: Civilizations. Culture, Ambition, and the Transformation of Nature. New York u. a. 2002. Instruktive Einführungen zu Teilgebieten etwa bei *Patra, B. et al.*, Environment in Early India: A Historical Perspective, in: Environment: Traditional and Scientific Research, 1/1, 2016, 39 f. Von den älteren Werken siehe z. B. *Hughes*, Ecology. Eine gute Einführung bietet *Ooosthoek, K. J.*, Environmental History Resources: https://www.eh-resources.org/author/dadjao/ und https://www.eh-resources.org/what-is-environmental-history/ (26. 06. 2022).

Straßennetze) massiv eingriffen. Die Ökologie des Landes und der Meere wurde durch Abholzung, die Anlage und Verbreitung von Monokulturen, Überfischung etc. verändert. Es entstanden neue (z. T. hybride) Räume, die wiederum neue (fördernde oder hemmende) Bedingungen und Herausforderungen für wirtschaftliches Handeln schufen. Hinzu kamen Faktoren, die von den Menschen nicht oder kaum beeinflusst, im besten Fall beschleunigt oder in ihrer Auswirkung begrenzt werden konnten, wie etwa Klimaveränderungen, Erdbeben, Tsunamis oder die Ausbreitung von Seuchen. Auch sie verschoben die Gewichte innerhalb des nie vollkommen und stabil austarierten Verhältnisses von Natur und Mensch und veränderten zusammen mit militärisch-machtpolitischen Makroereignissen (wie z. B. die Bildung oder Zerstörung von Großmächten/Imperien) die Rahmenbedingungen wirtschaftlichen Handelns mitunter fundamental, auch wenn die Betroffenen sich die Folgen, falls überhaupt, nur zeitlupenartig vergegenwärtigen konnten.

Will man somit die Ökologie als Faktor antiker Wirtschaftsgeschichte fruchtbar machen, so müssen weniger Individuen, sondern Akteursgruppen, gesellschaftliche und politische Formationen sowie unterschiedliche, sich überlappende und changierende Raumkategorien und -größen miteinander in Beziehung gesetzt werden. Moderne Synthesen nehmen gerne *Großräume* oder *Weltregionen* (areas) wie den Mittelmeerraum, den Vorderen Orient, den Indischen Ozean oder die als maritime oder territoriale Seidenstraße(n) bekannten Verbindungswege und -korridore zwischen den eurasischen Großräumen in den Blick.[3] Ihre Einheit ergibt sich aus (vermeintlichen) geographisch-naturalen Strukturen und/oder historischen Prozessen (aus einer „Weltregion" wird eine „Weltzivilisation"); Naturraum und Handlungsraum konvergieren aus der Erfahrung historischer Entwicklungen,[4] die häufig bis in die Gegenwart reichen und nicht selten durch romantische Verklärungen und zähe Wissenschaftstraditionen sowie politische Konjunkturen und Ideologien aufgeladen sind. Hinzu kommt nicht selten eine historische *ex-eventu* Perspektive, die eine von den zeitgenössischen Akteuren nur schemenhaft wahrgenommene oder sehr spät und durch makropolitische Prozesse (wie die Bildung des „Mittelmeer umspannenden" Imperium Romanum) beförderte Einheit aus epistemologischen Gründen als Ordnungsmodell auf frühe Zeiten überträgt.[5]

Diese grundsätzliche Problematik der Konturierung und Konstruktion größerer Räume für historische Analysen ist auch für eine ökologisch-wirtschaftliche Perspekti-

---

3 Siehe dazu u. a. *di Cosmo, N./Maas, M.* (Hgg.), Empires and Exchanges in Eurasian Late Antiquity. Rome, China, Iran, and the Steppe, ca. 250–750. Cambridge 2018.
4 Vgl. *Schäbler, B.,* Einleitung. Das Studium der Weltregionen (Area Studies) zwischen Fachdisziplinen und der Öffnung zum Globalen: Eine wissenschaftsgeschichtliche Annäherung, in: *dies.* (Hg.), Area Studies und die Welt. Weltregionen und neue Globalgeschichte. Wien 2007, 11–44, hier: 12 f.
5 Vgl. *Timpe, D.*, Der Mythos vom Mittelmeerraum. Über die Grenzen der alten Welt, in: Chiron, 34, 2004, 3–32, hier: 15 f.: „Die relative und zeitweilige Einheit des Mittelmeerraums ist ein spezifisches Ergebnis, nicht aber die allgemeine Voraussetzung der antiken Geschichte."; *ebd.*, 16 zum Mittelmeerraum als (heuristischem) Ordnungsmodell.

ve fundamental und folgenreich. So betonen viele Forscher – nach dem Vorbild des epochemachenden Werkes von *Fernand Braudel* – die Einheitlichkeit des Mittelmeerraums nicht nur vor dem Hintergrund historischer und kultureller Entwicklungen, sondern „aufgrund ähnlicher klimageographischer, geoökologischer und agrargeographischer Grundstrukturen",[6] obwohl man sich beispielsweise nicht darüber einig ist, wo genau und nach welchen Kriterien deren Grenzen zu ziehen sind[7] (würde man z. B. Oliven- und Dattelkulturen als Maßstab nehmen, würden große Teile Spaniens und Norditaliens herausfallen und wichtige historisch-politische Entwicklungen in der Antike weit über einen natural-ökologisch „gedehnten" Mittelmeerraum hinausragen). Aber auch „nach Innen" lässt sich der Naturraum nur schwer mit einem markant konturierten historischen Aktionsraum oder gar einer aus kulturellen und politischen Erfahrungen erwachsenen „mediterranen Identität"[8] in Deckung bringen. Die zeitlich recht späte und rudimentäre Ausbildung eines „mediterranen" Raumbewusstseins der historischen Akteure[9] korrespondiert vielmehr offenbar mit der Tatsache, dass die vorgebliche „natürliche Einheit"[10] des Mittelmeerraums weniger durch stabile klimatische und geographisch-ökologische Gemeinsamkeiten nach Innen und Abgrenzungen nach Außen geprägt ist, sondern in zahllose veränderliche Mikroökologien und Mikroklimata zerfällt, die ein spezifisches (und labiles) Eigenleben entwickelten und sich nur zu bestimmten Zeiten und unter besonderen Umständen miteinander verzahnten.

Die Mehrheit der Forschung hat dieser Erkenntnis insofern Rechnung getragen, als sie gegenüber ökologisch-geographischen und klimatologischen Generalisierungen (wie *dem* „Mittelmeerklima" oder einer „mediterranen Mentalität") skeptisch geworden ist[11] und die Makroperspektive auf maritime und territoriale *areas* durch eine stetig wachsende Zahl von Detailanalysen zu Teil- und Regionalräumen (bzw. zu Rand-

---

6 Vgl. *Wagner, H.-G.*, Mittelmeerraum. 2. Aufl. Darmstadt 2011, 3.
7 Vgl. *Giordano, C.*, Mittelmeerraum, in: Metzler Lexikon Religion, Bd. 2. Stuttgart 2005, 462.
8 Vgl. *King R./Proudfoot, L./Smith, B.*, The Mediterranean. Environment and Society. London 1997, 2.
9 Immerhin spätestens im 4. Jahrhundert n. Chr. (Platon), vielleicht schon bei Hekataios: *Harris*, Mediterranean, 15 ff.
10 Zit. nach *Pitz, E.*, Die griechisch-römische Oikumene und die drei Kulturen des Mittelalters. Geschichte des mediterranen Weltteils zwischen Atlantik und Indischem Ozean 270–812. Berlin 2001, 25, mit den Kriterien; mildes, subtropisches Klima, „das überall der materiellen Lebensgestaltung die gleichen Grundlagen bietet", ein „leicht bezwingbares Meer [...]." „Nach außen hin aber zogen stürmische Weltmeere. Dürre Sand- und Salzwüsten, hohe Gebirge und eisige Tundren um den vorderasiatisch-europäischen Erdteil einen schützenden Rand [...]". Der Klassiker von *Philippson, A.*, Das Mittelmeergebiet. Seine geographische und kulturelle Eigenart. Leipzig 1904, deutet den Einheitsgedanken bereits im Titel an. Einen kritischen Überblick bietet: *Timpe*, Mittelmeerraum, wie Anm. 5, bes. 9 gegen die angeblich den Mittelmeerraum umfassenden „schützenden „natürliche[n] Grenzen" und gegen das einheitliche Klima.
11 Vgl. neben *Horden/Purcell*, Sea; *Rackham*, Setting, 33: „Combined with the varied and mountainous topography, diverse geology, and the diversity of human cultures, Mediterranean lands are dramatically varied. Generalizations about the Mediterranean should be treated with suspicion." Ebenso deutlich: *Sallares*, Ecology, 23.

und Teilmeeren) sowie zu Teilphänomenen antiker Ökologie ergänzt hat.[12] Im Jahre 2000 fuhren *Peregrine Horden* und *Nicholas Purcell* einen Generalangriff gegen die Vorstellung einer stabilen geographisch-ökologischen Einheit als Rahmenbedingung wirtschaftlichen, sozialen und politischen Handelns. Für sie bildet der Mittelmeerraum die Summe einer Vielzahl unterschiedlicher Mikroökologien (*microecologies*) in einem natural instabilen Umfeld (schwankende oder ausbleibende Regenfälle, Verkarstung und Erosion der Böden, Überschwemmung, Erdbeben etc.), die lediglich durch das Meer, nicht aber durch gemeinsame klimatologische und geographische Faktoren zusammengehalten wurden. An die Stelle der Einheit tritt bei ihnen eine strukturelle Zersplitterung und Fragmentierung der Küstengebiete und ihres Hinterlandes. Deren Bewohner waren in erster Linie damit beschäftigt, Vorsorge gegen naturale Schwankungen und Versorgungsrisiken zu treffen,[13] indem sie auf Diversifizierung und Speicherung der agrarischen Produkte setzten sowie die Nähe des Meeres und die Alluvialgebiete zur Bereicherung und Erweiterung des Nahrungsangebotes nutzten.[14]

Dennoch reichten diese Strategien selten aus, und sie schufen angesichts der wandelbaren ökologischen Regionalentwicklungen keine langfristige Stabilität. Um sich gegen Krisen zu wappnen (oder ihnen zu entfliehen)[15] sowie die im Mittelmeerraum so ungleich verteilten Ressourcen anderer Regionen abzuschöpfen, war man – so *Horden* und *Purcell* – gezwungen, die Grenzen der eigenen Mikroregion zu überschreiten und Verbindungen zu anderen Regionen (vornehmlich in Form der Küstenschifffahrt und Cabotage) herzustellen.[16] Die ökologische Instabilität der Mikroregionen erzwang somit den Ausbau der Verbindungen („connectivity") zwischen ihnen; naturale Defizite und Risiken wurden dadurch abgefedert, dass man regionale und überregionale Räume zum Zweck des Versorgungsausgleiches zu erschließen und zu nutzen verstand.[17] Ökologische Fragmentierung und menschliche Mobilität mit dem Ziel der Versorgungssicherung, Krisenbegrenzung und Gewinnsteigerung erscheinen als zwei Seiten einer historisch folgereichen Gesamtkonstellation; sie bewirkte die für den Mittelmeerraum so typische „connectivity" und begünstigte nach Ansicht vieler Forscher das Aufkommen von „first market economies".[18] Letztlich – und das ist der

---

12 Vgl. z. B. die Beiträge in: *Harris*, Mediterranean, besonders die von *P. Malanima* zum Energieverbrauch römischer Städte, von *R. Veal* zur Holzkohleverarbeitung mediterraner Städte und zu Klimaschwankungen in Zeit des Imperium Romanum; ferner der Beitrag des Herausgebers zum klassischen Problem der „Mediterranean Deforestation".
13 Zum unzuverlässigen Klima des Mittelmeerraums und den schwankenden wie sehr unterschiedlichen Regenfällen vgl. *Rackham*, Setting, 11; 33–35. Ferner *Sallares*, Ecology, 11; 20: „The Mediterranean environment is also a world of sudden, unpredictable catastrophes."
14 *Horden/Purcell*, Sea, 267: „diversification and storage."
15 Vgl. *Ettrich*, Ökologie, 379.
16 *Horden/Purcell*, Sea, 230. Auch hierzu gibt es eine Fülle an Spezialliteratur, z. B. *Mazurek*, Authenticity, 40–61.
17 Vgl. *Horden/Purcell*, Sea, 321; 323.
18 *Bresson*, Ecology, 13 f.

Ausgangspunkt mancher Kritiker – haben jedoch *Horden* und *Purcell* damit gewissermaßen durch die Hintertür doch wieder die Vorstellung einer mediterranen Einheit modelliert:[19] Die Fragmentierung des Mittelmeerraums in zahllose Mikroökologien ergibt eine „unity in diversity",[20] eine „Einheit in der Mannigfaltigkeit";[21] die sich hieraus ergebenden Zwänge werden zu einem Paradigma historischen (und wirtschaftlichen) Handelns, das von der Antike bis zum Mittelalter das Bild des Mittelmeers gleichbleibend geprägt haben soll.

Viele Voraussetzungen dieses „connectedness model"[22] sind jedoch durchaus fragwürdig: Dass die Bewohner mediterraner Mikroregionen sich in einer „endlessly recurrent local crisis"[23] befanden, dass ihr Handeln stets darauf gerichtet war, den lokalen Engpässen prospektiv zu begegnen und dass Mobilität und Handel (zur See) vorrangig ein Ergebnis von (erzwungener) Krisenbewältigung in einem instabilen ökologischen Umfeld war, entspricht einem neoklassischen Ökonomieverständnis,[24] das nicht konkurrenzlos ist. Wie soll man beispielsweise mit dem Modell von *Horden* und *Purcell* erklären, dass die phönikische und griechische Kolonisation – Beispiele par excellence für mediterrane Mobilität und „connectivity" – entgegen älterer Forschungen gerade nicht als Reaktion auf agrarische Krisen und naturale Katastrophen gedeutet werden können, sondern als Strategie *politischer* Krisenentschärfung sowie als Chance zusätzlicher Ressourcenakkumulierung und Gewinnsteigerung von einer ökonomisch relativ *stabilen und potenten* Ausgangsbasis?[25] Wie verhält es sich mit der archäologisch vielfach belegten Tatsache, dass der mediterrane Handel im 6. Jahrhundert v. Chr. – ebenso ein Standardbeispiel für frühe mediterrane „connectivity" – nicht in erster Linie durch die verzweifelte Suche nach und den Austausch dringend benötigter Nahrung, sondern durch Mode, Geschmack und den Bedarf nach Produkten geprägt war, die einem verfeinerten (urbanen) Lebensstil ermöglichten?[26] Hierzu

---

[19] Vgl. *van Dommelen, P.*, Writing Mediterranean Landscapes, in: Journal of Mediterranean Archaeology, 13/2, 2000, 230–236, hier: 231.
[20] *Morley, N.*, Trade in Antiquity. Cambridge 2007, 21 mit *Horden/Purcell*, Sea, 53–88.
[21] *Mauli, O.*, Länderkunde von Südeuropa. Leipzig/Wien 1929, 10.
[22] Vgl. *Morris, I.*, Mediterraneanization, in: *Malkin, I.* (Hg.), Mediterranean Paradigms and Classical Antiquity. London/New York 2005, 30–55, hier: 31.
[23] *Horden/Purcell*, Sea, 339.
[24] Vgl. *Garraty*, Exchange, 3–32, hier: bes. 26 mit Literatur. Allerdings ist dies auch der Antike nicht fremd, wie beispielsweise *chreia* („Not/Bedarf") und *endeia* („Mangel/Bedürfnis") bei Diodor treibende Kräfte seines Zivilisationsentwicklungsmodells sind. Vgl. *Muntz, C. E.*, Diodorus Siculus and the World of the Late Roman Republic. Oxford 2017, 74–79.
[25] Vgl. zuletzt *Stein-Hölkeskamp, E.*, Das Archaische Griechenland. Die Stadt und das Meer. München 2015, 100 f.
[26] *Foxhall L.*, Cargoes of the Heart's Desire. The Character of Trade in the Archaic Mediterranean World, in: *Fisher, N./Van Wees, H.* (Hgg.), Archaic Greece. New Approaches and New Evidence. London 1998, 295–309; *ders.*, Village to City: Staples and Luxuries? Exchange Networks and Urbanization, in: *Osborne, R./Cunliffe, B.* (Hgg.), Mediterranean Urbanization 800–600 BC. (Proc. of the British Academy, Bd. 126) Oxford 2005, 233–248.

passt, dass die ersten belastbaren Belege für geplanten transregionalen Getreidehandel nicht aus einem Kontext stammen, in der eine Mikroregion um ihr Überleben kämpfte, sondern im Zusammenhang mit der Etablierung wirtschaftlich prosperierender Städte in einem von politischen Machtkämpfen, Kriegen und überregionalen Herrschaftsbildung geprägten Großraum (Griechenland).

Niemand bezweifelt, dass der antike Mittelmeerraum (wie andere maritime *areas*) stets mit dem Risiko naturaler Bedrohungen und Versorgungsengpässen konfrontiert war. Doch waren diese Bedrohungen wirklich so prägend, dass sie das wirtschaftliche Handeln in den Mikroregionen auf das Meer und zur Bildung einer sich immer weiter verdichtenden „connectivity" drängten? Hesiod empfahl bezeichnenderweise im frühen 7. Jh. (noch vor der Hochphase der sogenannten Großen Kolonisation) nicht etwa den Schritt aufs Meer als Vorsorge gegen agrarische Engpässe, sondern harte und gut organisierte, an die Jahreszeiten optimal angepasste Arbeit auf der eigenen Scholle, und er setzte in Krisenzeiten auf Nachbarschaftshilfe, nicht auf die maritime Versorgung aus anderen Mikroregionen;[27] Seefahrt ist kein notwendiges (und regelmäßiges) Mittel der Krisenbewältigung, sondern ähnlich wie bei Homer Chance auf *zusätzlichen* Gewinn (*chremata*) eines bestehenden Vermögens. Sich gänzlich dem Leben eines Seehändlers zu verschreiben, ist für den Bauern Hesiod nur die *ultima ratio* im Falle *dauernder* Hungersnot (vor der allerdings harte Feldarbeit schützt!).[28] Es mag sein, dass die *basileis* der Archaik, wie Thukydides annimmt, „zur Versorgung der Ärmeren" Seeraub betrieben und fremde Küstenstädte überfielen.[29] Das ist jedoch etwas anderes als die von *Horden* und *Purcell* so prominent gemachte Cabotage. Und selbst wenn man solche Dauerstrategien zur Anreicherung des Nahrungsangebotes von Teilen der Gesellschafft annimmt, wie passen Regionen wie Thrakien, Makedonien, Ägypten, Sizilien oder der Nordpontosraum, die naturale Überschüsse (an Getreide) produzierten, oder Gebiete wie Thessalien, die großenteils autark waren, in das Bild einer von Dauerkrisen geschüttelten Mikrowelt?[30] Um nicht in einen unhistorischen ökologischen Determinismus zu verfallen: Muss man nicht viel stärker die Entwicklung imperialer Großformationen, die Ausbildung von institutionellen und staatlichen Strukturen sowie die (hiermit in der Regel verbundene) Steigerung und Konzentration von Bevölkerungszahlen in bestimmten Großräumen zu den ökologischen Rahmenbedingungen hinzurechnen und für die Rekonstruktion wirtschaftlichen Handelns und mediterraner „connectivity" berücksichtigen?

---

27 Hes. erg. 297 ff., 342 ff.
28 Hes. erg. 630 ff.
29 Thuk. 1,5.
30 Vgl. *Harris*, Mediterranean, 34.

II Das maritime Element und die Ökologie der Küsten

Offensichtlich bedarf es einer neuen Austarierung der konträren Forschungspositionen, wenn man die Rahmenbedingungen und Auswirkungen ökologischer Faktoren auf das wirtschaftliche Handeln im antiken Mittelmeerraum sowie der mit diesem zusammenhängenden *areas* bestimmen will. Ausgangspunkt könnte ein zentraler Aspekt sein, in dem sich Kritiker und Befürworter einer dezidiert an den ökologischen Bedingungen der Mikroregionen ausgerichteten Betrachtungsweise treffen: nämlich die große Bedeutung, die das Meer sowie die Nähe und die leichte Zugänglichkeit zum Meer für den Handel und die Entwicklung von „Märkten" besaßen. Ob man die Entstehung von Konnektivität, Handel und Märkten aus einer Position der Schwäche und als Form elementarer Krisenbewältigung *oder* aus einer Position relativer Stärke und aus einer komfortablen Ausgangsbasis heraus entwickelt – unstrittig erscheint nicht nur der modernen Forschung, sondern bereits den antiken Zeugnissen, dass hierfür die besondere „maritime" Natur der Mittelmeerküsten ein ausschlaggebender Faktor war.

Tatsächlich war das Mittelmeer – anders als z. B. der Atlantik – eine „Middle Sea":[31] Es bildete das entscheidende Medium, welches den einmal angeworfenen Motor transregionaler „connectivity" beförderte, am Leben hielt und für die Erschliessung weiterer Räume auch außerhalb des Mittelmeeres unumgänglich war.[32] Es senkte die Transportkosten gegenüber den Verkehrswegen zu Lande (und auch über Binnengewässer); es erlaubte den Austausch von Waren über Entfernungen, die allein zu Lande nicht zu bewältigen waren; es bildete in der Regel (bis zum Aufkommen der Eisenbahn) die einzige Möglichkeit, schwere und große Gütermengen über weite Strecken zu bewegen; es war somit ein unabdingbares Medium, welches die Integration der mediterranen Mikroregionen ermöglichte und wirtschaftlichen Austausch beförderte. Gleiches gilt für den Informationsfluss und Datenaustausch, der – soweit es Bedarf nach und Vorkommen von begehrten Ressourcen gab – vorzugsweise und viel schneller über das Meer und entlang der Küsten erfolgte. Selbstverständlich spielten auch im Mittelmeerraum die Landverbindungen eine wichtige Rolle (z. B. bei der Ausbreitung von Anbaumethoden und Techniken).[33] Doch noch intensiver als in anderen maritimen Großräumen (wie z. B. dem Indischen Ozean) waren die maritim aktiven Küstenzonen eng mit dem territorial zugehörigen Hinterland verbunden bzw. besaß das Binnenland meist einen recht unproblematischen und häufig genutzten

---

31 Vgl. *Mazurek*, Authenticity, hier: 44.
32 Vgl. *Wilson/Bowman*, Introduction, 1–24, bes. 1–2 (Quellen); 8 ff. (Einschätzungen). Ferner *Harris*, Mediterranean, 16; *Concannon/Mazurek*, Connectivity, 8.
33 *Bresson*, Ecology, 98 f.

Zugang zum Meer.[34] Land- und ggf. Flussverbindungen wurden zumal dort, wo mäandrische Küstenformationen auf nahe und dichte Inselketten trafen, durch *maritime* Verbindungen ergänzt. Hinterland, Küstenregion und Meer verdichteten sich so zu einem interagierenden Netz, wie wir es von keiner anderen Weltregion der Antike kennen. Auch deshalb ist es sinnvoll, der Ökologie des Meeres ein mindestens gleichrangiges Interesse zu widmen wie derjenigen des Binnenlandes.

Das Mittelmeer zerfällt in mehrere Becken und besitzt mit dem Schwarzen Meer einen an die asiatischen Steppen reichenden maritimen Nebenraum, ist aber nur an einer Stelle, nämlich der Straße von Gibraltar, mit den Ozeanen unmittelbar verbunden. Die Klimazone, in der sich weite Teile des Mittelmeerraums befinden, befördert eine recht reichhaltige Flora sowie den Anbau und die Pflege vom typisch mediterranen Pflanzensorten wie Wein und Ölbäume;[35] viele Böden und Bergregionen sind geeignet für Schaf- und Ziegenhaltung (während Pferdezucht bereits eher exzeptionell erscheint). Insgesamt hat der Mittelmeerraum im Vergleich zu anderen *fluvialen* oder *semiariden* Großräumen der Antike (Mesopotamien, Arabien und das Nilgebiet) keinen gravierenden Mangel an natürlichen Ressourcen: Die Waldbestände der küstennahen Hügel und Gebirgsketten bieten Holz für den Haus- und Schiffbau, mindestens genausoweit verbreitet und zugänglich ist Eisen, und es gibt nahe der Küsten und zumal in den Alluvialgebieten der Flüsse die Möglichkeit, verschiedene Getreidesorten anzubauen. Allerdings erforderten der unzuverlässige und von Region zu Region schwankende Regenfall sowie die im Sommer vielfach austrocknenden Flüsse meist ausgeklügelte Formen der Bewässerung.[36]

Der Mittelmeerraum ist demnach in Bezug auf die naturale Grundversorgung der Menschen durchaus kein Mangelgebiet – Probleme entstehen erst dann, wenn sich die Bevölkerung in einer Mikroregion derartig ballt, dass deren Versorgung nicht mehr aus dem Umland gesichert werden kann. Demgegenüber stehen allerdings die relative Knappheit und ungleiche Verteilung *hochwertiger* Ressourcen sowie die *unterschiedliche Güte* naturaler Produkte: Nicht jede Baumart war für den Schiffbau gleich gut geeignet oder für luxuriöse Möbel gewünscht, nicht jeder Boden und jede Lage brachten qualitativ gleichwertig gute und begehrte Weinsorten und Getreidearten hervor;[37] und vor allem: Edelmetalle wie Kupfer, Zinn, Silber und Gold gab es konzentriert nur in bestimmten Gebieten, vor allem in Zypern (Kupfer), Spanien (Zinn, Silber und etwas Gold), in Thrakien, auf einigen Inseln (Siphnos) und festländischen Orten (Laureion in Attika) oder sogar nur außerhalb des Mittelmeerraum im Atlantik („Zinninseln").

Immerhin – auch das ist ein wichtiges Alleinstellungsmerkmal des Mittelmeerraums – lagen fast alle Herkunftsgebiete der wertvollen und seltenen Ressourcen

---

34 *Bresson*, Ecology, 105: „It should be clear that even inland regions had normal access to Mediterranean trade."
35 *Rackham*, Setting, 42–45.
36 Vgl. *Rackham*, Setting, 35.
37 *Morley*, Trade (wie Anm. 20); bes. 22 f. zum Weinverbrauch.

in Küstennähe, auf zentralen und über das Meer leicht anzusteuernden Inseln und Inselgruppen, oder sie waren durch größere Flüsse vom Meer aus relativ leicht und jedenfalls in der Regel leichter und schneller als über Land zu erreichen. Diese günstige Konstellation der Verbindung von gut zugänglichen Ressourcen in Küstennähe kam vor allen im nördlichen Mittelmeerraum zum Tragen. Hier gibt es eine reich gegliederte Küste mit teilweise recht steil ansteigenden Hügel- und Bergketten, die im Norden das Meer über Tausende von Kilometern umgrenzen und für den Seefahrer weithin sichtbare Landmarken bilden. Zahlreiche Buchten mit geschützten Stränden, aber recht schnell tiefer abfallenden Meeresböden bieten auf der Leeseite des Landes einerseits gute Anlaufpunkte und Zuflucht vor unruhigem Wasser, andererseits waren sie Ausgangspunkte für landnahe Navigation.[38] Weit in das Meer hineinragende Halbinseln und Inselketten lösten die (aus Sicht des antiken Beobachters) riesige Wasserfläche in überschaubare Becken und die umgebenden Küsten in ökologische Teilräume auf; sie erlaubten (und erforderten) schon früh ein „island-hopping", wie es in anderen maritimen Großräumen in dieser Form unmöglich war.

Die Südküsten sowie die südlichen Küsten des modernen Israel sind dagegen nicht so reich gegliedert und deshalb weniger einladend für maritimen Verkehr, sondern berüchtigt für ihren trügerischen Charakter. Die Küstenlinie von der Straße von Gibraltar östlich bis zum Cap Bon ist geprägt von seichten Zonen und flachen Inseln, die vorherrschenden Nordwinde („Boreas") drohen Schiffe auf Sandbänke und Riffe zu treiben; östlich davon lauern die Gezeiten und gefährlichen Strömungen der Großen Syrte. Insgesamt bieten die südlichen Küsten geringere natürliche Ankermöglichkeiten und Verbindungspunkte zwischen Land und Meer sowie, mit Ausnahme des Nil (dessen Gebiet manche Forscher jeglichen mediterranen Charakter absprechen), nur sehr wenige in das Binnenland hineinführende, schiffbare Flüsse.[39]

Der Nachteil der südlichen Küstenzonen wird jedoch durch zwei elementare Konstellationen relativiert: erstens durch die Tatsache, dass sie *insgesamt* im Vergleich zur Nordküste weniger reich an Bodenschätzen und anderen natürlichen Ressourcen (vor allem hochwertigen Baumsorten) und somit auch materiell weniger attraktiv waren, zumal sich weiter landeinwärts die große aride Zone der Sahara anschloss. Der seefahrende Mittelmeerbewohner konnte es sich somit durchaus leisten, die Südküsten seltener anzusteuern als diejenigen des Nordens. Die für die maritime Makroverbindung ungünstigere Struktur der Südküste wurde zweitens durch die ungewöhnlich reiche insulare Gesamtstruktur des Mittelmeers ausgeglichen. Zwar waren die nach Süden gerichteten Eilande wie Lampedusa, Malta/Gozo, Kerkenna und Djerba klein und boten geringeren Schutz und Handelschancen als ihre viel zahlreicheren nördlichen Pendants. Dafür bildeten die großen und zentralen Inseln mit ihren speziellen Ökologien wie Kreta, Sizilien und Sardinien sowie die Balearen nicht nur Zwi-

---

38 *Pryor*, Geography, 21.
39 *Rackham*, Setting, 65; *Pryor*, Geography, 21.

schenstationen für die Ost-West-Verbindungen, sondern immer auch Sprungbrett und Relais für die von Nord nach Süd verlaufenden Seewege.[40]

Seefahrer konnten so im Mittelmeer – anders als etwa im Arabischen Meer oder im Atlantik – weite Strecken bewältigen, ohne die Landsicht zu verlieren; küstennahe Gebirge und künstliche Architektur (Tempel, später Klöster auf der Bergspitze) boten Orientierung. Der Himmel ist im Sommer überwiegend heiter, es gibt selten und meist nur im Winter Nebel, was es den Seefahrern erlaubte, sich am Sonnenstand und den Gestirnen zu orientieren. Nur in wenigen Regionen (wie der Großen Syrte und in der Straße von Gibraltar) treten Gezeiten und gefährliche Strömungen auf;[41] allerdings gibt es angesichts der spezifischen tektonischen Bedingungen an der Nordküste häufig Erdbeben, die Tsunamis auslösen können und mitunter ganze Küstenformationen neu gestalten. Stürme (Zyklone) sind zumal im Winter heftig und nicht selten, aber meist kurz (Frühling und Herbst sind weitgehend sturmfrei!), Wellenentwicklungen bei weitem nicht so gewaltig wie im Atlantik.[42]

Auch wenn jedes maritime Teilgebiet seine hydrologischen und ökologischen Sonderbedingungen hatte, so konnte man zumal im östlichen Mittelmeerraum im Sommer mit stabilen Wasser- und Luftströmungen rechnen.[43] Die großen Strömungen bewegten sich von Westen nach Osten und nach Norden gegen den Urzeigersinn.[44] Sie waren hilfreich für Fahrten von Ost nach West und von Süd nach Nord, die allerdings gegen die vorherrschenden Windrichtungen aus West bzw. Nordwest durchgeführt werden mussten.[45] Westfahrten dauerten deshalb länger als Fahrten gen Osten;[46] Kapitäne bevorzugten die nördlichen Routen, während Ostfahrten im Frühjahr ebenfalls die nördlicheren Inseln passierten, sich aber zumindest bis zur Halbinsel von Tunis auch an der Südküste orientierten.[47]

Das relativ stabile System der Winde und Strömungen hatte im Zusammenhang mit der Verteilung der Hoch- und Tiefdruckgebiete nicht nur Auswirkungen auf die Ökologie der Küstengebiete und Inseln – die nördlichen Winterwinde brachten dem westlichen Mittelmeer Regen, dem östlichen trockene Kälte und bewirkten somit eine größere Feuchtigkeit der westlichen Küsten;[48] es begünstigte auch die Ausbildung von maritimen *carreras*, die auf der inneren Linie und meist die großen Inseln verbin-

---

40 *Horden/Purcell*, Sea, 224 f.
41 *McGrail, S.*, Boats of the World. From the Stone Age to Medieval Times. Oxford 2001, 92; Strab. 17, 3, 20 zur Großen Syrte; *Pryor*, Geography, 12.
42 *Arnaud*, Routes, 19; *Pryor*, Geography, 12.
43 *Arnaud*, Routes, 6–68.
44 *Aubet, M. E.*, The Phoenicians and the West. Politics, Colonies, and Trade. Cambridge 2001, 183; *Pryor*, Geography, 13.
45 *Horden/Purcell*, Sea, 137.
46 *Warnecke H.*, Schifffahrtswege, in: *Sonnabend, H.* (Hg.), Mensch und Landschaft in der Antike. Lexikon der Historischen Geographie. Stuttgart/Weimar 2006, 444.
47 Vgl. *Rackham*, Setting, 65; *Pryor*, Geography, 7.
48 *Pryor*, Geography, 16–19.

dend einen schnelleren und günstigeren Transport größerer Lasten ermöglichten als die Landwege.

Die für das Mittelmeer typischen „communities of seafarers"[49] entwickelten sich denn auch meist an vielfrequentierten und durch die Strömungs- und Windverhältnisse begünstigten Seerouten sowie an oder nahe von Flussdeltas. Sie besaßen zumindest mittelbaren Zugang zu ausreichenden Holzbeständen[50] und erleichterten die Kontaktaufnahme mit den Produzenten und Verarbeitungszentren wertvoller Metalle (Steinbrüche, Minen) sowie potentiellen Handelspartnern im Landesinneren.[51] Es verwundert deshalb nicht, dass mediterranen Hafen- und Küstenstädte zu den ersten Kandidaten gehören, die nach Auffassung von Wirtschaftshistorikern eigenständige Märkte entwickelten.

III Vernetzte Ökologie(n) der Imperien

Die Ausweitung der maritimen Fernfahrten und die mit ihr einhergehende Urbanisierung der Küsten führten zu einer intensiven Verbindung ökologischer Räume, die vorher mehr oder weniger nur für den eigenen Gebrauch produziert hatten. Diese Vernetzung der mediterranen Mikroregionen, die Diversifizierung der Handelswaren sowie die Integration einer immer größeren Zahl von Menschen in die maritimen Austauschsysteme bildeten eine wichtige Voraussetzung dafür, dass Machtpolitik im Mittelmeerraum und seinen Randgebieten in neuen Dimension gedacht und praktiziert werden konnte.[52] Seit der Mitte des 6. Jahrhunderts v. Chr. drängten zum ersten Mal zunächst mit den Lydern und dann mit den Persern expansive Großreiche an die Ägäis. Der Vorstoß der persischen Truppen unter Kyros II. sowie die Niederschlagung von Aufständen führten dazu, dass große Küstenstädte wie Milet Teile ihres agrarischen Besitzes verloren oder wie Phokaia um ihren Bestand und die Unabhängigkeit fürchten mussten. Erst jetzt kam es zur Migration großer Teile der Bevölkerung in die Generationen vorher angelegten Apoikien; erst jetzt wurde Landnot zu einem militärisch bzw. machtpolitisch erzwungenen Motor der Auswanderung, und

---

[49] *Schulz, R.*, Abenteurer der Ferne. Die großen Entdeckungsfahrten und das Weltwissen der Antike. 2. Aufl. Stuttgart 2017, 12; *Karmon, Y.*, Geographical Components in the Study of Ancient Mediterranean Seaports, in: *Raban, A. (Hg.)*, Harbour Archaeology. Proc. of the First International Workshop of Ancient Mediterranean Harbours. Caesarea Maritima 24–28.6.83. (BAR International Series, Bd. 257) Oxford 1985, 1.
[50] *Meiggs, R.*, Trees and Timber in the Ancient Mediterranean World. Oxford 1983, 49–62; *Treister, M. Y.*, The Role of Metals in Ancient Greek History. Leiden 1996, 146.
[51] *Russel, B.*, Stone Use and the Economy, in: *Wilson, A./Bowman, I. (Hgg.)*, Trade, Commerce, and the State in the Roman World. Oxford 2018, 243.
[52] *Reed, C. M.*, Maritime Traders in the Ancient Greek World. Cambridge 2003, 71 f.

erst jetzt wandelten sich die bescheidenen Handelsstützpunkte unter dem Zuzug neuer Siedler zu echten Poleis.[53]

Das war jedoch nur der erste Schritt. Vor dem Angriff auf Ägypten begannen die Perser, eine Marine aufzubauen, die sich zu wesentlichen Teilen aus den Kriegsschiffen, Kapitänen und Ruderern der phönikischen, zypriotischen und kleinasiatischen Küstenstädte zusammensetzte. Der Bedarf an hochwertigem Bauholz und wertvollen Mineralien stieg schlagartig. Es ist vor diesem Hintergrund kein Zufall, dass nach der Inbesitznahme des mit Zedern, Pinien und Zypressen gesegneten Zypern sowie des waldreichen Kilikien das erste Expansionsobjekt der Perser jenseits des Bosporus das ressourcenreiche Thrakien und Makedonien bildete.[54] Da parallel die persischen Könige den Bau aufwendiger Palastanlagen vorantrieben, erstreckte sich die Suche nach hochwertigem Holz sowie Edelmetallen bis nach Indien[55] und in den Atlantik. Um der Marine bessere Verbindungsrouten und logistische Unterstützung zu sichern, griffen die Perser durch den Ausbau bzw. die Anlage von Kanälen (Necho-Kanal in Ägypten; Durchstich des Athos in der Nordägäis) in einem beispiellosen Ausmaß in die Ökologie und Landschaft der Küsten ein.

Noch einmal gesteigert wurde der gesamtmediterrane Bedarf nach Rohstoffen, als seit der Mitte des 6. Jahrhunderts auch die Karthager und Syrakusaner sowie Athen und andere Poleis Kriegsflotten auf Kiel zu legen begannen. Korinth nutzte dabei seine Kolonien, um Ressourcen in der Adria und Nordägäis zu erschließen,[56] Athen intensivierte seine Kontakte in die Nordägäis, nach Ägypten und nach Sizilien. Allein der Unterhalt der athenischen Flotte erforderte nach den Perserkriegen die regelmäßige Einfuhr einer Fülle von Materialien, von Kupfer, Teer, Pech über Segeltuch und Flachs aus Ägypten, Zinn aus Spanien und den britischen Inseln bis zu Häuten aus dem kimmerischen Bosporus und vor allem hochwertiges Bauholz aus Makedonien.[57] Hinzu kamen Holzimporte aus Euböa, Samos, Knidos und Kreta. Daneben lockte die Magna Graecia, die neben Makedonien das beste Schiffbauholz der *abies alba* bot.[58] Der wirtschaftliche Aufschwung Athens und des Piräus ließ die Bevölkerungszahl von Stadt (inklusive der Sklaven)[59] und Umland auf bis zu 350.000 Men-

---

53 *Greaves, A.*, Milesians in the Black Sea, Trade, Settlement and Religion, in: *Gabrielsen, V./Lund, J.* (Hgg.), The Black Sea in Antiquity. Regional and Interregional Economic Exchanges. (Black Sea Studies, Bd. 6) Aarhus 2007, 9–21, hier 16–21.
54 *Meiggs*, Trees, wie Anm. 50; 62 zu Zypern; 83 zu Kilikien; 122 f. zu Thrakien und Makedonien.
55 *Meiggs*, Trees (wie Anm. 50), 71; 81.
56 *Meiggs*, Trees (wie Anm. 50), 130.
57 Thuk. 4, 108, 1; *Meiggs*, Trees, wie Anm. 50; 119; 126 f. Zum Bauholz des Schwarzmeerraums vgl. *Hannestad, L.*, Timber as a Trade Resource of the Black Sea, in: *Gabrielsen, V./Lund, J.* (Hgg.), The Black Sea in Antiquity. Regional and Interregional Economic Exchanges. (Black Sea Studies, Bd. 6) Aarhus 2007, 85–99; zu Athen: 93 f. Die Zypressen Kretas wurden von Athener Autoren gepriesen: Hermippos Athen. 27de; Theophrast h. plant. 4, 5, 3; Zypresse und Fichte lieferten Schiffbauholz.
58 Vgl. Thuk. 6, 90, 3; *Meiggs*, Trees (wie Anm. 50), 119. Es gibt dagegen keine Hinweise von Holzimport aus den Häfen (Sinope, Amisos) der Südküsten des Schwarzmeerraums.
59 *Hunt, P.*, Slaves, Warfare and Ideology in the Greek Historians. Cambridge 1998.

schen wachsen. Nach konservativen Schätzungen mussten nun selbst in besten Regenjahren zwei Drittel bis drei Viertel des Getreidebedarfs importiert werden.[60] Während die Poleis auf der Peloponnes und Aigina immer abhängiger von Getreideimporten aus dem Schwarzmeerraum und der Magna Graecia wurden, konnten die Athener mit Hilfe der Flotte und des Seebundes ihren Getreidebedarf unabhängiger von etablierten, aber von Piraten bedrohten Fernrouten („Getreideroute" aus dem Schwarzen Meer) aus Euböa, Imbros und Lemnos sowie fallweise aus Sizilien und Ägypten flexibler befriedigen.[61] Erst als Athen im Zuge des Peloponnesischen Krieges seine Verbindungen in diese Räume und seine Seeherrschaft in der Ägäis verlor, gewann Importgetreide aus dem Schwarzmeerraum an Bedeutung, das man durch Verträge und Privilegien an einheimische Herrscher zu sichern suchte.[62]

Die römische Herrschaftsbildung im Westen gehorchte von Anfang an anderen Bedingungen. Italien war zwar vor allem auf der Westseite dem Meer hin zugeneigt, besaß jedoch weniger gute Häfen, dafür aber bessere Überlandverbindungen sowie reichere natürliche Ressourcen als die griechische Halbinsel. Mittelitalien, Latium und Rom zeichneten sich durch vergleichsweise gute hydrologische Bedingungen (Tiber, Bergquellen) aus, die Landwirtschaft ermöglichten, sobald sumpfige Regionen (in Rom durch die Cloaca Maxima) trockengelegt waren.[63] Allerdings bildeten das Apenninengebirge (von Nord nach Süd verlaufend) sowie die Albanerberge natürliche Anbaugrenzen gen Osten. Roms Lage war für intraregionalen Handel im Westen Italiens gut geeignet: Einerseits ermöglichte die Furt durch den Tiber (südlich des Kapitols) flussauf- wie abwärts Handelsverkehr und Salzgewinnung in Küstennähe (via salaria); andererseits nahmen wichtige Landverbindungswege nach Etrurien und Kampanien, also der Nord-Süd-Achse, von hier ihren Ausgang bzw. Durchgang. Die geographische Struktur Italiens mit wenigen, dafür in der Regel landwirtschaftlich gut zu bearbeitenden Ebenen und zum größeren Teil gebirgigen Regionen mit Karstgebieten, die vor allem extensiv viehwirtschaftlich (Transhumanz) nutzbar waren, ließ Siedlungen ins-

---

60 *Moreno, A.*, Feeding the Democracy. The Athenian Grain Supply in the Fifth and Fourth Centuries BC. Oxford 2012, 3–76.
61 Vgl. *Braund, D.*, Black Sea Grain for Athens? From Herodotos to Demosthenes, in: *Gabrielsen, V./ Lund, J.* (Hgg.), The Black Sea in Antiquity. Regional and Interregional Economic Exchanges. (Black Sea Studies, Bd. 6) Aarhus 2007, 40–68; *Keen, A. G.*, 'Grain for Athens': The Importance of the Hellespontine Route in Athenian Foreign Policy before the Peloponnesian War, in: *Oliver, G. et al. (Hgg.)*, The Sea in Antiquity. (BAR International Series, Bd. 899) Oxford 2000, 63–73 für Getreideimporte bereits im 6. Jahrhundert. Gegenposition bei *Moreno*, Democracy (wie Anm. 60), bes. 161–167; vgl. 312–324. Demnach weisen archäologische Befunde in den Schwarzmeerregionen sowie Thrakien auf militärische und politische Konflikte in den 490er und 480er Jahren v. Chr., die sich nicht mit der Vorstellung vereinbaren lassen, dass diese Gebiete Getreide exportierten.
62 *Meiggs*, Trees, wie Anm. 50; 128; 287 ff. (Kyrene). *Braund*, Grain, wie Anm. 61; 53–61 weist darauf hin, dass auch beste Anbauflächen nicht immer regelmäßig Getreideüberschüsse produzierten und im 6. und 5. Jahrhundert v. Chr. Getreide im Schwarzmeerraum auch lokal zirkulierte.
63 Vgl. *Ruffing, K.*, Wirtschaft in der griechisch-römischen Antike. Darmstadt 2012, 30–32; *Tichy*, Bedingungen, 1–15; aktuelle Fragen und Entwicklungen bei *Manning*, World, 103–170.

besondere an den Küsten und Vorgebirgen entstehen. Klimatisch waren längere Trokkenperioden auf die Westküste und Teile Apuliens beschränkt; die verschiedenen Gebirgsarten (v. a. Kalk-, Ton-, Vulkangestein) waren wichtig für die Wasserspeicherung und lieferten begehrte Baustoffe.

Die sich in mehreren Phasen vollziehende Expansion Roms in Italien vom 4. bis ins 1. Jahrhundert v. Chr. orientierte sich entlang dieser schon länger existierenden Kulturzentren. Der etruskische und griechische Siedlungsraum der Magna Graecia ragte dabei heraus, und hier setzten an strategischen Punkten die Koloniegründungen Roms an. Römischen Siedler bzw. Besatzer verstanden es hier wie auch während des späteren Ausgreifens über Italien in den Westen, an neuralgischen Punkten (politischrechtliche Ordnung; Bodenbesitzverhältnisse; Steuersystem) ihre Organisationsform und Herrschaftssicherung durchzusetzen. Sie griffen dabei auf Bewährtes zurück und kamen insofern mit den unterschiedlichen ökologischen Bedingungen gut zurecht. In Italien brachte die Anlage von Straßenverbindungen eine Intensivierung der wirtschaftlichen Austauschbeziehungen mit sich. Diese Wegnetze ermöglichten die Anbindung an wirtschaftliche Zentren, z. B. die Metallbergwerke Etruriens, die Silawälder in Bruttium oder die fruchtbaren Getreideflächen in Kampanien. Das erleichterte die Versorgung mit notwendigen wirtschaftlichen Gütern aus dem italischen Land selbst.

Ein größeres maritimes Ausgreifen ist erst später festzustellen, auch wenn schon früh transitalische Handelskontakte aufscheinen, die sich in die traditionellen Verbindungen anderer Völkerschaften, etwa der Städte der Magna Graecia und Etruriens, einschrieben.[64] Die Getreideversorgung aus Kampanien und später Sizilien mit Zwischenstation in kampanischen Häfen lief zunächst über etablierte Routen. Insgesamt erscheint die transmediterrane Getreideversorgung Roms als Produkt und Begleiterscheinung der Expansion und des damit verbundenen Bevölkerungswachstums, insbesondere in Rom selbst. Dabei beeinflussten, neben politischen und demographischen Faktoren, die Bereitstellung von Infrastruktur (Häfen und Lagerungsmöglichkeiten, v. a. in Puteoli und Ostia) sowie die kalkulierbare Verfügbarkeit des Getreides die öffentlichen wie privatwirtschaftlichen Entscheidungen über Transportwege und Beschaffungsmärkte.[65] Die Bedeutung von Getreide zur Grundversorgung spiegelt sich in den zahlreichen Eingriffen von öffentlicher Seite (u. a. der *cura annonae*), im Unterschied etwa zu Luxusgütern.[66]

Die Integration geographisch (und ökologisch) völlig anderer Räume im Zuge der Punischen Kriege (Sizilien, Sardinien; Spanien; Nordafrika) und der Eroberungen in den Alpen, Gallien und Germanien sowie Britannien im ersten vor- wie nachchristlichen Jahrhundert konfrontierte die Römer noch einmal mit ganz anderen geologischen, hydrologischen und klimatischen Bedingungen. Auch hier bewährte sich die

---

64 *Morel*, Rome, bes. 495–503.
65 Vgl. zur Infrastruktur *Tchernia*, Supplies, 201–210.
66 *Jongman, S. W.*, s. v. cura annonae I.–III., DNP 3 (1997), 234–236. Zur Debatte um den Charakter staatlicher Eingriffe (Dirigismus vs. Wettbewerbshüter) vgl. *Lo Cascio*, Regulation, 117–132.

römische Erschließungsstrategie: Einerseits fand man flexible und lokale Lösungen (z. B. hinsichtlich Bewässerungsmöglichkeiten), andererseits forcierte man bewährte Organisationsstrukturen (Urbanisierung, Einbindung der Eliten, politisch-rechtliche Vereinheitlichung) sowie eine schnelle Vernetzung bzw. Aufrechterhaltung und Ausbau bestehender Verbindungen. Beides führte in kurzer Zeit zu einer intensiveren wirtschaftlichen Nutzung sowie Ausdifferenzierung nicht nur der Produkte, sondern auch der Akteure, die zumindest regional sehr mobil waren.[67]

Es scheint gerade das geschickte Erkennen der jeweiligen ökologischen Voraussetzungen, deren angestrebte Optimierung und graduelle Nutzung zu sein, was das Zusammenspiel wirtschaftlicher und ökologischer Faktoren im Römischen Reich besonders der Kaiserzeit ausmachte. In einem grundsätzlich einheitlichen Wirtschaftsgebiet von bis zu 6 Millionen Quadratkilometern gelegen, wurden mögliche Wirtschaftsräume auf lokaler, regionaler, überregionaler und „globaler" Ebene je nach Ressource bzw. Produkt ‚aktiviert', oft durch die Bildung von Wirtschaftsformationen oder andere Infrastrukturmaßnahmen weiter ausgebaut und an Schnittstellen, z. B. urbanen Zentren, miteinander verbunden.

Obwohl sich die landwirtschaftlichen Bedingungen im Imperium Romanum von Region zu Region stark unterschieden, zeigt sich deutlich, dass Anbaustrategien und -techniken stets auf dem Prüfstand waren, um diese gegebenenfalls zu verfeinern. Die landwirtschaftliche Literatur (v. a. Varro und Columella) sowie Feldforschungen zeugen von Produktionssteigerungen mittels Drei-Felder-Wirtschaft, Düngung (auch wenn diese wegen der Transhumanz als Viehbewirtschaftungsform oft stark nachgefragt wurde) und Ertragssteigerungen, aber auch der Einführung von technischen Neuerungen wie der gallo-römischen Mähmaschine.[68] Hinzu kamen die kaiserlichen Domänen etwa in Afrika, die man als Innovationslaboratorien für das imperiale Koordinations- wie Planungsstreben bezeichnen kann.[69] Auf der Nachfrageebene sind die Anwesenheit der römischen Armee in bestimmten Regionen, z. B. Germanien und Rätien, aber auch im Osten des Reiches, sowie die Anlage von Zentralorten als Stimuli für systematische wirtschaftliche Erschließung mittels des bewährten, jedoch jeweils angepassten Villen-Systems nicht zu vernachlässigen. Hinzu kamen die teils in Geld zu bezahlenden Abgaben, welche die Entwicklung von Absatzmärkten auch für Kleinproduzenten (sogenannte Subsistenzwirtschaftler) erforderten. Periodische Märkte – oft in Zusammenhang mit religiösen Festen – waren nicht nur für den lokalen Handel, sondern auch für überregionale Produkte attraktiv und schufen eine hohe Reichweite von Produkten über die klassischen Zentren hinaus.[70]

Mithin scheint das Potential einzelner Regionen für den Absatzmarkt Rom systematisch genutzt worden zu sein. Als Metropole mit ca. einer Million Einwohnern

---

67 Vgl. zum Umgestaltungsprozess *Hoffmann-Salz*, Auswirkungen.
68 Vgl. *Drexhage/Konen/Ruffing*, Wirtschaft, wie Anm. 63; 59–100 (Landwirtschaft); Technologien: 238–240.
69 *Drexhage/Konen/Ruffing*, Wirtschaft, wie Anm. 63; 73.
70 Vgl. *De Ligt*, Markets.

bildete Rom nicht die klassische „Konsumentenstadt" im Sinne Max Webers, die parasitär von der umgebenden ländlichen Region als Produktions- und Versorgungsbasis lebte und mittels Fernhandel einige wenige Luxusgüter zuführte. Die Funde vom Monte Testaccio und die intensiven Untersuchungen in der Baetica spiegeln vielmehr die Interdependenzen zwischen Absatzmarkt und intensivierter Produktion von Olivenöl. Dieses wurde aber nicht nur ins Zentrum des Reiches, sondern auch in andere Regionen, z. B. nach Germanien, verhandelt. Die Baetica lieferte Olivenöl für die „staatliche" Grundnahrungsmittelversorgung der Hauptstadtbewohner (auf Grundlage der kaiserlichen *praefectura annonae*) wie der Armeen im Westen, wobei die staatliche Lenkung zugleich über den Bedarf hinausgehendes privatwirtschaftliches Unternehmertum erlaubte und beförderte.[71]

Gerade in der Baetica waren Produktqualität und geographische Lage eng vernetzt und wirkten sich wirtschaftlich günstig aus: Die Region zwischen Hispalis (Sevilla), Corduba (Córdoba) und Astigi (Écija) mit Orten, die z. T. direkt am Ufer des schiffbaren Baetis (Guadalquivir) lagen, konnte nach dem Flusstransport bis nach Gades (Cádiz) Richtung Ostia-Rom auf mehrere, gut bekannte Seerouten zurückgreifen; ebenso dürfte die Atlantikroute bis in die Rheinmündung risikoärmer und wirtschaftlicher als die (zumeist angenommene) aufwendige Route Gades-Arelate-Rhône-Saône-Mosel gewesen sein.[72]

Eine derlei ausbalancierte Fügung von naturräumlich möglicher Qualitätsproduktion, bewährter Infrastruktur und staatlicher Lenkung war ein unschlagbarer Standortvorteil im Wettbewerb mit anderen Regionen. Die für Händler wie öffentliche Institutionen kalkulier- wie teilweise steuerbaren Faktoren und Synergieeffekte wogen stärker als etwa die geographische Nähe und potentiell hinreichende Olivenölproduktion Afrikas, da hier Nachteile wie schlechtere Qualität[73] und schwieriger zu bereitstellende Infrastruktur (Kosten für Hafenbau aufgrund der seichten Küsten Afrikas)[74] zudem andere staatliche Produktionsziele (im Falle Afrikas: Getreide) zu Buche schlugen.[75] Insofern kann man von sich überlappenden lokalen, regionalen und trans- bzw. überregionalen Wirtschaftsräumen sprechen, wobei (abgestufte) multiple Nutzung

---

71 Vgl. die Arbeiten von J. Remesal Rodríguez und dessen Forschergruppe CEIPAC (Centro para el Estudio de la Interdependencia Provincial en la Antigüedad Clásica): http://ceipac.ub.edu/ (10. 04. 2019) (mit umfassender Datenbank). Eine prägnante Einführung mit Leitrezensionen: Panzram, Produktion.
72 Zu einer die Angaben des ORBIS-Projektes (http://orbis.stanford.edu/ (12. 04. 2019) korrigierenden Berechnung der Routen mithilfe moderner nautischer Software und einer umfassenden Gewinn- und Verlustrechnung zum Aufzeigen wirtschaftlicher Routen vgl. Warnking, Seehandel, passim. Zur rentableren Atlantikroute vgl. *Schäfer,* Oil, 211–248.
73 Zur Qualitätsbeschreibung von Olivenöl vgl. Colum. 5, 8; Iuv. 5, 86–90 vergleicht satirisch italisches, hochqualitatives mit afrikanischem Olivenöl niedrigster Qualität. Warnking, Seehandel, 366.
74 *Warnking,* Seehandel, auch zum Ausbau der afrikanischen Häfen mittels hydraulischen Zements und dem Verschieben von Marktanteilen zugunsten Afrikas in Bezug auf Olivenöl im Laufe des 2. Jahrhunderts n. Chr. (mit weiterer Literatur).
75 Zur Produktion und zu Schwerpunkten agrarischer Güter vgl. Fellmeth, Anbaugebiete, 200–201.

und Verhandlung von Waren (und Dienstleistungen) sowie fließende Übergänge zu verzeichnen sind.

IV Umweltproblematik und antikes Umweltbewusstsein

Die bisherigen Überlegungen zu den ökologischen Bedingungen der griechischen wie römischen Wirtschaft und deren Entwicklung im historischen Verlauf haben gezeigt, in welchem Maße Naturraum, Menschen und ihr wirtschaftliches (aber ebenso anderweitig motiviertes) Handeln interagierten. Insbesondere das maritime Element trat dabei als Spiegel des Vernetzungsgrades hervor, der sich jedoch nicht einheitlich gestaltete, sondern ganz unterschiedliche Ausformungen aufgrund der spezifischen lokalen, historischen, kulturellen oder politischen Konstellationen fand. Deutlich wurde vor allem, dass einseitige Erklärungsmodelle wie ein Determinismus zwischen Mangelversorgung und Handelsaktivität weder für den griechischen noch römischen Bereich greifen. Ökologische Faktoren waren wichtig, aber in ein Netz anderer fördernder beziehungsweise hindernder Bedingungen sowie agierender Menschen eingebunden. Die Griechen legten dabei zumal auf dem Meer und bei der maritimen Vernetzung ökologischer Teilräume wesentliche Grundlagen, die von den Römern aufgenommen, in ihre eigenen Ordnungsrahmen transferiert und mit einer subtilen Nutzung der territorialen Ökologie in der Kaiserzeit zu einem der leistungsfähigsten ökonomischen Systeme der Antike ausgebaut wurden. Aus alledem ergibt sich abschließend die Frage, inwieweit die Akteure selbst sich der verändernden Umweltbedingungen bewusst waren und ob überhaupt Zusammenhänge bzw. Auswirkungen der wirtschaftlichen Entwicklung auf die naturalen Rahmenbedingungen auszumachen sind.

Ausgangspunkt sind die langfristig zu beobachtenden und mit naturwissenschaftlichen Methoden (u. a. Grönland- und Gletschereis-, Pollen- sowie dendroklimatologische Analysen) fassbaren Klimaveränderungen in der Antike.[76] Vom 9.–7. Jahrhundert v. Chr., der Eisenzeit, herrschten kältere und feuchtere Bedingungen als in den nachfolgenden zwei Jahrhunderten; nach einer erneuten Kälte- und Feuchtperiode in hellenistischer Zeit (4.–1. Jahrhundert v. Chr.) waren die Bedingungen am Ende der Späten Römischen Republik sowie in der Frühen und Hohen Kaiserzeit wieder wärmer, bei ausreichender Feuchtigkeit, was als *Roman Climate Optimum* bezeichnet wird. Hingegen wurde das Klima in der Spätantike wieder kälter, wobei es zwischen 350 und 450 n. Chr. eine Trockenperiode gab, die von feuchteren Jahrhunderten mit andauernder Kälte abgelöst wurde, das *Late Antique Little Ice Age*.

---

[76] Zu Methoden und Ergebnissen vgl. *Sallares*, Ecology, 17–20; *Manning*, World, 103–170; *McCormick et al.*, Change, 169–220; *Büntgen et al.*, Change, 231–236.

Inwieweit hierbei anthropogene Einflüsse eine Rolle spielten, ist besonders hinsichtlich des Grades umstritten. Nachgewiesen sind v. a. lokale und regionale Veränderungen durch menschliche Eingriffe. Landwirtschaftliche Nutzung, Fischfang, Jagd, Abholzung und Bergbau für Tätigkeiten verschiedenster Art, Siedlungstätigkeiten, aber auch Krieg hatten kurz- wie mittelfristigen Einfluss auf die jeweilige Umwelt. Ob indes der massive Holzbedarf für Bauten, u. a. Schiffe, eine dauerhafte und bis heute sichtbare Verkarstung bergiger Regionen und das generell waldarme Landschaftsbild im Mittelmeerraum bewirkt hat, wird in der Forschung heftig debattiert.[77] Die bekannte Beschreibung Platons im *Kritias* (111a–e) zur Erosion und Abschwemmung fruchtbaren Bodens in Attika ist ob des mythisch-verklärenden Charakters der Frühzeit als Kontrastbild allenfalls für einen potentiellen Erfahrungshorizont seiner Leser fruchtbar zu machen; über die Ursache der Verkarstung oder gar den menschlichen Anteil lässt sich die Stelle nicht aus.[78]

Auch andere antike Beschreibungen von Umweltproblemen oder gar anthropogenen Einflussnahmen müssen in ihren jeweils eigenen Ordnungsrahmen gelesen werden. So sind beispielsweise die gescheiterten Versuche, den Isthmus von Korinth zu durchstoßen,[79] ebenso dem Hybris-Diskurs zuzuordnen wie der Brückenbau des Perserkönigs Xerxes über den Hellespont (Hdt. 7,34–36; vgl. Just. 2,10,24). Der antike Bergbau als Raubbau, den Plinius der Ältere in den Anfangskapiteln seines 33. Buchs zur *Naturkunde* kritisiert (Plin. nat. 33,1–3; vgl. 70 ff.), ist unter dem Aspekt der philosophisch-religiös motivierten Reichtums- und Luxusdiskurse zu verstehen; bei Xenophon im 4. Jahrhundert v. Chr. wird etwa der Bergbau als Quelle potentieller neuer wirtschaftlicher Prosperität Athens nach dem verlorenen Bundesgenossenkrieg (357–355 v. Chr.) uneingeschränkt gelobt und zur Intensivierung empfohlen (Xen. vect. 4).[80] Technische Errungenschaften wie Tunnel wurden sehr wohl als Beherrschung der Natur bewundert und dienten auch der Repräsentation, wie etwa der Rechenschaftsbericht des Veteranen und Architekten Nonius Datus in Lambaesis (Numidia) offenbart (CIL VIII 2728).[81] Die von Horaz (Hor. carm. 3,29,12) wie Seneca dem Jüngeren (Sen. epist. 104,6) angesprochenen Luftverschmutzungen in Rom fungieren jeweils als Gegenbilder und sagen wenig über den Grad und die Dauerhaftigkeit von Luftbelastungen aus. Insgesamt war das antike Verhältnis zur Natur zwar von dem Bewusstsein geprägt, dass die Umwelt Teil der göttlichen Ordnung und Ergebnis göttlichen Einwirkens darstellt, das schützenswert, aber nicht unveränderlich und daher für menschliche Interessen nutzbar ist. So wurden Wetteranomalien und Veränderungen in der Umwelt durchaus wahrgenommen, und es existierten religiöse, philosophische wie meteorologische Erklärungsmodelle.[82] Allerdings waren daraus resultierende Handlungen oder

---

77 Vgl. *Hughes*, Deforestation, 43–57 gegen *Rackham/Grove*, Europe, bes. 174.
78 Nur in Bezug auf die Abholzung von Bäumen für die Dächer von Großbauten.
79 Plin. nat. 4, 10; vgl. Paus. 2, 1, 5. Weitere Stellen bei *Sonnabend*, Mensch, 47–59.
80 Zu weiteren Diskursen vgl. *Sonnabend*, Einschätzungen, 151–160.
81 Zum Technikverständnis vgl. *Sonnabend*, Technik, 55–70.
82 Dazu die Beiträge im Sammelband von *Cordovana/Chiai*, Environment.

Handlungsanweisungen nicht auf eine eventuelle Ursachenbekämpfung aus, sondern richteten sich vornehmlich auf die Anpassung der Lebens- und Wirtschaftsweise. So wurden etwa Bewässerungssysteme angelegt bzw. optimiert, notwendige Rohstoffe von weiter entfernten Regionen herbeigeschafft oder auch Siedlungen und Handelsströme verlagert. Insofern wurde die Frage der Verfügbarkeit von Material und Mensch drängend; sie erforderte vergleichsweise hohe Anpassungsfähigkeit von wirtschaftlichen, aber auch politischen, sozialen, rechtlichen und kulturellen Strukturen, Institutionen wie Praktiken.

Heftig umstritten ist vor diesem Hintergrund auch der oft *a priori* angenommene Zusammenhang zwischen Klimaveränderung und wirtschaftlicher Entwicklung sowie der Veränderung sozialer wie politischer Strukturen. Die postulierte Gesetzmäßigkeit von politischer, sozialer, wirtschaftlicher wie kultureller Blüte auf Grundlage einer Warm- und Trockenperiode und Niedergang im Zuge von Kälte- und Feuchtperioden folgt erkennbar deterministischen Strukturen. So hat etwa Kyle Harper die Erfolgsgeschichte und Stabilität der Frühen und Hohen Kaiserzeit mit dem *Roman Climate Optimum*, die Krisenerscheinungen und Veränderungs- wie Zerfallprozesse ab der Mitte des 2. Jahrhunderts n. Chr. mit den aufkommenden Seuchen und dem sich sodann verschlechternden klimatischen Bedingungen verknüpft.[83] Die klimatisch günstige Phase habe ein länger andauerndes demographisches wie ökonomisches Wachstum gewährleistet und die malthusianische Falle, d. h. die negative Korrelation von Bevölkerungs- und Wirtschaftswachstum, zeitweise umgangen. Mit der sogenannten Antoninischen Pest, wohl Pocken, die unter Kaiser Mark Aurel das erste Mal auftrat und dann endemisch in Wellen immer wieder größere Bevölkerungsteile dahinraffte, seien nicht nur demographische Einschnitte, sondern auch eine verminderte Anpassungsfähigkeit einhergegangen. Sodann habe eine zweite, die sogenannte Cyprianische Pest um die Mitte des 3. Jahrhunderts n. Chr. stärkeren destabilisierenden Einfluss auf die politischen, sozialen und ökonomischen Strukturen ausgeübt, was schon von Zeitgenossen als Krise (sog. Krise des 3. Jahrhunderts) wahrgenommen worden sei. Vollends umgeworfen worden seien die Strukturen dann mit der aufkommenden Klimaverschlechterung im 4. Jahrhundert. Trockenheit und Dürreperioden in der Eurasischen Steppe hätten den sogenannten Hunneneinfall mit den damit verbundenen Völkerverschiebungen und den Niedergang des weströmischen Reiches verursacht, während der Osten im Laufe des 6. Jahrhunderts durch das sogenannte *Late Antique Little Ice Age* (ca. 450–700 n. Chr.) verbunden mit Vulkanausbrüchen und der Justinianischen Pest destabilisiert worden sei. In allen Fällen habe sich eine apokalyptisch-endzeitliche Stimmung verbreitet, die zum Aufstieg des Christentums mit dessen spezifischen religiösen Praktiken und später des Islam geführt habe. Harpers Thesen, die naturwissenschaftliche Begründungsformen mit traditionellen Narrativen und Erklärungsmustern verbinden, sind in der Zwischenzeit einer kritischen Prüfung unterzogen worden. Angezweifelt wurden sowohl die Datengrundlage als auch die Kausali-

---

83 *Harper*, Fate.

tätsmuster zwischen exogenen wie endogenen Faktoren; ferner kritisierte man die intentionale und dekontextualisierte Interpretation der altertumswissenschaftlichen Quellen sowie die pauschalisierende und nicht nach Regionen und Perioden differenzierende Betrachtungsweise.[84] Es ergibt sich der Eindruck, hier einen modernisierten „Gibbon" und dort dessen Kritiker im Prozess des Werdens zu beobachten.

Bibliographie

Arnaud, P., Les routes de la navigation antique. Itineraires en Mediterranée. Paris 2005.
Beresford, J., The Ancient Sailing Season. (Mnemosyne Supplements, Bd. 351) Leiden 2012.
Braudel, F., Das Mittelmeer und die mediterrane Welt in der Epoche Philipps II. 3 Bde. Frankfurt a. M. 1994.
Bresson, A., Ecology and Beyond. The Mediterranean Paradigm, in: *William, V. H. (Hg.)*, Rethinking the Mediterranean. Oxford 2005, 94–114.
Büntgen, U. et al., Cooling and Societal Change during the Late Antique Little Ice Age from 536 to around 660 AD, in: Nature Geoscience, 9, 2016, 231–236.
Concannon, C. W./Mazurek, L. A., Introduction: A New Connectivity for the Twenty-first Century, in: *dies. (Hgg.)*, Across the Corrupting Sea. Post Braudelian Approaches to the Ancient Eastern Mediterranean. London/New York 2016, 1–14.
Cordovana, O. D./Chiai, G. F. (Hgg.), Pollution and the Environment in Ancient Life and Thought. (Geographica historica, Bd. 36) Stuttgart 2017.
De Ligt, L., Fairs and Markets in the Roman Empire: Economic and Social Aspects of Periodic Trade in a Pre-Industrial Society. (Dutch Monographs on Ancient History and Archaeology, Bd. 9) Amsterdam 1993.
Drexhage, H.-J./Konen, H./Ruffing, K., Die Wirtschaft des Römischen Reiches (1.–3. Jahrhundert). Eine Einführung. (Studienbücher. Geschichte und Kultur der Alten Welt) Berlin 2002.
Ettrich, E., Ökologie, in: *Sonnabend, H. (Hg.)*, Mensch und Landschaft in der Antike. Lexikon der Historischen Geographie. Stuttgart/Weimar 2006, 378–379.
Fellmeth, U., Wichtige Anbaugebiete im Mittelmeerraum (1. und 2. Jh. n. Chr.), in: *Wittke, A.-M./Olshausen, E./Szydlak, R. (Hgg.)*, Historischer Atlas der antiken Welt (DNP Supplemente, Bd. 3) Stuttgart/Weimar 2007, 200–201.
Garraty, C. P., Investigating Market Exchange in Ancient Societies: A Theoretical Review, in: *Garraty, C. P./Stark, B. L. (Hgg.)*, Archaeological Approaches to Market Exchange in Ancient Societies. Colorado 2010, 3–32.
Haldon, J. et al., Plagues, Climate Change, and the End of an Empire: A Response to Kyle Harper's *The Fate of Rome* (1): Climate; (2): Plagues and a Crisis of Empire; (3): Disease, Agency, and Collapse, History Compass 2018; e12506–e12508.
Harper, K., The Fate of Rome. Climate, Disease, and the End of an Empire. Princeton/Oxford 2017.
Harris, W. V., The Mediterranean and Ancient History, in: *ders. (Hg.)*, Rethinking the Mediterranean. Oxford 2005, 1–42.
Hitchner, R. B., The Advantages of Wealth and Luxury. The Case for Economic Growth in the Roman Empire, in: *Manning, J. G./Morris, I. (Hgg.)*, The Ancient Economy. Evidence and Models. Stanford 2005, 207–222.

---

84 Umfassende Kritik bei *Haldon et al.*, Plagues, e12506–e12508.

Hoffmann-Salz, J., Die wirtschaftlichen Auswirkungen der römischen Eroberung. Vergleichende Untersuchungen der Provinzen Hispania Tarraconensis, Africa Proconsularis und Syria. (Historia-Einzelschriften, Bd. 218) Stuttgart 2011.
Horden, P./Purcell, N., The Corrupting Sea. A Study of Mediterranean History. Malden et al. 2000.
Hughes, J. D., Ancient Deforestation Revisited, in: Journal of the History of Biology, 44/1, 2011, 43-57.
Hughes, D. J., Ecology in Ancient Civilizations. Albuquerque 1975.
King, R./Proudfoot, L./Smith, B., The Mediterranean. Environment and Society. London 1997.
Lo Cascio, E., Market Regulation and Transaction Costs in the Roman Empire, in: *Wilson, A./Bowman, A. (Hgg.)*, Trade, Commerce, and the State in the Roman World. (Oxford Studies on the Roman Economy) Oxford 2018, 117-132.
MacDonald, M., Trade Routes and Trade Goods at the Northern End of the „Incense Road" in the First Millenium B. C., in: *Avanzini, A. (Hg.)*, Profumi d' Arabia. Atti del Convegno. Rom 1997, 333-349.
Manning, S. W., The Roman World and Climate: Context, Relevance of Climate Change, and Some Issues, in: *Harris, W. V. (Hg.)*, The Ancient Mediterranean Environment between Science and History. (Columbia Studies in the Classical Tradition, Bd. 39) Leiden/Boston 2013, 103-170.
Mazurek, L. A., Material and Textual Narratives of Authenticity? Creating Cabotage and Memory in the Hellenistic Eastern Mediterranean, in: *dies./Concannon, C. (Hgg.)*, Across the Corrupting Sea. Post Braudelian Approaches to the Ancient Eastern Mediterranean. London/New York 2016, 40-61.
McCormick, M. et al., Climate Change during and after the Roman Empire. Reconstructing the Past from Scientific and Historical Evidence, in: Journal of Interdisciplinary History, 43, 2012, 169-220.
Morel, J.-P., Early Rome and Italy, in: *Scheidel, W./Morris, I./Saller, R. P. (Hgg.)*, The Cambridge Economic History of the Greco-Roman World. Cambridge 2007, 487-510.
Panzram, S., Produktion und Distribution von Nahrungsmitteln im Imperium Romanum. Der Monte Testaccio und die Forschergruppe CEIPAC. Einführung, in: sehepunkte 7/1, 2007 (15. 01. 2007), URL: http://www.sehepunkte.de/2007/01/forum/produktion-und-distribution-von-nahrungsmitteln-im-imperium-romanum-der-monte-testaccio-und-die-forschergruppe-ceipac-114/ (10. 04. 2019).
Pryor, J.-H., Geography, Technology, and War. Studies in the Maritime History of the Mediterranean. Cambridge 1988.
Rackham, O./Grove, A., Th., The Nature of Mediterranean Europe: An Ecological History. 2. Aufl. New Haven/London 2003.
Rackham, O., The Physical Setting, in: *Abulafia, D. (Hg.)*, The Mediterranean in History. London 2003, 33-65.
Sallares, R., Ecology, in: *Scheidel, W./Morris, I./Saller, R. P. (Hgg.)*, The Cambridge Economic History of the Greco-Roman World. Cambridge 2007, 15-37.
Sallares, R., The Ecology of the Ancient Greek World. London 1991.
Schäfer, Chr., Oil for Germany. Some Thoughts on Roman Long-Distance Trade, in: *ders. (Hg.)*, Connecting the Ancient World. Mediterranean Shipping, Maritime Networks and their Impact. (Pharos, Bd. 38) Rahden/Westf. 2016, 211-248.
Sonnabend, H., Der Mensch, die Götter und die Natur. Zu den antiken Kanalbauprojekten am Isthmos von Korinth, in: *Kintzinger, M./Stürner, W./Zahlten, J. (Hgg.)*, Das Andere Wahrnehmen. Beiträge zur europäischen Geschichte. August Nitschke zum 65. Geburtstag gewidmet. Köln/Weimar/Wien 1991, 47-59.
Sonnabend, H., Technik und Techniker in der antiken Gesellschaft, in: *Albrecht, H./Schönbeck, Ch. (Hgg.)*, Technik und Gesellschaft. (Technik und Kultur, Bd. 10) Düsseldorf 1993, 55-70.
Sonnabend, H., Antike Einschätzungen menschlicher Eingriffe in die natürliche Bergwelt, in: *ders./Olshausen, E. (Hgg.)*, Stuttgarter Kolloquium zur Historischen Geographie des Altertums 5, 1993. (Geographica Historica, Bd. 8) Amsterdam 1996, 151-160.
Tchernia, A., Food Supplies for Rome. Coping with Geographical Constraints, in: *ders. (Hg.)*, The Romans and Trade. Translated by J. Grieve (with E. Minchin). (Oxford Studies on the Roman Economy) Oxford 2016, 201-210.

Tichy, F., Geographisch-klimatologische Bedingungen der gesamten europäischen Geschichte, in: *Vittinghoff, F. (Hg.)*, Europäische Wirtschafts- und Sozialgeschichte in der römischen Kaiserzeit. (Handbuch der europäischen Wirtschafts- und Sozialgeschichte, Bd. 1) Stuttgart 1990, 1–15.

Warnking, P., Roman Trade Routes in the Mediterranean Sea: Modelling the Routes and Duration of Ancient Sea Travel with Modern Offshore Regatta Software, in: *Schäfer, Chr. (Hg.)*, Connecting the Ancient World. Mediterranean Shipping, Maritime Networks and their Impact. (Pharos, Bd. 38) Rahden/Westf. 2016, 45–90.

Warnking, P., Der römische Seehandel in seiner Blütezeit. Rahmenbedingungen, Seerouten, Wirtschaftlichkeit. (Pharos, Bd. 36) Rahden/Westf. 2015.

Wilson, A./Bowman, I., Introduction: Trade, Commerce, and the State, in: *dies. (Hgg.)*, Trade, Commerce, and the State in the Roman World. (Oxford Studies on the Roman Economy) Oxford 2018, 1–24.

Walter Scheidel
9 Demographie

I Die Herausforderung der Demographie

Demographie, also die Analyse von Größe, Struktur und Entwicklung menschlicher Populationen, hat in den letzten Jahren in der althistorischen Wirtschaftsgeschichte viel Aufmerksamkeit erfahren.[1] Dennoch besteht noch umfangreicher Forschungsbedarf, nicht nur bei der Ermittlung selbst grundlegender demographischer Merkmale antiker Bevölkerungen, sondern mehr noch bei der Anwendung dieser Informationen auf unsere Interpretationen der griechisch-römischen Wirtschaft und Gesellschaft. Demographische Untersuchungen, die sich mit Geburt, Tod und Migration befassen und versuchen zu messen, modellieren und quantifizieren, sind sowohl abschreckend technisch als auch weit entfernt von den Interessen und Fähigkeiten meist traditionell orientierter Althistoriker und Althistorikerinnen. Für die Forschung brauchbare Nachweise sind zudem rar und erfordern im Allgemeinen vergleichende und interdisziplinäre Ansätze, um überhaupt historisch Sinn zu ergeben. Gleichzeitig müssen wir jedoch bedenken, dass die Demographie mehr ist als nur Zahlen und Berechnungen und dass sie für vieles für das, was wir über die Antike wissen und verstehen wollen, relevant ist.

In vormodernen Gesellschaften ist die Bevölkerungsgröße der beste Indikator für Wirtschaftsleistung. Die Verteilung von Menschen zwischen Stadt und Land ist entscheidend für die Schaffung einer kollektiven Identität und spiegelt das Ausmaß der Arbeitsteilung und des Handels wider. Die Mobilität der Menschen verbesserte die Informationsübermittlung und kulturellen Wandel. Mortalität und Morbidität waren die wichtigsten Determinanten für das Wohlergehen und bestimmten die Fertilität (und damit auch Geschlechterverhältnisse), die Investitionen in Humankapital und die wirtschaftliche Produktivität sowie ganz allgemein die Hoffnungen und Ängste der Menschen. Dasselbe gilt für die Heiratsstrukturen und Haushalte. Die Antike war das Produkt eines völlig anderen Umfelds als heute. Sie war geprägt von häufigen Schwangerschaften, endemischen Krankheiten und plötzlichem Tod. Neben technischem Fortschritt und wissenschaftlichen Entdeckungen war es vor allem der demographische Wandel, der die moderne Welt von der antiken Vergangenheit trennt. Heiratsmuster, Formen der Fortpflanzung und des Todes schienen damals so natürlich und unveränderlich wie sie für uns heute erstaunlich sind, und wir haben keine Möglichkeit, uns der alten Geschichte zu nähern, ohne ein Verständnis davon zu entwickeln, was die demographischen Bedingungen waren und wie sie das Leben durch-

---

[1] Das vorliegende Kapitel ist eine inhaltlich geringfügig überarbeitete und mit neueren Literaturnachweisen ergänzte Übersetzung von *Scheidel, W.*, Population and Demography, in: *Erskine, A. (Hg.)*, A Companion to Ancient History. Malden 2009, 234–245.

drangen. Das ist die wahre Herausforderung der Demographie. In diesem kurzen Kapitel kann allerdings nicht mehr geleistet werden, als einen knappen Überblick über die jüngsten Fortschritte, die bleibenden Probleme, die wichtigsten Streitpunkte und die historische Bedeutung der demographischen Forschung zur griechisch-römischen Antike zu geben.

II Krankheit und Tod

Dank der Fortschritte im modernen Gesundheitswesen, in Medizin und Ernährung liegt die durchschnittliche Lebenserwartung bei der Geburt heute in einer Vielzahl von Ländern bei über 80 Jahren und hat für die globale Bevölkerung insgesamt etwas über 70 Jahre erreicht. Dies ist ein dramatischer Fortschritt selbst gegenüber der jüngeren Geschichte. In Teilen Frankreichs im 18. Jahrhundert, in Spanien und Russland im 19. und in Indien und China zu Beginn des 20. Jahrhunderts lag die durchschnittliche Lebenserwartung noch unter 30 Jahren. Dies lässt keinen Zweifel daran, dass die Lebenserwartung in antiken Gesellschaften ähnlich niedrig gewesen sein muss. Genaue Aussagen sind nicht möglich. Moderne Schätzungen orientieren sich an der Tatsache, dass bei einer Lebenserwartung von weniger als 20 Jahren selbst sehr fertile Bevölkerungen Schwierigkeiten gehabt haben müssen zu überleben, und dass Vergleichsmaterial eine allgemeine Lebenserwartung von wesentlich mehr als 30 Jahren ausschließt. Innerhalb dieser Spanne kann es beträchtliche Unterschiede gegeben haben, von einer besonders hohen Sterblichkeit in ungesunden Großstädten und malariaverseuchten Tieflandgebieten bis hin zu deutlich besseren Überlebenschancen in dünn besiedelten und gesunden Gebieten, insbesondere in höheren Lagen.

Empirische Daten sind nur in sehr geringem Maß vorhanden und von unterschiedlicher Qualität. Mehrere hundert Zensusdokumente aus den ersten drei Jahrhunderten n. Chr., die aus Ägypten auf Papyrus überliefert sind und die Mitglieder eines Haushalts, ihr Alter und ihren Familienstand auflisten, sind die besten demographischen Daten, die wir für das gesamte Altertum haben. Die Altersverteilung dieser Bevölkerungsdaten stimmt mit der geschätzten durchschnittlichen Lebenserwartung bei der Geburt von 20 bis 30 Jahren überein.[2] Menschliche Skelettreste wurden in großer Zahl ausgegraben, sind aber für die demographische Analyse nur von begrenztem Wert. Trotz anhaltender Debatten ist es nach wie vor schwierig, das genaue Alter der Knochen von Erwachsenen zu bestimmen.[3] Noch gravierender ist, dass wir nicht sagen können, ob die Altersstruktur, die ein Begräbniskontext widerspiegelt, mit derjenigen der lebenden Bevölkerung übereinstimmt oder durch Bestattungsgewohnheiten

---

2 *Bagnall/Frier*, Demography.
3 *Sperduti, A. et al.*, Bones, Teeth, and History, in: *Scheidel, W.* (Hg.), Science of Roman History, 123–173, hier 128–133.

oder Migration verzerrt wurde. Aufgrund der selektiven, nach Alter und Geschlecht unterschiedlichen Bestattungspraxis lassen die Zehntausende von Sterbedaten auf römischen Grabsteinen keine Rückschlüsse auf allgemeine Lebenserwartungen zu.[4] Es ist fast unmöglich, soziale Unterschiede in der Sterblichkeit nachzuvollziehen: Wir wissen nur, dass die römischen Kaiser, die eines natürlichen Todes starben, und andere Angehörige von Eliten bei der Geburt eine durchschnittliche Lebenserwartung von etwa 25 Jahren hatten, was darauf schließen lässt, dass die Reichen und Mächtigen nicht damit rechnen konnten, wenn überhaupt, wesentlich länger zu leben als die allgemeine Bevölkerung.[5] Die Gesundheitsrisiken des städtischen Wohnens könnten dafür verantwortlich gewesen sein.

Angesichts unzureichender Quellen hat die althistorische Forschung seit langem Modell-Lebenszeittabellen verwendet, um eine bessere Vorstellung von der wahrscheinlichen Altersstruktur der antiken Bevölkerung zu erhalten.[6] Modelle für Umgebungen mit hoher Sterblichkeit werden durch algorithmische Extrapolation aus historisch bezeugten Bevölkerungsstrukturen abgeleitet.[7] Leider erfordert diese Methode zuverlässige Basisdaten, die nur für relativ rezente Bevölkerungen zur Verfügung stehen, die nämlich tödliche Krankheiten wie Pocken oder Pest, Malaria und Tuberkulose bereits überwinden konnten, welche in früheren Epochen verheerende Auswirkungen hatten und die Rekonstruktion von allgemeinen Altersstrukturen auf unkalkulierbare Weise verzerren.[8] Das wachsende Bewusstsein für dieses Problem hat dazu geführt, Modelle für eine hohe Sterblichkeit zu entwickeln, die solche Faktoren berücksichtigen und eine realistischere Annäherung an die antiken Verhältnisse möglich machen.[9] Dennoch muss immer ein breiter Spielraum für eine Vielzahl von Ungewissheiten eingeräumt werden. Aus all diesen Gründen scheint es unwahrscheinlich, dass unsere Kenntnisse über die Sterblichkeit in der Antike je über die grundlegendsten Merkmale hinausgehen werden. Zu diesen grundlegenden Einsichten gehört, dass die Kindersterblichkeit (d. h. im ersten Lebensjahr) sehr hoch, vielleicht um die 30 Prozent war; dass vielleicht die Hälfte aller Menschen starben, bevor sie alt genug waren, Kinder zu gebären oder zu zeugen; dass der Tod sowohl ein verbreitetes Phänomen der Kindheit als auch des Alters war; und dass die antiken Bevölkerungen daher sehr jung waren, ähnlich, wenn auch aus anderen Gründen, wie die der heutigen Länder des globalen Südens.

Gleichzeitig sind zwei Forschungsbereiche besonders vielversprechend: die Erforschung der Ursachen der Sterblichkeit und das Verständnis ihrer historischen Auswirkungen. Die antike Demographie und die Medizingeschichte, die lange zwei getrennte

---

4 *Parkin*, Demography, 5–48; *Scheidel*, Epigraphy, 118–119.
5 *Scheidel*, Emperors.
6 *Hopkins*, Probable Age Structure; *Hansen*, Demography; *Parkin*, Demography; *Frier*, Demography.
7 *Coale, A. J./Demeny, P.*, Regional Model Life Tables and Stable Populations. 2. Aufl. New York 1983.
8 *Scheidel*, Roman Age Structure.
9 *Woods*, Mortality.

Bereiche waren, beginnen endlich interdisziplinär zusammenzuarbeiten. Anhand der in antiken Nachrufen festgehaltenen Sterbedaten lässt sich z. B. die saisonale Verteilung der Sterblichkeit rekonstruieren. Dies kann auf zugrundeliegende Todesursachen hinweisen, insbesondere auf Infektionskrankheiten, die in der Regel saisonal auftreten. So konnte dieser Ansatz neue Erkenntnisse über das Krankheitsumfeld in Rom, Italien, Nordafrika und Ägypten liefern.[10] Dank umfangreicher literarischer Belege für das Auftreten von Malaria und ihrer Auswirkungen in Italien von der Antike bis in die jüngste Vergangenheit ist es möglich, die demographischen Veränderungen auf der Apenninenhalbinsel zu erklären.[11] Die DNA, die aus antiken Skeletten gewonnen werden kann, liefert heute naturwissenschaftliche Beweise für die Häufigkeit dieser Krankheit.[12] Zudem wurden epidemiologische Computersimulationen durchgeführt, um die demographischen Auswirkungen der sogenannten Antoninischen Pest zu modellieren, die sich im späten 2. Jahrhundert n. Chr. in der römischen Welt ausbreitete.[13] Beeindruckend ist, dass genetische Daten das Ausmaß der Pestpandemie im 6. bis 8. Jahrhundert n. Chr. tatsächlich zu erfassen helfen.[14] Fortschritte der Forschung in diese Richtung werden davon abhängen, wie gut die transdisziplinäre Zusammenarbeit zwischen Althistorikern/-innen und Naturwissenschaftlern/-innen in der Zukunft funktionieren wird.[15]

Wir müssen aber auch die vielfältigen Folgen einer hohen und unvorhersehbaren Sterblichkeit in den Blick nehmen: die Schwächung von Familien, die Allgegenwart von Witwen und Waisen,[16] die Zurückhaltung gegenüber großen Investitionen in die Bildung von Jugendlichen,[17] die wirtschaftlichen Auswirkungen von Epidemien,[18] die Fragilität von Tauschnetzwerken, die Handelsgeschäften zugrunde lagen, und ganz allgemein die Reaktionen sozialer, kultureller und religiöser Art auf die allgegenwärtigen Risiken und häufigen Verluste von Menschen und Familienangehörigen. Hierfür bieten selbst die gröbsten Modelle antiker Sterblichkeit Annäherungen an die demographi-

---

10 *Shaw*, Seasons; *Scheidel*, Death; ders., Germs; *Harper*, Time to Die.
11 *Sallares*, Malaria.
12 *Marciniak, S. et al.*, Plasmodium Falciparum Malaria in 1st–2nd Century CE Southern Italy, in: Current Biology, 26, 2016, R1220.
13 *Zelener, Y.*, Smallpox and the Disintegration of the Roman Economy after 165 A. D. Diss. phil. Columbia University 2003.
14 *Keller, M. et al.*, Ancient Yersinia Pestis Genomes from across Western Europe Reveal Early Diversification during the First Pandemic (541–750), in: Proceedings of the National Academy of Sciences, 116, 2019, 12363–12372; *Sarris, P.*, New Approaches to the 'Plague of Justinian', in: Past and Present, 254/1, 2022, 315–346.
15 *Scheidel*, Science.
16 *Hübner, S. R./Ratzan, D. M. (Hgg.)*, Growing Up Fatherless in Antiquity. Cambridge 2009.
17 *Saller*, Human Capital.
18 *Scheidel, W.*, Roman Wellbeing and the Economic Consequences of the Antonine Plague, in: *Lo Cascio, E. (Hg.)*, L'impatto della "peste Antonina." Bari 2012, 265–295; *Harper, K.*, People, Plagues, and Prices in the Roman World: The Evidence from Egypt, in: Journal of Economic History, 76, 2016, 803–839.

schen Bedingungen, die diese Reaktionen erklären. Vergleichendes Quellenmaterial aus der jüngeren Vergangenheit, in der die Menschen von ähnlichen Erfahrungen geprägt waren, ist reichlich vorhanden, wird aber von der Altertumswissenschaftlichen Forschung noch weitgehend vernachlässigt. Die antike Sozial-, Wirtschafts- und Kulturgeschichte kann nur davon profitieren, wenn sie besser versteht, wie sehr die hohe Sterblichkeit und Krankheitserfahrung alle Aspekte des antiken Lebens prägten.

III Fortpflanzung und Geburtenkontrolle

Hohe Sterblichkeitsraten implizieren logischerweise eine hohe Fertilität. Eine durchschnittliche Lebenserwartung bei der Geburt von 25 Jahren zwingt beispielsweise jede Frau, die bis zur Menopause überlebt, durchschnittlich fünf Kinder zu gebären, um die bestehenden Bevölkerungszahlen zu erhalten. Die entsprechende Rate war bei verheirateten Frauen noch höher: Eine Rekonstruktion geht von einem Lebenszeitmittelwert von 8,4 Geburten für verheiratete Frauen im römischen Ägypten aus.[19] Selbst wenn man kurzfristige Schwankungen berücksichtigt, muss das Gleichgewicht zwischen Geburten und Sterbefällen auf lange Sicht recht stabil gewesen sein: Selbst ein scheinbar moderates Nettodefizit von einer Geburt pro Frau (z. B. 4 statt 5) hätte die Bevölkerung, zu der sie gehörte, innerhalb von drei Generationen halbiert, während ein Nettoüberschuss von einer Geburt pro Frau zu einer Verdoppelung der Bevölkerung geführt hätte. Beides ist nicht zu erwarten. Gleichzeitig wurde selbst eine hohe Fruchtbarkeit durch eine Reihe von Reproduktionsstrategien kontrolliert. Das moderne Konzept der Familienplanung (definiert als die bewusste Einstellung der Fortpflanzung aufgrund der Anzahl oder dem Geschlecht der vorhandenen Kinder) lässt sich zwar nicht auf frühe Gesellschaften übertragen, doch gab es verschiedene Formen der Fruchtbarkeits- bzw. Geburtenkontrolle, die in unterschiedlichem Maß eingesetzt wurden.[20] Historisch gesehen waren das Alter der Frau bei der ersten Heirat und die Häufigkeit von Eheschließungen und Wiederverheiratungen von Frauen entscheidende Faktoren für das Fruchtbarkeitsniveau. Zu den Mitteln der Geburtenkontrolle innerhalb von Ehe gehören die Abstände zwischen den Geburten durch laktatorische Amenorrhoe (d. h. vorübergehende Unfruchtbarkeit durch Stillen) oder Enthaltsamkeit, chemische Verhütungsmittel und invasive Formen des Eingriffs wie Abtreibung, Aussetzung, „gutartige Vernachlässigung" und regelrechte Kindstötung.

Manipulationen des Heiratsalters oder der Heiratshäufigkeit können zwar wichtig gewesen sein, sind aber in den Quellen nicht nachgewiesen. Dagegen ist die Geburtenkontrolle innerhalb der Ehe zumindest grob erkennbar: Die ägyptischen Zeugnisse

---

[19] *Frier*, Demography, 801.
[20] *Eyben*, Family Planning.

von Volkszählungen zeigen mehrjährige Abstände zwischen den Geburten, die durch kulturelle Praktiken bestimmt worden sein müssen.[21] Einige der in der antiken Literatur diskutierten Verhütungs- und Abtreibungsmittel mögen tatsächlich wirksam gewesen sein,[22] doch können wir nicht sagen, ob verheiratete Paare zu derartig riskanten Mitteln griffen oder ob sie überhaupt weniger Kinder haben wollten. Im Großen und Ganzen sind die antiken Befürchtungen über eine absichtlich niedrige Geburtenrate bestenfalls als moralisierende Rhetorik zu verstehen.[23] Es gibt keine Anzeichen dafür, dass antike Bevölkerungen jenseits der Abnahme verfügbarer Ressourcen schrumpften. Vergleichende Studien deuten darauf hin, dass Eliten die Familiengröße am ehesten begrenzten, um ihre Ländereien und den damit verbundenen Status zu erhalten.[24] Römische Kaiser haben sich nachweislich auf dem Niveau der einfachen Reproduktionsrate fortgepflanzt, aber die Frage, wie repräsentativ dieses Beispiel ist, ist schwer zu klären.[25] Am anderen Ende des sozialen Spektrums ist die Reproduktionsleistung von Sklaven empirisch nicht rekonstruierbar.[26] Aussetzung reduzierte zwar die Größe einzelner Familien, senkte aber nicht notwendigerweise die Gesamtfortpflanzungsrate, da einige Babys aufgegriffen und als Sklaven aufgezogen wurden.[27] Wie verbreitet diese Praxis war, ist unklar, sie könnte aber beträchtlich gewesen sein.[28] Insgesamt ist das Potenzial postnataler Eingriffe zur Verringerung des Bevölkerungsdrucks eine große Unbekannte in der antiken Demographie.

Geschlechterselektion ist ein mit dieser Problematik verwandtes Problem. Es ist bekannt, dass auch heute noch Femizidpraktiken vor allem in Teilen Süd- und Ostasiens zu einem unausgewogenen Geschlechterverhältnis führen. Anthropologische Belege für derartige Geschlechterselektion sind nicht selten: Einige Wissenschaftler haben Aufzeichnungen über ein ungleiches Geschlechterverhältnis bei Männern herangezogen, um zu argumentieren, dass Ähnliches auch in der Antike praktiziert worden sein könnte, insbesondere im klassischen Griechenland.[29] In der Regel lässt sich jedoch

---

21 *Frier, B. W.*, Natural Fertility and Family Limitation in Roman Marriage, in: Classical Philology, 90, 1994, 318–333.
22 *Riddle, J. M.*, Contraception and Abortion from the Ancient World to the Renaissance. Cambridge 1992; ders., Eve's Herbs: A History of Contraception and Abortion in the West. Cambridge 1997.
23 *Scheidel*, Roman Age Structure.
24 *Caldwell, J. C.*, Fertility Control in the Classical World: Was there an Ancient Fertility Transition? in: Journal of Population Research, 21, 2004, 1–17.
25 *Scheidel*, Emperors.
26 *Scheidel*, Human Mobility.
27 *Boswell, J.*, The Kindness of Strangers: The Abandonment of Children in Western Europe from Late Antiquity to the Renaissance. New York 1990.
28 *Harris, W. V.*, Child-Exposure in the Roman Empire, in: JRS, 84, 1994, 1–22; *Tuor-Kurth, C.*, Kindesaussetzung und Moral in der Antike: Jüdische und christliche Kritik am Nichtaufziehen und Töten neugeborener Kinder. Göttingen 2010.
29 *Pomeroy, S. B.*, Infanticide in Hellenistic Greece, in: *Cameron, A./Kuhrt, A. (Hgg.)*, Images of Women in Antiquity. London/Sydney 1983, 207–202; *Brulé, P.*, Infanticide et abandon d'enfants: Prâtiques grecques et comparisons anthropologiques, in: Dialogues d'Histoire Ancienne, 18, 1992, 53–90.

nicht feststellen, ob Geschlechterungleichgewichte auf tatsächliche Femizide oder lediglich auf eine diskriminierende Untererfassung von Frauen und Mädchen in einem Haushalt zurückzuführen sind. Wenn es tatsächlich zu Femizid kam, könnte er außerdem darauf abgezielt haben, die männliche Übersterblichkeit in gewaltsamen Konflikten auszugleichen. Derartige Strategien, dem Männerschwund entgegenzuwirken, sind in einigen Stammeskulturen beobachtet worden.[30] Letztendlich ist denkbar, dass postnatale Eingriffe zum Zwecke der Fruchtbarkeitskontrolle oder der Geschlechtswahl ein wichtiger Faktor für die sozialen Beziehungen und sogar die wirtschaftliche Entwicklung waren, aber es ist fast unmöglich, dies zu belegen. Diese Probleme geben ein eindrückliches Beispiel dafür, welche Rolle die Demographie spielte, ohne dass wir sie tatsächlich empirisch erforschen können.

IV Ehe, Familie und Haushaltsstrukturen

Die demographische Erforschung antiker Familienstrukturen konzentriert sich auf quantifizierbare Merkmale wie Heiratsalter und Haushaltsstruktur, will sie über impressionistische Darstellungen in den literarischen Quellen hinausgehen. Im Allgemeinen, und in Übereinstimmung mit der späteren mediterranen Praxis, scheint eine frühe Heirat für Frauen und eine späte Heirat für Männer üblich gewesen zu sein. Wie andere Eliten in der Geschichte gingen auch die römischen Aristokraten ihre Ehen in ungewöhnlich jungem Alter ein, Frauen im frühen bis mittleren Teenageralter und Männer in den späten Teens.[31] Was in Familien, die nicht der Elite angehörten, üblich war, kann nur aus indirekten Zeugnissen abgeleitet werden, zum Beispiel indem man Nachrufe auf Grabsteinen (Epitaphien) als Quelle heranzieht. So wird das Alter, in dem Ehepartner und nicht mehr Eltern als diejenigen auftreten, die einen Nachruf auf einen verstobenen jungen Mann oder eine junge Frau schrieben, als das Alter bei der ersten Heirat angesehen. Bei dieser Methode ergibt sich ein erheblicher Unterschied zwischen dem mittleren Heiratsalter von Frauen und Männern von etwa 20 bzw. 30 Jahren.[32] Da sich die verfügbaren Daten jedoch weitgehend auf das städtische Umfeld und die ersten Jahrhunderte n. Chr. beschränken, stellt sich die Frage nach der Heiratspraxis auf dem Land – wo Männer möglicherweise früher heirateten (wie beispielsweise in der spätmittelalterlichen Toskana) – und nach den Bedingungen im republikanischen Italien. Letzteres ist besonders bedauerlich, weil unser Verständnis der sozialen Auswirkungen der römischen Masseneinberufung junger Männer entscheidend vom Durchschnittsalter der ersten Eheschließung abhängt.[33] Wenn

---

[30] *Scheidel*, Greco-Roman Sex Ratios.
[31] *Lelis/Percy/Verstraete*, Age of Marriage.
[32] Basierend auf Untersuchungen des Römischen Reichs im Westen: *Shaw*, Age of Roman Girls; *Saller*, Patriarchy, 25–41.
[33] *Rosenstein, N.*, Rome at War: Farms, Families, and Death in the Middle Republic. Chapel Hill 2004.

die Rekruten bereits Ehefrauen und Kinder hatten, könnte sich ihre Abwesenheit störender ausgewirkt haben als im Fall einer späteren Heirat. Das derzeitige Modell der späten Heirat von Männern täuscht über große Lücken in unserem Wissen hinweg, ist aber das Beste, was wir rekonstruieren können.[34] Im Vergleich dazu weisen die römisch-ägyptischen Volkszählungen auf einen etwas geringeren Unterschied hin, wobei die erste Heirat bei Frauen oft in den späten Teenagerjahren und bei Männern in den frühen Zwanzigern stattfand.[35]

Aus denselben Quellen lässt sich auch die Zusammensetzung der Kleinfamilienhaushalte und der komplexeren Haushalte in dieser Provinz ablesen. Weit über die Hälfte aller erfassten Personen gehörten Großfamilien oder Mehrpersonenhaushalten an.[36] Datenproben aus dem ptolemäischen Ägypten zeichnen ein weitgehend ähnliches Bild.[37] Während die griechischen Belege spärlich sind,[38] lassen sich die römischen Verhältnisse wiederum aus Grabinschriften ableiten. Da die meisten verstorbenen freien Bürger von Mitgliedern einer Kernfamilie (Ehegatten oder Kindern) beigesetzt wurden, dürften Ein-Paar-Haushalte üblich gewesen sein.[39] Aufgrund der städtischen Prägung der Dokumente besteht jedoch die Möglichkeit, dass die Haushalte auf dem Land komplexer waren, wie es im römischen Ägypten der Fall war. Komplexe Haushalte sind auch aus anderen östlichen Provinzen des Römischen Reiches bekannt.[40] Insgesamt ist das Bild oft weniger klar, als wir denken.[41] Dies ist ein ernsthaftes Problem. Die Haushaltszusammensetzung ist wichtig, da sie mit dem Grad der Autonomie von Ehepaaren – die sich selbstständig machen konnten („Neolokalität") oder aber in Großfamilien eingebettet blieben – sowie mit der Wirtschaftsleistung zusammenhängt. Großfamilien bieten einen besseren Schutz gegen Risiken, führen aber auch zu höherer Fruchtbarkeit, die den Lebensstandard senken kann. Neolokalität kann es Witwen und Waisen schwerer machen, ökonomisch zurechtzukommen.

Diese weiterreichenden Auswirkungen antiker Heiratsmuster und Haushaltsstrukturen haben es schließlich erreicht, die Aufmerksamkeit der Altertumswissenschaft auf sich zu ziehen. Je später Männer heirateten, desto größer war die Wahrscheinlichkeit, dass ihre Frauen verwitwet wurden und ihre Kinder vaterlos aufwuchsen.[42] In der römischen Gesellschaft schränkte die männliche Sterblichkeit das tatsächliche Aus-

---

34 *Scheidel*, Funerary Commemoration.
35 *Bagnall/Frier*, Demography Egypt, 111–118.
36 *Bagnall/Frier*, Demography Egypt, 57–74.
37 *Clarysse, W./Thompson, D. J.*, Counting the People in Hellenistic Egypt. Bd. 2: Historical Studies. 2. Aufl. Cambridge 2009, 246–260.
38 *Pomeroy*, Families.
39 *Saller/Shaw*, Tombstones.
40 *Martin, D. B.*, The Construction of the Ancient Family: Methodological Considerations, in: JRS, 86, 1996, 41–60; *Sadurska, A./Bounni, A.*, Les sculptures funéraires de Palmyre. Rom 1994.
41 *Huebner*, Household Composition.
42 *Krause, J.-U.*, Witwen und Waisen im römischen Reich. 4 Bde. Stuttgart 1995–95; *Huebner/Ratzan*, Fatherless.

maß der *patria potestas* (der weitgehend absoluten Autorität eines Vaters über seinen Haushalt) stark ein.[43] Die Scheidung, die im Allgemeinen leichter möglich war als in der jüngeren Vergangenheit Europas, hätte die Instabilität der Familien noch verstärkt. Alles in allem ergibt sich ein Bild, das viel mit den modernen Bedingungen von Fluidität und hybriden Rekonfigurationen von Ehebeziehungen gemeinsam hat: Stiefelternschaft und Adoption von Verwandten waren üblich und schufen komplexe Arrangements, die am besten für die Eliten dokumentiert sind[44] aber wahrscheinlich in allen Teilen der Bevölkerung vorkamen.[45] Stereotype Ideologien eines antiken Patriarchats lassen sich nur schwer mit den demographischen Realitäten vereinbaren.

Das wohl auffälligste Merkmal der griechisch-römischen Ehe hat in der Forschung erstaunlicherweise kaum Aufmerksamkeit erregt: die Tatsache, dass Griechen (nach der Zeit Homers) und Römer unabhängig von ihrem sozioökonomischen Status strikt monogam waren, genau wie ihre modernen Erben im Westen, aber anders als die meisten anderen frühen Gesellschaften. Während unsere eigenen Erfahrungen uns dazu verleiten könnten, dies als selbstverständlich anzusehen, müssen wir uns fragen, warum dieses Prinzip so fest verankert werden konnte, selbst unter den (üblicherweise polygynen) Eliten. Das egalitäre Ethos der Polis mag eine plausible Erklärung für das normative Prinzip der Monogamie bieten. Wir müssen uns aber auch fragen, wie es mit der faktischen Polygynie vereinbar war, die allerorts üblich und akzeptiert war und die durch mehr oder weniger erzwungenen Geschlechtsverkehr mit Sklavinnen noch erleichtert wurde.[46] Wie konnte sie sich schließlich in der christlichen Doktrin durchsetzen, die den römischen Staat überlebte und das Fortbestehen sowie die Verbreitung der Monogamie in der späteren europäischen (und weltweiten) Geschichte sicherte?

V Bevölkerungszahlen

Fragen der Größe stehen seit langem im Mittelpunkt der Erforschung der antiken Bevölkerung und reichen mindestens bis zu David Hume im 18. Jahrhundert zurück.[47] Nachdem sich in den 1980er und 1990er Jahren der Schwerpunkt vom Thema der Bevölkerungsgröße auf Fragen der Bevölkerungsstruktur verlagert hatte, erlebten die Kontroversen über die Bevölkerungszahl ein Comeback und zwangen die Forschung, grundlegende Annahmen über den Charakter antiker Gesellschaften neu zu überdenken. Studien zu bestimmten Orten oder Bevölkerungsgruppen können uns nur bis zu

---

43 *Saller*, Patriarchy.
44 *Bradley, K. R.*, Discovering the Roman Family. New York/Oxford 1991.
45 *Huebner*, Family.
46 *Scheidel, W.*, A Peculiar Institution? Greco-Roman Monogamy in Global Context, in: History of the Family, 14, 2009, 280–291.
47 *Hume*, Of the Populousness of Ancient Nations (1752).

einem gewissen Punkt weiterbringen, da sie zunehmend nichts Neues zu sagen haben. Dies gilt nicht zuletzt für akademische Dauerbrenner, wie die Debatten über die Einwohnerzahlen des klassischen Athen bzw. Attika und der kaiserzeitlichen Stadt Rom.

Die Schlüsselfrage für Athen ist, ob, wann und in welchem Ausmaß seine Bevölkerung die lokale Nahrungsmittelproduktion überstieg und von Getreideimporten auf dem Seeweg abhängig war – eine Frage, die nicht nur von antiquarischem Interesse ist, da sie unser Verständnis der treibenden Kräfte hinter politischen und militärischen Entwicklungen prägt.[48] Die Abhängigkeit Roms von Nahrungsmittelimporten stand dagegen nie in Frage. Hier besteht das Hauptproblem darin, die enorme Bevölkerungszahl, die sich aus der Zahl der Getreideempfänger ergibt, mit der begrenzten Wohnfläche innerhalb der Stadtgrenzen Roms in Einklang zu bringen. Eine Gesamtzahl von bis zu einer Million Einwohnern würde eine extrem hohe – wenn auch vielleicht nicht unmögliche – Siedlungsdichte bedeuten.[49] Vieles hängt von der Frage ab, ob das Suburbium (Wohngebiete am Rand der Stadt) demographisch in den Stadtkern integriert war.[50]

Versuche, die Größe sozialer Gruppen zu bestimmen, stoßen auf noch größere Probleme. So sind Fragen nach der Zahl der Sklaven in Attika oder im römischen Italien, um nur zwei der prominentesten Beispiele zu nennen, letztlich unbeantwortbar und können nur auf der Grundlage probabilistischer Modellierungen der Nachfrage nach Arbeitskräftebedarf beantwortet werden, die völlig willkürlichen Vermutungen gewisse Grenzen setzen.[51] Ähnliche Probleme stellen sich bei der demographischen Untersuchung religiöser Gruppen wie Juden oder früher Christen im Römischen Imperium.[52]

Die Komplikationen all dieser Debatten werden jedoch von jenen über die Gesamtbevölkerung der Kernregionen der antiken Mittelmeerwelt in den Schatten gestellt. Ein umfassender Überblick über alle Belege für die Größe der griechischen Poleis hat zu einer Korrektur der geschätzten Gesamtgröße der griechisch-sprachigen Bevölkerung geführt. Wir können möglicherweise mit etwa sieben bis neun Millionen Menschen rechnen, einschließlich assimilierter Einheimischer, ansässiger nicht-Griechen und Sklaven.[53] Nach einigen Lesarten waren Teile des klassischen Griechenlands

---

48 *Garnsey, P.*, Cities, Peasants and Food in Classical Antiquity: Essays in Social and Economic History. Hrsg. v. Scheidel, W. Cambridge 1998.
49 *Lo Cascio, E.*, Le procedure di recensus dalla tarda repubblica al tardo antico e il calcolo della popolazione di Roma, in: La Rome impériale: démographie et logistique. (Publications de l'École française de Rome, Bd. 230) Rom 1997, 3–76; *Storey*, Population.
50 *Witcher, R.*, The Extended Metropolis: Urbs, Suburbium and Population, in: JRA, 18, 2005, 120–138.
51 *Scheidel*, Human Mobility.
52 *Wasserstein, A.*, The Number and Provenance of Jews in Graeco-Roman Antiquity: A Note on Population Statistics, in: *Katzoff, R. (Hg.)*, Classical Studies in Honor of David Sohlberg. Ramat Gan 1996, 307–317; *Hopkins, K.*, Christian Number and its Implications, in: Journal of Early Christian Studies, 6, 1998, 185–226.
53 *Hansen*, Shotgun Method.

wie Böotien oder Ägina sogar dichter besiedelt als diese Orte bis zum zwanzigsten Jahrhundert. Diese Beobachtungen werfen tiefgreifende Fragen zum Ausmaß des griechischen Bevölkerungswachstums zwischen dem Bevölkerungstiefpunkt der Frühen Eisenzeit um 1000 v. Chr. und der klassischen Epoche 500 Jahre später auf.[54] Ebenso erfordern sie, das demographische Gewicht der Griechen gegenüber ihren Kriegsgegnern (obwohl beispielsweise die Bevölkerungsgröße des Perserreiches ebenfalls unklar ist[55]) und vor allem ihre wirtschaftliche Leistungsfähigkeit zu überdenken. Wenn die griechische Bevölkerung der archaischen und klassischen Periode vergleichsweise groß war und durch den Import zahlreicher Sklaven das natürliche Wachstum noch verstärkt wurde, aber dennoch eine erhebliche Steigerung des Lebensstandards möglich war, muss die wirtschaftliche Leistung für vormoderne Verhältnisse ungewöhnlich hoch gewesen sein.[56] Dies wiederum würde es erforderlich machen, die seit langem geführten Debatten über das Wesen der antiken Wirtschaft wieder aufzugreifen (s. Kap. 1 und 2).

Die Größe der römischen Bevölkerung ist ein noch größeres Fragezeichen. Während die Zahl der römischen Bürger – und damit die Bevölkerung Italiens insgesamt – dank einer Reihe von überlieferten Volkszählungen, die sich von der frühen Republik bis ins 1. Jahrhundert n. Chr. erstrecken, ungewöhnlich gut dokumentiert zu sein scheint, schaffen diese Aufzeichnungen bei näherer Betrachtung mehr Probleme als sie lösen. Die literarisch überlieferten Zahlen steigen im 2. Jahrhundert v. Chr. leicht an, verzehnfachen sich zwischen 114 und 28 v. Chr. (von ca. 400.000 auf 4 Millionen), bevor sie wieder deutlich langsamer auf 5 Millionen im Jahr 14 n. Chr. und 6 Millionen im Jahr 47 n. Chr. ansteigen.[57] Da dies unmöglich als normale demographische Entwicklung interpretiert werden kann, müssen wir zwischen zwei Möglichkeiten wählen, diese Zahlen zu interpretieren. Die so genannte „niedrige Zählung" („low count") geht davon aus, dass sich die republikanischen Zählungen auf erwachsene Männer beziehen und im Großen und Ganzen korrekt sind. Die späteren Zählungen sind deshalb so viel höher, weil ein nicht dokumentierter Übergang zur Registrierung aller Männer, Frauen und Kinder mit Bürgerstatus stattgefunden hatte. Auf diese Weise ließe sich der scheinbare Anstieg um das Zehnfache als eine Verdreifachung oder bestenfalls Vervierfachung der Bürgerschaft interpretieren, die durch die Verleihung des Bürgerrechts an die italienischen Verbündeten und die Bewohner Norditaliens und die beginnende Ausbreitung der Staatsbürgerschaft auf die Provinzen verursacht wurde.[58] Die „hohe Zählung" („high count") hingegen postuliert eine unveränderte Erfassung der Bevölkerungszahlen, geht aber davon aus, dass die republikanischen

---

54 *Scheidel*, Greek Demographic Expansion.
55 *Aperghis*, G. G., The Seleukid Royal Economy: The Finances and Financial Administration of the Seleukid Empire. Cambridge 2004, 35–58.
56 *Morris*, Economic Growth; *Ober*, Wealthy Hellas.
57 Zur Überlieferung dieser Zahlen: *von Reden*, S., Antike Wirtschaft. Enzyklopädie der griechisch-römischen Antike. Berlin 2015, 17–18; 115–116.
58 *Scheidel*, Human Mobility; *Beloch*, Bevölkerung; *Brunt*, Italian Manpower; *de Ligt*, Peasants.

Zählungen zunehmend fehlerhaft wurden und daher ein viel stärkeres Bevölkerungswachstum unterschlagen. In diesem Szenario entsprechen 4 bis 6 Millionen erwachsene männliche Bürger (oder sogar mehr, wenn man eine gewisse Untererfassung berücksichtigt) einer Bevölkerung im römischen Italien von 15 bis 20 Millionen, einschließlich Frauen, Kindern, Fremden und Sklaven.[59] Dies wiederum impliziert eine regionale Bevölkerungsdichte, die erst im neunzehnten Jahrhundert wieder erreicht wurde.

Beide Interpretationen sind bedenklich.[60] So setzt der „low count" ein hohes Maß an militärischer Mobilisierung der Bevölkerung in der republikanischen Zeit,[61] ein hohes Maß an Verstädterung und Vorrang der Großstädte sowie ein hohes Maß an allgemeiner Mobilität[62] voraus. Ferner bedeutet er, dass die römischen Bevölkerungszahlen hinter denen des Hochmittelalters zurückblieben.[63] Der „high count" hingegen macht das römische Italien nach vormodernen Maßstäben außergewöhnlich dicht bevölkert. Er erfordert die Annahme eines massiven demographischen Zusammenbruchs am Ende der frühen Kaiserzeit und wirft die Frage auf, warum die Römer Millionen von Sklaven in einer Zeit importierten, in der die einheimische Bevölkerung rapide anstieg und schwere Bürgerkonflikte über den Zugang zu Land und Arbeit entbrannt waren. Und warum verschwanden diese Konflikte in der Folge, während die Bevölkerung weiterhin wuchs? Ein „Zwischenszenario", das auf einer Neubewertung der überlieferten Zahlen beruht und die Bevölkerung des republikanischen Italiens zwischen dem high und dem low count ansiedelt, scheint hier ein vielversprechender Weg aus der Sackgasse.[64]

Vielleicht am wichtigsten ist, dass diese Debatte auch Probleme bezüglich der Größe der Bevölkerung im Imperium Romanum insgesamt aufwirft. Während der „low count" in Italien auf 60 bis 70 Millionen kaiserliche Untertanen insgesamt schließen lässt (vergleichbar mit dem zeitgleichen und ähnlich großen Han-Reich in China), von denen sich etwa ein Zehntel in Italien selbst befand, legt der „high count" nahe, dass entweder das kaiserzeitliche Kernland im Verhältnis zu seinen Provinzen massiv überbevölkert war oder das gesamte Reich mit ca. 100 Millionen Einwohnern viel bevölkerungsreicher war als gemeinhin angenommen. Es kommt für diese Berechnungen erschwerend hinzu, dass eine unabhängige Betrachtung der Bevölkerungsgröße der Provinzen außerhalb Ägyptens kaum durchführbar ist und selbst für diese Provinz keine eindeutigen Ergebnisse liefert.[65] Doch wenn man sich an den Erfahrungen der alten Griechen orientiert, ist ein „übergroßes" Reich keineswegs unmöglich.

---

59 *Frank*, Roman Census; *Lo Cascio*, Size; *Morley*, Transformation; *Lo Cascio/Malanima*, Cycles and Stability; *Kron*, Anthropometry.
60 *Scheidel*, Population Size.
61 *Lo Cascio*, Recruitment.
62 *Scheidel*, Human Mobility.
63 *Kron*, Anthropometry.
64 *Hin*, Demography.
65 *Scheidel*, Death, 181–250.

Es ist weitgehend unbestritten, dass die asiatischen und afrikanischen Teile des Römischen Imperium erst im 19. Jahrhundert wieder die römische Bevölkerungsdichte erreichten. Darüber hinaus zwingen uns neuere Arbeiten über die Größe von Städten dazu, zwischen der Annahme eines extrem hohen Urbanisierungsgrad in einem Imperium mit 60–70 Millionen Einwohnern und einer moderateren Urbanisierung in einem etwas bevölkerungsreicheren imperialen Staat zu wählen.[66]

Wie bei den griechischen Poleis könnten wir die Wirtschaftsleistung in der Antike besser mit den Verhältnissen im Mittelalter und in der frühen Neuzeit vergleichen, wenn wir mehr Gewissheit über ihre Bevölkerungsgröße und -struktur hätten.[67] Archäologische Daten leisten einen wichtigen Beitrag: Feldforschungen erhellen Formen der Landnutzung in verschiedenen Epochen,[68] während paläoanthropologische Indikatoren für Wohlbefinden, wie etwa Körpergröße und Ernährungsgewohnheiten, auch Phasen von Ernährungsengpässen und damit erhöhten Bevölkerungsdruck widerspiegeln können.[69] Diese Fragen werden Althistoriker/-innen noch lange beschäftigen, zumal sie für unser Verständnis der antiken Wirtschaft von grundlegender Bedeutung sind. In welchem Maß waren die sehr unterschiedlichen antiken Staaten – die griechischen Stadtstaaten auf der einen Seite, das römische Imperium auf der anderen – in der Lage, wirtschaftliche Entwicklung zu fördern, wie viele Menschen konnten sie ernähren, und welche Strategien verfolgten sie in bestimmten demographischen Situationen?

VI Bevölkerungsverteilung und Mobilität

Die Aufteilung der antiken Bevölkerung zwischen Stadt und Land ist ein eng damit verbundenes Thema. Mehr als die meisten vormodernen Gesellschaften wurde die griechisch-römische Welt von Städten dominiert. Abgesehen von den alten Debatten über die wirtschaftlichen Grundlagen antiker Städte (waren sie „Konsumenten-" oder „Produzenten"-Städte?[70]) muss sich die demographische Forschung auf den Grad der Verstädterung und ihre sozialen und politischen Folgen konzentrieren. Zwar wird die Verstädterung in der Regel als Indikator für wirtschaftliche Entwicklung angesehen, doch lässt sich nicht genau sagen, inwieweit städtisches Wohnen auch tatsächlich mit nicht-landwirtschaftlichen Tätigkeiten verbunden war. Wenn viele Bauern in städtischen Siedlungen lebten, könnte ein hoher Verstädterungsgrad ein irreführendes Bild

---

66 *Hanson/Ortman*, Systematic Method.
67 Ein Versuch in *Bresson*, Ancient Greek Economy, 41–63.
68 S. Einleitung und Teil I in *Bowman/Wilson*, Settlement.
69 *Kron*, Anthropometry; *Jongman et al.*, Health and Wealth.
70 Dazu: *Whittaker, C. R.*, Do Theories of the Ancient City Matter?, in: Cornell, T. J./Lomas, H. K. (Hgg.), Urban Society in Roman Italy. London 1993, 1–20; *Erdkamp, P.*, Beyond the Limits of the 'Consumer City': A Model of the Urban and Rural Economy in the Roman World, in: Historia, 50, 2001, 332–356.

wirtschaftlichen Wachstums durch einen steigenden Kommerzialisierungsgrad vermitteln.[71] Wenn es stimmt, dass vielleicht die Hälfte aller Griechen in der klassischen Zeit in (meist sehr kleinen) Städten lebte,[72] würde uns dies viel über die Grundlagen bürgerlicher Identität, wenig aber über Arbeitsteilung oder landwirtschaftliche Produktivität sagen. Die Unterschiede zwischen Griechenland und dem römischen Italien auf der einen und dem römischen Ägypten auf der anderen Seite sind besonders aufschlussreich. Die meisten der etwa 1000 Poleis der klassischen griechischen Ägäis oder der über 400 Städte des römischen Italiens müssen zwangsläufig klein und eher agrarisch geprägt gewesen sein, während im römischen Ägypten etwa 50 Städte neben zahlreichen und manchmal sehr großen „Dörfern" existierten, die in Griechenland oder Italien durchaus als städtische Gemeinschaften eingestuft hätten werden können.[73] Die antike Verstädterung lässt sich nicht ohne weiteres in Kategorien einteilen und erschwert selbst innerhalb eines gewählten Zeitrahmens den Vergleich mit anderen Regionen, ganz zu schweigen von späteren Epochen. Die griechisch-römische Urbanisierung und der Urbanismus muss auf seine ganz eigene Art und Weise verstanden werden.[74]

Mehr noch als andere Bereiche der antiken Demographie leidet die Forschung zu Bevölkerungsbewegungen unter einem Mangel an quantifizierbaren Daten.[75] Qualitative Eindrücke reichen dabei nicht aus.[76] Selbst die Zuwanderung in die Stadt Rom ist nur unzureichend bekannt.[77] Mit parametrischen Modellen für vermeintlich plausible Wanderungsströme bewegen wir uns auf dünnem Eis: Meine Versuche, die griechische Kolonisation, die Migration aus und innerhalb des römischen Italiens und den römischen Sklavenhandel zu quantifizieren, mögen eine Vorstellung davon geben, was man von diesem Ansatz erwarten kann und was nicht.[78]

Zum Glück haben die Naturwissenschaften ganz neue und vielversprechende Daten erschlossen, die uns wichtige neue historische Informationen liefern. Für eine wachsende Zahl antiker Orte gibt die Analyse stabiler Isotope an menschlichen Knochen und Zähnen Aufschluss über die Mobilität von Menschen während ihrer gesamten Lebensspanne.[79] Die Untersuchung genetischer Eigenschaften heutiger Populationen lässt Rückschlüsse auf frühere Migrationsmuster zu.[80] So hat beispielsweise die Erforschung der mitochondrialen DNA und des Y-Chromosoms Aufschluss über die genetischen Auswirkungen der griechischen Migration nach Sizilien und Süditalien

---

71 *Bresson*, Ancient Greek Economy, 339–350.
72 *Hansen*, Shotgun Method.
73 *Tacoma*, Moving Romans, 37–68.
74 *Zuiderhoek, A.*, The Ancient City. Cambridge 2017.
75 *De Ligt/Tacoma*, Migration; *Lo Cascio/Tacoma*, Impact of Mobility.
76 *Horden/Purcell*, Corrupting Sea, 377–391.
77 *Tacoma*, Moving Romans.
78 *Scheidel*, Demographic Expansion; ders., Human Mobility; ders., Slave Population.
79 *Prowse*, Isotopes and Mobility.
80 *King/Underhill*, Modern DNA.

in der Antike gegeben.[81] Antike DNA aus menschlichen Überresten liefert zusätzliche Informationen.[82] So konnte nachgewiesen werden, dass die römische Kaiserzeit mit bedeutenden genetischen Einflüssen aus dem östlichen Mittelmeerraum in die Stadt Rom und ihr Umland einherging,[83] ein Phänomen, das wahrscheinlich mit dem massiven Sklavenhandel und anderen Formen des Bevölkerungstransfers zusammenhing. Zusammengenommen können diese wissenschaftlichen Methoden einen wichtigen und potenziell transformativen Beitrag zu unserem Verständnis antiker Bevölkerungsbewegungen leisten.

VII Ausblick

Seit den 1960er, vor allem aber seit den 1980er Jahren hat die antike Bevölkerungsgeschichte mit der Anwendung von Konzepten, Methoden und Fragestellungen aus der historischen Demographie der jüngeren Vergangenheit Fahrt aufgenommen. Dies hat dazu geführt, dass die antike Demographie heute in das interdisziplinäre Feld der allgemeinen Bevölkerungsgeschichte integriert werden kann und demographische Erkenntnisse späterer Epochen für die Antike fruchtbar gemacht werden können. Weitere Fortschritte sind aus synthetisierenden Untersuchungen archäologischen Materials und der Anwendung naturwissenschaftlicher Methoden aus der Anthropometrie und Genetik zu erwarten. Ziel muss es sein, die demographischen Regime der Antike besser zu verstehen und die kulturell und ökologisch spezifischen Konfigurationen demographischer Faktoren, die das Leben der Menschen bestimmten, für historische und auch wirtschaftshistorische Fragen nutzbar zu machen. Die Frage nach Veränderungen dieser Zusammenhänge im Zeitablauf ist dabei besonders wichtig. Es muss möglich werden, Demographie mit sozial-, wirtschafts-, kultur- und umwelthistorischen Fragen enger zu verbinden und uns damit einer integrativen „histoire totale" der antiken Welt einen Schritt näher zu bringen.

Leider wird dieses Ziel wohl nie erreicht werden. Vieles von dem, was wir über die antike Demographie wissen müssten, wird für immer unerforschbar bleiben, auch wenn die Bevölkerungsgeschichte anderer Epochen zeigt, wie zentral sie für das Verständnis historischer Prozesse ist. Allerdings ist das Potenzial für die Einbeziehung demographischer Konzepte und Methoden für die Erforschung der griechischen und römischen Wirtschaft noch keineswegs ausgeschöpft.[84] Abgesehen von einigen wenigen Forschungen zum Zusammenhang von demographischen und wirtschaftlichen

---

81 *Tofanelli et al.*, Greeks in the West.
82 *Tuross/Campana*, Ancient DNA.
83 *Antonio et al.*, Ancient Rome.
84 *Scheidel*, Demography.

Bedingungen im klassischen Athen[85] und im römisch-republikanischen Italien[86] sind die Fortschritte zur Zeit noch recht begrenzt.

Bibliographie

Akrigg, B., Population and Economy in Classical Athens. Cambridge 2019.
Antonio, M. L. et al., Ancient Rome: A Genetic Crossroads of Europe and the Mediterranean, in: Science, 366, 2019, 708–714.
Bagnall, R. S./Frier, B. W., The Demography of Roman Egypt. Cambridge 1994.
Beloch, J., Die Bevölkerung der griechisch-römischen Welt. Leipzig 1886.
Bowman, A./Wilson, A. (Hgg.), Settlement, Urbanization, and Population. Oxford 2011.
Bresson, A., The Making of the Ancient Greek Economy. Institutions, Markets, and Growth in the City States. Princeton 2016.
Brunt, P. A., Italian Manpower 225 B.C.–A.D. 14. 2. überarb. Aufl. Oxford 1987.
De Ligt, L., Peasants, Citizens and Soldiers: Studies in the Demographic History of Roman Italy 225 BC–AD 100. Cambridge 2012.
De Ligt, L./Tacoma, L. E. (Hgg.), Migration and Mobility in the Early Roman Empire. Leiden 2016.
Eyben, E., Family Planning in Graeco-Roman Antiquity, in: Ancient Society, 11/12, 1980–81, 5–82.
Finley, M. I., The Ancient Economy. Überarbeitete Neuauflage hrsgb. von Morris, I. Berkeley 1999.
Frank, T., Roman Census Statistics from 225 to 28 BC, in: Classical Philology, 19, 1924, 329–341.
Frier, B. W., The Demography of the Early Roman Empire, in: The Cambridge Ancient History, Bd. 11. 2. Aufl. Cambridge 2000, 787–816.
Hansen, M. H., Demography and Democracy: The Number of Athenian Citizens in the Fourth Century B. C. Herning 1985.
Hansen, M. H., The Shotgun Method: The Demography of the Ancient Greek City-State Culture. Columbia 2006.
Hanson, J. W./Ortman, S. G., A Systematic Method for Estimating the Populations of Greek and Roman Settlements, in: JRA, 30, 2017, 301–324.
Harper, K., A Time to Die: Preliminary Notes on Seasonal Mortality in Late Antique Rome, in: *Laes, C./ Mustakallio, K./Vuolanto, V. (Hgg.)*, Children and Family in Late Antiquity: Life, Death and Interaction. Leuven 2015, 15–34.
Hin, S., The Demography of Roman Italy: Population Dynamics in an Ancient Conquest Society 201 BCE–14 CE. Cambridge 2013.
Hin, S., Ancient Demography. Oxford Bibliographies. Oxford 2015. DOI: 10.1093/obo/9780195389661-0208.
Hopkins, K., On the Probable Age Structure of the Roman Population, in: Population Studies, 20, 1966, 245–264.
Horden, P./Purcell, N., The Corrupting Sea: A Study of Mediterranean History. Oxford/Malden 2000.
Huebner, S. R., Household Composition in the Ancient Mediterranean – What Do We Really Know?, in: *Rawson, B. (Hg.)*, A Companion to Families in the Greek and Roman Worlds. Malden 2011, 73–91.
Huebner, S. R., The Family in Roman Egypt: A Comparative Approach to Intergenerational Solidarity and Conflict. Cambridge 2013.
Huebner, S. R./Ratzan, D. M. (Hgg.), Missing Mothers: Maternal Absence in Antiquity. Leuven 2021.

---

85 *Akrigg*, Population; *Bresson*, Greek Economy.
86 *Scheidel*, Real Income Growth; *Hin*, Demography.

Hume, D., Of the Populousness of Ancient Nations (1752), in: Selected Essays hrsgb. v. Copley, S./Edgar, A. Oxford 1998, 223–274.
Jongman, W. et al., Health and Wealth in the Roman Empire, in: Economics and Human Biology, 34, 2019, 138–150.
King, R. J./Underhill, P. A., Modern DNA and the Ancient Mediterranean, in: *Scheidel, W. (Hg.)*, The Science of Roman History: Biology, Climate, and the Future of the Past. Princeton 2018, 224–248.
Kron, G., Anthropometry, Physical Anthropology, and the Reconstruction of Ancient Health, Nutrition, and Living Standards, in: Historia, 54, 2005, 68–83.
Kron, G., The Augustan Census Figures and the Population of Italy, in: Athenaeum, 93, 2005, 441–495.
Launaro, A., Peasants and Slaves: The Rural Population of Roman Italy (200 BC to AD 100). Cambridge 2011.
Lelis, A. A./Percy, W. A./Verstraete, B. C., The Age of Marriage in Ancient Rome. Lewiston 2003.
Lo Cascio, E., The Size of the Roman Population: Beloch and the Meaning of the Republican Census Figures, in: JRS, 84, 1994, 23–40.
Lo Cascio, E., Recruitment and the Size of the Roman Population from the Third to the First Century BCE, in: *Scheidel (Hg.)*, Debating Roman Demography. Leiden 2001, 111–137.
Lo Cascio, E./Malanima, P., Cycles and Stability: Italian Population before the Demographic Transition (225 B.C.–A.D. 1900), in: Riv. di Storia Economica, 21, 2005, 197–232.
Lo Cascio, E./Tacoma, L. E., The Impact of Mobility and Migration in the Roman Empire. Leiden 2017.
Morley, N., The Transformation of Italy, 225–28 BC, in: JRS, 91, 2001, 50–62.
Morris, I., Economic Growth in Ancient Greece, in: Journal of Institutional and Theoretical Economics, 160, 2004, 709–742.
Ober, J., Wealthy Hellas, in: Transactions of the American Philological Association, 140, 2010, 241–286.
Parkin, T. G., Demography and Roman Society. Baltimore/London 1996.
Pomeroy, S. B., Families in Classical and Hellenistic Greece: Representations and Realities. Oxford 1997.
Prowse, T. L., Isotopes and Mobility in the Ancient Roman World, in: *de Ligt, L./Tacoma, L. E. (Hgg.)*, Migration, 205–233.
Sallares, R. P., Malaria and Rome: A History of Malaria in Antiquity. Oxford 2002.
Saller, R. P., Patriarchy, Property and Death in the Roman Family. Cambridge 1994.
Saller, R. P., Human Capital and Economic Growth, in: *Scheidel, W. (Hg.)*, The Cambridge Companion to the Roman Economy. Cambridge 2012, 71–86.
Saller, R. P./Shaw, B. D., Tombstones and Roman Family Relations in the Principate: Civilians, Soldiers and Slaves, in: JRS, 74, 1984, 124–156.
Sarris, P., New Approaches to the 'Plague of Justinian', in: Past and Present, 254/1, 2022, 315–346.
Scheidel, W., Emperors, Aristocrats and the Grim Reaper: Towards a Demographic Profile of the Roman Elite, in: Classical Quarterly, 49, 1999, 254–281.
Scheidel, W., Death on the Nile: Disease and the Demography of Roman Egypt. Leiden 2001.
Scheidel, W., Progress and Problems in Roman Demography, in: *Scheidel (Hg.)*, Debating Roman Demography. Leiden 2001, 1–81.
Scheidel, W., Roman Age Structure: Evidence and Models, in: JRS, 91, 2001, 1–26.
Scheidel, W. (Hg.), Debating Roman Demography. Leiden 2001.
Scheidel, W., Germs for Rome, in: *Edwards, C./Woolf, G. (Hgg.)*, Rome the Cosmopolis. Cambridge 2003, 158–176.
Scheidel, W., The Greek Demographic Expansion: Models and Comparisons, in: JHS, 123, 2003, 120–140.
Scheidel, W., Human Mobility in Roman Italy, I: The Free Population, in: JRS, 94, 2004, 1–26.
Scheidel, W., Human Mobility in Roman Italy, II: The Slave Population, in: JRS, 95, 2005, 64–79.
Scheidel, W., Demography, in: *Scheidel/Morris/Saller (Hgg.)*, The Cambridge Economic History of the Greco-Roman World. Cambridge 2007, 38–86.
Scheidel, W., A Model of Real Income Growth in Roman Italy, in: Historia, 56, 2007, 322–346.
Scheidel, W., Roman Funerary Commemoration and the Age at First Marriage, in: Classical Philology, 102, 2007, 389–402.

Scheidel, W., Roman Population Size: The Logic of the Debate, in: *de Ligt, L./Northwood, N. J. (Hgg.)*, People, Land, and Politics: Demographic Developments and the Transformation of Roman Italy, 300 BC–AD 14. Leiden 2008, 17–70.

Scheidel, W., Greco-Roman Sex Ratios and Femicide in Comparative Perspective. Princeton/Stanford Working Papers in Classics http://www.princeton.edu/~pswpc/pdfs/scheidel/011003.pdf. Stanford 2010.

Scheidel, W., Epigraphy and Demography: Birth, Marriage, Family, and Death, in: *Davies, J./Wilkes, J. (Hgg.)*, Epigraphy and the Historical Sciences. Oxford 2012, 101–129.

Scheidel, W. (Hg.), The Science of Roman History: Biology, Climate, and the Future of the Past. Princeton 2018.

Scheidel, W./Morris, I./Saller, R. (Hgg.), The Cambridge Economic History of the Greco-Roman World. Cambridge 2007.

Shaw, B. D., The Age of Roman Girls at Marriage: Some Reconsiderations, in: JRS, 77, 1987, 30–46.

Shaw, B. D., Seasons of Death: Aspects of Mortality in Imperial Rome, in: JRS, 86, 1996, 100–138.

Storey, G. R., The Population of Ancient Rome, in: Antiquity, 71, 1997, 966–78.

Tacoma, L. E., Fragile Hierarchies: The Urban Elites of Third-Century Roman Egypt. Leiden 2006.

Tacoma, L. E., Moving Romans: Migration to Rome in the Principate. Oxford 2016.

Tofanelli, S. et al., The Greeks in the West: Genetic Signatures of the Hellenic Colonisation in Southern Italy and Sicily, in: European Journal of Human Genetics, 24, 2016, 429–436.

Tuross, N./Campana, M. G., Ancient DNA, in: *Scheidel (Hg.)*, The Science of Roman History: Biology, Climate, and the Future of the Past. Princeton 2018, 205–223.

Vlach, M., The Antonine Plague: A Case Study of Epidemiological Modelling and Impact Evaluation, in: *Brughmans. T./Wilson, A. (Hgg.)*, Simulating Roman Economies. Oxford 2022, 69–108.

Woods, R. I., Ancient and Early Modern Mortality: Experience and Understanding, in: Economic History Review, 60, 2007, 195–219.

Helmuth Schneider
10 Technik und Wirtschaft

I Technik und Wirtschaft: Eine Vorbemerkung

Für die Gegenwart ist die Bedeutung der Technik für Wirtschaft und Gesellschaft evident; Innovationen haben einen eminenten Einfluss auf die Entwicklung moderner Gesellschaften: Eine weitgehend automatisierte Produktion, Flugzeuge und Hochgeschwindigkeitszüge, moderne Kommunikationsmittel, Internet, Computer und Künstliche Intelligenz prägen als High Tech die Zivilisation unserer Zeit. In den großen Konzernen, die in einer von Konkurrenz geprägten Wirtschaft durch Entwicklung neuer Geräte oder Verfahren wirtschaftliche Vorteile zu erringen versuchen, arbeiten zahlreiche Wissenschaftler an neuen Technologien und stellen so vorausschauend die Weichen für die Technik der Zukunft. Angesicht dieser Situation könnte der Eindruck entstehen, der enge Zusammenhang zwischen der Technik einerseits und Wirtschaft und Gesellschaft andererseits stelle ein neues, erst in der Industriellen Revolution entstandenes Phänomen dar.

Aber schon in den vormodernen Epochen hat der Stand der Technik die Produktion sowie Distribution von Gütern, die Gewinnung von Rohstoffen oder die Kommunikation und den Konsum nachhaltig geprägt. Von den technischen Kapazitäten einer Gesellschaft hing ab, wieviel Arbeitskraft und Energie für die Produktion und Distribution der Güter aufgewendet werden mussten. Die Gewinnung von Metallen beruhte auf der Bergbautechnik und Austausch und Handel waren weitgehend von der Transporttechnik, etwa vom Schiffbau und von der Anschirrung der Zugtiere und darüber hinaus vom Ausbau der Verkehrsinfrastruktur, dem Bau von Straßen und Tunneln, von der Errichtung von Brücken oder der Anlage von Häfen, abhängig. Die Schriftlichkeit wiederum stellte sicher, dass das technische Wissen einer Kultur tatsächlich verfügbar war: Es war möglich, Fachkenntnisse schriftlich zu erfassen, in Büchern aufzuzeichnen und mitzuteilen. Technische Kompetenz wurde damit zunehmend unabhängig von dem individuellen Gedächtnis des einzelnen Grundbesitzers oder Handwerkers.[1]

Die Technik gestaltete in den vorindustriellen Gesellschaften in hohem Maße zudem die Arbeitsprozesse, die Art, wie Menschen in der Landwirtschaft, im Handwerk und im Transportwesen produziert haben oder tätig waren. Werkzeuge und Geräte haben jedoch nicht allein die Arbeitsverhältnisse bestimmt, die sozialen Strukturen – in der Antike vor allem die Existenz der Sklaverei, die unbeschränkte Verfügungsgewalt über die menschliche Arbeitskraft – haben ebenfalls auf die Situation der arbeitenden Menschen eingewirkt. Der Entwicklungsstand der Technik hatte aber nicht

---

[1] Dies gilt auch für die Antike: *Nicolet*, Littératures Techniques.

nur Konsequenzen für die menschliche Arbeit, sondern auch für den Einsatz der Arbeitstiere in der Landwirtschaft oder im Transportwesen.

Die technischen Veränderungen beeinflussten einerseits Wirtschaft und Gesellschaft, andererseits waren sie gleichzeitig wesentlich von sozialen und wirtschaftlichen Faktoren bedingt. Das Interesse von Großgrundbesitzern, Bergwerksbesitzern, Händlern und Handwerkern an möglichst hohen Gewinnen oder von Herrschern und Städten an möglichst hohen Steuereinnahmen, der Bedarf sozialer Eliten an Prestige- oder Luxusgütern, die Formen demonstrativer politischer und sozialer Selbstdarstellung sowie die Neigung einer Gesellschaft, an Traditionen festzuhalten, oder die Bereitschaft zu Innovationen hatten nachhaltig Auswirkungen auf die Entwicklung der Technik. Die Präferenz für bestimmte Techniken orientierte sich zudem an sozialen Hierarchien und religiösen Vorstellungswelten. Innovationen können auf Gewinnstreben, auf den Wandel von Konsumgewohnheiten, auf das Streben nach sozialer Distinktion oder – im militärischen Bereich – nach politischer Macht zurückgeführt werden.

Dies gilt in besonderem Maße für die antike Technik, die angemessen nur als das technische System einer vorindustriellen Agrargesellschaft begriffen werden kann. Dabei unterscheidet die antike Technik sich in einem Punkt grundlegend von der mittelalterlichen Technik, nämlich in dem Ausmaß, in dem die Wasserkraft wirtschaftlich genutzt wurde. Während in der Antike die Wasserkraft als Antrieb für Getreidemühlen und dann in der Spätantike – als die Rotationsbewegung des Wasserrades in eine hin- und hergehende Bewegung umgewandelt werden konnte – auch für Marmorsägen diente, hat das Wasserrad im Mittelalter für verschiedene Zwecke Energie bereitgestellt, so für wassergetriebene Blasebälge, Hammerwerke oder Drahtziehmühlen im Bereich der Metallurgie oder für Walkmühlen im Bereich der Textilherstellung.[2] Die Mühlentechnik fand unter dieser Voraussetzung im Mittelalter eine weite Verbreitung; hinzu kam vor allem in Mitteleuropa dann auch die Nutzung der Windkraft durch Windmühlen zum Mahlen von Getreide. Eine weitere wichtige Neuerung des Mittelalters war die Konstruktion der mechanischen, durch Gewichte angetriebenen Räderuhr, die eine geradezu revolutionäre Veränderung der Zeitmessung bewirkte.[3]

II Die Dynamik der antiken Technik

Weder die antike noch die mittelalterliche Technik dürfen als statisch angesehen werden; die These, die Technik der griechisch-römischen Antike sei eher primitiv und

---

2 *Popplow*, Technik Mittelalter, 78–88; *Bayerl*, Technik, 115–135.
3 *Popplow*, Technik Mittelalter, 100–104; *Bayerl*, Technik, 76–78. Der Uhrenbau bezeugt auch den deutlichen Zuwachs an Kompetenz im Bereich der Metallverarbeitung.

rückständig gewesen und es habe kaum Innovationen oder nur solche von geringer wirtschaftlicher Bedeutung gegeben, war bis zu den Arbeiten von Moses Finley weithin akzeptiert.[4] Es bestand dieser Auffassung nach ein krasser Gegensatz zwischen den Kenntnissen in der Mathematik sowie in den Naturwissenschaften einerseits und dem Stand der Technik andererseits. Daraus wurde gefolgert, dass mögliche technische Fortschritte aus Gründen der Mentalität bewusst unterblieben oder dass die Sklaverei jede technische Entwicklung verhinderte oder überflüssig machte.[5] Das Innovationspotential der antiken Technik hielt man insgesamt für gering und behauptete, dass einzelne Erfindungen, die in literarischen Texten auftauchten, tatsächlich kaum wirtschaftlich genutzt wurden.

Dieses Bild der antiken Technik wurde in den Jahren seit 1984 grundlegend korrigiert; am Beispiel der Wassermühle konnte Ö. Wikander darlegen, dass die ältere These, die Wassermühle sei zwar von Vitruvius beschrieben worden, habe aber im Imperium Romanum keine Verbreitung gefunden, aufgrund neuerer archäologischer Funde nicht mehr aufrechtzuerhalten ist.[6] Auf anderen Gebieten der antiken Technik wurden ähnliche Ergebnisse erzielt, und so konnte K. D. White ein Kapitel seines Buches ‚Greek and Roman Technology' dem Thema ‚Innovation and Development' widmen. Gleichzeitig wurde die Relevanz technischer Innovationen für den wirtschaftlichen Fortschritt wahrgenommen.[7] Aufgrund dieser Forschungslage kann hier ein Bild der antiken Technik gezeichnet werden, das Kontinuität und Beharrung betont, zugleich aber die Dynamik der technischen Entwicklung berücksichtigt.[8]

III Die Anfänge: Die Technik im archaischen und klassischen Griechenland

Die technischen Errungenschaften der Bronzezeit (2. Jahrtausend v. Chr.) waren Grundlage der späteren Entwicklungen im archaischen und klassischen Griechenland (8.–4. Jahrhundert v. Chr.). Wie überhaupt in der Antike prägt die Landwirtschaft in dieser Zeit die griechische Ökonomie. Sie umfasste sowohl Getreideanbau, Weinbau und Olivenbaumpflanzungen als auch die Viehwirtschaft. Bei der Bearbeitung der

---

4 *Finley*, Innovation and Progress; vgl. dazu *Greene*, Finley Reconsidered.
5 Zu älteren Vorstellungen über die antike Technik vgl. *Schneider*, Antike Technikgeschichte, 22–30.
6 *Wikander*, Technological Stagnation?
7 *White*, Greek and Roman Technology, 27–48. Grundlegend zu den technischen Innovationen: *Lo Cascio*, Innovazione Tecnica.
8 Darstellungen der antiken Technik: Standardwerk ist noch immer *Blümner*, Technologie; *White*, Greek and Roman Technology; *Greene*, Roman Technology; *Oleson*, Engineering and Technology; *Cech*, Technik Antike; *Schneider*, Geschichte antike Technik. Einführungen: *Schneider*, Antike Technikgeschichte; *Gara*, Tecnica e tecnologia. Quellensammlung: *Humphrey/Oleson/Sherwood*, Technology. Bibliographie: *Oleson*, Bronze Age Technology.

Felder verwendeten die Bauern einen von zwei Ochsen gezogenen, einfachen hölzernen Pflug, der den Boden nur aufriss, aber nicht wendete, weswegen ein mehrmaliges Pflügen notwendig war. Das Getreide wurde mit Sicheln geerntet, dann gedroschen und geworfelt. Mit einer primitiven Schiebemühle, die aus zwei Steinen, dem festen Unterstein und dem beweglichen Oberstein, bestand, wurde Mehl erzeugt. Wein wurde aus den geernteten Weintrauben mit Hilfe von Pressen gewonnen, deren großer Pressbalken durch ein schweres Gewicht herabgezogen wurde.[9] Die reifen Oliven wurden mit Stöcken von den Zweigen abgeschlagen.

Die Metallverarbeitung hatte die Aufgabe, Gebrauchsgegenstände für die Haushalte, aber auch Waffen und Rüstungsteile aus Bronze und seltener aus Eisen zu verfertigen.[10] Kleine Statuetten von Göttern oder Tieren, meist Weihgaben, wurden im Bronzegussverfahren hergestellt. Durch die Technik der Treibarbeit konnten große Bronzegefäße geformt werden; das bekannteste Beispiel hierfür ist der große Krater von Vix, der ein Fassungsvermögen von 1200 Litern hat.[11] Die Keramikproduktion war im 6. Jahrhundert v. Chr. bereits hoch entwickelt. Die Töpfer waren in der Lage, sowohl einfaches Tongeschirr und große Vorratsgefäße als auch durch Vasenmalerei verzierte Gefäße und Schalen von hoher Eleganz zu produzieren; die Gefäße wurden auf der schnell rotierenden Töpferscheibe hochgezogen und dann in kuppelförmigen Töpferöfen gebrannt. Feuerungsraum und Brennkammer, in der die getrockneten Gefäße gestapelt wurden, waren durch eine Lochtenne getrennt. Für die bemalten, schwarzfigurigen oder rotfigurigen Tongefäße war ein komplizierter, mehrstufiger Brand notwendig, bei dem sowohl die Temperatur als auch die Sauerstoffzufuhr genau geregelt werden mussten.[12] Mit Hilfe einer Spindel wurde aus Wolle Garn gesponnen, und der vertikale Webstuhl diente zur Herstellung von Stoff. Die am Tuchbaum befestigten Kettfäden wurden durch Webgewichte gestrafft. Indem das Weberschiffchen wechselweise durch das natürliche oder durch das geöffnete künstliche Fach geführt wurde, entstand ein dichtes Gewebe. Auf diese Weise konnte einfache Kleidung verfertigt werden, was in den einzelnen Haushalten Aufgabe der Frauen war.[13] Schlanke, langgestreckte Ruderschiffe wurden für Kriegs- und Raubzüge, aber auch für Handelsfahrten verwendet. In solchen Booten konnte ein Mast aufgestellt werden, mit dem Segel nutzte man günstige Winde.[14] Zu Land beförderte man schwere Lasten mit Tragtieren oder aber auf Wagen mit zwei großen Scheiben- oder Strebenrädern. Die Zugtiere wurden mit einem Joch an die Deichsel angeschirrt; Ochsen zogen die schweren Wagen, vor leichtere zweirädrige Karren spannte man Maultiere.[15] Innerhalb von Siedlungen wurde eine einfache, über die Schulter gelegte Tragstange ver-

---

9 *Moritz*, Grain-Mills, 1–9; *Isager/Skydsgaard*, Greek Agriculture.
10 *Snodgrass*, Arms and Armor.
11 *Bol*, Bronzetechnik, 48–117. Zum Krater von Vix vgl. ders., Bronzetechnik, 83–85.
12 *Scheibler*, Griechische Töpferkunst; *Noble*, Attic Pottery.
13 *Pekridou-Gorecki*, Mode, 13–33.
14 *Casson*, Ships, 43–76.
15 *Raepsaet*, Techniques de Transport, 65–154.

wendet, um etwa größere Fische oder eine Amphore zu transportieren. Die beim Wasserholen üblichen schweren Tongefäße wurden von jungen Frauen auf dem Kopf getragen. Damit bestand in Griechenland ein Ensemble grundlegender technischer Kenntnisse, Werkzeuge und Verfahren, das im Wesentlichen bis zum Ende der Antike Bestand hatte.

Als Energiequelle wurde im archaischen und klassischen Griechenland vor allem die Muskelkraft von Tieren und Menschen genutzt; die wichtigsten Arbeitstiere waren Ochsen und Esel oder Maultiere; ihre Arbeitsleistung war für die griechische und später auch die römische Zivilisation unverzichtbar. Menschen verrichteten schwere körperliche Arbeit in der Landwirtschaft und im Bergbau. Die menschliche Muskelkraft war im Handwerk notwendig, um mit dem Werkzeug auf den Arbeitsgegenstand einzuwirken.[16] Die zum Schmieden von Eisen, zum Brennen von Keramik oder zum Kochen benötigte thermische Energie lieferte die Verbrennung von Holz und Holzkohle.[17]

Wie Platon bereits erkannt hat, bestand zwischen den verschiedenen Sektoren der Wirtschaft insofern ein enger Zusammenhang, als Handwerker, etwa Tischler oder Schmiede, auch Geräte oder Werkzeuge für Bauern oder andere Handwerker herstellten, so etwa Pflüge für die Bauern, Werkzeuge für den Baumeister oder Weberschiffchen für die Weber. Die Viehzucht wiederum stellte Ackerbauern und Baumeistern Zugtiere zum Pflügen oder für den Transport von Baumaterial bereit und lieferte zugleich für Weber und Schuhmacher Wolle und Häute.[18] Angesichts einer solchen Interdependenz kann von einem technischen System gesprochen werden, in dem verschiedene Wirtschaftszweige von den in anderen Bereichen erbrachten Leistungen abhängig waren.

IV Frühe Innovationen

Auch wenn in der spätarchaischen Epoche Technik und wirtschaftliche Verhältnisse auf vielen Gebieten nahezu unverändert blieben, so sind doch in der Metallverarbeitung, in der Architektur, in der Wasserversorgung sowie im Schiffbau relevante technische Innovationen zu konstatieren.

Im Bereich der Metallurgie war eine bahnbrechende Neuerung der Bronzehohlguss, der es möglich machte, große Statuen aus Bronze herzustellen; es handelte sich um ein kompliziertes Verfahren: Es wurden zunächst Teile einer Statue gegossen; ein Tonkern, der die entsprechende Form besaß, wurde mit einer Wachsschicht überzo-

---

16 Aristot. gen. an. 730b.
17 Theophr. h. plant. 5, 9. Holzkohle besitzt einen höheren Kohlenstoffgehalt als Holz und damit einen erheblich höheren Brennwert.
18 Plat. rep. 370c–d; Plat. Krat. 388b–390d. Vgl. Hes. erg. 430: Ein Handwerker fügt für einen Bauern die Teile eines Pfluges zusammen.

gen; anschließend wurden Tonkern und Wachsschicht wiederum mit einer Tonschicht ummantelt. Der Tonkern und Tonmantel wurden durch Metallstifte fixiert, und indem das Wachs ausgeschmolzen wurde, entstand ein Hohlraum, in den die flüssige Bronze gegossen wurde. Nach dem Erkalten der Bronze entfernte man dann Tonmantel und Tonkern. Die Bronzegießer fügten danach die verschiedenen Teile einer Statue zusammen, wobei man die Oberfläche so behandelte, dass die Fugen zwischen den Teilen der Figur nicht mehr erkennbar waren. Ein solches technisches Verfahren hatte zwar keine direkten Auswirkungen auf die Wirtschaft, es zeigt aber, welche Leistungsfähigkeit und Kompetenz die griechischen Handwerker schon im 6. Jahrhundert v. Chr. besaßen. Der Bronzeguss erlaubte es, große Statuen von Göttern und Menschen zu formen; auf diese Weise konnten die Griechen die städtischen Zentren und die Heiligtümer mit einer großen Zahl von Bildwerken versehen, die ihr religiöses Bewusstsein und kulturelles Selbstverständnis zum Ausdruck brachten und zugleich prägten. Wirtschaftlich war die Tatsache von Relevanz, dass für die Verfertigung der zahlreichen in den Städten und Heiligtümern aufgestellten Statuen erhebliche Mengen Kupfer benötigt wurden; außerdem waren viele Menschen in den Bronzegießereien tätig. Es ist nicht möglich, die Kosten einer einzelnen Statue oder die Zahl der insgesamt gefertigten Statuen auch nur ansatzweise zu schätzen, aber der finanzielle Aufwand für die Aufstellung der Standbilder in den urbanen Zentren muss immens gewesen sein.[19]

Im frühen 6. Jahrhundert v. Chr. begannen die Städte, monumentale Tempel aus Naturstein zu errichten.[20] Welche Dimensionen diese Bauwerke im dorischen Stil besaßen, kann am Beispiel des Apollon-Tempels in Korinth gut verdeutlicht werden, von dem heute noch sieben monolithe Säulen mit einer Höhe von sechs Metern aufrecht stehen. Der Tempel hatte an der Frontseite sechs, an den Langseiten fünfzehn Säulen, die Fläche der obersten Stufe des Unterbaus hatte eine Breite von 21,49 m und eine Länge von 53,82 m. Ein Bauwerk dieser Größenordnung stellte völlig neuartige Anforderungen an Planung, Arbeitsorganisation und Ausführung. Die Architekten mussten beim Bau solcher Tempel erhebliche technische Probleme lösen. Vor allem waren der Transport der Steinblöcke von dem Steinbruch zur Baustelle und das Heben der Steinblöcke des Architravs auf die erforderliche Höhe zu bewältigen. Bei dem Bau des Artemis-Tempels in Ephesos entwickelten Chersiphron und Metagenes aus Knossos für den Transport von Quadersteinen und Säulenschäften Holzgestelle, die es erlaubten, die Blöcke mit Hilfe von Ochsen über einen schwierigen Boden hinweg zur Baustelle zu befördern, und sie schufen auch Rampen, um die Blöcke des Architravs an die jeweils vorgesehene Stelle oberhalb der Säulenkapitelle zu bringen.[21] Die Architekten besaßen ein klares Bewusstsein ihrer Leistung, wie aus der Tatsache hervorgeht, dass sie über den Bau des Tempels ein Buch verfasst haben.[22]

---

19 *Bol*, Bronzetechnik, 118–147; *Zimmer*, Griechische Bronzegusswerkstätten.
20 *Coulton*, Greek Architects; *Müller-Wiener*, Griechisches Bauwesen.
21 Vitr. 3, 2, 7; 7 praef. 12; 7 praef. 16; 10, 2, 11–12; Plin. nat. 36, 95.
22 Vitr. 7 praef. 12.

Das Wachstum der griechischen Städte war neben anderen Faktoren von einer hinreichenden Versorgung der Bevölkerung mit Trinkwasser abhängig.[23] In Attika reichten die Brunnen nicht mehr aus, um den Menschen den Zugang zu einer genügenden Menge Wasser zu gewährleisten.[24] Außerdem machte das Heben der schweren Tonkrüge aus den tiefen Brunnen das Wasserholen zu einer schweren körperlichen Arbeit; oft mussten zudem lange Wege zu den öffentlichen Brunnen zurückgelegt werden. Im 6. Jahrhundert v. Chr. wurden daher Wasserleitungen gebaut, die das Wasser entfernter Quellen zu einem in der Stadt zentral gelegenen Brunnenhaus leiteten. In Attika wurden von dem Quellgebiet des Ilissos am Hymettos-Gebirge Tonrohrleitungen nach Athen verlegt.[25] Das dort unter Peisistratos errichtete Brunnenhaus war mit Wasserspeiern versehen, so dass die Frauen, die das Wasser holten, die Hydria nur unter den Wasserstrahl stellen mussten, um sie zu füllen. Dieses Bauwerk hat sich in Athen wohl großer Beliebtheit erfreut, wie zahlreiche Abbildungen auf Vasen bezeugen.[26] In Megara schuf der Tyrann Theagenes ebenfalls ein Brunnenhaus, dessen Reste noch heute existieren.[27] Als eine der bedeutendsten technischen Leistungen der Antike gilt der auf Samos von dem Architekten Eupalinos aus Megara gebaute, über einen Kilometer lange Tunnel, durch den das Wasser einer Quelle unter einem über 200 Meter hohen Bergrücken in die Stadt geleitet wurde.[28]

Im Schiffbau wurden gänzlich neue Schiffstypen konstruiert: Die Griechen bauten nun Handelsschiffe mit einem gedrungenen Rumpf, die einen hohen Mast in der Mitte des Decks und ein großes Rahsegel besaßen. Mit diesen Segelschiffen waren griechische Händler in der Lage, Handelsgüter in großen Mengen auf dem Meer über weite Distanzen zu transportieren.[29] Die schlanken, in Kriegen eingesetzten Ruderboote erhielten nun zusätzliche Reihen von Ruderern, wobei die drei Ruderbänke der Trieren versetzt übereinander angeordnet waren. Die Schiffe sollten dadurch eine größere Stoßkraft erhalten, ohne dass sie wesentlich länger wurden, was ihre Manövrierfähigkeit stark eingeschränkt hätte. Am Bug war ein Rammsporn befestigt; dies veränderte grundlegend Taktik und Strategie des Seekrieges, denn es kam jetzt darauf an, feindliche Schiffe durch einen Rammstoß zu versenken oder wenigstens zu beschädigen. Es ist unklar, ob die Konstruktion der Triere auf Vorbilder der Phoiniker zurückging oder aber eine griechische Fortentwicklung eines älteren Schiffstyps war.[30] Der Bau der Trieren hatte insofern auch wirtschaftliche Folgen, als sie für mehr als ein Jahrhundert das Rückgrat der Flotte darstellten, die es Athen ermöglichte, die Handelswege in der Ägäis zu sichern und das Meer vor Piraten zu schützen.

---

23 *Tölle-Kastenbein*, Antike Wasserkultur, 43–105; *Wikander*, Ancient Water Technology.
24 Plut. Solon 23.
25 *Tölle-Kastenbein*, Wasserleitungsnetz Athen, 5–8.
26 *Tölle-Kastenbein*, Wasserleitungsnetz Athen, 88–100.
27 Paus. 1, 40, 1.
28 Hdt. 3, 60, 1–3; *Kienast*, Wasserleitung Samos, 37–68.
29 *Casson*, Ships, 65–68.
30 *Casson*, Ships, 77–96.

Solche Innovationen zeigen, dass die technischen und wirtschaftlichen Kapazitäten der griechischen Gesellschaft stark gewachsen waren und die Griechen die Fähigkeit besaßen, die tradierten Werkzeuge und Verfahren erheblich zu verbessern und für technische Probleme neue Lösungen zu finden. Es ist deutlich, dass dieser Wandel beträchtliche Auswirkungen auf das Wirtschaftsleben hatte, vor allem die Urbanisierung vorantrieb und zur Intensivierung von Handel und Austausch beitrug. Aber damit war nicht einfach eine neuer, in mancher Hinsicht komplexerer Stand technischer Entwicklung erreicht, sondern es hatte sich auch eine Mentalität entwickelt, die Neuerungen überhaupt wahrnahm, ihnen positiv gegenüberstand und auch diejenigen nannte, die besondere technische Leistungen vollbracht oder als erste neue Techniken entwickelt hatten.[31] Es entstand ein für Innovationen günstiges Klima.

V Frühe Reflexionen über Technik

In der frühen griechischen Literatur spielte die Technik (*techne*) bereits eine herausragende Rolle. In den homerischen Epen zeichneten sich die Helden durch technisches Geschick aus; die Stadt Troia konnte nur mit Hilfe des von Epeios gebauten Hölzernen Pferdes eingenommen werden, und Odysseus zimmerte selbst das Boot, mit dem er die Insel der Nymphe Kalypso verließ. Auch das Bett in seinem Haus auf Ithaka hatte Odysseus selbst geschaffen, wie in einer zentralen Stelle des Epos ausführlich erzählt wird.[32] Technisches Handeln war durch die Götter legitimiert; Hephaistos arbeitete als Schmied in seiner Werkstatt und lehrte zusammen mit Athene die Menschen grundlegende Techniken, durch die das primitive Leben der Frühzeit überwunden werden konnte.[33] In der Tragödie behauptet Prometheus, den Menschen nicht nur das Feuer gebracht, sondern auch sämtliche technische Fertigkeiten gegeben zu haben.[34]

In der politischen Philosophie wurde deutlich wahrgenommen, dass Technik, Werkzeuge und technische Verfahren primär dazu dienten, die elementarsten Bedürfnisse der Menschen zu befriedigen. Nach Platon haben die Menschen „Wohnungen und Kleider und Schuhwerk und Lagerdecken und die Nahrungsmittel aus der Erde" erfunden, um in einer ihnen feindlichen Umwelt überleben zu können,[35] und in der ‚Politeia' nennt Platon Nahrung, Wohnung und Bekleidung als lebensnotwendige Gü-

---

31 Eupalinos: Hdt. 3, 60, 3. Rhoikos: Hdt. 3, 60, 4. Mandrokles: Hdt. 4, 87, 1; 4, 88. Ameinokles: Thuk. 1, 13, 3. Theodoros wird noch bei Plinius mehrmals genannt: Plin. nat. 34, 83; 35, 152 und 36, 90 (zusammen mit Rhoikos). Vgl. Plin. nat. 7, 198. Das Interesse der Antike an Erfindern und Erfindungen wird vor allem deutlich an der Liste von Erfindungen bei Plinius: Plin. nat. 7, 191–215.
32 *Schneider*, Griechisches Technikverständnis, 11–31. Das Hölzerne Pferd: Hom. Od. 8, 492–495. Der Bau des Bootes: Hom. Od. 5, 243–261. Der Bau des Bettes: Hom. Od. 23, 183–204.
33 Hom. Od. 23, 160–161. Vgl. Hom. h. 5, 8–15; Hom. h. 20.
34 Aischyl. Prom. 442–471. Vgl. *Schneider*, Griechisches Technikverständnis, 84–94.
35 Plat. Prot. 322b.

ter.³⁶ Darüber hinaus vertritt Platon die Ansicht, dass eine gesellschaftliche Arbeitsteilung und eine Spezialisierung auf jeweils einen Beruf wirtschaftlich sinnvoll seien, denn auf diese Weise würden die Dinge „reichlicher, schöner und auch leichter" verfertigt.³⁷

Für das Handwerk war die Arbeit mit dem Werkzeug charakteristisch, die Aristoteles präzise beschrieben hat: Der Handwerker hat ein Material, etwa Holz, und in seiner Seele die Form des Gegenstandes, den er herstellen will, sowie ein Wissen; diese veranlassen eine Bewegung der Hand, die wiederum das Werkzeug bewegt und so auf das Material einwirkt. In dieser Form der handwerklichen Arbeit sind ein Wissen, das auf Erfahrung beruht, und manuelle Geschicklichkeit untrennbar miteinander verbunden.³⁸ Die Werkstatt, das *ergasterion*, ist unter diesen Voraussetzungen die typische Produktionsstätte, die teilweise auch mit Installationen wie einem Schmelzofen und einem Amboss in der Schmiede³⁹ oder einem Brennofen in der Töpferei ausgestattet war.

VI Die Mechanik

Technische Innovationen fanden Beachtung, und die Technik selbst war zum Gegenstand der Philosophie geworden. Im späten 4. Jahrhundert v. Chr. behandelt eine Schrift, die im Corpus der Werke des Aristoteles überliefert ist, eine neue technische Disziplin, die Mechanik (*mechanike*), die Verbindungen zur Mathematik und zur Physik besaß.⁴⁰ Eingeleitet wird die Schrift mit einer prononcierten Aussage über das Verhältnis zwischen Technik, Natur und Mensch: „Durch *techne* (Technik) beherrschen wir nämlich das, dem wir von Natur aus unterlegen sind." Es ging in der Mechanik darum, die Ursachen der Wirkung mechanischer Instrumente genau zu erklären. Im Zentrum steht die Frage, wie es möglich ist, mit geringeren Gewichten schwerere Gewichte zu bewegen.⁴¹ Bahnbrechend war dieser Text, weil hier technische Sachverhalte und Geräte mit Hilfe der Mathematik erklärt wurden. Grundlage ist eine Analyse der Kreisbewegung, die dann zu einer Ableitung des Hebelgesetzes führt.⁴² Die Schrift untersucht ferner die Funktionsweise eines Keils,⁴³ das Heben schwerer Lasten mit Hilfe von Rollen⁴⁴ sowie die Kraftersparnis bei einem Ziehbrun-

---

36 Plat. rep. 369d.
37 Plat. rep. 369e–370e.
38 Aristot. gen. an. 730b. Vgl. 735a; 740b.
39 Hdt. 1, 68, 4: Blasebälge, Amboss und Hammer als Ausstattung einer Schmiede.
40 Ps.-Aristot. mech. 847a. Zur griechischen Mechanik vgl. *Gille*, Mécaniciens Grecs.
41 Ps.-Aristot. mech. 847a.
42 Ps.-Aristot. mech. 850a–b.
43 Ps.-Aristot. mech. 853a.
44 Ps.-Aristot. mech. 853a–b.

nen.⁴⁵ Es wird zudem die Einsicht formuliert, dass von einem rotierenden Kreis andere mit diesem in Verbindung stehende Kreise in Bewegung gesetzt werden können; damit ist im Ansatz das Funktionieren von Zahnrädern beschrieben.⁴⁶

Die Leistung von Flaschenzügen soll im 3. Jahrhundert v. Chr. eindrucksvoll von dem Mathematiker Archimedes, der in Syrakus tätig war, demonstriert worden sein. Plutarch schreibt, Archimedes habe ein voll beladenes Schiff, das zuvor von vielen Menschen an Land gezogen worden war, allein nur mit Hilfe eines Flaschenzuges in Bewegung gesetzt.⁴⁷ Eine andere folgenreiche Erfindung wird ebenfalls Archimedes zugeschrieben: Er soll ein schraubenförmiges Wasserhebegerät konstruiert haben, das die Bewässerung der Felder im Niltal erleichtern sollte. Die Archimedische Schraube war so effizient, dass sie bis zum 20. Jahrhundert in Ägypten in Gebrauch blieb;⁴⁸ es handelte sich um die erste Anwendung des Prinzips der Schraube.

Die Mechanik ist noch in der Antike weiterentwickelt worden, wie eine Schrift Herons deutlich zeigt, die nur in arabischer Übersetzung überliefert ist. Heron, der während des 1. Jahrhunderts n. Chr. in Alexandria lebte, erwähnt Zahnräder und beschreibt systematisch die Instrumente der Mechanik: die Welle, den Hebel, den Flaschenzug, den Keil und die Schraube.⁴⁹ Mit dem Zahnrad und der Schraube waren mechanische Instrumente gegeben, die Voraussetzung für die Konstruktion komplexer Geräte waren. Die Mechanik diente keineswegs nur der theoretischen Erkenntnis, sondern war durchaus praxisorientiert. Heron beschreibt exakt Hebegeräte und war an einer Verbesserung der Pressen interessiert.⁵⁰ In der Mechanik wurden erhebliche Erkenntnisfortschritte erzielt, die für die allgemeine Technik und damit auch für die Wirtschaft von Bedeutung waren.⁵¹

VII Die Fortschritte in der Konstruktion der Getreidemühlen

Neben den Arbeiten beim Getreideanbau und dem Wasserholen war das Mahlen von Getreide sicherlich der wichtigste und häufigste Arbeitsvorgang in der antiken Gesellschaft. Damit verdient die Entwicklung der Getreidemühle eine besondere Beachtung; dies gilt auch deswegen, weil mit den Veränderungen der Mühle es gleichzeitig auch zu einem Wandel in den Formen der für den Mahlvorgang aufgewendeten Energie

---

45 Ps.-Aristot. mech. 857a–b.
46 Ps.-Aristot. mech. 848a.
47 Plut. Marcellus 14. Vgl. Athen. 207b.
48 *White*, Roman Farming, pl. 18.
49 Heron, Mechanik 1, 1. 2, 1–6.
50 Hebegeräte: Heron, Mechanik 3, 2–5. Pressen: Heron, Mechanik 3, 18–21.
51 *Wilson*, Machines.

kam.[52] Am Anfang der Entwicklung steht die einfache Schiebemühle, die in Griechenland bis zum 5. Jahrhundert v. Chr. in Gebrauch war; das Getreide wurde zwischen die beiden Steine, dem festen, leicht geneigten Unterstein und dem beweglichen kleineren Oberstein gelegt und durch eine hin- und hergehende Bewegung des oberen Steins gemahlen. Diese Mühlen wurden von Frauen bedient, die am höheren Ende des Untersteins knieten. Die Arbeit musste häufig unterbrochen werden, um das Mehl zu entnehmen. Die Herstellung von Mehl, das zum Backen von Brot gebraucht wurde, war unter diesen Voraussetzungen äußerst arbeitsintensiv und eine ermüdende und monotone Tätigkeit.[53]

Wie Funde aus Olynth zeigen, wurde im 4. Jahrhundert v. Chr. eine erheblich verbesserte Getreidemühle verwendet: Der obere Mühlstein hatte jetzt einen Trichter, so dass die eingefüllten Körner langsam zwischen die Mühlsteine rinnen konnten, während der untere Mühlstein, der eine waagerechte Oberfläche hatte, auf einem Tisch ruhte. Der obere Mühlstein wurde mit Hilfe einer langen Stange, die an dem einen Ende an einer senkrechten Achse befestigt war und am anderen Ende einen Griff besaß, hin- und herbewegt. Durch die effiziente Nutzung der Hebelkraft wurde die Arbeit des Getreidemahlens deutlich erleichtert, war aber noch abhängig von der menschlichen Muskelkraft.[54]

Die Entwicklung von kreisrunden Mühlsteinen machte es dann möglich, die hin- und hergehende Bewegung durch eine Drehbewegung zu ersetzen; solche Rotationsmühlen hatten Bäckereien etwa in Pompeii in Betrieb. Der Oberstein, der Läufer, der an der oberen Seite einen Trichter in Form eines Hohlkegels hatte, lag nicht direkt auf dem kegelförmigen Unterstein auf, sondern hing an einem großen Holzgestell, das in seinem Zentrum auf einer eisernen Achse ruhte. Der Abstand zwischen Oberstein und Unterstein verhinderte, dass Steinabrieb in das Mehl geriet, und erleichterte zugleich auch das Drehen des Läufers. An das Holzgestell dieser Mühle wurden Tiere – ein Esel oder ein Pferd – angeschirrt, die durch ihr Voranschreiten die Mühle kontinuierlich drehten und sich dabei auf engstem Raum mit einer extremen Biegung des Körpers und verbundenen Augen bewegten.[55] Im Vergleich zur Schiebemühle und zur Olynthischen Mühle war die Rotationsmühle ein komplexes Gerät, das eine genaue Justierung erforderte und dessen Konstruktion hohe Anforderungen an die Handwerker stellte. Der Mensch hatte sich durch diese Mühle von einer monotonen, mühevollen Arbeit befreit, die nun aber dem Tier aufgebürdet wurde.[56]

---

52 *Moritz*, Grain-Mills; *White*, Greek and Roman Technology, 63–67.
53 Hom. Od. 20, 106–111. Während der Belagerung von Plataiai 429 v. Chr. waren 110 Frauen damit beschäftigt, für 480 Kämpfer Getreide zu mahlen und Brot zu backen: Thuk. 2, 78, 3. Abbildung der Schiebemühle, Terracotta 6. Jh. v. Chr.: *White*, Greek and Roman Technology, 64.
54 *Moritz*, Grain-Mills, 42–52.
55 Abbildungen bei *Zimmer*, Berufsdarstellungen, Nr. 18–26. Beschreibung der in der Mühle arbeitenden Tiere: Apul. met. 9, 13, 1–2.
56 *Moritz*, Grain-Mills, 74–90.

Eine Innovation von historischer Bedeutung war dann die Nutzung einer Naturkraft, nämlich der Wasserkraft, beim Mahlen von Getreide. Die früheste exakte Beschreibung einer Wassermühle bietet Vitruvius in dem Handbuch zur Architektur.[57] Dieser Text legt nahe, dass die Wassermühle die Fortentwicklung des mit Schaufeln versehenen Wasserschöpfrades war, das durch die Kraft fließenden Wassers angetrieben wurde. Das Wasserrad einer Mühle, das ebenfalls durch einen Wasserstrom in eine Rotationsbewegung versetzt wurde, stellte den Antriebsteil dar, während die Mühlsteine die eigentliche Arbeit verrichteten. Als Transmission diente ein Winkelgetriebe, das die Kraft des rotierenden Wasserrades auf den Mühlstein übertrug. Eine solche Transmission setzte die Kenntnis der Funktionsweise von Zahnrädern voraus.[58]

Die Römer haben große Mühlenkomplexe errichtet, die mehrere Mühlräder und Mahlwerke besaßen; das Wasser wurde von einem zu diesem Zweck angelegten Aquädukt zugeleitet. Eine solche Anlage, die auf die Zeit des Traianus datiert wird, existierte bei Barbegal in der Nähe von Arelate (Arles); hier standen an einem steilen Hang acht Mühlhäuser mit jeweils zwei Wasserrädern.[59] In Rom lagen die Mühlen, die das für die Ernährung der stadtrömischen Bevölkerung notwendige Mehl lieferten, am Hang des Ianiculum. Durch ein Edikt des Jahres 398 n. Chr. war ausdrücklich verboten, das von diesen Mühlen genutzte Wasser für andere gewerbliche Zwecke zu verwenden.[60]

Die schrittweise Verbesserung der Getreidemühle von der einfachen Schiebemühle bis hin zur Wassermühle und solchen Mühlekomplexen wie dem bei Barbegal zeigt in mehrfacher Hinsicht wichtige technische Veränderungen: Die hin- und hergehende Bewegung wurde durch eine Rotationsbewegung ersetzt, die Voraussetzung für den Einsatz tierischer Muskelkraft war. Indem die Erfahrungen mit dem Wasserschöpfrad auf die Getreidemühle übertragen wurden, war es möglich geworden, die Wasserkraft als Antrieb zu nutzen. Die Wassermühle erforderte außerdem die Konstruktion eines Winkelgetriebes mit Zahnrädern, also die Übernahme einer Errungenschaft der Mechanik. Die Erleichterung der Arbeit wurde in der Antike durchaus wahrgenommen: Dass der Mensch von einer schweren, ermüdenden Arbeit befreit worden ist, hat der Dichter im Epigramm gefeiert.[61]

VIII Innovationen in der Landwirtschaft

Neben der Getreidemühle wurden auch andere in der römischen Landwirtschaft verwendeten Geräte erheblich verbessert, wobei einzelne Neuerungen allerdings auf be-

---

57 Vitr. 10, 5, 2; *Moritz*, Grain-Mills, 122–139.
58 Vitr. 10, 5, 1; *Moritz*, Grain-Mills, 122–139; *Wikander*, Ancient Water Technology.
59 *Leveau*, Barbegal Water Mill, 371–400.
60 Cod. Theod. 14, 15, 4. Vgl. die Erwähnung bei Prok. BG 1, 19, 8–10.
61 Anth. Gr. 9, 418.

stimmte Regionen begrenzt blieben. Dennoch bleibt der Eindruck bestehen, dass Innovationen in der Landwirtschaft keineswegs eine Ausnahme darstellten. Dies zeigen deutlich die Verbesserungen der Öl- und Weinpressen. Olivenöl und Wein gehörten in der Antike ebenso wie Getreide zu den Grundnahrungsmitteln; obwohl es lange Zeit üblich war, Trauben mit den Füßen auszutreten, wurden seit der archaischen Zeit Balkenpressen verwendet, um Wein zu erzeugen.[62] Der Pressbalken wurde mit Hilfe von Gewichten, etwa großen Steinen, herabgezogen, so dass ein stetiger Druck auf das Pressgut ausgeübt wurde, bis das Gewicht auf dem Boden aufsetzte. Das Problem dieser Presse bestand darin, dass es nicht einfach war, den Pressvorgang erneut zu beginnen, denn dafür war es notwendig, das Gewicht wiederum zu heben. Die Verbesserungen der Presse setzten ausnahmslos bei diesem Problem an, das man auf verschiedene Weise zu lösen versuchte.

Einen Überblick über die Entwicklung der römischen Pressen bietet Plinius.[63] Während bei der frühen römischen Presse der lange Pressbalken noch mit Hilfe einer Seilwinde und eines langen Hebels herabgezogen wurde, hat man später Pressen verwendet, bei denen ein schwerer, am Pressbalken angebrachter Stein mit seinem Gewicht einen kontinuierlichen Druck auf das Pressgut ausübte. Mit einer Seilwinde, die mit Hebeln gedreht wurde, konnte der Stein, wenn er auf den Boden angelangt war, wiederum in die Höhe gezogen werden. Allerdings entstanden damit neue Probleme, die Heron benannt hat: Die langen Hebel, mit denen die Seilwinde gedreht wurde, konnten bei größerer Belastung brechen, so dass die arbeitenden Menschen durch den herabfallenden Stein gefährdet waren. Daher wurde eine Presse ohne Seil konstruiert, die sicherer war:[64] Der Pressbalken besaß ein Muttergewinde, in die eine große hölzerne Schraube eingefügt wurde. Am unteren Ende der Schraube befand sich ein schweres Gewicht, das durch Drehung der Schraube gehoben werden konnte und dann den Pressbalken herabzog. Es war nur noch nötig, die Schraube zu drehen, wenn das Gewicht den Boden erreicht hatte. Ein Vorteil der Schraubenpresse bestand darin, dass sie für ihre Aufstellung weniger Platz benötigte als die Seilwindenpresse, was schon Vitruvius gesehen hat.[65]

Als eine neue Erfindung der Zeit um 50 n. Chr. bezeichnet Plinius eine Presse, bei der die Schraube in dem oberen Querbalken eines Holzgerüstes eingelassen war; durch ständige Drehung der Schraube wurde direkt Druck auf das Pressgut ausgeübt. Damit entfiel der lange Pressbalken; diese Form der Schraubenpresse benötigte nur geringen Platz, und man konnte auch leicht ihren Standort wechseln. Sie erwies sich als derart vorteilhaft, dass sie schnell außerhalb der Landwirtschaft Verwendung

---

62 Zu den verschiedenen Typen der Pressen vgl. Vitr. 6, 6, 3; Plin. nat. 18, 317; Heron, Mechanik 3, 13–21. Vgl. ferner Cato agr. 18–22 und ferner *White*, Greek and Roman Technology, 67–72, zu Italien, *Brun*, Archéologie du Vin, 7–59.
63 Plin. nat, 18, 317.
64 Heron, Mechanik 3, 15.
65 Vitr. 6, 6, 3.

fand. Sie diente in Pompeii bereits vor dem Vesuvausbruch im Jahr 79 als Tuchpresse, ein bemerkenswerter Fall des Techniktransfers zwischen verschiedenen Sektoren der Wirtschaft.

Die Leistung der Römer auf technischem Gebiet wird besonders daran deutlich, dass die von ihnen entwickelten Schraubenpressen im Mittelalter und in der Frühen Neuzeit nicht mehr grundlegend verbessert wurden; in den Weinanbaugebieten Europas hat man solche Schraubenpressen bis zum 19. Jahrhundert verwendet, und die Schraubenpresse ohne Pressbaum erwies sich als geeignet für weitere Anwendungsbereiche; sie wurde etwa im Buchdruck als Druckerpresse genutzt.

Bei der Erzeugung von Olivenöl wurde das *trapetum* eingesetzt, ein Gerät, das zum Zerquetschen der Oliven diente und bei Cato ausführlich beschrieben wird. Es handelt sich um eine kreisförmige Wanne aus Stein mit einer Säule in der Mitte; auf dieser Säule war ein eiserner Zapfen angebracht, um den ein Drehbaum mit zwei kreisrunden Steinen (*orbes*) bewegt werden konnte. Wie Cato betont, verlangte die Aufstellung des Gerätes große Präzision, denn es musste darauf geachtet werden, dass die Kollersteine nicht den Boden des Beckens berührten.[66] Die Kerne der Oliven sollten nicht zerbrochen werden, weil dies die Qualität des Öls beeinträchtigt hätte. Für nützlicher als das *trapetum* hielt Columella Ölmühlen, weil sie leichter in der Höhe verstellt werden konnten.[67] Ein weiteres Beispiel für die Einführung eines neuen Verfahrens in der Landwirtschaft stellt die Schafschur mit einer Bügelschere im römischen Italien dar.[68]

Neben den dargestellten Neuerungen gab es in der Landwirtschaft technische Fortschritte, die nur eine regionale Verbreitung fanden. So berichtet Plinius, der solchen Innovationen große Beachtung geschenkt hat, dass man den leichten Pflug, der im mediterranen Raum üblicherweise verwendet wurde, durch eine Reihe von Detailverbesserungen verändert hat;[69] eine wesentliche Neuerung war die Einführung eines Räderpfluges in der Provinz *Raetia* (heute etwa Teile Süddeutschlands und der Schweiz), der für die schweren Böden im Norden besser geeignet war. Die Pflugschar hatte die Form eines Spatens, so dass der Boden gewendet werden konnte. Es wurde dafür mehr Arbeitskraft benötigt, weswegen solche Pflüge von zwei oder drei Paar Ochsen gezogen wurden.[70]

Beim Dreschen des Getreides wurde ebenfalls ein neues Verfahren angewendet; es war allgemein üblich, dass Tiere auf der Tenne über das geerntete Getreide getrieben wurden, damit sie mit ihren Hufen die Körner aus den Ähren austraten. Nach Plinius wurde für diese Arbeit ein Dreschschlitten (*tribulum*) eingesetzt, den schon Varro beschrieben hatte. Es handelte sich um ein größeres Brett, das an der unteren

---

66 Cato agr. 20–22. Vgl. *Moritz*, Grain-Mills, 57–58.
67 Colum. 12, 51, 2; 12, 52, 6.
68 Varro rust. 2, 11, 9; *Zimmer*, Berufsdarstellungen, Nr. 33.
69 Plin. nat. 18, 171–172.
70 Plin. nat. 18, 172–173.

Seite mit Spitzen aus Stein oder Eisen versehen war und durch ein Gewicht belastet wurde. Zwei Ochsen zogen den Dreschschlitten über die ausgebreiteten Ähren. Eine vor allem auf der Iberischen Halbinsel verbreitete und *plostellum poenicum* genannte Form des Dreschschlittens hatte mit Zähnen versehene Achsen. Verbreitung und Bezeichnung deuten darauf hin, dass es sich wahrscheinlich um die Übernahme eines ursprünglich karthagischen Gerätes handelte.[71]

In Nordgallien und *Germania inferior* wurde bei der Getreideernte ein bei Plinius und später bei Palladius erwähntes und archäologisch gut bezeugtes Gerät eingesetzt, das die Erntearbeit deutlich erleichterte: Ein vorne geöffneter Kasten, der an den Schmalseiten Räder hatte und an der Vorderseite mit einer Reihe Greifzähne ausgestattet war, wurde von einem Tier (einem Esel oder einem Pferd), das zwischen den hinten angebrachten Stangen ging, über das Feld geschoben. Dabei wurden die Ähren von den Greifzähnen erfasst und von den Halmen abgerissen, so dass sie in den Kasten fielen. Bei der Ernte konnten nach Palladius auf diese Weise sowohl Arbeitskräfte als auch Zeit eingespart werden. Angesichts der unsicheren Witterungsverhältnisse in Nordgallien war es durchaus von Vorteil, das Getreide rasch zu ernten.[72]

In Ägypten – wo man auf eine Bewässerung der Felder angewiesen war und seit Mitte des 2. Jahrtausends v. Chr. zum Wasserheben den Schaduf gebrauchte, einen Hebebaum, an dem mit einem Seil ein Schöpfgefäß und am anderen Ende ein Gegengewicht befestigt waren – wurde im Hellenismus, im späten 3. Jahrhundert v. Chr., die Archimedische Schraube eingeführt, um Wasser in höher gelegene Bewässerungskanäle zu leiten. Wie ein Wandbild aus der Casa del' Ephebo in Pompeii zeigt, haben Menschen die Archimedische Schraube mit den Füßen gedreht.[73]

Ebenfalls aus hellenistischer Zeit stammt die Saqiya, ein komplexes Wasserschöpfgerät, das aus einem großen, horizontalen Zahnrad und einem vertikalen Zahnrad bestand, dessen Rotation eine Eimerkette in Bewegung setzte. Angetrieben wurde das Gerät von zwei Ochsen, die an der Achse des horizontalen Zahnrades angeschirrt waren. Auch in diesem Fall konnte die Muskelkraft des Menschen durch die des Tieres ersetzt werden.[74]

Die Innovationen in der Landwirtschaft können als beispielhaft für den technischen Wandel in der Antike angesehen werden; wichtige Geräte wurden verbessert, indem neue Mechanismen wie die Kraftübertragung durch Zahnräder oder die Erzeugung von Druck durch Drehung einer Schraube zur Anwendung kamen. Darüber hinaus begann mit der Wassermühle die wirtschaftliche Nutzung einer Naturkraft; ohne Zweifel haben solche Innovationen die Produktivität im Agrarbereich gesteigert.

---

71 Plin. nat. 18, 298; Varro rust. 1, 52.
72 Plin. nat. 18, 296; Pall. agric. 7, 2, 3–4; *Shaw*, Economy and Metaphor, 93–120. Vgl. Colum. 2, 20, 3: Ernte mit Mähgabeln oder Kämmen; hiervon ist die Konstruktion des gallischen Mähgerätes vielleicht angeregt worden.
73 Die Konstruktion der Archimedischen Schraube: Vitr. 10, 6. Bewässerung in Ägypten: Diod 1, 34, 2.
74 *Oleson*, Bronze Age Technology, 267–272.

IX Bergbau

Die antiken Gesellschaften benötigten Metalle in großen Mengen, um Waffen und Rüstungen für die Soldaten, aber auch um Geräte und Werkzeuge aus Eisen oder Bronze für die Handwerker und die Haushalte herzustellen. Schon früh existierten Zentren des Erzabbaus und der Verhüttung; für Kupfer ist hier Zypern zu nennen, für Eisen die Insel Elba. Der Bergbau hatte eine eminente wirtschaftliche Bedeutung, denn nach Einführung des Münzgeldes im 6. Jahrhundert v. Chr. wurden Münzen vor allem aus Silber und Kupfer oder Kupferlegierungen, in den hellenistischen Königreichen und in der Principatszeit auch aus Gold geprägt. Da das Münzgeld sich schon bald als Zahlungsmittel im Austausch bewährt und so zu einer Monetarisierung der antiken Gesellschaft geführt hatte, war der Zugang zu den Edelmetallvorkommen ein entscheidender Machtfaktor; es war schon für die Antike ein evidenter Sachverhalt, dass Kriege finanziert werden mussten und die aus der Verfügung über Münzgeld resultierende Finanzkraft entscheidend für die militärische Stärke von Städten oder Herrschern war.[75]

Die wirtschaftliche und auch militärische Stellung Athens beruhte wesentlich auf dem Silberbergbau im Bergwerksdistrikt von Laureion; dort kam es zu weitreichenden Innovationen. Während das Erz zunächst im Tagebau und an Hängen durch horizontale Stollen abgebaut wurde, ging man im frühen 5. Jahrhundert v. Chr. zum Abteufen von senkrechten Schächten über, von denen meist kurze, bis zu 40 Meter lange Stollen abzweigten. Einzelne Schächte erreichten Lagerstätten in einer Tiefe zwischen 10 und 100 Metern. Für den Vortrieb der Stollen wurden als Werkzeug Hammer, Meißel und Hacke verwendet. Begünstigt wurde der Erzabbau im Laureion-Gebiet dadurch, dass der Grundwasserspiegel nicht erreicht wurde und eine Wasserhaltung daher nicht erforderlich war. Für die Aufbereitung, die Trennung von erzhaltigem und taubem Gestein, wurden große Installationen, verschiedene Formen von Waschanlagen, geschaffen; in Schmelzöfen wurde das Erz verhüttet und das Metall von den Schlacken getrennt.[76]

Die römische Republik sicherte sich nach der Eroberung der an der Mittelmeerküste gelegenen Regionen der Iberischen Halbinsel im Zweiten Punischen Krieg den Zugriff auf die größten und ertragreichsten Metallvorkommen des Mittelmeerraumes.[77] Die technischen und organisatorischen Neuerungen im römischen Bergbau

---

75 Die Notwendigkeit, einen Krieg zu finanzieren, spielt vor allem im Werk des Thukydides eine herausragende Rolle. Vgl. etwa Thuk. 1, 121, 3 (Rede der Korinther); 1, 141, 2–142, 1; 2, 13 (Rede des Perikles); 2, 70, 2 (Kosten der Belagerung von Poteidaia); 6, 8, 1. 6, 26, 2. 6, 31, 3. 7, 27, 4. Direkte Beziehung zwischen Bergbau und Anwerbung von Söldnern: Diod. 5, 38, 2. Geld und Militär: Diod. 16, 8, 7 (Philipp II.); Cass. Dio 42, 49, 4 (Caesar); 77, 15, 2 (Septimius Severus).
76 *Nomicos*, Laurion.
77 Diod. 5, 35, 1; Strab. 3, 2, 8–3, 2, 11; 3, 2, 14; 3, 4, 2; Plin. nat. 3, 30; 4, 112; 33, 36; 37, 20; vgl. *Healy*, Mining and Metallurgy, 56.

waren wesentlich durch die ökonomischen Interessen Roms bedingt, vor allem durch den hohen Bedarf an Silber für die Prägung der Denare und seit augusteischer Zeit auch an Gold für die Prägung der Goldmünzen (*aurei*).[78]

Wie Diodors Darstellung zeigt, waren die Bergwerke in der Zeit der Republik an Gesellschaften (*societates publicorum*) verpachtet, deren Gewinnstreben zu Innovationen führte:[79] In Erwartung hoher Erträge haben die Pächter (*publicani*) nach Diodor Schöpfgeräte zur Wasserhaltung in den Bergwerken aufstellen lassen und auch umfangreiche Stollensysteme angelegt.[80] Die Römer erreichten mit ihren Schächten Tiefen von über 100 Metern.[81] Das Erz wurde oft mit mechanischen Hilfsmitteln, vor allem mit der Seilwinde, gefördert.[82] Da die Römer begannen, Edelmetalle unter dem Grundwasserspiegel abzubauen, war es notwendig geworden, für eine effiziente Wasserhaltung zu sorgen.[83] Als Wasserschöpfgerät diente zunächst die Archimedische Schraube, die mit menschlicher Muskelkraft angetrieben wurde. Mit Hilfe einer Kombination mehrerer solcher Geräte war es möglich, das Grubenwasser zum Ausgang der Bergwerke zu leiten.[84] Als effizienter erwiesen sich die großen Wasserschöpfräder, die einen Durchmesser von über vier Metern hatten und ebenfalls von Menschen angetrieben wurden. Sie waren so konstruiert, dass sie in ihre Einzelteile zerlegt und durch die engen Stollen zu ihrem Standort gebracht werden konnten, wo sie dann zusammengesetzt wurden.[85] Im südspanischen Bergwerk Rio Tinto haben acht Paare solcher Wasserschöpfräder das Wasser um ca. 29 Meter gehoben. Damit war es möglich geworden, Erzlagerstätten unterhalb des Grundwasserspiegels abzubauen.[86]

Als in der augusteischen Zeit Gold durch die Emission von Goldmünzen, der *aurei*, für die römische Münzprägung an Bedeutung gewann, setzte der intensive Goldabbau im Nordwesten der Iberischen Halbinsel ein.[87] Die Lagerstätten weisen hier einen extrem geringen Goldanteil auf, so dass ein Abbau untertage nicht möglich war. Aus diesem Grund war es notwendig, eine neue Technik der Goldgewinnung zu anzuwenden. C. Plinius, der als *procurator* der Provinz *Hispania Tarraconensis* den römischen

---

[78] Zu den technischen Veränderungen im römischen Bergbau auf der Iberischen Halbinsel vgl. *Domergue*, Mines Ibériques; *ders.*, Mines Antiques. Zum Umfang und zu den Erträgen des Silberbergbaus im 2. Jahrhundert v. Chr. vgl. Strab. 3, 2, 10: In den Silberbergwerken bei Carthago Nova arbeiteten 40.000 Menschen und brachten der Republik täglich 25.000 Denare ein (im Jahr 9,125 Mio. Denare oder ca. 34 Tonnen Silber).
[79] Diod. 5, 36, 4.
[80] Diod. 5, 37, 3.
[81] *Domergue*, Mines Ibériques, 430–432.
[82] *Domergue*, Mines Ibériques, 414–417; 432–433; *ders.*, Mines Antiques, 114–115.
[83] *Healy*, Mining and Metallurgy, 93–100; *Landels*, Engineering, 58–70; *Domergue*, Mines Ibériques, 433–460; *ders.*, Mines Antiques, 120–128; vgl. ferner Plin. nat. 33, 96–97 zur Methode der Karthager, das Wasser über große Distanzen durch eine Menschenkette in Eimern aus dem Berg herauszuschaffen.
[84] Diod. 5, 37, 3; Strab. 3, 2, 9; Vitr. 10, 6.
[85] Vitr. 10, 4, 3.
[86] Vitr. 10, 6; Diod. 5, 37, 3–4; Strab 3, 2, 9.
[87] Flor. epit. 2, 33, 60.

Bergbau aus eigener Anschauung kannte, bietet eine genaue, durch archäologische Forschungen bestätigte Beschreibung des Verfahrens der Goldgewinnung:[88] Durch Stollen wurden die Berge, in denen Gold vermutet wurde, untergraben und schließlich zum Einsturz gebracht. Oberhalb des betreffenden Gebietes waren zuvor große Bassins angelegt worden, die mit Wasser aus offenen, im Hochgebirge teilweise unter schwierigsten Bedingungen angelegten Kanälen aufgefüllt wurden. Öffnete man diese Bassins, strömte das Wasser mit großer Wucht über das Erdreich und schwemmte es mit sich fort, so dass die schwerere metallhaltige Erde von dem tauben Gestein getrennt werden konnte. Welche ökonomische Bedeutung die Goldgewinnung in Nordwestspanien für Rom besaß, zeigt die Angabe des Plinius, es seien dort im Jahr 20.000 Pfund Gold gewonnen worden, also umgerechnet 6549 Kilogramm (= 6,549 Tonnen).[89]

X Innovationen im Handwerk: Die Terra Sigillata und die Glasherstellung

Im römischen Handwerk gab es ebenfalls Veränderungen der Arbeit und der Produktionsprozesse, neue Geräte und Verfahren sowie neue Werkstoffe.[90] Im Bereich der Keramik bedeutete das Aufkommen der reliefverzierten Terra Sigillata nicht nur einen Wandel in der ästhetischen Wahrnehmung, sondern auch eine grundlegende Veränderung der Arbeitsprozesse. Entscheidend war dabei die Verwendung von Formschüsseln aus Ton, die auf ihrer Innenseite einen Dekor aufwiesen. Dieser entstand dadurch, dass Punzen mit einem Relief in die Innenseite der dickwandigen Formschüsseln eingedrückt wurden, bevor diese gebrannt wurden. Die künstlerische Leistung lag also wesentlich bei dem Hersteller der Punzen, der das Relief mit dem gewünschten Thema schuf. Der Töpfer hatte jetzt nur noch die Aufgabe, die Formschüssel auf der Töpferscheibe zu zentrieren, den Ton auf der rotierenden Scheibe an die Innenwand der Formschüssel zu drücken und die Gefäßwand hochzuziehen. Die Form war vorgegeben, der Töpfer hatte allenfalls noch die Wahl der jeweiligen Formschüssel, ansonsten hatte er kaum Einfluss auf die Gestalt seiner Gefäße. War der Ton getrocknet und dabei geschrumpft, konnte das Gefäß der Formschüssel entnommen werden; es hatte einen Reliefdekor, es war zur Verzierung nicht mehr notwendig, das Gefäß zu bemalen oder mit Appliken zu versehen. Die Formschüssel konnte erneut verwendet werden, wodurch es möglich wurde, formgleiche Gefäße in großer Serie zu produzieren. Die Keramik war so zu einer Massenware geworden.[91]

---

88 Plin. nat. 33, 70–77.
89 Plin. nat. 33, 78. 20.000 Pfund Gold hatten den Wert von 800.000 *aurei* (40 *aurei* pro Pfund Gold) oder 20 Mio. Denaren.
90 *Strong/Brown*, Roman Crafts.
91 *Peacock*, Pottery, 114–128.

Die Herstellung einer großen Stückzahl von Tongefäßen hatte Auswirkungen auf den Brand der Keramik: Um mehr Gefäße gleichzeitig brennen zu können, baute man große Töpferöfen, die im südgallischen La Graufesenque eine Breite von 4 Metern und eine Höhe von 3 Metern hatten und so kaum mit den griechischen Töpferöfen zu vergleichen sind. Es war möglich, gleichzeitig annähernd 30.000 Gefäße zu brennen. Das Risiko von Fehlbränden wurde dadurch reduziert, dass die Wärme durch Röhren in die Brennkammer geleitet wurde. Aus Graffiti mit Listen von Tonwaren geht hervor, dass mehrere Töpfer ihre Erzeugnisse zum Brand in einem Töpferofen eingeliefert haben.[92]

Glas, ein Werkstoff, der nicht in der Natur vorkommt, sondern aus verschiedenen natürlichen Bestandteilen (Quarzsand, Soda, Kalk) erzeugt wird, war als Werkstoff im Alten Ägypten und im Orient bekannt, wurde aber nur zur Herstellung kleiner farbiger Gefäße verwendet; erst mit der im syrischen Raum entwickelten Technik des Glasblasens und mit der Möglichkeit, ein farbloses, durchsichtiges Glas herzustellen, kam es im 1. Jahrhundert v. Chr. zu einem Aufschwung der Glasproduktion. Glasmacherwerkstätten gab es nach Aussage Strabons zur Zeit des Augustus in Alexandria und sogar in Rom; dies beweist, dass die römischen Handwerker die Möglichkeiten eines neuen Werkstoffes zu nutzen verstanden und technische Neuerungen schnell Verbreitung fanden.[93] Einzelne Werkstätten verfertigten aus Glas Trinkgefäße, Schalen und Flaschen für die Aufbewahrung von Flüssigkeiten. Durch Verwendung von Modeln konnten Glasmacher Flaschen in Form von Früchten herstellen. Neben der einfachen Glasware für den Gebrauch im Haushalt produzierten Glasmacher seit Beginn des 1. Jahrhunderts n. Chr. auch kostbare Luxusgefäße wie die mehrfarbigen Überfanggläser oder in der Spätantike durch einen aufwendigen Schliff die Diatretgläser, die von einem feinen Netz aus Glas umgeben sind. Zudem hatte die Produktion von Fensterglas Auswirkungen auf die Architektur.

Eine weitere, nicht unbedeutende technische Neuerung ist für die Textilherstellung belegt. Der vertikale Webstuhl wurde verändert, indem er am unteren Ende einen Garnbaum erhielt, so dass die Kettfäden nicht mehr durch Gewichte gespannt wurden. Damit konnte der Schussfaden nun nach unten an das Gewebe angeschlagen werden; die Frauen mussten nicht mehr im Stehen mit erhobenen Armen arbeiten. Bei Artemidoros von Daldis gibt es ferner einen Hinweis auf einen horizontalen Webstuhl, an dem die Frauen im Sitzen webten.[94] Durch derartige Detailverbesserungen wurde die körperliche Anstrengung der Frauen beim Weben deutlich reduziert.

Im Handel setzte sich seit dem 1. Jahrhundert mit der Schnellwaage ein neues Gerät durch, das die Abwicklung von Verkauf und Kauf erheblich erleichterte. Das Gewicht der Ware konnte man leicht an einer Skala der Waage ablesen und so auf

---

92 *Marichal*, Graffites La Graufesenque.
93 Strab. 16, 2, 2; Plin. nat. 36, 189–199; *Newby/Painter*, Roman Glass; *von Saldern*, Antikes Glas. Grabstein eines Glasmachers: ILS 7648.
94 Artem. 3, 36.

die komplizierte Handhabung von einzelnen Gewichtsstücken verzichten. Die Waagen waren geeicht, so dass der Käufer eine zuverlässige Information über das Gewicht der Ware erhielt.[95]

XI Landtransport und Schiffbau

Für den Güteraustausch und den überregionalen Handel waren der Landtransport und der Schiffbau von essentieller Bedeutung; im Verkehrssektor existierte bereits ein enger Zusammenhang zwischen dem Ausbau der Verkehrsinfrastruktur und den technischen Entwicklungen im Transportwesen. Bei der Trassierung römischer Straßen wurden größere Steigungen und enge Kurven vermieden; man achtete auch darauf, dass es bei Regen nicht zu einer Überflutung der Straßen kam. Gerade in den großen Binnenräumen, etwa auf der Iberischen Halbinsel oder in Gallien, spielten die Verkehrswege für die wirtschaftliche Durchdringung eine wichtige Rolle, und sie schufen auch die Voraussetzung für eine Verbesserung von Anschirrung und Wagen. Besonders in Gallien sind technische Neuerungen im Transportwesen erkennbar. Die zweiachsigen Wagen mit Speichenrädern waren für den Transport schwerer Lasten über längere Distanzen weitaus effizienter als die im mediterranen Raum üblichen Ochsenkarren mit den großen Scheibenrädern. Zugleich wurden in der Principatszeit zunehmend auch Pferde im Landtransport eingesetzt. Dabei wurden neue Methoden der Anschirrung erprobt. Man hat das Joch ersetzt und das Geschirr der Anatomie des Pferdes so angepasst, dass die Pferde beim Ziehen nicht behindert wurden; ein Gespann von vier paarweise hintereinander angespannten Pferden ist durch ein Relief aus Langres bezeugt. Außerdem ging man dazu über, ein einzelnes Pferd vor einen zweirädrigen Wagen anzuspannen; das Pferd ging zwischen zwei Stangen, an denen das Geschirr befestigt war.[96]

In Gallien und Norditalien wurden als Behälter für Wein häufig Holzfässer verwendet, die gegenüber Amphoren zwei Vorteile hatten: Es bestand eine günstigere Relation zwischen dem Gewicht des Behälters und dem der transportierten Flüssigkeit, und die Fässer konnten gerollt und mussten nicht wie Amphoren getragen werden, so etwa beim Beladen eines Schiffes.[97]

Zwischen der Ausweitung und Intensivierung des Handels und dem Transport von Massengütern wie Getreide einerseits und den Entwicklungen im Schiffbau andererseits bestand ebenfalls ein enger Zusammenhang.[98] Im frühen Principat wurde das

---

[95] Vitr. 10, 3, 4. Abbildung auf dem Grabrelief eines Fleischers: *Zimmer*, Berufsdarstellungen, Nr. 2. Vgl. Nr. 194. ILS 8629–8632.

[96] *Landels*, Engineering, 170–185; *White*, Greek and Roman Technology, 127–140; *Raepsaet*, Techniques de Transport. Abb. des Reliefs aus Langres: *White*, Greek and Roman Technology, 130.

[97] Strab. 5, 1, 8; 5, 1, 12; Plin. nat. 14, 132; vgl. *Zimmer*, Berufsdarstellungen, Nr. 177; 197.

[98] *Casson*, Ships; *Landels*, Engineering, 133–166; *White*, Greek and Roman Technology, 141–156. Zusammenfassung bei *Warnking*, Römischer Seehandel, 369–377.

für die Stadt Rom bestimmte Getreide in großen Mengen über das Meer aus den Provinzen Africa und Ägypten nach Mittelitalien gebracht, wofür Schiffe mit einer hohen Frachtkapazität benötigt wurden. Die großen auf dem Mittelmeer eingesetzten Frachtschiffe, die Ladungen mit einem Gewicht von 350 bis 500 Tonnen beförderten,[99] erhielten neben dem großen Mast in der Mitte des Rumpfes zwei weitere Masten am Bug sowie am Heck und über dem Rahsegel zusätzlich ein dreieckiges Obersegel, um so die Windkraft als Antrieb besser nutzen zu können.[100] In der Küstenschifffahrt war neben dem Rahsegel auch das Sprietsegel verbreitet. Zur Sicherheit der Schiffe trug ferner bei, dass das Bilgewasser mit Pumpen aus dem Rumpf entfernt werden konnte.[101] Die römischen Schiffe fuhren auch ohne Landsicht über das hohe Meer. Im Indienhandel nahmen die im Flottenverband fahrenden Schiffe den direkten Seeweg über den Indischen Ozean vom Roten Meer zur Westküste Indiens.[102] Der Leuchtturm von Brigantium (La Coruña) im Nordwesten Spaniens bezeugt außerdem die Existenz einer römischen Schifffahrt auf dem Atlantik.[103]

Die Konstruktion der Boote, die auf den Flüssen der nordwestlichen Provinzen dem Gütertransport dienten, weist ebenfalls eine Reihe technischer Veränderungen auf. Wie die Wrackfunde in Mainz zeigen, gingen die Römer am Rhein von der im Mittelmeerraum üblichen Schalenbauweise zur Skelettbauweise über, die den Bau des Schiffsrumpfes erheblich vereinfachte; archäologisch nachgewiesen ist auch die Mallenbauweise, bei der man den Rumpf zuerst an die Mallen, die hölzernen Spantschablonen, anpasste. Stromaufwärts hat man getreidelt, wobei Menschen die Boote zogen. Einige dieser auf Flüssen eingesetzten Boote besaßen bereits ein mit dem Achtersteven fest verbundenes Steuerruder, das auf einem Relief aus Köln gut erkennbar ist.[104]

XII Bautechnik und Infrastruktur

Technische Innovationen – die Bogenkonstruktion und ein neuer Baustoff, das *opus caementicium* – haben der römischen Architektur völlig neue Möglichkeiten eröffnet und dadurch auch den Ausbau der Infrastruktur vorangetrieben. Die griechische Architektur kannte vor allem die Verwendung vertikaler und horizontaler Bauelemente, von Säule und Quaderstein; größere Innenräume benötigten Stützen, die das Dach trugen, und im Bereich der Infrastruktur konnten Bauwerke wie etwa Brücken nur

---

99 *Casson*, Ships, 170–173; 184–189.
100 Plin. nat. 19, 5; *Casson*, Ships, pl. 144 u. 145; *Warnking*, Römischer Seehandel, 374.
101 Athen. 208f; *Landels*, Engineering, 81–82; *Warnking*, Römischer Seehandel, 375.
102 Strab. 2, 5, 12.
103 Oros. 1, 2, 71.
104 In der Spätantike zogen Ochsen die mit Getreide beladenen Boote von Portus nach Rom: Prok. BG 1, 26, 10–12.

in sehr begrenztem Umfang errichtet werden. Die Bogenkonstruktion beschränkte sich in der hellenistischen Architektur vornehmlich auf unterirdische Bauten oder aber auf Stadttore, auf solche Bauwerke also, bei denen der vom Bogen ausgehende Seitenschub vom Erdreich oder im Fall von Stadttoren von den benachbarten Mauern aufgefangen wurde.[105] Die römischen Architekten beherrschten seit dem 2. Jahrhundert v. Chr. mit großer Perfektion die Technik der Bogenkonstruktion, die gerade im Bereich der Infrastruktur eine wichtige Rolle spielte,[106] so bei dem Bau der zahlreichen für das römische Straßennetz unverzichtbaren Brücken, die zum Teil eine Bogenspannweite von über 20 Metern erreichten. Brücken mit mehreren Bögen machten es möglich, auch weite Täler teilweise in großer Höhe zu überqueren. Bogenbrücken sind auf diese Weise zu einem für die römische Architektur und Zivilisation charakteristischen Bautypus geworden, der gerade in den weiten Binnenräumen der westlichen Provinzen, aber auch in Italien und in den östlichen Provinzen Kommunikation, Austausch und Handel wesentlich förderte und erleichterte.[107]

Für die Wasserleitungen, die Rom und Städte in den römischen Provinzen mit Wasser aus entfernt gelegenen Gebieten versorgten, war die Überbrückung von Tälern ebenfalls unabdingbar; besonders eindrucksvoll ist in Südfrankreich das Bauwerk, auf dem die Wasserleitung für die Stadt Nemausus (Nîmes) das tiefe Tal des Gard überquert (Pont du Gard). Um Trinkwasser in möglichst großer Höhe in die Stadt Rom leiten zu können, gingen die Römer dazu über, in der Ebene vor der Stadt Bogenstrecken von mehr als neun Kilometern Länge zu anzulegen.[108] Dabei erreichten die Aquädukte des 1. Jahrhunderts n. Chr. (*aqua Claudia, Anio Novus*) eine Höhe von über 30 Metern. Ebenso wie Brücken wurden in den Provinzen zahlreiche solcher Wasserleitungen errichtet, wobei deren Dimensionen nicht kleiner waren als die der stadtrömischen Leitungen, in einigen Fällen sogar diese übertrafen.[109]

Mit dem *opus caementicium* stand den Architekten ein neuer Baustoff zur Verfügung, dessen Eigenschaften auf einer Beimischung von Erden vulkanischen Ursprungs, der Puteolanerde, beruhten.[110] Vom Naturstein oder vom Ziegel unterscheidet sich das *opus caementicium* dadurch, dass dieser Mörtel in eine Holzverschalung gegossen werden konnte; im getrockneten Zustand besaß das *opus caementicium* eine derartige Festigkeit, dass es möglich war, die Holzverschalung abzunehmen. Der neue Baustoff eignete sich hervorragend zum Bau von Gewölben und Kuppeln. Die auf diese Weise geschaffenen großen Innenräume bedurften keiner Stützen mehr für das

---

105 *Adam*, Construction Romaine, 173–192.
106 Einen Überblick bieten: *Adam*, Construction Romaine, 173–192; 261–270; 308–311; *White*, Greek and Roman Technology, 97–99; 162–165; *Hodge*, Roman Aqueducts, 161–170.
107 Aristeid. 26, 101; *Adam*, Construction Romaine, 308–311.
108 *Adam*, Construction Romaine, 261–270; *White*, Greek and Roman Technology, 162–165; *Hodge*, Roman Aqueducts, 161–170.
109 Vgl. die Aufstellungen bei *Adam*, Construction Romaine, 264; 266.
110 Vitr. 2, 6; Plin. nat. 35, 166; Cass. Dio 48, 51, 4; *White*, Greek and Roman Technology, 83–86; *Lamprecht*, Opus caementitium.

Dach, wie etwa das unter Hadrianus in Rom gebaute Pantheon zeigt, dessen Kuppel einen Durchmesser von 43,30 Metern besitzt; ein weiteres beeindruckendes Beispiel hierfür ist das ebenfalls erhaltene Frigidarium der Diocletiansthermen (heute S. Maria degli Angeli), das eine Länge von 53 Metern und eine Breite von 22 Metern besitzt. Die neue Bautechnik war auch wirtschaftlich von Bedeutung, denn weiträumige, durch Gewölbe aus *opus caementicium* überdachte Gebäude wie die aus republikanischer Zeit stammende Markthalle in Ferentinum oder die *mercati Traiani* am Trajans-Forum in Rom dienten dem Handel und Austausch innerhalb der Städte.[111] Da *opus caementicium* selbst unter Wasser erhärtete, konnte es auch für den Bau von Hafenanlagen verwendet werden;[112] zu den Großprojekten gehörten der Bau der Hafenmole von Puteoli, die Anlage des Hafens von Caesarea durch Herodes oder die Schaffung der beiden Hafenbecken an der Tibermündung.[113]

Nach dem Brand Roms unter Nero wurden Mauern zunehmend aus gebrannten Ziegeln mit einem Kern aus *opus caementicium* errichtet. Die Verwendung der Ziegel, die für die Monumentalbauten in großen Mengen benötigt wurden, gab den Großgrundbesitzern in der Umgebung von Rom die Chance, die Tonvorkommen auf ihren Ländereien für die Ziegelproduktion zu nutzen. Ziegeleien wurden so zu einem wesentlichen Faktor in der Ökonomie der reichen senatorischen Führungsschicht. Durch die Verwendung von Fensterglas erhielten die Innenräume von Häusern, Thermen und selbst von Tempeln Tageslicht; Fensterfronten wurden ein charakteristisches Merkmal der spätantiken Architektur, was dann gerade auch für den Kirchenbau gilt.

Die Arbeit auf den Baustellen erforderte effiziente Hebegeräte, große Kräne, die schwenkbar waren und Flaschenzüge hatten. Um schwere Lasten heben zu können, waren solche Kräne mit Treträdern ausgestattet, die von Menschen gedreht wurden. Neben der Beschreibung bei Vitruvius existiert glücklicherweise auf einem Grabrelief eine präzise und detailreiche bildliche Darstellung eines solchen Krans.[114]

XIII Zusammenfassung

Überblickt man die Innovationen im Bereich der antiken Technik, so muss ihnen eine erhebliche Bedeutung für die wirtschaftliche Entwicklung in Griechenland und Rom zugeschrieben werden. Umgekehrt beeinflussten Wirtschaft und Gesellschaft, ökonomische Interessen und soziale sowie machtpolitische Ambitionen die Fortschritte im technischen Bereich. Eine wichtige Rolle spielte für die technischen Neuerungen die

---

111 *Adam*, Construction Romaine, 192–205.
112 Vitr. 5, 12, 2–6; *White*, Greek and Roman Technology, 104–110.
113 Puteoli: Strab. 5, 4, 6. Caesareia: Ios. bell. Iud. 1, 408–414. Portus: Cass. Dio 60, 11, 1–5. Vgl. zu den Importen aus fremden Ländern Aristeid. 26, 11.
114 Vitr. 10, 2, 1–10. Das Relief vom Hateriergrab: *Zimmer*, Berufsdarstellungen, Nr. 83; *White*, Greek and Roman Technology, 15. Vgl. auch das Relief aus Capua: *Zimmer*, Berufsdarstellungen, Nr. 82.

Mechanik; die präzise Analyse der Wirkung der mechanischen Instrumente wie Hebel, Flaschenzug, Schraube und Zahnrad erwies sich als eine entscheidende Voraussetzung für die Konstruktion komplexer Geräte, etwa der Schraubenpresse oder der Wassermühle. Neben den Detailverbesserungen vorhandener Geräte gab es auch die Entwicklung völlig neuartiger Geräte wie etwa des Gallischen Mähgerätes. Zu den neuen technischen Verfahren gehörte in der Töpferei die Verwendung von Formschüsseln, in der Glasherstellung die Technik des Glasblasens, und im Bauwesen haben technische Innovationen, die Bogenkonstruktion, das *opus caementicium* als neuer Baustoff und Fensterglas der Architektur neue Impulse gegeben. Aufgrund der Fortschritte in der Bautechnik war ein Ausbau der Verkehrsinfrastruktur möglich geworden, die Verkehr und Handel im Mittelmeerraum und in den westlichen Provinzen förderte und so weitreichende Auswirkungen auf die Wirtschaft des Imperium Romanum hatte. Obgleich die menschliche Arbeitskraft durch die technische Entwicklung beim Mahlen von Getreide zumindest partiell durch tierische Arbeit und dann auch durch die Wasserkraft ersetzt wurde, blieb die Muskelkraft von Menschen und Tieren in allen Bereichen der Wirtschaft vorherrschend; die Nutzung der Windenergie war auf die Schifffahrt beschränkt. Immerhin stellt die Anwendung der Wasserkraft in der Wassermühle einen technischen Durchbruch dar. Die Arbeitsproduktivität ist in den verschiedenen Zweigen der Wirtschaft durch solche Innovationen wahrscheinlich gestiegen. Der im Imperium Romanum verbreitete Wohlstand beruhte so wesentlich auf zwei Faktoren, auf der lange Phase des Friedens und der Rechtssicherheit einerseits und den technischen Entwicklungen andererseits.

Allerdings darf angesichts solcher Innovationen nicht übersehen werden, dass in vielen Bereichen der antiken Wirtschaft traditionelle Verfahren und Werkzeuge teilweise bis zur Frühen Neuzeit Bestand hatten. Die antike Gesellschaft blieb ungeachtet der technischen Entwicklungen eine prämoderne Agrargesellschaft und die Arbeit des größten Teils der Bevölkerung, die das Land bebaute und Nahrungsmittel produzierte, unterlag kaum Veränderungen. So pflügten im Mittelmeerraum – um nur wenige Beispiele zu nennen – die Bauern bis zum 19. Jahrhundert mit Ochsen und einem leichten Pflug den Boden, sie säten das Korn mit der Hand aus und ernteten mit der Sichel tief gebeugt das Getreide, und die Menschen beförderten Güter weiterhin auf den Rücken der Esel und Maultiere. Frauen haben mit der einfachen Spindel Wolle zu Garn verarbeitet; erst im Mittelalter wurde das Spinnrad eingeführt. Diese Verhältnisse, die vom politischen, sozialen und wirtschaftlichen Wandel kaum jemals berührt wurden, sind für den Historiker deswegen von Belang, weil sie das Leben eines großen Teils der Bevölkerung prägten und Grundlage für die Entwicklungen in Politik, Wirtschaft und Gesellschaft waren. Wandel und ‚longue durée' schließen sich im Bild einer Epoche nicht aus, sondern ergänzen einander.

In der Erforschung der antiken Technik wurden seit den Arbeiten von Wikander und White große Erkenntnisfortschritte erzielt und heute ist das Bild der technischen Entwicklung in der griechisch-römischen Welt wesentlich präziser und differenzierter als vor 1984. Heute stellen sich neue Fragen und neue Probleme: Im Zentrum der

Forschung wird auch weiterhin die Frage nach der Verbreitung einzelner Verfahren und Geräte stehen sowie die Frage nach den spezifischen Voraussetzungen regionaler technischer Entwicklungen. Die Interdependenz von technischen Innovationen und wirtschaftlichem Fortschritt wird ein wichtiges Thema der Althistorie bleiben, wobei ganz unterschiedliche Aspekte eine Rolle spielen, so die Steigerung der Produktivität in der Landwirtschaft und im Handwerk oder aber die Folgen des Ausbaus der Infrastruktur nicht nur für den Austausch, sondern eben auch für die Produktion, die dadurch zunehmend unabhängig von lokalen Absatzmärkten wurde. Es bleibt ferner zu klären, welche Auswirkungen die Organisation der Produktion und wirtschaftliche und soziale Interessen auf technische Innovationen hatten. Der Einfluss des Orients und Ägyptens auf die Entwicklungen im Mittelmeerraum ist ein weiteres Forschungsgebiet, in dem wichtige neue Einsichten gewonnen werden können. Insgesamt wird die Archäologie eine wichtige Position bei diesen Untersuchungen einnehmen. Auf dem Gebiet der Technikgeschichte ist ferner die Übernahme technischen Wissens durch einen Rezeptionsprozess noch wenig erforscht; unter dieser Voraussetzung stellen Untersuchungen über die Auswirkungen der antiken Technik auf die Zivilisation des Mittelalters, der Renaissance und daneben auf die arabische Welt vor der Expansion der Mongolen ein Desiderat dar.

Bibliographie

Adam, J.-P., La construction romaine. Materiaux et techniques. Paris 1984.
Bayerl, G., Technik im Mittelalter und Früher Neuzeit. Stuttgart 2013.
Blümner, H., Technologie und Terminologie der Gewerbe und Künste bei Griechen und Römern. 4 Bde., 1. Bd. 2. Aufl. Leipzig 1912, 2.-4. Bd. Leipzig 1879-1887 (ND 1969).
Bol, P. C., Antike Bronzetechnik. Kunst und Handwerk antiker Erzbildner. München 1985.
Brun, J.-P., Archéologie du vin et de l'huile dans l'Empire romain. Paris 2004.
Casson, L., Ships and Seamanship in the Ancient World. Princeton 1971.
Cech, B., Technik in der Antike. Darmstadt 2010.
Coulton, J. J., Ancient Greek Architects at Work. Problems of Structure and Design. Ithaca/New York 1977.
Domergue, C., Les mines de la péninsule ibérique dans l'antiquité romaine. Rom 1990.
Domergue, C., Les mines antiques. La production des métaux aux époques grecque et romaine. Paris 2008.
Finley, M. I., Technical Innovation and Economic Progress in the Ancient World, in: EconHR, 18, 1965, 29-45.
Gara, A., Tecnica e tecnologia nelle società antiche. Rom 1994.
Gille, B., Le mécaniciens grecs. La naissance de la technologie. Paris 1980.
Greene, K., Perspectives on Roman Technology, in: Oxford Journal of Archaeology, 9, 1990, 209-219.
Greene, K., Technological Innovation and Economic Progress in the Ancient World: M. I. Finley Re- considered, in: EconHR, 53, 2000, 29-59.
Healy, J. F., Mining and Metallurgy in the Greek and Roman World. London 1978.
Hodge, A. T., Roman Aqueducts and Water Supply. London 1992.
Humphrey, J. W./Oleson, J. P./Sherwood, A. N. (Hgg.), Greek and Roman Technology: A Sourcebook, Annotated Translations of Greek and Latin Texts and Documents. London 1998.
Isager, S./Skydsgaard, J. E., Ancient Greek Agriculture. An Introduction. London 1992.

Kienast, H. J., Die Wasserleitung des Eupalinos auf Samos. (Samos, Bd. 19.) Bonn 1995.
Lamprecht, H.-O., Opus caementitium. Bautechnik der Römer. Düsseldorf 1985.
Landels, J. G., Engineering in the Ancient World. London 1978 (dtsch. Übersetzung München 1979).
Leveau, P., The Barbegal Water Mill in Its Environment: Archaeology and the Economic and Social History of Antiquity, in: JRA, 9, 1996, 137–153.
Lo Cascio, E. (Hg.), Innovazione tecnica e progresso economico nel mondo romano. Bari 2006.
Marichal, R., Les graffites de La Graufesenque. (Suppléments à Gallia, Bd. 47) Paris 1988.
Moritz, L. A., Grain-Mills and Flour in Classical Antiquity. Oxford 1958.
Müller-Wiener, W., Griechisches Bauwesen in der Antike. München 1988.
Newby, M./Painter, K. (Hgg.), Roman Glass. Two Centuries of Art and Invention. London 1991.
Nicolet, C. (Hg.), Les littératures techniques dans l'antiquité Romaine. Statut, public et destination, tradition. Genf 1996.
Noble, J. V., The Techniques of Painted Attic Pottery. London 1988.
Nomicos, S., Laurion. Montan- und siedlungsarchäologische Studien zum antiken Blei-Silberbergbau. Bochum 2021.
Oleson, J. P., Bronze Age, Greek and Roman technology. A Select, Annotated Bibliography. New York 1986.
Oleson, J. P. (Hg.), The Oxford Handbook of Engineering and Technology in the Classical World. Oxford 2008.
Peacock, D. P. S., Pottery in the Roman World: An Ethnoarchaeological Approach. London 1982.
Pekridou-Gorecki, A., Mode im antiken Griechenland. München 1989.
Popplow, M., Technik im Mittelalter. München 2010.
Raepsaet, G., Attelages et techniques de transport dans le monde gréco-romain. Brüssel 2002.
Von Saldern, A., Antikes Glas. (Handbuch der Archäologie) München 2004.
Scheibler, I., Griechische Töpferkunst. Herstellung, Handel und Gebrauch der antiken Tongefäße. München 1983.
Schneider, H., Das griechische Technikverständnis. Von den Epen Homers bis zu den Anfängen der technologischen Fachliteratur. Darmstadt 1989.
Schneider, H., Einführung in die antike Technikgeschichte. Darmstadt 1992.
Schneider, H., Geschichte der antiken Technik. München 2012.
Shaw, B. D., Bringing in the Sheaves. Economy and Metaphor in the Roman World. Toronto 2013.
Snodgrass, A. M., Arms and Armor of the Greeks. 2. Aufl. Baltimore 1999.
Strong, D./Brown, D. (Hgg.), Roman Crafts. London 1976.
Tölle-Kastenbein, R., Antike Wasserkultur. München 1990.
Tölle-Kastenbein, R., Das archaische Wasserleitungsnetz für Athen und seine späteren Bauphasen. Mainz 1994.
Warnking, P., Der römische Seehandel in seiner Blütezeit. Rahmenbedingungen, Seerouten, Wirtschaftlichkeit. (Pharos, Bd. 36.) Rahden/Westf. 2015.
White, K. D., Greek and Roman Technology. London 1984.
White, K. D., Roman Farming. London 1970.
Wikander, Ö., Exploitation of Water-Power or Technological Stagnation? A Reappraisal of the Productive Forces in the Roman Empire. Lund 1984.
Wikander, Ö. (Hg.), Handbook of Ancient Water Technology. Leiden 2000.
Wilson, A., Machines, Power and the Ancient Economy, in: JRS, 92, 2002, 1–32.
Zimmer, G., Römische Berufsdarstellungen. (Archäologische Forschungen, Bd. 12.) Berlin 1982.
Zimmer, G., Griechische Bronzegusswerkstätten. Zur Technologieentwicklung eines antiken Kunsthandwerkes. Mainz 1990.

Beate Wagner-Hasel
11 Frauen in der antiken Wirtschaft

I Einleitung: Geschlechtsspezifische Arbeitsteilung

Antike Gottheiten arbeiten und sichern Ressourcen – nach Geschlechtern getrennt. Die Göttin Demeter lässt das Getreide wachsen, der Gott Dionysos bringt den Menschen den Rebstock, der Göttin Athena ist der Ölbaum heilig. Im römischen Götterhimmel gibt es zudem eine göttliche Gärtnerin, Pomona, der das Beschneiden und Veredeln der Obstbäume obliegt, die das Wachstum und den Ertrag der Früchte steigern (Ov. met. 14, 623–636).[1] In der Viehzucht sind vornehmlich männliche, aber auch weibliche Gottheiten tätig, wobei diese anders als Demeter und Dionysos selbst Hand anlegen: Apollon verdingt sich für Brot und Kleidung als Hirte (Hom. Il. 21, 454); Hermes, Sohn des Zeus und der Nymphe Maia, weidet seine Herden am Berg Kyllene in Arkadien (Hom. h. Merc. 3–5). Auf der Insel Thrinakia hüten die flechtenschönen Nymphen sieben Herden Schafe und sieben Herden krummgehörnte Rinder für ihren Vater Helios (Hom. Od. 12, 125–127). Auch im Handwerk legen die Götter selbst Hand an: Es gibt den Waffenschmied Hephaistos, die Weberin Athena, die ihr Gewand, einen *peplos*, selbst fertigt (Hom. Il. 6, 734–735), und zugleich die Patronin der Töpferarbeit ist. Die Göttin Aphrodite dagegen lässt ihre Kleidung von ihrem weiblichen Gefolge, den Chariten, anfertigen (Hom. Od. 8, 364–366). Man sollte meinen, dass der Götterhimmel die Arbeitsteilung zwischen den Geschlechtern spiegelt und nicht nur im Textilgewerbe, sondern auch in der antiken Landwirtschaft vorwiegend Frauen tätig waren. Die Forschung aber sagt etwas anderes. Sie folgt den Aussagen der antiken Hauswirtschaftslehren, in denen nur die Textilarbeit in die Zuständigkeit der Frauen fällt, die Feldarbeit aber den Männern zugeordnet wird. In Xenophons Schrift *Oikonomikos* („Hauswirtschaftslehre") erklärt der Athener Ischomachos seiner jungen Frau, dass Frauen für Arbeiten im Haus, Männer für jene außerhalb des Hauses, auf dem Feld und in der Schlacht, zuständig seien; „der Gott" hätte den Geschlechtern die jeweils für diese Tätigkeiten geeignete *physis* („Natur") gegeben (Xen. oik. 7, 22–25).

Für die Gelehrten des 19. Jahrhunderts entsprach diese Aufteilung der Zuständigkeiten dem bürgerlichen Lebensideal der Trennung zwischen weiblicher Hausarbeit und außerhäuslicher (Erwerbs-)Arbeit der Männer.[2] Mit diesem Modell einher ging die Vorstellung von mangelnder Professionalität weiblicher Arbeit. In vielen Handbü-

---

[1] *Frass*, Pomonas Reich.
[2] Grundlegend: *Hausen, K.*, Die Polarisierung der Geschlechtscharaktere – Eine Spiegelung der Dissoziation von Erwerbs- und Familienleben, in: *Conze, W. (Hg.)*, Sozialgeschichte der Familie in der Neuzeit Europas. Stuttgart 1976, 363–393.

Anmerkung: Für kritische Lektüre und wertvolle Literaturhinweise danke ich Ellen Harlizius-Klück, Marie Louise Nosch, Eftychia Stavrianopoulou und Christian Uhde.

chern zur Wirtschaftsgeschichte lesen wir, dass immer dann, wenn eine Arbeit zur dauerhaften Tätigkeit von Spezialisten wurde, die nicht nur für den Eigenbedarf produzierten, und den Einsatz technischer Hilfsmittel erforderte, sie von Frauen- in Männerhand überging. So schreibt etwa Fritz Heichelheim in seiner Wirtschaftsgeschichte über das antike Töpferhandwerk: „When pottery became more artistic and desirable in form and established a market for its design, it probably changed over to the sphere of masculine activity in many cases."[3]

Seit den 1920er Jahren, als zunehmend weibliche Berufstätigkeit in westlichen Industrienationen üblich wurde, entstanden erste Spezialstudien zur Frauenarbeit – zunächst zu Griechenland,[4] seit den 1980er Jahren vermehrt zur Frauenarbeit in Rom.[5] Es haben inzwischen nicht nur Einzelstudien zugenommen; auch in Sammelwerken zur antiken Wirtschaft finden sich nun auch Kapitel zur Frauenarbeit, vor allem im Textilbereich.[6] Dazu hat nicht zuletzt die Gründung des Kopenhagener *Centre for Textile Research* im Jahr 2005 beigetragen, in dessen Umfeld zahlreiche Studien zur Textilproduktion entstanden.[7] Was allerdings fehlt, ist eine Wirtschaftsgeschichte, die beide Geschlechter berücksichtigt.[8]

Der folgende Überblick nimmt vier Arbeitsfelder in den Blick, die Landwirtschaft, das Handwerk, hier vor allem die Textilproduktion, sowie den Handel und das sogenannte Dienstleistungsgewerbe. Den Abschluss bilden Betrachtungen zu den Vermögensverhältnissen von Frauen. Regionale Unterschiede werden, soweit möglich, berücksichtigt. Statusfragen werden integrativ behandelt. Denn gerade im Römischen Reich wurden viele Tätigkeiten von Unfreien und Freigelassenen ausgeübt. Deshalb ziehe ich es auch vor, von Tätigkeitsfeldern und nicht von Berufstätigkeit zu sprechen, da dieser Begriff die Verbreitung freier Lohnarbeit suggeriert, die in der Antike in weit geringeren Umfang als heute gegeben war. Die meisten Tätigkeiten erfolgten innerhalb der Hauswirtschaft, wobei die Arbeit sowohl für den eigenen Bedarf als auch für den Markt erbracht wurde. Noch zu wenig Beachtung hat die Abgabenwirtschaft gefunden, die vor allem im Textilhandwerk seit der mykenischen Zeit eine wesentliche Rolle spielt. Sie scheint mir ein stärkeres Unterscheidungsmerkmal zwischen moderner und antiker Wirtschaft zu sein als die Marktproduktion, die in der Debatte um den Charakter der antiken Wirtschaft bislang eine zentrale Rolle spielte.[9]

---

3 *Heichelheim, F.*, An Ancient Economic History I. 2. Aufl. Leiden 1965, 80.
4 *Herfst*, Le Travail, ND 1979; *Schaps*, Economic Rights.
5 Vgl. u. a. *Kampen*, Status; *Eichenauer*, Arbeitswelt; *Günther*, Frauenarbeit.
6 *Reuthner*, Athenes Gewänder; *Spantidaki*, Textile Production; *Tsakirgis, B.*, Whole Cloth: Exploring the Question of Self-Sufficiency through Evidence for Textile Manufacture and Purchase in Greek Houses, in: *Harris, E. M./Lewis, D. M./Woolmer, M.* (Hgg.), The Ancient Greek Economy. Markets, Households and City States. Cambridge 2016, 166–186.
7 Vgl. u. a. *Gillis/Nosch* (Hgg.), Ancient Textiles; *Wagner-Hasel/Nosch (Hgg.)*, Stoffkreisläufe; *Harlow/Michel/Quillien*, Textiles and Gender.
8 Eine solche Studie ist in Vorbereitung: *Taylor, C.*, Chrysilla Talks Back. A Feminist Economic History of the Ancient Greek World.
9 Vgl. den Überblick bei *Wagner-Hasel*. Der Nationalökonom Karl Bücher, 315–336.

Die neuen Ansätze der Institutionenökonomik spielen insofern eine Rolle, als sie den Blick auf die Bedeutung der institutionellen Verankerung ökonomischer Vorgänge lenken, die in der Fokussierung auf die Rolle des Marktes zu kurz kamen.

Zu berücksichtigen ist bei der Beurteilung von Frauenarbeit, dass nicht von einem allgemein verbindlichen Arbeitsbegriff auszugehen ist. Sowohl das Griechische als auch das Lateinische kennen eine Vielzahl von Arbeitsbegriffen, die sich an der aufgewendeten Mühe, an der Art der Aneignung des Wissens und an der Frage, für wen produziert wird, orientieren. Auch unterscheidet sich die Bewertung nach Tätigkeitsfeldern und Status.[10] *Ergon*, „Werk", nennt Hesiod die bäuerliche Arbeit auf dem Feld; *ergon* heißt auch die Webarbeit, die manchmal auch *techne* genannt wird. „Angewandte Kunst", „Handwerk", deren Ausübung das Erlernen eines Systems von Regeln impliziert (so Aristot. eth. Nic. 1140 a 20–23), ist mit *techne* gemeint.[11] Die lateinische Entsprechung für *techne* ist *ars* bzw. *artefìcium*,[12] das Pendant zu *ergon* ist *opus*, das Werk. Die handwerkliche Arbeit, die Wollarbeit, aber auch die Leistung des Gladiators wird mit *opus* bezeichnet. *Opus* kann auch die Bedeutung von Zwangsarbeit annehmen, z. B. im Bergwerk, in den Salinen oder auch in Webstuben. Ein mit *opus* verwandter Arbeitsbegriff ist *opera*. Mit ihm werden die Dienste für andere, die Leistungen, die im Auftrag anderer erbracht werden, bezeichnet; *operarius* ist der Tagelöhner. Für die damit verbundene Mühseligkeit des Arbeitens gibt es einen eigenen Begriff, griechisch *ponos*, lateinisch *labor*. Erst im Christentum bekommt *labor* eine positive Bedeutung zugewiesen.[13] Aus begriffsgeschichtlicher Perspektive gibt es keinen Grund, Professionalität und Frauenarbeit als Gegensätze zu betrachten; jedoch sind die sozialen Rahmenbedingungen zu beachten, in denen die Arbeitsleistung erbracht wurde. Sie, nicht der Markt, bestimmten ihren Wert.

II Hauswirtschaftslehren und Frauenarbeit in der Landwirtschaft

1 Hauswirtschaftslehren

Antike Gesellschaften waren Agrargesellschaften. Wir müssen davon ausgehen, dass die Mehrheit der Bevölkerung von der Landwirtschaft lebte. Die ökonomische Litera-

---

10 Vgl. *Descat, R.*, L'acte et l'effort. Une idéologie du travail en Grèce ancienne. Paris 1986.
11 Vgl. *Schneider, H.*, Das griechische Technikverständnis. Von den Epen Homers bis zu den Anfängen der technologischen Fachliteratur. Darmstadt 1992, 15; 17.
12 Vgl. *Meißner, B.*, Die technologische Fachliteratur der Antike: Struktur, Überlieferung und Wirkung technischen Wissens in der Antike (ca. 400 v.Chr.–ca. 500 n.Chr.). Berlin 1999, 12–15.
13 Zu den Entsprechungen von *ponos* und *labor* bzw. *ergon* und *opus* vgl. *Nippel, W.*, Erwerbsarbeit in der Antike, in: *Kocka, J./Offe, C.* (Hgg.), Geschichte und Zukunft der Arbeit. Frankfurt a.M./New York 2000, 54–66, hier: 55.

tur der Antike gilt in erster Linie dieser agrarischen Welt, nicht dem Handwerk. Am Anfang steht das bäuerliche Lehrgedicht „Werke und Tage" des Hesiod (7. Jh. v. Chr.), das Auskunft gibt über den agrarischen Jahreszyklus und die Zeit der Seefahrt sowie über die moralisch richtigen Verhaltensweisen, über Heiratsverhalten, Nachbarschaftshilfe, Sorge für die Götter. Adressat ist der Bruder Perses, mit dem er im Erbstreit steht. Er macht Angaben zur Drescharbeit der Knechte (Hes. erg. 598) und zur Entlohnung der gedungenen Pflüger (Hes. erg. 441–443, 459–460). Das System der geschlechtsspezifischen Arbeit aber beschreibt er nicht. Seit dem 4. Jahrhundert v. Chr. entstehen Schriften über die rechte Haushaltung – so die Schrift *Oikonomikos* von Xenophon (430–354 v. Chr.) –, die nicht mehr den Bauern als Adressaten haben, der selbst Hand anlegt, sondern den Landbesitzer, der andere anweist, das Gut zu führen. In einer solchen Leitungsfunktion wird die Ehefrau des Ischomachos unterwiesen, wozu die Organisation der inneren Abläufe der Hauswirtschaft gehört. Da in dieser Zeit das Hauswesen zunehmend an politischer Bedeutung gewann, ist Xenophons Modell von der geschlechtsspezifischen Arbeitsteilung auch als Hinweis auf die Neubestimmung politischer und sozialer Räume und damit verbunden der Kompetenzbereiche der Geschlechter zu lesen.[14]

Xenophons Schrift, die in dialogischer Form nach Art der Platonischen Werke abgefasst ist und von Cicero ins Lateinische übersetzt wurde, bildet den Bezugspunkt der Werke römischer Agrarschriftsteller wie Cato, Varro und Columella, die zwischen dem zweiten vorchristlichen und ersten nachchristlichen Jahrhundert entstanden. In ihren Werken wird anders als bei Xenophon zwischen verschiedenen Typen von Landgütern unterschieden, die auf Sonderkulturen spezialisiert waren, auf Wein- und Olivenanbau, auf Gemüse- und Obstbaumkulturen sowie auf Geflügel- und Fischzucht. Die Mitglieder der römischen Elite besaßen meist mehrere Landgüter.[15] Die Adressaten variieren; an seine Frau Fundania ist Varros Buch über die Landwirtschaft gerichtet; an den Freund Silvinus richtet Columella seine Empfehlungen. Gemeinsam ist allen Hauswirtschaftslehren als Zweck die Mehrung des Hauswesens (*auxein ton oikon/augere res familiaris*), d. h. die Erwirtschaftung von agrarischen Überschüssen, und die religiös-ethische Einbindung. Landwirtschaft wird immer in Abhängigkeit von göttlichem Wirken gesehen. Ein drittes Merkmal ist die moralische Haltung gegenüber dem Verbrauch, die mit Hesiods Klage über die gefräßige Ehefrau, *deipnoloches*, „die ihren Mann, so kräftig er sein mag, absengt ohn' eine Fackel", beginnt (Hes. erg. 704–705. Übers. Marg, W.; ähnlich Semonides Frg. 7, 24).

---

14 So *Schmitt Pantel, P.*, La différence des sexes, histoire, anthropologie et cité grecque, in: *Perrot, M. (Hg.)*, Une histoire des femmes est-elle possible? Paris 1984, 98–119, hier: 108. Zum Konzept geschlechtsspezifischer Räume vgl. *Wagner-Hasel, B.*, Frauenleben in orientalischer Abgeschlossenheit? Zur Geschichte und Nutzanwendung eines Topos, in: Der altsprachliche Unterricht, 32/2, 1989, 18–29 = Women's Life in Oriental Seclusion? On the History and Use of a Topos, in: *Golden, M./Toohey, P. (Hgg.)*, Sex and Difference in Ancient Greece and Rome. Edinburgh 2003, 241–252.
15 *Mielsch, H.*, Die römische Villa. Architektur und Lebensform. München 1987, 9–13.

Wir müssen davon ausgehen, dass in diesen Hauswirtschaftslehren weibliche Wissensbestände enthalten sind. In den von Johannes Stobaios gesammelten Fragmenten pythagoreischer Schriften hat Rosa Reuthner Spuren der Verschriftlichung solchen Wissens durch Frauen ermittelt. Einige dieser Schriften tragen den Namen von Frauen und handeln von spezifisch weiblichen Themen, so von der Anleitung der Sklavinnen oder vom rechten Verhalten der Ehefrau.[16] Wenn wir vom griechischen Begriff für den Hausverwalter, *oikonomos*, ausgehen, dann lässt sich feststellen, dass er zunächst auf Frauen Anwendung findet,[17] ehe er auf den unfreien männlichen Verwalter bezogen wird. Für die Römer galt Hauswirtschaft ohnehin ursprünglich als *labor matronalis*; sie war eine Sache der *matrona* (Colum. 12, praef. 7),[18] deren Schriftkundigkeit literarische und archäologische Quellen belegen.[19] Erst durch die Vervielfältigung des Landbesitzes, der nach den Punischen Kriegen einsetzte, wurden die Aufgaben der *matrona* einer Verwalterin, *vilica*, übertragen, der zusammen mit ihrem Ehemann, dem *vilicus*, die Verwaltung des Landgutes oblag.

2 Agrarische Feste und Frauen im Ackerbau

Bereits in den 1920er Jahren sind zahlreiche Belege zur Betätigung von Frauen in der Landwirtschaft zusammengetragen worden, die der Draußen-Drinnen-Regel Xenophons widersprechen.[20] Ein völlig anderes Arbeitsteilungsmodell ist zum Beispiel von den Athamanen im Pindosgebirge überliefert, wo Frauen den Boden bebauten, während die Männer das Vieh weideten (Herakl. Pont. fr. 23, FGH II 219). Sarah Pomeroy hat in ihrer Untersuchung von Xenophons *Oikonomikos* die Vermutung angestellt, dass zumindest bei der Ernte alle, Frauen wie Männer, Unfreie wie Freie, mithelfen mussten.[21] Das legen Bemerkungen in der Dichtkunst (Weinlese: Hom. Il. 18, 561–568;

---

[16] Vgl. *Reuthner, R.*, Philosophia und Oikonomia als weibliche Disziplinen in Traktaten und Lehrbriefen neupythagoreischer Philosophinnen, in: Historia, 58/4, 2009, 416–437.
[17] Vgl. *Spahn, P.*, Die Anfänge der antiken Ökonomik, in: Chiron, 14, 1984, 301–323.
[18] *Maurin, J.*, Labor matronalis: Aspects du travail féminin à Rome, in: *Levy, E. (Hg.)*, La femme dans les sociétés antiques. Actes du colloque de Strasbourg (mai 1980 et mars 1981). Strasbourg 1983, 139–155.
[19] *Kunst, C.*, Lesende Frauen. Zur kulturellen Semantik des Lesens im antiken Rom, in: *Signori, G. (Hg.)*, Die lesende Frau. Wiesbaden 2009, 47–64.
[20] Die Quellen sind gesammelt bei *Herfst*, Le Travail, 13–17. Darauf aufbauend: *Wagner, B.*, Zwischen Mythos und Realität. Die Frau in der frühgriechischen Gesellschaft. Frankfurt a. M. 1982, 37–66; 78–121; *Scheidel*, Feldarbeit; ders., Landarbeit. Vgl. zuletzt: *Krasilnikoff, J.*, The Farming Oikos as Place. Reflections on Economy, Social Interaction and Gender in Classical Attica, in: *Johannsen, K. B./Petersen, J. H. (Hgg.)*, Family Lives. Aspects of Life and Death in Ancient Families. Copenhagen 2019, 15–35.
[21] Vgl. *Pomeroy, S. B.*, Xenophon: Oeconomicus. A Social and Historical Commentary. Oxford 1994, 314–317. *Brock*, Labour, 343–344 hält Feldarbeit von Frauen für alltäglich. Vgl. auch *Föllinger, S.*, Frau und *Techne*: Xenophons Modell einer geschlechtsspezifischen Arbeitsteilung, in: *Feichtinger, B./Wöhrle, G. (Hgg.)*, Gender Studies in den Altertumswissenschaften: Möglichkeiten und Grenzen. Trier 2002, 49–63.

541–549) und bei den attischen Rednern sowie ikonographische Zeugnisse nahe. In der Rede gegen Euboulides führt der Ankläger Euxitheus Klage, dass Bürgerfrauen gezwungen seien, sich als Ammen, Wollarbeiterinnen und Weinleserinnen (*trygetriai*) zu verdingen (Demosth. or. 57, 45). Schnitterinnen werden in der alten attischen Komödie erwähnt.[22] Antike Lexikographen kennen Ährensammlerinnen (*kalametrides*), bei denen es sich wohl um arme Frauen handelt, die die auf den Feldern zurückgebliebenen Reste einsammelten (Poll. 1, 222; 7, 148; Hesych. s. v. *kalametrides*; Anth. Pal. 9, 89). Pflückerinnen im Weinberg und Frauen bei der Obsternte finden sich auch auf Vasenbildern.[23] Von Arbeitsliedern der Frauen beim Dreschen des Getreides weiß Athenaios (Athen. deipn. 14, 619 a). Andromache Karanika hat unlängst weitere Belege für solche Arbeitslieder zusammengetragen und einige agrarische Feste, die von Frauen gefeiert wurden, in diesen Zusammenhang gestellt.[24]

Bereits die Angaben des frühgriechischen Dichters Hesiod lassen an der Wirklichkeitsnähe der Aussagen von Xenophon zweifeln. So empfiehlt er, eine Frau zu erwerben – vielleicht eine Magd –, die in der Lage sei, den Pflugochsen zu führen (*bousin hepoito*) – so die meisten Übersetzungen – oder ihm zu folgen,[25] was auf die die Aussaat verweisen würde, die der Frau obliegt. Ein Vergleich mit einer schwarzfigurigen attischen Schale aus dem 6. Jahrhundert v. Chr. legt diese Schlussfolgerung nahe. Sie zeigt den Mann beim Pflügen und die Frau beim Säen. Beide sind nackt, wie es Hesiod an anderer Stelle in seinem Lehrgedicht für diese Tätigkeiten empfiehlt (Hes. erg. 391).[26]

Entsprechend der göttlichen Ordnung lagen in Athen gerade solche Feste, die mit dem Saatgut und der Aufbereitung des Getreides zu tun hatten, in weiblicher Hand. Das waren die Thesmophoria, die Haloa und die Skira. Die Thesmophoria wurden in Athen kurz vor der Aussaat im Herbst, im Monat Pyanepsion gefeiert, der zwischen unserem Oktober und November liegt. Zu ihnen hatten nur Bürgerfrauen Zugang. Nach den Angaben der wenigen Zeugnisse aus christlicher Zeit, die wir haben, holen die Frauen aus unterirdischen Gruben (*megara*) die Reste verwester Ferkel hervor,

---

22 Belege bei *Scheidel*, Feldarbeit, 416.
23 *Pfisterer-Haas, S.*, Mädchen und Frauen im Obstgarten und beim Ballspiel. Untersuchungen zu zwei vorhochzeitlichen Motiven und zur Liebessymbolik des Apfels auf Vasen archaischer und klassischer Zeit, in: Athenische Mitteilungen, 118, 2003, 139–195 vermutet eine metaphorische und rituelle Bedeutung.
24 *Karanika, A.*, Voices at Work. Women, Performance, and Labor in Ancient Greece. Baltimore 2014. Die Forschungen zu Arbeitsliedern gehen auf Karl Bücher zurück. Vgl. *Wagner-Hasel*, Der Nationalökonom Karl Bücher, 188–194.
25 Hes. erg. 406. Walter Marg übersetzt die Wendung *bousin hepoito*: „den Ochsen zu treiben". *Scheidel*, Landarbeit, 210 meint, dass sich die Magd um den Pflugochsen kümmern solle. Wahrscheinlicher ist, dass die Frau den Rindern folgen möge, was auch der Wortbedeutung von *hepomai* „ich folge; ich gehe nach" entspricht. Für diesen Hinweis danke ich Uwe Frankenhauser. Allerdings spricht Hesiod an anderer Stelle auch von einem jungen Knecht, der den Samen verbirgt (469–471). Für diesen Hinweis danke ich Astrid Möller.
26 Zum Bildnachweis vgl. *Wagner-Hasel*, Arbeit, Abb. 113.

die einige Zeit zuvor – vermutlich an den Skira – dort eingeschlossen worden waren. Auf den Altären der Demeter und Kore wurden dann diese Reste mit anderen Opfergaben vermischt und der neuen Saat beigegeben (Sch. Lukian. dial. meretr. 2, 1 und 7, 4; Clem. Al. protr. 17, 1). Im Monat Poseideion (Dezember/Januar) wurden die Haloa begangen, die der Wortbedeutung nach auf die Getreideverarbeitung (*aloao* = dreschen) Bezug nehmen und neben dem Dionysos auch der Demeter galten. Die Skira, ein weiteres Frauenfest, welches im Monat Skirophorion (Juni/Juli) gefeiert wurde, fiel in die Zeit nach der Ernte und der Erneuerung der Dreschplätze mit Hilfe von Gips (*skiron*). Das rituelle Pflügen dagegen, das kurze Zeit später an den Dipoleia durchgeführt wurde, war Sache der Männer.[27]

Es spricht vieles dafür, dass diese Bezogenheit von agrarischer und ritueller Praxis im antiken Griechenland nicht im Gegensatz zu den Arbeitsrollen der Geschlechter stand, wie Lin Foxhall vermutet, sondern auf eben dieser Rollenverteilung basierte.[28] Dass aber nicht der Einsatz auf dem Feld oder im Weinberg, das Säen, Hacken oder Ernten, die Beachtung antiker Autoren findet, sondern vor allem die rituellen Handlungen im Rahmen von Festen, ist nicht verwunderlich. Gerade landwirtschaftliche Arbeit galt als Kommunikationsform mit den Göttern; die Früchte der Mühen auf dem Acker wurden als Gaben der Göttin Demeter bzw. Ceres angesehen (Hes. erg. 298–302; Cic. Cato 16, 56). Von daher scheint es folgerichtig, wenn in erster Linie der Anteil der Bürgerfrauen an der Herstellung dieser Kommunikation mit der Göttin im Rahmen spezifischer Rituale in den Quellen Erwähnung findet und nicht ihr Arbeitsalltag. Allerdings verschleiert die Rede von der Gabe der Göttin eine weitere nutznießende Instanz, die Tempel, die diese Rituale zum Teil steuerten und – so in Eleusis – einen Teil der agrarischen Produkte abschöpften. In Athen lieferten die Dörfer, in denen die Frauen ihre agrarischen Rituale durchführten, den Zehnten ihrer Getreideernte an die Göttin nach Eleusis.[29] In anderen Regionen des antiken Griechenlands, in Sparta, Thessalien und auf Kreta, bearbeitete eine Schicht abhängiger Bauern den Boden und lieferte den Landbesitzern, Männern wie Frauen, Abgaben. Es ist anzunehmen, dass nicht nur diese abhängigen Bauern (Heloten, Penesten, Klaroten), sondern auch deren Frauen Hand auf dem Feld anlegten.[30] Noch mehr gilt diese Differenzierung für die römische Landwirtschaft, wo vielfach Unfreie, aber auch Pächter das Land bearbeiteten.[31] Von daher ist immer zu prüfen, um welche Statusgruppe es geht, wenn von Frauenarbeit die Rede ist.

---

27 Foxhall, L., Women's Ritual and Men's Work in Ancient Athens, in: *Hawley, R./Levick, B.* (Hgg.), Women in Antiquity. New Assessments. London/New York 1995, 97–110, hier: 107.
28 Vgl. meine Argumentation in *Wagner-Hasel*, Arbeit, 317–318.
29 *Jim, Th. S. F.*, Sharing with the Gods. *Aparchai* and *Dekatai* in Ancient Greece. Oxford 2014, 97–116.
30 *Wagner-Hasel*, Agamemnons Töchter.
31 *Foxhall, L.*, The Dependent Tenant. Land Leasing and Labour in Italy and Greece, in: JRS, 80, 1990, 97–114.

3 Viehzucht

In der antiken Dichtung und in den Schriften der römischen Agrarschriftsteller finden sich neben Verweisen auf die Tätigkeit von Frauen auf den Feldern auch Hinweise auf Frauenarbeit in der Viehzucht. Es handelt sich hier vielfach um Sklavinnen. So empfiehlt beispielsweise Columella, der dem Xenophontischen Arbeitsteilungsmodell nahezu wortwörtlich folgt, dass an Regentagen, an denen die Sklavinnen keine Landarbeit im Freien verrichten können, sie sich der Wollarbeit widmen sollen (Colum. 12, 1, 6). Daraus lässt sich folgern, dass weibliche Feldarbeit üblich war. Marcus Terentius Varro orientiert sich weniger am Geschlecht als am Alter. Ältere Hirten empfiehlt er für den Einsatz in der Rinderzucht; junge Mädchen und Knaben sollen das Kleinvieh in der Nähe der Landgüter hüten, bewaffnete Jungen weiter entfernt weidende Tiere auf den öffentlichen Weidewegen, *calles publicae*, begleiten (Varro, rust. 2, 10, 1–11). Diejenigen unter den Hirten, die zum Teil auf eigene Rechnung wirtschaften, haben eine Mitsklavin (*conserva*) an ihrer Seite, die ihnen die Nahrung bereitet, das Feuerholz herbeischafft und auch sonst kräftig anzupacken weiß, heißt es bei Varro (Varro, rust. 2, 10, 6–10). Wenn allerdings Varro in seinem Buch über die Viehwirtschaft Klage führt, dass die eigenen Frauen anders als die fleißigen Hirtinnen faul unter dem Moskitonetz liegen (Varro, rust. 2, 1, 8), verweist dies auf die ursprüngliche Zuständigkeit der *mater familias* für viehwirtschaftliche Belange. Folgt man der Dichtung, ist die Weidetätigkeit Sache von Jugendlichen und Kindern beiderlei Geschlechts und auf den Sommer beschränkt. „Die kleine Tochter trieb zwei Ziegen vom Berge heimwärts", dichtet Ovid in den *Fasten* (4, 511). Chloe, die Heldin im bukolischen Liebesroman des Longos (1, 7, 2; 1, 8, 2), ist Schafhirtin; mit der Heirat endet das Dasein auf der Sommerweide (3, 4, 5). Diese Art von Arbeitsteilung ist nicht ungewöhnlich für kleinräumig organisierte transhumante Weidewirtschaft, wie sie in vielen Regionen des Mittelmeerraumes betrieben wurde.[32]

4 Die Sorge für die Vorräte

Ein durchgängiges Muster in griechischen wie in römischen Schriften zur Hauswirtschaft ist die Zuständigkeit der Frauen für die Aufbereitung und Verarbeitung des Getreides. In frühgriechischen Frauengräbern wurden Nachbildungen von Kornspeichern gefunden; zahlreiche Terrakottafiguren zeigen Frauen beim Kornmahlen oder Teigkneten.[33] Kornmahlerinnen kennen wir aus den Linear B-Tafeln des 2. Jahrtau-

---

[32] *Wagner-Hasel, B.*, Wanderweidewirtschaft und Migration von Frauen in der Antike, in: *Kraus, M./ Sonnabend, H.* (Hgg.), Frauen und Migration. Stuttgart 2001, 94–116, hier: 105–107. Allgemein: *Santillo Frizell, B.*, Arkadien. Mythos und Wirklichkeit. Aus dem Schwedischen von Ylva Eriksson-Kuchenbuch. Köln/Weimar/Wien 2009.
[33] *Ebert, J. et al.*, Die Arbeitswelt der Antike. Wien/Köln/Graz 1984, 14; 16; 22–24.

sends;³⁴ sie werden auch im homerischen Epos erwähnt (Hom. Od. 7, 104). Hier ist es stets die *tamie*, die Verwalterin der Vorräte, die den Gästen Brot und Wein zuteilt (vgl. z. B. Hom. Od. 17, 259); ihre Herrin Penelope besitzt den Schlüssel zur Kammer, in der die Schätze des Hauses lagern (Hom. Od. 21, 5–13). Aus den Schriften der Redner des 4. Jahrhunderts v. Chr. wissen wir von der Sorge der Frauen für die Vorräte (Demosth. or. 59, 122; vgl. auch Aristot. pol. 1277 b 25), die in der Komödie parodiert wird (Aristoph. Lys. 495/6 und Eccl. 211/2). Die weibliche Zuständigkeit für die Vorratshaltung unterstreicht auch Xenophon (Xen. oik. 3, 15). An dieser Verantwortlichkeit für die Getreidevorräte scheint auch im Kriegsfall nicht gerüttelt worden zu sein. Bei Thukydides lesen wir, dass zur Zeit der Perserkriege bei der Belagerung von Plataiai die Frauen, Kinder und älteren Männer evakuiert wurden, aber 110 Frauen zum Brotbacken für die kämpfende Truppe von rund 480 Mann zurückblieben (Thuk. 2, 78). Von dieser Zuständigkeit erzählen die Mythen von den drei *Oinotropoi* mit den sprechenden Namen *Oino*, „Weinmädchen", *Spermo*, „Kornmädchen", und *Elais*, „Ölmädchen". Von Dionysos sollen sie die Fähigkeit erhalten haben, Getreide, Wein und Öl herbeizuzaubern (Sch. Lykophr. 570; 577–580). Nach Ovid verwandelte sich alles, was sie berührten, in Getreide, Öl oder Wein (Ov. met. 13, 650–674).³⁵

Auch die römischen Agrarschriftsteller betonen die Wächterfunktion der *mater familias* über die Vorräte und Schätze des Hauses, auch wenn diese Aufgabe praktisch von einer unfreien Verwalterfrau, *vilica*, ausgeübt wurde. Der Verwalterfrau obliegt ebenso wie der Frau des Ischomachos die Aufsicht über die Vorräte, die Kontrolle der Eingänge, der Milch, vor allem aber „muß sie bei der Schur zugegen sein, die Wolle sorgfältig übernehmen und die Flocken mit der Stückzahl der Herde vergleichen" (Colum. 12, 3, 9; Übers. Richter, W.). Wolle, dafür spricht das Verfassen gesonderter Schriften über die Viehwirtschaft, stellt ein wertvolles Gut der Hauswirtschaft dar, deren Verarbeitung in der Verantwortung der ‚Hausfrau' lag.³⁶ Allerdings setzt genau hier die Kritik der Agrarschriftsteller ein. Beklagt der frühgriechische Dichter Hesiod den unmäßigen Verbrauch der Frauen, steht im Fokus der Kritik der römischen Agrarschriftsteller die Vernachlässigung des Gartens und der Textilarbeit:

> „Jetzt dagegen, wo die meisten Frauen derart der *luxuria* und der Faulheit verfallen sind, sich schon zu gut sind, Woll- und Tucharbeiten auf sich zu nehmen, ja sich genieren, hausgemachte Kleider zu tragen, und ihnen in ihren wahnsinnigen Ansprüchen das am besten gefällt, was mit teurem Geld und beinahe mit dem gesamten Vermögen gekauft ist, ist es kein Wunder, wenn ihnen die Sorge um das Landgut und die Feldgeräte lästig ist und ein Aufenthalt von wenigen Tagen ihnen als die widerlichste Pflicht erscheint," schreibt Columella (Colum.12 praef. 9–10).

---

34 *Eder, B.*, Die Frau in der Wirtschaft der mykenischen Paläste, in: *Specht (Hg.)*, Frauenreichtum, 45–71; *Olsen*, Worlds.
35 *Waldner, K.*, Oinotropoi, in: DNP 8, 2000, 1148.
36 *Wagner-Hasel, B.*, „Canusiner Gewand, das trübem Honigwein sehr gleicht [...]". Wollqualitäten und Luxusdiskurs in der römischen Antike, in: *Harich-Schwarzbauer, H. (Hg.)*, Weben und Gewebe in der Antike: Materialität – Repräsentation – Episteme – Metapoetik/Texts and Textiles in the Ancient World: Materiality – Representation – Episteme – Metapoetics. Oxford/Philadelphia 2016, 37–65.

Der topische Charakter dieser Klage ist unverkennbar; sie gehört in den Kontext eines Luxusdiskurses, über den seit der späten Republik die Partizipation an den Genüssen des Weltreiches verhandelt wurde.[37] Dass sich dieser politische Diskurs am Verhalten der Römerinnen festmacht, liegt nicht zuletzt daran, dass sich in der Kaiserzeit die alten republikanischen Kleiderordnungen wie das verpflichtende Tragen der Toga, die den Bürgerstatus markierte, auflösten, und die weniger reglementierte weibliche Kleidung zum Einfallstor für neue Moden wurde.[38]

5 Der Garten

In Rom gehörte vor allem der Garten zum Aufgabenbereich der *mater familias*. An der gärtnerischen Leistung der *mater familias* bemaß sich, ob ein Landgut wohl bestellt war. Plinius d. Ä. erinnert in seiner ‚Naturgeschichte' an den alten Cato, der im 2. Jahrhundert v. Chr. eine Anleitung zur Führung eines Gutes verfasste.

> Cato rühmt die Kohlgärten. Nach diesen hat man zuerst die alten Bauern eingeschätzt, und man fällte, wo der Garten nicht ordentlich bestellt war, sofort das Urteil, die Frau des Hauses (*mater familias*) tauge nichts, denn dies gehörte zum Pflichtkreis der Hausfrau, weil man dann genötigt war, die Lebensmittel von der Fleischbank oder vom Gemüsemarkt zu holen. (Plin. nat. 19, 57–58; Übers. König, R.).

Der Gemüsegarten, insbesondere der Kohlgarten, wurde aufgrund seiner Bedeutung für die tägliche Nahrung von Cicero auch als zweite Speckseite des Bauern bezeichnet (Cic. Cato 16, 56). Man hat ausgerechnet, dass eine Gartenfläche von 40 qm ausreiche, um den Gemüsebedarf einer Familie von 8 bis 10 Personen zu decken.[39] Der Wert des Gartenbaus für den Markt wurde, wie Columella (Colum. 10, praef. 1–3) berichtet, erst in der Kaiserzeit als bedeutend erkannt.

In der Zeit der späten Republik und frühen Kaiserzeit entwickelte sich der Garten zunehmend zu einem Ort der Visualisierung der Genüsse des Magens. Schattenspendende Bäume wie Platanen und Pinien, ergänzt um Obstbäume (Kirsche, Birne, Feige, Pflaume, Granatapfel) und weinumrankte Laubengänge gaben den Gärten ihr Gepräge. Wer in der Lage war, sich im Garten aufzuhalten, zeigte seine Zugehörigkeit zur Elite an, die allein zur tätigen Muße (*otium*) in der Lage war, und demonstrierte

---

37 *Wagner-Hasel*, Wollqualitäten, sowie *Wagner-Hasel, B.*, Verschwendung und Politik in Rom. Überlegungen zur politischen Semantik des Luxuskonsums in der späten Republik und frühen Kaiserzeit, in: Historische Anthropologie, 10/3, 2002, 325–353.
38 *Hildebrandt, B.*, Der Römer neue Kleider. Zur Einführung von Seide im kaiserzeitlichen Rom, in: *Lehmann, G. A./Engster, D./Nuss, A.* (Hgg.), Von der bronzezeitlichen Geschichte zur modernen Antikenrezeption. Syngramma. (Vorträge aus dem Althistorischen Seminar, Bd. 1) Göttingen 2012, 11–53.
39 *Drexhage, H.-J./Konen, H./Ruffing, K.* (Hgg.), Die Wirtschaft des Römischen Reiches (1.–3. Jahrhundert): Eine Einführung. Berlin 2002, 69.

seinen Reichtum.⁴⁰ Als Gegenwelt zur Sphäre der Geschäftigkeit (*negotium*) war der Aufenthalt im Garten zugleich negativ konnotiert und konnte mit Verweichlichung und politischer Pflichtvergessenheit assoziiert werden. Als verachtungswürdig stellt Plutarch Cn. Pompeius Magnus dar, der einst wie Lucullus, der eine der größten Gartenanlagen in Rom besaß, „schlapp aus Liebe zu seiner jungen Frau [...] mit ihr auf seinen Gütern und in seinen Parks" lebte, ohne sich darum zu kümmern, was auf dem Forum stattfand (Plut. Pompeius 48; Übers. Ziegler, K.).

Nicht nur die Mitglieder der römischen Senatsaristokratie, sondern auch deren Frauen, vor allem aber die Kaiserfrauen, besaßen große Gartenanlagen.⁴¹ Auch auf sie richtete sich die Luxuskritik. So wurde Messalina, der Ehefrau des Kaiser Claudius, eine unmäßige Begierde nach Gartenluxus vorgeworfen. Valerius Asiaticus, ein angesehener Konsul der Kaiserzeit, der die prachtvollen Gärten des Lucullus erworben hatte, wurde laut Tacitus von ihr mittels gezielter Verleumdung in den Tod getrieben, um ihm seinen Garten zu entreißen (Tac. ann. 11, 3). Die Gärten stehen auch hier für die Vielfalt der Genüsse, die das Weltreich zu bieten hatte und die das Kaiserhaus und damit auch die Kaiserfrauen – so die kritische Sicht der Senatsaristokratie – zu monopolisieren drohte.⁴²

III Textilökonomie

1 Die Wertschätzung der weiblichen Textilarbeit

Im Unterschied zur ackerbäuerlichen Tätigkeit findet die Textilarbeit, die Xenophon zu den Hauptaufgaben einer verheirateten Frau zählt, im antiken Schrifttum eine breite Aufmerksamkeit. Sie wird in den Quellen ebenso wie die landwirtschaftliche Arbeit und die Kriegsarbeit mit dem Begriff *erga* belegt. Wenn von den *erga gynaikon*, von den „Werke(n) der Frauen" die Rede ist, dann ist stets das Sortieren, Reinigen und Kämmen der Wolle sowie das Spinnen (*neein, nethein*) und Weben (*hyphainein*) gemeint. Die Herstellung von Geweben galt zugleich auch als *techne*, als eine Fertigkeit oder Kunst, die erlernt werden musste.⁴³ In der antiken Mythologie zeichnet für diese Unterweisung die Göttin Athena verantwortlich, die dieses Wissen an Pandora, an die Stammmutter des weiblichen Geschlechts weitergab. Die Göttin lehrte sie, ein reichbebildertes Gewebe (*polydaidalon histon*) am Webstuhl zu weben (Hes. erg. 63–65). Speziell für die Buntweberei waren die Chariten zuständig, die im Epos das Gefolge der Aphrodite bilden und der Göttin gemusterte Kleidung weben (Hom. Il. 5, 335).

---

40 *Mielsch*, Villa, 118.
41 *Boatwright*, Gardens, 71; 74; *Frass*, Pomonas Reich.
42 *Wagner-Hasel*, Verschwendung.
43 *Schneider*, Technikverständnis, 15.

In den *Argonautika* des Apollonios von Rhodos (Apoll. Rhod. 4, 423–425) ist Dionysos Empfänger eines solchen von den Chariten gewobenen Mantels. In sizilischen Städten weihten ihnen Frauen ihre Webgewichte.[44] In Ovids Metamorphosen streitet sich die Lyderin Arachne mit Athena, wer das beste Gewebe anfertigt, und wird für ihren Hochmut in eine Spinne verwandelt (Ov. met. 6, 1–145). An der Wertschätzung dieser „Werke der Frauen", die vermutlich im häuslichen Kontext erlernt und von Generation zu Generation weitergegeben wurden, besteht kein Zweifel. Davon zeugen nicht zuletzt sogenannte Werbeszenen auf griechischen Vasen, die eine sitzende Frau mit Spindel und Wollkorb zeigen, der ein Mann mit Geldbeutel oder Wollknäuel gegenübersteht. Nach Sheramy Bundrick handelt es um bräutliche Werbeszenen und nicht – wie zumeist angenommen[45] – um die Darstellung der käuflichen Liebe.[46] In der römischen Kultur bezeugen Grabmäler die Wertschätzung der Wollarbeit; Darstellungen von Spindel und Wollkorb fungieren hier als Sinnbild weiblicher Tugendhaftigkeit.[47]

2 Spinnarbeit

Allerdings sind im Bereich der Textilarbeit schon früh Sklavinnen eingesetzt worden. Spinnen und Weben waren außerordentlich zeitintensiv. Experimentelle Untersuchungen am Kopenhagener Textilforschungszentrum haben ergeben, dass allein das Spinnen der Fäden für ein einziges Manteltuch wie z. B. für ein *himation* je nach Spindeltyp bis zu 195 Tage dauern kann.[48] Wenn die griechischen Helden in der epischen Dichtung den Wert von erbeuteten Frauen abwägen, dann wird als entscheidendes Argument deren Kunstfertigkeit an Spindel und Webstuhl genannt (Hom. Il. 1, 115). In den Linear B-Tafeln des minoisch-mykenischen Griechenland sind zahlreiche Spinnerinnen und Weberinnen verzeichnet, die in ein Abgaben- und Arbeitsdienstsystem eingebunden waren.[49] Ob die Helotenfrauen in Sparta und Frauen der Klaroten auf Kreta ähnliche Dienste leisteten, wissen wir nicht. In Athen finden sich vereinzelt

---

[44] *Isler, H. P.*, GERRAI – Ein neuer inschriftlicher Beleg aus Sizilien, in: ZPE, 101, 1994, 104–106. Zu den Chariten vgl. *Wagner-Hasel, B.*, The Graces and Colour-Weaving, in: *Llewellyn-Jones, L./Powell, A.* (Hgg.), Women's Dress in the Ancient Greek World. Swansea 2003, 17–32.
[45] So *Cohen, E. E.*, The Athenian Businesswoman, in: *Budin, S. L./Macintosh Turfa, J.* (Hgg.), Women in Antiquity: Real Women across the Ancient World. London/New York 2016, 714–725, hier: 722.
[46] *Bundrick*, Fabric.
[47] *Larsson Lovén, L.*, The Imagery of Textile Making. Gender and Status in the Funerary Iconography of Textile Manufacture in Roman Italy and Gaul. Göteborg 2002, 82–87.
[48] *Andersson, E./Nosch, M.-L.*, With a Little Help from My Friends: Investigating Mycenaean Textiles with Help from Scandinavian Experimental Archaeology, in: *Foster, K. P./Laffineur, R.* (Hgg.), Metron: Measuring the Aegean Bronze Age; Proceedings of the 9th International Aegean Conference. Lüttich/Austin 2003, 197–203. *Barber*, Peplos, 120 geht von einem Verhältnis von zehn Stunden Spinnarbeit zu einer Stunde Webarbeit aus.
[49] Vgl. den Überblick bei *Nosch*, Abgaben; *Boloti*, Offering.

Aussagen, in denen Spinnarbeit mit Armut assoziiert wird. In Aristophanes Komödie „Die Frösche" ist von einer Spinnerin die Rede, die fleißig die Spindel dreht, um am nächsten Tag das fertige Garn auf dem Markt zu verkaufen (Aristoph. Ran. 1346–1351). Ein Weihepigramm handelt von drei Frauen (aus Samos), die der Athene ihre Spindel und den Wollkorb weihen, „Darin sie Wolle bewahrt. Nährten sie lange damit ihr kärgliches Leben" (Anth. Gr. 6, 39; Übers. Beckby, H.; vgl. auch 7, 726 und 6, 288). Bereits im homerischen Epos finden sich Hinweise auf Spinnerinnen, die gegen Lohn ein bestimmtes Wollpensum verspinnen (Hom. Il. 12, 438). Möglicherweise verbergen sich hinter den als *erithoi* bezeichneten armen Athenerinnen bei Demosthenes (Demosth. or. 57, 45) ebenfalls Spinnerinnen. Inschriftlich belegt sind im klassischen Athen Wollarbeiterinnen, *talasiourgoi*.[50]

Dieses Muster der Wertschätzung weiblicher Textilarbeit und faktischer Delegation an statusniedrige Frauen setzt sich in der römischen Kultur fort. Vor allen in augusteischer Zeit kursierte das Ideal der spinnenden Matrone. Selbst die Tochter des Princeps soll sich der Spinnarbeit gewidmet haben (Suet. Aug. 64), was kaum der Wirklichkeit entsprochen haben wird. Die Elite ließ arbeiten. Aber für die breite Bevölkerung sah dies anders aus. Die Überlieferung des Plinius, demzufolge ein ländliches Gesetz in den meisten Gebieten Italiens den Frauen untersagt habe, unterwegs die Spindel zu drehen, weil dies der Feldfrucht schaden könne, spricht für die Alltäglichkeit der Spinnarbeit (Plin. nat. 28, 5, 28). In Rom waren nicht nur die Sklavinnen auf den Landgütern der Elite, sondern auch in den städtischen Haushalten mit Spinnarbeiten beschäftigt. Inschriftlich belegt sind allerdings nur wenige *quasillariae*, da sie in der Hierarchie auf unterster Stufe standen und nur selten ein Grabmal erhielten. Eine Ausnahme macht nur das Columbarium der Statilii Tauri aus dem 1. Jahrhundert n. Chr. In diesem senatorischen Haushalt sind acht Spinnerinnen, *quasillariae*, und eine Weberin, *textrix*, verzeichnet. Ob damit alle Spinnerinnen und Weberinnen erfasst sind, die für den Feldherrn des Augustus arbeiteten, ist zweifelhaft. Aus kaiserlichen Häusern kennen wir *lanipendae*, Wollzuteilerinnen, die anders als Spinnerinnen auch den Freigelassenen-Status erreichen konnten.[51] In Plautus' Komödie *Mercator* bringt ein Sohn seiner Mutter eine gutaussehende Magd (*ancilla*) aus Rhodos mit, in die sich der Sohn verliebt hat. Gebraucht aber wird eine *ancilla*, die sich aufs Weben (*texat*) und Spinnen (*pensum faciat*) versteht, Korn mahlt (*molat*), Brennholz spaltet (*lignum caedat*), die Zimmer auskehrt (*aedus verrat*) und „Prügel kriegt" (*vapulet*), ein klarer Hinweis auf geringe Wertschätzung der Spinnerin und Weberin (Plaut. Merc. 390–396). Römische Kaiser unterhielten in der Spätantike Webstuben, *gynaeceum* genannt, in denen vor allem unfreie Frauen arbeiteten.[52]

---

50 Belege bei *Brock*, Labour, 238–239; *Tsakirgis*, Whole Cloth, 171; *Spantidaki*, Textile Production, 11–13.
51 Belege bei *Günther*, Frauenarbeit, 109–114; *dies.*, Matrone; *Eichenauer*, Arbeitswelt, 97–98.
52 Codex Theodosianus 9, 27, 7; 10, 20, 3; 19, 29, 7; Codex Iustinianus 9, 27, 5; 11, 8, 3; 11, 8, 5.

3 Kleiderproduktion für den Verkauf

Unklar ist, in welchem Umfang Kleidung auch für den Markt produziert wurde. Aus gehäuften Funden von Webgewichten an einem Ort ist zum Teil auf die Existenz von Textilwerkstätten in Athen geschlossen worden.[53] Von Kleiderkäufen ist gelegentlich in den Komödien die Rede.[54] Xenophon erwähnt Spezialisten, die bestimmte Kleidertypen wie *chlamydes, chlanides* und *exomides* herstellen (lassen) und davon leben. Es handelt sich um Kleidungsstücke, die – so die *exomis* – von Sklaven getragen wurden und von daher kaum besonders kunstvoll gearbeitet worden sein können wie die gemusterten Gewänder, die auf griechischen Vasen zu sehen sind. Das Weben gemusterter Stoffe auf dem im antiken Griechenland gebräuchlichen Gewichtswebstuhl war äußerst zeitaufwendig, so dass eine Produktion für den Verkauf kaum rentabel gewesen sein kann.[55] Andererseits wissen wir aus anderen Kulturen, dass gelungene Werke gerne auch verkauft wurden.[56] Eine Verkäuferin von Filzkappen für Sklaven ist inschriftlich für Eleusis nachgewiesen.[57] Ob die Bürgerfrauen Athens, die nach den Aussagen Xenophons während der Unruhen zur Zeit der Herrschaft der ‚Dreißig Tyrannen' in Athen (404/403 v. Chr.) im Haus des Aristarch Zuflucht fanden und von diesem mit Wollarbeit beschäftigt wurden, Spinn- oder Webdienste leisteten, ist unklar. Xenophon erwähnt nur, dass Aristarch die Frauen „arbeiten" (*ergazomenai*) lässt, nachdem er zuvor Wolle (*eria*) gekauft hat (Xen. mem. 2, 7). Ob damit Garn zum Verweben oder Wollvliese zum Verspinnen gemeint sind, geht aus der Aussage nicht hervor. Der zur Umschreibung der Tätigkeit benutzte Begriff *ergazesthai* meint im Epos stets den Dienst für andere, seien es Web- oder Spinndienste, seien es Schmiedearbeiten. In klassischer Zeit kann damit auch die Arbeit für den Verkauf gemeint sein. Eben diese Produktion für den Markt scheint das Problem gewesen sein. Denn Aristarch muss von seinem Gesprächspartner Sokrates erst überzeugt werden, dass die Wollarbeit die Frauen nicht entehrt, wenn sie nicht nur für den eigenen Hausgebrauch erfolgt.[58] Dieses Ideal kursierte auch in Rom, wo der Kauf und Verkauf von Kleidung weit mehr verbreitet war als im klassischen Athen. Columella (Colum. 12, praef. 9) klagt darüber, dass die Frauen seiner Zeit sich nicht mehr auf Wollarbeit (*lanificia*) verstünden, sondern nur das trügen, was mit Geld (*pecunia*) erworben sei. Diese Klage kann sich

---

53 *Tsakirgis*, Whole Cloth, 166–186; *Ferrara/Meo*, Loom Weights.
54 Belege bei *Reuthner, R.*, Textiles Beutegut und Kleidermärkte in Athen, in: *Wagner-Hasel, B./Nosch, M.-L. (Hgg.)*, Stoffkreisläufe, 237–250, hier: 245–247.
55 So die Argumentation von *Barber*, Prehistoric Textiles, Kap. 16. Belege von Kleidermärkten sind gesammelt bei *Reuthner*, Textiles Beutegut; *Bundrick*, Fabric, 319.
56 Informationen aus Ladakh des 19. Jh. fanden sich im Nachlass von Karl Bücher. Vgl. *Wagner-Hasel*, Der Nationalökonom Karl Bücher, 73.
57 Beleg bei *Brock*, Labour, 338.
58 So meine Argumentation in *Wagner-Hasel*, Arbeit, 319–321.

nur auf Frauen der Elite beziehen, die wertvolle Seidenstoffe oder purpurgefärbte Kleidung aus dem Osten bezogen.[59]

Aus papyrologischen Quellen im ptolemäischen Ägypten geht hervor, dass manche Haushalte auf die Produktion von Geweben spezialisiert waren. Zwei Brüder aus Moithymis im Memphitis-Gau, Apollophanes und Demetrios, bieten um 256 v. Chr. Zenon, dem Verwalter des an den Diiketen Apollonios vergebenen Lehenslandes in Philadelphia, die Herstellung von Mänteln, Tuniken und Gürteln an. Sie sind zudem bereit, andere in ihrem Handwerk zu unterweisen. Unterstützt werden sie von ihren Müttern und Ehefrauen (PSI IV 341).[60] Es scheint sich um Lohnwerker zu handeln, die nicht fertige Produkte anbieten, sondern bereitgestellte Materialien verarbeiten, wie dies auch aus frühneuzeitlichen Quellen bekannt ist. In einem anderen Brief aus dem Zenonarchiv werden klare Angaben zum Arbeitsaufwand gemacht: Eine Drachme kostet das Waschen und Kämmen von einem Talent Flachs, drei Bronzedrachmen das Verweben des Leinens. Veranschlagt wird pro Gewebe die Arbeitsleistung von drei Männern und einer Frau über einen Zeitraum von sechs Tagen. Als Alternative zum Stücklohn nennen die Brüder Tageslöhne, 1 ½ Obolen fordern sie pro Tag für sich selbst, eine halbe Obole für die Frau. Hinzu kommen in diesen Fall Kosten für die Bereitstellung von Arbeitsgeräten (PSI VI 599). In Papyri aus dem römischen Ägypten finden sich neben Weberinnen und Näherinnen auch Walkerinnen, eine Tätigkeit, die in Rom eher als Männerarbeit galt.[61] Zu vermuten ist, dass hier wie auch in anderen Handwerkszweigen alle Familienmitglieder mitarbeiteten. Eine eigene Werkstatt am Esquilin hatte eine freigelassene *purpuraria*. Sie verkaufte vermutlich Purpurfarbe.[62]

4 Abgabenwirtschaft

Bei einem Großteil der Textilien, die in papyrologischen Quellen erwähnt werden, handelt es sich um Steuerleistungen bzw. um Abgaben. Kaum ein Gut spielt im antiken Abgabenwesen eine so große Rolle wie Textilien. In den ältesten schriftlichen Aufzeichnungen, auf den Linear B-Tontafeln minoisch-mykenischer Zentren wie Knossos, Pylos, Theben oder Sparta, die aus dem späten 2. Jahrtausend v. Chr. stammen, und in den vorderorientalischen Keilschriftarchiven des 3. und 2. Jahrtausends v. Chr. finden wir nicht nur die Rationen für Textilarbeiterinnen verzeichnet, sondern auch

---

59 *Hildebrandt*, Seide in der Antike. Zur kommerziellen Textilproduktion im römischen Reich vgl. *Vicari, F.*, Produzione e commercio dei tessuti nell'Occidente romano. Oxford 2001.
60 Eine englische Übersetzung des Papyrus findet sich bei *Rowlandson*, Women and Society, 265–266.
61 *Droß-Krüpe, K.*, Überlegungen zu Produktion und Zirkulation von Textilien im römischen Ägypten, in: *Wagner-Hasel, B./Nosch, M.-L. (Hgg.)*, Stoffkreisläufe, 277–295, hier: 280. Vgl. auch *Pomeroy*, Women in Hellenistic Egypt, 168–170.
62 *Eichenauer*, Arbeitswelt, 98 mit weiteren Belegen.

Gewebe gelistet, die zum Teil nach Qualitäten unterschieden werden.[63] Über ihren Umlauf wissen wir nur wenig. Vermutet wird, dass sie, wie in den Epen Homers beschrieben, als Gastgeschenke zirkulierten[64] oder der Entlohnung für Verwaltungsaufgaben dienten, wie wir dies auch aus der römischen Kaiserzeit kennen.[65] Über den Status der Frauen, die in den Archiven verzeichnet sind, wird gestritten. Es kann sich – wie dies vermutlich in der Mehrzahl der Fälle gilt – um Arbeitsdienste der freien Bevölkerung handeln. Das gilt vor allem dann, wenn – wie in den Archiven von Knossos ersichtlich – Wolle in die Dörfer geliefert und fertig gewobene Tuche eingesammelt werden. Wird die Arbeit zentral organisiert, ist es wahrscheinlich, dass sich darunter auch fremde, geraubte Frauen befanden, deren Spezialkenntnisse möglicherweise gefragt waren.[66] Frauen finden wir sowohl auf der Seite derjenigen, die diese Arbeitsdienste erbrachten, als auch auf der Seite derjenigen, die diese Arbeitsdienste rekrutierten. In den Epen Homers sind es ranghohe Frauen, denen diese Arbeitsdienste erbracht werden;[67] in der Spätantike finden wir unter denjenigen, die diese Abgaben organisieren, auch Frauen.[68]

5 Rituelle Textilproduktion

Ungeachtet des verbreiteten Einsatzes von Sklavinnen in der Textilproduktion besaß die Textilarbeit für die Bürgerfrauen einen geselligen Charakter. Xenophon hält nicht nur die heitere Stimmung für erwähnenswert, die unter den weiblichen Verwandten auftrat, nachdem sie zu arbeiten angefangen hatten, sondern auch die gemeinsamen Mahlzeiten (Xen. mem. 2, 7, 12). Ein solcher Zusammenhang von Geselligkeit und Webarbeit geht auch aus einer Bemerkung Pindars hervor, der in seiner 9. Pythischen Ode (17–20) in einem Atemzug die Arbeit am Webstuhl und die geselligen Mähler im Kreis der Gefährtinnen erwähnt, die Kyrene, die Namensgeberin der gleichnamigen Stadt an der libyschen Küste, zugunsten des Kriegshandwerks gemieden habe. Diese gemeinsame Geselligkeit kennzeichnet auch die Darstellung der Frauengruppen im Epos. So fährt Nausikaa mit ihren Mägden nicht nur zur großen Wäsche ans Meer; mit ihnen vergnügt sie sich auch beim Ballspiel (Hom. Od. 6, 100). Vasenbilder, die Frauen bei der Wollarbeit zeigen, sprechen ebenfalls für den kommunikativen Charakter der Wollarbeit. Auf dem Bauch einer attischen *lekythos* des Amasis Malers aus dem 6. Jahrhundert v. Chr. sind bei allen Arbeitsvorgängen, beim Kämmen der Wolle,

---

63 Zusammenfassend: *Nosch*, Abgaben.
64 *Wagner-Hasel*, Stoff der Gaben, 105–130. Vgl. auch *Olsen*, Worlds, 135.
65 *Hildebrandt, B.*, Von der Gabe zur Entlohnung. Kleidung als kaiserliches Geschenk, in: *Wagner-Hasel, B./Nosch, M.-L. (Hgg.)*, Stoffkreisläufe, 117–136.
66 *Nosch*, Abgaben.
67 So meine Argumentation in *Wagner-Hasel*, Agamemnons Töchter.
68 *Wieber, A.*, Abgabe, Bestechung oder Geschenk? Textilien für die spätantike Obrigkeit, in: *Wagner-Hasel, B./Nosch, M.-L. (Hgg.)*, Stoffkreisläufe, 137–160.

beim Spinnen, beim Weben, beim Zusammenlegen des fertig Gewobenen jeweils zwei Frauen zu sehen. Auf der Schulter des Salbgefäßes ist zudem ein Mädchenreigen dargestellt, wie er an Festtagen, beispielsweise im Rahmen der panathenäischen Gewandweihe, gebildet wurde.[69] In Athen waren für diesen Dienst zu Ehren der Göttin Athena zwei Arrhephoren bestimmt, die unter der Aufsicht der Athena-Priesterin die Arbeit am *peplos* für die Göttin begannen. Es handelte sich vermutlich um das Anfertigen der Gewebeanfangskante, mit der das Muster des Gewebes festgelegt wurde.[70] Die Gewandweihe gehörte zu den wichtigsten Festen griechischer Städte, die wahrscheinlich auf mykenisch-minoische Zeiten zurückgeht.[71] Sie wurde stets von Frauen vollzogen. An der Herstellung des *peplos* für die Göttin Hera in Elis waren sechzehn Frauen beteiligt (Paus. 6, 24, 10). Funde von Webgewichten in Heiligtümern, so unlängst im Heiligtum der Hera Selene in Paestum,[72] unterstreichen die Bedeutung der rituellen Textilproduktion, die im Tempel stattfand, und die sich auch in der politischen Rhetorik niedergeschlagen hat.[73]

IV Gewerbliche Frauenarbeit und Dienstleistungen

1 Die Geringschätzung von Handwerk und Handel

In Umkehrung zur Wertschätzung der landwirtschaftlichen Arbeit (*georgia*) galt die handwerkliche Arbeit (*banausike techne*) in den Augen griechischer und römischer Autoren als minderwertig. Nach Xenophon schwächen Arbeiten, die in Innenräumen

---

[69] *Waldner, K.*, Kulträume von Frauen in Athen, in: *Späth, Th./Wagner-Hasel, B. (Hgg.)*, Frauenwelten, 53–81, hier: 55, Anm. 8–10; *Barber*, Peplos; *Clements, H. C.*, Weaving the Chalkeia: Reconstruction and Ritual of an Athenian Festival, in: *Brøns, C./Nosch, M.-L. (Hgg.)*, Textiles and Cult, 36–48; *Brøns, C.*, Gods and Garments. Textiles in Greek Sanctuaries from the 7th to the 1st centuries BC. Oxford 2016; *dies.*, Geschlechtsspezifische Gaben. Kleiderweihungen in griechischen Heiligtümern, in: *Wagner-Hasel, B./Nosch, M.-L. (Hgg.)*, Stoffkreisläufe, 163–189.
[70] *Harlizius-Klück, E./Fanfani, G.*, (B)orders in Ancient Weaving and Archaic Greek Poetry, in: *Fanfani, G./Harlow, M./Nosch, M.-L. (Hgg.)*, Spinning Fates and Song of the Loom: The Use of Textiles, Clothing and Cloth Production as Metaphor, Symbol and Narrative Device in Greek and Latin Literature. Oxford 2016, 61–99.
[71] So *Boloti*, Offering, 14. Solche Praktiken sind überall im Mittelmeerraum, so auch in vorderorientalischen Kulturen belegt. Vgl. etwa *Gaspa, S.*, Textiles in Assyrian and Babylonian Temples from the 1st Millenium BCE, in: *Brøns, C./Nosch, M.-L. (Hgg.)*, Textiles and Cult, 145–173.
[72] *Ferrara/Meo*, Loom Weights, 113–125.
[73] *Scheid, J./Svenbro, J.*, Le métier de Zeus. Mythe du tissage et du tissu dans le monde gréco-romain. Paris 1994; *Harlizius-Klück, E.*, Weberei als *episteme* und die Genese der deduktiven Mathematik. Berlin 2004; *Wagner-Hasel, B.*, *Textus* und *texere*, *hýphos* und *hyphaínein*: Zur metaphorischen Bedeutung des Webens in der griechisch-römischen Antike, in: *Kuchenbuch, L./Kleine, U. (Hgg.)*, Textus im Mittelalter. Komponenten und Situationen des Wortgebrauchs im schriftsemantischen Feld. Göttingen 2005, 15–43; *Bundrick*, Fabric, 320–329.

ausgeübt werden, den Körper der Schaffenden (*ergazomenoi*) und lassen keinen Raum, sich um Angelegenheiten der Polis und um Freunde zu kümmern (Xen. oik. 4, 1–4). Aristoteles meint, dass die beste Polis keinen Handwerker (*banausos*) zum Bürger machen wird (Aristot. pol. 1278 a 8). Auch Cicero folgt der Tradition griechischer Philosophen und zählt das Handwerk (*artificiis et quaestibus*), vor allem aber den Zwischenhandel, d. h. das Geschäft derjenigen, die Güter einhandeln, um sie sofort wieder zu verkaufen, nicht zu den Tätigkeiten, die eines Freien würdig sind: „Und am wenigsten sind die Künste zu billigen, die Dienerinnen der Genüsse sind, ‚Fischhändler, Fleischer, Köche, Geflügelhändler, Fischer', wie Terenz sagt. Füg noch hinzu, wenn du Lust hast, Parfümverkäufer, Tänzer und alles, was mit dem Würfelspiel zusammenhängt" (Cic. off. 1, 150–151; Übers. Büchner, K.). Allein die Bildhauerkunst und die Heilkunst, die umfangreiche Kenntnisse, *prudentia*, erfordern, finden neben dem Großhandel seine Anerkennung (Cic. off. 1, 151). In fast allen der hier genannten Bereiche finden wir auch Frauen, im Handwerk, im Klein- und Großhandel, sowie in der Heilkunst.

2 Handwerkerinnen und Werkstattbesitzerinnen

Um Arbeiten innerhalb von Familienverbänden handelt es sich vermutlich bei den wenig belegten Töpferinnen. Für das Töpferhandwerk haben wir einige bildliche Darstellungen. Auf einer Hydria des Leningrad-Malers ist eine Frau beim Bemalen eines Gefäßes abgebildet, während die abgebildeten Männer mit der Herstellung von Statuen beschäftigt sind.[74] Eine Terrakottastatuette vom Ende des 6. Jahrhunderts v. Chr. zeigt eine Frau beim Töpfern.[75] Vermutlich wurde das Töpferhandwerk ebenso wie das Textilhandwerk im ptolemäischen Ägypten im Familienverband ausgeübt.[76]

Nachgewiesen sind auch Besitzerinnen von Werkstätten. Wir kennen aus Ostia den Namen einiger Ziegeleibesitzerinnen, Grattia P.f. und Vara Quirin(i). Beide führten wohl nach dem Tode ihres Mannes die Werkstatt allein weiter. Iulia Fortunata besaß in Ostia eine Werkstatt (*officina plumbaria*), die Bleirohre herstellte.[77] Ziegeleibesitzerinnen finden wir in den höchsten Rängen der römischen Gesellschaft. Livia besaß Ziegeleien in Campanien (CIL X 8042, 41a60) und eine Kupfermine in Gallien (Cassius

---

[74] Umstritten ist, ob es sich um eine Töpferwerkstatt oder um eine Schmiedewerkstatt handelt. Zur Diskussion vgl. *Kehrberg, I.*, The Potter-Painter's Wife. Some Additional Thoughts on the Caputi Hydria, in: Hephaistos, 4, 1982, 25–35; *Venit, M. S.*, The Caputi Hydria and Working Women in Classical Athens, in: Classical World, 81/4, 1988, 265–272.
[75] *Ebert*, Arbeitswelt, Abb. 15.
[76] So die Argumentation von *Wright, R. P.*, Women's Labor and Pottery Production in Prehistory, in: *Gero, J. M./Conkey, M. W.* (Hgg.), Engendering Archaeology. Women and Prehistory. Oxford/Cambridge 1991, 194–223 für die Frühgeschichte. Zu den Befunden im römischen Ägypten vgl. *Krause*, Witwen, 123–160; 174–219 mit den Appendices 3–6 (papyrologisches Material).
[77] Belege bei *Herzig, H. E.*, Frauen in Ostia. Ein Beitrag zur Sozialgeschichte der Hafenstadt Roms, in: Historia, 32, 1983, 77–92, hier: 81.

Dio 49, 38). Cornificia, eine Tochter Kaiser Mark Aurels, erbte von ihren Brüdern in Ostia eine Ziegelei.[78] Diese ranghohen Frauen hatten eigene Freigelassenen, die für sie die Geschäfte tätigten.[79]

3 Handel, Miete, Verpachtung, Geldverleih

Reich belegt ist die Beteiligung von Frauen im Kleinhandel. Die Aussagen athenischer Komödiendichter[80] zeugen ebenso davon wie römische Reliefs und Grabinschriften, die in Ostia und Pompeji gefunden wurden. Ein Marmorrelief in Ostia zeigt eine Geflügel- und Obstverkäuferin; Inschriften belegen den Verkauf von Getreide, Fisch, Bohnen und Obst, Nägeln, Färbemittel und Salben durch Frauen.[81] Nur selten ist ersichtlich, ob es sich bei den Marktfrauen um Bäuerinnen handelt, die ihre Überschüsse verkauften, oder um die von Cicero gescholtenen Zwischenhändlerinnen. Als prekär muss die Situation von alleinstehenden Frauen angesehen werden, wie etwa die Bittschrift einer alten Bierverkäuferin aus dem ptolemäischen Ägypten belegt, die mit dem Fortgang ihrer Tochter sowohl Einkommen als auch Alterspflege verloren hat.[82]

Sowohl aus inschriftlichen als auch aus papyrologischen Quellen sind Schiffsbesitzerinnen bekannt, die Einkünfte aus der Verpachtung ihrer Schiffe für den Transport bezogen. Ciceros Gattin Terentia besaß in der Hafenstadt Puteoli Tavernen und Wohnhäuser, eine Einnahmequelle, deren Verlust Cicero nach der Scheidung nur schwer verkraftete.[83] Umgekehrt pachteten reiche Frauen auch Land, wie in papyrologischen Quellen nachgewiesen ist. Eine gewisse Apollonia pachtete im Jahr 136 v. Chr. vom Tempel der Hathor 35 *aroura* Land, möglicherweise zur Erwirtschaftung von zusätzlichen Einkünften, um ihrer Steuerpflicht nachkommen.[84] Auch war es in kleinasiatischen und ägyptischen Städten in späthellenistischer Zeit sowie in der römischen Kaiserzeit üblich, dass nicht nur Männer, sondern auch weibliche Mitglieder reicher Familien Leistungen für die Gemeinschaft übernahmen und dafür Ehrenstatuen erhielten. Aus Inschriften, die auf Rhodos und Paros gefunden wurden, geht hervor,

---

78 *Herzig*, Frauen in Ostia, 81.
79 *Saller*, Household and Gender, 95–99 in Verweis auf die Forschungen von *Dixon*, Family Finances.
80 Belege bei *Brock*, Labour, 340–341.
81 Belege bei *Kampen*, Status; *dies.*, Römische Straßenhändlerinnen. Geschlecht und Sozialstatus, in: Antike Welt, 16/4, 1985, 23–42.
82 P. Lond. VII 1976, 11–17 u. 20–22 (= Greek Papyri in the British Museum, Bd. VII: The Zenon Archive, ed. T. C. Skeat, London 1974). Zur Bierbrauerei als weibliche Tätigkeit in Ägypten vgl. *Pomeroy*, Women in Hellenistic Egypt, 183. Zu Rom vgl. *Treggiari, S.*, Lower Class Women in the Roman Economy, in: Florilegium, 1, 1979, 65–86.
83 *Dixon*, Family Finances.
84 *Pomeroy*, Women in Hellenistic Egypt, 172. Speziell zu Apollonia vgl. *Katelijn, V.*, Apollonia, a Businesswoman in a Multicultural Society (Pathyris, 2nd–1st Centuries B.C.), in : *Melaerts, H./Mooren, L.* (Hgg.), Le rôle et le statut de la femme en Égypte grecque, romaine et byzantine: Actes du colloque international, Bruxelles/Leuven 27–29 Novembre 1997. Leuven 2002, 325–336.

dass solche ‚Wohltäterinnen' städtische Feste und Heiligtümer finanzierten und damit, wie Claire Taylor formuliert hat, ihr ‚ökonomisches Kapital' in ‚soziales Kapital' verwandelten.[85] Im Zusammenhang von Schmähungen – so z. B. gegen Fulvia – treten vermögende Römerinnen auch als Geldverleiherinnen in Erscheinung.[86]

4 Dienstleistungen im städtischen Haushalt

Das hohe Lied des sparsamen Verbrauchs, welches die Agrarschriftsteller in allen Zeiten singen, wenn es um die Verwaltung eines Landgutes geht, steht im umgekehrten Verhältnis zum verschwenderischen Aufwand an Personal, der in städtischen Haushalten der römischen Elite betrieben wurde. Eine wesentliche Quelle bilden Grabanlagen von Freigelassenen der kaiserlichen und senatorischen *familiae*. Auch hier finden sich Hinweise auf weibliche Verwaltungstätigkeit. Im Monumentum Liviae ist eine *cellaria-libraria* aufgeführt, die – so die Vermutung von Rosmarie Günther – die Funktion einer Einkäuferin einnahm.[87] Verzeichnet sind aber vor allem Namen der persönlichen Bediensteten: von *ornatrices*, die für das Frisieren der aufwendigen Haartracht zuständig waren, *unctrices*, die ihren Herrinnen Körpermassage angedeihen ließen, Hebammen, Ammen, Vorleserinnen, und *pedisequae*, die Begleiterinnen bei Ausgängen. Sie alle zeugen vom Status und Reputation ihrer Herrinnen und nahmen vermutlich eine Vertrauensstellung ein. Die Spinnerinnen, Wäscherinnen und Weberinnen, die ebenfalls in großer Zahl vorhanden gewesen sein müssen, werden nicht aufgeführt; sie erlangten vermutlich nur selten den Status der Freigelassenen.[88] In Plautus Komödie *Curculio* ist von einer Magd die Rede, die Latrinen reinigt (Plaut. Curu. 580). Von den in den Columbarien angeführten Tätigkeiten muss der Heilkunst der höchste Rang eingeräumt werden. Auch Grabmäler von Hebammen und Ärztinnen, die oft Freigelassene waren, zeugen von einem anerkannten Status.[89] Plinius vermachte seiner Amme sogar die Einkünfte eines seiner Landgüter (Plin. epist. 6, 3). Auch in griechischen Quellen, so bei den attischen Rednern, lassen sich Hinweise auf

---

85 *Taylor, C.*, Women's Social Networks and Female Friendship and the Ancient Greek City, in: Gender and History, 23/3, 2011, 703–720. Zu den Befunden: *van Bremen, R.*, Women and Wealth, in: *Cameron, A./Kuhrt, A.* (Hgg.), Images of Women in Antiquity. London/Sydney 1983, 223–242.
86 *Günther, S.*, Femme fatale oder *femina oeconomica*? Fulvia und ökonomisches Kalkulieren in der Späten Römischen Republik, in: Scripta Mercatura, Beihefte 2, 2020, 93–104. Auch in papyrologischen Quellen aus dem römischen Ägypten finden sich Hinweise auf Geldgeschäfte von Frauen. Belege bei *Rowlandson*, Women and Society, 254–359.
87 *Günther*, Frauenarbeit, 62–63; *ders.*, Matrone. Zum Personal in der *domus* der Livia vgl. *Treggiari, S.*, Jobs in the Household of Livia, in: PBSR, 43, 1975, 48–77; *Herrmann-Otto, E.*, Sklaverei und Freilassung in der griechisch-römischen Welt. Hildesheim et al. 2017, 188–207.
88 *Günther*, Frauenarbeit 1987, 45–53 (*ornatrix*); 55–57 (*unctrix*); 57–60 (*pedisequa*); 62–63 (*libraria*).
89 Belege bei *Kampen*, Status; *Dana, M.*, Femmes et savoir médical dans les mondes antiques, in: *Gargam, A.* (Hg.), Femmes de sciences de l'Antiquité au XIXe siècle. Réalités et représentations. Dijon 2014, 21–41.

die Fürsorge für alt gewordene Ammen finden (Demosth. or. 47, 55–57). Ammenverträge, die aus dem hellenistischen Ägypten für ausgesetzte Kinder überliefert sind, sprechen eher für eine kärgliche Entlohnung von Ammen.[90]

V Einkünfte und Vermögen von Frauen

Eine wesentliche Quelle des Reichtums von Frauen bildeten Erbe und Mitgift. Strittig ist, in welchem Umfang Frauen über ihre ererbten und erworbenen Vermögen verfügten.[91] Auf jeden Fall existierten regional und zeitlich große Unterschiede. Die meisten Belege für ererbten weiblichen Landbesitz stammen aus hellenistischer und römischer Zeit.[92] Darüber hinaus waren Einkünfte auch an Amts- und Herrschaftsfunktionen geknüpft; so verfügten Priesterinnen sowie die weiblichen Mitglieder von Herrscherhäusern über Landbesitz. Der älteste Beleg findet sich in den Linear B-Tafeln von Pylos, wo ein Landgut für die Priesterin Eritha verzeichnet ist.[93] Auch an Herrschaftsrechten partizipierten ranghohe Frauen. So vergab Ptolemaios II. an seine Frau Arsinoë II. Einkünfte aus dem Fischfang am See Moeris in Höhe von täglich einem Talent, die sie für ihre persönliche Ausstattung verwenden konnte.[94] Umgekehrt waren manche Herrschaftsrechte von Männern wie das Anrecht auf textile Abgaben im frühen Griechenland an Heirat gekoppelt.[95]

1 Erbe und Mitgift: Das System der divergierenden Übereignung in Griechenland

Grundsätzlich gab es in den griechischen Poleis kein Erstgeburtsrecht, sondern es herrschte Realteilung. Söhne erbten zu gleichen Teilen den väterlichen und mütterlichen Besitz; die Töchter erhielten über die Mitgift einen Anteil am Familienbesitz.

---

90 BGU IV 1106 (= Aegyptische Urkunden aus den Königlichen (Staatlichen) Museen zu Berlin, Griechische Urkunden, Bd. IV, Berlin 1912, Nr. 1013–1209). Vgl. *Pomeroy*, Women in Hellenistic Egypt, 139.
91 So noch *Schaps*, Economic Rights. Anders *Foxhall*, Household und *Wagner-Hasel, B.*, Brautgut oder Mitgift? Das textile Heiratsgut in den Solonischen Aufwandbestimmungen, in: *Hildebrandt, B./Veit, H. (Hgg.)*, Der Wert der Dinge – Güter im Prestigediskurs. München 2009, 143–181.
92 Vgl. etwa *Harrauer, H.*, Großgrundbesitzerinnen nach den Papyrusquellen, in: *Specht (Hg.)*, Frauenreichtum, 181–197; *Rowlandson, J.*, Landowners and Tenants in Roman Egypt: the Social Relations of Agriculture in the Oxyrhynchite Nome. Oxford 1996; *dies.*, Women and Society, 218–248; *Souza, R.*, Hellenistic Sicilian Real Estate Contracts Inscribed on Lead Tablets: New Readings and Implications for the Economic Independence of Women, in: ZPE, 197, 2016, 149–166; *Dixon*, Polybius.
93 *Olsen*, Worlds; *Morris, S.*, Imaginary Kings: Alternatives to Monarchy in Early Greece, in: *dies. (Hg.)*, Popular Tyranny. Sovereignty and its Discontents in Ancient Greece. Austin 2003, 1–24.
94 *Pomeroy*, Women in Hellenistic Egypt, 14–15.
95 *Wagner-Hasel, B.*, Geschlecht und Gabe. Zum Brautgütersystem bei Homer, in: Zeitschrift der Savigny-Stiftung für Rechtsgeschichte, Rom. Abt. 105, 1988, 32–73, hier: 50–63; *dies.*, Agamemnons Töchter.

Dazu gehörten auch Land oder Nutzrechte aus Vermietung und Verpachtung. In Gortyn war dies die Hälfte des Anteils der Brüder.[96] In Sparta besaßen laut Aristoteles die Frauen zwei Fünftel des gesamten Landes.[97] Für die Kykladeninseln Mykonos, Tenos und Delos belegen Inschriften die Vergabe von Häusern und Grundstücken als Mitgift.[98] Für Athen, wo es lange Zeit umstritten war, ob Töchter tatsächlich Land erbten, hat die Studie von Cheryl Anne Cox ergeben, dass Töchter in das System der Landvererbung einbezogen waren.[99] Dies legt ihre Auswertung von Dotalinschriften nahe. Die Steine, die alle aus dem 4. Jahrhundert v. Chr. stammen, weisen als Herkunftsbezeichnung das Demotikon der Frau auf und enthalten Angaben über den Landbesitz, der von den Ehemännern als Sicherheit für die gewährte Mitgift bereitgestellt wurde. Cox nimmt an, dass es sich bei der Mitgift um Grundstücke handelt, die im Herkunftsdemos der Frau lagen.[100]

Grundsätzlich ermöglicht ein solches System der divergierenden Übereignung, welches beide Geschlechter als Erblasser und Erben berücksichtigt, eine Risikostreuung. Bei der Heirat wird zwar Land abgegeben, aber auch dazu gewonnen. Eben diese breite Streuung des Grundbesitzes ist auch Kennzeichen der antiken Besitzstrukturen Attikas. Die einzelnen Besitztümer lagen in Attika nicht nur in verschiedenen Gemeinden (Demen), sondern darüber hinaus auch in unterschiedlichen Regionen bzw. Herrschaftsgebieten. Das gilt zumindest für die politische Elite Athens. Ein Beispiel ist Kimon (510–450 v. Chr.), dessen Vater eine Thrakerin geheiratet hatte. Kimons Besitz umfasste deshalb neben Feldern im väterlichen Demos Lakiadai, auch Minen(rechte) in Thrakien und vermutlich weiteres Land auf der Chersones, von wo seine Mutter stammte.[101]

Entgegen der immer wieder aufgestellten Behauptung, dass vor allem Athenerinnen ohne männliche Vertretung durch einen *kyrios* keine Geschäfte tätigen konnten,[102] hat sich herausgestellt, dass der *kyrios* eher eine Bedeutung für die Beglaubigung des Bürgerstatus von Frauen besaß und als Rechtsvertreter vor Gericht wirkte.[103] Ohnehin ist der *kyrios* nur in wenigen Regionen und in Athen auch nur ab

---

96 Inscriptiones Creticae (Inschrift von Gortyn) Col. III 15–19; IV 31–V 1 (ed. Willetts, Law Code 1967). Zur Diskussion vgl. *Stavrianopoulou*, Gruppenbild, 108–109.
97 Aristot. pol. 1270 a 23–25.
98 Vgl. *Stavrianopoulou*, Gruppenbild, 60–155, insb. 72–74.
99 *Cox*, Household Interests, insb. 76; 116–120. Vgl. auch *Foxhall*, Household, 22–44. Belege für die Verfügungsgewalt von Frauen über ihr Vermögen hat *Hunter, V.*, Women's Authority in Classical Athens. The Example of Kleoboule and her Son (Dem. 27.29), in: Echos du Monde Classique/Classical Views 33 n. s. 8, 1989, 39–48 aus den Gerichtsreden zusammengetragen.
100 *Cox*, Household Interests, Kap. 2.
101 *Cox*, Household Interests, 137.
102 So etwa *Saller*, Household and Gender, 92 in Anlehnung an *Schaps*, Economic Rights.
103 Vgl. *Hartmann, E.*, Geschlechterdefinitionen im attischen Recht. Bemerkungen zur sogenannten *kyrieia*, in: *Hartmann, E./Hartmann, U./Pietzner, K.* (Hgg.), Geschlechterdefinitionen und Geschlechtergrenzen in der Antike. Stuttgart 2007, 37–53, die auch eine Dissertation zu Autorität und Geschlecht (von *C. Uhde*) betreut hat.

dem 4. Jahrhundert v. Chr. bezeugt. Auf den Kykladeninseln sowie in den westlichen und nördlichen Regionen Griechenlands (Böotien, West-Lokris, Aitolien, Epirus, Makedonien) bezeugen Inschriften die selbständige Verfügung von Frauen über ihren Besitz von Land und Sklaven.[104] Für das ptolemäische und vor allem römische Ägypten belegen Heiratsverträge die Vergabe von Land als Mitgift der Töchter. Frauen besaßen Land, Häuser, Vieh und Sklaven. Neben Goldschmuck, Hausrat, Kleidung und Sklaven verzeichnet ein Mitgiftvertrag aus dem 2. Jahrhundert n. Chr. auch einen Weingarten als Mitgift.[105]

2 Mitgift und Kleiderreichtum

Eine große Rolle spielte im antiken Griechenland das textile Vermögen der Frauen. In den Gerichtsreden wird dieser textile Anteil der Mitgift in Geldwerten ausgedrückt. Es ist nicht davon auszugehen, dass tatsächlich Münzgeld ausgehändigt wurde, das im antiken Griechenland seit dem 6. Jahrhundert v. Chr. nachgewiesen ist. Das Münzgeld diente allein der Schätzung der mitgegebenen Werte. Ohne Schätzung der zur Mitgift gegebenen Sachgüter sei die Rückforderung unzulässig, heißt es bei Isaios (Isaios 3, 35).[106] In einer Anklagerede des Demosthenes streitet sich ein namentlich unbekannter Kläger vor Gericht mit seinem Schwager Spudias um den Anteil der Mitgift seiner Frau. Die beiden Männer hatten Schwestern mit einer Mitgift in Höhe von jeweils 40 Minen (= 4000 Drachmen) geheiratet. Während in der Mitgift der Frau des Spudias Kleidung und Gold, *chrysía kai himátia*, im Wert von 1000 Drachmen enthalten sind (das macht etwa ein Viertel der Mitgift, also 10 Minen aus), fehlt nach Aussagen des Klägers genau dieses Viertel, das der andere in Form von Kleidung erhielt. Für dieses Viertel stünden ihm aber Einkünfte aus Verpachtung zu, die ihm der Schwager vorenthalte (Demosth. or. 41, 1–5 u. 27). Eine Mitgift in Höhe von 25 Minen zusammen mit Kleidung und Goldschmuck erhielt nach den Aussagen des Isaios die Braut des Nausimenos aus Cholargos, wobei unklar ist, ob die Kleidung und Schmuck in der genannten Summe mit enthalten sind (Isaios 8, 8). In all diesen Fällen handelt es sich um Heiraten innerhalb der liturgischen Klasse. Damit sind die drei obersten Schätzungsklassen der timokratischen Ordnung Solons gemeint, die nur etwa 10–15 % der Bürgerschaft Athens ausmachten.[107] In Platons Idealstaat ist es genau dieser textile Anteil der Mitgift, den er reglementiert wissen möchte, um den

---

104 Vgl. *Stavrianopoulou*, Gruppenbild; *Rocca, F.*, La manomissione al femminile. Sulla capacità economica delle donne in Grecia in età ellenistica: l'apporto degli atti di affrancamento, in: Historiká, 2, 2012, 247–272.
105 Belege bei *Pomeroy*, Women in Hellenistic Egypt, 83–124; 172; *Krause*, Witwen, 47–66 mit Appendix (1); *Rowlandson*, Women and Society, 181/2 u. 220.
106 Zur Apotimierung vgl. *Stavrianopoulou*, Gruppenbild, 83–90.
107 *Van Wees, H.*, Mass and Elite in Solon's Athens: The Property Classes Revisited, in: *Blok, J./Lardinois, A. P. M.* (Hgg.), Solon of Athens. New Historical and Philological Approaches. Leiden 2006, 351–389.

Ehemännern „erniedrigende und entwürdigende Knechtschaft (*douleía*) um des Geldes (*chrêmata*) willen" zu ersparen. Dabei sieht er eine Staffelung der textilen Mitgift nach Vermögensklassen vor, deren Wert von 50 Drachmen bis zu zwei Minen reicht (Plat. leg. 774 c–d). Das textile Vermögen der Frauen – dies geht aus den zahlreichen Vasenbildern des 5. Jahrhunderts v. Chr. hervor, die Frauen bei Wollarbeit zeigen – scheint bei der Visualisierung von Reichtum eine entscheidende Rolle gespielt zu haben.[108]

3 Agnatisches Erbrecht und Frauenvermögen in Rom

Auch die weiblichen Mitglieder der römischen Elite waren reich; sie erbten zu gleichen Teilen wie ihre Brüder und treten in den Quellen als Land-, vor allem auch als Gartenbesitzerinnen in Erscheinung. Grundsätzlich ging auch in Rom das Erbe an beide Geschlechter, jedoch nur in männlicher Linie. Die Vererbungsformen korrespondieren mit der agnatischen Struktur der römischen *familia*. Die *familia* umfasste alle männlichen Nachkommen eines noch lebenden „Hausvaters", eines *pater familias*, (Söhne und Enkel) sowie die unverheirateten weiblichen Nachkommen bzw. die verheirateten weiblichen Nachkommen, soweit sie nicht in die „Gewalt" (*manus*) des Ehemannes übergegangen waren.[109] Das Vermögen der Frauen ging in diesem Fall nicht an ihre Nachkommen, sondern verblieb in ihrer Herkunftsfamilie. Sie konnten aber testamentarische Verfügungen treffen, um das agnatische Erbrecht zu umgehen. Anders aber als im antiken Griechenland ging die Mitgift in den Besitz des Ehemannes über, musste aber im Fall der Scheidung oder beim Tod des Ehemannes zurückgegeben werden.[110] Auch waren Frauen vielfach Begünstigte von Testamenten. So konnte z. B. über ein Fideikommiss eine Frau zur Haupterbin gemacht werden, indem dem männlichen Begünstigten die Auflage gemacht wurde, einen Teil der Erbschaft einer Frau zuzuwenden. Oft dienten derartige Regelungen dazu, den Kindern der Tochter das großväterliche Vermögen zu übermitteln, wie Suzanne Dixon in ihrer Untersuchung der Vermögensverhältnisse der Terentia, der Ehefrau Ciceros, festgestellt hat.[111] Diese Vermögensübertragungen waren von politischer Relevanz, da die Zugehörigkeit zum Senatorenstand nicht nur von der Ämterkarriere, sondern auch vom Vermögen abhing. Terentia brachte z. B. eine Mitgift von 400.000 Sesterzen mit in die Ehe. Dies

---

108 So *Bundrick*, Fabric, 286. Zum textilen Anteil der Mitgift vgl. *Wagner-Hasel*, Brautgut oder Mitgift? Zur politischen Symbolik von Kleiderreichtum vgl. jetzt *Lupi, E.*, Der Kleideraufwand des Alkibiades und der Vorwurf der Tyrannis. Ein Diskurs über die sozio-ökonomischen Kosten des Luxuskonsums in der demokratischen Polis Athen, in: *Luoi, E./Voges, J.* (Hgg.), Luxus – Perspektiven von der Antike bis zur Neuzeit. Stuttgart 2022, 153–178.
109 *Saller, R.*, Patriarchy, Property and Death in the Roman Family. Cambridge 1994 (²1997), 74–101.
110 *Dixon*, Polybius, 165.
111 *Dixon*, Family Finances, 93–120.

war eine Summe, die dem Ritterzensus entsprach.[112] Der Senatorenzensus lag zu dieser Zeit bei einer Million Sesterzen. Der Rückgriff auf das Vermögen der mütterlichen Verwandtschaft eröffnete daher auch Männern aus weniger begüterten Familien den Weg an die politische Spitze.[113]

Verheiratete Frauen, die keine *manus*-Ehe eingingen, blieben lebenslang unter der Geschlechtsvormundschaft (*tutela*) ihres Vaters bzw. dessen Nachfolgers. Dies garantierte, dass das Vermögen in der Herkunftsfamilie verblieb. Im Unterschied zu den noch unmündigen Kindern, die der Vormundschaft unterstanden, bedurften die unter *tutela* stehenden Frauen zwar bei Schuldverträgen der Zustimmung ihres Tutors, führten aber die Geschäfte selbst. Keine Zustimmung des Tutors war notwendig, wenn es um Schiffe, Schmuck und Geld ging, also um nicht traditionelle Güter. Frauen konnten daher auch Kredite vergeben. Dass Frauen große Vermögen besaßen, geht aus Strafzumessungen hervor. Die Tochter des Appius Claudius Caecus, die sich zur Zeit des Ersten Punischen Krieges vom Gedränge der Massen bei öffentlichen Spielen belästigt gefühlt und gewünscht hatte, ihr Bruder möge noch einmal eine Flotte verlieren, damit sich die Menschenmassen in Rom verringerten, wurde ob ihres unpatriotischen Verhaltens zur Leistung von 25.000 Stück ungemünzten Kupfers verurteilt (Gell. 10, 6, 1–4; Suet. Tib. 2, 3).[114]

VI Der Wert der Frauenarbeit

Anders als in modernen Gesellschaften kann weibliche Erwerbstätigkeit nicht als Statusmarker gewertet werden. Der Status hing vielmehr von Besitz und dieser wiederum von der sozialen Zugehörigkeit ab. Sie war von weit höherer Bedeutung als die in der Forschung oft traktierte vermeintliche ökonomische Unabhängigkeit, die eine Spinnerin oder eine Wäscherin, die gegen Lohn arbeiteten, zwar besaßen, unter der sie aber mit Sicherheit litten. Gleichwohl zeugen Weihinschriften vom Stolz dieser Frauen auf die Produkte ihrer Arbeitsmühen.[115] Diese Einschränkung bedeutet nicht, dass die Frage nach dem gesellschaftlichen und ökonomischen Wert der Frauenarbeit überholt ist. Sie ist längst keine Frage mehr der Partizipation von Frauen an der Schaffung agrarischen oder materiellen Reichtums über die Arbeit auf dem Feld, am Webstuhl oder an der Töpferscheibe, sondern – so Richard Saller in seinem Beitrag „Household and Gender" – eine Frage des Beitrags von Frauenarbeit zum ökonomi-

---

112 *Thomas, Y.*, Die Teilung der Geschlechter im römischen Recht. Aus dem Franz. von W. Eder, in: *Schmitt Pantel, P.* (Hg.), Geschichte der Frauen. Bd. I: Antike. Frankfurt a. M./New York 1993, 105–171, hier: 126.
113 *Dixon*, Polybius, 162–164.
114 Zur Diskussion *Höbenreich, E./Rizzeli, G.*, Scylla. Fragmente einer juristischen Geschichte der Frauen im antiken Rom. Wien/Köln/Weimar 2003, 86–96.
115 So das Argument von *Brock*, Labour, 346.

schen Wachstum in der Antike. Im Blick hat er vor allem die Textilarbeit. Ihren Anteil am ökonomischen Wachstum hält er für bescheiden, weil häusliche Textilarbeit nur im geringen Umfang durch professionelle Werkstätten ersetzt worden sei und damit nicht die Marktproduktion befördert habe; auch seien technologische Neuerungen kaum erfolgt.[116] Letztere Einschränkung trifft sicher zu. Der Trittwebstuhl kam in der Spätantike auf; das Spinnrad wurde erst im Mittelalter erfunden. Mit der Erfindung der Spinnmaschine begann schließlich die Industrielle Revolution.[117] Wenn man jedoch den Blick weg vom Marktgeschehen auf die Abgabenlogik lenkt und die politischen Maßnahmen betrachtet, die ergriffen wurden, um Textilien zu erlangen, dann ergibt sich ein anderes Bild. Zu allen Zeiten und in allen antiken Gesellschaften des Mittelmeerraumes wurden enorme Anstrengungen unternommen, um Textilien zu requirieren oder Arbeitsleistungen von Frauen an Webstuhl und Spindel zu erzwingen, sei es über Gratifikationen in Form von Gaben, sei es über Zwang, sei es über Entlohnung. Die ideologische Wertschätzung weiblicher Textilarbeit, von der Dichtung und Inschriften zeugen, steht zwar vielfach im Gegensatz zur faktischen Anerkennung der Arbeitsleistungen von Frauen, zumal dann, wenn es sich um Sklavinnen handelt. Aber sie ist Ausdruck der immensen Bedeutung, die Textilien in der politischen Ökonomie der Antike besaßen. Sie waren ein wichtiges Mittel zur Versorgung von Gefolgsleuten, Soldaten und Abhängigen jeder Art sowie eine begehrte Gabe zur Unterhaltung von sozialen und politischen Netzwerken auf lokaler und überregionaler Ebene.[118]

Bibliographie

Barber, E. W., Prehistoric Textiles. The Development of Cloth in the Neolithic and Bronze Ages with Special References to the Aegean. Princeton 1991.

Barber, E. W., The Peplos of Athena, in: *Neils, J. (Hg.)*, Goddess and Polis: The Panathenaic Festival in Ancient Athens. Princeton 1992, 103–117.

Boatwright, M. I., Luxuriant Gardens and Extravagant Women. The *Horti* of Rome between Republic and Empire, in: *Cima, M./La Rocca, E. (Hgg.)*, Horti Romani. Atti del Convegno Internazionale, Roma, 4–6 maggio 1995. Rom 1998, 71–82.

---

[116] *Saller*, Household and Gender, 111.

[117] Die Erfindung der frühneuzeitlichen Spinnmaschine, der Spinning Mule, verdankt sich der Tatsache, dass ein Missverhältnis zwischen der Produktivität der Weberin und der einer Spinnerin herrschte. Auf eine Weberin kamen vier Spinnerinnen; d. h. um – nach der Erfindung des Schnellschützen durch John Kay um 1733 – einen Trittwebstuhl in Gang zu halten, wurde die Arbeitsleistung von vier Spinnerinnen benötigt. *Timmins, G.*, Technological Change, in: *Rose, M. B. (Hg.)*, The Lancashire Cotton Industry: A History since 1700. Preston 1996, 39–62.

[118] Vgl. z. B. *Wagner-Hasel*, Stoff der Gaben; *Michel, C.*, The Assyrian Textile Trade in Anatolia (19th century BCE). From Traded Goods to Prestigious Gifts, in: *Droß-Krüpe, K. (Hg.)*, Textile Trade and Distribution in Antiquity – Textilhandel und -distribution in der Antike. Wiesbaden 2014, 111–122; *Hildebrandt*, Von der Gabe zur Entlohnung; *Herz, P.*, Vestis militaris. Die Versorgung des römischen Heeres mit Bekleidung, in: *Wagner-Hasel, B./Nosch, M.-L. (Hgg.)*, Stoffkreisläufe, 297–316.

Boloti, T., Offering of Cloth and/or Clothing in the Sanctuaries, in: *Brøns, C./Nosch, M.-L. (Hgg.)*, Textiles and Cult in the Ancient Mediterranean. Oxford/Philadelphia 2017, 3–15.
Brock, R., The Labour of Women in Classical Athens, in: Classical Quarterly, 44, 1994, 336–346.
Brøns, C./Nosch, M.-L. (Hgg.), Textiles and Cult in the Ancient Mediterranean. Oxford/Philadelphia 2017.
Bundrick, S. D., The Fabric of the City. Imaging Textile Production in Classical Athens, in: Hesperia, 77, 2008, 283–334.
Cox, A. C., Household Interests. Property, Marriage Strategies, and Family Dynamics in Ancient Athens. Princeton 1998.
Dixon, S., Polybios on Roman Women and Property, in: AJPh, 106, 1085, 147–170.
Dixon, S., Family Finances: Terentia and Tullia, in: *Rawson, B. (Hg.)*, The Family in Ancient Rome. New Perspectives. Ithaca 1986, 93–120 (= Antichthon, 18, 1984, 78–101).
Eichenauer, M., Untersuchungen zur Arbeitswelt der Frau in der römischen Antike. Frankfurt a. M. et al. 1988.
Ferrara, B./Meo, F., Loom Weights in Sacred Contexts: The Square Building of the Heraion near the Sele River, in: *Brøns, C./Nosch, M.-L- (Hgg.)*, Textiles and Cult in the Ancient Mediterranean. Oxford/Philadelphia 2017, 112–125.
Foxhall, L., Household, Gender and Property in Classical Athens, in: Classical Quarterly, 39, 1989, 22–44.
Frass, M., In Pomonas Reich. Gartenarbeit und Gartenlust im Alten Rom, in: Historische Anthropologie, 12, 2004, 106–122.
Gillis, C./Nosch, M.-L. (Hgg.), Ancient Textiles. Production, Craft and Society. Oxford 2007.
Günther, R., Frauenarbeit – Frauenbindung. Untersuchungen zu unfreien und freigelassenen Frauen in den stadtrömischen Inschriften. München 1987.
Günther, R., Matrone, vilica und ornatrix. Frauenarbeit in Rom zwischen Topos und Alltagswirklichkeit, in: *Späth, Th./Wagner-Hasel, B. (Hgg.)*, Frauenwelten in der Antike. Geschlechterordnung und Lebenspraxis. Stuttgart/Weimar 2000, 350–376.
Harlow, M./Michel, C./Quillien, L. (Hgg.), Textiles and Gender in Antiquity from the Orient to the Mediterranean. London/New York 2020.
Herfst, P., Le travail de la femme dans la Grèce ancienne. Utrecht 1922 (ND 1979).
Hildebrandt, B., Seide in der Antike: Terminologie – Produktion – Konsumtion – Distribution. Unveröffentlichte Habilitationsschrift. Hannover 2018.
Kampen, N., Image and Status: Roman Working Women in Ostia. Berlin 1981.
Krause, J.-U., Witwen und Waisen im römischen Reich. Bd. II: Wirtschaftliche und gesellschaftliche Stellung von Witwen. (HABES, Bd. 17) Stuttgart 1994.
Nosch, M.-L., The Women at Work in the Linear B tablets, in: *Larsson Lovén, L./Strömberg, A. (Hgg.)*, Gender, Cult, and Culture in the Ancient World from Mycenae to Byzantium. Sävedalen 2003, 12–26.
Nosch, M.-L., Abgaben für den mykenischen Palast in der ägäischen Bronzezeit, in: *Wagner-Hasel, B./Nosch, M.-L. (Hgg.)*, Stoffkreisläufe und antike Textilökonomie. Stuttgart 2019, 27–68.
Nosch, M.-L./Koefoed, H./Andersson Strand, E. (Hgg.), Textile Production and Consumption in the Ancient Near East: Archaeology, Epigraphy, Iconography. Oxford 2013.
Olsen, B. A., The Worlds of Penelope: Women in the Mycenaean and Homeric Economies, in: Arethusa, 48/2, 2015, 107–138.
Pomeroy, S. B., Women in Hellenistic Egypt. From Alexander to Cleopatra. Detroit 1990.
Reuthner, R., Wer webte Athenes Gewänder? Die Arbeit von Frauen im antiken Griechenland. Frankfurt a. M./New York 2006.
Rowlandson, J., Women and Society in Greek and Roman Egypt: A Sourcebook. Cambridge 1998.
Saller, R., Household and Gender, in: *Scheidel, W./Morris, I./Saller, R. (Hgg.)*, The Cambridge Economic History of the Greco-Roman World. Cambridge 2007, 87–112.
Schaps, S., Economic Rights of Women in Ancient Greece. 2. Aufl. Edinburgh 1981.
Scheidel, W., Feldarbeit von Frauen in der antiken Landwirtschaft, in: Gymnasium, 97, 1990, 405–431.
Scheidel, W., Frau und Landarbeit in der Alten Geschichte, in: *Specht, E. (Hg.)*, Nachrichten aus der Zeit. Ein Streifzug durch die Frauengeschichte des Altertums. Wien 1992, 195–235.

Späth, Th./Wagner-Hasel, B. (Hgg.), Frauenwelten in der Antike. Geschlechterordnung und Lebenspraxis. Stuttgart/Weimar 2000.
Spantidaki, S., Textile Production in Classical Athens. Oxford/Philadelphia 2016.
Specht, E. (Hg.), Frauenreichtum. Die Frau als Wirtschaftsfaktor im Altertum. Wien 1994.
Stavrianopoulou, E., Gruppenbild mit Dame. Untersuchungen zur rechtlichen und sozialen Stellung der Frau auf den Kykladen im Hellenismus und in der römischen Kaiserzeit. Stuttgart 2006.
Wagner-Hasel, B., Der Stoff der Gaben. Kultur und Politik des Schenkens und Tauschens im archaischen Griechenland. Frankfurt a. M./New York 2000 (= The Fabric of Gifts, Lincoln Nebraska Libraries 2020).
Wagner-Hasel, B., Arbeit und Kommunikation, in: *Späth, Th./Wagner-Hasel, B. (Hgg.)*, Frauenwelten in der Antike. Geschlechterordnung und Lebenspraxis. Stuttgart/Weimar 2000, 311–349.
Wagner-Hasel, B., Die Arbeit des Gelehrten. Der Nationalökonom Karl Bücher (1847–1930). Frankfurt a. M./New York 2011.
Wagner-Hasel, B., Agamemnons Töchter und Helenas Amphipoloi. Abgabenpraxis und weibliche Arbeitsdienste im antiken Griechenland, in: *Wagner-Hasel, B./Nosch, M.-L. (Hgg.)*, Stoffkreisläufe und antike Textilökonomie. Stuttgart 2019, 69–92.
Wagner-Hasel, B./Nosch, M.-L. (Hgg.), Gaben, Waren und Tribute: Stoffkreisläufe und antike Textilökonomie. Stuttgart 2019.

Oliver Schipp
12 Arbeit und Arbeitswelten

I Einleitung

In der Neuzeit versteht man unter Erwerbsarbeit jede bezahlte Tätigkeit, die auf die Befriedigung der Bedürfnisse anderer ausgerichtet ist. Sie ist in der modernen ökonomischen Theorie gekennzeichnet durch objektbezogene Wertschöpfung. Nur bezahlte Arbeit ist gesellschaftlich anerkannt und hat eine modelltheoretische Relevanz. Sie richtet sich auf Tätigkeiten, die auf einem Arbeitsmarkt nachgefragt werden. Ihr Wert wird durch Angebot und Nachfrage bestimmt.[1] In den antiken wie in den meisten vorindustriellen Gesellschaften steht dagegen der arbeitende Mensch im Mittelpunkt der Betrachtung. Das Arbeiten stellt einen Wert an sich dar. Dies zeigt eindrücklich eine Studie von Pierre Bourdieu, der das Aufeinandertreffen von traditioneller Arbeitskultur und moderner Rationalität am Beispiel der Kabylen in Algerien untersuchte. Gemessen an den dichotomischen Ordnungsbegriffen produktiv/unproduktiv impliziert der moderne Arbeitsbegriff, der kapitalistischen Logik folgend, bereits die Maximierung der Produktivität. Das heißt nicht, dass in der protoindustriellen Ökonomie nicht auch auf die Produktivität der Arbeit geachtet wurde, sondern nur, dass auch unproduktive Arbeit, als solche gesehen, ihren anerkannten Wert für die Gesellschaft hatte.[2] Nicht Unproduktivität, sondern Untätigkeit wurde verachtet.[3] Dies lässt sich an der sozialen Stellung von nicht arbeitenden Menschen ablesen, die als Kranke, Alte und Invalide am Rande der Gesellschaft standen. Der Wert des arbeitenden Menschen wurde schon deswegen festgestellt, weil Arbeit in der Antike oftmals von Sklaven ausgeführt wurde und die Herren Kosten-Nutzen-Rechnung anstellen mussten.

Die Bedingungen und die Organisation der Arbeit veränderten sich im Zeitraum von 800 v. Chr. bis 700 n. Chr. nur langsam. In der griechisch-römischen Welt produzierten die meisten Menschen Verbrauchsgüter und Gebrauchsgegenstände zur Existenzsicherung. Aufgrund der Gegebenheiten einer Subsistenzwirtschaft fernab der Zentren boten die Bauern allenfalls geringe Überschüsse auf einem lokalen Markt an. Die Gewerbetreibenden stellten in Zentralorten ihre Produkte her und belieferten zumeist Kunden in der Region. In einigen Branchen wurden jedoch erfolgreich Waren exportiert. Zu nennen sind im mediterranen Raum die Agrargüter Ägyptens, die kaiserzeitlichen Fertigerzeugnisse aus Spanien und Norditalien oder der bereits im 6. Jahrhundert v. Chr. einsetzende Export von Glanztonware aus Griechenland. Dies

---

1 Vgl. *von Reden*, Zivilisation, 1.
2 Zur Produktivität der Sklavenarbeit vgl. *Finley*, Wirtschaft, 94 f. und zur Steigerung der schwer nachzuweisenden Pro-Kopf-Produktivität die Beiträge in *Scheidel/Morris/Saller*, Cambridge Economic History.
3 Vgl. *Bourdieu, P. et al.*, Travail et travailleurs en Algérie.

erforderte eine Spezialisierung der Arbeitskräfte, mithin die Ausbildung von Berufen und außerdem die Vergrößerung der Betriebe.[4] Die Produktionsprozesse organisierte man in Großbetrieben vielleicht schon arbeitsteilig. Sowohl spezialisierte als auch ungelernte Arbeitskräfte wurden massenhaft eingesetzt. Erschwert wurden Massenproduktion und Produktivitätssteigerung allerdings dadurch, dass es in der Antike kaum je einen einheitlichen und transparenten Arbeitsmarkt gab. Der Bedarf an Arbeitskräften wurde zumeist mit freien, aber auch mit unfreien Arbeitern aus der Region gedeckt. Sklaverei ist dabei in vielen Wirtschaftssektoren als alternativlos angesehen worden. In einigen antiken Gesellschaften verfügten Großagrarier und Gewerbetreibende zudem über abhängige, minderfreie Arbeiter. In der römischen Kaiserzeit war ferner die Gruppe der Freigelassenen von Bedeutung für den Arbeitsmarkt.[5] Und in der Spätantike schließlich versuchten die Kaiser freie Menschen in vielen Berufen an den Stand ihrer Eltern zu binden.

Diesen Befund hat die Forschung auf der theoretischen Ebene diskutiert. Dabei haben sich zur Erforschung der Geschichte der Arbeit drei wesentliche Forschungsrichtungen entwickelt: die marxistische Theorie, die neoklassische Theorie (Rational-Choice-Theorie) und die Neue Institutionenökonomik.[6] Vor allem der zuletzt genannte Ansatz wurde in jüngster Zeit auf die antiken Verhältnisse übertragen.[7] Wachstum und Investitionen sowie Reichtum und Armut werden nach dieser Theorie beeinflusst von den jeweils gültigen institutionellen Rahmenbedingungen. Die bei jedem Marktgeschehen entstehenden Transaktionskosten sind dabei entscheidend für das Kauf- oder Verkaufsverhalten. Dieser Marktmechanismus lässt sich auch auf Arbeitsmärkte übertragen.[8] Die Analysemethoden der Neuen Institutionenökonomik wurden mit Bezug zum Thema Arbeit in jüngster Zeit in den zahlreichen Aufsätzen von Walter Scheidel zur Sklaverei und Lohnarbeit, in Dennis Kehoes Untersuchungen zur Landwirtschaft sowie in Cameron Hawkins' Dissertation zu den städtischen Handwerkern berücksichtigt.[9] Auch die Ergebnisse der zuletzt in die Kritik geratenen neoklassischen Theorien zu den antiken Arbeitsmärkten verlieren nicht vollständig an Geltung. Für Keith Hopkins zum Beispiel waren die Arbeitsmärkte von geringerer Bedeutung, da die meisten Arbeitskräfte rechtlich frei und verfügbar gewesen seien. Durch die Intensivierung der agrarischen Produktion und aufgrund des Bevölkerungswachstums sei die Produktivität gestiegen. Die Bauern erwirtschafteten auch einen großen Teil des Steueraufkommens, welches von den produktiven Provinzen in die produktionsschwachen

---

4 Vgl. *Drexhage/Konen/Ruffing*, Wirtschaft, 113 f.
5 Zu lokalen Arbeitsmärkten vgl. *Hawkins*, Labour, 346–351.
6 Vgl. *Tilly, C.*, Work under Capitalism. Boulder 1998. *Verboven, K./Laes, C.*, Work, Labour, Professions. What's in a Name?, in: *dies.* (Hgg.), Work, Labour, and Professions in the Roman World. (Impact of Empire, Bd. 23) Leiden 2016, 5–20.
7 *Scheidel/Morris/Saller*, Cambridge Economic History.
8 Vgl. allgemein zur Neuen Institutionenökonomik *Ruffing*, Wirtschaft, 12 f.
9 *Scheidel*, Slavery, mit Literaturhinweisen auf die eigene Forschung; *Kehoe*, Law und *ders.*, Contract sowie *Hawkins*, Artisans und *ders.*, Labour.

Grenzprovinzen (militärischer Nachfragemarkt) umverteilt worden sei.[10] Zu Recht umstritten, obgleich inspirierend, sind ferner die Studien von Peter Temin, wonach freie Arbeit, auf einem reichsweiten und einheitlichen Arbeitsmarkt angeboten, nicht die Ausnahme, sondern die Regel gewesen sei. Sklaverei sieht er wegen der römischen Freilassungspraxis als eine besondere Form von Langzeitbeschäftigung an.[11] Auch das ältere Status-and-Order-Modell von Moses Finley und der kulturdeterministische Ansatz von Max Weber werden immer noch partiell beachtet (s. Kap. 1 und 2 in diesem Band).[12] Die marxistischen Theorien spielen in der aktuellen Forschungsdiskussion hingegen keine Rolle mehr. Als *communis opinio* gilt allerdings deren Erkenntnis, dass die Sklaverei diejenige Institution gewesen sei, welche die Entwicklung von Warenmärkten erst ermöglichte.[13]

Die rechtlichen und sozialen Umstände der Arbeitskräfte sind noch verhältnismäßig gut dokumentiert. Von der Arbeitsorganisation und den Produktionsbedingungen haben wir aber nur geringe Kenntnis. Auch hinsichtlich der Einschätzung der Arbeit durch die Zeitgenossen ist die Quellenlage einseitig. Vor allem die antiken Autoren, welche bestimmte Arbeiten und Berufe bewerten, bieten nur eine Sichtweise der Elite. Literarische Selbstaussagen von Arbeitern über ihre Tätigkeiten fehlen demnach, weshalb der Begriff Arbeit auch nur annäherungsweise definiert werden kann.

II Begriffliche Annäherung

Die Etymologie des Terminus Arbeit ist unsicher, leitet sich aber wohl von *arbējiðiz* (got. *arbaiþs*) her. Möglicherweise besteht ein Bezug zum indoeuropäischen Begriff *orbh* (*verwaist*), da Waisenkinder oft zu schwerer körperlicher Tätigkeit gezwungen waren. Im Nibelungenlied hat das Wort *arebeit* noch die Bedeutung Strapazen, konkret ist das Mühsal der Helden gemeint, sich in Waffentechniken zu üben und erfolgreich den Kampf zu bestreiten.[14] Erst im Industriezeitalter wurde der moderne Arbeitsbegriff entwickelt, für den es in der Antike kein Äquivalent gab.

Dem heutigen Arbeitsbegriff entsprechen im Griechischen am ehesten *ponos* und *mochthos*, welche die Mühen und Anstrengungen der für den Lebensunterhalt notwendigen Tätigkeit bezeichnen können. Der Terminus *ponos* wird dabei selten wertneutral verwandt, sondern bezieht sich auf die Strapazen der Schlacht, die Mühen der Landwirtschaft, das Aushalten von Hitze und Kälte oder den Schmerz der Krankheit. Er steht für Männlichkeit und wird auf die Anstrengungen der Sklaven oder der

---

10 *Hopkins, K.*, Conquerors and Slaves. Cambridge 1978.
11 *Temin*, Labor, 513–538.
12 *Finley*, Wirtschaft; *ders.*, Ancient Slavery and Modern Ideology. London 1980 und *Weber, M.*, Wirtschaft und Gesellschaft. 5. Aufl. Tübingen 1980.
13 Vgl. *Verboven/Laes*, Work, 13–17, mit den Literaturhinweisen.
14 Nibelungenlied, 1. Âventiure, Strophe 1.

Frauen (außer bei Geburtsschmerzen) nicht angewandt.[15] Menschliche Hervorbringungen werden *erga* genannt. *Techne* ist die Methode, *erga* zu bewirken. Gemeint sind hierbei alle Arten von Kulturtechniken. Bei Homer noch auf handwerkliche Tätigkeit bezogen, weitete sich der Begriff auf technische, künstlerische und intellektuelle Fähigkeiten aus, bis er im 4. und 5. Jahrhundert v. Chr. zu einem philosophischen Konzept wurde. Das Wort *athlos* bedeutete zwar ursprünglich auch Arbeit, wurde aber später auf die Anstrengungen im athletischen Wettkampf bezogen. Oder es bezeichnet den Lohn oder die Belohnung, welche den Kriegern, Athleten oder Helden zukam, wobei hierfür aber meistens der Begriff *misthos* steht.[16]

Einige Bedeutungsinhalte des neuzeitlichen Arbeitsbegriffs deckt das lateinische *labor* ab, welches Cicero im Vergleich zum nahverwandten Schmerz (*dolor*) definiert. Die Arbeit (*labor*) strenge zwar Seele oder Körper an, aber nur bei einer besonders schweren Aufgabe oder Verpflichtung, wohingegen der Schmerz eine raue Bewegung im Körper sei, welchen die Sinne ablehnten.[17] Berufliche Tätigkeit ist also mit körperlicher oder geistiger Anstrengung verbunden und verbirgt sich hinter den Begriffen *opus* und *munus*.[18] Im Unterschied zum modernen Arbeitsbegriff bezeichnet *labor* aber nicht die bezahlte Tätigkeit im Dienste oder zum Nutzen eines anderen.[19] Das Schlüsselzeugnis für das heutige Verständnis des römischen Arbeitsbegriffes ist daher eine oft zitierte Cicerostelle im Werk ‚De officiis'.[20] Angeregt von der Philosophie des Panaitios erörtert Cicero die einem freien Römer angemessenen Berufe und verwendet für die Erwerbsarbeit, die Bezeichnung *quaestus*. Der *quaestus*-Begriff umfasst den Terminus *opus*, der wie *industria* menschliche Aktivitäten allgemein beschreiben kann,[21] und bezeichnet überdies die beruflichen Tätigkeiten, deren wesentliches Charakteristikum die abhängige Beschäftigung ist. Für einen Römer der Oberschicht waren derartige Arbeiten allerdings nicht angemessen. Ihre Aufgaben und Pflichten (*munera*) waren es, das Gemeinwesen zu verwalten (*magistratus*) und Befehlsgewalt auszuüben (*imperium*).[22] *Opus* kann außerdem auch wertneutral auf das Produkt menschlicher Tätigkeit und nicht auf die Tätigkeit selbst bezogen sein.[23] Handwerkliche Fertigkeiten, mitunter berufliche Betätigung in einem bestimmten Handwerk hei-

---

15 Vgl. *von Reden*, Zivilisation, 4.
16 Vgl. *Engels*, Zeugnisse, 136 f.; *von Reden*, Zivilisation, 4 f.
17 Cic. Tusc. 2, 35: „*Interest aliquid inter laborem et dolorem. Sunt finitima omnino, sed tamen differt aliquid. Labor est functio quaedam vel animi vel corporis gravioris operis et muneris, dolor autem motus asper in corpore alienus a sensibus.*"
18 Vgl. auch *de Nardis, M.*, Terminologia e concetto di "lavoro" in età romana, in: *Marcone, A.* (Hg.), Storia del lavoro in Italia. L'età romana. Liberi, semiliberi e schiavi in una società premoderna, Bd. 1. Rom 2016, 79–90.
19 Vgl. *Verboven/Laes*, Work, 2 f., mit Literaturhinweisen.
20 Cic. off. 1, 150 f.
21 Vgl. *von Reden*, Arbeit, 964.
22 Vgl. *Scherberich*, Bewertung, 88.
23 Vgl. *Nippel*, Erwerbsarbeit, 55.

ßen im Lateinischen *ars* oder *arteficium*.[24] Das eher seltene *occupatio* bezeichnet nicht zwingend eine Tätigkeit zum Erwerb des Lebensunterhaltes, meistens wird es im Sinne von Beschäftigung verwandt. Für Arbeit als Mühsal im Gegensatz zur Muße steht im Lateinischen das Wort *negotium*.

III Arbeitsorganisation und Produktionsbedingungen

1 Primärer Wirtschaftssektor

In den vorindustriellen Gesellschaften waren die meisten Menschen in der Landwirtschaft beschäftigt. Nach modernen Schätzungen betraf dies in der Antike etwa 80 % der Bevölkerung.[25] Schon in der archaischen Oikos-Wirtschaft zeigen sich die Grundstrukturen der antiken Landwirtschaft. In den homerischen Epen werden Großbetriebe wie der des Odysseus geschildert, wonach der Gutsherr mit seinem freien und unfreien Gesinde auf einem zentralgelegenen Herrenhof Acker- und Viehwirtschaft betrieb.[26] Die Mitarbeit des Großgrundbesitzers war dabei möglich aber nicht erforderlich. Sein Wohlstand machte ihn abkömmlich, sodass er aristokratischen Tätigkeiten nachgehen konnte. Ein Großbetrieb war dabei nicht nur eine Wirtschaftseinheit, sondern ein komplexes Ordnungsgefüge. Auf den großen Gehöften bildete sich eine soziale Gliederung heraus, die von einer rechtlich-hierarchischen Struktur gekennzeichnet war.[27] Der (adlige) Gutsbesitzer traf die wirtschaftlichen, politischen, sozialen und religiösen Entscheidungen: Er wies die Arbeiten zu, stiftete Ehen unter den Unfreien, sprach Recht über seine Leute, kümmerte sich um die politischen Verbindungen nach außen und sorgte für den Schutz der Götter.[28] Neben den Großbetrieben bestanden Klein- und Mittelbetriebe, wie sie Hesiod beschreibt.[29] Die kleinste Einheit (*oikos*) bestand aus einem Bauern (*despotes*), der mit seiner Frau (*despoina*) und den Kindern in privater Organisation einen Gutshof bewirtschaftete. Zwischen diesen Betriebsformen gab es Gehöfte von mittlerer Größe, die von der Kernfamilie unterstützt von freiem und unfreiem Gesinde sowie Saisonarbeitern betrieben wurden. Die Menschen versorgten sich in den weitgehend autarken Mittel- und Kleinbetrieben selbst und verkauften lediglich etwaige Überschüsse auf einem lokalen Markt. Die Wirt-

---

24 Vgl. *Verboven/Laes*, Work, 4.
25 Vgl. *Bowman, A./Wilson, A.*, Quantifying the Roman Economy. Methods and Problems. Oxford 2009.
26 Hom. Od. 7, 112–131; 14, 98–104.
27 Hom. Od. 4, 643 f.
28 Siehe dazu *Ulf, C.*, Die homerische Gesellschaft: Materialien zur analytischen Beschreibung und historischen Lokalisierung. (Vestigia, Bd. 43) München 1990.
29 Hes. erg. 397–400.

schaftskraft der meisten Betriebe reichte wahrscheinlich aus, das Existenzminimum mit Mühe zu sichern.[30]

Von den Bodenkategorien werden Privatland und öffentliches Land unterschieden, letzteres im Besitz eines Heiligtums oder einer Polis. In hellenistischer Zeit kann dann in den makedonischen Königreichen Landakkumulation in öffentlicher Hand beobachten werden.[31] Neben die freien und steuerpflichtigen Bauern traten in den Imperien der Seleukiden und Ptolemäer das Königsland, welches von Pächtern häufig in privilegierten Langzeitpachtverträgen bewirtschaftet wurde.

Auch im Imperium Romanum blieben landwirtschaftliche Hausgemeinschaften mit kleinem oder mittelgroßem Grundbesitz strukturprägend. Die römische *familia* ist dabei dem griechischen *oikos* der Sache nach vergleichbar. Die Kernfamilie lebte und arbeitete gemeinsam mit ihren Sklaven. Allerdings unterscheiden sich das griechische vom römischen Modell hinsichtlich der Verfügungs- und Disziplinargewalt (*patria potestas*). Die Töchter unterstanden dem Vater bis zur Verheiratung und die Söhne bis zu dessen Tod. Die Sklaven zählten ebenfalls zur *familia*, waren aber seit der frühen Kaiserzeit durch Sklavengesetze geschützt. Im Römischen Reich wurden in den Regionen, in denen großflächige Vieh- und Weidewirtschaft möglich war, größere Gutsbetriebe archäologisch nachgewiesen. In Italien, Nordafrika und Hispanien findet man etwa Landgüter mit einer durchschnittlichen Fläche von über 60 ha. In Gallien, Germanien und dem Alpenraum hatten die Landgüter im Durchschnitt hingegen nur eine Größe von bis zu 20 ha.[32] Von einem zentral gelegen Landhaus (*villa rustica*) wurde das umgebene Land bebaut. Der Eigentümer setzte auf seinem Grund und Boden meist einen Großpächter (*conductor*) als Subunternehmer oder einen Unfreien als Verwalter (*villicus*) ein, die jeweils einen Teil des Landes mit Sklaven und saisonal beschäftigten Arbeitern bewirtschaften ließen und bei sehr großen Landflächen entlegene Äcker an Kleinpächter (*coloni*) weiter verpachteten.[33] Diese waren meist verarmte Bauern, die auf Pachtland als Existenzgrundlage angewiesen waren. Sie zahlten ihre Pacht in Naturalien oder in Geld. Für die kaiserlichen Güter in Nordafrika sind die Arbeitsbedingungen, die Rechte aber auch die Pflichten der Pachtbauern durch Inschriften besonders gut nachgewiesen. Die Kolonen mussten dort zu ihren Pachtzahlungen noch Frondienste leisten, entweder auf dem Landgut des Grundherrn, des Großpächters oder des Verwalters. Frondienste bezogen sich meist auf die Frühjahrseinsaat, die Sommerernte und das herbstliche Pflügen sowie die Getreidedrusch. In einem Reskript des Kaisers Commodus wird das Tagwerk von sechs Tagen gemäß

---

30 Zur Rolle der Sklaverei auf kleinen und mittleren Gutshöfen vgl. *Ameling, W.*, Landwirtschaft und Sklaverei im klassischen Attika, in: HZ, 266, 1998, 281–315.
31 Vgl. *Kloft, H.*, Die Wirtschaft der griechisch-römischen Welt. Darmstadt 1992, 127–145.
32 Vgl. *Rind, M.*, Die römische Villa als Indikator provinzialer Wirtschafts- und Gesellschaftsstrukturen. Oxford 2015.
33 Vgl. zu den Saisonarbeitern *Kehoe*, Contract, 115–123. Siehe ferner *Scheidel, W.*, Grundpacht und Lohnarbeit in der Landwirtschaft des römischen Italien. (Europäische Hochschulschriften: Reihe 3, Geschichte und ihre Hilfswissenschaften, Bd. 624) Frankfurt a. M. 1994.

einem Hadrianischen Gesetz (*lex Hadriana*) bestätigt.[34] In der Spätantike wurde das Pachtsystem zum Kolonat weiterentwickelt. Die tägliche Arbeit veränderte sich für die Bauern indes kaum. Das Leben der Pächter dürfte aber deutlich bedrückender geworden sein. Klimaschwankungen und dadurch verursachte Ernteausfälle hatten sie mitzutragen.[35]

Auch in den Steinbrüchen und Bergwerken mussten die Menschen harte Arbeit verrichten. Zumeist wurde sie von Sklaven oder Kriegsgefangenen ausgeführt, die unter unmenschlichen Bedingungen arbeiteten, wie etwa die attischen Gefangenen, die sich in den Steinbrüchen von Syrakus zu Tode schinden sollten,[36] oder die zur Zwangsarbeit Verurteilten in der römischen Kaiserzeit, die in einem Kupfer- oder Silberbergwerk die Strafe für ein Kapitalverbrechen (*damnatio ad metalla*) verbüßten.[37] Die Mortalitätsrate unter den Grubenarbeitern muss hoch gewesen sein. Gearbeitet wurde Tag und Nacht. Ruhepausen waren kurz. Die Arbeiten wurden in den engen Schächten in gebückter oder liegender Haltung ausgeführt. Die Luft war staubig. Strabon berichtet, dass die Sklaven wegen der giftigen Grubengase schon nach kurzer Zeit erkrankten oder starben.[38] Aber andererseits arbeiteten in den attischen Silberminen von Laureion neben unfreien auch freie Bergleute.[39] Zudem stellte die Arbeitsfähigkeit von Sklaven das Betriebskapital der Eigentümer dar, weswegen in einigen Fällen ebenso Maßnahmen zum Arbeitsschutz getroffen wurden, wie für Unterkunft und Ernährung gesorgt war. Im römischen Bergbau sind in der Kaiserzeit wie in der Landwirtschaft Pachtsysteme als Organisationsform üblich. Gemäß der Bergwerksordnung von Vipasca (heute Aljustrel in Portugal) wurden die Bergwerkstollen zwar von kaiserlichen Prokuratoren überwacht, waren aber an Groß- und Kleinpächter (*conductores, coloni*) vergeben worden. Damit wurde das Unternehmerrisiko auf die Subunternehmer übertragen und die kaiserliche Verwaltung konnte den zu erwartenden Gewinn im Voraus kassieren.[40] Außer einer Vielzahl von kaiserlichen Bergwerken wurden aber auch einige Gruben privat betrieben.[41] Ein nicht zu unterschätzender Anteil am Montangewerbe hatte letztlich das Militär, denn die Legionäre

---

34 CIL VIII 25902 (Henchir Mettich). Vgl. *Johne/Köhn/Weber*, Kolonen, Nr. 68, 392–396.
35 Plin. epist. 9, 37, 2f.; Vgl. *Schipp*, Ökonomischer Nutzen, 182.
36 Diod. 13, 19, 4; Vgl. *Schumacher*, Sklaverei, 108.
37 Suet. Cal. 27; Cass. Dio 59, 10; Dig. 48, 19, 8, 28; 50, 13, 5, 3.
38 Strab. 3, 2, 8–10. Zur Gesundheitsschädigung siehe auch Lucr. 6, 813–815; Plin. nat. 33, 122; Vitr. 8, 6, 11; Vgl. *Schneider*, Sklavenwirtschaft, 130 f.
39 Vgl. dazu grundlegend *Lauffer, S.*, Die Bergwerkssklaven von Laureion. 2. Aufl. (Forschungen zur antiken Sklaverei, Bd. 11) Stuttgart 1979. Zu den spezialisierten Sklaven und deren Wert für den Eigentümer siehe zuletzt *Rihll, T.*, Skilled Slaves and the Economy: The Silver Mines of the Laurion, in: *Heinen, H. (Hg.)*, Antike Sklaverei: Rückblick und Ausblick. Neue Beiträge zur Forschungsgeschichte und zur Erschließung der archäologischen Zeugnisse. (Forschungen zur antiken Sklaverei, Bd. 38) Stuttgart 2010, 203–220.
40 Bergwerksordnung von Vipasca siehe FIRA I^2 104.
41 Dig. 7, 13, 5; 24, 3, 7, 14.

beschafften die nötigen Materialien für Lagerbau und Ausrüstung zumeist in Eigenregie und belieferten überdies die Zivilsiedlungen im Umfeld ihrer Militäranlagen.

2 Sekundärer Wirtschaftssektor

Soldaten betätigten sich ferner als Handwerker.[42] Vor allem die Produktion und Reparatur der Waffen wurden häufig von den Legionären der Kaiserzeit selbst ausgeführt. Erst in der Spätantike gab es staatliche Waffenfabriken.[43] Auch bauhandwerkliche Arbeiten gehörten für viele Legionäre zum Routinedienst. Sie errichteten unter anderem Gebäude, stellten Ziegel her, waren als Holzfäller tätig und befleißigten sich als Zimmerleute.

Die meisten Waffen wurden aber sicherlich in den Kleinbetrieben hergestellt, die sich im Umfeld von Militärlagern ansiedelten oder in der Nähe einer Eisenerzmine produzierten.[44] Und auch das Bauhandwerk war grundsätzlich privatwirtschaftlich organisiert. Die Berufe sind dabei stark differenziert. Unter anderem können Vermessungstechniker (*mensores*), Maurer (*structores*), Steinmetze (*marmorarii*), Zimmerer (*tignuarii*) nachgewiesen werden.[45] Der kappadokische Arzt Aretaios schildert die Arbeit eines Zimmermannes, der neben seiner handwerklichen Tätigkeit, wie Holz abmessen, spalten und glätten, auch im Stande sein musste, mit dem Lohnherrn zu verhandeln, Verträge abzuschließen und für gerechte Löhne zu sorgen.[46] Der Berufsstolz der oftmals unfreien Arbeiter lässt sich auf den zum Teil aufwendig gestalteten Grabsteinen ablesen. Das Handwerkszeug des Steinmetzen C. Clodius Antiochus ist etwa auf der Grabstele einer Pettia Ge dargestellt.[47] Neben Winkelmaß, Setzwaage und Lot sind zwei unterschiedlich große Hämmer abgebildet. Oft werden wie hier nur die Werkzeuge als Hinweis auf einen bestimmten Beruf gegeben.

Die Arbeit wurde in kleinen und mittleren Handwerksbetrieben ausgeführt. Allenfalls bei exportorientierten Produkten, die in großen Mengen produziert wurden, taten sich mehrere Unternehmer zusammen. So enthielt ein Ofen in La Graufesen-

---

42 Kaiser Marius soll vor seiner militärischen Laufbahn Waffenschmied gewesen sein (SHA trig. tyr. 8, 1, 13; Aur. Vict. 33, 9) und der Vater des Kaisers Maximus Schmied oder Wagner (SHA Max. Balb. 5, 1). Zu den einzelnen Tätigkeiten siehe Dig. 50, 6, 7; vgl. dazu *Drexhage/Konen/Ruffing*, Wirtschaft, 215 f., mit Literaturhinweisen.
43 Not. dign. occ. 9, 16–39; Not. dign. or. 11, 18–39. Gegründet wurden die staatlichen Waffenfabriken wohl zur Zeit der Tetrarchen, siehe Ioh. Mal. 12, O 408.
44 Vgl. die Beispiele für Schmiede von *Gummerus*, Industrie, 1504 f.
45 Vgl. *von Petrikovits*, Spezialisierung, 63–132, und zu den Bauhandwerkern *Ruffing*, Spezialisierung, 115.
46 Aret. 3, 3, 6, weist dabei auf die chronischen Krankheiten des Bauhandwerks hin; vgl. *Drexhage/Konen/Ruffing*, Wirtschaft, 250 f.
47 CIL XI 961. Vgl. *Zimmer*, Berufsdarstellungen, 167 f., und zum Status der Arbeiter *Schumacher*, Sklaverei, 138 f.

que (*Condatomagus*) im Durchschnitt bis zu 30.000 Gefäße. Er wurde von mehreren Betrieben befüllt, wie die Ritzinschriften auf Fehlbränden erkennen lassen. Diese Töpferrechnungen geben ferner Aufschluss über die manufakturartige Organisation der Ateliers, der produzierten Stückzahlen und der Vertriebswege der Töpferware.[48] Ein frühes Zentrum der Terra-Sigillata-Produktion war das norditalische Arezzo. Im 1. Jahrhundert n. Chr. wurde der Markt dann von den südgallischen Produktionszentren dominiert, da sie verkehrsgünstig an Flüssen gelegen waren und man sich den Transport über die Alpen sparte.[49]

Im Übergang von der Spätarchaik zur Frühklassik (560–480 v. Chr.) lässt sich in Athen eine ähnliche Konzentration von Kleinbetrieben zwecks gemeinsamen Fernhandels feststellen. Im Kerameikos bemalten Meister mit ihren Schülern in ihrer Werkstatt (*ergasterion*) die Töpferware. Die Produktion rotfiguriger Vasen erlebte im 5. Jahrhundert v. Chr. eine Hochkonjunktur und erlangte eine marktbeherrschende Stellung. Damit lösten die Athener Künstler die Maler aus Korinth ab, die bereits im 6. Jahrhundert v. Chr. die Aristokraten im gesamten Mittelmeerraum mit schwarzfiguriger Glanztonware beliefert hatten.

Im frühen 5. Jahrhundert v. Chr. wurden handwerkliche Arbeiten in den städtischen Zentren vielleicht schon arbeitsteilig ausgeführt oder aber es arbeiteten mehrere Spezialisten zusammen. Die Handwerker waren in Bauhütten, Manufakturen oder Werkstätten organisiert.[50] Eine der wenigen Darstellungen eines solchen Arbeitsprozesses ist auf der Außenseite einer Kylix des sogenannten Erzgießerei-Malers zu sehen.[51] Hier werden in einer Bildhauerwerkstatt die aus Bronze gegossenen Teile einer Athletenstatue montiert. Die kopflose Statue liegt auf einem Kittbett, ein bärtiger Arbeiter mit nacktem Oberkörper und einem um die Hüften geschlungenen Mantel führt gegen einen der Statuenarme, den er in der Hand festhält, einen vorsichtigen Schlag mit einem Hammer aus. Der Statuenkopf liegt zwischen seinen Füßen. Zur Verlötung der Teile wird in einem hohen Ofen gerade das Weichlot erhitzt. Hinter dem Ofen kann man einen Jüngling erkennen, der den Blasebalg zum Schüren des Feuers bedient, vor dem Ofen sitzt ein Arbeiter auf einem Hocker und hält eine Stange in den Abstichkanal. Ein junger nackter Mann steht im Zentrum, er stützt sich auf einen schweren Hammer und sieht den Arbeitern am Ofen wartend und sich ausruhend zu. Hämmer für Metall- und Treibarbeiten, eine Säge und Pinakes, auf denen Entwürfe abgebildet sind, zieren den Hintergrund. Im klassischen Athen sind des

---

48 Vgl. *Fülle, G.*, The Internal Organization of the Arretine Terra Sigillata Industry: Problems of Evidence and Interpretation, in: JRS, 87, 1997, 111–155.
49 Zur Verbreitung der Töpferware vgl. *Mees, A. W.*, Die Verbreitung von Terra Sigillata aus den Manufakturen von Arezzo, Pisa, Lyon und La Graufesenque: die Transformation der italischen Sigillata-Herstellung in Gallien. (Monographien des Römisch-Germanischen Zentralmuseums, Bd. 93) Mainz 2012.
50 Vgl. *Tran, N.*, Dominus Tabernae: le statut de travail des artisans et des commerçants de l'Occident romain (Ier siècle av. J.-C.–IIIe siècle ap. J.-C.). Rom 2013.
51 Weitere Darstellungen von Arbeitsprozessen findet man bei *Schumacher*, Sklaverei, 118–163.

Weiteren Großbetriebe literarisch belegt, die an moderne Manufakturen erinnern. So sollen in der sogenannten Schildfabrik des Lysias circa 120 Sklaven gearbeitet haben, während der Vater des berühmte Redners Demosthenes auf die Herstellung von Messern spezialisiert war und 32 Sklaven beschäftigte.[52]

Unfreie wurden auch in den kaiserzeitlichen Großbäckereien in Rom und anderen Städten des Römischen Reiches eingesetzt.[53] Im Akkord formten sie in langen Reihen an Tischen die Brotlaibe, während der Teig in einer von einem Esel angetriebenen Knetmaschine zusammengeknetet wurde.[54] Das Getreide war zuvor von anderen Arbeitern in ebenfalls von Eseln angetriebenen Rotationsmühlen gemahlen worden. Abschließend wurden die Teiglinge von einem Bäcker gebacken. Die Sklavenarbeit in den Mühlen und Backstuben wird von Apuleius schonungslos geschildert: Die halbnackten Menschen seien von Blutstriemen auf dem Rücken gezeichnet gewesen. Geschoren und durch die Hitze der Öfen versengt, hätten sie ihre Arbeit verrichtet. Ihre Körper seien von Asche und Mehl gepudert gewesen. Selbst bei Nacht hätten die Bäcker im Lampenschein geschuftet.[55] In den Großbäckereien wurden diesen Darstellungen zufolge arbeitsteilig Backwaren produziert. Da der größte Teil der Produktion betriebsintern durchgeführt wurde, spricht man hierbei von einer vollen, vertikalen Integration.

3 Tertiärer Wirtschaftssektor

Im Dienstleistungssektor waren die Arbeitsbedingungen naturgemäß besser als im primären und sekundären Wirtschaftssektor.[56] Die Arbeit war entweder intellektuell anspruchsvoller, wurde entsprechend höher geachtet und auch besser entlohnt, oder aber die Arbeit wurde im Nahbereich zu den Auftraggebern ausgeführt, was eine auch emotional-familiäre Bindung zur Folge haben konnte. Zur ersten Gruppen zählen sicher die freien Berufe, wie Arzt, Lehrer und Architekt, die Cicero seinem Sohn beziehungsweise der römischen Jugend empfiehlt, sofern sie zu deren Stand passten.[57] Dass solche Berufe einträglich sein konnten, zeigt eine Inschrift des Augenarztes P. Decimius Eros Merula, der erhebliche Mittel für seine Heimatstadt Assisi ausgeben konnte. Er stiftete Statuen, finanzierte die Straßenpflasterung und hinterließ ein Vermögen von 500.000 Sesterzen. Alleine seine Freilassung hatte ihn 50.000 Sesterzen

---

52 Demosth. or. 27, 9–11. Vgl. zu diesen und weiteren Beispielen *Ruffing*, Wirtschaft, 66.
53 In Pompeji etwa der Großbäcker P. Paquius Proculus: CIL IV 222 und öfter.
54 Vgl. *Rohde/Sommer*, Wirtschaft, 112–114.
55 Apul. met. 9, 12; vgl. *Schneider*, Sklavenwirtschaft, 127 f., und zum Produktionsprozess am Beispiel Pompeji *Monteix, N.*, Contextualizing the Operational Sequence: Pompeian Bakeries as a Case Study, in: *Wilson, A./Flohr, M.* (Hgg.), Urban Craftsmen and Traders in the Roman World. Oxford 2016, 153–182.
56 Vgl. die Beiträge bei *Marcone*, Storia del lavoro, 427–542.
57 Cic. off. 1, 151.

gekostet.[58] Während Mediziner in der späten Republik und der frühen Kaiserzeit häufig Sklaven waren, praktizierten in der griechischen Epoche freie Ärzte.[59] Lehrer waren in Griechenland ebenfalls frei, genossen allerdings als Lohnempfänger kein besonders hohes Ansehen. In Syrakus wurden nach Aristoteles Sklaven von einem Lehrer gegen Bezahlung (*misthos*) ausgebildet.[60] In Athen wurde sogar eine Komödie mit dem Titel Sklavenlehrer (*doulodidaskalos*) im 5. Jahrhundert v. Chr. uraufgeführt. Bei den Römern waren die meisten Lehrer hingegen unfreier Herkunft.[61] Zahlreiche Inschriften dokumentieren den unfreien Status von Grammatiklehrern in der Kaiserzeit.[62] In vielen Fällen ist der Status aber nur am griechischen Namen erkennbar, wie bei dem Hauslehrer Tychicos, welcher dem Lenus Mars auf dem Martberg an der Mosel in einer bilingualen Inschrift für die Rettung vor einer schweren Krankheit dankte.[63] Die Architekten wiederum waren in der griechisch-römischen Antike zumeist freier Herkunft, da sie nicht angestellt waren, sondern ein Werk erstellten.[64] Die Abrechnungslisten des Erechtheions in Athen zeigen dies eindrucksvoll.[65] Sofern mit dem Namen *architekton* keine Baumeister bezeichnet wurde, sondern jemand, der mit Entwurf, Gestaltung, Planung und Konstruktion von Gebäuden betraut war, verdienten Architekten gut.[66] Die freien Berufe hatten durch ihre Spezialisierung und ihre hohe, zum Teil wissenschaftliche Ausbildung sicherlich gute Arbeitsbedingungen. Wenn aber diese Tätigkeiten als abhängige Erwerbsarbeit durchgeführt wurden, hatten selbst diese anspruchsvollen Berufe nicht das höchste Sozialprestige.

Kaum anders verhält es sich bei der zweiten Gruppe von Dienstleistern, den Hausangestellten im weiteren Sinne, die durch die Nähe zu ihren Herren zudem deren Vertrauen erwerben konnten.[67] Plinius erwähnt außer den Sklaven, die für das Amüsement und die Unterhaltung des Hausherrn und seiner Gäste zuständig waren, wie Possenreißer, Balletttänzer, Narren, Vorleser, Leierspieler und Komödianten, auch Sekretäre, Stenographen und Kämmerer,[68] die ebenfalls als Sklaven in privaten Haushalten dienten.[69] Dienerinnen, wie auf dem ‚Elternpaarpfeiler' aus Neumagen dargestellt, lebten und arbeiteten ebenfalls im Haushalt ihrer Herrschaften. Die Herrin, die im

---

58 CIL XI 5400. Vgl. *Schumacher*, Sklaverei, 216.
59 Etwa ein gewisser Dionysios, der um 154/5 v. Chr. in Delphi eine Gemeinschaftspraxis betrieb (SGDI 1899).
60 Aristot. pol. 1255b
61 Suet. gramm. 13–23; vgl. mit weiteren Beispielen *Schumacher*, Sklaverei, 211–213.
62 Bspw. CIL VI 2224; 33859; 7883; 9449; 9450; 9454; CIL II 3872 (p. 967); AE 2011, 218a.
63 IG XIV 2562 = CIL XIII 7661 = AE 1996, 1177.
64 Vgl. die Quellenangaben von *Gummerus*, Industrie, 1502 f., und die Literaturhinweise von *Schumacher*, Sklaverei, 131.
65 IG I³ 474–479.
66 Vgl. *Schumacher*, Sklaverei, 131, mit den Literaturhinweisen.
67 Zum Spektrum der Sklaventätigkeiten im Haushalt vgl. *Harper*, Slavery, 103–112.
68 Zu den Dienst- und Arbeitsverträgen in Ägypten vgl. *Hengstl, J.*, Private Arbeitsverhältnisse freier Personen in den hellenistischen Papyri bis Diokletian. Bonn 1972.
69 Plin. epist 9, 17.

Korbsessel sitzt, wird gerade von zwei Mädchen frisiert. Eine weitere Frau hält einen Spiegel, während die vierte Dienerin eine Karaffe in der Hand hält und aufmerksam beobachtet. Haussklaven hatten gute Chancen, spätestens nach ihrem 30. Lebensjahr freigelassen zu werden,[70] trugen aber auch das Risiko, bei einem ungerechten Herrn ein schlechtes Leben zu fristen. Trimalchio lobt seinen Koch, von dem er offenbar viel hält, und Cicero schenkte seinem Sekretär Tiro schließlich Freundschaft und Freiheit.[71] Ein Beispiel für einen gestrengen Herrn ist Vedius Pollio, der seine Sklaven bei geringsten Verfehlungen grausam bestrafte.[72]

Im Bankwesen war sowohl ein buchhalterisches Geschick als auch gegenseitiges Vertrauen erforderlich. Wenn uns die attischen Redner Demosthenes und Isokrates zutreffend unterrichten, wurden daher die Geldgeschäfte von den Bankiers gemeinsam mit fähigen und zuverlässigen Sklaven betrieben. Laut Demosthenes übernahm der Sklave Pasion nach seiner Freilassung die Bank seiner ehemaligen Herren Archestratos und Anthisthenes und erhielt sogar das attische Bürgerrecht. Als Vormund für seinen jüngeren Sohn setzte er seinen Freigelassenen Phormion ein. Treuhänderisch verwaltete dieser von 370 v. Chr. an das Bankhaus und eine Schildfabrik und heiratete zur Absicherung der Vormundschaft die Witwe seines ehemaligen Herrn.[73] Isokrates schildert in einer Prozessrede das Schicksal des Sklaven Kittos, der mit hochbrisanten Geldgeschäften seines Herrn im Bosporanischen Reich unter Satyros I. betraut war. Offensichtlich war Kittos mit der Tilgung von Darlehen beauftragt worden.[74] Vergleichbare Arbeitsverhältnisse findet man auch zur römischen Kaiserzeit, wenn es in einer Grabinschrift heißt, dass der aus Pannonien stammende Freigelassene Capito als Geldwechsler (*argentarius*) in Mainz arbeitete und die Bankfiliale gemeinsam mit dem Sklaven Diomedes verwaltete. Beauftragt wurden sie von ihrem Patron und Herrn Arrius, der vermutlich vom Stammhaus von Lyon aus die Bankgeschäfte leitete.[75]

Das Kredit- und Anlagegeschäft funktionierte nur, wenn das Personal im hohen Maße vertrauenswürdig war. Daher wurden, wie gezeigt, häufig unfreie Mitarbeiter eingesetzt. Diese hatten ein enges rechtliches und soziales Abhängigkeitsverhältnis zu ihren Arbeitgebern und wurden oft bereits als Jugendliche in das Metier eingearbeitet.[76] Ein weiterer Vorteil für die Geschäftspartner war, dass die Sklaven über kein

---

70 Sen. epist. 47.
71 Petron. 70. Trimalchio und sein Koch sind allerdings literarische Kunstfiguren. Dennoch zeigt Petron einen Typus des Neureichen, welcher bei der sozialen Repräsentation auf das Können seines Personals angewiesen war.
72 Sen. dial. 5, 40, 2–3; Plin. nat. 9, 39.
73 Demosth. or. 36; 45 und 49.
74 Isokr. or. 17. Vgl. *Schumacher*, Sklaverei, 163 f., mit weiteren Beispielen.
75 CIL XIII 7247. Zu den *argentarii* vgl. *Schlippschuh, O.*, Die Händler im römischen Kaiserreich in Gallien, Germanien und den Donauprovinzen Rätien, Noricum und Pannonien. Amsterdam 1974, 78–85.
76 Vgl. weitere Beispiele von *Schumacher*, Sklaverei, 163–168.

Privatvermögen verfügten und im Eigentum der Bank standen; somit konnten sie im Streitfall deren Herren unmittelbar in Regress nehmen.[77] Die Unfreien ihrerseits wurden mit der Aussicht auf Freilassung und Gewinnteilhabe zur Loyalität gegenüber ihren Herren motiviert.

IV Status und Arbeit

In der griechisch-römischen Antike wurden zwar technische Innovationen gemacht, etwa in der Wassertechnik, Architektur, Agrartechnik und beim Wissenstransfer, aber wesentliche quantitative Steigerungen der Wirtschaftsleistung erzielte man, indem der Arbeitsprozess neuorganisiert wurde.[78] Im städtischen Gewerbe wurde eine Spezialisierung, vielleicht auch schon eine arbeitsteilige Produktion im Keramik-, Metall-, Textil- und Lederhandwerk erreicht, die sich mit den Manufakturen des Barocks messen konnte.[79] Auch die landwirtschaftliche Produktion wurde durch die Entwicklung vielfältiger und flexibler Arbeitsverträge wirtschaftlicher.[80] Dies setzte eine entsprechende Nachfrage und Konsumverhalten voraus und hatte zugleich Auswirkungen auf das Zusammenleben und die Sozialstruktur der jeweiligen Gesellschaft.[81]

Dabei konnte jede Erwerbstätigkeit von Sklaven und Freien gleichermaßen ausgeführt werden. Sie waren Teil desselben lokalen Arbeitsmarktes.[82] Sklave zu sein, hieß, einem sozialen Stand anzugehören, für den (personen-)rechtliche Bedingungen festgelegt waren. Vor allem konnten Sklaven zu jeglicher Arbeit gezwungen werden. Nichts charakterisiert die Sklaverei so treffend wie der Zwang, täglich und im Grunde auch lebenslang zu Gunsten eines Herrn arbeiten zu müssen.[83] Die wichtigsten Gründe für Sklavenarbeit waren der monetäre Gewinn des Eigentümers (und des Sklaven), unwürdige, gefährliche und bescholtene Arbeit sowie das soziale Prestige des Eigentü-

---

77 Aus diesem Grund wurden im Steuerwesen ebenfalls Sklaven eingesetzt, z. B. CIL XIII 7215.
78 Vgl. zur Produktivitätssteigerung durch technische Innovationen *Schneider*, Sklavenwirtschaft, 109–119.
79 Vgl. *Drexhage/Konen/Ruffing*, Wirtschaft, 113 f.; *von Petrikovits*, Spezialisierung, 71–73, und zu den Berufen im Osten des Imperium Romanum *Ruffing*, Spezialisierung. *Gummerus*, Industrie, 1494 f., weist zu Recht auf den Unterschied zwischen Arbeitsteilung und Spezialisierung hin.
80 Wenn die Verrechnung der Transaktionskosten unfreier und freier Arbeiter von *Hawkins*, Artisans, 168–189, eins zeigt, dann, dass aufgrund der Flexibilität Großbetriebe (Latifundien) lukrativer geworden sein müssen. Siehe auch *ders.*, Labour, 346–351.
81 Vgl. *Alföldy, G.*, Römische Sozialgeschichte. 4. Aufl. Stuttgart 2011, 192–197 und *Drexhage/Konen/Ruffing*, Wirtschaft, 113 f.
82 Vgl. *Schneider*, Sklavenwirtschaft, 141 und *Temin*, Labor, 513–538, dessen These von einem reichsweiten, einheitlichen Arbeitsmarkt allerdings umstritten ist. Zu den Sklavenmärkten vgl. *Schumacher*, Sklaverei, 50 f., mit Literaturhinweisen.
83 Gegen *Temin*, Labor, 537.

mers.⁸⁴ So ist die Geschichte der Arbeit in der Antike immer auch eine Geschichte der Unfreiheit.⁸⁵ Aber trotz der Bedeutung der Sklaverei nach der römischen Expansion im 2. Jahrhundert v. Chr. wird inzwischen zu Recht bezweifelt, dass man von einer reinen Sklavenwirtschaft sprechen kann.⁸⁶ Denn obgleich sich Sklavenarbeit in Branchen mit gleichbleibenden Einnahmen aufgrund der fixen Arbeitskosten für die Herren durchaus lohnte, waren nur ungefähr zehn bis zwanzig Prozent der Bevölkerung versklavt.⁸⁷ Auf dem Land lebten weniger, in den Städten mehr Sklaven. Dieses Verhältnis lässt eine gewisse Bedeutung der Sklaverei für die antike Wirtschaft erkennen. Die meisten Menschen waren aber eben keine Sklaven und die Sklaverei war kein Arbeitssystem.⁸⁸ Als der Sklavenbestand in den nachchristlichen Jahrhunderten zudem vorwiegend extrusiv generiert wurde, war die Sklaverei ein soziales Phänomen.⁸⁹ Die griechisch-römischen Gesellschaften waren demnach auch keine Sklavenhaltergesellschaften, sondern Gesellschaften mit Sklaven.⁹⁰

Neben der Sklaverei bildeten sich soziale Gruppen heraus, deren personenrechtliche Stellung zwischen Freiheit und Unfreiheit anzusiedeln ist. Deutlich wird dies in Sparta, wo der Bürgerstatus an die Kriegertätigkeit gebunden war. Gewerbliche Arbeit und Landwirtschaft mussten die Heloten, das waren bodengebunde Unfreie, erledigen. Ähnliche Gruppen unfreier Menschen sind in Thessalien und Kreta überliefert. Die thessalischen Penesten und die kretischen Klaroten unterscheiden sich aber hinsichtlich der Herrschaftsbefugnis von den spartanischen Heloten. Die Abhängigkeitsformen in hellenistischer Zeit schwanken zwischen privilegiertem Sklavenstatus und vertraglich gebundenen Freienstatus. So sind die Königsbauern (*basilikoi georgoi*) und die sogenannten Leute (*laoi*) der letzten Kategorie zuzurechnen, während die Tempelsklaven (*hieroduloi*) mehrheitlich der ersten angehören.⁹¹ Diese rechtlichen und sozialen Gruppen eint, dass sie keine Bürgerrechte hatten. In einigen anderen Poleis seien Aristoteles zufolge sogar Lohnarbeiter vom Bürgerstatus ausgeschlossen gewesen.⁹²

---

84 Vgl. zur Auswirkung der Wirtschaft in der römischen Kaiserzeit auf die Sklaverei *Scheidel*, Slavery, 89–113.
85 Vgl. zum Arbeitseinsatz von Sklaven in der griechisch-römischen Antike *Schumacher*, Sklaverei, 91–238, und in der Spätantike *Harper*, Slavery, 100–200.
86 Vgl. *Ruffing*, Wirtschaft, 91 f.; *Flaig*, Weltgeschichte, 11 f. Anders noch die ältere Forschung *de Martino*, Wirtschaftsgeschichte, 294–337; *Schneider*, Sklavenwirtschaft; *Finley*, Wirtschaft.
87 Vgl. *Scheidel*, Demographie; *Patterson*, Slavery, 354 und 365, mit Literaturhinweisen. In expansiven Phasen konnte auch bis zu einem Drittel der Bevölkerung versklavt gewesen sein.
88 Vgl. *Bodel, J.*, Slave Labour and Roman Society, in: *Bradley, K./Cartledge, P.* (Hgg.), The Cambridge World History of Slavery. Bd. 1. The Ancient Mediterranean World. Cambridge 2011, 311–336.
89 Vgl. zu den Versklavungsweisen *Patterson*, Slavery, 105–147. Vgl. zur Transformation der Sklaverei im 3. Jahrhundert *Flaig*, Weltgeschichte, 70 f.
90 Vgl. *Flaig*, Weltgeschichte, 25 f.
91 Vgl. *Welwei, K.-W.*, Ursprung, Verbreitung und Formen der Unfreiheit abhängiger Landbewohner im antiken Griechenland, in: *Herrmann-Otto, E.* (Hg.), Unfreie und abhängige Landbevölkerung. Hildesheim 2008, 5–18.
92 Aristot. pol. 1278a. Zur Lohnarbeit in griechischer Zeit siehe *Schultheß, O.*, Misthos, in: RE XV 2, 1932, 2078–2095.

Sofern dies zutrifft, lag das aber weniger an der Tätigkeit selbst als vielmehr daran, dass Lohnarbeitern schlicht die Zeit fehlte, bürgerliche Rechte und Pflichten wahrzunehmen.[93] Schließlich sind noch als außergewöhnliche Rechtsstellungen die Metöken (Periöken) in den griechischen Poleis und die Peregrinen in den römischen Provinzen zu nennen, die zwar Anteil am Arbeitsmarkt hatten, denen aber die Bürgerrechte am Arbeitsort fehlten.

Spätestens mit der Ausweitung des römischen Bürgerrechts im Jahr 212 n. Chr. auf fast alle Bewohner des Imperium Romanum entwickelte sich innerhalb der Bürgerschicht eine starke soziale und rechtliche Differenzierung.[94] Dies betraf auch die große Gruppe der Liberti, denn nicht alle Freigelassene erhielten das römische Bürgerrecht (*civitas Romana*) – und selbst dann waren sie nach der förmlichen Freilassung ihrem Patron weiterhin verpflichtet.[95] Ein nicht geringer Teil der Sklaven wurde jedoch nur informell freigelassen.[96] Nach prätorischem Recht unter Freunden, beim Gastmahl, im Zirkus, im Theater oder per Brief freigelassen, hatten sie nur das latinische Bürgerrecht (*latinitas Iuniana*).[97] Dadurch blieben sie vermögens- und erbrechtlich eingeschränkt und waren von ihren ehemaligen Herren rechtlich und ökonomisch abhängig.[98] Sie lebten als Freie und starben als Sklaven, wie es Salvian von Marseille auf den Punkt bringt.[99] Zahlreiche Freigelassene, unter ihnen viele latinische Junianer, sind bereits im 1. und 2. Jahrhundert n. Chr. in den Provinzen nachgewiesen. Ihre personenrechtliche Stellung diente dazu, dass gewisse Teile der Landbevölkerung von Kaiser und Großagrarier unter Kontrolle gehalten wurden, blieben sie doch ihr Leben lang abhängig von ihrem Patron. Aber auch die Sklaven von Handwerkern und Kaufleuten wurden vor Vollendung ihres 30. Lebensjahres aus diesem Grund zu Minderfreien freigelassen.[100] Der Einsatz von Freigelassenen konnte sich überdies aufgrund des degressiven Zuwachses der durchschnittlichen Lohnkosten für ihre Patrone rechnen.[101]

---

93 Vgl. *Nippel*, Erwerbsarbeit, 57.
94 Ausgenommen vom Bürgerrecht waren kürzlich unterworfene Gruppen (*dediticii*); siehe Constitutio Antoniniana (Papyrus Gissensis 40).
95 Die Anzahl von freigelassenen Handwerker nach den Inschriften bietet *Gummerus*, Industrie, 1500 f. Die Zahlen können aber immer nur Annäherungswerte sein
96 Dig. 38, 1. Siehe *Waldstein, W.*, Operae libertorum. Untersuchungen zur Dienstpflicht freigelassener Sklaven. (Forschungen zur antiken Sklaverei, Bd. 19) Stuttgart 1986.
97 *Lex Aelia Sentia* (4 n. Chr.) und *lex Iunia Norbana* (19 n. Chr.): Gai. inst. 1, 13, 22, 36–40; Frg. Dosith. 6; Suet. Aug. 40, 3 f.; Tac. ann. 13, 27, 2.
98 Gai. inst. 3, 56; 1, 167 und Frg. Dosith. 5. Vgl. zur patronalen Kontrolle des Freilassers über seine ehemaligen Sklaven *Mouritsen, H.*, The Freedman in the Roman World. Cambridge 2011, 223–226, und zum Freigelassenenpatronat in der Spätantike *Barschdorf, J.*, Freigelassene in der Spätantike. München 2012, 90 f.
99 Salv. eccl. 3, 7, 33.
100 Vgl. die Fallstudie von *Schipp*, Gajus Seccius, 23–25. Siehe auch *Hawkins*, Artisans, 155 f.
101 Vgl. *Hawkins*, Labour, 168–189.

In der Spätantike sah man auch die Kolonen (und Inquilinen) als Minderfreie an. Zur Zeit der römischen Republik wurde ein freier römischer Bürger zum *colonus*, indem er einen kündbaren Pachtvertrag (*locatio conductio*) abgeschlossen hat.[102] Der Pachtvertrag war zumeist auf fünf Jahre befristet. Der Kolone schuldete den Pachtzins und musste den Boden bebauen.[103] Die Pflichten zur Zinszahlung und zur Kultivierung des Bodens erforderte dabei in aller Regel die Anwesenheit des Kolonen während der Vertragslaufzeit am Ort der Pachtung.[104] Verließ der Pächter dennoch vorzeitig das Land, musste er eine Strafe zahlen. Im Gegenzug musste der Verpächter dieselbe Strafsumme zahlen, wenn er seinen Pächter vertrieb.[105] Nachdem einige Kolonengruppen (*coloni iuris alieni*) Anfang des 4. Jahrhunderts unter der Steuerverantwortung ihrer Grundherren standen und andere spätestens Mitte des 4. Jahrhunderts bodengebunden waren (*originarii*), galten alle Gruppierungen Ende des 4. Jahrhunderts als ihren Grundherren zugehörig.[106] Dies hatte zur Folge, dass sie in ihrer Bewegungsfreiheit eingeschränkt wurden und dass sie nur noch untereinander Ehen eingehen durften. Ihre Kinder waren immer Kolonen. Mit Personen, die nicht dem Kolonat angehörten, konnten sie keine legitime Ehe, sondern nur eheähnliche Verbindungen (*contubernia*) eingehen. Auch bei solchen Verbindungen fielen die Nachkommen immer dem Grundherrn des Kolonen oder der Kolonin zu.[107] Überdies war die Verfügung der Kolonen über ihr Vermögen von der Zustimmung ihres Grundherrn abhängig.[108] Der Dienst im Militär oder in der Kirche wurde ihnen sukzessive untersagt.[109] Der Kolonat wurde im 4. und 5. Jahrhundert als ein Instrument zur Kontrolle und Steuerung der in der Landwirtschaft tätigen Bevölkerung eingesetzt.[110] Der personenrechtliche Status der Kolonen hatte sich in der zweiten Hälfte des 4. Jahrhunderts deutlich verschlechtert. Sie unterlagen einer strikten Bodenbindung und waren dadurch an ihren Arbeitsort dauerhaft gebunden.[111] Die Kolonen wurden im 5. und 6. Jahrhundert der Herrschaft ihrer Grundherren (*dominium*) unterworfen, zuerst in

---

102 Vgl. die Übersicht der Digestenstellen bei *Johne/Köhn/Weber*, Kolonen, 244–257; zur Kündigung Mayer-Maly, T., Locatio conductio. Eine Untersuchung zum klassischen römischen Recht. Wien 1956, 216f., und zur historischen Einordnung *Schipp*, Ökonomischer Nutzen, 181f. Die positive Langzeitwirkung der Pachtgesetze auf die landwirtschaftliche Produktionsleistung betont *Kehoe*, Law.
103 Dig. 19, 2, 55, 2.
104 Dig. 19, 2, 25, 3.
105 Dig. 19, 2, 54, 1.
106 Cod. Theod. 5, 17, 1 (332); Cod. Theod. 5, 18, 1 (419); vgl. *Schipp*, Kolonat, 254–262; 579–585.
107 Cod. Iust. 11, 48, 13, pr. (400); vgl. *Schipp*, Kolonat, 151–198.
108 Cod. Theod. 5, 19, 1 (365); vgl. *Schipp*, Kolonat, 213–233.
109 Ausschluss der kaiserlichen Kolonen vom Militärdienst: Cod. Iust. 11, 68, 3; 7, 38, 1 (364–367); Ausschluss vom Militärdienst: Cod. Iust. 12, 33, 3 (395–401); Ausschluss vom Kirchendienst: Cod. Iust. 1, 3, 16 (409); vgl. *Schipp*, Kolonat, 134–151.
110 Für die Entwicklung im Osten des Imperium Romanum vgl. *Banaji, J.*, Agrarian Change in Late Antiquity. Gold, Labour, and Aristocratic Dominance. Oxford 2001, 190–212.
111 Vgl. *Schipp*, Kolonat, 37–96.

den gefährdeten Grenzprovinzen, dann aber auch in Gallien, Afrika und Italien.[112] Sie wurden dadurch zwar nicht wie Sklaven zum Eigentum ihrer Grundherren, aber die Kolonen der Spätantike waren rechtlich untrennbar mit dem Pachtland und dessen Eigentümer verbunden.

Nicht nur viele Pachtbauern wurden an einen Stand (*condicio*) gebunden, sondern auch andere Berufsgruppen mussten sich in Verbänden organisieren, wenn auch mit geringeren personenrechtlichen Einschränkungen ihrer Mitglieder. Die Berufsverbände (*collegia, corpora*), die zur Versorgung Roms, Konstantinopels und anderer Städte mit Lebensmitteln notwendig waren, wurden etwa durch Kaisergesetze in ihrer rechtlichen Freiheit beschränkt. Den Mitgliedern der Korporationen der Schiffseigner (*navicularii*), Bäckerei- und Mühlenbesitzer (*pistores*) sowie Viehhändler (*suarii, boarii, pecuarii*) wurden öffentliche Dienste (*munera*) auferlegt und sie durften nur innerhalb ihres Standes vererben und heiraten.[113] Eine Mitgliedschaft war verpflichtend.[114]

Trotz alledem kann aber von keinem Zwangsstaat in der Spätantike gesprochen werden. Die Versuche, bestimmte Berufsgruppen an einen (Berufs)stand zu fesseln, waren unzulänglich. Die Gesetze galten nicht überall und wurden letztlich nicht im modernen Sinne vollzogen. Statuswechsel konnten durch Vermeidungsstrategien, wie der Flucht oder dem Ersitzen der Freiheit, faktisch erreicht werden. Gleichwohl ergaben sich für viele Berufsgruppen feste rechtliche und soziale Rahmenbedingungen, wodurch das Arbeitsleben der in diesen Stand hineingeborenen Menschen bestimmt wurde. Grundsätzlich ist daher zu fragen, inwiefern sich Menschen in der Antike überhaupt für oder gegen einen Beruf entscheiden konnten. Selbst einem römischen Senator der republikanischen Zeit war es gesetzlich verboten mehr Schiffraum als 300 Amphoren zu besitzen, wodurch er vom lukrativen Seehandel ausgeschlossen wurde und gezwungen war, den größten Teil seines Vermögens in italischen Grund und Boden zu investieren.[115] Und auch die Söhne freier Bauern oder Handwerker ergriffen zumeist den Beruf ihrer Eltern.[116] Rechtliche Bestimmungen und gesellschaftliche Konventionen schränkten also die Entscheidungsfreiheit bei Investitionen und Berufswahl enorm ein.[117]

---

[112] In Italien: Papyri Italiae 44, 6 (ed. J.-O. Tjäder 2); in Gallien: Sulp. Sev. 6 (CSEL 1, 254 f.); in Nordafrika: Tablettes Albertini IV; in Ostrom: Cod. Iust. 8, 51, 3 (529).

[113] Cod. Theod. 14, 3, 2 (355) und 14, 3, 14 (372) zum Beispiel regelten die Einheirat in den Stand der *pistores*. Vgl. *Robertis*, Lavoro, 317–334.

[114] Cod. Theod. 13, 5–9; 14, 2–4.

[115] Liv. 21, 63, 3 f.: *Lex Claudia de nave senatorum*. Vgl. *Rohde/Sommer*, Wirtschaft, 103 f. Eine andere Ansicht vertritt *Bringmann, K.*, Zur Überlieferung und zum Entstehungsgrund der *lex Claudia de nave senatoris*, in: Klio, 85, 2003, 312–321, wonach der Text unzeitgemäß aus der Perspektive der augusteischen Zeit geschrieben sei.

[116] Nach *Hawkins*, Artisans, 220–227, übernahmen sie aber nicht immer das Unternehmen ihrer Eltern.

[117] Vgl. zur sozialen Entwicklung durch die Veränderung der Arbeitswelt die beiden Sammelwerke *Marcone*, Lavoro und *ders.*, Storia del lavoro.

Die Lohnarbeit war nach der Sklavenarbeit die häufigste Form einer abhängigen Beschäftigung. Schätzungsweise ein Zehntel der Stadtrömer arbeitete zur Zeit Caesars als Lohnarbeiter.[118] Die Arbeitslöhne wurden zumeist frei verhandelt, bis die Tetrarchen sie 301 n. Chr. für bestimmte Berufe festsetzten.[119] Die Bezahlung variierte, entweder wurde nach Arbeitszeit oder nach geleisteter Arbeit entlohnt.[120] Viele Lohnarbeiter dürften dabei immer nur kurzzeitig beschäftigt gewesen sein, weil die Lohnkosten proportional zum zeitlichen Einsatz stiegen und langfristig andere Beschäftigungsformen wirtschaftlicher waren.[121] Ihren täglichen Bedarf mussten Lohnarbeiter kaufen und sie wohnten zur Miete, aber Arbeit fanden sie nur schwer, wie Dion von Prusa in einer Rede darlegt.[122] Als ungelernte Tagelöhner fristeten sie ein elendes Leben und haben sich als Gelegenheitsarbeiter durchgeschlagen.[123] Den Großgrundbesitzern wurde Lohnarbeiter von den Agrarschriftstellern empfohlen, um den Arbeitsbedarf in der Erntezeit abzudecken.[124] Als Lohnarbeiter zu arbeiten, geschah zwar unbeschadet des Bürgerrechts, Lohnarbeit bedeutet aber juristisch sich durch einen Dienstvertrag (*locatio conductio operarum*) einem anderen zu verdingen. Dies schätzt Cicero als ein unangemessene Tätigkeit ein, da der Lohn geradezu die Bezahlung für Sklavendienste sei.[125] Ähnlich sieht das der Tragödiendichter Pacuvius: Lohnarbeit mache den Menschen zum Sklaven.[126] Im Gegensatz dazu verpflichtet sich ein Handwerker durch einen Werkvertrag (*locatio conductio operis*), lediglich für einen Kunden ein Produkt zu erstellen.[127] Ergriff man allerdings einen bescholtenen Berufe, wie den des Arenakämpfers oder Schauspielers, dann hatte das immer eine Schmälerungen der Bürgerrechte zur Folge. Jede öffentliche und professionelle Zurschaustellung zog die prätorische Infamie nach sich, was bedeutet, dass das Postulationsrecht eingeschränkt wurde.[128]

---

118 Suet. Iul. 41, 3.
119 *Edictum de pretiis rerum venalium* 7, 1–75. Die Wirksamkeit des Höchstpreisediktes ist schon wegen der entstehenden Angebotslücke zu bezweifeln. Wenig überraschend hält Lactanz in seiner Schrift über die Todesarten der Christenverfolger das Edikt für unwirksam: Lac. mort. pers. 7, 6 f.
120 Vgl. *Rohde/Sommer*, Wirtschaft, 106–109, mit Literaturhinweisen.
121 Vgl. *Kloft, H.*, Arbeit und Arbeitsverträge in der griechisch-römischen Welt, in: Saeculum, 35, 1984, 200–221; *Robertis*, Lavoro, 117–142. Sowohl lang- als auch kurzfristige Verträge hat *Rathbone, D.*, Economic Rationalism and Rural Society in Third-Century AD Egypt: The Heroninos Archive and the Appianus Estate. Cambridge 1991, in Ägypten im 3. Jahrhundert n. Chr. nachgewiesen. Siehe auch *Hawkins*, Labour, 168–189.
122 Dion Chrys. 7, 105. Zu den Tagelöhnern siehe Apul. met. 9, 5 f.; Sen. benef. 6, 17, 1.
123 Vgl. *Finley*, Wirtschaft, 79 f.
124 Cato agr. 1, 3; Varro rust. 1, 17, 2; Suet. Vesp. 1, 4; CIL VIII 11824. Vgl. *de Martino*, Wirtschaftsgeschichte, 123–127.
125 Cic. off. 1, 150. Gegen die Gleichsetzung von Lohnarbeit und Sklaverei argumentiert *de Martino*, Wirtschaftsgeschichte, 190.
126 Siehe *Schierl, P. (Hg.)*, Die Tragödien des Pacuvius. Ein Kommentar zu den Fragmenten mit Einleitung, Text und Übersetzung. Berlin 2006, 577 f.
127 Auf diesen feinen Unterschied wies bereits *Finley*, Wirtschaft, 82, hin.
128 Dig. 3, 1, 1, 6; 3, 2, 1.

V Körperliche Arbeit in der Zeitkritik

Die zeitgenössischen Bewertungen der Arbeit sind immer nur theoretische Reflexionen oder praktische Empfehlungen für einzelne soziale Gruppen. Die meisten Menschen hatten in der Antike keine Berufswahl. Den sozialen Stellenwert beruflicher Tätigkeit beurteilten dann auch ausschließlich Autoren, deren aristokratischer Habitus im Grunde keine positive Wertung körperlicher Arbeit zuließ. Die Griechen würden wie alle anderen Völker die Handwerker geringer einschätzen als die übrigen Bürger.[129] Erwerbsarbeit mache den Menschen unfähig zum Kriegsdienst, gewähre nicht die für anspruchsvolle geistige Tätigkeiten notwendige Muße und verhindere die Pflege sozialer Beziehungen sowie die Mitwirkung am Gemeinwesen, urteilt Xenophon. So kam es für ihn auch nicht infrage, seinen Lebensunterhalt „durch eigene[r] Hände Arbeit" zu verdienen.[130] Aristoteles zufolge widerspräche jedes Handwerk und jede kaufmännische Tätigkeit den bürgerlichen Tugenden. Der vollkommene Bürger dürfe auch kein Bauer sein, denn zur Tugend und zum politischen Handeln bedürfe es der Muße, die solcherart Tätigkeiten nicht zuließen.[131] Die griechischen Philosophen Xenophon, Platon und Sokrates beschreiben hierbei die Funktion der Arbeit in einem idealen Gemeinwesen und schlossen in diesen theoretischen Erörterungen die soziale Gruppe der Handwerker vom Bürgerrecht aus.[132] Sie distanzieren sich von der Demokratievorstellung ihrer Zeit und bemühten sich um ein aktives, von Erwerbsarbeit befreites Leben.[133]

Die Realität sah aber für die meisten Menschen anders aus und wurde von Zeitgenossen auch so eingeschätzt. Die körperliche Arbeit galt den Griechen dann als erstrebenswert, wenn durch sie die eigene Haus- und Wirtschaftsgemeinschaft (*oikos*) erhalten oder Ruhm erlangt wurde.[134] In den Epen des Homer verstand sich ein tüchtiger Held auf landwirtschaftliche Techniken.[135] Auch handwerkliche Fähigkeiten wurden ihm nachgesagt.[136] Frauenarbeit im Textilgewerbe wird grundsätzlich positiv bewertet, auch bei einer hohen gesellschaftlichen Stellung der Frau.[137] Die in den Epen erwähnten Handwerker (*demiurgoi*) genießen hohes Ansehen. Geringgeschätzt

---

[129] Hdt. 2, 167.
[130] Xen. oik. 4, 2. Siehe auch Aristot. pol. 1277a 39–b 7. Zu den *banausoi* vgl. *Meier, C.*, Griechische Arbeitsauffassungen in archaischer und klassischer Zeit; in: *Bierwisch, M. (Hg.)*, Die Rolle der Arbeit in verschiedenen Epochen und Kulturen. (Berlin-Brandenburgische Akademie der Wissenschaften. Berichte und Abhandlungen Sonderband 9) Berlin 2003, 48–67; 73 f.
[131] Aristot. pol. 1328b 37–1329a 2.
[132] Plat. polit. 421d; 495d–496d; 546e. leg. 644a–b; 920d; Xen. mem. 4, 2, 22; Aristot. pol. 1278a.
[133] Vgl. *Engels*, Zeugnisse, 146; *Scholten*, Bewertung, 13.
[134] Vgl. *von Reden*, Arbeit, 967.
[135] Hom. Od. 18, 366–472.
[136] Hom. Od. 5, 234–260 (Schiffbau) und Hom. Il. 6, 313–315 (Hausbau).
[137] Hom. Od. 1, 358; 6, 57–59; 7, 103–110. Zur Bedeutung der Frauenarbeit vgl. *Saller*, Household, 101–107.

wurden hingegen abhängige Lohnarbeiter (*misthotoi*), da sie sich verdingten. Auch Hesiod wandte sich gegen die im 8. Jahrhundert aufkommende Adelsethik, indem er den Bruder aufforderte, die eigene Existenz durch harte Arbeit zu sichern.[138] Die Konkurrenz um die knapper werdenden Ressourcen sei mit der fachkundigen Bewirtschaftung des Landes zu begegnen gewesen. Leben, ohne zu arbeiten, zöge den Zorn der Götter auf die Menschen.[139] Ähnlich wie Hesiod schätzte Pindar die körperlichen Anstrengungen (*ponos*) als einen hohen kulturellen Wert ein.[140] Nach Plutarch sei Perikles der Auffassung gewesen, dass Armut keine Schande sei, wenn man sie durch Arbeit zu überwinden trachte.[141] Auch Thukydides berichtet, Perikles habe gesagt: „Armut einzugestehen ist für niemanden schmählich, ihr nicht zu entrinnen durch eigene Arbeit ist schmählicher."[142] Die Not zur Zeit des Peloponnesischen Krieges zwang offenbar die Athener, körperliche Erwerbsarbeit neu zu bewerten und im Gegensatz zu den zeitgenössischen Philosophen auch für Athener Bürger als nicht ehrenrührig einzuschätzen. Allerdings galt dies nicht für die Angehörigen der Aristokratie, die selbstverständlich von den Erträgen ihrer Ländereien zu leben hatte.[143]

Eine gewisse Wertschätzung erfährt die Landwirtschaft bei den römischen Agrarschriftstellern Cato, Columella, Varro und Palladius. Für Cicero ist unter Bezugnahme auf Cato die Landwirtschaft der einem freien Römer angemessenste Erwerbszweig. Das soziale Prestige einer bestimmten Arbeit gliedert er nach den Kriterien: Nutzen für die Gesellschaft, intellektuelle Anforderungen, Nähe zur aristokratischen Lebenswelt und der Dichotomie selbständige (freie)/abhängige (unfreie) Arbeit. Er untergliedert sie in solche die einem römischen Bürger würdig sind oder solche die sich für ihn nicht ziemen.[144] Ob die Ordnung der Berufe nach Cicero allgemeingültig war, ist umstritten, obgleich er die Auflistung mit dem Satz beginnt: „das folgende ist in etwa die allgemein akzeptierte Meinung" (*haec fere accepimus*).[145] Offensichtlich war Ciceros Bewertung des gesellschaftlichen Ansehens schichtengebunden.[146] Die eigentliche bäuerliche Arbeit kam nämlich für einen Angehörigen der römischen Oberschicht nicht in Frage. Der Nießbrauch aus Großgrundbesitz war gleichwohl der wahrhaft standesgemäße Erwerbszweig.[147] Die einzigen angemessenen Tätigkeiten, die Cicero

---

138 Hes. erg. 285–381.
139 Vgl. *Scholten*, Bewertung, 7.
140 Pind. O. 11, 4; I. 5, 24 f.; P. 10, 22–24.
141 Plut. Perikles 2, 2.
142 Thuk. 2, 40, 1.
143 So stritt Perikles mit seiner Familie darüber, wie die landwirtschaftlichen Erträge auszugeben seien: Plut. Perikles 16, 3–5; Vgl. *Finley*, Wirtschaft, 43.
144 Vgl. *Scherberich*, Bewertung, 88.
145 Cic. off. 1, 150 f.
146 Vgl. *Scherberich*, Bewertung, 95.
147 Siehe zu Landbesitz und athenischem Bürgerstatus (403 v. Chr.) Dion. Hal. rhet. 32. Vgl. zur senatorischen Erwerbsmentalität *Schleich, T.*, Überlegungen zum Problem senatorischer Handelsaktivitäten (1), in: MBAH, II/2, 1983, 65–90 und ders., Überlegungen zum Problem senatorischer Handelsaktivitäten (2), in: MBAH, III/1, 1984, 37–72.

freilich nicht erwähnt, waren politische und militärische Ämter sowie das juristische Auftreten vor Gericht.

Am Ende der Republik ist eine ähnliche Rückbesinnung auf die Tugendhaftigkeit der körperlichen Arbeit zu beobachten wie zur perikleischen Zeit.[148] In Notzeiten wuchs die Bedeutung identitätsstiftender und notwendiger Tätigkeiten. Vor allem die führenden Familien sollten sich im Bürgerkrieg um ihre Ländereien kümmern. Von den Vätern erworbener Grundbesitz galt es instand zu halten und zu bewirtschaften.[149] Zugleich wurden die altrömischen Tugenden eines traditionellen Bauerntums gerühmt. Vergil knüpft sodann in seiner ‚Georgica' an die Lehrdichtung des Hesiod an und beschreibt die körperliche Arbeit als gottgewollt, ohne diese zu glorifizieren.[150] Für die römische Oberschicht heißt es weiterhin, Landwirtschaft zu betreiben, aber nicht als Landwirt zu arbeiten; ein Gedanke, der durchaus auch vom jüngeren Plinius vertreten wird.[151] Damit distanziert er sich von seinem Freund dem Stoiker Musonius Rufus, der harte Arbeit als eine Tugend für Männer und Frauen bezeichnet. Das Philosophieren solle mit einer angemessenen Erwerbsarbeit einhergehen;[152] ein Ideal altrömischer Tugenden, wie es auch Plutarch dem älteren Cato zuschreibt, der seinen Körper auf dem Feld durch harte Arbeit gestählt habe.[153]

Christliche Autoren werten die Arbeit als eine unvermeidliche Selbstverständlichkeit. Sie sei eine geheiligte Pflicht,[154] wobei der intellektuellen Betätigung eine besondere Beachtung zukomme, während handwerkliche Arbeit geringer eingeschätzt wurde.[155] Die Wertschätzung der körperlichen Arbeit bei den Christen beruhte zum einen auf ihrer Zugehörigkeit zu den unteren, auf abhängige Arbeit angewiesenen Schichten, zum anderen auf der jüdischen Tradition, in der die frühen Christen standen.[156] In der Spätantike schätzte Johannes Chrysostomos körperliche Arbeit als eine bewundernswerte Philosophie ein, welche die Herzen befreie und die Seele stärke.[157] Einen nicht zu unterschätzenden Einfluss auf die christliche Bewertung der Arbeit dürfte aber auch die zuvor ausgeführte Diskussion unter den stoischen und kynischen Philosophen der frühen Kaiserzeit gehabt haben.

Die christlichen als auch nichtchristlichen Bewertungen körperlicher Arbeit könnte man als theoretische Erörterungen unter Aristokraten abtun, wenn es nicht

---

148 *Ruffing, K.*, Wirtschaftsdenken in der hellenistischen Welt und in Rom, in: *Hoffmann, T. S./Honrath, K.* (Hgg.), Genealogien der Wirtschaftsphilosophie. Handbuch Wirtschaftsphilosophie. Wiesbaden 2021, 1–24, betont, dass es sich bloß um eine vermeintliche Rückbesinnung handelte.
149 Verg. georg. 2, 506–511.
150 Verg. georg. 1, 121–124. 145 f. Vgl. *Scholten*, Bewertung, 10 f.
151 Plin. epist. 3, 11, 5–7.
152 Mus. Diatr. 3.
153 Plut. Cato 1, 5; 2, 2, 3. Vgl. *Scholten*, Bewertung, 17.
154 Zugespitzt formuliert im zweiten Brief an die Thessaloniker (Paulus, ad Tess. 2, 3, 10).
155 Clem. Al. 2, 78, 2; 6, 155, 3.
156 Vgl. *Scholten*, Bewertung, 16.
157 Ioh. Chrys. epist. I ad Cor. Hom. 20, 6; epist. II ad Cor. Hom.15, 3 (Migne PG 61, 168; 506–508).

in der frühen Kaiserzeit Hinweise darauf gäbe, dass auch unter den einfachen Bürgern ein Umdenken stattgefunden hätte. So nehmen die Berufsdarstellungen in Rom und auch in den Provinzen auffällig zu. Da auf Grabsteinen immer nur die Angaben gemacht werden, derer man sich nicht schämen muss, stellen die Gewerbetreibenden selbstbewusst und stolz ihre handwerklichen Tätigkeiten dar. Oftmals handelt es sich um Zeugnisse aufstrebender Freigelassener. Dadurch, dass die soziale Gruppe der mittelständigen Handwerker in die Sepulkralkunst Darstellungen ihrer Tätigkeiten einführten, wiesen sie Begriffen wie *labor* und *ars* durchaus positive Werte zu.[158]

Auch Kinderarbeit wurde in der griechisch-römischen Antike weder von christlichen noch von nichtchristlichen Autoren kritisiert und als selbstverständlich hingenommen.[159] Sklavenkinder galten nach römischem Recht wahrscheinlich vom sechsten Lebensjahr an als arbeitsfähig.[160] Inschriftlich sind Minderjährige in vielen Berufen nachgewiesen, etwa der zwölfjährige Sklave Pagus, der als Goldschmied arbeitete oder der ebenfalls im Alter von zwölf Jahren verstorbene Romanus, der vermutlich im Fernhandel tätig war.[161]

Bibliographie

Drexhage, H.-J./Konen, H./Ruffing, K. (Hgg.), Die Wirtschaft des Römischen Reiches (1.–3. Jahrhundert). Eine Einführung. Berlin 2002.
Engels, J., Mit meiner Hände Arbeit. Zeugnisse über die Wertschätzung eigener Arbeit im demokratischen Athen, in: *Drexhage, H.-J. (Hg.), Migratio et commvtatio.* Studien zur Alten Geschichte und deren Nachleben. Thomas Pekáry zum 60. Geburtstag am 13. September 1989 dargebracht von Freunden, Kollegen und Schülern. St. Katharinen 1990, 136–156.
Finley, M. I., Die antike Wirtschaft. 3. Aufl. München 1993.
Flaig, E., Weltgeschichte der Sklaverei. München 2009.
Gummerus, H. G., Industrie und Handel. Bei den Römern, in: RE IX 2, 1916, 1439–1535.
Harper, K., Slavery in the Late Roman World, AD 275–425. Cambridge/New York 2011.
Hawkins, C., Labour and Employment, in: *Erdkamp, P. (Hg.)*, Ancient Rome. Cambridge 2013, 336–351.
Hawkins, C., Roman Artisans and the Urban Economy. Cambridge 2016.
Johne, K.-P./Köhn, J./Weber, V., Die Kolonen in Italien und den westlichen Provinzen des Römischen Reiches, eine Untersuchung der literarischen, juristischen und epigraphischen Quellen vom 2. Jh. v. u. Z. bis zu den Severern. Berlin 1983.
Kehoe, D., Law and the Rural Economy in the Roman Empire. Michigan 2007.

---

158 Vgl. *Zimmer*, Berufsdarstellungen, 62–64.
159 Vgl. *Heinen, H. (Hg.)*, Kindersklaven – Sklavenkinder. Schicksale zwischen Zuneigung und Ausbeutung in der Antike und im interkulturellen Vergleich. Beiträge zur Tagung des Akademievorhabens Forschungen zur antiken Sklaverei, Mainz 14. Oktober 2008. (Forschungen zur antiken Sklaverei, Bd. 39) Stuttgart 2012; *Saller*, Household, 107–110; *Rohde/Sommer*, Wirtschaft, 151, mit Literaturhinweisen.
160 Dig. 7, 7, 6, 1.
161 Siehe zu CIL VI 9437 *Rohde/Sommer*, Wirtschaft, 152, und zu CIL XIII 7106 *Schipp*, Gajus Seccius, 19.

Kehoe, D., Contract Labor, in: *Scheidel, W. (Hg.)*, Roman Economy. Cambridge 2012, 114–130.
Marcone, A. (Hg.), Storia del lavoro in Italia. L'età romana. Liberi, semiliberi e schiavi in una società premoderna. Bd. 1. Rom 2016.
Marcone, A. (Hg.), Lavoro, lavoratori e dinamiche sociali a Roma antica. Persistenze e trasformazioni. Atti delle Giornate di studio (Roma Tre, 25–26 maggio 2017). Rom 2018.
De Martino, F., Wirtschaftsgeschichte des alten Rom. 2. Aufl. München 1991.
Nippel, W., Erwerbsarbeit in der Antike, in: *Kocka, J./Offe, C. (Hgg.)*, Geschichte und Zukunft der Arbeit. Frankfurt a. M. 2000, 54–66.
Patterson, O., Slavery and Social Death. A Comparative Study. Cambridge/London 1982.
Von Petrikovits, H., Die Spezialisierung des römischen Handwerks, in: *Jankuhn, H. et al. (Hgg.)*, Handwerk in vor- und frühgeschichtlicher Zeit. Teil I. Historische und rechtshistorische Beiträge und Untersuchungen zur Frühgeschichte der Gilde. Göttingen 1981, 63–132
Von Reden, S., Arbeit, in: DNP, Bd. 1, 1991, 963–969.
Von Reden, S., Arbeit und Zivilisation: Kriterien der Selbstdefinition im antiken Athen, in: Münstersche Beiträge zur antiken Handelsgeschichte, 11, 1992, 1–32.
De Robertis, F. M., Lavoro e lavoratori nel mondo romano. Bari 1963.
Rohde, D./Sommer, M., Wirtschaft. (Geschichte in Quellen) Darmstadt 2016.
Ruffing, K., Wirtschaft in der griechisch-römischen Antike. Darmstadt 2012.
Ruffing, K., Die berufliche Spezialisierung in Handel und Handwerk. Untersuchungen zu ihrer Entwicklung und zu ihren Bedingungen in der römischen Kaiserzeit im östlichen Mittelmeerraum auf der Grundlage der griechischen Inschriften und Papyri. (Pharos, Bd. 24) Rahden/Westf. 2008.
Saller, R. P., Household and Gender, in: *Scheidel, W./Morris, I./Saller, R. P. (Hgg.)*, The Cambridge Economic History of the Greco-Roman World. Cambridge 2007, 87–112.
Scheidel, W./Morris, I./Saller, R. P. (Hgg.), The Cambridge Economic History of the Greco-Roman World. Cambridge 2007.
Scheidel, W., Slavery, in: *ders. (Hg.)*, Roman Economy. Cambridge 2012, 89–113.
Scheidel, W., Demographie, in: *Heinen, H. et al. (Hgg.)*, Handwörterbuch der antiken Sklaverei. CD-ROM-Lieferung IV. Stuttgart 2012.
Scherberich, K., Zur sozialen Bewertung der Arbeit bei Cicero, De officiis 1,150 f., in: *Dormeyer, D./Siegert, F./Cornelis de Vos, J. (Hgg.)*, Hand-Arbeit in der Antike. (Münsteraner Judaistische Studien, Bd. 20) Berlin 2006, 86–97.
Schipp, O., Der weströmische Kolonat von Konstantin bis zu den Karolingern (332 bis 861). (Studien zur Geschichtsforschung des Altertums, Bd. 21) Hamburg 2009.
Schipp, O., Der ökonomische Nutzen des Kolonats? Das System der Bodenpacht und die ökonomischen Folgen, in: *Günther, S. (Hg.)*, Ordnungsrahmen antiker Ökonomien. Ordnungskonzepte und Steuerungsmechanismen antiker Wirtschaftssysteme im Vergleich. (Philippika. Marburger altertumskundliche Abhandlungen, Bd. 53) Wiesbaden 2012, 181–197.
Schipp, O., Der großzügige Patron Gajus Seccius. Eine Fallstudie zur *Lex Aelia Sentia* und ihren Folgen für unter 30-jährige Freigelassene, in: MZ, 112, 2017, 15–27.
Schneider, H., Die antike Sklavenwirtschaft: Das Imperium Romanum, in: *Eggebrecht, A. et al. (Hgg.)*, Geschichte der Arbeit. Vom Alten Ägypten bis zur Gegenwart. Köln 1980, 95–154.
Scholten, H., Die Bewertung körperlicher Arbeit in der Antike, in: AncSoc, 33, 2003, 1–22.
Schumacher, L., Sklaverei in der Antike. Alltag und Schicksal der Unfreien. München 2001.
Temin, P., The Labor Market of the Early Roman Empire, in: JInterH, 34, 2004, 513–538.
Zimmer, G., Römische Berufsdarstellungen. (Archäologische Forschungen, Bd. 12) Berlin 1982.

C Die griechische Wirtschaft (1200 v. Chr.–100 v. Chr.)

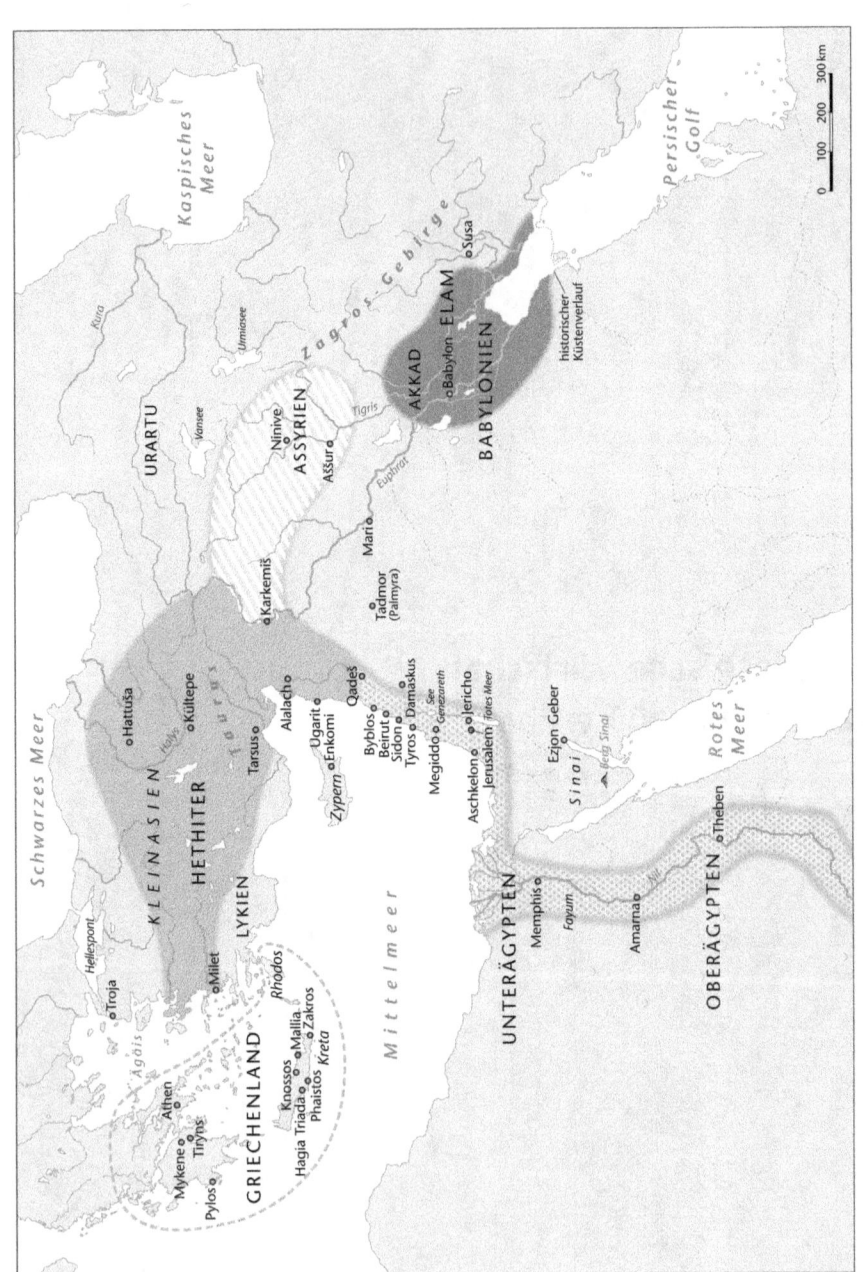

Karte 3: Der Ostmittelmeerraum um 1200 v. Chr. © Peter Palm.

Sitta von Reden
13 Wirtschaft und Austausch im frühen Ostmittelmeerraum (1200–600 v. Chr.)

I Einleitung

Die wirtschaftlichen Entwicklungen des griechisch-sprachigen Ostmittelmeerraums, die in den folgenden sieben Kapiteln diskutiert werden, waren eng verbunden mit dem organisatorischen Rahmen der Polis.[1] Diese für die griechische Welt so typische staatliche Organisationsform ist im griechischen Kernland erstmals am Ende des 8. Jahrhunderts erkennbar und entwickelte sich im 7. und 6. Jahrhundert mit der Entstehung von kollektiv geregelten Bürgerrechten sowie politischen und rechtlichen Institutionen rapide fort.[2] Die politische Organisation der Polis ließ auch schriftliche Ausdrucksformen wiederentstehen. Dies erschloss nicht nur für wirtschaftliches Handeln neue Möglichkeiten, sondern hat auch für die historische Forschung Konsequenzen. Ab dem Ende des 8. Jahrhunderts stehen uns wieder literarische und dokumentarische Schriftzeugnisse zur Verfügung, die es erlauben, Wertvorstellungen, Motivationen und Tauschkontexte zu rekonstruieren, die zu bestimmtem wirtschaftlichen Verhalten führten.

Lange ist die griechische Wirtschaft ab dem 8. Jahrhundert als ein historischer Umbruch und Neuanfang verstanden worden. Diesem Neuanfang, so die ältere Forschung, gingen die sogenannten „dunklen" Jahrhunderte (12./11.–8. Jahrhundert) nach dem Zusammenbruch der florierenden Palastkulturen der Spätbronzezeit (14.–12. Jahrhundert) voraus, die vor allem durch ihr größtes Zentrum Mykene bekannt sind. Die „dunklen" Jahrhunderte werden heute wegen des Aufkommens der Eisenverhüttung für Waffen und Werkzeuge treffender als die Frühe Eisenzeit bezeichnet. Sie waren geprägt von recht volatiler Siedlungstätigkeit, kleinräumigen agro-pastoralen Haushaltsökonomien, Austausch in begrenztem Maß und dem Verlust von Schriftlichkeit.[3] Ökologische Krisen und demographischer Niedergang sind mögliche Ursachen für die geringe Aktivität in diesen Jahrhunderten, bleiben aber als Erklärung für einen allgemeinen wirtschaftlichen Rückgang von Produktion und Austausch im Ostmittelmeerraum hypothetisch.[4] Statt Szenarien des Niedergangs zu betonen stellt

---

1 S. *Reinhard* in diesem Band. Das folgende Kapitel basiert auf einem Beitrag, der 2015 in *Wittke*, Frühgeschichte, publiziert wurde und von vielen Beiträgen in dem Band der Erstveröffentlichung profitiert hat. Für das vorliegende Handbuch wurde er neu konzipiert und aktualisiert. Alle Datierungen sind als v. Chr. zu verstehen.
2 Zur Langzeitentwicklung der Polis *Hölkeskamp*, Vom Palast zur Polis. Die Bedeutung phönizischer stadtstaatlicher Entwicklung und ihre Verbindung mit der griechisch-sprachigen mediterranen Welt wird in der Forschung zunehmend betont, s. etwa *López-Ruiz*, Phoenicians; *Heymans*, Origins; *Ulf/Kistler*, Entstehung.
3 *Lemos*, Early Iron Age, zu den Grundlinien der archäologischen Forschung und neuster Literatur.
4 *Lemos*, Early Iron Age, 26–27.

die archäologische Forschung heute dagegen das Weiterbestehen mancher Strukturen der Spätbronzezeit und die Transformationsprozesse innerhalb der Frühen Eisenzeit in den Mittelpunkt. Dank verbesserter archäologischer Methoden und signifikanter Zunahme archäologischen Materials, das heute auch archäobotanische und archäopathologische Zeugnisse einschließt, stehen der Forschung genauere Hinweise auf agrarische und pastorale Haushaltsökonomien, Metallabbau, Lebensstandards, Siedlungsentwicklung und Netzwerkbildung zur Verfügung. Sie zeigen die Jahrhunderte vor dem 8. Jahrhundert als regional sehr unterschiedlich und an manchen Orten aktiv und dynamisch. Viele Entwicklungen, die in den folgenden Jahrhunderten prägend für die griechische Wirtschaft wurden, entstanden in der Frühen Eisenzeit oder basierten auf lokalen Fortentwicklungen von Voraussetzungen, die bis in die Spätbronzezeit zurück reichen.

Während der lange Zeitraum vom 12. bis 6. Jahrhundert Transformationsprozesse besser verstehen lässt, ist es dennoch sinnvoll zwischen der Frühen Eisenzeit (1200–ca. 750) und den zwei Jahrhunderten danach zu unterscheiden. In der Alten Geschichte werden letztere als Archaik bezeichnet. Archäologen des Ägäis-Raums unterscheiden in dieser Phase dagegen nach Keramiktypen (geometrisch ca. 900–700; orientalisierend ca. 750–600). In der Archäologie Kleinasiens wird von der Mittleren und Späten Eisenzeit gesprochen, während in der Forschung zu Syrien und Palästina die Eisenzeit in drei Klassen unterteilt wird (I–III).[5] Komplizierend kommt hinzu, dass die Übergänge von einer Periode in die andere lokal sehr unterschiedlich verliefen, so dass jede Phaseneinteilung, die größere Räume in den Blick nimmt, ungenau wird. In diesem Kapitel wird die Frühe Eisenzeit (12.–8. Jahrhundert) von der Späteren Eisenzeit (8.–6. Jahrhundert) unterschieden. Zunächst werden Langzeitentwicklungen über den gesamten Zeitraum nachgezeichnet (II), bevor in den folgenden zwei Abschnitten (III und IV) die regional unterschiedlichen Transformationsprozesse in den zwei Phasen der Eisenzeit untersucht werden. Zusammenfassend wird im letzten Abschnitt (V) die Frage nach den Institutionen der Vernetzung in dem zunächst vorstaatlich geprägten Raum des eisenzeitlichen Mittelmeerraums diskutiert.

II Eisenzeitliche Wirtschaft von 1200 bis 600: Langzeitentwicklungen

Der Zusammenbruch palastzentrierter Beziehungen und Güterbewegungen führte zunächst zum Verlust von nachweisbaren Fernbeziehungen im gesamten submykenischen Raum. Die Geschwindigkeit des Wiederaufschwungs einiger von dem gewaltsamen Zusammenbruch betroffenen Siedlungen und das schnelle Wiederanwachsen von Güterbewegungen an der Levante und um Zypern im 12. Jahrhundert legen aber

---

5 Zur Diskussion *Morris*, Early Iron Age, und *Schweizer*, Chronologie, mit Anhang 1180–1242.

nahe, dass Produktion und Tauschbeziehungen in bestimmten sozialen Gruppen und in gewisser Form fortbestanden hatten.[6] Der Niedergang der die Fernbeziehungen kontrollierenden bronzezeitlichen Zentren schuf aber langfristig Raum für die Entstehung neuer Zentren und politischer Organisationsformen, deren sozialer und ökonomischer Mittelpunkt nicht mehr Paläste, sondern Heiligtümer und Marktplätze waren.[7] Innerhalb der Stadtstaaten mit agrarischem Umland an der phönizischen Küste und ab dem 8. Jahrhundert in Griechenland und der Ägäis waren agrarische Produktion, Tierhaltung, Handwerk und Handel in Haushalte und soziale Verpflichtungsverhältnisse eingebunden.[8] Ähnliche Entwicklungen lassen sich für die Metallgewinnung und -verarbeitung feststellen, die neben der Agrarproduktion und Tierhaltung der wichtigste Faktor für den Austausch und Handel war. Es scheint, dass sich in den Zentren des Metallabbaus während der Frühen Eisenzeit stabile, sozial differenzierte Bergbaugemeinschaften bildeten, die auf den nicht selbstorganisierten Arbeitsgruppen der Bronzezeit aufbauten.[9] Ausgehend von Zypern scheint sich allmählich die Eisengewinnung und -verarbeitung gegenüber dem Kupferabbau durchgesetzt zu haben. Ab dem 9. Jahrhundert entstand zunächst auf der iberischen Halbinsel, dann aber auch in Griechenland und der Ägäis, vermehrtes Interesse an Silber und Silbergegenständen, deren Produkte auch in Fernbeziehungen genutzt und getauscht wurden.[10]

Vom 9. bis 7. Jahrhundert entfaltete sich zunächst von der phönizischen Küste ausgehend, dann gefolgt von Städten Griechenlands und Kleinasiens eine hohe Migrationstätigkeit und Siedlungsaktivität an den Küsten des sich zunehmend urbanisierenden Westmittelmeerraums (besonders nach Nordafrika, Sizilien, Sardinien und an die Küste der iberischen Halbinsel) sowie am Schwarzen Meer.[11] Die formale territoriale Einhegung dieser Siedlungen durch Landverteilung, Stadtmauern und Grenzen führte in der Regel zu autonomen politischen Siedlungen mit eigener von den Herkunftsorten unabhängiger agrarischer Produktion sowie regionalem Güteraustausch. Strukturbildend für die Wirtschaft der folgenden Jahrhunderte war die Verdichtung des Mittelmeerraums durch Siedlungs- und Handelsaktivitäten zwischen den küstennahen griechischen und phönizischen Siedlungen, die sich bis zum Ende des 6. Jahrhunderts von ihrer vorderasiatischen Orientierung emanzipierten.[12] Gründe für die zuneh-

---

6 *Bennet*, Aegean Bronze Age; *Eder*, Überblick; *Niehr*, Überblick; *Matthäus/Niehr*, Zypern.
7 *Sherrat, A./Sherrat, S.*, The Growth of the Mediterranean Economy in the Early First Millennium BC, in: World Archaeology, 24/3, 1993, 361–378.
8 *Morris*, Hard Surfaces.
9 *Stöllner, M.*, Mining and Elites: A Paradigm Beyond the Evidence in European Metal Ages, in: *Kienlin, T. L./Zimmermann, A. (Hgg.)*, Beyond Elites. Alternatives to Hierarchical Systems in Modelling Social Formations. (Universitätsforsch. Prähist. Archäologie, Bd. 215) Bonn 2012, 433–448.
10 *Stöllner*, Metallgewinnung.
11 *Schön/Schweitzer*, Besiedlung; *López-Ruiz*, Phoenicians, 23–38 betont die Verbindung der griechischen und phönizischen Migrationsbewegung.
12 *Horden/Purcell*, Corrupting Sea, 123–172; *Broodbank*, Geburt, 663–772.

mend innermediterrane Ausrichtung von Handel und Austausch mögen neben wirtschaftlichen und sozialen Eigendynamiken auch der langsame Niedergang der Vermittlerrolle der phönizischen Städte zwischen den mediterranen Wirtschaften und den Tribut- und Konsuminteressen der assyrischen Könige sowie auch die Eroberung von Niniveh und Tyros unter Nebukadnezar im ersten Viertel des 6. Jahrhunderts gewesen sein.[13]

In den neu entstehenden Poleis spielte die Sicherung von bäuerlichem Agrarland und Weidegebieten und weniger die Kontrolle von Arbeitskraft durch Großverpächter eine zunehmende Rolle. In Griechenland und Italien entwickelte sich zu Beginn des 7. Jahrhunderts privates Eigentum an Land mit weitgehend privaten Verfügungsrechten, die sich im Laufe des 6. Jahrhunderts auf breitere, bis dahin häufig noch in persönliche Schuld- und Abhängigkeitsverhältnisse eingebundene Bauern ausweiteten.[14] Die Umstrukturierung und Sicherung von Agrarland erforderte neue Formen militärischer Kontrolle, die einerseits über die tributäre Aneignung von Überschüssen finanziert wurde oder in bürgerlicher Eigenverantwortung geregelt wurde. Es scheint ferner, dass im Zuge der agrarischen Orientierung sowohl in den mediterranen Stadtstaaten als auch in den vorderasiatischen Imperien Spannungen zwischen bäuerlichen und professionell spezialisierten Handelsinteressen aufkamen.[15] Ab dem ausgehenden 8. und im 7. Jahrhundert zeigen sich in den Epen Homers und der Lehrdichtung des böotischen Dichters Hesiod soziale Konflikte, insofern professionelle Fernhandelsaktivität gegen den Küstenhandel lokaler Bauern abgegrenzt und sozial wie auch politisch ausgegrenzt wurde. Diese normative Trennung von Fernhandel und Kommerz einerseits und landwirtschaftlicher Tätigkeit, die ein gewisses Maß an lokalem Handel einschließen konnte, andererseits hatte Auswirkungen sowohl auf die ökonomische Theoriebildung als auch die globalen Wirtschaften in Europa und dem Mittelmeer bis in die Frühe Neuzeit.[16]

III Die Wirtschaft der Frühen Eisenzeit

1 Formen von Wert und Tausch

Eine viel zitierte mythische Erzählung aus der homerischen Ilias (Verschriftlichung wohl am Ende des 8. Jahrhunderts) mag die Komplexitäten der früheisenzeitlichen Wirtschaft verdeutlichen. Hier wird die Geschichte eines silbernen Weinmischkrugs

---

13 *Aubet*, Phoenicians, 57–61.
14 *Morris*, Hard Surfaces, 36–41.
15 *Madreiter, I.*, Krieg und Kriegswesen, in: *Wittke* (Hg.), Frühgeschichte, 951–970.
16 *Burkhardt, J./Oexle, O. G./Spahn, P.*, Wirtschaft, in: *Brunner, O./Conze, W./Koselleck, R.* (Hgg.), Geschichtliche Grundbegriffe. Stuttgart 1992, 511–594.

(gr. *krater*) berichtet, den Achilles anlässlich der Wettkämpfe beim Leichenfest seines gefallenen Freundes Patroklos als Siegespreis aussetzt:

> Doch der Pelide [Achilles] setzte sogleich für die Schnelligkeit andere Preise aus:
> Einen silbernen Mischkrug, einen gefertigten, und sechs Maß
> Fasste er, doch an Schönheit ragte er hervor auf der ganzen Erde
> Bei weitem. Denn Sidonier, kunstreiche, hatten ihn gut gearbeitet,
> Doch phönizische Männer brachten ihn übers dunstige Meer
> Und legten im Hafen an und gaben ihn zum Geschenk dem Thoas
> Und für den Sohn des Priamos Lykaon gab ihm zum Kaufpreis [Lösegeld]
> An Patroklos, den Helden, der Iason-Sohn Euneos.
> Auch den setzte Achilleus als Kampfpreis, seinem Gefährten zu Ehren,
> Wer da der Behendeste sein würde mit raschen Füßen.
> Für den zweiten wieder setzte er einen Ochsen, groß und dick von Fett,
> Und ein halbes Talent Gold setzte er aus als letzten der Preise
> (Hom. Il. 23, 741–51; Übers. W. Schadewaldt).

Der ornamentierte Mischkrug wurde in Sidon an der syrischen Küste hergestellt und auf einem Schiff phönizischer Seefahrer nach Ätolia in Kleinasien gebracht, wo er als Geschenk dem König Thoas aus der Stadt Kalydon (in Ätolia) übergeben wurde. Von dort gelangte er auf unbekannte Weise nach Lemnos zu Euneos, einem Sohn des Jason von Theben, der wiederum den Krug an Patroklos als Lösegeld für Lykaon, einem Sohn des Priamos von Troja zahlte. So kam er nach Patroklos' Tod in die Hände des Achilles, der ihn als Siegespreis für die Argiver aussetzte. Der Mischkrug hatte eine Geschichte, die neben seiner künstlerischen Qualität und Größe seinen Wert ausmachte und verschiedene Könige und Aristokraten in einem geographischen Raum verband. Das Gefäß wurde nicht über Märkte gehandelt, sondern zirkulierte in verschiedenen Tauschinstitutionen. Die Phönizier werden als „gabenbringende Gastfreunde" des Königs und nicht professionelle Händler bezeichnet.[17] Sie sind nicht etwa jene betrügerischen Außenseiter und Fremden, die in der Odyssee das Bild der phönizischen Händler (oder Sidonier wie sie dort heißen), prägen. Wenn auch das Geschenk als eine Art Hafentribut angesehen werden kann, ist es doch eingebunden in ein soziales Ritual, das friedlichem Austausch vorausging. Die sozialen Kontexte, das Netzwerk der Könige und Söhne sowie der hohe Stellenwert, den Achilles dem Krater in der Rangordnung der Preisgelder verlieh, erklärten den Wert des Gefäßes für die Zuhörerschaft der Epen im 8. Jahrhundert v. Chr.

Die Zeilen unterstreichen die hohe Mobilität von Prestigegütern, von denen auch die Archäologie des 8. Jahrhunderts zeugt. Sie zeigen die Bedeutung dieser Güter für die Beschreibung und Selbstbeschreibung von Eliten, die sie zum Zweck der sozialen Distinktion in sozialen, politischen und religiösen Ritualen einsetzten. Sie betonen die Bedeutung der phönizischen Küstenstädte für die Herstellung derartiger Güter. Und

---

[17] Zur Rolle von Geschenken, Gabentausch und ihre Bedeutung für soziale Bindungen und politische Beziehungen, *Ulf/Kistler*, Entstehung, 79–87.

schließlich lässt die Passage die Phönizier in genau jener Vermittlerrolle auftreten, in der sie auch in den Befunden der Transportkeramik und den Transportmitteln erscheinen.

Und dennoch durchkreuzt die Episode einfache Begrifflichkeiten. Weder werden die Phönizier als Händler bezeichnet, die eine klar ausdifferenzierte Berufsgruppe darstellten und die Bedürfnisse einer Führungsschicht erfüllten, der sie selbst nicht angehörten. Noch sind ihre Güter nur Handelswaren, sondern sie wechselten die Tauschsphären von Waren, Geschenken, Lösegeldern und Preisen. Ihre Mobilität innerhalb der heroischen Elite und nicht ein quantifizierbarer Preis bezeichnete ihren Wert, und diese Mobilität konnte sowohl kleinräumig innerhalb lokaler Identitätsgruppen als auch grenzübergreifend sein, wie die Lösegeldfunktion des Silbergefäßes zeigt. Hinzu kommt, dass Tausch keineswegs als völlig anonym wahrgenommen wurde, sondern die Einhaltung bestimmter sozialer Rituale voraussetzte. Die Phönizier konnten ihre Waren nicht einfach anbieten, sondern mussten sich an Regeln halten, damit ihre Güter nicht als wertloser „Tand" abgetan wurden, wie es etwa in der Odyssee heißt (Hom. Od. 15, 416). Darüber hinaus benötigten Transaktionen friedliche Verbündete, um stattfinden zu können. Könige konnten dies gewährleisten, und erst dann erschlossen sich andernfalls unzugängliche Räume (Hom. Od. 15, 417ff.). Die Epen Homers sind voller Episoden, deren Kernaussage darin besteht, dass friedlicher Tausch und damit friedliches Leben unmöglich ist, wenn Tauschregeln nicht eingehalten werden.[18] Schließlich auch macht die Geschichte des Kraters die Bedeutung von Konsumzusammenhängen für die Wahrnehmung von Wert deutlich. Der Wert des Mischkruges liegt nicht allein in seinem Metall-, Gebrauchs- oder Tauschwert, sondern seiner Bedeutung innerhalb des aristokratischen Trinkgelages. Seinen Wert als Zahlungsmittel erlangte er durch seine Ästhetik, seine Tauschgeschichte und die Gruppe seiner Nutzer.

Die homerischen Wertvorstellungen sind also mehr als nur kulturgeschichtliches Beiwerk für eine früheisenzeitliche Wirtschaftsgeschichte. Sie zeigen, dass Begriffe wie Handel oder die regionale Zuordnung von Gütern („sidonisch", „ätolisch", oder „aus Lemnos") nur Chiffren für sehr viel komplexere Güterbewegungen sind. Selten können diese komplexen Realitäten aus den archäologischen Funden abgeleitet werden. Vielmehr gilt es, diese Funde in ihren Zirkulations- und Konsumkontext zu stellen, der die spezifischen Institutionen, sozialen und politischen Bedingungen des früheisenzeitlichen Ostmittelmeerraums berücksichtigen.

2 Systemzusammenbruch

Eindeutige Erklärungen für den Systemzusammenbruch der spätbronzezeitlichen Palastwirtschaften zu Beginn des 12. Jahrhunderts fehlen. Grundsätzlich lassen sich öko-

---

18 *Von Reden*, Exchange, 48–76.

logische von menschengemachten Ursachen unterscheiden. Einige Forscher betonen klimatische Hintergründe für die Umwälzungen.[19] Verheerende Erdbeben im Ostmittelmeerraum, die insbesondere auch Mykene und Tiryns betroffen haben mögen, sind in die Diskussion gebracht worden, ebenso wie Epidemien, die angesichts der dichten spätbronzezeitlichen Besiedelung und weiträumigen Zirkulation von Gütern und Menschen günstige Verbreitungsmöglichkeiten hatten. Zu diskutieren sind auch Klimaveränderungen, die Auswirkungen auf die Landwirtschaft, Nilüberschwemmungen, Lebensmittelproduktion sowie auch auf die Mobilität von nicht-sesshaften Pastoralgesellschaften („Nomaden") und halbsesshaften Bevölkerungen und damit die Veränderung von Siedlungs- und Nutzflächen gehabt haben können.[20] Wärmeperioden gelten im Mittelmeerraum als demographisch förderlich, während sie in den semi-ariden Zonen Vorderasiens zu extremer Trockenheit, Verlagerung von Nutzflächen und erschwerten Lebensumständen führen.[21] So deuten die fallende Wasseroberfläche des Toten Meeres sowie Pollenanalysen in einem breiteren geographischen Radius auf eine Trockenperiode um ca. 1050 in Anatolien, Vorderasien und der arabischen Halbinsel hin, während es um 1200 in Teilen dieser Regionen sogar zu Wüstenbildung hat kommen können.[22] Eine Trockenperiode ist im Mittelmeer auch im ersten Jahrtausend mit einigen Daten nachgewiesen worden, was sich im 8. Jahrhundert verbunden mit einem möglichen Temperaturanstieg landwirtschaftlich und damit auch demographisch positiv ausgewirkt haben könnte. Allerdings sind die Datierungsmöglichkeiten von paläoklimatischen Befunden bisher noch so unscharf, dass keine belastbaren Aussagen von diesen Daten abgeleitet werden können.[23] Immerhin sollten sie als mögliche Faktoren für Transformationsprozesse nicht unbeachtet bleiben.

Anthropogene Gründe für den Niedergang der Palastwirtschaften, wie etwa die großen Schwierigkeiten, extrem zentralisierte Verwaltungssysteme anpassungs- und funktionsfähig zu halten, sind in einer weitergehend schriftlosen Gesellschaft ähnlich schwer nachzuweisen, bleiben aber weiterhin einer der zu erwägenden Faktoren des Systemzusammenbruchs am Ende der Spätbronzezeit.

3 Entwicklungen in den Stadtkönigtümern der Levante

Von dem Zusammenbruch der spätbronzezeitlichen Austauschsysteme scheinen die Küstenstädte an der mittleren und südlichen Levante zunächst wenig betroffen gewe-

---

19 *Brooke, J.*, Climate Change and the Course of History. A Rough Journey. Cambridge 2014, 300–312.
20 *Von Rüden, C.*, Landschaften des Mittelmeerraums, in: *Wittke (Hg.)*, Frühgeschichte, 43–53.
21 *Scheidel, W.*, Demography, in: *Scheidel/Morris/Saller*, Economic History, 38–86, hier 60.
22 *Finne, M. et al.*, Climate in the Eastern Mediterranean and Adjacent Regions during the Past 6000 Years – A Review, in: Journal of Archaeological Science, 38, 2011, 3153–3175.
23 *Lemos*, Early Iron Age, 26.

sen zu sein. Ein Siedlungs- und Bevölkerungsrückgang ist hier nicht nachzuweisen.[24] Auch wird bis zur assyrischen Vorherrschaft, die im ersten Viertel des 9. Jahrhunderts die phönizischen Städte zu tributpflichtigen Vasallenstaaten machte, von noch intakten Palaststrukturen ausgegangen, die sich in der Monopolisierung von Güterproduktion und Arbeitskräfteorganisation widerspiegeln. Die Region scheint von dem Machtvakuum, das durch den Zusammenbruch des Hethiterreichs im 12. Jahrhundert und der Schwächung der ägyptischen Kontrolle von Syrien und Phönizien entstand, profitiert zu haben. Von den zahlreichen Kleinkönigreichen an dem Küstenstreifen von Anatolien bis Ägypten, waren die Stadtkönigreiche der Phönizier (Arados, Byblos, Tyros und Sidon) sowie Israel im 11. und 10. Jahrhundert am aktivsten.

Zunächst ist das Weiterbestehen einer gemeinsamen Konsumkultur zwischen Zypern, Syrien, Palästina, Vorderasien und Ägypten zu betonen. Dies zeigt sich an der Übernahme ägyptischer Stilmerkmale im phönizischen Handwerk, der Wertschätzung phönizischer Baumaterialien und Steinmetzarbeit in Vorderasien und Ägypten aber auch der Bedeutung ägyptischer religiöser Vorstellungen und Symbole an der Levante und deren Hinterland. Kennzeichen für letzteres sind zum Beispiel die weite Verbreitung der Lotusknospe auf phönizischen Siegeln, Bilder des schlagenden Pharao auf phönizischen Metallschalen, Skarabäen auf Grabstelen in Tyros, phönizische Amulette mit ägyptischen Gottheiten wie Ptah und Bes sowie einiges mehr.[25] Umgekehrt findet sich phönizische Töpferware in israelischen und judäischen Fundorten und auf Zypern. Das alttestamentarische Buch der Könige spricht von Elfenbein phönizischer Herkunft in Samaria (1 Kg. 10, 18), libanesisches Zedernholz diente für Bauprojekte in Babylonien und den assyrischen Hauptstädten, und exotische Tiere ägyptischer und nordafrikanischer Herkunft waren in den Königshäusern von Ägypten bis ins Kernland Assyriens zu sehen. Die äußerst traditionsgebundene ägyptische Ikonographie und Religion zeigen nur geringe außerägyptische Einflüsse, was aber nicht heißt, dass die phönizischen Städte und ihr Umland lediglich ein Reservoir für nachgefragte Rohstoffe, kunstfertige Handwerker, Transporteure und Transportmöglichkeiten waren. Die gemeinsamen Expeditionen Salomons mit König Hieram ans Rote Meer, Salomons Stadtschenkungen an den König in Galiläa und auch die Vermählung der tyrischen Königstochter Isebel mit Ahab im 9. Jahrhundert zeigen, dass soziale Tauschverhältnisse mit wechselnder Machtverteilung unter königlichen Eliten und nicht ein sozial isolierter Handels- und „Gastarbeiterfluss" die Beziehungen im vorderasiatischen Raum prägten. Die Ansiedelung von Phöniziern in Memphis, Palästina und Kition auf Zypern im 10. und 9. Jahrhundert waren Resultat politischer und diplomatischer Beziehungen, wenn sie auch wirtschaftliche Folgen implizieren. Hierzu gehören die Ausweitung von Siedlungsraum und Lebensmittelgrundlage sowie die Steuer- und Getreideeinnahmen, die phönizischen Städten aus der Schenkung von

---

24 *Sader*, Phönizische Städte; *Niehr, H.*, Kanaan, in: *Wittke (Hg.)*, Frühgeschichte, 693– 696; *Niehr, H.*, Israel, in: *Wittke (Hg.)*, Frühgeschichte, 697–702.
25 *Sader*, Phönizische Städte.

Städten in Galiläa zuflossen. Gleichzeitig förderte die Ansiedelung von Phöniziern in Ägypten, Zypern und der südlichen Levante den Austausch in diesem langfristig wichtigen Dreieck, doch gibt es keine hinreichenden Gründe, diese Siedlungen als Handelskolonien zu kennzeichnen.

4 Literarische Reflektionen des Wandels

Ein Reisebericht des ägyptischen Amunpriesters Wenamun zusammen mit den biblischen Geschichten Salomos sind wichtige literarische Zeugnisse für die Beziehungen zwischen den phönizischen Städten und Ägypten während des 10. Jahrhunderts.[26] Ersterer gilt als ein literarischer Reflex des Wandels im 10. Jahrhundert, wenn auch die Geschichte unter Pharao Rameses XI. im ersten Drittel des 11. Jahrhunderts spielt. Sie berichtet von der Reise Wenamuns, der, um Zedernholz für die Sonnenbarke des Amun aus dem Libanon zu besorgen, von Karnack aufbricht und über Tanis im Ostdelta nach Dora (Israel), Byblos und Tyros gelangt und schließlich über Zypern nach Ägypten zurückkehrt. Wie aus einem alttestamentarischen Hinweis (1 Kg 5, 15–26) hervorgeht, stand die Abholzung libanesischen Zedernholzes in dieser Zeit unter der Kontrolle der phönizischen Stadtkönige, während Wenamun alte Ansprüche des Amun auf das Holz geltend machte. Literarisch scheint hier das Auseinanderklaffen von lokaler städtischer und grenzübergreifender religiöser Macht thematisiert zu werden, was Konkurrenzen zwischen Amun und den Stadtgöttern von Byblos und Tyros, in deren Nachfolge sich die Stadtkönige sahen, weckte. Zugleich werden in der Geschichte die Folgen deutlich, wenn Tauschregeln, die sich aus unterschiedlichen Ansprüchen ergaben, nicht ausreichend berücksichtigt wurden. Nach 1 Kg 5 wurden für angefordertes Holz, Öl und Weizen dargebracht, in der Geschichte des Wenamun sind es Geschenke wie feines Leinen, Kleider, Gold- und Silbergefäße, Rinderhäute, Seile, Fisch und Linsen. Dass diese Wertgegenstände rituelle Geschenke an den König von Byblos und nicht etwa Kaufpreis für das Holz waren, zeigt sich daran, dass Wenamuns Gaben mit Kleidern, Stoffen, Linsen und Körben von Fischen erwidert wurden. Insgesamt deutet die Geschichte auf eine religiöse und herrschaftspolitische Absicht der Fernreise hin, in die die Tauschgeschäfte eingebettet waren.

5 Früheisenzeitliche Haushaltswirtschaft in Griechenland und der Ägäis

Blicken wir Richtung Griechenland und die Ägäis, ist die hauswirtschaftliche Organisationsform der prägende Kontext der wirtschaftlichen Umstände dieser Zeit.[27] Nach

---
26 *Schipper*, Wenamun; *Patzek*, Schriftquellen, 87; *Broodbank*, Geburt, 577–579; engl. Übers. in: *Aubet*, Phoenicians, Appendix I.
27 *Lemos*, Early Iron Age, 19–23; *Kistler/Ulf*, Entstehung, 73–76.

der Zerstörung der Zentralorte des mykenischen Palastverbunds, zu dem neben Mykene und Knossos auch wichtige Orte wie Tiryns, Pylos und Messene auf der Peloponnes sowie Orchomenos in Böotien/Mittelgriechenland gehörten, verlagerte sich die Siedlungstätigkeit (mit Ausnahme Athens und Tiryns) in Regionen, in denen die Kontrolle der Paläste weniger intensiv gewesen zu sein scheint. Unsere Kenntnisse des 12. und 11. Jahrhunderts basieren auf den Ausgrabungen einer Vielzahl von kleineren und größeren Orten, insbesondere Lefkandi und Eretria am Euböischen Golf, Tiryns und Nichoria auf der Peloponnes, sowie Zagora auf Andros, Emporio auf Chios, Zerraglio auf Kos und Alt-Smyrna in Kleinasien. Manche dieser Orte entwickelten sich zu neuen Zentren und scheinen einen Bevölkerungszuwachs erlebt zu haben. Ungeachtet der Frage eines allgemeinen Bevölkerungsschwundes oder einer Bevölkerungsverlagerung in neue Zentren ist deutlich, dass kleinere aber auch deutlich große Haushalte zum Strukturmerkmal dieser Zeit wurden. Die Häuser waren unabhängige architektonische Einheiten von unterschiedlicher Größe und Aufteilung. Einige hatten gigantische Haupträume (sogenannte *megara* (Pl.)), wie etwa in Xeropolis (60 m^2) im 12. Jahrhundert und in Thermos (127 m^2) im 11. Jahrhundert. Sie umfassten kleinere Wohn- oder Arbeitsräume sowie umfangreiche Lagermöglichkeiten, die auf Überschüsse hindeuten, die der langfristigen Sicherstellung von Subsistenz, aber auch prestigeträchtigen Verteilungen oder gastfreundlichen Anlässen unter Aristokraten gedient haben können.

Archäobotanische Überreste zeugen von einer gemischten Land- und Pastoralwirtschaft der Haushalte, in denen verschiedene Getreidesorten, Leguminosen, Futterfrüchte und Obst angebaut wurden sowie Rinder, Schafe, Ziegen und Schweine in Wechselweidewirtschaft (Transhumanz) oder auf häuslichen Weiden gehalten wurden. Unterschiedliche Schwerpunkte in unterschiedlichen regionalen und ökologischen Kontexten unterstreichen die oben erwähnten lokalen Unterschiede von Konsumverhalten und Produktionsstrategien.[28] Knochen und Zahnreste aus früheisenzeitlichen Gräberfeldern aus Achaia und Athen zeigen, dass die Menschen von recht großer Statur und in gutem Gesundheitszustand waren. Skelettanalysen aus der Phthiotis in Thessalien haben gezeigt, dass Proteine in der Ernährung hier vor allem aus vegetarischen und weniger tierischen Produkten stammten, während Fisch trotz der Küstenlage der Landschaft keine Rolle gespielt zu haben scheint.

Handwerkliche Produktion, insbesondere die Herstellung von Textilien, Eisengeräten und Keramik, waren an Haushalte angeschlossen oder fanden auf dem Gelände größerer Wohn- und Wirtschaftskomplexe statt.[29] Bergbau und Metallverarbeitung scheinen ebenfalls unter der Kontrolle von Haushalten oder Siedlungen gewesen zu sein, auch wenn die früheisenzeitliche Metallgewinnung, trotz ihrer Bedeutung für Austausch und Vernetzung, noch wenig erforscht ist.[30]

---

28 *Lemos*, Early Iron Age, 21 mit Hinweisen auf verschiedene lokale Untersuchungen.
29 *Lemos*, Early Iron Age, 23.
30 *Stöllner*, Metallgewinnung.

6 Austausch und Vernetzung im früheisenzeitlichen Mittelmeer

In der gesamten eisenzeitlichen Periode waren die Bevölkerungen Vorderasiens und des Mittelmeerraums äußerst mobil. Gründe für die Mobilität waren vielgestaltig und reichten von dem, was Colin Renfrew als peer-polity-interaction (inneraristokratischer sozialer Austausch mit öffentlichen Folgen)[31] genannt hat, über Söldner und Soldaten, wandernde Berufsgruppen wie Handwerker, Händler und Sänger, organisierte Unruhestifter, die als Piraten und „Seevölker" in die literarischen Texte eingegangen sind, hin zu zwangsumgesiedelten Bauernschaften, die insbesondere für das neo-assyrische Reich kennzeichnend sind.[32] Vorgeschichte der früheisenzeitliche Mobilität war auch die Existenz von Kaufleuten und Agenten der spätbronzezeitlichen Paläste, deren Kenntnisse von Routen, Schiffbau und Nautik nicht verlorengingen und damit den phönizischen Experten zur Verfügung standen. Reflexe der Mobilität ist die Verteilung von Gütern im gesamten hier betrachteten Raum; die Verbreitung von Kulturtechniken und Konsumverhalten innerhalb sich differenzierender Oberschichten; Siedlungs- und Begräbnispraktiken, die auf die dauerhafte oder mittelfristige Anwesenheit fremder Bevölkerungsgruppen schließen lassen; Siedlungskonzentrationen an den Küsten wichtiger Seerouten und Landwege; und Transportmittel, die nach den Zeugnissen von Wrackfunden und literarischen Texten zu urteilen eine komplexe Mischung aus Reisenden, Sklaven, Tieren, Lebensmitteln, Massengütern und hochwertigen Waren mitführten. Antike Handelsreisen, ihr Personal und ihre Frachtgüter waren multidirektional, multifunktional, ethnisch heterogen und von verschiedener Herkunft. Es wird daher immer wieder darauf hingewiesen, dass die Verbreitung phönizischer, etruskischer oder korinthischer Waren, phönizischer Schiffe, sowie etwa euböischer, tyrenischer oder zyprischer Handelsniederlassungen auf lokale Ursprünge von Fernkontakten abzielen, die für die Frühe Eisenzeit unzutreffend sind.

IV Die Spätere Eisenzeit (8. bis 6. Jahrhundert): Aufstieg der Mittelmeerstädte

1 Kontinuität und Wandel

Die relativ strukturschwachen Jahrhunderte der Frühen Eisenzeit in Griechenland und der Ägäis schufen wesentliche Voraussetzungen für den wirtschaftlichen Aufschwung der Mittelmeerregion ab dem späten 8. Jahrhundert. Es bildeten sich kleinräumige aristokratische Herrschaftssysteme mit urbanem Kern, einem *basileus* („Kö-

---

[31] *Renfrew, C.,* Introduction, in: *Renfrew, C./Cherry, J. F.* (Hgg.), Peer Polity Interaction and Socio-Political Change. Cambridge 1986, 1–46.
[32] *Oded, B.,* Mass Deportations and Deportees in the Neo-Assyrian Empire. Wiesbaden 1979.

nig") an der Spitze, agro-pastoralen Hauswirtschaften als wirtschaftliche Grundlage und äußerst kompetitiven sozialen Eliten, die sich gegen Ende des 8./frühen 7. Jahrhunderts zu Verbänden mit Mitspracherechten in wie auch immer zusammengesetzten Volksversammlungen formierten.

Archäologisch zeigt sich das Weiterbestehen regionaler Tauschsysteme, unter denen einige Regionen wegen ihrer günstigen Verkehrslage nach Anatolien, der Levante und Ägypten eine prominente Rolle einnahmen: insbesondere Kreta, Euböa, die Kykladen, Chalkidike und die gesamte südmakedonische Küstenregion sowie die der kleinasiatischen Küste vorgelagerten Inseln.[33] Über die Verzahnung regionaler Tauschsysteme gelangten Güter auch an fernere Orte, wie etwa die Verbreitung von Eisenspießen aus Zypern und attische Keramik in Knossos zeigen.[34] Über die griechische Dialektverbreitung ist auch die Mobilität griechisch-sprachiger Bevölkerungen innerhalb Griechenlands sowie nach Zypern und die ionische Küste Kleinasiens nachweisbar.[35] Und schließlich deuten Keramik und Grabfunde auf die Verfestigung gemeinsamer, wenn auch regional unterschiedlich ausgestalteter Konsumkulturen politischer Eliten hin, insbesondere die gastfreundschaftliche, mit bestimmten Gefäßtypen, Edelmetallen, Mobiliar und Weinkonsum verbundene Sitte des Symposiums.

Kontinuitäten dürfen aber nicht darüber hinwegtäuschen, dass ab dem 8. Jahrhundert auch neue politische und wirtschaftliche Strukturen entstanden, die sich positiv auf das Wirtschaftsverhalten auswirkten. Fragt man nach den Ursachen für die Dynamiken des späten 8. bis 6. Jahrhunderts ist ein Ursachenbündel und weniger bestimmte Einzelfaktoren zu nennen.

2 Demographische Entwicklungen

Zu beginnen ist mit demographischem Wachstum, das zunächst Folge exogener Faktoren gewesen zu sein scheint, aber sich durch die wirtschaftliche Entwicklung im 7. Jahrhundert intensivierte. Die phönizischen und philistäischen Städte der mittleren und südlichen Levante erlebten, wie oben schon angedeutet, ab dem 9. Jahrhundert einen signifikanten Aufschwung, der sich in territorialer Expansion, agrarischer Intensivierung und beschleunigter Urbanisierung zeigt.[36] Tyros expandierte in Richtung Sidon und annektierte Teile Israels bis zur Bucht von Akkon und dem Karmel Gebirge. Weizenanbau, Olivenöl und Weinproduktion florierten, neue Hanglagen wurden terrassiert und Pressanlagen technologisch verbessert. Verbesserte Verarbeitungstechno-

---

33 Siehe die regionalen Einträge zu diesen Orten in *Wittke (Hg.)*, Frühgeschichte.
34 *Aubet*, Phoenicians, 49–50.
35 *Hölkeskamp*, Palast zur Polis, 81–82.
36 *Sader*, Phönizische Städte; *Lehmann, G.*, Philistäische Städte, in: *Wittke (Hg.)*, Mittelmeerkulturen, 707–709; *Gibbson, S.*, Agricultural Terraces and Settlement Expansion in the Highlands of Early Iron Age Palestine: Is There any Correlation between the Two?, in: *Mazar, A. (Hg.)*, Studies in the Archaeology of the Iron Age in Israel and Jordan. Bath 2001, 113–148.

logien wurden nicht nur auf absatzorientiertem Großgrundbesitz (etwa in Gibeon nördlich von Jerusalem), sondern auch auf kleineren Einzelhöfe eingesetzt und zeugen von allgemeiner Produktivitätssteigerung, was weiteres demographisches Wachstum möglich machte.[37] Im Laufe des 8. Jahrhunderts begannen Einwohner der phönizischen Städte zunächst auf Zypern und dann in Sardinien, Sizilien, Spanien und Nordafrika zu siedeln. Ganz jenseits der umstrittenen Frage nach der Motivation für die phönizische Migrationsbewegung hatte die Gründung von Städten und Siedlungsplätzen (gr. *apoikiai* (Pl.)) demographische Auswirkungen im Mutterland und in den Neusiedlungen, die insgesamt zu steigenden Bevölkerungszahlen führten.

Ein Bevölkerungsanstieg in Mittelgriechenland und Kreta scheint in der Mitte des 8. Jahrhunderts eingesetzt zu haben und mag eine Folge der zunehmend nach Westen orientierten Wirtschaftsaktivitäten der phönizischen Städte gewesen sein, ohne dass sich die konkreten Wege im Einzelfall nachweisen lassen. Wahrscheinlich ist, dass sich die Mobilisierung von Menschen, Agrargütern, Metallen und Fertigwaren sowie auch technischem Wissen und Schriftlichkeit, die durch das Vordringen und die größere Vernetzung von Bevölkerungen aus der Mittel- und Südlevante in den Mittelmeerraum in Gang gesetzt wurden, insgesamt stimulierend auf den Wirtschaftsraum der Ägäis und des Westmittelmeers auswirkten.[38]

Die Schätzungen demographischen Wachstums, die aus Gräberfunden Attikas und der Argolis abgeleitet worden sind, übersteigen allerdings das Maß alles demographisch Möglichen.[39] Nach diesen Berechnungen hätte sich nach 750 ein Bevölkerungsanstieg in Mittelgriechenland und der Peloponnes auf das Siebenfache innerhalb zweier Generationen ereignet, was in der gesamten vormodernen Geschichte vergleichslos ist. Vielmehr zeigt die Siedlungsgeschichte bis zum Ende des 8. Jahrhunderts eine Vergrößerung mancher Siedlungen, während andere, etwa Xeropolis/Lefkandi auf Euböa und Zagora auf Andros aufgegeben wurden.[40] In Kreta verlagerte sich die Siedlungsaktivität in die Ebene und erreichte Bevölkerungszahlen von bis zu 5000 Einwohner (so in Knossos) um die Wende zum 7. Jahrhundert. Athens Einwohnerzahl wird zur gleichen Zeit auf 5000–10.000 Einwohner geschätzt, und weitere große Siedlungen („big sites") wie Korinth, Chalkis und Eretria erscheinen mit ähnlich hohen Einwohnerzahlen auf der archäologischen Landkarte.[41] Die Zahl der Einwohner des Siedlungskerns von Pithekussai auf Ischia wird zu Beginn des 7. Jahrhunderts ebenfalls auf 4000–5000 Menschen geschätzt.[42] Typischer blieben allerdings kleinere Siedlungen mit ca. 500–600 Einwohnern, was darauf schließen lässt, dass sowohl Bevölkerungskonzentration bzw. Bevölkerungsexport vor allem in einigen prosperieren-

---

37 *Hopkins, D. C.*, Agriculture, in: *Richard, S. (Hg.)*, Near Eastern Archaeology. Winona Lake 2003, 124–130, hier: 126.
38 Zur Verbreitung von Zahlungsmitteln unterschiedlicher Art in dieser Zeit: *Heymans*, Origins.
39 *Morris*, Early Iron Age, 214–217.
40 *Lemos*, Early Iron Age, 17–18.
41 *Morgan, C.*, Early Greek States Beyond the Polis. London 2003, 54–69.
42 *Morris*, Early Iron Age, 218.

den Städten stattfanden. Im Norden Griechenlands zeigt sich bis zum 5. Jahrhundert nur ein langsamer demographischer Anstieg, und in den Neugründungen in Süditalien kam es zum Wachstum erst im 7. und frühen 6. Jahrhundert mit der Bildung eigener agrarischer Anbauflächen im agrarischen Hinterland der Apoikien.[43] Mozia, eine der bedeutendsten phönizischen Gründungen, erreichte eine Größe von ca. 40 ha mit geschätzten 4000–5000 Einwohnern im 7. Jahrhundert; Gades, Malaga und Ebusus/ Ibiza lagen etwas darunter.

Die griechische Migration nach Sizilien, Unteritalien und Südfrankreich im Westen und in die Nordägäis, den Hellespont und das Schwarze Meer im Nordosten bedeuteten jenseits der unterschiedlichen Motivationen für die Besiedelung eine Ausweitung des Nahrungsmittelspielraums mit entsprechenden demographischen Folgen. Robin Osborne verzeichnet knapp 150 griechische Apoikien außerhalb des Kernlandes in der griechischen Mobilitätsphase zwischen dem 8. und 6. Jahrhundert.[44] Scheidel schätzt den Bevölkerungsexport aus griechischen Städten in dieser Zeit auf eine Größenordnung von 20–40.000 Menschen, was etwa zwei bis drei Prozent der geschätzten Gesamtbevölkerung des griechischen Kernlands und der Ägäis ausgemacht hätte.[45] Die regionale Expansion der etruskischen Städte innerhalb Italiens ab dem 9./8. Jahrhundert zeigt, dass die Besiedelung von Plätzen in der Ferne nicht das Resultat spezifisch phönizischer oder griechischer Handelsinteressen, sondern Folge der Mobilität prosperierender Stadtbevölkerungen im gesamten Mittelmeerraum war. Untersuchungen von (griechischen) Wohnverhältnissen, Größenwachstum und Krankheitsanfälligkeit gemessen an Knochen- und Zahnpathologien legen nahe, dass es während der Phase der Siedlungsexpansion im Mittelmeerraum und Schwarzen Meer zwar nicht zu steigendem Lebensstandard der Gesamtbevölkerung kam – eine Entwicklung, die erst ab dem 5. Jahrhundert nachweisbar wird – sich aber auch kein Rückgang im Lebensstandard der archäologisch nachweisbaren Menschen gab. Die nachhaltige Überlebensfähigkeit vieler Apoikien bei gleichbleibender Ernährungsqualität legt eine erfolgreiche Adaption an die neue demographische Situation nahe, die wirtschaftliche Entwicklung voraussetzt. Für die Frühe Eisenzeit sind die Möglichkeiten agrarische Extensivierung, die Verbreitung technologischen Wissens, aber auch verbesserte regionale Lebensmittelbeschaffung als Gründe für diese Entwicklung zu sehen.

3 Agrarentwicklung

Zu den literarisch überlieferten Gründungsgeschichten griechischer Apoikien gehört die Landverteilung, die paradigmatisch auch in der homerischen Gründungsgeschichte von Scheria beschrieben wird (Hom. Od. 6, 7–10). Archäologisch zeigt sich die Ent-

---

43 Osanna, M., Griechen in Süditalien, in: Wittke (Hg.), Mittelmeerkulturen, 253–258.
44 Osborne, Greece in the Making, 121–125.
45 Scheidel, Demographic Expansion, 134–135.

wicklung eines solchen Umlandes (gr. *chora*) in sehr unterschiedlichen Größenordnungen sowie sehr unterschiedlicher Entwicklungskapazität. Bemerkenswert ist auch, dass die Entwicklung eines Umlandes in den sizilischen und nordafrikanischen Neugründungen erst ab dem 7. Jahrhundert wirklich sichtbar wird, also Folge und nicht Voraussetzung dauerhafter Siedlungen war.[46] De Angelis hat das agrarische Umland und dessen agrarische Nutzbarkeit von elf griechischen Apoikien auf Sizilien berechnet.[47] Der Umfang des natürlich begrenzten Territoriums einzelner Gründungen reichte von ca. 400 km² im Fall von Megara Hyblaia bis zu 2500 km² im Fall von Akragas. Syrakus verfügte potentiell über ein agrarisches Umland von 1000 km². Von diesen Territorien waren durchschnittlich 70–80 % agrarisch nutzbar. Naxos und Zankle verfügten über weniger produktive agrarische Territorien mit geschätzten 59 bzw. 57 % agrarisch nutzbarer Fläche. Auch Selinunt hatte ein im sizilischen Vergleich schlechtes Hinterland für Getreideanbau. Eine massive Reduktion des Waldbestandes von 80 auf 20 % mit dem Beginn der griechischen Besiedelung sowie der Pollenbestand im Hinterland deuten auf die große Bedeutung von Weidewirtschaft in Selinus hin.[48] Trotz dieser Schwankungen sei zum Vergleich die begrenzte agrarische Nutzfläche von Attika im 5. Jahrhundert genannt, die auf lediglich 35–40 % des Territoriums geschätzt wird und den hohen Importbedarf von Getreide für die athenische Bevölkerung ab dem 5. Jahrhundert erklärt. Potentiell konnten die griechischen Poleis auf Sizilien daher Bevölkerungen von 41–50.000 im Fall des kleinen Umlands von Megara Hyblaia und bis zu 271–362.000 im Fall von Akragas ernähren! Tatsächlich war die agrarische Nutzung des Territoriums allerdings erheblichem politischen Wandel unterworfen. Das agrarisch genutzte Territorium von Syrakus im 8. und 7. Jahrhundert ist beispielsweise auf lediglich 100 km² geschätzt worden, was nach de Angelis' Berechnungen eine Bevölkerung von 10–14.000 Einwohnern trug.

Massilia ist Beispiel für ein anderes agrarisches Subsistenzmuster. Die phokäische Gründung in Südfrankreich gilt als Siedlung mit sehr begrenztem agrarischem Umland.[49] Die Weinproduktion für den Austausch mit der umliegenden Bevölkerung war darüber hinaus ein wichtiger Bestandteil der massiliotischen Wirtschaftsaktivitäten seit dem Bestehen der Gründung. Daher sind die neueren Berechnungen des Umlandes Massilias von nicht mehr als 10 km im Radius (also weniger als 100 km²) ein auffälliger Befund, zumal dieser Radius über 400 Jahre nicht erweitert wurde. Massilia blieb daher eine vergleichsweise kleine Siedlung mit niemals mehr als ca. 15–20.000 Einwohnern auf der Höhe seiner Prosperität unter römischer Herrschaft. Das

---

46 *Bentz*, Italien, 247–257.
47 *De Angelis, F.*, Estimating the Agrarian Base of Greek Sicily, in: Papers of the British School at Rome, 68, 2000, 111–148.
48 *Sitka, H.-P. et al.*, Plant Remains from Early Iron Age in Western Sicily: Difference in Subsistance Strategies in Greek and Elymian Sites, in: Vegetation History and Archaeobotany, 17 (Suppl. 1), 2008, 139–148, hier 146.
49 *Dietler, M.*, The Iron Age in the Western Mediterranean, in: *Scheidel/Morris/Saller*, Economic History, 242–276.

begrenzte Agrarland Massilias bewirkte aber keine Begrenzung der agrarischen Überlebensfähigkeit der Stadt, sondern zeigt den variablen Einsatz von agrarischem Umland für Getreideanbau einerseits und Anbau von Agrarprodukten für lokale kommerzielle Versorgung andererseits.

Wie im Fall von Massilia kann auch auf der iberischen Halbinsel gezeigt werden, dass der lokale Austausch von Agrarprodukten im 8. und 7. Jahrhundert eine zentrale Rolle spielte. Obwohl Phönizier nur an der Südküste siedelten, entwickelten sie Handelsnetzwerke über die ganze iberische Halbinsel hinweg. Ihre Präsenz hatte tiefgreifende Folgen für die iberische Landschaft und indigene Landwirtschaft. Getreide, Wein und Olivenanbau drängten den Steineichenbestand an den Küsten zurück und breiteten sich ab dem 8. Jahrhundert an den nördlichen Küstenlandschaften der Halbinsel (heute Katalonien) aus.[50] Im Hinterland phönizischer Siedlungen in Ost- und Westandalusien wurde spätestens ab dem 6. Jahrhundert Wein für Eigenverbrauch und Handel produziert, während Saatreste im Hinterland von Gades darauf schließen lassen, dass intensive Weinproduktion schon im 8. Jahrhundert einsetzte. Die Gründung sekundärer Apoikien ist in diesem Zusammenhang zu sehen. Die phönizischen Gründungen in Cerro del Villar und Toscanos sendeten eine Vielzahl abhängiger Subkolonien in ihr Hinterland, die den lokalen Austausch mit Agrarprodukten förderten.

Weder griechische noch phönizische Siedlungen wurden also allein wegen ihrer handelstechnischen Vorteile gewählt, sondern eine Vielzahl von Faktoren, wie Verteidigungsmöglichkeit, strategische Lage zum Hinterland, die Kenntnisse der Region und ihrer Ressourcen (Metalle und Getreide) vor der Neubesiedelung sowie lokale Austauschmöglichkeiten beeinflussten die Wahl. Letzteres wird neuerdings auch in den griechischen Siedlungen am Schwarzen Meer betont.[51] Aus wirtschaftshistorischer Perspektive ist weniger die Wahl eines Niederlassungsortes als ihre Dauerhaftigkeit und Entwicklungskapazität bedeutend. Hierfür waren unterschiedliche Voraussetzungen entscheidend. Wo diese Voraussetzungen erfolgreich umgesetzt werden konnten, führten sie zu einer Symbiose von Adaption an die Agrarbedingungen vor Ort und Übernahme von Konsummustern und Anbautechniken durch die indigenen Bevölkerungen, was sich zusammengenommen positiv auf die Bevölkerungs- und Wirtschaftsentwicklung auswirkten. Viele indigene Gesellschaften werden erst mit griechischen bzw. phönizischen Besiedelung der Küstengebiete archäologisch sichtbar. Durch wirtschaftlichen Austausch veränderte sich die soziopolitische Organisation der einheimischen Politien, die ihre Siedlungsorte durch Grenzmarkierungen und Verteidigungsanlagen abschlossen, während sich ihre Eliten durch prestigeträchtige fremde Produkte (Perlen, Skarabäen oder Edelmetallschalen) in Sizilien;[52] Bronzeobjekte, Ala-

---

50 *Buxó, R.*, The Agricultural Consequences of Colonial Contacts in the Iberian Peninsula in the First Millenium B.C., in: Vegetation History and Archaeobotany, 17, 2008, 145–154.
51 *Tolstikov, V. R.*, Pantikapaion. Ein archäologisches Porträt der Hauptstadt des Kimerischen Bosporus, in: *Fornasier, J./Böttger, B.* (Hgg.), Das Bosporanische Reich. Mainz 2002, 39–58.
52 *Bentz*, Italien, 247–257.

bastervasen, Schmuck und dekorierte Straußeneier in Südiberien[53] und rituelle soziale Zusammenkünfte stärker sozial differenzierten sowie auch effizientere Verwaltungs- und Extraktionsformen ihres Territoriums entwickelten. Gegen Mitte des 6. Jahrhunderts sind viele dieser Siedlungen in Spanien, Sardinien und Sizilien als autonome Politien nachgewiesen, die selbst Kolonien an den Küsten gründeten und mit den kolonialen Gründungen in wirtschaftliche Konkurrenz traten. Nicht allein die Dynamiken in den Mutterstädten, sondern auch die lokale Konkurrenzsituation in den neuen Siedlungsgebieten führte zu neuen Handelsbedingungen und Produktionsentscheidungen, die die Wirtschaft sowohl phönizischer als auch griechischer Siedlungen prägten.

4 Güterkreisläufe

Politische Mikrostrukturen waren oft maßgeblich für die Ausrichtung von Güterbewegungen, den Rückbehalt oder die Produktion spezifischer Waren. So hat Liverani die pointiert innerasiatische Ausrichtung der Importbeschreibungen des Orakels gegen Tyros in Ezek. 27 mit der ägyptisch und zyprischen Orientierung des tyrenischen Handels in Isa. 23 verglichen und daraus einen konkreten Entstehungskontext des Orakels abgeleitet.[54] Wenn auch aus historisch heterogenen Versatzstücken konstruiert, gehörte der Text in eine ganz bestimmte politische Situation, in der sich Tyros während seiner kurzen Unabhängigkeitsphase zwischen dem Fall von Niniveh 612 und seiner Einnahme durch Nebukadnezar im Jahr 585 innerasiatisch orientierte. Liverani weist auch auf die Differenzierung von Tauschzonen für den Import nach Tyros hin. Aus einem inneren Gürtel um Tyros, Israel und Judäa wurden Agrarprodukte importiert; aus einem sich daran anschließenden Gürtel südlich von Judäa, Nordarabien im Osten und Eden im Norden kamen Tiere und tierische Produkte wie Wolle; aus einer dritten Zone, die vom Roten Meer über Mittelarabien nach Zentralanatolien und die ionische Küste reichte, stammten Handwerksprodukte, Textilien, Bronzegegenstände und Sklaven. Und aus einer vierten Zone, die bis nach Tarschisch (Tartessos), Südarabien, Mesopotamien und Zentralasien führte, aber auch Edom an der Nordspitze des Roten Meeres einschloss, wurden exotische Produkte (Gewürze, Juwelen und kostbare Steine) sowie Metalle importiert.[55] Die Hierarchie der Tauschzonen, in der das Mittelmeer erstaunlich unterrepräsentiert ist, mag eine historische Sondersituation darstellen und komplexere Realitäten vereinfachen. So sind die genauen Herkunftsorte des Rohmaterials von Metallgegenständen aus phönizischen Kontexten noch nicht bekannt. Doch weist die These auf das Zusammenspiel von regionalen und überregionalen Tauschnetzwerken in der Eisenzeit hin.

---

53 *López Castro, J. L.*, Hispania poena. Los Fenicios en la Espania Romana. Barcelona 1995.
54 *Liverani*, Trade Network.
55 *Liverani*, Trade Network, 72–73; *Aubet*, Phoenicians, 124.

5 Migration und Austausch

In den Erklärungsmodellen der phönizischen Migration in den Westmittelmeerraum standen lange die Fernhandelskontakte, die die phönizischen Städte mit den metallreichen Gegenden in Spanien, Sardinien und Italien aufzubauen suchten, im Mittelpunkt. Insbesondere die Tributpflichten, die die phönizischen Stadtkönigtümer an ihre assyrischen Oberherren zwischen dem ersten Viertel des 9. und dem letzten Viertel des 7. Jahrhunderts leisten mussten, galten häufig als Triebkraft des phönizischen Handels in der Ägäis und im Westmittelmeer.[56] Doch wie oben angedeutet zeigen die Ausgrabungen der letzten 30 Jahre in Spanien, Sizilien und Nordafrika, dass die wirtschaftliche Entwicklung auch auf lokaler Produktionsausweitung und regionalem Agrarhandel beruhte, der den transmediterranen Handel mengenmäßig, wenn vielleicht auch nicht im Wert, bei weitem übertraf.[57] Der regionale Handel in Agrarprodukten scheint erst im Laufe der territorialen und sozio-politischen Konsolidierung der phönizischen Städte zurückgegangen zu sein. Dies geschah aber nicht zugunsten des Fernhandels, sondern als Folge steigender Eigenproduktion. Wie sich in Karthago zeigt, verringern sich Transportamphoren für Lebensmitteleinfuhren, die die Stadt insbesondere aus Sardinien bezog, ab der Mitte des 7. Jahrhunderts, während lokale Transportamphoren einen größeren Anteil im Befund einnehmen.[58] Funde insbesondere von Prestigeobjekten phönizischen Ursprungs in indigenen Gräbern in Spanien und Nordafrika deuten auf Kontakte mit der Levante oder ihren Zwischenstationen vor der Entstehung phönizischer Siedlungen hin. Doch führt von dort keine direkte Linie zu der wirtschaftlichen Ausrichtung der phönizischen Städte in Richtung Levante im 8. Jahrhundert. Eine Seereise von Gades nach Tyros hatte eine Distanz von über 4500 km zu überwinden, was unter klimatisch günstigen und friedlichen Reisebedingungen, wie sie für das 9. und 8. Jahrhundert kaum angenommen werden können, 27–31 Tage dauerte. Mehr als eine Hin und Rückreise pro Jahr waren unter diesen Umständen nicht möglich. Hochseeschifffahrt bei Nacht, die sich astronomisch orientierte und die gefährlichere Küstenschifffahrt vermied, ist in den Schriften Homers bezeugt (Hom. Od. 2, 434; 10, 28; 15, 476), aber keine der Reisen erstreckte sich ohne Unterbrechung über mehr als vier Tage (so von Ägypten nach Kreta, Hom. Od. 14, 257–258). Aubet nimmt dennoch eine nördliche Langstreckenroute vom Libanon über Zypern, Griechenland, Sizilien und Sardinien nach Iberia und eine südliche zurück entlang Nordafrika, Ägypten und Palästina an. Aber die Nordküste Afrikas

---

56 *Aubet*, Phoenicians, 88–95; *Heymans*, Origins, 215–219, für die Debatte.
57 *Pilkington, N.*, An Archaeological Survey of Carthagenian Imperialism. Diss. Columbia University 2013. http://hdl.handle.net/10022/AC:P:19830; zur Komplexität des archäologischen Befunds im Detail *Roppa* in diesem Band.
58 *Bechtold, B./Docter, R.*, Transport Amphorae from Punic Carthage. An Overview, in: L. Nigro (Hg.), Motya and the Phoenician Ceramic Repertoire between the Levant and the West, 9th–6th Century B. C. Proc. of the International Conference in Rome 2010. Rom 2010, 5–116; *Pilkington*, Archaeological Survey.

zwischen Lixus und Utika weist trotz guter Landemöglichkeiten keine phönizischen Siedlungen bis ins 7. Jahrhundert auf, was eine Überwindung der Etappe im 8. Jahrhundert wohl unmöglich machte.[59] Pilkington schlägt dagegen einen Verbund von dicht frequentierten regionalen Handelsnetzwerken vor, in denen primär lokale Agrarüberschüsse zirkulierten, die aber auch als Grundlage für den Transport von Gütern an die Levante dienten. Die Frequenz des Agrargüterhandels, nicht die Fernverbindungen bewirkte die wirtschaftliche Prosperität von Hafenstädten wie Mozia, Sulkis und später Karthago.[60]

Eine der regionalen Handelsrouten verband Sardinien, Sizilien und Nordafrika schon im Laufe des 8. Jahrhunderts. Karthago und Utika waren für Importe aus Sardinien, Unteritalien und Sizilien von den Häfen in Sulcis und Mozia abhängig. Eine wichtige Durchgangsstation bildete Pantelleria. Waren aus Italien und Magna Graecia mit Ziel Iberien und Ibiza passierten ebenfalls Mozia oder Sulcis. Eine wichtige Austauschzone bildeten die Anrainer des Alborán Meers zwischen Südspanien und Nordafrika bis nach Gades und Lixus. Eine weitere regionale Route verband Sardinien mit dem etruskischen Städtenetzwerk in Italien, dessen Waren ab dem 7. Jahrhundert auch die Südküste Frankreichs frequentierten. Zusätzlich zu den phönizischen Regionalnetzwerken entstanden mit der griechischen Expansion Transportrouten zwischen Italien, Ostsizilien und dem korinthischen Golf. Im Ostmittelmeer wurde im 8. Jahrhundert die Verbindung zwischen Zentralgriechenland, der Peloponnes, Kreta und Ägypten eine wichtige regionale Austauschroute, die sich auch in den homerischen Epen widerspiegelt. In der Nordägäis entlang der makedonischen Küste und der Chalkidike ist schon in der 1. Hälfte des 8. Jahrhunderts ein Transportnetzwerk mit standardisierten Handelsgefäßen nachgewiesen, dessen Auswirkungen sich ab der 2. Hälfte des 8. Jahrhunderts westlich in Pithekussai und östlich an der kleinasiatischen Küste zeigen. Die Entstehung von griechischen Siedlungen im Propontis-Raum und Schwarzen Meer zeigt die Bedeutung dieser Region für die östliche Nordägäis bis nach Milet und die der Küste vorgelagerten Inseln.[61]

6 Fernhandel im Mittelmeerraum

Siedlungen mit hoher Konzentration griechischer Keramik entwickelten sich am Ende des 8. Jahrhunderts in Pithekussai (Ischia), Al Mina (Nordsyrien) und, im 7. Jahrhundert unter besonderen Bedingungen, in Naukratis (Ägypten). In der antiken Literatur und älterer Forschung galten Pithekussai und Al Mina als Handelsstützpunkt einer einzelnen griechischen Stadt, Euböa, während heute ihre multiethnische Zusammen-

---

59 *Aubet*, Phoenicians, 168–170; s. abweichend auch *Roppa* in diesem Band..
60 *Pilkington*, Archaeological Survey, 95–100.
61 *Gimatzidis, S.*, Griechische Niederlassungen, in: *Wittke (Hg.)*, Mittelmeerkulturen, 436–440, hier 438–439.

setzung und mediterraner Zusammenhang betont werden.[62] In Al Mina deuten der lokale Gebrauch von importiertem Trinkgeschirr und in Pithekussai ebenfalls eine eigene lokale Konsumkultur und die Herausbildung einer auf ethnische Integration ausgerichtete Sozialstruktur auf die Bildung lokaler Identität hin.[63] Dies widerspricht aber keineswegs der begründeten Annahme, dass der rasante Bevölkerungsanstieg dieser Siedlungen – Pithekussai wuchs binnen einer Generation zu einer Siedlung von 5000 Einwohnern – dem Umschlag von Handelswaren zu verdanken war, unter denen Metalle eine bedeutende Rolle spielten.

Aus einer Verbindung lokaler agrarischer Entwicklungen, Bevölkerungswachstum, größerer Siedlungsdichte, steigenden technischen Möglichkeiten für Überschussproduktion und komplexeren politischen und sozialen Strukturen, die eine höhere Konsumkapazität sowie den Bedarf an Metallen und spezifischen exotischen Gütern in den Gesellschaften des Mittelmeerraums förderten, bildete sich bis zum 7. Jahrhundert ein mittelmeerweiter Etappenhandel, der keineswegs mehr als sporadisch angesehen werden kann. Osborne hat an den Verteilungsmustern künstlerisch ausgewählter und für bestimmte Konsumkontexte spezifische Gefäßtypen (Amphoren, Kylikes, Skyphoi, Kratere, Hydrai usw.) attischer Provenienz im 6. Jahrhundert gezielte Abnehmerkreise identifiziert.[64] Die Präferenz für attische Keramik sowie der markante Unterschied ihrer Verteilung im 6. Jahrhundert zu Verteilungsmustern der euböischen Keramik „mit hängendem Halbkreis" des 8. und 7. Jahrhunderts zeige die Veränderung der Geschmäcker bestimmter Abnehmerkreise. Die offenbar gezielte Verteilung von vergleichsweise niedrigwertiger Keramik, die nur als Beiladung angesehen werden kann, selbst aber handelstechnisch unrentabel war, deute darauf hin, dass hinter deren Verteilung ein umfangreicher Handel mit rentableren Handelsgütern, insbesondere Bronze, Zinn, Eisenerzen und Edelmetallen, gestanden habe. In der Odyssee Homers zeigt sich gleichzeitig die Abgrenzung einer aristokratischen Kriegeroberschicht von einer Gruppe von professionellen Händlern, die von der Vermittlung des Güterverkehrs und nicht der sozialen und gewaltsamen Aneignung von Gütern profitierten.[65] Auch zeigt sich in den Epen eine gezielte Ansteuerung bestimmter Zielhäfen (Libyen, LeMonds und Troja; Hom. Il. 4, 467–75; Hom. Od. 14, 293–7), die sich von den sporadischen Beutezügen von Kriegern und Piraten unterscheiden lässt.[66] Im Lehrgedicht des Hesiod wird zwar davon abgeraten, alles auf die Handelskarte zu setzen (Hes. erg. 643–5), in der Warnung zeigt sich aber auch, dass dies als Risikogeschäft bekannt und üblich war.

---

62 *López-Ruiz*, Phoenicians, 47–61.
63 *Vacek, A.*, Griechen in der Levante, in: *Wittke (Hg.)*, Frühgeschichte, 719–723; und *ders.*, Al Mina, in: *ebd.*, 723–725; *Nizzo, V.*, Pithekoussai, in: *Wittke (Hg.)*, Frühgeschichte, 308–312, hier 310; und in breiterer konzeptioneller Perspektive die Aufsätze in *Donnellan, L./Nizzo, V./Burgers, J.-G. (Hgg.)*, Conceptualising Early Colonisation. Artes, 6. Belgisch Historisch Insituut te Rome. Brüssel 2016.
64 *Osborne*, Pots, Trade.
65 *Tandy*, Warriors; *von Reden*, Exchange, 61–67.
66 *Luraghi*, Traders, Pirates, Warriors.

V Wirtschaft ohne Staat

1 Begrenzter Marktaustausch

Die Eigenheit der eisenzeitlichen Wirtschaft liegt in ihrer Entwicklung während einer Phase, in der sich staatliche Strukturen erst zu formieren begannen und überregionale Vertragsformen, Zahlungs- und Gewichtssysteme nicht im eigentlichen Sinne staatlich oder zwischenstaatlich geregelt waren. Einige mykenische Hohlmaße und Gewichtseinheiten für Naturalabgaben setzten sich begrifflich im Griechischen fort, bezeichneten aber lokal ganz unterschiedliche Größen.[67] Öffentliche Kassen, in die Zölle, Gebühren oder auch nur Strafzahlungen eingingen, entwickelten sich erst im 6. Jahrhundert. Als Zahlungs- und Tauschmittel diente ab dem 7. Jahrhundert gewogenes oder verarbeitetes Edelmetall und andere prämonetäre Geldformen wie Eisenspieße oder Edelmetallbarren.[68] Von Kreditfinanzierung, wie sie aus dem bronzezeitlichen Babylonien und Ägypten schon bekannt sind, hören wir in den entstehenden Stadtstaaten Griechenlands bis ins 5. Jahrhundert nichts. Die Niederschrift von Gesetzen beginnt am Ende des 7. Jahrhunderts, betraf aber sakrale Angelegenheiten und politische Verfahren und bis dahin noch keine Marktregelungen, Gewichtskontrollen oder dergleichen. Staatlich gesichertes Privateigentum breitete sich erst im 6. Jahrhundert auf weitere Bevölkerungskreise in Form von Bürgerrechten aus. Eine Handelsmärkte unterstellende Interpretation der eisenzeitlichen Wirtschafts- und Tauschformen kann der Organisation der früheisenzeitlichen Wirtschaft nicht und in den folgenden zwei Jahrhunderten der späteren Eisenzeit nur wenig gerecht werden. Umgekehrt ist die Eisenzeit insgesamt nicht als völlig marktlose Gesellschaft zu verstehen. Schon für die Spätbronzezeit werden Marktplätze und marktbasierte Austauschformen angenommen.[69] Die Stadt Naukratis, die von Griechen mit Saïtischer Genehmigung (die Priesterschaft von Saïs stellte in dieser Zeit den Pharao) und unter ihrer Aufsicht im westlichen Nildelta im 6. Jahrhundert gegründet wurde, mag dem Modell eines verwalteten Handels und kontrollierten Handelshafens (port-of-trade) im Sinne des Wirtschaftsanthropologen Karl Polanyis sehr nahe kommen.[70] Die administrative Kontrolle war aber nicht typisch griechisch, sondern in die Verwaltungsstruktur des saïtischen Ägypten eingelassen. Al Mina und Pithekussai können nicht innerhalb des port-of-trade Modells interpretiert werden.[71] Hier scheint im 7. und 6. Jahrhundert freier Handel und Marktaustausch stattgefunden zu haben.

---

67 *Van Wees*, Ships and Silver, 108–110.
68 Umfassend diskutiert von *Heymans*, Origins; *Schaps*, Invention, 82–92; *Kroll*, Weighed Bullion.
69 *Lemos*, Early Iron Age, 23 mit *Parkinson, W. A./Nakassis, D./Galaty, M. L.*, Crafts, Specialists, and Markets in Mycenean Greece: Introduction, in: AJA, 117/3, 2013, 413–422.
70 *Möller, A.*, Naukratis: Trade in Ancient Greece. Oxford 2000.
71 *Osborne*, Greece in the Making, 112–118.

2 Gewichtssysteme

Von Syrien über Euböa bis nach Pithekussai lassen sich am Übergang von der Frühen zur Späteren Eisenzeit verbundene Metallgewichtssysteme ausmachen, an denen die graduell zunehmende Vernetzung des Ostmittelmeerraums und Orten im Westmittelmeer deutlich wird.[72] In dem Toumba Grabplatz von Lefkandi auf Euböa aus dem zweiten Viertel des 9. Jahrhunderts wurden im Grab eines feuerbestatteten Mannes neben euböischer, attischer, zyprischer und phönizischer Keramik, einem Eisenschwert, Speerköpfen, zwei Messern und 34 Pfeilspitzen auch ein Bronzeobjekt, das möglicherweise eine Waage war und 16 Steingewichte gefunden.[73] Die Gewichte, die unterschiedliche Formen aufweisen und unvollständige Gruppen von Multiplikation bzw. Teilen von Standardgewichten darstellen, lassen sich auf drei Gewichtssysteme zurückführen. Eines lässt sich mit dem 8,4 gr. Standard des mesopotamischen oder babylonischen Schekels verbinden. Ein weiteres basierte mit ca. 9,4 gr. auf dem ägyptisch-syrischen Schekel, der in Texten als Ugarit Schekel bezeichnet wird und in spätbronzezeitlichen Gewichten aus Ugarit, Zypern und den Uluburun und Gelidonya Wracks vielfach nachgewiesen ist. Ein drittes ist mit dem Standard von ca. 10,5 gr. einem Gewichtsstandard gleich, der in begrenztem Maß aus dem spätbronzezeitlichen Zypern, dem Gelidonya Wrack und in Tyros bis ins 4. Jahrhundert nachgewiesen ist.

John Kroll argumentiert, dass der Begriff Schekel (Gewicht) den griechischen Begriff Stater (Gewicht) geprägt hat und die vorderasiatische Herkunft des griechischen Gewichtsystems nahelegt.[74] So lässt sich auch das vorherrschende Gewichtssystem der späteren Münzprägung in den griechischen Poleis ab dem 6. Jahrhundert von der vorderasiatischen Mine (gr. *mina*) ableiten, wobei die euböische Mine, die auch in Athen galt, nach Herodot (3, 95) leichter als die babylonische war; ein babylonisches Talent entsprach nach Herodot nicht 60, sondern 70 euböischen Minen. Das attisch-euböische Talent wog 25,92 kg und die Mine (1/60 eines Talentes) entsprechend 432 g, was einen Stater (Didrachme oder 1/50 einer Mine) von 8,64 gr. ergibt. In der attischen Tetradrachme findet sich dieser Stater später als Doppelstater von 17,3 gr. wieder. Da im euböischen Gewichtssystem ein Stater 1/50 einer Mine (= 100 Drachmen) entsprachen, während im babylonischen Gewichtssystem ein Schekel 1/60 einer Mine war, lässt sich das Statergewicht von 8,64, unter Maßgabe, dass die euböische Mine leichter als die babylonische war, recht präzise auf das Schekelgewicht von 8,4 gr. beziehen.

Die Gewichte im Grab von Lefkandi wurden mit großer Sicherheit in Zypern oder an der phönizischen Küste gefertigt. Sie gleichen in Form und Material weitverbreiteten zyprischen und phönizischen Gewichtssteinen aus dem 2. Jahrtausend. Es wäre möglich, dass sie lediglich zeremonielle Grabbeigaben längst obsoleter Marktgewichte

---

[72] Zur Auswertung von weiteren Schatzfunden und ihrer Bedeutung für Vernetzungsfragen s. *Heymans*, Origins mit Katalog im Appendix.
[73] Für dies und folgendes, *Kroll*, Balance Weights.
[74] *Kroll*, Balance Weights, 44–45.

waren. Dagegen deutet die Kontinuität der bronzezeitlichen Mine bis in das attische-euböische Münzsystem darauf hin, dass der euböische Krieger aus Lefkandi geltende Gewichte mit ins Grab nahm, die er zu Lebzeiten in irgendeiner Autoritätsfunktion verwaltete. In Pithekussai ist ferner ein Standardgewicht von 8,79 gr. in Form einer in Bronze gefassten Bleischeibe in einem Handwerkerladen gefunden worden.[75] Angesichts der Tatsache, dass Blei an Gewicht gewinnt, wenn es oxidiert, kommt die Gewichtsscheibe dem in Lefkandi bezeugten babylonischen Gewichtsstandard sehr nahe. Die Funde aus Lefkandi zusammen mit dem Gewicht aus Pithekussai legen damit zwei Vermutungen nahe. Zum einen scheint es gesichert, dass im früheisenzeitlichen Mittelmeer mehrere vorderasiatische Metallgewichtsstandards, die auf die Spätbronzezeit zurückgehen, bekannt und im (Handels-)Tausch gültig waren. Zum anderen deutet der Fundkontext der Gewichte in Lefkandi darauf hin, dass die Rolle der Prüfung von Gewichten weniger von staatlicher oder religiöser Seite auf Beamte übertragen, sondern von *basileis* oder Aristokraten, die politische, militärische, richterliche und religiöse Autorität hatten, ausgeübt wurde. Angesichts dieser Kontrolle symbolisierten Gewichtssteine die Herrschaftsgewalt eines „big man" und fanden so den Weg in sein Grab. Die zeremonielle Einbettung administrativer Vollmachten lässt sich ohne Schwierigkeiten in vorstaatliche Formen des ritualisierten Austauschs einordnen, zeigt aber auch die institutionellen Bedingungen der früheisenzeitlichen Wirtschaft, mit dem dieses Kapitel begann.

3 Formen institutionellen Wandels

Die Ausweitung einer sozial unabhängigen professionellen Bevölkerungsgruppe von Händlern als dynamische Akteure in Märkten und Häfen gelten als ein wesentlicher Grund für die wirtschaftliche Entwicklung der Späteren Eisenzeit ab dem 8. Jahrhundert.[76] Hinzu kommen Initiativen der Produktivitätssteigerung in der Landwirtschaft und ein Rückgang der Monopolisierung von Ressourcen in königlicher bzw. aristokratischer Hand. Initiatoren der Umgestaltung mögen vielleicht die Stadtkönigtümer der Levante gewesen sein, die Durchgangszonen für die Tributforderungen der neo-assyrischen Könige waren.[77] Die vermehrte Nachfrage von Gütern mag sich über die phönizischen Städte auf viele Orten des vernetzten Mittelmeerraums, zuerst in dem zu der Zeit politisch geteilten Ägypten, dann an den phönizisch besiedelten Küsten im Westmittelmeer, schließlich aber auch auf die Siedlungen und Städte an der kleinasiatischen Küste, in der Ägäis, im Schwarzmeergebiet und im etruskischen Ober- und Mittelitalien ausgewirkt haben.

---

75 *Buchner, G.*, Ischia, in: Enciclopedia dell'arte antica, Suppl. 2, Bd. 3. Rom 1995, 125–129.
76 *Aubet*, Phoenicians; kritisch dagegen *Pilkington*, Archaeological Survey.
77 Kritisch gegenüber dieser Erklärung *Heymans*, Origins.

Jedoch ging der Wandel nicht von Fernhändlern aus, die die Versorgung der assyrischen Könige mit Metallen und Erzen bedienten. Die zentrale Dynamik war die Bildung kleinräumiger, sich sozial differenzierender Agrargemeinschaften und Stadtstaaten im 10. und 9. Jahrhundert in Syrien und Palästina und im 8. und 7. Jahrhundert in Griechenland und der Ägäis. Innerhalb der Organisation der agro-pastoralen Haushaltsökonomie ernährten sich die Mitglieder dieser Kollektive aus ihrem Hinterland, das sie meliorierten und kultivierten, sowie der Nutzung von zusätzlichen Ressourcen und Gütern, die sie aus Nachbarschaftsbeziehungen oder lokalem Handel erwarben.[78] Im Mittelpunkt standen nicht die Bedarfsstrukturen ferngelegener Märkte und Könige, sondern lokaler Verbrauch, lokale Tauschzentren und lokale religiöse und soziale Identitäten.[79]

Für diese Identitäten sowie zur Distinktion sozialer Eliten und Ausgestaltung sozialer und religiöser Rituale war der Import ferner Güter allerdings nicht unerheblich. Der Gütererwerb fand über verschiedene Wege statt, die von Kriegsbeute und Piraterie über zeremonielle Tauschkontexte (ritualisierte Tributzahlungen, Geschenke, Wettkämpfe, Lösegeldzahlungen oder Hochzeiten) bis hin zu Handel auf öffentlichen Plätzen reichten. Ihr friedlicher Ablauf wie auch die Kontrolle von Gewichten und Maßen oder interpersonelle Streitschlichtung bedurfte sozialer und zunehmend politischer Autoritäten, deren Macht und Prestige im öffentlichen Raum durch diese Funktionen noch bestärkt wurden. Die durch die lokale agrarische Entwicklung sich ausweitende Lebensmittelgrundlage führte an vielen Orten zu demographischem Wachstum, urbaner Entwicklung und, ab dem 7. und 6. Jahrhundert, zur Entwicklung nachhaltiger staatlicher Strukturen mit zunehmend bürgerlichen und nicht mehr aristokratisch geprägten politischen Verfahrensabläufen. Von der Ausweitung der politischen Teilhabe mag ein weiterer wirtschaftlicher Wachstumsschub ausgegangen sein.

Bedeutend für die Entwicklung lokaler Wirtschaften war ferner ein Wissenstransfer, der von Vorderasien über Syrien und Palästina in die Ägäis und das Westmittelmeer verlief und sich an der Verbreitung der Alphabetschrift, regional übergreifenden Metallgewichten, Schiffbau und Agrartechniken (etwa der Terrassierung und Kanalisierung von Land) zeigt.[80] Der lokale Wissensaustausch spielte nach gegenwärtigem Kenntnisstand eine schwer nachweisbare aber sicher nicht unwesentliche Rolle. Derzeit nachweisbar ist die lokale Bedeutung der Versorgung mit Agrarprodukten, Arbeitskräften, Fertigwaren und Metallen. Eine Vielzahl von logistischen Kenntnissen, die für Landwirtschaft, Be- und Entwässerungstechniken, Routenführung und Nautik vor Ort müssen lokalen Wissensressourcen entstammt sein, entziehen sich aber unse-

---

78 Zu Nachbarschaftshilfe: *Millett, P.*, Hesiod and his World, in: Proceedings of the Cambridge Philological Society, 210, 1984, 84–115.
79 *Ulf/Kistler*, Entstehung, 100–132.
80 *McGrail, S.*, Sea Transport, Part 1: Ships and Navigation, in: *Olesen, J. P. (Hg.)*, Oxford Handbook of Engineering and Technology in the Classical World. Oxford 2008, 606–637; *Wilson, A.*, Hydraulic Engineering and Watersupply, in: *Olesen, J. P. (Hg.)*, Oxford Handbook of Engineering and Technology in the Classical World. Oxford 2008, 285–316.

ren Kenntnissen, da sie archäologisch nicht greifbar und literarisch unterrepräsentiert sind. Die Annahme einer ökonomischen Arbeitsteilung zwischen entwickelten Orten in Zentren, in denen Güter zunehmen komplex gefertigt wurden, und Peripherien, in denen Rohstoffe und Nahrungsmittel gegen diese eingetauscht wurden, ist im Gegensatz zu manchen Annahmen dieser Art nicht nachweisbar und bedient eher ein nicht mehr haltbares Modell von Kulturentwicklung, als dass sie historische Wirklichkeiten adäquat widerspiegelt.[81]

Bibliographie

Aubet, M. E., The Phoenicians and the West. Politics, Colonies, Trade. 2. Aufl. Cambridge 2001.
Bentz, M., Überblick: Italien mit Sardinien und Sizilien, in: *Wittke (Hg.)*, Mittelmeerkulturen, 247–257.
Broodbank, C., Die Geburt der Mediterranen Welt. Von den Anfängen bis zum klassischen Zeitalter. München 2018. Übers. aus dem engl. Original 2013.
Eder, B., Überblick: Griechenland und die Griechen im Mittelmeerraum, in: *Wittke (Hg.)*, Frühgeschichte, 442–456.
Heymans, E. D., The Origins of Money in the Iron Age Mediterranean World. Cambridge 2021.
Hölkeskamp, K. J., Vom Palast zur Polis – die griechische Frühgeschichte, in: *Gehrke, H. J./Schneider, H. (Hgg.)*, Geschichte der Antike. Ein Studienbuch. 5. Aufl. Stuttgart 2019, 60–89.
Horden, P./Purcell, N., The Corrupting Sea. A Study of Mediterranean History. Oxford 2000.
Kroll, J. H., Early Iron Age Balance Weights at Lefkandi, Euboea, in: Oxford Journal of Archaeology, 27/1, 2008, 37–48.
Kroll, J. H., The Monetary Use of Weighed Bullion in Archaic Greece, in: *Harris, W. V. (Hg.)*, The Monetary Systems of the Greeks and Romans. Oxford 2008, 12–38.
Lemos, I. S., Early Iron Age Economics, in: *von Reden, S. (Hg.)*, The Cambridge Companion to the Ancient Greek Economy. Cambridge 2022, 15–28.
Liverani, M., The Trade Network of Tyre according to Ezek. 27, in: *Kogan, M. (Hg.)*, Ah, Assyria... Festschrift H. Tadmor. (Scripta Hierosylmitana, Bd. 33) Jerusalem 1991, 65–79.
López-Ruiz, C., Phoenicians and the Making of the Mediterranean. Cambridge/Mass. 2021.
Luraghi, N., Traders, Pirates, Warriors. The Protohistory of Greek Mercenary Soldiers in the Eastern Mediterranean, in: Phoenix, 60, 2006, 21–47.
Matthäus, H./Niehr, H., Zypern, in: *Wittke (Hg.)*, Frühgeschichte, 732–742.
Morris, I., Hard Surfaces, in: *Cartledge, P./Millett, P./Foxhall, L. (Hgg.)*, Money, Labour, and Land. Approaches to the Economy of Ancient Greece. London 2002, 8–44.
Morris, I., Early Iron Age Greece, in: *Scheidel/Morris/Saller (Hgg.)*, Economic History, 211–241.
Niehr, H., Überblick: Syrien und Palästina, in: *Wittke (Hg.)*, Frühgeschichte, 651–707.
Osborne, R., Pots, Trade and the Archaic Greek Economy, in: Antiquity, 70, 1996, 31–44.
Osborne, R., Greece in the Making, 1200–479. London 1996.
Patzek, P., Schriftquellen, in: *Wittke (Hg.)*, Frühgeschichte, 86–99.
Sader, H., Phönizische Städte, in: *Wittke (Hg.)*, Frühgeschichte, 668–693.
Schaps, D. M., The Invention of Coinage and the Monetization of Ancient Greece. Ann Arbor 2004.
Scheidel, W., The Greek Demographic Expansion: Models and Comparisons, in: JHS, 123, 2003, 120–140.
Scheidel, W./Morris, I./Saller R. (Hgg.), The Cambridge Economic History of the Ancient Greek World. Cambridge 2007.

---

[81] So vor allem weltsystemtheoretische Annahmen; zur Diskussion *von Reden*, Wirtschaft, 976–979.

Schipper, B. U., Die Erzählung des Wenamun. Ein Literaturwerk im Spannungsfeld von Politik, Geschichte und Religion. Fribourg/Göttingen 2005.
Schön, F./Schweizer, B., Besiedlung und Mobilität, in: *Wittke (Hg.)*, Frühgeschichte, 831–851.
Schweizer, B., Chronologie und Periodisierung, in: *Wittke (Hg.)*, Frühgeschichte, 54–63.
Stöllner, M., Metallgewinnung und -verarbeitung, in: *Wittke (Hg.)*, Frühgeschichte, 1013–1028.
Tandy, D. W., Warriors into Traders. The Power of the Market in Early Greece. Berkeley/Los Angeles 1997.
Ulf, C./Kistler, E., Die Entstehung Griechenlands. Berlin/Boston 2019.
Van Wees, H., Ships and Silver, Taxes and Tribute. A Fiscal History of Archaic Athens. London/New York 2013.
Von Reden, S., Exchange in Ancient Greece. 2. Aufl. London 2003.
Von Reden, S., Wirtschaft und Austausch, in: *Wittke (Hg.)*, Frühgeschichte, 971–1012.
Wittke, A.-M. (Hg.), Frühgeschichte der Mittelmeerkulturen. Historisch-Archäologisches Handbuch. (DNP Supplemente, Bd. 10) Stuttgart 2015.

Dorothea Rohde
14 Finanzen und Steuersysteme

I Einleitung: Finanzen und Verfassung

Als um 1200 v. Chr. die mykenische Epoche ihrem Ende entgegenging, bedeutete dies nicht nur die Auflösung eines politischen, sondern vor allem auch eines ökonomischen Systems. Die mykenische Palastkultur hatte sich durch eine redistributive Wirtschaft ausgezeichnet: Ähnlich wie in den Hochkulturen Mesopotamiens und Ägyptens herrschte ein König mit seiner Verwaltung über ein relativ großes Territorium. Eine ausdifferenzierte Bürokratie koordinierte den Einzug und die Verteilung von Naturalien, Produkten und Arbeitsleistungen der abgabenpflichtigen Bevölkerung und der königlichen Güter.[1] Dieses zentralistische System unterschied sich grundlegend von dem, was mit der Herausbildung der Polis charakteristisch für die griechische Welt werden sollte: Eine nach Autonomie strebende Bürgergemeinde, die über Finanzhoheit verfügte und daher selbst ihre Ausgaben und Einnahmen verwaltete und durch Gesetze regelte.

Wie in fast allen Bereichen so gilt auch hier: Unsere Kenntnis basiert für große Zeitabschnitte der griechischen Geschichte (800–133 v. Chr.) hauptsächlich auf dem relativ reichen Quellenfundus Athens. Auch wenn viele Leerstellen zu beklagen sind, so kann für eine Untersuchung der Finanzen und des Steuersystems doch eine Vielzahl unterschiedlicher literarischer Gattungen mit epigraphischen, numismatischen und archäologischen Zeugnissen kombiniert werden. Selbstverständlich kann das so gewonnene Bild nicht einfach auf andere Gemeinwesen übertragen werden – zu unterschiedlich waren die Verhältnisse in anderen politischen Systemen wie in Sparta oder im „dritten Griechenland"[2] und zu spezifisch waren die ökonomischen Voraussetzungen Athens, wie beispielsweise die Silbervorkommen im Laureion oder die Tribute der Seebundsmitglieder des Delisch-Attischen Seebundes.[3] Daher konzentrieren sich zwar die folgenden Ausführungen weitestgehend auf Athen, um beispielhaft den Zusammenhang von öffentlichen Finanzen und politischer Verfasstheit aufzuzeigen,

---

[1] Killen, J. T., Mycenaean economy, in: *Duhoux, Y./Davies, A. M. (Hgg.)*, A Companion to Linear B: Mycenaean Greek Texts and Their World, Bd. 1. (Bibliothèque des Cahiers de l'Institut de linguistique de Louvain. Antiquité, Bd. 120) Louvain-la-Neuve 2008, 159–200.
[2] Die Vielfalt der Poliswelt, insbesondere der griechischen Klein- und Mittelstaaten, hat verdeutlicht *Gehrke, H.-J.*, Jenseits von Athen und Sparta. Das dritte Griechenland und seine Staatenwelt. München 1986.
[3] Wie problematisch es ist, die ökonomischen Verhältnisse Athens auf ganz Griechenland zu übertragen, wie es *Ober, J.*, Wealthy Hellas, in: TAPhA, 140, 2010, 241–286 dargelegt hat, hat überzeugend am Beispiel der Mitglieder des Delisch-Attischen Seebundes veranschaulicht *Ruffing, K.*, Reiches Hellas?, in: *Föllinger, S./Korn, E. (Hgg.)*, Von besten und zweitbesten Regeln. Platonische und aktuelle Perspektiven auf individuelles und staatliches Wohlergehen. (Philippika, Bd. 137) Wiesbaden 2019, 143–175.

aber gleichzeitig sollten auch die Möglichkeiten und Grenzen, die Ergebnisse auf andere Gemeinwesen zu übertragen, deutlich werden.

II Die öffentlichen Finanzen in der althistorischen Forschung

Im Jahr 1817 legte August Boeckh mit ‚Die Staatshaushaltung der Athener' die erste umfassende Darstellung der öffentlichen Finanzen vor.[4] Dabei untersuchte er die ökonomischen Grundlagen athenischen Lebens und öffnete gleichzeitig die Perspektive auf Verfassung und Gesellschaft. Während Boeckh sich auf Athen beschränkte, versuchte Andreas Andreades,[5] das Finanzwesen griechischer Poleis insgesamt darzustellen. Er behandelte in seiner ‚Geschichte der griechischen Staatswirtschaft' die homerische Zeit, Sparta, die griechische Welt und schließlich am ausführlichsten Athen. Die gesellschaftliche Dimension und die soziopolitischen Konsequenzen der öffentlichen Finanzen, wie sie sich in der Finanzierung und Organisation von öffentlichen Aufgaben (*leiturgiai*) durch die wohlhabendsten Athener (Leiturgen) spiegeln, spielten für Andreades kaum eine Rolle.

Lange Zeit wurden die öffentlichen Einnahmen und Ausgaben dann nur sporadisch thematisiert; erst in den 1990er Jahren erschienen zwei englischsprachige Arbeiten zur Trierarchie, der wichtigsten militärischen Leiturgie, die den reichsten Athenern auferlegt wurde, um ein Kriegsschiff instand zu setzen und auf einer Flottenoperation zu Finanzierungszwecken zu begleiten. Während die Dissertation von David Silverman kaum rezipiert wurde, stellt die Untersuchung von Vincent Gabrielsen heute unzweifelhaft das Referenzwerk zur kostspieligsten athenischen Leiturgie dar.[6] Eine vergleichbare Studie legte dann Peter Wilson 2000 zur Choregie vor, bei der Leiturgen anlässlich der musischen Wettkämpfe die Chöre, Schauspieler, Chorlehrer und Requisiten finanzierten und organisierten.[7]

Erst die Finanzkrise 2007/8 schärfte erneut das Bewusstsein für ökonomische Strukturen und Zusammenhänge, weshalb in den letzten Jahren merklich das Interesse an wirtschaftshistorischen Fragestellungen stieg. Dabei dominieren zwei Tendenzen. Auf der einen Seite stehen diejenigen Arbeiten, die sich überwiegend auf die Sammlung der Quellen und Beschreibung des Befundes konzentrieren. So sammelte und interpretierte Ludwig Meier die relevanten Inschriften zur athenischen Baufinanzierung in lykurgischer Zeit und machte das ökonomische Potenzial der frühhellenistischen Polis deutlich.[8] Besonders hervorzuheben ist die 2014 publizierte monumenta-

---

4 1. Aufl.: 1817; 2. Aufl.: 1850; maßgebliche 3. Aufl.: 1886.
5 *Andreades*, Staatswirtschaft.
6 *Silverman*, Trierarchy; *Gabrielsen*, Financing.
7 *Wilson*, Khoregia.
8 *Meier*, Finanzierung.

le Monographie von Léopold Migeotte, der die öffentlichen Einnahmen, Ausgaben und deren Administration für die klassische und hellenistische Zeit enzyklopädisch darlegte.[9] Auch wenn aufgrund der Quellenlage innerhalb seiner Arbeiten Athen besondere Beachtung findet, hat er doch stets ganz Griechenland im Blick. Nahezu zeitgleich, im Jahr 2015, erschien ‚Public Spending and Democracy in Classical Athens' von David Pritchard, der mit systematischen Berechnungen die finanzpolitischen Dimensionen der öffentlichen Ausgaben deutlich machte.[10]

Auf der anderen Seite stehen Arbeiten, vor allem aus den anglophonen Ländern, die der *New Fiscal History* verpflichtet sind. Dieser Ansatz berücksichtigt auch soziologische und politische Fragestellungen in der wirtschaftshistorischen Analyse. So befasste sich ein von Andrew Monson und Walter Scheidel 2015 herausgegebener Sammelband mit *Fiscal Regimes* in komparativer Perspektive von den Inkas bis zum frühneuzeitlichen Japan.[11] Bereits zwei Jahre früher, im Jahr 2013, hatte Hans van Wees diesen Ansatz für eine neue Perspektive auf die Staatswerdung Athens nutzbar gemacht.[12] Dem Zusammenhang von öffentlichen Finanzen und Verfassung widmete sich auch die Verfasserin in einer 2019 erschienenen Monographie, in der die Analyse der Ausgaben und Einnahmengenerierung tiefergehende Einsichten in Mentalität und soziopolitische Entwicklungen Athens im 4. Jahrhundert v. Chr. vermittelt.[13] Diesem fiskal-soziopolitischen Ansatz sind auch die folgenden Ausführungen zuzuordnen.

III Die Ausgaben der Polis

1 Die militärischen Ausgaben

Die Organisation und Finanzierung von kriegerischen Unternehmungen trugen wesentlich zur Staatsbildung bei. Zunächst musste die Teilnahme an Feldzügen und die Verteidigung des Gemeinwesens selbst finanziert werden: Die Hoplitenrüstung, das Kriegspferd und die Verproviantierung seiner selbst und des begleitenden Sklaven gehörten zur vornehmsten Pflicht eines vollwertigen Mitgliedes der Gemeinschaft und begründeten politische Rechte. Dies änderte sich an der Wende von der Archaik zur Klassik, als Kriege nicht mehr ausschließlich zu Land ausgefochten wurden. Bereits vor dem Flottenbauprogramm des Themistokles verfügte Athen über eine öffentlich finanzierte Flotte und entlohnte Soldaten und Ruderer.[14]

---

9 *Migeotte*, Finances.
10 *Pritchard*, Public Spending.
11 *Monson/Scheidel*, Fiscal Regimes.
12 *Van Wees*, Ships.
13 *Rohde*, Finanzen.
14 *Van Wees*, Ships, 63–75.

Die Entlohnung variierte je nach Kassenlage und militärischem Rang. Ein Soldat erhielt um 400 v. Chr. normalerweise eine Barvergütung von fünf Obolen pro Tag.[15] Die Ruderer erhielten eine vergleichbare Vergütung.[16] Seit dem Peloponnesischen Krieg stiegen die Kosten sukzessive an: Nun wurden systematisch Söldner eingesetzt, was zu einer räumlichen und zeitlichen Ausweitung der Kriegshandlungen – und damit auch der Kriegskosten – führte. Geht man beispielsweise von einem Heer von 3000 Soldaten und Söldnern aus, die ein Jahr lang pro Tag fünf Obolen erhielten, so summierten sich die Kosten auf etwa 150 Talente. Eine Flottenexpedition von 120 Schiffen für eine Schifffahrtssaison kostete dagegen etwa 729 Talente.[17] Dazu kamen der Bau und der Unterhalt der Schiffe. Ein Schiffrumpf kostete nicht ganz ein Talent, die mobile Ausstattung (Ruder, Segel etc.) rund 2200 Drachmen. Der Materialwert einer Flotte von 283 Schiffen[18] summierte sich so auf rund 338 Talente. Zudem mussten die Trieren seetüchtig gehalten werden, was mit etwa 4000–5000 Drachmen pro Schiff zu veranschlagen ist, aber privat als Trierarchie finanziert wurde.[19]

Wie sich die militärischen Ausgaben summieren konnten, lässt sich am Bundesgenossenkrieg verdeutlichen:[20] Der athenische Versuch, Amphipolis im Jahr 357 Hilfe zu leisten, hatte allein 1500 Talente gekostet.[21] Für die Söldner im Bundesgenossenkrieg musste Athen 1000 Talente aufbringen.[22] Und im Jahr 352 kostete der Auszug des Heeres zu den Thermopylen, um Philipp II. nach der Schlacht auf dem Krokusfeld entgegenzutreten, 200 Talente.[23] All diese Posten wurden jedoch von den Aufwendungen für das phokische Söldnerheer in den Schatten gestellt, das angeblich 10.000 Talente verschlungen hatte.[24] Die hohen Kosten der Kriegsführung veranlassten die Poleis insbesondere im 4. Jahrhundert vermehrt auf die vergleichsweise günstige Diplomatie zu setzen und in rascher Folge Gesandtschaften zu entsenden.[25]

An der Wende von der Klassik zum Hellenismus erfuhren die Kriegsausgaben zwei wesentliche Neuerungen: Erstens wurde in Athen die Ephebie reformiert. Von nun an übernahm die Polis den Unterhalt der jungen Männer während der zweijähri-

---

15 Höhere Ränge erhielten höhere Entlohnungen. Siehe die bei *Burrer, F.*, Sold und Verpflegungsgeld in klassischer und hellenistischer Zeit, in: *Burrer, F./Müller, H. (Hgg.)*, Kriegskosten und Kriegsfinanzierung in der Antike. Darmstadt 2008, 74–90 aufgelisteten Beträge.
16 Vgl. Demosth. or. 4, 28 und *Rohde*, Finanzen, 124–125 zur Stelle.
17 *Rohde*, Finanzen, 139.
18 IG II² 1611 a Z. 3–9, im Jahr 357/6.
19 *Gabrielsen*, Financing, 216.
20 Zu den militärischen Kosten siehe *Gabrielsen, V.*, Die Kosten der athenischen Flotte in klassischer Zeit, in: *Burrer, F./Müller, H. (Hgg.)*, Kriegskosten und Kriegsfinanzierung in der Antike. Darmstadt 2008, 46–73; *Pritchard*, Spending Priorities, 39–59; *Rohde*, Finanzen, 122–151.
21 Demosth. or. 3, 28. Vgl. Aischin. leg. 2, 71.
22 Isokr. or. 7, 9.
23 Demosth. or. 4, 17 und 41, 18, 32. 19, 84. Diod. 16, 37, 3–38, 2. Iust. 8,2.
24 Diod. 16, 36, 1. 16, 56,6.
25 *Rohde*, öffentlichen Finanzen, 146–149.

gen Grundausbildung und verlieh ihnen Schild und Speer.[26] Zweitens kam es auch in der Kriegführung zu Innovationen: Die Reiterei wurde aufgewertet und kostspielige Techniken versprachen entscheidende Vorteile.[27] Ab etwa 330 ließ Athen beispielsweise Katapulte,[28] Tetreren und Penteren bauen.[29]

Dazu kam die Anlage von Werften und Zeughäusern, die im 4. Jahrhundert aufwendig gestaltet wurden, wie beispielsweise die Skeuothek des Philon. Derartige Bauten waren nicht allein zweckrationale Nutzbauten, sondern auch Symbole der bürgerlichen Wehrhaftigkeit, architektonische Glanzstücke und Referenzpunkte bürgerlicher Identität.[30]

2 Die Ausgaben für öffentliche Bauten

Dies gilt noch viel mehr für die öffentlichen Bauten. Insbesondere die Demokratie mit ihrem komplexen Zusammenspiel der verschiedenen Institutionen bedurfte baulicher Strukturen wie eines Bouleuterion, einer Tholos als Sitz der Prytannen, Gerichtsgebäuden oder des Phylenheroons als „Schwarzem Brett" Athens. Hatten sich die Athener im 5. Jahrhundert insbesondere auf den Ausbau der Akropolis konzentriert, so setzte im 4. Jahrhundert eine rege Bautätigkeit im gesamten Stadtgebiet ein; die Grundflächen der öffentlichen Bauten des 4. Jahrhunderts waren dreimal so groß wie jene des 5. Jahrhunderts.[31]

Der Aufwand für die Monumentalisierung politischer Institutionen lässt sich besonders gut an der Baugeschichte der Pnyx nachvollziehen. Während in anderen griechischen Poleis die Volksversammlung meist auf der Agora tagte, leisteten sich die Athener eine funktionale Ausdifferenzierung der baulichen Substanz, indem sie ein *ekklesiasterion* anlegten.[32] Für die erste primitive Anlage (Pnyx I) wurde das Auditorium an den Hang angepasst und eine Rednertribüne (*bema*) angelegt. Um 400 wurde der Platz aufwendig erweitert (Pnyx II)[33] und die Struktur um 180 Grad gedreht, so

---

26 Aristot. Ath. pol. 42,2–5.
27 *Schulz, R.*, Militärische Revolution und politischer Wandel. Das Schicksal Griechenlands im 4. Jahrhundert v. Chr., in: HZ, 268, 1999, 281–310.
28 IG II² 1467 B col. II Z. 48–56.
29 IG II² 1627 coll. b Z. 275–278 (Tetreren). IG II² 1629 A coll. d Z. 811 (Penteren).
30 Vgl. die Anekdote, dass die Langen Mauern unter Flötenmusik geschleift worden seien (Xen. hell. 2, 2, 23) und zum ästhetischen Wert der Hafeninfrastruktur auch Comica Adespota 340: „Oh Athen, Herrin aller Städte! Wie schön deine Hafenanlagen! Wie schön dein Parthenon! Wie schön der Piräus!"
31 20.000 Quadratmetern im 5. Jahrhundert zu 60.000 Quadratmetern im 4. Jahrhundert, so *Knell*, Athen, 11–12.
32 *Hansen*, Demokratie, 132 mit wenigen Beispielen aus anderen Poleis.
33 Die Größenschätzungen variieren: 2600 Quadratmeter: *Knell*, Athen, 56; 3200 Quadratmeter: *Hansen*, Demokratie, 135; 3400 Quadratmeter: *Stanton, G. R.*, The Shape and Size of the Athenian Assembly Place in Its Second Phase, in: *Forsén, B./Stanton, G. R.* (Hgg.), The Pnyx in the History of Athens. Helsinki 1996, 7–21, hier: 16–17.

dass das *bema* nicht mehr auf der zur Stadt gewandten Hangseite lag. Die natürliche Neigung des Geländes musste künstlich durch Erdaufschüttungen ausgeglichen werden, die wiederum umfangreicher Stützkonstruktionen bedurften. Die nächste Bauphase (Pnyx III) wurde wohl von Eubulos initiiert und konnte nunmehr ungefähr das Doppelte an Besuchern fassen.[34] Die repräsentative Gesamtanlage bot einen imposanten Anblick und bezeugte das starke Interesse an der Volksversammlung als dem Ort, an dem die Athener ihre bürgerlichen Rechte kollektiv wahrnahmen.

3 Die personenbezogenen Ausgaben

Ein wesentliches Kennzeichen des Bürgers sei es, so Aristoteles, dass er sowohl an den Gerichten als auch an der Regierung partizipiere.[35] Die Teilhabe aller war der Leitgedanke der athenischen Demokratie schlechthin, weshalb keine sozialen, rechtlichen oder ökonomischen Hürden den Zugang zu Rat, Volksversammlung und Gerichten versperren sollten.[36] In diesem Sinn[37] wurde in perikleischer Zeit eine Aufwandsentschädigung (*misthos*) zunächst für die Laienrichter ausgegeben.[38] Kurz danach nahmen auch Ratsmitglieder einen *misthos* entgegen, ebenso Magistrate, die sicher seit den späten 430er Jahren entlohnt wurden.[39] Dagegen wurde für den Besuch der Volksversammlung erst um 400 ein *misthos* ausgegeben.

Die Besoldung war eng mit dem Gedanken der direkten Demokratie verwoben,[40] während Oligarchien *archai* als Ehrendienste auffassten, die keiner Entlohnung bedürfen sollten.[41] Aus diesem Grund stellten sowohl das oligarchische Regime von 411 als auch dasjenige von 404 die Bezahlung der Magistrate ein,[42] während 410 mit der demokratischen Restauration die Aufwandsentschädigungen wieder aufgenommen

---

34 Bauform und Ausrichtung wurden auch in der zweiten Umbaumaßnahme beibehalten. Die Chronologie ist umstritten. Keramik- und Lampenfunde liefern nur einen Terminus post quem; der Umbau wurde demnach nach 350 in Angriff genommen. *Hintzen-Bohlen*, Kulturpolitik, 37. Da die Quellen zu Lykurg keine Hinweise auf einen Umbau der Pnyx geben und der Politiker sich vor allem für den Bau des Dionysos-Theaters einsetzte, wurde vorgeschlagen, den Baubeginn in die 340er Jahren (noch unter Eubulos) zu setzen. *Hintzen-Bohlen*, Kulturpolitik, 37–38. Siehe dagegen *Knell*, Athen, 57–61.
35 Aristot. pol. 1275 a 22–33 b 5 mit 1275 b 5–6.
36 Zur Teilhabe als politischer Grundsatz in Athen siehe Lys. 6,48. Aristot. pol. 1275 b 18–21.
37 Vgl. die Begründung bei Plat. Gorg. 515 e. Aristot. pol. 1274 a 8–9. Aristot. Ath. pol. 27, 1–4. Plut. Perikles 9, 1–3.
38 Aristot. Ath. pol. 27, 1–4. Aristot. pol. 1274 a 8–9. Plut. Perikles 9, 2–3.
39 Der früheste Hinweis für die Aufwandsentschädigungen für Magistrate stellt IG I³ 32 Z. 8–9 (ca. 449–447 v.Chr.) dar. – Auch andernorts war die Teilnahme an politischen Geschäften besoldet, beispielsweise im boiotischen Koinon (Hell. Oxyrh. 19, 4) und in Rhodos (Aristot. pol. 1302 b 21–24 und 1304 b 25–31).
40 Siehe beispielsweise Aristot. pol. 1320 a 17–18.
41 Xen. Ath. pol. 1, 13 und 16.
42 Thuk. 8, 67, 3. Aristot. Ath. pol. 29,5.

wurden. Gleiches lässt sich auch für die Wiederherstellung der Demokratie nach 403 annehmen.[43]

Die Kosten für die Entlohnung der Magistrate waren verhältnismäßig überschaubar: Seit Kleon stellten drei Obolen die gängige Höhe aller Arten der *misthophoria* dar, was zunächst noch der minimalen Tagesentlohnung eines Handwerkers entsprach. Im Laufe des 4. Jahrhunderts wurden die verschiedenen *misthoi* erhöht und dem aktuellen Preis- und Lohnniveau angepasst: In aristotelischer Zeit erhielten die Besucher der Volksversammlung neun Obolen für die monatliche *ekklesia kyria* bzw. sechs für die restlichen drei *ekklesiai* der jeweiligen Prytanie,[44] Ratsmitglieder fünf (bzw. sechs, wenn sie als Prytanen fungierten), die neun Archonten vier und der Archon für Salamis sechs Obolen.[45] Die *misthophoria* rangierte somit um den Tagesverdienst eines Arbeiters, der mit etwa sechs Obolen rechnen konnte.[46] Die Entlohnung der Laienrichter stieg dagegen nicht.

Um sich einen ungefähren Eindruck von den finanziellen Größenordnungen dieser personenbezogenen Ausgaben zu machen, lassen sich folgende Schätzungen anführen: Geht man von vierzig regulären Volksversammlungen im Jahr aus,[47] von denen zehn ein Quorum von 6000 verlangten und die restlichen dreißig von durchschnittlich 4500 Athenern besucht wurden, so lassen sich die jährlichen Kosten für den *ekklesiastikos misthos* auf etwa 37,5 Talente überschlagsweise beziffern. Dies entspricht in etwa den Ausgaben für den Richtersold pro Jahr, für den Hansen einen Betrag zwischen 22 und 37 Talenten ansetzt.[48] Kalkuliert man die etwa acht bzw. sechzehn Talente ein, die für die Aufwandsentschädigungen der Magistrate aufgebracht wurden, und die fünfzehn Talente für die Ratsmitglieder, so ist mit insgesamt etwa 100,5 bis 105,5 Talenten zu rechnen. Zusätzlich verursachten die öffentlichen Sklaven (*demosioi*), die den Beamten als *hyperetai* in verschiedenen Bereichen beigeordnet waren, weitere Kosten für Ankauf und Unterhalt, Entlohnung und zuweilen eigene Wohnung.[49]

Zudem erhielten Kriegsversehrte, körperlich beeinträchtigte Athener und Kriegswaise eine finanzielle Unterstützung,[50] die im Laufe des 4. Jahrhunderts von einem

---

43 *Gabrielsen*, Remuneration; *Pritchard*, Payment; contra: *Hansen, M. H.*, Misthos for Magistrates in Classical Athens, in: Symbolae Osloenses, 54, 1979, 5–22 und ders., Misthos for Magistrates in Fourth-Century Athens?, in: GRBS, 54, 2014, 404–419.
44 Aristot. Ath. pol. 62, 2.
45 Aristot. Ath. pol. 62, 2.
46 Siehe zu den Löhnen in klassischer Zeit *Loomis*, Wages und *Eich*, Politische Ökonomie, 198–204, der die überlieferten Löhne in der Erechtheion-Abrechnung aus dem Jahr 408/7 (IG I^3 476) und der Eleusis-Abrechnung aus dem Jahr 329/8 (IG II^2 1672) für außergewöhnlich hoch und der besonderen Situation geschuldet hält. Nur die Facharbeiter verdienten mehr als eine Drachme, so ebd., 201.
47 Aristot. Ath. pol. 43,4–6.
48 *Hansen*, Demokratie, 195.
49 Harpokr. s. v. *demosios*. Aristot. Ath. pol. 50, 2 und 65, 4 (*hyperetai*). IG II^2 1672 Z. 4–5 (Entlohnung). Aischin. Tim. 1, 54; 58 und 62 (Wohnung).
50 Lys. 24. Aischin. Tim. 1, 103–104. Aristot. Ath. pol. 49, 4. Siehe zur Invalidenrente *Rohde*, Finanzen, 60–61.

obolos pro Tag auf zwei Obolen stieg,[51] bis sie um 300 schließlich fünf Obolen betrug.[52] Der Ursprung dieser soziopolitischen Verpflichtung lag sicherlich darin, die Kriegsfolgen abzumildern: Genauso wie der Hoplit sich für die Gemeinschaft eingesetzt hatte, so musste die Gemeinschaft für den versehrten Kämpfer aufkommen.[53] Spätestens seit der Mitte des 4. Jahrhunderts bestand eine ähnliche Institution in Thasos, die sich vielleicht am athenischen Vorbild orientierte und Regelungen für Söhne und Töchter, aber auch für die Hinterbliebenen von Metöken, die sich für die Polis eingesetzt hatten, enthielt.[54]

All diese personenbezogenen Ausgaben waren unstrittig. Im Gegensatz dazu waren die sog. Schaugelder (*theorika*), die Bürgern zugutekamen, um sich den Eintritt ins Theater anlässlich der Dionysien und Panathenäen leisten zu können, wesentlich präsenter im innerathenischen Diskurs.[55] Die *theorika* galten als Unterstützung Bedürftiger, die ohne Gegenleistung ausgeteilt wurden, um die Konsequenzen der ökonomischen Ungleichheit innerhalb der athenischen Gesellschaft zu kompensieren. Daher konnte Demades sie als „Leim der Demokratie"[56] bezeichnen. Dies entsprach der Deutung der anderen *misthoi*; auch sie waren spätestens im 4. Jahrhundert mit dem Gedanken verknüpft, ärmeren Mitbürgern ein Zubrot zu verschaffen.[57]

Auch wenn es im 5. Jahrhundert Vorläufer gegeben haben mag,[58] verwendete erst Eubulos regelmäßig öffentliche Gelder für die Teilnahme an den Dionysien und Panathenäen.[59] Um eine Vorstellung von den Größenordnungen der *theorika* zu geben, mag folgende hypothetische Kalkulation hilfreich sein: Geht man von insgesamt fünfzehn Festtagen der Städtischen Dionysien und Großen Panathenäen und 15.000 Zuschauern aus, die pro Tag zwei Obolen erhielten,[60] dann betrugen die Ausgaben für die Schaugelder alle vier Jahre um die 12,5 Talente und in Jahren, in denen die Kleinen Panathenäen gefeiert wurden, keine sechs Talente.[61]

---

51 Lys. 24, 26. Aristot. Ath. pol. 49, 4.
52 Philochoros FGrHist 328 F 197b.
53 Die Kriegsversehrten waren sicherlich diejenigen, auf welche die Unterstützung von *adynatoi* urspünglich abzielte. Daher wird sie auch Solon zugeschrieben (Plut. Solon 31, 2).
54 SEG 57, 820 (ca. 360–350). In Rhodos nahm um 305 die Unterstützung der männlichen und weiblichen Kriegswaisen die Form einer Leiturgie an (Diod. 20, 84, 3).
55 Lib. arg. Demosthenes 1, 4. Theophilos Frg. 12. Demosth. or. 44,37. Plut. mor. 818 e–f. Zu den *theorika* siehe *Rohde*, Öffentlichen Finanzen, 60–65; 289–293. Zu den Vorläufern im 5. Jahrhundert *Roselli, D. K.*, Theorika in Fifth-Century, in: GRBS, 49, 2009, 5–30.
56 Plut. mor. 1011 b.
57 Dies klingt in der Episode bei Aristot. Ath. pol. 27, 3 an. Vgl. auch Theopomp FGrHist 115 F 89 und 135. Plut. Kimon 10, 1–2. Aristoph. Eccl. 380–388 und 547–548. Plut. 329–331.
58 *Roselli*, Theorika.
59 *Ruschenbusch, E.*, Die Einführung des Theorikon, in: ZPE, 36, 1979, 303–308. Zur Verteilung von Schaugeldern anlässlich der Dionysien und Panathenäen: Hesych. s. v. *theorika chremata*. Demosth. or. 44,37.
60 Demosth. or. 18, 28.
61 *Wilson*, Costing the Dionysia, 91–96 berechnet für die fünftägigen *Dionysia* dagegen 20.000 Drachmen.

Letztlich gehören in diesen Bereich der „Sozialausgaben" auch die Bemühungen, die Getreideversorgung durch Importe zu gewährleisten. Dies meinte im Falle Athens beispielsweise die militärische Sicherung der Getreiderouten, die Anlage von Kleruchien und Apoikien, die Vergabe von Privilegien und die Einrichtung spezieller Gerichtshöfe für Handelsgeschäfte.[62]

4 Die religiösen Ausgaben

Gerade im Bereich der öffentlichen Religion zeigen sich Charakteristika der athenischen Gesellschaft: Bezeichnenderweise ließ sich religiöses Handeln selten von politischem Handeln trennen, so dass religiöse Ausgaben von Aufwendungen zu anderen Zwecken kaum abzugrenzen sind – zu sehr durchdrang die religiöse Sphäre das tägliche Leben und zu multifunktional waren religiöse Feste. So bildete beispielsweise das für die politische, soziale und kulturelle Identität der Athener so bedeutsame Theater einen Teil des Dionysos-Heiligtums. Desgleichen sind die aus öffentlichen Mitteln finanzierten Delegationen zu den panhellenischen Heiligtümern, den dortigen Festen und Orakeln von diplomatischen Gesandtschaften nicht zu trennen.[63]

Für zwei Feste betreiben die Athener mehr organisatorischen und finanziellen Aufwand als für andere. Die Durchführung der Städtischen Dionysien und der Panathenäen, die alle vier Jahre als *ta megala Panathenaia* stattfanden, oblag sogar speziellen Magistraten.[64] Die Städtischen Dionysien und Großen Panathenäen erschienen als so außerordentlich aufwendige Veranstaltungen, dass Demosthenes den Athenern sogar vorwarf, sie würden mehr Geld für diese beiden Feste ausgeben als für einen einzigen Flotteneinsatz.[65] Auch wenn diese Behauptung falsch war,[66] so war der finanzielle und organisatorische Aufwand doch enorm – die Großen Panathenäen besaßen sogar ein umfangreicheres Programm als die Olympischen Spiele.[67]

Während Privatpersonen die Ausstattungskosten der miteinander wettstreitenden Chöre und Mannschaften als Leiturgien zur Verfügung stellten, übernahm die Polis die Ausgaben für die Opfer, Siegespreise, Besoldung der Schauspieler, Ausrüstungsgegenstände und Installationen für die Prozessionen, Subventionierung des Festbesuches in Form der *theorika*, das Material, die Bearbeitung sowie Ausgabe der bronzenen bzw. eisernen Eintrittsmarken und den Bau und Unterhalt der Tempel und Wettkampfstätten, in denen die dramatischen, musischen und gymnischen *agones* zu Ehren Athenas bzw. des Dionysos stattfanden.

---

62 *Rohde*, Finanzen, 66–96.
63 Zur Finanzierung von *architheoriai* siehe *Rutherford, I.*, State Pilgrims and Sacred Observers in Ancient Greece. A Study of *Theōriā* and *Theōroi*. Cambridge 2013, 215–217.
64 Vgl. beispielsweise Aristoph. Pax 416–420.
65 Demosth. or. 4, 35. Vgl. Isokr. or. 7, 52–53. Diod. 13, 94,1–2. Plut. mor. 349a.
66 Siehe dazu *Pritchard*, Spending Priorities.
67 *Pritchard*, Spending Priorities, 36.

Insgesamt verschlangen allein die Städtischen Dionysien rund 30 Talente jährlich.[68] Für die Großen Panathenäen kann man mit einem ähnlichen Betrag kalkulieren.[69] Wie außergewöhnlich diese Ausgaben waren, zeigt der Vergleich mit Kyrene: Für die Preise, *misthoi* und vielleicht auch die Bühnenmaschine des dortigen Theater-Festivals wurden im 4. Jahrhundert drei Talente und 2000 Drachmen zur Verfügung gestellt, wobei zusätzlich private Finanziers als Choregen wahrscheinlich die Ausstattung der Chöre übernahmen.[70]

Und die Städtischen Dionysien und Großen Panathenäen waren ja nicht die einzigen Feste. Eine Vielzahl von Wettbewerben und öffentlichen Opfern verteilte sich über das Jahr. Gerade gegen Ende des 4. Jahrhunderts stiegen die religiösen Ausgaben signifikant: Einerseits wurde der Geschmack exklusiver, andererseits kamen neue Feste hinzu.[71] Zudem wurden ab der Mitte des 4. Jahrhunderts mit großem finanziellen Einsatz das Theater und der dionysische Temenos umgestaltet.[72] Beeindruckend sind die Dimensionen des Projektes: Unter optimaler, technisch höchst anspruchsvoller Ausnutzung des Geländes wurde das größte Theater Griechenlands nicht nur in klassischer bzw. hellenistischer, sondern auch für die römische Zeit geschaffen und konnte nun bis zu 17.000 Besucher fassen.[73] Leider bleibt der Baumeister unbekannt; es ist aber durchaus wahrscheinlich, dass hierfür ein hochdotierter Experte engagiert wurde – schließlich hatte auch das zur selben Zeit umgestaltete Eleusinion[74] und die Skeuothek im Piräus der berühmte Architekt Philon geschaffen.[75]

IV Die öffentlichen Einnahmen

Für die Gesamteinnahmen und Reserven Athens liegen sporadisch konkrete Zahlen vor: Am Vorabend des Peloponnesischen Krieges lagerten auf der Akropolis 6000 Talente in Geld und Wertgegenständen. Insgesamt standen Athen angeblich sogar 10.000 Talente für den Krieg zur Verfügung.[76] Erst Demosthenes liefert uns wieder eine Gesamtsumme

---

68 *Wilson*, Costing the Dionysia, 119.
69 *Pritchard*, Spending Priorities, 32.
70 SEG 9,13; *Wilson*, Costing the Dionysia, 90 mit Anm. 9.
71 *Rosivach, V. J.*, The System of Public Sacrifice in Fourth-Century Athens. Atlanta 1994, 48–60; *Pritchard*, Spending Priorities, 32–34.
72 Siehe zur Datierung des Baubeginns um 350 *Papastamati-von Moock, C.*, The Theatre of Dionysus Eleuthereus in Athens: New Data and Observations on Its 'Lycurgan' Phase, in: *Csapo, E. et al.* (Hgg.), Greek Theatre in the Fourth Century B. C. Berlin 2014, 15–76.
73 *Knell*, Athen, 131–136.
74 *Hintzen-Bohlen*, Kulturpolitik, 18–21; 166 Abb. 3; 175 Abb. 13.
75 Vitr. 7 pr. 17.
76 Thuk. 2, 13, 3–4. Siehe zu den finanziellen Ressourcen Athens am Vorabend des Peloponnesischen Krieges *Kallet-Marx*, Money, 96–108; *Meister, K.*, Die finanzielle Ausgangssituation Athens zu Beginn des Peloponnesischen Krieges, in: *Burrer, F./Müller, H.* (Hgg.), Kriegskosten und Kriegsfinanzierung in

der Einnahmen. Im Sommer 341 führte der Redner der Volksversammlung vor Augen, dass die Einkünfte von 130 auf 400 Talente gestiegen seien.[77] Wenige Jahre später soll Lykurg die Einnahmen der Polis sogar auf ca. 1200 bis 1500 Talente jährlich vermehrt haben.[78]

1 Der private Beitrag

Als Finley seine einflussreiche These formulierte, die Griechen hätten direkte Steuern als tyrannisch empfunden,[79] dann hatte er zum einen das klassische Athen vor Augen und zum anderen blickte er auf zwei wesentliche Institutionen, die für moderne Betrachter ungewöhnlich erscheinen: das *metoikion* (sog. Metöken-Steuer) und die Leiturgien.

Seit Perikleischer Zeit mussten all jene ohne Bürgerrecht das *metoikion* leisten, die sich länger als einen Monat in Athen aufhielten.[80] Metöken zahlten pro Jahr zwölf und alleinstehende Metökinnen sechs Drachmen.[81] Insgesamt verschaffte die sog. Metöken-Steuer jährliche Einnahmen in Höhe von ca. 20 Talenten.[82] Da nur Freigelassene und Zugezogene von dieser Abgabe betroffen waren, markierte sie genauso wie bestimmte, nur von Metöken zu erbringende Leiturgien einen defizitären politischen Status und konnte daher als degradierend empfunden werden[83] – auch wenn athenische Kleruchen ebenfalls regelmäßig Abgaben leisten mussten.[84]

Im Gegensatz zu diesen direkten Abgaben stand die Leiturgie, die den sozialen Status erhöhte und ausschließlich den ca. 1200 wohlhabendsten Athenern auferlegt

---

der Antike. Darmstadt 2008, 19–27. Siehe zur literarischen Konstruktion der Thukydides-Stelle *Rohde*, Finanzen, 154–157.
77 Demosth. or. 10, 37–38. Vgl. Theopomp FGrHist 115 F 166.
78 Plut. Lykurg 842 f.
79 *Finley*, Economy, 164: „Any form of direct tax on citizens was condemned as tyrannical (except in war emergencies), and the *metoikion*, a poll tax, the direct tax *par excellence*, was thus the degrading mark of the outsider."
80 Die *metoikia* als spezieller Status hatte sich seit dem perikleischen Bürgerrechtsgesetz herausgebildet. Daher ist anzunehmen, dass das *metoikion* zu dieser Zeit etabliert wurde.
81 Harpokr. s. v. *metoikion*.
82 *Whitehead, D.*, The Ideology of the Athenian Metic. Cambridge 1977, 76. Die Rechnung berücksichtigt nur männliche Metöken. Allerdings muss der Anteil weiblicher, alleinstehender Metökinnen signifikant gewesen sein.
83 Die metökische Leiturgie schlechthin war die *skaphephoria*, das Tragen eines schalenartigen Gefäßes (*skaphe*) während verschiedener Prozessionen, so auch anlässlich der Panathenäen und der Dionysien (Anecdota 280, 1. 404, 7 Bekker). Die Komödie konnte daher *skaphe* bzw. *skaphephoros* sogar herablassend als Synonym für Metöke verwenden. *Wijma, S. M.*, Embracing the Immigrant. The Participation of Metics in Athenian Polis Religion (5th–4th Century BC). (Historia Einzelschriften, Bd. 233) Stuttgart 2014, 52 zu den Testimonia. Siehe zur *skaphephoria* ebd., 78–80 (Dionysien); 37–38; 45–47 (Panathenäen).
84 Vgl. das Getreidesteuergesetz des Agyrrhios (SEG 48, 96). Siehe dazu *Rohde*, Finanzen, 87–95.

wurde.⁸⁵ Leiturgien waren persönliche Dienste, die mit finanziellen Ausgaben verknüpft waren. Dementsprechend waren Leiturgien zwar auch an das Vermögen gebunden, aber darüber hinaus zudem an ein Mindest-⁸⁶ bzw. Höchstalter,⁸⁷ an körperliche Eignung, und (fast immer) an den Bürgerstatus. Besondere Fähigkeiten musste der leiturgiepflichtige Bürger dagegen nicht vorweisen.

Leiturgien lassen sich grundsätzlich in zwei Klassen einteilen: in wiederkehrende (kyklische) und in außerordentliche Leiturgien. Die kyklischen Leiturgien umfassten alle regelmäßigen Aufgaben vorzugsweise im religiösen Bereich, wie beispielsweise die Choregie. Dabei übernahm ein wohlhabender Athener die Ausstattung und die Finanzierung der Proben der Schauspieler bzw. des Chores. Etwa hundert derartiger kyklische Leiturgien wurden pro Jahr in Athen vergeben.⁸⁸

Zu den außerordentlichen Leiturgien zählten dagegen die Leiturgien im militärischen Bereich wie die Trierarchie. Dabei machten wohlhabende Bürger ein Kriegsschiff seetüchtig, bekleideten es auf Expedition und legten ggf. die Löhne für die Ruderer und Soldaten aus.⁸⁹ Im Peloponnesischen Krieg wurde die Trierarchie auch häufig als Syntrierarchie im Verbund mit anderen, vor allem mit Familienangehörigen ausgeübt.⁹⁰ Trotzdem blieb die Trierarchie eines Einzelnen die Regel – auch dann, als mit der Reform des Periander die Symmorien (verwaltungstechnische Bezeichnung für eine Gruppe von Abgabepflichtigen) eingerichtet und die Ausgaben auf mehrere umgelegt wurden.⁹¹ Die finanzielle Belastung einer Trierarchie war mit 4000–

---

85 Zu den Leiturgien siehe *Rohde*, Finanzen, 197–251.
86 Der Chorege für die Knabenchöre musste über Vierzig sein (Aristot. Ath. pol. 56, 3). Minderjährige waren von Leiturgien entpflichtet (Lys. 21, 5. Aristot. Ath. pol. 42,5); *Gabrielsen*, Financing, 245.
87 Ein hohes Alter war für Choregien offenbar kein Entschuldigungsgrund, während man für die Trierarchie, wie für alle militärische Leistungen, ab dem 60. Lebensjahr nicht mehr in Betracht kam. Allerdings sind einige Beispiele für Trierarchen, die älter als 60, 70 und sogar 80 waren, bezeugt. Siehe Nachweise bei *Gabrielsen*, Financing, 247 Anm. 29. Wahrscheinlich wurde die Trierarchie in diesen Fällen vermietet, wie es für Isokrates naheliegt (Isokr. or. 15, 5 mit 9).
88 97 Leiturgien pro Jahr, 118 Leiturgien in Jahren, in denen die Großen Panathenäen stattfanden; *Davies, J. K.*, Demosthenes on Liturgies. A Note, in: JHS, 87, 1967, 33–40, hier: 40. Vgl. auch die Übersicht bei *Pritchard*, Spending Priorities, 35.
89 Dazu gehörte auch, die Bemannung mit Ruderern sowie spezialisiertem Personal (*hyperesia*) zu organisieren. Zu diesem Zweck stellten die Ratsmitglieder und Demarchen eine Liste mit den Namen der Ruderer zusammen (Demosth. or. 50,6).
90 Die erste Syntrierarchie belegt Lys. 32, 24 für die Zeit zwischen 408 und 406. Siehe dazu *Gabrielsen*, Financing, 174. Syntrierarchien von zunächst zwei, später bis zu zehn Personen waren nicht ungewöhnlich (IG II² 1613 f Z. 212. 1622 c Z. 359. 1622 e Z. 608. 1632 a Z. 56–59 und 123–128). Dabei übernahmen nicht selten Vater und Sohn eine Trierarchie gemeinsam, vgl. z. B. Lys. 19,62.
91 Im Jahr 358/7 wurden die 1200 Leiturgen in zwanzig Symmorien zu je sechzig Mann zusammengefasst. Die Kosten teilten sich nun die Mitglieder der Symmorie zu gleichen Teilen (und nicht proportional zum Vermögen). Während vorher die einzelnen Personen die Trieren erlost hatten, wurden die ca. 300 Schiffe von nun an auf die Symmorien verteilt, so dass jede Symmorie in etwa für fünfzehn Kriegsschiffe verantwortlich war. Siehe zu der Reform des Periandros *Gabrielsen, V.*, Trierarchic Symmories, in: C&M, 41, 1990, 89–118 und *Gabrielsen*, Financing, 182–199.

5000 Drachmen sehr hoch,[92] konnte aber durch die Vermietung der Trierarchie oder durch legale oder illegale Einnahmen während der Trierarchie gemildert werden.[93] Kamen allerdings weitere Ausgaben hinzu, wie beispielsweise die *eisphora* (Kriegssteuer), dann konnten selbst die Reichsten unter den Leiturgen in Zahlungsschwierigkeiten geraten.[94]

Die *eisphora* war eine kriegsbedingte – und somit zweckgebundene – Abgabe, die sowohl Bürgern als auch Metöken auferlegt wurde. Der *eisphora*-pflichtige Personenkreis wurde sukzessive verkleinert, bis er zur Zeit des Demosthenes ebenfalls etwa 1200 Personen umfasste.[95] Die Höhe der Kriegssteuer war im Normalfall nicht exorbitant,[96] doch konnten sich die Ausgaben bis zum finanziellen Ruin summieren – insbesondere für den Symmorienvorsteher, der die gesamte *eisphora* seiner Symmorie auslegen (*proeisphorein*) und sie dann von den anderen Symmorienmitgliedern anteilig auf eigene Verantwortung zinslos zurückfordern musste.[97]

Charakteristisch für alle Arten von Leiturgien war ihr reziproker Charakter, der sich aus der archaischen Adelsethik ableitete:[98] Die Leiturgie nötigte als *euergesia* (Wohltat) zu *charis* (Dank); der Leiturge erlangte so Ansehen.[99] Ab etwa der Mitte des 4. Jahrhunderts häufte sich in Athen jedoch die Kritik an denjenigen Leiturgien, die als prestigeträchtig und daher als eigennützig galten. Gerade die Choregie schien einerseits durch ihren agonalen Charakter immer höheren finanziellen Einsatz abverlangt zu haben. Andererseits boten die musischen Aufführungen ein Forum, wesentlich mehr Prestige dem Wohlhabenden zu verschaffen, als dass die Choregie noch als gemeinschaftsbezogene Ausgabe gelten konnte. Es erscheint daher als logische Konsequenz, dass diese Form der Finanzierung öffentlicher Aufgaben (wahrscheinlich) im Jahr 315 durch ein Amt, durch die Agonothesie, ersetzt wurde.[100] Die Polis stellte nun einen Betrag bereit, wobei man allerdings vom Amtsträger erwartete, dass er zusätzlich noch Geld beisteuerte. Dieser Trend zur Vermischung von Amt und Leiturgie hatte sich bereits in den 340er Jahren herausgebildet.[101] Wie bei den Leiturgien appellierte man an das Ehrgefühl und das Streben nach Prestige, um die Amtsträ-

---

92 *Gabrielsen*, Financing, 216.
93 *Rohde*, Finanzen, 210–215.
94 Demosth. or. 22, 65.
95 Zur *eisphora* siehe *Rohde*, Finanzen, 189–197.
96 Demosthenes zahlte 1800 Drachmen in der Zeit zwischen 376 und 366, also durchschnittlich 180 Drachmen pro Jahr (Demosth. or. 27, 37). Vgl. auch Lys. 19, 43: Vater und Sohn zahlten während des Korinthischen Krieges insgesamt vierzig Minen.
97 Demosth. or. 12, 24 und 30; 18, 103 und 312; 22, 44. 42, 25. Demosth. or. 50, 8–9. Isaios 6, 60.
98 *Günther, S./Weise, F.*, Zwischen aristokratischem Führungsanspruch und demokratischem Gleichheitsideal – Überlegungen zur Gymnasiarchie im 5./4. Jahrhundert v. Chr., in: *Harter-Uibopuu, K./Kruse, Th.* (Hgg.), Sport und Recht in der Antike. Beiträge zum 2. Wiener Kolloquium zur Antiken Rechtsgeschichte. (Wiener Kolloquien zur Antiken Rechtsgeschichte, Bd. 2) Wien 2014, 59–87.
99 *Rohde*, Finanzen, 238–245.
100 *Wilson*, Khoregia, 270–276.
101 *Rohde*, Finanzen, 281–283.

ger dazu zu bewegen, möglichst großzügig zu ihrer Aufgabe beizutragen. Gleiches Prinzip machte man sich auch für die sog. *epidoseis* zunutze, die sich ebenfalls in der zweiten Hälfte des 4. Jahrhunderts als Institution etablierten.[102] Dabei forderte man öffentlichkeitswirksam in der Volksversammlung zu einer Spende – meist für militärische Zwecke oder die Getreideversorgung – auf.

Da Leiturgien soziales Prestige vermittelten, bildete sich in Sparta kein vergleichbares System heraus. Zur Finanzierung der spartanischen Flotte entwickelten Periöken offenbar ein Proto-Leiturgiensystem.[103] Sparta pflegte dagegen eine Form der Abgabe, die Athen nicht kannte: monatliche Beiträge zu den gemeinsamen Mahlzeiten, den Syssitien. Jeder Spartiat musste die gleiche Menge an Lebensmitteln und Geld abliefern;[104] wer dies nicht konnte, ging seiner vollen Bürgerrechte verlustig.[105] Anders als in Kreta, wo die *andreia* unter anderem durch einen (noch so geringen) Zehnt der Ernteerträge unterhalten wurden, und wo dementsprechend die Abgaben der Bürger zu den Gemeinschaftsmählern unterschiedlich hoch ausfielen,[106] wurde der Gleichheitsgedanke in der spartanischen Gesellschaft durch die identischen Beiträge eingefordert.[107] Demnach war das volle Bürgerrecht (auch) an Bodenbesitz und ein Mindestvermögen gebunden und grenzte die Gruppe der Vollbürger von weniger Besitzenden ab.

2 Die Einnahmen aus Zöllen und Verpachtungen

Einen wesentlichen Anteil der athenischen Einnahmen bildeten indirekte Steuern wie Zölle und Marktgebühren sowie die Verpachtung von Schürflizenzen. Im Falle der Zölle erwarben Einzelpersonen oder eine Gruppe das Recht, die *pentekoste*, also zwei Prozent des Schätzwertes der im- und exportierten Waren, einzuziehen.[108] Der Einfuhrzoll für Getreide wurde dagegen separat verpachtet.[109] Zusätzlich musste jeder Schiffseigner eine Hafengebühr von einer Drachme[110] sowie eine Zwei-Drachmen-

---

102 Zu den *epidoseis* in klassischer Zeit siehe Rohde, Finanzen, 276–278.
103 Rohde, Finanzen, 185–186.
104 Xen. Lak. pol. 7, 3. Aristot. pol. 2, 9 1271 a 26–37. Vgl. zu den Beiträgen die Angaben bei Plutarch (Lykurg 12, 3): ein Medimnos Gerste, acht Choen Wein, fünf Minen Käse, zweieinhalb Minen Feigen und Geld für die Zukost. Abweichende Abgaben werden bei Dikaiarchos (Frg. 72 Wehrli = Athen. 4, 141 c) überliefert. Siehe dazu Figueira, T. J., Mess Contributions and Subsistence at Sparta, in: TAPhA, 114, 1984, 87–109; Hodkinson, Property, 191–193.
105 Aristot. pol. 2, 9 1271 a 26–37; 2, 10 1272 a 12–16; vgl. 7, 10 1330 a 5–8.
106 Siehe dazu Link, St., Das griechische Kreta. Untersuchungen zu seiner staatlichen und gesellschaftlichen Entwicklung vom 6. bis zum 4. Jahrhundert v. Chr. Stuttgart 1994, 10–15.
107 Xen. Lak. pol. 7, 3.
108 And. 1, 133–136. Demosth. or. 35, 29–30.
109 Demosth. or. 59, 27.
110 IG I³ 130 Z. 6.

Abgabe für Bendis abliefern.[111] Athen unterhielt zudem zeitweise eine Zollstation am Bosporos.[112]

Für Athen stammen die einzigen überlieferten Angaben zur Höhe der Zolleinnahmen aus einer rhetorisch gefärbten Verteidigungsrede und nennen für das Jahr 401 (bewusst untertreibend) dreißig Talente und für das darauffolgende Jahr 36 Talente,[113] was einem Wert der im- und exportierten Güter von ca. 2000 Talenten entsprach.[114] Diese Summen scheinen für eine Stadt in der Größenordnung Athens wenig aufsehenerregend,[115] wenn man sie beispielsweise mit den Hafenzöllen des makedonischen Methone in Höhe von vierzig Talenten oder mit den 200 Talenten, welche die thrakischen Häfen als Zolleinnahmen verzeichneten, vergleicht.[116]

Zu den Zolleinnahmen traten weitere Gebühren. So mussten Nichtathener, die auf dem Markt ihre Waren feilboten, eine spezielle Standgebühr, das *xenikon telos*, zahlen.[117] Männliche und weibliche Prostituierte wurden dagegen mit einer speziellen Abgabe (*pornikon telos*) belegt.[118]

Die größte Einnahmequelle Athens bildeten jedoch die Silbervorkommen, die für griechische Verhältnisse nahezu exzeptionell waren:[119] Außer Attika baute noch Thasos in nennenswertem Umfang Silber ab und Philipp II. konnte auf die Edelmetallvorkommen im Pangaiongebirge zugreifen.[120] Die attischen Minen gehörten der Gemeinschaft, so dass ausschließlich die Polis die Erlaubnis erteilen konnte, die Bodenschätze auszubeuten. Allein athenischen Bürgern war es möglich, Land und daher auch Bergwerkskonzessionen für drei bzw. sieben Jahre[121] zu erwerben, weshalb die Polis in

---

111 IG I³ 136.
112 Xen. hell. 4, 8, 27 und 31. Demosth. or. 20, 60.
113 And. 1, 133–134. Siehe zur Datierung der Rede *MacDowell, D. M.*, Andocides, De mysteriis. Oxford 1962, 204–205.
114 *Möller, A.*, Classical Greece: Distribution, in: *Morris, I./Saller, R./Scheidel, W.* (Hgg.), The Cambridge Economic History of The Greco-Roman World. Cambridge 2007, 362–384, hier: 379.
115 *French, A.*, Economic Conditions in Fourth Century Athens, in: G&R, 28, 1991, 24–40, hier: 32. Siehe zur Diskussion *Rohde*, Finanzen, 52–53.
116 Methone: Aristot. oec. 2, 2, 22. Thrakische Häfen: Demosth. or. 23, 110.
117 Demosth. or. 57, 34; *Migeotte*, Finances, 514.
118 Siehe dazu *Lenschau, T.*, s. v. pornikon telos, RE 22, 1953, 265.
119 Siehe zu den attischen Silberminen und ihre Bedeutung für die öffentlichen Finanzen *Eich*, Politische Ökonomie, 387–412; *Migeotte*, Finances, 479–483; *Shipton*, Leasing; *Flament, C.*, The Athenain Coinage. From Mines to Markets, in: *Günther, S./Rohde, D.* (Hgg.), 200 Years after August Boeckh's „The Public Economy of the Athenians". Perspectives of Economic History for the 21st Century. Proceedings of an International Workshop held at the ZiF in Bielefeld 2017. (JAC, Bd. 34) Changhun 2019, 189–209; *Rohde*, Finanzen, 55–59.
120 In früherer Zeit war die Kykladeninsel Siphnos berühmt für seine reichen Silber- und Goldvorkommen (Hdt. 3, 57, 1–2).
121 Die Pachtdauer variiert von drei Jahren für bereits bestehende Stollen bis zu sieben Jahre für die Erschließung neuer Adern. Aristot. Ath. pol. 47, 2. Siehe dazu *Crosby*, Leases, 199–211; *Langdon*, Poletai Records, 60.

die Vererbung, Verpachtung und in den Verkauf von Landparzellen eingriff[122] und nur vereinzelte, mit der *isoteleia* (Abgabengleichheit) ausgezeichnete Metöken bekannt sind, die Stollen pachteten. Die Pachtsummen für Stollen, Waschanlagen oder Öfen reichten von zwanzig bis 9000 Drachmen und zeigen, dass es neben Großinvestoren auch Kleinpächter gab,[123] während Angehörige der ökonomischen Elite unterproportional in den Pachtverzeichnissen vertreten sind.[124]

Das attische Silbererz galt als sehr qualitätvoll, dennoch mussten etwa 1000 Kilogramm abgebaut werden, um ca. drei Kilogramm Silber zu erhalten.[125] Nachdem die Belagerung Attikas im Dekeleischen Krieg für den Bergbau einen entscheidenden Einschnitt bedeutet hatte,[126] Athen in den Jahren 407 bis 405 gezwungen war, anstelle der Silber- nun Gold- und Bronzemünzen zu prägen,[127] zeichnete sich ab den 390er Jahren[128] eine Trendwende ab. Es dauerte allerdings noch bis zur Mitte des 4. Jahrhunderts, ehe sich die Kapazitäten erneut dem Niveau des 5. Jahrhunderts annäherten und es schließlich übertrafen; die zweite Hälfte des 4. Jahrhunderts stellte die Zeit der intensivsten Ausbeutung der attischen Silbervorkommen dar.[129]

Die erhaltenen Listen der *poletai*, unter deren Aufsicht die Bergwerkkonzessionen versteigert wurden, stammen aus dem Zeitraum von 367/6 bis etwa 300[130] und geben detailliert Einblick in den wirtschaftlichen Aufschwung, der bis in die 330er Jahre anhielt.[131] Die Silbervorkommen verschafften der Polis im Jahr 367/6 zwanzig

---

122 *Burford, A.*, Land and Labor in the Greek World. Baltimore/London 1993, 49.
123 Die niedrigen Summen ergeben sich offenbar daraus, dass hier die Abgaben aufgelistet sind, die in jeder Prytanie abzuliefern waren, so *Hopper, R. J.*, The Attic Silver Mines in the Fourth Century B.C., in: ABSA, 48, 1953, 200–254, hier: 237–239 contra *Crosby*, Leases, 203–204, die von jährlichen Beträgen ausgeht. Beide Positionen können sich auf Aristot. Ath. pol. 47, 2 beziehen.
124 *Eich*, Politische Ökonomie, 408 mit Anm. 173 contra *Crosby*, Leases, 204; *Shipton*, Leasing, 31–37. Die Listen sind zusammengefasst bei *Langdon*, Poletai Records, P 5–16. P 18–30. P 32–35. P 36 (?). P 37–41. P 43–44. P 50–51.
125 *Isager, S./Hansen, M. H.*, Aspects of Athenian Society in the Fourth Century B.C. A Historical Introduction to and Commentary on the paragraphe-Speeches and Speech against Dionysodorus in the *Corpus Demosthenicum* (XXXII–XXXVII and LVI). Translated by J. H. Rosenmeier. (Odense University Classical Studies, Bd. 5) Odense 1975, 42.
126 Ein Großteil der Sklaven – Thukydides (7, 27, 5) spricht von mehr als 20.000, viele davon Spezialisten – war geflohen. Die Zahl bezieht sich wohl allgemein auf Sklaven, die in der attischen *chora* arbeiteten. Allerdings fehlten auch Fachkräfte und die aufwendige Infrastruktur konnte während der Kriegsjahre nicht instand gehalten werden. Man benötigte Werkstätten für die Zerkleinerung des Erzes, spezielle Waschanlagen, Zisternen für die unerlässliche Wasserzufuhr, Schmelzöfen, Läuteröfen und Wohngebäude. Siehe zum Arbeitsablauf zusammenfassend *Travlos*, Bildlexikon, 204.
127 *Loomis*, Wages, 244 Anm. 28; 245 Anm. 33.
128 In den 390er Jahren setzten die Athener das „Kupfergelddekret" außer Kraft und verschafften Silber wieder Geltung (Aristoph. Eccl. 816–822).
129 *Vanhove, D.*, Aristote et les Mines du Laurion, in: AC, 65, 1996, 243–249.
130 Das früheste Zeugnis *Langdon*, Poletai Records, P 5 stammt aus dem Jahr 367/6, das letzte ebd., P 51 ungefähr aus dem Jahr 300.
131 *Vanhove*, Mines; *Hopper*, Mines, 252.

Talente, im Jahr 342/1 dagegen 160 Talente.[132] Da die Listen (bis auf diejenige aus dem Jahr 367/6) fragmentarisch sind, und die aus dem Jahr 342/1 bezeugten Einkünfte vielleicht einen Ausreißer nach oben darstellen,[133] lässt sich der mittlere Wert der Pachteinnahmen nur grob mit 90 Talenten beziffern.

Zusätzlich zur Pacht musste wahrscheinlich $1/24$ des gewonnenen Silbers abgeliefert werden.[134] Nimmt man die archäologisch nachweisbare Schlacke, das Abfallprodukt der Silbergewinnung, zur Grundlage der Berechnung, so wurden durchschnittlich 8750 Kilogramm Silber jährlich gefördert.[135] Davon gingen 365 Kilogramm an die Polis, die dieses Silber zu rund 85.000 Drachmen (bzw. zu ungefähr 14 Talenten) münzte.[136] Geht man von dem mittleren Wert der Pachteinnahmen (90 Talente)[137] und des geförderten Silbers (im Wert von ca. 14 Talenten) aus, so ergeben sich bei einer konservativen Kalkulation Einnahmen von etwa 104 Talenten pro Jahr.

3 Die Geldflüsse von außen

Zusätzlich zu der privaten Finanzierung öffentlicher Aufgaben und den Einnahmen, die im Polisgebiet generiert wurden, flossen immer wieder Beträge oder Güter von außen nach Athen. Dazu zählten insbesondere die Tribute des Seebundes, die von denjenigen *symmachoi* gezahlt wurden, die keine Kriegsschiffe stellten. Zunächst wurde die Gesamtsumme der *phoroi* mit 400 Talenten angesetzt.[138] Dieser Betrag kam ungefähr den Unterhaltskosten der sechzig Schiffe gleich, die in den sechs Monaten zwischen Mitte März und Mitte September in der Ägäis kreuzten.

In Perikleischer Zeit wurde die Bundeskasse von Delos nach Athen verlegt und schließlich trugen fast alle Seebundsmitglieder nur noch mit Geld zu dem militärischen Bündnis bei. Dies machte den Weg frei, die Einnahmen aus dem Seebund auch für den Ausbau der Akropolis und andere zivile Zwecke zu verwenden. Athen konnte so über einen unvergleichlich hohen Betrag disponieren. Die Athener konnten unmit-

---

132 *Crosby*, Leases, 204.
133 Demosthenes (or. 10, 38) nannte es im Jahr 341 einen glücklichen Zufall, dass die Gesamteinnahmen auf 400 Talente anstiegen. *Eich*, Politische Ökonomie, 389–390 interpretiert diesen Anstieg der Einnahmen mit neuen Silbervorkommen. Wahrscheinlich kamen im Jahr 341 mehrere Faktoren zusammen; auch der Besitz des Philokrates wurde im selben Jahr versteigert.
134 Suda s. v. *Anagraphou metallou dike*.
135 Nach *Conophagos, C. E.*, Le Laurium Antique et la Technique Grecque de la Production de l'Argent. Athen 1980, 145–152 wurden über einen Zeitraum von ca. 400 Jahren ungefähr 3500 Tonnen Silber gefördert, was einer durchschnittlichen jährlichen Menge von 8750 Kilogramm entspricht.
136 Eine Drachme hatte ein Nominalgewicht von 4,3 Gramm; *Kraay, C. M.*, Greek Coins. With photographs by M. Hirmer. New York 1966, 57.
137 Siehe dagegen *Flament*, Coinage, der sogar von ca. 200 Talenten an Pachteinnahmen ausgeht. Allerdings legt er seiner Berechnung die Liste von 342/1 zugrunde, die wohl eher exzeptionell ist.
138 Thuk. 1, 96.

telbar vor dem Peloponnesischen Krieg (433/2) jährlich etwa 600 Talente[139] als Tribute, Zölle, Erträge aus überseeischen Besitzungen, Beute oder Verpachtung von Land außerhalb Attikas einziehen.[140] Allein die *phoroi* betrugen zu dieser Zeit (433/2) knapp 390 Talente.[141] Insgesamt standen der Polis inklusive der ca. 400 Talente aus internen Einnahmen jedes Jahr etwa 1000 Talente zur Verfügung.[142] Die Spartaner waren im Vergleich zu diesen finanziellen Ressourcen daher so lange im Hintertreffen, bis sie, vom Perserkönig durch Subsidien unterstützt, die Athener zur See schlagen konnten. Die Niederlage bedeutete finanziell einen herben Schlag, musste Athen doch den Seebund auflösen, die Kriegsschiffe aushändigen und mitansehen, wie die Langen Mauern geschleift wurden. Es wurde daher überschwänglich begrüßt, dass Kimon den Wiederaufbau der symbolträchtigen Wehranlage mit Hilfe persischer Subsidien vorantreiben konnte.[143] Eine dauerhafte Unterstützung durch die Perser konnten allerdings auch die Athener nicht erwarten.

In der Folge waren im militärischen Bereich sowohl Athen als auch Sparta auf interne Ressourcen angewiesen. Dementsprechend waren Feldzüge in der Regel unterfinanziert; die Strategen mussten versuchen, die Kosten für Nahrungsmittel und Entlohnung der Bürgersoldaten und Söldner im Feld zu generieren.[144] Erpressungen, Plünderungen und der Verkauf von Beute waren daher gängige Mittel der Finanzierung und der Demoralisierung; Sparta besaß beispielsweise professionelle Beuteverkäufer.[145]

Daneben vergrößerten auch im zivilen Bereich immer wieder Güterflüsse von außen den Ressourcenbestand der Polis: Insbesondere Getreidegeschenke und Zollerleichterungen wie sie mit den Beziehungen mit den bosporanischen Königen einhergingen, stellten einen erheblichen materiellen Wert dar.[146]

---

139 Thuk. 2, 13, 3; Plut. Aristeides 24, 3.
140 Thuk. 1, 117, 3; IG I³ 61 Z. 39–42. 369 Z. 42; *Gabrielsen, V.*, Warfare and the State, in: *Sabin, P./Van Wees, H./Whitby, M.* (Hgg.), The Cambridge History of Greek and Roman Warfare. Bd. 1: Greece, the Hellenistic World, and the Rise of Rome. Cambridge 2007, 248–272, hier: 263.
141 IG I³ 279.
142 Aristophanes (Vesp. 656–660) spricht im Jahr 432/2 gar von insgesamt 2000 Talenten, die als Einnahmen aus der Vorherrschaft erwuchsen. Vgl. auch IG I³ 421–430. Die sog. Kleon-Schatzung (425/4) setzte dann sogar (wenig mehr als) 1460 Talente als Tribute fest, von denen allerdings nicht alle eingetrieben werden konnten. IG I³ 71 Z. 61–181. Brun, Finances militaires, 24; *Pritchard*, Spending Priorities, 41. Immerhin soll Athen in der Zeit nach dem Nikias-Frieden noch 1200 Talenten eingenommen haben (And. 3, 8–9), was in etwa den 1300 Talenten entspricht, die Plutarch (Aristeides 24, 3) für die Zeit nach dem Tod des Perikles angibt.
143 Xen. hell. 4, 4, 2. 4, 8, 8–14; Demosth. or. 20, 68–70; Diod. 14, 84, 4–5; 14, 85, 2–3. IG II² 1656–1664. SEG 41, 102). Epigraphische und archäologische Zeugnisse im Piräus zeigen jedoch, dass bereits im Jahr 394, also vor Konons Rückkehr 393, der Entschluss gefasst worden war, die Mauern wieder aufzubauen. Zudem trugen auch Verbündete zum Mauerbau bei (IG II² 1656 & 1657. Xen. hell. 4, 8, 10).
144 Vgl. Demosth. or. 4, 28.
145 Xen. Lak. pol. 13, 11.
146 *Rohde*, Finanzen, 76–81.

V Die Verwaltung der öffentlichen Finanzen

Die Polis war eine Gemeinschaft von Bürgern; die Verwaltung finanzieller Angelegenheiten musste demnach von den Bürgern selbst gestemmt werden. Charakteristischerweise vermied es daher Athen, einen Verwaltungsapparat aufzubauen. Gerade im Bereich der internen Einnahmen lässt sich dieses Prinzip nachvollziehen. Bergwerkslizenzen, Zolleinnahmen und das Recht, das *metoikion* einzutreiben, – kurz: alle als *tele* bezeichneten Abgaben[147] – wurden jährlich an Privatpersonen im Rat unter der Leitung der *poletai* unter Stellung von Bürgen versteigert.[148] Athen delegierte also die mit hohem organisatorischen Aufwand verbundene Einziehung von *tele* und legte sie in die Hände von Privatpersonen, die zu diesem Zweck sogar vom Kriegsdienst befreit waren.[149] Der Preis wurde in einer Auktion ausgehandelt und sollte so möglichst hohe Einnahmen gewährleisten.[150]

Gerade bei der Verpachtung des *metoikion* und der Zolleinnahmen lässt sich gut zeigen, dass hier nicht allein die Kosten für den Aufbau einer Verwaltung ausschlaggebend waren: Immerhin waren Metöken offiziell registriert und öffentliche Beamte führten Buch über die eingeführten und exportierten Waren. Trotzdem wurden die Informationsbeschaffung und Kontrolle, wer und wie viele das *metoikion* zu zahlen hatten, privatisiert. Die Polis kümmerte sich allein um die Versteigerung und korrekten Zahlungen. Gleichwohl hätte sich mit wenig Personal und Kosten ein effizientes Verwaltungssystem aufbauen lassen, um so die Einnahmen wesentlich zu steigern. Dies ist umso bemerkenswerter, als die Athener mit dem Symmoriensystem im militärischen Bereich Erfahrungen und organisatorische Vorbilder bereithielten, direkte Einnahmen zu systematisieren. Dennoch orientierte man sich am Grundprinzip der demokratischen Verfassung, so weit wie möglich auf den Aufbau einer Bürokratie zu verzichten, während monarchische Systeme – man denke an die systematische Verwaltung im ptolemäischen Ägypten, den Aufbau eines regelrechten Steuerapparats unter Augustus oder die zunehmende Bürokratisierung in der Spätantike – eher administrative Strukturen entwickeln konnten.

In Athen bildete der Rat dasjenige Gremium, in dem alle finanzpolitischen Vorgänge zentriert wurden. Entscheidungsbefugnisse besaß der Rat allerdings nicht; er lenkte aber durch die Vorberatung und *probouleumata* die Meinungsbildung. Nur die Volksversammlung konnte Beschlüsse fassen, die dann ggf. von den Nomotheten

---

147 Vgl. beispielsweise Xen. vect. 4, 19–20.
148 Aristot. Ath. pol. 47, 1–2; Xen. vect. 4, 20; Harpokr. s. v. *metoikion*; Demosth. or. 25, 57; Poll. 8, 99; IG II² 334 = SEG 18, 13. Vgl. dagegen *Hallof, K.*, Der Verkauf konfiszierten Vermögens vor den Poleten in Athen, in: Klio, 72, 1990, 402–426, der von Verkauf und nicht Versteigerung bei Minenkonzessionen und konfisziertem Eigentum ausgeht.
149 Demosth. or. 21, 166. Demosth. or. 59, 27.
150 Allerdings konnte es zu Preisabsprachen kommen, indem sich Bieter zusammentaten und die Versteigerungssumme künstlich niedrig hielten. Vgl. And. 1, 133–135.

ratifiziert werden mussten. Wie die unterschiedlichen Institutionen in der Finanzverwaltung zusammenarbeiteten, lässt sich an der Budgetierung (*merismos*) verdeutlichen: Spätestens ab 386 erstellten die Apodekten, die für die Entgegennahme der öffentlichen Gelder zuständig waren, unter Beteiligung des Rates einen *merismos*, der die zur Verfügung stehenden Gelder und den Finanzbedarf der einzelnen Amtskollegien und Institutionen aufgrund von Erfahrungswerten berücksichtigte.[151] Anschließend wurde dieser Haushaltsplan der Volksversammlung vorgelegt, die mit Hilfe der Nomotheten Änderungen vornehmen konnte.[152]

Aus diesem Prozedere, das auf Schätzwerten basierte und daher ungenau war, ergab sich zwangsläufig, dass Gelder übrigblieben. Zunächst wurden die Überschüsse militärischen Zwecken zugeführt.[153] Nachdem die *theorikon*-Kasse um 350 ins Leben gerufen worden war, gelangten die nichtverteilten Beträge und Sondereinnahmen in Friedenszeiten in die Kasse der „Schaugelder". Diese Kasse war zunächst genauso wie die Kasse der Kriegsgelder (*stratiotika*) und die Aufsicht über die Brunnen[154] einer Einzelperson (*ho epi to theorikon*) unterstellt.[155] Er überwachte gemeinsam mit dem Rat die Transaktionen, beaufsichtigte als übergeordnete Instanz die Verpachtung der Minen und die Finanzierung von Bauprojekten sowie des Schiffsbaus und war daher an allen Vorgängen beteiligt, die mit öffentlichen Finanzen zu tun hatten.[156] Damit zog der Vorsteher der *theorikon*-Kasse verschiedene Aufsichtsfunktionen an sich: die des Gegenschreibers, der Apodekten, des Aufsehers über die Schiffshäuser, Zeughäuser und des Aufsehers über den Straßenbau;[157] er beaufsichtigte somit „fast die gesamte Verwaltung der Polis".[158] Da er bei allen finanziellen Entscheidungen und Transak-

---

151 Die erste Erwähnung des *merismos* findet sich in Tod 1968: Nr. 116 Z. 18–22 aus dem Jahr 386. Siehe zum *merismos* Rhodes, P. J., The Athenian Boule. Oxford 1972, 99–101; 218–220 und *ders.*, Dioikesis, in: Chiron, 37, 2007, 349–362; Bleicken, J., Die Einheit der athenischen Demokratie in klassischer Zeit, in: Hermes, 115, 1987, 257–283, hier: 276–277.
152 IG II^2 222 Z. 41–46.
153 Demosth. or. 59, 4. Die erste Erwähnung der Kriegskasse, deren Aufseher für ein Jahr amtierten (Aristot. Ath. pol. 43, 1), findet sich erst 374/3 in dem sog. Getreidesteuergesetz des Agyrrhios (SEG 48, 96).
154 Aristot. Ath. pol. 43, 1.
155 *Rhodes*, Boule, 235 auf Basis von IG II^2 223 C Z. 5–6 (aus dem Jahr 343/2) contra *Buchanan*, Theorika, 57–60. Siehe zu dem Vorsteher der *theorikon*-Kasse *Rhodes*, Boule, 235–240; *Rohde*, Finanzen, 269–273.
156 Aristot. Ath. pol. 47, 2. Aischin. Ctes. 3, 25. Sch. Aischin. 3, 25. Sch. Demosth. or. 1, 1. Harpokr. s. v. *theorika*. Suda s. v. *theorika*. Sch. Demosth. or. 3, 11. IG II/III^2 I 1, 223 C 5. Vgl. auch Demosth. or. 3, 29 und 13, 30. Deinarch. 1, 96. Philochoros FGrHist 328 F 56a.
157 Aischin. Ctes. 3, 25. Die Darstellung des Aischines ist nicht wörtlich zu nehmen: Sie entstammt dem Kontext des Kranzprozesses und dient dazu, die administrative Stellung des Demosthenes in ihrer Bedeutung zu maximieren, um seine Rechenschaftspflicht zu begründen. Gemeint ist, dass die jeweiligen Vorsteher der *theorika* wie die genannten Beamten an den administrativen Vorgängen beteiligt war, sie aber nicht ersetzten.
158 Aischin. Ctes. 3, 25.

tionen anwesend war und für vier Jahre gewählt wurde,[159] konnte er Einblicke in die finanzpolitischen Vorgänge gewinnen, die Vorgänge langfristig überblicken und sich Kenntnisse aneignen, die vorher ein Monopol der – in ihrer Zusammensetzung jedoch jährlich wechselnden – Boule gewesen waren.[160]

Demnach war das Amt des *theorikon*-Vorstehers von vier Maximen befreit, die normalerweise eine Machtkonzentration der Amtsträger verhindern sollten:[161] Der höchste Finanzbeamte war vom Prinzip der Annuität entbunden und konnte unbeschränkt wiedergewählt werden.[162] Ebenso sah man von den Grundsätzen der Kollegialität, dem Losverfahren und vom Verbot der Ämterkumulation ab.[163] Auch wenn man manche der einzelnen Bestandteile – die Wahl, die Prominenz des Einzelnen, die Iteration – auch vom Strategenamt kannte, so war die Aushebelung der für die Demokratie grundlegenden Prinzipien in dieser Häufung neuartig. Der Vorsteher der *theorika* besaß jedoch keine Entscheidungs- und Weisungsbefugnisse, sodass er formal in die demokratische Ordnung integrierbar schien.

Nach der Niederlage von Chaironeia wurde das Einzelamt in eine Kommission umgewandelt und die Wiederwahl verboten.[164] Damit kehrte man jedoch nicht zu alten Prinzipien zurück, sondern entwickelte die bisherige Linie konsequent weiter. Lykurg richtete ein neues, ebenfalls vierjähriges Amt ein (*tamias epi ten dioikesin* bzw. *epi te dioikesei tes poleos*).[165] Von nun an lag die Verteilung der öffentlichen Gelder in der Hand des neu geschaffenen Verwaltungsamtes; von einem *merismos* hören wir daher nichts mehr.[166]

---

159 Aristot. Ath. pol. 43, 1. Eine vierjährige Amtszeit nehmen beispielsweise ebenfalls an *Hansen*, Demokratie, 273; *Leppin*, Verwaltung, 559. Siehe dagegen u. a. *Rhodes*, Boule, 235–237 und *Bleicken, J.*, Die athenische Demokratie. 4. völlig überarbeitete und wesentlich erweiterte Auflage. Paderborn 1995, 303, die von einer einjährigen Amtszeit ausgehen. Aristot. Ath. pol. 43, 1 und 47, 2. Alle Amtsträger der zivilen Verwaltung wurden durch das Los besetzt, während alle mit militärischen Aufgaben betrauten Magistrate gewählt wurden. Von dieser Regel gab es nur drei Ausnahmen: der Schatzmeister der Kriegskasse, der Aufseher über die Brunnen und eben der Verwalter der *theorika*.
160 *Rhodes*, Boule, 105: „Only the *boule* had access to the information which would show whether the city could afford some new charge on its resources, and this must have been the reason for the *boule's* financial predominance."
161 Zu den Prinzipien siehe *Bleicken*, Demokratie, 274; 276–277.
162 Das Verbot der Iteration wird im Heliasteneid (Demosth. or. 24, 150) genannt. An dieser Bestimmung ändert auch die Tatsache nichts, dass es sich bei dem von Demosthenes überlieferten Heliasteneid nur um eine Paraphrase handelt, wie *Mirhady, D. C.*, The Dikast's Oath and the Question of Fact, in: *Sommerstein, A. H./Fletcher, J.* (Hgg.), Horkos. The Oath in Greek Society. Exeter 2007, 48–59 nachgewiesen hat.
163 Demosthenes war beispielsweise 336 sowohl Vorsteher der *theorikon*-Kasse als auch *teichopoios* (Demosth. or. 18, 113). Das Verbot der Ämterkumulation war ausdrücklich im Heliasteneid (Demosth. or. 24, 150) aufgenommen. Siehe zum Heliasteneid auch die vorherige Anmerkung.
164 Gesetz des Hegemon: Aischin. Ctes. 3, 25. – Kommission (*hoi epi to theorikon*): Aristot. Ath. pol. 43, 1.
165 Hyp. Frg. 118. Plut. Lykurg 841 b–c und 852 b–c. Zum Titel siehe IG II^2 463 Z. 36 (aus dem Jahr 307/6). SEG 19, 119 Z. 7–9 (zwischen 334 und 336). Siehe dazu auch *Rohde*, Finanzen, 273–276.
166 *Rhodes*, Boule, 220.

Auf diese Weise konnte ein wesentliches Manko der Demokratie zwar nicht behoben, aber doch eingedämmt werden: die Trägheit des Systems. Athen besaß vorher eine Vielzahl an Finanzmagistraten, die aber keine planmäßige Verwaltung bildeten, sondern als unabhängige Kollegien mit überschaubaren Aufgaben betraut waren. Die Zersplitterung verhinderte einerseits einen Überblick über die Einnahmen und Ausgaben und andererseits eine mittel- und langfristige Konzeption der Finanzstruktur. Demgegenüber konnten sich Monarchien wie Syrakus und Makedonien effektiv drängenden Problemen ohne institutionelle Kontrollen stellen und verhältnismäßig leicht der Entwicklung zum Expertentum in Krieg, Finanzen und Politik anpassen.

VI Schluss

Ein wesentliches Charakteristikum der griechischen Welt war das Oszillieren zwischen Einheit und Vielfalt. Seit sich in der Archaik die Polis als sich selbstverwaltende Bürgergemeinschaft mit Rat, Versammlung der Bürger und Beschlüsse umsetzenden Amtsträgern herausbildete und durch die Migrationsbewegungen im Mittelmeerraum und im Schwarzmeergebiet verbreitete, etablierten sich auch bestimmte finanzielle Grundkonstanten. Die Bildung einer politischen Gemeinschaft ging mit der Entwicklung von Aufgaben einher, die gemeinschaftlich finanziert werden mussten. Dabei ging es zunächst vor allem um militärische Aufgaben: Es musste für die Verpflegung der Soldaten gesorgt, Wehranlagen errichtet und Schiffe gebaut werden. Wie weit sich die jeweilige Polis in diesen Bereichen engagierte, hing vom Niveau der Wirtschaft ab, aber auch von der Lage, poliseigenen Tradition und der spezifischen politischen Ausprägung der Verfassung. Während beispielsweise Athen bereits in spätarchaischer Zeit für den Bau von Trieren Steuereinnahmen nutzte und so die öffentlichen Finanzen sukzessive institutionalisierte, organisierte Sparta seine militärischen Ausgaben bis zum Peloponnesischen Krieg auf *ad hoc*-Basis und verzichtete bis in die hellenistische Zeit auf eine Stadtmauer.

Ähnliches lässt sich für den Bau öffentlicher Gebäude konstatieren: Während die meisten Poleis auf die Monumentalisierung des Volksversammlungsplatzes verzichteten, leistete sich Athen eine Ausdifferenzierung der baulichen Struktur, die dem Institutionengefüge und dem demokratischen Selbstverständnis entsprach. Im Hellenismus lässt sich dann ein Trend zur Uniformität erkennen. Die Polis bedurfte dann eines gewissen Repertoires an Gebäuden, wie beispielsweise repräsentative Platzanlagen, Theater, Gymnasion, Ratsgebäude und Stadtmauer. Die Finanzierung übernahmen aber dann häufig wohlhabende Bürger oder der hellenistische König.

Die größten finanzpolitischen Gemeinsamkeiten sind im religiösen Bereich zu finden. Die Finanzierung der Feste, Verwaltung der Tempelgüter und Organisation der öffentlichen Religion übernahmen in der Regel die Bürgergemeinschaft und ihre Amtsträger. Die Finanzierung durch Tempeleinnahmen wurde ergänzt durch Leiturgien als spezifische Form der Besteuerung. Dabei machte man sich das Erbe der archaischen Adelsethik zunutze: Die wohlhabendsten Bürger wurden dazu bestimmt, eine kultische Aufgabe zu organisieren und zu finanzieren. Durch die besonders gewissenhafte Umsetzung und großzügige Finanzierung konnte der Leiturge sein Prestige steigern und seinen sozialen Status erhöhen bzw. festigen. Das reziproke Verhältnis von wohlhabenden Wohltätern und Polisöffentlichkeit institutionalisierte sich im Laufe des 4. Jahrhunderts und entwickelte sich als Euergetismus zu einer charakteristischen Finanzierungsform im Hellenismus.

Demgegenüber lagen die größten Unterschiede im politischen Bereich. Unterschiedliche Verfassungen mit ihren jeweiligen Definitionen von Bürgerrecht gingen auch mit spezifischen Bedürfnissen einher. So galten Aufwandsentschädigungen als typisch für Demokratien, weshalb in Rhodos gleichzeitig mit der Etablierung einer Demokratie im Jahr 395 auch Soldzahlungen eingeführt wurden.[167]

Als Folge der Alexanderzüge etablierte sich die Polis als kulturelle Lebensform in vielen Gebieten der griechischen Oikoumene. Neben diesen Trend zur Vereinheitlichung lassen sich wiederum eklatante Unterschiede erkennen: Während im griechischen Mutterland die Polis als Idee und Wirklichkeit präsent blieb, verfügte beispielsweise das ptolemäische Reich nur über gering ausgeprägte Polisstrukturen. Die Art und Weise, wie dort Steuern erhoben wurden, war dagegen von naturräumlichen Bedingungen und traditionelle Herrschaftsstrukturen geprägt, die ein zentralistisches System angemessen erscheinen ließen. Aber auch hier setzte sich die Leiturgie als Kombination von organisatorischen und finanziellen Pflichten durch und lebte bis in römische Zeit weiter. Damit erwies sich diese Sonderform der Steuer als langlebigste und am weitesten verbreitete Finanzierungsart der griechischen Welt.[168]

Bibliographie

Andreades, A. M., Geschichte der griechischen Staatswirtschaft. Von der Heroenzeit bis zur Schlacht bei Chaironeia. München 1931 (ND Hildesheim 1965).
Boeckh, A., Die Staatshaushaltung der Athener. 3. Aufl. Berlin 1886.
Bresson, A., The Making of the Ancient Greek Economy: Institutions, Markets, and Growth in the City-States. Princeton/Oxford 2016.
Brun, P., Eisphora – Syntaxis – Stratiotika. Recherches sur les finances militaires d'Athènes au IVe siècle av. J.-C. (Centre de recherches d'histoire ancienne, Bd. 50) Paris 1983.
Buchanan, J. J., Theorika. A Study of Monetary Distributions to the Athenian Citizenry during the Fifth and Fourth Centuries B. C. New York 1962.
Crosby, M., The Leases of the Laureion Mines, in: Hesperia, 19, 1950, 189–312.
Eich, A., Die politische Ökonomie des antiken Griechenland (6.–3. Jahrhundert v. Chr.). (Passauer Historische Forschungen, Bd. 14) Köln et al. 2006.
Finley, M. I., The Ancient Economy. Berkeley/Los Angeles 1973.

---

[167] Aristot. pol. 1302 b 21–24 mit 1304 b 25–31.
[168] Für die kritische Lektüre und wertvolle Hinweise danke ich den Herausgebern Kai Ruffing und Sitta von Reden.

Gabrielsen, V., Remuneration of State Officials in Fourth Century B. C. Athens. (Odense University Classical Studies, Bd. 11) Odense 1981.
Gabrielsen, V., Financing the Athenian Fleet. Public Taxation and Social Relations. Baltimore 1994.
Gauthier, P., Les cités grecques et leurs bienfaiteurs (IVe–Ier siècle avant J.-C.). Contribution à l'histoire des institutions. Paris 1985.
Gygax, M. D., Benefaction and Rewards in the Ancient Greek City. The Origins of Euergetism. Cambridge 2020.
Hansen, M. H., Die Athenische Demokratie im Zeitalter des Demosthenes. Struktur, Prinzipien und Selbstverständnis. Berlin 1995.
Hodkinson, St., Property and Wealth in Classical Sparta. London 2000.
Kallet-Marx, L., Money, Expense and Naval Power in Thucydides' History 1–5.24. Berkeley 1993.
Knell, H., Athen im 4. Jahrhundert v. Chr. – eine Stadt verändert ihr Gesicht. Archäologisch-kulturgeschichtliche Betrachtungen. Darmstadt 2000.
Langdon, M. K., Poletai Records, in: Lalonde, G. V./Langdon, M. K./Walbank, M. B. (Hgg.), Inscriptions: Horai, Poletai Records, Leases of Public Land. (Athenian Agora, Bd. 19) Princeton 1991, 53–143.
Leppin, H., Zur Entwicklung der Verwaltung öffentlicher Gelder im Athen des 4. Jahrhunderts v. Chr., in: Eder, W. (Hg.), Die athenische Demokratie im 4. Jahrhundert v. Chr. Vollendung oder Verfall einer Verfassungsform? Stuttgart 1995, 557–571.
Loomis, W. T., Wages, Welfare Costs and Inflation in Classical Athens. Ann Arbor 1998.
Meier, L., Die Finanzierung öffentlicher Bauten in der hellenistischen Polis. (Die hellenistische Polis als Lebensform, Bd. 3) Berlin 2012.
Migeotte, L., Les finances des cités grecques. Paris 2014.
Monson, A./Scheidel, W. (Hgg.), Fiscal Regimes and the Political Economy of Premodern States. Cambridge 2015.
Pritchard, D. M., Costing Festivals and War. Spending Priorities of the Athenian Democracy, in: Historia, 61, 2012, 18–65.
Pritchard, D. M., The Public Payment of Magistrates in Fourth-Century Athens, in: GRBS, 54, 2014, 1–16.
Pritchard, D. M., Public Spending and Democracy in Classical Athens. Austin 2015.
Rohde, D., Die Versteigerung konfiszierter Güter im klassischen Athen, in: Schäfer, Chr./Reinard, P./Rollinger, Chr. (Hgg.), Wirtschaft und Wiederverwendung. (Beiträge zur antiken Ökonomie, Scripta Mercaturae, Beih. 1) Gutenberg 2019, 13–24.
Rohde, D., Bürgerpflicht und Gleichheitsideal. „Besteuerung" und ihre diskursiven Grundlagen in Sparta und Athen, in: Günther, S. (Hg.), Ordnungsrahmen antiker Ökonomien. Ordnungskonzepte und Steuerungsmechanismen antiker Wirtschaftssysteme im Vergleich. (Philippika, Bd. 53) Wiesbaden 2012, 23–40.
Rohde, D., Die Finanzierung öffentlicher Aufgaben als Ausdruck politischer Mentalitäten im Athen des 4. Jahrhunderts v. Chr., in: HNB, 2, 2015, 58–77.
Rohde, D., „Weder haben wir in der Staatskasse Geld, noch zahlen wir gerne aus unserer eigenen Tasche". Die öffentlichen Finanzen Spartas in klassischer Zeit, in: Pothou, V./Powell, A. (Hgg.), Das antike Sparta. Proceedings of the International Conference Regensburg, 24.–26. September 2009. Stuttgart 2017, 247–272.
Rohde, D., "For Everything to Remain the Same, Everything Must Change!" Private Wealth and Public Revenues, in: Günther, S./Rohde, D. (Hgg.), 200 Years after August Boeckh's „The Public Economy of the Athenians". Perspectives of Economic History for the 21st Century. Proceedings of an International Workshop held at the ZiF in Bielefeld 2017. (JAC, Bd. 34) Changhun 2019, 245–271.
Rohde, D., Krisen, Lösungen und ihre Konsequenzen. Ein finanzpolitischer Blick auf die athenische Demokratie im 4. Jahrhundert, in: W. Riess (Hg.), Colloquia Attica III. Neuere Forschungen zu Athen im 4. Jahrhundert v. Chr. (Dys-)Funktionen einer Demokratie. (Hamburger Studien zu Gesellschaften und Kulturen der Vormoderne, Bd. 16) Stuttgart 2021, 29–49.

Rohde, D., Von der Deliberationsdemokratie zur Zustimmungsdemokratie. Die öffentlichen Finanzen Athens und die Ausbildung einer Kompetenzelite im 4. Jh. v. Chr. (Schriften zur Alten Geschichte) Stuttgart 2019.
Samons, L. J., Empire of the Owl. Athenian Imperial Finance. (Historia Einzelschriften, Bd. 142) Stuttgart 2000.
Shipton, K., Leasing and Lending. The Cash Economy in Fourth-Century BC Athens. (BICS Supplements, Bd. 74) London 2000.
Silverman, D. L., The Trierarchy and Athenian Civic Identity. Diss. University of California at Berkeley 1994.
Van Wees, H., Ships and Silver Taxes and Tribute. A Fiscal History of Archaic Athens. London 2013.
Wilson, P., The Athenian Institution of the Khoregia. The Chorus, the City and the Stage. Cambridge 2000.
Wilson, P., Costing the Dionysia, in: *Revermann, M./Wilson, P. (Hgg.)*, Performance, Iconography, Reception. Oxford 2008, 88–127.

Astrid Möller
15 Landwirtschaft und Haushaltswirtschaften

So vielfältig wie die Landschaften in den von Griechen besiedelten Gebieten des Mittelmeeres sind auch die Strategien zu ihrer landwirtschaftlichen Nutzung. Die Interaktionen der Menschen mit diesen Landschaften ergeben somit ein höchst komplexes Bild. Dieses Kapitel beschränkt sich auf das griechische Mutterland unter Einbeziehung des hellenistischen Ägypten.

Von Anfang an verbanden die Griechen Ackerbau mit Zivilisation. In der Odyssee mussten die wilden, satzungslosen Kyklopen weder pflügen noch säen, sondern wie im goldenen Zeitalter gedieh ihnen alles ohne Arbeit.[1] Der Ackerbau wurde nicht nur als notwendige, sondern als ehrenvolle Tätigkeit anerkannt und prägte moralische Werte.[2] Landbesitz war zudem eng mit dem soziopolitischen System verknüpft, so dass Landwirtschaft nicht nur unter ökonomischen Gesichtspunkten betrachtet werden kann.

Der Haushalt (*oîkos*), der Menschen, mobilen und immobilen Besitz umfasste, bildete die sozioökonomische Organisationsform allen wirtschaftlichen Handelns.[3] Er ist mehr als die Summe seiner Teile, in ihm wurden Geschlechterrollen, Generationenkonflikte, Arbeitskraft, Verteilung der Erträge und Strategien der Risikominimierung ausgehandelt. So ließ sich die optimale Ausnutzung des jeweils vorhandenen Arbeitskräftepotentials organisieren.[4] Durch die Zunahme oder Abnahme seiner Mitglieder war er den ökonomischen Veränderungen eines Lebenszyklus unterworfen.[5]

I Quellen und Forschung

Der hier betrachtete Zeitraum ist chronologisch und geographisch sehr uneinheitlich durch einschlägige Quellen abgedeckt. Zudem lassen sie sich nur schwer verallgemeinern. Während die literarischen Quellen den Anbau von Getreide betonen, deuten die archäologischen Befunde auf eine starke Wein- und Ölproduktion hin, wie vielfach gefundene Amphoren und Pressen belegen. Hier wie überall ist zu bedenken, dass die literarischen Quellen normgerechte Darstellungen liefern, keine Abbilder vergangener Tatsachen. Sie stehen für die Sicht der Eliten, die ihre produktiven Tätigkeiten stilisierten und insbesondere dem Anbau des Grundnahrungsmittels Getreide den höchsten Stellenwert zuschrieben. Dies spiegelt sich in der Vasenmalerei, wo vor

---

1 Hom. Od. 9, 106–111.
2 Hes. erg. 311–313.
3 Vgl. *Hinsch*, Ökonomik, 34.
4 *Von Reden*, Wirtschaft, 55.
5 Vgl. *Gallant*, Risk, 12–15; 27–30.

allem das Pflügen, Säen und das landwirtschaftliche Gerät par excellence, der Pflug, präsentiert werden. Bei Darstellungen der Olivenernte und Herstellung von Öl und Wein, in denen vor allem Satyrn und Mänaden die Arbeit ausführen, könnte es sich um rituelle Kontexte handeln.[6]

Bereits in den homerischen Epen finden sich wichtige Hinweise auf die Landwirtschaft und die Haushaltswirtschaft, insbesondere die *Odyssee* vermittelt ein vielfältiges Bild aristokratischer Haushalte. Direkt die Landwirtschaft zum Thema haben die *Werke und Tage* des Hesiod aus Askra in Boiotien (um 700 v. Chr.). Dieses Epos ist jedoch keineswegs ein Lehrbuch über Landwirtschaft, denn das Agrarsystem wird nicht eigens thematisiert und Hesiod behandelt bei seinen Ratschlägen zur Vermehrung des Wohlstands vorwiegend moralische Fragen. Xenophon macht dagegen in seinem *Oikonomikos* (Gespräch über die Haushaltsführung) aus der ersten Hälfte des 4. Jahrhunderts die Führung eines Oikos zur lehr- und lernbaren Wissenschaft, zur *technê*. Angehörige der Elite erhalten nicht nur Hinweise zur erfolgreichen Führung eines Oikos. Sie erfahren darüber hinaus, inwiefern die für das gelingende Wirtschaften ausschlaggebenden Tugenden der Besonnenheit und Selbstbeherrschung zu politischer und militärischer Führung befähigen.[7] Theophrast aus Eresos (372/1–287 v. Chr.) behandelt in seinen botanischen Werken *Perí phytôn historía* (Pflanzenkunde) und *Phytikôn aitíai* (Die Ursachen der Pflanzen) auch landwirtschaftlich nutzbare Pflanzen, bietet jedoch keine praktischen Informationen über die landwirtschaftlichen Tätigkeiten an sich.[8] Während das erste Werk den Versuch einer systematischen Erfassung der Pflanzen darstellt, behandelt das zweite Erklärungen zu Vermehrung und Wachstum der Pflanzen durch Auswirkungen des Klimas, der Böden und menschliches Eingreifen.[9] Nach Theophrast beschäftigten sich noch etliche weit weniger bekannte griechische Autoren mit landwirtschaftlichen Themen. Varro (116 v. Chr.–27 v. Chr.) überliefert in seiner Schrift *De re rustica* eine umfangreiche Liste, worunter sich allerdings auch Namen von Königen und Philosophen befinden.[10]

In den 1980er Jahren begann eine intensive Beschäftigung mit der griechischen Landwirtschaft,[11] wobei insbesondere komparative Ansätze[12] und durch archäologische Surveys griechischer Landschaften angeregte Untersuchungen[13] hervorzuheben

---

6 *Foxhall*, Olive Cultivation, 35; 128; 135; *Isager/Skydsgaard*, Agriculture, 58–59.
7 *Nickel, R.*, Xenophon. Leben und Werk. Marburg 2016, 142; s. auch den Beitrag von *Föllinger* in diesem Band.
8 *Skydsgaard, J. E.*, Agriculture in Ancient Greece. On the Nature of the Sources and the Problems of Interpretation, in: *Well, B.* (Hg.), Agriculture in Ancient Greece. Stockholm 1992, 9.
9 *Wöhrle, G.*, Theophrast von Eresos. Universalwissenschaftler im Kreis des Aristoteles und Begründer der wissenschaftlichen Botanik. Eine Einführung. Trier 2019, 31–55.
10 Varro rust. 1, 1, 7–9.
11 *Wells, B.* (Hg.), Agriculture in Ancient Greece. Stockholm 1992; *Isager/Skydsgaard*, Agriculture; *Burford*, Land.
12 *Amouretti*, Pain; *Gallant*, Risk; *Hanson*, Other Greeks.
13 *Osborne*, Landscape; *Alcock/Cherry/Davis*, Survey.

sind. Halstead argumentiert gegen die unkritische Anwendung komparativer Daten, jedoch für deren heuristische Anwendung.[14] Indem er die Übertragung der saisonalen Transhumanz auf die Antike kritisiert, erhebt er Einwände gegen das traditionelle Bild einer extensiven Landwirtschaft, der Trennung von Ackerbau und Viehzucht. Die gegenwärtigen Sommerweiden seien kein natürliches Phänomen der mediterranen Landschaft, sie seien entweder durch Abholzung oder indirekt durch Beweidung entstanden. Halstead schlägt stattdessen ein alternatives Modell für die Antike vor, wonach durch die Verschränkung von Ackerbau mit Viehzucht eine intensive Bewirtschaftung möglich war. Die Viehhaltung auf den Höfen führte zu mehr Dünger, setzte aber auch den Anbau von Futter durch verkürzte Brachen oder den Wechsel von Getreide mit Hülsenfrüchten und genügend große Wasservorräte voraus. Die ländliche Bevölkerung lebte demnach weniger in Kernsiedlungen als dicht an ihren Feldern in Einzelgehöften oder kleinen Dörfern.

Demgegenüber lebten die Menschen gemäß dem traditionellen Modell der extensiven Landwirtschaft[15] in Kernsiedlungen, da in Zeiten ohne großen Arbeitsanfall die Wege nicht ins Gewicht fielen. Die Felder wurden im zweijährigen Zyklus vorwiegend mit Gerste und Weizen bebaut, die Nacktbrachen wurden dreimal gepflügt, um eine Verunkrautung zu verhindern und die Bodenfeuchtigkeit von zwei Jahren zu speichern, weniger um Nährstoffe zu regenerieren.[16] Die unbebauten Brachen warfen kein Futter für das Vieh ab und durch die Trennung von Ackerbau und Viehzucht fehlte der Dünger auf den Feldern, so dass der Ernteerfolg gering blieb. Beide Formen der Landwirtschaft, die intensive und die extensive, unterscheiden sich in fast jeder Phase des agrarischen Zyklus, durch verschiedene Methoden des Anbaus, der Ernte, der Verarbeitung sowie des Arbeitseinsatzes und des Ertrags.[17]

Intensive und extensive Formen der Landwirtschaft boten unterschiedliche Handlungsoptionen und stellen keine Stufen eines Entwicklungsmodells dar.[18] Auch wenn insbesondere nach Belegen für das alternative Modell einer intensiveren Nutzung der Böden durch Bewässerung, Terrassierung, Düngung und Einzelgehöfte gesucht wird, ergeben die Forschungen ein buntes Bild extensiv und intensiv genutzter Flächen, wobei die Entscheidung für saisonale Transhumanz oder einer mit Ackerbau gekoppelten Viehzucht von einer Vielzahl lokaler Faktoren abhängig war und nur selten eine klare Abgrenzung beider Modelle möglich ist. Die Art der landwirtschaftlichen Nutzung der Landschaft hing von Faktoren wie der Qualität des Ackerbodens, der Bevölkerungsdichte, der regionalen Wirtschaft, dem Status und Reichtum des Landbesitzers, der Nähe zu Marktplätzen und weiteren Optionen ab.

---

14 *Halstead*, Traditional; vgl. *Halstead, P.*, Two Oxen Ahead. Pre-Mechanized Farming in the Mediterranean. Malden/MA 2014, 347–354.
15 *Isager/Skydsgaard*, Agriculture, 108–114.
16 *Halstead*, Traditional, 55; 61; *Foxhall*, Environments, 266–268.
17 *Halstead*, Traditional, 65–66.
18 *Van der Veen*, Gardens, 158.

Um die Wende vom 20. ins 21. Jahrhundert verstärkte sich der ökologische Ansatz.[19] Nun wurden nicht einfach die natürlichen mediterranen Lebensumstände fokussiert, sondern die spezifischen Arten der Interaktion von Menschen und ihrer Umwelt.[20] Aus dieser Perspektive betrachtet, müssen nach Horden/Purcell drei bisher gültige Stereotype in Bezug auf Menschen mit einer bäuerlichen Existenz aufgegeben werden: Autarkie durch Subsistenz, soziale Unabhängigkeit und Beständigkeit gegen Wandel.[21] Reine Selbstversorgung oder Autarkie hätte zum Ruin geführt. Die Bauern waren gezwungen einen Überschuss zu produzieren, um gegen Hungersnöte vorzusorgen. Die zerklüftete Topographie hätte keineswegs den Austausch eines Überschusses verhindert, im Gegenteil: Sie erforderte eine größere Mobilität der Menschen und Güter zwischen Gegenden des Überflusses und des Hungers. Aus ökologischer Perspektive könne kein Individuum oder Gemeinschaft wirklich isoliert leben, so dass die notwendigen Verbindungen zwangsläufig einen Wandel der Gesellschaften anstoßen würden.

II Griechische Landwirtschaft als Antwort auf die natürlichen Bedingungen

1 Landschaft und Klima

Die durch Bergzüge, Halbinseln und Meeresbuchten kleinteilig gegliederten Landschaften bilden Mikroregionen, in denen unterschiedliche Bedingungen des Klimas[22] und der Bodenbeschaffenheit die Menschen zu vielfältigen Lösungen, die Versorgung zu sichern, zwangen. Der Zusammenhang zwischen dem menschlichen Einwirken auf die Landschaft und der Prägung des menschlichen Lebens durch die Landschaft ist grundlegend für die Formen der Landwirtschaft in ihren historischen Kontexten.[23] Während die Römer ihre Landwirtschaft auf Beherrschung und Ausbeutung der Natur ausrichteten und dabei wesentlich größere ökologische Räume meisterten, passten sich die Griechen den Gegebenheiten ihrer jeweiligen Region an.[24]

---

19 *Sallares, R.*, The Ecology of the Ancient Greek World. Ithaca/NY 1991; *Horden/Purcell*, Corrupting Sea; *Grove, A. T./Rackham, O.*, The Nature of Mediterranean Europe. An Ecological History. New Haven 2003; *Foxhall/Jones/Forbes*, Human Ecology; *Thommen, L.*, Umweltgeschichte der Antike. München 2009.
20 *Foxhall/Jones/Forbes*, Human Ecology, 91.
21 *Horden/Purcell*, Corrupting Sea, 270–278.
22 S. auch den Beitrag von *Schulz/Günther* in diesem Band.
23 *Dimakopoulos, S.*, The Classical and Hellenistic Agricultural Landscape of Attica, in: Kołodziejczyk, P./Kwiatkowska-Kopka, B. (Hgg.), Landscape in the Past and Forgotten Landscapes. Krakau 2016, 187–188.
24 *Foxhall/Jones/Forbes*, Human Ecology, 115.

In den meisten Gebieten der von Griechen besiedelten mediterranen Welt waren die Sommer heiß und trocken, die Winter mild und feucht. Ausreichende Niederschläge im Herbst und Winter sicherten den Anbau von Feldfrüchten ohne zusätzliche Bewässerung. Regional gab es immer wieder sowohl regenarme Jahre, die zu Dürren führten, als auch ungewöhnlich hohe Niederschläge mit Hagel und Kälte. Durch die regionale Begrenzung des Mikroklimas waren auch die Ernteausfälle regional begrenzt. Die Kleinräumigkeit der Landschaft sorgte für eine große Vielfalt an Pflanzen und Tieren. Die Menschen wussten diese Umstände zu nutzen, indem sie durch verstreuten Landbesitz und die Diversifizierung der Produkte und Anbaumethoden Hungersnöten vorbeugten.

Die Bodenbeschaffenheit ist ebenfalls vielfältig. Fruchtbare Böden waren eher selten und auf die Schwemmebenen der Flüsse beschränkt. Die Flüsse in Griechenland führen im Sommer meist kein oder nur sehr wenig Wasser, im Winter können sie sich jedoch in reißende Ströme verwandeln. So kommt es zu fruchtbaren Anschwemmungen in den zum Meer offenen Tälern. Weniger fruchtbare Böden zogen sich an den Hängen der Berge hinauf, die zwar nicht mehr gepflügt, aber durch Terrassierung genutzt werden konnten oder als Viehweide und dem Holzsammeln dienten.

2 Nutzpflanzen

a) Getreide

Mindestens 70 % der Ernährung wurde durch Getreide gedeckt.[25] Der Anbau von Getreide erlaubt eine viermal größere Bevölkerung zu ernähren als die Viehzucht.[26] Welche Getreidearten in der Antike wann und wo angebaut wurden, ist aus den schriftlichen Quellen kaum zu erschließen,[27] wohl aber mittels paläobotanischer Untersuchungen archäologischer Funde.[28] In der Antike wurde rein nach äußeren Kriterien zwischen Nacktweizen und Spelzweizen unterschieden, während man heute nach Chromosomen klassifiziert. Sortenreinheit war durch zufällige Vermischung von Samen verschiedener Arten nicht zu sichern. Zudem veränderte Getreide in einer fremden Region häufig innerhalb von drei Jahren seine typischen Merkmale, wie auch Theophrast bemerkte, der diese Veränderung dem unterschiedlichen Klima zuschrieb.[29]

---

[25] *Foxhall, L./Forbes, H., Sitometreia.* The Role of Grain as a Staple Food in Classical Antiquity, in: Chiron, 12, 1982, 69; 75.
[26] *Bresson*, Economy, 120.
[27] *Isager/Skydsgaard*, Agriculture, 21.
[28] *Sallares*, Getreide, 1030.
[29] Theophr. h. plant. 8, 8, 1.

Die Hauptgetreideart in Griechenland war Gerste (*krithê*), die unter den klimatischen Bedingungen besser wuchs als Weizen (*pyrós, sîtos*), insbesondere in Attika.[30] Die Verarbeitung, eine Aufgabe der Frauen, war aufwändig. Die Gerste musste geröstet werden, um das Korn aus den Spelzen zu lösen, dann wurde sie in tiefen Mörsern zerstampft und anschließend zu Mehl zermahlen.[31] Gesiebt konnte es nur schwer zu Brot verbacken werden und wurde stattdessen als Grützbrei (*máza*) verzehrt.[32] Im Anbau war Gerste hingegen weniger arbeitsaufwändig als Weizen, daher günstiger und blieb das Grundnahrungsmittel der Armen und Sklaven.[33]

Vor allem wegen der Vorteile bei der Nahrungszubereitung wurde zwischen Nacktweizen und Spelzweizen unterschieden. Während sich beim Nacktweizen die Körner beim Dreschen leicht von der Hüllspelze lösen, müssen beim Spelzweizen die Ähren geröstet und dann gestampft werden. Der Arbeitsaufwand im Anbau ist für Spelzweizen und Nacktweizen gleich.[34] In der historischen Entwicklung ging die Tendenz zu mehr Weizen statt Gerste und mehr Nacktweizen als Spelzweizen. Der zu den Nacktweizen gehörende Weichweizen (*triticum aestivum*) lässt sich gut zu feinem Mahl zermahlen, das zum Brotbacken geeignet ist. Der ebenfalls zu den Nacktweizen gehörende Hartweizen (*triticum durum*) ließ sich mit der antiken Mahltechnik nur zu Grieß zerreiben. Der begehrte Weichweizen wuchs bis zur römischen Eroberung des Mittelmeeres nur nördlich des Schwarzen Meeres, eines an Niederschlägen und kühlen Wintern reichen Gebietes. Im mediterranen Klima gedeiht der Hartweizen besser. Die antiken Weizenarten waren proteinreicher als die heutigen und somit nahrhafter.[35] Der Verzehr von Weizen war stärker kulturell und durch Status als ökologisch bedingt.[36]

In Ägypten wurde bis in die hellenistische Zeit der zu den Spelzweizenarten gehörende Emmer (*zeiá, ólyra*) angebaut. Herodot sagt über die Ägypter, sie hätten Weizen und Gerste als Nahrung abgelehnt und sich von Emmer ernährt.[37] In ptolemäischer

---

30 Theophr. h. plant 8, 8, 2.
31 Terrakotta-Statuetten und Vasen stellen diese Tätigkeiten dar. Ein schwarzfiguriger Skyphos aus Boiotien (525–500 v. Chr.) zeigt zwei Frauen mit großen Stößeln in einen Mörser stampfen. Eine trägt die Beischrift *Kodoma* – „die, die Gerste röstet"; vgl. *Tsoukala, V.*, Cereal Processing and the Performance of Gender in Archaic and Classical Greece. Iconography and Function of a Group of Terracotta Statuettes and Vases, in: *Aygün, C. Ö. (Hg.)*, SOMA 2007. Proceedings of the XI Symposium on Mediterranean Archaeology, Istanbul Technical University, 24–29 April 2007. (BAR International Series, Bd. 1900) Oxford 2009, 390–391 Abb. 9; vgl. *Villing, A.*, The Daily Grind of Ancient Greece: Mortars and Mortaria between Symbol and Reality, in: *Tsingarida, A. (Hg.)*, Shapes and Uses of Greek Vases (7th–4th Centuries B.C.). Brüssel 2009, 319–333.
32 *Amouretti*, Pain, 123–126.
33 *Sallares*, Getreide, 1035.
34 *Sallares*, Ecology, 32.
35 *Sallares*, Getreide, 1032.
36 *Margaritis/Jones*, Agriculture, 166.
37 Hdt. 2, 36, 2; vgl. 2, 77, 4.

Zeit wurde Emmer weitgehend durch Hartweizen ersetzt, wobei die griechischen Quellen über den weiteren Anbau von Emmer schweigen.[38]

Die Ertragsrate von Getreide ist schwer einzuschätzen. In Italien betrug sie nach Columella 1:4 (Aussaat:Ertrag), Bresson geht für Griechenland von 1:6 oder 1:7 aus.[39] In Ägypten erbrachte die durchschnittliche Weizenernte 1:10, in Mesopotamien erreichte die Gerstenernte sogar einen Ertrag bis zu 1:24.[40]

Hirse (*kénchros, melínê*) ist das einzige Sommergetreide mit kürzeren Wachstumszeiten als Gerste und konnte daher auch der Risikominimierung dienen. Wenn man sie während des Wachstums bewässert, wird der Ertrag höher.[41] Sie wurde selten angebaut und dann in Form von gekochten Körnern wie Reis verzehrt.

b) Oliven

Die Kultivierung von Olivenbäumen versorgte die Griechen mit Öl als Nahrungsmittel, als Mittel zur Körperpflege und als Lampenöl. Oliven wurden auch als Beikost verzehrt.[42] Im Mittelmeerraum wachsen zwei Sorten von Olivenbäumen: der Oleaster, auch „wilde Olive" (*agriélaios, Olea europaea oleaster* oder *sylvestris*) genannt, und der veredelte Olivenbaum (*elaía, Olea europaea sativa*). Der wilde Olivenbaum wurde wegen seiner Früchte geschätzt, die den Grundstoff für Parfüm lieferten.[43] Doch muss man davon ausgehen, dass bereits im antiken Griechenland die wilde Olive genetisch gemischt war, da beide Sorten sich gegenseitig bestäuben können.[44]

Olivenbäume brauchen einen gut entwässerten, durchlässigen Boden, der reich oder arm an Nährstoffen sein kann. Sie überleben Dürren, brauchen zur Blüte eine Periode niedriger Temperaturen, kurzfristig überstehen sie auch Fröste. Die Kultivierung von Olivenbäumen erfordert einige Arbeit: umgraben, Unkraut jäten, beschneiden, ernten, düngen und eventuell eine Terrassierung, die half, die Feuchtigkeit länger im Boden zu halten und die Bodenerosion zu verringern. Wie beim Wein ist die anstrengendste Arbeit das Umgraben, was am besten im späten Herbst geschieht. Das Umgraben hilft der Wasserversorgung. Häufiges Umgraben lässt die Wurzeln, die normalerweise eher flach unter der Oberfläche wachsen, tiefer wachsen und verhindert Unkraut, das um die Feuchtigkeit im Boden konkurriert.[45] Das Beschneiden der Bäume ist wichtig für das Wachstum neuer Triebe und trägt dazu bei, den Baum

---

38 *Von Reden*, Demand, 429–431.
39 Colum. 3, 3, 4; *Bresson*, Economy, 168.
40 *Von Reden*, Wachstum, 183.
41 Xen. an. 2, 4, 13; Theophr. h. plant. 8, 1, 4; 8, 7, 3; 8, 9, 3; vgl. *Oleson*, Irrigation, 207; *Margaritis/ Jones*, Agriculture, 165.
42 *Foxhall*, Olive Cultivation, 85–95.
43 *Bresson*, Economy, 128.
44 *Foxhall*, Olive Cultivation, 5.
45 Theophr. c. plant. 3, 10, 1; 3, 12, 1; 5, 9, 8; h. plant. 1, 6, 4; 2, 7, 5; *Foxhall*, Olive Cultivation, 121–124.

nicht zu groß werden zu lassen. Das Beschneiden findet zusammen mit der Ernte statt. Die Ernte kann sich über viele Monate des Herbstes und Winters erstrecken, da die Früchte weiter reifen und auf verschiedene Arten erfolgen: Abpflücken mit der Hand, Schlagen der Zweige und das Auflesen vom Boden.[46]

Olivenbäume bringen erst nach acht bis zehn Jahren eine Ernte ein und dann selbst unter guten Bedingungen nur jedes zweite Jahr. Nach 25–30 Jahren produziert ein Baum die volle Menge und kann mehrere 100 Jahre alt werden, wobei die Ernte aber nachlässt.[47] Eine Investition in Olivenbäume rechnete sich also erst nach vielen Jahren. Auch durch den massiven Aufwand an Arbeitskräften, besonders bei der Ernte und Verarbeitung, war die Kultivierung von weitläufigen Olivenhainen reichen Grundbesitzern vorbehalten.

c) Wein

Der Anbau von Weinstöcken (*ámpelos*) diente vorwiegend der Herstellung von Wein und dem Sekundärprodukt Essig, jedoch wurden auch Weintrauben verzehrt und getrocknet. Wein war ein unmittelbarer Bestandteil der Ernährung aller Schichten. Durch den Alkohol- und Zuckergehalt ergaben sich wichtige Kalorien, aber auch Vitamine. Wein wächst mit Ausnahme der Berge fast überall und wurde als Alltagswein von minderer Qualität in großen Mengen produziert und konsumiert.[48] Auch gab es den spezialisierten Anbau von hoher Qualität. In Maroneia,[49] auf Thasos, Chios, Lesbos, Kos und Rhodos wurden berühmte Weine produziert, die über weite Strecken transportiert und als Spezialitäten gefragt waren. Diese Weine sind durch literarische Quellen und Amphorenfunde bekannt. Die Ptolemäer förderten den Weinbau im hellenistischen Ägypten im Rahmen ihrer Landgewinnungsprojekte und durch Steuererleichterungen.[50] Zenon von Kaunos züchtete im Fayum zehn Sorten von Trauben, darunter solche aus Kilikien, Mende, Maroneia, und Phönizien.[51]

Theophrast behandelt die Kultivierung der Weinstöcke recht ausführlich, allerdings ganz konzentriert auf optimales Wachstum und wenig in Hinblick auf den Ertrag. Er bietet Informationen zu den Bedingungen für Wachstum, über geeignete Böden, zur Pflanzung, Beschneidung, allerdings nichts über die Ernte.[52]

Der Weinbau war kostspielig und erforderte großen Arbeitseinsatz: Die Weinstöcke, die Pflanzung, die Stützpfähle, eine Weinkelter, Amphoren und Lagerräume waren teuer und erforderten größere Investitionen. Auch beanspruchte Wein mehr

---

46 *Foxhall*, Olive Cultivation, 124–128.
47 Theophr. h. plant 4, 13, 2; 13, 5; *Foxhall*, Olive Cultivation, 76.
48 Vgl. *Bresson*, Economy, 124–125 für Beispiele lokaler Weinproduktion und -konsumption.
49 Hom. Od. 9, 196–211.
50 *Von Reden*, Demand, 427–429.
51 P.Cairo.Zen. 59033 (257 v. Chr.).
52 Theophr. c. plant. 3, 11, 1–16, 4; *Isager/Skydsgaard*, Agriculture, 28–29.

Sorge und Einflussnahme auf die Umwelt als alle anderen antiken Nutzpflanzen. Weinstöcke brauchen nach der Anpflanzung etwa vier bis fünf Jahre, bevor sie Trauben tragen. In der Zwischenzeit musste das Auskommen durch andere Quellen gesichert sein. Viele gelernte Arbeitskräfte waren nötig, um die Weinstöcke zu pflanzen, zu beschneiden und während der Wachstumsperiode zu pflegen.[53] Daher lag jede über einen geringen Eigenbedarf hinausgehende Kultivierung jenseits der Möglichkeiten kleinerer oder mittlerer Bauern.

d) Weitere Baumkulturen

Neben Olivenbäumen und Weinstöcken wurden weitere mehrjährige Bäume und Sträucher kultiviert, meist entweder in Mischkultur mit Feldfrüchten und Weideland oder in Gärten. Ihr ökologischer Vorteil bestand in ihrem ausgedehnten Wurzelsystem und dem langjährigen Wachstum, das die starken klimatischen Kontraste abschwächte und positive Auswirkungen auf den Boden und die Wasservorräte hatte. Mandelbäume, Feigenbäume, Apfelbäume, Birnbäume, Granatapfelbäume, Walnussbäume, Kastanienbäume, Johannisbrotbäume, Pistazienbäume, Eichen, Pinien und viele mehr boten Nahrung, Futter, Brenn- und Bauholz.[54] Insbesondere Obstbäume mussten zunächst veredelt werden, um einen ausreichenden Ertrag zu garantieren. Die Kunst des Pfropfens wurde im ersten Jahrtausend v. Chr. im Mittelmeerraum bekannt.[55]

e) Hülsenfrüchte

Diverse Hülsenfrüchte, wie die Kichererbse (*órobos, erébinthos*), Linse (*phakós*), Erbse (*pisós*) und Bohne (*kýamos*) wurden als wichtige Lieferanten für pflanzliches Eiweiß zu unterschiedlichen Zeiten im Jahr angebaut und geerntet.[56] Schwarze Bohnen und Erbsen wurden wie Feldfrüchte gesät, gedroschen und geworfelt.[57]

f) Gartenkulturen

Es gab diverses Gartengemüse wie Kürbis (*kolokýntē*), Rübe (*teûtlon*), Eppich/Sellerie (*sélinon*), Gurke (*síkyos*), Spargel (*aspáragos*), Lauch (*práson, gêthyon*), Zwiebel (*kró-*

---

53 *Morris/Papadopoulos*, Greek Towers, 179.
54 *Margaritis/Jones*, Agriculture, 163; zur Verarbeitung und Vorratshaltung der Früchte s. *Curtis, R. I.*, Food Processing and Preparation, in: *Oleson, J. (Hg.)*, The Oxford Handbook of Engineering and Technology in the Classical World. Oxford 2008, 384; *Foxhall*, Environments, 266.
55 *Sallares*, Ecology, 29.
56 Theophr. h. plant. 8, 1, 1; 8, 2, 5; *Foxhall*, Environments, 266.
57 Hom. Il. 13, 588–590.

myon), Knoblauch (*skórodon*) und Blattgemüse wie Chicorée (*kichórion*), Rettich oder Kohl (*rháphanos*) und Kohlrabi (*gongylís*).[58] Der Anbau ergänzte den Eigenbedarf, konnte aber auch dem Verkauf auf dem Markt dienen.

3 Viehzucht

Die Griechen deckten ihren Nahrungsmittelbedarf in erster Linie durch Getreide. Die Viehzucht diente drei menschlichen Bedürfnissen: der Unterstützung der Arbeitskraft, der Kleidung und der Nahrung. Als wünschenswertes Nebenprodukt ergab sich stickstoffhaltiger Dünger. Ziegen und Schafe lieferten Milch, letztere auch Wolle. Seit der homerischen Zeit wurden Schweine gehalten, die keine großen Weideflächen benötigten und ihr Futter in den Wäldern fanden oder im Schweinestall mit Getreide und Rüben gefüttert wurden.[59] Zur Haltung von Pferden und Rindern, die ausgedehnter Weideflächen und größerer Mengen trinkbaren Wassers bedurften, waren nur wenige Regionen in Griechenland geeignet.[60] Die Bienenzucht war weit verbreitet. Honig war die einzige Quelle für Zucker, Bienenwachs war ebenfalls begehrt. Sie erforderte kein großes Startkapital und konnte von kleinen Bauern betrieben werden. Antike Bienenstöcke wurden häufig aus Ton gefertigt und gehören zu den archäologischen Funden.[61]

In den 1980/90er Jahren standen sich zwei Forschungsrichtungen gegenüber:[62] Die Transhumanz-These ging von der Trennung von Viehzucht und Ackerbau aus: Die Viehherden weideten im Sommer in gebirgigen Teilen Griechenlands und kamen im Winter wieder ins Flachland.[63] Der Ansatz der „agro-pastoralists" hingegen vertrat einen mit der Viehzucht engverbundenen Ackerbau.[64]

Auf der Grundlage epigraphischer Quellen entwickelt demgegenüber Chandezon für die spätklassische und hellenistische Zeit ein flexibles Modell, wonach die Viehhaltung durch lokale Gegebenheiten geprägt ist. Er arbeitet drei, je nach dem zeitlichen, geographischen, sozialen und ökonomischen Kontext variierende, regionale Typen von Viehhaltung heraus.[65] Die erste Region umfasst Attika, die Kykladen und das südliche Ionien. Dort wurden überall Tiere gehalten, aber in direktem Bezug zum

---

58 Vgl. Loeb-Ausgabe von Theophr. h. plant für Verzeichnis der Pflanzen.
59 Hom. Od. 4, 634–637; 14, 100–102; 20, 185–188; vgl. Hes. erg. 790.
60 *Bresson*, Economy, 134–135.
61 *Bresson*, Economy, 130–131.
62 Vgl. *Howe*, Pastoral Politics, 13–22.
63 *Skydsgaard, J. E.*, Transhumance in Ancient Greece, in: *Whittaker, C. R. (Hg.)*, Pastoral Economies in Ancient Antiquity. Cambridge 1988, 75–86; *Isager/Skydsgaard*, Agriculture, 99–101.
64 *Hodkinson, S.*, Animal Husbandry in the Greek Polis, in: *Whittaker, C. R. (Hg.)*, Pastoral Economies in Classical Antiquity. Cambridge 1988, 35–74.
65 *Chandezon, Chr.*, L'élevage en Grèce (fin V^e–fin I^e s. a.C.). L'apport des sources épigraphiques. Bordeaux 2003, 401–402.

Ackerbau.⁶⁶ Schafe und Ziegen überwogen, Rinder waren selten. Die zweite Region erstreckt sich von Thessalien über Zentralgriechenland, die Peloponnes nach Kreta und umfasst das nordöstliche Kleinasien. Hier wurden die feuchteren Bergregionen für Schaf- und Ziegenherden genutzt. Diese marginalen Ländereien (*eschatiaí*) gehörten meist den Poleis und waren öffentliches Land, das für die Viehhaltung genutzt werden konnte.⁶⁷ In diesen Gegenden wurden die Herden im heißen Sommer höher in die Berge getrieben. Vereinbarungen über Weiderechte finden sich in Inschriften. Die dritte Region im westlichen Griechenland (Akarnanien, Aitolien, Epiros, Teile Makedoniens und die Hänge des Pindosgebirges) ist für die Wanderung von Herden geeignet, da hier Ethnos-Staaten, Bündnisse von Städten und Dörfern, oder auch Königsherrschaften überwiegen. Diese Herden dienten vor allem der Versorgung mit Käse und Wolle.⁶⁸

Auch wenn durch Chandezons Untersuchungen die archaische und klassische Zeit nicht neu beleuchtet werden, erweisen sie doch die griechische Viehzucht als eine komplexe Angelegenheit, die von geeignetem Weideland, ausreichenden Märkten, lokalen Gegebenheiten der Landnutzung und den sozialen und wirtschaftlichen Sorgen der Elite abhing. In jedem Fall ist davon auszugehen, dass die Eliten bei der Viehzucht andere Strategien verfolgten als kleinere Bauern. Während die Masse der Bauern Ackerbau mit etwas Viehzucht betrieb, war die Viehzucht für die Eliten eine Möglichkeit, ihren Reichtum und soziales Prestige zu vergrößern. Sie erlaubte ihnen, Tieropfer bereitzustellen und an Pferderennen teilzunehmen.⁶⁹

4 Landwirtschaftliche Geräte

Das wichtigste Gerät war der Pflug. Die Griechen kannten nur den Ritzpflug, der den Boden öffnete, ohne allzu tief in den Boden einzudringen. Der antike Pflug war nicht einfach ein unzureichender moderner Wendepflug, sondern ein anderes Instrument.⁷⁰ Er bereitete den Boden für die Aussaat vor, vernichtete die Unkrautwurzeln und sicherte den Verbleib von Feuchtigkeit im Boden.

Die Rekonstruktion eines griechischen Ritzpfluges basiert auf der literarischen Beschreibung des Hesiod und antiken Darstellungen auf Vasen, in Terrakotta und Bronze. Hesiod empfiehlt zwei Pflüge, einen gefügten (*árotron pêktón*) und einen ungefügten (*árotron autógyon*).⁷¹ Vermutlich handelte es sich um dasselbe Gerät, nur

---

66 Vgl. Xen. oik. 5, 3, der die Viehzucht (*probateutikê téchnê*) mit der Landwirtschaft (*geôrgía*) verbindet.
67 Vgl. *Krasilnikoff*, Gardens, 184, für Attika.
68 *Bresson*, Economy, 136–138.
69 *Howe*, Pastoral Politics, 27–47; 99–123; 126.
70 *Osborne*, Landscape, 40.
71 Hes. erg. 433.

musste das passende Stück Holz gefunden werden.[72] Hesiod empfiehlt den Pflugbaum (*histobóê*) aus wurmfreiem Lorbeer oder Ulme, den Scharbaum (*élyma*) aus Steineiche, das Krummholz (*gýês*) aus Eiche.[73] Gezogen wurde der Pflug von zwei Rindern.[74]

Hacken (*mákella*, *díkella*) wurden für eine intensive Bearbeitung des Bodens verwendet. Theophrast behauptet, dass die *díkella* besser als der Ritzpflug das Unkraut auf der Brache verhindere.[75] Bei Hesiod bedeckt ein Knecht die Samen mit einer *makélê*.[76] Xenophon verwendet im Zusammenhang mit dem Bestellen der Brache das Verb *skáptein*, welches graben und behacken bedeutet, sagt aber nichts über das verwendete Gerät.[77] Der Spaten zum Graben war den Griechen unbekannt, die Egge wurde erst ab dem 1. Jh. n. Chr. verwendet.[78]

Geerntet wurde mit einer Sichel (*drépanon*), was mühsam war, da die Arbeit in gebückter Haltung erfolgte. In der Ilias ist das Mähen des Getreides mit der Sichel beschrieben, in der Odyssee wird die Sichel auch zum Heumachen verwendet.[79] Xenophon beschreibt das Schneiden des Getreides ohne die Sichel zu erwähnen.[80] Für das anschließende Dreschen und Worfeln des Getreides bedurfte es einer Tenne (*alôá*) und einer Getreideschwinge (*líknon*). Gedroschen wurde mit Hilfe von Zugtieren. Hesiod erwähnt in diesem Zusammenhang nur Knechte.[81]

Oliven und Weintrauben mussten gepresst werden. Foxhall geht davon aus, dass auf den kleineren Höfen die Geräte zum Pressen wenig spezialisiert waren und schnell auf- und abgebaut werden konnten; deshalb hinterließen sie wenig Spuren im archäologischen Befund. Da es nicht auf die Geschwindigkeit ankam, ist es unwahrscheinlich, dass jeder Hof über eine eigene Presse verfügte, die gehackten Oliven mussten sich ohnehin erst setzen.[82]

Die rotierende Olivenölpresse (*trapetum*) scheint in Griechenland frühestens in der Mitte des 4. Jh. bekannt gewesen zu sein.[83] Ein *trapetum* bestand aus einer runden steinernen Wanne (*mortarium*), in deren Mitte ein den Rand überragender Sockel (*miliarium*) saß. Darauf lag ein parallel zum Boden gelagerter, mit einem Zapfen befestigter, drehbarer Balken. An ihm waren zwei Läufersteine (*orbes*) in Form von Kugelsegmenten befestigt, deren untere Hälfte einen Abstand zum Wannenwand hatte, so

---

72 *Isager/Skydsgaard*, Agriculture, 46–51 mit Abbildungen.
73 Hes. erg. 435–436.
74 Hes. erg. 436–440. Auch im hellenistischen Ägypten sind nur Rinder belegt, vgl. *Schnebel*, Landwirtschaft, 107.
75 Theophr. c. plant. 3, 20, 8; Abb. bei *Carroll-Spillecke*, Kêpos, 75.
76 Hes. erg. 470–471.
77 Xen. oik. 16, 15; vgl. 17, 15.
78 *Amouretti*, Pain, 107–108; *Isager/Skydsgaard*, Agriculture, 49; 52.
79 Hom. Il. 18, 550–553; Hom. Od. 18, 365–370.
80 Xen. oik. 18, 1–2.
81 Hes. erg. 597–599.
82 *Foxhall*, Olive Cultivation, 131–133; 216–217.
83 *Foxhall*, Olive Cultivation, 165–177; 211.

dass die Kerne nicht zerbrochen wurden. Durch Drehung des Balkens bewegten sich die Läufersteine und zerrieben die Oliven.[84]

Für das Keltern der Weintrauben, die zunächst mit den Füßen in großen Bottichen zerstampft wurden, diente eine Balken- oder Hebelpresse. Ein Balken wurde so heruntergezogen, dass er am anderen Ende Druck auf das zu pressende Gut ausübte.[85]

5 Eingriffe in die Natur

Der Trockenfeldbau entsprach den klimatischen Bedingungen in Griechenland, wobei der winterliche Regen so lange wie möglich im Boden gehalten werden musste. Fehlten an schwach bewachsenen Berghängen die Wurzeln, die die Erde festhielten, schwemmten die oft starken winterlichen Regenfälle die Reste des fruchtbaren Bodens ins Tal. Eine Terrassierung wirkte der weiteren Erosion entgegen und hielt das Wasser zudem besser im Boden. Seit wann und in welchem Umfang in Griechenland Berghänge terrassiert wurden, ist schwer zu sagen. Da sie immer wieder erneuert werden mussten, sind Terrassen schwer zu datieren.

Die literarischen Quellen geben keine sicheren Hinweise: Der häufig verwendete Begriff *haimasiá* kann sowohl eine freistehende Trockenmauer aus Feldsteinen, das durch diese Mauer umfriedete Landstück, als auch Terrassen aus Trockenmauern bezeichnen.[86] Foxhall verweist auf die Unsicherheiten, Terrassierungen für die archaisch-klassische Zeit nachzuweisen und betont, dass auch andere Mittel bekannt waren, um steile Hänge zu bewirtschaften, wie z. B. das Pflanzen von Obstbäumen an Hängen, das Ziehen von Gräben um die Baumstämme oder bei zu viel Regen der Bau von Abflussgräben.[87] In jedem Fall ist zu bedenken, dass Terrassierungen einen großen Arbeitsaufwand bedeuteten, der nur zu bestimmten Zeiten und in bestimmten Gegenden geleistet wurde.[88]

Dasselbe gilt für die Bewässerung von Feldern. Im kleinen Stil wurde intensiv bewirtschaftetes Gartenland (*kêpos*) bewässert.[89] In der Odyssee wird der perfekte, durch zwei Quellen bewässerte Garten des Königs der sagenhaften Phaiaken Alkinoos beschrieben, von denen eine den Wasserbedarf der Bevölkerung deckte.[90] Mangels

---

84 *Schneider, H.*, Einführung in die antike Technikgeschichte. Darmstadt 1992, 63; 229 Abb. 7.
85 *Foxhall*, Olive Cultivation, 134–136 Abb. 6.2.
86 *Price, S./Nixon, L.*, Ancient Greek Agricultural Terraces. Evidence from Texts and Archaeological Survey, in: AJA, 109, 2005, 666–670.
87 *Foxhall*, Olive Cultivation, 61–68.
88 Vgl. *Van Andel, T. H./Runnels, C.*, Beyond the Acropolis. A Rural Greek Past. Stanford 1987, 135–153, für südliche Argolis; weitere Beispiele archäologisch gesicherter Terrassierungen bei *Dimakopoulos, S.*, Agricultural Terraces in Classical and Hellenistic Greece, in: LAC 2014 Proceedings, DOI 10.5463/lac.2014.37.pdf https://osf.io/tmxcs (abgerufen am 2. 7. 2022).
89 *Carroll-Spillecke*, Kêpos, 43–44.
90 Hom. Od. 7, 112–132.

Quellen mussten wohl meist Brunnen ausreichen.[91] Durch die Diskussion über das alternative Modell einer intensiven Landwirtschaft stellt sich die Frage nach der Beschaffung von Wasser für Pflanzen und Tiere.[92] Die Gegebenheiten in Griechenland sprechen allerdings gegen die Bewässerung von Feldern.[93]

Größere Eingriffe in die Natur wurden bei der Trockenlegung von Seen und Sümpfen zur Landgewinnung vorgenommen, zu denen die wiederholten Bemühungen zur Entwässerung des Kopaïsbeckens in Boiotien[94] sowie die Trockenlegung eines sumpfigen Teichs zur Landgewinnung bei Eretria am Ende des 4. Jh. gehören.[95] Die klimatischen Folgen von Trockenlegungen beobachtete Theophrast.[96]

Im ptolemäischen Ägypten wurde an die traditionelle Bewässerungswirtschaft angeknüpft, was zusätzliche Verwaltungsaufgaben für die griechischen Eroberer brachte und die Zusammenarbeit mit den einheimischen Eliten erforderte.[97] Die Ausweitung der Anbaufläche im Fayum durch Meliorationen von 450 qkm auf 1200 qkm diente der Ansiedlung griechischer Kleruchen (Reservisten) und führte zur erweiterten Vielfalt der angebauten Pflanzen.[98]

Den antiken Autoren war die Verbesserung des Bodens durch Düngung bekannt, ohne dass sie jedoch über Kenntnisse der Nährstoffe verfügten.[99] Odysseus' Hund Argos lag verwahrlost im Mist (*kópros*) der Maultiere und Rinder, bevor die Knechte das große Landgut damit düngten.[100] Xenophon wusste, dass in Wasser verrottete Pflanzen als Dünger taugten, dass verbrannte Stoppeln dem Boden nutzten und dass beim Pflügen der Brache das Gras und junges Grün unter die Erde gebracht werden sollten. Eine schlechte Ernte sei nicht auf mangelndes Wissen über Düngung zurückzuführen, sondern auf mangelnde Sorgfalt.[101] Theophrast verstand, dass sich die Luft und der Ort nicht unmittelbar beeinflussen ließen, aber der Boden durch Düngung verbessert werden konnte.[102]

Die aktuelle Diskussion über Düngung ist nicht nur Folge der Frage nach intensiv betriebener Landwirtschaft, sondern auch der bei Surveys weitverstreut gefundenen

---

91 *Oleson*, Irrigation, 205–208; nach *Foxhall/Jones/Forbes*, Human Ecology, 94, fehlen Untersuchungen über Brunnen.
92 *Krasilnikoff, J. A.*, Innovation in Ancient Greek Agriculture. Some Remarks on Climate and Irrigation, in: C&M, 64, 2013, 95–116.
93 *Gallant*, Risk, 56–57.
94 *Wilson, A.*, Land Drainage, in: *Wikander, Ö.* (Hg.), Handbook of Ancient Water Technology. Leiden 2000, 304–305.
95 *Pernin*, Baux Ruraux, 281–290 Nr. 134.
96 Theophr. c. plant. 5, 14, 2–5.
97 *Von Reden*, Wachstum, 183.
98 *Thompson, D. J.*, New and Old in the Ptolemaic Fayyum, in: *Bowman, A./Rogan. E.* (Hgg.), Agriculture in Egypt from Pharaonic to Modern Times. Oxford 1999, 123–138.
99 *Krasilnikoff*, Gardens, 178.
100 Hom. Od. 17, 296–299.
101 Xen. oik. 16, 12; 17, 10; 18, 2; 20, 4; 20, 10–11.
102 Theophr. c. plant. 3, 1, 6–2, 1.

Keramik, die als Zeichen für die Verteilung von angesammeltem Mist auf den Feldern interpretiert wird.¹⁰³ Alcock/Cherry/Davis entwerfen ein differenziertes Bild, wonach die Verwendung von Dünger von den jeweiligen Umständen abhing.¹⁰⁴ Wurde Vieh auf den Höfen gehalten, so fiel auch Mist an, den man zum Düngen von Weinstöcken und Obstbäumen verwenden konnte. *Kópros* war ein wertvoller Rohstoff, dessen Entfernung in Pachturkunden verboten wurde;¹⁰⁵ das Ausbringen von Mist wurde ebenso geregelt.¹⁰⁶

III Die organisatorischen Bedingungen der Landwirtschaft: der Oikos

In Griechenland bildete der Oikos (Haushalt) die grundlegende ökonomische Einheit, innerhalb derer die Produktion, der Verbrauch und die Verteilung von Gütern geregelt wurde. Zu einem solchen Haushalt gehörten die Familie und weitere abhängige Arbeitskräfte, der Landbesitz, das Wohnhaus (*oikía*) mit Stallungen und Nebengebäuden, die Tiere, die landwirtschaftlichen Geräte, die Vorräte an Nahrung und Saatgut, Textilien und Wertsachen.¹⁰⁷ Hesiod beschreibt das Fundament des sozialen Lebens und Überlebens mit folgenden Worten: „Erst einmal einen *oîkos*, eine Frau, einen Ochsen zum Pflügen, [...] Dann das Gerät im *oîkos*, [...]"¹⁰⁸ Hesiods *Werke und Tage* zeichnen das Idealbild des autarken Haushalts. Aber auch Hesiod kennt den Verkauf von Überschüssen und Notlagen, die zu sozialen Abhängigkeiten führen können.¹⁰⁹ Allerdings war die Produktion nicht spezialisiert und auf einen Markt ausgerichtet. Bei Hesiod lassen sich kaum strukturelle Unterschiede zwischen bäuerlichen und aristokratischen Haushalten feststellen.¹¹⁰

Dies änderte sich in klassischer Zeit, als die Besitzer großer Oikoi gezwungen wurden, Leiturgien und andere Abgaben an die Polis zu entrichten, was zum vermehrten Anbau für den Verkauf bestimmter Agrarprodukte führte. Je nach Größe verfolgten Haushalte nun unterschiedliche Strategien. Im 4. Jh. hatte das Landgut des Phainippos eine für Attika beträchtliche Größe und war auf die Produktion von Holz

---

103 Vgl. *Forbes, H.*, Off-Site Scatters and the Manuring Hypothesis in Greek Survey Archaeology. An Ethnographic Approach, in: Hesperia, 84, 2013, bes. 574–575, der jedoch für die Trennung organischer und keramischer Abfälle argumentiert.
104 *Alcock/Cherry/Davis*, Survey, 143–157.
105 Rhamnous/Attika 339–338 v. Chr. (*Pernin*, Baux Ruraux, 64–69 Nr. 12); Amos/Rhodische Peraia 220–201 v. Chr. (*Pernin*, Baux Ruraux, 445–453 Nr. 255B Z. 4; Nr. 257B Z. 13–14).
106 Amorgos 4. Jh. (*Pernin*, Baux Ruraux, 270–275 Nr. 131 Z. 20–23).
107 Vgl. Xen. oik. 1, 5.
108 Hes. erg. 405–407, Übersetzung nach Marg, W.
109 Hes. erg. 342–364; 393–404; 643–644; 689–694.
110 So jedoch *Schmitz*, Nachbarschaft, 26 Anm. 3.

und Wein spezialisiert, baute mehr Gerste an als im Oikos verzehrt werden konnte und erwirtschaftete ein beträchtliches Kapitaleinkommen.[111] Im Hellenismus wurden die großen Oikoi von spezialisierten Arbeitskräften mit fortgeschrittener Technologie und einer Einnahmen-Ausgaben-Rechnung bewirtschaftet.[112] Für die hellenistischen Könige gab es keine Trennung zwischen Hof und Haushalt, alles, was heute der Staat wäre, gehörte zu ihrem Oikos. Sie erhofften sich geregelte Einnahmen aus Verpachtung und Besteuerung des Königslandes.

1 Die Oikosbesitzer

Ob jemand ein Großgrundbesitzer oder ein Kleinbauer war, sein Land selbst bestellte oder einen Verwalter damit beauftragte, lässt sich anhand griechischer Begriffe schwer sagen. Das griechische Verb *geôrgéô* – „ich bearbeite das Land" – konnte wörtlich gemeint sein, aber auch bedeuten, dass die Arbeit anderer angeleitet wurde. Der Begriff *geôrgós* ist ebenfalls mehrdeutig und bezeichnete den Bauern, der sein eigenes Land bebaut, aber auch den Landarbeiter, der auf dem Land eines anderen arbeitet.[113] Bis in die zweite Hälfte des 5. Jh. gab es gar keine spezielle Bezeichnung für „Bauer" im Griechischen. Die Tätigkeiten in der Landwirtschaft waren so selbstverständliche Beschäftigungen, dass sie keiner eigenen Bezeichnung bedurften. Erst als im klassischen Athen Bürgerrecht längst nicht mehr mit Landbesitz verbunden war und viele Handwerker das Bürgerrecht besaßen, wurde die Beschäftigung des Bauern von anderen Tätigkeiten unterschieden.[114]

Der Begriff „Bauer" kann im Kontext des antiken Griechenlands nicht dieselbe Bedeutung haben wie im Mittelalter oder der Neuzeit. Üblicherweise werden Bauern als soziale Teilgruppe einer Gesellschaft betrachtet, die in einem Ausbeutungsverhältnis steht.[115] In der griechischen Polis bildeten nun aber die Oikosbesitzer die Bürgergemeinschaft, ohne jedes Ausbeutungsverhältnis. Ebenso wenig lässt sich eine Verachtung von Reichtum und Wohlstand erkennen, was als typisch für bäuerliche Gesellschaften gilt.[116] Hesiod lobt den Wohlstand, der auf fleißiger Arbeit im eigenen Oikos basiert, und unterscheidet ihn sorgsam vom betrügerisch oder gewaltsam errungenen.[117] Der Oikosbesitzer trifft seine eigenen Entscheidungen bezüglich seiner Adaptationsstrategien, die sowohl der Risikominimierung als auch der Überschussproduktion dienen.[118] Versteht man unter Bauer denjenigen, der unabhängig auf sei-

---

111 *Osborne*, Pride and Prejudice, 118–123.
112 *Chandezon*, Management, 96–97; 108–117.
113 *Burford*, Land, 15; 168.
114 *Schmitz*, Nachbarschaft, 38.
115 Vgl. *Hinsch*, Ökonomik, 42.
116 *Millett*, Hesiod, 95–96.
117 Hes. erg. 320–326.
118 *Gallego*, Farming, 10–14.

nem eigenen Landbesitz Ackerbau und Viehzucht betreibt, dann waren alle landbesitzenden Griechen Bauern.[119]

Dies trifft auch auf Angehörige der Elite zu, deren wirtschaftliche Grundlage die landwirtschaftliche Tätigkeit war. Die Bearbeitung des Landes und die Beschäftigung mit dem Landbesitz galten als angemessene Tätigkeiten, da sie „nach der Natur" und gerecht waren.[120] Wohlstand, der auf der Bewirtschaftung des eigenen Landbesitzes basierte, genoss soziale Anerkennung.[121]

2 Der Landbesitz

Für agrarische Gesellschaften sind die Besitzverhältnisse an Ackerland wesentlich. Entsprechend vielfältig ist das griechische Vokabular.[122] Jedoch ist die präzise Bedeutung der entsprechenden Begriffe nicht immer klar. Grundsätzlich wurde zwischen Land, das den Oikosbesitzern gehörte (*idía gê*), dem öffentlichen (*dêmósia gê*) und dem heiligen (*hierá gê*) Land unterschieden, wobei die Trennung zwischen öffentlichem und heiligem Land umstritten ist.[123]

In Griechenland konnte Landbesitz durch Erbe, Zuteilung und Kauf erworben werden. Es galt Realteilung zwischen den männlichen Nachkommen, wodurch der Landbesitz zersplittert wurde. Die Folgen der Erbteilung beklagt Hesiod in den Ermahnungen an seinen Bruder und gibt den Rat, nur einen Sohn zu zeugen.[124] In neugegründeten Poleis oder erobertem Land wurde Ackerland in möglichst gleichen Landlosen (*klêroi*) verteilt und teilweise als „unveräußerlich" markiert.[125] Das einst viel diskutierte Verbot des Verkaufs von Land wird nunmehr als gelegentlich vorkommender Versuch einer Regelung eingeordnet.[126] Der Kauf von Land war durchaus üblich. Hesiod empfiehlt Rechtschaffenheit und Großzügigkeit den Göttern gegenüber, damit „anderer Land (*klêros*) du erwirbst, nicht deines ein anderer".[127] Inschriften zeigen, dass Land ab dem 4. Jh. für mitunter erhebliche Summen den Eigentümer wechselte.[128] Ischomachos' Vater steigerte seinen Wohlstand, indem er vernachlässig-

---

119 *Cartledge, P.*, Classical Greek Agriculture. Recent Work and Alternative Views, in: Journal of Peasant Studies, 21, 1993, 132, spricht sich für die Verwendung von „peasant" aus, wenn an die etymologische Bedeutung von „Landmann" (frz. *païsan*) angeknüpft wird.
120 Aristot. oec. 1, 1343a25–1343b1.
121 Xen. oik. 15, 4.
122 Vgl. *Hanson*, Other Greeks, 496 Anm. 4–5.
123 *Papazarkadas*, Land, 1–15, zur Forschungsgeschichte.
124 Hes. erg. 35–39; 375–380.
125 HGIÜ II 343 (4. oder 3. Jh. v. Chr. auf Korkyra Melaina), vgl. *Schuler*, Polis, 60–61; *Foxhall*, Environments, 250–252. Auch Aristot. pol. 6, 1319a10–11 kennt entsprechende Gesetze.
126 *Zurbach, J.*, Les hommes, la terre et la dette en Grèce, c. 1400–c. 500 a.C. 2 Bde. (Scripta antiqua, Bd. 95) Bordeaux 2017, 19–23; 699–703 zur Diskussion.
127 Hes. erg. 341, Übersetzung Marg, W.
128 *Bresson*, Economy, 153–154 mit Belegen.

tes Brachland kaufte und, wenn es den vollen Ertrag brachte, wieder verkaufte.[129] Landbesitz blieb aber immer das Privileg der Bürger.[130]

Der kollektive Landbesitz von Poleis, Heiligtümern, Demen, Phratrien und Vereinen, sei es *dêmósia* oder *hierá*, wurde nicht direkt bearbeitet, sondern verpachtet. Über diese Pachtverhältnisse geben zahlreiche Inschriften Auskunft.[131] Gelegentlich wurde auch privates Land, insbesondere von Waisenkindern, verpachtet.[132] Die Pächter waren, wo man es nachvollziehen kann, reiche, in ihrer Polis angesehene Landbesitzer, die aufgrund von Familienbanden und anderen Sozialbeziehungen wie auch Verpflichtungen gegenüber der Polis oder einem Heiligtum das Land pachteten.[133]

Die Größe eines durchschnittlichen Oikos ist nicht leicht zu berechnen, wobei die Qualität des Landes entscheidend blieb. Im Allgemeinen dürften etwa 5 ha zum Unterhalt eines Oikos ausgereicht haben, wie durch antike Zeugnisse belegt ist.[134] Die Oikosbesitzer, die zu den Hopliten gerechnet werden können – also weder ganz arm noch sehr reich waren – sind in den literarischen und epigraphischen Quellen, die bekanntlich die Sicht der Elite darstellen, schwer zu greifen.[135] Der „Mittelklassebauer", den Hanson für die archaische Zeit entwirft,[136] der mit seiner Familie den Hof bewirtschaftete, darin sein Auskommen fand, sich als Hoplit bewaffnete und die Politik dominierte, ist wohl eher Wunschvorstellung denn Realität.[137] Selbst Angehörige der solonischen Klasse der *zeugítai*, die meist als Hopliten interpretiert werden, hatten vermutlich mehr als doppelt so viel Land wie ein Subsistenzbauer und konnten sich zusätzliche Landarbeiter leisten.[138] Die athenische Ideologie vermittelt das Bild einer egalitären Verteilung des Landes, doch haben Foxhall und Osborne berechnet, dass ungefähr 7,5–9 % der Bevölkerung 30–40 % des kultivierbaren Landes besaßen.[139]

In den hellenistischen Monarchien übernehmen die Könige das eroberte Land, das von den Königsbauern in Dauerpacht bewirtschaftet oder großzügig an Gefolgsleute vergeben wurde. Neben den Königen gab es noch viele andere Landbesitzer wie

---

129 Xen. oik. 20, 22–26.
130 Vgl. *Schuler*, Polis, 61.
131 Vgl. *Pernin*, Baux Ruraux.
132 Vgl. *Osborne*, Leasing of Land, 304–322.
133 *Osborne*, Leasing of Land, 291–292; *Papazarkadas*, Land, 319–323.
134 *Gallant*, Risk, 82–92.
135 *Foxhall*, Olive Cultivation, 32–33.
136 *Hanson*, Other Greeks, 288–289.
137 *Foxhall*, Olive Cultivation, 29; *van Wees*, Farmers and Hoplites.
138 *Foxhall, L.*, A View from the Top. Evaluating the Solonian Property Classes, in: *Mitchell, L. G./ Rhodes, P. J.* (Hgg.), The Development of the *Polis* in Archaic Greece. London 1997, 130, berechnet, dass von 200 Scheffel Getreide 34 (Gerste) bis 40 (Weizen) Personen ernährt werden konnten; *van Wees*, Farmers and Hoplites, 230–231.
139 *Foxhall, L.*, The Control of the Attic Landscape, in: *Wells, B.* (Hg.), Agriculture in Ancient Greece. Stockholm 1992, 157; *Osborne, R.*, "Is it a Farm?" The Definition of Agricultural Sites and Settlements in Ancient Greece, in: *Wells, B.* (Hg.), Agriculture in Ancient Greece. Stockholm 1992, 24.

Tempel und Privatleute, die ihren Besitz ebenfalls an Kleinbauern verpachten.[140] Im griechischen Mutterland scheint die Zahl ländlicher Siedlungen in hellenistischer Zeit abgenommen zu haben. Wohl nahm der Großgrundbesitz zu und kleinere Höfe verschwanden.[141]

3 Die Arbeit

Das landwirtschaftliche Jahr war durch regelmäßig wiederkehrende Tätigkeiten gegliedert. Es begann im Herbst, nach dem ersten Regen im Oktober, mit dem Pflügen und der Aussaat des Getreides und der Hülsenfrüchte. Weizen wurde nach Xenophon auch über einen längeren Zeitraum im Herbst ausgesät, je nach Witterungsverhältnissen. Falls die Wintersaat nicht zufriedenstellend ausfiel, säte man erneut im Frühjahr, wofür sich der Weichweizen besser als der Hartweizen eignete.[142] Nach dem Winteräquinoktium um den 20. März konnte Sommergetreide wie Hirse ausgesät werden.[143]

Die Art und Weise des Anbaus von Getreide scheinen sich kaum verändert zu haben. Der Anbauzyklus für Getreide umfasste zwei Jahre. Auf das Jahr des Anbaus folgte die Brache. Im März des zweiten Jahres wurde der Boden gepflügt, um die Feuchtigkeit im Boden zu halten und das Unkraut zu beseitigen.[144] Der Zeitpunkt im März war wichtig, da der Boden früher zu nass war und später zu trocken und hart. Im Juli wurde ein zweites, im Oktober/November ein drittes Mal gepflügt, wobei die Saat ausgebracht wurde. Die Ernte erfolgte dann im nächsten Mai oder Juni. Anschließend lag das Land bis zum nächsten März brach. Das dreimalige Pflügen der Brache[145] diente dem Erhalt der Feuchtigkeit im Boden, machte den Boden krümeliger und verhinderte das übermäßige Wachstum von Unkraut. Die lange Brache entsprach dem Mangel an Dünger. Durch das mehrmalige Pflügen vor der Aussaat entstand eine Nacktbrache, die sich nicht als Weide eignete.[146]

Die Ernte des Getreides fand im Mai statt, konnte sich je nach Getreidesorte und Lage des Ackers jedoch bis in den frühen Juli hinziehen. In der Schildbeschreibung werden die Schnitter beim Mähen eines Königsguts (*témenos*) beschrieben. Sie schneiden mit Sicheln die Halme, die dann mit Strohseilen zu Garben gebunden werden.[147]

---

140 *Von Reden*, Wachstum, 191.
141 *Shipley, G.*, Rural Landscape Change in Hellenistic Greece, in: *Ascani, K. et al. (Hgg.)*, Ancient History Matters. Studies Presented to Jens Erik Skydsgaard on his Seventieth Birthday. Rom 2002, 39–45.
142 Throphr. c. plant. 4, 9, 1; 4, 9, 6; 4, 11, 1–3 zum Sommerweizen (*pyrós trímênos*); Xen. oik. 17, 1–6; Hes. erg. 485–490; vgl. *Sallares*, Getreide, 1034.
143 Theophrast. h. plant. 8, 1, 1–2; vgl. *Forbes, H./Foxhall, L.*, Anonyma Therina. Summer Crops in Theophrastus and in Modern Greece, in: *Ascani, K. et al. (Hgg.)*, Ancient History Matters. Studies Presented to Jens Erik Skydsgaard on His Seventieth Birthday. Rom 2002, 87–100.
144 Xen. oik. 16, 9–15; 17, 12–15.
145 Hom. Il. 18, 541–549; Hes. erg. 383–384; 458–471; Xen. oik. 16, 10–17,11; Theophr. c. plant. 3, 20, 7–8.
146 *Bresson*, Economy, 121.
147 Hom. Il. 18, 550–555; vgl. 11, 67–69.

	Getreide		Oliven	Wein	Obstbäume	Sonstiges
	1. Jahr	2. Jahr				
Oktober	(drittes) Pflügen und Aussaat		Ernte und Beschneiden der Bäume, im Herbst umgraben	Umgraben, Düngen, Beschneiden, Neupflanzung		Holzschlagen
November						Geburt Lämmer und Ziegenkitze
Dezember						
Januar						
Februar	Unkrautjäten			Umgraben und Beschneiden		Herstellung von Schaf- und Ziegenkäse
März	Aussaat Sommergetreide	erstes Pflügen der Brache				
April						
Mai						
Juni	Ernten und Dreschen					
Juli		zweites Pflügen der Brache		Schutz der Weinstöcke und Baumstämme vor Hitze		
August					Ernte Feigen	
September				Ernte und Kelter		

Tab. 15.1: Landwirtschaftliche Tätigkeiten im Jahreszyklus.

Bei Xenophon wird das Schneiden des Getreides im Zusammenhang mit der Windrichtung und der richtigen Länge des Halmes diskutiert.[148] Das Dreschen fand mit Rindern oder anderen Zugtieren auf einer Tenne statt, Knechte worfelten das Getreide, Stroh und Spreu wurden für Rinder und Esel gesammelt.[149]

Nach Einbringen der Ernte im Juli wurden Baumstämme und Weinstöcke unten herum mit Erde bedeckt, um sie vor der Sonne zu schützen. Theophrast diskutiert das Bedecken der Trauben mit Staub, der beim Hacken anfiel (*hypokónisis*), um die Reifung zu verzögern.[150] Im späten Juli und den August hindurch wurden die Feigen geerntet. Im September fand die Weinernte und das Keltern statt.[151]

Gleich nach der Aussaat des Getreides im Oktober/November war die Zeit zum Beschneiden der Obstbäume und Weinstöcke gekommen, die Erde am Stamm wurde umgegraben und neue Obstbäume und Weinstöcke gepflanzt.[152] Das Umgraben der Erde rund um den Stamm des Weinstocks und der Bäume war eine wichtige Tätigkeit, um Luft, Regen und Dünger an die Wurzeln zu lassen.[153] Im Sommer waren die Weinstöcke und Bäume völlig auf die Restfeuchtigkeit im Boden angewiesen. Den ganzen Herbst und Winter hindurch wurden Oliven geerntet und verarbeitet, sowie die Olivenbäume gepflegt. Beim Einsetzen des Regens, wenn die Blätter von den Bäumen fallen, war nach Hesiod die Zeit, Holz zu schlagen.[154] Wichtig war nun ebenfalls das Unkrautjäten des Wintergetreides.

Bei der Frage nach denen, die das Land bearbeiteten,[155] muss zwischen kleinen, größeren und großen Oikoi unterschieden werden. In einem kleinen Oikos arbeitete der Oikosbesitzer mit seiner Familie,[156] bei Erntearbeiten unterstützt durch Verwandte, Nachbarn und Tagelöhner. Größere Oikoi konnten sich unfreie Arbeitskräfte leisten: Sie konnten ernährt werden, da ständig Arbeit anfiel. Große Oikoi wurden von einem Verwalter (*epítropos*, *oikonómos*) geleitet[157] und zahlreichen unfreien Landbeitern bewirtschaftet. In einigen Gegenden Griechenlands wie Lakonien, Messenien, Thessalien und Kreta wurde das Land von einer unterworfenen Bevölkerung bearbeitet, die Abgaben an die herrschende Elite zu leisten hatte.[158] Die Landarbeiter werden in den Quellen durch ihre Tätigkeit und nicht ihren Status charakterisiert, wodurch

---

148 Xen. oik. 18, 1–2.
149 Hom. Il. 5, 499–502; 20, 495–497; Hes. erg. 597–599; 606–607, vgl. *Isager/Skydsgaard*, Agriculture, 25 mit Anm. 13; Xen. oik. 18, 3–9.
150 Theophr. c. plant. 3, 16, 3–4.
151 Hes. erg. 609–614; Hom. Il. 18, 561–568.
152 Hes. erg. 564–572; Theophr. c. plant 3, 2, 6–3, 4; Xen. oik. 19, 1–12; vgl. *Isager/Skydsgaard*, Agriculture, 26–33.
153 Theophr. h. plant. 3, 9, 5; 3, 10; vgl. *Margaritis/Jones*, Agriculture, 164.
154 Hes. erg. 417–429.
155 Vgl. *Burford*, Land, 182–222, zu diversen Aspekten.
156 Für die Arbeit von Frauen auf dem Feld s. den Beitrag von *Wagner-Hasel* in diesem Band.
157 *Chandezon*, Management, 98–108.
158 *Jameson*, Agricultural Labor, 136–139.

kaum zwischen unfreien und freien Arbeitskräften unterschieden werden kann. Da sich Freie nur ungern in eine dauerhafte abhängige Tätigkeit begaben, lässt sich plausibel schließen, dass die Pflüger (*arotêres*) und Knechte (*dmôes*) unfreie Arbeitskräfte waren.[159] Sicherlich war deren Zahl nicht mit denen römischer Landgüter vergleichbar, aber bei einer stärker profitorientierten Landwirtschaft wie dem Weinbau dürften mehr Unfreie beschäftigt worden sein. Darauf könnten die in vielen Regionen Griechenlands gefundenen Türme der spätklassischen bis hellenistischen Zeit verweisen, die als Zeichen für eine intensive Nutzung der natürlichen Ressourcen – zu denen neben der Landwirtschaft auch Bergbau und Steinbrüche gerechnet werden – mit Hilfe unfreier Arbeit interpretiert werden.[160]

IV Strategien der Risikominimierung

Vor 30 Jahren hat Robert Gallant die komplexen sozialen, demographischen und ökologischen Strukturen und das Risikomanagement der griechischen Haushaltswirtschaften untersucht.[161] Für große wie kleine Oikoi bestand die Notwendigkeit einer Überschussproduktion, um Vorräte anlegen und Aufwendungen für Nachbarschaftshilfe und das soziale und religiöse Leben des Dorfes oder der Polis leisten zu können. Diese Gemeinschaften gewährten im Fall persönlicher oder kollektiver Krisen den nötigen Rückhalt. Arbeitsteilung und Überschussproduktion sind wichtige Merkmale der Haushaltswirtschaften, die jenseits des Marktes ein planvolles wirtschaftliches Handeln darstellen.[162] Alle Oikosbesitzer verfolgten eine Risikominimierung durch Streubesitz und Diversifizierung der Feldfrüchte, auch auf großen Gütern gab es aus Sicherheitsgründen keine Monokulturen. Den Besitzern kleiner und mittlerer Oikoi genügte der für einen Ernteausfall ausreichende Vorrat auf Subsistenzniveau und die Absicherung durch die bäuerliche Gemeinschaft, während die Besitzer großer Oikoi zusätzlich eine spezialisierte oder maximierende Produktion anstrebten.[163]

---

159 Hom. Il. 18, 541–9; Hom. Od. 13, 31–2; Hes. erg. 459, 470, 502, 573, 597, 766; *Jameson*, Agricultural Labor, 142–143; dagegen *Schmitz, W.*, Überlegungen zur Verbreitung der Sklaverei in der griechischen Landwirtschaft, in: *Mauritsch, P./Ulf, Chr.* (Hgg.), Kultur(en) – Formen des Alltäglichen in der Antike. Festschrift für Ingomar Weiler zum 75. Geburtstag, Bd. 2. Graz 2013, 547–548; *von Reden*, Wirtschaft, 147, sieht für das klassische Athen keinen vermehrten Einsatz von Sklaven.
160 *Morris/Papadopoulos*, Greek Towers.
161 *Gallant*, Risk; vgl. *Hinsch*, Ökonomik, 514–523, der über den Bereich der Landwirtschaft hinausgeht.
162 *Von Reden*, Wirtschaft, 148.
163 *Bresson*, Economy, 158–160.

1 Vorratshaltung, Überschüsse und Produktivitätssteigerung

Die Mehrung des Oikos, die *oikôpheliê* oder das *oîkon ophéllein* – „das Haus mehren", galt bereits in der Odyssee als erstrebenswertes Ziel.[164] Hesiod erklärt seinen Zeitgenossen die Folgen der Vernachlässigung des Oikos und zeigt ihnen den Weg zu größerem Wohlstand durch harte Arbeit und vorausschauende Vorratshaltung.[165] Im 4. Jh. entwirft Xenophon die Haushaltsführung als *technê*, eine erlernbare Fähigkeit, mit deren Hilfe sich Überschüsse (*periousía*) erwirtschaften lassen, die den Haushalt vergrößern.[166] Die Überschüsse helfen, nicht nur Krisen und Niedergang des Oikos zu verhindern, sondern die Polis und die Götter zu ehren, sich im Krieg selber ausrüsten zu können, Freunden helfen und Gäste reichlich bewirten zu können.[167]

Eine Tendenz zur Steigerung der Produktivität lässt sich erst in hellenistischer Zeit auf großen Gütern erkennen. Das Wissen wäre wohl auch schon früher vorhanden gewesen: Felder wurden bereits in der Odyssee gedüngt, Hesiod ermahnte zur intensiven Pflege des Bodens, über Kenntnisse des Fruchtwechsels[168] und des Kreuzens der Pflanzen verfügten die Griechen spätestens im 4. Jh.; aber solches Wissen kam nicht zur systematischen Anwendung.[169] Die natürlichen und sozialen Bedingungen waren dafür eher ungünstig. Im griechischen Klima hätte ein stärkeres Düngen, das durch die weitgehende Trennung von Viehwirtschaft und Ackerbau ohnehin nur begrenzt möglich gewesen wäre, kaum zu mehr Ernteertrag geführt.[170] Wenn die Felder zu weit vom Wohnort entfernt lagen, war das Interesse an intensivem Ackerbau begrenzt. Technische Innovationen in der Produktion waren selten, hingegen bei der Verarbeitung der landwirtschaftlichen Produkte sind spätestens im Hellenismus Verbesserungen erkennbar.[171] Welche Auswirkungen die Abschöpfung der Überschüsse der Großgrundbesitzer durch Liturgien an die Polis hatte, ist umstritten. Während Isager/Skydsgaard dies als Hinderungsgrund für die Steigerung der Produktivität sehen,[172] betont Osborne, dass die hierfür notwendigen Einkünfte in Geld beschafft werden mussten, was wiederum die Produktivität marktorientierter Produkte befördert hätte.[173]

Im hellenistischen Ägypten wurde durch Gewinnung von fruchtbarem Land, Verbesserungen des Fruchtwechsels, intensivem Anbau ertragreicher Pflanzen und Zucht

---

164 Hom. Od. 14, 222–223, 233; 15, 21.
165 Hes. erg. 298–316; 363–364.
166 Xen. oik. 1, 4.
167 Xen. oik. 2, 5–6; 11, 10.
168 IG II² 2493 Z. 6–10 (Rhamnous 339/8 v. Chr; *Pernin*, Baux Ruraux, 64–9 Nr. 12) schreibt die Saat von Hülsenfrüchten auf der Hälfte der Brache vor.
169 Vgl. *Bresson*, Economy, 161–170.
170 *Amouretti*, Pain, 62–63.
171 *Bresson*, Economy, 161–164; 195–198.
172 *Isager/Skydsgaard*, Agriculture, 202.
173 *Osborne*, Pride and Prejudice.

gewinnbringender Tiere eine Produktivitätssteigerung möglich. Im Fayum und Teilen des Oxyrhynchites zeigt sich im 2. Jh. eine Art Dreifelderwirtschaft.[174] Ptolemaios II. regelte die Wein- und Ölproduktion und deren Verkauf neu und effizienter, um höhere steuerliche Erträge zu erzielen, mit der Folge, dass die Pflanzungen ausgeweitet wurden.[175] Zenon, von 256–248 v. Chr. Verwalter des Apollonios im nördlichen Fayum, verfolgte die Steigerung der Produktivität des Landguts mit Nachdruck. Er machte Land urbar, suchte neue Pflanzen aus und importierte Milesische Schafe wegen der besseren Wollqualität.[176] Jedoch waren diese Experimente recht kurzlebig und das Interesse an neuen Nutzpflanzen scheint nur unter Griechen bestanden zu haben. Typischer war wohl das Verhalten der einheimischen Bauern. Die neu im Fayum angesiedelten ägyptischen Bauern beschwerten sich bei Apollonios über Fehler, die ihnen zufolge auf mangelnder Erfahrung im Ackerbau beruhten.[177] Aus einem Papyrus der Mitte des 3. Jh. geht hervor, dass die Bauern nicht die dem staatlichen Monopol unterliegenden Ölsaaten anbauten, sondern Getreide und Futterwicke.[178] Nach Thompson sind landwirtschaftliche Erneuerungen stets durch die Organisation der Landwirtschaft, die Grundbesitzverhältnisse und die Identität von Bauern und Gutsbesitzern bedingt.[179]

2 Diversifizierung der Feldfrüchte

Weitverbreitet war die Poly- oder Mischkultur – der gemeinsame Anbau verschiedener Pflanzen –, die einerseits dem Boden unterschiedliche Nährstoffe entzogen, andererseits aber auch der Risikominimierung bei Ernteausfällen diente. Häufig wurde zum Beispiel Getreide unter Olivenbäumen ausgesät.

Zahlreiche Pflanzen wurden in Gärten (*kêpoi*) angebaut. Sie lagen zumeist vor der Stadt, aber auch weiter entfernt im Umland in der Nähe von Gehöften.[180] Sie wurden besonders intensiv durch Bewässerung, Düngung und Arbeitskraft bewirt-

---

[174] *Schnebel*, Landwirtschaft, 230–239.
[175] *Austin, M.*, The Hellenistic World from Alexander to the Roman Conquest. A Selection of Ancient Sources in Translation. 2. Aufl. Cambridge 2006, Nr. 296; 297; vgl. *von Reden*, Wachstum, 189–190; *dies.*, Demand, 427–429.
[176] P.Cairo.Zen. 59195; vgl. *Orrieux, C.*, Zénon de Caunos, parépidèmos et le destin grec. Paris 1985, 207; zur Viehzucht im ptolemäischen Ägypten *Thompson, D. J.*, Animal Husbandry in Ptolemaic Egypt, in: *Archibald, Z./Davies, J. K./Gabrielsen, V.* (Hgg.), The Economies of Hellenistic Societies, Third to First Centuries BC. Oxford 2011, 390–401.
[177] P.Lond. VII 1954, 7–8.
[178] SB I 4369a–b mit *Vidal-Naquet, P.*, Le Bordereau d'ensemencement dans Égypte ptolémaïque. Brüssel 1967, 25–36.
[179] *Thompson, D. J.*, Agriculture, in: CAH, Bd. VII.1: The Hellenistic World. 2. Aufl. Cambridge 1984, 367–368.
[180] *Carroll-Spillecke*, Kêpos, 40; 60.

schaftet.[181] Durch die Bewässerung des Gartens ließ sich der Anbau auf das ganze Jahr ausdehnen. Blumen konnten ganzjährig blühen oder zu den gewünschten Zeiten.[182] Obst konnte früher oder später reifen, Gemüse auch zweimal im Jahr.[183] Im Gemüsegarten sollte jede Art für sich gepflanzt werden, bekannt war aber bereits der Schutz vor Schädlingen durch das Drüber- oder Nachsäen (*epispeírein*) bestimmter Pflanzen.[184] Überschüsse aus dem Garten ließen sich in der Stadt verkaufen.

3 Streubesitz

Streubesitz war Folge der Realteilung, bot aber den Vorteil der Reduktion von Ernteausfällen. Den Landbesitzer einer griechischen Polis stellte man sich lange ausschließlich als Stadtbewohner vor, der morgens zu seinen verstreut liegenden Ackerflächen ging. Es entstand die Vorstellung der Polis als Siedlungskern, von freien Ackerflächen umgeben.[185] Dieses Bild ist von der Sicht der antiken Elite geprägt, die sich als Stadtbewohner stilisierten. Ab der klassischen Zeit ist das Land in Kunst und Literatur unterrepräsentiert.[186] Im Hellenismus distanzierte sich die Elite kulturell immer mehr von den ländlichen Realitäten und imaginierte diese Umwelt in Kunst und Literatur.[187] Dass die *chôra* ein unverzichtbarer Teil der Polis war, wurde nur aus besonderem Anlass reflektiert.[188]

Intensive archäologische Surveys in Boiotien, der Argolis und Euböa zeigen jedoch, dass die Landschaften wesentlich stärker besiedelt waren als man zunächst geglaubt hatte und das auf deutlich vielfältigere Art und Weise. Selbst über das Gebiet Attikas, das besonders im Fokus der Forschung steht, erhält man kein einheitliches Bild. Neben den üblichen Demen, die sich um ein Dorf konzentrieren,[189] bestand der Demos Atene aus einer losen Ansammlung von Bauernhöfen mit Türmen, Dreschplätzen, Ölpressen und -mühlen ohne klares Zentrum.[190] Die archäologischen Funde sind keineswegs eindeutig zu interpretieren. Ess- und Kochgeschirr, Vorratsgefäße, Olivenpressen, Getreidemühlen, Webgewichte und beträchtliche Mengen an Phosphat und

---

181 *Van der Veen*, Gardens, 159.
182 Theophr. h. plant. 6, 8, 2; c. plant. 1, 13, 12.
183 Theophr. h. plant. 7, 1, 2–3.
184 Theophr. h. plant. 7, 5, 4.
185 *Bintliff, J.*, City–Country Relationships in the 'Normal Polis', in: *Rosen, R./Sluiter (Hgg.)*, City, Countryside, and the Spatial Organisation of Value in Classical Antiquity. Leiden 2006, 25–27.
186 *Osborne*, Landscape, 16.
187 Theokr. *eidýllia*.
188 *Schuler*, Polis, 57.
189 *Osborne, R.*, Buildings and Residence on the Land in Classical and Hellenistic Greece. The Contribution of Epigraphy, in: ABSA, 80, 1985, 119–128.
190 *Lohmann, H.*, Agriculture and Country Life in Classical Attica, in: *Wells, B. (Hg.)*, Agriculture in Ancient Greece. Stockholm 1992, 39.

Metallspuren weisen auf längere menschliche Besiedlung hin. Doch sagen diese Spuren wenig über den sozialen Status der Bewohner/-innen. Ob es sich bei den Funden um einen Bauernhof handelt, der zugleich einen Haushalt repräsentiert, oder um saisonal genutzte Behausungen, Vorratskammern, Viehställe oder Sklavenbehausungen, ist oft schwer zu entscheiden. Das Fehlen eines griechischen Wortes für „Bauernhof" sowie die Tatsache der Realteilung mit den Folgen des Streubesitzes erschwert die Identifikation außerhalb von Kernsiedlungen liegender Bauernhöfe, die von ihrem Land umgeben waren.[191]

Isoliert liegende Bauernhöfe waren zudem stärker Gefahren ausgesetzt.[192] Die besonders in hellenistischer Zeit typischen Turmgehöfte belegen ihre Wehrhaftigkeit. Die bis zu 15 Meter hohen Türme konnten als Wirtschafts- und Vorratsgebäude dienen, aber aufgrund ihrer prominenten Position und Bauqualität möglicherweise auch als Wohnhaus. Massive Hofmauern unterstreichen die Abwehr von Gefahren wie Piratenüberfälle und Plünderungszüge.[193] Solche Bauten konnten sich nur Großgrundbesitzer leisten, die auf Sklaven und saisonale Landarbeiter angewiesen waren,[194] wobei die Türme vielleicht die leichtere Aufsicht ermöglichten.[195]

Man wird von vielfältigen Siedlungsstrukturen auszugehen haben, die je nach den Umständen aus Einzelgehöften oder Dörfern bestanden, was für die Anpassungsleistung der griechischen Bauern spricht.[196] In beiden Kontexten ist eine intensive Landwirtschaft möglich.[197] McHugh hat in ihrer Untersuchung der nordöstlichen Peloponnes gezeigt, dass die Einzelgehöfte gar nicht isoliert voneinander existierten: Sie bildeten vielmehr Knoten innerhalb der Landschaft, die keinen bloßen Übergangsraum zwischen größeren Siedlungen darstellte, sondern zwischen Arbeit, Wohnstätte und ritueller Gemeinschaft vermittelten.[198]

4 Bäuerliche Gemeinschaft

Während die ältere Forschung die Eigenständigkeit und Isolation einzelner Haushalte, besonders für die früharchaische Zeit, betonte,[199] hebt die neuere Forschung die Bedeutung der Nachbarschaftshilfe in persönlichen oder kollektiven Krisen hervor.[200]

---

191 *Forsén, J.*, The Contribution of the Non-Written Sources, in: *Kinzl, K.* (Hg.), A Companion to the Classical Greek World. London 2006, 73–76.
192 *Osborne*, Landscape, 70.
193 Offensichtlich musste man sich bereits im 4. Jh. vor Überfällen schützen: Ps.-Dem. 47, 52–61.
194 *Schuler*, Polis, 65–68.
195 *Morris/Papadopoulos*, Greek Towers, 155.
196 *Isager/Skydsgaard*, Agriculture, 82.
197 *Gallego*, Farming, 12.
198 *McHugh, M.*, The Ancient Greek Farmstead. Oxford 2017.
199 *Millett*, Hesiod, 93–103.
200 *Barry, W.*, Alone in the Village. Hesiod and His Community in the *Works and Days*, in: CPh, 111, 2016, 311–314, 326.

Der Austausch zwischen den Haushalten fand nach dem Prinzip der Reziprozität statt, deren *raison d'être* in der Schaffung sozialer und wirtschaftlicher Verpflichtungen zwischen Individuen oder Gruppen durch den Austausch von Gütern und Diensten lag. Die sozialen Netzwerke, die durch den Austausch von Gaben entstanden, ermöglichten in Notzeiten den Zugriff auf die Vorräte anderer und bildeten so einen „sozialen Vorratsraum".[201] Die individuelle Stärke und Unabhängigkeit eines Oikosbesitzers war von dessen Netzwerk abhängig. Das ist der Grund, weshalb Hesiod bei aller Betonung der Autarkie des Oikos die Notwendigkeit der nachbarschaftlichen Bindungen anerkennt. Subsistenzwirtschaft und Kooperation werden zu komplementären Forderungen. Zur Pflege des Zusammenhalts rät Hesiod die Nachbarn zum Mahl einzuladen und die im Notfall erbetene Hilfe rasch und reichlich zurückzuerstatten. Denn wer zu häufig um Hilfe bittet, wird zum verachteten Bettler.[202]

V Schlussbemerkungen

Die eingangs erwähnten Modelle einer intensiven oder extensiven Landwirtschaft werden längst nicht mehr kontrovers diskutiert. Beide Formen der Landwirtschaft waren unterschiedliche Handlungsoptionen, die in Abhängigkeit ökologischer und soziopolitischer Faktoren gewählt wurden. Bei einer intensiven Bewirtschaftung von Land durch Mischkulturen aus Bäumen, Weinstöcken, Feld- und Gartenfrüchten könnte man eher von Gartenbau als Ackerbau sprechen.[203] Auf großen Flächen war dagegen nur eine extensive Landwirtschaft möglich. In der Vielfalt der griechischen Landschaften gab es unterschiedliche Arten und Weisen, dem Boden sowohl das Überleben als auch den Überschuss abzuringen.

Bibliographie

Alcock, S. E./Cherry, J./Davis, D. L., Intensive Survey, Agricultural Practices and the Classical Landscape of Greece, in: *Morris, I.* (Hg.), Classical Greece. Ancient Histories and Modern Archaeologies. Cambridge 1994, 137–170.
Amouretti, M.-Cl., Le pain et l'huile dans la Grèce antique. De l'araire au moulin. Paris 1986.
Bresson, A., The Making of the Ancient Greek Economy. Institutions, Markets, and Growth in the City-States. Princeton 2016.
Burford, A., Land and Labor in the Greek World. Baltimore 1993.
Carroll-Spillecke, M., KHPOS. Der antike griechische Garten. (Wohnen in der klassischen Polis, Bd. 3) München 1989.

---

201 *Gallant*, Risk, 166–168.
202 Hes. erg. 342–351; 399–404.
203 Vgl. *Cartledge, P.*, Classical Greek Agriculture II: Two More Alternative Views, in: Journal of Peasant Studies, 23, 1995, 134.

Chandezon, Chr., Some Aspects of Large Estate Management in the Greek World During Classical and Hellenistic Times, in: *Archibald, Z./Davies, J. K./Gabrielsen, V. (Hgg.)*, The Economies of Hellenistic Societies, Third to First Centuries BC. Oxford 2011, 96-121.

Foxhall, L., Environments and Landscapes of Greek Culture, in: *Kinzl, K. (Hg.)*, A Companion to the Classical Greek World. London 2006, 245-280.

Foxhall, L., Olive Cultivation in Ancient Greece. Seeking the Ancient Economy. Oxford 2007.

Foxhall, L./Jones, M./Forbes, H., Human Ecology and the Classical Landscape. Greek and Roman Worlds, in: *Alcock, S. E./Osborne, R. (Hgg.)*, Classical Archaeology. Malden/Mass. 2007, 91-117.

Gallant, T., Risk and Survival in Ancient Greece. Reconstructing the Rural Domestic Economy. Cambridge 1991.

Gallego, J., Farming in the Ancient Greek World. How Should the Small Free Producers be Defined?, in: Studia Humaniora Tartuensia, 8, 2007, 1-21.

Halstead, P., Traditional and Ancient Rural Economy in Mediterranean Europe. Plus ça change?, in: *Scheidel, W./von Reden, S. (Hgg.)*, The Ancient Economy. Edinburgh 2002, 53-70.

Hanson, V. D., The Other Greeks. The Family Farm and the Agrarian Roots of Western Civilization. New York 1995.

Hinsch, M., Ökonomik und Hauswirtschaft im klassischen Griechenland. Stuttgart 2021.

Horden, P./Purcell, N., The Corrupting Sea. A Study of Mediterranean History. Oxford 2000.

Howe, T., Pastoral Politics. Animals, Agriculture and Society in Ancient Greece. Claremont/CA 2008.

Isager, S./Skydsgaard, J. E., Ancient Greek Agriculture. An Introduction. London 1992.

Jameson, M. H., Agricultural Labor in Ancient Greece, in: *Wells, B. (Hg.)*, Agriculture in Ancient Greece. Stockholm 1992, 135-146.

Krasilnikoff, J. A., On the Gardens and Marginal Lands of Classical Attica, in: Proceedings of the Danish Institute at Athens 3, 2000, 177-193.

Margaritis, E./Jones, M., Greek and Roman Agriculture, in: *Oleson, J. (Hg.)*, The Oxford Handbook of Engineering and Technology in the Classical World. Oxford 2008, 158-174.

Millett, P., Hesiod and His World, in: Proceedings of the Cambridge Philological Society, 30, 1984, 84-115.

Morris, S. P./Papadopoulos, J. K., Greek Towers and Slaves. An Archaeology of Exploitation, in: AJA, 109, 2005, 155-225.

Oleson, J., Irrigation, in: *Wikander, Ö. (Hg.)*, Handbook of Ancient Water Technology. Leiden 2000, 183-215.

Osborne, R., Classical Landscape with Figures. The Ancient Greek City and its Countryside. London 1987.

Osborne, R., Social and Economic Implications of the Leasing of Land and Property in Classical and Hellenistic Greece, in: Chiron, 18, 1988, 279-323.

Osborne, R., Pride and Prejudice, Sense and Subsistence. Exchange and Society in the Greek City, in: *Scheidel, W./von Reden, S. (Hgg.)*, The Ancient Economy. Edinburgh 2002, 114-132.

Papazarkadas, N., Sacred and Public Land in Ancient Athens. Oxford 2011.

Pernin, I., Les baux ruraux en Grèce ancienne. Corpus épigraphique et étude. Lyon 2014.

Sallares, R., Getreide, in: DNP Bd. 4, 1998, 1029-1037.

Sallares, R., Ecology, in: *Scheidel, W./Morris, I./Saller, R. (Hgg.)*, The Cambridge Economic History of the Greco-Roman World. Cambridge 2007, 15-37.

Schmitz, W., Nachbarschaft und Dorfgemeinschaft im archaischen und klassischen Griechenland. Berlin 2004.

Schnebel, M., Die Landwirtschaft im hellenistischen Ägypten. München 1925.

Schuler, Chr., Die Polis und ihr Umland, in: *Weber, G. (Hg.)*, Kulturgeschichte des Hellenismus. Stuttgart 2007, 56-77.

Van der Veen, M., Gardens and Fields. The Intensity and Scale of Food Production, in: World Archaeology, 37/2, 2005, 157-163.

Van Wees, H., Farmers and Hoplites. Models of Historical Development, in: *Kagan, D./Viggiano, G. E. (Hgg.)*, Men of Bronze. Hoplite Warfare in Ancient Greece. Princeton 2013, 222-254.

Von Reden, S., Wirtschaftliches Wachstum und institutioneller Wandel, in: *Weber, G. (Hg.)*, Kulturgeschichte des Hellenismus. Stuttgart 2007, 177–201.
Von Reden, S., Demand Creation, Consumption and Power in Ptolemaic Egypt, in: *Archibald, Z./Davies, J. K./Gabrielsen, V. (Hgg.)*, The Economies of Hellenistic Societies, Third to First Centuries BC. Oxford 2011, 421–440.
Von Reden, S., Antike Wirtschaft. (EGRA, Bd. 10) Berlin 2015.

Helga Scholten
16 Handwerk

I Einleitung

Handwerker prägen die materiellen Errungenschaften griechischer Zivilisation, ob Kunstwerk oder Alltagsgegenstand, dennoch blieben diese Tätigkeiten meist den unteren sozialen Schichten überlassen. Das galt gleichermaßen für Architekten, Bildhauer, Vasenmaler wie für den Schmied, Schuster oder die Weberin. Inwiefern sich ihre gesellschaftliche Stellung auf ihre soziale Wertschätzung auswirkte, hing von sozialen Normen, religiösen und ethischen Vorstellungen ab, die stetigen Wandlungsprozessen unterlagen. Im Folgenden werden die Ausbildung und Entwicklung des Wirtschaftssektors „Handwerk" vom Frühen Griechenland bis in die Anfänge hellenistischer Zeit innerhalb des Kulturraumes der griechischen Zivilisation an ausgewählten Beispielen der literarischen und materiellen Überlieferung erörtert. Die Wahrnehmung des Handwerks als eigene Kategorie müsste sich dabei terminologisch fassen lassen, doch mangelt es im Griechischen an präzisen Bezeichnungen.

II Terminologie

„Handwerk" meint den Wirtschaftsbereich, der sich durch die Anfertigung von Produktions- und Konsumgütern auszeichnet.[1] Die Arbeit eines Handwerkers basiert auf *techne*, d. h. auf technischem Wissen und praktischem Können, das sich theoretisch formulieren und lehren lässt.[2] *Techne* meint jegliche vom Menschen erworbene Fertigkeit, jeden „künstlichen" Eingriff in einen natürlichen Urzustand, in einem weiteren Sinne Schlauheit, List oder geschicktes Vorgehen.[3] Handwerker nutzen ihre *techne* zur Veränderung eines Arbeitsgegenstandes, was Wissen über ihre Werkzeuge, die zu produzierenden Objekte, die Eigenschaften des zu verarbeitenden Materials und entsprechendes manuelles Geschick voraussetzt.

---

1 Einführungen in die Wirtschaft der Antike: *Rohde/Sommer*, Wirtschaft; *von Reden*, Antike Wirtschaft; *Ruffing*, Wirtschaft; *Austin/Vidal-Naquet*, Gesellschaft und Wirtschaft. Eine hilfreiche Quellenzusammenstellung: *Humphrey/Oleson/Sherwood*, Sourcebook.
2 *Meißner, B.*, Die technologische Fachliteratur der Antike. Struktur, Überlieferung und Wirkung technischen Wissens in der Antike (ca. 400 v.Chr.–ca. 500 n.Chr.). Berlin 1999, 15–17; *Massar*, Skilled Workers, 68.
3 *Gavoille, É.*, Ars et τέχνη: étude sémantique comparée, in: *Lévy, C./Besnier, B./Gigandet, A.* (Hgg.), Ars et Ratio. Sciences, art et métiers dans la philosophie hellénistique et romaine. Actes du colloque international organisé à Créteil, Fontenay et Paris du 16 au 18 octobre 1997. (Latomus, Bd. 273) Brüssel 2003, 49–60.

In den Epen Homers finden sich einige handwerkliche Tätigkeitsbezeichnungen, die sich nicht immer zweifelsfrei einer Berufsgruppe zuordnen lassen.[4] Homer kannte zwar bereits den *demioergos*, der seine *technai* nicht einem einzelnen *oikos*,[5] sondern der gesamten Gemeinde, dem *demos* anbot, doch waren damit neben Handwerkern auch Seher, Ärzte, Herolde oder Sänger gemeint.[6] In Nord- und Mittelgriechenland bezeichnete *damiourgos* den „für den *demos* wirkenden" hohen Amtsträger.[7]

Im 5. Jahrhundert v. Chr. kamen mit zunehmender Spezialisierung weitere, auf die Tätigkeit bezogene Begriffe hinzu: Ein Handwerker arbeitete, plagte sich, schuf etwas, agierte selbständig (*ergazomai, poneomai, poieomai, autoourgos*) und war ein „Herr seiner Hände", ein *cheironax* oder *cheirotechnes*.[8] Seine Tätigkeit konnte im Vergleich zu anderen als minderwertig, *banausos* gelten.[9] Aristoteles bezeichnete mit *banausos* schließlich eine eigene soziale Gruppe, die aufgrund ihrer unwürdigen (Hand–)Arbeit vom Bürgerrecht auszuschließen sei.[10]

Im Sprachgebrauch spiegelt sich eine Entwicklung wider, die nun in ihrem kulturellen Kontext erörtert wird.

III Der „Kulturraum" griechischer Zivilisation

Zu Beginn des 1. Jahrtausends v. Chr. begann eine kulturelle und politische Neuformierung der griechischen Welt. Diese Entwicklung vollzog sich in einem Kulturraum, den die Griechen mit den Hochkulturen in Vorderasien und Ägypten teilten.[11] „Griechenland" meint den Ort griechischer Sprache und kultureller Gemeinsamkeiten, d. h. Teile Kleinasiens, des Schwarzmeergebietes, die Ägäis, Thrakien, das Festland, Kolonien

---

4 *Ulf*, Gesellschaft, 178.
5 *Oikos* bezeichnet nicht nur das Haus als Wohnort, sondern die ökonomische und rechtliche Einheit. *Schmitz, W.*, Haus und Familie im antiken Griechenland. München 2007, 9–20.
6 Hom. Od. 17, 383–385.
7 IG IX I² 3, 317 (HGI I, 48).
8 Aischylos verwendet den Begriff *cheironaxia* synonym mit dem Begriff *techne*. Aischyl. Prom. 47; vgl. auch Eur. Or. 920; Hdt. 1, 93; 2, 141; 2, 167. Zahlreiche Belegangaben bei: *Rössler, D.*, Handwerker, in: *Welskopf, E. Ch. (Hg.)*, Soziale Typenbegriffe im alten Griechenland, Bd. 3. Berlin 1981, 193–268.
9 Hdt. 2, 164–167; dazu unten 404.
10 Aristot. pol. 1296b29; 1317b37. Vgl. auch *Schmitz, W.*, HAS (Handwörterbuch der antiken Sklaverei, herausgegeben von Heinz Heinen u. a. Stuttgart 2012), s. v. Bánausoi. Bourriots terminologische Studie kommt zu dem Ergebnis, dass die abwertende Bezeichnung *banausos* erst bei Aristoteles ausschließlich zur Kennzeichnung von Handwerkern genutzt worden sei. *Bourriot, F.*, Banausos – Banausia et la situation des artisans en Grèce classique. Hildesheim 2015. Vgl. Aristot. pol. 1328b37–1329a2.
11 *Hölscher, T.*, Einführung: Wie weit reicht die Feindschaft?, in: *Zenzen, N./Hölscher, T./Trampedach, K. (Hgg.)*, Aneignung und Abgrenzung. Wechselnde Perspektiven auf die Antithese von ,Ost' und ,West' in der griechischen Antike. Heidelberg 2013, 12. Zur Problematik, den Anfang der Archaik zeitlich zu definieren: *Stein-Hölkeskamp*, Griechenland, 12; *Schulz*, Odysseus, u. a. 67; 73–75. Grundlegend dazu: *Burkert*, Griechen und Orient.

(*apoikiai*) im Westen und in Nordafrika. Die Assyrer nahmen die Griechen an der Peripherie ihres Reiches wahr. Sie nannten sie „Iadnana", „Ionier",[12] während die Griechen über keine eigene Bezeichnung für die mächtigen Nachbarn im Osten verfügten. Zu heterogen war ihre Welt, zu wenig ausgeprägt ihr „griechisches" Identitätsbewusstsein. Im 8. Jahrhundert v. Chr. gerieten sie in den Sog der neuassyrischen Weltherrschaft – nicht im Sinne eines politisch-militärischen, sondern eines ökonomischen, kommunikativ-gesellschaftlichen „Imperialismus". Individuelle Begegnungen von Handwerkern und Händlern intensivierten innerhalb dieser „Kontaktzone" den Austausch von Waren und Wissen.[13] Allzu „helleno-zentrisch" ist dabei die Vorstellung, dass die frühen Griechen in der sogenannten „orientalisierenden" Phase aus dem Osten Motive und Zitate für ihre Kunst und Literatur aufgegriffen, antiquarisch betrachtet und schließlich zu etwas Neuem, „Griechischem" geformt hätten. Es handelte sich vielmehr um einen kreativen Austausch, einen interkulturellen Dialog; das galt auch für die nachfolgenden Epochen.[14]

Was die Entwicklung des Handwerks betraf, so kannten die vorderasiatischen Hochkulturen bereits seit dem 3. Jahrtausend v. Chr. eine Vielzahl von Berufsbezeichnung. Babylonische Verwaltungsurkunden, Rechts- und Lehrtexte geben Hinweise auf die Arbeitswelt. In der Bildkunst sind Handwerksdarstellungen allerdings selten.

Neben Ackerbau und Viehzucht entwickelten sich hoch spezialisierte Produktionssphären. Königs- und Tempelwirtschaft verwalteten einen großen Teil der Keramik- und Textilherstellung, der Metall- und Steinverarbeitung und trugen zu einer ergebnisorientierten Wirtschaftsführung bei. In Konkurrenz zu diesen Großbetrieben standen Privatwirtschaften, die ihr Ackerland und andere Produktionsmittel für den Eigenbedarf nutzten, jedoch über ein Abgabensystem an die Staatswirtschaft gebunden waren.[15]

In ähnlicher Form war im mykenischen Griechenland ein großer Teil der handwerklichen Produktion einer streng hierarchisch-zentralistischen Palastorganisation untergeordnet. Es bestand eine enge Interaktion zwischen Handwerkern, Betriebsleitern und Palastverwaltung. Die Linear-B Tafeln enthalten eine Vielzahl von Berufsbezeichnungen für grundlegende Handwerkszweige und deren Teilbereiche. So findet

---

12 *Rollinger, R./Ruffing, K.*, World View and Perception of Space, in: *Zenzen/Hölscher/Trampedach (Hgg.)*, Aneignung und Abgrenzung, 94; *Patzek*, Die orientalisierende Kultur, 385.
13 *Patzek*, Die orientalisierende Kultur, 385–387.
14 In dem in Anm. 11 genannten Sammelband „Aneignung und Abgrenzung" wird auf die Aktualität der auch über die griechische Frühzeit hinausgehenden Thematik hingewiesen, womit sich weitere mögliche Forschungsfelder öffnen.
15 *Marzahn, J.*, Die Arbeitswelt – Wirtschaft und Verwaltung, Handel und Profit, in: *Marzahn/Schauerte (Hgg.)*, Babylon, 233; 251. Zum System der „Redistribution" siehe *Rohde/Sommer*, Wirtschaft, 282–285; *Jursa, M.*, Grundzüge der Wirtschaftsformen Babyloniens im ersten Jahrtausend v. Chr., in: *Rollinger, R./Ulf, Ch. (Hgg.)*, Commerce and Monetary Systems in the Ancient World: Means of Transmission and Cultural Interaction. Bd. 6. Stuttgart 2004, 115–136.

sich etwa neben der Bezeichnung „Schmied" auch der „Waffenschmied", „Bronzeschmied" oder „Graveur".[16]

Nach dem Ende der Palastzeit zerfielen die gesellschaftlichen und wirtschaftlichen Strukturen, was sich u. a. auf den Bereich des Handwerks auswirkte. Die Bevölkerungszahlen gingen zurück, Straßen- und Wegenetze, Kanalbauten und Entwässerungsanlagen verfielen. Die für die Organisation des Systems benötigte Schrift verschwand. Doch auch ohne die Palasthierarchien ging das Leben und die handwerkliche Arbeit in einigen Regionen weiter. Zwar ist in SH III C Früh (1200–1130 v. Chr.) ein deutlicher Rückgang in der Keramikproduktion festzustellen, doch bereits in SH III C Mitte (1130–1070 v. Chr.) erschienen hochwertige Arbeiten eines neuen Typs.[17] In anderen handwerklichen Bereichen, in der Glasherstellung oder auf dem Gebiet der Architektur, ging technisches Wissen und Können verloren oder erreichte einfach nicht mehr das Niveau der mykenischen Zeit. Um 1070 v. Chr. lassen sich dann an zahlreichen Orten Katastrophen und Brände nachweisen; die postpalatiale Zeit endete. Nur kleinräumige, selbständige Siedlungseinheiten blieben und bildeten das Grundgerüst für die Entstehung der griechischen Poliswelt. Von zentraler Bedeutung für den „Neustart" im Handwerk waren die im 10. und 9. Jahrhundert v. Chr. erneut aufgenommenen Kontakte zu Phönikien und Zypern, wo einige *technai* überlebt hatten und sich von dort langsam im griechischen Raum verbreiteten.[18] Die Gründungen von Handelsniederlassungen (*emporioi*) und seit der Mitte des 8. Jahrhunderts v. Chr. von „Kolonien" (*apoikiai*) bedeuteten eine erneute Öffnung der griechischen Welt. Rückschlüsse auf Auswirkungen, große Entwicklungslinien im Bereich des Handwerks bieten im Literarischen die um 700 datierten Epen Homers.[19]

In der Welt Homers herrschte eine bäuerliche Subsistenzwirtschaft vor. Die meisten handwerklichen Tätigkeiten konzentrierten sich auf die Weiterverarbeitung agrarischer Produkte für den Eigenbedarf; sie fanden innerhalb des *oikos* und zu dessen Nutzen statt. Der „Siedlungsanführer" (*basileus*)[20] leistete mit seiner Arbeit einen wichtigen Beitrag zur Mehrung des Wohlstands seines Hauses. Dabei unterlag er der Verpflichtung zur Versorgung der übrigen *oikos*-Mitglieder. Hinzu kam das Bestreben, so viel zu erwirtschaften, dass die erwarteten Gastmähler für Freunde (*hetairoi*) und weitere *oikos*-Herren stattfinden konnten, was der Pflege sozialer Kontakte und der Behauptung des eigenen Sozialprestiges diente. Den Alltag eines *oikos*-Herrn bestimmte jedoch harte Arbeit. Söhne erlernten in der Regel von ihren Vätern die lebensnotwendigen landwirtschaftlichen und handwerklichen Kenntnisse, Frauen und Töchter

---

16 *Nightingale*, Ende und Neubeginn, 219–227 mit vielen weiteren Beispielen.
17 Die Abkürzung „SH" steht für „Späthelladisch"; die helladische Kultur hatte seit dem 3. Jahrtausend v. Chr. ihr Zentrum in der Argolis. *Vikatou, O./Moschos, I.*, Leben nach dem Zusammenbruch. Neuorientierung im Machtvakuum, in: Mykene. Die sagenhafte Welt des Agamemnon, Ausstellungskatalog, Badisches Landesmuseum Karlsruhe. Darmstadt 2018, 240–241.
18 *Nightingale*, Ende und Neubeginn, 225–226.
19 *Patzek*, Homer, 4.
20 Zur Problematik der Übersetzung „König" siehe *Patzek*, Homer, 111–114.

übernahmen ihrem Geschlecht entsprechende, spezifische Aufgabenbereiche.[21] Herodot wusste über die Frühzeit zu berichten, dass es die Frauen waren, die die schweren Arbeiten leisteten, bevor sich Sklavendienste oder andere abhängige Arbeitsformen etablieren konnten.[22] In der homerischen Zeit erfolgte die Arbeitszuteilung wohl im Wesentlichen nach den Ausgangsprodukten. Während Männer Fleisch verarbeiteten, übernahmen Frauen die Weiterverarbeitung von Kornfrüchten und Wolle, die mit dem *oikos* verbundenen Arbeiten.[23] Mägde (*gynaikes dmoai*) erhielten ihre Ausbildung im Haus. „Die einen lernten wir an, was alles zu tun ist, recht zu verrichten, Wolle zu krempeln, als dienende Mägde Arbeit zu leisten."[24] Männern kamen Aufgaben im öffentlichen Raum zu, als Krieger, Redner, als Bauern auf dem Feld oder als Handwerker.

An welchen Idealen sich diese arbeitenden Menschen orientieren konnten, zeigt ein Blick in das Haus des Alkinoos, des *basileus* der Phaiaken. „Fünfzig dienende Frauen waren im Hause; die einen trieben die Mühlen und mahlten ihm gelbes Getreide; die andern saßen indessen am Webstuhl, woben und drehten die Spindeln, saßen so eng beieinander wie Blätter an riesigen Pappeln."[25] Die Weberinnen des Alkinoos hatten ihr unvergleichliches Handwerk von Athene gelernt.[26] Die perfekte Organisation eines idealen Haushaltes bestand offensichtlich darin, dass jedes Mitglied den für ihn bestimmten Platz einnahm, in seinem Handwerk durch technisches Können überzeugte und sich der herrschaftlichen Ordnung fügte. Im Epos brachte den Betrachter Odysseus vor allem die kunstvolle Gestaltung des Hauses des Alkinoos zum „Staunen",[27] die goldenen Türen, die mit einem Gesims aus blauem Glasfluss geschmückten Wände und künstlerische, selbst die Gesetze der Natur übertreffende Objekte wie die silbernen und goldenen vom Gott Hephaistos selbst geschaffenen Wachhunde. Vieles in dieser Bildbeschreibung[28] erinnert an den stolzen Baubericht des neuassyrischen Königs Sanherib (705–681 v. Chr.):

> An den mächtigen Türen aus Zedern-, Zypressen- und burasu-Wacholderholz brachte ich Beschläge aus reinem KI-SAG-Metall mit leuchtendem Kupfer an und befestigte sie in seinen (des Palastes) Toren. Ich umgab sein Inneres mit Knaufnägeln aus Silber und Kupfer. Mit obsidian- und lapislazuli-farbigen Ziegeln stattete ich die Archivolte, Friese und seine sämtlichen Zinnen aus.[29]

---

21 *Ulf*, Gesellschaft, 178 f. mit weiteren Belegstellen. *Schmitz*, Gesellschaft, 15–31.
22 Hdt. 6, 137; Pherekrates bei Athenaios, Deipnosophistai 6, 263b; vgl. auch *Austin/Vidal-Naquet*, Gesellschaft und Wirtschaft, 168.
23 Dazu immer noch *Wickert-Micknat, G.*, Die Frau, Archaeologia Homerica III, R. Göttingen 1982.
24 Hom. Od. 22, 421–423.
25 Hom. Od. 7, 103–106.
26 Hom. Od. 7, 111.
27 Vgl. *Patzek*, Die orientalisierende Kultur, 389. Zum Begriff des Staunens: *Schulz*, Odysseus, 11–14.
28 *Graf, F.*, Ekphrasis: Die Entstehung der Gattung in der Antike, in: *Boehm, G./Pfotenhauer, H. (Hgg.)*, Beschreibungskunst – Kunstbeschreibung. Ekphrasis von der Antike bis zur Gegenwart. München 1995, 146.
29 *Patzek*, Die orientalisierende Kultur, 394, mit einem Hinweis auf die Übersetzung.

In den Epen Homers verweisen die poetischen Reflexionen konkreter, technisch höher entwickelter Vorbilder auf einen interkulturellen Austausch.

Handwerkskunst der Assyrer oder Phönikier, kostbare Gastgeschenke, Handelsgüter oder Beutestücke gelangten nach Griechenland und dienten führenden Persönlichkeiten vor allem als Prestigeobjekte. Funde in Grabanlagen oder Heiligtümern konnten Werkstätten des Nahen Ostens oder der Hoheitsgebiete assyrischer Herrschaft zugeordnet werden. Griechische Handwerker inspirierten sie zur Produktion von Keramiken mit „orientalischen" Motiven.[30] Aber auch die von griechischen Handwerkern in assyrischen Diensten erworbenen neuen Erkenntnisse wirkten sich auf die griechische Kunst und Kultur aus.[31] Zur Zeit Homers zeichneten sich die ökonomischen Verhältnisse jedoch im Allgemeinen durch große Einfachheit aus. Hinter der Beschreibung der großen Halle im Haus des Alkinoos, in der die Weberinnen emsig im Einklang agierten, verbarg sich der typische Mehrzweckraum frühgriechischer Bauernhäuser.[32] Nur wenige Arbeiten fanden außerhalb des Hauses statt, wie beispielsweise die des Schmiedes (*chalkeus*), Töpfers (*kerameus*), Zimmermanns (*tekton*) oder weiterer Spezialisten (*demioergoi*).[33] Die Terminologie zeigt, dass ein nur begrenzter Spezialisierungsgrad erreicht war, ähnliches ergibt sich aus den Epen Hesiods. In der einfachen bäuerlichen Welt Boiotiens des 7. Jahrhunderts v. Chr. kam dem Handwerk noch eine marginale Rolle zu.

IV Spezialisierung und „Markt-Wirtschaft"

Von der Mitte des 7. Jahrhunderts v. Chr. an führten wirtschaftliche und soziale Veränderungen in Folge von „Kolonisation" und Urbanisierung zu steigenden Anforderungen an die Landwirtschaft und an das handwerkliche Können. So ist mit einer Intensivierung der Produktion zu rechnen, ebenso mit einer weiteren Arbeitsteilung und Spezialisierung. Überschüsse an Waren konnten auf städtischen Märkten verkauft oder getauscht werden. Die Erwirtschaftung eines gewissen Wohlstands ermöglichte die Beschäftigung von Gelegenheits- und Saisonarbeitern sowie Sklaven, sicher jedoch kein Leben in Luxus und Pomp.[34] Schmied, Töpfer und Zimmermann lassen sich in

---

30 Zur Problematik der Einschätzung dieser Einflüsse: *Dirschedl/Oettel*, Kunst- und Techniktransfer, 585–610.
31 *Patzek*, Die orientalisierende Kultur, 383–401.
32 *Patzek*, Homer, 88; *Stein-Hölkeskamp*, Griechenland, 45–49; *Schulz*, Odysseus, 67.
33 Hom. Od. 17, 383–386; 19, 135.
34 Hom. Od. 11, 489–491; Il. 21, 441–452; *Scholten*, Arbeit, 5. Die Berührung des Themas „Handwerk" mit dem der Sklaverei lässt sich hervorragend durch die entsprechenden Titel im 2012 erschienenen Handwörterbuch der Sklaverei erschließen, weshalb die Thematik der unfreien Arbeit nicht explizit, als eigenes Kapitel, ausgeführt wird. Seth Bernard verweist auf den Zusammenhang zwischen wirtschaftlicher Prosperität und der Expansion von Handelszentren, zwischen städtischen und ländlichen Arbeiten; *Bernard*, Economy of Work, 20–32.

den Epen Homers und Hesiods als Berufs- und nicht mehr nur als reine Tätigkeitsbezeichnungen ausmachen.[35] Außerdem arbeiteten bereits Steinmetze, Vasenmaler und Bronzeschmiede als qualifizierte Fachleute. Funde aus Olympia dokumentieren ein Nebeneinander „orientalischer" und „griechischer" Formen, ebenso eine Weiterentwicklung technischer Verfahren. Besonders gut ist dies an dem mit plastischem Schmuck versehenen Bronzekessel zu beobachten, den massiv gegossene Flügelattaschen (Ende 8. Jahrhundert v. Chr.) und in Sphyrelaton-Technik hergestellte Greifen-Protomen (um 680–670 v. Chr.) zieren. Erstmals ab der Mitte des 7. Jahrhunderts v. Chr. wurden die Protomen gegossen, eine Technik, die in Vorderasien bereits seit dem 3. Jahrtausend v. Chr. Anwendung fand. Das Hohlgussverfahren sollte die Schaffung überlebensgroßer Bronzestatuen erst ermöglichen.[36] Auch die Keramik wandelte ihren Stil, was Produkte aus den Keramikzentren Korinth, Athen, den Kykladen, Kreta und Ostionien zeigen, aber auch die kunstvollen Terrakotten, die Tempel in Syrakus und Gela schmückten.[37] Steigende Konsummöglichkeiten der Oberschicht, wachsende Städte und die damit einhergehenden Erfordernisse im Bauwesen, in der Infrastruktur, beim Ausbau von Häfen und beim Schiffsbau, nicht zu vernachlässigen der erhöhte Militärbedarf trugen in der Folgezeit zu einer weiteren Spezialisierung im Handwerk bei. Zu Beginn des 6. Jahrhunderts v. Chr. führten die Reformen Solons in Athen indirekt, wohl kaum politisch intendiert, zu einer Förderung des Handwerks. So bewirkte die „Lastenabschüttlung" (seisachtheia) für Kleinbauern die Befreiung von Schulden und Knechtschaft. Angesichts ihres geringen und unter Umständen wenig qualitätvollen Landbesitzes sahen sie nun eine größere Chance, ihren Lebensunterhalt als Handwerker oder Kleinhändler zu bestreiten. Sie gehörten zur Gruppe der weniger als 200 Maßeinheiten erwirtschaftenden Theten.[38] Ein sicher ebenso wenig politisch begründeter Aufschwung des Handwerks ging dann mit den gewaltigen Bauprojekten des Tyrannen Peisistratos einher.[39] Die Errichtung monumentaler Tempel aus bearbeitetem Stein ließ nun nicht nur in Athen die neue Berufsgruppe der Architekten entstehen. Sie koordinierten die Tätigkeiten der Handwerker und waren für die Durchführung und Planung der Großbauten zuständig. Selbst der persische Großkönig Dareios I. (549–486 v. Chr.) wusste die handwerklichen Fähigkeiten der Griechen zu schätzen, was deren Beschäftigung beim Palastbau von Susa erklärt.[40] Vorbilder für Architektur und Skulptur fanden die Griechen ihrerseits in Ägypten, in Vorderasien, bei den Assyrern und Persern.[41]

---

35 *Ulf*, Gesellschaft, 178 f.
36 *Schneider*, Gaben des Prometheus, 104–106; *Dirschedl/Oettel*, Kunst- und Techniktransfer, 590–595; *Mattusch*, Metalworking, 426–431.
37 *Dubbini*, Public Spaces, 47–71; *de Angelis*, Greek Sicily, 240–256.
38 Plut. Solon 22; *Austin/Vidal-Naquet*, Gesellschaft und Wirtschaft, 193.
39 *De Libero, L.*, Die archaische Tyrannis. Stuttgart 1996, 298–402.
40 *Wieseöfer, J.*, Anstelle eines Nachwortes: Methodische und rezeptionsgeschichtliche Überlegungen zu ‚Orient-Okzident Beziehungen' in der Antike, in: *Zenzen/Hölscher/Trampedach* (Hgg.), Aneignung und Abgrenzung, 498.
41 *Schneider*, Gaben des Prometheus, 72–74.

Die bald folgenden kriegerischen Auseinandersetzungen des 5. Jahrhunderts, die Perserkriege und der Peloponnesische Krieg, leiteten weitere politische und ökonomische Wandlungsprozesse ein, wobei die Zäsur in wirtschaftlicher Hinsicht wohl nicht so groß war, wie häufig vermutet wurde. Athen etwa hatte bereits seit der Mitte des 6. Jahrhunderts v. Chr. seine geo-ökonomische und politische Vormachtstellung in der Ägäis gezielt ausgebaut. Einen Höhepunkt erreichte diese Entwicklung 490 v. Chr.[42] Archäologische Befunde im Hafengebiet von Piräus dokumentieren den Bau von Schiffsrampen zur Instandhaltung der Kriegsschiffe.[43] Der Flottenbau und die Ausrüstung der Hopliten mit Brustpanzern, Schilden und Waffen erforderten verstärkt die Arbeit zahlreicher Spezialisten. Einige Bürger dürfte es damals aus den ländlichen Demen in die Städte und in wirtschaftliche Metropolen wie Athen gezogen haben, um dort handwerklich tätig zu werden. Diese Form von Migration stärkte wiederum die Produktion von Gütern, um den Bedürfnissen der Arbeitskräfte entgegenzukommen.[44] Wirtschaftliche Überschüsse flossen in den Bau von Unterkünften, sicher aber auch in die Errichtung vieler imposanter religiöser und profaner Bauten, in denen die Verehrung einer Gottheit und der Stolz einer Bürgerschaft ihren Ausdruck fanden.[45]

Für Athen liefern neben archäologischen Monumenten literarische und epigraphische Quellen weitere Hinweise. So werden in den Komödien des Aristophanes verschiedenste handwerkliche Berufe genannt.[46] Ein wesentliches Kriterium für die berufliche Vielfalt sah Xenophon in der Größe der Städte, denn nur in größeren Poleis genüge jedem ein einzelnes Handwerk, um seinen Lebensunterhalt zu bestreiten.[47] Die Berufsausbildung unterlag dem Betreiber der Werkstatt, wobei es durchaus rau zugehen konnte. In einem Brief aus dem 4. Jahrhundert v. Chr. fleht ein Lehrling namens Lesis seine Eltern an, ihn aus dem Elend seines Arbeitsverhältnisses zu befreien. „Ich gehe an der Prügel zugrunde. Ich werde gefesselt. Ich werde in den Dreck getreten. Immer mehr. Immer mehr."[48]

---

42 *Eich*, Geo-Ökonomie, 51–77. Was das wirtschaftliche Wachstum Athens betrifft, so legt Peter Acton eine nicht ganz unumstrittene Studie vor. Seine Thesen beruhen auf Modellen aus der modernen Unternehmensberatung, die er auf die ökonomischen Strukturen Athens anwendet. Dennoch handelt es sich um einen innovativen Ansatz, der zu weiteren Studien anregt; *Acton, P.*, Poiesis: Manufacturing in Classical Athens. Oxford/New York 2014.
43 *Athanasopulos, P.*, Shipsheds, the 5th Century BC Athenian Naval Bases in Piraeus. Constructing a New Maritime Identity, in: *Riess (Hg.)*, Colloquia Attica II, 105–117.
44 *Eich*, Geo-Ökonomie, 56.
45 Zu den Großbauten auf Sizilien vgl. *de Angelis*, Greek Sicily, 290–292.
46 Vgl. Aristoph. Equ. 315–321; IG I³ 426, 427, 430, 476; *Austin/Vidal-Naquet*, Gesellschaft und Wirtschaft, 243–248; *Harris, E. M.*, Workshop, Marketplace and Household: The Nature of Technical Specialization in Classical Athens and its Influence on Economy and Society, in: *Cartledge/Cohen/Foxhall (Hgg.)*, Money, Labour and Land, 67–99; *Ruffing*, Spezialisierung.
47 Xen. Kyr. 8, 2, 5. Seth Bernard bemerkt dazu, Xenophon differenziere zwischen einer horizontalen – auf die Breite des Angebots ausgelegte – und einer vertikalen – einer stärker differenzierten – handwerklichen Tätigkeit; *Bernard*, The Economy of Work, 26.
48 IL 1702; Griechische Inschriften als Zeugnisse der Kulturgeschichte. Griechisch-deutsch, hrsgb. v. Matthias Steinhart. Berlin/Boston 2017, Nr. 25.

Einen Eindruck von den Verdienstmöglichkeiten im Handwerk vermittelt eine Inschrift aus dem Jahr 408/07 v. Chr. Sie enthält eine Abrechnung zu den Arbeiten am Erechtheion mit Angaben zu den Arbeitslöhnen. Bürger, Metöken und Sklaven waren im Dienst der Polis auf der Baustelle beschäftigt.[49] Abgesehen von ausgewiesenen Spezialisten, die beispielsweise für die Kannelierung der Säulen zuständig waren, erhielten die meisten Handwerker, ob Architekt, Zimmerleute, Tischler, Steinmetze, Maler, Holzschnitzer oder Bildhauer einen festen Tageslohn von einer Drachme. Selbst Sklaven bekamen den gleichen Tagessatz, den sie an ihren Herrn abtreten mussten.[50] Eine Drachme entsprach sechs Obolen, dem doppelten Tagessatz eines Dikasten. Im 4. Jahrhundert v. Chr. stiegen die Tagessätze und die Löhne.[51] Nur Architekten erhielten eine Lohngarantie für ein Jahr. Sie trugen die Verantwortung für die Bauprojekte, weshalb ihr Rat dazu in der Volksversammlung Gehör fand.[52]

Freie Bürger arbeiteten oft Seite an Seite mit Metöken, Freigelassenen und Sklaven.[53] Über die Zahl der in Athen beschäftigten Sklaven lässt sich nur spekulieren. So nennen die Verkaufslisten des eingezogenen Besitzes derer, die im Jahr 414 v. Chr. wegen des Hermokopidenfrevels verurteilt worden waren, 45 Sklaven. Sechzehn von ihnen besaß allein der Metöke Kephisodoros. Bei manchen ist nur das Geschlecht und die Herkunft genannt, bei anderen auch der Name und die Berufsbezeichnung. Belegt sind ein Spießchenhersteller, zwei Schuster, ein Schmied, ein Goldschmied und ein Tischler.[54] Zur Eroberung Dekeleias im Sommer 413 v. Chr. bemerkte Thukydides, dass 20.000 Sklaven geflohen seien, die meisten von ihnen Handwerker (*cheirotechnai*).[55]

Nicht zu vernachlässigen war die Zahl der im Handwerk tätigen Metöken, fremder Siedler ohne Bürgerrecht. Sie fanden sich in nahezu allen griechischen Poleis, lediglich Lakonien, Messenien, Thessalien und einige Städte auf Kreta nahmen eine Sonderrolle ein, denn dort arbeitete die unfreie, unterworfene Urbevölkerung.[56] In Sparta übernahmen Periöken all jene Tätigkeiten, die den Spartiaten untersagt waren.[57] Sie waren persönlich frei, lebten in von Sparta abhängigen Städten und bestritten ihren Lebensunterhalt in der Landwirtschaft, im Handel, Handwerk und Gewer-

---

49 Zu den im Auftrag der Gemeinde arbeitenden Handwerkern: *Massar*, Skilled Workers, 68–93.
50 *Schmitz, W.*, HAS s. v. *Apophorá*. IG I³ 476; dazu: *Austin/Vidal-Naquet*, Gesellschaft und Wirtschaft, 243–248.
51 Im Jahr 425 v. Chr. hatte Kleon die Erhöhung des Dikastensoldes von zwei auf drei Obolen durchgesetzt. Die Bezahlung für die Anwesenheit in der Volksversammlung betrug bis zum Jahr 392 v. Chr. drei Obolen und wurde bis ca. 325 v. Chr. auf sechs erhöht. Aristoph. Vesp. 605–618; Aristot. Ath. pol. 27, 3; 62, 2; *von Reden, S.*, HAS s. v. Arbeit.
52 Plat. Prot. 319b; *Schneider*, Die Gaben des Prometheus, 150; *Massar*, Skilled Workers, 69 f.
53 *Schmitz*, Gesellschaft, 125.
54 IG I³ 426, 427, 430.
55 Thuk. 7, 27, 5. Zur Bedeutung von Sklavenarbeit im ökonomischen System zuletzt: *Manning*, Open Sea, 127–133.
56 *Stein-Hölkeskamp*, Griechenland, 167; *Schmitz*, Gesellschaft, 151.
57 Xen. oik. 4, 3.

be.⁵⁸ Dass sie sich jedoch nicht immer in ihr Schicksal fügten, zeigte im Jahr 398 der Umsturzversuch des minderberechtigten Kinadon, der sämtliche Heloten, Neodamoden, Minderberechtigte und Periöken – die arbeitende Bevölkerung – hinter sich vereinte.⁵⁹ Auf die Frage, woher sie ihre Waffen bezögen,

> [...] habe Kinadon ihn, wie er (der Denunziant) erzählte, zum Eisenwarenmarkt (*sideros*) geführt und ihm da viele Dolche, Schwerter, Spieße, Beile und Äxte, viele Sicheln gezeigt [...] auch all dieses seien Waffen, nämlich für alle diejenigen, die Erde, Holz und Steine bearbeiten, und auch die meisten der übrigen Handwerker hätten Werkzeuge, welche gut als Waffen dienen könnten, [...].⁶⁰

Der Eisenwarenmarkt verfügte somit über ein reichhaltiges Angebot an Waffen und Werkzeugen aller Art. Sie kamen jedoch nicht gegen die Spartiaten zum Einsatz, denn die Pläne flogen im Vorfeld auf.⁶¹

Auch in Athen gab es eine nicht arbeitende Oberschicht, die aber nur einen Teil der freien, vollberechtigten Bürger ausmachte; viele dürften einer Erwerbstätigkeit nachgegangen sein. Neben Freien nutzten Fremde, Metöken, die dortigen attraktiven Verdienstmöglichkeiten. Gegen Zahlung von Abgaben in geringer Höhe, darunter das *metoitikon*, erhielten sie ein Bleiberecht, ohne eigenes Land oder ein Haus besitzen zu dürfen.⁶² Einige ließen sich in den attischen Demen nieder, viele in Athen selbst und im Piräus, wo sie meist einem Handwerk oder Gewerbe nachgingen.⁶³ Eine um 400 datierte Inschrift nennt Metöken in verschiedensten Berufszweigen, darunter einen Zimmermann, Tuchwalker, Architekten und Bildhauer.⁶⁴

Namentlich und durch seine Reden bekannt ist unter anderen der Metöke Lysias. Er betrieb in Athen zusammen mit seinen Brüdern eine große Werkstatt zur Herstellung von Schilden. Sie beschäftigten mehr als 100 Sklaven, die höchste für ein *ergasterion* belegte Zahl. Während des oligarchischen Umsturzes im Jahr 404/03 v. Chr. verlor die Familie im Zuge einer Verfolgung reicher, demokratischer Metöken ihr Vermögen. Nach Ende der Tyrannis der „Dreißig" kehrte Lysias nach Athen zurück und verdiente seinen Lebensunterhalt fortan als Redenschreiber.⁶⁵ Seine Gerichtsreden bieten einen anschaulichen Eindruck von der Lebenswelt Athens im ausgehenden 5. und beginnenden 4. Jahrhundert. v. Chr. Einer um 400 v. Chr. verfassten Rede zufolge erhielten hilfsbedürftige attische Bürger eine kleine staatliche Rente von einem

---

58 *Schmitz*, Gesellschaft, 212.
59 Xen. hell. 3, 3, 5.
60 Xen. hell. 3, 3, 7.
61 Zur Gesellschaft Spartas: *Schmitz*, Gesellschaft, 180–224.
62 Das grenzte sie von der Gruppe der Bürger ab; *Austin/Vidal-Naquet*, Gesellschaft und Wirtschaft, 80.
63 Isokrates zufolge hätten die Athener den Piräus bewusst als Marktzentrum eingerichtet. Isokr. or. 42.
64 Tod GHI II 100; dazu *Austin/Vidal-Naquet*, Gesellschaft und Wirtschaft, 240–241.
65 Lys. 12, 8, 19; Ps. Plut., Vita decem oratorum 10 (mor. 836e) =DK 82A17. *Schmitz*, HAS s. v. Handwerk; *von Reden*, Antike Wirtschaft, 58.

Obol pro Tag.[66] Im verhandelten Fall verteidigt sich ein Invalide gegen den Vorwurf, seine Bezüge zu Unrecht in Anspruch zu nehmen. „Ich betreibe ein Gewerbe, das nur wenig abwirft und das ich nur mit Mühe ausüben kann; einen Sklaven, der die Arbeit für mich übernimmt, kann ich mir noch nicht leisten. Weitere Einkünfte habe ich nicht, außer dieser Rente."[67] Leider erwähnt Lysias nicht, mit welcher Tätigkeit der hilfsbedürftige Athener sein bescheidenes Einkommen erwarb, außer, dass es körperlich anstrengend war und die Einkünfte nicht dazu ausreichten, der gängigen Praxis folgend Sklaven einzustellen. In einem weiteren Auszug wehrt sich der Invalide gegen die Anschuldigungen, dass sich bei ihm die übelsten Leute herumtrieben:

> Ihr müsst aber alle denken, dass er mit diesen Worten mich nicht mehr anklagt als jeden anderen, der ein Gewerbe betreibt, und meine Kunden nicht mehr als die, die zu den anderen Handwerkern gehen." Seine Werkstatt befand sich in der Nähe der Agora, „denn jeder von euch geht doch gelegentlich in einen Salbenladen, zum Haarschneider, zum Schuster oder wohin auch immer, und die meisten gehen zu den Läden in der Nähe des Marktplatzes, nur ganz wenige zu den weit davon entfernten liegenden Geschäften. Wenn also einer von euch die Leute, die zu mir kommen, als übel bezeichnet, muss dies folglich auch für die Kunden der anderen gelten.[68]

Die Argumentation des Lysias, dass alle, einschließlich der Anwesenden, hin und wieder Geschäfte an der Agora aufsuchten, ist bestechend. Er bietet zudem ein Bild vom bunten Markttreiben Athens. Dass dort auch Frauen ihre zum Teil vermutlich selbst produzierten Waren anboten, dokumentieren wiederum die Komödien des Aristophanes.[69] In den unteren sozialen Schichten verlor sich die geschlechtsspezifische Arbeitsteilung, selbst wenn aus moralischer Sicht für Frauen an erster Stelle die Textilarbeit angemessen blieb.[70]

Wer von (Hand-)Arbeit lebte, galt als „arm." Ob die relative oder absolute Armut im 4. Jahrhundert v. Chr. zugenommen hatte, lässt sich nicht nachweisen, da konkrete Angaben fehlen.[71] Sicherlich führten die Kriege und der Wegfall der Einnahmen aus dem Delisch-Attischen Seebund zu wirtschaftlichen Einbußen. Trotzdem gab es einige Athener, die über immense Vermögen verfügten.[72]

Einen weiteren Entwicklungsschub im technischen Wissen und handwerklichen Können erfuhr die griechische Welt schließlich in der hellenistischen Zeit. Mit dem Wachsen griechischer Metropolen ließ sich eine weitgehende berufliche Spezialisierung und ein Bedürfnis nach rechtlichen Regelungen der Arbeitsverhältnisse be-

---

66 Lys. 24, 26.
67 Lys. 24, 6.
68 Lys. 24, 20; vgl. auch *Zimmer*, Handwerk auf der Agora, 34.
69 Vgl. Aristoph. Lys. 567–586.
70 Xen. mem. 2, 7, 12; oik. 7, 3–43 zur idealisierten geschlechtsspezifischen Arbeitsteilung.
71 *Schmitz*, Gesellschaft, 139.
72 Demosth. or. 27; Aristot. pol. 1256b26–1257b39; *Schmitz*, Gesellschaft, 123.

obachten.[73] So spielten im hellenistischen Ägypten Frauen im Textilbereich eine zentrale Rolle, sowohl im Haus als auch in größeren Manufakturen.[74] Zahlreiche Papyri geben Einblicke in die ägyptische Textilproduktion. So warben zwei Brüder in einem Brief aus dem Jahr 256 v. Chr. für die Produkte ihres Betriebes, an dem auch die Mutter der beiden und ihre Ehefrauen aktiv beteiligt waren:

> Zenon, Gruß von den Brüdern Apollophanes (und) Demeterios, Fachleute in der Weberkunst der gesamten durch Frauenarbeit ausgeübten Wollweberei. [...] Wir fertigen nach Wunsch Mäntel, Kleider, Gürtel, Bekleidung, Degengehenk, Tücher, für Frauen geschlitzte Gewänder, Umschlagtücher, langes Gewand, Frauenkleider mit Purpursäumen; wir bilden auch aus, wenn Du willst.[75]

Einen Hinweis auf fachkundige Frauen enthält auch ein Gedicht Theokrits. Darin konnten zwei ursprünglich aus Sizilien stammende Frauen, die in der Vorstadt Alexandrias lebten, offenbar aus eigener Erfahrung die Leistung und Anstrengung bei der Herstellung von kostbaren Wandteppichen beurteilen.[76]

Neben diesem auf Erfahrung und Wissen beruhenden handwerklichen Können bildete sich im 4. und 3. Jahrhundert v. Chr. eine technische Fachliteratur in großem Umfang aus, die weitgehend verloren ist. Spätere Autoren berichteten beispielsweise von den Kenntnissen der Pneumatik oder der Hydrotechnik.[77] Es bleibt die Frage, inwiefern sich die Weiterentwicklungen von Technologien in hellenistischer Zeit, das gestiegene „know-how", auf die praktische handwerkliche Umsetzung, die alltägliche Produktion, auswirkte und Verbreitung fand. Das im Wesentlichen auf den Landbesitz bezogene staatlich monopolisierte Wirtschaftssystem florierte, doch eine Produktionssteigerung in größerem, nach neuzeitlichen Maßstäben „industriellem" Ausmaß lässt sich nicht belegen.[78]

V Eine Gabe der Götter

Götter wirkten in alle Bereiche des Lebens hinein, somit auch in die Arbeitswelt. Schon lange wurde erkannt, dass nicht nur die materielle Kultur, sondern auch die Ideen- und die Götterwelt kulturelle Vorbilder in den benachbarten Hochkulturen fand.[79] So galten in Babylon neue Techniken, Erfindungen und Schöpfungen als göttli-

---

73 *Kloft, H.*, Arbeit und Arbeitsverträge in der griechisch–römischen Welt, in: Saeculum, 35, 1984, 223. Manning untersucht u. a. den Einfluss klimatischer Wandlungen auf die antike Sozialgeschichte, insbesondere des ptolemäischen Ägyptens; *Manning*, Open Sea, Kap. 5.
74 *Schmitz*, HAS s. v. Handwerk.
75 PSI IV 341, Übersetzung von *J. Hengstl*, Griechische Papyri aus Ägypten als Zeugnisse des öffentlichen und privaten Lebens. Griechisch–deutsch. Tübingen 1978; *Rohde/Sommer*, Wirtschaft, 56.
76 Theokr. eid. 15; *Scholten*, Theokrit, 78–80.
77 *Schneider*, Die Gaben des Prometheus, 202–207; *Humphrey/Oleson/Sherwood*, Sourcebook, 313–319.
78 *Von Reden*, HAS s. v. Arbeit; *dies.*, Antike Wirtschaft, 2–3.
79 *Burkert*, Griechen und Orient, 46–52; *Patzek*, Die orientalisierende Kultur, 383–401.

che Offenbarungen, die jedoch zuerst dem König zuteilwurden. Betrachtete man diese Haltung in der Nachbarregion Israel als Hybris und Gotteslästerung, regte sie dagegen bei den Griechen eine schöpferische und intellektuelle Auseinandersetzung an.[80] Der von Odysseus bestaunte kunstvolle Palast des Alkinoos oder die von Hephaistos geschaffenen wundersamen Werke nahmen durch die Worte des Dichters in der Fantasie der Hörer Gestalt an und erwachten gleichsam zum Leben. Das berühmteste und erste überlieferte Beispiel einer solchen Ekphrasis stellt die Schildbeschreibung in der Ilias dar.[81] Homer leitet die Schilderung mit dem Eintreffen der Thetis, der Mutter Achills, in der Werkstatt des Gottes Hephaistos ein:

> (Es) erhob sich vom Amboss, das schnaubende Ungetüme, lahmend, und unter ihm regten sich rasch die schwächlichen Beine. Erst entfernt' er die Bälge vom Feuer, verschloss die Geräte alle, mit welchen er schaffte, zusammen in silbernem Kasten, nahm einen Schwamm und wusch sich das ganze Gesicht und die Hände, auch den gedrungenen Hals und die Brust, von Haaren bewachsen.[82]

Die Zeilen offenbaren die Ambivalenz dieser Gottheit, die sich in seiner berühmten Handwerkskunst (*klutotechnes*), seiner wundersamen Werke auf der einen Seite, und seiner körperlichen Unzulänglichkeit auf der anderen Seite äußerte. Mit seinem geschäftigen Treiben erntete das „schnaubende Ungetüm" (*pelor aieton*) das „unermessliche" Gelächter der übrigen Götter.[83] In Hephaistos vereinten sich die widersprüchlichen, gegensätzlich erscheinenden Vorstellungen zum Thema Handwerk.

Eine ähnlich ambivalente Rolle kam dem Heros Prometheus zu. Hesiod erzählt aus seinem Bedürfnis heraus, Ordnung in die göttliche und menschliche Welt zu bringen, unter anderem einen aitiologischen Mythos, der den Beginn einer jeden *techne*, somit auch des Handwerks erklärt. Demnach raubte Prometheus nach der Trennung der göttlichen von der menschlichen Welt den Göttern das Feuer und brachte es den Menschen, womit er sie vor dem Untergang rettete. Schließlich übermittelte er ihnen grundlegende zivilisatorische Fähigkeiten (*technai*), deren Beherrschung die Menschen unabhängiger von der Natur werden ließ und ihre Sonderstellung innerhalb der Trias „Tier – Mensch – Götter" definierte. Der Titan Prometheus avancierte zum Heros technischen und damit auch handwerklichen Könnens. Die körperliche Arbeit zum Lebenserhalt kam dem Mythos zufolge als Plage zu den Menschen, nahm aber einen wichtigen Platz im Leben ein.[84]

Götter des Handwerkers, Athena und Hephaistos, hatten in Athen ihr Heiligtum in den Handwerkerquartieren. Als Ergane übernahm Athena die Funktion einer

---

80 *Patzek*, Die orientalisierende Kultur, 396.
81 Hom. Il. 18, 483–608. Es handelt sich um die erste Ekphrasis der Literaturgeschichte; *Lytle*, Introduction, 10 f.
82 Hom. Il. 18, 410–415.
83 Hom. Il. 1, 571; 1, 599 f.; 18, 410.
84 Vgl. Hes. theog. 535–617; erg. 47–105; Aischyl. Prom. 435–506. Dazu *Schneider*, Natur und technisches Handeln, 137–162.

Schutzpatronin der „Werkenden", jährlich gefeiert im Chalkeia-Fest: „Begebt euch nun auf den Weg, alle Handwerkerscharen, die ihr euch durch Aufstellung von Opferkörben an Ergane wendet, die Zeustochter, die das Gorgonengesicht hat."[85] Außerdem belegen Weiheinschriften die Beliebtheit der Athena, die als Ergane den im Handwerk tätigen Menschen Anteil an ihrer Weisheit zukommen ließ und sie die Kunst des Webens oder der Getreideverarbeitung lehrte.[86] Hephaistos dagegen griff selbst zum Schmiedeeisen, was ihn von den übrigen Olympiern unterschied.

VI Wertschätzung

Das ambivalente Götterbild schlug sich auch in der Bewertung handwerklicher Tätigkeiten nieder. Als ein frühes Beispiel für die Wertschätzung des Handwerks dient der folgende Auszug aus der Wiedererkennungsszene in der Odyssee:

> Um diesen Ölbaum baut' ich die Kammer; machte sie fertig, fest ineinander schob ich die Steine und deckte sie trefflich; setzte die Türe dann ein, die glatt und kräftig gefügt war. [...] Kunstvolle Mühe verlangte der Bettfuß; sämtliche Löcher bohrte ich aus und begann dann bei ihm mit dem Glätten des Lagers. Zierte es reich mit Elfenbein, mit Gold und mit Silber.[87]

Odysseus gibt sich seiner Frau nicht als der heldenhafte oder an Listen reiche, als der heroische Krieger zu erkennen, sondern als *basileus*, als *oikos*-Herr und Ehemann, der die Techniken zum Bau des Hauses und der Möbel bestens beherrscht und wertvollste Materialien kunstvoll verarbeitet. Im Fokus steht sein hervorragendes handwerkliches Geschick und nicht das Endprodukt. Auch bei Hesiod erfährt die Arbeit, die dem *oikos* und dem Ziel der Autarkie diente, keine soziale Abwertung: „Arbeit ist nimmermehr Schande, doch Scheu vor der Arbeit ist Schande."[88] Der stets fleißige Bauer solle seine Arbeit, wozu auch handwerkliche Tätigkeiten gehörten, gern verrichten, denn sie gewähre ihm den Lebensunterhalt, Wohlstand und die Achtung der Götter und Menschen. Die Tätigkeit selbst galt ihm als gottgefällig, weshalb sie mit Freude zu leisten sei. Hesiod formulierte eine erste positive Bewertung körperlicher Arbeit als moralisches Gut.[89] Negative Anklänge enthalten dagegen die Elegien des Tyrtaios, welche auf die Mobilität von Handwerkern und Lohnarbeiter verweisen, die anders als über Landbesitz verfügende Bauern arm und missachtet seien.[90]

---

85 Soph. fr. 844 Radt.
86 Vgl. dazu *Goette/Hammerstaedt*, Athen, 78–80.
87 Hom. Od. 23, 192–200.
88 Hes. erg. 310.
89 Meier bemerkt dagegen, dass arbeiten sollte, der es nötig hatte. *Meier, Ch.*, Arbeit, Politik, Identität. Neue Fragen im alten Athen?, in: *Schubert, V. (Hg.)*, Der Mensch und seine Arbeit. Eine Ringvorlesung der Universität München. Sankt Otilien 1986, 69; *Scholten*, Theokrit, 67 f.
90 Tyrtaios 10, 1–10. Vgl. dazu *Lytle*, Introduction, 5.

Die außerordentlichen politischen, kulturellen und wirtschaftlichen Wandlungsprozesse im Griechenland des 5. Jahrhunderts v. Chr. wirkten sich schließlich auch auf das Werteverständnis aus. Athen entwickelte sich zu einem politischen und kulturellen Zentrum. Sophisten boten den Menschen Alternativen zum traditionellen Denken, wobei der sogenannte Homo-Mensura-Satz des Protagoras als Basis der sozialen, religiösen und rechtsphilosophischen Überlegungen einen wesentlichen Grundstein legte: Der Mensch rückte in den Mittelpunkt des Interesses – und damit auch das alltägliche Leben.[91]

Ein Nachdenken über die Menschen, die Natur und die Götter löste die Berührung mit fremden Sitten und Kulturen aus, ganz in der Tradition kritischer naturphilosophischer Betrachtungen.[92] Einen Beitrag dazu leistete Herodot, der auf seinen Reisen vielfältige Erkundungen (*historiai*) bei Fremden und Griechen eingezogen hatte. In einem Exkurs über die vermeintliche Auffindung der Gebeine des Heros Orest wirkt die an die Ilias-Szene erinnernde Schilderung einer Schmiede fast beiläufig:

> Da die Tegeaten und Lakedaimonier damals miteinander in Frieden lebten, kam Lichas in eine Schmiede und sah zu, wie das Eisen gehämmert wurde, und bestaunte die Kunst. Der Schmied bemerkte das Staunen, unterbrach seine Arbeit und sagte: Fürwahr, Gastfreund aus Sparta, du würdest erst staunen, wenn du gesehen hättest, was ich gesehen habe, wo du dich jetzt schon über die Bearbeitung des Eisens wunderst.[93]

Der Schmied gibt Lichas nun den Hinweis auf den Fundort der Gebeine des Orest. Da sich die Aufmerksamkeit völlig auf den Höhepunkt der Geschichte konzentriert, wirkt die Bewunderung der Schmiedekunst authentisch und in die Lebenswelt Herodots gehörig. „Homerisches Staunen" erregen im gesamten Werk Herodots ansonsten nur herausragende Produkte der Handwerkskunst wie bronzene Dreifußgefäße oder einzigartige Monumente der Baukunst, nicht jedoch das Schaffen selbst.[94] Anders als in den homerischen Epen war es in der Lichas-Geschichte kein Heros oder Gott, dessen Handwerk Bewunderung fand, sondern ein Mensch, ein namenloser Schmied. In Herodots Wertschätzung konnte das Schmiedehandwerk jedoch nicht mit der Kriegskunst konkurrieren. In seinem Ägyptenexkurs berichtet er über Volksgruppen, bei denen keiner ein Handwerk (*banausia*) erlernen dürfe, damit sich alle ganz auf die Kriegskunst konzentrieren könnten. Ob die Griechen auch dies von den Ägyptern übernommen hätten, wolle er nicht entscheiden, und fährt fort: „Ich sehe, dass auch bei den Thrakern, den Skythen, den Persern, den Lydern und fast allen Nichtgriechen die Handwerker, diejenigen, die eine *techne* erlernt haben, geringer geachtet werden

---

91 Sext. Emp. adv. math. 7, 60; Plat. Tht. 151e, 152a [DK 80 B 1].
92 *Scholten, H.*, Die Sophistik – Eine Bedrohung für die Religion und Politik der Polis? Eine historische Analyse. Berlin 2003, 139.
93 Hdt. 1, 68, 1–3. Der Besitz der Gebeine begründete den Anspruch der Spartaner auf die Peloponnes. Eine Parallele findet sich in der Translation der Gebeine des Theseus nach Athen.
94 Hdt. 1, 178–181; 1, 184, 185; 2, 35, 1; 4, 152, 16.

als die Anführer aller übrigen Bürger."[95] Herodot verweist auf bürgerliche Werte, denn wer frei von handwerklicher Arbeit sei, der werde geachtet, besonders aber derjenige, der sich ganz dem Krieg widmen könne. Nur die Korinther verachteten die Handwerker im Vergleich dazu am wenigsten, bemerkt er.[96] Vermutlich dachte Herodot dabei an die dort seit dem 7. Jahrhundert v. Chr. florierende Keramikproduktion. Als minderwertig, *banausisch*, betrachtete Herodot das Handwerk nur in einem direkten Vergleich mit dem hochgeschätzten Kriegshandwerk.[97]

Einem Appell zufolge, den Thukydides den Staatsmann Perikles an die Athener richten ließ, verdiente „Arbeiten" (*penomai*) keine generelle gesellschaftliche Missachtung, lediglich der fehlende Ehrgeiz, diesen Zustand nicht tatkräftig zu überwinden.[98] Schließlich galten nach den Normen der attischen Demokratie alle Bürger, ungeachtet ihrer beruflichen Tätigkeit, zu einem politischen Urteil fähig, eine Einschätzung, der Demokratiekritiker wie Xenophon, Platon oder Aristoteles heftig widersprechen sollten.[99] In Zeiten wirtschaftlicher Prosperität gelang es einigen, dem bei Thukydides anklingenden Leistungsdenken zu entsprechen. Ein bekanntes Beispiel dafür war Kleon, dessen Familie mit einer Gerberei zu großem Reichtum gelangt war. Der „Neureiche" stieg in den Kreis der Mächtigen auf und widmete sich ganz den Belangen der Polis.[100] Damit setzte er sich dem Spott eines Aristophanes aus. In der Komödie „Die Wespen" verkörpern der Kleonfreund (Philokleon) und Kleonfeind (Bdelykleon) unterschiedliche gesellschaftliche Werte. Als Vertreter des demokratischen Bürgertums agiert der aus einem einfachen sozialen Milieu stammende Philokleon aggressiv und hemmungslos in der Öffentlichkeit, während Bdelykleon als Vertreter der traditionellen Elite den ruhigen, luxuriösen Lebensstil bevorzugt, aber unter Verdacht steht, tyrannische Ambitionen zu hegen.[101] Die „Wolken", Aristophanes' Parodie des Sokrates und seiner Schüler, die sich mit völlig realitätsfernen und unsinnigen Fragen beschäftigen, lässt als Gegenbild eine Wertschätzung praktischer Kenntnisse und Fähigkeiten, welche sicher ein Gros des Publikums tagtäglich anwandte, vermuten.[102] Aus Sicht der begüterten Oberschicht verdiente die Arbeit für den Lebensunterhalt jedoch keine soziale Anerkennung.[103]

Erst mit zunehmender wirtschaftlicher Not am Ende des Peloponnesischen Krieges wandelte sich diese Einstellung. Mit fast trotzigem Stolz bekannten sich einige

---

95 Hdt. 2, 167.
96 Hdt. 2, 165–167.
97 Zu Korinth siehe *Schneider*, Die Gaben des Prometheus, 118; *Dubbini*, Public Spaces, 47–71.
98 Thuk. 2, 40, 1; *Scholten*, Arbeit, 2f.
99 Der Banausentopos und die Missachtung der Arbeit freier Bürger ist vor allem bei den Gegnern der athenischen Demokratie zu finden, die damit ihre Enttäuschung über den politischen Erfolg dieser arbeitenden Menschen zum Ausdruck brachte; *Engels*, „Mit meiner Hände Arbeit", 156; *Scholten*, Arbeit, 9.
100 *Schmitz*, Gesellschaft, 134.
101 Aristoph. Vesp. 474–476, 488–499, 1219–1222; *Scholten*, Arbeit, 9.
102 Aristoph. Nub. 191–194; *Lytle*, Introduction, 6.
103 *Engels*, „Mit meiner Hände Arbeit", 156.

Bewohner Attikas zu ihrer Berufstätigkeit, so Andokides aus dem vornehmen Geschlecht der Keryken, der sein Vermögen zuvor im Krieg verloren hatte.[104] Auch der Invalide in der Lysias-Rede schämte sich nicht für seinen Beruf. Ähnliche Reaktionen auf die gewandelte wirtschaftliche Lage finden sich in den „Memorabilien" Xenophons, des Autors, der sich in seinen theoretischen Schriften nicht unbedingt positiv über das Handwerk äußert. In den „Memorabilien" jedoch gibt Sokrates einem Freund namens Aristarch, der in großen wirtschaftlichen Schwierigkeiten steckt, da sich ein großer Teil der weiblichen Verwandtschaft bei ihm einquartiert hat, den guten Rat, die Frauen mit ihren handwerklichen Fähigkeiten zum Nutzen des Haushalts einzusetzen. „Sind denn nun nicht, sagte er, Handwerker Leute, die etwas Nützliches herzustellen verstehen?"[105] Aristarch hält es dagegen für angemessen, dass diese Arbeit Sklaven verrichten. Sokrates führt daraufhin Beispiele für freie Handwerker an, die mit der Mehl- oder Broterstellung, dem Schneidern von Mänteln, Röcken, Jacken so reich geworden seien, dass sie Sklaven kaufen konnten.[106] In einem Gespräch über das „wahre Wissen" erklärt Sokrates an späterer Stelle, dass diejenigen „sklavisch handelnd" (*andrapododes*) genannt würden, die sich nicht auf das Schöne, Gute und Gerechte verständen. Das träfe auf sehr viele Handwerker zu, auf Schmiede, Zimmermänner oder Schuster. In der Regel gehörten sie zu den Ungebildeten, zur unteren sozialen Schicht.[107] Das beinhaltet noch keine generelle Verachtung gegenüber dem Handwerk. Anders sieht es in Xenophons theoretischer Schrift „Über die Haushaltsführung" aus. Darin vertritt Sokrates die Auffassung, die sitzende, beengte Tätigkeit eines Handwerkers (*banausos*) in seiner düsteren Werkstatt schädige Körper und Geist. Im Grunde solle daher kein Bürger ein Handwerk ausüben. Diese Auffassung teilten auch Platon und Aristoteles in ihren politiktheoretischen Schriften.[108]

In Platons „Protagoras" wird eine verarbeitende, dem Lebenserhalt dienende *demiourgike techne* von einer bürgerlich-sozialen, das Zusammenleben ermöglichenden *politike techne* differenziert.[109] In der „Politeia" gehören die *demiourgoi*, neben Bauern, Händlern und Lohnarbeitern auch Handwerker, als „Versorger" dem untersten Stand an. Ihnen allein ist es gestattet, wirtschaftlich tätig zu werden, von den politischen Funktionen bleiben sie ausgeschlossen. Jedem kommt in dieser restriktiven Welt ein Platz seiner naturgegebenen Fähigkeiten gemäß zu.[110] Die „Politeia" unterscheidet zwischen dem Stand der Erwerbstätigen, dem Wächter- und dem Philoso-

---

104 *Scholten*, Arbeit, 10 mit weiteren Beispielen.
105 Xen. mem. 2, 7, 5.
106 Xen. mem. 2, 7, 6.
107 Xen. mem. 4, 2, 22.
108 Xen. oik. 4, 2, 4, 3; 6, 5, 3; ähnlich auch Aristot, oec II 3, 1343b3; Plat. polit. 495d–e; leg. 644a, b; Aristot. pol. 1277b1; 1337b8.
109 Plat. Prot. 322b.
110 Plat. polit. 371a, 374e; Der Begriff *banausos* erscheint in Platons „Politeia" lediglich dreimal: Plat. polit. 495e, 522b, 590b; vgl. auch Plat. Tht. 176d; Plat. Alk. 131b. Vgl. den Beitrag von Sabine Föllinger in diesem Band.

phenstand. In den „Nomoi" verfolgt Platon diese Ständeeinteilung nicht weiter, sondern geht von politischen Aktivitäten aller Bürger aus, was eine entsprechende Erziehung und eine strenge Gesetzgebung voraussetzt. Die alle Lebensbereiche durchdringenden formalen Regeln beziehen das wirtschaftliche Handeln und die Arbeitswelt des Handwerkers und der Handwerkerin mit ein. Es bietet sich daher an, das Analysemodell der Neuen Institutionenökonomik auf das in den „Nomoi" entwickelte Modell anzuwenden.[111] Ist das „Mehr-haben-wollen", die *Pleonexia*, ein Grundzug des Menschen, vor dem er selbst und die Gemeinschaft geschützt werden müssen, um das große Ziel der *Eudaimonia* nicht zu gefährden, bedarf es entsprechender Regelungen, d. h. bestimmter Institutionen. Interne und externe Regeln greifen im Modell Platons ineinander. Intern sind die ethischen, auch theologisch eingebundenen Institutionen, extern die festgelegten profanen Strafen. So sollten beispielsweise die arbeitsrechtlichen Vereinbarungen zwischen Handwerkern und Auftraggebern auf einer gemeinsamen Vertrauensbasis beruhen.[112] Vorauszusetzen ist, dass der Handwerker mit seinen Kunden einen Fertigstellungstermin und einen dem Wert der Arbeit entsprechenden Preis vereinbart. Platon appelliert an die Ehre und an das Berufsethos sowie die religiöse Verpflichtung eines jeden Handwerkers gegenüber Hephaistos und Athene; gleichermaßen folgt die Androhung von Strafen bei Nichterfüllung der Pflichten. Doch auch die Auftraggeber unterliegen internen und externen Regeln. Wenn sie von niedrigen Instinkten geleitet, „aus Liebe zu einem kleinen Gewinn" den garantierten Lohn nicht zahlen, missachten sie Zeus und Athene und gefährden mit ihrem moralisch verwerflichen Verhalten die gesamte Gemeinschaft. Harte Strafen treffen beide Parteien; sie ziehen neben Ehrverlust hohe finanzielle Einbußen nach sich. Warnungen und Mahnungen unterstreichen den Abschreckungscharakter der profanen und ethisch-religiösen Dimensionen der Vertragsbasis.[113]

Ein Mensch ohne Recht und Gesetz, ohne Moral gilt in Aristoteles' „Politik" als das schlechteste Wesen. Aristoteles erklärt, es sei typisch für eine Demokratie, dass in ihr die niedrige Herkunft (*ageneia*), die Armut (*penia*) und das Handwerk (*banasia*) den Ton angeben; überwiegen die Vertreter dieser Gruppen, sei die unterste Stufe einer demokratischen Ordnung erreicht.[114] In einer guten Verfassung solle kein Bürger Handwerker, Händler oder Bauer sein, denn zur Entwicklung der Tugend wie zur Ausübung staatsmännischer Tätigkeiten bedürfe es der Muße.[115] Bei den Erwerbstätig-

---

111 Die hier nur kurz zusammengefassten Ergebnisse stützen sich auf den innovativen Beitrag von *Föllinger*, Vorstellungen wirtschaftlicher Normierung, 77–86. In seiner Einführung in den Sammelband zur Kulturgeschichte der Arbeit in der Antike weist Ephraim Lytle auf den für die Erforschung wirtschaftlicher Kontexte in der Antike weiterführenden methodischen Ansatz der Neuen Institutionenökonomik hin, der ideologische Determinationen aufgibt, über evolutionäre Schemata hinauszugeht, welche vormodernen Gesellschaften jede Rationalität absprechen; *Lytle*, Introduction, 1 f.
112 Plat. leg. XI. 921AI–D3.
113 *Föllinger*, Vorstellungen wirtschaftlicher Normierung, 83–85.
114 Aristot. pol. 1296b29; 1317b37.
115 Aristot. pol. 1321a29; 1328b39.

keiten sieht er außerdem die folgende Rangabstufung: Die kunstvollsten Tätigkeiten (*technikotatai*) setzen die bewusste, nicht zufällige Umsetzung der Fähigkeiten voraus, bei den im höchsten Grad als handwerklich zu bezeichnenden (*banausotatai*) komme der Körper am meisten zu Schaden, bei den „besonders sklavischen" (*doulikotatai*) werde der Körper am meisten beansprucht und zu guter Letzt verfügten diejenigen, die nicht einmal ihre Herkunft benennen könnten (*agennestatai*), über keinerlei Tugend.[116] Zur ersten Gruppierung gehören für ihn die Architekten, die er nun deutlich von den Handwerkern differenziert, deren Kenntnisse nur auf Erfahrungen beruhten.[117] Damit ist erstmals eine theoretisch begründete Differenzierung zwischen Kunsthandwerk und kommerziellem Handwerk für den alltäglichen Gebrauch gegeben. Anerkennung findet bei ihm das Beispiel Thebens, wo jeder, der ein Amt auszuüben beabsichtige, zuerst den Nachweis erbringen müsse, längere Zeit nicht als Handwerker gearbeitet zu haben. Staatstheoretische Entwürfe eines Platon und Aristoteles schließen „Banausen" von den bürgerlichen Rechten in ihrer „besseren Polis" aus.

Handwerker der Zeit gaben sich dagegen durchaus selbstbewusst und bekannten sich stolz zu ihrem Beruf sowie zu ihrer Leistung, wenn sie ihre Werke für die Nachwelt signierten. Lange vor der Aufwertung seiner Branche im Werk des Aristoteles verewigte sich um 550 v. Chr. der Architekt des Apollon-Tempels von Syrakus: „Kleo[me]nes hat es (den Tempel) für Apollon gemacht, der (Sohn des) Kni[?], und die berühmten Säulen, schöne Werke." Auf einer um 510 v. Chr. datierten, rotfigurigen Amphora bekannte sich der Maler Euthymides aus Athen zu seinem Werk. Mit seiner Kunst könne sein Kollege Euphronos nicht konkurrieren: „Der (Sohn) des Polion Priamos. Euthymides hat (es) gemalt. Hektor. Hekabe. Wie niemals Euphronios." Auf der Basis einer Herme aus dem 3. Jahrhundert v. Chr., gefunden in Magnesia am Mäander, ist zu lesen: „Hermes Typhon bin ich. Aus Chalkis jener berühmte Antilochos hat mich gemacht, den Bürgern allen als Chorege."[118] Neben diesen Bekenntnissen lassen Vasenbilder mit Motiven aus dem Bereich des Handwerks auf positive Einschätzungen dieser Berufe schließen, zumal sie ein eigenes Genre bilden. So weicht etwa der athletische Körper des Schmiedes auf einer um 500 v. Chr. datierten Vase deutlich ab von dem Konzept eines von harter Arbeit gezeichneten Handwerkers.[119] Die realistischen Motive in der attischen Vasenmalerei des mittleren 6. bis mittleren 5. Jahrhunderts v. Chr. zeigen ein von den Vorstellungen der sozialen Oberschicht un-

---

116 Aristot. pol. 1258b37.
117 Aristot. metaph. 981a, b.
118 Übersetzungen: Griechische Inschriften, Steinhart, Nr. 12 (Apollon-Tempel von Syrakus), Nr. 13 (München, Staatliche Antikensammlungen 2307), Nr. 45 (Staatliche Museen zu Berlin-Preußischer Kulturbesitz, Antikensammlung 1936). Weitere Beispiele in *Massar*, Skilled Workers, u. a. 75.
119 Philip Sapirstein bemerkt, dass die um 500 v. Chr. datierte Vase Szenen aus Werkstätten zeigt, die je nach Perspektive des Betrachters auch die Überlegenheit des ebenfalls dargestellten Auftraggebers zum Ausdruck bringen könnten. Diese mögliche Lesart lässt sich gut mit dem literarischen Befund zur Gerichtsrede des Lysias (s. o.) und der im folgenden Abschnitt erläuterten Bedeutung der städtischen Topografie vereinbaren; *Sapirstein*, Picturing Work, 37 f.

terschiedenes Selbstverständnis von Handwerkern. Später finden sich kaum noch Werkstattszenen, im 4. Jahrhundert v. Chr. verschwinden sie völlig.[120] Insgesamt betrachtet überwiegen in der darstellenden Kunst jedoch Szenen aus der Mythologie oder Adelswelt über denen des Alltags. Warum sich in der Sepulkralkunst von der archaischen bis zur hellenistischen Zeit kaum Hinweise auf den Berufsstand finden, dürfte auf eine allgemein höhere Wertschätzung bürgerlicher und kriegerischen Tugenden zurückzuführen sein.[121] Der letzte Abschnitt widmet sich der Frage, inwiefern die städtische Topografie weitere Aussagen über die soziale Wertschätzung des Handwerks und seine Bedeutung für die Polis ermöglicht.

VII Städtische Topografie

Unter der Maßgabe, dass sich soziopolitische, religiöse und ökonomische Ordnungen in Raumkonzepten niederschlagen, diese wiederum weiter prägen und verfestigen, kommt der Lage von Handwerkervierteln, von großen und kleinen Werkstätten eine besondere Aufmerksamkeit zu.[122] Literarische und archäologische Quellen erlauben es, den städtischen Raum mit sozialen Diskursen in Beziehung zu setzen.

In Athen lagen der Tempel der Athena und des Hephaistos sowie Handwerksbetriebe im Umfeld der klassischen Agora.[123] Unmittelbar nordwestlich davon befand sich der Keramaikos mit weiteren Handwerksbetrieben. Im Südwesten hatten die Marmorarbeiter ihr Quartier. Ein an der Agora gelegenes Haus aus dem 5. Jahrhundert v. Chr. gehörte wohl einem Schuster. Auch ein Relief, das ein Schuster namens Dionysios dem Heros Kallistephanos geweiht hatte, wurde auf der Agora gefunden. Gezeigt wird Dionysios selbst und ein junger Mitarbeiter.[124] Die in den letzten Jahren erfolgten topographischen Untersuchung weiterer griechischer Agorai kamen zu ähnlichen Ergebnissen. So kann etwa Korinths Stadtzentrum zur Zeit der Kypseliden (~657–581 v. Chr.) als öffentlicher Raum beschrieben werden, um den sich Gebäude gruppierten, die verschiedensten kultischen, politischen und handwerklich-gewerblichen Zwecken dienten. Vermutlich lagen stadtplanerische Überlegungen zugrunde, den Raum so zu gestalteten, dass er das Charakteristische Korinths zum Ausdruck

---

120 *Junker, K./Strohwald, S.*, Götter als Erfinder. Die Entstehung der Kultur in der griechischen Kunst. Darmstadt/Mainz 2012, 87–92.
121 *Scholten*, Arbeit, 8–9; *Sapirstein*, Picturing Work, 33 ff.
122 Die Thematik bietet Potential für eine ausführlichere, interdisziplinäre Betrachtung. Vgl. *Schmidt-Hofner, S./Ambos, C./Eich, P.* (Hgg.), Raum-Ordnung. Raum und soziopolitische Ordnungen im Altertum. Heidelberg 2016.
123 *Graf, F.*, Griechische Religion, in: *Nesselrath, H.-G.* (Hg.), Einleitung in die griechische Philologie. Stuttgart/Leipzig 1997, 466. Die „klassische" Agora ist von der an der Ostseite der Akropolis gelegenen „archaischen" Agora zu differenzieren; *Goette/Hammerstaedt*, Athen, 87–89.
124 *Zimmer*, Handwerk auf der Agora, 36.

brachte. Repräsentative Häuser der politischen Elite konnten dem Agorabereich nicht zugeordnet werden.[125] Das Zentrum gehörte wie in Athen den Bürgern, was die Handwerker miteinbezog. Was die gewaltige Anlage der Agora Pellas in hellenistischer Zeit betrifft, so war sie von allen Seiten von Hallen umgeben, die in ihren hinteren Bereichen Geschäftsräume aufwiesen. Dort wurden nicht nur Terrakottafragmente gefunden, sondern auch zahlreiche Tonmatrizen. So konnten die Kunden gleich bei der Herstellung der Figuren oder Gefäße zuschauen. Wie in Athen oder Korinth handelte es sich nicht um ein von zweifelhaften Gestalten frequentiertes düsteres Viertel, sondern um die beste Wohngegend. Gleich im Süden schlossen sich die großen Wohnhäuser mit den bekannten Mosaiken an.[126]

Einige Werkstätten waren von außen nicht sichtbar in Wohnhäuser integriert,[127] manche größere Handwerksbetriebe lagen auch außerhalb der Stadtzentren, doch auf den *agorai* klassischer und hellenischer Zeit durften Handwerker bei der Arbeit und ihre fertigen Produkte nicht fehlen. Auf dem Weg ins Stadtzentrum dürfte ein Besucher zuerst die Geräusche, Hammerschläge aus Schmiede, Schreinerei oder Schusterei, die Gerüche und den Rauch aus den Töpferwerkstätten wahrgenommen haben, dann erst das rege Treiben von Händlern, Handwerkern, Verkäufern und ihren Kunden sowie Bürgern, die ihren Geschäften und Anliegen nachgingen. Die zentrale Lage sagt eine Menge darüber aus, wie Athen, Korinth, Pella und andere griechische Poleis ihre Handwerker zum Zentrum in Beziehung setzten. Herrschten allgemein negative Einschätzungen vor, wären Werkstätten und Geschäfte in Vorstadtviertel verbannt worden.

Der städtischen Topografie zufolge erfuhr das Handwerk eine soziale Anerkennung entgegen der literarisch zu fassenden Minderheitenauffassung einer elitären Oberschicht. Ohne ausgebildete Handwerker konnten Poleis nicht existieren, unabhängig davon, ob sie dort ansässig waren oder für konkrete Projekte engagiert wurden.[128] Leistete die handwerkliche Produktion ihren Beitrag zum Wohlstand der Polis, so äußerte sich dieser in den fertigen, oft „bestaunten" Produkten, vom kleinen Gefäß bis zum prächtigen Tempelbau.

VIII Zusammenfassung

Im interkulturellen Austausch mit den vorderasiatischen Hochkulturen und Ägypten entwickelte sich der zentrale Wirtschaftssektor „Handwerk". Nach einer ersten Hoch-

---

125 Dazu ausführlich *Dubbini*, Public Spaces, 47–71. Zu den Werkstätten der Metallverarbeitung in der Nähe der Agorai von Olympia, Athen und Korinth: *Mattusch*, Metalworking, 432–434.
126 *Zimmer*, Handwerk auf der Agora, 37–40.
127 Flohr zufolge sei es die Regel gewesen, dass sich Werkstätten innerhalb der Wohnhäuser befunden hätten. Das gelte für alle Poleis, sei jedoch besonders gut für die im Norden Griechenlands gelegene Polis Olynth bezeugt; *Flohr, M.*, Work and Workplaces, in: *Lytle* (Hg.), A Cultural History of Work, 60–62.
128 Vgl. auch *Massar*, Skilled Workers, 90.

phase in minoisch-mykenischer Zeit und dem anschließenden Niedergang, gelang in den griechischen Siedlungen aufgrund von Kontakten zu Phönizien und Zypern, wo sich handwerkliches Können und Wissen erhalten hatte, im 10. und 9. Jahrhundert v. Chr. ein Neuanfang. Bald konnten Überschüsse für den „Markt" produziert werden, was eine handwerkliche Spezialisierung forcierte. Hinzu kamen steigende Bedürfnisse einer wachsenden Oberschicht nach feinen handwerklichen Produkten, der Ausbau städtischer Strukturen mit öffentlichen Plätzen, Tempelbauten und Hafenanlagen sowie die damit verbundenen Entwicklungen im Schiffsbau und in der Waffenherstellung. Dies spiegelte sich bald im Sprachgebrauch wider, wenn neue Berufsbezeichnungen wie die des Architekten hinzukamen. Sozio-politische und ökonomische Wandlungsprozesse wirkten sich auch auf die Wertschätzung von „Handwerk" aus. In archaischer Zeit kam dem Handwerk in einem gut organisierten *oikos* durchaus Anerkennung zu, was Vorbehalte gegenüber „mobilen" Anbietern nicht ausschloss. Mit wachsendem Wohlstand fand in führenden Kreisen die Ausübung einer handwerklichen Tätigkeit, noch dazu gegen Lohn, wenig Anerkennung. Keiner mühseligen Arbeit nachgehen zu müssen, galt als Ideal und förderte ein entsprechendes Leistungsdenken. Abrechnungen zu den Arbeiten am Erechtheion in Athen dokumentieren, dass die meisten Handwerker, ob Zimmermann oder Kunsthandwerker, einen einheitlichen festen Tagessatz erhielten. Lediglich Architekten genossen offenbar Privilegien. Trotz allzu menschlicher Träume von einem sorgenlosen Leben, die in mythischen Motiven wie dem vom Goldenen Zeitalter ihren Ausdruck fanden, zeigten sich Handwerker im realen Leben durchaus selbstbewusst und stolz auf ihre Leistungen. Inschriftenfunde, Papyri, Vasenbilder und Reliefs, ebenso die topographische Lage von Handwerksbetrieben zeigen, dass von einer generellen gesellschaftlichen Missachtung handwerklicher Arbeit keine Rede sein kann. Das Niveau handwerklicher Leistungen fungiert als Gradmesser zivilisatorischer Entwicklungen. So wäre es verwunderlich, wären sich Handwerker und Handwerkerinnen ihres Könnens und ihrer Leistung nicht bewusst gewesen. Potential für weitere Studien bietet die Frage der Wertschätzung innerhalb des sozio-politischen und sich wandelnden Umfelds handwerklicher Arbeit, womit Genderfragen, soziale Hierarchisierungen von Berufen, Differenzierungen zwischen kommerziellem Handwerk und Kunsthandwerk sowie topographische Forschungen noch stärker in den Fokus rücken. Neben zentralen ökonomischen Aspekten, wie den Interdependenzen zwischen dem Bereich des Handwerks und der Wirtschaftsleistung sowie des -wachstums, der Bedeutung von Mobilität, bzw. Arbeitsmigration eröffnet die sozial- und kulturgeschichtliche Dimension des Themas „Handwerk" ein großes Forschungsfeld.

Bibliographie

De Angelis, F., Archaic und Classical Greek Sicily. A Social and Economic History. 2. Aufl. Oxford 2018.
Austin, M./Vidal-Naquet, P., Gesellschaft und Wirtschaft im alten Griechenland. München 1984. Übers. aus dem franz. Original von 1972.

Bernard, S., The Economy of Work, in: *Lytle, E. (Hg.)*, A Cultural History of Work in Antiquity, Bd. 1. London et al. 2019, 20–32.
Bourriot, F., Banausos – Banausia et la situation des artisans en Grèce classique. Hildesheim 2015.
Burkert, W., Die Griechen und der Orient. Von Homer bis zu den Magiern. 2. Aufl. München 2003.
Cartledge, P. (Hg.), Kulturgeschichte Griechenlands in der Antike. Stuttgart/Weimar 2000. Übers. aus dem engl. Original von 1998.
Cartledge, P./Cohen, E. E./Foxhall, L., Money, Labour and Land. Approaches to the Economies of Ancient Greece. London/New York 2001.
Dirschedl, U./Oettel, A., Kunst- und Techniktransfer zwischen Orient und Okzident, in: *Marzahn, J./Schauerte, G. (Hgg.)*, Babylon. Katalogband Wahrheit. Berlin 2008, 585–610.
Dubbini, R., The Organisation of Public Spaces in the Emergent polis: the Example of Archaic Corinth, in: *Schmidt-Hofner, S./Ambos, C./Eich, P. (Hgg.)*, Raum-Ordnung. Raum und soziopolitische Ordnungen im Altertum. Heidelberg 2016, 47–71.
Ebert, J. et al., Die Arbeitswelt der Antike, von einer Autorengruppe der Martin-Luther-Universität Halle-Wittenberg. Wien 1983.
Eich, A., Die Geo-Ökonomie des ersten Seebundes. Neue Forschungen und Überlegungen, in: *Riess, W. (Hg.)*, Colloquia Attica II. Neuere Forschungen zu Athen im 5. Jahrhundert v. Chr. Stuttgart 2021, 51–77.
Engels, J., „Mit meiner Hände Arbeit". Zeugnisse über die Wertschätzung eigener Arbeit im demokratischen Athen, in: *Drexhage, H.-J. (Hg.)*, Migration et Commutatio, Studien zur Alten Geschichte und deren Nachleben. Thomas Pekáry zum 60. Geburtstag. St. Katharinen 1990, 136–156.
Föllinger, S., Vorstellungen wirtschaftlicher Normierung bei Platon, in: *Droß-Krüpe, K./Föllinger, S./Ruffing, K. (Hgg.)*, Antike Wirtschaft und ihre kulturelle Prägung – The Cultural Shaping of the Ancient Economy. Wiesbaden 2016, 77–86.
Goette, H. R./Hammerstaedt, J., Das antike Athen. Ein literarischer Reiseführer. München 2004.
Heinen, H. et al. (Hgg.), Handwörterbuch der antiken Sklaverei. Stuttgart 2012.
Humphrey, J. W./Oleson, J. P./Sherwood, A. N., Greek and Roman Technology: A Sourcebook. Annotated Translations of Greek and Latin Texts and Documents. London/New York 2006.
Lytle, E. (Hg.), A Cultural History of Work in Antiquity. Bd. 1. London et al. 2019.
Lytle, E., Introduction, in: *ders. (Hg.)*, A Cultural History of Work in Antiquity. Bd. 1. London et al. 2019, 1–19.
Manning, J. G., The Open Sea: The Economic Life of the Ancient Mediterranean World from the Iron Age to the Rise of Rome. Princeton 2018.
Marzahn, J./Schauerte, G. (Hgg.), Babylon. Katalogband Wahrheit. Berlin 2008.
Massar, N., Skilled Workers in the Ancient Greek City: Public Employment, Selection Methods, and Evaluation, in: *Stewart, E./Harris, E. M./Lewis, D., (Hgg.)*, Skilled Labour and Professionalism in Ancient Greece and Rome. Cambridge 2020, 68–93.
Mattusch, C., Metalworking and Tools, in: *Oleson, J. P. (Hg.)*, The Oxford Handbook of Engineering and Technology in the Classical World. Oxford 2008, 418–439.
Nightingale, G., Ende und Neubeginn. Das Handwerk von der mykenischen Palastzeit bis in die protogeometrische Zeit, in: *Blakolmer, F. et al. (Hgg.)*, Österreichische Forschungen zur Ägäischen Bronzezeit 2009. Wien 2011, 219–227.
Oleson, J. P. (Hg.), The Oxford Handbook of Engineering and Technology in the Classical World. Oxford 2008.
Patzek, B., Die orientalisierende Kultur Griechenlands und die Homerischen Epen: Kulturelles Lernen jenseits der Peripherie des Assyrischen Reiches, in: *Rollinger, R./Schnegg, K. (Hgg.)*, Kulturkontakte in antiken Welten: Vom Denkmodell zum Fallbeispiel. Leuven/Paris/Walpole 2014, 383–400.
Patzek, B., Homer und die frühen Griechen. Berlin/Boston 2017.
Riess, W. (Hg.), Colloquia Attica II. Neuere Forschungen zu Athen im 5. Jahrhundert v. Chr. Stuttgart 2021.
Rohde, D./Sommer, M., Geschichte in Quellen – Antike. Wirtschaft. Darmstadt 2016.
Rössler, D., Handwerker, in: *Welskopf, E. C. (Hg.)*, Soziale Typenbegriffe im alten Griechenland. Bd. 3. Berlin 1981, 193–268.

Ruffing, K., Die berufliche Spezialisierung in Handel und Handwerk. Rahden/Westf. 2008.
Ruffing, K., Wirtschaft in der griechisch-römischen Antike. Darmstadt 2012.
Sapirstein, Ph., Picturing Work, in: *Lytle, E. (Hg.)*, A Cultural History of Work in Antiquity. Bd. 1. London et al. 2019, 33–56.
Scheidel, W./von Reden, S. (Hgg.), The Ancient Economy. Edinburgh 2002.
Schmitz, W., Die griechische Gesellschaft. Eine Sozialgeschichte der archaischen und klassischen Zeit. Heidelberg 2014.
Schneider, H., Die Gaben des Prometheus. Technik im Antiken Mittelmeerraum zwischen 750 v. Chr. und 500 n. Chr., in: *König, W. (Hg.)*, Propyläen Technikgeschichte. Bd. 1. Landbau und Handwerk. 750 v. Chr. bis 1000 n. Chr. Berlin 1999 (ND 1997), S.19–313.
Schneider, H., Natur und technisches Handeln im antiken Griechenland, in: *Schäfer, L./Ströker, E. (Hgg.)*, Naturauffassungen in Philosophie, Wissenschaft, Technik. Bd. I. Antike und Mittelalter. Freiburg/München 1993, 107–160, jetzt in: *Ruffing, K./Droß-Krüpe, K. (Hgg.)*, Helmuth Schneider, Antike zwischen Tradition und Moderne. Gesammelte Schriften zur Wirtschafts-, Technik- und Wissenschaftsgeschichte. Wiesbaden 2016, 137–162.
Scholten, H., Die Bewertung körperlicher Arbeit in der Antike, in: Ancient Society, 33, 2003, 1–22.
Scholten, H., Die kulturelle Bewertung körperlicher Arbeit in den Gedichten Theokrits, in: *Dormeyer, D./Siegert, F./Cornelis de Vos, J. (Hgg.)*, Arbeit in der Antike, in Judentum und Christentum. (MJSt, Bd. 20) Münster 2006, 66–86.
Schulz, R., Als Odysseus staunte. Die griechische Sicht des Fremden und das ethnographische Vergleichen von Homer bis Herodot. Göttingen 2020.
Stein-Hölkeskamp, E., Das archaische Griechenland. Die Stadt und das Meer. München 2015.
Ulf, Ch., Die Homerische Gesellschaft. Materialien zur analytischen Beschreibung und historischen Lokalisierung. München 1990.
Von Reden, S., Antike Wirtschaft. Berlin/Boston 2015.
Zenzen, N./Hölscher, T./Trampedach, K. (Hgg.), Aneignung und Abgrenzung. Wechselnde Perspektiven auf die Antithese von ‚Ost' und ‚West' in der griechischen Antike. Heidelberg 2013.
Zimmer, G., Handwerk auf der Agora – eine notwendige Ergänzung, in: *Hoepfner, W./Lehmann, L. (Hgg.)*, Die griechische Agora. Mainz 2006, 33–40.

Christian Mann
17 Wirtschaft und Militär

I Einleitung

Kriege hatten in der griechischen Antike einen entscheidenden Einfluss auf die Akkumulation und den Verlust von Reichtum, ihre ökonomische Bedeutung war enorm. Dies hat sich in der Forschung jedoch nicht niedergeschlagen: In den wirtschaftsgeschichtlichen Grundsatzdebatten standen Militär und Krieg im Schatten anderer Themen, und in der militärgeschichtlichen Forschung wurde lange Zeit die ökonomische Komponente der Kriege ignoriert, da das Interesse den Waffen, Formationen und Kampftaktiken sowie der Lokalisierung und Rekonstruktion berühmter Schlachten galt. Finley forderte 1984 vehement Untersuchungen zur wirtschaftlichen Dimension antiker Kriege, Garlan legte 1989 einige Analysen vor – beide entwickelten ihre Ansichten aus einer nichtdogmatischen marxistischen Perspektive.[1] Inzwischen sind zahlreiche Untersuchungen zu den Kosten der Kriege, der Bedeutung des Söldnerberufes, der materiellen Motivation von kriegführenden Soldaten, Poleis und Monarchen sowie zu den Auswirkungen von Kriegen auf die Ökonomie erschienen. In den Standardwerken zur antiken Wirtschaft spielen Militär und Krieg aber immer noch eine Nebenrolle, eine umfassende Wirtschaftsgeschichte des Krieges im antiken Griechenland steht noch aus.

II Kriegskosten

Wenn man die Verluste von Arbeitskräften und die Verwüstungen durch Kriegshandlungen ausklammert (s. u.), lassen sich die ökonomischen Kosten der Kriege aufschlüsseln in Sold und Verpflegung, Ausrüstung und Bewaffnung, Bau von Festungen und Stadtmauern, ferner das Geld für die Auslösung oder den Freikauf von Kriegsgefangenen.[2] Hinzu kommen Beiträge für die Kriegführung anderer, z. B. die Tribute des Attisch-Delischen Seebundes oder die Abgaben der Poleis an hellenistische Könige, und die Reparationen, wie sie vor allem von den Römern gefordert wurden. Die Höhe und

---

1 *Finley*, Soziale Modelle; *Garlan*, Guerre et Économie (vgl. zuvor schon *ders.*, La Guerre).
2 Ein wichtiger Impuls für die Erforschung antiker Kriegskosten ging von dem DFG-Projekt „Was kostet der Krieg? Kriegskosten und Kriegsfinanzierung in der griechisch-römischen Antike von der Gründung des Delisch-Attischen Seebundes bis zur Zeitenwende" (2005–2009) unter der Leitung von Kai Brodersen aus. Aus dem Projekt gingen eine Quellendatenbank (https://www2.uni-erfurt.de/kriegskosten, abgerufen am 31. 3. 2019) und ein Sammelband (*Burrer/Müller (Hgg.)*, Kriegskosten und Kriegsfinanzierung) hervor. Einen knappen Überblick über die Finanzierung griechischer Kriege bietet jetzt *Heinrichs*, Economics.

die ökonomische Bedeutung dieser Kriegskosten waren in der griechischen Geschichte starken Veränderungen unterworfen.

Dass lange Kriege die Schatzkammern einer Stadt leeren, klingt schon in der „Ilias" an, als Hektor von der Auszehrung Trojas durch die Belagerung spricht:

> Früher haben von der Stadt des Priamos die sterblichen Menschen
> alle gesprochen als reich an Gold, reich an Erz.
> Jetzt sind schon ganz geschwunden aus den Häusern die schönen Kleinode,
> und viele Güter sind schon nach Phrygien und dem lieblichen Maionien
> verkauft dahingegangen, da der große Zeus uns zürnte.[3]

In der Regel aber erforderten die Kriege in der Archaik zwar eine Konzentration von kampfbereiten Männern, aber infolge ihrer Kleinräumigkeit und kurzen Dauer keine gemeinschaftlichen ökonomischen Anstrengungen. Die Hoplitenschlacht als dominante Form des Krieges wurde ausgetragen von Bürgersoldaten, die ihre Ausrüstung selbst besorgten: Der große Rundschild und die Lanze waren für die Hopliten konstitutiv, hinzu kamen bei einer vollständigen Ausrüstung Helm, Beinschienen, Brustpanzer und Schwert.

Auch Kriegsschiffe wurden in der Archaik zumeist von Privatleuten gestellt, doch konnte van Wees plausibel machen, dass die Auszahlung von Sold an Seeleute und dessen Finanzierung durch öffentliche Mittel bereits vor dem Attisch-Delischen Seebund aufkamen.[4] Eine auf das Ende des 6. Jahrhunderts v. Chr. datierte Inschrift aus Eretria gibt an, dass alle diejenigen, die auf dem Schiff fahren, „Lohn" (*misthos*) erhalten sollen, wenn die Fahrt aus den Gewässern zwischen Euböa und dem Festland hinausführte – als Grenzen werden Petalai und Kenaion genannt.[5] Van Wees wertet dies als Beleg, dass Flottensoldaten inklusive der Ruderer bei weiträumigen Operationen Sold erhalten sollten, der über kurzfristige Steuererhebungen von den Bürgern von Eretria finanziert wurde. Dies sei eine Neuerung von enormer Bedeutung, sowohl militärisch als auch ökonomisch, da es zu einer Veränderung des Finanzsystems der Polis geführt habe. Den Hintergrund für diese Maßnahme sieht van Wees im Aufkommen der Triere mit ihrem hohen Bedarf an Ruderern und in der Entstehung einer hegemonialen Kriegführung in der späten Archaik, als ambitionierte Poleis ihre Flotten nicht mehr nur zur Beutegewinnung, sondern zur Sicherung strategischer Interessen eingesetzt hätten. Die Maßnahme in Eretria habe darauf abgezielt, „die Stadt mit einer zeitgemäßen, steuerfinanzierten und voll staatskontrollierten Flotte auszustatten."[6]

Trotz dieser Vorläufer einer öffentlich finanzierten Kriegsflotte bilden die Perserkriege und die aus ihnen resultierende Gründung des Attisch-Delischen Seebunds eine

---

3 Hom. Il. 18, 288–292 (Übersetzung W. Schadewaldt).
4 *Van Wees*, Seekriegführung.
5 IG XII, 9 1273/4.
6 *Van Wees*, Seekriegführung, 139.

tiefe Zäsur in der griechischen Kriegführung. Die Athener errichteten ein Reich, dessen Macht alles, was die griechische Poliswelt bis dahin gesehen hatte, in den Schatten stellte. Seine Existenz beruhte auf einer großen und leistungsfähigen Flotte, die mit Erfolg gegen die Perser, aber auch sehr wirksam gegen abgefallene Mitglieder des Seebunds und andere Griechen eingesetzt wurde. Die Kosten für die Flotte waren riesig, da der Aktionsradius Athens vom Schwarzen Meer bis nach Ägypten und Sizilien reichte. Daraus resultierten viele lange Feldzüge mit großen Aufgeboten, in vielen Jahren waren an den verschiedenen Schauplätzen insgesamt 100 Trieren oder mehr (mit jeweils ungefähr 200 Mann Besatzung) über mehrere Monate im Einsatz. Andererseits füllte der Seebund auch die Kassen Athens, da die Mitglieder zur Zahlung von Tributen (*phoroi*) verpflichtet waren. Deren Gesamthöhe lag bei der Gründung des Bundes 478/77 v. Chr. bei 460 Talenten pro Jahr,[7] sie wurden von athenischen Schatzmeistern verwaltet, deren Titel *hellenotamiai* den Anspruch Athens auf Vorrang in Griechenland unterstreicht. Neben diesen Einnahmen half die athenische Flotte auch bei der Durchsetzung wirtschaftlicher Interessen Athens: Sie ermöglichte Athen die Kontrolle und Ausbeutung der Edelmetallminen auf Thasos und an der thrakischen Küste, und sie war ein Druckmittel, um makedonische Lieferungen von Schiffsbauholz nach Athen zu erzwingen. Auch Handelsinteressen von Verbündeten wurden mit Verweis auf das athenische Militärpotenzial durchgesetzt:

> Gesandte, drei im Alter von über fünfzig Jahren, soll man senden zu Perdikkas und dem Perdikkas erklären, dass man es für rechtens hält, die Methonaier die Seewege benützen zu lassen, dass man sie nicht behelligen dürfe und dass Perdikkas sie Handel treiben lassen solle ins Landesinnere wie bisher.[8]

Mit dem Attisch-Delischen Seebund stieg die Bedeutung der Wirtschaft für die Kriegführung; „der Krieg ist aber nicht so sehr Sache der Waffen als des Geldes" lässt Thukydides den spartanischen König Archidamos sagen, für den die überlegenen finanziellen Ressourcen Athens ein Argument gegen eine voreilige Entscheidung zum Krieg bildet.[9] Diese Ressourcen rechnete Perikles der athenischen Volksversammlung laut Thukydides vor: jährliche Tribute in Höhe von 600 Talenten und nicht bezifferte weitere Einkünfte (*prosodoi*), die auf der Akropolis verwahrte Poliskasse von 6000 Talenten an Silbermünzen, dazu das ungemünzte Gold und Silber der Weihgeschenke, von Perikles auf einen Wert von mindestens 500 Silbertalenten geschätzt, und schließlich weitere Schätze in den Heiligtümern, insbesondere die 40 Talente schweren Goldanteile der Statue der Athena Parthenos.[10] Für Thukydides bildete die finanzielle Leistungsfähigkeit zu Kriegsbeginn einen markanten Unterschied zwischen den beiden

---

7 Thuk. 1, 96, 2.
8 IG I³ 61, Z. 14–21 (Übersetzung nach HGIÜ 104). Es handelt sich um einen Beschluss des Jahres 430/29 v. Chr.
9 Thuk. 1, 83, 2.
10 Thuk. 2, 13, 3–5.

Kriegsgegnern: Während die Athener, so Thukydides, ihre Flotte mit eigenen Ressourcen finanzieren konnten, lässt er den Kriegsgegner schon vor Ausbruch an Anleihen bei den Heiligtümern von Delphi und Olympia denken.[11] Das Motiv des längeren finanziellen Atems Athens klingt noch an einer späteren Stelle an, als Nikias in seiner Rede an die athenischen Truppen vor Syrakus im Jahre 413 v. Chr. davon spricht, dass die Syrakusaner nicht mehr lange Widerstand leisten könnten, da ihnen das Geld ausgegangen sei und sie schon Schulden hätten machen müssen.[12]

Der große Analytiker des Krieges lässt nicht nur in diesen Passagen die Bedeutung des Geldes für eine erfolgreiche Kriegführung anklingen, er weist der Ökonomie generell eine wichtige Rolle zu.[13] Doch konkrete Zahlen nennt er, wenn man von der genannten Rechnung des Perikles absieht, nur wenige. Nur ein einziges Mal beziffert er die Kosten eines Feldzugs – für die Belagerung von Poteidaia (432–429 v. Chr.), die 2000 Talente aus der Poliskasse verschlang, private Ausgaben nicht eingerechnet.[14] Und er gibt an, dass Athen zu Beginn des Krieges eine eiserne Reserve von 1000 Talenten anlegte, die erst nach dem katastrophalen Ende der Sizilien-Expedition angegriffen wurde.[15] Jedoch erfahren wir aus Thukydides für kein einziges Jahr des Krieges eine finanzielle Bilanz Athens. Inschriften liefern wichtige Informationen, insbesondere das Thudippos-Dekret, aus dem eine Erhöhung der Tribute auf das Dreifache hervorgeht, mit der Athen 425/24 v. Chr. die Ausgaben des Krieges zu decken versuchte.[16]

Einigkeit besteht in der Forschung darin, dass der größte Teil der Einnahmen Athens in die Kriegsflotte floss. Die Gründung und Etablierung des Attisch-Delischen Seebunds hatte nicht nur eine in der griechischen Geschichte bis dahin beispiellose Konzentration von Militärpotenzial zur Folge, sondern eine ebenso beispiellose Konzentration von ökonomischen Ressourcen. Wie präzise die Ausgaben berechnet werden können, ist jedoch umstritten – wie bei anderen Themen der antiken Wirtschaftsgeschichte ist auch hier die Quantifizierung ein kontrovers diskutiertes Thema. David Pritchard ist der Meinung, exakte Summen berechnen zu können, beispielsweise beziffert er die Kriegsausgaben Athens für das Jahr 426/5 v. Chr. auf 1161 Talente, für das Jahr 378/77 v. Chr. auf 229 Talente, für das Jahr 372/71 v. Chr. auf 927 Talente.[17] Die methodischen Vorbehalte, die andere gegen derartige optimistische Berechnungen vorgebracht haben, lässt er dabei allerdings außer Acht. So hatte Vincent Gabrielsen auf der Grundlage der literarischen und epigraphischen Belege konstatiert, dass weder für die Baukosten der Schiffe noch für die Betriebskosten verlässliche Angaben

---

11 Thuk. 1, 121, 3.
12 Thuk. 7, 48, 5.
13 Dies hat *Kallet-Marx*, Money, Expense and Naval Power, gegen die zuvor verbreitete Vorstellung eines an Wirtschaft nicht interessierten Thukydides herausgearbeitet.
14 Thuk. 2, 70, 2.
15 Thuk. 2, 24, 1; 8, 15, 1.
16 IG I³ 71.
17 *Pritchard*, Public Spending, 97.

gemacht werden könnten.¹⁸ Zwar gehe die Forschung auf der Grundlage der Angabe, beim großen Flottenbauprogramm des Themistokles seien für 100 Talente 100 Trieren angeschafft worden,¹⁹ von einem Preis von einem Talent für diesen Schiffstyp aus, doch die Quelle ist vom Ereignis anderthalb Jahrhunderte entfernt, ihre Glaubwürdigkeit im konkreten Fall zweifelhaft. Die Seeurkunden aus dem athenischen Flottenarchiv²⁰ sind authentische Zeugnisse für Geldbeträge, doch stellen die angegebenen Summen keine Marktpreise dar, sondern amtliche Schätzungen, auf deren Grundlage Geldforderungen erhoben wurden. Aus ihnen kann man auch eine Veränderung der Baukosten im Laufe der Zeit ablesen, wahrscheinlich bedingt durch die Schwankungen im Nachschub an Schiffsholz. Während Pritchards Zahlen präzise, aber fiktiv sind, ist den vorsichtigeren Überlegungen Migeottes der Vorzug zu geben: Nach seinen Schätzungen gaben die Athener in den kriegerischen 370er Jahren zwei Drittel der öffentlichen Einnahmen für den Krieg aus, in den friedlicheren 340er Jahren weniger als ein Drittel; dieser Anteil entspräche in etwa dem Anteil des Militärbudgets in Königreichen des modernen Europas.²¹

Für den Sold der Ruderer und Schiffssoldaten geben die antiken Quellen Summen zwischen zwei Obolen und einer Drachme täglich an, für Hopliten wird zumeist eine Drachme genannt, bisweilen auch ein höherer Betrag.²² Von diesem Geld kauften sich die Soldaten ihre Verpflegung selbst; die Heerführer kümmerten sich zwar um die Einrichtung entsprechender Märkte, sorgten aber im Regelfall nicht für eine zentrale Versorgung der Truppen.²³ Die Finanzierung erfolgte, wie auch für den Bau und den Unterhalt der Schiffe, mit einer Kombination aus öffentlichen und privaten Mitteln: Für die Ausfahrt nach Sizilien 415 v. Chr. gibt Thukydides an, dass jedem Ruderer eine Drachme pro Tag aus der Poliskasse gezahlt wurde, die Trierarchen aber aus eigener Tasche Zulagen an die Ruderer der obersten Bänke gewährten.²⁴ Dies wird als Ausnahmefall auf einer für die Polis schicksalhaften Expedition geschildert, in der Regel fungierten die Trierarchen als finanzielle „Stoßdämpfer",²⁵ da die Kosten von weiträumigen Flottenoperationen im Voraus nicht verlässlich eingeschätzt werden konnten. Die Trierarchie war in Athen eine der wichtigsten Liturgien und trug wesentlich zur Genese und Entwicklung des gesamten Liturgiesystems bei, das die Vermögen reicher Bürger für die Polis nutzbar machte. Im 4. Jahrhundert v. Chr. häufen sich die Klagen über die Lasten der Trierarchie; diese Entwicklung liegt aber nicht in steigenden Preisen begründet, sondern in dem Umstand, dass diese Liturgie verpflichtend wurde

---

18 *Gabrielsen*, Financing.
19 Aristot. Ath. pol. 22, 7.
20 IG II² 1604–1632.
21 *Migeotte*, Les Dépenses Militaires, 162 f.
22 Thuk. 3, 17, 4; 8, 45, 2; Xen. hell. 1, 5, 6–7; Demosth. or. 4, 28; Thuk. 3, 17, 3. Zur Höhe des Soldes s. die Quellenübersicht bei *Burrer*, Sold und Verpflegungsgeld, 81–84.
23 *O'Connor*, Sailors.
24 Thuk. 6, 31, 3.
25 *Gabrielsen*, Kosten, 58.

und damit an Prestige verlor. Für andere Poleis der griechischen Klassik ist die Quellenlage schwierig, doch ist eine gemischte Finanzierung des Soldes aus öffentlichen und privaten Mitteln auch außerhalb Athens bezeugt.[26]

Wann in Athen die Besoldung von Hopliten und Ruderern eingeführt wurde, ist unklar;[27] Sicherheit besteht nur darin, dass der Zeitpunkt vor dem Ausbruch des Peloponnesischen Krieges lag. Von den Gegnern der Demokratie wurde angeprangert, dass sich das einfache Volk an der Flotte bereichere, während die reichen Bürger bezahlten – dies brandmarkte man als Ausplünderung der Eliten durch den Pöbel.[28] Diese Darstellung ist zu einseitig, denn auch die reichen Athener profitierten ökonomisch von der Großmachtstellung ihrer Polis und den dadurch gewachsenen Optionen für weiträumige wirtschaftliche Aktivitäten. Dennoch bildete der Ruderdienst eine wichtige Einnahmequelle für viele athenische Bürger, gerade in denjenigen Phasen des Peloponnesischen Krieges, als durch die spartanischen Einfälle in Attika die Möglichkeiten, als Tagelöhner in der Landwirtschaft Geld zu verdienen, beschränkt waren. In der Komödie wird die Aussicht auf einen hohen Sold als ein Motiv für die Kriegsbereitschaft genannt.[29] Die antiken Geschichtsschreiber berichten auch davon, dass man durch höheren Sold Ruderer der feindlichen Flotte zum Überlaufen bewegen wollte.[30] In welchem Umfang und bei welchen Gruppen der Ruderer – die Besatzung der Trieren bestand nicht allein aus Bürgern – dies erfolgreich war, bleibt offen.

Die Erfordernisse des Seekriegs hatten einen entscheidenden Einfluss auf die Entwicklung der öffentlichen Finanzen, sie stießen kreative Lösungen an. Neben den schon angeführten Entwicklungen ist die *eisphora* zu nennen, eine von reichen Athenern zu leistende Sondersteuer, die im Winter 428/27 v. Chr. 200 Talente einbrachte.[31] Dies ist die erste überlieferte und womöglich überhaupt die erste Abgabe dieser Art, sie war eine Antwort auf die extrem hohen Ausgaben für die Belagerungen von Poteidaia und Mytilene. Ob sie ein Indiz für eine Finanzkrise Athens in dieser Zeit liefert, bleibt umstritten.[32] 413 v. Chr. führte Athen eine Neuorientierung durch, indem die Polis *phoroi* abschaffte und stattdessen einen Zoll auf alle Güter einführte, der bei Importen wie bei Exporten zu zahlen war.[33] Auch im 4. Jahrhundert v. Chr. standen Seekrieg und öffentliches Finanzsystem in enger Wechselwirkung, die Niederlage im Bundesgenossenkrieg (357–355 v. Chr.) stieß die grundlegende Neuordnung der öffentlichen Finanzen Athens durch Eubulos an.

---

26 I. Rhodische Peraia 251 (440–420 v. Chr.).
27 Immer noch grundlegend zu dieser Frage: *Pritchett*, Greek State at War I, 7–14.
28 [Xen.] Ath. pol. 1, 13.
29 Aristoph. Ach. 600.
30 Thuk. 8, 58; Xen. hell. 1, 5, 6.
31 Thuk. 3, 19, 1.
32 Die Existenz einer solchen Finanzkrise bezweifelt *Kallet-Marx*, Money, Expense and Naval Power, 184–206; vgl. aber die Rezension von *S. Hornblower*, in: Classical Review, 44, 1994, 333–336.
33 Thuk. 7, 28, 4.

Seit Alexander dem Großen wurden die großen Schlachten von königlichen Heeren geschlagen, doch die Poleis waren weiterhin stark in die Kriege involviert: Sie leisteten durch Steuern und die Stellung von Truppen ihren Beitrag zum Militär der Könige, und sie hatten insbesondere dort, wo sich die Einflusssphären der Großreiche überschnitten, die Wahl, für welchen König sie Partei ergreifen sollten, ab dem 2. Jahrhundert v. Chr. kam die römische Option hinzu. Ob einem anrückenden Heer die Tore zu öffnen oder zu verschließen seien, war eine Standardfrage für hellenistische Poleis. Auch kamen die traditionellen kleinräumigen Kriege zwischen benachbarten Poleis in hellenistischer Zeit nicht zum Erliegen, insbesondere wenn die Königsmacht in der betreffenden Region schwach war. Und wie das klassische Athen gaben auch die hellenistischen Poleis das meiste Geld für den Krieg aus.[34] Zwar liefern die Quellen lediglich schlaglichtartige Einblicke in die Ausgaben, aber durch die Vielzahl der Inschriften lassen sich die Dimensionen erkennen. Enorm waren beispielsweise die Kosten für die Auslösung von Menschen, die in Gefangenschaft von feindlichen Heeren oder Piraten geraten waren: Athen brachte 229 v. Chr. 20 Talente auf, um Bürger freizukaufen, die von den Aitolern gefangen genommen und als Sklaven nach Kreta verkauft worden waren.[35] Im späten 3. Jahrhundert v. Chr. unternahm Teos den Versuch, die von Piraten geraubten Frauen und Kinder auszulösen, und griff dabei zu energischen Maßnahmen: Die Bürger wurden aufgefordert, ihren Beitrag zu erbringen, wertvolle Gegenstände aus Edelmetall sollten registriert werden.[36] Große Summen wurden auch für den Festungsbau ausgegeben,[37] denn die technologische Entwicklung seit dem 4. Jahrhundert v. Chr., als Artillerie und Belagerungsmaschinen den Angreifern neue Optionen boten, verlangte auch von den Verteidigern höhere Investitionen in die Befestigungsanlagen. Für den Bau eines Turmes in der Stadtmauer von Kyzikos beispielsweise sind Baukosten von 9200 Drachmen überliefert.[38]

Für den Mauerbau legten manche Poleis eigene Kassen an (*teichopoika*), in die regelmäßig ein Teil der Einkünfte abgeführt wurde. Manchmal wurden die betreffenden Mittel für andere Zwecke verwendet,[39] was zeigt, dass Geld nicht für einen konkreten Anlass, sondern prospektiv gesammelt wurde. Für den eigentlichen Krieg gab es kein regelmäßiges Budget, er konnte aus den laufenden Einnahmen auch gar nicht bestritten werden – dies war schließlich nicht einmal Athen mit seinen gewaltigen Einnahmen des Attisch-Delischen Seebundes gelungen. Vielmehr gab es zur akuten

---

34 *Migeotte*, Les Dépenses Militaires, liefert eine Typologie der militärischen Ausgaben; s. außerdem *ders.*, Kriegs- und Verteidigungsfinanzierung, und *ders.*, Les Finances des Cités Grecques, 381–388; 552–571. Zur Finanzierung des Krieges in hellenistischen Poleis s. außerdem *Chaniotis*, War in the Hellenistic World, 115–121.
35 IG II² 844.
36 SEG XLIV 949.
37 *Baker*, Coûts des Garnisons.
38 *Maier*, Griechische Mauerbauinschriften I, Nr. 59 (4./3. Jahrhundert v. Chr.); vgl. die Übersicht in *ders.* Griechische Mauerbauinschriften II, 66–68.
39 I. Milet I. 3, 146, Zz. 46–50.

Finanzierung unterschiedliche Optionen, die zumeist kombiniert wurden. Im Hellenismus ließen die Poleis ihre Flotte über Liturgien finanzieren, am besten bezeugt ist dies für Rhodos. Dort mussten die Trierarchen das Schiff nicht selbst kommandieren, wohl aber die Kosten tragen; außerdem wurden nach Gabrielsen auch private Schiffe gegen eine von der Polis festgesetzte Summe in Dienst genommen.[40] Sondersteuern für reiche Bürger sind in akuten Notsituationen bezeugt, deutlich häufiger aber waren *epidoseis*, Aufforderungen an alle Bewohner der Stadt, Bürger wie Fremde, Männer wie Frauen, eine Spende zu leisten.[41] Die Beiträge waren ganz unterschiedlich, überliefert sind Kleinspenden in Höhe von fünf Drachmen, aber auch hohe Beiträge von mehreren Talenten von Seiten reicher Bürger. In der Summe kamen große Beträge zusammen, wie viele Beispiele zeigen: Kos und seine Nachbarn führten in den letzten Jahren des 3. Jahrhunderts v. Chr., als die Insel mehrfach von Angriffen bedroht war, *epidoseis* durch, von denen die erfolgreichste 150.000 Drachmen einbrachte. Auch die Hafenanlagen von Zea, die Befestigungen von Troizen und von Naxos wurden über Sammlungen dieser Art finanziert.[42]

Auch andere Formen der Finanzierung sind überliefert: Ephesos verkaufte zwischen 300 und 297 v. Chr. das Bürgerrecht an Fremde, um davon eine öffentliche Anleihe zurückzuzahlen und Waffen an die Besatzung einer Grenzfestung zu liefern.[43] Besonders gut beleuchtet sind die Nöte kleinerer Poleis anhand einer Gesandtschaft, die Kytenion in der Doris im Jahre 206 v. Chr. nach Xanthos in Lykien schickte: Kytenion, so unterrichtet uns die Inschrift, befand sich in einer schweren Krise, denn die Stadtmauern waren zunächst durch ein Erdbeben in Mitleidenschaft gezogen, später vom makedonischen Heer unter Antigonos Doson vollends zerstört worden, auch zahlreiche Häuser wurden von dessen Soldaten angezündet. Nun suchten die Bewohner im fernen Xanthos um Unterstützung nach und appellierten an die Stammesverwandtschaft. Der Erfolg dieser Mission war bescheiden, die Spende von Xanthos belief sich auf lediglich 500 Drachmen.[44] Wenn andere Einnahmequellen nicht zur Bestreitung der Kriegskosten ausreichten, mussten Anleihen aufgenommen werden. 229 v. Chr. zahlte Athen die enorme Summe von 150 Talenten an die Makedonen, damit diese ihre Garnisonen abzögen; das Geld stammte aus Krediten von Privatleuten, darunter Bürger wie Fremde.[45] Argos nahm von Rhodos einen Kredit in Höhe von 100 Talenten auf, der deshalb überliefert ist, weil die Rhodier keine Zinsen verlangten, wofür die Argiver ihnen inschriftlich Dank abstatteten.[46] Eine andere Inschrift berichtet von den Schwierigkeiten der Polis Krannon in Thessalien, die in den Antiochos-

---

40 *Gabrielsen*, Naval Warfare, 81–83.
41 Dazu *Migeotte*, Les Souscriptions Publiques, mit einer Liste der überlieferten Fälle.
42 *Migeotte*, Les Souscriptions Publiques, Nr. 50. 21. 54.
43 *Migeotte*, Kriegs- und Verteidigungsfinanzierung, 155.
44 SEG XXXVIII 1476.
45 *Habicht*, Athen, 176 f.
46 *Maier*, Griechische Mauerbauinschriften I, Nr. 33 (1. Hälfte des 3. Jahrhunderts v. Chr.).

krieg und in den Dritten Makedonischen Krieg verwickelt war und hohe Schulden aufgenommen hatte, die zurückzuzahlen es nicht in der Lage war.[47]

Es gibt in der Forschung unterschiedliche Meinungen, wie die Finanzierung der Militärausgaben durch die hellenistischen Poleis zu bewerten ist: Chaniotis sieht in der Kluft zwischen den geringen Einnahmen und den hohen, kaum voraussagbaren Ausgaben für den Krieg eine strukturelle Schwäche der hellenistischen Poleis, die sie letztlich abhängig von Königen oder lokalen Wohltätern machte. Migeotte hingegen konstatiert, dass die Finanzierungsmethoden insgesamt erfolgreich waren und „es der Mehrzahl der griechischen Städte gelungen ist, die größten Schwierigkeiten dieser drei Jahrhunderte zu überwinden."[48]

III Söldner

Schon in archaischer Zeit sind griechische Söldner in Diensten von ägyptischen und vorderasiatischen Monarchen bezeugt, und viele griechische Tyrannen stützten sich auf Söldner. Seit dem späten 5. Jahrhundert v. Chr. nahmen auch die Poleis Söldner in Dienst, ohne dass die Bürgersoldaten verdrängt worden wären. Den Höhepunkt des griechischen Söldnerwesens bildet der Hellenismus, da die Heeresmacht der Könige wesentlich auf Söldnern beruhte, wobei der Anteil der Söldner zwischen den einzelnen Heeren stark schwankte.[49] Der Begriff „Söldner" für diejenigen Männer, die den Krieg zu ihrem Beruf gemacht haben, ist im heutigen Sprachgebrauch negativ belegt, in Griechenland war die soziale Anerkennung der Söldner höher. Zumeist stammten die Söldner aus abgelegenen Regionen – das gebirgige Arkadien war ein bekanntes Reservoir – und aus den ärmeren Bevölkerungsschichten, doch nennen die Quellen unter den Söldnern auch Angehörige aristokratischer Familien, die aus politischen Gründen ihre Heimat verlassen hatten und als Söldnerführer nach Ruhm und Einfluss strebten.

Wirtschaftliche Not war der Grund, warum in der Archaik zahlreiche Griechen als Söldner in die Ferne zogen, und wirtschaftliche Not war auch ein Grund für die Ausbreitung des Söldnerwesens seit dem Peloponnesischen Krieg. Die langwierigen Auseinandersetzungen zwischen den Athenern und den Spartanern mit ihren jeweiligen Bundesgenossen, die in vielen Poleis auch blutige Bürgerkriege befeuerten, zogen große Teile Griechenlands in Mitleidenschaft, so dass vielen Menschen die Lebensgrundlage entzogen wurde. Junge Männer seien, so die geläufige Forschungsmeinung, deshalb gezwungen gewesen, ihre Heimat zu verlassen und das Waffenhandwerk zu

---

47 *Migeotte*, Les Souscriptions Publiques, Nr. 34.
48 *Chaniotis*, War in the Hellenistic World, 121; *Migeotte*, Kriegs- und Verteidigungsfinanzierung, 156.
49 Für einen militärgeschichtlichen Überblick zum Söldnerwesen s. *Parke*, Greek Mercenary Soldiers; sozioökonomische Aspekte untersuchen *Ducrey*, Aspects Économiques, und *Trundle*, Greek Mercenaries.

ergreifen.⁵⁰ Im Krieg seien sie, die nicht auf einen heimischen Hof zurückkehren konnten wie Bürgersoldaten, dann besonders räuberisch gewesen; die steigende Anzahl von Söldnern sei damit sowohl als Symptom als auch als Ursache eines ökonomischen Niedergangs aufzufassen. Eine andere Forschungsrichtung lenkt den Blick auf die Nachfrage: Nicht die Entwicklungen im Mutterland, sondern in Sizilien und im Perserreich hätten die „mercenary explosion" angestoßen, denn durch die jüngere Tyrannis in Syrakus und die persischen Thronstreitigkeiten sei ab der Wende vom 5. zum 4. Jahrhundert v. Chr. ein höherer Bedarf an Söldnern entstanden.⁵¹ Dies ist eine wichtige Perspektive, sie vermag allerdings nicht zu erklären, warum auch die Poleis vermehrt Söldner in Dienst nahmen.

Die Zahlung von Sold war nicht auf Söldner beschränkt, da auch die Bezahlung von kriegsdienstleistenden Bürgern vielfach belegt ist (s. o.). Die Bezahlung beider Gruppen war vergleichbar, für Söldner der klassischen und hellenistischen Epoche lag der tägliche Verdienst zumeist zwischen vier Obolen und einer Drachme.⁵² Die Höhe richtete sich auch nach dem Dienstrang, Xenophon überliefert den Sold von einer Dareike (= vier attischen Obolen) für einfache Soldaten, von zwei Dareiken für die Hauptleute und von vier Dareiken für die Feldherren.⁵³ Zusätzlich zum Sold gab es, wenn der Feldherr die Soldaten nicht mit Nahrungsmitteln versorgte, ein Verpflegungsgeld, das im Voraus gezahlt wurde, damit sich die Soldaten Essen kaufen konnten. Der Sold hingegen wurde im Nachhinein ausgezahlt, Zahlungszeiträume von einem Monat, aber auch von drei Monaten sind bezeugt. Der athenische Feldherr Iphikrates soll ein Viertel des Soldes bis zum Ende der Kampagne zurückgehalten haben, um Desertionen vorzubeugen.⁵⁴

Manche Inschriften halten die Länge der Feldzugssaison fest, überliefert sind Dienstjahre von neun oder zehn Monaten.⁵⁵ Die Söldner waren im Winter, wenn die militärischen Auseinandersetzungen ruhten, folglich gezwungen, unbezahlten Urlaub zu nehmen. Dass dies für sie ein ökonomisch relevanter Faktor war, wird aus einem Vertrag ersichtlich, den König Eumenes I. um 260 v. Chr. mit meuternden Soldaten schloss.⁵⁶ Die jährliche Dienstzeit wurde darin auf zehn Monate festgelegt und ausdrücklich verboten, dass Eumenes Schaltmonate in den Kalender einfüge, um das Jahr zu verlängern. Auch weitere Bestimmungen gehen auf die Forderungen der Söldner ein: Eumenes sollte die bisherigen Sachleistungen in Form von Getreide auf Geldzahlungen umstellen, denn offenbar wollten die Soldaten lieber selbst Nahrung kaufen. Weiter wurden Steuerprivilegien für die Söldner und finanzielle Leistungen für die Waisen der Gefallenen festgelegt. Im Gegenzug versprachen die Söldner dem Kö-

---

50 *Baker*, Les Mercenaires.
51 *Trundle*, Greek Mercenaries, 72–79.
52 Liste bei *Burrer*, Sold und Verpflegungsgeld, 81–84.
53 Xen. an. 7, 6, 1.
54 Polyain. 3, 9, 51.
55 *Burrer*, Sold und Verpflegungsgeld, 77.
56 I. Pergamon 13 = Staatsverträge 481; dazu *Griffith*, Mercenaries, 282–288.

nig unbedingte Treue und Unterstützung sowohl gegen seine inneren als auch gegen seine äußeren Feinde. Man erkennt hier die materielle Motivation der Söldner, die offenbar so zahlreich waren, dass sie Eumenes solch umfassende Zusagen abringen konnten. Sie sahen sich aber über ihre wirtschaftlichen Interessen hinaus als eine dem König eng verbundene Statusgruppe, deren Dienste von ihm zu honorieren seien.

Über die Frage, wer die Waffen besorgte, machen die antiken Texte nur wenige Angaben. Ökonomisch ist die Frage von großer Wichtigkeit, denn wenn die Dienstherren Waffen besorgten, taten sie das in großem Umfang, was größere Betriebe bevorzugte und eine Standardisierung anstieß. Kauften die Soldaten ihre Waffen selbst, ist mit einer stärkeren Vielfalt und dezentraler Produktion zu rechnen. In den meisten Fällen traf das letztere zu, doch sind auch Großeinkäufe von Dienstherren der Armeen bezeugt.[57]

IV Beute

Die Hoffnung, Beute zu machen, war ein wichtiges Motiv, Kriege zu führen, und zwar sowohl für Poleis und Könige als auch für die einzelnen Soldaten.[58] Zwar wäre es weit übertrieben, die Kriege allein auf diesen ökonomischen Antrieb zurückzuführen, da Rache, Ruhmstreben und die Verteidigung der Ehre nicht lediglich vorgeschobene, sondern ganz reale Motive für den Eintritt in einen Krieg waren, aber in den Quellen wird fast immer auch der Drang nach Beute genannt. Die hohe Bedeutung von Beute macht es schwierig, scharf zwischen Kriegen und Raubzügen, zwischen Seekrieg und Piraterie zu unterscheiden. Polybios beispielsweise charakterisiert die Heere der Aitoler als Räuberbanden:

> Die Aitoler waren schon längst des Friedens überdrüssig, der sie nötigte, ihren Unterhalt aus eigenen Mitteln zu bestreiten; denn sie waren gewohnt, von ihren Nachbarn zu leben, ihre Bedürfnisse aber waren hoch infolge ihrer angeborenen Großmannssucht, von der beherrscht sie habgierig und räuberisch wie die wilden Tiere lebten, niemandem Freund, jedermann als Feind betrachtend.[59]

Hier schwingt die Verachtung des ehemaligen Politikers des Achäischen Bundes gegen die alten Rivalen durch, doch allgemein wurde es nicht als ehrenrührig betrachtet, mit den Waffen in der Hand nach Beute zu streben. Hatte man Erfolg, war dies auf zweierlei Weise legitimiert: Erstens konnte man auf die Unterstützung des eigenen

---

57 *Trundle*, Greek Mercenaries, 124–131, mit einer differenzierten Interpretation der Quellen.
58 Eine umfassende Behandlung zur Beute in der griechischen Kriegführung findet sich bei *Pritchett*, Greek State at War I, 53–100, und *ders.*, Greek State at War V, 68–504, und neuerdings bei *Migeotte*, Les Finances des Cités Grecques, 349–351; 544–548. Speziell für die hellenistische Zeit s. *Chaniotis*, War in the Hellenistic World, 129–137.
59 Pol. 4, 3, 1 (Übers. Drexler, H.).

Tuns durch die Götter verweisen, und zweitens konnte man aus der eigenen kriegerischen Tüchtigkeit das Recht ableiten, Gewinn daraus zu ziehen. Der homerische Odysseus bezeichnet sich in seinen fingierten Geschichten selbst als Piraten, ohne dass damit eine Geringschätzung dieser Tätigkeit verbunden wäre, und Aristoteles ordnete die Kriegführung in den Katalog der Erwerbsformen ein.[60]

Für griechische Alleinherrscher, die größere Söldnerheere unterhielten, war Kriegsbeute notwendig, um die Soldaten bezahlen und Anhänger belohnen zu können. Der Sieg, den die Tyrannen Gelon von Syrakus und Theron von Akragas 480 v. Chr. bei Himera über die Karthager errangen, stabilisierte ihre Herrschaft nicht nur durch den Prestigegewinn, sondern auch durch die infolge der großen Beute gewonnenen materiellen Spielräume. Auch die hellenistischen Könige mussten ihre Heere durch Kriege refinanzieren, da deren Unterhalt allein aus Steuermitteln auf die Dauer nicht zu gewährleisten war.[61] Auch Poleis mit einer kostspieligen Armee, insbesondere einer größeren Flotte, trachteten nach deren Refinanzierung durch Beute. Die brutale Behandlung vieler von den Athenern im 5. Jahrhundert v. Chr. belagerten und eingenommenen Städte, als die gesamte Einwohnerschaft versklavt wurde, diente nicht nur der Abschreckung, sondern auch dazu, die Kosten der betreffenden Expedition zu bezahlen. Philon von Byzanz beschrieb die Militärausgaben für eine Belagerung und die Bestechung von möglichen Verrätern als eine gute Investition, da die Ausgaben durch die Beute mehrfach gedeckt würden.[62] Auf der Ebene des Individuums ist die Bedeutung von Beutemachen daran abzulesen, dass vielfach überliefert ist, wie Soldaten, während die Schlacht noch tobte, bereits mit dem Plündern des gegnerischen Lagers begannen und damit den militärischen Erfolg gefährdeten. Die Hoffnung auf Beute war allerdings eine vage, denn sie setzte eine zumindest partiell erfolgreiche Kriegführung voraus. Daher bedeutete die Einführung von Soldzahlungen seit dem späten 6. Jahrhundert v. Chr. (s. o.) nicht nur eine ‚Verstaatlichung' der Kriegführung, sondern auch eine Minderung des Risikos für die kämpfenden Bürger.

Die wichtigste Kriegsbeute bildete Land, weil es dauerhaften Ertrag erbrachte, sofern es nicht in einem späteren Krieg wieder den Besitzer wechselte. Wenn man Schiedsgerichte anrief, um Streitigkeiten zwischen Poleis zu schlichten, war der Gegenstand des Konflikts sehr häufig ein Landstrich. Doch manchmal gelang eine solche friedliche Streitschlichtung nicht, und es kam zwischen benachbarten Poleis zu Kriegen um fruchtbare Gebiete. Berühmt ist der langwierige Streit zwischen den euböischen Poleis Chalkis und Eretria um die Lelantinische Ebene, die zwischen beiden Städten lag, ein Streit, in den auch weitere griechische Mächte hineingezogen worden sein sollen.[63] Milet und Magnesia am Mäander trugen im 3./2. Jahrhundert v. Chr. mit den Waffen einen Konflikt um das Territorium von Hybandis aus. Milet engagierte

---

60 Hom. Od. 14, 192–359; Aristot. pol. 1, 1256b 23–26.
61 Die ökonomische Bedeutung der hellenistischen Kriege betont *Austin*, Hellenistic Kings.
62 Phil. Poliorketika D 65.
63 Strab. 10, 1, 12.

1000 kretische Söldner und stationierte sie im umstrittenen Gebiet, um es gegen Übergriffe der Magnesier zu verteidigen.[64] Im Extremfall wurde einer besiegten Polis ihr ganzes Territorium weggenommen und an Bürger der siegreichen Macht verteilt; beispielsweise vertrieb Athen im Sommer 431 v. Chr. die Bevölkerung Äginas von ihrem Land und vergab es an athenische Siedler.[65] In den meisten anderen dokumentierten Fällen ging es um Ackerland, doch sind auch ganz andere Streitpunkte überliefert: die Kontrolle von Bergregionen mit Weideland und Holz, die Ausbeutung von Steinbrüchen und die Rechte zur Fischerei in Flüssen, die an die Territorien verschiedener Poleis grenzten.[66]

Vieh, vor allem Rinder, werden in den antiken Texten sehr häufig als begehrtes Beutegut genannt. In der homerischen „Ilias" werden gewaltige Schlachten zwischen großen Heeren der Griechen und der Trojaner ausführlich geschildert, der unbetonte Hintergrund des Epos zeigt jedoch eine ganz andere Form der Kriegführung: kleinräumige Auseinandersetzungen um Viehherden. Immer wieder verweisen die Helden in ihren Reden auf den Raub von Herden, in der Schildbeschreibung wird ein betreffender Überfall dargestellt.[67] Bis in die hellenistische Zeit bildete Vieh eine wichtige Kriegsbeute, und von den kriegführenden Parteien wurden entsprechende Abwehrmaßnahmen getroffen, etwa indem die Herden hinter Mauern in Sicherheit gebracht oder auf das Gebiet von benachbarten, in den Krieg nicht involvierten Poleis getrieben wurden. Wertgegenstände aus kostbaren Materialien waren in Städten zu erbeuten, insbesondere aber in Heiligtümern. Obwohl deren Plünderung als Sakrileg galt, kam dies regelmäßig vor, und zwar in allen Epochen der griechischen Geschichte und von allen kriegführenden Parteien. Insbesondere aber Tyrannen, beispielsweise Dionysios I. von Syrakus, werden in den antiken Texten als skrupellose Räuber von Tempelschätzen gebrandmarkt.[68]

Noch wertvoller als Vieh konnten Menschen als Beute sein.[69] Die Summen, die sich durch den Verkauf von Menschen in die Sklaverei oder durch Lösegeld erzielen ließen, waren gemäß den verstreuten Angaben bei den antiken Historiographen enorm:[70] 415 v. Chr. nahmen die Athener Hykkara auf Sizilien ein und versklavten die Einwohner, deren Verkauf laut Thukydides 120 Talente erbrachte.[71] Für den Erlös, den die Spartaner nach der Plünderung von Megalopolis 223 v. Chr. aus dem Verkauf der Kriegsgefangenen erzielten, kritisiert Polybios die astronomischen Zahlen Phylarchs, hält selbst aber eine Summe von 300 Talenten für realistisch.[72] Die Brutalität, die in

---

64 I. Milet I. 3, 33–38.
65 Thuk. 2, 27, 1.
66 Beispiele bei *Chaniotis*, War in the Hellenistic World, 130 f.
67 Hom. Il. 18, 509–540.
68 *Pritchett*, Greek State at War V, 163 f.
69 S. dazu ausführlich *Volkmann*, Massenversklavung.
70 Vgl. die umfangreiche Liste in *Pritchett*, Greek State at War V, 226–234.
71 Thuk. 6, 62.
72 Pol. 2, 62.

der Versklavung von Tausenden von Menschen, bisweilen der kompletten Bevölkerung einer Stadt lag, geht in den lapidaren Formulierungen der antiken Geschichtsschreiber zumeist unter. Nur selten liefern sie Einblicke in die Zustände in einer eroberten Stadt:

> Denn sowie sie in die Stadt gekommen waren, hatten sich die Soldaten zerstreut und waren in den Häusern, stießen einander weg und stritten um die Beute, und die höheren und niederen Offiziere gingen herum und holten sich die Frauen und Töchter der Pellenier, nahmen ihre Helme ab und setzten sie den Frauen auf, damit kein anderer sie nehme, sondern an dem Helm der Herr und Gebieter einer jeden kenntlich sei.[73]

Die Preise für die Menschen lagen zwischen 100 und 300 Drachmen, wenn sie in die Sklaverei verkauft wurden,[74] durch Lösegeld von den Angehörigen konnten noch höhere Summen erzielt werden.

Die Wege, wie die Heerführer und die Soldaten ihre Beute zu Geld machten, werden von den antiken Historiographen nur selten genannt, da sie ihnen und ihren Lesern geläufig waren. Doch die verstreuten Angaben lassen dennoch das Spektrum der Möglichkeiten erkennen.[75] Größere Heere scheinen regelmäßig von Händlern begleitet worden zu sein: Xenophon nennt Beuteverkäufer (*laphyropolai*) bei den spartanischen Heeren und gibt an, dass die Spartaner Beute im Feld verkauften und nicht in die Heimat schickten. Für den Alexanderzug nennt Arrian an einer Stelle phönizische Händler, die dem Heer folgten und auf Geschäfte mit der Beute hofften. Und Diodor nennt eine große Anzahl von Händlern im Gefolge des Demetrios Poliorketes, als dieser zur Belagerung von Rhodos ansetzte, die auf Geschäfte mit der Beute aus dieser reichen Polis hofften.[76] Eine andere Option war der Verkauf der Beute an die Einwohner in der Nachbarschaft: Im Dekeleischen Krieg profitierten die Thebaner von ihrer Nähe zu Attika:

> Einen noch viel größeren Aufschwung sollte die Polis jedoch nehmen, als die Thebaner gemeinsam mit den Lakedaimoniern Dekeleia gegen die Athener befestigten; konnten sie doch die Kriegsgefangenen und die gesamte sonstige Kriegsbeute um wenig Geld kaufen. Außerdem nahmen sie als Grenznachbarn alle möglichen Materialien aus Attika als Beute zu sich mit, angefangen vom Holz und den Dachziegeln.[77]

Häufiger aber wird der Transport von Kriegsbeute in größere Städte berichtet, wo sich zahlungskräftige Händler fanden: Die von den Athenern 415 v. Chr. in Hykkara versklavten Menschen wurden per Schiff nach Katane gebracht und dort verkauft, ähnlich verfuhr Agesilaos 395 v. Chr. bei seinem Feldzug gegen Pharnabazos mit der

---

73 Plut. Aratos 31 (nach dem Memoiren Arats, Übers. Ziegler, K.).
74 *Ducrey*, Le Traitement des Prisonniers, 246–255.
75 Grundlegend und quellenreich *Pritchett*, Greek State at War V, 401–438; vgl. für die hellenistische Epoche *Jacquemin*, La Vente du Butin.
76 Xen. Lak. pol. 13, 11; Arr. an. 6, 22, 4; Diod. 20, 82, 5.
77 Hell. Oxyrh. 20, 4 (Übers. Behrwald, R.).

Beute aus Mysien und Phrygien: Er ließ die Beute mit der Flotte nach Kyzikos transportieren und dort verkaufen, mit dem eingenommenen Geld bezahlte er die Soldaten.[78] Philipp V. brachte die Beute aus der Plünderung Lakoniens nach Tegea in Arkadien und machte dort Halt, um sie zu verkaufen.[79]

Streit um die Beute war an der Tagesordnung, während der Plünderungen und danach. Der Zorn des Achilleus, das Leitmotiv der „Ilias", entspringt einem Konflikt mit Agamemnon über die Beuteverteilung, und die Schilderung der Einnahme von Pellene (s. o.) dokumentiert die Sorge der plündernden Soldaten, dass ihre Beute von Kameraden in Anspruch genommen werden könnte. Ein hellenistisches Militärreglement der makedonischen Armee enthält klare Regelungen, um eigenmächtiges Beutemachen einzelner Soldaten und Offiziere zu verhindern:

> Betrifft Disziplin hinsichtlich der Beute: Wenn jemand Beute in das Lager bringt, sollen ihnen entgegengehen die Strategoi und als ihre Begleitung die Speirarchen und Tetrarchen und die übrigen Offiziere und mit diesen die Hyperetai in hinreichender Zahl, auf drei Stadien Entfernung vom Lager; und sie sollen nicht gestatten den Plünderern, die Beute zu behalten. Wenn aber ein derartiger Disziplinverstoß vorfällt, haben den Gegenwert zu bezahlen die Offiziere, [...].[80]

Ebenfalls aus der hellenistischen Armee Makedoniens ist überliefert, wie Aufrührer die Truppen in Unruhe versetzen konnten, indem sie Gerüchte über eine ungerechte Beuteverteilung streuten.[81]

Um Konflikte zu vermeiden, bemühte man sich um genaue Abmachungen schon im Vorfeld von Feldzügen. In einem Vertrag zwischen den kretischen Poleis Lyttos und Malla ist festgelegt, dass bei anstehenden Feldzügen jede Polis einen Beuteanteil bekommen solle, der proportional sei zur Anzahl der Männer, die am Feldzug teilgenommen hatten; die genaue Zuteilung erfolgte per Los.[82] Man kann hier die Prinzipien bei der Verteilung gut ablesen: Der Anteil am Erfolg, gemessen nach der Zahl der Soldaten, sollte dem Anteil an der Beute entsprechen. Da die Beute ganz unterschiedliche Güter umfasste, wurde sie in kleine Einheiten unterteilt, die möglichst gleichwertig sein sollten; um über deren Zuteilung Streit zu vermeiden, griff man auf das in Griechenland allgemein beliebte Losverfahren zurück. Während es hier um einen Bündnisvertrag vor einem Krieg geht, spielte die Beute auch bei Friedensverträgen eine Rolle: Im Vertrag zwischen Byzanz und König Prusias von Bithynien 220 v. Chr. wurde detailliert festgelegt, dass letzterer die Kriegsbeute zurückgeben müsse; ausdrücklich genannt werden das Land, Festungen, Menschen, Schiffe, aber auch die Geschosse aus den Festungen, Bauholz und -steine.[83]

---

78 Thuk. 6, 62, 3; Hell. Oxyrh. 25, 4.
79 Pol. 5, 24, 10.
80 SEG XL 524, Zz. 10–17; (Übers. nach HGIÜ 471).
81 Pol. 5, 25, 1–3.
82 Staatsverträge III 511.
83 Pol. 4, 52, 7.

V Zerstörungen

Seitdem im 4. Jahrhundert v. Chr. Torsionsgeschütze Einzug in die griechische Kriegführung gehalten hatten, richteten Belagerungen, auch wenn sie nicht zur Einnahme der Stadt führten, Schäden an den Gebäuden an. Bei der berühmten Belagerung von Rhodos durch Demetrios Poliorketes 305/04 v. Chr. wurden nicht nur Teile der Stadtmauern zerstört, sondern auch viele weitere Gebäude beschädigt, darunter das Theater.[84] Wurde die Stadt eingenommen, lag es im Ermessen der Sieger, Brände zu legen und rauchende Trümmer zu hinterlassen, eine Zerstörung ihrer Häuser durch ein feindliches Heer nennen die Gesandten von Kytenion in der genannten Inschrift (s. o.). Während allerdings solche Szenarien verhältnismäßig selten waren, kam es in fast allen Kriegen zur Beeinträchtigung der Landwirtschaft.[85] Da die Feldzugssaison vom Frühjahr bis zum Herbst reichte und damit genau diejenigen Monate umfasste, in der auch die wichtigsten Arbeiten auf den Feldern verrichtet werden mussten, bedeutete es eine Einbuße, wenn die Bauern ihren Hof verließen, um Kriegsdienst zu leisten. In einigen Fällen dokumentieren die Quellen einen Konflikt zwischen den militärischen Pflichten und den wirtschaftlichen Notwendigkeiten: 218 v. Chr. sollten die Soldaten von Selge einen Pass bewachen, doch manche zogen sich wegen der anstehenden Ernte zurück.[86]

Bei einer Invasion in feindliches Territorium verbrauchten die Soldaten, Pferde und Packtiere eines Heeres nicht nur Lebensmittel, die man lieber im Land des Gegners requirierte als sie aus der Heimat zu schicken, sondern sie richteten auch Zerstörungen an; die pauschale Erwähnung von Verwüstungen ist bei der Beschreibung von Kriegen in der griechischen Historiographie Standard. Philon von Byzanz empfiehlt zwar, dass man, wenn man zur Belagerung einer Stadt schreite, deren Umland zunächst verschonen solle, da man so die Stadt eher zur Kapitulation bringen könne; es ist allerdings zweifelhaft, ob die Feldherren die dafür notwendige Disziplin überhaupt durchsetzen konnten. Auch schreibt Philon weiter, dass man die Felder verwüsten solle, wenn die Belagerten die Übergabe verweigerten.[87]

Es gibt in der Forschung unterschiedliche Ansichten darüber, wie stark ein plünderndes Heer die landwirtschaftliche Produktion beeinträchtigen konnte, vor allem diskutiert wurde diese Frage mit Bezug auf die spartanischen Angriffe auf Attika während des Peloponnesischen Krieges. Für Hanson hatten griechische Armeen weder die Fähigkeit noch das Ziel, nachhaltigen Schaden anzurichten; die Verwüstungen hätten vielmehr bezweckt, die in der Stadt verschanzten Gegner zu einer Schlacht zu reizen. Sie hätten weniger ökonomischen als psychologischen Schaden angerichtet,

---

[84] Diod. 20, 100, 4.
[85] Dazu grundlegend *Hanson*, Warfare and Agriculture; für die hellenistische Zeit s. *Chandezon*, Guerre, Agriculture et Crises, und *Chaniotis*, War in the Hellenistic World, 121–129.
[86] Pol. 5, 72, 7.
[87] Phil. Poliorketika D 6 f.; 87; 90 f.

denn es widersprach dem griechischen Verständnis von Ehre, tatenlos zuzusehen, wie Feinde den Besitz zerstörten. Ober schließt sich diesem Verständnis von agonaler Kriegführung an, schätzt aber die ökonomischen Schäden höher ein: Die Strategie des Perikles, die eine Evakuierung und Preisgabe Attikas vorgesehen und mit den herkömmlichen Spielregeln des Krieges gebrochen habe, sei mit einer verheerenden und nachhaltigen Schädigung der Landwirtschaft Athens verbunden gewesen. Um die Wiederholung eines solchen ökonomischen Desasters zu vermeiden, seien die Athener im 4. Jahrhundert v. Chr. zu einer Verteidigung des attischen Landes mittels Festungen und Wachtürmen übergegangen.[88]

Ein Problem bei der Erforschung der Verwüstungen ist, dass diese, so oft sie in den literarischen Quellen auch genannt werden, kaum einmal präzise beschrieben werden. Was die feindlichen Heere konkret zur Schädigung der Landwirtschaft taten, muss auf der Grundlage der praktischen Möglichkeiten rekonstruiert werden.[89] Vieh wegzutreiben, das nicht in Sicherheit gebracht worden war, ist eine verhältnismäßig einfache Maßnahme, schwieriger sieht es bei den Feldfrüchten aus. Getreidefelder können nicht zerstört werden, indem man lediglich die Soldaten darüber marschieren lässt, und sie können auch nicht großflächig abgebrannt werden. Die einzige effektive Methode ist das Schneiden der Halme, was auch den Vorteil bringt, dass man das Getreide für die eigenen Truppen nutzen kann, aber ein solches Vorgehen ist zeitraubend. Bei Oliven und Wein schadet die Zerstörung der Fruchtpflanzen nachhaltig, da nicht nur die Ernte des laufenden, sondern auch der folgenden Jahre entfällt: Weinreben benötigen zwei, Olivenbäume sieben Jahre, bis sie wieder Früchte tragen, bis zu hohen Erträgen vergeht noch mehr Zeit. Auf der anderen Seite ist das Absägen von Olivenbäumen eine sehr aufwändige Tätigkeit, und dazu muss bedacht werden, dass diese häufig in bergigen Gegenden wuchsen, die für schwerbewaffnete Hopliten gar nicht und selbst für Leichtbewaffnete kaum erreichbar waren. Weinreben sind leichter zu vernichten, zumindest wenn sie in der Ebene und an leicht zugänglichen Hängen wachsen; es ist daher kein Zufall, wenn in Aristophanes' Komödie „Die Acharner" (425 v. Chr.) zerstörte Reben genannt werden, wenn von dem Ingrimm der Athener auf die spartanischen Invasoren die Rede ist.[90] Für Obst und Gemüse stellten sich wieder andere Herausforderungen. Die Vielfalt der Feldfrüchte mit ihren unterschiedlichen Vegetationszyklen machte es feindlichen Soldaten unmöglich, die komplette Ernte eines Jahrgangs zu vernichten; hinzu kommt, dass bei Getreide je nach Boden und Höhe mehrere Wochen zwischen den Ernteterminen in einer Region liegen. Die Landwirtschaft in Attika ging während des Peloponnesischen Krieges weiter, die Bevölkerung hing nicht allein von Importen ab. Auch ist zu bedenken, dass in Griechenland der Grundbesitz stark fragmentiert war und auch kleine und mittlere Bauern zumeist über mehrere Parzellen verfügten, so dass die Gefahr eines individuellen

---

[88] *Hanson*, Warfare and Agriculture, 178–181; *Ober*, Fortress Attica.
[89] *Foxhall*, Farming and Fighting.
[90] Aristoph. Ach. 182f; 512.

Totalschadens gemindert war. Aus all diesen Umständen folgt Foxhall, dass militärische Einfälle keine akute Bedrohung für die Versorgung einer Polis mit Nahrungsmitteln darstellten, sie sieht die Gefahr auf einer anderen Ebene: Der soziale Zusammenhalt litt, wenn die Bevölkerung tatenlos zusah, wie Feinde die Felder verwüsteten. Denn nicht alle waren gleichermaßen betroffen, sondern die Landbesitzenden mehr als die Landlosen, so dass eine Atmosphäre der Missgunst und des Misstrauens entstehen konnte.[91]

Die Landwirtschaft wurde von feindlichen Truppen nicht nur dadurch beeinträchtigt, dass Pflanzen zerstört wurden. Es wurden auch notwendige Arbeiten behindert, beispielsweise das Einbringen der Ernte. Aus Ehrendekreten wird ersichtlich, wie schwierig es war, in Zeiten des Krieges für einen sicheren Transport des Getreides zu sorgen. So wird Kallias aus Sphettos auch dafür geehrt, dass er im Krieg der Athener gegen Demetrios 287 v. Chr. „durch sein Ausrücken mit seinen Truppen auf das Land der Getreideernte (militärischen) Schutz gab unter Anwendung aller erdenklichen Mühe, dass möglichst viel Getreide in die Stadt geschafft werde".[92] Noch ausführlicher wird die Bedeutung von militärischem Schutz bei der Ernte in dem Dekret (264/63 v. Chr.) für den Strategen Epichares geschildert, der

> [...] für die Einbringung des Getreides und der Baumfrüchte in einem Umkreis von dreißig Stadien sorgte, indem er, weil das Militärlager auf dem freien Land sich befand, getarnte Wachsoldaten in Beobachtungsposten stationierte und dort selbst Wache bezog, damit ungefährdet die Ernte von den Bauern eingebracht werden könne; da er ferner für den Schutz der Rebstöcke sorgte, soweit er die Kontrolle hatte über das Land, aus eigenen Mitteln eine Stoa errichten ließ, damit bei Bedarf alle dort nächtigen könnten und, wenn es die Lage erfordere, unverzügliche Hilfe erfolgen könne; da er ferner zwei Wachttürme bauen ließ, zu den bereits vorhandenen Wachhunden noch zusätzliche einstellte und persönlich für sie zur Verfügung stellte das Futter, damit der Schutz verstärkt werde [...].[93]

Dem Schutz der Landwirtschaft kam eine Bedeutung zu, die in den Berichten der Historiographen nur selten anklingt, aber an den zahlreichen kleinen Festungen und Beobachtungsposten im ländlichen Raum abzulesen ist. Dies wiederum hatte andere Risiken für die Bauern zur Folge, denn die Schädigung der Landwirtschaft durch eigene Soldaten darf nicht unterschätzt werden. Wenn Epheben, die an der Grenze Attikas Wachdienst taten, dafür gelobt werden, dass sie den dortigen Landbesitzern keinen Schaden zugefügt hatten,[94] kann man daraus entnehmen, dass dies keinesfalls selbstverständlich war.

Weitere wirtschaftliche Beeinträchtigungen entstanden im Krieg durch die Störung des Warenaustauschs, insbesondere wenn sowohl ein Landheer als auch eine Flotte die Verkehrswege bedrohten. Als die Spartaner 414 v. Chr. die Festung Dekeleia

---

91 *Foxhall*, Farming and Fighting, 142 f.
92 SEG XXVIII 60, Zz. 23–27 (Übersetzung nach HGIÜ 320).
93 SEG XXIV 154, Zz. 8–15 (Übersetzung nach HGIÜ 325).
94 IG II² 1011, Zz. 15 f. (106/05 v. Chr.).

im Norden Attikas besetzten, waren die Athener gezwungen, die von Norden kommenden Schiffe Attika umfahren und in den Häfen südlich der Stadt entladen zu lassen, anstatt die Güter auf dem Landweg an Dekeleia vorbei in die Stadt zu schaffen; laut Thukydides war dies mit einer erheblichen Steigerung von Aufwand und Kosten verbunden. In derselben Passage führt er an, dass über 20.000 athenische Sklaven zu den Spartanern übergelaufen seien und damit in Athen ein Mangel an Arbeitskräften entstanden sei.[95] Wenn diese Zahl der Wahrheit entspricht, wären die wirtschaftlichen Folgen in der Tat enorm gewesen; und es gehört zu den generellen Merkmalen der griechischen Kriege, dass die Nähe von feindlichen Soldaten für die Sklaven eine Gelegenheit bot, in die Freiheit zu entkommen.

Antike Armeen mit ihren limitierten technologischen Möglichkeiten waren nicht in der Lage, in einem einzigen Feldzug eine Polis oder Region ökonomisch zu ruinieren. Doch wenn die Kriege länger dauerten oder immer neu aufflammten, konnten die Folgen gravierend sein. In hellenistischen Inschriften sind verzweifelte Bittgesuche an Könige überliefert, ihnen finanzielle Hilfe zu leisten oder sie zumindest von den Steuern zu befreien, da sie durch Kriege extrem geschädigt seien.[96] Mit dem Auftreten der Römer im östlichen Mittelmeer seit dem 2. Jahrhundert v. Chr. verschärfte sich die Situation. Nicht nur forderten die Römer von den besiegten Königen enorme Kontributionen – 1000 Talente vom makedonischen König Philipp V. 196 v. Chr., 15.000 Talente von Antiochos III. 188 v. Chr. –, die Statthalter plünderten oftmals die Provinzen brutal aus. Und im 1. Jahrhundert v. Chr. verschlimmerte sich die Lage zunächst durch die Mithridatischen Kriege, dann durch die römischen Bürgerkriege, die zum Großteil auf dem Gebiet der Griechen ausgetragen wurden. Die riesigen Heere in diesen Kriegen wurden aus dem Land ernährt, die Kommandanten pressten den Städten darüber hinaus Geld zur Bezahlung der Soldaten ab; und wer im Krieg auf der falschen Seite gestanden hatte, musste weitere Strafzahlungen leisten. Dies alles führte zu einer schweren ökonomischen Krise, aus der Sicht vieler Griechen markierten das Ende der Bürgerkriege und die Errichtung einer stabilen monarchischen Ordnung durch Augustus eine Wende zum Besseren.

VI Impulse

In allen Kriegen gibt es neben vielen Verlierern auch Menschen, die Profit machen, und die Antike bildet keine Ausnahme. Es waren vor allem die beutemachenden Soldaten selbst, aber auch alle diejenigen, die an der staatlichen Beute partizipierten, die Händler im Umfeld der Armeen und auch die Hersteller von Waffen. Aufgrund der

---

[95] Thuk. 7, 27 f.
[96] Z. B. *Maier*, Griechische Mauerbauinschriften I, Nr. 76: Erlass von Schulden aus Landkäufen, Erlass der rückständigen Kopfsteuer, Senkung der Kopfsteuer auf ¼ der zuvor gezahlten Summe, mehrjährige Abgabenfreiheit.

im Vergleich zur Moderne viel geringeren Zerstörungskraft antiker Waffen wurden ökonomische Ressourcen in den Kriegen der Griechen mehr umverteilt als vernichtet. Diese Umverteilung ist in ihren Dimensionen kaum zu überschätzen, auf die Akkumulation von Reichtum hatten Krieg und Raub in der Antike einen größeren Einfluss als die Güterproduktion. In den Worten Finleys „bleibt doch als unverrückbare Tatsache, daß Kriege in der Antike Gewinn brachten und daß sich die politischen Führer dessen voll bewußt waren."[97]

Eine ganz andere Frage ist, ob von den Kriegen auch Impulse ausgingen, die insgesamt oder für einzelne Regionen eine neue ökonomische Dynamik brachten. Dies ist schwer zu beantworten, da beispielsweise der Zusammenhang zwischen militärischen Anforderungen und technologischem Fortschritt kaum zu messen ist. Es ist plausibel, doch nicht nachweisbar, dass Verbesserungen in der Verarbeitung von Metall insbesondere bei Bestrebungen, bessere Waffen zu bauen, erfolgten und später auch Anwendung in Landwirtschaft, Handwerk und Transport fanden. Die zunächst für Katapulte entwickelte Torsionstechnik wurde danach auch für andere Zwecke benutzt, z. B. für die Startanlagen in den Stadien, aber dies war ökonomisch unerheblich. Eine indirekte ökonomische Wirkung hatten Kriege, indem sie die landwirtschaftliche Nutzung in abgelegenen, insbesondere bergigen Regionen stimulierten, denn deren Nachteil in Friedenszeiten – die schlechte Zugänglichkeit – konnte bei feindlichen Einfällen zum Vorteil gereichen. Die Auswirkungen von Truppenlagern auf die lokale und regionale Wirtschaft waren in der römischen Kaiserzeit, als große Verbände über lange Zeiträume in zuvor ökonomisch rückständigen Zonen stationiert waren, viel größer als in der griechischen Antike; doch in den hellenistischen Königreichen, vor allem bei den Seleukiden und Ptolemäern, ist mit ähnlichen Effekten zu rechnen.

So hatten die Soldaten einen Einfluss auf die Monetarisierung der Wirtschaft.[98] Seit die Truppen Sold erhielten, benötigte die kriegführende politische Einheit Münzen, um die Soldaten zu bezahlen. Die intensive Prägetätigkeit Athens in klassischer Zeit ist auf diese Notwendigkeit zurückzuführen, und der Ausweitung der Geldmenge kann man wiederum einen dynamischen ökonomischen Effekt zuschreiben, ohne dass sich dieser genauer bestimmen ließe. König Philipp II. vergrößerte und verbesserte die makedonische Armee zum Zwecke seiner Expansionspolitik, in deren Verlauf er auch die reichen thrakischen Silber- und Goldgruben unter seine Kontrolle brachte; deren Ausbeutung versetzte ihn wiederum in die Lage, seine Söldner zu bezahlen, die Münzen in Wirtschaftskreisläufe einspeisten. Noch stärkere wirtschaftliche Auswirkungen hatten die Eroberungszüge seines Sohnes Alexander: Nach den Siegen von Issos 333 v. Chr. und Gaugamela 331 v. Chr. und der folgenden Einnahme der Zentren des Perserreichs – Babylon, Susa, Persepolis, Ekbatana – bekam er eine gewaltige Menge an Silber und Gold in seine Hand, es handelte sich um die größte ‚Besitzüber-

---

97 *Finley*, Soziale Modelle, 296.
98 *Garlan*, Guerre et Économie, 56–73; *De Callataÿ*, Money.

gabe' bis zur Eroberung der Neuen Welt.[99] Nicht alles Edelmetall wurde von Alexander ausgemünzt, aber ein großer Teil davon, und die aus dem Osten zurückkehrenden makedonischen und griechischen Soldaten erhöhten die Menge des umlaufenden Geldes in ihrer Heimat. Eine zentralisierte uniforme Münzprägung etablierte Alexander allerdings nicht, es blieb bei einem Flickenteppich verschiedener Prägungen.

Die Konzentration von Truppen an bestimmten Orten, die Bezahlung von Sold, die Ausweitung der Münzmenge durch das Militär: all dies hatte zweifellos wirtschaftliche Folgen. Doch muss vor einer allzu ökonomischen Betrachtungsweise gewarnt werden, denn die Intentionen waren andere, und die antiken Autoren, auch wenn sie durchaus um diese Dimension der Kriege wussten, wandten in aller Regel andere Kategorien an, um sie zu analysieren. Die Anlage von Truppenstandorten diente nicht der Förderung strukturschwacher Regionen, sondern militärischen Erfordernissen der Grenzsicherung; die Bezahlung von Bürgern, die Kriegsdienst leisteten, ist nicht als Maßnahme zur Beschaffung von Arbeit zu verstehen, sondern als Beteiligung derjenigen, die für die Heimatpolis kämpften, an den Einkünften der Polis; und die Ausprägung von Edelmetall zur Bezahlung von Truppen war keine Monetarisierungspolitik, sondern schlichtweg eine notwendige Maßnahme, um sich der Loyalität der Truppen zu versichern und an dem Kampf um Macht, Ruhm und Ehre teilhaben zu können. So bedeutend die ökonomischen Effekte all dieser Maßnahmen waren, sie waren letztendlich nicht mehr als ein Nebenprodukt.

Bibliographie

Andreau, J./Briant, P./Descat, R. (Hgg.), Économie antique: la guerre dans les économies antiques. Saint-Bertrand-de-Comminges 2000.

Austin, M. M., Hellenistic Kings, War and the Economy, in: Classical Quarterly, 36, 1986, 450–466.

Baker, P., Les mercenaires, in: *Prost, F.* (Hg.), Armées et sociétés de la Grèce classique: aspects sociaux et politiques de la guerre aux Ve et IVe s. av. J.-C. Paris 1999, 240–255.

Baker, P., Coûts des garnisons et fortifications dans les cités à l'époque hellénistique, in: *Andreau et al. (Hgg.)*, Économie antique, 177–196.

Burrer, F./Müller, H. (Hgg.), Kriegskosten und Kriegsfinanzierung in der Antike. Darmstadt 2008.

Burrer, F., Sold und Verpflegungsgeld in klassischer und hellenistischer Zeit, in: *Burrer/Müller (Hgg.)*, Kriegskosten und Kriegsfinanzierung, 74–90.

Chandezon, C., Guerre, agriculture et crises d'après les inscriptions hellénistiques, in: *Andreau et al. (Hgg.)*, Économie antique, 231–252.

Chaniotis, A., War in the Hellenistic World. A Social and Cultural History. Malden 2005.

De Callataÿ, Fr., Money and its Ideas: State Control and Military Expenses, in: *Krmnicek, St.* (Hg.), A Cultural History of Money in Antiquity. London et al. 2019, 43–62.

Ducrey, P., Le traitement des prisonniers de guerre dans la Grèce antique des origines à la conquête romaine. 2. Aufl. Paris 1999.

---

99 *Holt*, Treasures of Alexander.

Ducrey, P., Les aspects économiques de l'usage de mercenaires dans la guerre en Grèce ancienne: avantages et inconvénients du recours à une main-d'oeuvre militaire rémunerée, in: *Andreau et al. (Hgg.)*, Économie antique, 197–209.
Finley, M., Soziale Modelle zur Alten Geschichte, in: HZ, 239, 1984, 265–308.
Foxhall, L., Farming and Fighting in Ancient Greece, in: *Rich, J./Shipley, G. (Hgg.)*, War and Society in the Greek World. London 1993, 134–145.
Gabrielsen, V., Financing the Athenian Fleet: Public Taxation and Social Relations. Baltimore/London 1994.
Gabrielsen, V., Naval Warfare: Its Economic and Social Impact on Greek Cities, in: *Bekker-Nielsen, T./ Hannestad, L. (Hgg.)*, War as a Cultural and Social Force: Essays on Warfare in Antiquity. Kopenhagen 2001, 72–98.
Gabrielsen, V., Die Kosten der athenischen Flotte in klassischer Zeit, in: *Burrer/Müller (Hgg.)*, Kriegskosten und Kriegsfinanzierung, 46–73.
Garlan, Y., La guerre dans l'antiquité. Paris 1972.
Garlan, Y., Guerre et économie en Grèce ancienne. Paris 1989.
Griffith, G. T., The Mercenaries of the Hellenistic World. Groningen 1935.
Habicht, C., Athen: Die Geschichte der Stadt in hellenistischer Zeit. München 1995.
Hanson, V. D., Warfare and Agriculture in Classical Greece. Pisa 1983.
Heinrichs, J. The Economics of War, in: *Heckel, W. et al. (Hgg.)*, A Companion to Greek Warfare. Hoboken 2021, 271–280.
Holt, F. L., The Treasures of Alexander the Great: How One Man's Wealth Shaped the World. New York/ Oxford 2016.
Jacquemin, A., La vente du butin dans le monde grec à l'époque hellénistique, in: *Coudry, M./Humm, M., (Hgg.)*, *Praeda*: butin de guerre et société dans la Rome républicaine. Stuttgart 2009, 103–114.
Kallet-Marx, L., Money, Expense and Naval Power in Thucydides' History 1–5.24. Berkeley 1993.
Maier, F. G., Griechische Mauerbauinschriften. 2 Bde. Heidelberg 1961.
Migeotte, L., Les souscriptions publiques dans les cités grecques. Genf 1992.
Migeotte, L., Les dépenses militaires des cités grecques: essai de typologie, in: *Andreau et al. (Hgg.)*, Économie antique, 145–176.
Migeotte, L., Kriegs- und Verteidigungsfinanzierung in den hellenistischen Städten, in: *Burrer/Müller (Hgg.)*, Kriegskosten und Kriegsfinanzierung, 151–160.
Migeotte, L., Les finances des cités grecques: aux périodes classique et hellénistique. Paris 2014.
Ober, J., Fortress Attica: Defense of the Athenian Land Frontier 404–322 BC. Leiden 1985.
O'Connor, St., Sailors, Soldiers, and Market Exchanges in the Classical Greek World: The Constraints on Opportunism, in: Classical Quarterly, 116, 2021, 515–536.
Parke, H. W., Greek Mercenary Soldiers from the Earliest Times to the Battle of Ipsus. Oxford 1933.
Pritchard, D. M., Public Spending and Democracy in Classical Athens. Austin 2015.
Pritchett, W. K., The Greek State at War. Bd. I, Berkeley 1974; Bd. V, Berkeley 1991.
Trundle, M. F., Greek Mercenaries from the Late Archaic Period to Alexander. London/New York 2004.
Volkmann, G., Die Massenversklavung der Einwohner eroberter Städte in der hellenistisch-römischen Zeit. 2. Aufl. Stuttgart 1990.
Van Wees, H., „Diejenigen, die segeln, sollen Sold erhalten!" Seekriegführung und -finanzierung im archaischen Eretria, in: *Burrer/Müller (Hgg.)*, Kriegskosten und Kriegsfinanzierung, 128–150.

Marietta Horster
18 Wirtschaft und Religion

I Wirtschaftliche Rahmenbedingungen griechischer Kulte

In Kulten organisierte Religion war nicht ausschließlich an den institutionellen Gemeinschaftsrahmen der Polis, eines Bundes oder einer Herrschaft geknüpft. Gentile Kulte sind seit der archaischen Zeit und in Einzelfällen bis in die Kaiserzeit nachweisbar. Privat organisierte Kultvereine gab es von der klassischen Zeit bis in die Spätantike. Zudem gab es in jeder Gemeinschaft und zu jeder Zeit Raum für private Religiosität und in der Familie vollzogene Rituale.

Mit wachsender Monetarisierung entwickelten sich im Verlauf des 6. Jh. v. Chr. in den Poleis der griechischen Staatenwelt und anders organisierten und regierten Gemeinschaften eine Reihe ähnlicher Strukturen zur Finanzierung der Kulte. Die konkreten Finanzierungsbedarfe variierten entsprechend den religiösen Ausdrucksformen zu denen insbesondere Art, Umfang und Häufigkeit der Opfer zählten.[1] Die Entscheidung für eine Form der Grundfinanzierung zur Verehrung einer Gottheit hatte Folgen für die Möglichkeiten, deren Rituale und Feste auszugestalten. Die ökonomische Potenz eines Kultes musste nicht zwangsläufig die höchste Schutzgottheit anzeigen, auch führte sie nicht zwangsläufig zu einer größeren Attraktivität für Besucher. Kultkonkurrenz war zumindest auf der Ebene einer Stadt und ihres Territoriums offenbar kein Thema. So zeugen Demen-Kultkalender aus Attika der klassischen Zeit zwar von einer Analogie zu den Opfern und Festen der Stadt Athen, es finden sich darin durch Epitheta und Kultepiklesen singuläre und lokale Gottheiten. Noch mehrere Jahrhunderte danach unterstreicht Pausanias in seiner *Periegesis* Griechenlands diese lokalen Traditionen. Mit seiner Schilderung der Mythen, überlieferten Rituale und Kulttraditionen der klassischen und hellenistischen Zeit mit den noch erhaltenen, sicht- und erfahrbaren Monumenten erinnert der Autor nicht nur an vergangene Zeiten und Größe, sondern lässt eine griechische Kultlandschaft entstehen, die neben einigen Ruinen von Heiligtümern und nicht mehr existierenden Kulten vor allem das Weiterleben griechischer Identität unterstreicht. Nicht global, sondern lokal und vielfältig ist sie bei Pausanias wie in Inschriften seit klassischer Zeit zu greifen. Offenbar haben die über Jahrhunderte geschaffenen religiösen Werte und enormen Kultinvestitionen ihre Wirkung erreicht. Eine Vielzahl von Objekten und Bauwerken haben bis in die heutige Zeit Bestand, manche davon umgeformt und wiederverwendet. Dagegen verschwand die gelebte griechische Religion mit ihrer Vielfalt an Ritualen im Verlauf der christlichen Spätantike. Neben den archäologi-

---

1 Vgl. *Davies*, Rebuilding; *Rousset*, Fonds.

https://doi.org/10.1515/9783110570410-019

schen Zeugnissen und den literarischen Erzeugnissen Hesiods, Pindars, der Autoren der Götter-Hymnen oder auch des schon genannten Pausanias beruht unsere Kenntnis der griechischen Kultökonomie in der Pluralität regionaler Erscheinungsformen vor allem auf Inschriften.

Die durch die Jahrhunderte wechselnden institutionellen und politischen Rahmenbedingungen für einen Kult prägen den Geschmacks- und Präferenzwandel des äußeren Rahmens, der die Anlage, Architektur und Ausstattung von Heiligtümern verändern konnte, Rituale schuf oder änderte und Folgen für die Kultausgestaltung hatte. Ex post betrachtet, kündigten sich die existenzbedrohenden Konsequenzen für die griechische Kultvielfalt durch das monotheistische Christentum und das vom Judentum geprägte Bilderverbot schon früh an: Bei den in der Apostelgeschichte berichteten Konflikten der Christen in Ephesos mit ihrer paganen Umwelt geht es in der Mitte des 1. Jh. um ökonomische Interessen der Händler und Handwerker, die Artemis-Votive in Edelmetall zum Verkauf anboten (Apg. 19, 23–24). Dies ist ein seltenes Zeugnis von für uns nur schwer fassbaren ökonomischen Kontexten der stärker frequentierten und überregional wirkenden griechischen Heiligtümer. Die verstreuten Nachrichten zur Aktivität von Handwerksbetrieben für den laufenden Kultbetrieb oder von Händlern, nicht nur während der mehrtägigen Feste, bieten keine Möglichkeit, eine valide Aussage über Standards zu treffen.[2] So gab es viele kleine und kleinste Kulte, die gemessen an Ausstattung und Veranstaltungen kaum betriebliche Unterstützung benötigten und einige wenige wie die Heiligtümer mit einer internationalen Klientel wie das des Zeus in Olympia, des Apollon in Delphi und Delos oder der Artemis in Ephesos und der Hera auf Samos, die nicht nur reich waren an regulären Einnahmen, sondern auch ständige handwerkliche Unterstützung benötigten. Verbreiteter als herausragenden Plätze waren überregional attraktive Heiligtümer, die im Kontext der Festivals nicht nur steuerbefreite Märkte (*ateleia*) abhalten konnten, wie sie etwa in Sardes, Eretria und Andania in hellenistischer Zeit bezeugt sind,[3] sondern in deren Umfeld Handwerker und Händler aktiv waren. Ebenso scheint der für Ephesos erwähnte Souvenirhandel bzw. der Handel mit kleinen Weihgeschenken auch bei lokal begrenzten Kulten existiert zu haben. Hierauf weisen u. a. der Dionysoskult des attischen Demos Ikarion im 5. bis 4. Jh. v. Chr.[4] und die vielerorts aus Modeln gefertigten Miniatur-Terrakotten hin. Solche Massenware hatte in Darstellung und Wahrnehmung nichts gemein mit Weihgeschenken und Ehrungen, die, von Gesandtschaften überbracht, zur Anbahnung oder zum Erhalt politischer und religiöser Bündnisse und Netzwerke dienten. Wenige solcher Gesandtschaftsobjekte sind identifizierbar und

---

2 Nachweisbar ist seit dem 6. Jh. v. Chr. nicht nur der Export von Technologie und Produkten, sondern auch von Handwerkern und Teil-Werkstätten. Zu den zumeist epigraphisch dokumentierten Aktivitäten der Handwerker in Heiligtümern mit in Listen aufgeführten Tätigkeitsbeschreibungen, vgl. *Feyel*, Les Artisans. Zur schriftlichen Überlieferung und Wertung von Handwerk und Handwerkern in Griechenland, s. den Beitrag von *Scholten* in diesem Band.
3 *Horster*, Hellenistic Festivals, 132–133.
4 Vgl. *Wilson*, Athenian Demes, 56–57.

haben als Zufallsfunde überlebt, wie bspw. im Schiffswrack von Mahdia.[5] Aber auch Tempelinventare wie aus Delos oder vom Parthenon in Athen, Listen aus Didyma oder auch Ehrendekrete, in denen die Kosten einer Festgesandtschaft, die Weihgeschenke der Gesandten oder die mitgeführte Anzahl von Opfertieren genannt werden, legen Zeugnis von Heiligtümern als Zentren und Kontaktzonen für Waren, Werte und Wirtschaften ab.[6]

Viele der Beiträge in diesem Band verdeutlichen die wechselnden, aber zugleich die Wirtschaftsräume einigenden Entwicklungen. Dazu gehörte die Anerkennung von monetären Standards und Gewichten, aber auch Fortschritte im Schiffsbau und in der Nautik ebenso wie außenpolitische Sicherheit im ägäischen Wirtschaftsraum. Hinzu kam die wachsende und professionelle Ausbeute von Rohstoffen und deren Verarbeitung, die nicht nur Auswirkungen auf Wohlstand der Eliten und Beschäftigung von Handwerkern und Ungelernten hatte, sondern auch ganz konkret die Ausstattung von und Gaben für Kulte veränderte. Der Einsatz von Unfreien in Heiligtümern dürfte verbreitet gewesen sein, das Volumen ist aber unklar. Seit dem späten 4. Jh. v. Chr. ist die Übereignung von Sklaven an eine Gottheit epigraphisch nachvollziehbar, wenn auch mit deutlich regionalen Schwerpunkten auf einigen Inseln, in Delphi, in Böotien und Kleinasien. Im Einzelnen war dies ein Akt, aus dem die Freilassung folgte, durchaus in Kombination mit Pflichten im Heiligtum. Wie in diesem Fall können wir durch Inschriften orts- und zeitgebundene Verhaltensmuster greifen. Nachvollziehbar werden so auch stadtstaatliche und herrschaftliche Eingriffe und Vorgaben (Dekrete, Monopole, Zölle, Finanzierungsmodi). Politische Ereignisse hatten Folgen für die wirtschaftliche Potenz und Organisation und damit auch für den ökonomischen Rahmen der Kulte. Das politische Klima ist nur selten messbar, wird oft aber an einzelnen Maßnahmen sichtbar. Wenn die Gemeinschaft der Athener am Ende des verlorenen Peloponnesischen Krieges angesichts eines nicht mehr existenten Seebundes, leerer Kassen und einer unter personellen, sozialen und ökonomischen Verlusten leidenden athenischen Elite beschließt, einen neuen Kultkalender für die Polis zu schaffen, um die Festanzahl zu reduzieren und den Opferaufwand in finanzierbare Bahnen zu lenken (Lys. 30), dann ist das keineswegs Ausdruck einer gewandelten Religiosität, sondern eine Reaktion auf die veränderten politischen und ökonomischen Rahmenbedingungen.

Heiligtümer und Kultaktivitäten waren keineswegs nur mikroökonomische Einheiten, sondern erzeugten zusammengenommen einen wichtigen Teil der gesamtwirtschaftlichen Kosten und Erträge.[7] Häufiger in Abrechnungen dargestellt, wenn auch

---

5 Transportiert wurde ein Dekret der Athener aus dem Jahr 363/362 v. Chr. Weihgeschenke der Gesandtschaft für den Gott Ammon in Ägypten betreffend SEG 21, 241; vgl. aus dem 1. Jh. v. Chr., SEG 21, 562.
6 Vgl. *Rutherford*, State Pilgrims, 110–125 und passim.
7 Auch wenn die Bezeichnung „polis religion" für die vornehmlich von einer Polis organisierten und finanzierten Kulte berechtigt ist, erschwert die dadurch suggerierte Dichotomie eine angemessene Charakterisierung der großen Zahl der weder ausschließlich privat noch exklusiv öffentlich finanzier-

nicht im Kontext einer Polis oder einer Herrschaft quantifizierbar, sind die schon genannten handwerklichen Dienstleistungen und der Anteil unfreier Arbeit bei der Aufrechterhaltung und Durchführung des Kultbetriebs. Ähnliches gilt für Kosten und Nutzen der Märkte und Feste sowie die Bewirtungen und Beherbergungen, die damit einhergingen. Daneben gab es zweifellos soziale externe Effekte, und intra- wie überregionale ökonomische und politische Folgen. Kulte konnten durchaus ein Wirtschaftsmotor für eine Stadt und ihr Umland sein. Auch das ist allerdings kaum quantifizierbar, da dabei Aspekte berücksichtigt werden müssten, die möglicherweise Einfluss auf einen kultbezogenen Umsatz hatten und nur selten aufscheinen. So versuchte etwa St. Feuser wirtschaftliche Einflüsse für Ephesos zu analysieren. In Anpassung des „zentrale-Orte-Begriffs" auf antike Verhältnisse und der von P. J. Taylor entwickelten Theorie des *central flow* veranschaulicht er, dass die Stabilität überregionaler, maritimer Verbindungen von Händlern und Schiffseignern für Kriege oder auch Natureinflüsse wie Stürme relativ anfällig war. Ephesos war zwar als Hafenstadt zentral gelegen, aber wichtig war auch die Attraktivität und die wirtschaftliche Bedeutung durch den Kult der Artemis, die ihrerseits als Inhaberin von Ländereien und Fischereirechten auch innerstädtisch eine wichtige ökonomische Rolle spielte. Es liegt nahe, dass nicht nur die Sicherheit von Häfen durch Hafenanlagen eine stabilisierende Rolle beim transmaritimen Handel spielte, sondern gerade in Ephesos mit seinem Artemision auch die zwischen Städten bestehenden religiös-kultischen Pflichten auf die Kontinuität von Handelsverbindungen einen Einfluss hatten. Diese Pflichten erforderten Reisen und Formen des Austauschs wie regelmäßige Gesandtschaften zu Festen (*theoroi*) und die auf Elitenebene gepflegten Verbindungen der Gastfreundschaft (*xenia*).[8] Wie wichtig gerade derart religiös begründete Netzwerke für Hafenstädte sein konnten, ist schon in spätarchaischer und klassischer Zeit offensichtlich. So konnten die Ägineten sich durch die Nutzung eines Mythen- und Kultnetzes in der Konkurrenz mit Athen und anderen offenbar erfolgreich als maritimer Handelsstaat mit einem Schiffshändler schützenden Kult etablieren.[9] Die Inschriften, die die zahlreichen Gesandtschaften belegen, und die literarische Überlieferung, die die Mobilität der Menschen mythisch einbettet, lassen Rückschlüsse auf Netzwerke und Ströme von Menschen und Ideen im Kontext von Kulten zu. Evidenz ist aber auch länger andauernder Warentransfer. So wurde etwa weißgrundige attische Keramik bis ca. 430 v. Chr. produziert, von denen etwa die Hälfte aller nachvollziehbaren Exporte in Heiligtümern gefunden wurde.[10] Naheliegend ist, dass es sich bei diesen attischen Exporten vornehmlich um Weihgaben handelt. Dann wären im 5. Jh. v. Chr. religiöse

---

ten und/oder organisierten Kulte. Im Folgenden wird daher u. a. häufiger von „gemeinschaftlichen" Ausgaben und Einnahmen gesprochen, und im Einzelfall dann präzisiert, wie sich diese Gemeinschaft zusammensetzt.

8 *Feuser*, Wirtschaftliche Beziehungen, 15 zu Händlervereinigungen in Ephesos.
9 *Kowalzik*, Singing, 181–223.
10 *Wehgartner*, Attisch, 78 im Katalogteil mit Hinweisen auf Fundorte, neben der athenischen Akropolis und Brauron, in Heiligtümern von Argos, Ägina, Samos und Ephesos.

Verehrung und Kultpräferenzen durch Ex- und Importe ein Innovations- und Wirtschaftsmotor gewesen. Keramik könnte mehr noch als die individuellen, ostentativen Weihgaben konkurrierender Mitglieder der Eliten ein wichtiger Indikator für die Existenz eines funktionierenden *central flow* mit einigen Heiligtümern als „middle places" und wenigen als „central places" sein. Selbst während des Ionischen Aufstandes und den nachfolgenden Auseinandersetzungen mit den Persern bestanden, nicht zuletzt durch die Bedarfe an exklusiven und großzügigen Gaben an die Götter, die Handelskontakte zwischen Athen und/oder Zwischenstationen der Händler- und Käuferstandorte und Ionien fort. Keramikexporte und Kult können aber auch ganz andere Verbindungen offenbaren, wie möglicherweise die attische Keramik der 2. Hälfte des 5. Jh. v. Chr., die in Marion auf Westzypern gefunden wurde. Die hierdurch manifestierte Handelsverbindung könnte später den Zugang zu dem aus Marion stammenden Kupfer, der in der Stoa des Philon im Heiligtum der Demeter und Kore im attischen Eleusis eingesetzt wurde, erleichtert haben. Diese Verbindung ist allerdings nicht zwingend und das Beispiel verdeutlicht exemplarisch die methodischen Schwierigkeiten bei der Analyse wirtschaftsbezogener Einflussfaktoren auf Kulte.

Gesichert ist dagegen, dass schon seit dem 6. Jh. v. Chr. zumindest die panhellenischen Wettbewerbe zu Ehren der Götter konkrete ökonomische Konsequenzen außerhalb der eigentlichen Austragungsorte hatten – und dies nicht nur wegen des internationalen Netzwerkes, das durch Gesandtschaften und exklusive Teilnehmergruppen gepflegt wurde. Schon bald sollen Sieger in olympischen Wettbewerben nicht nur im solonischen Athen, sondern auch in anderen Heimatstädten belohnt worden sein. Dem oft nur geringen materiellen Wert der Siegesobjekte wie Kränzen aus Olivenzweigen in Olympia und solchen aus Lorbeer in Delphi wurden seitens der Heimatstädte Geld, kostenlose Speisungen und andere Privilegien beigesellt,[11] ein ökonomischer Seiteneffekt religiöser Feste.

II Das wirtschaftliche Fundament von Kulten

Für die angemessene Ausstattung der Heiligtümer wie auch für die entsprechenden Anforderungen der Kulte bei der Durchführung von Opfern, Prozessionen und besonderen Festivitäten standen Mittel aus Abgaben und Zuschüssen ebenso zur Verfügung wie Einnahmen aus der Verpachtung von Landbesitz der Gottheiten, „heiliges Land". Hinzu kamen Erträge aus weiteren Immobilien wie etwa in Athen dem Theater für Dionysos, sofern deren Einnahmen in die Kasse der besitzenden Gottheit flossen und nicht in eine der sie verwaltenden Institutionen (Polis, Demen, privater Verein, einzelne Priester und Priesterinnen). Einige Gottheiten ließen auf dem zu ihren Heiligtümern

---

[11] *Mann*, Athlet, 71–80 zur Überlieferung des solonischen Gesetzes, dem zufolge Sieger bei den Isthmien und Olympiaden belohnt wurden.

gehörenden Ländereien auch eigene, „heilige" Tiere weiden, und das landwirtschaftliche Olivenprodukt, „heiliges Öl" der Athena, stand im Zentrum der Auszeichnungen bei den athenischen Panathenäen.[12] Zumindest in der antiken Literatur erscheinen dabei die durch Landbesitz garantierten Einnahmen als wichtigste und besonders krisensichere.

In den Idealstaatskonstruktionen des späten 5. und 4. Jh. v. Chr. werden verschiedene gesellschaftliche Modelle und deren wirtschaftliche Absicherung durchdacht (Plat. leg. 5, 738d; 745d–747e; 771d; Aristot. pol. 1267b; 1329–1330b).[13] Gemein ist ihnen, dass ausreichend Land zur Verfügung stehen muss, sodass ein jeder für sich und seine Familie sorgen könne. Auch den Göttern muss ein entsprechendes Auskommen durch Landbesitz zugesichert werden – schließlich werde nur der Schutz der Götter für das Gelingen und Überleben einer solchen Sozietät garantieren.[14] Zwischen Ideal und Realität lagen jedoch Unterschiede. Zwar waren viele Gottheiten zur Finanzierung ihrer Heiligtümer und Kulte reich an Land. Viele andere Kulte hatten aber keineswegs eine abgesicherte Einkommensbasis, was nicht nur für solche galt, die von einer gesamten Bürgergemeinschaft organisiert und unterstützt wurden. Die unten genannten Priesteramtsverkäufe könnten eine Reaktion auf solche Finanzierungslücken gewesen sein. Ferner sind nicht eingehende Pachtzahlungen belegt, die bisweilen durch Verlust der Bodenqualität oder wetter- oder kriegsbedingte Ernteausfälle verursacht wurden. Illegale Bewirtschaftung ist unter anderem durch große Bronzetafeln in Westgriechenland aus dem 4. Jh. festgehalten. Hier gehörten Dionysos vier große Landgüter, davon 221 Hektar mit Baumbestand und 11 Hektar für Landwirtschaft, die widerrechtlich genutzt worden waren.[15] Für solche Übergriffe und den daraus resultierenden Pachtausfall gab es saftige Geldstrafen. Unbekannt ist, wie gut nach einem solchen Konflikt die Verpachtung heiligen Landes in Herakleia oder auch in anderen Orten, aus denen Streit um Pacht bekannt ist, gelang. Säumige Zahler und nachlässiger Umgang mit dem Besitz der Götter ist keineswegs auf wenige Regionen und die klassische Zeit begrenzt. Ein spätes Beispiel ist aus dem kaiserzeitlichen Aizanoi in Phrygien bekannt, bei dem die städtischen Behörden sich nach langjährigem Hin und Her mit dem Pächter schließlich an den römischen Prokonsul von Asia, T. Avidius Quietus (125/126 n. Chr.), wandten, um ihr Recht einzufordern und die für den Zeus-Kult notwendigen Einnahmen zu erhalten.[16]

Aber nicht nur bei den Verpachtungen, sondern auch bei Kreditvergabegeschäften waren die Einnahmen keineswegs immer gesichert. Die Einhaltung von vertraglichen Zinszahlungen aus Stiftungsgeldern, die die Finanzierung von Kulten bzw. Festen

---

[12] *Isager*, Sacred Animals; *Horster*, Landbesitz, 134–136.
[13] S. auch den Beitrag von *Föllinger* in diesem Band.
[14] *Horster*, Landbesitz, 62–69.
[15] IG XIV 645 Besitz der Götter Athena und Dionysos, 2. H. 4. Jh. v. Chr., Herakleia in Süditalien; vgl. *Horster*, Landbesitz, 165–167 zum Streit um das Land.
[16] MAMA IX, S. XXXVI–XLIII (mit Texten A–D), vgl. *Dignas*, Economy, 178–184.

der Götter sichern sollten, scheint nicht mehr respektiert worden zu sein als die aus ‚profanen' Finanzquellen. Auch die Androhung von Strafzahlungen zu Händen einer Gottheit hatte nicht immer den gewünschten abschreckenden Effekt.[17] Allerdings dürften Strafgebühren an Gottheiten, insbesondere solche von Dienst oder Aufsicht verletzenden Magistraten, als eine den religiösen Rechtsraum einer Stadt mitdefinierende und eine den Kult der Stadt ökonomisch unterstützende Maßnahme gesehen worden sein. Hierfür sprechen die Stiftungsabsicherungen durch differenzierte Strafmodalitäten im hellenistischen und kaiserzeitlichen griechischsprachigen Raum ebenso wie die späteren, mit römischer Verwaltung oder Gottheiten verbundenen Strafzahlungsandrohungen im Bereich des Grabschutzes, die vor allem in Kleinasien zu finden sind.[18] Veränderte Rahmenbedingungen wie demographische Veränderungen und der damit einhergehende ökonomische Strukturwandel, wie er für Griechenland von der spätklassischen Zeit bis in die Kaiserzeit wahrscheinlich ist, taten ein Übriges, um den Markt für Landpacht und (Investitions?-)Kredite zu verkleinern. Dagegen hatte das langsame Zurückdrängen der von Priestern und Tempelverwaltern geführten Latifundien im Südosten des griechischen Raums wohl eher politische Gründe. Die im südöstlichen Binnenland Kleinasiens, in Kommagene, Syrien und Ägypten manchmal in moderner Diktion irreführend als „Tempelstaaten" bezeichneten Großbesitzungen, bei denen neben Ländereien auch Gebäude, Landbewohner oder ganze Dörfer (*hierai komai*) dem Gott und dem für ihn verwalteten Besitz zugehörten, sind in hellenistischer Zeit noch nachgewiesen, in der Kaiserzeit aber kaum noch präsent.[19] Von solchen Entwicklungen unberührt bestanden die im Detail unterschiedlichen Einnahmen der Kulte im östlichen Mittelmeerraum über Jahrhunderte aus den schon genannten Verpachtungen und Kreditvergaben, daneben aber unter anderem aus in Geld umgerechnetem Zehnt der Getreideernte, aus Einnahmen von Opfertierhautverkäufen, aus dem geldwerten Ersatz für *pelanoi* (Opferkuchen) oder anderen Formen festgelegter Abgaben für Opferhandlungen. Eine erste Kredit-Nutzung von Kultgeldern ist im 5. Jh. für den attische Demos Rhamnous belegt (IG I^3 248).[20] Neben den oft städtisch administrierten Kreditvergaben zur Kultfinanzierung waren es ab hellenistischer Zeit insbesondere private Stiftungen, die durch die Mittel für Kreditvergabe die Finanzierung von Gaben, Diensten oder Festen für die Götter sichern wollten. Die Absicherung solcher Zinseinnahmen durch Einbindung mehrerer Amts-

---

17 Vgl. etwa die Diskussion um Eigentum und Strafzahlungen bei hellenistischen Kultvereinen in Athen, *Arnaoutoglou*, Thusias, 136; hohe Strafzahlungen in Chios um 340/330 v. Chr. (LSCG 118) für Zeus Patroios, angeordnet durch eine Phratrie, *Graf*, Nordionische Kulte, 32–37; 101–103; 428–429.
18 Nicht alles im Bereich der Strafen war pekuniär geregelt. So musste im 4. Jh. v. Chr. im kretischen Axos der für Kult und Besitz des Apollon Pythios verantwortliche Magistrat bei Dienstverletzung dem Zeus Agraios ein sehr kostspieliges Opfer von 100 Rindern darbringen; das Opferfleisch sollte verteilt werden (LSCG 145), vgl. *Graf*, Nordionische Kulte, 198.
19 Zum hellenistischen und zum Teil auch römischen Kleinasien bis Syrien, vgl. *Debord*, Aspects, 163–165; *Dignas*, Economy, 226–233; zu Ägypten, vgl. *Monson*, Sacred Land.
20 *Davies*, Temples.

träger und Androhung von Strafen nicht nur gegenüber säumigen Zahlern, sondern auch untätigen Amtsträgern ist vielfach bezeugt. Gewährleistet werden musste, dass das Stiftungskapital nicht angetastet und eine zu verpachtende Immobilie im Wert nicht gemindert wurde, so dass die Einnahmen aus Pacht oder Darlehenszinsen dem festgelegten Stiftungszweck langfristig zur Verfügung standen. In hellenistischer Zeit und im kaiserzeitlichen Griechenland, auf den Inseln und in Kleinasien waren Stiftungen mit Zins- oder Pachterträgen zunehmend das Mittel der Wahl, um die Götter gebührend zu ehren und zu feiern. Mehr als nur ein Nebeneffekt war, dass mit solchen Feiern oder jährlich wiederkehrenden Opfern auch der Namen des Stifters verbunden blieb, nicht nur für ein Jahr, sondern langfristig – solange die Stiftung etwas abwarf und der Zweck in vollem Umfang erfüllt werden konnte.

Pacht ist ein gängiges Mittel in öffentlichen und privaten Haushalten, um Einnahmen zu sichern. Die für die Kultfinanzierung genutzten Verpachtungen sind daher kein kultspezifisches Phänomen. Allerdings ergaben sich aus Land und Gebäuden, die den jeweiligen verehrten Gottheiten gehörten oder aber zu deren Verehrung genutzt wurden, besondere, durchaus die Pachteinnahmen bindende finanzielle und administrative Konsequenzen. „Heiliges Land" wurde bzw. konnte durch die Institution verpachtet werden, die für den entsprechenden Kult die Verantwortung trug, ob nun Magistrate einer Stadt, private Vereinigungen oder, seltener, auch das Kultpersonal.[21] Auch die über Jahrzehnte und Jahrhunderte akkumulierten zahlreichen Gaben aus verschiedenem, nicht vergänglichem Material hatten einen Mehrwert, nicht nur ökonomisch, sondern auch als „soziales Kapital". Siegerstatuen in Olympia, die im 6. Jh. v. Chr. laut Pausanias (6, 18, 7) aus Holz angefertigt wurden, waren neben späteren aus Bronze in der Kaiserzeit noch vorhanden und zeugten vom Alter und Ruhm des Heiligtums und dem religiösen wie politischen Gewicht der verehrten Gottheit Zeus. In Inventarlisten wurden die Weihgaben über Jahrzehnte registriert und gepflegt, konnten unter besonderen Umständen ausnahmsweise aber auch eingeschmolzen und für andere Zwecke genutzt werden. Vor allem waren viele solcher Listen mit der Nennung von Gefäßen und anderen Objekten sowie deren Anzahl und Wert gut sichtbar in große Stelen eingeschrieben und in den Heiligtümern exponiert.[22] Nicht nur durch Plünderungen von Heiligtümern im Kriegskontext waren solche Schätze bedroht, trotz des Sakrilegs und göttlicher wie menschlicher Strafandrohungen.

Die großen, überregionalen Heiligtümer boten durch Feste und Wettbewerbe Plattformen für Diplomatie und Begegnung. Die Politik gegenseitiger Anerkennung, die Gesandtschaftspflege, die zudem noch in einen religiös-ritualisierten Rahmen eingebettet war, die rechtlichen Sicherheiten wie insbesondere die Asylia – all das bildete einen Rahmen, die Feste zu einem politischen Instrument und wichtigen wirtschaftli-

---

21 Verpachtung von heiligem Land (und anderem immobilem Besitz der Götter) in der klassischen Zeit: *Horster*, Landbesitz, (Griechenland, Westgriechenland, Inseln); *Papazarkadas*, Sacred (Athen und Attika); in hellenistischer und römischer Zeit: *Dignas*, Economy (Kleinasien).
22 Hinweise auf Inventare im Band von *Knoepfler*, Comptes.

chen Motor für Stadt und Region werden lassen konnte.[23] Neben dem politischen Mehrwert und den konkreten Einnahmen aus den Märkten und Beherbergungen kam jedoch eine Vielzahl von Kosten auf den Veranstalter zu, die aber häufig auf mehrere Schultern verteilt war.

III Feste zu Ehren der Götter

Die Kosten solcher Feste bestanden nicht nur im großen Aufwand der Organisation der Veranstaltung mit den jeweiligen kultspezifischen Notwendigkeiten an Prozessionen, Opfern, und möglichen Aufführungen oder Wettbewerben. Es entstanden Kosten für Infrastruktur, wozu vor allem die Bauten (inkl. Zelte) und deren Instandhaltung gehörten. Schließlich gab es bei den Wettbewerben Preise für die Sieger, die aus Geld, Kränzen und anderen Objekten sowie Privilegien und anderen Ehrungen bestehen konnten. Die Kosten für Vorbereitung und Begleitung der Gesandtschaften konnten ebenfalls dazukommen. Für die zu den Feiern gehörenden Märkte waren häufiger andere Amtsträger zuständig als die Verantwortlichen für Kult und Fest. In einigen Städten waren die Marktregelungen für ein Fest jedoch in die des Kultes eingebunden, wie im peloponnesischen Andania zu Beginn des 1. Jh. v. Chr.[24]

Der Aufwand, der bspw. zu Ehren des Dionysos in der Stadt Athen und in den Demen Attikas betrieben wurde, verdeutlicht, dass weder Gottheit noch Kulttraditionen noch gemeinsamer politischer Raum und auch nicht die Zeitgleichheit ein auch nur ansatzweise gleichartiges Ergebnis an Aufwand und Gestaltung zeitigten. Die zahlreichen in Attika organisierten Dionysos-Feste verdeutlichen, dass die städtischen Dionysien trotz internationalem Publikum und von reichen Choregen aufwändig inszenierten Dramen kein Alleinstellungsmerkmal für die Polis besaßen. Die Feiern waren in den attischen Siedlungseinheiten alles andere als ein billiger Abklatsch der Theatertradition des städtischen Zentrums. Wenn auch ohne den Fokus auf dem kostenintensiven Drama, so dürften doch bei diesen größeren Demen die Dionysien ähnliche Teilnehmerzahlen erreicht haben und einen Aufwand spiegeln, wie er in Städten auf Lesbos oder auch Korfu in spätklassischer und hellenistischer Zeit betrieben wurde.[25] Mit den musischen Wettbewerben kam in der hellenistischen Zeit ein weiterer Kostenfaktor hinzu, der aber kalkulierbar und weniger kostspielig war als die früheren Theater-Inszenierungen von und mit Bürgern. In Gruppen organisiert und mit lokalen Verbänden waren die dionysischen Techniten eine Schauspieler/Sänger/Musi-

---

23 Vgl. zur sich verändernden Rolle der Feste von archaischer Zeit bis in die frühe Kaiserzeit, zur Teilnahme Fremder und Gesandter an Ritualen, zu den unterschiedlichen Kontexten kleiner und großer Städte und Heiligtümer, deren Anerkennung mit und ohne Asylie, der *catchment area* für die Teilnehmer an Festen usw. *Rigsby*, Asylia; *Perlman*, City; *Horster*, Hellenistic Festivals.
24 LSCG 65, vgl. oben Anm. 3.
25 *Wilson*, Athenian Demes, 38–42.

ker-Vereinigung, die man passgenau buchen konnte.[26] Innerhalb der bekannten Ausgaben und Vorbereitungen der Feste mit musischen Aufführungen oder Wettbewerben gibt es Hinweise auf Tendenzen, wie sich Kosten im Zeitverlauf veränderten: Im 5./4. Jh. in Athen und anderen Ortes waren Chöre und Chortänze besonders kostenaufwendig, während in hellenistischer Zeit die Musiker den größeren Kostenfaktor darstellten. Aber auch hier gab es Abweichungen, wie bei den Sarapieia im böotischen Tanagra, wo der für die Ausrichtung des Wettbewerbs (*agon*) zuständige Agonothet Glaukos mehr für die Ausstattung/Kleider der Schauspieler und Musiker ausgeben musste als für deren Besoldung.[27]

Wer auch immer sich für solche musischen Feste als Wohltäter engagierte oder als Amtsträger die Kosten übernehmen musste, den dürften je nach Stiftung oder Regulierung durch die Polis oder eine andere Institution neben der Ehre möglicherweise auch Einnahmen gelockt haben. Schon im 5. Jh. v. Chr. war, ähnlich dem modernen Eintrittsgeld, das Buchen der Theatersitze bei den Dionysien in Athen und Attika kostenpflichtig.[28] Eintritt zu verlangen war wohl verbreitet. Hierfür spricht auch, dass im hellenistischen Iasos Männer geehrt wurden, die Theateraufführungen für die Zuschauer kostenlos anboten.[29] Aber nicht nur dramatische und musische Darbietungen spielten bei Festen für Gottheiten eine für die Gemeinschaften und ihre Außenwirkung gewichtige Rolle. Gleiches galt für die sportlichen Wettkämpfe, die zudem für die Jugend eine integrative Wirkung entfalten konnten. Nicht nur aus dem hellenistischen Ephesos sind Inschriften der Sieger in Knabenwettbewerben überliefert. Die Kinder und Jugendlichen wurden durch Kultfeste aktiv in die Bürgergemeinschaft eingebunden, so wie in Ephesos der Knabe Antiochos, Sohn des Eubulidos, der beim Fest zu Ehren des Königs Eumenes den Boxkampf gewonnen hatte (I. Ephesos 1082).

Viele dieser Ausgaben für Feste und Wettbewerbe konnten, unabhängig von der organisatorischen und administrativen Einbindung der Kulte in einen öffentlichen oder privaten Sektor, auch von einem oder mehreren wohlhabenden Individuen übernommen werden. Unter dem Druck öffentliche Ausgaben zu übernehmen, musste das Einstudieren für die Theateraufführungen in Athen und Attika seit dem 5. Jh. v. Chr. von den reichen Bürgern als Liturgie übernommen werden. Schon ab dem 4. Jh. v. Chr. wurde jedoch die Wohltätigkeit, die in aufwändige Inszenierungen, weniger kostspielige Chorlyrik oder auch andere religiös motivierte Festivitäten floss mehr und mehr in Ehrendekreten auf Steinstelen hervorgehoben. Diese nun in ihrer vornehmlich epigraphischen Nachweisbarkeit immer massivere Form des Engagements von Männern und Frauen, nicht nur der Eliten, für einen Kult ist omnipräsent im griechisch geprägten Mittelmeerraum.

---

26 *Le Guen*, Les Associations.
27 IG VII 540 mit SEG 25, 501, ca. 100–80 v. Chr.
28 IG II² 1176; vgl. *Wilson*, Athenian Demes, 40.
29 I. Iasos 160–166, 2. Jh. v. Chr., hierzu *Migeotte*, Le Inancement, 142.

Im Bereich der Kultfinanzierung scheinen aufwändige, großzügige Weihgeschenke im königlichen und aristokratischen Habitus in archaischer Zeit zwar keinen Wohltätergestus zu bedienen, aber sie trugen mit ihren Gaben dazu bei, die Heiligtümer und ihre Feste berühmt zu machen. In klassischer Zeit wurden dagegen neben großen und kleinen Weihgeschenken von reichen wie weniger reichen Bürgern und Fremden auch private Beifinanzierungen von Festen durch verantwortliche Amtsträger und sonstige Bürger in Inschriften dauerhaft sichtbar.[30] Dies nahm in Hellenismus und Kaiserzeit deutlich zu, wie etwa bei den Agonotheten, die, ebenso wie die Priesterinnen und Priester und einige andere im Kult Aktive, zugleich mit ihren Aufgaben auch die Pflicht übernahmen, diese zu finanzieren – oft durch den Einsatz ihrer eigenen Mittel.

Die politische Integration, die derartige Wohltätigkeit zur Folge hatte, wirkte allerdings nicht nur nach innen. Der 380 v. Chr. publizierte *Panegyrikos* des Isokrates unterstreicht, wie sehr nach all den blutigen Auseinandersetzungen der letzten Jahrzehnte gemeinsame Feiern benötigt werde und zukunftsweisende Funktion habe. Festversammlungen vereinten die Griechen: Der für die Anreise und Durchführung der Festlichkeit notwendige Waffenstillstand sei eine gute Voraussetzung zur Beilegung von Streitigkeiten, gemeinsame Gebete und Opfer würden die gemeinsamen Wurzeln betonen, die die Griechen einten (Isokr. or. 6, 43–44). Zweifellos hatten Begegnungen und Feiern in Heiligtümern wie Olympia einen Anteil an der Entwicklung eines griechischen Gemeinsamkeitsgefühls in archaischer Zeit. Gebete, Lieder und Opfer für alle Griechen (*hyper panhellados*), wie Pindar (Pind. fr. 6, 62–63) schreibt, sind in ihrem panhellenischen Anspruch sehr deutlich.[31] Sie hatten ökonomische Konsequenzen, nicht nur für den dichtenden Pindar. Die Zahl der Feste, die Gründe für solche Reisen und die Installation von festbegleitenden Märkten und Pilgerservices nahmen zu. Aus hellenistischer Zeit sind zahlreiche Anerkennungsschreiben für Feste überliefert,[32] mit denen international die Asylie für das Heiligtum bestätigt war. Attraktiv war auch, eine Atelie (Steuer- und Zollfreiheit) für einen das Fest begleitenden Markt gewähren zu können. Bei den hellenistischen Festen mit Wettbewerben und überregionaler *catchment area* trifft dieser Sonderstatus häufig zu. Es galt aber auch, dies immer wieder zu bestätigen und die Attraktivität trotz wachsender Konkurrenz durch noch mehr Feste beizubehalten. Hierzu trugen wesentlich die Gesandtschaften bei, die einluden und die Gegengesandtschaften, die Weih- und Opfergaben übermittelten.[33] Die Gesandtschaften waren kostenintensiv, wenn auch von so großer politi-

---

30 Zu Demarchen als Mitfinanciers der Feste vgl. *Wilson*, Athenian Demes, 55–56.
31 *Kowalzig*, Singing, 184–185.
32 Für die alle vier Jahre stattfindenden Soteria der Ätoler, eingerichtet 250/49 v. Chr. liegen sie vor unter anderem aus Athen IG II/III² 680 = IG II/III³ 1005, Tenos, FdD III 3, 215, Chios FdD III 1, 482 und Smyrna FdD III 1, 483.
33 Es gibt eine Vielzahl von Hinweisen, dass sowohl Theoren als auch gastgebenden Theorodoken hierfür Gelder und Waren ausgehändigt wurden, seltener wird eine private Finanzierung deutlich. *Perlman*, City, 48–51 kommt daher zu dem Schluss, dass Gesandtschaft und Gastgeber in der Regel nicht als Liturgie organisiert war.

scher und ökonomischer Bedeutung, dass die Investition überstrahlt worden sein dürfte. Solche Theoren (Gesandte) erhielten in einigen Städten eine Art Aufwandsentschädigung, andere zahlten für die Opfertiere. Oft wurden Gesandtschaft von den Städten mit Geschenken, Aufwand und Schmuck finanziert. Es gibt nur vereinzelt Hinweise auf diese Mechanismen des Transfers von Waren und Geldern. Ein Beispiel stammt aus Delphi vom Ende des 3. Jh. v. Chr. Es ist ein Dekret zu Ehren des Milesiers Philinos, der als Theorodoke (Gastgeber) in Milet für die zum Fest einladenden delphischen Gesandten aufs Beste sorgte und sich um den sicheren Transport der Erstlingsgabe (*eparchai*) in monetärer Form für das Fest Apollons von Delphi kümmerte.[34]

Allein das Gesandtschaftswesen reichte weder für die Berühmtheit des Götterfestes und des Heiligtums aus, noch für den politischen und erst recht nicht für den ökonomischen Erfolg der Veranstaltung. Hierfür waren viele Sportler, Musiker und all die anderen Teilnehmer und Pilger notwendig; nur durch die Attraktivität des Mitwirkens an solchen Festen ist der nachhaltige Effekt bis in die Spätantike erklärbar.[35]

Erstlingsgaben waren ein symbolisches und monetäres Bindemittel zwischen Geber (Individuum/Stadt) und Nehmer (Gottheit/Heiligtum/Stadt), was insbesondere in einer inszenierten Rahmenhandlung wie einem Fest mit Prozession und Opfer wirksam wurde. Der verbindliche und verbindende Anteil von materiellen oder finanziellen Erstlingsgaben dürfte enorm gewesen sein, unabhängig davon, wie hoch der Anteil an den Gesamteinnahmen für eine Gottheit oder ein bestimmtes Fest war. Ein gut dokumentiertes Beispiel sind die jährlich als *aparche* deklarierten prozentualen Anteile der Tributzahlungen der Bündner im delisch-attischen Seebund an die Göttin Athena. Die mehr als 280 in den „Athenian Tribute Lists" genannten Mitglieder zahlten der Athena diese Erstlingsgabe in (fast) jedem Jahr zwischen 454 v. Chr. und den 410er Jahren. Es spricht wenig dafür, dass dadurch eine Kultgemeinschaft der Bündner über die athenische Schutzgöttin Athena geschaffen werden sollte, denn die Tribute wurden bei den Dionysien im Herbst präsentiert, nicht bei den Panathenäen. Die Anteile der Bündner wurden in die Kalkulation der Athena-Finanzen im 5. Jh. eingepreist, wie offenbar auch spätere anteilige Erstlingszahlungen an Athena (10 %) und die anderen Götter (5 %) in der athenischen Finanzpolitik des 4. Jh. in die Finanzierung des Kultes eingerechnet wurden.[36] Auch wenn im Fall des Seebundes keine im engeren Sinn religiöse-Gemeinschaft-stiftende-Funktion der Gaben erkennbar ist, konnten die politischen und wirtschaftlichen Bindungen durch derartige religiöse Gaben bekräftigt werden. Eine wesentlich höhere kultbezogene Bindekraft hatten allerdings die

---

34 FdD 3, 2, 88 Z. 6–8 (nach 213 v. Chr.), vgl. *Perlman*, City, 48; *Jim*, Sharing, 243–247 zu panhellenischen Festen in hellenistischer Zeit, bei denen die eingeladene Stadt die Übergabe einer Erstlings-Geldgabe zumeist durch ihre Gesandtschaft organisierte.
35 Ökonomisches, kulturelles und politisches Networking bei Kulten und durch Festivals, vgl. Anm. 31–32; Gesandtschaften: *Perlman*, City; *Rutherford*, State Pilgrims; *van Nijf/Williams*, Connecting the Greeks; *Horster*, Hellenistic Festivals.
36 D. 24, 120; 129 (Gegen Timokrates), hierzu *Jim*, Sharing, 192.

innergemeinschaftlichen Erstlingsgaben. Dieses Gemeinschaftsgefühl und der Bund im religiösen Raum wurden zwischen der Gruppe (Polis, Verein, Verbund der Initiierten) und der Gottheit Jahr für Jahr erneuert. Eine solche *aparche* bekräftigte die Bindung zwischen all den individuellen Mitgliedern einer solchen Gemeinschaft sowie zwischen Individuum und verehrter Gottheit – weit über Tradition und Pflicht zum „Erntedank" hinaus, unabhängig davon, ob es sich um ‚echte' Feldfrüchte oder um monetarisierte Ersatzleistungen handelte.

IV Opfer – Der Preis göttlicher Unterstützung

Schriftlich fixierte und öffentlich bekannt gemachte Erstlingsgaben, wie die genannten für Athena, kommen geradezu einer Preisliste für ein Wohlverhalten der Götter gleich. Ob öffentlich nachlesbar oder nicht, Opferkalender und andere Auflistungen mit Angaben über Art und Volumen der Opfer spielten im ganzen griechischen Raum für kleinste wie große Kulte spätestens seit der klassischen Zeit eine Rolle.[37] Solche Abgaben für Kulte sind gleichermaßen für Städte und private Gruppen bzw. Vereine nachweisbar.[38] Auch für die im Privaten zu vollziehenden Rituale gab es Standards, zumindest was Anlass, Ritual und Art des Opfers betraf.

Eine Wunderheilung durch Asklepios war ebenso wenig umsonst wie das Konsultieren eines Orakels. Wer im klassischen Athen Asklepios aufsuchte, wurde ebenso zur Kasse gebeten wie derjenige, der im kaiserzeitlichen Pergamon mit der Bitte um Hilfe das Asklepieion frequentierte. Die Heilung Suchenden mussten nicht nur Voropfer aus Opferkuchen unter anderem für Zeus Apotropoaios, Artemis und Ge darbringen, sondern auch Geld in die Kasse (*thesauros*) legen und dem Heilgott mindestens ein Ferkel opfern, wobei die Menge der Ferkel in Pergamon von der Anzahl der Wünsche und Nöte abhing.[39] Ähnliches galt für diejenigen, die in Lebadeia das Orakel

---

[37] *Lupu*, Greek Sacred, 45–75; *Jim*, Sharing, 250–273.
[38] Eine Auswahl solcher Vorgaben und Gebühren für Opferhandlungen in hellenistischer und römischer Zeit bei *Lupu*, Greek Sacred, 59–60. Auch die in den Priesteramtsverkaufs-Dekreten dokumentierten Pflichten und Einnahmen des Priesters oder der Priesterin enthalten solche Abgaben. Von solchen „fees" für eine Kulthandlung unterscheidet *Jim*, Sharing, 254–259 die „taxes", bei denen die Erstlingsgabe für eine Gruppe von Personen oder Objekte (Schiffe) verpflichtend ist. Dem dürften dann auch die Pflichtopfer entsprechen, die je „Zelt" von den Soldaten nach ihrer Rückkehr mit dem Schiff nach Kos verlangt wurden. Das Tieropfer konnte durch eine Barzahlung kompensiert werden, die dann anteilig in die Kasse des Heiligtums und an die Priesterin der Aphrodite Pontia geleistet wurde, IG XII 4, 1, 319, Z. 5–9. Zu Geldeinnahmen für Heiligtum und Priester, zu Opfergeboten sowie Ersatzleistungen in Geld anstelle von Opfern vgl. *Wiemer*, Käufliche Priestertümer, 287–289; 293–300.
[39] I. Pergamon III 161 aus dem 2. Jh. n. Chr., mit Übersetzung und Kommentar von M. Wörrle ad loc., 171–190. Vorgaben für Asklepios bspw. schon ähnlich im 4. Jh. v. Chr. im makedonischen Amphipolis, SEG 44, 305, hierzu *Lupu*, Greek Sacred, 243–248, Nr. 13. Ähnlich lang wie im kaiserzeitlichen Pergamon ist die Liste der Gottheiten im Asklepieion von Piräus, für die es als Voropfer Kuchen zu geben galt, LSCG 21 (4. Jh. v. Chr.).

des Trophonius konsultieren wollten. Sie mussten im 4. Jh. v. Chr. pro Person zehn Opferkuchen und zehn Drachmen zahlen (LSCG 74). Diese Ökonomisierung des Verhältnisses der Opfernden und Teilnehmenden zu den Göttern durch das Zahlen von Gebühren für religiöse Leistungen ist schon aus klassischer Zeit bekannt und galt ähnlich für die Initiation in Mysterienkulte. Für die Einweihung in die Großen Mysterien von Eleusis nahm das Kultpersonal der Demeter und Kore im Jahr 408/407 v. Chr. die Summe von etwas mehr als 4300 Drachmen ein (IG I³ 386).[40] Die Priesterin des Dionysos im hellenistischen Milet kassierte von jeder weiblichen Initiationsaspirantin eine Gebühr, die sie zugleich für die Investition beim Priesteramtskauf einerseits und für die von ihr erwarteten Dienstleistungen und Opfer andererseits entschädigte.[41]

Wenn es nicht um Tiere, Feldfrüchte, Kuchen, Honig oder Wein als Opfer für die Gottheit und anteilige Gaben wie etwa die abgezogene Tierhaut oder das Fell des Opfertieres für das Kultpersonal ging, wurden in einem *thesauros* (Schatzkasten, Kasse) Münzen als Teil der Gebühren, Geschenke und Ersatzleistungen gesammelt.[42] So wurden einige Priesterämter attraktiver. Im hellenistischen Patara, Lykien, bspw. war dem Priester für jedes Opfer an Zeus Labraundos und andere Götter ein Anteil (*aparche*) des Geopferten zu überlassen (SEG 57, 1674). In anderen Fällen gab es auf den Familienstand bezogene Opfergebote. Derartige Aktivitäten konnten ab dem 4. Jh. v. Chr. häufiger auch durch Geldzahlungen ersetzt werden.[43] Von den Effekten einer solchen Kultökonomie waren auch andere Personen, Institutionen, Orte und Objekte betroffen, von denen zumindest die meisten mit dem jeweiligen Kult verbunden waren. Wenn etwa die vorehelichen Opfer der Mädchen für Artemis und Aphrodite Ourania in Athen sowie die Opfer der Frischverheirateten für Demeter auf Kos oder der Schiffseigner in Piräus für eine unbekannte Gottheit primär einen Beitrag zum jeweiligen Kultbetrieb leisteten, so wurden häufig bei ähnlichen Vorgängen zugleich auch die Priester und Priesterinnen, die für den Kult verantwortlich waren, mit Anteilen bedacht.[44] Ähnlich gab es in den privaten Kultvereinen eine Vielzahl von Anlässen, bei denen Großzügigkeit vorgeschrieben oder zumindest erwartet wurde. Ein Beispiel mit einer längeren Liste solcher Vorgaben stammt aus dem römischen Athen von der Vereinigung der Iobacchoi zu Dionysos' Ehren. Neben dem jeden Monat fälligen Anteil an Wein (oder einer monetären Ersatzzahlung) gab es Sonderzahlungen oder Gaben unter anderem bei Heirat, der Geburt eines Sohnes, dem Eintritt eines Sohnes in die Ephebie, der Aufnahme in die Bürgerliste, Ratsmitgliedschaft oder der Übernahme eines Amtes.[45]

---

40 Ähnlich auch spätere Mysterien wie in Andania, 92/91 v. Chr., LSCG 65.
41 I. Milet III 1222 aus dem Jahr 275 v. Chr., in der auch eine Priesterhierarchie unter den Dionysos-Priesterinnen nachweisbar ist, vgl. den Kommentar von P. Herrmann ad loc.
42 Zu den Opferstöcken und Kassen (*thesauroi*) mit einem Schwerpunkt auf Erscheinungsformen und Materialität vgl. *Zoumbaki*, Monetization.
43 Beispiele bei *Wiemer*, Käufliche Priestertümer, 293–300.
44 Athen, Aphrodite Ourania, Inschrift auf einem *thesauros*, SEG 41, 182 (frühes 4. Jh. v. Chr.); *Naukleroi* in Piräus, IG I³ 130.
45 LSCG Suppl. 51 = IG II² 1368, 164/165 n. Chr.

Die Leistungen der im Kult Aktiven, vor allem der Priester und Priesterinnen, konnten über anteilige Gaben und Gebühren gewürdigt werden. Dabei spielte es keine Rolle, ob diese in einem kleinen Landheiligtum oder in einem lockeren Zusammenschluss von Anhängern einer fremden Gottheit tätig waren oder ob sie einem für die Bürgergemeinschaft wichtigen Heiligtum vorstanden. Eines der frühesten Zeugnisse dafür (Anfang 4. Jh. v. Chr.) stammt aus dem Kultkalender des attischen Demos Aixone (SEG 54, 214). Dort wurden die Opferpflichten mit einzelnen Priesterämtern verknüpft. Die Priester und Priesterinnen erhielten als Ausgleich für ihren jeweiligen Aufwand bei Opfern zumeist eine Tierhaut, aber auch kleine Geldsummen als Gegenleistung für Opfer von Wein, Gerste, Honig, Olivenöl oder Opferkuchen. Ähnliches war im Kalender des Demos Thorikos geregelt: Im Monat Boedromion am Prerosia-Tag mussten für Zeus Polieus ein besonders ausgewähltes Schaf und ein Ferkel geopfert werden; etwas später sollte für den Demenheros Thorikos ein ausgewachsenes Rind gestiftet werden, das nicht weniger als 40 bis 50 Drachmen wert sein sollte, sowie ein Opfertisch für die (nicht namentlich genannten) Demenheroinnen bereitet werden (SEG 33, 147, Z. 13–14).[46] Vergleichbare Vorgaben mit fixierten Daten gibt es auch andernorts, auch wenn dies keine umfassenden Kultkalender für eine Organisationseinheit sind. Das trifft auf eine Inschrift für ein ländliches Heiligtum in Thebai nahe Priene zu (I. Priene 362 = I. Priene² 416). Die Opfervorgaben für die (Nymphe?) Mykale, für Hermes und Maeander sind obligatorische Abgaben der Hirten, die ihren Herden und Herdengrößen entsprechend Zicklein, Lämmlein und Ziegenkäse opfern mussten. Diese Pflichtopfer waren möglicherweise eine Gegenleistung für Weiderechte. Viel prominenter und von internationaler Bedeutung war der Kult der Demeter und Kore in Eleusis. Auch für deren Priesterinnen und Priester gab es seit dem 5. Jh. v. Chr. bis in die Kaiserzeit gewisse Abgaben von den vielen Weihgaben und Opfern, nicht nur im Kontext der Eleusinien. Ob diese allerdings absolut oder relativ in Volumen und Wert üppiger waren als das, was das Kultpersonal anderer attischer Kulte für seine Dienstleistungen erhielt, ist nicht bekannt.

Bei Unterfinanzierung eines Kultes und deutlichen Lücken auf der Einnahmeseite sind einige fantasievolle Lösungen bekannt. So hatte das in Karien liegende Bargylia in den 120er Jahren v. Chr. offenbar Liquiditätsprobleme. Die Opfertiere für ein Fest für Artemis Kyndia wurden über einen Schönheitswettbewerb für Rinder ausgewählt. Zwar erhielten alle am Wettbewerb beteiligten eine geringe Grundfinanzierung aus der Kasse der Göttin Artemis. Die gekürten Tiere wurden geopfert und die Gemeinschaft der Bürger zahlte außerdem für eine silberne Hirschkuh zu Ehren der Artemis. Aber am Ende war die Investition für die Opfertiere wohl deutlich geringer als die Kosten für die Tiere und deren Aufzucht (Futter, Pflege, Unterbringung). Die Kombination von Mitteln aus der Kasse der Gottheit (Geld für Aufzucht), der Kasse des Demos (Silbergabe) und von Schenkung (der schönsten Opfertiere) durch Wohlhabende ist

---

46 Mit Übersetzung und Kommentar, Lupu, Greek Sacred, 115–149.

in vergleichbaren Fällen eine häufiger zu findende Finanzierungsart für hellenistische und kaiserzeitliche Opfer bzw. Feste.[47]

Eine besondere Form der Absicherung und Finanzierung der notwendigen Opfer ist auch der insbesondere in Kleinasien, an der Schwarzmeerküste und auf den ägäischen Inseln vom späten 4. Jh. v. Chr. an nachweisbare „Verkauf" von Priesterämtern. *Diagraphai* (schriftliche Zahlungsanordnungen) hielten den erzielten Auktionspreis und die Pflichten von Amtsinhabern oder -inhaberinnen en détail fest (Daten, Rituale, Opfer, Aufsicht usw.), bestimmten zugleich aber auch, welche Einnahmen in Opferanteilen oder Opfergebühren Priester und Priesterin zustanden, ein offensichtlich für beide Seiten guter Deal. So wurde der für den Kult verantwortlichen Institution (öffentlich oder/und privat), ähnlich wie bei den schon genannten Pachten und Krediten, eine bestimmte, schnell verfügbare und kalkulierbare Geldsumme garantiert. Die Gegenseite bekam die mit dem Amt verbundenen mehr oder weniger regelmäßigen Entlohnungen und Gaben, vor allem aber auch gemeinschaftliche Anerkennung und Prominenz.[48] Allerdings scheitern Versuche, Rang und „Wert" eines Kultes anhand des erzielten Preises für das Amt innerhalb einer Gemeinschaft zu verorten. Hierfür gibt es zu viele Unbekannte, die den Preis beeinflusst haben dürften, wie etwa der immobile Besitz und der Umfang der regelmäßigen Einnahmen des Kultes und die ökonomische Potenz der Eliten oder auch Subeliten einer Polis, die durch die Auktion angesprochen wurden. Kulthierarchien innerhalb einer Stadt und unterhalb der höchsten Schutzgottheit gab es dennoch, und das nicht nur da, wo wie einige alte Familien wichtige Priesterämter für die Stadt exklusiv besetzen durften. Zudem benötigte nicht jedes Ritual außerhalb der eigenen vier Räume eine priesterliche Begleitung. Das gilt insbesondere für Kulte in Grotten und Hainen, aber auch für solche, die eher peripherer Natur waren: Wenn sich in spätklassischer Zeit der Priester des Herakles im Süden der Insel Chios trotz dreimaligen Rufens nicht einfand, dann durfte der Pilger auch selbst opfern; einen Pflichtteil für den Priester gab es in diesem Fall nicht.[49]

Ob Kultkalender wie im Attika der klassischen Zeit oder hellenistische *diagraphai* wie auf Kos oder Chios: Die Verantwortlichen wie auch die Besucher wussten, wann, auf wessen Kosten und zu welchen (Mindest-)Preisen welche Opfer zu besorgen und darzubringen waren. Viele solcher Festlegungen waren wohl nicht in Stein gemeißelt und gut sichtbar nachlesbar, sondern wurden nur in Archiven dokumentiert. Neue Stiftungen, die weitere Opfer von Privatleuten festlegten, und Beschlüsse von Gemein-

---

47 *Migeotte*, Le Financement, 135 zu Bargylia; zur (Misch-)Finanzierung der Feste *Horster*, Dionysos-Cults; *dies.*, Hellenistic Festivals.

48 *Wiemer*, Käufliche Priestertümer. Ungewöhnlich ist das Verzeichnis der verkauften Priestertümer mehrerer Jahrzehnte aus dem nordionischen, eher wirtschaftlich unattraktiven Erythrai, LSAM 25 = I. Erythrai 201, 3. Jh. v. Chr., vgl. *Debord*, Aspects, 101–116; *Graf*, Nordionische Kulte, 149–153 ohne Berücksichtigung eines 1987 publiziertes Fragments, SEG 37, 921.

49 LSCG 119, bei *Graf*, Nordionische Kulte, 40 mit weiteren Beispielen von Regeln bei Abwesenheit des Priesters oder der Priesterin andernorts und zu späterer Zeit.

schaften dürften aufgrund von Zusätzen immer neuer Opferpflichten zu den Kalendern eher gegen die steinerne Fixierung sprechen. Im Fall der von städtischen Institutionen oder ihren Substrukturen administrierten Kulte waren die politischen Organe – und manchmal einzelne Amtsträger, wenn nicht sogar Priester und Priesterinnen – von hellenistischer Zeit an für die Auswahl und den Umfang von Opfern und Festen ebenso zuständig wie für die als notwendig erachteten Baumaßnahmen und Investitionen.

V Der rechte Raum der Verehrung

Die Götter hören zu und sie schützen, sie begleiten die Menschen und sanktionieren Handlungen oder deren Unterlassen. Wenn Individuen, Gruppen oder Institutionen Einfluss auf das Wohlwollen der Götter nehmen wollten, mussten sie sich einerseits ethisch korrekt verhalten und andererseits den ausgewählten Göttern ihre Ehrerbietung zeigen. Diese Verehrung wurde individuell und gemeinschaftlich durch Gebete, Gelübde, Opfer, Prozessionen, Bankette und Feste umgesetzt und benötigte einen angemessen gestalteten Raum. Dieser „Rahmen" konnte in einem schlichten, aber möglicherweise beeindruckend hohen Aschealtar oder in einem sich auf einem riesigen Gelände befindenden Gebäudekomplex bestehen – mit einem Altar aus Stein, einem sich dahinter erhebenden Peristyl-Tempel, Schatzhäusern und Depots, Häusern für das Kultpersonal und Hallen mit therapeutischen Anlagen und Schlafstätten. Kulte konnten sich in Naturräumen wie Hainen ebenso manifestieren wie in riesigen Anlagen wie der für Apollon in Delphi oder für Artemis in Ephesos. Einige Heiligtümer boten Platz für Tempel weiterer Gottheiten die als *Syntheoi* mit der Hauptgottheit des Kultraums verehrt werden konnten. So wurden nicht nur männliche und weibliche Gottheiten unter einem Dach verehrt, auch die hellenistischen und später römischen Herrscher konnten aufgenommen werden. Andere Heiligtümer integrierten Theater, Odeia und Stadien.[50] Umgekehrt beherbergten hellenistische und kaiserzeitliche Gymnasien auch Kulträume in ihren Anlagen.

Für diesen physischen Aspekt der Kulte gibt es nicht nur materielle Zeugnisse, sondern auch zahlreiche konkrete Anhaltspunkte in der Überlieferung. Epigraphische und literarische Texte geben Hinweise auf die Finanzierung wie im Fall der delphischen Amphiktyonie und des Asklepiosheiligtums von Epidauros. Aktive oder gewesene Priester, Archonten, Agonotheten, hellenistische Könige, römische Kaiser und weitere Wohltäter, zu Lebzeiten oder seltener mittels testamentarischer Anweisung beteiligten sich daran. Dagegen gibt es nur wenig Schriftliches zu Kulten, die sich in

---

[50] Z. B. *Moretti*, Le Coût hat 139 epigraphisch nachgewiesene Baumaßnahmen von und in Theatern und Odeia ab dem 4. Jh. v. Chr. in Griechenland, auf griechischen Inseln und in Kleinasien zusammengestellt.

Felsformationen und Grotten manifestierten. Hierzu sind zwar einige Kenntnisse über den Kultinhaber oder Kultpraktiken bekannt, es gibt aber kaum Hinweise auf den ökonomischen Kontext, nicht nur den der Weidewirtschaft oder Jagd, die mit solchen Kulten häufiger verbunden gewesen sein dürften.

Für Kulte mit einzelnen Bauten oder weitläufigen Heiligtümern ist einiges an Summen und Materialbedarfen bekannt. Allerdings ist die Überlieferung eher anekdotisch. Ausnahmen bieten Belege für mehrere Jahre oder gar Jahrhunderte von einem Ort. Dazu gehören Bauabrechnungen für das Demeter und Kore geweihte eleusinische Heiligtum in Attika (4. Jh. v. Chr.), Bauabrechnungen für das Asklepieion in Epidauros (4. bis 3. Jh.)[51] oder auch die Auflistung der Materialkosten für die ständig anfallenden Arbeiten zum Erhalt und für Restaurierung im Apollonheiligtum in Delos (3. bis 2. Jh.). So werden bspw. in Delphi für das Jahr 247/246 v. Chr. von kleinen Ausbesserungsarbeiten bis hin zu größeren Vorhaben insgesamt 40 Maßnahmen aufgelistet, für die 23 Händler und Handwerker Aufträge erhalten hatten. Zahlreiche Abrechnungslisten der klassischen und hellenistischen Zeit geben Auskunft von einzelnen Eisenklammern über kleine Reparaturen aus Holz bis hin zu Lieferung großer kostspieliger Säulentrommeln.[52] Seltener belegt sind dagegen konkrete, anlassbezogene Regelungen für eine Renovierungsmaßnahme: Das Geld für die Opfer an Aphrodite Pandamos auf Kos (IG XII/4, 302) befand sich in einem *thesauros* (Kasse, Schatzkasten), der einmal jährlich geleert wurde. Die eine Hälfte erhielt die Priesterin, die andere war für die Göttin bestimmt. In diesem Fall aber sollten die Gelder der Göttin für die nach dem Erdbeben von 198 v. Chr. notwendigen Reparaturen und Bauarbeiten am Heiligtum eingesetzt werden.

Auf Delos werden Kosten kleinerer Reparaturen an Bauten im Heiligtum einige Male zusammen mit Ausgaben für Preise von Gewinnern sowie für Öl und Schwämme für Sportler genannt. Es ist hier der Ausgabennachweis als Teil der Rechenschaftslegung für den Kult entscheidend. Diese Bauausgaben waren ausweislich der Finanzierungslisten des Festes für den Gott Apollon (Apollonia) auf Delos in den Jahren zwischen 233 und 178 deutlich geringer als die Gehälter für die professionellen Aulosspieler.[53]

Für Bau, Instandhaltung, Renovierung und Ausstattung waren Investitionen in Knowhow, Material und Arbeitsleistung gefordert. Die in verschiedenen Heiligtümern und zu verschiedenen Zeiten dokumentierten Ausgaben sind daher im Detail kaum vergleichbar – Qualität (herausragende Künstler und Handwerker, Material wie etwa importierter Marmor, Gold und Elfenbein für einzelne Partien der Kultstatue usw.) und Quantität (Größe der Tempel, Menge und Zweck der Gebäude usw.) unterlagen großen Schwankungen. Trotz einiger Ausnahmen war häufig das größte Heiligtum

---

51 *Prignitz*, Bauurkunden.
52 Mit zahlreichen Listen, *Feyel*, Les Artisans.
53 *Migeotte*, Le Financement, 127–131 zu den Abrechnungen für das Fest Apollonia auf Delos zwischen 269 und 178 v. Chr.

oder das am längsten dauernde Fest der zentralen Schutzgottheit geweiht, hier war wohl auch die Investitionsbereitschaft einer Gemeinschaft am größten. Ausnahmen im Ausstattungsaufwand erfuhren ihre Begründung im (mythischen) Alter. So war die Kultstatue der athenischen Hauptgottheit Athena Polias aus Holz und nach der persischen Tempelzerstörung 480 v. Chr. im Erechtheion aufgestellt. Die in der Mitte des 5. Jh. von Phidias geschaffene reich geschmückte, spektakuläre Statue der Athena Parthenos mit einer Höhe von ca. 11,5 m konnte diese in ihrer religiösen und kultischen Funktion nicht verdrängen. Ähnlich dürfte der Athenatempel in Priene in der prachtvollen hellenistischen Umgebung durch seine bescheidene, „alte" Gestalt besonders ehrwürdig gewirkt haben.

Die Bauten in *hiera* – Kultanlagen, Heiligtümer – erforderten immer Materialinvestitionen und Geld bzw. geldwerte Äquivalente. Aus archaischer Zeit gibt es bspw. durch Dachziegelritzungen wenige Hinweise auf gemeinschaftliches Bauen von Heiligtümern. Dagegen fokussiert sich die literarische Überlieferung auf die für das 7./ frühe 6. Jh. v. Chr. dominierende Verantwortungsübernahme vornehmlich reicher Familien und einzelner Herrscher. So sollen Polykrates auf Delos sowie die korinthischen Kypseliden und athenischen Alkmeoniden in Delphi investiert haben.[54] Die Erneuerung des Athenakultes in Athen mit neuem Tempel und neuen Ritualen für die Panathenäen wird dem athenischen Tyrannen Peisistratos (gest. 527 v. Chr.) zugeschrieben. Die für spätere Jahrhunderte überlieferten Pflicht-Dienstleistungen der Bürger mögen auch schon in der archaischen Zeit eine Rolle gespielt haben, um einen Teil der Bauarbeiten zu ermöglichen. Neben den von klassischer Zeit an zunehmend gemeinschaftlichen großen Bauvorhaben im Bereich der Religion gab es weiterhin individuelles Engagement bis in die späte Kaiserzeit, das aber anders als für die archaische Zeit nun vor allem durch Inschriften dokumentiert ist.

Als Beispiel für eine archäologische, literarische und epigraphische Nachweise kombinierende Bau- und Ausstattungsgeschichte kann Olympia dienen. Dort wurde im 3. Jh. v. Chr. möglicherweise von König Ptolemaios II. eine neue Palästra gestiftet. Große Um- und Neubauten im Gymnasium entstanden dagegen erst im nachfolgenden Jahrhundert. Sulla plünderte das Heiligtum, ein Frevel, der mit einem Heiligen Krieg hätte beantwortet werden können, wenn die Mächteverhältnisse das zugelassen hätten. Mit Agrippa und Augustus begann die Unterstützung der Römer für das Heiligtum, an der sich wohl auch König Herodes von Judaea beteiligte. Das bauliche Engagement in Olympia war im 2. Jh. n. Chr. aber keineswegs auf die Stadt Elis, die Kasse des Heiligtums, und die Kaiser Hadrian, Antoninus Pius und Septimius Severus beschränkt. Das reiche athenische Ehepaar Regilla und Herodes Atticus errichtete um 150 n. Chr. ein aufwändiges Nymphäum. Die Eleer integrierten ehrende Statuen für diese Familie in dieses wasserreiche und repräsentative Bauwerk (I. Olymp. 610). Damit vergleichbar sind die Baugeschichten der anderen großen Heiligtümer mit inter-

---

54 Zur Diskussion um die Entwicklung archaischer Heiligtümer zusammenfassend *Horster*, Landbesitz, 16–22.

nationaler Wirkung: Es entstanden dort Schatzhäuser der Poleis in der spätarchaisch-klassischen Zeit und immer neue Tempel und Bauten, wie das Stadium für die Isthmia zu Ehren Poseidons durch die makedonischen Herrscher (Philipp II., Alexander d. Gr.) nahe Korinth. In hellenistischer Zeit wurden Nutzräume für Besucher, Pilger und Ratsuchende ebenso wie für die Teilnehmer an Wettbewerben und die Gesandtschaften der Städte, Könige und Bündnisse errichtet. Der schon genannte Herodes Atticus engagierte sich 143 n. Chr. in Delphi, um unter Einsatz von pentelischem Marmor das hellenistische Stadium zu renovieren und es mit Sitzreihen auszustatten (Philostr. soph. 2, 1, 5; Paus. 10, 32, 1). Die meisten Heiligtümer in der griechischen Welt wurden, unabhängig von Größe und Ausstattung, allerdings nicht von derart reichen, überregional aktiven Financiers bedacht und auch Könige und Kaiser engagierten sich nur in wenigen Heiligtümern, wie dem in Didyma.[55] Dabei war es nicht zwangsläufig der Bau selbst, der für das Heiligtum gedacht war, sondern wie im Fall der Halle des Antiochos in der Stadt Milet, deren Pachteinnahmen auf königliche Anweisung 299/298 v. Chr. den Arbeiten am Heiligtum Apollons in Didyma zugutekommen sollte.[56]

Ehrungen für Herrscher beruhten jedoch selten auf solchen kultbezogenen Aktivitäten. Der sich entwickelnde Herrscherkult hatte zunächst vornehmlich Einfluss auf Opfer und Feste, wenn diese etwa durch Zusatztage zu Ehren hellenistischer Herrscher verlängert wurden. Mit augusteischer Zeit veränderten sich Ausmaß und Rolle des Herrscherkults und damit die Kultlandschaft im griechischen Teil des Reiches, mit entsprechenden Einfluss auf die Bedarfe an Kultfinanzierung, Ritualgarantien, Baumaßnahmen und Priestertümern. Der Bau der Kaiserkulttempel beeinflusste, nicht zuletzt wegen des wichtigen Neokorie-Status, das Ringen um Priorität der Städte in der Provinz, obwohl der römische Herrscher, wie zuvor der hellenistische König, als *syntheos* mit einer Vielzahl von Kulten und entsprechenden Festivitäten gemeinschaftlich verehrt werden konnte. Nicht nur für die Herrscher sind es in einigen Fällen Inschriften, die ungeniert und in großen Lettern den Bauherren (Ausstatter, Restaurator) nennen. Öfter sind es aber ehrende, in Stein gemeißelte Dokumente, die die Gemeinschaft der Bürger oder eine dem Kult verbundene Gruppe für die Wohltäter im oder am Heiligtum errichtete.

VI Wirtschaften mit Geld? Bankähnliche Funktionen von Heiligtümern

Lange war man der Meinung, dass die Bank- oder, besser gesagt, Thesaurierungsfunktion der Heiligtümer ein wichtiger Aspekt gewesen sei, der die allseits respektierte

---

55 Vgl. *Bringmann*, Schenkungen. S. zur römischen Zeit auch den Beitrag von *Spickermann* in diesem Band.
56 I. Didyma 479–480, vgl. *Bringmann*, Schenkungen, 338–343.

Unantastbarkeit des Schutzraums ‚Heiligtum' ausgedrückt habe und, mehr noch, die Existenz eines Bankwesens aufzeige.[57] So hatte der Athener Xenophon diese Thesaurierungsfunktion bei der Artemis von Ephesos in einer Kriegssituation in Anspruch genommen (Xen. an. 5, 3, 6–7). Das Geld hatte Xenophon dem Tempelaufseher (*neokoros*) des Artemisions, Megabyzos, überlassen, der es Xenophon später, von Ephesos nach Olympia reisend, wieder aushändigte. Es gibt viele Zeugnisse, die eine solche Depotsituation und Verwahrfunktion dokumentieren, insbesondere aus dem ptolemäischen Ägypten. Vergleichbar viele Quellen berichten aber auch von Übergriffen auf und Plünderungen von Heiligtümern im Kontext von Kriegen. Zumindest in Friedenszeiten war das dort hinterlegte Geld sicher, wie noch der kaiserzeitliche Rhetor Dio Chrysostomus in einer Rede betont. Er spricht hier allerdings nicht von der Angst vor Plünderung, das wäre nicht zeitgemäß gewesen. Vielmehr würden es die Magistrate von Ephesos nicht wagen, die Einlagen im Heiligtum der Artemis von Ephesos gewinnbringend (also für Darlehen) zu nutzen (Dion. Chrys. 31, 55–55). Das Geld war sicher, weil damit nicht gearbeitet wurde. Es blieb gänzlich unberührt. Dabei war es gerade das Artemision, für das, neben einer großen Bandbreite an Einnahmen, noch bis in die Kaiserzeit auch Kreditvergabe belegt ist: Neben Salinen, Fischteichen und Fischereirechten, Steinbrüchen, Ländereien und gewinnbringenden Festen mit Märkten sind vom milesischen Artemis-Heiligtum auch internationale Darlehnsvergaben nachweisbar. Trotz der überdurchschnittlichen ökonomischen Potenz des Artemis-Heiligtums war die Nutzung des Kreditwesens durch die Zinseinnahmen jedoch lediglich eine von mehreren Einnahmequellen zur Finanzierung des Kultes.[58] Es wurden jedoch nicht nur heilige Gelder genutzt, um durch Darlehen Zinseinnahmen zu generieren, denn das Kreditwesen war neben der Verpachtung von Immobilien die einzige mittel- und langfristige Möglichkeit, regelmäßige Einnahmen zu generieren. Das galt grundsätzlich für öffentlich und privat vergebenen Kredite. Es gibt keine Hinweise auf besondere Konditionen im Verhältnis zu ‚un-heiligen' Krediten der in großem Stil in klassischer und hellenistischer Zeit vergebenen Darlehen der Verwalter des Apollon-Heiligtums von Delos.

VII Fazit und Ausblick

Bei der Untersuchung der Ökonomie griechischer Kulte sind Standards und Muster erkennbar trotz der eingeschränkten Nachrichten durch Text- und Objektquellen und die sich durch zeitgenössische Perspektiven verändernden Interessen, Fragestellun-

---

57 Zum griechischen Bankwesen s. den Beitrag von *Eich* in diesem Band.
58 Das Beispiel des reichen Artemisions von Ephesos in römischer Zeit ist nicht verallgemeinerbar. Zur Vergabe von Darlehen aus Geldern der Gottheiten oder den in Heiligtümern zur Verfügung stehenden Geldern, siehe *Migeotte*, L'Emprunt, 363–377; *Millet*, Lending; *Davies*, Temples; *Horster*, Landbesitz, 47–49.

gen und Terminologien.⁵⁹ Es zeichnen sich Grundlinien der griechischen Kultökonomie ab, obwohl deren Ausgestaltung in Raum und Zeit verschieden war. Diese betreffen, neben der Notwendigkeit der Fixierung von Verantwortung und Sanktionen, insbesondere die Bedarfe der Kultfinanzierung und Regelungen zur Steuerung bzw. Deckelung von Ausgaben. Die einzige systematische Veränderung bei der Kulturfinanzierung in römischer Zeit scheint, im Vergleich zur hellenistischen Periode, einzig der verschwundene Priesteramtsverkauf gewesen zu sein, der aber auch schon zuvor keineswegs im gesamten griechischen Raum verbreitet war. Im Edikt des Prokonsuls von Asia, Paullus Fabius Persicus (44 n. Chr.), ist davon die Rede, dass eine solche Versteigerung der Würde eines Priesteramtes nicht zuträglich sei, könnten dadurch doch ungeeignete, ‚unwürdige' Menschen ein solches Amt erlangen (I. Ephesos 18–19). Die vom Statthalter angesprochenen Unregelmäßigkeiten im Heiligtum der Artemis wurden von ihm zudem implizit in Verbindung mit dem Verkauf des Priesteramtes gebracht. Ehre und Verdienst einer Elite dürften in römischen Augen das einzige Auswahlkriterium gewesen sein.

Ein weiteres gemeinsames, wenn auch von der archaischen Zeit bis in die Kaiserzeit unterschiedlich gestaltetes und wirkendes Phänomen ist das Netzwerken über Kulte und Gottheiten, über internationale Feste und anerkannte Wettbewerbe. Solche großen Götterfeste setzten Investitionen voraus und hatten in einigen Fällen messbare wirtschaftliche Folgen. Auswirkungen auf die ökonomische Grundlage von Kulten und die wirtschaftliche Absicherung der als notwendig erachteten Rituale dürften wahrscheinlich auch Veränderungen in der Vernetzung mit Eliten, Händler und religiöse Gesandtschaften gehabt haben sein. Außer in Einzelfällen sind solche wirtschaftlichen Auswirkungen kaum nachvollziehbar. Ein Beispiel hierfür ist die veränderte Außenhandelssituation im Spannungsfeld von Rhodos und Rom, durch die sich nicht nur die Handelsrolle der Apolloninsel Delos änderte, sondern auch die Verbreitung griechisch-ägyptischer Kulte unter anderem durch die Ansiedlung ägyptischer, römischer und italischer Händler im 2. Jh. v. Chr. zunahm. Nachweisbar ist in Hellenismus und Kaiserzeit keineswegs schwindende Religiosität: es wird geopfert, die Feste werden verändert, neue Kulte kommen hinzu, andere verschwinden.

In den Jahrhunderten seit der archaischen Epoche haben sich die Rahmenbedingungen innenpolitischen und ökonomischen Handelns immer wieder verändert. Dies hatte auch Einfluss auf die Kultlandschaft. Es scheint jedoch, dass es zu zwei wesentlichen, politisch verursachten dramatischen Veränderungen der Kultökonomie kam, die sich auf die Allokation von Mitteln und Engagement von Eliten und Bürgerschaften auswirkten: Zum einen entwickeln sich mit der Stärkung der Bürgergemeinschaften

---

59 Hybridität und Flexibilität als Instrumente zur Analyse antiken Wirtschaftens zu verwenden scheint die (vorläufig) beste Form zu sein, um forschend der Andersartigkeit der verschiedenen antiken Wirtschaftsstile gerecht zu werden, ohne dabei auf moderne Metasprache zu verzichten. Vgl. die Einführung zu diesem Band durch *von Reden* und *Ruffing*. Zur historischen Entwicklung der Begriffs- und Theoriebildung, s. auch die Beiträge von *Reinhard* und *Zuiderhoek* in diesem Band.

im 5./4. Jh. v. Chr. die eher elitär geprägten polis-bezogenen Rituale, Opfermahle und Feste zu eher breitenwirksamen, die Gemeinschaft fördernden, emotionalen und religiösen Zentren der Polis. Kulte werden als integrierend inszeniert, auch Fremde und Vereine können auf diese Art einen sichtbaren Platz in der Gemeinschaft haben und zur Identitätsstiftung beitragen. Zum anderen war es je nach Raum etwa 250–500 Jahre die politische Neuausrichtung der Städte und Akteure im griechischsprachigen Raum auf Rom als alles beherrschenden Hegemon. Mit der schnell wachsenden Rolle des römischen Kaiserkultes entstand durch die Neokorieverleihung und den Provinzialkult eine neue Messlatte bei der Hierarchisierung der Städte mit ihren Heiligtümern innerhalb des östlichen Mittelmeerraums. Bezugspunkte waren nun für die großen Player die Provinz und das Verhältnis zum römischen Machthaber. Trotz weiter betonter römischer und griechischer Wertschätzung der alten Kulte und Tempel, der griechischen Traditionen der Mysterienkulte und Orakel und der großen Geschichte griechischer Heiligtümer, ihrer Feste und Wettbewerbe, war nun ein Teile der lokalen Eliten und deren ökonomisches Engagement bindendes neues Element hinzugekommen, dessen Auswirkung auf die Kultökonomie griechischer Religion im Detail noch weitgehend unerforscht ist.

Bibliographie

Arnaoutoglou, I., Thusias heneka kai sunousias. Private Religious Associations in Hellenistic Athens. Athen 2003.
Bringmann, K./von Steuben, H., Schenkungen hellenistischer Herrscher an griechische Städte und Heiligtümer. Bd. 1: Zeugnisse und Kommentare. Berlin 1995.
Davies, J., Rebuilding a Temple. The Economic Effects of Piety, in: *Mattingly, D./Salmon, J. (Hgg.)*, Economies beyond Agriculture in the Classical World. London 2001, 209–229.
Davies, J., Temples, Credit, and the Circulation of Money, in: *Meadows, A./Shipton, K. (Hgg.)*, Money and its Uses in the Ancient World. Oxford 2001, 117–128.
Debord, P., Aspects sociaux et économiques de la vie religieuse dans l'Anatolie Gréco-Romaine. Leiden 1982.
Dignas, B., Economy of the Sacred in Hellenistic and Roman Asia Minor. Oxford 2002.
Feuser, St., Die wirtschaftlichen Beziehungen vormoderner Hafenstädte in lokaler, regionaler und überregionaler Perspektive, in: *Piesker, K. (Hg.)*, Wirtschaft als Machtbasis. Beiträge zur Rekonstruktion vormoderner Wirtschaftssysteme in Anatolien. Istanbul 2016, 1–20.
Feyel, C., Les artisans dans les sanctuaires grecs aux époques classique et hellénistique à travers la documentation financière en Grèce. Athen 2006.
Graf, F., Nordionische Kulte. Religionsgeschichtliche und Epigraphische Untersuchungen zu den Kulten von Chios, Erythrai, Klazomenai und Phokaia. Rom 1985.
Horster, M., Landbesitz griechischer Heiligtümer in spätarchaischer und klassischer Zeit. Berlin 2004.
Horster, M., Dionysus-Cults: the Economic Aspects, in: *Schlesinger, R. (Hg.)*, A Different God? Dionysos and Ancient Polytheism. Berlin 2011, 61–85.
Horster, M., Hellenistic Festivals: Aspects of Economic Impact on Cities and Sanctuaries, in: *Collar, A./Kristensen, T. M. (Hgg.)*, Pilgrimage and Economy in the Ancient Mediterranean. Leiden/Boston 2020, 116–139.
Isager, S., Sacred Animals in Classical and Hellenistic Greece, in: *Linders, T./Alroth, B. (Hgg.)*, Economics of Cult, Proceedings of the Uppsala Symposium 1990. Uppsala 1992, 15–19.

Jim, T. S. F., Sharing with the Gods: *Aparchai* and *Dekatai* in Ancient Greece. Oxford 2014.
Knoepfler, D. (Hg.), Comptes et inventaires dans la cité grecque. Neuchâtel 1988.
Kowalzig, B., Singing for the Gods: Performances of Myth and Ritual in Archaic and Classical Greece. Oxford 2007.
Le Guen, B., Les Associations de *Technites* dionysiaques à l'époque hellénistique. 2 Bde. (Corpus documentaire) Paris 2001.
Lupu, E., Greek Sacred Law. A Collection of New Documents (NGSL). Leiden 2005.
Mann, C., Athlet und Polis im archaischen und frühklassischen Griechenland. Göttingen 2001.
Migeotte, F., L'emprunt public dans les cités grecques. Québec/Paris 1984.
Migeotte, F., Le financement des concours dans les cités hellénistique: Essai de typologie, in: *Le Guen, B. (Hg.), L'argent dans les concours du monde grec*. Saint-Denis 2010, 127–143.
Millet, P., Lending and Borrowing in Ancient Athens. Cambridge 1991.
Monson, A., Sacred Land in Ptolemaic and Roman Tebtunis, in: *Lippert, S. L./Schentuleit, M. (Hgg.)*, Tebtynis und Soknopaiu Nesos: Leben im römerzeitlichen Fayum. Wiesbaden 2005, 79–91.
Moretti, J.-Ch., Le coût et le financement des théâtres grecs, in: *Le Guen, B. (Hgg.), L'argent dans les concours du monde grec*. Actes du colloque international Saint-Denis et Paris, 5–6 décembre 2008. Saint-Denis 2010, 147–187.
Van Nijf, O. M./Williams, C. G., Connecting the Greeks: Festival Networks in the Hellenistic World, in: *Mann, C./Remijsen, S./Scharff, S. (Hgg.)*, Athletics in the Hellenistic world. Stuttgart 2016, 43–71.
Paparzakadas, N., Sacred and Public Land in Ancient Athens. Oxford 2011.
Perlman, P. J., City and Sanctuary in Ancient Greece: The *Theorodokia* in the Peloponnese. Göttingen 2000.
Prignitz, S., Bauurkunden und Bauprogramm von Epidauros (400–350): Asklepiostempel – Tholos – Kultbild – Brunnenhaus. München 2014.
Rigsby, K. J., Asylia. Territorial Inviolability in the Hellenistic World. Berkeley/Los Angeles 1996.
Rousset, D., Les fondes sacrés dans les cités grecques, in: Topoi, 20, 2015, 369–393.
Rutherford, I., State Pilgrims and Sacred Observers in Ancient Greece. A Study of *Theōriā* and *Theōroi*. Cambridge 2013.
Wehgartner, I., Attisch weissgrundige Keramik. Maltechniken, Werkstätten, Formen, Verwendung. Mainz 1983.
Wilson, P., How Did the Athenian Demes Fund their Theatre? in: *Le Guen, B. (Hg.), L'argent dans les concours du monde grec*. Actes du colloque international Saint-Denis et Paris, 5–6 décembre 2008. Saint-Denis 2010, 37–82.
Wiemer, H.-U., Käufliche Priestertümer im hellenistischen Kos, in: Chiron, 33, 2003, 263–310.
Zoumbaki, S., Monetization of Piety and Personalization of Religious Experience: The Role of *Thesauroi* in the Greek Mainland and the Cyclades, in: *Krmnicek, St./Chameroy, J. (Hgg.)*, Money Matters: Coin Finds and Ancient Coin Use. Bonn 2019, 189–208.

Armin Eich
19 Kredit und Banken

I Anfänge des Münzgeldes

Der Beginn staatlicher Münzgeldemissionen etwa seit der zweiten Hälfte des 7. Jahrhunderts v. Chr., initiiert durch die Elektronprägungen des Königreichs Lydien in Westkleinasien, markiert eine Zäsur in der Wirtschaftsgeschichte des Mittelmeerraumes. Die lydischen Prägungen bildeten das Initialmoment für griechische ‚Stadtstaaten' (Poleis) an der östlichen Ägäisküste, die nach lydischem Vorbild ebenfalls Elektronmünzen ausgaben. Viele Poleis folgten im Lauf der nächsten Jahrzehnte, indem sie eigene Währungen emittierten oder Münzen anderer Staaten als gesetzliche Zahlungsmittel auf ihren Märkten anerkannten; Leitmetall der griechischen Prägungen wurde in aller Regel Silber, nur wenige Poleis blieben beim Elektron. Die dynamischen Stadtstaaten der griechischen Ostküste wie Athen und Korinth übernahmen die neue Technik wohl im zweiten Viertel des 6. Jahrhunderts v. Chr.[1] Gegen Ende des 6. Jahrhunderts v. Chr. sind bereits mehr als hundert Prägestätten in griechischen Poleis nachweisbar.[2] Damit durchliefen die griechischen Stadtrepubliken in relativ kurzer Zeit eine teils nachholende und teils überholende Entwicklung gegenüber den Staaten Mesopotamiens und Ägyptens.[3] Prämonetäre (im Sinn von ‚münzlose') Formen des Geld-Ware-Tausches und des Kredits hatten sich in Mesopotamien schon im dritten Jahrtausend entwickelt, und vermutlich war auch die mykenische Welt partiell an diese Transaktionssphären angeschlossen, was etwa an der bronzezeitlichen Verwendung von Bronzebarren in Gestalt von Ochsenhäuten ablesbar ist. Die katastrophenhaften Umbrüche des 12. Jahrhunderts v. Chr. hatten diese Ansätze im griechischen Kulturgebiet jedoch zum Erliegen gebracht. Vom 12. bis 7. Jahrhundert v. Chr. gab es im hellenischen Kulturraum gar keine allgemein anerkannten Geldformen, die frühesten (wieder-)entwickelten Geldwaren hatten lediglich regionale Bedeutung und waren nur eingeschränkt praxistauglich, wie etwa die überdimensionierten *oboloi/oboloi* (Eisenspieße).[4] Es ist daher etwas überraschend, mit welcher Konsequenz die griechischen Poleis in der Archaik einen längeren evolutiven Prozess übersprangen. Nach der raschen Übernahme der neuen Technik stieg die Menge des insgesamt umlaufenden Münzgeldes stetig an; so legen die Schatzfunde nah, dass sich die umlaufende Münzmenge vom 5. zum 4. Jahrhundert v. Chr. im griechisch geprägten Kulturraum verdreifachte.[5]

---

1 *Kroll/Waggoner*, Dating the Earliest Coins.
2 *Schaps*, Invention of Coinage, 104.
3 Vgl. für das Folgende etwa *Konuk*, Asia Minor.
4 *Schaps*, Invention of Coinage, 101–104.
5 *Ober*, Rise and Fall, 83.

Auch die persische Monarchie war den Lydern (nach der Annexion des lydischen Königreiches) gefolgt, allerdings hatten die königlichen Münzen außerhalb der griechisch geprägten Zonen Westkleinasiens im persischen Imperium keinen authentischen monetären Charakter – als vorgewogene Metallobjekte mit aufgeprägten Symbolen staatlicher Zertifizierung, emittiert in administrativ fixierten Gewichts- und Wertsequenzen –, sondern wurden wie Hacksilber behandelt. Bis ca. 500 v. Chr. werden allerdings auch in Hortfunden griechischer Provenienz allerlei Metallobjekte vermischt mit Münzgeld gefunden, erst mit dem beginnenden 5. Jahrhundert v. Chr. wurden Münzen regelmäßig als Objekte sui generis separat verwahrt.[6]

II Geldkreisläufe

Staaten verfolgen mit der Emission von Geld zunächst budgetäre Ziele; sie wirtschaften nach dem Weber'schen Ausdruck ‚ausgabenorientiert'. Das war in der Ära der hellenischen Archaik und Klassik nicht anders als in den meisten Epochen der folgenden Geschichte. Neben repräsentativen Objekten wie Kunstwerken und Luxusgegenständen, die vor allem königlichen Bedürfnissen entsprachen, kauften antike Staaten vor allem Dienstleistungen, im Besonderen von Soldaten, Bauleuten, Ruderern, Matrosen, oder amtliche Tätigkeiten von staatlichem Personal. Urkunden aus dem 5. und 4. Jahrhundert v. Chr. zeigen, dass nach Möglichkeit die Tätigkeit einzelner Personen oder kleiner Gruppen vergütet wurde, d. h. dass die Beauftragung größerer ‚Arbeitgeber' in aller Regel vermieden wurde, um den Staat nicht in Abhängigkeit von monopolistischen Strukturen zu bringen. Das ist aller Wahrscheinlichkeit nach schon ganz zu Beginn der Münzgeldgeschichte so gewesen. Um demnach Soldaten und Handwerker auf Tagesbasis oder für kleinere Werkleistungen entlohnen zu können, war neben den relativ wertvollen Standardnominalgrößen wie dem Stater in Westkleinasien schon frühzeitig die Ausgabe von Fraktalen wie Halb- und Viertelstateren bis hin zu den winzigen 1/96 oder sogar 1/192 Stateren[7] (0,08 Gramm) notwendig. Diese Kleinprägungen machten die staatlich emittierten Münzen geeignet für die alltäglichen Marktgeschäfte und waren daher eine Voraussetzung für die Erfolgsgeschichte des Münzgeldes.[8] Auf der Basis der praktischen Verwendbarkeit der Münzserien für Alltagsgeschäfte konnten lokale Geldkreisläufe entstehen, da die Polisregierungen ihre Münzen zu einem guten Teil an Arbeitskräfte zahlten, die mit diesem Geld Produkte auf den lokalen Märkten kauften. Von den Anbietern, zu einem großen Teil Angehörige der heimischen Eliten (Produzenten agrarischer Überschüsse), konnten sich die jeweiligen Regierungen einen Teil der Münzen, etwa durch Hafensteuern, Pachtgebühren oder Sonderumlagen, wieder zurückholen.

---

6 *Von Reden*, Money in Classical Antiquity, 24.
7 *Konuk*, Asia Minor, 47.
8 *Kim*, Small Change.

Etwas höhere Hürden waren für die Ausbildung regionaler und überregionaler Geld-Ware-Transaktionen zu überwinden. Da einige regional dominante Poleis (wie Milet oder Phokaia) ihren Ehrgeiz darauf verwandten, eigene Gewichtsstandards zu bestimmen, mussten Umtauschkurse ermittelt werden, um Austauschprozesse zwischen den einzelnen Währungsregionen zu erleichtern. Eine innere Wahrscheinlichkeit spricht daher dafür, dass parallel zu der Entwicklung regionaler Währungsstandards der Beruf des Geldwechslers entstand, d. h. von Spezialisten, die sich auf die sichere Unterscheidung von jeweils ‚geltendem' Geld spezialisierten (*dokima chremata* im Sinne von ‚geprüften, zertifizierten Zahlungsmitteln' ist als Ausdruck Mitte des 6. Jahrhunderts v. Chr. belegt[9]), was mit wachsender Vielfalt von Münztypen, Umlauf von Fälschungen oder Verfälschungen, und angesichts der in der Regel nur durch Bildsymbole angedeuteten Werteinstufung der Münzen eine immer anspruchsvollere Aufgabe wurde.

III Fortschreitender Monetarisierungsprozess

Wenn man von den in großer Zahl erhaltenen Münzen selbst absieht, sind die Quellen zur frühen Münzgeldgeschichte sehr spärlich. Erst mit dem späten 5. Jahrhundert v. Chr. beginnt die Überlieferung detailreicher und informativer Texte, namentlich mit den attischen Gerichtsreden, in denen ein komplexes und voraussetzungsreiches Institutionengefüge erscheint, in das unter anderem Geldkredite, Zins, Buchführung und Banken eingebunden waren. Doch der Weg zur Ausbildung dieses Gefüges ist nur sehr schwach dokumentiert, gewissermaßen nur durch einige Schlaglichter erhellt. Die spärlichen Quellen für die Frühzeit der Münzgeschichte (7. bis 5. Jahrhundert v. Chr.) lassen noch erkennen, dass die Praktiken der Monetarisierung und Rechenhaftigkeit, der Depositenverwahrung, des Kreditierens von Geld, Zinsnehmens etc. eine allgemeinhellenische Durchsetzungsgeschichte hatten (die sich also nicht nur auf einige wenige entwickelte Zentren konzentrierte).[10]

Um 500 v. Chr. war die Werttaxierung von Gütern in Geldbeträgen eine eingespielte Übung. Beispielsweise gibt der kretische Schreiber Spensithios in einer Aufzählung seiner öffentlichen Belohnungen an, dass er Sachgüter im Wert von zwanzig Drachmen erhalten habe. Einem kostbaren Weihgeschenk an die Hera von Samos ist in einer Inschrift die Information beigegeben, dass die Gabeobjekte die Stifter 212 samische Statere gekostet hatten.[11] Ein um 500 v. Chr. auf einem zeittypischen Bleiblatt verfasster Brief aus Olbia zeigt (wenig überraschend), dass zu dieser Zeit der Verkaufswert einer Warenladung geläufig in einem Münzgeldbetrag geschätzt wurde

---

9 IG XII9 1273 Z. 2–3, aus Eretria.
10 Zum Folgenden *Faraguna*, Calculo Economico und *Davies*, Temples, Credit.
11 Die beiden Beispiele bei *von Reden*, Money in Classical Antiquity, 36.

(SEG 54, Nr. 694, Z. 8). Eine bei Hyampolis gefundene Bleiurkunde zeigt, dass in dieser mittelgriechischen ‚Normalpolis' im dritten Viertel des 5. Jahrhunderts v. Chr. Techniken wie Kreditierung von Geldbeträgen, Bürgschaft, Zinsrechnung und Abtretung von Gläubigerrechten bereits geläufig gehandhabt wurden (BE 1988, Nr. 670).[12] In einer Orakelkonsultation aus Dodona (Epirus) fragt eine kleine mittelgriechische Gemeinde an, ob sie die Gelder der Gottheit Themis gegen Zinsen ausleihen dürfe: „Die Gemeinde (*to koinon*) der Mondaiatai fragt den Zeus Naios und Dione betreffend des Geldes der Themis, ob es erlaubt und besser sei, es in Form von Krediten zum Nutzen für Themis auszureichen." (LOD 8B). Ein weiterer, wohl im frühen 5. Jahrhundert v. Chr. verfasster Text auf einem Bleiblatt, in diesem Fall eine Art Zahlungsquittung (gefunden bei Pech-Maho in der Nähe von Narbonne), belegt, dass Anzahlungen und private Beurkundungen von Transaktionen zu dieser Zeit geläufige Praktiken waren.[13]

Schließlich findet sich auch für die Tätigkeit von Banken eine frühe inschriftliche Bezeugung: In einer auf einer Marmorstele veröffentlichten Sammlung gesetzlicher Maßregeln zum Straßenverkehr und zum öffentlichen Verhalten aus Thasos (470/60 v. Chr.) wird bei der Bezeichnung des Stadtteils, für den die Vorschriften gelten sollen, ein Geldwechselinstitut (*argyramoibéion*), offenkundig eine Bank, erwähnt (SEG 42, Nr. 785, Z. 41 f.). *Argyramoibos* (Silberwechsler) ist eine konkurrierende Bezeichnung für *trapezites* (Bankier).[14] Das Gebäude, in dem oder bei dem die Bank sich befand, war offenkundig bereits in den 460er Jahren v. Chr. eine so geläufige Erscheinung im Straßenbild, dass auch offizielle Texte es als bekannten Orientierungspunkt verwendeten.

IV Tempelbanken

Genauer, aber sehr umständlich, wäre ein Ausdruck wie: ‚Tempel, die zuweilen bestimmte Bankfunktionen wahrnahmen'. Welche finanziellen Dienstleistungen[15] ein Heiligtum jeweils anbot, konnte sehr unterschiedlich sein und hing wesentlich von der Regierung ab, in deren Zuständigkeitsbereich das Heiligtum lag. Nachgewiesen sind Bankoperationen für ca. 25 Heiligtümer in der klassischen Zeit,[16] mit einer gewissen Dunkelziffer ist zu rechnen, doch stehen dieser Zahl hunderte von Heiligtümern gegenüber, für die keine Bankaktivitäten belegt sind. Entstanden ist die Bankfunktion von Tempeln wohl aus der Nutzung einiger Tempel als relativ sichere Aufbewahrungsorte für Geld und Wertgegenstände, deren Beraubung als Sakrileg behandelt

---

12 Zur verzweigten Forschungsdiskussion *Rousset*, Épigraphie Grecque, 100 f.
13 SEG 38, Nr. 1036; vgl. *Harris*, Were there Business Agents, bes. 118–120; 124.
14 *Bogaert*, Banques, 41.
15 Systematisch zu ihrer Operationstypologie: *Bogaert*, Banques, 279–304.
16 *Bogaert*, Banques, 279 (in der hellenistischen Zeit sind in Muttergriechenland und der Ägäis sechs weitere nachweisbar).

werden konnte. Die erste konkrete Erwähnung eines Tempeldeposits führt auf das späte 6. Jahrhundert v. Chr.: Der athenische Politiker Kleisthenes soll nach Cicero (leg. 2, 41) seine für die Mitgift seiner Töchter bestimmten Vermögensteile dem Hera-Heiligtum von Samos anvertraut haben.

Sofern es sich um Heiligtümer von überregionaler Bedeutung handelte, die Einnahmen in verschiedenen Währungen verzeichneten, ergab sich das Wechseln und Taxieren von Münzen zwanglos als weitere faktische Bankfunktion. Hinzutrat dann die Gewährung von Krediten an Privatleute oder an Regierungen (meist die eigene) gegen Zinsen, die für die klassische und hellenistische Zeit außerhalb Attikas für Heiligtümer in 16 Poleis nachweisbar ist.[17] Die Zinssätze waren relativ niedrig, meist deutlich niedriger als Zinsen bei Privatdarlehen.[18] Die Kreditvergabe erfolgte (anders als bei den Privatbanken) wahrscheinlich niemals aus den Einlagen der Geldanleger, sondern aus Eigenmitteln der Heiligtümer, die durch Verpachtungen, Stiftungen oder Zinseinnahmen gewonnen worden waren. Bereits in der Mitte des 5. Jahrhunderts v. Chr. konnte ein hoher Anteil eines Tempelvermögens als Kredit ausgegeben sein, wie vor allem ein inschriftlich überlieferter Auszug aus den Abrechnungen des Nemesis-Tempels der attischen Gemeinde Rhamnous zeigt, demzufolge in einem Rechnungsjahr um die Mitte des 5. Jahrhunderts v. Chr. 51.400 von 56.606 Drachmen des monetären Tempelbesitzes in Tranchen zu 200 oder 300 Drachmen ausgeliehen waren (GHI 134). Das unter Gemeindeverwaltung stehende Heiligtum scheint demnach als eine Art Sparkasse der Rhamnousier fungiert zu haben, die Kredite in gedeckelter Höhe an Privatkunden ausgab. In einem Gemeindebeschluss eines anderen *demos* (selbstverwalteten Kommune auf attischem Staatsgebiet) werden die Priester eines lokalen Heiligtums sogar ausdrücklich angewiesen, Gemeindemitgliedern mit Geldsorgen Kredite zu gewähren.[19] Das Gesamtvolumen der bewegten Summen ist nicht besonders hoch, und dies ist, wenn die Gesamtheit der Tempelbanken betrachtet wird, bei weitem die Regel.[20] Häufig war der Hauptsinn der Anlagetätigkeit von Heiligtümern lediglich, das eigene Kultbudget zu erwirtschaften oder doch zu entlasten.

Tempelbanken waren kein eigener ökonomisch-politischer Machtfaktor, sondern gegenüber zivilen Organen weisungsgebunden und mussten gegebenenfalls auf Anordnung Kredite ausreichen, die in Einzelfällen auch relativ umfangreich sein konnten. Beispielsweise finanzierten die athenischen Regierungen Budgetlücken während des Peloponnesischen Kriegs (432/1–404/3 v. Chr.) mit verzinsten Zwangskrediten von Heiligtümern im Staatsbesitz. Über diese Kredite wurde präzise buchgeführt und gegebenenfalls Auszüge aus der Rechnungslegung als Steininschrift publiziert. Ein bekanntes Beispiel für eine solche inschriftliche Veröffentlichung ist ein fragmentarisch erhaltener Bericht einer Rechnungsprüferkommission für die Jahre 426/25 bis 423/

---

17 Vgl. die Liste *Chankowski*, Techniques Financières, 89–91.
18 *Bogaert*, Banques, 290.
19 *Ismard*, Cité des Réseaux, 284.
20 *Bogaert*, Banques, 301 f.

22 v. Chr., die den Umgang politisch Verantwortlicher mit dem Vermögen Athenas und der ‚Anderen Götter' überprüften (die ‚Anderen Götter' war eine Sammelbezeichnung für die Gottheiten, deren Gelder vor Beginn des Peloponnesischen Krieges aus verschiedenen Gemeindeheiligtümern nach Athen überführt worden waren und gemeinsam mit dem Vermögen der auf der Akropolis verehrten Athena gelagert wurden[21]). Erkennbar wird hier, dass Regierungsvertreter hohe Summen gegen eine Verzinsung von 1/5 Drachme pro Tag und Talent (ein Talent = 6000 Drachmen) ausliehen (das entspricht 1,2 % *per annum*; vor 426/5 v. Chr. hatte der staatlich festgesetzte Kredit noch rund 6 % *per annum* betragen). Die unrunden Kreditsummen zeigen, dass die Kreditaufnahme durchweg zweckgebunden war (in einigen Fällen ist die Zweckbestimmung auch explizit verzeichnet). Obwohl der Zinsfuß 426/5 v. Chr. durch Volksbeschluss erheblich gesenkt worden war und damit sehr viel niedriger als die marktüblichen Zinsen war, ergab sich aufgrund der Höhe der geliehenen Summen eine erhebliche Zusatzbelastung für die Polis (allein bei der zentralen Tempelkasse der *Athena und der Anderen Götter* – einer von mehreren Schuldkonten des athenischen Staates – beliefen sich die Zinsschulden Athens im Jahr 422/21 v. Chr. auf über 1300 Talente;[22] die jährlichen Militärausgaben werden für diese Zeit auf 300 Talente geschätzt[23]).

Die weitgehenden Zugriffsmöglichkeiten, die Polisregierungen auf Tempelbanken hatten oder sich übertragen lassen konnten, erklären mit einer gewissen Plausibilität, warum die säkulare Staatsbank in der griechischen Antike erst relativ spät entstand und nur in einzelnen Staaten eine größere Rolle spielte.

V Privatbankiers

Eine erhebliche Bedeutung erlangten jedoch bereits im 4. Jahrhundert v. Chr. privat geführte, vom Staat unabhängige Banken oder griechisch: *trapezai*. Privatbanken sind für Poleis unter anderem in Muttergriechenland, für die Ägäisinseln, die kleinasiatische Westküste, Sizilien und in Süditalien belegt (mancherorts erst für das 3. oder 2. Jahrhundert v. Chr., doch verdankt sich diese späte Bezeugung vermutlich Überlieferungslücken; für die großen Hafenstädte oder Sitze von überregional bedeutenden Heiligtümern waren Bankiers unverzichtbar, und wenn es mobile/reisende Bankiers waren).[24] Sofern Nachrichten über den Standort von Banken überliefert sind, befanden sich diese in Hafen- oder Marktnähe, was zumal in Hafenstädten häufig zusammenfiel. Zur Grundausstattung gehörte ein einfacher Tisch, auf dem der Bankbetreiber die für die täglichen Geschäfte ausreichenden Münzvorräte, Papiere, Waage,

---

21 *Samons*, Empire, 52 f.
22 Zu den Zinszahlen vgl. den Kommentar in GHI 160.
23 *Pritchard*, Costing, 44.
24 *Bogaert*, Banques, 115 f.

Probierstein und andere Utensilien unterbrachte. Die Masse der angelegten Gelder, deponierten Wertgegenstände und ihr Eigenvermögen brachten die Bankiers in ihren Privathäusern oder auch angemieteten Lagerräumen unter, die wir uns wohl (durch Sklaven) gut bewacht vorstellen müssen. Über die Art der Aufbewahrung ist praktisch nichts bekannt; Tempelbanken verwendeten als Geldspeicher große Keramikgefäße, die den Vorteil hatten, einigermaßen feuerresistent zu sein. Privatbankiers hatten (daneben?) wohl auch abschließbare Kisten (*kibotoi*).

Die Mehrzahl der Bankiers ist nur durch eine gelegentliche inschriftliche Erwähnung bezeugt, aus Athen jedoch sind aus dem späten 5. und dem 4. Jahrhundert v. Chr. rund hundert Redetexte überliefert, in denen häufig Kreditprobleme und Verwandtes, daher auch Privatbanken, thematisiert werden. Diese erfreuliche Belegdichte darf nicht darüber hinwegtäuschen, dass auch die Aussagen der Plädoyers nur Schlaglichter auf einzelne Aspekte der Bankierspraktiken werfen und kein Gesamtbild ermöglichen. Zudem bringt das Genus der Gerichtsrede eine gegenüber dokumentarischen Quellen noch einmal gesteigerte Gefahr bewusster Verzerrungen mit sich. Die letztlich auch hier ungenügende, weite Interpretationsspielräume eröffnende Quellenlage hat dazu geführt, dass die ökonomische Bedeutung von Banken in den klassischen und hellenistischen Ökonomien sehr unterschiedliche Bewertungen erfahren hat. Das Spektrum reicht von der Einordnung altgriechischer Banken als unbedeutender Randerscheinung im ökonomischen System[25] bis zur Einnahme einer „Bankenperspektive" aus der die Funktionsweise einer als kreditbasiert konzipierten Ökonomie dargestellt wird.[26]

Die angesprochene Natur der Überlieferung macht eine allgemein konsensfähige Entscheidung oder Vermittlung zwischen den divergierenden Positionen nur schwer möglich. Die folgenden Bemerkungen beschränken sich auf die Hervorhebung einiger relativ gut belegbarer Fakten. Zunächst: Altgriechische Banken waren keine komplexen Institute mit mehreren Hierarchieebenen und einem Filialsystem, sondern von einigen wenigen Männern geführte Kleinbetriebe. Der Eigentümer der Bank konnte die Tagesgeschäfte zum Beispiel einem freigelassenen Sklaven anvertrauen.

Der Eigentümer der Bank haftete mit seinem ganzen Privatvermögen für das Institut, so dass die Grenze zwischen Geld verleihenden Privatleuten und regelrechten Bankiers fließend und juristisch praktisch nicht definierbar war. Das drückt sich auch semantisch darin aus, dass der Name des Bankiers im entsprechenden Kontext als Synonym für seine Bank gebraucht werden, also etwa „Herakleides" für „die Bank des Herakleides" gesagt werden konnte. Wenn man sich ins Gedächtnis ruft, dass in der Zeit, als die These von der unbedeutenden Nischenexistenz altgriechischer Banken (von Karl Polanyi und seinen Schülern, s. Kap. 1) erstmalig explizit formuliert wurde, gerade die historische Erfahrung des Aufstiegs international agierender Großbanken verarbeitet wurde, versteht sich die eigentümliche Evidenz besser, mit der

---

25 *Millett*, Lending and Borrowing.
26 *Cohen*, Athenian Economy.

das Bild vom Gelegenheitskredite gewährenden, einflusslosen Kleinbankier Altathens Polanyi und seinen Adepten einleuchtete: im Vergleich zu den (als zentrale politisch-ökonomische Akteure von Rudolf Hilferding in seinem 1910 erstmals erschienenen Klassiker *Das Finanzkapital* dargestellten) Großbanken des frühen 20. Jahrhunderts, die über das Schicksal ganzer Konzerne häufig das entscheidende Wort sprechen konnten, waren die Banken des antiken Griechenland tatsächlich keine ökonomischen oder politischen Schwergewichte.

Dennoch verzerrte das Bild von altgriechischen Banken als makroökonomisch irrelevanten Kleinstunternehmen an der Peripherie einer autarken Agrarwirtschaft den Quellenbefund, der durchaus einige wichtige Funktionen privater Banken erkennen lässt. Hierzu zählen die am Ende des 5. Jahrhunderts v. Chr. bereits fest etablierten Aufgaben von *trapezitai* als Depositenverwahrer und Geldwechsler. Als Geldwechsler eigneten sich die *trapezitai* ein detailliertes Spezialistenwissen an, mit dessen Hilfe sie gewissermaßen als Vorprüfer für die Echtheit und Reinheit des in Umlauf befindlichen Münzmaterials fungierten[27] (autoritativ konnten in der Regel nur staatliche Marktaufseher oder staatlich zertifizierte Münzprüfer über die Gültigkeit von Münzen entscheiden). Bei den Depositen handelte es sich partiell um kostbare Objekte oder Geldsummen in einer Größenordnung, die charakteristisch für Angehörige der vermögenden und vermögendsten Milieus der Polisgesellschaft ist.

Mit diesen Einlagen wirtschafteten die Bankiers offenbar, wobei nicht deutlich wird, ob die Anleger für solche Investitionen mit dem zur Verwahrung überlassenen Geld ihr Einverständnis geben mussten oder ob ein produktiver Einsatz des deponierten Kapitals als selbstverständlich erwartet wurde. Jedenfalls wird in einer demosthenischen Gerichtsrede die Arbeit des Bankiers sinngemäß als „Profiterwirtschaftung mit fremdem Geld" definiert.[28] In derselben Rede wird deutlich, dass der Ausdruck „Verpachtung einer Bank", also die Überlassung der Bankgeschäfte an einen Unternehmer gegen einen Pachtzins, die Verpachtung der Depositen und nicht von eventuellem Eigenkapital der Bank meint oder meinen konnte.[29] Dies muss nicht in allen vergleichbaren Verträgen so geregelt gewesen sein, doch machen die in dem angesprochenen Fall geregelten Konditionen nur dann Sinn, wenn aus den Einlagen ein Profit herauszuholen war.

Die innere Wahrscheinlichkeit spricht dafür, dass die Deponenten als Gegenleistung eine Zinszahlung erwarteten; urkundlich bezeugt ist diese Praxis aber nicht. Allerdings gibt es Indizien: So berichtet ein antiker Kommentar zu einer Demosthenesrede,[30] dass einige amtliche Kassenverwalter öffentliche Gelder heimlich aus einer Tempelkasse entnommen hätten, um diese bei mehreren Banken anzulegen. Als diese Banken zahlungsunfähig wurden, hätten die Betrüger die entnommenen Gelder nicht

---

27 *Bogaert*, Banques, 315–322.
28 Demosth. or. 36, 11.
29 Demosth. or. 36, 13.
30 Sch. Demosthenes, vol. II, edidit M. R. Dilts. Leipzig 1986, 361.

wie geplant zurücklegen können, so dass sie in Panik Brand in dem Tempelraum gelegt hätten, in dem Gelder und Belege verwahrt wurden. Was an der Kriminalgeschichte richtig ist, lässt sich nicht mehr sagen, das im Hintergrund stehende Verfahren, öffentliche Gelder heimlich privat anzulegen, war nur dann sinnvoll, wenn die Betrüger mit einem Zinsgewinn rechneten.

Auch der in der Episode erwähnte Bankrott gehörte zu den Realitäten antiker Bankenwirtschaft. Die Einlagen waren nicht terminiert, der Deponent hatte jederzeit das Recht, sie vom Depositar zurückzufordern. Bankiers mussten daher mit größter Umsicht auf ihren guten Ruf bedacht sein, um Gerüchten etwaiger Zahlungsschwierigkeiten vorzubauen. Auch ansonsten umgab die Bankgeschäfte eine Aura sorgfältig gewahrter Diskretion. Kunden konnten hier Vermögen „unsichtbar" machen, also privat anlegen, ohne die betreffenden Werte öffentlich anzuzeigen, und sie als Material für die Einstufung der eigenen monetären Leistungsfähigkeit verhehlen. Diese Praxis stellte offenbar kein Vergehen im juristischen Sinn dar. Transaktionen, in die ein Bankier eingebunden war, liefen anscheinend entgegen dem sonst bei Kreditgeschäften üblichen Prozedere häufig ohne Zeugen ab. Als Beleg für die Modalitäten eines Geschäfts galten dann die von den Bankiers geführten Bücher, die beispielsweise bei Kreditgeschäften neben dem Namen des Kreditnehmers und dem Datum der Geldübergabe den kreditierten Betrag und die Zweckbestimmung des Kredits (die unter anderem für die Festlegung der Zinskonditionen von Bedeutung war) enthielten, eventuell auch den Namen der zur Abwicklung des Geschäfts bevollmächtigten Person. Die Tilgung wurde in einem Verzeichnis der Ein- und Ausgänge vermerkt.[31] Die – von den Bankiers ohne Prüfung durch Dritte geführten – Bücher wurden vor Gericht als Beweismittel verwendet, wodurch Bankiers gewissermaßen zu Zeugen in eigener Sache werden konnten, ein weiterer Beleg für die ihnen von Berufs wegen zugeschriebene Vertrauenswürdigkeit. Die Struktur der Buchführung ist als ‚narrativ' bezeichnet worden, insofern (wahrscheinlich) die Ein- und Ausgänge, versehen mit genauen Zuordnungskriterien, in der chronologischen Reihenfolge ihres Eintretens in einer durchgehenden Kolumne erfasst wurden.[32] Spätestens mit dem 3. Jahrhundert v. Chr. lassen sich Veränderungen in der Buchhaltungstechnik beobachten (Abkehr von der narrativen Struktur, Berücksichtigung der Komptabilität; s. unten VIII 3). Aufgrund der Wertschätzung, die die Buchführung etablierter Bankiers im Allgemeinen genoss, fiel dieser Berufsgruppe in der Praxis auch eine Art Notarfunktion zu.[33]

Spätestens zu Beginn des 4. Jahrhunderts v. Chr., als in Athen der als Sklave zum Bankier ausgebildete Pasion in relativ kurzer Zeit ein Vermögen erwirtschaftete, das sich mit denen der reichsten attischen Haushalte messen konnte, wurde die Profiterzielung durch Investitionen zu einem wichtigen Moment im Berufsprofil der Bankiers, oder jedenfalls der ambitionierten unter ihnen. Welchen Investitionen Pasion

---

31 *Bogaert*, Banques, 378 f.
32 *Chankowski*, Banquiers, Caissiers, Comptables, 82.
33 *Bogaert*, Banques, 332 (Hinterlegung von Urkunden).

sein großes Vermögen konkret verdankte, bleibt im Dunkeln. Ein großes Volumen seiner riskanten Investitionen hat Pasion (wohl charakteristischerweise) „außerhalb der Bank" als Privatmann getätigt, so dass sein Sohn mithilfe der vom Vater hinterlassenen Papiere rund 120.000 Drachmen Privatkredite von Schuldnern eintreiben konnte.[34]

Der Zufall der Überlieferung scheint allerdings eher Belege atypischer ‚Investitionen' begünstigt zu haben, etwa die Reihe von Krediten, die Pasion dem Politiker und Offizier Timotheos gewährte, ganz offensichtlich nicht um des konkreten Zinsgewinnes willen, sondern um einen einflussreichen Akteur auf seiner Seite oder jedenfalls nicht gegen sich zu haben. So kreditierte Pasion die Frachtkosten in Höhe von 1750 Drachmen für die Lieferung einer Schiffsladung Bauholz, das der makedonische König Timotheos zum Geschenk gemacht hatte.[35] Erst Pasions Sohn Apollodor prozessierte auf der Grundlage der geerbten Bankbücher mit dem Ziel, die Kreditsummen zurückzuerhalten, womit Pasion anscheinend nie gerechnet hatte: Hier ging es doch eher um politische Beziehungspflege. Vergleichbar ist die in der Apaturiosrede geschilderte Konstellation (wohl aus den 330er Jahren v. Chr.), in der ein Bankier sich von einem Geschäftsmann dazu bewegen lässt, einem zahlungsunfähigen Seehandelskaufmann gegen Bürgschaft 3000 Drachmen zu leihen,[36] die dieser zur Tilgung von Altschulden verwenden sollte. Kurz darauf war die Bank insolvent und der Bürge musste fürchten, von den Gläubigern für den geschuldeten Betrag herangezogen zu werden. Auch bei diesem Darlehen stand wahrscheinlich eher der Wille des Bankiers Herakleides, eine Geschäftsbeziehung zu pflegen (und keine unmittelbare Profitaussicht), im Vordergrund. Angehörige der politischen Elite, die aufgrund der Größe ihres nominellen Vermögens aufwendige Dienstleistungen (Liturgien) für den Staat erbringen mussten, wandten sich unter anderem an Banken um Überbrückungskredite, wenn sie keine ausreichende Zahl von Münzen greifbar hatten (Demosth. or. 49, 6–9).

Wie jedoch bereits gesagt, können diese zufällig in den erhaltenen Plädoyers belegten Konsum- und Freundschaftskredite nicht repräsentativ für die durchschnittliche Kreditvergabepraxis sein, weil sich auf deren Basis keine Großvermögen wie dasjenige Pasions, Phormions oder Apollodors erwirtschaften ließen. Vielmehr konnte es sich ein Pasion deswegen leisten, politische Konnexionen mittels großzügiger Kredite an schlechte Zahler wie Timotheos zu pflegen, weil er mit *anderen* Krediten Gewinne erwirtschaftete. Diese Überlegung führt zu der von Edward Cohen eingenommenen „Bankenperspektive" auf die attische Wirtschaft, die Cohen als wesentlich kreditfinanziert sieht, wobei ein großer Teil der produktiv eingesetzten Kredite aus dem Bankenmilieu gekommen sei (s. Anm. 26). Cohen postuliert in diesem Zusammenhang, dass die besonders profitable Finanzierung von Seehandelskrediten zu einem

---

[34] Demosth. or. 34, 36 (dort auch der Ausdruck „außerhalb der Bank").
[35] Demosth. or. 49, 29; 35.
[36] Demosth. or. 33, 8.

signifikanten Teil durch Banken erfolgt sei, und führt für diese Annahme eine Reihe von Indizien an (siehe dazu den folgenden Abschnitt).

VI Bankkredite und Privatinvestitionen im Vergleich

Harte Belege für die faktische Investitionsstruktur des Bankenkapitals fehlen allerdings. Sehr gut belegt jedoch sind Investitionen wohlhabender Privatleute, die das Geldverleihen nicht als Profession betrieben. Ein kurzer Überblick über die Investitionsfelder und eine grobe Schätzung der Investitionsvolumina werden verdeutlichen, dass der Anteil des unmittelbar, also ohne Vermittlung einer Bank, investierten Kapitals, viel höher gewesen sein muss als derjenige, den die *trapezitai* beisteuerten. Neben dem schon erwähnten Seehandel sind als wichtige Investitionsfelder für Privatkapital agrarische Produktion, Bergbau, öffentliche Bauten, Steuereinzug, Rüstung und Militäraktionen sowie Manufakturproduktion der unterschiedlichsten Art (Möbel, Musikinstrumente, Keramik, Kleidung, Salben und Duftstoffe, Lederwaren, Metallobjekte und vieles andere) zu nennen.

In der demosthenischen Rede gegen den angeblich betrügerischen Seehandelsunternehmer Phormion (Mitte des 4. Jahrhunderts v. Chr.) führt der Autor aus, dass der gesamte Seehandel Athens kreditfinanziert sei und ohne die Kapitalgeber kein einziges Handelsschiff in See stechen würde (Demosth. or. 34, 51 f.). Mag dies auch in der wortwörtlichen Formulierung eine Zuspitzung sein, so ist die Tendenz der Aussage zweifellos zutreffend: die Besitzer großer Kapitalvermögen fuhren nicht persönlich die gefährlichen Seehandelsrouten, sondern legten ihr Kapital im Warenhandel an. Dessen Größenordnung lässt sich mit Blick auf Athen grob einordnen, etwa aufgrund von Nachrichten über ein militärisches Ereignis im Jahr 340 v. Chr., als makedonische Truppen einen Konvoi attischer Handelsschiffe in dem befestigten Hafen Hieron (an der Küste des Marmarameers), von wo sie nach Attika eskortiert werden sollten, überfielen. Dabei gerieten nach einer Version 180, nach einer anderen 230 Transporter in die Hände des makedonischen Königs.[37] Wenn man daraus die Zahl von 200 Schiffen als Größenordnung für einen Handelskonvoi dieses Typs extrapoliert und für den Warenwert noch einmal auf die oben angeführte Rede gegen Phormio zurückgreift (4000 Drachmen Warenwert), so ergibt sich für den Gesamtkonvoi nur für die Rückfahrt nach Athen ein Finanzierungswert von 800.000 Drachmen oder 133 Talenten.

Aus einer zufällig erhaltenen Angabe (And. 133) über die Einnahmen aus dem athenischen Hafenzoll im Jahre 401 v. Chr., also unmittelbar nach einem langen und verlorenen Krieg und anschließenden Bürgerkrieg, lässt sich errechnen, dass in diesem Jahr Waren im Wert von etwa 11.400.000 Drachmen oder 1900 Talenten nach

---

37 *Bresson*, L'Attentat.

Athen ein- bzw. aus Athen ausgeführt wurden.[38] Daneben dürften die in Attika ansässigen Manufakturen und Handwerksbetriebe auch Summen in einer (niedrigen) siebenstelligen Größenordnung auf dem heimischen Markt umgesetzt haben.[39]

Ähnlich wie beim Seehandel weisen Aussagen in attischen Plädoyers auch für den Bergbau darauf hin, dass die Unternehmungen vor allem durch Kredite seitens reicher Privatleute (die sich auch zu Investitionsgemeinschaften verbinden konnten) finanziert wurden.[40] In einer etwas obskuren Passage einer außenpolitischen Rede (10, 37 f.) erinnert der athenische Staatsmann Demosthenes seine Zuhörer bzw. Leser daran, dass sich „durch einen glücklichen Zufall" die Staatseinkünfte aus einer bestimmten Quelle (aller Wahrscheinlichkeit nach dem Bergbau) in kurzer Zeit um etwa 300 % auf 2.400.000 Drachmen pro Jahr vermehrt hätten (341 v. Chr.). „Alle Wohlhabenden" nähmen an der Ausbeutung dieser neuen Gewinnchancen teil, d. h. sie investierten in den Silbererzabbau und die Silbergewinnung, indem sie Kredite an Unternehmer vergaben, die die (Sklaven-)arbeiten vor Ort im Laureion leiteten und aus ihren Profiten die Kredite mit Zinsen tilgten. Da signifikante Teile der athenischen Buchführung über die Vergabe von Schürfkonzessionen inschriftlich erhalten sind (für die Jahre 370 bis 300 v. Chr.), können die auf verschiedenen Ebenen eingesetzten Kapitalvolumina grob geschätzt werden.[41] Es ist etwa bekannt, dass ein Unternehmer namens Pantainetos für die Werkstatt und die Sklaven, mit denen er im Abbaugebiet arbeitete, rund 10.000 Drachmen aufbringen musste. Nimmt man an, dass die Zahl einigermaßen im normalen Rahmen ist (wofür gute Gründe sprechen), dann waren für die etwa 2500 aus den Inschriften erschließbaren Unternehmungen in der Zeit von 370 bis 300 v. Chr. etwa 25 Millionen Drachmen oder durchschnittlich 350.000 Drachmen pro Jahr an Investitionen nötig, nur um die Werkstätten und Sklaven zu kaufen. Hinzu kommen z. B. Unterhaltskosten, Kreditzinsen und Konzessionsgebühren.

Diese Beispiele reichen aus, um fraglos zu zeigen, dass die in der attischen Produktion und im Handel bewegten Summen zu hoch waren, als dass sie von den damaligen Banken hätten getragen werden können. Wenn der legendär wohlhabende Bankier Pasion zur Zeit seines Todes (Demosth. or. 36, 5) mehr als fünfzig Talente seines Vermögens zinstragend investiert hatte, so hätte damit nur ein kleinerer Teil der Kosten gedeckt werden können, die auf den jeweiligen Investitionsfeldern anfielen. Andere, ‚normale' Bankiers dürften ein deutlich bescheideneres Kapitalvolumen zur Verfügung gehabt haben. Das soll nicht heißen, dass die Banken der klassischen Zeit ökonomisch bedeutungslos gewesen seien: vielmehr erfüllten sie wichtige wirtschaftliche Funktionen. Demosthenes lässt an einer Stelle (52, 3) einmal beiläufig erkennen, dass alle Seehandelskaufleute Konten bei den *trapezitai* hatten. Hier war ihr Geld

---

38 *Harris*, Workshop, 79.
39 Zahlen gibt es nicht. Für einen Eindruck der Vielfalt und Größenordnung attischer Manufakturen vgl. *Acton*, Poiesis.
40 Hyp. Eux. 35 mit den weiteren Nachweisen bei *Whitehead*, Hypereides, 250.
41 *Aperghis*, Reassessment.

immerhin bewacht, stand aber trotzdem zur Verfügung, wenn ein Kredit getilgt werden musste oder eine von einem Darlehensgeber geliehene Summe nicht ausreichte, um die angestrebte Warenmenge aufzuladen. Insofern hatten die Banken eine wichtige assistierende und ergänzende Funktion. Die Masse der in Produktion und Handel kreditierten Gelder muss jedoch von der sozialökonomischen Elite Athens (oder genauer: von Teilen dieser Elite) bereitgestellt worden sein. Einen gewissen Einblick in die in aller Regel in der zeitgenössischen Literatur nicht explizit dargelegten Vermögensstrukturen dieses Milieus bekommen wir, wenn im Zuge von Erbschaftsstreitigkeiten die Zusammensetzung eines Vermögens offengelegt wird. Ein gutes Beispiel ist die Rede des Lysias gegen Diogeiton (Lys. 32). Der 409 v. Chr. im Krieg gefallene Erblasser hinterließ neben anderem Vertragsurkunden (also in einem gewissen Sinn Wertpapiere), die Forderungen in Höhe von 48.000 Drachmen aus Seehandelsunternehmungen belegten (Lys. 32,7), sowie eine Investition im Bosporanischen Reich im Wert von 2000 Drachmen. 10.000 Drachmen waren zu ‚Landzinsen' (ein Terminus technicus, um diese Kredite von den höher verzinsten Seehandelskrediten zu unterscheiden) ausgeliehen. Von dem enormen Geldvermögen des Demosthenes senior waren bei dessen Tod annähernd 80 % gewinnbringend investiert.[42] Es waren Anlagen dieses Typs, die die ökonomische Dynamik des östlichen Mittelmeerraums vorantrieben, auch wenn die Schriftsteller der Zeit ihnen keine große Aufmerksamkeit schenkten.

VII ‚Freundliche' und Konsumkredite

Neben den bislang schwerpunktmäßig behandelten Geschäftskrediten existierten noch weitere Kredittypen, darunter die mitunter (nicht immer ganz zutreffend) als ‚freundliche Kredite' oder ähnlich bezeichneten *eranoi*, für die andere Regeln galten als für die reinen Geschäftskredite. *Eranoi* wurden durchweg von mehreren Gläubigern gewährt, die eine Art Gläubigerverein bildeten. In den Anfangsstadien der Entwicklung dieses Instituts stammten die Kreditnehmer regelmäßig aus dem sozialen Umfeld der Gläubiger, auf denen ein gewisser Erwartungsdruck lastete, dem Kreditersuchen Folge zu leisten. Es handelt sich offenbar ursprünglich (im 5. und die längste Zeit des 4. Jahrhunderts v. Chr.) um eine Art Nachbarschaftshilfe, die gewährt wurde, wenn professionelle Kreditgeber ausfielen. *Eranoi* konnten anders als reine Geschäftskredite in Raten getilgt werden, und die Versäumnis eines Zahlungstermins wurde nicht (notwendigerweise umgehend) als justiziable Schädigung der Gläubiger gewertet. Nach der vorherrschenden Ansicht, die allerdings nur auf einem *argumentum e silentio* beruht, das nicht sonderlich tragfähig ist, waren *eranoi* zinslos. Ein Schlaglicht auf die Realität des ausgehenden 4. Jahrhunderts (nach 330 v. Chr.) werfen die Fragmente der Rede gegen Athenogenes des athenischen Rhetors Hypereides. In dem be-

---

42 *Bogaert*, Banques, 368 f.

handelten Fall hatte sich der Kläger in den Kauf einer Duftstoffmanufaktur locken lassen, die vollkommen überschuldet war.[43] Nach dem Übergang des Eigentums an der Manufaktur meldeten sich die Gläubiger nachdrücklich, darunter auch Repräsentanten mehrerer *eranos*-Gläubigergemeinschaften, und pochten auf Tilgung der Kredite. In dieser Zeit hatte das Institut offenkundig geschäftsmäßige Züge angenommen. Die Gläubigervereine wählten einen permanenten Vorstand, woran abzulesen ist, dass diese ihren ursprünglichen Charakter als *Ad-hoc*-Gemeinschaft mit begrenzter Zweckbestimmung verloren hatten und zu Korporationen mit geschäftlichen Interessen und unterschiedlichen Funktionen geworden waren (sicherlich nicht gleichzeitig überall, aber doch in einer allgemeinen Tendenz).[44] Der sogenannte ‚Auffüller' (*plerotes*) des *eranos*, der ursprünglich das Umfeld des Kreditbedürftigen in dessen Auftrag sondierte, war im Laufe des 4. Jahrhunderts v. Chr. zu einem offiziellen Interessenvertreter des Gläubigervereins geworden. Vor diesem Hintergrund erscheint auch die Annahme, dass die *eranistai* keine Zinsen nahmen, jedenfalls für diese spätere Entwicklungsstufe, wenig plausibel. Sicher belegt ist zudem, dass sich die Geber von *eranos*-Darlehen schon im 4. Jahrhundert v. Chr. Sicherheiten stellen ließen, die sie im Falle der Nicht-Rückzahlung übernahmen: damit war auch auf diese Weise die Möglichkeit gegeben, einen Gewinn zu erzielen.[45]

Eine andere wichtige Erscheinung waren die Vergeber von Klein- und Kleinstkrediten, sogenannte Tageswucherer (*hemerodaneistai*) oder *obolostatai*.[46] Von ihrer Tätigkeit sind nur von Antipathie verzerrte Darstellungen erhalten, doch lässt sich so viel erkennen, dass diese Geschäftsleute im Besonderen Markthändlern, die in finanziellen Schwierigkeiten waren, Kredite mit sehr kurzer Laufzeit anboten, damit diese sich beispielsweise für den laufenden Tag Ware kaufen konnten, um diese zum Verkauf anzubieten. Verfehlten die Schuldner den Zahlungstermin, drohten umgehend hohe, tageweise berechnete Strafzinsen, so dass sie in langfristige Abhängigkeit von den *hemerodaneistai* zu geraten drohten. Angeblich sind einzelne dieser Tageswucherer zu großem Wohlstand gekommen. In jedem Fall vergrößerten sie das Kreditvolumen der Polisökonomien in einem wichtigen Bereich, dem Detailhandel. Quantitativ gewichten lässt sich ihre Bedeutung nicht.

In der Forschung war zeitweise die Auffassung mehrheitsfähig,[47] dass kleinere Konsum- und/oder Überbrückungskredite den eigentlichen oder substanziellen Anteil der Gesamtkreditmasse ausgemacht hätten, und dies in qualitativer wie in quantitativer Hinsicht. Zur Stützung dieser These ist darauf hingewiesen worden, dass unproduktive, konsumtive Kredite in den Quellen sehr viel häufiger bezeugt seien als pro-

---

43 Hyp. Ath. 9; vgl. *Whitehead*, Hypereides, 298–301.
44 Das wichtigste Zeugnis für die früh einsetzende Professionalisierung der Vereinsstruktur ist eine Inschrift aus Arkesine auf Amorgos: IG XII7 58 (spätes viertes/frühes drittes Jh.).
45 Zu den *eranoi* Ammitzbøll Thomsen, Eranistai.
46 Die Quellen bei *Korver*, Terminologie, 23.
47 Die Bibliographie bei *Stanley*, Purpose of Loans.

duktive Kredite (nach älteren Angaben 0,5 vs. 99,5 %). Der postulierte massive Überhang an Konsum- und Überbrückungskrediten kommt allerdings in erster Linie dadurch zustande, dass bestimmte Belegtypen per definitionem als Indikatoren für nicht-produktive Kredite gewertet wurden, wie etwa die relativ häufig erhaltenen Markierungssteine (griechisch *horoi*), die die hypothekarische Belastung von Immobilienbesitz anzeigen. Diese Marker enthalten jedoch in aller Regel keinen Hinweis auf die Zweckbestimmung des zugrundeliegenden Kredits (ein Sonderfall sind die zur Sicherung von Mitgiften hypothezierten Immobilien); doch in den sehr seltenen Fällen, dass der Grund für die Verpfändung doch genannt wird oder erschlossen werden kann, handelt es sich präzise um produktive Verwendungen des Kredits, für den die betreffende Immobilie als Pfand eingesetzt wurde. Belegt ist in diesem Zusammenhang der Ankauf von Silbererz auf Kredit.[48] Und wie anhand der Athenogenesrede des Hypereides gezeigt (s. Anm. 43), sind auch die *eranoi* zu Unrecht per definitionem als private Konsumkredite gesehen worden. Die *eranoi* waren, anders als die Kredite der Tageswucherer, zudem nicht klein, sondern hatten auf der Basis der erhaltenen attischen Urkunden ein mittleres Volumen von 2900 Drachmen (der Preis eines Handelsschiffs).[49] An dieser Stelle ist an die immensen Kreditvolumina zu erinnern, die als notwendig für die Aufrechterhaltung des Produktions- und Transaktionsniveaus seit klassischer Zeit erschlossen werden können. Diese Millionen von Drachmen können schlechterdings nicht von einigen *obolostatai* und auch nicht allein von wohlhabenden Bankiers zur Verfügung gestellt worden sein, sondern stammten vielmehr aus den Vermögen der soziopolitischen Elite, die sich in ihrem zur Schau getragenen Habitus um Geld und dessen Vermehrung nicht kümmerte. Der Öffentlichkeitsscheu der Kapitalanleger zum Trotz können 30 Kredite aus den Quellen ermittelt werden, die von reichen Athenern der klassischen Zeit zur Finanzierung gewinnorientierter Unternehmungen vergeben wurden.[50]

Es bleibt jedoch als überlieferungstechnische Tatsache bestehen, dass die Zweckbestimmung der großen Mehrzahl der in den Quellen bezeugten Kredite nicht bekannt ist. Die Mehrheit wird vermutlich tatsächlich Konsumzwecken gedient haben und zur Überbrückung finanzieller Engpässe. In einer Konkurrenzgesellschaft ohne oder mit allenfalls rudimentären ‚sozialstaatlichen' Ausgleichsmechanismen waren Konsum- und Überbrückungskredite, so schlecht ihre Konditionen auch gewesen sein mochten, ein Instrument, das Verelendung und die daraus entstehende Instabilität bis zu einem gewissen Grad abfedern oder wenigstens aufschieben konnte.

---

48 *Stanley*, Purpose of Loans, 61.
49 *Ismard*, Cité des Réseaux, 282.
50 *Stanley*, Purpose of Loans, 65.

VIII Geld, Banken und Kredit im Hellenismus

1 Der historische Umbruch

Der Epochenübergang zum Hellenismus ist politisch durch die Etablierung einer Reihe von monarchisch regierten Flächenstaaten geprägt, die den Stadtrepubliken, die in den drei vorhergehenden Jahrhunderten der dynamischste historische Faktor im östlichen Mittelmeerraum gewesen waren, militärisch und fiskalisch weit überlegen waren. Beispielsweise zog die ptolemäische Dynastie allein aus ihrem ägyptischen Kernland einen Geldwert von (umgerechnet) 12.000 attischen Talenten, während Athen zu Beginn des Ersten Seebundes 460 und zu den extraktivsten Zeiten vielleicht 1200 Talente[51] aus seinen Alliierten herausgeholt hatte. Andererseits blieb die Polisform, entweder halbautonom auf den Territorien der Flächenstaaten oder autonom als souveräner Einzelstaat oder als Teilglied eines Bundesstaates, prinzipiell erhalten. Die zentralistisch regierten Flächenstaaten waren zudem zwar nicht ausschließlich, aber doch in sehr eindringlicher Weise von den Rechtsformen, der Sprache und der institutionellen Kultur der Poliszivilisation geprägt. So ist auch auf den Feldern des Geldgebrauchs, der Kredittypologie und der Bankenkultur kein Bruch, sondern eine organische Weiterentwicklung zu verzeichnen.

2 Geld, Kredit und Banken in den hellenistischen Königreichen

Nach der Eroberung der persischen Residenzen im Nahen und Mittleren Osten (um 330 v. Chr.) ließ Alexander der Große die über Jahrhunderte akkumulierten Edelmetallschätze der persischen Herrscher in Umlauf setzen und erhöhte die für Transaktionen zur Verfügung stehende Gold- und Silbermenge beträchtlich, ein Stimulanz für die Institutionen und die regionale Ausweitung der Geldwirtschaft, wobei der insgesamt größere Teil der wertvollen Metalle in Barrenform oder in Schmiedearbeiten als Reserve thesauriert war. In den aus dem untergegangenen Alexanderreich hervorgehenden Königreichen waren immerhin nach neueren Schätzungen etwa 30% des insgesamt zur Verfügung stehenden Silbers ausgemünzt – das entspricht mehreren tausend Tonnen Silbergeld.[52] Alle aus dem raschen Zerfallsprozess des Alexanderreiches entstandenen Monarchien etablierten tief in das gesellschaftliche Leben eingreifende Fiskalregime, die im Vergleich untereinander beträchtliche Unterschiede aufweisen. Die Dynastie der Seleukiden, die nach ihrem Begründer, dem makedonischen Offizier Seleukos (Regierungszeit 312/305–281 v. Chr.), benannt ist, ließ die existierenden Nominale frei in ihrem kulturell und monetär polymorphen Großreich, das unter

---

51 *Pritchard*, Public Spending, 93.
52 *De Callataÿ*, Réflexions, 65–67.

anderem die Gebiete der heutigen Staaten Syrien, Irak und Iran umfasste, zirkulieren und ersetzte lediglich die aufgrund von Abrieb unbrauchbaren Münzen teilweise durch dynastische Prägungen. In Kriegszeiten wurde der Ausstoß regional, d. h. dort wo die Konflikte ausgetragen wurden, erhöht. Zu diesem Zweck legten die Seleukiden eine große Anzahl dezentraler Prägestätten an (oder übernahmen die bereits von Alexander gegründeten), die teilweise bei der Wahl der Standards Rücksicht auf lokale Gegebenheiten nahmen.[53] Anders die nach dem makedonischen Offizier und Historiker Ptolemaios, Sohn des Lagos, benannte Dynastie, die in Ägypten, Zypern, Judäa/Palästina und Südkleinasien ein Imperium aufbauen konnte: Sie begnügte sich mit einer Zentralprägestätte in Alexandria und organisierte den fiskalischen Zyklus über ein komplexes Bankennetz mit mehreren Hierarchieebenen. Im Kernland, Syrien und Zypern wurden ausschließlich die Prägungen der alexandrinischen Münzstätte als gesetzliches Zahlungsmittel anerkannt. Wieder einen eigenen Entwicklungsweg haben die fiskalischen Institutionen der makedonischen Monarchie genommen: Die seit dem frühen 5. Jahrhundert v. Chr. existierenden königlichen Prägungen wurden seit dem letzten Viertel des 3. Jahrhunderts v. Chr. durch parallele Emissionen einiger ethnisch definierter Bezirke der Monarchie, wie *Amphaxis* oder *Makedonia* (Kernmakedonien) ergänzt. Als Standard für diese ‚Bezirksprägungen' fand derjenige der euböischen Hafenstadt Histiaia Verwendung, die offenbar schon zuvor im Auftrag Silber für makedonische fiskalische Zwecke ausgemünzt hatte. Über die Gründe für diese Teilung der Prägehoheit können in Ermangelung einschlägiger Dokumente nur Spekulationen angestellt werden.[54] Andere hellenistische Staaten verfolgten wiederum andere Strategien.

Die detaillierte Ausgestaltung geldbezogener Institutionen wie Kredit und Banken lässt sich jedoch aufgrund der Quellenlage für das ptolemäische Ägypten ungleich besser verfolgen als für die anderen Monarchien (aus dem Niltal südlich des Deltas und dem Fayyum-Becken sind aufgrund besonderer Bedingungen über 7000 Originaldokumente aus der makedonischen Besatzungszeit erhalten). Aus diesem Grund wird das ägyptische Kernland des ptolemäischen Reiches hier als *ein* Sonderfall unter mehreren etwas näher betrachtet.

Im vormakedonischen Ägypten war zwar Münzgeld bekannt, aber es existierte kein landesweit genormtes und rechtlich unterstütztes Währungssystem. Ptolemaios griff in der Phase vor Annahme des Königstitels (305 v. Chr.) zur Bestreitung administrativer Kosten auf die international leicht konvertiblen Reichsprägungen Alexanders des Großen (die attischen Standards folgten) zurück und ließ nach diesem Standard selbst Münzen schlagen, allerdings nur in geringem Ausmaß.[55] Die sich über Jahrzehnte hinziehende administrative Durchdringung des ägyptischen Territoriums machte jedoch (jedenfalls nach den von den Besatzern mitgebrachten Vorstellungen)

---

53 Vgl. *Aperghis*, Seleukid Royal Economy, bes. 213–246.
54 *Kremydi*, Coinage and Finance, 174.
55 Für das Folgende vor allem: *von Reden*, Money in Ptolemaic Egypt.

den Einsatz größerer Quantitäten von Münzgeld notwendig, um zu einer monetarisierten Budgetierung zu gelangen, Funktionäre entlohnen und Dienstleistungen militärischer und ziviler Natur nachfragen zu können. Trotz der notorischen Silberarmut Ägyptens entschied sich Ptolemaios I., neben Gold- und Bronzeprägungen eine eigenständige königliche Währung in Silber auszugeben. Da der Regierungsbedarf die verfügbaren Silbermengen überstieg, war schon der erste Herrscher der Dynastie gezwungen, das Ausgabegewicht der Einzelmünzen gegenüber dem Standard der makedonischen und attischen Münzen abzusenken (nach einer Zeit des Experimentierens seit 295 v. Chr. mit einer 14,3 Gramm schweren Tetradrachme im Vergleich zu 17,3 Gramm als überregionalem Standard). Da die überbewerteten ptolemäischen Silbermünzen die schwereren ‚internationalen' Stücke aus dem Verkehr drängten, verringerte diese Politik jedoch die zirkulierende Silbergeldmenge weiter. Aus diesem Grund entschied sich Ptolemaios I., ausländisches Münzgeld (aller Metallsorten) auf den Märkten seines Herrschaftsgebiets nicht mehr zuzulassen. Diese Maßnahme machte aus dem ptolemäischen Imperium eine Sonderwährungszone, die häufig etwas zugespitzt als ‚geschlossen' apostrophiert wird. Im Grunde positionierte sich der ptolemäische Staat in währungspolitischer Hinsicht wie eine überdimensionierte Polis, die in aller Regel auch nur bestimmte Währungen auf den lokalen Märkten zuließ. Seit 261 v. Chr. wurde die zuvor vernachlässigte Bronzeprägung intensiviert und vor allem schwere Nominale (bis zu 100 Gramm Münzgewicht) ausgegeben. Die Bronzenominale hatten den Status einer Art offizieller Parallelwährung und bildeten für den Großteil der Bevölkerung die eigentliche Marktwährung.[56] Waren mussten mit Silber oder Bronzenominalen (gegebenenfalls auch mit Goldmünzen) bezahlt werden; bei Verwendung von Bronzegeld wurde häufig ein Aufschlag fällig, bei Konvertierung in Silber eine Umtauschgebühr. Wer im „Universum der Bronzewährung" (Alain Bresson) lebte, war daher systemisch benachteiligt. Allerdings war dies die überwältigende Mehrzahl, zumal die Silberwährung seit dem letzten Drittel des 3. Jahrhunderts v. Chr. vom Markt zu verschwinden tendierte und zwar diesmal nicht aufgrund von Greshams Gesetz, sondern weil die Dynastie sich mit der Durchsetzung einer Silberwährung übernommen hatte und nicht mehr über genug Silber zur Versorgung des Geldmarktes verfügte.

Der Prozess der Monetarisierung Ägyptens wurde durch den Aufbau eines landesweiten Netzes königlicher Banken (*basilikai trapezai*) gesteuert, das je nach lokalen Bedingungen innerhalb Ägyptens eine unterschiedliche Dichte aufwies: im Delta, dem südwestlich davon gelegenen Oasengebiet des Fayyum und dem mittelägyptischen Niltal war die Dichte hoch, in Oberägypten, wo die zentralstaatlichen Strukturen insgesamt weniger intensiv entwickelt waren, im Verhältnis eher niedrig. Partiell waren auch durch Privatleute aus staatlicher Hand gepachtete Banken in den Prozess der fiskalischen Monetarisierung involviert. Die Anordnung der hierarchischen Ebenen innerhalb der insgesamt etwa 40 Regierungsbezirke (*nomoi*), von der auch die

---

56 *Bresson*, Money Exchange, 288–298.

Struktur des Bankennetzes abhängig war, wies von Bezirk zu Bezirk gewisse Eigenheiten auf.

In dem durch Papyrusfunde besonders gut dokumentierten, allerdings ungewöhnlich großen *nomos Arsinoites* (in der Region des heutigen Fayyum) finden wir etwa vier Hierarchieebenen, unterhalb des *nomos* drei sogenannte ‚Teile', die in jeweils zwei ‚Steuergebiete' (Toparchien) geteilt waren, die ihrerseits in vier bis fünf Steuerdistrikte zerfielen, die zwei bis sieben Dörfer umfassten. Die präzise Verteilung der Banken auf diese administrativen Ebenen lässt sich zwar zurzeit noch nicht angeben, doch scheint zumindest jede Toparchie jeweils eine staatliche Bank, wenn nicht mehrere, gehabt zu haben.

Da die ägyptischen Steuereinnehmer keine eingesammelten Gelder horten durften, verzeichneten die lokalen Staatsbanken kontinuierlich Zuflüsse, über die zumindest auf Toparchieebene, idealerweise sogar auf Dorfebene, regelmäßig Rechnungsprüfungen stattfanden.[57] Die Gelder wurden teilweise ‚nach oben' transferiert, teilweise auch vor Ort, zum Beispiel für Deichbauarbeiten, Brachlanderschließung, Transportarbeiten etc., also wohl meist für Arbeitsleistungen, ausgegeben, wodurch sich der Prozess der staatlich getriebenen Monetarisierung verstetigte.

Neben ihrer Funktion als Relaisstationen für den fiskalischen Zyklus wurden von den Banken auch privatwirtschaftliche Funktionen (z. B. Gewährung von Kleinkrediten) wahrgenommen, entweder als lizensierte Zusatztätigkeit der königlichen Banken oder (insgesamt wohl seltener) durch zertifizierte Privatbanken. Insgesamt erscheint die Bankendichte, dort wo das Netz ausgebaut wurde, erstaunlich hoch. Anders als in den athenischen Quellen, die aufgrund ihrer Eigenart stark auf die Eliten fixiert sind, ist in den Papyri eine in der Gesellschaft (zumindest in den gut dokumentierten Regionen wie dem Fayyum) aller Klassenebenen verankerte Vertrautheit mit Bankgeschäften zu greifen.[58] Vermutlich würde sich unser Bild von der Entwicklung monetärer Institutionen deutlich anders gestalten, wenn sich aus Athen tausende Papyri erhalten hätten. Der Eindruck relativiert sich schon, wenn man sich vor Augen hält, dass (wiederum durch einen spezifischen Überlieferungszufall) auf Delos für das 2. Jahrhundert v. Chr. zusätzlich zur apollinischen Tempelbank die Existenz von vier Privatbanken belegt ist, denen ca. 1250 Haushalte gegenüberstanden.[59]

Neben den in der Hauptsache staatlichen Trapeziten gab es in Ägypten noch weitere Kreditinstitute, deren Angebot bis in die Verästelungen der Dorfgesellschaften hineinreichte, etwa private Pfandleiher. Die Beleihung von Pfändern durch reiche Haushalte zur Überbrückung von Liquiditätsengpässen ist vor allem für das Athen des 4. Jahrhunderts v. Chr. (allerdings für Banken) bereits sehr gut belegt, so dass es nicht sonderlich überrascht, dass diese Praxis auch in der griechisch beeinflussten ‚ägyptischen Provinz' anzutreffen ist. Aber auch relativ geringwertige Einzelobjekte

---

57 *Von Reden*, Money in Ptolemaic Egypt, 262.
58 *Bogaert*, Rôle Économique, 83.
59 *Bogaert*, Banques, 372.

wie einfache Möbelstücke (Stühle) oder Sommerkleider,[60] Kopfkissen, Küchengeräte, Mäntel (SPP XX 46r, 89) etc. wurden zum Pfandleiher (*tokistes*) gebracht, dessen Tätigkeit im ptolemäischen Ägypten einem festen Berufsbild entsprach (den Begriff *tokistes* gibt es schon in der klassischen griechischen Literatur, er scheint aber meist allgemein jemanden zu bezeichnen, der Geld gegen Zinsen auslieh[61]). Sozialökonomisch dürfte diese Berufsgruppe eine wichtige Rolle gespielt haben, weil sie auch ärmeren und mittelständischen Haushalten ermöglichte, akute Liquiditätsschwierigkeiten zu überstehen, ohne unmittelbar in Hunger und Obdachlosigkeit abzugleiten.

Über die genannten Phänomene hinaus belegen die Papyri aus dem hellenistischen Ägypten eine ausdifferenzierte Kredittypologie, in die sowohl einheimische als auch griechische Elemente Eingang gefunden haben bzw. zu neuen Formen weiterentwickelt worden sind, ohne dass im Einzelnen immer bestimmt werden könnte, wo genau Übernahme, Adaption oder Novellierung vorliegt. Offensichtlich ist jedenfalls, dass eine Reihe der im ptolemäischen Ägypten belegten Finanzierungsinstrumente nicht der bloßen Überbrückung von Konsumengpässen, sondern der Erleichterung von Transaktionen und Investitionen dienten. Dazu gehörte das (vielleicht quellentypologisch bedingt) im Vergleich zur klassischen Periode deutlich häufiger belegte Institut der Anzahlung (*arrhabon* oder *arrha*), das in Ermangelung eines Vertragsrechts, das die formale Willenserklärung als verpflichtend und klagebegründend ansah, einen juristisch verwertbaren Nachweis für einen faktisch vorhandenen Transaktionswillen lieferte. Andererseits schuf die Anzahlung häufig erst die Bedingungen, unter denen ein Handel zustande kommen konnte, weil mit dem *arrhabon* eine Anschubfinanzierung zur Verfügung gestellt wurde (so dass beispielsweise ein Schneider die notwendigen Stoffe zur Herstellung eines Mantels oder ein Weinhändler die für eine Lieferung benötigten Transportgefäße kaufen konnte). Hilfreich für die Überbrückung der Zeitverzögerung beim Ware-Geld-Tausch war auch der vermehrte Rückgriff auf Lieferverträge, die im Grunde auf einem Kreditierungsverhältnis aufbauten.[62] Transaktionsstimulierend wirkte auch die vielfältig praktizierte vollständige oder partielle Kreditierung von Kaufpreisen, die unter anderem dem Umstand Rechnung trug, dass Münzgeld am Transaktionsort häufig in nur unzureichenden Quantitäten zur Verfügung stand, so dass es erst umständlich transportiert oder durch Pfandbeleihung prokuriert etc. werden musste. Eine gewisse Abhilfe brachten auch bestimmte Techniken wie die *diagraphe* (briefliche Zahlungsanweisung; belegt seit dem 4. Jahrhundert v. Chr.). Der Ausgleich zwischen einzelnen Konten derselben Bank durch Umbuchung (der als geläufige Praxis z. B. auch für die delische Tempelbank gut belegt ist) sowie

---

60 Vgl. die Reste eines von einem Pfandleiher geführten Notizbuchs P. Heid. VIII Nr. 420.
61 In der Komödie „Der Wucherer" (*tokistes*; Mitte 4. Jh.) des Nikostratos scheint der *tokistes* ein Pfandleiher zu sein, interessanterweise stammt er aus Ägypten. Aristophanes, Die Frauenvolksversammlung 730–759, belegt für Athen die Verpfändung von Küchengerät und dergl. für das Jahr 392 v. Chr.
62 *Jakab*, Guarantee.

die Zahlungsanweisung per Formblatt[63] (eine Art Scheckzahlung, die allerdings voraussetzte, dass der Bankier den Zahlungsempfänger persönlich kannte)[64] waren geläufige Praktiken. Möglicherweise kannte das ptolemäische Kreditrecht auch schon den Einsatz von verbrieften Hypotheken als Pfand für Natural- oder Barkredite.[65]

Eine ökonomisch analoge Funktion zu den Anzahlungen hatte die verbreitete Praxis, Werklöhne partiell oder vollständig im Voraus zu zahlen, wodurch mittellosen Arbeitskräften wohl häufig erst die Anreise zu einer Arbeitsstätte (z. B. einer Baustelle) und eine Arbeitsaufnahme ermöglicht wurde, da sie das Geld sofort benötigten. Die Vorauszahlung war als Kreditgeschäft konzipiert, so dass die Arbeiter Schuldner des ‚Arbeitgebers' (im Griechischen akkurater *ergolabes*: ‚Arbeitnehmer') wurden und ihre Schuld mit ihrer Arbeitsleistung abtrugen. Auch staatliche Stellen griffen zuweilen auf ein vergleichbares Finanzierungsmodell zurück, indem sogenannte ‚Kredite für Lohnleistungen' (*daneia eis katerga*) von öffentlichen Banken zur Verfügung gestellt wurden, um Zahlungen für Arbeitsleistungen vorzuschießen, wobei der Begriff des *katergon* die Konnotation der Belohnung einer zusätzlichen, außerordentlichen Arbeitsleistung trägt oder wenigstens tragen kann. Zu denken ist etwa an Erschließungsarbeiten von zuvor brachliegendem Land, Instandsetzungen nach Überschwemmungen und ähnliches.

3 Die Tempelbank des delischen Apollon in der Zeit der delischen Selbständigkeit (314–166 v. Chr.)

Oben wurde bereits darauf hingewiesen, dass die Polis als institutionelle Form im Hellenismus erhalten blieb. Auch in diesem politischen Rahmen wurden monetäre Institutionen fortgeführt und weiterentwickelt. Besonders gut bezeugt sind Entwicklungsprozesse im Bereich des Kreditwesens durch die Rechnungslegungen der delischen Tempelbank, die vom 4. bis zum 2. Jahrhundert v. Chr. epigraphisch bezeugt sind. Diese glückliche Überlieferungslage hat die ältere Forschung zu einer gewissen Überbewertung der delischen Tempelbank geführt, die mitunter wie eine internationale Warenterminbörse gesehen worden ist. Heute wird der regionale bzw. lokale Charakter der Tempelbank, besonders für die Zeit der Unabhängigkeit der kleinen Polis (314 bis 166 v. Chr.), betont,[66] so dass die Typologie der Finanzgeschäfte des delischen Apollonheiligtums als eine Variante unter vielen von Entwicklungsmöglichkeiten städtischer Tempelbanken interpretiert werden kann. Andere Tempelbanken zeigen

---

63 Grundlegende Erörterung bei *Bagnall/Bogaert*, Orders for Payment.
64 *Bogaert*, Banques, 337.
65 Vgl. etwa Mitteis/Wilken 2,2 Nr. 26, Z. 10–12.
66 *Reger*, Regionalism and Change; vgl. aber die zwischen den Extremen vermittelnde Position von *Chankowski*, Parasites du Dieu, 279–297 (besonders mit Blick auf die Zeit, als Delos ein florierender Freihafen – aber (bis ca. 120 v. Chr.?) unter athenischer Souveränität – war: 166–88 v. Chr.).

in der Überlieferung deutlich andere Profile;[67] für manche ist etwa nur Depositenverwahrung belegt (z. B. Ephesos, Samos, Tegea, Rhodos).[68] Für zehn Tempelbanken (von rund 30) ist bezeugt, dass sie Kredite an Privatleute vergaben, meist keine sonderlich hohen Beiträge. Das Geld stammte aus dem eigentlichen Tempelvermögen oder aus Stiftungsgeldern, die der Tempelverwaltung anvertraut waren. Für andere Heiligtümer ist belegt, dass sie im Auftrag ihrer Polis einen Kreditrahmen zur Verfügung stellten, auf den die Regierungen zurückgreifen konnten. Die Zinseinnahmen dienten häufig der Finanzierung von kultischen Aufgaben des Tempels.[69]

Die Tempelbank des delischen Apollo stand bis 314 v. Chr. unter athenischer Verwaltung und wurde dann (bis zum erneuten Verlust der Unabhängigkeit im Jahr 166 v. Chr.) zur wichtigsten Kasse der Polis Delos. Das Heiligtum genoss über den hellenischen Kulturraum hinaus größtes Ansehen und wurde von zahlreichen Verehrern mit Weihgaben und Stiftungsgeldern bedacht, so dass der Apoll von Delos vergleichsweise wohlhabend war. Die von Athen eingesetzten Verwalter, sogenannte Amphiktyonen, nutzten die Reichtümer der delischen Tempelkasse unter anderem auch, um Kredite an befreundete Staaten, vorzugsweise im Bereich der Kykladen, zu vergeben. Dies stellt eine nahezu singuläre Praxis in der griechischen Fiskalgeschichte dar (für gewöhnlich kreditierten Tempelbanken, wenn überhaupt, Geld an ihre eigenen Regierungen) und ist vor allem mit politischen, nicht marktwirtschaftlichen Motiven zu erklären: der athenische Staat wollte die betreffenden Staaten fester an sich binden. Dies wird schon daraus ersichtlich, dass die Kredite (insgesamt in der Größenordnung von einigen hunderttausend Drachmen) anscheinend über Jahrzehnte nicht getilgt wurden und die Verwalter sich damit begnügten, den Eingang oder das Ausbleiben der Zinszahlungen zu registrieren.[70] Die Großzügigkeit der zeitweisen delischen Kreditvergabe an befreundete Poleis steht im Übrigen in scharfem Kontrast zu den offenbar (d. h. soweit die erhaltenen Zeugnisse verallgemeinerbar sind) harten Konditionen, die von ausländischen Privatleuten aufoktroyiert wurden, wenn die heimischen Kreditquellen einer Polis erschöpft waren und diese auf den 'internationalen' Kreditmärkten nach Mitteln suchen musste. Ein bekanntes Beispiel ist der Kreditvertrag des naxischen Finanziers Praxikles mit der Polis Arkesine auf Amorgos, der dem Geldgeber im Falle der unpünktlichen oder unvollständigen Bedienung des Kredits das Recht auf hohe Strafzahlungen und umfassende Eingriffe in arkesinische Souveränitätsrechte zusprach.[71]

Vor diesem Hintergrund wäre eine ‚freundliche' Kreditvergabepraxis durch überregional anerkannte Heiligtümer sicher für viele Poleis attraktiv gewesen, doch der Trend ging in die entgegengesetzte Richtung: Nach Gewinn der Eigenständigkeit

---

67 Vgl. etwa *Sassu*, Il Ruolo del Santuario.
68 *Chankowski*, Techniques Financières, 70.
69 *Chankowski*, Techniques Financières, 81.
70 *Migeotte*, L'Emprunt Public, 151–156; andere Deutung: *Chankowski*, Techniques Financières 76.
71 *Migeotte*, L'Emprunt Public, 168–177 (Nr. 49).

314 v. Chr. wurden auch von der delischen Tempelbank nur noch sehr wenige Kreditverhältnisse mit auswärtigen Staaten aufrechterhalten (zwei sind bezeugt); das delische Apolloheiligtum wurde wieder eine verhältnismäßig normale Tempelbank, die *ihrer* Regierung und *ihren* Bürgern als Reservekasse diente. Dies geschah allerdings in der originellen Weise, dass die politischen Autoritäten nach ihrem Gutdünken Kredite aus monetären Reserven der Tempelkasse nahmen und zum Ausgleich der Gottheit Steuereinnahmen in Höhe des Kredits abtraten, für den die Polisregierung keinen Zins zahlte, wenn er noch im laufenden Bilanzjahr getilgt wurde.

Diese Kassenführung gestaltete sich zunehmend kompliziert, unter anderem weil die Tempelgelder intern in verschiedenen Kassen[72] geführt wurden. Im 2. Jahrhundert v. Chr. waren dies: eine Kasse für größere Ausgaben wie z. B. kostspielige Reparaturen; ein Kurantkonto für die Tagesgeschäfte; die sogenannte „Reserve im Artemision", die normalerweise nicht angegriffen wurde; seit 192 v. Chr. leitete die Tempelverwaltung zudem offiziell die delische Staatskasse; schließlich gab es noch einen Fonds für den Ausgleich zwischen den Kassen, wenn sich bei Kassenprüfung Bilanzrechnung und tatsächlicher vorhandener Betrag unterschieden. Außerdem musste im Lauf der Zeit ein wachsender Anteil von Münzen in nicht-attischen Nominalen verrechnet werden. Die Expertise der aus dem Bürgerverband für jeweils nur ein Jahr bestimmten Kassenleiter (Hieropen) wurde mit dieser Entwicklung überstrapaziert, so dass diese sich im Lauf des dritten und zweiten Jahrhunderts v. Chr. zunehmend daran gewöhnten, auf die Hilfe professioneller Bankiers zurückzugreifen, die bei der Buchführung halfen. Zuweilen bekleideten Bankiers auch persönlich eine Hieropenstelle. Diese Entwicklung hatte Konsequenzen für die Qualität der Rechnungslegung, die zu Beginn des dritten Jahrhunderts v. Chr. noch recht individualistisch nach dem Geschmack der jeweils amtierenden vier Hieropen gestaltet gewesen war, dann aber zunehmend vereinheitlicht wurde und eine verbesserte Komptabilität erhielt. So weisen die inschriftlich publizierten Nachweise seit 208 v. Chr. *regelmäßig* einen abschließenden Bilanzierungsparagraphen auf, in dem die bei Amtsantritt übernommene Summe mit den Eingängen und Ausgängen des Amtsjahres und die dem Nachfolgegremium übergebene Summe zusammengestellt sowie die Transferoperationen zwischen den einzelnen Kassen der Tempelbank bilanziert werden. Buchungstechnisch erschienen Summen, die der Stadt aus den Tempelgeldern kreditiert und durch Hypothezierung von Staatseinnahmen gesichert wurden, zweimal: einmal als Belastung (für die Tempelkasse) und das andere Mal als Gutschrift für die Staatskasse unter der Tempelverwaltung.[73] Die Abschlussrechnung gestaltete sich zunehmend anspruchsvoll, unter anderem weil die Hieropen aus pragmatischen Gründen improvisierten, also etwa bei Anordnungen von Zahlungen aus der Staatskasse zunächst auf die leicht zugänglichen Gelder des Kurantfonds zurückgriffen, um die aufwendigen Kontrollmaßnahmen, die für die Entnahme von Münzen aus dem Staatsschatz vorgeschrieben waren, zu umge-

---

72 *Chankowski*, Banquiers, Caissiers, Comptables, 85.
73 *Chankowski*, Banquiers, Caissiers, Comptables, 87.

hen. Dieser administrative Vorschuss musste später wieder ausgeglichen werden. Die so erzeugte komplexe Rechnungslage führte öfter dazu, dass die endgültig aus dem Vorjahr übertragene Bilanzsumme erst mit ein oder zwei Jahren Verspätung gemeldet werden konnte. Andererseits erstellten die Hieropen seit ca. 230 v. Chr. zu Beginn ihres Amtsjahrs einen Budgetvoranschlag, indem sie die zu erwartenden Belastungen durch politische Anleihen mit planbaren Einnahmen für das jeweils bevorstehende Amtsjahr verrechneten, um so ein realistisches Bild bezüglich der zur Verfügung stehenden Gelder zu erhalten.

IX Zusammenfassung und Forschungsaufgaben

Tauschmittel, die einfache Geldfunktionen erfüllten, gab es seit prähistorischen Zeiten. Die Emission monetären Geldes durch die lydische Monarchie (seit dem siebten Jahrhundert v. Chr.) markiert jedoch eine Zäsur in der Geldgeschichte: die vorgewogenen, in politisch vorgegebenen Wertrelationen stehenden Metallscheiben vereinfachten nicht nur Transaktionsprozesse, sondern ermöglichten auch (unter anderem wegen der guten Komptabilitätseigenschaften, Präzision der Preisabbildung, Transportfähigkeit, fiskalischer Handhabbarkeit etc.) eine beschleunigte Entwicklung auf verschiedenen sozialökonomischen Gebieten. Die Notwendigkeiten der Währungsumrechnung ließen zunächst eine im kaufmännischen Milieu angesiedelte Geldwechselexpertise entstehen. Politisch bildet sich eine zunehmende Rechenhaftigkeit im Bereich der Budgetierung heraus. Aus diesen und anderen Dynamiken entwickelten sich weitere Institutionen, die der Intensivierung und Handelsverdichtung Vorschub leisteten (Vertragsrecht, Zinswesen, Kreditierung von Einkaufspreisen, Seehandelsdarlehen, Pfandleiher etc.). Mit der Entstehung zentralisierter, großflächiger Staaten (seit dem späten vierten Jahrhundert v. Chr.) erlebten auch diese Institutionen einen quantitativen Schub (bspw. bezüglich der bewegten Kreditvolumina, der fiskalischen Durchdringung der Gesellschaften oder der Ausdifferenzierung der Buchhaltungstechniken).

Forschungsaufgaben stehen noch zahlreiche auf der Agenda. Das betrifft etwa die diachrone Vertiefung unserer Kenntnisse. (Welche Rolle spielten die hellenischen Kreditinstitutionen bei der Herausbildung späterer – z. B. islamischer, westeuropäischer u. a. – Institutionen?) Auch die stärkere Zusammenführung des Wissens über die parallelen Entwicklungen in Indien, China und anderswo ist ein Desiderat. Wünschenswert wäre weiterhin eine abwägende Bestandsaufnahme der gesellschaftlichen Bedeutung der Monetarisierung und korrelierter Prozesse (abseits der bloßen Registrierung der Erleichterung und Intensivierung von Warenbewegungen, Konnektivität etc.).

Bibliographie

Acton, P., Poiesis. Manufacturing in Classical Athens. Oxford 2014.
Ammitzbøll Thomsen, C., The Eranistai of Classical Athens, in: Greek, Roman, and Byzantine Studies, 55, 2015, 154–175.
Aperghis, G. G., A Reassessment of the Laureion Mining Lease Records, in: Bulletin of the Institute of Classical Studies, 42, 1997/8, 1–21.
Aperghis, G. G., The Seleukid Royal Economy: The Finances and Financial Administration of the Seleukid Empire. Cambridge 2004.
Bagnall, R. S./Bogaert, R., Orders for Payment from a Banker's Archive: Papyri in the Collection of Florida State University, in: Ancient Society, 6, 1975, 79–108.
Bogaert, R., Banques et banquiers dans les cités grecques. Leiden 1968.
Bogaert, R., Le rôle économique et financier des banques dans le monde grec, in: Cahiers de Clio, 84, 1985, 77–94.
Bresson, A., L'attentat d'Hiéron et le commerce grec. (Économie antique. Les échanges dans l'antiquité: le rôle de l'état) Saint-Bertrand-de-Comminges 1994, 47–68 (= La cité marchande. Bordeaux 2000, 131–150).
Bresson, A., Money Exchange and the Economics of Inequality in the Ancient Greek and Roman World, in: Derron, P. (Hg.), Économie et inégalité. Ressources, échanges, et pouvoir dans l'Antiquité classique. (Entretiens sur l'Antiquité classique, Bd. 63) Vandœuvres 2017, 271–308.
Chankowski, V., Banquiers, Caissiers, Comptables. À propos des méthodes financières dans les comptes des hiéropes, in: Verboven, K. et al. (Hgg.), Pistoi dia tèn technèn. Bankers, Loans and Archives in the Ancient World. Studies in Honour of Raymond Bogaert. Leuven 2008, 77–91.
Chankowski, V., Techniques financières, influences, performances dans les activités bancaires des sanctuaires grecs, in: Topoi, 12/13, 2005, 69–93.
Chankowski, V., Parasites du dieu. Comptables, financiers et commerçants dans la Délos hellénistique. (Bibliothèque des Écoles françaises d'Athènes et de Rome, Bd. 384) Athen 2019.
Cohen, E. E., Athenian Economy and Society. A Banking Perspective. Princeton 1992.
Davies, J. K., Temples, Credit, and the Circulation of Money, in: Meadows, A./Shipton, K. (Hgg.), Money and its Uses in the Ancient Greek World. Oxford 2001, 117–128.
De Callataÿ, F., Réflexions quantitatives sur l'or et l'argent non monnayés à l'époque hellénistique, in: Descat, R. (Hg.), Approches de l'économie hellénistique. Saint-Bertrand-de-Comminges 2006, 37–84.
Faraguna, M., Calculo economico, archivi finanziari e credito nel mondo greco tra VI e IV sec. a. C., in: Verboven, K. et al. (Hgg.), Pistoi dia tèn technèn. Bankers, Loans and Archives in the Ancient World. Studies in Honour of Raymond Bogaert. Leuven 2008, 33–57.
Harris, E. M., Were there Business Agents in Classical Greece? The Evidence of some Lead Letters, in: Yiftach-Firanko, U. (Hg.), The Letter. Law, State, Society and the Epistolary Format in the Ancient World. (Coll. Rome, Sept. 2008) Wiesbaden 2013, 105–124.
Harris, E. M., Workshop, Marketplace and Household, in: Cartledge, P. et al. (Hgg.), Money, Labour and Land. London et al. 2001, 67–99.
Ismard, P., La cité des réseaux. Athènes et ses associations, VIe–Ier siècle av. J.-C. Paris 2010.
Jakab, É., Guarantee and Jars in Sales of Wine on Delivery, in: The Journal of Juristic Papyrology, 29, 1999, 33–44.
Kim, H. S., Small Change and the Moneyed Economy, in: Cartledge, P./Cohen, E./Shipton, K. (Hgg.), Money, Labour and Land. Approaches to the Economies of Ancient Greece. New York 2002, 44–51.
Konuk, K., Asia Minor to the Ionian Revolt, in: Metcalf, W. (Hg.), The Oxford Handbook of Greek and Roman Coinage. Oxford 2012, 43–60.
Korver, J., Die Terminologie van het Crediet-Wezen in het Grieksch. Utrecht 1934.
Kremydi, S., Coinage and Finance, in: Lane Fox, R. J. (Hg.), Brill's Companion to Ancient Macedon. Studies in the Archaeology and History of Ancient Macedon, 650 BC–300 AD. Leiden et al. 2011, 159–177.

Kroll, J./Waggoner, N., Dating the Earliest Coins of Athens, Corinth and Aegina, in: AJA, 88, 1984, 325–340.
Migeotte, L., L'emprunt public dans les cités grecques. Québec/Paris 1984.
Millett, P., Lending and Borrowing in Ancient Athens. Cambridge 1991.
Ober, J., The Rise and Fall of Classical Greece. Princeton/Oxford 2015.
Pritchard, D. M., Costing Festivals and War. Spending Priorities of the Athenian Democracy, in: Historia, 61, 2012, 18–65.
Pritchard, D. M., Public Spending and Democracy in Classical Athens. Austin 2015.
Von Reden, S., Money in Classical Antiquity. Cambridge 2004.
Von Reden, S., Money in Ptolemaic Egypt from the Macedonian Conquest to the End of the Third Century BC. Cambridge 2010.
Reger, G., Regionalism and Change in the Economy of Independent Delos 314–166 BC. Berkeley et al. 1994.
Rousset, D., Épigraphie grecque et géographie historique du monde hellénique, in: Annuaire de l'École pratique des hautes études (EPHE), Section des sciences historiques et philologiques: Résumés des conférences et travaux, 149, 2018, 96–101.
Samons, L. J., Empire of the Owl. Athenian Imperial Finance. Stuttgart 2000.
Schaps, D., The Invention of Coinage and the Monetization of Ancient Greece. Ann Arbor 2004.
Sassu, R., Hiera chremata. Il ruolo del santuario nell'economia della polis. Rom 2014.
Stanley, Ph., The Purpose of Loans in Ancient Athens: a Reexamination, in: Münstersche Beiträge zur antiken Handelsgeschichte, 9/2, 1990, 57–73.
Whitehead, D., Hypereides. The Forensic Speeches. Introduction, Translation and Commentary. Oxford 2000.

Sven Günther
20 Vernetzung der Wirtschaft: Handel, Mobilität und Warenzirkulation

I Einleitung

Handel, Mobilität und Vernetzung sind wohlbekannte und allgegenwärtige Schlagworte der sogenannten globalisierten Moderne. Sie auf antike Verhältnisse anwenden zu wollen, setzt sich automatisch der Kritik aus, zeitgenössische Konzepte und Erwartungen unhinterfragt zu übertragen und als heuristische Instrumente zu nutzen, die dann das gewünschte Ergebnis produzieren. Umgekehrt ist die Abwehr jeglicher moderner analytischer Kategorien unter dem Apodiktum der Verschiedenheit von Zeit, Raum und Kultur ebenfalls nicht hilfreich, da sie entweder in Aporie oder ein utopisches Gegenbild führt.

Beide angerissenen Positionen sind nun nicht willkürlich-artifiziell herbeigeschriebene Ideen, sondern entsprechen in etwa dem, wie die berühmt-berüchtigte Jahrhundert-Debatte zwischen Substantivisten/Primitivisten und Formalisten/Modernisten (s. Kap. 2) auch mit den Themen Handel, (wirtschaftlich motivierte) Mobilität und Warenzirkulation in der griechischen Welt umging. Handelsaktivitäten und -akteure, insbesondere diejenigen überregionaler Art, wurden so entweder auf wenige Einzelbeispiele reduziert, die aus Sicht der Kritiker keineswegs die Regel dargestellt hätten, oder in ihrer Dimension überbetont.[1] Subsistenzwirtschaft wurde gegen Überschussproduktion und Vermarktung ins Feld geführt; Landwirtschaft gegen produzierendes Gewerbe; mehrheitlich staatliche Aktivität und Eingriffslust gegen private Initiativen; lokale, nur bei Bedarf notwendige Marktsituationen gegen überregionale, permanente oder gar interdependente. Diese Dichotomie auf mehreren Feldern ist in den letzten Jahren in Bestrebungen nach komplexeren Modellbildungen aufgegangen, wobei sich jedoch erneut Anlehnung an die eine oder andere Richtung abzeichnet. Denn es macht einen signifikanten Unterschied, ob man das Mittelmeer als Einheit oder zersplittert in nur teil- wie zeitweise verbundene Mikroregionen ansieht; ob man die Akteurs- oder institutionelle Perspektive in den Blick nimmt; inwieweit sich personale und institutionelle Beziehungsgeflechte verknüpfen; wie man lokalen, d. h. zur Versorgung der Konsumenten in der Nähe, intra- oder überregionalen Handel gewichtet; ob man den griechischen Poleis Import- oder Exportfokussierung zuschreibt; wie stark man die Rolle „staatlichen" Einflusses, als institutioneller Ordnungsgeber, Markt-

---

[1] Zur Kontroverse vgl. etwa *von Reden*, Antike Wirtschaft, 89–105; *Bresson*, The Making, 1–27; neueste Forschungsansätze auch in *Günther, S. et al.*, Research Survey: The Ancient Economy – New Studies and Approaches (Introduction, Ancient Greece, Ancient Rome (Including Greco-Roman Egypt), Das alte Vorderasien, Zur Ökonomie Ägyptens bis zum Ende des Neuen Reiches, The Formation and Features of the Ming/Qing Imperial Agro-Mercantile Society), in: JAC, 32/1–2, 2017, 55–105; 185–255.

teilnehmer und/oder Interventionsmacht, bemisst; wie man Markt- und Preisbildungs- sowie Geldumlaufverfahren konturiert; ob und inwieweit man Interdependenzen zwischen Waren, Preisen, Handelsrouten annimmt; inwiefern man Spezialisierung in Produktion und Handelsgewerbe in Breite wie Tiefe annehmen kann; welche Faktoren außer den ökonomischen ebenfalls Mobilität, Vernetzung und Austausch gefördert oder gegebenenfalls eingeschränkt haben – um nur einige wenige Fragenkomplexe zu benennen, welche die Forschung in jüngster Zeit umgetrieben und zu ganz unterschiedlichen Bewertungen hinsichtlich der ökonomischen Strukturen, Prozesse und Performanzen geführt haben.[2]

In der Tat ist es aufgrund der fragmentarischen und zudem ungleich verteilten Quellenlage schwierig, definitive wie über den Einzelfall hinausgehende Aussagen zu treffen. *Literarische Quellen* sind ob ihrer starken Intentionalität stets aus dem Kontext heraus zu interpretieren, wie etwa die homerischen Epen oder der Dichter Hesiod, die beide Mythologisches mit einer seitens der jeweiligen Leserschaft imaginierbaren Vergangenheit sowie der eigenen Zeiterfahrung im 8./7. Jahrhundert v. Chr. verquicken. Derlei Vorsicht gilt natürlich auch für die attischen Redner, die uns zwar einige Details zu Handel, Waren und daran beteiligten Personen überliefern, aber dies in ihre rhetorische gestaltete Argumentation für ihre jeweilige Seite bzw. gegen die gegnerische Partei einbetten; ebenso für historiographische Schriften (Herodot; Thukydides; Xenophon), die nicht moderne Geschichtswissenschaft betreiben, sondern bestimmte sinngebende Erklärungen und Interpretationen zu von ihnen arrangierten Ereignisketten bieten; oder für die Komödien, etwa des Aristophanes und Menander, sowie die *Charaktere* Theophrasts, die trotz ihrer Überzeichnung Profile von Mobilität, Handelsaktivitäten und Warenangeboten erkennen lassen. Bei der geringen Anzahl dezidiert ökonomischer Literatur wie etwa Xenophons *Oikonomikos* und *Poroi* sowie den Einlassungen Platons (z. B. in dessen *Politeia* und *Nomoi*) oder Aristoteles und seiner Schüler (z. B. in der *Politik* und den *Oikonomika*) ist zudem stets nach dem Abstraktionsgrad und der Praxistauglichkeit der Aussagen zu fragen.[3] *Epigraphische Zeugnisse* sind nicht nur aufgrund unterschiedlicher *ephigraphic habits* in den einzelnen Poleis respektive Regionen mit griechischer Präsenz hinsichtlich genereller Aussagen problematisch, sondern sind auch da, wo sie wie in Athen reichlicher fließen – etwa im Bereich der Ehreninschriften für auch wirtschaftliche Verdienste an der Polis –, ob der stark codierten politisch-sozialen Sprache und des exhortativen Charakters nicht als rein dokumentarisch aufzufassen; dies gilt selbst für Volksbeschlüsse und sogenannte Listen, deren Publikation nicht allein demokratischer Transparenz geschuldet war und die daher ebenfalls stets kritisch auszuwerten sind. *Numismatisches Material* fließt ab Mitte/Ende des 6. Jahrhunderts v. Chr. reichlich, auch wenn nur ein kleiner Teil der Poleis tatsächlich dauerhaft Münzen auspräg-

---

[2] Einen guten ersten Einblick in die jeweiligen Diskussionen bietet *von Reden*, Antike Wirtschaft, bes. 161–166.
[3] Dazu jetzt *Hinsch*, Ökonomik.

te; nur gut die Hälfte aller verzeichneten mehr als 1000 Poleis weist überhaupt zumindest eine Emission auf. Dass das Fehlen von eigenem Münzgeld allerdings nicht mit Handelsinaktivität oder Immobilität korreliert, ist ob der anderen Formen von Geld (Edelmetall etwa in Barrenform; andere Wertgegenstände; Verrechnung; etc.) wie der Möglichkeit der Nutzung fremden Münzgeldes unmittelbar einsichtig. Inwieweit die Übernahme von bestimmten Gewichts- und Münzstandards rein ökonomischen Zwecken diente, ist ebenso umstritten wie die Interpretation von Münz(hort)funden hinsichtlich der Rekonstruktion von Handelsnetzwerken oder diejenige von Ausprägungsrhythmen in Korrelation mit militärischen Aktivitäten; auch ikonographische Darstellungen und Symbole von Handel(sverkehr) und Waren (etwa für Weinexport) sind auf einige wenige Poleis beschränkt. Ähnlich schwierig ist die Interpretation *archäologischer Funde*. Oft genug lassen sich Gebäudeüberreste nicht auf eine konkrete (ökonomische) Funktion festlegen, sind siedlungsarchäologische Untersuchungen auf die großen Repräsentationsbauten fokussiert (gewesen), bilden Funde von nicht einheimischen Waren wie Keramik, Vasen, Amphoren, Metallgegenständen ein Indiz, aber nicht notwendig hinreichenden Beweis für direkten Handel oder gar Präsenz von Personen der entsprechenden fremden Stadt, wenn nicht weiteres hinzutritt. Gerade bei älteren Ausgrabungen fehlt zudem oft die komplette Funddokumentation, so dass etwaige Kontexte nur noch schwer rekonstruiert werden können. Chronologie wie Schätzung des Umfangs an verhandelten Gütern sind darauf folgende noch viel größere Problemfelder, die uns Aussagen über Dauer und Quantität des Warenstroms erschweren, etwa auch bei Schiffswrackfunden.[4]

Nun ist die Befundlage allerdings auch nicht so aussichtslos, dass gar nichts über das Thema ausgesagt werden könnte. Wichtig ist die angemessene und stets kritisch hinterfragende Kombination der zur Verfügung stehenden Quellengattungen, basierend auf der jeweiligen Analyse und Kontextualisierung. Dies soll im Folgenden beispielhaft in Auseinandersetzung mit der jeweiligen Forschungsliteratur und -methodik versucht werden.

II Mehr als nur *oikos* und Raubzüge: „Dunkle Jahrhunderte" und Archaik

Zu beginnen ist mit den beiden frühesten schriftlichen Zeugnissen, die uns nach den minoisch-mykenischen Palastkulturen mit ihren eigenen ökonomischen Strukturen und den ihnen nachfolgenden sogenannten Dunklen Jahrhunderten (= Frühe Eisenzeit) Einblicke auch in unsere Themenfelder erlauben: die homerischen Epen (*Ilias*,

---

[4] Zu den methodischen Problemen der Auswertung vgl. den Forschungsüberblick bei *von Reden, Antike Wirtschaft*, 164.

Odyssee) sowie das Werk des böotischen Dichters Hesiod, v. a. dessen *Werke und Tage* (*Erga kai Hemerai*).

Besonders für die oft einem einzigen Dichter zugeschriebenen Werke *Ilias* und *Odyssee* sind die Probleme so mannigfacher und die Forschungsdiskussionen so kontroverser Art, dass mehr (homerische) Fragen als verlässliche Antworten zurückbleiben. Die zeitliche Fixierung der narrativen Elemente, Stränge und Stufen ist dabei äußerst komplex und daher notorisch umstritten. Denn weder ist die uns heute vorliegende schriftliche Fassung mit den zunächst mündlich tradierten Fassungen gleichzusetzen, noch sind mythisches Konstrukt, erinnerbare bzw. wenigstens imaginierbare Vergangenheit und zeitgenössische Erfahrungen immer eindeutig voneinander zu scheiden. Wenn man mit der neueren Forschung eine Abfassungszeit der Epen zwischen 750 und 700 v. Chr. annimmt, dürfte man Einblicke in die Welt ab ca. dem 9. Jahrhundert v. Chr., also dem Ende der Frühen Eisenzeit, erhalten, und zwar vornehmlich diejenige der Führungsschicht. Für die Themen Handelspraktiken und Mobilität sind beide Werke nur teilweise ergiebig, da sie vielmehr den Haushalt (*oikos*) des „adeligen" Anführers und dessen Aktivitäten wie Tugenden im Zentrum ihrer Darstellung haben. Allerdings erscheinen diese nicht allein auf Acker- und Gartenbau und viel stärker noch Viehwirtschaft beschränkt, sondern sind ja gerade in der Fremde als raubende Kriegsherren angesprochen; zudem sind *oikos*-übergreifende Handwerker (*demiurgoi*), überregionale Gastfreundschaften und damit einhergehend die Nutzung von Reichtum als „Geschenk" zur Etablierung sozialer, aber auch ökonomischer Netzwerke sowie Handelsaktivitäten belegt.[5] Ein allerdings exzeptionelles Beispiel bietet eine Episode am Ende des 7. Gesangs der *Ilias* (Hom. Il. 7, 467–475): Schiffe aus Lemnos bringen Wein zu den Troja belagernden Achaiern (Griechen); während die beiden Anführer Agamemnon und Menelaos ein großes Maß „edelsten Weins" als „Geschenk" erhalten, „tauschen" die anderen Griechen Wein mit allerlei „Wertgegenständen", d. h. Edelmetall, Tierhäuten, Rindern und Sklaven. Wenn man sich das Bedeutungsspektrum des Begriffs „Geschenk" (*doron*), das eben auch Bestechungssumme oder Gebühr zur Verkaufserlaubnis meinen kann, und die beschriebenen Tauschgegenstände als übliche Formen von „Geld" in dieser Zeit vergegenwärtigt, hat man es hier mit ganz konkretem Handelsgebaren zu tun. Ansonsten werden vor allem Phönizier als Händler dargestellt, sozusagen als Gegenbild zum griechischen Heros, beim dem derlei Aktivitäten nicht in den Vordergrund gestellt werden. Insbesondere in der *Odyssee* kommen die „Phönikier" schlecht weg: So entführen sie bei einer Handelsfahrt Eumaios, Sohn des Königs der Insel Syria, samt seiner Amme, einer ebenfalls vorher verschleppten sidonischen Königstochter, und verkaufen ihn schließlich als Sklaven an den Vater des Odysseus, Laertes (Hom. Od. 15, 390–484), bei dem er sich fortan als Schweinehirt verdingt. Auch Odysseus berichtet von ähnlichen Absichten

---

5 Zur in Homers Werken gespiegelten Gesellschaftsstruktur vgl. *Gschnitzer*, Griechische Sozialgeschichte, 42–67; *Schmitz*, Die griechische Gesellschaft, 15–31 (27–31 mit Darstellung des Forschungsstands). Zur ökonomischen Dimension vgl. *Osborne*, Archaic Greece, 295–298.

eines Phöniziers, der ihn zunächst mit nach Phoinike nimmt und dann unter einem Vorwand mit auf Reisen gen Libyen nehmen will, um ihn dort (als Sklaven) zu verkaufen, was allerdings wegen eines Unwetters vor Kreta scheitert (Hom. Od. 14, 287–300). Aus dem phönizischen Sidon kommen zudem kostbare Gegenstände: silberne Kratere, entweder wiederum von „Phönikiern" als „Gastgeschenk" zur Öffnung von Häfen für Handel mitgebracht (Hom. Il. 23, 740 ff.) oder direkt vom sidonischen König Phaidimos an Menelaos gegeben (Hom. Od. 4, 612 ff.); oder auch Gewänder, die Paris/Alexandros selbst von seiner Fahrt, bei der er Helena raubte, mitgebracht hat (Hom. Il. 6, 288 ff.). All dies zeigt, dass Menschen wie Waren äußerst mobil waren und nur die jeweilig zugeschriebenen moralisierenden Kategorien wie Heldenfahrt, Piraterie oder Handelsabsicht nicht zu einem einseitigen Bild verleiten dürfen. Deutlich wird ebenso, welch große Rolle persönliche Beziehungen und Netzwerke spielten; dies nicht nur innerhalb der Elite, sondern, wie epigraphische Dokumente aus archaischer Zeit erweisen, auch innerhalb der Gruppe der Händler.[6]

Ähnlich zieht etwa auch Hesiod in seinen *Werken und Tagen* (*Erga kai Hemerai*) die Landwirtschaft dem Fernhandel vor;[7] im Nachgang des Erbstreits mit seinem Bruder Perses verlagert der Dichter den moralischen Diskurs auf die Ebene der rechtmäßigen Form des Reichtumserwerbs, setzt den Fernhandel zwar keineswegs absolut ins Unmoralische, rät allerdings, die Landwirtschaft vorzuziehen und detailliert zu studieren; Handel zur See soll nur im Ausnahmefall, ebenfalls unter genauer Planung und mit möglichst hohem Profit, v. a. unter Nutzung von großen Schiffen mit hoher Ladekapazität stattfinden.[8]

Gerade diese moralische Klassifizierung, die aufgrund der hohen Autorität der homerischen Epen auch langfristige Wirkung entfaltete und sich gerade für die sogenannten Kleinhändler (*kapeloi* bzw. *agoraioi*) in negativen Bewertungen niederschlug, ist durch die Forschung in Frage gestellt worden. Neben den damit bedienten literarischen Topoi, die es zu dekonstruieren gilt, hat gerade die archäologische Wissenschaft auf die reiche Verbreitung von Gütern bereits in der Frühen Eisenzeit und der Archaik hingewiesen.[9]

Wichtig, wenn auch nicht einzigartig, waren dabei die Routen der phönikischen Städte, allen voran Tyros, die schon in der Frühen Eisenzeit den internationalen Han-

---

6 Vgl. nur die Briefe SEG 26, 845 (Berezan); 54, 694 (Olbia). Zur Analyse der Handelsaktivitäten, aber auch der Mobilität und Netzwerke vgl. *Dana, M.*, Connecting People: Mobility and Networks in the Corpus of Greek Private Letters, in: CHS Research Bulletin, 3/2, 2015, abrufbar unter: http://nrs.harvard.edu/urn-3:hlnc.essay:DanaM.Connecting_People.2015 (23. 08. 2019).
7 Zur darin aufscheinenden bäuerlichen Gesellschaftsstruktur vgl. *Schmitz*, Die griechische Gesellschaft, 31–42 (Forschungsteil: 38–42), der jedoch auf den Schiffshandel nicht eingeht. Zu letzterem vgl. *Osborne*, Archaic Greece, 297.
8 Hes. erg. 235 f. (blühende Landwirtschaft benötigt keinen zusätzlichen Seehandel); 617–649 (genaue Planung vonnöten, wenn man sich dem Seehandel, v. a. im großen Stil, verschreibt).
9 Zur unterschiedlichen moralischen Qualifizierung von Händlern vgl. *Günther, S.*, (K)einer neuen Theorie wert? Neues zur Antiken Wirtschaftsgeschichte anhand Dig. 50, 11, 2 (Callist. 3 cognit.), in: Gymnasium, 124/2, 2017, 131–144, hier: 142–144 (mit weiterer Literatur). Überblick zu den Kontakten

del über verschiedene Zwischenstationen etablierten.[10] Basierend auf schiffstechnologischen Errungenschaften und unter Ausnutzung von relativ stabilen Wasserströmungen wie Windverhältnissen wurden nicht nur der Vordere Orient und Ägypten zur See beliefert, sondern auch strategisch günstige Orte im gesamten Mittelmeer in einer Art Knotennetzwerk angefahren. Dies war auch dadurch bedingt, dass kleinasiatische Landhandelswege, die vorher genutzt worden waren, aufgrund politischer Veränderungen nicht mehr in voriger Intensität zur Verfügung standen: Ins Zentrum rückten zunächst Zypern mit seinen Kupfer- und teilweise Eisenerzvorräten (u. a. Gründung von Kition im 9. Jahrhundert v. Chr.) sowie Kreta (Kommos, dem Hafen von Phaistos), von wo aus auch Zugang zu Städten und deren Rohstoffen und Waren in der Ägäis und somit auch auf dem griechischen Festland bestand. Dies bildete eine mögliche Route zum Verhandeln von orientalischen und griechischen Waren mit der Rückkehrmöglichkeit Richtung Ägypten und in die Levante aufgrund der hier vorherrschenden nördlichen Windverhältnisse. Aber auch gen Westen konnte etwa vom kretischen Kommos aus gesegelt werden, so dass man Malta und Sizilien als Handelsstationen sowie Italien (v. a. Etrurien) und Sardinien erreichen konnte; bei letzteren beiden hatte man Zugang zu allerlei Metallen (Eisen, Silber, Blei, Kupfer) inklusive Zinn (Ende der nördlichen Zinnhandelsroute aus Britannien). Längerfristige Kontakte, Aktivitäten und Siedlungsspuren sind in vielen Stationen durch Bauwerke, Handelsgüter und manchmal sogar in Form von Inschriften belegt. Die Wegstrecke konnte sogar noch weiter bis an die Mündung des Guadalquivir westlich der Straße von Gibraltar auf der Iberischen Halbinsel führen, wo der sagenhafte Metallreichtum der tartessischen Herrscher, insbesondere an Silber, zu nachweisbar regen Handelsaktivitäten seit dem 9. Jahrhundert v. Chr. führte (vgl. etwa Diod. 5, 35, 4 f.). Mit Gades/Cádiz wurde auch dort, wie an anderen Stellen, ein strategisch bedeutender Handelsstützpunkt (mit weiterführendem Zugang zu den britannischen „Zinninseln" (Kassiteriden)) eingerichtet. Aber auch entlang der afrikanischen Küste wurden mit Lixus, Utica und Karthago phönizische Gründungen früh (wohl im 8. Jahrhundert v. Chr.) angelegt und kreuzten sich mit Landverbindungen aus West- und Inner-Afrika. Insbesondere Karthago baute dabei seine Position als Handelsmetropole stetig aus, mit Koloniegründungen (z. B. Mogador/Essaouira) und Erkundungsfahrten mit wirtschaftlichem Hintergrund (vgl. etwa den *Periplus des Hanno*; ebenso Hdt. 4, 196). Sklaven, Elfenbein oder Gold wurden hier beispielsweise verhandelt und kamen im Zug somit auch in das östliche Mittelmeergebiet und das phönizische Kernland. Phönizische Schiffswrackfunde zei-

---

in den sogenannten Dunklen Jahrhunderten in *Morris*, Early Iron Age Greece; *Dietler*, The Iron Age in the Western Mediterranean (248–250 zu den Etruskern); weitere Literatur bei *von Reden*, Antike Wirtschaft, 163.

10 Vgl. zu den Handelsaktivitäten etwa *Aubet*, Phoenicians; *Dietler*, The Iron Age in the Western Mediterranean, bes. 245–248; umfassende Zusammenstellung des archäologischen Befundes bei *Carayon, N.*, Les ports phéniciens et puniques. Géomorphologie et infrastructures. Diss. Université Strasbourg II – Marc Bloch 2008, abrufbar unter: https://tel.archives-ouvertes.fr/file/index/docid/283210/filename/3vol.pdf (20. 08. 2019).

gen von frühester Zeit an, wie mannigfaltig die mitgeführten und verhandelten Waren waren. Insgesamt zeichnet sich also ein Netz von Handelsplätzen ab, die an Knotenpunkten mit Vernetzungsmöglichkeit ins jeweils Landesinnere angelegt wurden. Die Auswirkung der Anlage dieser phönizischen Stützpunkte auf das jeweilige Umland und das Zusammenleben wie -wirken zwischen Einheimischen und Fremden ist dabei schwer abzuschätzen. Das Bild von nur kurzzeitig besetzten „Faktoreien" neben den wenigen großen Stützpunkten wie Gadir oder Karthago wurde von der jüngeren Forschung zugunsten eines differenzierteren interkulturellen Austausches und gegenseitiger Beeinflussung vor Ort revidiert.[11]

III Griechen in Bewegung

In diesem Fahrwasser, aber doch ganz anders geartet, fand die Mobilität und Migration griechischer Gemeinden statt. Migrations- bzw. Diffusionsgeschichte der frühen „Griechen" zu schreiben, hat eine lange forschungsgeschichtliche Tradition. Die insgesamt problematische Kategorisierung wie Periodisierung in die sogenannte Ionische Migration bzw. Wanderung, die „Dunklen Jahrhunderte" sowie die „Große Kolonisation", die frühere Forscher postulierten, sind aufgrund neuester archäologischer Funde sowie der differenzierteren Analyse sprachgeschichtlicher Entwicklungen wie der mythisch-historiographischen Schriftzeugnisse so nicht mehr aufrecht zu erhalten. Ursachen, Gründe, Anlässe und Motivationen sowie Verläufe und Strukturen lassen sich dabei nicht auf einen Nenner bringen. Auch insofern suggeriert etwa der Begriff der „Großen Kolonisation" für die griechischen Gründungen in der Ferne zwischen 8. und 6. Jahrhundert v. Chr. eine falsche Einheitlichkeit der Diffusionsbewegungen, die sich strukturell kaum etwa von der sogenannten Ionischen Migration des 11./10. Jahrhunderts v. Chr. unterscheiden.[12] Ob Abbau von Überbevölkerung, Konfliktlösungsstrategie bei aristokratischen Zwistigkeiten oder Bürgerkriegen (*staseis*) in der an politischen wie sozialen Desintegrationsprozessen reichen Zeit, Abenteuer- und Entdeckungslust, Söldnerdasein, Nachahmungseffekte, Handels- und Gewinnstreben oder wirtschaftliche Notwendigkeit etwa aufgrund einer Hungersnot – die Liste an potentiellen Faktoren seitens der Forscher ist lang, die literarischen wie inschriftlichen Notizen bei Historikern oder in Form von Gründungslegenden (*ktiseis*) entweder wenig ergiebig oder mit bestimmten Topoi und Deutungsmustern späterer Zeit aufgeladen, der sprachgeschichtliche wie archäologische Befund naturge-

---

11 Vgl. nur die zahlreichen Beiträge in den Kongressakten zu phönizischen und punischen urbanen Strukturen außerhalb des phönizischen Kernlandes: *Helas/Marzoli*, Phönizisches.
12 Vgl. *Bernstein, Fr.*, „Ionische Migration" vs. „Große Kolonisation der Griechen": Kategorien und Konsequenzen, in: Historia, 68/3, 2019, 258–284.

mäß schwierig zu interpretieren, da in der Regel nur ein Ist-Zustand, nicht aber längerfristige Prozesse abgebildet werden.[13]

Das Bild der nach eigener institutioneller Ordnung gestalteten, wenigstens im Lauf der Zeit nach dem „Erstkontakt" auf längerfristige Ansiedlung hin angelegten „Ausgründungen" (*apoikiai*) und der im Zuge der regen ökonomischen Aktivität, oft in der Nähe phönikischer Stationen, etablierten „Handelsstützpunkte" (*emporia*) im Mittelmeerraum, um nur die wichtigsten Termini zu nennen, ist allerdings beeindruckend und zeugt von den komplexen Prozessen, die Aufbruchsbereite oder -genötigte wie originär Ansässige in diesen Kontaktzonen par excellence durchmachten.[14] Euböische Handels- wie Siedlungsaktivitäten waren dabei Vorreiter in vielerlei Hinsicht. So wie sich Spuren nahöstlicher und ägyptischer Kultur insbesondere auch auf Euböa (u. a. in Lefkandi) entdecken lassen, so überrascht es nicht, euböische (und andere) griechische Keramik in Al Mina an der Mündung des Orontes an der syrischen Küste zu finden, auch wenn der Charakter der Ansiedlung und das Verhältnis zur lokalen Autorität unter Archäologen notorisch umstritten sind. Chalkis und Eretria auf Euböa waren auch an vielen anderen Orten federführend bei der Anlage von „Kolonien", etwa in Süditalien (Pithekoussai und Kyme) oder der Nordägäis, d. h. der Halbinsel Chalkidike, Thrakien und Makedonien. Aber auch auf Sizilien waren Chalkidier mit als erste aktiv, ebenso aber beispielsweise auch Korinth mit der wichtigen Siedlung Syrakus; Megara mit Siedlungen u. a. im sizilischen Megara Hyblaia, dem bithynischen Astakos, Herakleia am Schwarzen Meer sowie Chalcedon am Bosporus gehörte ebenfalls zu den „großen" Apoikie-Gründern. Euböische Keramik wie denn auch korinthische finden sich im 8. bzw. 7. Jahrhundert v. Chr. denn auch überall in diesen Siedlungsgebieten, waren aber ebenso auf anderen „Märkten" mit jeweils differenzierter Verteilung, wohl aufgrund von unterschiedlicher Nachfrage, präsent; unter der Annahme, dass derlei Feinkeramik (zu allen Zeiten) nicht die Haupttransportlast von Schiffen war, sondern diversifizierend neben Hauptgütern wie Metallen oder landwirtschaftlichen Gütern (Getreide, Olivenöl, Wein) transportiert wurde, sind die gleichzeitig vom 8./7. Jahrhundert v. Chr. überall auftretenden athenischen SOS-Amphoren signifikant. Erst später im 6. Jahrhundert v. Chr. „verdrängte" allerdings die athenische, vorher v. a. in Attika und Ägina präsent, die korinthische (und andere) Keramik, so dass offenbar ein Wandel in Mode und Nachfrage stattfand.[15]

Auffällig ist, dass die ionischen Städte kaum in der Magna Graecia, also Sizilien und Italien, Siedlungen anlegten, sondern sich auf das Schwarzmeergebiet (Apoikien

---

13 Vgl. etwa *Bernstein*, Konflikt, der ältere und teils überholte Deutungen wie wirtschaftliche Interessen oder die Überbevölkerungsthese durch den Faktor der politisch-religiösen Konfliktlösung ergänzt; gute systematische Darstellung bei *Schmitz*, Die griechische Gesellschaft, 42–56 (Forschungsdiskussion: 54–56).
14 Umfassender Überblick im zweibändigen Survey von *Tsetskhladze*, Greek Colonisation.
15 *Osborne*, Archaic Greece, 284–286; 289 f.; basierend auf *Osborne, R.*, Pots, Trade and the Archaic Greek Economy, in: Antiquity, 70, 1996, 31–44.

hierbei besonders von Milet ausgehend) sowie einige, dafür sehr wichtige Handelsstützpunkte im Westen (seitens Phokaia etwa Massilia und Emporion) konzentrierten.

Es ist augenscheinlich, dass sich hier kein universelles Muster ablesen lässt, auch wenn man natürlich durchaus konstatieren kann, dass Erfahrungswerte aus der eigenen Heimat sowie Zugang zu Rohstoffen und/oder Märkten wichtige Auswahlkriterien dargestellt haben (siehe den Beitrag „Ökologie"). Neben diesen Aktiva sollte man jedoch auch die Passiva nicht vergessen, wie sich etwa an der Gründung von Naukratis im Nildelta zeigt: Hier war es wohl maßgeblich die ägyptische Autorität, welche die Ansiedlung als „special trading zone" beförderte, und es konkurrieren Motive wie Zugang zu griechischen Söldnern mit Handelslenkungsabsichten (vgl. nur Hdt. 2, 154 und 178 f.; vgl. auch das neue Sappho-Fragment „Bruder-Gedicht" frg. 5, dazu Hdt. 2, 135).[16] Wichtig ist, dass selbst hier nicht allein Handel in stetiger Weise mit „normalen" Gebrauchsgütern getrieben wurde (Wein, Olivenöl, Keramik, Silber von griechischer Seite, Getreide, Papyrus, Leinen von ägyptischer), sondern die griechischen Bewohner ihre soziopolitischen, vor allem aber auch kulturellen und religiösen Vorstellungen mitbrachten und weiterlebten; an diesen Orten in der Fremde mit Personen aus verschiedenen griechischen Poleis kamen wohl auch, parallel zu panhellenischen Festen wie in Olympia, erste „hellenische" Identitätsformierungen auf, wie das Hellenion-Heiligtum, gegründet von neun Poleis, in Naukratis zeigt.[17] Dies ist auch für die anderen „Kolonien" insofern bedeutsam, als Kontakte mit der ansässigen Bevölkerung zu jeweils ganz unterschiedlichen Interaktionen und Identitäten führten, das oft und schon in der Antike kolportierte Bild von den zivilisationsbringenden Griechen also mehr intentionaler Zuschreibung denn den tatsächlichen Verhältnissen entspricht.

Diese festeren Ansiedlungen boten allerdings nicht nur Handelsmöglichkeiten von Griechenland und Kleinasien aus, sondern forcierten ihrerseits oft weitere Ausgründungen und wirkten mit ihren systematisch ausgestalteten politischen wie sozialen Organisationsformen, die in der Fremde notwendiger denn in der ursprünglichen Heimat waren, auf ihre „Mutterstädte" zurück. Ferner bauten die Apoikien eigene Wirtschaftsprofile mit teilweise enormer Potenz auf. Die als griechisch angesehen, de facto aber kulturell durchaus diversen Städte auf Sizilien und in Süditalien waren so beispielsweise nicht nur „Kornkammern", sondern konnten aufgrund des Getreidereichtums sowie anderer Güter bis nach Griechenland Einfluss ausüben, wobei vor allem Syrakus eine überragende Bedeutung zukam.[18] Besonders hier mischten sich

---

16 Vgl. *Malouta*, Naucratis; umfassend zum Handelsaspekt mit Modellierung als „Port of Trade" im Sinne von Karl Polanyi: *Möller, A.*, Naukratis. Trade in Archaic Greece. Oxford 2000; *Schmitz*, Die griechische Gesellschaft, 45 f. Zum neuen Sappho-Fragment vgl. *Obbink, D.*, Two New Poems by Sappho, in: ZPE, 189, 2014, 32–49. Zum Handelsgebaren vgl. auch *Osborne*, Archaic Greece, 290 f.
17 Vgl. *Malouta*, Naucratis; ebenso mit der Entwicklung des panhellenischen Bewusstseins: *Yue, M.*, Naming the Greeks in the Archaic Period: "Panhellenes," "Hellenes," "Hellas" and the Notion of Panhellenism, in: JAC, 31, 2016, 45–84. Zum Handel vgl. auch *Osborne*, Archaic Greece, 290 f.
18 Zur sozialen und ökonomischen Struktur Siziliens vgl. *de Angelis*, Archaic and Classical Greek Sicily, der auch das Bild von der reinen Getreideproduktion revidiert.

wirtschaftliche Macht, politischer Einfluss und Prestigestreben, so dass es nicht wunder nimmt, Syrakus später (in klassischer Zeit) auch in Griechenland präsent zu sehen, insbesondere auch in panhellenischen Heiligtümern wie Delphi.[19] Diese Tempel wie in Olympia oder auch das Hera-Heiligtum auf Samos zeugen übrigens davon, dass schon in archaischer Zeit Güter nicht nur in einer Einbahnstraße von Griechenland in die „Welt" gelangten, sondern umgekehrt auch nicht-griechische Objekte und damit wohl auch nicht-griechische Händler gezielt derlei Märkte aufsuchten, wo eine entsprechende Nachfrage nach diesen Artikeln und Produkten bestand.[20]

Überdies ist die Mobilität von griechischen Söldnern ein nicht zu vernachlässigender Faktor auch für wirtschaftliche Kreisläufe. Der Ursprung des griechischen Söldnerwesens dürfte mit Piraterie und Handel treibenden Griechen aus Euböa, den Kykladeninseln und dem kleinasiatischen Ionien zusammenhängen und damit früh stattgefunden haben.[21] Die aus den militärischen Diensten resultierenden Söldnerzahlungen waren eine wichtige Stimulanz für die Ausprägung des ersten Münzgeldes. Obschon Geld in Form von Edelmetallbarren oder anderen Metallgegenständen bzw. Vieh oder anderen werthaltigen Objekten als Wertmesseinheiten bereits lange existierte, sich auch in den Epen Homers findet und gewogenes Silber, aber bei Bedarf auch andere Edelmetalle etwa im neo-assyrischen wie neo-babylonischen Reich in Staats-, Militär-, Tempel- wie Privatökonomie Verwendung fand, vereinfachte das zunächst bei den Lydern, sodann auch von anderen ionischen Poleis übernommene Geld in Form von Elektronprägungen (mal nach natürlicher, mal nach künstlich standardisierter Legierung), bald darauf von griechischen Poleis verwendete Münzgeld (zumeist in Silber) Zahlungen, da es leicht zu verteilen und aufgrund der eingeprägten Autorität wertzuschreibend sowie -garantierend war. Es förderte damit nicht nur die militärische Einsatzfähigkeit sowie Mobilität und die politische Institutionalisierung der jeweils herausgebenden Körperschaft, sondern erleichterte ebenso den Warenverkehr.[22]

Dies lässt sich besonders an den Münzgewichtsstandards (Münzfüßen) ablesen, die oft auf bereits verwendeten Gewichtsstandards basierten, sich aber auch an den Hauptstandards, in archaischer Zeit dem lydo-milesischen, persischen, euböischen,

---

19 Vgl. *de Angelis*, Archaic and Classical Greek Sicily, 186 f.
20 Vgl. *Osborne*, Archaic Greece, 284.
21 Vgl. *Luraghi, N.*, Traders, Pirates, Warriors: The Proto-History of Greek Mercenary Soldiers in the Easter Mediterranean, in: Phoenix, 60/1–2, 2006, 21–47; zur Debatte um Status und Umfang des archaischen Söldnertums vgl. *Mann, Chr.*, Militär und Kriegführung in der Antike. (Enzyklopädie der griechisch-römischen Antike, Bd. 9) München 2013, 79 f. Zum Kontakt zwischen Assyrern und „Ioniern" vgl. auch *Yamada, S.*, Neo-Assyrian Trading Posts on the East Mediterranean Coast and "Ionians": An Aspect of Assyro-Greek Contact, in: *Nakata, I. et al. (Hgg.)*, Prince of the Orient. Ancient Near Eastern Studies in Memory of H. I. H. Prince Takahito Mikasa. (Orient. Journal of the Society for Near Eastern Studies in Japan. Suppl. Bd. 1) Tokio 2019, 221–235.
22 Zur Entwicklung vgl. *Mittag*, Griechische Numismatik, 39–54; besonders zu den wirtschaftlichen Implikationen vgl. *Bresson*, The Making, 261–278.

äginetischen oder korinthischen Standard, orientieren konnten, entweder in gleicher oder reduzierter Form. Derlei Übernahmen verraten viel über Verbindungen der einzelnen Gemeinwesen untereinander, in politischer, aber eben auch ökonomischer Hinsicht.[23] Anhand der Insel Ägina und ihrer ob der signifikanten Vorderseite „Schildkröten" genannten Münzen (vgl. Poll. 9, 74; Hesych. s. v. chelone), sieht man, wie weit das Netzwerk reichen konnte: Die Übernahme des äginetischen Standards, oft in reduzierter Form, wohl um Profit aus dem Geldwechsel zu schlagen, fast in der gesamten Peloponnes (bis auf Korinth und einige kleinere Städte), in Delphi, bei den Phokern, den böotischen Städten, Malis, den opuntischen Lokrern, den thessalischen Städten, den Kykladeninseln, Kreta, Teos, Kyme in der Aeolis, einigen Städten in Karien und im Schwarzmeergebiet, sodann Münzhorte mit entsprechender Präsenz äginetischer Prägungen sowie epigraphische sowie literarische Quellen spiegeln das weite ökonomische Netzwerk Äginas. Sie verhandelte zwar wenig eigene Rohstoffe und Produkte, ihre Handelsfahrende traten aber als Vermittler verschiedener Waren zwischen unterschiedlichen Standorten, oft ohne Zwischenstation in Ägina selbst, auf. Dabei sollte man sich auch nicht allein von der Präsenz äginetischer Münzen, deren Silber sich aus Vorkommen in Attika und der ägäischen Kykladeninsel Siphnos speiste, täuschen lassen. Auch wo sich nur wenige äginetische Münzen, zumeist ausgeprägt in Stateren – also größeren, für überregionalen Handel geeigneten Nominalen – finden, gibt es Hinweise auf äginetische Händler, etwa in der Schwarzmeerregion und der Magna Graecia, wo andere Münzstandards Verwendung fanden. Das Vertrauen in die äginetischen Münzen wurde auch durch die mehrfache leichte Veränderung der Bilder bis ins erste Viertel des 5. Jahrhunderts v. Chr. nicht erschüttert, da sich die Seeschildkröten auf dem Avers nur im Detail unterschieden, das inkuse Quadrat auf dem Revers sich hin zu einer Standardstruktur mit Windflügelmuster wandelte. Zahlreiche Nachahmungen sowie Fälschungen mit geringerem Silberanteil offenbaren zudem, wie beliebt Äginas Geld in spätarchaischer Zeit war. Letzteres führte allerdings zu sorgfältigen Prüfungen, was sich heute noch an den vielen Stücken mit Prüfpunzen ablesen lässt, welche den Bankiers und Händlern einen Blick in das Münzinnere ermöglichten.[24] Erst mit dem Machtanstieg Athens, das Ägina 457 v. Chr. in den Seebund zwang, brach das äginetische Handelsnetzwerk und auch die Währung zusammen, woran selbst der Wechsel zur Landschildkröte – wohl zur Generierung neuen Vertrauens in die Währung nach den abgenutzten und damit minderwertigen letzten „Seeschildkröten"-Prägungen – nichts ändern konnte.

Münzgeld war jedoch nicht nur überregional wichtig. In anderen Poleis wie Athen (s. u.) und auch in Kolophon fand Münzgeld für lokale Transaktionen Verwendung, wie die zahlreichen Fraktionen größerer Münznominale erweisen.[25] Insofern

---

23 Vgl. *Psoma*, Choosing.
24 *Psoma*, Choosing, 95–98; zur Entwicklung der äginetischen Münztypen vgl. *Sheedy, K.*, Aegina, the Cyclades, and Crete, in: *Metcalf, W. E.* (Hg.), The Oxford Handbook of Greek and Roman Coinage. Oxford 2012, 105–127, hier: 106–109.
25 *Davis*, Dating, 137 f.

sollte man nicht Groß- und Fern- gegen Kleinhandel, militärische gegen zivile, staatlich-politische gegen private Nutzung von Geld ausspielen, wie die Forschung es des Öfteren getan hat, sondern das Aufkommen von Münzgeld insgesamt als Spiegel wie Beförderer all dieser Austauschprozesse auf verschiedenen Ebenen ansehen.

IV Zwischen Archaik und Klassik: Athen auf dem Weg zur ökonomischen Großmacht

Athen zwischen dem 6. und 5. Jahrhundert v. Chr. ist ein instruktives Beispiel, wie politische, soziale und wirtschaftliche Veränderungen, infrastrukturelle Maßnahmen und aufkommendes Münzgeld zum Aufbau eines weitreichenden Handelsnetzwerks führten. Bis in die Mitte des 6. Jahrhunderts v. Chr. war die athenische Wirtschaft stark agrarisch geprägt, wobei Landbesitz und die lokale Verhandlung der Mehrheit der Erzeugnisse die wesentliche Rolle spielten. Von einem produzierenden Gewerbe zeugen die athenischen SOS-Amphoren, die durch ihre weite Verbreitung insbesondere im 7. Jahrhundert v. Chr. auch Handel belegen, der wenigstens zum Teil jedoch in den Händen von fremden Händlern (*emporoi*) lag (analog zu den homerischen Epen, s. o.), womöglich mit athenischen Eliten als Schiffseignern (*naukleroi*). Staatliche zentrale Institutionen in Athen waren in dieser Zeit noch schwach ausgeprägt, so dass weder von einer öffentlichen Ökonomie noch von derlei wirtschaftliche Aktivitäten stimulierenden öffentlichen Initiativen (Infrastruktur; Bauten; Steuern/Zölle) nachhaltige Impulse für überregionalen Handel ausgingen, wie auch die geringe Verwendung von Silber (oder anderen Edelmetallen) in dieser Zeit erweist.[26]

Der schrittweise Export von Olivenöl, aber auch athenischer Feinkeramik und anderen Waren nahm im 6. Jahrhundert v. Chr. langsam Fahrt auf, wie die Verteilung attischer Keramik zeigt. Im ersten Viertel noch lokal und außerhalb Attikas auf Ägina sowie auf wenige andere Stellen (etwa Naukratis) und insgesamt auf geringem Niveau beschränkt, verbreitete sich diese im zweiten Viertel im gesamten Mittelmeerraum, immer noch mit geringem Produktionsausstoß, um ab der Mitte des 6. Jahrhunderts v. Chr. rapide in Quantität anzusteigen. Sie verdrängte sodann die korinthische Keramik aufgrund besserer Qualität und veränderter Nachfrage zusehends.[27]

Dieser Produktionsanstieg ging einher mit politischen und sozialen Veränderungen. Die solonischen Reformen sind zwar ob vieler anachronistischer, da späterhin Solon zugeschriebener Gesetze in ihrer Wirkung gerade im ökonomischen Sektor (stimulierend oder hemmend?) umstritten, schufen allerdings Standardisierungen im Maß- und Gewichtssystem, eine timokratische Gesellschaftsordnung mit gleichen Chancen und Partizipationsmöglichkeiten auch jenseits der landwirtschaftlich wie

---

26 Vgl. *Davis*, Dating, 129–131.
27 Vgl. *Osborne*, Archaic Greece, 290 f.

rentierbasierten Aristokratie und festere sowie insgesamt verlässlichere staatliche Institutionen.[28] Darauf fußend ist es den „international" vernetzten und agierenden Peisistratiden zuzuschreiben, dass durch Investitionen in Bauten und Infrastruktur, Ausgaben für Söldner und militärisches Equipment (v. a. auch Schiffe), Erhebung von Steuern und Zugang zu Silbervorkommen (im westlichen Thrakien und sodann im attischen Laureion) eine wesentlich intensiver vernetzte Ökonomie erscheint.[29] Spiegel dessen wie auch forcierender Faktor war die Einführung des Münzgeldes: Dabei wurden die zunächst in Elektron wie Silber ausgeprägten Wappenmünzen durch ihre Typenvielfalt, kleineren Fraktionen und Gewichtsschwankungen vor allem für Transaktionen innerhalb der Polis gebraucht, während die typischen „Eulen" als „internationaler" Standardtypus wohl erst in spätpeisistratidischer Zeit aufkamen und das wirtschaftliche Gesicht Griechenlands im 5. Jahrhundert v. Chr. entscheidend prägen sollten.[30]

Da die Quellen (und damit auch Forschungen) zu Athen am reichlichsten spriessen, ist hier nun Halt zu machen und ein systematisierender Blick nötig, der auch einige Caveats mit einschließt. Zunächst zu diesen: Obschon sich Athen als Großmacht im Zug der Perserkriege und sodann als Hegemon im delisch-attischen Seebund etablierte, bedeutete dies keineswegs den Wegfall von alternativen Handelsbeziehungen oder gar die sofortige Vereinheitlichung eines Wirtschaftsraums, etwa in Form eines einheitlichen Münzfußes, innerhalb der Bündnispartner. Vereinheitlichungen waren situationelle Entwicklungen, die politischer und/oder fiskalischer Natur entsprangen, jedoch durchaus wirtschaftliche Motive haben und Effekte zeitigen konnten.[31] Aber auch außerhalb der athenischen Einflusssphäre gab es natürlich weiterhin Handel,

---

28 Zu den ökonomischen Maßnahmen Solons vgl. *Stanley*, The Economic Reforms of Solon. Kritisch *Davis*, Dating, 130 f.; optimistischer ist *Bresson*, The Making of the Greek Economy, 106 f., welcher die Reformen im Zuge des *polis*-weiten Institutionalisierungsprozesses sieht. Zum Institutionalisierungsprozess vgl. *Ober, J.*, The Rise and Fall of Classical Greece. Princeton 2015, 144–153.
29 Vgl. *Davis*, Dating, 136–140; zur Entwicklung im 6. Jahrhundert v. Chr. s. auch *van Wees*, Ships.
30 Zur chronologischen Debatte vgl. *van Alfen*, The Coinage, 89–92. Zum Zusammenhang zwischen Münzprägung, sozialer und wirtschaftlicher Entwicklung vgl. *Bresson*, The Making of the Greek Economy, 277 f.; *ders.*, The Athenian Money Supply in the Late Archaic and Early Classical Period, in: JAC, 34/2, 2019, 135–153; *Davies, J.*, Corridors, Cleruchies, Commodities, and Coins: The Pre-History of the Athenian Empire, in: *Slawisch, A. (Hg.)*, Handels- und Finanzgebaren in der Ägäis im 5. Jh. v. Chr. – Trade and Finance in the 5th Century BC Aegean World. (Byzas, Bd. 18) Istanbul 2013, 43–66; zum Zusammenhang zwischen Minenaktivität und Münz- bzw. Silberversorgung vgl. *Flament, Chr.*, The Athenian Coinage, from Mines to Market, in: JAC, 34/2, 2019, 189–209.
31 Zur umstrittenen Frage nach der Intensität und tatsächlichen Wirkkraft des athenischen „Imperialismus" in Bezug auf das Münzgesetz (IG I³ 1453) vgl. die Literaturzusammenstellung bei *von Reden*, Antike Wirtschaft, 154 f.; vgl. auch den Kommentar von *Osborne, R./Rhodes, P. J. (Hgg.)*, Greek Historical Inscriptions, 478–404 BC. Oxford 2017, 328–337 (no. 155). Zu wirtschaftlichen Auswirkungen des delisch-attischen Bundes auch auf kleinere Mitgliederpoleis: *Constantakopoulou, Chr.*, Tribute, the Athenian Empire and Small States/Communities in the Aegean, in: *Slawisch, A. (Hg.)*, Handels- und Finanzgebaren in der Ägäis im 5. Jh. v. Chr. – Trade and Finance in the 5th Century BC Aegean World. (Byzas, Bd. 18) Istanbul 2013, 25–42.

über dessen Umfang und Qualität wir in den Quellen oft jedoch nur sehr fragmentarisch informiert werden.[32]

Für Athen selbst war naturgemäß die außen- wie innenpolitische Großwetterlage im 5. wie 4. Jahrhundert v. Chr. für die wirtschaftliche Situation, also für Im- wie Export von Waren wie Mobilität von Menschen mitbestimmend. Dies lässt sich adäquat mithilfe der *Neuen Institutionenökonomie* beschreiben, die insbesondere auch die Ordnungsrolle wie -macht des Staates hervorhebt.[33] Nachdem Solon und die Peisistratiden bereits begonnen hatten, staatliche Institutionen wie von persönlichen aristokratischen Beziehungen unabhängigere Organe wie Ämter, rechtliche Verfahrenswege, aber auch öffentliche Finanz-, Militär- und Infrastrukturen aufzubauen, setzte sich dieser Trend in der schrittweise seit Kleisthenes sich entwickelnden Demokratie fort. Garantie wie Schutz von und vor allem Vertrauen in Bürger- wie Fremden- und besonders auch Eigentumsrechte waren über weite Strecken des 5. und 4. Jahrhunderts v. Chr. in Athen vorhanden, wenn man einmal von bestimmten Krisensituationen in Kriegszeiten, vor allem im Peloponnesischen Krieg, aber etwa auch am Ende des verlorenen Bundesgenossenkrieges 355 v. Chr. sowie Umsturzversuchen (etwa 411/410 und 404/403 v. Chr.) absieht.

So verwundert es denn auch nicht, dass in der *Athenaion Politeia* des sogenannten Alten Oligarchen in den 420er Jahren v. Chr. die Seeherrschaft, die daraus gezogenen wirtschaftlichen Vorteile wie ein konsequentes Verfahren zum Erhalt der politischen wie rechtlichen Ordnung als Pluspunkte der vom Autor verhassten Demokratie in Athen hervorgehoben werden (vgl. etwa [Ps.-]Xen. Ath. pol. 3, 1. 12 f.), oder Isokrates (*Areopagitikos, Friedensrede*), Xenophon (*Poroi*; womöglich auch der *Oikonomikos*) wie Demosthenes (or. 14: *Über die Symmorien*; or. 20: *Gegen Leptines*) am Ende des verlustreichen wie wirtschaftlich verheerenden Bundesgenossenkrieges 355/354 v. Chr. politisch-rechtliche Stabilität, Verlässlichkeit und (für den Moment) Friedensbewahrung in internationalen Beziehungen anmahnen und mit der Suche nach nachhaltigen Finanzierungs- und Investitionsquellen wie Anreizen für wirtschaftliche Aktivitäten verbinden.

Die Rolle des Staates beschränkte sich jedoch nicht allein auf die Herstellung wie Aufrechterhaltung der Rahmenbedingungen. Auf die institutionellen Details kam es nämlich an, beispielsweise bei der standardmäßigen Überprüfung von Maß- und Gewichtssystemen durch entsprechende Kontrollorgane, Registrierung, Schutz und animierender Förderung von wirtschaftlich äußerst aktiven Metöken, einer schnellen wie effizienten Gerichtsbarkeit bei Wirtschaftsstreitigkeiten im rechtlich speziell ausgestalteten Piräus (*dikai emporikai*), der vertrauensbildenden Kontrolle des Münzgeldes (vgl. das Münzdekret des Nikophon von 375/374 v. Chr.; SEG XXVI 72*) oder der

---

32 Vgl. etwa das Register auf dem Achiqar-Papyrus aus Elephantine, Ägypten; dazu *Briant, P./Descat, R.*, Un register douanier de la satrapie d'Égypte à l'époque Achéménide, in: Grimal, N./Menu, B. (Hgg.), Le commerce en Égypte ancienne. Paris 1998, 59–104.
33 Vgl. dazu insbesondere *Bresson*, The Making, *passim*.

nachhaltigen Ehrung von ausländischen Handelstreibenden in Form von Beschlüssen und Privilegien wie Steuerfreiheit oder Eigentumserwerbserlaubnissen.[34]

Somit betätigte sich der athenische Staat nicht nur im Implementieren und Bewahren von Regelsystemen, sondern trat auch als Waren- wie Menschenmobilität steuernde wie wertabschöpfende Entität und damit gleichsam in den Wirtschaftsverkehr eingebundene Organisation auf. Die Schaffung einer den überregionalen Marktverkehr fördernden Sonderwirtschaftszone im Piräus ging so einher mit der erleichterten Zoll- und Gebühreneintreibung; Kontrollorgane brachten nicht nur Rechtssicherheit, sondern konnten auch preisregulierend auf zu importierende Güter von allgemeinem Interesse, etwa Getreide, einwirken.[35] Ehrenbeschlüsse und Privilegien suchten Handelsnetzwerke ebensolcher für die gesamte Polisgemeinschaft wichtiger Waren wie etwa auch Schiffsbauholz aus Makedonien zu sichern; ebendies wurde für den Aufbau einer Flotte benutzt, wobei Abgaben, aber auch Liturgien seitens der Begüterten zur Finanzierung herangezogen wurden, die entsprechende Investments zu tätigen hatten, aber oft auch Gewinne (etwa durch (illegale) Nutzung der Schiffe für Handels- und Kaperfahrten).[36] Weiträumig mobile Experten für Baumaßnahmen oder höherwertige Dienstleistungen, wozu auch Ärzte, Künstler, Lehrer und sogenannte Sophisten wie Philosophen gehörten, waren anzuziehendes wie für die Gesellschaft zu nutzendes Potential gleichermaßen und wurden durch spezielle institutionelle Formen (etwa in Athen der Status als Metöke) geschützt.[37] Ein wirtschaftsfreundliches Klima gerade für ausländische Investoren war somit oft ausgegebenes und eingefordertes Ziel, besonders in prekären Situationen wie nach dem verlorenen Bundesgenossenkrieg 355 v. Chr. (vgl. Xen. vect. 3, 1–6).

Insofern darf man auch nicht von rein staatlich gesteuertem Wirtschaften und einem dementsprechend monokulturellen Markt, rein ausgerichtet auf Import not-

---

34 Guter Überblick bei *Woolmer, M.*, Forging Links between Regions. Trade Policy in Classical Athens, in: *Harris, E. M./Lewis, D. M./Woolmer, M.* (Hgg.), The Ancient Greek Economy. Markets, House-Holds and City-States. Cambridge 2016, 66–89.
35 Zum *emporion* (nicht nur) im Piräus vgl. *Bresson*, The Making, 306–317; zu jurisdiktionellen Prozeduren: *ebd.*, 317–325. Zum auch literarisch-moralischen Diskurs um diese speziellen Kontaktzonen vgl. *Günther*, Sonderwirtschaftszonen. Zum Eingriff in den Getreidehandel vgl. *Eich*, The Struggle; *Bresson*, The Making, 402–414. Zur umstrittenen Frage nach dem Getreidebedarf Athens vgl. auch den Forschungsüberblick bei *von Reden*, Antike Wirtschaft, 144; 164. Siehe ebenso unten zu Preisbildung und -regulierung.
36 Zu der sich im 4. Jahrhundert v. Chr. steigernden Abhängigkeit Athens von begüterten Eliten und deren Strategien, durch Steuern und Liturgien politisches wie wirtschaftliches Kapital zu schlagen, vgl. *Rohde, D.*, For Everything to Remain the Same, Everything Must Change! Private Wealth and Public Revenues, in: JAC, 34/2, 2019, 245–271. Insgesamt jetzt *dies.*, Von der Deliberationsdemokratie zur Zustimmungsdemokratie. Die öffentlichen Finanzen Athens und die Ausbildung einer Kompetenzelite im 4. Jahrhundert v. Chr. (Schriften zur Alten Geschichte, Bd. 1). Stuttgart 2019.
37 Vgl. *Harris/Lewis*, Introduction, 17 f. (mit weiterer Literatur). Zu den Metöken, ihrem rechtlichen und sozialen Status und deren ökonomischer Performanz vgl. den Überblick bei *Schmitz*, Die griechische Gesellschaft, 141–154 (Forschungsteil: 150–154).

wendiger Güter, ausgehen; Silber, daneben Keramik waren die athenischen Hauptexportgüter, und natürlich konnte man auf Kredit direkt auch Waren aus anderen Poleis aufnehmen.[38] So wie in Athen und Attika nicht nur ein Marktplatz, die *agora*, existierte, sondern lokale Märkte wie innerhalb der *agora* auch verschiedene Sektionen nachgewiesen sind, so spiegeln sich auch verschiedene Märkte für Arbeit, Geld und Waren in den Quellen.[39]

Spezialisierte Arbeiter, ausländische Investoren wie Händler oder Schiffsreeder, aber auch Metöken und Sklaven tauchen eben nicht allein in öffentlichen Belangen und Kontexten auf, auch wenn diese Quellen naturgemäß aufgrund der Überlieferungslage und etwa des *epigraphic habit* überwiegen. Privatunternehmer, Bürger wie Metöken, setzten Sklaven in großer Zahl im Laureion ein, und Xenophon empfahl etwa in den *Poroi*, von deren unternehmerischen Aktivitäten für die vorgeschlagenen und von dem Leiter der Theorikon-Kasse, Eubulos, zum Teil umgesetzten Staatsinvestitionen zu lernen (Xen. vect. 4, 14).[40] Aufstiegsmöglichkeiten waren ebenso vorhanden, so dass etwa der ehemalige Sklave Pasion als Metöke und später (exzeptionell) sogar Bürger mit seinen Bankaktivitäten einen großen, auch internationalen Vernetzungsgrad erreichte.[41] Mittels entsprechender, besonders horizontaler Spezialisierung und Diversifizierung konnte man auch unterhalb der Eliten ein entsprechendes Auskommen und Anschluss an entsprechende Märkte halten, wo entsprechende Nachfrage, ebenfalls differenziert nach lokaler, regionaler und überregionaler, bestand.[42] Gerade die Berufsbezeichnungen wie auch die moralisch wertenden Passagen über die (Zwischen-)Händler im Kleinen (*kapeloi* bzw. *agoraioi*) wie Großen (*emporoi*) (s. o.) legen Zeugnis davon ab, wie aktiv es auf dem Arbeitsmarkt zugehen konnte und wie präsent dies den Zeitgenossen war.[43]

Aber auch bei der Kapitalbeschaffung traten persönliche Netzwerke in nah und fern, rechtliche Sicherungsmaßnahmen für den Personalbeziehungen ersetzenden bzw. unterstützenden Kapitalverkehr sowie öffentliche Institutionen wie Tempel oder auch Staatskassen nebeneinander auf, so dass man auch hier besser von verschiede-

---

[38] Konzeptionell dazu *Bresson, A.*, Aristotle and Foreign Trade, in: *Harris, E. M./Lewis, D. M./Woolmer, M.* (Hgg.), The Ancient Greek Economy. Markets, House-Holds and City-States. Cambridge 2016, 41–65; ders., The Making, 371–374, zu den athenischen Exportgütern.

[39] Vgl. dazu *Bresson*, The Making, 236–239; *Harris/Lewis*, Introduction, 12–19. Ebd., 12 auch zu den Sektionen innerhalb der athenischen *agora*.

[40] Zu Eubulos und dessen Wirtschaftsmaßnahmen vgl. *Günther*, Sonderwirtschaftszonen, 124 f. (mit der Forschungsdiskussion und weiterer Literatur).

[41] Zu Status und unterschiedlicher Lage der Sklaven in Athen sowie den Möglichkeiten des Aufstiegs durch Freilassung vgl. *Schmitz*, Die griechische Gesellschaft, 154–179 (Forschungsteil: 174–179); ebd., 166 f. zu Pasion.

[42] Dazu etwa *Bresson*, The Making, 187–194 (Handwerk, speziell Textilgewerbe); *Acton, P.*, Poiesis. Manufacturing in Classical Athens. Oxford 2014; *Harris/Lewis*, Introduction, 19–25.

[43] Zu den Berufsbezeichnungen in Athen vgl. *Harris/Lewis*, Introduction, 24 f. m. Anm. 122 f. (mit Ergänzungen zu früheren Untersuchungen von Harris); allgemein zur Ausdifferenzierung in Bezug auf Arbeitskräfte, Produkte und räumlichen Hinsicht: *Bresson*, The Making, 187–190.

nen Reichweiten sprechen sollte, die selbst bei ein- und derselben Person situations- und zweckbedingt variieren konnten.[44]

Derlei Nebeneinander in sich verschränkender und nicht gegenseitig ausschliessender Weise zeigt sich besonders auf den Warenmärkten. Die Liste der in der alten attischen Komödie überlieferten Güter spricht dabei Bände, da lokale, regionale wie überregionale Waren nebeneinander stehen.[45] Dieses je nach Nachfrage, Geschmack und Geldbeutel verfügbare Angebot war Preisbildungsmechanismen unterworfen, die bei antiken Autoren entsprechend reflektiert werden. So berichtet Theophrast in seinen *Charakteren* vom bäurischen Typ, der sich beim Gang in die Stadt über Preise für Leder und geräucherten Fisch interessiert (4, 12), ebenso an anderer Stelle von jemandem, der für Fremde in verschiedene Regionen „exportiert" und Güter aus aller Welt besitzt (21, 14–16); aber auch Xenophon kennt Preisveränderungen und die entsprechenden Folgen, auch für den Arbeitsmarkt, indem er den Unterschied zwischen Warenüberangebot, Preisverfall und Auswirkung auf die jeweiligen Arbeitskräfte im Gegensatz zum Silbermarkt hervorhebt (Xen. vect. 4, 5 f.).[46] Informationsasymmetrien konnten etwa durch institutionalisierte Kontrollmechanismen (von rechtlich verbindlichen Angaben über entsprechende Aufsichtsorgane bis hin zu Preissetzungen) ausgeglichen werden. In der Regel wurde bei für die Gesamtpolis wichtigen Gütern wie Getreide stärker kontrolliert und eingegriffen.[47]

Interessant sind in diesem Zusammenhang auch entsprechende Ersatzwaren und Imitationen. Xenophon berichtet, dass athenisches Silber gerne auch ausgeführt wurde, wenn es, trotz des großen Angebots im Piräus, keine adäquate Ware für das jeweilige Handelsschiff gab (Xen. vect. 3, 2). Der hohe und v. a. stabile Feingehalt des Silbers zeigt sich auch bei den zahlreichen Imitationen athenischen Geldes in Asien und Ägypten, die von athenischer Seite geduldet und bei entsprechender Qualität auch für ein gleichwertiges Zahlungsmittel erachtet wurden.[48] Imitationen verschiedener Waren waren hier wie anderswo ohnehin an der Tagesordnung und erweisen die Attraktivität der „originalen" Produkte.[49]

---

44 Vgl. *Bresson*, The Making, 278–285; *Harris/Lewis*, Introduction, 18 f.; speziell *Harris, E. M.*, The Legal Foundations of Economic Growth in Ancient Greece. The Role of Property Records, in: *Harris, E. M./Lewis, D. M./Woolmer, M.* (Hgg.), The Ancient Greek Economy. Markets, House-Holds and City-States. Cambridge 2016, 116–146, zum Zusammenhang zwischen Besitzregistern, Kreditwürdigkeit und Kapitalfluss über Familien- und Bekanntennetzwerke hinaus.
45 Vgl. die Liste bei *Lewis, D. M.*, Commodities in Classical Athens: The Evidence of Old Comedy, in: *Harris, E. M./Lewis, D. M./Woolmer, M.* (Hgg.), The Ancient Greek Economy. Markets, House-Holds and City-States. Cambridge 2016, 381–398.
46 Zu dem auch von Bauern wahrgenommenen Angebot vgl. *Harris/Lewis*, Introduction, 21–23 mit weiteren Beispielen.
47 Zu den Kontrollmöglichkeiten vgl. *Bresson*, The Making, 234–254; 254–259 zu Preiskontrollmechanismen. Siehe dazu auch unten, Anm. 51 mit weiterer Literatur.
48 Vgl. *van Alfen*, The Coinage, 95 f.
49 Vgl. die Beiträge in *Lawall/van Alfen*, Caveat Emptor.

Besonders die attischen Redner geben uns Einblick in die komplexen Transaktionen der in- wie ausländischen Händler, Schiffseigner und Kapitalinvestoren. In der Demosthenes-Rede „Gegen Lakritos" (Demosth. or. 35) findet sich etwa der Wortlaut eines Seedarlehens (*syngraphe*), das nicht allein die ob des Ausfallrisikos (im Verlustfall etwa durch unverschuldeten Schiffbruch war der Darlehensnehmer von der Rückzahlung befreit) hohen Zinssätze (bis zu 30 %) festschrieb, sondern auch detaillierte Angaben zu der als Sicherheit gestellten Ware im Hintransport (mendäischer Wein) sowie zur konkreten Reiseroute enthielt (Demosth. or. 35, 10–13). Die hier wie andernorts aufscheinende Alltäglichkeit solcher Darlehen sind genauso frappierend wie die abzuleitenden betriebswirtschaftlichen Kalkulationen, die hinter solchen Handelsreisen standen und etwa genaue Ladungs- und Routenplanung zur Vermeidung von Verlusten und Generierung von Gewinnen erforderten.[50] Dabei waren auch die unterschiedlichen Ein- und Verkaufspreise in verschiedenen Häfen einzubeziehen (vgl. etwa Xen. oik. 20, 27 f.), und man war sich durchaus bewusst, wie die Lenkung von Handelsströmen auf bestimmte Märkte andere Märkte und Preise beeinflussen konnte, wenn dies auch nicht für alle Waren galt und andere Faktoren wie lokale Angebots-/Nachfragedynamiken und saisonale Schwankungen ebenso eine nicht zu unterschätzende Rolle spielten.[51]

V Jenseits von Athen

Dieses für Athen aufscheinende komplexe Marktbild mit ein- wie ausströmenden Waren und Menschen auf andere Poleis und Regionen zu übertragen, fällt aufgrund der fragmentarischen Quellenlage nicht leicht, ist jedoch ansatzweise sichtbar. Handelsverbindungen über den athenischen Hegemonialbereich hinausgehend sind bei ägäischen Anrainern im 5. Jahrhundert v. Chr. festzustellen. Vom 6. bis ins 3. Jahrhundert v. Chr. ist ein Sprung in verhandelten Gütern zwischen Ägäis und der Levante zu verzeichnen. Obschon 40 % der insgesamt in schriftlichen wie archäologischen Quellen erscheinenden Güter bereits vor dieser Zeit belegt sind und die Quellen gerade für den spätarchaisch-hellenistischen Zeitraum reicher fließen, ist eine In- wie Exten-

---

50 Vgl. *Warnking, P.*, Lakritos? Schuldig! Neue Beweise für einen Betrug bei einem ναυτικόν δάνειον. Betriebswirtschaftliche Überlegungen zum athenischen Seehandel im 4. Jh. v. Chr. anhand der Rede *Gegen Lakritos*, in: MBAH, 35, 2017, 175–206; ebenso *Bresson*, The Making, 280–285 zum Seedarlehen.
51 Vgl. dazu *Eich, A.*, Die politische Ökonomie des antiken Griechenland (6.–3. Jahrhundert v. Chr.). (Passauer Historische Forschungen, Bd. 14) Köln/Weimar/Wien 2006, 175–256; *ders.*, The Struggle, der von einem komplexen Verhältnis von „Normalpreisen", staatlichen Regulierungen unter Berücksichtigung von unterschiedlichen sozialen Gruppen in den politischen Gremien (im Falle Athens) und spontan verhandelten Preisen aufgrund der Situation vor Ort, aber von größtenteils nicht verbundenen Märkten ausgeht. Optimistischer ist *Bresson*, The Making, 422–427, v. a. bezüglich der Marktkenntnisse von Händlern. Zur Diskussion vgl. auch *von Reden*, Antike Wirtschaft, 166; *Harris/Lewis*, Introduction, 16.

sivierung festzustellen, tauchen Güter wie etwa Seide oder Reis das erste Mal im Befund auf. Generell flossen dabei Halb- wie Fertigprodukte, beispielsweise Feinkeramik, Terrakotten oder Metallwaren, wenn auch auf deutlich geringerem Niveau, von West nach Ost, umgekehrt jedoch sehr viel mehr Rohstoffe wie Gewürze oder Farbpigmente in die andere Richtung.[52] Die Versorgung mit Sklaven war ebenfalls über Persien bis tief in die asiatischen Regionen hinein gesichert.[53]

Neben diesen permanenten Waren- wie Menschenmärkten dürfen jedoch auch die terminlich wiederkehrenden Möglichkeiten des Absatzes, etwa zu bestimmten Polis-Festen oder Tempelfeierlichkeiten (*panegyreis*) nicht unterschätzt werden, da sie Anziehungspunkt für regionales wie überregionales Publikum und entsprechende Absatzpotentiale boten.[54] Aber auch die etwa in Xenophons *Anabasis* oder *Hellenika* aufscheinenden spontanen Märkte oder Angebote wie Nachfragen aufgrund von herumziehenden (Söldner-)Heeren sind nicht zu vernachlässigen, zumal das Bild des ökonomisch versierten Feldherrn, der sogar bei der Belagerung der Feinde die strategische Versorgung seiner Truppen im Blick hat und entsprechend lenkt, in der Literatur, u. a. den pseudo-aristotelischen *Oikonomika* mit einer Liste von ökonomischen Kniffen inner- wie außerhalb der jeweiligen Polis, erscheint und mit den Fähigkeiten des athenischen Feldherrn Timotheus auch ein prominentes Gesicht bekam.[55]

Mit den Feldzügen Alexanders und den im Zug unternommenen Erkundungen sowie den logistischen Planungen bei Truppenverschiebungen wie -entlassungen stieß man noch einmal in andere Dimensionen vor. Die Münzstättenmarken auf den Alexanderprägungen (auch unter den nachfolgenden hellenistischen Königen) und deren Verteilungsmuster, Anordnungen und Privilegien für Veteranen zeigen eindrücklich den Grad der Mobilität von Menschen, aber eben damit auch Wissen und Waren an.[56] Für die hellenistischen Herrscher war denn auch eine Sorge, ökonomisch attraktiv und innovativ zu sein, was zu ganz unterschiedlichen Strukturen und Symbiosen mit den weiterhin aktiv involvierten Städten führte. Während das ptolemäische Ägypten in gewisser Tradition auf staatswirtschaftliche Lenkung der verschieden sozial wie ökonomisch strukturierten Regionen mit königseigenen Versuchslaboratorien etwa im

---

52 Vgl. die Zusammenstellung und Auswertung durch *van Alfen, P.*, Aegean-Levantine Trade, 600–300 BCE. Commodities, Consumers, and the Problem of Autarkeia, in: *Harris, E. M./Lewis, D. M./Woolmer, M.* (Hgg.), The Ancient Greek Economy. Markets, House-Holds and City-States. Cambridge 2016, 277–298.
53 Vgl. *Lewis*, The Market for Slaves.
54 Vgl. *Bresson*, The Making, 237 f.; *Harris/Lewis*, Introduction, 11.
55 Vgl. *Günther, S.*, Die Söldner und das liebe Geld. Überlegungen zum Zusammenhang zwischen Münzprägung, Söldnertum und Marktgeschehen im 4. Jahrhundert v. Chr., in: *Eckhardt, B./Martin, K.* (Hgg.), Eine neue Prägung. Innovationspotentiale von Münzen in der griechisch-römischen Antike. (Philippika, Bd. 102) Wiesbaden 2016, 93–108.
56 Zur Münzprägung unter besonderer Betonung der militärischen Soldzahlungen vgl. *de Callataÿ, Fr.*, Royal Hellenistic Coinages: From Alexander to Mithridates, in: *Metcalf, W. E.* (Hg.), The Oxford Handbook of Greek and Roman Coinage. Oxford 2012, 175–190.

Fayum setzte und den Außenhandel zu kanalisieren suchte (vgl. das geschlossene Währungssystem mit notwendigem Münzwechsel, gespiegelt in P. Cair. Zen. 1 59021, 258 v. Chr.; s. o. Kap. 19), war etwa die seleukidische Herrschaft stärker auf ein Abschöpfen der vielfältigen Ökonomien der (von ihnen gerade auch in bislang wirtschaftsschwachen Gebieten forcierten) städtischen Strukturen mit unterschiedlichen Wirtschaftsräumen und -reichweiten angewiesen.[57] Allerdings sind nicht nur die staatlichen Institutionen in den Blick zu nehmen, da die Quellen uns ebenso Einblicke in personale Netzwerke, Handelsgebaren, Warendistribution und Migrationen, wenn auch jeweils als zeitlich wie räumlich limitierter Einzelfall, bieten.[58]

Einige Handelsknoten sind bezüglich längeren Untersuchungszeiträumen beispielhaft näher zu betrachten: Aufgrund der regelmäßig gestempelten Amphoren(fragmente) kann für die Insel Thasos in der nördlichen Ägäis ein Verteilungsmuster über einen längeren Zeitraum untersucht werden. Da die Amphoren v. a. für den Transport von Wein genutzt wurden, erscheint so indirekt ein Bild des thasischen Weinhandelsnetzwerks, auch wenn der konkrete Umfang aufgrund der fragmentarischen Quellenlage und der Tatsache, dass nur einzelne Amphoren innerhalb einer Produktionsgruppe gestempelt wurden, nicht auszumachen ist. Jedoch ergibt sich ein Bild von Thasos als lokalem, regionalem wie überregionalem Vermarkter von Wein, letzteres besonders in die Schwarzmeerregion. Zur Mitte des 3. Jahrhunderts v. Chr. kam es dann zum Erliegen dieses Marktes, wobei Faktoren wie politische Instabilität, somit Rückgang von profitablen Rücktransportgütern wie Getreide, aber auch Verdrängungsprozesse durch andere Konkurrenzprodukte sowie Veränderungen von Handelsrouten (von Athen nach Rhodos, also entlang der kleinasiatischen Küste anstatt der Westroute) eine Rolle gespielt haben dürften und die zahlreichen Interdependenzen zwischen einzelnen Produkten und Märkten erweisen.[59] Für Hermione in der Argolis hat Alain Bresson gezeigt, dass mitnichten allein Knappheit an zu importierenden Gütern wie Getreide die Produktion bestimmte, sondern umgekehrt Hermione Standortvorteile ausnutzte und Olivenöl, purpurgefärbte Textilien und Purpur exportierte und damit seine Versorgung sicherte. Derlei Nischen suchten sich auch andere Poleis, um sich in die verzweigten Handelsnetzwerke einzufügen und daran zu partizipieren.[60] Es erscheint insgesamt auch außerhalb Athens ein weitaus komplexeres Bild als das von

---

57 Ägypten in der Gesamtschau auf Grundlage der Neuen Institutionenökonomie: *Muhs*, The Ancient Egyptian Economy (Ptolemäer: Kapitel 7); ebenso *Manning, J. G.*, The Ptolemaic Economy, Institutions, Economic Integration, and the Limits of Centralized Political Power, in: *Descat, R. (Hg.)*, Approches de l'économie hellénistique. Saint-Bertrand-de-Comminges 2006, 257–274; Seleukiden: *Aperghis*, Seleucid Royal Economy.
58 Vgl. hierzu viele Beiträge in den drei Sammelbänden von *Archibald et al.* (Hellenistic Economies; Making; The Economies) sowie demjenigen von *Descat*, Approches.
59 Vgl. *Tzochev, Ch.*, Markets, Amphora Trade and Wine Industry. The Case of Thasos, in: *Harris, E. M./ Lewis, D. M./Woolmer, M. (Hgg.)*, The Ancient Greek Economy. Markets, House-Holds and City-States. Cambridge 2016, 230–253.
60 Vgl. *Bresson*, The Making, 358–364.

geschiedenen Produktions- und Konsumtionsstandorten, Dependenz von Peripherie und Zentrum, oder nur bilateralem Warenaustausch. Diese Interdependenzen scheinen besonders dann auf, wenn es zu Störungen in funktionierenden Systemen kam, etwa als Athen nach dem 4. Jahrhundert v. Chr. rapide an Bedeutung verlor.[61]

Gerade die Analyse von komplexen Systemen mit Märkten und Handelsnetzwerken unter Einschluss der politischen, rechtlichen, sozialen, kulturellen und religiösen Kontakte der involvierten Akteure dürfte einen zukunftsfähigen Forschungsgegenstand darstellen. Delos ist hierbei vergleichsweise gut untersucht, aber die Verknüpfung der verschiedenen Quellengattungen und Sphären zeitigt auch anderswo interessante Ergebnisse, etwa in Bezug auf die Peloponnes.[62] Aber auch jenseits der Erforschung von Hubs sind etwa auf der Ebene der Siedlungsarchäologie im urbanen, aber auch im ruralen Bereich, insbesondere an Kontaktzonen, der Vermarktung von Produkten und Labels sowie dem Umlauf von Imitationen und die damit verbundenen sozioökonomischen Implikationen (wie etwa Vertrauen) und Warenangebot wie -nachfrage unterhalb der Luxuskategorie (aufgrund der bislang regelmäßigen Missachtung von archäologischen Kleinfunden) noch weitergehende Ergebnisse zu erwarten.[63] Derlei regionale und Detailstudien sind Voraussetzung dafür, um über weitergehende Fragen nach der lokalen, regionalen oder überregionalen Reichweite von Handelsnetzwerken, von Angebot und Nachfrage oder der Integration von Märkten respektive der Interdependenz von Preisen angemessen urteilen und diese gegen andere Faktoren wie saisonale Versorgungs- und Preisschwankungen sowie staatliche Eingriffe gewichten zu können. Fest steht allerdings: Der literarische (Eu-)Topos von autarken Poleis wie *oikoi* war doch eher Sehnsucht und Mythos denn tagtägliche Erfahrung in der griechischen Welt, in allen gesellschaftlichen Schichten und zu allen Zeiten.

Bibliographie

Van Alfen, P., The Coinage of Athens, Sixth to First Century B.C., in: *Metcalf, W. E. (Hg.)*, The Oxford Handbook of Greek and Roman Coinage. Oxford 2012, 88–104.
De Angelis, Fr., Archaic and Classical Greek Sicily. A Social and Economic History. (Greeks Overseas) Oxford 2016.
Aperghis, G. G., The Seleukid Royal Economy. The Finances and Financial Administration of the Seleukid Empire. Cambridge 2004.

---

61 Vgl. *Bresson*, The Making, 368–376.
62 Zu Delos vgl. *Reger*, Regionalism; *Constantakopoulou*, Aegean Interactions. Peloponnes: *Shipley*, The Early Hellenistic Peloponnese.
63 Zum Marketing und Vertrauen in die Produktqualität vgl. etwa *Lawall, M. L.*, Transport Amphoras, Markets, and Changing Practices in the Economies of Greece, Sixth to First Centuries BCE, in: *Harris, E. M./Lewis, D. M./Woolmer, M. (Hgg.)*, The Ancient Greek Economy. Markets, House-Holds and City-States. Cambridge 2016, 254–273.

Archibald, Z. H. et al. (Hgg.), Hellenistic Economies. London/New York 2001.
Archibald, Z. H./Davies, J./Gabrielsen, V. (Hgg.), Making, Moving and Managing. The New World of Ancient Economies, 323–32 BC. Oxford 2005.
Archibald, Z. H./Davies, J./Gabrielsen, V. (Hgg.), The Economies of Hellenistic Societies. Third to First Centuries BC. Oxford 2011.
Aubet, M. E., The Phoenicians and the West: Politics, Colonies and Trade. 2. Aufl. Cambridge 2001.
Bernstein, Fr., Konflikt und Migration. (Mainzer Althistorische Studien, Bd. 5) St. Katharinen 2004.
Bresson, A., The Making of the Ancient Greek Economy. Institutions, Markets, and Growth in the City-States. Translated by St. Randall. Princeton/Oxford 2016.
Constantakopoulou, Chr., Aegean Interactions. Delos and its Networks in the Third Century. Oxford 2017.
Davis, G., Dating the Drachmas in Solon's Laws, in: Historia, 61/2, 2012, 127–158.
Descat, R. (Hg.), Approches de l'économie hellénistique. Saint-Bertrand-de-Comminges 2006.
Dietler, M., The Iron Age in the Western Mediterranean, in: *Scheidel, W./Morris, I./Saller, R.* (Hgg.), The Cambridge Economic History of the Greco-Roman World. Cambridge 2007, 242–276.
Eich, A., The Struggle over Prices and Conditions of Price Formation in Classical Athens, in: JAC, 34/2, 2019, 155–187.
Gschnitzer, Fr., Griechische Sozialgeschichte. Von der mykenischen bis zum Ausgang der klassischen Zeit. 2., durch eine Bibliographie erweiterte Aufl. Stuttgart 2013.
Günther, S., Sonderwirtschaftszonen. Antike Konzeptionen und Konstruktionen am Beispiel des Piräus, in: *Droß-Krüpe, K./Föllinger, S./Ruffing, K.* (Hgg.), Antike Wirtschaft und ihre kulturelle Prägung – The Cultural Shaping of the Ancient Economy. (Philippika, Bd. 98) Wiesbaden 2016, 113–130.
Harris, E. M./Lewis, D. M., Introduction. Markets in Classical and Hellenistic Greece, in: *Harris, E. M./Lewis, D. M./Woolmer, M.* (Hgg.), The Ancient Greek Economy. Markets, House-Holds and City-States. Cambridge 2016, 1–37.
Helas, S./Marzoli, D., Phönizisches und punisches Städtewesen: Akten der internationalen Tagung in Rom vom 21. bis 23. Februar 2007. (Iberica archaeologica, Bd. 13) Mainz 2009.
Hinsch, M., Ökonomik und Hauswirtschaft im klassischen Griechenland. (Historia-Einzelschriften, Bd. 265) Stuttgart 2021.
Horsmann, G., Athens Weg zur eigenen Währung: Der Zusammenhang der metrologischen Reform Solons mit der timokratischen, in: Historia, 49/3, 2000, 259–277.
Lawall, M. L./van Alfen, P. (Hgg.), Caveat Emptor: A Collection of Papers on Imitations in Ancient Greco-Roman Commerce = MBAH, 28, 2011.
Lewis, D. M., The Market for Slaves in the Fifth- and Fourth-Century Aegean. Achaemenid Anatolia as a Case Study, in: *Harris, E. M./Lewis, D. M./Woolmer, M.* (Hgg.), The Ancient Greek Economy. Markets, House-Holds and City-States. Cambridge 2016, 316–336.
Malouta, M., Naucratis, in: Oxford Handbook Online, Online Publication Date: July 2015, DOI: 10.1093/oxfordhb/9780199935390.013.114, abgerufen unter: https://www.oxfordhandbooks.com/view/10.1093/oxfordhb/9780199935390.001.0001/oxfordhb-9780199935390-e-114 (20. 07. 2019).
Mittag, P. F., Griechische Numismatik. Eine Einführung. (Alte Geschichte Forschung) Heidelberg 2016.
Morris, I., Early Iron Age Greece, in: *Scheidel, W./Morris, I./Saller, R.* (Hgg.), The Cambridge Economic History of the Greco-Roman World. Cambridge 2007, 211–241.
Muhs, B., The Ancient Egyptian Economy, 3000–30 BCE. Cambridge 2016.
Osborne, R., Archaic Greece, in: *Scheidel, W./Morris, I./Saller, R.* (Hgg.), The Cambridge Economic History of the Greco-Roman World. Cambridge 2007, 277–301.
Psoma, S., Choosing and Changing Monetary Standards in the Greek World during the Archaic and Classical Periods, in: *Harris, E. M./Lewis, D. M./Woolmer, M.* (Hgg.), The Ancient Greek Economy. Markets, House-Holds and City-States. Cambridge 2016, 90–115.
Reden, S. von, Antike Wirtschaft. (Enzyklopädie der griechisch-römischen Antike, Bd. 10) Berlin/Boston 2015.
Reger, G., Regionalism and Change in the Economy of Independent Delos. Berkeley 1994.

Schäfer, Chr. (Hg.), Connecting the Ancient World. Mediterranean Shipping, Maritime Networks and their Impact. (Pharos, Bd. 38) Rahden/Westf. 2016.

Schmitz, W., Die griechische Gesellschaft. Eine Sozialgeschichte der archaischen und klassischen Zeit. (Alte Geschichte Forschung) Heidelberg 2014.

Shipley, D. G. J., The Early Hellenistic Peloponnese. Politics, Economies, and Networks 338–197 BC. Cambridge 2018.

Slawisch, A. (Hg.), Handels- und Finanzgebaren in der Ägäis im 5. Jh. v. Chr. – Trade and Finance in the 5th c. BC Aegean World. (Byzas, Bd. 18) Istanbul 2013.

Stanley, Ph. V., The Economic Reforms of Solon. (Pharos, Bd. 11) St. Katharinen 1999.

Tsetskhladze, G. R., Greek Colonisation. An Account of Greek Colonies and Other Settlements Overseas. 2 vols. (Mnemosyne Supplements, Bd. 193/1–2) Leiden/Boston 2006/2008.

Van Wees, H., Ships and Silver, Taxes and Tribute: A Fiscal History of Archaic Athens. London/New York 2013.

D **Die römische Wirtschaft**
(700 v. Chr.–ca. 300 n. Chr.)

Andrea Roppa
21 The Economy of the Western Mediterranean in the Archaic Period

It is my aim in this chapter to explore the economy of the human communities that inhabited the fringes of the western Mediterranean throughout the Iron Age (ca. 1000–ca. 400 BC). During that period, transformations within local societies and increased Mediterranean-wide connectivity triggered dramatic societal changes across a broad spectrum, including local patterns of production, distribution and consumption. In other words, it is generally believed that the augmented mobility of goods and people from – sometimes very – different backgrounds affected the 'structure' and 'performance' of local economies and resulted in gradual transformations that included also the economic behaviour of human groups and individuals alike.

In my analysis, I first shortly highlight some issues related to current approaches to the study of ancient economies and make clear my own theoretical stance. I then move to the archaeological evidence and explore case studies from the Iberian Peninsula, Sardinia, and Sicily. These provide a basis of enquiry broad enough to get insights into the patterns of production, distribution, and consumption of western Mediterranean communities over the Iron Age. My chronological range is wide, as it is focused on the period between the late 9th and early 5th century BC, which in the western Mediterranean roughly corresponds to the Archaic, and the subsequent transition into the Classical period. As features generally associated with the emergence of Iron Age societies appeared at different times across the western Mediterranean,[1] such a large time span allows me to gauge in the long term local responses to the increased connectivity gradually linking the economy of traditional communities to hitherto unexperienced wide networks.

I Economics and the Archaic western Mediterranean

As is shown in chapter 1 of this volume, the study of the economy of ancient societies has been a hotly debated topic, which has been approached from substantially different and sometimes clashing theoretical perspectives. It is not my aim in this chapter to rehearse the formalist/substantivist debate, or to adhere to more recent theoretical paradigms – such as the New Institutional Economics (NIE) that forms the interpretive

---

[1] E.g. *Van Dommelen/Roppa*, Conclusioni.

backbone of two seminal attempts of reconstructions of the Classical economy[2] – that have been proposed to bridge the gap between these two divergent and apparently incompatible views of the ancient economy. Rather, I would like to adopt a context-based perspective, and enquire on the basis of the exploration of a number of meaningful case studies which were the cultural, social, and political determinants – i.e. the overall context – of Iron Age economy.

My understanding of the study of the Archaic economy implies investigation of "a social domain that emphasizes the practices, discourses, and material expressions associated with the production, use, and management of resources".[3] Based on this understanding, I subsequently outline the basic features of the economic history of the Archaic western Mediterranean. In so doing, I first analyse some methodological issues arising from the existing evidence and scrutinise their subsequent interpretation within broad theoretical frameworks.

One of the main methodological implications underlying the study of ancient economies is related to the overall context in which economic activities took place. This roughly corresponds to one of the key points of the NIE theoretical approach that has been labelled as the institutional environment. Aptly defined as 'the background constraints' or 'rules of the game' of an economy, the institutional environment is made up of both informal norms and formal rules regulating productive, distributive and consumptive activities, and informing the economic behaviours of individuals and human groups.[4] Much ink has been spilled to trace the distinctive patterns of pre-capitalist and pre-modern societies, especially in the Classical Graeco-Roman world, in order to assess whether the 'structure' of these societies allow for analyses based on modern parameters such as economic 'growth' and 'performance'.[5] Comparative evidence has been gathered in the effort to provide support to the assumption that ancient economies shared at least some traits with the modern economies upon which all theoretical models formulated by economists, and used by archaeologists and historians, have been elaborated.

To identify the 'institutional environment' of the Archaic western Mediterranean is not an easy task, due to the shortage of literary sources. Archaeology offers quantitatively richer data, yet often ambiguous in character. Among archaeological evidence, coins indeed have a special place, though in the west coinage started only towards the end of the 6th century BC, and gradually spread more widely throughout the following centuries, i.e. beyond the chronological scope of this chapter. Also, its use was patchy, before the Roman period "the western Mediterranean was never an integrated monetized economy",[6] and it is common opinion that barter was the main

---

2 *Scheidel et al.*, Economic History; *Bresson*, Institutions.
3 *James et al.*, Urban Sustainability, 52.
4 *Frier/Kehoe*, Law.
5 *Morris et al.*, Introduction.
6 *Dietler*, Iron Age, 270–72.

means of exchange. Some insights into the 'rules of the game' of Iron Age economy are nonetheless provided by sporadic literary sources, mainly Greek authors. For example, Herodotus reported the existence of a form of trade between Carthaginians and natives on Africa's Atlantic coast labelled as 'silent trade', which is described as a contactless type of barter negotiated between the parts until the attainment of mutual satisfaction. From an archaeological perspective, the material expression *par excellence* of the Iron Age Mediterranean economic *milieu* and institutional environment is provided by the alleged existence of sites where protection of economic activities was guaranteed. These settlements have been debatably related to the so-called 'ports of trade' of Polanyi's (1963) influential reconstruction of the ancient economy, to the *emporion* of ancient Greek sources,[7] or have been more generally defined, from different perspectives, as commercial settlements facilitating cross-cultural trade.[8] It is generally believed that the functions performed by this type of sites, that is to regulate and guarantee transactions between actors from different backgrounds, were much needed in the Archaic multicultural western Mediterranean. Their existence has been postulated at a number of locations in the Mediterranean, in the west at the sites of Gravisca in southern Etruria, and at Ampurias – ancient Greek *Emporion* – in modern day Catalonia.[9]

Both examples shortly quoted above highlight one common feature of the region at that time, which is its highly varied cultural fabric, made up of a number of extremely diverse socio-political entities and autonomous communities from substantially different backgrounds and descent. These range from the heirs of the Bronze Age Nuragic civilization in Sardinia, the dwellers of the hilltop sites that flourished in inland Sicily during the Late Bronze Age, and the inhabitants of agglomerated inland settlements in southern France and Iberia, to the Greek and Phoenician newcomers who built markedly distinctive settlements on the coastal shores of southern Italy, Sardinia, Sicily, north Africa, southern France and Iberia from the 9th century BC, to name just a few instances. This basic observation makes it clear that the existence of diverse, both formal and informal, institutional systems embedded within one society's cultural norms and values, framed at different degrees the economic activities and behaviours of western Mediterranean communities.

These varied socio-political contexts became increasingly interconnected and integrated through the augmented mobility of human and material resources from the late 9th century BC onwards. This process resulted in the formation of robust western Mediterranean networks of exchange and trade by the end of the 7th century BC, each of them bearing distinctive traits, and associated with the main actors – e.g. Etruscan, Greek, Phoenician – involved. The institutional frameworks within which such eco-

---

7 *Hansen*, Meaning Emporion; *Demetriou*, Emporion.
8 *Demetriou*, Identity; see more recently discussions in *Bresson*, Interfaces; *Gras*, Emporion and Polis; *Rouillard*, Term Emporion.
9 *Demetriou*, Identity; with extended bibliography.

nomic activities developed, the character of these activities, and what form of economic transactions were carried out is the topic of the next section, where I explore some key Iron Age western Mediterranean archaeological evidence.

II Archaeological economic history of the Iron Age west Mediterranean

Generally speaking, an archaeological enquire into economic history entails the analysis of evidence from three fields of human activity that broadly shed light on past economic behaviours, namely production, distribution, and consumption, to be investigated in their specific socio-cultural and political contexts. A recent review of the Iron Age western Mediterranean economic history has sketched these three main fields of economic activity in the region, yet acknowledging that "quantitative measures that would constitute standard categories of formal economic analysis [...] remain largely beyond our capacity to estimate in any meaningful way".[10] More than ten years later, despite substantial research advances in the fields of paleobotanic remains and organic residue analysis, ancient metallurgy and isotopic analysis, and ceramic archaeometry that have provided new data on agrarian production and distribution, metallurgical and pottery technology, and provenance of metal and ceramic items, I still endorse that statement. Subsequently, in this section it is not my aim to trace a grand narrative of the economic history of the Archaic western Mediterranean, but rather to focus on a number of case studies showing the complex and often inextricable plot interweaving economy to socially embedded practices, as for instance the perception and use of foreign material culture by local communities, and its role in local forms of elite empowerment. By extension, such a context-based approach allows me to cast light on the socio-political environment in which exchange and trade, and the subsequent consumption of both locally and not-locally made products took place.

In my analysis, I take into account a range of case studies from different areas and chronologies throughout the Iron Age, in order to diachronically catch a glimpse over local developments in the long run. In particular, the case studies of Huelva and Sant'Imbenia, respectively located on the Atlantic shores of Andalusia and the northwestern coast of Sardinia, provide information about economic activities at these two indigenous sites, and the Phoenician enterprise in the early Iron Age, specifically between the 9th and mid-7th century BC. The site of Nora in southern Sardinia sheds light on the development of the west-central Mediterranean Phoenician commercial network between the 7th and 6th century BC. More recent data to track developments at the dawn of the Classical period between the mid-6th and early 5th century BC in

---

10 *Dietler*, Iron Age, 276.

a different region are offered by the indigenous hilltop site of Monte Iato in mainland western Sicily, which also adds more substantial data on interaction between local communities and Greek colonists.

1 9th to 8th century BC: Huelva

The indigenous site of Huelva, a peninsula located at the mouth of the Odiel and Tinto rivers on the Atlantic in the Iberian Peninsula, has yielded the earliest and most abundant evidence for the beginning of a large scale, trans-Mediterranean trade network, whose chronology has been hotly debated and spans between the mid-10th and the mid-9th century BC.[11] Sealed under the modern day city of Huelva, excavations have unearthed layers packed with large amounts of finds from predominantly Phoenician, but also Greek and Sardinian Nuragic provenance, among other eastern Mediterranean finds, along with indigenous pottery. This important assemblage unfortunately cannot be associated to stratigraphic contexts until the second half of the 8th century BC, due to the rising groundwater level.[12] The reason for such an early chronology of these quantitatively impressive data – from the two contexts excavated in central Huelva come nearly 4000 typologically Phoenician diagnostic finds, mostly amphorae and table ware, predating the mid-8th century BC[13] – has been explained as the evidence of the quest for metals that has been traditionally understood as one of the main factors triggering the Phoenician expansion towards the west.[14] Directly inland from Huelva, in fact, lies the Pyrite Belt minerary district, access to which is provided via the Rio Tinto river. In the area, substantial evidence of mining activity in ancient times has been shown, particularly intense from the Orientalising period.[15] Such an early Phoenician interest in Iberian metals seems now confirmed by isotopic analysis on silver items from 9th- to 8th-century BC hoards in motherland Phoenicia, at the sites of 'Ein Hofez and Eshtemoa in modern-day northern Israel. The composition of some samples from the two hoards seems consistent with ores in the Iberian Pyrite Belt.[16] Also, the introduction of the metallurgical technique of cupellation in Iberia has been associated with the Phoenicians.[17] The Phoenician search for metal as far as the westernmost shores of the Mediterranean, and beyond, has been explained in the context of the complex Levantine political and economic contemporary background. It has been suggested that it was directed by the Phoenician city-states,

---

11 See: *González de Canales et al.*, Emporio Fenicio; *Núñez Calvo*, Cerámicos.
12 *González de Canales et al.*, Emporio Fenicio.
13 *González de Canales*, Huelva, 68.
14 *Aubet*, Phoenicians.
15 *Murillo-Barroso et al.*, Silver Production.
16 *Eshel et al.*, Lead.
17 *Murillo-Barroso et al.*, Silver Production, 78–80.

Tyre in particular, to satisfy requests from cumbersome neighbouring kingdoms.[18] While the overall economic and political framework underlying such an enterprise appears reasonably clear in the Levant, the corresponding counterpart in the west, in this case the Tartessian society of southwestern Spain of which Huelva was part, still needs clarification.[19] At Huelva, the socio-political organization of the community hosting Phoenician merchants is only hinted at by the lavish elite burials at the local La Joya cemetery. Grave goods include ivory items, decorated ostrich eggs, typologically Phoenician ceramic fine ware, and Orientalising metal vessels, of which the collection from the La Joya represents the largest amount of Orientalising bronze items in southern Iberia.[20] From the richest burial, the only complete chariot from Iron Age Iberia, dating to the end of the 8th century BC, was recovered.[21] It has been proposed that these luxury items, along with products contained within amphorae, and most likely high-status purple-dyed textiles for which the Phoenicians were renown,[22] were the goods through which the Phoenicians persuaded the local elite to provide access to local metal resources. The products that were traded, initially shipped from overseas, began to be increasingly produced locally, either in the Phoenician settlements that were established in the west from the late 9th century BC,[23] like for instance the large colonial settlement at modern day Cadiz not far from Huelva on the Atlantic coast, or indeed in Huelva. Additional evidence, in fact, such as the predominance of Phoenician pottery from one of the earliest contexts reached by excavations, suggests that groups of Phoenicians settled permanently at Huelva and carried out productive activities *in situ*. That may be argued by the presence of fragmented shell debris probably associated with purple-dye making.[24] Likewise, goods shipped in amphorae, among which being wine, soon began to be locally produced more intensively. Recent research on the genomics of grape vine have changed the conventional view that the domestication of *vitis vinifera* – and subsequent wine production – was a one-way phenomenon that spread towards the western Mediterranean through the Phoenicians and Greeks.[25] The multiple origins of cultivated grape vine have been pointed out, as well as the existence of a local trajectory of grape vine domestication in the Iberian Peninsula.[26] These data find a close match in the archaeological record from Huelva, where the earliest archaeological layers have yielded substantial amounts of pips of domesticated *vitis vinifera*.[27] Moreover,

---

18 *Aubet*, Phoenicians.
19 *Rodríguez Díaz*, Landscapes.
20 *Jiménez Ávila*, Phoenician Bronzes.
21 *Jiménez Ávila*, Chariot.
22 *Marín-Aguilera et al.*, Production.
23 E.g. bronze metalworks: *Jiménez Ávila*, Phoenician Bronzes.
24 *González de Canales*, Huelva, 68; *Marín-Aguilera et al.*, Production, table 1.
25 *Buxó*, Consequences.
26 *Arroyo-García et al.*, Cultivated Grapevine.
27 *González de Canales*, Huelva, 68.

excavations in Huelva's immediate hinterland have revealed the most ancient remains of cultivated fields consistent with ancient vineyards in the western Mediterranean, chronologically ranging from the 10th century throughout the 1st millennium BC.[28] While of course the association between the domestication of *vitis vinifera* and wine making prior to the arrival of the Phoenicians needs further investigation, it may be reasonably argued that the long-standing Levantine expertise in this agricultural field boosted local wine production.

2 8th to 7th century: Sant'Imbenia

Slightly later is the archaeological documentation from the indigenous site of Sant'Imbenia, located right on the shores of the sheltered bay of Porto Conte in north-western Sardinia, which also sheds light on broad patterns of social transformations Nuragic society underwent in the early centuries of the 1st millennium BC. Over the Iron Age, a significant number of *nuraghi*, which are the archaeological landmarks of Nuragic culture, were abandoned, and villages, often adjacent to *nuraghi*, grew in importance. These now featured large courtyard houses along with traditional round huts.[29] Settlement pattern developments are paralleled in the religious sphere by the appearance of large sanctuaries from the 10th century BC, displaying elaborate buildings. Excavations at various of these large cultic sites have yielded precious metal and imported objects, which point to their role in wealth accumulation and redistribution processes within Iron Age Nuragic society.[30] Greater transformations occurred within the funerary sphere, which involved the dismissal, from the 9th century BC, onwards of the traditional collective burial ritual taking place in purposely built monuments, and the appearance of individual burials in single pits. This change in funerary ritual is poorly documented, as few funerary contexts have been identified, and even fewer have been investigated.[31]

Developments at Sant'Imbenia match bigger trends, as in the course of the early Iron Age villages grew from pre-existing *nuraghi*. From the late 9th–mid-8th century BC, the core of the settlement became a large open space, which was surrounded by a number of rooms that have yielded a wide range of evidence on the economic activities carried out at the site. About at the same time, increasingly larger amounts of imported pottery, mainly Phoenician amphorae and table ware, but also Greek and Etruscan ceramics, document the site's involvement in the contemporary networks. Similar to Huelva, the early Phoenician interest in sailing to Sardinia's coasts has

---

28 *Vera Rodriguéz/Echevarría Sánchez*, Sistemas Agrícolas.
29 *Webster*, Archaeology.
30 *Ialongo*, Sanctuaries.
31 *Bernardini*, Necropoli Sardegna.

been related to the island's rich metal ores, including silver, lead and copper, among which the Argentiera minerary district located at short distance from Sant'Imbenia.

Two sets of material culture, namely metal items and transport amphorae, offer insights into productive activities carried out by the community at Sant'Imbenia. Metal production and subsequent distribution is documented by substantial quantities of mostly copper bun ingots but also bronze objects found, including axes and swords. The material recovered amounts to about 130 kg and was contained inside three jars – one Phoenician amphora, one Nuragic storage jar, and one locally handmade amphora typologically close to Phoenician transport containers – buried in the floors of two rooms. It has been suggested that metal was mined locally, and was accumulated at the site to be exchanged during transactions with Phoenician and possibly Greek merchants.[32] Data on the existence of a (very) early metal trade between the Levant and the island have now been provided by isotopic analysis on silver items from two hoards found at Dor and 'Akko in southern motherland Phoenicia, which have yielded results consistent with a Sardinian provenance as early as the mid-to-late 10th and 10th-to-9th century BC, respectively.[33] While such an early chronology for the Phoenician diaspora on Sardinia is not matched by any other type of archaeological evidence, more or less direct connections between the island and the eastern Mediterranean definitely existed between the Late Bronze and early Iron Age, and have been already highlighted by the presence of Nuragic ceramic material in the Aegean (sites of Kaniale Tekké and Kommos on Crete) and Cyprus (site of Pyla-Kokkinokremmos).[34]

The amphora evidence from Sant'Imbenia is particularly important, as it specifically throws light on a crucial shift in the economic behaviour of the local community. Beside imported typologically Phoenician amphorae, mostly from sites on the island and the Carthage area, and much less frequently the Iberian Peninsula and perhaps the Levant, a group of locally made amphorae has been singled out on an archaeometric basis, the so-called 'Sant'Imbenia type' amphorae. This amphora type is a local elaboration of near-eastern prototypes, the so-called canaanite jars. Although the correlation between eastern and western Phoenician amphora types in the early Iron Age is far from straightforward,[35] 'Sant'Imbenia type' amphorae differ markedly from their oriental predecessors from a technical point of view. The manufacturing process of 'Sant'Imbenia type' amphorae, in fact, finds a close match in the Nuragic ceramic tradition, which involved a combination of mostly hand-made modelling techniques.[36] This kind of vessels, along with more distinctively Nuragic material, has now been increasingly found and identified in the contemporary western Mediterranean, partic-

---

32 *Rendeli*, Topic.
33 *Eshel et al.*, Lead.
34 Overview in *D'Oriano*, Sardegna Nuragica.
35 *Pedrazzi*, Levante, 230–232.
36 *De Rosa*, Sant'Imbenia.

ularly at sites within the broad Phoenician network, including Pithekoussai and sites in Tyrrhenian Italy, Carthage,[37] Phoenician coastal settlements in the Iberian Peninsula, and Huelva.[38] Because of their frequent association with Nuragic *askoi*, a traditional Iron Age ceramic shape which has been usually related to wine consumption, it has been suggested that wine was shipped in these amphorae, even though no scientific evidence is by now available on amphorae content(s).[39] However, on the basis of evidence from the very site at Sant'Imbenia, where one such container contained copper ingots, and from an underwater recovery just off the island's east coast, it is likely that at least in some cases metal was traded in this amphora type.[40] Archaeologically, 'Sant'Imbenia type' amphora production and distribution is a central point in the understanding of economic activities in the western Mediterranean and interaction between Phoenician newcomers and local communities. The local, independent production of a typologically Phoenician shape may in fact imply that the local communities wished to convey their products to the transmarine western Mediterranean market which was at that time largely managed by the Phoenicians,[41] who from shortly before the mid-8th century BC had started to establish themselves permanently on Sardinia as shown by data from Sant'Antioco, an islet just off south Sardinia's coast. In particular, strong links with Carthage are evidenced by the substantial amounts of so-called 'Sant'Imbenia type' amphorae found in contexts dating between 760 and 675 BCE, when this type of container accounts for almost 50 % of the imported amphorae.[42]

3 7th to mid-6th century BC: Nora

The Phoenician site of Nora is located in southern Sardinia, on a narrow two-headed peninsula that stretches south and east into the Tyrrhenian Sea. Ongoing excavations have brought to light a large settlement and material dating from the 8th century BC. Although large amounts of Phoenician and, to a lesser extent but still quantitatively relevant, Etruscan and Greek pottery date to the late 8th and particularly 7th century BC, and although an early Iron Age chronology has been proposed for sporadic finds such as the famous Nora stele (debatably dated to between the 9th and 8th century BC), an early dating is only partially matched by settlement contexts, which are only documented by postholes probably related to huts built in perishable material between the 7th and 6th century BC.[43] More abundant and earlier evidence comes

---

37 *Bechtold/Docter*, Transport Amphorae.
38 *Botto*, Contatti.
39 *Botto*, Vino.
40 Overview in *Roppa*, Sardinia.
41 *Hayne*, Entangled Identities, 155–56.
42 *Bechtold/Docter*, Transport Amphorae.
43 *Bonetto*, Nora, 174–77.

from burial data, in particular from a recently excavated incineration grave dating as early as the first half of the 7th century BC.⁴⁴ The appearance of a permanent and structurally elaborated settlement on the peninsula dates only from the very late 6th to early 5th century BC, when a carefully laid-out quarter was built and kept in use until the end of the 1st century BC.⁴⁵ A recent analysis of amphora distribution from stratigraphic contexts and underwater recoveries just off the coasts of Nora allows shedding light on the economy of a site which was part and parcel of the west-central Mediterranean network managed by the Phoenicians between the 7th and 6th century BC.⁴⁶ At Nora, based on typological observations, the bulk of amphorae found on site are consistent with production in the main Phoenician centres of the central Mediterranean, including Sant'Antioco on Sardinia, Motya on Sicily and Carthage in North Africa. Comparisons based on the macroscopic features of ceramic fabrics have revealed a likely north African production for more than 75 % of amphora circulating at the site between the mid-7th and mid-6th century BC.⁴⁷ A similar picture has emerged from analysis of amphorae from underwater recoveries, with a high percentage of fabrics that may be related to north African provenance throughout the same period. Insights into types of goods shipped through transport containers are provided by underwater evidence, which in several instances has yielded well preserved data. Bovine and ovine meat was found inside 18 amphorae, plus six spots where bones were recovered just outside the containers. In one instance, faunal remains were identified as zebu (*bos taurus indicus*), a bovine species endemic to North Africa. That in some cases meat was shipped from north Africa has been also shown on the basis of ceramic fabric analysis in at least one other amphora. In some cases, bones were found in association with seeds, particularly with domesticated grape vine pips, an association which has been related to a specific practice of meat preservation during maritime transport.⁴⁸

Data from the amphora evidence at Nora acquire a greater significance for the understanding of the role of the site within the Phoenician network and, by extension, economic activities in the west-central Mediterranean, if compared with patterns of interaction with local Nuragic communities and the presence of non-Phoenician imports at the site. Intensive survey carried out in the hinterland of Nora has in fact failed to recognise a significant distribution of Phoenician material throughout the whole Archaic period.⁴⁹ That pattern is closely matched by the presence of Nuragic pottery on site, which is quantitatively irrelevant.⁵⁰ On the other hand, the substantial

---

44 *Bonetto/Botto*, Sepolcri.
45 *Bonetto*, L'Insediamento, 75–76.
46 *Roppa/Madrigali*, Colonial Production.
47 *Finocchi*, Anfore Fenicie, 463–64.
48 *Roppa/Madrigali*, Colonial Production.
49 *Botto*, Topografiche a Nora, 61–70.
50 *Bonetto*, Nora.

amounts of Greek and Etruscan ceramic imports dating to the late 7th to 6th century BC[51] are mainly forms for serving and consuming. This pattern suggests the existence of a well-structured network between North Africa and Sicily, on the one hand, and the coasts of the Italian Peninsula, on the other. Through this network, Greek table ware and commodities contained in typologically Phoenician amphorae were shipped to Nora from the south, while Etruscan table ware came from the Italian Tyrrhenian coasts. The existence of strong links with central Italy is confirmed by the recent finding of a small imported jar among the grave goods of an early 7th century BC Phoenician incineration grave, which finds a close typological match in material from contemporary mainland Italy.[52]

The specific role of Nora in the well-structured west-central Mediterranean Phoenician colonial network throughout the Archaic period may also be related to the site's morphology, providing shelter to ships, and anchorage in two distinct bays, features that made it a convenient stop-over in the sea route connecting North Africa and Sicily to the Italian coasts. Data such as the high percentage of amphorae from the Carthage area, along with weak interaction with Nuragic communities, might also mean that food supply was at least partially shipped from Carthage to a site which played an important role in a trade network in which the north African city was already a key actor.

4 6th to early 5th century BC: Monte Iato

Situated at the intersection of sea-routes connecting the Mediterranean in east-west and south-north directions, the western tip of Sicily was the arena of sustained interaction between local communities and Greek and Phoenician newcomers since the early Iron Age, which resulted in the establishment of Phoenician colonial settlements at Motya and Panormos in the late 8th and 6th century BC, respectively, and the Greek colonial settlement at Selinous in the second half of the 7th century BC. In western Sicily, as well as on the rest of the island, hilltop sites located at nodal points of communications were a critical part of local communities' settlement patterns from the late Bronze Age throughout the first millennium BC. Typically, the internal organisation of these settlements was roughly defined by two or three levels, following morphological constraints. On the lower slopes were the burials, usually clusters of rock-cut chambers, while on the upper slopes or on the plateau of the hill was situated the residential area, often on artificial terraces. Where present, a ritual place in which communal ceremonies were celebrated was located on the highest or most conspicuous topographic point of the settlement.[53] The indigenous settlement at Monte Iato,

---

51 *Rendeli*, Ceramica.
52 *Bonetto/Botto*, Sepolcri, 201.
53 *Albanese Procelli*, Sicani, 164–75.

located on a plateau about 30 km inland from the Phoenician site of *Panormos* – modern-day Palermo –, was inhabited since the early Iron Age. Earliest stratigraphic contexts dating from the 7th century BC have been reached in several areas of the settlement, which consisted of rounded and squared dry-stone huts, displaying evidence of domestic, such as food preparation and consumption, and ritual activities. The urban and architectural layout of the site, as well as ceramic material in use gradually changed from the mid-6th century BC, showing how the elite at Monte Iato actively participated in the increased Mediterranean connectivity during the late Iron Age. Two Greek-style temples were built in a central area of the settlement, shortly after the mid-6th and at the end of the 6th to early 5th century BC, respectively. Of the two, the older – the so-called temple of Aphrodite as documented by epigraphic evidence dated to the Hellenistic period – is larger and strikingly similar to Temple II in the Sanctuary of Demeter Malophoros at Selinous. Close to each temple, a multi-room complex existed, which was used for specific practices. In the case of the so-called temple of Aphrodite, a two-storey building provided with banquet rooms on the upper floor – the so-called Late Archaic House – was built around the end of the 6th century BC. This multi-room complex displayed high-quality architectural features, such as a clay tile roof, red and white flooring and plastered walls in the banquet rooms, and included furnishing for *klinai*, which allow for a direct comparison with contemporary banqueting houses in the Greek motherland.[54] The second multi-room complex was a terraced building contemporary, and directly connected to the second, smaller temple. The amount, type and function of ceramic material collected in both buildings shed light on their functions. While the predominance of particular ceramic shapes related to the serving and consumption of food and liquids within both assemblages shows that feasting and ritual commensality took place in both complexes, the nature of each assemblage points to specific social contexts. In the Late Archaic House, over 1000 vessels have been identified, which document ritual practices over about 40 years. The presence of a substantial amount (ca. 40%) of imported Greek ceramic fine ware– including black- and red-figured Attic pottery, and a variety of imports from the Greek world – sheds light on the breadth of the network to which the ruling elite at Monte Iato was connected. At the same time, the predominance of locally made, traditional pottery (ca. 60%) points to the undiminished local roots of the ruling elite. Despite the proximity of the Phoenician settlements of Motya and Panormos, no typologically Phoenician ceramics were found in the assemblage from the Late Archaic House. Based on the type of ceramic material collected and lavish architectural features of the building, which point to connections with the Greek mainland, it has been suggested that the Late Archaic House was the venue where inter-elite meetings at regional scale took place, through which the local ruling group expressed its power in new – architectural and ritual – forms. On the other hand, the much smaller amount of pottery collected at the second multi-room context, which features

---

54 *Kistler/Mohr*, Monte Iato, 396.

only a small number of imports and a low variation of ceramic shapes, may best be related to ritual practices performed by one local elite household. Both multi-room complexes were abandoned around 460 BC.

While the construction of the so-called temple of Aphrodite and Late Archaic House casts light on the needs of the ruling elite to re-negotiate and re-establish their power on a Mediterranean-wide scale, the later temple by the agora and the adjacent multi-room complex respond to the need of one prominent household to express their role in the community through new shared practices.[55] It may also be argued that the scope of inter-elite meetings at the Late Archaic House, which likely involved individuals from Greek background, possibly from Selinous, was not only limited to the social and political sphere, but extended to the agreement of economic transactions. The role of ritual in the Archaic Mediterranean economy has been already suggested by high-quality data from well-known sites not discussed in this chapter, such as for instance Gravisca in Etruria.[56] That in Sicily Greek material culture had become from the 6th century BC the *lingua franca* for the local elite to exhibit their power is documented by a number of examples, most spectacularly Segesta in the second half of the following century.[57] Because of the close relationship between social, political, and economic power, and the increasing role of Greek Sicilian colonies, there is no reason not to believe that elements of Greek material culture played a significant role in the framework of economic transactions. Available data do not allow shedding light in detail on the kind of goods that were possibly exchanged and consumed at the inter-elite meetings taking place at Monte Iato. Indeed, consumption could have included alcoholic beverages, but the low amounts of Greek amphorae among finds from the Late Archaic House rule out the possibility that Greek wine was the main good exchanged with the Greek world. Wine was definitely consumed, as shown by the results of organic residue analyses on typologically Greek and traditional vessels, both locally produced, from both multi-room complexes, but along with a more traditional beer-like beverage.[58] Material from the Greek world possibly included elite items in perishable material, such as highly valued textiles and perfumes as attested by the presence of imported small vessels purposely made to contain such substances. The indigenous counterpart for these items was probably made up of the resources upon which the elite at Monte Iato based their power, i.e. traditional agro-pastoral resources, such as cereals and pulse, and sheep and cattle.

---

55 *Kistler/Mohr*, Monte Iato, 387–98.
56 *Demetriou*, Identity; with bibliography.
57 *Öhlinger*, Cult Places.
58 *Mohr/Notarstefano*, Beer.

III Features of the Archaic western Mediterranean economy

One common feature shared by the case studies described in the previous section is that the increased Iron Age connectivity resulted in substantial transformations across a broad societal spectrum, including patterns of production, distribution, and consumption. It was primarily through the Phoenician diaspora in the west that the scale and volume of human and material mobility reached hitherto unprecedented levels across the western Mediterranean. Goods shipped included luxury craftwork, as shown by bronze objects, decorated ostrich eggs, and carved ivories displayed at local elite burials, agricultural produce carried in amphorae, and utilitarian material like lead to be used for cupellation. A glimpse on the Phoenician Archaic trade is provided by the late 7th to early 6th century BC shipwreck site at Bajo de la Campana, located just off the coast of south-eastern Iberia. Underwater recoveries have yielded a wide array of material ranging from luxury items, such as ivory tusks, bronze objects, and a stone altar, to pottery, and tin and copper ingots. Trade 'tools' were included in the cargo, like the 56 pan-balance weights that were probably used to facilitate commercial transactions, and also a large amount of galena nuggets from which lead was extracted. It has been suggested that the mixed cargo of varied provenance, including material from north Africa, southern Iberia and the central Mediterranean, was destined to the nearby Phoenician colonial settlement at La Fonteta, from where it would have been exchanged with local communities.[59]

It is therefore not surprising that such a wide and diverse array of goods brought about by the Phoenician diaspora, aptly labelled "interaction through trade",[60] propelled production among local communities. At Huelva, mining activities boosted, as shown by the estimated four to six million metric tonnes of one-meter-thick slag deposit in the Rio Tinto area dating to the Orientalising period.[61] At the same time, it impacted on other productive fields, such as wine production, as evidenced by data from both the settlement and its immediate hinterland. Similar patterns have been noticed at Sant'Imbenia, where interaction with Phoenicians triggered the production of the so-called 'Sant'Imbenia' type amphora, and the subsequent distribution of local products – possibly including wine – in these containers across the western Mediterranean between the mid-8th and mid-7th century BC. Evidence of accumulation of metal at this site also implies a likely increase in mining activities.

Patterns of use of foreign material culture and imported items were specific to each context and show how arising economic opportunities affected the social fabric of local communities. At Huelva, trade between the Phoenicians and the local ruling

---

59 *Polzer*, Shipwreck.
60 *Vives-Ferrándiz Sánchez*, Mobility, 307.
61 *Murillo-Barroso et al.*, Silver Production; with bibliography.

group who managed access to and controlled the exploitation of the Pyrite Belt minerary district resulted in greater economic and social inequalities in the course of the 8th century BC, as documented by the lavish grave goods found at La Joya elite cemetery. This trend, documented by the display of imported luxury items at ritual and burial sites, has been recorded more generally across south-western Iberia,[62] and is matched elsewhere in the western Mediterranean, chiefly by the appearance of rich princely burials in Etruria.[63] In north-eastern Iberia, on the other hand, accumulation and redistribution of imported goods – mostly foodstuff such as wine, olive oil, salted fish and meat – shipped through Phoenician vessels between the 7th and mid-6th century BC has been related to forms of re-iteration of power and inter-elite competition through feasting.[64] On Sardinia, the arrival of Phoenicians was paralleled by contemporary transformations within Nuragic society, which resulted, with few exceptions among which Sant'Imbenia, in a general decline of the local culture from the 7th century BC. It has been suggested that local communities missed the new economic opportunities provided by the Phoenician trans-Mediterranean maritime network and kept focusing on traditional agro-pastoral resources.[65] On the island, precious metal objects of often Levantine appearance have been mainly found at the large regional sanctuaries that appeared from the 10th century BC and have been related to the emergence of broadly defined elite groups who made use of metal items in wealth accumulation and redistribution processes.[66] Unlike typologically Levantine metal objects, however, Phoenician pottery did not hold an added value and can be found at large villages and smaller sites alike, and its gradual inclusion in the local repertoire is generally associated to its 'exotic' aspect[67] and indeed to the gradual presence of individuals of Phoenician background in indigenous settlements, as documented at *nuraghe* S'Urachi.[68] Again, different patterns emerge from the later case study of Monte Iato on Sicily, where the substantial transformations noticed in the second half of the 6th century BC involved the deliberate use of sophisticated Greek material culture. That was employed by probably two generations of one local ruling group to display their power and was possibly related to profitable economic relationships with the Greek colonial world, through Selinous in particular. The ephemeral, though architecturally lavish Late Archaic House, which was the symbolic venue of power of the local elite and its trans-Mediterranean connections, was in fact deliberately abandoned, along with the smaller multi-room complex, some 40 years after its construction. Elite practices lost their privileged relationships with the Greek world, but at the same time the site's archaeological record from the 5th century BC shows undi-

---

62 *Rodríguez Díaz*, Landscapes.
63 *Riva*, Urbanization.
64 *Sanmartí*, Social Change, 457–59; *Vives Ferrándiz Sánchez*, Mobility, 308.
65 *Blake*, Bronze Age Sardinia, 114–16.
66 *Ialongo*, Sanctuaries.
67 *Hayne*, Entangled Identities.
68 *Van Dommelen*, Trading Places.

minished connections with broad commercial networks, which now also included Punic Sicilian settlements.

The economic opportunities provided by the western Mediterranean commercial network resulted in a marked economic and social differentiation within western Phoenician colonial society as well. Wealthy 8th- to 7th-century BC elite chamber tombs built with stone blocks, displaying rich grave goods, among which Egyptian alabaster jars, have been for instance documented at Trayamar, Jardín, and Puente de Noy in southern Iberia. They have been interpreted as evidence of the emergence of a western Phoenician 'aristocracy' leading profitable trans-Mediterranean trade.[69] Such wealth is not matched by the data from Nora discussed above – and more generally in the Phoenician settlements on Sardinia –, which point instead to quite an egalitarian community of merchants established at a stop-over in the central Mediterranean searoute connecting north Africa to central Italy.[70]

How were all these goods exchanged between the parts within such a culturally, politically and socially differentiated region? As widely known, the use of writing spread towards the west through the Phoenicians and Greeks. Earliest evidence date between the 9th and 8th century BC, including both Greek and Phoenician examples such as the Nestor's cup from Pithekoussai and the Nora stele respectively. However, the use of (Greek) writing for economic purposes is documented only from between the late 6th and early 5th century BC by the well-known lead tablets from Greek Ampurias and the indigenous site of Pech Maho in southern France. Ritual may have worked as a broad *trait d'union* between different cultures and played an important role in trade. Also, some sites – the *emporia* – existed specifically to guarantee protection to economic transactions. In this sense, Polanyi's[71] influential work on the 'port of trade', in which that economic institution is described as "a neutrality device, derivative of silent trade", still retains an important legacy in the understanding of Archaic trade.[72] However, while the very existence of silent trade has been questioned because it lacks one necessary precondition of any economic transaction, i.e. communication between the parts,[73] the *emporion* still retains an important role in discussions of the Archaic Mediterranean economy.[74]

From an archaeological perspective, the increasing amount of goods exchanged and the scale of transmarine trade throughout the Archaic period, along with solid evidence of the extensive connections developed by local communities, suggest, to quote C. Broodbank,[75] that trade was far from archaic, and that it was through commercial transactions – mediated by widespread plurilingualism, I would add – that

---

69 *López Castro*, Colonials.
70 *Roppa/Madrigali*, Colonial Production.
71 *Polanyi*, Ports of Trade, 30.
72 *Renger*, Market Economy.
73 *Dolfsma/Spithoven*, Silent Trade.
74 E.g. *Gailledrat et al.*, Emporion Western Mediterranean.
75 *Broodbank*, Middle Sea, 546.

the western Mediterranean was tied together. Of course, the perceived value of goods varied in each local community, and hence opportunities for merchants.

IV Conclusions

This short and inevitably partial review has presented up-to-date archaeological data and discussed some issues that have arisen in recent years in the study of the economic history of the Archaic western Mediterranean. More frequent contact between the different communities inhabiting the coastal regions led to the formation of a broad shared 'middle ground' – including plurilingualism, feasting and rituals –, which facilitated the agreement of commercial transactions, and by extension, impacted on local patterns of production and consumption. Substantial advancements have allowed defining more precisely the extent of transmarine trade, productive activities and local forms of consumption. Much research is still needed to investigate more precisely the range of products shipped in amphorae, the character of agricultural production and its role in trade, and more generally the active involvement of local communities in large-scale overseas trade.

Bibliography

Albanese Procelli, R. M., Sicani, Siculi, Elimi: forme di identità, modi di contatto e processi di trasformazione. Milan 2003.

Arroyo-García, R., et al., Multiple Origins of Cultivated Grapevine (Vitis vinifera L. ssp. sativa) Based on Chloroplast DNA Polymorphisms, in: Molecular Ecology, 15, 2006, 3707–3714.

Aubet, M. E., The Phoenicians and the West: Politics, Colonies and Trade. Cambridge 2001.

Bechtold, B./Docter, R., Transport Amphorae from Punic Carthage: an Overview, in: *Nigro, L. (Hg.)*, Motya and the Phoenician Repertoire between the Levant and the West, 9th–6th Century BC. Proceedings of the International Conference Held in Rome, 26th February 2010: Quaderni di Archeologia Fenicio-Punica: Rome, Missione archeologica a Mozia – Università di Roma La Sapienza, 85–116.

Bernardini, P., Necropoli della Prima Età del Ferro in Sardegna. Una riflessione su alcuni secoli perduti o, meglio, perduti di vista, in: *Mastino, A. et al. (Hgg.)*, Tharros Felix 4. Rome 2011, 351–386.

Blake, E., Late Bronze Age Sardinia: Acephalous Cohesion, in: *Knapp, A. B./van Dommelen, P. (Hgg.)*, The Cambridge Prehistory of Bronze and Iron Age Mediterranean. New York 2014, 96–108.

Bonetto, J., L'insediamento di età fenicia, punica e romana repubblicana nell'area del foro, in: *Bonetto, J./ Ghiotto, A. R./Novello, M. (Hgg.)*, Nora. Il foro romano. Storia di un'area urbana dall'età fenicia alla tarda antichità 1997–2006. Vol. I – Lo scavo. Padova 2009, 39–243.

Bonetto, J., L'insediamento fenicio di Nora e le comunità nuragche circostanti: contatti e distanze, in: *van Dommelen, P./Roppa, A. (Hgg.)*, Materiali e contesti nell'età del Ferro sarda. (Rivista di studi fenici, 43.1–2) Rome 2014, 173–182.

Bonetto, J./Botto, M., Tra i primi a Nora. Una sepoltura a cremazione nella necropoli sull'istmo, in: Quad. Soprintendenza Archeologia Belle Arti e Paesaggio per la città metropolitana di Cagliari e le province di Oristano e sud Sardegna, 28, 2017, 149–192.

Botto, M., 1992–2002: dieci anni di prospezioni topografiche a Nora e nel suo territorio, in: *Bonetto, J./ Falezza, G. (Hgg.)*, Vent'anni di scavi a Nora. Ricerca, formazione e politica culturale: Scavi di Nora. Padova 2011, 57–84.

Botto, M., Ripensando i contatti fra Sardegna e Penisola Iberica all'alba del I millennio a.C. Vecchie e nuove evidenze, in: Onoba. Revista de Arqueología y Antigüedad, 3, 2015, 171–203.

Botto, M., La produzione del vino in Sardegna tra Sardi e Fenici: lo stato della ricerca, in: *di Nocere, G. M./Guidi, A./Zifferero, A. (Hgg.)*, Archeotipico: l'archeologia come strumento per la ricostruzione del paesaggio e dell'alimentazione antica: atti del Convegno. (Rivista di storia dell'agricoltura 56.1-2) Florenz 2016, 79–96.

Bresson, A., The Making of the Ancient Greek Economy Institutions, Markets, and Growth in the City-States. Princeton 2016.

Bresson, A., Flexible Interfaces of the Ancient Mediterranean World, in: *Gailledrat, E./Dietler, M./Plana Mallart, R. (Hgg.)*, The Emporion in the Ancient Western Mediterranean. Trade and Colonial Encounters from the Archaic to the Hellenistic Period. Montpellier 2018, 35–46.

Broodbank, C., The Making of the Middle Sea: A History of the Mediterranean from the Beginning to the Emergence of the Classical World. London 2013.

Buxó, R., The agricultural Consequences of Colonial Contacts on the Iberian Peninsula in the First Millennium B. C., in: Vegetation History and Archaeobotany, 17, 2008, 145–154.

D'Oriano, R., La Sardegna nuragica e l'Oriente, in: *Minoja, M./Salis, G./Usai, L. (Hgg.)*, L'isola delle torri. Giovanni Lilliu e la Sardegna nuragica. Catalogo della mostra. Sassari 2015, 152–155.

De Rosa, B., Anfore „Sant'Imbenia" dal sito nuragico di Sant'Imbenia (Alghero, Sardegna): studi archeometrici, in: *van Dommelen, P./Roppa, A. (Hgg.)*, Materiali e contesti nell'età del Ferro sarda. (Rivista di studi fenici 43.1-2, 2013) Rom 2014, 225–236.

Demetriou, D., What is an Emporion? A Reassessment. in: Historia, 60, 2011, 255–272.

Demetriou, D., Negotiating Identity in the Ancient Mediterranean. The Archaic and Classical Greek Multiethnic Emporia. Cambridge 2012.

Dietler, M., The Iron Age in the Western Mediterranean, in: *Morris, I./Saller, R. P./Scheidel, W. (Hgg.)*, The Cambridge Economic History of the Greco-Roman World. Cambridge 2007, 242–276.

Dolfsma, W./Spithoven, A., 'Silent Trade' and the Supposed Continuum between OIE and NIE, in: Journal of Economic Issues, 42, 2008, 517–526.

Eshel, T. et al., Lead Isotopes in Silver Reveal Earliest Phoenician Quest for Metals in the West Mediterranean, in: Proceedings of the National Academy of Sciences, 116, 2019, 6007–6012.

Finocchi, S., Le anfore fenicie e puniche, in: *Bonetto, J./Falezza, G./Ghiotto, A. R. (Hgg.)*, Nora. Il foro romano. Storia di un'area urbana dall'età fenicia alla tarda antichità 1997–2006. Vol. II-I Materiali. Padova 2009, 373–468.

Frier, B./Kehoe, D., Law and Economic Institutions, in: *Morris, I./Saller, R. P./Scheidel, W. (Hgg.)*, The Cambridge Economic History of the Greco-Roman World. Cambridge 2007, 113–143.

Gailledrat, E./Dietler, M./Plana Mallart, R., The Emporion in the Ancient Western Mediterranean. Trade and Colonial Encounters from the Archaic to the Hellenistic Period. Montpellier 2018.

González de Canales, F./Serrano, L./Llompart, J., El emporio fenicio precolonial de Huelva (ca. 900–770 a.C.). Madrid 2004.

González de Canales, F., The City-Emporion of Huelva (10th–6th Centuries BC), in: *Gailledrat, E./Dietler, M./ Plana Mallart, R. (Hgg.)*, The Emporion in the Ancient Western Mediterranean. Trade and Colonial Encounters from the Archaic to the Hellenistic Period. Montpellier 2018, 67–78.

Gras, M., Emporion and Archaic Polis, a Complex Dialectic, in: *Gailledrat, E./Dietler, M./Plana Mallart, R. (Hgg.)*, The Emporion in the Ancient Western Mediterranean. Trade and Colonial Encounters from the Archaic to the Hellenistic Period. Montpellier 2018, 25–34.

Hansen, M. H., Emporion. A Study of the Use and Meaning of the Term in the Archaic and Classical Periods, in: *Tsetskhladze, G. (Hg.)*, Greek Colonization: An Account of Greek Colonies and Other Settlements Overseas. Vol. 1. Leiden 2006, 1–39.

Hayne, J., Entangled Identities on Iron Age Sardinia?, in: *van Dommelen, P./Knapp, A. B. (Hgg.)*, Material Connections in the Ancient Mediterranean. Mobility, Materiality and Identity. London 2010, 147–169.

Ialongo, N., Sanctuaries and the Emergence of Elites in Nuragic Sardinia during the Early Iron Age (ca. 950–725): The Actualization of a 'Ritual Strategy', in: Journal of Mediterranean Archaeology, 26, 2013, 187–209.

James, P. et al., Urban Sustainability in Theory and Practice: Circles of Sustainability. London 2015.

Jiménez Ávila, J., Phoenician Bronzes in Spain. A Western Metalworking, in: *id. (Hg.)*, Phoenician Bronzes in Mediterranean. (Bibliotheca Archaeologica Hispana 45) Madrid 2015, 395–441.

Jiménez Ávila, J., The Chariot from Tomb 17 in the Orientalizing Cemetery of La Joya, Huelva (1971–2016), in: *Botto, M. (Hg.)*, De Huelva a Malaka. Los fenicios en Andalucía a la luz de los descubrimientos más recientes. (Collezione di studi fenici 48) Rom 2018, 183–216.

Kistler, E./Mohr, M., Monte Iato: Two Late Archaic Feasting Places between the Local and the Global, in: *Kistler, E. et al. (Hgg.)*, Sanctuaries and the Power of Consumption. Networking and the Formation of Elites in the Archaic Mediterranean World. Proceedings of the International Conference in Innsbruck, 20th–23rd March 2012. Wiesbaden 2015, 459–472.

López Castro, J. L., Colonials, Merchants and Alabaster Vases: the Western Phoenician Aristocracy, in: Antiquity, 80, 2006, 74–88.

Marín-Aguilera, B./Iacono, F./Gleba, M., Colouring the Mediterranean: Production and Consumption of Purple-Dyed Textiles in Pre-Roman Times, in: Journal of Mediterranean Archaeology, 31, 2018, 127–154.

Mohr, M./Notarstefano, F., The Consumption of Beer on Archaic Monte Iato (Sicily): Preliminary Results and Insights Gained from Gas Chromatographical Analyses, in: *Portale, E./Galioto, G. (Hgg.)*, Scienza e Archeologia. Un efficace connubio per la divulgazione della cultura scientifica. Pisa 2018, 135–141.

Morris, I./Saller, R./Scheidel, W., Introduction, in: *Morris, I./Saller, R. P./Scheidel, W. (Hgg.)*, The Cambridge Economic History of the Greco-Roman World. Cambridge 2007, 1–12.

Murillo-Barroso, M. et al., The Macro-Regional Scale of Silver Production in Iberia During the First Millennium BC in the Context of Mediterranean Contacts, in: Oxford Journal of Archaeology, 35, 2016, 75–100.

Núñez Calvo, F., Una lectura tipológico-secuencial de los materiales cerámicos orientales más antiguos hallados en Huelva, in: *Botto, M., (Hg.)*, De Huelva a Malaka. Los fenicios en Andalucía a la luz de los descubrimientos más recientes. (Collezione di studi fenici 48) Rom 2018, 107–182.

Öhlinger, B., Indigenous Cult Places of Local and Interregional Scale in Archaic Sicily: A Sociological Approach to Religion, in: *Kistler, E. et al. (Hgg.)*, Sanctuaries and the Power of Consumption. Networking and the Formation of Elites in the Archaic Mediterranean World. Proceedings of the International Conference in Innsbruck, 20th–23rd March 2012. Wiesbaden 2015, 417–434.

Pedrazzi, T., Le giare da conservazione e trasporto del Levante. Uno studio archeologico dell'economia fra Bronzo Tardo II e Ferro I (ca. 1400–900 a.C.). Pisa 2007.

Polanyi, K., Ports of Trade in Early Societies, in: The Journal of Economic History, 23, 1963, 30–45.

Polzer, M., The Bajo de la Campana Shipwreck and Colonial Trade in Phoenician Spain, in: *Aruz, J./Graff, S. B./Rakic, Y. (Hgg.)*, Assyria to Iberia at the Dawn of the Classical Age. New York 2014, 230–242.

Rendeli, M., La ceramica greca e etrusca, in: *Bonetto, J./Falezza, G./Ghiotto, A. R. (Hgg.)*, Nora. Il foro romano. Storia di un'area urbana dall'età fenicia alla tarda antichità 1997-2006. Vol. II-I Materiali. Padova 2009, 7–72.

Rendeli, M., Sant'Imbenia and the Topic of the Emporia in Sardinia, in: *Gailledrat, E./Dietler, M./Plana Mallart, R. (Hgg.)*, The Emporion in the Ancient Western Mediterranean. Trade and Colonial Encounters from the Archaic to the Hellenistic Period. Montpellier 2018, 191–204.

Renger, J., Archaic versus Market Economy, in: Topoi, 12/13, 2005, 207–214.

Riva, C., The Urbanisation of Etruria: Funerary Practices and Social Change, 700–600 BC. New York 2010.

Rodríguez Díaz, A., Landscapes and Seascapes of Southwest Iberia in the First Millennium BC, in: *Knapp, A. B./van Dommelen, P. (Hgg.)*, The Cambridge Prehistory of the Bronze and Iron Age Mediterranean. Cambridge 2014, 488–505.

Roppa, A./Madrigali, E., Colonial Production and Urbanization in Iron Age to early Punic Sardinia (8th–5th Centuries BC), in: *Gleba, M./Marín-Aguilera, B./Dimova, B. (Hgg.)*, Making Cities. Economies of Production and Urbanisation in Mediterranean Europe 1000–500 BCE. Cambridge 2021.

Roppa, A., Sardinia, in: *López-Ruiz, C./Doak, B. (Hgg.)*, The Oxford Handbook of the Phoenician and Punic Mediterranean. Oxford 2019, 520–536.

Rouillard, P., The Emporion: Some Uses of the Term, in: *Gailledrat, E./Dietler, M./Plana Mallart, R. (Hgg.)*, The Emporion in the Ancient Western Mediterranean. Trade and Colonial Encounters from the Archaic to the Hellenistic Period. Montpellier 2018, 19–24.

Sanmartí, J., Long-Term Social Change in Iron Age Northern Iberia (ca. 700–200 BC), in: *Knapp, A. B./van Dommelen, P. (Hgg.)*, The Cambridge Prehistory of the Bronze and Iron Age Mediterranean. New York 2014, 454–470.

Scheidel, W./Morris, I./Saller, R. P., The Cambridge Economic History of the Greco-Roman World. Cambridge 2007.

Van Dommelen, P., Trading Places? Sites of Mobility and Migration in the Iron Age West Mediterranean, in: *Gailledrat, E./Dietler, M./Plana Mallart, R. (Hgg.)*, The Emporion in the Ancient Western Mediterranean. Trade and Colonial Encounters from the Archaic to the Hellenistic Period. Montpellier 2018, 219–229.

Van Dommelen, P./Roppa, A., Conclusioni: per una definizione dell'età del Ferro sarda, in: *idd. (Hgg.)*, Materiali e contesti nell'età del Ferro sarda. (Rivista di studi fenici, 41.1–2.) Rome 2014, 271–278.

Vera Rodriguéz, C./Echevarría Sánchez, A., Sistemas agrícolas del I milenio a.C. en el yacimiento de La Orden-Seminario de Huelva. Viticultura protohistórica a partir del análisis arqueológico de las huellas de cultivo, in: *Celestino Pérez, S./Blánquez Pérez, J. (Hgg.)*, Patrimonio Cultural de la Vid y el Vino Madrid 2013, 95–106.

Vives-Ferrándiz Sánchez, J., Mobility, Interaction and Power in the Iron Age Western Mediterranean, in: *Knapp, A. B./van Dommelen, P. (Hgg.)*, The Cambridge Prehistory of the Bronze and Iron Age Mediterranean. New York 2014, 299–316.

Webster, G. S., The Archaeology of Nuragic Sardinia. London 2015.

Sven Günther
22 Imperium und Provinzen

I Einleitung

Die römische Expansion in und Herrschaft über Territorien außerhalb des ursprünglichen Siedlungsgebiets hatte stets auch ökonomische wie wirtschafts- und finanzpolitische Dimensionen. Dies mag angesichts der sich meist auf (außen-)politische und militärische Aspekte konzentrierenden (literarischen) Quellen verwundern, wird jedoch bei der Gesamtbetrachtung verschiedener Quellen, Kontexte und Faktoren unmittelbar evident. Die Versorgung wie der wirtschaftliche Einfluss der vor Ort operierenden und/oder stationierten Armee, Steuern und andere Abgaben, Versklavung der Bevölkerung, Nutzung der natürlichen Ressourcen, aber auch förderliche infrastrukturelle und andere bauliche Maßnahmen, die Verwendung von (Münz-)Geld, Handelstätigkeiten, rechtliche und politische Rahmensetzungen wie -bedingungen – all dies zeitigte Wirkung auf die Entwicklung der einzelnen Provinzen und hatte Rückwirkung auf die Zentrale Rom (und Italien) sowie auf andere Teile des Imperium.[1] Insofern ist von starren Konzepten à la „flag follows trade" oder dem Konterpart „trade follows flag" ebenso abzukommen wie von der Erwartung, von Anfang an und über Jahrhunderte der Expansion hinweg einen römischen Masterplan vorzufinden, nach welchem die finanzielle wie ökonomische Erschließung, Eingliederung, Entwicklung und Verflechtung vonstatten gegangen sein soll.

Vielmehr ist zu fragen, ob sich bestimmte Leitlinien oder gar Muster aufdecken lassen, mit denen finanzpolitische und wirtschaftliche Sachverhalte seitens der „Zentrale" in Bezug auf die Provinzen angegangen wurden, inwieweit sich hierbei die jeweiligen politisch-rechtlichen Rahmenbedingungen und ökonomischen Strukturen, aber auch die politischen wie sozioökonomischen und kulturellen Verhaltensweisen der beteiligten Akteure abbilden und inwiefern „staatliches" wie „privates" Handeln diesbezüglich zusammengingen oder sich divergierende Interessen zeitigten.

Derlei große und übergreifende Fragen lassen sich aufgrund der stets fragmentarischen Quellenlage natürlich nur auf der Basis einer soliden Quellenkunde angehen. Dabei ist zu beachten, dass die vorhandenen Quellengattungen (literarische Quellen, Inschriften, Münzen, Papyri, archäologische Überreste) in der Regel nicht für sich sprechen, sondern erst durch eine gezielte Fragestellung und ein darauf abgestimmtes analytisch-heuristisches Vorgehen „zum Sprechen" gebracht werden können. So spiegelt etwa das bei Dionysios von Halikarnassos überlieferte *Foedus Cassianum* aus

---

[1] Zu Rom, v. a. in der Kaiserzeit, als multikulturellem Zentrum mit (trotzdem) hoher Konformität, zumindest in der epigraphischen Evidenz, vgl. *Elder, O.*, Population, Migration and Language in the City of Rome, in: *Clackson, J. et al. (Hgg.)*, Migration, Mobility and Language Contacts in and around the Ancient Mediterranean. (Cambridge Classical Studies) Cambridge 2020, 268–295.

dem Jahre 493 v. Chr. nicht nur das politisch-militärische Verhältnis von Römern und Latinern nach der von ersteren gewonnenen Schlacht am *lacus Regillus*, sondern enthält auch eine Bestimmung zur gerichtlichen Entscheidung von privaten Rechtsstreitigkeiten innerhalb von zehn Tagen am jeweiligen Ort des Vertragsschlusses (Dion. Hal. ant. 6, 95, 2). Die ökonomische Neuerung, nämlich dass dadurch wirtschaftliches Handeln am jeweiligen Platze unter Anerkennung des dort geltenden Rechtssystems erfolgen konnte (*ius commercii*; vgl. Festus s. v. nancitor p. 166 Lindsay und Liv. 8, 14, 10) und sich Rom dadurch ebenfalls noch weiter als im ersten Vertrag mit den Puniern (Pol. 3, 22) öffnete (vgl. XII-Tafel-Gesetze 2, 2 und 6, 4),[2] zeigt eindrücklich, dass oft erst die Kontextualisierung und Frage nach den Auswirkungen etwa rechtlicher Regelungen auf andere gesellschaftliche Bereiche das Bild vervollständigen helfen.

Das Beispiel dient auch als Warnung, jegliches Agieren allein aus der top-down-Perspektive, d. h. als Durchsetzung römischer Staatsvormacht und -interessen vom Zentrum in die Peripherie zu interpretieren. Unzweifelhaft bestand dieses Machtgefälle, insbesondere im Verhältnis von Rom zu den (unterworfenen) italischen Gemeinden[3] und späterhin den Provinzen wie Provinzialen, und es zeichnen sich in den Quellen zahllose Beispiele für die besonders auch ökonomische Ausbeutung der eroberten Gebiete ab. Indes ist das oft angelegte, von Mancur Olson stammende Modell des „predatory state", der entweder auf kurzfristige, vor allem fiskalische Auslaugung („roving banditry") oder längerfristige Extraktion von Gewinnen durch gezielte Investitionen in eine Optimierung dieser Ausbeutungsmechanismen („stationary banditry"), beides zum Wohle vor allem der regierenden Elite, setzt, ob der zugrundeliegenden Prämisse (nur moderne, demokratische Staaten maximieren das Gemeinwohl für alle Bewohner) kritisch zu hinterfragen.[4]

---

2 Siehe dazu *Thomas, Ph.*, The Standpoint Determines the View: Jacques Barzun's Theory of Aspect, in: *du Plessis, P. J. (Hg.)*, New Frontiers: Law and Society in the Roman World. Edinburgh 2013, 227–244, hier: 232 f. (mit weiterer Literatur). Zur umstrittenen Frage, ob die Einführung des Amtes des *praetor inter peregrinos* ebenso auf die „Internationalisierung" wirtschaftlicher Aktivitäten in Rom reagierte oder doch eher der militärischen Notwendigkeit der Kontrolle der im Ersten Punischen Krieg eroberten Gebiete entsprang, vgl. *Brennan, T. C.*, The Praetorship in the Roman Republic. 2 Bde. Oxford 2000, 1; 85–89.
3 Zur Entstehung von *Italia* in republikanischer Zeit vgl. etwa *Carlà-Uhink, F.*, The "Birth" of Italy. The Institutionalization of Italy as a Region, 3rd–1st Century BCE. (Klio Beihefte, Bd. 28) Berlin 2017; zum Bundesgenossensystem vgl. den Forschungsüberblick bei *Baltrusch*, Außenpolitik, 149–151 (*ebd.*, 116–124 zu den verschiedenen römischen Vertragstypen und -bindungen wie *societas*). Zur Verwaltung Italiens in der Kaiserzeit vgl. umfassend *Eck, W.*, Die staatliche Organisation Italiens in der hohen Kaiserzeit. (Vestigia, Bd. 28) München 1979.
4 Zum Modell in Kürze: *Olson, M.*, Dictatorship, Democracy, and Development, in: The American Political Science Review, 87/2, 1993, 567–576. Zur Anwendung dieses Modells auf antike Gesellschaften, insbesondere auf das ptolemäische Ägypten und Rom vgl. *Monson, A./Scheidel, W. (Hgg.)*, Fiscal Regimes and the Political Economy of Premodern States. Cambridge 2015. Zu Gemeinwohlfragen und deren Diskurse in der römischen Antike s. die Beiträge in *Jehne, M./Lundgreen, Chr. (Hgg.)*, Gemeinsinn und Gemeinwohl in der römischen Antike. Stuttgart 2013.

So wird unter Ausblendung etwa des privatwirtschaftlichen Sektors wie der andersartigen Sozialstrukturen antiker Gesellschaften allen vormodernen und letztlich nicht an westlich-modernen *governance*-Modellen orientierten Gemeinschaften jegliche verantwortungsvolle Handlungstätigkeit abgesprochen, umgekehrt ein ethisch korrektes Verhalten demokratischer Systeme unhinterfragt postuliert; beides, ohne Zwischenschattierungen und Überschneidungen mit einzukalkulieren, zumal die zur Verfügung stehenden Quellen in der Regel bereits eine wertende Haltung einnehmen.[5] Für die römische Zeit gemahnt dies, zumindest die unterschiedlichen institutionellen (politisch-rechtlichen), gesellschaftlichen wie auch ökonomischen Faktoren in ihrem komplexen Zusammenspiel gerade in Bezug auf die Herrschaft über und in den Provinzen und deren andersartige, sich wandelnde Formen der Verwaltung, besonders in wirtschaftlicher Hinsicht, aufzuzeigen. Damit kann man ein nuancierteres Bild als allein das einer auf Gewinnmaximierung oder -optimierung ausgerichteten Zentrale (und Elite in) Rom – im Prinzip eine Fortführung der Konsumentenstadt-Idee[6] – zeichnen.

II Divergierende Interessen? Staat, Eliten und die ökonomische Dimension der Provinzen in der Republik

Fragen nach dem Grad von Staatlichkeit und vor allem staatlicher Handlungs- und Durchsetzungsfähigkeit, einer „(grand) strategy" zur imperial angelegten Expansion, der Bereicherung von Eliten mittels materieller wie menschlicher Beute aus Kriegszügen oder unter Ausnutzung der Machtgefälle, der Etablierung wirtschaftlicher Netzwerke mithilfe oder abseits „staatlichen" Einflusses oder der Waren-/Steuern-/Geldzu- wie -abflüsse von einem Gebiet in andere werden gerade für die Frühe wie Mittlere Römische Republik durch die sehr fragmentarische Quellenlage erschwert. Hier kann und soll nicht die Forschungsdebatte zum römischen Imperialismus aufgerollt werden,[7] sondern es kann nur um spezifisch ökonomische Aspekte gehen. Philipp Kay

---

5 Vgl. etwa die Romkritik im Munde von Gegnern Roms, etwa von Mithridates VI. von Pontos (Sall. hist. 4, 69 = epist. Mithr.) oder die Calgacus-Rede in Tacitus (Tac. Agr. 30), die Habgier und Herrschsucht beständig betonen. Diese literarischen Spiegel sind jedoch an innerrömischen Elitediskursen zu messen und dürfen nicht dazu verleiten, daraus Realitäten abzuleiten.
6 Zur Prominenz des Konsumentenstadt-Narrativs in der Nachfolge Max Webers vgl. *von Reden*, Antike Wirtschaft, 108 f. (mit weiterer Literatur).
7 Zur Imperialismus-Debatte und der römischen Expansion bis zum Ende der Republik vgl. den Forschungsüberblick bei *Baltrusch*, Außenpolitik, 164–170; speziell zum imperialen Charakter jetzt ausführlich *Burton, P. J.*, Roman Imperialism. (Brill Research Perspectives in Ancient History, Bd. 2/2) Leiden/Boston 2019, der jedoch *ebd.*, 97–99 wirtschaftlichen Profitmotiven für Kriege und Expansion eine Absage erteilt. Siehe insgesamt auch die Beiträge in *Hoyos*, A Companion to Roman Imperialism.

und James Tan haben dazu in jüngster Zeit Studien vorgelegt, die seit dem 3. Jahrhundert v. Chr., also seit den ersten Provinzbildungen im Zug der ersten beiden Punischen Kriege (264–241 und 218–201 v. Chr.), dramatische ökonomische Machtverschiebungen im Zug der zahlreichen Kriege und Eroberungen seitens Roms sowie eine starke Internationalisierung und Verflechtung römischen beziehungsweise italischen Handels in der Mittelmeerwelt nahelegen.[8] Es ist zwar nicht in jedem Einzelfall der genaue Hintergrund sowie das Ausmaß dieser Aktivitäten zu erkennen. Es erscheint jedoch, und das ist für unsere Fragestellung relevant, das Bild eines sehr wohl wachsamen Auges von staatlichen Institutionen wie auch staatlich bestellten und privaten Akteuren in Bezug auf ökonomische Aktivitäten.

Derlei wirtschaftliche und finanzielle Interessen erzwangen immer wieder politisches wie militärisches Eingreifen (vgl. Cic. Verr. 2, 5, 149) und bildeten ein wichtiges Movens neben dem generellen Vorherrschaftsanspruch Roms, der stetig vorhandenen Konkurrenzsituation innerhalb der römischen Nobilität und der immer wieder sicherzustellenden Versorgung der vor allem in der Hauptstadt anwachsenden römischen Bevölkerung mit Gütern, wie etwa mit Getreide aus den ersten Provinzen Sizilien und Sardinien und später Africa.[9]

Die eroberten und beherrschten Gebiete erfuhren dabei ganz verschiedene Belastungen, die sich grob in drei Phasen einteilen lassen, auch wenn diese nicht immer klar voneinander zu trennen sind und zudem nicht einer strikten Chronologie und Entwicklung folgen: Zunächst war Beutemachen angesagt, d. h., im Zug der Eroberung oder auch bei späteren militärischen Aktionen – etwa zur „Befriedung" aufständischer Gruppen – waren nicht nur unsystematische Plünderungen seitens der Truppen an der Tagesordnung, sondern auch systematische, koordinierte Beutezüge zur Aneignung von Sachgütern wie Menschen. Diese Kriegsbeute (*praeda* bzw. *manubiae*), die zunächst in der Verfügungsgewalt des jeweiligen Feldherrn stand, wurde verteilt, und zwar sowohl an die Soldaten, den Feldherrn selbst und die Staatskasse (*aerarium Saturni*). Dabei wurde die Beute, also Menschen und Objekte, oft durch Verkauf via Auktionen „versilbert" und damit zu Geld gemacht (vgl. Gell. 13, 25, 29), Kunstgegenstände o. ä. konnten jedoch auch direkt nach Rom gelangen.[10]

Kriegsreparationen bildeten ebenfalls eine finanzielle Ressource. Diese konnten zunächst ad hoc, sozusagen im Feld, verlangt werden, um beispielsweise die Soldzahlungen an römische Soldaten zu finanzieren (*stipendium*, was sich dann zur regelmäs-

---

8 *Kay*, Rome's Economic Revolution; *Tan*, Power.
9 Vgl. Cic. Manil. 34, wo Sizilien, Sardinien und Africa als *tria frumentaria subsidia rei publicae*, gesichert durch Pompeius, erscheinen. Diskussion des Verhältnisses von staatlicher Kontrolle und privatem Getreidehandel sowie Berechnung der von Sizilien geleisteten Getreideversorgung (v. a. der Zehnte) während der Republik bei *Erdkamp*, The Grain Market, bes. 209–218.
10 Zum Komplex vgl. etwa *Kay*, Rome's Economic Revoltion, 29–35; zur Involvierung der Quästoren in die Auktionen vgl. *Pina Polo/Díaz Fernández*, The Quaestorship, 176–180. Zum „Plünderungsschema" vgl. Pol. 10, 16. Zur Strafbewährung bei unordnungsgemäßem Plünderungsablauf wie auch Unterschlagungen vgl. etwa Mod. Dig. 48, 13, 15; Anklagefälle in der Republik bei *Kay*, a. a. O., 31.

sigen Abgabenzahlung fortentwickelte, vgl. unten), oder eine bestimmte Einmalzahlung umfassen, aber auch in längerfristige und regelmäßige Zahlungsverpflichtungen münden, wie sie vor allem für das 2. Jahrhundert v. Chr. belegt sind. Solange diese Zahlungen von Seiten der Besiegten direkt in das *aerarium* flossen und für die jeweiligen Zahlungsverpflichteten tragbar waren, waren profitgeleitete römische Akteure außen vor. Einmalzahlungen an den jeweiligen Feldherrn vor Ort, aber auch das Ausnutzen von Zahlungsschwierigkeiten der Besiegten, indem diesen großzügig überteuerte Kredite gewährt wurden, brachten Abhängigkeiten wie private Gewinnziehung mit sich; ein Schema, das sich in ähnlicher Form auch bei der regelmäßigen Steuererhebung wiederholen sollte (s. u.). Es nimmt von daher nicht wunder, dass auch die Frage, was als Kriegsbeute (ohne Rechenschaftspflicht seitens des Feldherrn) und was als Reparationen (mit entsprechender öffentlicher Abrechnungsnotwendigkeit) anzusehen war, das politische Rom des Öfteren beschäftigte.[11]

Drittens trug die Provinzverwaltung ihr Gutteil zur wirtschaftlich-finanziellen Nutzbarmachung der Gebiete sowie auch zur Kanalisierung aristokratischen Strebens nach Einfluss und Reichtum bei.[12] Die Provinzwerdung dürfen wir uns dabei nicht als geschlossenen, vollumfänglich geplanten Prozess vorstellen. Das Wort *provincia* bedeutete zuvorderst „Aufgabe" eines darüber und dafür eingesetzten Magistraten und nahm eine territoriale Konnotation im Sinne von „Provinz" erst im 1. Jahrhundert v. Chr. an. Stattdessen entsprang die vom Senat vorgenommene Verdoppelung der Prätorenstellen (von 2 auf 4) im Jahre 227 v. Chr. und die den beiden zusätzlichen *imperium*-Trägern zugedachte Aufgabe, die Gebiete Sizilien beziehungsweise Sardinien mit Korsika zu verwalten, politischen, militärischen wie ökonomischen Erwägungen, die sich erst im Laufe der Zeit zu einer systematischeren Verwaltungsstruktur verdichteten.[13] Auch wenn wir also nicht von Anfang an ein perfektes oder gar einheitliches Verwaltungssystem, das allen Provinzen übergestülpt wurde, erwarten dürfen, zeichnen sich in den Quellen doch Ordnungsstrukturen wie auch Praktiken ab, die für eine einigermaßen geregelte Provinzverwaltung sprechen. Von Rom entsandt wurde dabei in der Regel jährlich ein *imperium*-Träger (Magistrate bzw. Pro-Magistrate), der einen Stab

---

11 Zu den Kriegsreparationen im 3. und 2. Jahrhundert v. Chr. vgl. *Kay*, Rome's Economic Revolution, 37–42; zur späteren Entwicklung und den Auswüchsen und Mechanismen römischer Profiteure vgl. *Tan*, Power, 72–76. Zur Schwierigkeit der Abgrenzung von Kriegsbeute und -reparationen vgl. die Anklage der Scipionen im Senat 187 v. Chr.: Pol. 23, 14, 7–11; vgl. Liv. 38, 50, 10–12; Gell. 4, 18, 7–12; dazu *Kay*, a. a. O., 40–42.

12 Zur anhaltenden Debatte über die Formen und den Grad der „foreign *clientelae*" vgl. nur *Jehne, M./ Pina Polo, Fr. (Hgg.)*, Foreign *clientelae* in the Roman Empire. A Reconsideration. (Historia Einzelschriften, Bd. 238) Stuttgart 2015, mit intensiver Diskussion des Referenzwerks: *Badian, E.*, Foreign *Clientelae* (264–70 B.C.). Oxford 1958.

13 Vgl. *Prag, J.*, Sicily and Sardinia-Corsica: The First Provinces, in: *Hoyos, D. (Hg.)*, A Companion to Roman Imperialism. (History of Warfare, Bd. 81) Leiden/Boston 2013, 53–65. Umfassende Analyse des Übergangs von *provincia* als magistratische „Aufgabe" zur territorial-administrative Bezeichnung für die einzelnen römischen Provinzen, die letztlich jedoch nie erstere Konnotation verlor, bei *Díaz Fernández*, Provincia.

von Mitarbeitern (meist befreundete Senatoren und Ritter, aber auch entsprechendes administratives Personal) mit in die Provinz brachte. Von staatlicher Seite bekam er einen Quästor gestellt, der vornehmlich finanzielle Aufgaben wie die Verwaltung der zugestandenen Finanzmittel aus der Staatskasse (etwa für Soldzahlungen, Lebensmittelankäufe und andere administrative Aufgaben) oder die Oberaufsicht wie Verbuchung der jeweiligen Ein- und Ausgaben innerhalb der Provinz wahrnahm und darüber Rechenschaft und Rechnungsabschlüsse vorzulegen hatte.[14] Zusammen mit privat oder in staatlichem Auftrag tätigen, wirtschaftlich orientierten Gesellschaften bildete sich ein Geflecht von römisch-italischen Netzwerken vor Ort heraus, die neben Staatsvielfach auch Eigeninteressen verfolgten.[15]

Besonders aufschlussreich hinsichtlich dieser zahlreichen Verflechtungen ist die Steuer- und Abgabenverwaltung der Provinzen, durch die einerseits Rom Zugriff auf enorme Finanzmittel erhielt, andererseits bestimmte gesellschaftliche Gruppen finanziell profitieren konnten. Ebenso wie die Gesamtprovinzverwaltung war Steuer- und Abgabenerhebung nicht von Anfang an systematisch geplant, sondern sollte zunächst ad hoc Versorgungs- beziehungsweise Finanzprobleme besonders des römischen Heeres beheben und konnte von daher in Getreidelieferungen wie auch entsprechenden Geldabgaben seitens der Bekämpften bestehen (s. o.). Erst im Laufe der Zeit konkretisierten sich derlei Praktiken zu einer regelmäßigen Steuererhebung. Der hierfür verwendete Begriff *stipendium* (von *stipem pendere*, „einen Geldbetrag wiegen") ging insofern von seiner ursprünglichen Bedeutung der „Soldzahlung" an die eigenen Soldaten durch römische Institutionen (vgl. etwa Liv. 4, 59, 11) auf die gegnerische Leistungspflicht zu deren Unterhalt über (vgl. etwa Liv. 23, 48, 4 f.; Cic. Verr. 2, 3, 12).[16]

In den Quellen spiegelt sich insgesamt eine sehr komplexe und scheinbar verworrene Steuer- und Finanzterminologie.[17] Denn unter dem Dach aller Ein- und Ausgaben des römischen Gemeinwesens, die aufgrund von öffentlichen Rechten oder Pflichten zustande kamen und daher als *publica* („öffentliche [Finanz-]Angelegenheiten") bezeichnet wurden, tummeln sich Bezeichnungen wie *tributum, stipendium, vectigal, portorium, decuma* und noch viele weitere mehr. Anstatt von einer von vorneherein festgelegten und systematischen Einteilung, etwa in „direkte" Abgaben (*tributa, stipendia*) und „indirekte" Abgaben (*vectigalia, portoria, decuma*), auszugehen, sind diese Termini jedoch eher als Aspekte und Ausdruck des jeweiligen Erhebungsprozedere zu verstehen. So wie *stipendium* den Sold-, Versorgungs- und Kriegsentschädigungsaspekt ausdrückt und daher vom Bereich der Armee leicht auf die provinzialen Finanzleistungen an Rom übertragen werden konnte, meint *tributum* die feste Abgabequote,

---

14 Ausführlich diskutiert die Kompetenzen und Rollen des Statthalters und seines Stabes *Schulz*, Herrschaft, bes. 93–199. Zu den finanziellen Aufgaben der Quästoren vgl. *Pina Polo/Díaz Fernández*, The Quaestorship, 164–180.
15 Dazu *Schulz*, Herrschaft, 200–288.
16 Vgl. insgesamt *Ñaco del Hoyo, Vectigal*, und nachfolgende Anm.
17 Zur Terminologie vgl. *Kritzinger*, Das römische Steuersystem; *Günther, Vectigalia*, 14–21.

zunächst der römischen Bürger in Krisenzeiten bis zur Abschaffung der *tributa* im Jahr 167 v. Chr. (und bis auf erneute Ausnahmen zur Zeit der spätrepublikanischen Bürgerkriege),[18] dann aber auch der Provinzialen, und zwar als Gesamtprovinz wie in Bezug auf einzelne Leistungspflichtige.[19] Hingegen verstand man unter *vectigalia* (von *vehere*, „fahren") jegliche Einnahmen, die aus der Verpachtung von öffentlichen Gütern, sei es Land (*ager publicus*), aber auch anderen Einnahmerechten, in eine öffentliche Kassen flossen. Die provinzialen *tributa* sowie *stipendia* waren insofern *vectigalia certa* (Cic. Verr. 2, 3, 12: ... *impositum vectigal est certum, quod stipendiarium dicitur* ...), doch viele andere Abgaben konnten nicht im Voraus berechnet werden, da der konkrete Betrag beispielsweise von der jeweiligen Ernte (z. B. der „Zehnte", *decuma*) oder dem Güteraufkommen (bei den Zöllen, *portoria*) abhing. Im Laufe der Zeit fand daher der Begriff *vectigalia* vornehmlich für letztere Abgaben Verwendung.[20]

All diese Abgaben wurde von Provinzen und deren Untergliederungen, v. a. den jeweiligen Gemeinden, seitens Rom eingefordert, und wenigstens im Laufe der Späten Republik und der Kaiserzeit wurden die Details der Finanzflüsse und Abgabearten in einer *lex provinciae* geregelt.[21] Dabei kam den einzelnen Städten (*civitates*) jeweils eine wichtige Rolle bei der Erhebung, Verwaltung und dem Zugriff auf die eigentlich steuerpflichtigen Bewohner zu. Es stand dabei im Ermessen Roms, inwieweit diese Abgaben (entweder in Naturalien oder Geld) direkt nach Rom in öffentliche Kassen flossen, in die jeweiligen provinzialen Kassen (*fisci*) für dortige von den Statthaltern administrierte Belange gelangten, an etwaig etablierte weitere administrative regionale Einheiten (*koina/concilia*) weitergeleitet wurden oder bei den einzelnen Gemeinden zur Finanzierung von Aufgaben verblieben. Auf lokaler wie römischer Ebene kamen dabei in der Regel private Pächter (*publicani*) respektive Pächtergesellschaften (*societates publicanorum*) zum Einsatz. Auf „reichsweiter" römischer Ebene wurden die meist fünfjährigen Kontrakte in republikanischer Zeit in der Regel in Rom von den Zensoren (analog deren *lustrum*) ausgeschrieben und versteigert. Die jeweiligen Pachtbedingungen wurden in einer *pactio* niedergeschrieben, detaillierte Rechte und Pflichten der Pächter in einer *lex censoria* festgehalten sowie Grundsätze der Erhebung in einer *lex conductionis/lex locationis* veröffentlicht. Ebenso gab es derartige Einzugskontrakte auf lokaler Ebene, so dass zunächst die Einnahmen von lokalen Steuerpächtern eingesammelt und an die jeweiligen Gemeinden übergeben wurden, von denen wiederum die römischen Publikanen den festgelegten Anteil für Rom einforderten und dann in die römische Staatskasse (*aerarium Saturni*) abliefern mussten.

---

18 Zur Aufhebung vgl. Cic. off. 2, 22, 76; Val. Max. 4, 3, 8; Plin. nat. 33, 56; Plut. Aem. Paul. 38, 1; zu Bürgerkriegsabgaben: App. civ. 4, 2, 5; Cass. Dio 46, 31, 3; dazu *Nicolet, Cl., Tributum. Recherches sur la fiscalité directe sous la république romaine.* (Antiquitas, Reihe 1: Abhandlungen zur Alten Geschichte, Bd. 24) Bonn 1976, 87–98; *Neesen*, Untersuchungen, 12 f. m. Anm.
19 Vgl. *Kritzinger*, Das römische Steuersystem, 97.
20 Vgl. *Günther, Vectigalia*, 18–20.
21 Dazu *Kritzinger*, Das römische Steuersystem, 101–128.

Insofern waren zwar einerseits die Einzugs- wie administrativen Ebenen de jure geschieden, in der Praxis ergaben sich jedoch zahlreiche Konfliktpotentiale, da Rom kein einheitliches Abgabensystem allen Provinzen gleichermaßen oktroyierte, sondern aus der jeweiligen historischen Entwicklung heraus die Verhältnisse und vorhandene Strukturen vor Ort berücksichtigte und es zudem im Laufe der Zeit zahlreiche Ausnahmeprivilegien für Personen, Institutionen oder ganze Gemeinden gab.[22]

Ein gutes, jedoch in seiner Belegdichte auch exzeptionelles Beispiel hierfür bietet der „Flickenteppich" Sizilien, über dessen steuertechnische Administration wir insbesondere aus Ciceros *Reden gegen Verres* einigermaßen gut Bescheid wissen. Hier bestanden wohl vor der vollständigen Einverleibung im Nachgang des Todes von Hieron II. von Syrakus (reg. 269–215 v. Chr.) seit Ende des Ersten Punischen Krieges Tributpflicht sowie Zollabgaben im ehemals karthagischen Teil der Insel (App. Sic. 2, 6; vgl. Liv. 23, 48, 7). Vereinheitlicht wurde das Steuersystem dann auf Grundlage des Hieronischen Abgabensystems für Syrakus, das auf ganz Sizilien mit Ausnahmen einiger privilegierter Gemeinden übertragen wurde. Nach Cicero in der dritten, nicht gehaltenen Rede seiner *Verrinen* gab es dabei verschiedene Rechts- und Abgabenstatus unter den sizilischen Gemeinden (*civitates*) (Cic. Verr. 2, 3, 12 f.).[23]

Zusätzlich zu diesen verschiedenen Leistungsverpflichtungen gab es eine nicht einheitliche Verpachtung der Abgaben in dieser Provinz. Denn die traditionelle Verpachtung des Getreidezehnten verblieb – im Gegensatz zur Verpachtung der Zölle (*portoria*), der Bodenpachtabgaben (*vectigalia*) sowie der kleineren Ertragsabgaben in Rom – bis in die Späte Republik in Sizilien und fiel damit in die Zuständigkeit des jeweiligen römischen Statthalters, eines Proprätors. Diese nur schwer kontrollierbare Vormachtstellung vor Ort nutzte Verres nach Ciceros Worten weidlich aus, um sich bei der Vergabe der Pachtkontrakte an befreundete Personen (vgl. Cic. Verr. 2, 3, 12–163) und beim sogenannten Kauf- wie beim Schätzpreisgetreide (Cic. Verr. 2, 3, 163–187 bzw. 2, 3, 188–225) finanziell zu bereichern.

Zugleich liefert die Cicero-Rede Anhaltspunkte dafür, dass in anderen Provinzen andere „Systeme" Anwendung fanden. Für Spanien und die restlichen karthagischen Gebiete wird von einem *vectigal certum* gesprochen, das *stipendiarium* genannt wird, während für Asia eine zensorische Verpachtung (*censoria locatio*) auf Grundlage einer *lex Sempronia* konstatiert wird (Cic. Verr. 2, 3, 12). Abgesehen von den zahlreichen

---

[22] Zu diesen Konstellationen vgl. *Schulz*, Herrschaft, 214–234 bzw. 234–246. Zur Steuerfreiheit vgl. etwa das *SC de Aphrodisiensibus* (39 v. Chr.) für die Doppelgemeinde Plarasa und Aphrodisias: *Freis*, Historische Inschriften, Nr. 21, dazu *Kritzinger*, Das römische Steuersystem, 113 f. Privilegien für Einzelpersonen: etwa das *SC de Asclepiade Clazomenio sociisque* (78 v. Chr.) (CIL VI 40890). Zu Streitigkeiten vgl. *Kritzinger*, a. a. O., 111, vgl. aber *Wallace, Chr., Ager Publicus* in the Greek East: I. Priene 111 and Other Examples of Resistance to the *Publicani*, in: Historia, 63/1, 2014, 38–73, der I. Priene 111 u. a. nicht als Streitigkeiten zwischen Gemeinden und Steuerpächtern um Steuern, sondern um Inbesitznahme von derlei Domänen (im Falle von Priene: Salzbergwerke) deutet.

[23] Dazu v. a. *Schäfer, Chr.*, Steuerpacht und Steuerpächter in Sizilien zur Zeit des Verres, in: MBAH, 11/2, 1992, 23–38.

Forschungsdiskussionen um den konkreten Charakter und die Entwicklung dieser jeweiligen Besteuerungsformen[24] wird insgesamt deutlich, dass es eben nicht ein Masterplan war, der zu einer systematisch angelegten Ausbeutung der Provinzen angewandt wurde, sondern dass Rom auf vorhandene Strukturen zurückgriff und sich jeweils spezifische Formen der Extraktion ausbildeten. Diese flexible Anpassung an das Vorgefundene ermöglichte es auch, sich die jeweiligen Städte, Gruppen und/oder Personen leichter gefügig zu machen, indem man diese mittels Privilegien, Status, aber auch teuren Krediten in das System hineinzog.

So fragmentarisch uns daher die Organisation der Abgabenerhebung in anderen Provinzen vor Augen steht, so einsichtig ist uns aus Quellen der Späten Republik, namentlich Ciceros Reden und Briefen, wie diese komplexen Geflechte aus Regelungen, Zuständigkeiten und Abhängigkeiten zur finanziellen Abschöpfung, und zwar vor allem seitens römischer Eliten einluden: Die Publikanen selbst sind dabei als „Zöllner und Sünder" bis heute in aller Munde, konnten sie doch Steuerpachtregelungen etwa durch die Erhebung zusätzlicher Gebühren, dem Vorstrecken fälliger Steuerzahlungen gegen Zahlung hoher Zinsen usw., aber auch durch Versuche, an lukrative lokale Abgabeerhebungen zu kommen, leicht zuungunsten der provinzialen Steuerpflichtigen (Einzelpersonen wie Städten) überdehnen, insbesondere wenn sie dabei die Rückendeckung der Statthalter und deren Verwaltungs- bzw. Freundesapparats hatten.[25] Aber auch die Statthalter, ihr Stab beziehungsweise Freundeskreis selbst sowie die mit Finanzaufgaben betrauten Quästoren sind mannigfach als Profiteure belegt: Beteiligungen (über Mittelsmänner) an und Einfädelungen von Kreditgeschäften, Einforderung von ungerechtfertigten Verwaltungsgebühren oder Annahme von Geschenken und anderen Versorgungsleistungen zur Verschleierung von Bestechungen und Einflussnahmen bereicherten ihre privaten Kassen, da sie ihre formellen Machtbefugnisse, den Informationsvorsprung wie auch das der römischen Gesellschafts- wie Politikordnung inhärente Netzwerksystem zu ihren Gunsten ausnutzten. Den jeweiligen provinzialen Gemeinden und deren Bewohnern blieb nichts anderes übrig, als in diesem perfiden Spiel mitzumachen, wollten sie nicht gänzlich ihren politischen Einfluss einbüßen oder abgestraft werden. Insbesondere wenn die Interessen des jeweiligen *imperium*-Trägers, des Finanzverantwortung tragenden Quästors und römischer Publikanen Hand in Hand gingen, war Missbrauch und ökonomischer Ausbeutung Tür und Tor geöffnet. Ciceros Reden und Briefe beziehen sich mehrfach auf derlei Praktiken, in die sogar so renommierte Persönlichkeiten wie der Caesarmörder M. Iunius Brutus (Caepio) verwickelt waren, dessen eigentlich weit überhöhte Rückzahlungsforderungen an die Stadt Salamis letztlich auch Cicero nicht zu vermindern wusste.[26]

---

24 Allgemein *Neesen*, Untersuchungen, 6–10 (mit der älteren Literatur in den Anmerkungen). Für den Westen vgl. die umfängliche Untersuchung von *Ñaco del Hoyo*, Vectigal. Für Asia vgl. *Drexhage*, Wirtschaftspolitik, 31 f. (mit weiterer Literatur).
25 Vgl. allgemein *Badian*, Zöllner und Sünder.
26 Vgl. bes. Cic. Att. 5, 21, 10–13; 6, 1, bes. 6, 1, 5–8; 6, 2, 7–9; 6, 3, 5–6. Dazu *Tan*, Power, 67–68 (mit weiterer Literatur). Zu Ciceros Verhalten in Kilikien vgl. auch *Morrell*, Pompey, 238–243.

Gegen derlei Praktiken erwuchs in der Späten Republik individueller, stets aber auch literarisch überhöhter Widerstand, ebenso wie schon im zweiten Jahrhundert v. Chr. Kontroll- und Sanktionsmechanismen etabliert wurden. Paradebeispiel und Ankerpunkt für spätere Reformvorhaben seit den 70er Jahren des 1. Jahrhunderts v. Chr. wurden dabei der Statthalter der Provinz Asia, Q. Mucius Scaevola (der Pontifex), und sein Legat P. Rutilius Rufus, wohl im Jahre 97 v. Chr.: Sie gingen hart gegen die Auswüchse der Steuereinzugspraktiken seitens der Publikanen vor, ernteten hierfür zwar Lob von Seiten der Provinzialen (vgl. OGIS 437–439) und wurden später zu *exempla* korrekten statthalterlichen Verhaltens stilisiert, aber nach ihrer Amtszeit in Rom von den Rittern, aus deren Mitte die Leiter von Publikanengesellschaften in der Regel kamen, juristisch angegangen. Diese schafften es im Jahre 92 v. Chr., den Legaten Rutilius Rufus erfolgreich wegen angeblicher Ausbeutung der Provinz in einem Repetundenverfahren anzuklagen und ins Exil zu verbannen.[27]

Dieser Prozess wirft auch Schatten auf die seit Mitte des 2. Jahrhunderts v. Chr. etablierten Kontroll- und Sanktionsmechanismen zur Verhinderung der Ausbeutung von Provinzen. Zwar erfahren wir schon im Rahmen der Scipionen-Prozesse um deren finanzielle Machenschaften 187 v. Chr. von Abrechnungsbüchern (*logismos/liber rationis*) (vgl. oben Anm. 11), jedoch wurde ein geregeltes Abrechnungs- und Rechenschaftsverfahren wohl erst im Rahmen und in Begleitung der sogenannten Repetundengesetze etabliert. Sich aus einem ad hoc eingesetzten Gericht von öffentlich bestellten Rekuperatoren im Privatverfahren (vgl. Liv. 43, 2 zum Jahr 171 v. Chr. in Bezug auf spanische Gemeinden) sowie außerordentlich bestellten Senatsuntersuchungskommissionen (*quaestiones extraordinariae*) entwickelnd, wurde mit der *lex Calpurnia* 149 v. Chr. ein ständiger Gerichtshof (*quaestio perpetua*) etabliert, vor welchem das Delikt der Erpressung von Untertanen und Bundesgenossen und der Rückerstattung entsprechender Gelder, jedoch nur auf Antrag der Provinzialen und in der Regel vertreten durch einen römischen Patron, verhandelt werden konnte.[28] Durch mehrere Gesetze in der Folgezeit, u. a. die *lex Acilia* 123/122 v. Chr., wurde das Verfahren immer detaillierter ausgestaltet und mit (Geld-)Strafen bewährt, war jedoch stets von innenpolitischen Entwicklungen beeinflusst, vor allem aufgrund der wechselnden Zusammensetzung des Richtergremiums. Zunächst lediglich aus Senatoren bestehend, die nur in Ausnahmefällen gegen ihre eigenen Standesgenossen vorgingen, war nämlich seit der Gerichtsreform des Gaius Gracchus 123/122 v. Chr. dieser ständige Gerichtshof in die Hände der Ritter gelangt, die diesen als Druckmittel u. a. zur Förderung ihrer Publikanenaktivitäten gegen unliebsame Statthalter benutzen konnten; in der Folgezeit wechselte die Zusammensetzung je nach politischer Lage des Öfteren, bis im Jahr

---

27 Vgl. *Morrell*, Pompey, 12–13.
28 Überblick bei *Morrell*, Pompey, 129–132. Zur *Lex Acilia repetundarum* vgl. *Crawford*, Roman Statutes I, Nr. 1; vgl. etwa Regelungen, eine *Lex Porcia* zitierend, in der *Lex de provinciis praetoriis* (*Crawford*, a. a. O., Nr. 12) und *Lex Antonia de Termessibus* (*Crawford*, a. a. O., Nr. 19), dazu *Morrell*, a. a. O., 131 f.; *Díaz Fernández*, Provincia, 57.

70 v. Chr. eine Kompromisslösung durch die *lex Aurelia iudiciaria* diese endgültig regelte (1/3 Senatoren, 1/3 Ritter, 1/3 Ärartribunen); Ciceros oben erläuterte Anklage gegen den ehemaligen Statthalter Siziliens, Gaius Verres, im gleichen Jahr fand allerdings noch vor dem vom Diktator Sulla (82–79 v. Chr.) wieder installierten rein senatorischen Gremium statt. In der Spätphase der Republik wurden die Vorschriften durch die *lex Iulia de pecuniis repetundis* 59 v. Chr. noch einmal modifiziert und teilweise verschärft;[29] jedoch blieb der Regelungsbedarf offensichtlich, so dass Cn. Pompeius (Magnus) vermutlich zusammen mit M. Porcius Cato und dessen Idee einer „ethical provincial governance" weitere Reformvorhaben anstieß, die sich in der *lex Pompeia de provinciis* 52 v. Chr. spiegeln.[30]

Die Liste der Bereicherung seitens Rom respektive der macht- und einflusshabenden Römer am Hab und Gut der Provinzen ist also lang und könnte gut um einige Punkte wie etwa die Ausbeutung von Rohstoffen oder die Versklavung von Unterworfenen verlängert werden; die jeweiligen Eindämmungsversuche scheinen demgegenüber nicht dauerhaft gefruchtet zu haben. Jedoch nur diesen Aspekt der Beziehungen zwischen Rom und den Provinzen in den Vordergrund zu rücken, hieße, gewichtige Aspekte der Beziehung außen vor zu lassen.

So ist es prinzipiell richtig, dass das Ordnungs- und Rechtssystem Lücken zur Ausnutzung aufwies und vornehmlich die Träger des römischen Bürgerrechts begünstigte. Die eroberten Gebiete wurden so in Provinzen umgewandelt, deren grundsätzliche Statuten nach einer *lex provinciae* geregelt wurden (s. oben), während auf den unteren Ebenen das jeweils lokale Rechtssystem in Kraft blieb, sofern es nicht römischen Interessen entgegenlief und nicht über bestimmte Strafsummen hinaus oder Kapitalverbrechen zu entscheiden hatte, was dann beides dem statthalterlichen Gericht an bestimmten Gerichtstagen (*conventus*) im jeweiligen jurisdiktionellen Bezirk vorgelegt wurde.[31] Umgekehrt öffnete sich das römische Rechtswesen jedoch auch den Erfordernissen eines „internationalen" Rechtsverkehrs (*ius gentium*), der nicht allein römische Bürger umfasste, indem die starren Prozessformeln der *legis actiones* zum größten Teil von prätorischen *formulae* abgelöst wurden. Diese Flexibilisierung des römischen *ius civile* ging mit einer Stärkung des Honorarrechts römischer Magistrate, vor allem der Prätoren und Ädilen, einher.[32]

---

29 Dazu, en detail, *Morrell*, Pompey, 133–152, ebenso zur Frage des Einflusses von Pompeius und Cato respektive des Senats auf die Ausgestaltung der Regelungen.
30 Dazu ausführlich *Morrell*, Pompey, *passim*.
31 Zur Rechtsprechung vgl. *Schulz*, Herrschaft, 200–214, v. a. hinsichtlich des römischen Eingreifens in Rechtsstreitigkeiten innerhalb von Gemeinden.
32 Zu den wirtschaftlichen Dimensionen in der Entwicklung des römischen Rechts vgl. *Fiori, R.*, Contracts, Commerce, and Roman Society, in: *du Plessis, P. J./Ando, C./Tuori, K.* (Hgg.), The Oxford Handbook of Roman Law and Society. Oxford 2016, 581–595. Zu den aufkommenden Fiktionen vgl. etwa *Ando, C.*, Legal Pluralism in Practice, in: *du Plessis, P. J./Ando, C./Tuori, K.* (Hgg.), The Oxford Handbook of Roman Law and Society. Oxford 2016, 283–293, bes. 285–288 (vgl. etwa Gai. inst. 4, 37 f.). Zu den Verbalkontrakten vgl. Gai. inst. 3, 92 f.

Auf Provinzebene konnte Rom trotz der geringen römischen Regelungsdichte durchaus Akzente setzen: Einzelne Gemeinden konnten so hinsichtlich Steuern Befreiungen bzw. rechtliche Privilegien erhalten, ebenso einzelne Personen, die sich um die römische Sache verdient gemacht hatten. Dieser privilegierte und herausgehobene Status wurde in der Folge für viele andere Gemeinden beziehungsweise Personen erstrebenswert und führte nicht nur im Westen, sondern auch im Osten des Römischen Reiches zur Verbreitung römischen Rechts zusammen mit dem römischen Bürgerrecht, obschon lokale Rechtsschichten dort stets weiterexistierten (s. u.).

Fragen zu Marktintegration und Warenströmen sind allenfalls punktuell zu beantworten, vor allem über epigraphisch-archäologische beziehungsweise papyrologische Zeugnisse wie etwa durch die Inschriften von Delos, die *lex portorii Asiae* oder Zeugnisse aus Ägypten (etwa der P. Bing. 45 mit den Privilegien für einen römischen Geschäftsmann[33]), und informieren in der Regel aus römisch-italischer Sicht über Wirtschaftsnetzwerke. Indirekt kann man aus Schiffswrack- und archäologisch zuordenbaren Materialfunden sowie der Berechnung von Schiffsrouten Warenströme zwischen den Provinzen und Rom/Italien ableiten.[34]

Nicht vergessen sollte man die infrastrukturellen Maßnahmen, auch wenn diese ebenso nur in Ausschnitten zu greifen sind. Zwar darf man nicht einen „Gesamtentwicklungsplan" für ein systematisches römisches Straßennetzsystem in der jeweiligen Provinz oder gar provinzenübergreifend annehmen. Vielmehr nutzten die Statthalter oder Feldherren vorhandene Strukturen und schlossen daran bei militärischem oder zivilem Bedarf ihre eigenen Straßenbauten an, deren Vollendung auch der Repräsentation diente.[35] Dies zeigt erneut, dass wir auch hier nicht allein den „Staat" in den Blick nehmen dürfen, sondern die tatsächlich handelnden Akteure. So wie der öffentliche Nachrichtenverkehr zum überwiegenden Teil in den Händen der Statthalter und deren jeweiligen Netzwerken – wozu auch die Publikanen oder andere Händler gehörten – lag und vor Ort mittels der Stellung von lokal requirierten Transportmitteln organisiert wurde, so sehr wurden Warentransporte, etwa von Getreide nach Rom, als *publicum*, d. h. als öffentlicher Auftrag an privatwirtschaftliche Unternehmer vergeben oder als Zubringerleistung innerhalb der Provinzen den Abgabeleistenden

---

[33] Dazu und zu den Handelsaktivitäten zuletzt *Bussi, S.*, P. Bingen 45 et le commerce méditerranéen de l'Égypte au temps de Cléopâtre, in: MBAH, 37, 2019, 53–76.

[34] Zu den Schiffswrackfunden und deren Interpretation vgl. zuletzt ausführlich *Wilson, A.*, Approaches to Quantifying Roman Trade, in: *Wilson, A./Bowman, A. (Hgg.)*, Quantifying the Roman Economy. Methods and Problems. (Oxford Studies on the Roman Economy) Oxford 2009, 213–249, hier: 219–229. Bezüglich der Diskussion um die Aussagekraft von archäologischen Funden, etwa von Keramik, vgl. die Zusammenstellung von Literatur bei *von Reden*, Antike Wirtschaft, 167, und wiederum *Wilson*, a. a. O., *passim*. Vgl. für die Kaiserzeit die Beiträge im Sammelband von *Wilson/Bowman*, Trade. Zu den Handelsrouten und den „Business"-Plänen respektive Profitabilitätsberechnungen vgl. *Warnking*, Der römische Seehandel.

[35] Zu den Straßenbauten der Republik vgl. *Rathmann*, Untersuchungen, 47–56.

aufgebürdet.[36] Inwiefern daraus Anreize für den Ausbau der Infrastruktur vor Ort hervorgingen, ist jedoch erneut schwierig zu ermessen.

III Aus einem Guss? Imperium und Provinzen in der Römischen Kaiserzeit

Die zahlreichen militärischen Konflikte der Bürgerkriegszeit zum Ende der Republik zeitigten natürlich Wirkung auf die Provinzen sowie auf benachbarte Königreiche, und zwar auch wirtschafts- und finanzpolitischer Art. So hatten etwa in der Zeit des Zweiten Triumvirats (ab 43 v. Chr.) neben den stadtrömischen Eliten insbesondere die Gebiete in Kleinasien unter den finanziellen Forderungen verschiedener Feldherren zu leiden,[37] und erst mit dem Beginn des Prinzipats unter Augustus kehrten wieder einigermaßen verlässliche und stabile Zustände in Bezug auf Rechtsordnung, Abgabewesen, Provinzialverwaltung und wirtschafts- wie finanzpolitische Maßnahmen in der Interaktion zwischen Zentrale und Provinzen ein.

Die Effektivität und Effizienz des Reiches wurden dabei maßgeblich durch Strukturen bestimmt, die bereits in der Republik angelegt worden waren und jetzt durch eine straffere zentrale Organisation, nämlich um den Kaiser herum, zusammengehalten wurden. Grundsätzliche Elemente wie die Verantwortlichkeit der Statthalter für übergreifende rechtliche, finanzielle, wirtschaftliche und sozial-kulturelle Belange blieben ebenso bestehen wie die lokalen Zuständigkeiten der jeweiligen Gemeinden, zum Teil ergänzt durch Funktionsübernahmen durch Provinziallandtage.[38] Weiterhin wurden die wesentlichen Organisations- und Administrationsprinzipien in einer *lex provinciae* festgehalten, die höherrangigen Rechtsfragen durch den Statthalter und dessen *concilium* geklärt, die Steuern vor Ort in Natural- bzw. Geldablieferungen eingenommen.

Was sich änderte, waren die Ordnungsprinzipien sowie Durchgriffs- und Kontrollrechte seitens des Kaisers respektive des kaiserlichen Verwaltungsapparats. Das relativ einheitliche Karriereschema der senatorischen Laufbahn, das sich seit augusteischer Zeit unter Beibehaltung der republikanischen Magistraturen etablierte, war begleitet von einer Ausrichtung des ursprünglich aristokratischen Bewährungsfeldes

---

36 Dazu allgemein *Kolb*, Transport, bes. 20–48 (für die republikanische Zeit). Zur Informationsbeschaffung der Statthalter vgl. *Schulz*, Herrschaft, 123–143.
37 Dazu *Günther, S.*, Imperial oder provinzial? Die *Vindex Libertatis*-Prägung Oktavians im Jahre 28 v. Chr., in: *Günther, E./Fabricius, J.* (Hgg.), Mehrdeutigkeiten. Rahmentheorien und Affordanzkonzepte in der archäologischen Bildwissenschaft. (Philippika, Bd. 147) Wiesbaden 2021, 245–264, hier: 253–255 (mit weiterer Literatur).
38 Zu den Provinziallandtagen und deren ökonomischer Funktion vgl. *Edelmann-Singer, B.*, Koina und Concilia. Genese, Organisation und sozioökonomische Funktion der Provinziallandtage im römischen Reich. (HABES, Bd. 57) Stuttgart 2015, bes. 193–308.

auf kaiserliche und, daran unmittelbar ideologisch anschließend, staatliche Belange. Durch die umfangreiche *provincia*, die Augustus am 16. Januar 27 v. Chr. verliehen bekommen hatte, wurden die sogenannten kaiserlichen Provinzen von Funktionären des Kaisers, den *legati Augusti pro praetore*, verwaltet, das (fast) exklusiv dort stationierte Heer von ebenfalls im kaiserlichen Auftrag handelnden *legati legionis* (in Provinzen mit einer Legion übernahm das militärische Kommando der kaiserliche Statthalter). Diese Funktionsstellen waren je nach Bedeutung beziehungsweise Erfahrung der Reihe der nachprätorischen beziehungsweise nachkonsularen Ämter zugeordnet. De jure existierten mit den senatorischen Provinzen weiterhin vom Senat zu besetzende Statthalterschaften – neben nachprätorischen auch die zwei prestigeträchtigen nachkonsularen über die Provinzen Africa und Asia –, jedoch übte de facto der Kaiser nicht nur über seine umfangreichen Kompetenzen in der Zusammensetzung des Senatorenstandes und über seinen Einfluss bei der Ämtervergabe, sondern auch durch sein *imperium pronconsulare* mit *maior potestas* Kontrolle über diese Provinzen aus.[39] Nicht vergessen werden darf dabei, dass die Senatoren in ihrem Ämter- und damit Repräsentationsstreben ebenso von der Gunst des Kaisers abhingen und sich daher zum Teil selbst auf diesen und dessen Erwartungen hin ausrichteten.[40]

Auch die restliche Reichsverwaltung lag in den Händen des jeweiligen Kaisers, denn für kleinere territoriale Verwaltungseinheiten wie etwa die Alpenregion (Alpes Maritimae, Alpes Cottiae, Alpes Poeninae) wurden Präsidialprokuratoren aus dem vom Kaiser definierten Ritterstand eingesetzt, und die unter Sonderstatus verwaltete Provinz Aegyptus war ebenfalls einem ritterlichen *praefectus Alexandriae et Aegypti* unterstellt. Ritterliche Finanzprokuratoren waren nicht nur als Pendant zu den senatorischen Quästoren in den kaiserlichen Provinzen für die Finanzverwaltung zuständig, sondern übten reichsweit, also auch in den senatorischen Provinzen, Kontrollfunktionen über die kaiserlichen Besitzungen/Domänen aus.[41] Die kaiserliche Hofverwaltung, hervorgegangen aus der republikanisch-aristokratischen Hausverwaltung durch Freigelassene und Sklaven, war ein weiterer Faktor der Konzentration auf das Kaiserhaus, da diese neben „Hofdiensten" auch für die Patrimonialverwaltung verantwortlich zeichneten.[42]

Gerade die fiskalen und staatlichen Finanzstrukturen zeigen deutlich, wie sehr das gesamte System von Imperium wie Provinzen auf den Kaiser zugeschnitten wurde. Nach wie vor gab es natürlich das staatliche *aerarium Saturni*, in welches die Einnahmen aus den senatorischen Provinzen flossen respektive mit welchem die provinzialen Budgets abgerechnet wurden, da keine periodischen physischen Geldmittel-

---

39 Vgl. *Jacques/Scheid*, Rom I, 37 f. (*imperium proconsulare maius*), 180–184 (senatorische und kaiserliche Provinzen).
40 Zum Kaiser als Magneten und Agenda-Setter s. etwa *Hartmann, E.*, Ordnung in Unordnung. Kommunikation, Konsum und Konkurrenz in der stadtrömischen Gesellschaft der frühen Kaiserzeit. Stuttgart 2016.
41 *Jacques/Scheid*, Rom I, 184–186 (ritterliche Provinzen); 109–113 (ritterliche Verwaltung).
42 *Jacques/Scheid*, Rom I, 113–116.

und Gütertransporte anzunehmen sind. Als zweites *aerarium*, für die Veteranenversorgung, wurde 5 n. Chr. das *aerarium militare* eingerichtet, das sich nach einer ersten privaten Einlage aus dem kaiserlichen *patrimonium* vor allem aus der von Augustus im Folgejahr eingerichteten Erbschaftssteuer (und zeitweise aus der Verkaufssteuer) speiste.[43] Prinzipiell musste auch der Kaiser seine *provincia*, d. h. alle kaiserlichen Provinzen, mit dem *aerarium Saturni* abrechnen. Da jedoch sein *imperium* immer wieder und letztlich ohne Ende verlängert wurde, war seine Rechenschaftslegung faktisch ausgesetzt und seinem eigenen Willen zur Zusammenarbeit mit der staatlichen Institution unterworfen. Der jeweilige Finanzhaushalt der unter seinem *imperium* stehenden Provinzen, als *fiscus* (Korb), bezeichnet, wurde jedenfalls nicht einzeln mit dem *aerarium* abgeglichen, sondern lief zunächst beim Kaiser als Imperiumsträger zusammen. Dieser bediente sich wohl seines eigenen Hausverwaltungspersonals beim Erstellen des Finanzausgleichs und der Abrechnungen. Indem in den kaiserlichen Provinzen die Finanzprokuratoren dem Anschein nach sowohl die staatlichen Einnahmen, die in die provinzialen *fisci* flossen und theoretisch mit dem *aerarium* abgerechnet wurden, als auch die kaiserlichen Privatbesitzungen, die als *patrimonium* bezeichnet wurden, administrierten, kam es auch in der Zentrale Rom im Laufe des 1. nachchristlichen Jahrhunderts zur Zusammenführung der kaiserlichen Finanzverwaltung in einem zuständigen „Büro", nämlich desjenigen des *a rationibus*. Obschon in vielen Quellen die Trennung zwischen Privatvermögen des Kaisers und staatlichen Geldern hervorgehoben wird, wurde das *patrimonium*, gerade nach Dynastiewechseln, immer mehr als kaiserliches Staatsvermögen angesehen, davon die jeweiligen *res privatae* der neuen Herrscher(häuser) terminologisch geschieden, und letztlich der gemeinsame Begriff *fiscus* als zweite Staatskasse, jetzt die staatlichen Einnahmen aus den kaiserlichen Provinz-*fisci* wie die patrimonialen Einnahmen umfassend, im 2. Jahrhundert n. Chr. etabliert.[44]

Über die jeweiligen provinzialen (senatorischen wie kaiserlichen) *fisci* wurden die Einnahmen wie Ausgaben vor Ort administriert. Die Einnahmen und Forderungen umfassten in erster Linie die Steuern, Zölle und anderen Abgaben, wobei neben aufgrund von Zensuslisten erhobenen *tributa/stipendia* auch nicht im Voraus berechenbare *vectigalia* (für römische Bürger: Erbschaftsteuer; Freilassungssteuer auf Sklaven; Verkaufssteuer in Rom und Italien; Sklavenverkaufssteuer; dazu *vectigalia* in den jeweiligen Gemeinden) und unregelmäßig erhobene Abgaben wie das Kranzgold (*aurum coronarium*) und zunehmend auch Dienstleistungen (*munera*/Liturgien) auf die Einwohner zukamen.[45] Die Abgaben wurden teils in Geld, teils in Naturalien abgelei-

---

[43] Vgl. *Günther, Vectigalia*, 34–37 (zur Einrichtung des *aerarium militare*).
[44] Dazu die Diskussion bei *Wolters, Nummi Signati*, 174–202; vgl. *Alpers*, Das nachrepublikanische Finanzsystem.
[45] Zu den *munera* (Leistungspflichten), die eine erhebliche Belastung darstellen konnten, vgl. den Überblick bei *Corbier, M.*, Art. Munus, Munera, in: DNP 8, 2000, 484–486. Speziell zu den Verpflichtungen im Rahmen des *cursus publicus*: *Kolb*, Transport, bes. 123–139. Für Ägypten vgl. *Jördens*, Statthalterliche Verwaltung, bes. 164–262.

stet, wobei dem Steuergetreide (*annona*) für die Versorgung der Metropole Rom (und in der Spätantike seit 330 n. Chr. auch Konstantinopel) sowie als außerordentliche Getreideabgabe im Rahmen der Heeresversorgung seit severischer Zeit (*annona militaris*) eine besondere Rolle zukam (s. u.). Für Rom war dabei stets entscheidend, mit möglichst geringem Aufwand an den Teil der Einnahmen zu kommen, der in der Zentrale benötigt wurde, während der weitaus größere Teil in der Provinz selbst verblieb: und zwar bei einzelnen Gemeinden, anderen Institutionen wie den Provinziallandtagen oder natürlich mit den Ausgaben des jeweiligen provinzialen *fiscus* oder gegebenenfalls mit Nachbarprovinzen verrechnet wurde.

Die Einteilung in senatorische und kaiserliche Provinzen brachte juristisch-systematisch eine Qualifikation des Provinzialbodens in *praedia stipendiaria* und *praedia tributaria* mit sich (Gai. inst. 2, 21; vgl. 2, 7). Ein reichseinheitliches Erhebungs- und Eintreibungsverfahren existierte allerdings auch jetzt nicht, sondern war stets von der meist aufgrund einer *lex provinciae* etablierten römischen Verwaltungspraxis abhängig. Die provinzialen *tributa* beziehungsweise *stipendia*, die sowohl Bodenabgaben (*tributum soli*) als auch Kopfsteuern (*tributum capitis*) umfassten, wurden auf Reichsebene nun nicht mehr durch Publikanengesellschaften, sondern durch staatliche Beamte auf Grundlage regelmäßiger, von den Statthaltern oder speziell bestellten *censitores* durchgeführten Provinzialzensus administriert. Ebenso wurde für die Erhebung der *vectigalia* und *portoria* den privaten Steuerpächtern wohl seit neronischer Zeit staatliches Kontrollpersonal beiseitegestellt. Die Gemeinden innerhalb der Provinzen setzten für die Erhebung entweder auf lokale Amtsträger oder auf lokale Publikanen, die wie die durch Rom beauftragten Pächter (für *vectigalia*) für gewisse Zeiträume (zumeist fünf Jahre) entsprechende Konzessionen erhielten und die jeweiligen Abgaben eintrieben. Dieses Ineinandergreifen von lokaler und reichsweiter Administration in Kombination mit staatlicher und privater Abgabenerhebung sowie den zahlreichen Steuerprivilegien für einzelne römische *colonia*, *municipia* latinischen Rechts und *civitates* mit besonderem Status oder einzelne Personengruppen (z. B. Soldaten/Veteranen) und dazu noch die zahlreichen Besitzungen des römischen Volkes respektive des Kaisers, von denen Pächter ja auch Abgaben zu leisten hatten, führte zu einem komplexen Geflecht an Verantwortlich- und Zuständigkeiten und barg ungeheures Konfliktpotential, was immer wieder kaiserliches Eingreifen erforderte.[46]

Insgesamt bildete sich eine Aufteilung der Zuständigkeiten aus. Die Überprüfung der jeweiligen Zensusregister und Abgabenzahlungen und gegebenenfalls die Eintrei-

---

[46] Konflikte: vgl. etwa SEG I 329/SEG XVIII 294 = *Freis*, Historische Inschriften, Nr. 38. Kaiser Nero versuchte durch verschiedene Reformen, die Finanzadministration neu aufzustellen und Bereicherungspraktiken zu unterbinden: vgl. insb. Tac. ann. 13, 50 f., dazu die *lex portorii Asiae*, neben der Gesamtpublikation der Pachtbedingungen bes. praescr. Z. 3; §§ 25 f.; 57; 63. Zur *lex portorii Asiae* auf dem Monumentum Ephesenum vgl. ausführlich *Cottier et al.*, The Customs Law. Zur Finanzpolitik Neros: *Günther, S., Res publica* oder *res popularis*. Die steuerpolitischen Maßnahmen des „schlechten" Kaisers Nero zwischen Haushaltsraison und Volksfreundlichkeit, in: *Walde, Chr. (Hg.)*, Neros Wirklichkeiten. Zur Rezeption einer umstrittenen Gestalt. (Litora Classica, Bd. 7) Rahden/Westf. 2013, 105–128.

bung von Rückständen lag in den Händen der jeweils zuständigen römischen Beamten, Prokuratoren und/oder von diesen bestellten *exactores*, wobei auch militärisches Dienstpersonal diese „Inspektionen" begleiten konnte (vgl. Suet. Cal. 40). Personen mit Kenntnissen vor Ort in den Gemeinden waren erstverantwortlich für den Abgabeneinzug respektive die Organisation der Pächter. Sofern die Abgabeneinnahmen verpachtet waren, gab es detaillierte Regelungen für *publicani* und deren Unterpersonal, festgeschrieben in entsprechenden *leges* oder auch niedergelegt in den jeweiligen Pachtverträgen (*pactiones*). Dabei waren Unterverpachtungen bis hin zur Erhebung einzelner lokaler Abgaben möglich. Auch hier waren wiederum die einzelnen Städte respektive deren Hauptverkehrswege zu Land und zu Wasser als Hauptumschlagsplatz von Waren und damit der potentiellen Generierung von Zöllen oder anderen Steuern bedeutend, so dass es nicht verwundert, dort dann auch die Zollstationen vorzufinden. Allerdings war die Erhebung von Abgaben nicht immer finanziell attraktiv, zumal wenn der Gewinn durch hohe Erlösforderungen seitens der Gemeinden oder Roms gering und die administrativen Auflagen hoch waren. Von daher finden sich nicht erst seit der Spätantike eine ganze Reihe von Verpflichtungen zum Steuereinzug durch lokale Amtsträger, meist durch Kuriale, also Mitglieder des jeweiligen *ordo decurionum*, die bereits angesprochene Heranziehung zu de facto verpflichtenden Dienstleistungen auch im steuerlichen Handlungssektor sowie die Sicherung der Finanzströme bei Zahlungsausfällen durch Haftung und Umlageprinzip, da Steuervermeidung und -flucht des Öfteren in den Quellen bezeugt sind.[47]

Inwieweit die Steuerquote sowie die Erhebung in Sachwerten respektive Geld zur wirtschaftlichen Stimulation vor Ort beitrug, ist in der Forschung notorisch umstritten. Allgemein wird der These von Keith Hopkins, dass neben anderen Wachstumsfaktoren gerade die Steuererhebung in Form von Geldzahlungen die wirtschaftliche Produktivität ansporne, eine gewisse Plausibilität eingeräumt. Allerdings wurden viele Steuern nicht in Geld, sondern durch Naturalabgaben abgeleistet, und ebenso ist der numismatische Befund alles andere als eindeutig, denn Münzhorte und -zirkulationsannahmen belegen wenigstens für die Bronzeprägungen durch ihre Inhomogenität nicht die von Hopkins postulierte homogenisierende Umverteilung von Steuergeldern von steueraufkommensstarken in -schwache Gebiete.[48] Insofern kann auch über die finanzpolitischen Aspekte die Frage nach einer reichsweiten integrierten Wirtschaft nicht zufriedenstellend beantwortet werden, die derzeit intensiv in Auseinandersetzung mit den dies bejahenden Arbeiten von Peter Temin diskutiert wird.[49] Man kann allerdings wiederum auf praktischer Ebene Versuche der wirtschaftlichen Stimulation

---

47 Vgl. dazu *Ausbüttel*, Die Verwaltung, 83–85. Es herrschte grundsätzlich Selbstdeklarationspflicht (vgl. Ulp. Dig. 50, 15, 4), die Nichterfüllung von Steuerpflichten wurde mit strengen Strafregelungen geahndet. Zur Steuerflucht vgl. bes. *Jördens*, Statthalterliche Verwaltung, 304–330.
48 Vgl. dazu die Zusammenfassung der Diskussion bei *von Reden*, Antike Wirtschaft, 97 f.; für den numismatischen Befund auch *Kemmers*, The Functions, 48 f.; *Wolters, Nummi Signati*, 395–410.
49 *Temin, P.*, The Roman Market Economy. Princeton 2012; dazu die Kritik bei *Erdkamp, P.*, How Modern Was the Market Economy of the Roman World?, in: Oeconomia, 4/2, 2014, 225–235.

greifen, indem beispielsweise Regelungen zur Verhinderung von Doppelbesteuerung erlassen wurden, wie uns dies etwa in der *lex portorii Asiae* (§ 6) entgegentritt, wobei dies allerdings nicht überall gang und gäbe war.[50]

Jedoch war das „Imperium" nicht nur im fiskalischen Sektor in den Provinzen omnipräsent. Der *cursus publicus*, den berechtigte Funktionsträger (und manchmal kaiserlich begünstigte Privatpersonen) nutzen konnten, war eine Möglichkeit, Personen, Nachrichten, aber auch staatsrelevante Güter wie Steuergelder oder Produkte/Materialien von den/in die Provinzen zu transportieren.[51] Die meisten Gütertransporte, u. a. die Verbringung der Steuergetreidelieferungen (*annona*, dazu unten), aber auch größere Reisebewegungen von Kaiser oder anderen hohen Funktionsträgern sowie die Feldzugslogistik des Heeres wurden allerdings nicht über den *cursus publicus* organisiert, sondern wurden über Dienstverpflichtungen der jeweils ansässigen Bevölkerung (*munera*) oder über Eigenorganisation (Heer) bewerkstelligt.[52]

Im Gerichtswesen wurde das „Erbe" der Republik ebenfalls fortgeführt, d. h., lokale Angelegenheiten wurden in den zuständigen Gemeinden vor Ort geregelt, höherrangige durch die jeweiligen Statthalter bei sogenannten Gerichtstagen in Form der *cognitio extra ordinem* beschieden. Allerdings gab es auch direkte Durchgriffe seitens des Kaisers, der immer stärker zur Galionsfigur des „Rechtsstaats" und zudem zu einer Appellationsinstanz avancierte, vor allem in den kaiserlichen Provinzen, in denen ja die *legati Augusti pro praetore* nur an seiner Stelle fungierten.[53]

Gerade der Bereich der Tempel und deren wirtschaftliche Bedeutung bezüglich des Festbetriebs, der zahlreiche und auch zahlungskräftige „Touristen" aus nah und fern anziehen konnte, sowie die Markttage dürfen als wirtschaftliche Stimuli nicht unterschätzt werden, so dass sich hier nicht nur ein euergetisches Handlungsfeld der lokalen Honoratioren, sondern gerade auch der römischen Administratoren ergab.[54]

Es ist allerdings aufgrund der fragmentarischen Quellenlage schwierig, eine derartige geplante und zukunftsgerichtete „Wirtschaftspolitik" für alle Teile des Reiches

---

50 Dazu *Kritzinger, P.*, Das römische Zollsystem bis in das 3. Jh. n. Chr., in: *Kritzinger, P./Schleicher, Fr./Stickler, T.* (Hgg.), Studien zum römischen Zollwesen. (Reihe Geschichte, Bd. 7) Duisburg 2015, 11–55, hier: 21 f.
51 Vgl. *Kolb*, Transport, 71–122.
52 Vgl. *Kolb*, Transport, 227–263.
53 Vgl. nur die Schreiben des jüngeren Plinius an Kaiser Trajan (sowie dessen Antworten) im zehnten Buch seiner Briefsammlung. Zu den unterschiedlichen Gerichtsbarkeiten vgl. *Ausbüttel*, Die Verwaltung, 54–68. Zur immer stärkeren Rolle des Kaisers s. nun *Tuori*, The Emperor. Zu den unterschiedlichen Rechtsschichten und Interaktionen in den Provinzen vgl. die Beiträge in *Czaikowski/Eckhardt* (Hgg.), Law. Zur Verwaltung in den Provinzen vgl. auch die einzelnen Beiträge in *Eck* (Hg.), Lokale Autonomie sowie *Haensch/Heinrichs* (Hgg.), Herrschen.
54 Tempel und Wirtschaft: z. B. Plin. epist. 10, 96, 10. Märkte: etwa die Verleihung von Privilegien wie die Einrichtung eines periodischen Marktes in Mandragoreis in der Provinz Asia durch Q. Caecilius Secundus Servilianus (SEG XXXII 1149 = *Freis*, Historische Inschriften, Nr. 128 = *Drexhage/Konen/Ruffing*, Die Wirtschaft, M 50) mit Abwägung der Auswirkungen auf Fiskalinteressen und Einfluss auf die Wirtschaft der naheliegenden Stadt Magnesia. Dazu *Drexhage*, Wirtschaftspolitik, 64–66. Weitere Beispiele *ebd.*, 62–70. Zur Einrichtung von Märkten vgl. *de Ligt*, Fairs and Markets.

und die gesamte Kaiserzeit hindurch zu erweisen, wenn auch wirtschaftliche Umgestaltungsprozesse durch die und infolge der Provinzialisierung vielerorts festzustellen sind.[55] Die kaiserlichen Domänen fungierten hier durchaus als wirtschaftlicher Hub, wie z. B. die beiden *leges* für die Bergbauregion Vipasca (Aljustrel, Portugal) oder die Stimuli im Statut für die Kolonen des Gutes Villa Magna Variana in Nordafrika zeigen.[56] Auch die Veteranenkolonien sollten in diesem Zusammenhang nicht vergessen werden, da hier kaiserliches Eingreifen vor Ort direkt erfolgte.[57] Notorisch umstritten ist bei den Zeugnissen vor allem, welches Bild aus diesen über den römischen Staat hervorgeht: War dieser eine quasi ordoliberale, wirtschaftspolitische Institution, die also allein die notwendigen rechtlichen, infrastrukturellen und politischen Rahmenbedingungen geschaffen hat, um für den privaten Handel Freiräume zur ökonomischen Betätigung zu entfalten und folglich besonders von den Steuereinnahmen zu profitieren? Oder müssen wir einen unsystematisch, wohl aber dann und wann stark dirigistisch eingreifenden römischen Staat als teilnehmenden Spieler annehmen, der vor allem an Sicherstellung von Finanzeinnahmen, Ausführung von notwendigen Diensten und Versorgung für privilegierte Gruppen (in Form von Redistributionen) dachte? Bis heute gehen die stark an moderne Wirtschaftspolitikdebatten erinnernden Forschungsmeinungen hier stark auseinander.[58]

Mithin wird dabei funktional aufgetrennt, was das Reich als Institution wie Organisation ausmachte: Bauten und infrastrukturelle Maßnahmen sind hierfür ein gutes Beispiel, denn diese konnten institutionelle Voraussetzungen wie beispielsweise die Bereitstellung eines wirtschaftlich nutzbaren Gebäudes oder eines physisch erbauten Marktes umfassen und damit eigenen wie Interessen Dritter dienen, indem nicht allein das Prestige des Kaisers (und/oder seiner Repräsentanten) gehoben wurde, landwirtschaftliche Produkte von kaiserlichen Domänen dort verhandelt werden konnten oder Arbeitsplätze in Bau- wie Nutzungsphase geschaffen wurden, sondern damit etwa auch Versorgung sichergestellt und private ökonomische Aktivitäten ermöglicht,

---

55 Ausführliche Diskussion bei *Drexhage/Konen/Ruffing*, Die Wirtschaft, 27–37. Zur wirtschaftlichen Transformation in drei Provinzen s. etwa *Hoffmann-Salz*, Wirtschaftliche Auswirkungen. Zur Provinz Asia vgl. *Drexhage*, Wirtschaftspolitik, 39–122. Allgemein vgl. die Beiträge in *Lepelley (Hg.)*, Rom II.
56 FIRA I^2 104 (*lex metallis dicta*) = *Freis*, Historische Inschriften, Nr. 83; FIRA I^2 105 (*lex metalli Vipascensis*) = *Freis*, Historische Inschriften, Nr. 84. Zum Statut aus Henchir Mettich: FIRA I^2 100 = *Freis*, Historische Inschriften, Nr. 73. Vgl. auch FIRA I^2 101 = *Freis*, Historische Inschriften, Nr. 86. Ein ERC-Projekt zum „Mapping" der kaiserlichen Domänen ist im Gange: PATRIMONIVM. Geography and Economy of the Imperial Properties in the Roman World: https://patrimonium.huma-num.fr (05. 10. 2021).
57 So bezeugt etwa die *lex rivi Hiberiensis* (AE 1993, 1043 = AE 2006, 676) Eingriffe des kaiserlichen Legaten in wichtige Bewässerungsfragen in ruralen Regionen um Caesaraugusta und Cascantum in der Provinz Hispania Citerior. Vgl. den umfassenden Kommentar *Einheuser, V.*, Studien zur *lex rivi Hiberiensis*: Zur Rechtsdurchsetzung innerhalb einer Bewässerungsgemeinschaft im 2. Jh. n. Chr. (Philippika, Bd. 117) Wiesbaden 2017. Eine umfassende Analyse der Veteranenkolonien hinsichtlich ökonomischer Fragen steht noch aus.
58 Dazu die Nachzeichnung der Debattenpole bei *von Reden*, Antike Wirtschaft, 128–133.

aber auch kontrolliert wurden. Diese wiederum konnten in größere Zoll- und Steuereinnahmen münden, deren fiskalische Registration zum Beispiel direkt vor Ort vorgenommen wurde. Insofern müssen in der zukünftigen Forschung derlei Vernetzungen noch stärker in den Blick genommen werden.

Neben raren direkten Eingriffen in städtische Belange bei Krisen[59] wird das komplexe Gefüge zwischen jeweiliger Provinzstadt und dem „Imperium vor Ort" besonders bei der Stationierung von Truppeneinheiten der römischen Armee augenscheinlich. Da, wie bereits erwähnt, die Armee (fast) ausschließlich in den kaiserlichen Provinzen stationiert war, fiel auch dieser große Ausgabe- und Planungsblock in den Bereich der kaiserlichen Administration. Die römischen Truppen brachten nun an den jeweiligen Stationierungsort römischen Ordnungs- und Gestaltungswillen wie auch spezifische wirtschaftliche, soziale, kulturelle und religiöse Erfahrungen, Erwartungen und Einflüsse mit, die in einen dynamischen Austausch mit lokalen Personen, Gemeinwesen und Gegebenheiten traten, deren Auswirkungen die Forschung unter Begriffen wie Romanisierung/Romanisation und dergleichen diskutiert.[60] Straßen, Brücken, Tunnel, Wasserleitungen, Häfen und weitere Bauprojekte wurden im Zug der Heereslogistik und -versorgung angegangen beziehungsweise beständig verbessert, um das jeweilige Lager herum entwickelte sich entweder eine zivile Siedlung, oder die vorhandenen Städte wurden eng in das „Lagerleben" einbezogen. Sowohl die lokale Wirtschaft als auch der überregionale Handel profitierten von der durch Heer und einzelne Soldaten generierten Nachfrage wie auch der technologischen Expertise, welche die Soldaten respektive Veteranen mitbrachten und auch gewinnbringend einzusetzen wussten.

Dies zeigt sich besonders auch im Bereich der Monetarisierung: Von Kaisern oder Feldherrn ausgegebene Donative in Form von Edelmetallmünzen waren dabei nur ein Faktor, um den Grad der Verfügbarkeit von Geld vor Ort zu erhöhen, denn vor allem die normalen Soldzahlungen, von denen allerdings Abzüge für Kost und Logis im Abrechnungsverfahren gemacht wurden,[61] waren ein wichtiger Stimulus. In diesem Zusammenhang spielten gerade Bronzeprägungen (beziehungsweise bei Geldknappheit auch systematische Fälschungen dieser) eine nicht zu vernachlässigende Rolle, auch wenn die exakten Wege und Methoden der Verteilung im Westen, wo es anders als im Osten des Reiches keine respektive kaum Bronzemünzen ausgebende

---

59 Dazu das Edikt des L. Antistius Rusticus, überliefert als Teil einer Ehreninschrift für denselben aus Antiochia in Pisidien: AE 1925, 126 = *Freis*, Historische Inschriften, Nr. 65; dazu ausführlich *Wiemer, H.-U.*, Das Edikt des L. Antistius Rusticus: Eine Preisregulierung als Antwort auf eine überregionale Versorgungskrise, in: Anatolian Studies, 47, 1997, 195–215.
60 Dazu die Begriffsschärfung und Fallbeispiele bei *Schörner*, Romanisierung – Romanisation. Zum Verhältnis von Garnison und Stadt im Osten des Imperium Romanum s. *Stoll*, Zwischen Integration.
61 Siehe etwa P. Masada = Yadin 722. *Speidel, M. A.*, Roman Army Pay Scales, in: *ders.*, Heer und Herrschaft im Römischen Reich der Hohen Kaiserzeit. Stuttgart 2009, 349–380 (Original: JRS, 82, 1992, 87–106), bes. 360–366.

Städte gab, noch in der Diskussion stehen.[62] Auf individueller Ebene werden die wirtschaftlichen Stimuli und Aktivitäten durch die Armee am besten in den Vindolanda-Tafeln aus der römischen Provinz Britannia deutlich.[63]

An diese Forschungen schließen sich Fragen hinsichtlich der wirtschaftlichen Integration und Interdependenz zwischen den Provinzen an. So kann etwa für den germanischen Raum gezeigt werden, dass Olivenöl aus Hispania – wohl vor allem über die zeit- und kostensparende Atlantikroute[64] – dorthin exportiert und dann teilweise sogar zur lokalen Vermarktung in andere Behältnisse als die für den Transport verwendeten Amphoren umgefüllt wurde.[65]

Auch das Verhältnis von staatlicher Lenkung und privatem Unternehmertum sowie Rückwirkungen auf die Stadt Rom und das Römische Reich müssen bestimmt werden. Diesbezüglich ist insbesondere die Einrichtung der *annona* in den Blick zu nehmen. Dabei sind allerdings zwei verschiedene *annonae* zu unterscheiden. Die regelmäßigen Ablieferungen von Steuergetreide im Rahmen der Ableistung des *tributum* vor allem aus den Provinzen Aegyptus und Africa kamen der stadtrömischen Versorgung zugute (in der Spätantike auch Konstantinopel, dann aus Ägypten). Sie wurden zwar durch Magistrate wie v. a. den *praefectus annonae* unter Oberaufsicht des Kaisers im Sinne der *cura annonae* administriert, der Transport war jedoch privaten Reedern (*navicularii*) aufgegeben, die im Laufe der Kaiserzeit durch Verleihung von Privilegien und damit einhergehenden Leistungsverpflichtungen (*munera*) der in *corpora* organisierten Transporteure immer stärker an den Staat gebunden wurden.[66] Zusätzlich konnte Getreide bei Bedarf (zwangs)zugekauft oder ohne Gegenleistung requiriert werden, wie dies schon in der Republik der Fall war.[67] Aus dieser Praxis entwickelte sich dann im 3. Jahrhundert n. Chr. auch die *annona militaris*, also die

---

62 Vgl. *Kemmers*, The Functions, 47–49.
63 Vgl. etwa Tab. Vindol. II 302 = *Drexhage/Konen/Ruffing*, Die Wirtschaft, M 11a; Tab. Vindol. II 343 = *Drexhage/Konen/Ruffing*, Die Wirtschaft, M 11b; vgl. den Kommentar bei *Drexhage/Konen/Ruffing*, a. a. O., 215 (zu M 11, mit weiterer Literatur). Zu wirtschaftlichen Interaktionen in den Grenzregionen des Imperium Romanum, d. h. mit benachbarten Völkern und Reichen, vgl. etwa *Ruffing, K.*, Economic Life on the Fringes of the Roman Empire, in: JAC, 35/2, 2020, 199–239. Zur Akzeptanz römischen Geldes innerhalb und außerhalb des Imperium Romanum: *Wolters, Nummi Signati*, 371–394.
64 Vgl. *Schäfer, Chr.*, Oil for Germany. Some Thoughts on Roman Long-Distance Trade, in: *ders. (Hg.)*, Connecting the Ancient World. Mediterranean Shipping, Maritime Networks and their Impact. (Pharos, Bd. 38) Rahden/Westf., 211–248.
65 Zu den engen wirtschaftlichen Beziehungen zwischen der Baetica und Germania vgl. die Studien von *José Remesal Rodriguez*, insbesondere: Heeresversorgung. Neuere Forschungen sind besprochen in: *Panzram*, Forum: Produktion und Distribution. Zum lokalen Umgang mit den spanischen Importen vgl. etwa *Ehmig, U.*, Produktive Nähe. Archäologische Beobachtungen zu wirtschaftlichen Abläufen in der Römischen Kaiserzeit, in: *Günther, S. (Hg.)*, Ordnungsrahmen antiker Ökonomien. Ordnungskonzepte und Steuerungsmechanismen antiker Wirtschaftssysteme im Vergleich. (Philippika, Bd. 53) Wiesbaden 2012, 199–213.
66 Übersicht bei *Ausbüttel*, Die Verwaltung, 135–146. Vgl. umfassend *Herz*, Studien.
67 Vgl. *Neesen*, Untersuchungen, 104–116.

zunächst außerordentliche, dann immer regelmäßigere Einforderung von Getreidelieferungen vornehmlich für mobile Truppenteile, die nun nicht mehr lokal, sondern provinzweit beziehungsweise seit Caracalla auch provinzübergreifend durch Zwangsankäufe oder Requisitionen versorgt wurden.[68]

IV Ausblick und Fazit: Alles in einer Hand? Dirigismus und Markt zwischen Zentrale und Provinzen in der Spätantike

Am 31. Dezember 192 n. Chr. wurde Kaiser Commodus, Sohn des vorigen Kaisers Mark Aurel, ermordet. Damit endete die Antoninische Dynastie, und es folgte ein zweites Vier-Kaiser-Jahr 193 n. Chr. mit Bürgerkriegen. An deren Ende stand die Etablierung der severischen Dynastie, welche die Kontinuität zu den Antoninen propagierte, aber mit ihren Entscheidungen Transformationsprozesse einleitete, die auch das Verhältnis von Imperium und Provinzen nachhaltig beeinflussen sollte. Mit sich verstärkender Tendenz griff nämlich die kaiserliche Zentrale in den Provinzen durch, und zwar insbesondere in finanz- und wirtschaftspolitischer Hinsicht. Dies erscheint wenigstens so im vorhandenen Quellenmaterial, das aber durchaus kritisch zu kontextualisieren ist. Es verstärkt sich zunächst einmal die „staatliche" Perspektive, da wir einerseits durch die vielen Rechtstexte – Codex Theodosianus, Codex Justinianus, Novellen und auch die vielen Zitate von Juristen gerade der severischen Zeit in den Digesten – verhältnismäßig gut über kaiserlich-staatliches Handeln informiert sind. Andererseits wandelt sich eine zweite Quellengattung in dieser Zeit, nämlich diejenige der Inschriften. Nach einem letzten „Boom" unter den ersten Severerkaisern setzt ein allmählicher Wandel der epigraphischen Praxis ein, der letztlich zu viel weniger Inschriften im Vergleich zu vorher führt, gerade was den städtischen, aber auch privaten Bereich außerhalb des für unsere Zwecke weniger aussagekräftigeren Feldes der Grabinschriften angeht; dies verstärkt zudem noch einmal die Abhängigkeit von der papyrologischen Überlieferung, die uns naturgemäß jedoch vor allem Verhältnisse in Ägypten spiegelt. Dieser Wandel des sogenannten *epigraphic habit* ist ganz unterschiedlich erklärt worden und wird oft in den Zusammenhang mit der sogenannten Krise des 3. Jh. n. Chr. gesetzt.[69]

Als „Krise" werden dabei sowohl die außen- wie innenpolitischen Herausforderungen seit der zweiten Hälfte des 2. Jahrhunderts n. Chr. bezeichnet, obschon diese,

---

68 Dazu neben Neesen in der vorigen Anmerkung nun v. a. *Mitthof, Annona Militaris*, für die Anfänge im 3. Jh. bes. 37–81.
69 Zur Entwicklung und Diskussion der Ursachen des Wandels vgl. *Beltrán Lloris, Fr.*, The "Epigraphic Habit" in the Roman World, in: *Bruun, Chr./Edmondson, J.* (Hgg.), The Oxford Handbook of Roman Epigraphy. Oxford 2014, 129–148, bes. 141–145.

anders als der Begriff suggeriert, nicht in einer mehr als hundert Jahre andauernden Zeit der reichsweiten Schwierigkeiten hin zu einem Krisenhöhenpunkt kulminierten.[70] Jedoch verzahnten sich durchaus die außenpolitischen Bedrohungen im Westen des Imperium Romanum durch zahlreiche „germanische" Völkerschaften sowie im Osten vor allem durch die Parther und später die diese ablösenden Sasaniden mit innenpolitischen Entwicklungen. Nicht nur die tödlichen Auswirkungen der sogenannten Antoninischen Pest, welche die vom Partherkrieg des Lucius Verus zurückkehrenden Truppen mit ins Reich brachten, sind hier zu nennen, sondern auch der enorme Anstieg der Bedeutung des Militärs in dieser Zeit. Auswärtige Konflikte und Bürgerkriege waren dabei nur eine Seite der Medaille, die andere bildete, wie schon im ersten Vier-Kaiser-Jahr 69 n. Chr., die Vorstellung von Kaisern und Usurpatoren, das Heer als eigentliche Machtbasis zu betrachten und durch erhöhte Sold- als Loyalitätszahlungen noch stärker an sich zu binden, als dies schon vorher der Fall war. Dies führte zu enormem Finanzbedarf und konsequenterweise zur allmählichen Umgestaltung, vor allem zur konsequenteren Durchsetzung von Steuer- und Liturgieforderungen seitens der Zentrale in den Provinzen. Dabei ist etwa unklar, ob die Verleihung des römischen Bürgerrechts an (fast) alle freien Reichsbewohner mit der Constitutio Antoniniana 212 n. Chr. wirklich das Aufkommen der gleichzeitig von fünf auf zehn Prozent erhöhten römischen Erbschaft- und Freilassungssteuer erhöhen sollte (so Cass. Dio 77[78], 9, 1–5). Deutlich wird zumindest, dass die Vereinheitlichung von Rechtsstatus und -regelungen ein wichtiges Instrument zur Steigerung der Durchgriffs- und Steueraufkommensrate war. Nicht vergessen werden darf, dass die neuen „Bürger" selbstverständlich weiter die lokal erhobenen *tributa* zahlen mussten.[71]

Der schrittweise Ausbau des Beamtenapparats, der neue administrative Zuständigkeiten und Funktionsstellen mit sich brachte, aber auch, wie hinsichtlich der korporierten *annona*-Involvierten, die vorher privatwirtschaftlich organisierten *publicani* teilweise zu staatlich weisungsgebundenen Funktionsträgern transformierte, war auf der Ebene der lokalen Städte zunächst einmal als Forcierung des Steuerregimes, weniger der allgemeinen Steuerquote zu spüren. Die noch einmal verstärkte Heranziehung der lokalen Bevölkerung, allen voran der Mitglieder der lokalen Kurie, führte in Kombination mit schärferen wie komplexer ausgestalteten Kontrollverfahren und der damit verknüpften Haftung bei entsprechendem Steuerausfall zu einem strengeren Durchgreifen, obschon wir allerdings über die konkrete Steuerbelastung vor Ort kaum Aussagen treffen können. Gerade die Heranziehung der lokalen Bevölkerung zur unter den Severern erstmals erhobenen *annona militaris* wie zu weiteren Liturgiepflichten konnte, besonders in Kriegszeiten, eine zeitweise enorme Mehrbelastung mit sich bringen; dies jedoch grosso modo auf das gesamte Reich zu übertragen, ist aufgrund der ganz unterschiedlichen Lagen vor Ort nicht statthaft.[72]

---

70 Umfangreiche Aufarbeitung des 3. Jahrhunderts n. Chr. im zweibändigen Sammelband von *Johne*, Die Zeit.
71 Dazu *Günther, Vectigalia*, 88–90.
72 Vgl. *Günther*, Art. Steuern, 134–144.

Dieses Sicherstellen der Versorgung vor Ort[73] kann als Leitmotiv für die Entwicklung im 3. Jahrhundert wie auch in der Folgezeit angelegt werden. So wie die zahlreichen militärischen Konflikte mit Feinden im Westen und Osten die jeweilige Region wirtschaftlich und finanzpolitisch in Mitleidenschaft ziehen konnte, so sehr war es im 3. Jahrhundert nach dem Ende der severischen Dynastie 235 n. Chr. gerade der regionalere Handlungsspielraum der „Soldatenkaiser", der auch über wirtschaftliches Wohl und Wehe vor Ort entschied. Mit diesem heuristischen Hebel lassen sich nun die unterschiedlichen wirtschaftlichen Entwicklungen etwa in Bezug auf Landwirtschaft, Kolonat, Handel oder Preise, soweit wir diese in den Quellen fassen können, in den verschiedenen Regionen erklären.[74] Aber auch der Niedergang der stadtrömischen Elite und der nochmalige Bedeutungszuwachs des Beamtenapparats direkt im Umfeld des Kaisers wird so erklärbar.

Umgekehrt stellt sich aber die Frage nach dem verbleibenden Grad der Konnektivität innerhalb des Reiches, das ja gerade im 2. Jahrhundert n. Chr. unter den Antoninen die Provinzen immer mehr als produktiven Teil des Gesamtsystems stilisierte und dementsprechend die oben angesprochene Vereinheitlichungstendenz in Gang setzte, die bis zum Verlust des Sonderstatus von Italien reichen sollte. Diesbezüglich scheint gerade das Währungssystem für eine Reichskrise zu sprechen, kann man doch eine allmählich immer stärker vorangetriebene Verschlechterung des Münzgeldes hinsichtlich Gewichts und Feingehalts insbesondere seit der Severerzeit beobachten, die in der Forschung mit einer um sich greifenden Inflation in Verbindung gebracht wurde. Allerdings lassen sich damit einhergehende Preissteigerungen für Ägypten, aber auch andere Regionen nicht vor Ende der 260er und dann in den 270er Jahren beobachten, so dass die Erklärung dieser inflationären Tendenzen auch hier wieder auf Faktoren vor Ort, nämlich den Vertrauensverlust der Bevölkerung in die Garantie des Geldwertes aufgrund der Schwäche der römischen Administration im Zuge der Errichtung des Palmyrenischen Teilreichs, zurückzuführen sein könnte.[75] Kaiser Aurelian, dann Diokletian und schließlich Konstantin nahmen sich dieses Vertrauensverlusts in die Währung durch entsprechende Münzreformen an, und es etablierte sich nach einigem wie turbulentem Hin und Her und komplizierten Übergängen das Währungssystem der Spätantike, das ganz anders als das vorige trimetallische der Kaiserzeit seit

---

73 Dazu insbesondere *Eich, P.*, Die Normierung imperialen Raums: Zur Verfügbarkeit von Menschen und Gütern unter dem Einfluss der tetrarchischen Reformen, in: *Derron, P. (Hg.)*, Économie et inégalité. Ressources, échanges et pouvoir dans l'antiquité Classique. (Entretiens sur l'antiquité Classique, Bd. 63) Vandœuvres 2017, 235–269.
74 Zu diesen Entwicklungen vgl. nur den Aufriss bei *Drexhage/Konen/Ruffing*, Die Wirtschaft, 193–201. Zum schleichenden Übergang in den Kolonat vgl. *Johne, Kl.-P.*, Von der Kolonenwirtschaft zum Kolonat. Ein römisches Abhängigkeitsverhältnis im Spiegel der Forschung. Antrittsvorlesung HU Berlin 1992, abrufbar unter: https://edoc.hu-berlin.de/bitstream/handle/18452/2231/Johne.pdf?sequence=1&isAllowed=y (05. 10. 2021).
75 Dazu *Drexhage/Konen/Ruffing*, Die Wirtschaft, 200 f.; *Wolters, Nummi Signati*, 409 f.

Augustus funktionierte.[76] Erst Konstantin brachte die Währung wieder in ruhigeres Fahrwasser. Es zeigen sich hier deutlich auch die Grenzen des dirigistischen Regimes, und insgesamt darf man auch für die Spätantike neben diesen staatlichen Eingriffen und Sicherstellungsversuchen über die Zwangsverpflichtungen von Korporationen von einer freien wirtschaftlichen Betätigung ausgehen.

Auch in anderen Bereichen „reagierte" man Ende des 3./Anfang des 4. Jahrhunderts n. Chr. auf die Erfahrungen der Soldatenkaiserzeit. Die Einführung des sich nach kurzer Zeit erledigenden tetrarchischen Regierungssystems, die Provinzreform mit Verkleinerung der Provinzgrößen und Schaffung der übergeordneten Einheiten der Diözesen oder das neue Steuersystem mit einer Kopf- wie Landbesteuerung umfassenden *annona*, basierend auf den fiktiven Berechnungsparametern von *caput* und *iugum*, sowie mit weiteren regelmäßigen wie unregelmäßigen Abgaben, auch Klassensteuern, zeugen vom Willen der Zentrale, die Leistungsfähigkeit des Systems zu verbessern. Noch die *Expositio totius mundi* aus der Mitte des 4. Jahrhunderts n. Chr. ist ein Zeugnis dafür, dass die ökonomischen, aber auch sozialen, kulturellen und religiösen Spezifika der einzelnen Provinzen und jeweiligen Städte das Gesamtsystem Imperium Romanum ausmachten, dessen Besonderheiten man kennen müsse.[77] All dies sollte sich, zumindest im Westen, erst durch einen erneuten Schub der Regionalisierung wie Trennung in Folge der zahlreichen inneren wie äußeren Transformationen und Umbrüche seit der Mitte des 4. Jahrhunderts und vor allem im 5. Jahrhundert n. Chr. ändern.

Bibliographie

Alpers, M., Das nachrepublikanische Finanzsystem. *Fiscus* und *Fisci* in der frühen Kaiserzeit. (Untersuchungen zur antiken Literatur und Geschichte, Bd. 45) Berlin/New York 1995.
Ausbüttel, Fr. M., Die Verwaltung des römischen Kaiserreiches. Von der Herrschaft des Augustus bis zum Niedergang des Weströmischen Reiches. Darmstadt 1998.
Badian, E., Zöllner und Sünder. Unternehmer im Dienst der römischen Republik. Darmstadt 1997.
Baltrusch, E., Außenpolitik, Bünde und Reichsbildung in der Antike. (Enzyklopädie der griechisch-römischen Antike, Bd. 7) München 2008.
Cottier, M. et al. (Hgg.), The Customs Law of Asia. (Oxford Studies in Ancient Documents) Oxford 2008.
Crawford, M. H., Roman Statutes. 2 Bde. (Bulletin of the Institute for Classical Studies Supplement, Bd. 64) London 1996.
Czajkowksi, K./Eckhardt, B. (Hgg.), Law in the Roman Provinces. In Collaboration with M. Strothmann. (Oxford Studies in Roman Society and Law) Oxford 2020.

---

76 Vgl. *Wolters, Nummi Signati*, 410. Gerade die inschriftlich überlieferte Münzreform Diokletians vom 1. September 301 n. Chr. (AE 1973, 526a/b = *Freis*, Historische Inschriften, Nr. 150) zeigt, wie das rigide Eingreifen des Kaisers in den sensiblen Bereich der Geldpolitik, der vor allem auf Vertrauen beruhte, auf die Wirtschaft wirkte. Die Verdoppelung des Geldwertes bei gleichbleibendem Güter- und Dienstleistungsangebot führte nach kurzer Zeit schon zu enormen Preissteigerungen (Inflation) und Mitnahmeeffekten, die Diokletian dann durch das im gleichen Jahr erschienene Höchstpreisedikt, letztlich aber erfolglos, zu bekämpfen versuchte.
77 Vgl. Expositio totius mundi 2.

Díaz Fernández, A., Provincia et Imperium. El mando provincial en la República romana (227–44 a. C.). Sevilla 2015.
Drexhage, H.-J./Konen, H./Ruffing, K., Die Wirtschaft des Römischen Reiches (1.–3. Jahrhundert). Eine Einführung. (Studienbücher Geschichte und Kultur der Alten Welt) Berlin 2002.
Drexhage, H.-W., Wirtschaftspolitik und Wirtschaft in der römischen Provinz Asia in der Zeit von Augustus bis zum Regierungsantritt Diokletians. (Asia Minor Studien, Bd. 59) Bonn 2007.
Eck, W. (Hg.), Lokale Autonomie und römische Ordnungsmacht in den kaiserzeitlichen Provinzen vom 1. bis 3. Jahrhundert. (Schriften des Historischen Kollegs, Kolloquien, Bd. 42) München 1999.
Erdkamp, P., The Grain Market in the Roman Empire. A Social, Political and Economic Study. Cambridge 2005.
Freis, H. (Hg.), Historische Inschriften zur römischen Kaiserzeit von Augustus bis Diokletian. (Texte zur Forschung, Bd. 49) 2. Aufl. Darmstadt 1994.
Günther, S., Vectigalia nervos esse rei publicae. Die indirekten Steuern in der Römischen Kaiserzeit von Augustus bis Diokletian. (Philippika, Bd. 26) Wiesbaden 2008.
Günther, S., Art. Steuern, in: Reallexikon für Antike und Christentum, 30/242, 2021, 114–166.
Haensch, R./Heinrichs, J. (Hgg.), Herrschen und Verwalten. Der Alltag der römischen Administration in der Hohen Kaiserzeit. Köln/Weimar/Wien 2007.
Herz, P., Studien zur römischen Wirtschaftsgesetzgebung. Die Lebensmittelversorgung. (Historia-Einzelschriften, Bd. 55) Stuttgart 1988.
Hoffmann-Salz, J., Die wirtschaftlichen Auswirkungen der römischen Eroberung. Vergleichende Untersuchungen der Provinzen Hispania Tarraconensis, Africa Proconsularis und Syria. (Historia Einzelschriften, Bd. 218) Stuttgart 2011.
Hoyos, D. (Hg.), A Companion to Roman Imperialism. (History of Warfare, Bd. 81) Leiden/Boston 2013.
Jacques, Fr./Scheid, J., Rom und das Reich in der Hohen Kaiserzeit, 44 v. Chr.–260 n. Chr. Bd. 1: Die Struktur des Reiches. Stuttgart/Leipzig 1998. Übers. aus dem franz. Original 1990.
Johne, Kl.-P. (Hg.), Die Zeit der Soldatenkaiser. Krise und Transformation des Römischen Reiches im 3. Jahrhundert n. Chr. (235–284). 2 Bde. Berlin 2008.
Jördens, A., Statthalterliche Verwaltung in der römischen Kaiserzeit. Studien zum *praefectus Aegypti.* (Historia Einzelschriften, Bd. 175) Stuttgart 2009.
Kay, Ph., Rome's Economic Revolution. (Oxford Studies on the Roman Economy) Oxford 2014.
Kemmers, Fl., The Functions and Use of Roman Coinage. An Overview of 21st Century Scholarship. (Brill Research Perspectives in Ancient History) Leiden/Boston 2019.
Kolb, A., Transport und Nachrichtentransfer im Römischen Reich. (Klio-Beihefte N.F., Bd. 2) Berlin 2000.
Kritzinger, P., Das römische Steuersystem in der Kaiserzeit: Überlegungen zur Begrifflichkeit und zum Einzug, in: MBAH, 36 (2018), 89–143.
Lepelley, Cl. (Hg.), Rom und das Reich in der Hohen Kaiserzeit, 44 v. Chr.–260 n. Chr. Bd. II: Die Regionen des Reiches. Aus dem Französischen und Englischen übers. v. Riedlberger, P. München/Leipzig 2001. Übers. aus dem franz. Original 1998.
De Ligt, L., Fairs and Markets in the Roman Empire. Economic and Social Aspects of Periodic Trade in a Pre-Industrial Society. (Dutch Monographs on Ancient History and Archaeology, Bd. 11) Leiden 1993.
Marek, Chr., Die Inschriften von Kaunos. (Vestigia, Bd. 55) München 2006.
Mitthof, Fr., Annona Militaris. Die Heeresversorgung im spätantiken Ägypten. Ein Beitrag zur Verwaltungs- und Heeresgeschichte des Römischen Reiches im 3. bis 6. Jh. n. Chr. (Papyrologica Florentina, Bd. 32) Florenz 2001.
Morrell, K., Pompey, Cato, and the Governance of the Roman Empire. Oxford 2017.
Ñaco del Hoyo, T., Vectigal incertum. Economia de guerra y ficalidad republicana en el occidente romano: Su impacto historico en el territorio (218–133 a. C.). (BAR International Series, Bd. 1158) Oxford 2003.
Neesen, L., Untersuchungen zu den direkten Staatsabgaben der römischen Kaiserzeit (27 v. Chr.– 284 n. Chr.). (Antiquitas, Reihe 1: Abhandlungen zur Alten Geschichte, Bd. 32) Bonn 1980.

Panzram, S. (Hg.), Einführung Forum: Produktion und Distribution von Nahrungsmitteln im Imperium Romanum. Der Monte Testaccio und die Forschergruppe CEIPAC, sehepunkte 7/1, 2007 [15. 01. 2007], URL: http://www.sehepunkte.de/2007/01/forum/produktion-und-distribution-von-nahrungsmitteln-im-imperium-romanum-der-monte-testaccio-und-die-forschergruppe-ceipac-114 (22. 09. 2021).

Pina Polo, Fr./Díaz Fernández, A., The Quaestorship in the Roman Republic. (Klio-Beihefte N.F., Bd 31) Berlin/Boston 2019.

Rathmann, M., Untersuchungen zu den Reichsstraßen in den westlichen Provinzen des Imperium Romanum. (Beihefte der Bonner Jahrbücher, Bd. 55) Bonn 2003.

Reden, S. von, Antike Wirtschaft. (Enzyklopädie der griechisch-römischen Antike, Bd. 10) Berlin/Boston 2015.

Remesal Rodriguez, J., Heeresversorgung und die wirtschaftlichen Beziehungen zwischen der Baetica und Germanien. Materialien zu einem Corpus der in Deutschland veröffentlichten Stempel auf Amphoren der Form Dressel 20. (Materialhefte zur Archäologie in Baden-Württemberg, Bd. 42) Stuttgart 1997.

Schörner, G. (Hg.), Romanisierung – Romanisation. Theoretische Modelle und praktische Fallbeispiele. (BAR International Series, Bd. 1427) Oxford 2005.

Schulz, R., Herrschaft und Regierung. Roms Regiment in den Provinzen in der Zeit der Republik. Paderborn et al. 1997.

Stoll, O., Zwischen Integration und Abgrenzung: Die Religion des Römischen Heeres im Nahen Osten. Studien zum Verhältnis von Militär und Zivilbevölkerung im kaiserzeitlichen Syrien und den Nachbarprovinzen. (Mainzer Althistorische Studien, Bd. 3) St. Katharinen 2001.

Tan, J., Power and Public Finance at Rome, 264–49 BCE. (Oxford Studies in Early Empires) Oxford 2017.

Tuori, K., The Emperor of Law. The Emergence of Roman Imperial Adjudication. (Oxford Studies in Roman Society and Law) Oxford 2016.

Wolters, R., Nummi Signati. Untersuchungen zur römischen Münzprägung und Geldwirtschaft. (Vestigia, Bd. 49) München 1999.

Warnking, P., Der römische Seehandel in seiner Blütezeit. Rahmenbedingungen, Seerouten, Wirtschaftlichkeit. (Pharos, Bd. 36) Rahden/Westf. 2015.

Wilson, A./Bowman, A. (Hgg.), Trade, Commerce, and the State in the Roman World. (Oxford Studies on the Roman Economy) Oxford 2018.

Annalisa Marzano
23 The Economy of the City of Rome

I Location, location, location ...

By the early first century AD the city of Rome had become the largest metropolis in the western world, counting an estimated one million inhabitants (and probably another 500.000 or so in the *suburbium*). Urban sprawls had developed over time around the proper core of Rome, encroaching onto the old Servian walls, as attested by Dionysius of Halicarnassus:

> If anyone wishes to estimate the size of Rome by looking at these suburbs he will necessarily be misled for want of a definite clue by which to determine up to what point it is still the city and where it ceases to be the city; so closely is the city connected with the country, giving the beholder the impression of a city stretching out indefinitely.[1]

The city was the capital of a large empire, which in the mid-first century AD spanned from the Iberian Peninsula to Cappadocia, from southern Britain to North Africa. Rome's demographic and physical growth to levels that would not be paralleled in Europe until the Industrial Revolution is a remarkable phenomenon, even more so considering that in the late Republican period Rome had been plagued by political strife and bloody civil wars. How did Rome get to become the splendid metropolis of the monumental imperial fora and luxurious suburban *horti* of the wealthy? What evolutionary trajectory did this settlement of huts follow, which transformed it into the largest city of the classical world?

We must start by considering her geographic location, which played an important part in the settlement's growth. Situated by a navigable river, the Tiber, and not too far from its mouth, and hence from the sea (ca. 15 miles as the crow flies), it was at the same time removed enough from the coastline not to be subject to sudden attacks from the sea. Rome developed in proximity of a natural ford of the Tiber, an area later known as the Forum Boarium or cattle market. It was a key position on the communication and trade routes that connected the coastal interface with the agricultural and pastoral inland region. In a well-known passage of the *De Re Publica*, Cicero comments on Rome's favourable riverine location and the positive moral qualities of her inhabitants. Maritime cities of the like of Carthage and Corinth – so Cicero writes – are exposed to surprise attacks from the sea and characterised by *cupiditas mercandi et navigandi* ("an immoderate desire to trade and sail the seas"); they are open to importing "foreign ways as well as foreign merchandise, so that none of their ancestral institutions can possibly remain unchanged".[2] These cities are open to

---
[1] Dion. Hal. ant. 4, 13.
[2] Cic. rep. 2, 4, 7–8.

corrupting influences, because they had abandoned "agriculture and the pursuit of arms". Maritime cities, Cicero has to concede, have one great advantage, however, the possibility of importing by water "all the products of the world" and to "send whatever their own fields produce to any country they like".[3] The possibility of shipments by sea was a great advantage in pre-industrial times, when land transport was particularly slow and costly. Rome, however, is a different story, and Cicero puts great emphasis on this; the "never-failing river" gave the city access to the "sea both for importing what it lacks and for exporting what it produces in superfluity",[4] without the negatives of maritime towns. That Rome's geographic location had contributed much to her success as an imperial power, is undoubtedly a valid point.

Besides a navigable river, which served also as a transport corridor conveying to Rome the agricultural produce of the upper Tiber Valley, there was an additional element which contributed to Rome's growth from village to city, an important natural resource: salt. Control of the *salinae* – the salt works – located at the mouth of the Tiber may have been central to the long war conflict between Rome and Veii (which was resolved only in 396 BC with the defeat of Veii), and to Rome's rapid growth as military power in the subsequent decades.[5] What the availability and control of these salt works meant for the growth of Rome ought not to be underestimated. Salt was a precious substance in antiquity, an essential ingredient in the preservation of foods (salting of meat and fish; preservation of vegetables, or even fruit, in brine). Salt was also central to animal husbandry and the production of cheese, not to mention a range of other uses, for instance in medicine, leather working, metallurgy, wool washing, purple-dye production, etc.

The association between the trade in salt from these salt works and animal husbandry and cattle trade was established already in the very early stages of Rome's history. The Via Campana, the road which from the salt works led to the Forum Boarium, was first created in the late 4th century BC, as indicated by archaeological investigations.[6] From here salt was transported inland, above all to Sabina, following the Via Salaria (the 'salt road').[7] Control over an important flow of the regional cattle and salt trade may well have been what gave to archaic and early-republican Rome the edge over other towns of Latium, helping in giving rise to her future power.

---

3 Cic. rep. 2, 4, 9.
4 Cic. rep. 2, 5, 10.
5 *Marzano*, Sea, 131. Rome's own historiographical tradition attributed to the king Ancus Marcius the establishment of these *salinae* when Ostia was founded in 620 BC; an alternative version credited Ancus Marcius with securing the control of the salt works from the Veientans: see Liv. 1, 33, 9; Dion. Hal. ant. 3, 41, 3.
6 *Serlorenzi et al*, Nuove Acquisizioni.
7 Cfr. Plin. nat. 31, 89: *quoniam illa salem in Sabinos portari conuenerat*.

II The consequences of imperialism

Rome's military imperialism and territorial expansion in the second half of the 4th century and in the 3rd century BC meant not only that in those years the socio-political fabric of the city changed considerably, but also that the city started to grow. Estimates put forward by scholars for the population of the city in the 3rd century BC vary, but there is a broad consensus that by 200 BC Rome counted *at least* 200.000 people.[8] Already in these early stages of Republican Rome, a good number of those residing in the city and its *suburbium* must have been slaves. A provision levying a tax of one-twentieth on manumissions was exceptionally proposed to the assembly of soldiers by one of the consuls of 357 BC. Livy remarks that the senate "ratified this law, since it brought in no small revenue to the empty treasury".[9] If this information is correct, it would suggest that the number of slaves, and the volume of manumissions, were not negligible as early as the 4th century BC, to the point that they could have a positive impact on the depleted state revenues.

We thus encounter, already at this early stage of the city of Rome's history, two important features that will continue to define Rome and will have an important bearing in shaping the nature of its economy: the large size of the population *and* the high proportion of slaves and freedmen/freedwomen. The first point will have fundamental implications on the demands generated by the urban population (both in terms of variety of goods and services, and of quantity, particularly in the case of foodstuffs), on the level of involvement of the state in feeding the city, and on the type of agricultural production that developed in the immediate area around Rome. The latter point, as discussed later in the chapter, raises questions on the nature of the city's labour market and the role played by wage labour versus servile labour.

An important consequence of Rome's military conquests of the mid-Republican period on the city of Rome was the influx of very considerable disposable wealth. After having overcome the difficulties posed by the Second Punic War and the great deficit in the state's finances, which had forced the state to greatly devalue monetary standards,[10] large quantities of booty started to pour into Italy; the state's treasury and many individuals grew rich. At the end of the Second Punic war Carthage had to pay an indemnity of 10.000 talents, or 60 million *denarii*, over a period of 50 years, and in the 12 years following 189 BC Antiochus the Great paid to Rome 15.000 talents (90 million *denarii*).[11] According to the calculations by Tenney Frank, the booty and indemnities Rome had obtained from Macedonia and Greece in the

---

8 *Cornell*, Rome, 47.
9 Liv. 7, 16, 7: *Patres, quia ea lege haud parvum vectigal inopi aerario additum esset, auctores fuerunt*.
10 Plin. nat. 33, 44; Liv. 29, 16, 3; 31, 13, 5–8.
11 Liv. 30, 37; 38, 38; Pol. 15, 18.

period 201–167 BC amounted to more than 70 million *denarii*[12], and this meant that in 167 BC the *tributum* was suspended. Rome and Italy remained exempt from direct taxation until Diocletian's reforms in the late 3rd century AD.[13] In the long term, the exemption of Italy from the *tributum* probably aided commercial agriculture, such as wine production, giving to Italian producers some advantage over producers in the provinces, who had to pay a tax on their land.

However, an immediate consequence of the wealth brought by imperialism was the increased levels of elite competitive display. This afflux of wealth and the competitiveness of Rome's politics meant that the physical appearance of the city changed considerably: victorious generals erected new temples; city magistrates built public buildings and other infrastructure, such as aqueducts. Elite houses grew larger and more luxurious, the quality of their décor improved, and earlier attempts at curbing the display of wealth – for instance the various sumptuary laws promulgated in the Republican period – achieved little in practice. Thus, the building industry became a notable part of the city's economy, giving work, as discussed later, to a large proportion of the urban population.

Public and private building projects were not the only changes stemming from military conquest to have important consequences on the economy of the city. Competition in the political sphere meant that important families found any pretext to offer different kinds of entertainment to the people in order to increase their prestige. Gladiatorial games and public banquets featured prominently among these, for instance on occasion of funerals of prominent Romans – the first public banquet we know of on occasion of a funeral dates to 183 BC – or the triumphal celebrations of victorious generals.[14] The logistics and impact on commerce behind these public entertainments must have been extensive when considering the numbers involved. In the 1st century BC, all the main actors of Rome's political stage offered huge *epula* (public banquets) to celebrate military victories and promote their political aims. For instance, in 70 BC 10.000 tables were set up for a public banquet sponsored by Crassus, when he also gave participants a three-month allowance of grain; in 63 BC Licinius Lucullus' feast involved the whole of Rome and surrounding *vici* (villages), while Pompey's banquet lasted for three days and was so abundant in food that the leftover meat was thrown into the Tiber.[15] Caesar's *epula* in 46 and 45 BC were even more impressive. For the triumphal banquet of 46 BC 22.000 *triclinia* (sets of three dining couches) were prepared, which imply a minimum number of people equal to

---

12 *Frank*, Economic Survey, 313–325. The figures given for booty are net returns to the treasury, and do not include the sum spent in the field by generals. See also *Kay, P.*, Rome's Economic Revolution. Oxford 2014, esp. 29–34; Kay suggests that Frank's figures might have been underestimated.
13 The *tributum* had been shortly levied again after Caesar's assassination because of the needs of the civil wars. On direct taxation extended at least to northern Italy in the late empire, when an imperial court and army were in the north of the peninsula: Aur. Vict. Caes. 39, 31.
14 Liv. 39, 46, 2; Val. Max. 2, 4, 7: funeral of P. Licinius Crassus Dives.
15 Plut. Crassus 12, 2; Lucan. 37, 2–3; Pomp. 45.

198.000.[16] The necessary items for such large-scale banquets – food, tableware, furniture – their transport to the city, and their preparation offered opportunities for business and employment to wholesale traders, contractors, and skilled and unskilled workers, since the slaves alone of any of the individuals offering the entertainments would not have been sufficient. The banquets mentioned above were exceptional in scale, but they were only the tip of the iceberg in terms of public entertainment occurring in the city. Throughout the Republic, canvassing for votes might include distribution of food to win popularity, as nicely shown by the bowls carrying electoral slogans known archaeologically,[17] and once elected magistrates were expected to offer public entertainments. Other significant moments in the life of prominent individuals may also be celebrated with euergetic acts, such as the assumption of the *toga virilis*, the ritual that marked the young boys' transition into adulthood. Although it is not possible to address the topic in detail in this venue, it ought to be remembered that public entertainment continued to be a significant chapter of Rome's economy also in the imperial period, when the emperor monopolized spectacle and public distribution of foods. Gladiatorial games, *venationes* (staged hunts), *epula*, and distribution of *sportulae* occurred so frequently in imperial Rome and on such a scale, that the economy of public entertainment would need a detailed, separate treatment. It is even possible that the retail of food in the 1st century AD was affected by the emperor's attempt to monopolize the occasions when common people could access certain type of cooked foods.[18]

Outside the city proper, the impact of the territorial expansion on the countryside – the formation of large villa estates using slave labour, elite encroachment on the *ager publicus*, the displacement of the free peasantry – and the subsequent increase of rural immigration to Rome with its socio-political outcomes are well known, even though not every detail in this traditional narrative reflects the actual historical picture.[19] I here draw attention to two aspects resulting from Rome's imperialism that shaped the economy of the capital. The first, not often discussed, concerns the fact that imperialism often resulted in transfer of technology, via the willing or unwilling movement of people. The case of the blown glass technique is an example. It first appeared in Italy at the end of the 1st century BC/start of the 1st century AD, after the conquest of Egypt. The technique, which completely revolutionized glass making by drastically reducing manufacturing times and the amount of glass needed per object, had been discovered somewhere along the Syro-Palestinian coast, but was perfected in Italy in the course of the 1st century AD.[20] It was during this period that most of

---

16 Plut. Caesar 55, 4, where *triklinos* means a set of three couches.
17 E.g., the two bowls on display at the Museo Nazionale Romano in Rome bearing, scratched in their interior, electoral messages in support of Cato and Catilina: *CIL* 6.40897 and *CIL* 6.40904.
18 Marzano, Food.
19 E.g., Launaro, Slaves has shown that villas and farms were not mutually exclusive.
20 The earliest archaeological attestation for glass inflation comes from a workshop in Jerusalem dating to the first half of the first century BC: see Stern, Glass, 535 and Flohr in this volume.

the tools and techniques integral to glass blowing were invented, such as the iron blow-pipe and the furnace with closed heat-chamber.[21] Glass vessels became very popular; some were elaborate, but simple glass jars and bottles had become quite common by the Flavian period, as suggested by the finds in Italian towns like Pompeii. The city of Rome acted both as a magnet for the arrival of people bringing new technologies and techniques – the aggregate customer demand it offered, and the spending power of its elite, did not have any parallels – and as a disseminator of new ideas and technologies from the capital city to other parts of Italy and the provinces. Like glassblowing, other innovations and techniques found further geographic dissemination after their arrival in Rome.

III The annona

The second, very important feature of the city's economy resulting from Rome's imperialism is the ability of the city to make a substantial contribution to the sustenance of a good portion of the urban population via a state-sponsored system. The *annona* (that is, the entire system and administrative organization of supplying and storing food provisions for the city) and the *frumentationes* (public distributions of grain), which were an integral part of it, shaped the city of Rome for centuries. Much political history of mid-Republican Rome was shaped by two elements, which in turn had profound and long-term consequences for the economy of the city: the considerable growth of the urban *plebs* and the monthly distribution of free grain to a high number of (male) individuals. The former phenomenon gave disproportionate importance to urban tribes and to the participation of urban dwellers in the assemblies when voting and electing magistrates, since once consequence of the territorial expansion had been that it was increasingly difficult for those living far from Rome to travel there for assemblies and elections. The latter, which had started in 123 BC with Caius Gracchus' *lex frumentaria* providing grain to citizens of the capital at a fixed price and was later changed into a free distribution of grain by the tribune P. Claudius Pulcher in 58 BC, was intended to win the *plebs'* political support.[22] The public distributions of grain remained a fixture of life in the capital also in the imperial period, with the addition, under Septimius Severus, of olive oil and, later in the 3rd century AD, of salted pork meat and wine.[23] With Augustus, a proper administrative post supervising

---

[21] Stern, Glass, 536.
[22] *Lex Sempronia frumentaria*: Plut. Gracchus 6, 3; *Virlouvet*, Frumentaires. After the passing of this law, the *horrea Sempronia* were built, i.e., public granaries to store the supplies: Fest. 370 L. Although the *frumentationes* were suspended under Sulla, the subsidized selling of grain was resumed before Clodius' law of 58, with the *lex Terentia et Cassia frumentaria* of 73 BC (see Cic. Verr. 3, 70; 5, 21; Sest. 25).
[23] SHA Sept. Sev. 18, 3; Aurelian. 35, 2; 48, 1.

the operations was created, the prefect of the a*nnona* (*praefectus annonae*); the continued existence of the *frumentationes* meant socio-political stability for the emperor.[24]

The number of recipients of the monthly distributions of free grain changed over time; Caesar is said to have reduced the number of recipients from 320.000 to 150.000,[25] and it is accepted that under Augustus there were ca. 120.000 people on the dole list. Acquiring and transporting to Rome the grain needed for these distributions was not the end of the government's interest in Rome's food supply. The state was concerned with the availability of staples at a fair price on the Roman market, so it intervened in various forms. Even before Septimius Severus added olive oil, the state probably subsidized in some form the shipments of oil to Rome and this raises the question of the interaction between state-sponsored distributions/supplies and the private market.[26] Roman authorities did not directly intervene in regulating or fixing market prices, but rather "aimed at guaranteeing that the price in the *forum rerum venalium* would always be the market price conceived as a 'fair price'";[27] speculation was what the government wanted to avoid. In the case of the city of Rome, the state involvement in creating transport infrastructure and in intervening in the market flows of some goods was not limited to the grain and olive oil trade, but extended also to non-primary goods, such as marble, especially coloured marbles quarried in far-away regions of the Roman world. Much of these interventions were done by the state engaging with private contractors, and there were incentives to carrying a private cargo in addition to state cargo. Thus, the link between state and private transport ended up subsiding private trade. Rome was the primary beneficiary of such links, and her economy benefitted from it, at the very minimum in so far as this situation allowed sustaining her large population and her varied demand for goods.

The amount of staple foods needed for the capital was staggering. Calculations made years ago by Aldrete and Mattingly suggested that the annual requirement of the three staples of the Roman diet (grain, wine, and oil/olives) was in excess of 400.000 metric tons.[28] They further proposed that the number of annual individual man-size loads required by these commodities sent to Rome by ship was over 9.300.000 porter loads/year.[29] The *annona* and the fact that the state ended up subsi-

---

[24] The *praefectus annonae* had subordinate staff in Rome, and also in Ostia and Puteoli, which until the Julio-Claudian era was the most important port of Italy and the final destination of the grain fleet (see Sen. epist. 77, 1–3).
[25] Plut. Caesar 55, 2–3; cf. *Virlouvet, C., Tessera frumentaria. Les procedures de distribution de blé public à Rome a la fin de la Republique*. Rome 1995, 166–185
[26] Monte Testaccio, the artificial hill made entirely of discarded oil amphorae, is a tangible reminder of the quantity of olive oil that reached Rome from overseas: see *Remesal Rodríguez, J./Blázquez, J. M.*, Estudios sobre el monte Testaccio (Roma). 5 Vol. Barcelona 1999.
[27] *Lo Cascio*, Market, 212. For the involvement of the provincial government in suppressing speculative behaviour by merchants and landowners (hoarding agricultural produce and not selling it at *aequiis praetiis* (fair price) see Dig. 47, 11, 6 pr. 1 (Ulpian).
[28] *Aldrete/Mattingly*, Feeding, 193–196.
[29] *Aldrete/Mattingly*, Feeding, 197.

dizing private trade for products such as olive oil had an impact on Rome's hinterland too. The size of the city had already stimulated the agricultural use of the land (for which there was high demand for different, competing uses) for higher value and perishable crops; the import from provincial territories of oil and wine, although these products continued to be produced around Rome,[30] meant that *pastio villatica*,[31] fruit and vegetables became very important productions of Rome's surrounding territories.[32]

IV Financial Services

Most ancient cities had money exchangers, moneylenders, and bankers; such individuals had an important economic role, both in the case of the transactions of the wealthy and above all for the many 'ordinary' individuals involved in commerce. The size of Rome and the fact that it was the seat of government and of commercial transactions of different nature meant that it is not anachronistic to talk of financial services. We know that lending money at interest was a normal way to invest money for the Roman elite. These transactions could occur via their own agents (slaves and freedmen) and friends, but often also by depositing funds with a professional banker. Due to the concentration of wealthy people living in Rome and to the size of her population, Rome's financial services must have been quite large. Bankers and money exchangers had operated since Republican times in the Forum, in shops which were public property and were leased out by the censors, an indication of the fact that the state regarded their services as important and of public utility, as later codified in the legal corpus.[33] It was not only loans or interest-paying safekeeping of funds that the bankers provided, but also credit, whether for the large purchases of the elite, wholesale transactions, or auctions.[34] *Argentarii*, for instance, were present at Rome's food markets, such as the Portus Vinarius or the Forum Boarium,[35] where wholesale purchases took place.

Auctions were very common in Rome, from those for luxury items, even particularly prized fresh fish, to the auctions of the possessions of conscripted individuals

---

[30] *Marzano*, Production.
[31] With this expression (see Varro rust. book 3) we refer to the intensive rearing of small animals (birds, fish, etc.) in purpose-built spaces in the context of villa estates.
[32] *Morley*, Metropolis.
[33] Dig. 2, 13, 10, 1 (Gaius).
[34] *Andreau*, Banking; *Harris*, Roman Money.
[35] For the *argentarii* presence in the Forum Boarium in the early 3rd century AD, see the famous Arcus Argentariorum erected in AD 204 at the entrance of the Forum Boarium; the inscription mentions *argentarii et negotiantes boarii huius loci*.

during the civil wars or those guilty of *maiestas* in the empire.[36] Auctions may have been used also in arranging contracts to import food in the city, as suggested by Peña;[37] we have seen the scale, importance, but also uniqueness, of Rome's food supply system and it is fair to say that the services offered by the *argentarii* were a defining feature of the economy of the capital.

V The building industry

The building industry was a very important sector of Rome's economy. Since the Republic, the city had been the object of competitive euergetism on the part of the elite, who sponsored public buildings, often out of military spoils, and in the empire the emperor largely monopolized the tradition. Rome's building industry required vast resources, in terms of finances, manpower, and building material, as shown by Janet DeLaine's important work on the subject. It was not only the large projects for new public buildings that had a notable impact on the city's economy, but also the large-scale temporary buildings such as theatres needed in the case of festivals and *ludi*. To this one needs to add the residential buildings, which in Rome covered the entire spectrum in terms of quality and type, from the small rental units of ordinary people, prone to fire, to the large and opulent houses of the wealthy, like the house attributed to Aemilius Scaurus near the Clivus Palatinus. Only the substructures were large enough to feature 62 bedrooms and a *balneum* for the household servants.[38]

The building industry provided employment for many skilled and unskilled labourers. The anecdote Suetonius reports about Vespasian and the engineer who presented him with an invention that would allow to move more easily heavy columns is well-known. The emperor rewarded the inventor, but refused to adopt the machine, famously proclaiming that he needed "to feed his people".[39] The anecdote encapsulates the fundamental truth that building projects provided work for a considerable number of unskilled workers.

As remarked by DeLaine, from at least the early 2nd century BC onwards, building sites must have been a rather common sight in the city, not only in the case of public buildings[40] and the grand houses of the elite, but also for the constructions of "high-

---

[36] On auctions see *García Morcillo, M.*, Las ventas por subasta en el mundo romano: la esfera privada. Barcelona 2005.
[37] *Peña*, Urban Economy, 22; on bankers at public auctions see e.g., Cic. Caecin. 4, 6; Quint. inst. 11, 2; Suet. Nero 5.
[38] *LTUR* Vol. 2, s. v. *domus: M. Aemilius Scaurus*.
[39] Suet. Vesp. 18.
[40] According to Polybius (6, 13, 3) in the 2nd century BC public building was the main expense of the Roman treasury. Livy (40, 46, 16) reports that in 179 BC the censors destined the entire state income for one whole year to building activity for the next 5 years; this would have included also large-scale infrastructure project such as aqueduct, roads, and sewers.

density housing and commercial properties to accommodate and provision Rome's unprecedented population".[41] To this, one has to add the need to restore old buildings and rebuild those damaged by the frequent fires and floods that plagued the capital.

Although full quantification of how much the building industry contributed to Rome's economy is not possible, the attempts at quantifying specific building projects such as the Baths of Caracalla show impressive numbers.[42] The money that was injected in the economy with this type of building projects had a knock-on effect on the service and manufacturing economy. Large-scale building projects did not only generate demand for building material and workmen, but also for tools, housing, food and drink, doctors, prostitutes, and so forth.[43] As much as 20 % of the adult male population of the city may have been involved in some fashion in the construction industry.[44]

The fact that the censors contracted out the building to be done on behalf of the state and the information from Cicero's letters about private building contracts clearly show that there was a specialized workforce, with *redemptores* (contractors) able to organize large-scale project. State contracts seem to have been contracted out in smaller work contracts to several *redemptores* who were responsible for bringing their own workforce, so the emperor/state created work indirectly, relaying on a complex and hierarchical network of labour. A profound change, however, occurred during the age of Augustus in regards of the building industry, when the *curatores operum publicorum* (officers for public works) were created. These officials supervised the erection of temples and other public building either using a permanent workforce that was assigned to them (this largely in the case of maintenance works) or contracted the works out.[45] The expansion of the building industry overlapped with a period of major technological innovations in the field, such as the expansion of the brick and tile production (involving members of the senatorial elite) and the large-scale use of marble.[46]

For some specific groups, it is possible to get an idea of the number of people involved in the sector. In the 2nd century AD the *collegium fabri tignari*, i.e., the carpenters, whose skills were essential to building activity since various Roman building techniques required wooden formworks, counted about 1380 members organized into 60 *decuriae*.[47] The *collegium* (professional association) had been organized with a quasi-military structure in 7 BC.[48] The members would have been master builders and skilled craftsmen, not the common labourers, who could not afford to pay the *collegium* membership fee. In this case, as for other instances of skilled craftsmen

---

41 DeLaine, Construction, 473.
42 DeLaine, Baths.
43 DeLaine, Baths, 224.
44 DeLaine, Baths, 198–201.
45 Suet. Aug. 37; DeLaine, Construction, 476.
46 DeLaine, Construction, 476; on *figlinae* and elite families: Steinby, L'Industria.
47 CIL 6.1060; 10300.
48 See *Fasti fabrum tignariorum Urbis Romae*, ZPE 43, 271–80.

attested in inscriptions, the majority were freedmen, many having as *cognomen* the name of important senatorial families, reminding us that these individuals had started their activity as slaves of wealthy owners.⁴⁹

If the building industry represented an important chapter of Rome's economy, decoration and redecoration of houses was also important in this respect. Take the painted decoration of buildings. Properties were often re-decorated and in a city the size of Rome, where the wealthiest members of the empire were concentrated, there must have been many workshops of painters to satisfy the demand. If in a small town like Pompeii painters' workshops were organized as big businesses, run by *redemptores*, and able to deploy numerous teams of decorators capable either of working together on the site of a large public building or separately on multiple sites, a similar organization must have been even more widespread in Rome.⁵⁰ In the case of the two workshops identified in Pompeii, they appear to have served different segments of the market, with one workshop predominantly active in elite residences, and the other one commanding large commissions by adapting to the demands and tastes of a diverse clientele and largely focusing on middle-class houses, shops, and restaurants.⁵¹ Similar mechanisms, but on a much large scale and involving a much higher number of workshops, must be posited for Rome.

VI Rome's labour market

Roman society was based on slavery and slaves could be found almost everywhere, engaged in a variety of occupations; in the context of Rome, slave presence must have been much higher than in other cities. On the one hand, there were the large aristocratic households (and later the imperial household) counting hundreds of slaves, The slave personnel of the aristocratic households was highly specialized, as revealed by the multitude of occupational titles attested for domestic servants (e.g., *atriensis* or steward; *structor* or meat carver; *pedisequus* or footman); it could include also large groups of skilled craftsmen and artisans employed in commercial activities, like the 500 architects and builders owned by Crassus, for whom real estate was a good source of wealth.⁵² On the other hand, we had the various clerks employed by the state or the slave gangs used in the maintenance of public infrastructure.⁵³

---

49 Besides training in senatorial households, successful former slaves seem often to have established their own business after manumission and to have trained other individuals: *DeLaine*, Construction, 479.
50 *Esposito*, Pompeian Painting, 276–285.
51 *Esposito*, Pompeian Painting, 281–282.
52 Plut. Crassus 2, 4–5.
53 Frontinus (aqu. 96–101; 116–19) refers to two permanent gangs of slaves counting 700 individuals in total, employed for the maintenance of Rome's aqueducts.

While we do not know what proportion of Rome's population were slaves, some estimates have suggested a figure as high as 33%.[54] The surviving epigraphic record is dominated by skilled slaves (and *freedmen*) and by artisanal activities. Some slaves might have had more opportunities to be trained than a poor freeborn person; a slave master had an incentive to get a slave trained, as he/she would become a source of revenue, either by being sold off as a skilled slave or directly through his/her skills. But obviously not every slave was equal as not every freeborn person was. Slaves could be used as pure muscle power, as the case of those turning the millstones or powering cranes with treadmills as the one seen on the famous 2nd-century relief from the tomb of the Haterii.[55] Reference in the legal sources to slaves as *instrumentum* (i.e., the equipment to be included in the case of sale) in bakeries, fulleries, and other kinds of workshops are numerous and it was also possible to rent group of slaves from other slaveholders.[56] However, despite the widespread presence of slaves, there were many opportunities for work for freeborn people too. The spending power of the ca. 600 senatorial families and the members of the equestrian order, the fact that Rome was the seat of the government and its administration and where a very high number of people lived, meant that the city offered a wide range of occupations. An idea can be gleaned from the epigraphic record (which by its nature would represent only a portion of all the jobs possible), with about 160 occupations recorded in inscriptions. However, as noted by Tacoma,[57] vexed and unresolvable issues remain, such as the proportion of servile versus free labour; the proportion of skilled versus unskilled labour; and whether one can talk of a labour market in the technical sense of the term, i.e., "an open, integrated market where supply of labor and demand for labor would meet through price-setting mechanisms".[58] It has also been suggested that the distinction between being free and being a slave did not constitute a difference in economic terms, but only in social and legal terms, so that from the point of view of the labour market, "slavery was *not* an economic institute".[59] In addition, how to understand the range and diversity of occupations attested does not find universal consensus: a sign of specialization, and thus of economic complexity, or as an element of display of wealth on the part of elite owners, who could afford in their houses to have a large number of slaves, each assigned a very specific task?[60]

---

54 *Tacoma*, Migration, 430.
55 The tomb of this family of builders was on the Via Labicana; the relief is in the Museo Gregoriano Profano, Rome.
56 See e.g., Dig. 6, 1, 28; 14, 4, 1, 1; 16, 3, 1, 9; 19, 2, 13, 5; 33, 7; 15; 34, 5, 28; 19, 2, 45 and 48, 32, 1, 73, 3 for rented out slaves (references from *Joshel/Hackworth*, Material Life, 121, note 9).
57 *Tacoma*, Migration.
58 *Tacoma*, Migration, 430.
59 *Tacoma*, Migration, 431, with emphasis.
60 On division of labour in manufacturing processes as a sign of economic complexity: *Wilson*, Manufacturing. On slave occupations: *Treggiari*, Household; *Joshel*, Inscriptions.

Yet the peculiarity of Rome was that slave and freeborn labour was almost interchangeable; indeed, if we exclude the army, which was in the empire the reserve of freeborn individuals, and domestic service in elite household, an exclusively servile occupation, most occupations could be carried out by either slaves or freeborn people and often these two groups worked alongside one another.[61]

Within the distinction between skilled and unskilled labour, of course different levels existed, and much unskilled labour was probably employed on a temporary and casual basis, seasonally attracting into the city also rural dwellers wanting to supplement their income. As any large city in history, Rome attracted high levels of immigrants and it is thought that high rates of immigration were needed in order to keep the level of population, since the city also acted as a 'graveyard' for those who succumbed to malaria and other diseases.[62]

As mentioned above, past research has brought attention to the role of unskilled labour in the building industry; another source of employment for unskilled labour was related to the transport to the city of goods arriving at Ostia, and later at Portus. These goods were sent to Rome up the Tiber and many workers were needed for the unloading of the river ships and barges which landed at the Tiber wharfs in the area south of the Aventine, the Emporium district.[63] In the case of the unloading of the three main staple foods sent up the Tiber to Rome, it has been suggested that ca. 3000 people would be employed for the task.[64] When adding also the transport needs generated by the building industry, the number of people who found employment in loading and unloading the ships and barges, in operating them, including towing them when going up the river, must have been really substantial. An idea of the impact of the building industry and loading/unloading of river ships on labour demand comes from the rough calculations made concerning the transport of the travertine employed in the construction of the Colosseum. To transport the ca. 200.000 tons of travertine used would have needed 2857 boat trips if one assumes the use of boats able to transport 70 tons of cargo.[65] The loading and unloading of cargo and the transport of building material to the building site offered work opportunities for many.

---

[61] *Bradley*, Slavery, 65.
[62] *Tacoma*, Migration; *Scheidel*, Death.
[63] Large *horrea*-warehouses- were located here since at least the 2nd century BC (e.g., the Horrea Galbana). By the early 2nd century AD the Emporium facilities stretched for ca. 1 km along the left bank of the Tiber, between the modern Ponte Testaccio and Ponte Sublicio.
[64] *Aldrete/Mattingly*, Feeding, 197; they estimate the annual needs of wheat, wine and olive oil and how many amphorae and/or sacks these provisions would require, and from these figures they work out the porter load per day needed, including in the 100-day sailing season peak time.
[65] *Aldrete/Mattingly*, Feeding, 199.

VII The products of *the* consumer city

Much of the discussion in recent years about the ancient classical city has focussed on the contraposition between the 'consumer city' model and the 'producer city'. The model for the ancient classical city and the ancient economy developed by Moses Finley has been very influential and has dominated ancient history debates over the last forty years. Finley, who was strongly influenced by Weber's work, accepted and further developed the notion that the ancient (classical) city was a 'consumer city', that is to say, unlike medieval cities, it did not have a bourgeois class sustaining the type of commercial developments, urban manufactories, and growth from which eventually capitalism and the industrial revolution arose.[66] In this perspective, the 'consumer city' drew on the resources of the countryside, like a parasite, and the urban production of commodities was, from an economic point of view, negligible. Much ink has been spilled since the 1970s in reaction or support of Finley's theory on the nature of the ancient city and economy, and there is no need to revisit this complex debate here. However, as observed by Zuiderhoek, there is "no *a priori* reasons why the presence of consumer cities should imply a commercially undeveloped, static economy".[67]

There is no denying that Rome was essentially a consumer city; without the resources of its provinces – the grain of Sicily and Egypt, the olive oil of Baetica and Africa, and so forth – it would not have been possible to sustain Rome's population to the levels it reached in the early imperial age. But being a consumer city does not mean that the capital did not produce anything or that no manufacturing activities took place there. The economy of the *urbs* was defined by the fact that it was the seat of political power and of the tiny proportion of the empire's population who held extremely high purchasing power. In addition, it was the heart of the Roman state, with a range of services, such as bankers and moneylenders, and infrastructure like aqueducts, roads, and ports.

Much artisanal activity catered to the city itself, but some items were exported outside of Rome. The oil lamps of the large workshop of C. Oppius Restitutus, manufactured in Rome or in her close proximity and exported as far as North Africa, are one example.[68] The return voyages of the many ships which brought goods to Rome

---

[66] Zuiderhoek, Ancient City, 13, who also notes that Weber had, for some periods of antiquity such as the late Republic, identified "a political capitalism based on imperialist exploitation". In addition to Weber's, also Bücher's and Sombart's views (that the ancient city had no separation of function between town and country, unlike the medieval city and that the ancient city relied on the products of outside agricultural labour, respectively) informed Finley's idea of the ancient city.
[67] Zuiderhoek, Ancient City, 13.
[68] He was a very prolific lamp maker active between the Flavian and the Hadrianic periods. Most of the lamps stamped with his name come from Italy, but a substantial corpus was discovered in North Africa: see *Duncan-Jones*, Economy, 56. For the location of the workshop around Rome: *Pavolini*, Vogelkopflampen, 76.

created many opportunities for exporting objects of relative low value such as oil lamps, which may otherwise not have found their way overseas. There were also cases when local artisanal production was combined with manufacture that catered to a specific demand in the market. This is the case of the so-called *brocchetta da garum* or Ostia II.401 pottery form, a vessel common during the 1st and early 2nd centuries AD. Kilns producing these pots are known on the Janiculum Hill and at the peri-urban site of La Celsa on the Via Flaminia.[69] These locally-produced vessels – or at least some of them – found their way out of Rome because they were used as container for provisions for ship crews taking on supplies at Portus/Ostia. Fish pastes manufactured with various kinds of fish from the lagoons near Ostia were packed in these containers and taken on board ships like the one excavated in the Rhône at Arles.[70] This example shows the exploitation of local natural resources (the fish from the lagoons; the salt) to cater to the specific demand of food provisions needed for the many ships that arrived at Portus. Locally manufactured vessels offered the containers needed for this specialized food production.

Nevertheless, most of the products manufactured in and in the immediate surroundings of Rome were destined for use and consumption within the city rather than export. The capital catered for a huge range of needs, from basic stuff, which could reach consumers via street peddlers,[71] to the highly specialized goods destined to a small clientele, such as the books one could buy from booksellers located along the Argiletum or the pearls and jewellery sold in the Porticus Margaritaria.[72] It was possible to find almost anything for sale in Rome, and often in shops concentrated along streets that specialized in specific trades, such as the Vicus Unguentarius (street of the perfume makers) or the Vicus Materiarius (street of the carpenters or timber merchants).[73] Claire Holleran has observed that the fact that specialists in particular trades clustered together in certain areas reflects "not only the fragmented nature of production, but also the need for buyers and sellers to find each other in an uncertain market".[74]

As was the case for any ancient city, much of this production took place in small workshops and ateliers; however, in the first two centuries AD we do have some examples of artisanal production occurring in much larger units, employing a large number of workers and displaying a considerable degree of investment in the crea-

---

69 *Olcese*, Ceramiche, 95. For pottery production in Rome particularly in the Vatican district and the Janiculum, see also *Peña*, Urban Economy, 31–33. For the association between the Vatican area and pottery, see also Mart. 1, 18, 2; 12, 48, 14; Iuv. 6, 344.
70 *Djaoui/Piquès/Botte*, Pots.
71 *Holleran*, Retail, 196–231 on street sellers and pedlars in Rome.
72 *Holleran*, Retail, 54; in the second century booksellers were concentrated along the Vicus Sandaliarius and the Sigillaria.
73 *Holleran*, Retail, 52–61 on the clustering of trade and on the nature of production and consumption and its effect on the topographical organization of retail in the city.
74 *Holleran*, Retail, 61.

tion of the needed infrastructure. The *fullonica* excavated years ago in the eastern portion of Rome's *suburbium*, at Casal Bertone, is such an example.[75] Extending over a surface of ca. 1000 m², the complex, dated to the 2ⁿᵈ century AD,[76] comprised two buildings, a series of large water reservoirs connected by channels, and ca. 90 working stations with treading tubs, more than double the number of the largest known *fullonicae* at both Pompeii and Ostia.[77] The Ostia fullery, because of its size and layout, has been described as a 'factory' and as an example of rationalised production;[78] such categorization is even more valid for the Casal Bertone example. The site, where in the Republican and early imperial period a monumental villa complex stood, seems to have become an imperial property by the time the artisanal complex was built, since brick stamps from imperial *figlinae* (clay beds and brick/tile manufactures) were found. This artisanal complex shows centralization of production, considerable concentration of manpower, and investment in permanent infrastructure (a connection to the aqueduct, the large reservoirs, the channels, the stalls). This complex suggests also that the various stages of the manufacturing process and the supply of the 'raw material' were centrally supervised and organized. Although production and artisanal activities were for the most part occurring in small workshops, the tendency to centralization of production in larger units does at times happen in the imperial era across the empire, both in the case of artisanal activity and the processing of agricultural produce.[79]

VIII The suburbium

Since the late 2ⁿᵈ century BC the pressure on land in the *suburbium* had steadily increased. The area around Rome had been used for centuries for prime residential real estate – consider the great *horti* of the late Republic and empire – for agriculture,

---

75 *Caspio/Musco*, Ricerche. The complex might have been a tannery, since the stalls with vats in the north building are defined by low walls, as seen in pre-industrial tanneries. The installations in the second building have higher small walls, similar in type to the *fullonicae* known from Ostia and Pompeii, with the walls high enough to support the worker while he treads on the cloth/clothes in the tub. Maybe this complex was both a *fullonica and* a tannery.
76 Stamps on the terracotta tubs date to AD 123–155 and this offers a general *terminus post quem* for the construction of the industrial complex.
77 The *fullonica* of Via degli Augustali in Ostia (V. 7. 3) had 34 stalls, and the one at II. 11. 1 in Pompeii had a total of 42 stalls: *Joshel/Hackworth Petersen*, Material Life, 152; for the typology of *fullonicae*, their organization, and the city economy: *Flohr*, Fullo.
78 *Joshel/Hackworth Petersen*, Material Life, 152.
79 E.g., the large oileries of N. Africa or Istria featuring many olive presses in the same building; the 16 water mills of Barbegal in France; or the huge pottery production centre at La Graufesenque in France, which for ca. 200 years supplied the whole of northern Europe and Britain with *terra sigillata* tableware.

for artisanal activities, and for burials, which, considering the population growth and the mortality rate, must have meant that there was a high demand on suburban land for this use. This raises the question of demand and land prices. Although not all the land of the *suburbium* must have been equally desirable and certainly prices varied on the basis of specific location and characteristics, it is fair to say that land prices in and around Rome were, on average, higher than elsewhere in Italy.[80] The demand must have increased further in the early 2nd century AD, when emperor Trajan determined that provincial elite members seeking to run for office in Rome had to invest one third of their wealth in Italian properties. In a well-known letter from which we know of this ruling, Pliny the Younger remarked that the sudden demand on the part of provincial senators eager to quickly buy properties in the vicinity of Rome offered great opportunities to sell at a good profit with the added bonus that one could invest in the provinces buying at convenient prices the properties that were being sold to finance the Italian purchases.[81]

In terms of production, a feature of the *suburbium* is the large importance of horticulture and *pastio villatica*.[82] As remarked years ago by Neville Morley, Rome fits well Johann Heinrich von Thünen's model[83] of agricultural location: near the city one finds market-oriented and specialised production of perishable goods such as fruit, fresh vegetable, and dairy products stimulated by the high economic rents, the high prices one could fetch in the urban market, and the low distance from producer to market, which kept transportation costs low. Other cultivations, capable of sustaining longer journey both in terms of conservation and cost, are pushed further away from the city. The specialization in the production of quality products was possible not only because of Rome's aggregate demand, but also because the city itself could provide what was needed for these cultivations: tools, labour, staples (so that farmers who specialized in e.g., horticulture, could acquire the staple food they needed on the urban market), etc.

That by the early 1st century AD the horticultural role of Rome's immediate surroundings had increased greatly can be appreciated by the fact that the agricultural writer Columella felt compelled to treat the subject in greater detail than the earlier writers had done, as he writes in the preface of his work: "the cultivation, therefore, of gardens, since their produce is now in greater demand, calls for more careful instruction from us than our forefathers have handed down".[84]

---

80 See, e.g., Cic. Att. 12, 23, 3; 13, 31, 4; Sen. epist. 87, 7.
81 Plin. epist. 6, 19. The requirement was lowered to ¼ by Marcus Aurelius.
82 For the region of Tibur and areas such as that of Lucus Feroniae, building material (travertine; limestone used to make lime mortar) was another important economic activity; see, e.g., the 'Villa della Standa' near Lucus Feroniae, which had various lime kilns and was in proximity of a fluvial harbour of the Tiber; it may have supplied Rome: Marzano, Villa Production, 192–193.
83 *Von Thünen* expressed these principles in his work 'Der isolierte Staat' published in 1826.
84 Colum. rust. 10, praef. 3.

Columella suggests also that the increased demand for horticultural produce was due to the increased role vegetables had in the daily diet of the ordinary people, who could no longer afford other types of food. A comment like this is ambiguous: did it reflect the reality of the increased pressure on fresh food supply caused by the exponential growth of Rome's population, or is it merely a continuation of the tired *topos* on the moral discourse about the decline of Rome? Columella's evaluation is echoed by comments found in Pliny the Elder, who laments that the luxurious tastes of the time have transformed even simple things such as bread and vegetables into different-quality products, with a range of prices. Seeing through the moralist veil that covers these comments, it is clear that the fruits of horticulture in 1st-century Rome had acquired a much higher economic value. We know of horticultural production in Rome's *suburbium* from literary texts – the vegetable gardens and orchards of Rome produced good quality turnips, mulberries, and figs, while nearby places such as Ostia produced leeks and mulberries[85] – and inscriptions, like the one dated to AD 227 which mentions a *colonus* (tenant farmer) of *horti olitorii* (vegetable gardens) located along the Via Ostiense and owned by the *collegium* of the Foundation of the Divine Faustinas.[86]

However, good *archaeological* evidence for the actual vegetable plots and orchards has been more difficult to find, especially evidence for sizeable commercial production. There is, however, one very good example of the increased importance of horticultural production in 1st-century AD Rome, which complements well the textual evidence mentioned above. Discoveries in the area of S. Giovanni in Laterano have offered the first secure evidence for large-scale fruit cultivation in the immediate proximity of the city. The size of the estate and the level of financial investment in infrastructure it shows indicate this was large-scale production. The early first-century AD commercial orchard featured a very large reservoir for irrigation which was capable of holding a minimum of 4 million litres of water,[87] a complex system of irrigation and drainage, a water lifting device, a purpose-built road, and archaeobotanical evidence for the cultivation of the peach – still a relatively novel fruit in the early 1st century AD[88] – alongside more 'traditional' fruits such as apples, figs, and

---

85 Plin. nat. 19, 77; 15, 97; 19, 110; Athen. deipn. 3, 75e; *Morley*, Metropolis, 86–90; 107.
86 *CIL*, 6.33840 = *ILS* 7455.
87 The reservoir could not be excavated in its entirety; the part uncovered, which did not include any corners, measured 69x34 m.
88 The introduction into Italy of the peach, a fruit which reached the Mediterranean from Persia, has generally been dated to the 1st century AD on the basis of Pliny's comment at nat. 15, 45: "As for the peach tree, it was only introduced lately, and that with difficulty, inasmuch as in Rhodes, which was its first place of sojourn after leaving Egypt". Some scholars understood the remark to indicate an introduction only some years before the time of writing. In fact, archaeobotanical remains from Emilia Romagna, which show a diffusion of locally-cultivated large peaches by the first decades of the 1st century AD, support a late 1st century BC date for the introduction of the peach into Italy: *Mazzanti Bandini et al.*, Suggerimenti.

grape.[89] The estimated size of the agricultural *fundus* is ca. 6.5 *iugera* or about 16.380 m².[90] Pliny tells us that peaches were famously fragile and could last only two days after being picked.[91] This made peaches most suitable for being grown just outside Rome's city wall, whence they could be readily brought to market. This large-scale commercial orchard with its facilities shows medium-term planning in response to specific market opportunities: Rome's increased demand for perishable produce. What remains to be clarified is to what extent the financial investment exemplified by this commercial orchard can be taken to be representative of the Roman world at large or to reflect the unique circumstances and market forces generated by a metropolis which, in the early first century AD, counted about 1 million inhabitants. Since fruit trees on average take a minimum of four years before they start to bear fruit, large-scale cultivation of fruit (as opposed to a few fruit trees in a little garden or in a small vineyard, as often found at Pompeii) appear only when there is adequate demand for the product, and on the part of individuals who can afford the initial investment.

The pressure on suburban land to be put to produce fresh produce for the city market may be seen also in another 1st-century phenomenon: the appearance of the *cepotaphium*[92], the garden-tomb, which normally featured a productive garden, with grape vines and fruit trees.[93] Funerary plots clearly had to compete with a range of other uses and even small spaces around tombs may have grown fruit and vegetables to supply the markets of Rome, but it is unclear to what extent profit was systematically pursued at these gardens.[94]

The limited land available around Rome for horticultural cultivations in all likelihood stimulated intensification by larger use of irrigation – we have seen the complex irrigation system of the S. Giovanni in Laterano orchard. The use of irrigation in the *suburbium* of Rome for commercially valuable cultivations such as fruit and flowers has been suggested years ago for several villa sites.[95] To this we must add systematic manuring to enrich the soil. A city of the size of Rome must have been a big source of animal manure and human night soil. Indeed, human excrement collected in cities was used as fertilizers in antiquity, as can be read in Varro, who reports the opinion

---

89 *Rea*, Metropolitana, 8; *id.*, Exploitation, 50.
90 *Rea*, Exploitation, 49; 51; the area archaeologically investigated measures ca. 14.000 m².
91 Plin. nat. 15, 40.
92 From the Greek *kepos* = garden and *taphos* = tomb: *Bodel*, Tomb Gardens, 202.
93 Garden tombs had existed earlier, but it is in this period that the new term *cepotaphium* appears and Bodel argues that the linguistic change and use of the term in funerary inscriptions reflects the fact that the typology of the garden tomb had become more common.
94 *Bodel*, Tomb Gardens, 201. The produce of garden tombs could contribute to the expenses related to the maintenance of the tomb itself and the recurring celebrations commemorating the dead, to which the produce was certainly destined.
95 *Wilson*, Horticulture.

of Cassius Dionysius of Utica that human excrement was the second-best fertilizer after pigeon dung.[96]

The production of high-quality foods for the urban market is another important feature of the area around Rome. Varro's definition of *villaticae pastiones* comprises the raising of game and birds, the production of honey, fish farming, and also the fattening of ducks to produce something like foie gras. Demand for quality products for the table of the wealthy was high and could offer a good source of profit. For Varro and the other interlocutors of his literary dialogue, a small *fundus* or one with land not suitable to traditional agriculture could still turn out to be profitable by turning to *pastio villatica*. The example given is, not by chance, from Rome's *suburbium*, the property of the equestrian M. Seius near Ostia, from which "a large revenue" was derived from wild boars, pigeons, and honey.[97] *Pastio villatica* had boomed in the Republic and many nobles saw in it a way of displaying social status, but also making a profit. Bird raising and fish farming are case in point here; the structures in which these animals were farmed – aviaries and elaborate fishponds – and the multitude and variety of the animals themselves were an element of display, but ultimately there was also engagement with the market to which the production was destined. The reference to Varro's aunt, who had sold 5000 birds from her aviary for the sum of 60.000 sesterces to provide for a triumphal banquet, is well known, as is the anecdote about Licinius Lucullus' aviary in his *Tuscolano*. It was an aviary which combined recreational use with the pursuit of profit, and where the owner and his guests could luxuriously dine seeing some birds "cooked on the dish and others flying around the windows of their prison",[98] with, however, some unexpected consequences for the diners when guano landed on them!

It is, however, important to note that the economic significance of horticulture in Rome's *suburbium* does not mean that the production of staples such as wine and olive oil disappeared, completely replaced by the import of provincial products or those coming down the Tiber for the upper river valley. On the contrary, production, particularly of wine, remained substantial also in the imperial period in the enlarged *suburbium* of Rome.[99] A literary example of intensive grape cultivation in the outskirts of Rome is the estate of Acilius Sthenelus and the *fundus* developed with his help by the grammarian Remnius Polemon.[100] When looking at the archeological record, there are many attestations of wine and olive presses in Rome's hinterland. Some sites from Rome's *suburbium* had even multiple wine presses such as the villa at Val Melania (4 presses) or the one in via Togliatti (3 presses). As I have argued elsewhere, notwith-

---

96 Varro rust. 1, 38, 2–3. See also Colum. 10, 80–85; Plin. nat. 19, 130.
97 Varro rust. 3, 2, 10–11; 3, 6, 2. Seius may have also been the first to start the practice of duck-fattening when raising them for the market: Plin. nat. 10, 2.
98 Varro rust. 3, 4, 3.
99 *Marzano*, Production, 86: I refer to an area of ca. 5500 km^2 that stretches from Centumcellae (Civitavecchia), on the coast north of Rome, to Falerii Novi, Forum Novum, Praeneste, and Antium.
100 Plin. nat. 14, 5, 48–51; Suet. gramm. 23; Colum. 3, 3, 3.

standing the role of horticulture and *pastio villatica*, the region around Rome contributed much in terms of wine and oil.[101] Calculations made on the basis of the known sites with evidence for presses, suggest that in an area measuring ca. 5500 km² we had one press every ca. 32.5 km², which is not too different than the attested density (one press every ca. 23 km²) for the most intensive oil-producing region of the empire, Baetica. In that case, despite the low recovery rate from field survey and excavations, the amphorae used in transmarine shipments speak of the huge olive oil production. In the case of Rome, the use of containers in perishable materials instead of amphorae for the distribution of the wine and oil produced around the city has made this production much less visible. Although we are unable to quantify with precision the wine- and oil-production capacity of the hinterland, there is sufficient evidence to infer that it was a sizeable production, definitely higher than has hitherto been assumed.

IX Conclusions

This overview on the economy of the city of Rome has stressed the exceptionality of this ancient metropolis. The themes treated in this chapter do not exhaust the complex topic of what one might call the economy of Rome, nor has it been possible to give a full account of all the changes that occurred over time, including Rome's transformation from capital city of the empire to seat of the early Church. The rise from a village of huts to capital of a vast empire was aided by Rome's favourable geographic location, the natural resources in her proximity, and the wealth brought by the successful overseas military campaigns of the Republic. The size of the city caused deep economic changes, not only in its hinterland, but also in the whole Italian peninsula and beyond, diverting many goods to Rome. These goods sustained a population whose size was not equalled in Europe until the Industrial Revolution. The needs of the city on such a scale were met by the interaction of state and private sectors: the *annona* system had ended up subsidizing private trade. The size of the city meant that by the early imperial period the pressure on suburban land for many diverse and opposing uses – artisanal productions, elite residences, burials, horticulture – had reached great levels. Land prices increased and those who had means and opportunity sized the economic opportunities offered by the size of Rome's market. The large-scale *fullonica* and the fruit farm I have discussed may be seen as attempts at achieving economy of scale.

In this large metropolis, freeborn individuals competed for jobs, with a large slave population. Many slaves were skilled craftsmen who had worked for elite households and the businesses they started as *liberti* became the source of technical training

---

101 *Marzano*, Production.

for other slaves. Indeed, the high demand for quality goods in the city made Rome into a centre that attracted and disseminated technical knowledge.

Among the most important sectors of Rome's economy were the building and 'entertainment' industries. We have seen that the proportion of the population involved in the building industry was probably as high as 20% and that large-scale building activity had been a feature in the city landscape since the mid-Republic. In the imperial period, the emperor was behind large-scale building projects and the employment prospects for many people, but this was not the only opportunity for the emperor to make a huge impact on the economy of the city. His vast financial resources meant that he could intervene at moments of severe crisis. On occasion of the financial crisis of 33 AD, Tiberius injected into circulation large quantities of cash.[102]

The city of Rome became the largest metropolis of the Mediterranean world thanks to the resources it could extract from her empire, but territorial expansion and the tributary system alone do not explain it all. The contribution of Rome's legal system and of certain legal tools – I am thinking, for instance, of the possibility to form, relatively easily, *societates* (business partnerships) and to appoint *institores* (business agents) – was very significant to the economy of the city and its trajectory. It was this legal system, together with much of the administrative structure of the empire and relevant features of its economic life that was inherited by the so-called Romano-barbarian kingdoms after the fall of Rome.

Bibliography

Aldrete, G. S./Mattingly, D. J., Feeding the City: The Organisation, Operation, and Scale of the Supply System for Rome, in: *Potter, D. S./Mattingly, D. J. (ed.)*, Life, Death and Entertainment in Roman Empire. Ann Arbor 1999, 171–204.

Andreau, J., Banking and Business in the Roman World. Cambridge 1999.

Bodel, J., Roman Tomb Gardens, in: *Jashemski, W. F. et al. (ed.)*, Gardens of the Roman Empire. New York/Cambridge 2018, 199–242.

Bradley, K. R., Slavery and Society at Rome. Cambridge 1994.

Caspio, A./Musco, S., 'L'impianto della fullonica di Casal Bertone (Tiburtina)'. Ricerche in corso sui magazzini romani. Roma – Ostia – Portus Roma, 13–15 aprile 2011, available at http://www.entrepots-anr.efa.gr/sitefiles/files/roma_042011/4.%20FUNZIONALITA%20DEI%20MAGAZZINI/Caspio-Musco%20-%20Poster%20-%20Texte.pdf (last accessed 12 December, 2018).

Cornell, T., The City of Rome in the Middle Republic (400–100 BC), in: *Coulston, J. C./Dodge, H. (eds.)*, Ancient Rome: The Archaeology of the Eternal City. Oxford 2000, 42–60.

DeLaine, J., The Baths of Caracalla. A Study in the Design, Construction and Economics of Large-Scale Building Projects in Imperial Rome. (Journal of Roman Archaeology, Beih. 25) Portsmouth 1997.

DeLaine, J., The Construction Industry, in: *Claridge, A./Holleran, C. (ed.)*, A Companion to the City of Rome. Hoboken 2018, 473–490.

---

[102] Tac. ann. 6, 17; Cass. Dio 58, 21, 4–5. Changes in public spending policy between Augustus and Tiberius may have been at the core of the crisis.

Djaoui, D./Piquès, G./Botte, E., Nouvelles données sur les pots dits "a garum" du Latium, d'après les découvertes subaquatiques du Rhône (Arles), in: *Botte, E./Leitch, V. (eds.)*, Production and Commerce of 'Salsamenta' during Antiquity: Production et commerce des 'salsamenta' durant l'Antiquité. Actes de l'atelier doctoral, Rome 18-22 juin 2012. (Bibliothèque d'Archéologie Méditerranéenne et Africaine, Bd. 17) Arles 2014, 175-98.

Duncan-Jones, R. P., Structure and Scale of the Roman Economy. Cambridge 1990.

Esposito, D., The Economics of Pompeian Painting, in: *Flohr, M./Wilson, A. (eds.)*, The Economy of Pompeii. Oxford 2017, 263-289.

Flohr, M., The World of the *Fullo*: Work, Economy and Society in Roman Italy. Oxford 2013.

Frank, T. (ed.), An Economic Survey of Ancient Rome. Vol. 4. Baltimore 1938.

Joshel, S., Work, Identity, and Legal Status at Rome: A Study of the Occupational Inscriptions. Norman 1992.

Joshel, S./Hackworth Petersen, L., The Material Life of Roman Slaves. Cambridge 2014.

Harris, W. V., A Revisionist View of Roman Money, in: JRS, 96, 2006, 1-24.

Holleran, C., Shopping in Ancient Rome. The Retail Trade in the Late Republic and the Principate. Oxford 2012.

Launaro, A., Peasants and Slaves. The Rural Population of Roman Italy (200 BC to AD 100). Cambridge 2011.

Lo Cascio, E., Market Regulation and Transaction Costs in the Roman Empire, in: *Wilson, A./Bowman, A. (eds.)*, Trade, Commerce and the State in the Roman World. Oxford 2018, 117-132.

Mazzanti Bandini, M. et al., Quale frutta circolava sulle tavole emiliano-romagnole nel periodo romano? Suggerimenti dai semi e frutti rinvenuti in siti archeologici, in: Atti della Società dei Naturalisti e Matematici di Modena, 131, 2000, 63-92.

Marzano, A., Agricultural Production in the Hinterland of Rome: Wine and Olive Oil, in: *Bowman, A. K./Wilson. A. I. (eds.)*, The Roman Agricultural Economy: Organisation, Investment and Production. Oxford 2013, 85-106.

Marzano, A., Harvesting the Sea: The Exploitation of Marine Resources in the Roman Mediterranean. Oxford 2013.

Marzano, A., The Variety of Villa Production: From Agriculture to Aquaculture, in: *Erdkamp, P./Verboven, K./Zuiderhoek, A. (eds.)*, Ownership and Exploitation of Land and Natural Resources in the Roman World. Oxford 2015, 187-206.

Marzano, A., Food, *Popinae*, and the Emperor: Some Considerations on the Early-Imperial Policies on the Sale of Food, in: *Cecconi, G. A./Lizzi Testa, R./Marcone, A. (eds.)*, The Past as Present. Essays in Honour of Guido Clemente. Turnhout 2019, 435-458.

Morley, N., Metropolis and Hinterland. The City of Rome and the Italian Economy, 200 BC-AD 200. Cambridge 1996.

Pavolini, C., Una produzione italica di lucerne: le Vogelkopflampen ad ansa trasversale, in: Bullettino della Commissione Archeologica Comunale di Roma, 85, 1976-1977, 45-134.

Peña, J. T., The Urban Economy during the Early Dominate. Oxford 1999.

Olcese, G., Ceramiche comuni a Roma e in area romana: produzione, circolazione e tecnologia (tarda età repubblicana - prima età imperiale). Mantova 2003.

Rea, R., Metropolitana di Roma Linea C. Stazione S. Giovanni. Dati sulla cintura ortiva intorno a Roma tra la fine del I sec. a.C. e il III secolo, in: Bollettino di archeologia on line. Direzione generale per le antichità, 2/1, 2011, 21-42.

Rea, R., Une grande exploitation aux portes de Rome, in: Dossiers d'Archéologie, 377, 2016, 48-51.

Serlorenzi, M., et al., Nuove acquisizioni sulla viabilità nell'Agro Portuense. Il rinvenimento di un tratto della via Campana e della via Portuense, in: Bullettino della Commissione Archeologica Comunale di Roma, 115, 2004, 47-114.

Scheidel, W., Disease and Death, in: *Erdkamp, P. (ed.)*, The Cambridge Companion to Ancient Rome. Cambridge 2013, 45-59.

Steinby, M., I senatori e l'industria laterizia urbana, in: Tituli 4: Epigrafia e Ordine Senatorio I, 1982, 227–237.
Stern, E. M., Glass Production, in: *Oleson, J. P. (ed.)*, The Oxford Handbook of Engineering and Technology in the Classical World. Oxford 2008, 520–547.
Tacoma, L. E., Moving Romans: Migration to Rome in the Principate. Oxford 2016.
Treggiari, S., Jobs in the Household of Livia, in: PBSR, 43, 1975, 48–77.
Virluouvet, C., Les lois frumentaires d'époque républicaine, in: Le ravitaillement en blé de Rome et des centres urbains des débuts de la République jusqu'au Haut Empire. Actes du colloque de Naples, 14–16 février 1991. Rome/Naples 1994, 11–29.
Wilson, A. I., Large-Scale Manufacturing, Standardization, and Trade, in: *Oleson, J. P. (ed.)*, Handbook of Engineering and Technology in the Classical World. Oxford 2008, 393–417.
Wilson, A. I., Villas, Horticulture and Irrigation Infrastructure in the Tiber Valley, in: *Coarelli, F./Patterson, H. (eds.)*, Mercator placidissimus. The Tiber Valley in Antiquity. New Research in the Upper and Middle River Valley. Rome 2008, 731–768.
Zuiderhoek, A., The Ancient City. Cambridge 2017.

Reinhard Wolters
24 Imperiale Finanzen

I Einleitung: Die Finanzen des Imperium Romanum

Dass die Finanzen entscheidend die Handlungsfähigkeit eines Staates bestimmen und von unzureichenden Mitteln unmittelbar Gefahren für Herrscher und Herrschaft ausgehen, stellte bereits Aristoteles fest.[1] Im Römischen Reich sind verschiedene Ebenen öffentlicher Finanzen zu unterscheiden. Neben der Reichszentrale erhoben die in unterschiedlichem Rechtsstatus befindlichen Städte sowie ggf. übergeordnete Körperschaften für ihre Zwecke eigene Abgaben, wobei die Eintreibung vielfach gemeinsam erfolgte.[2] Der nachfolgende Überblick konzentriert sich auf die Reichszentrale. Eng verbunden mit den imperialen Finanzen ist die Münzherstellung. Die von den Reichsmünzstätten verantwortete Prägung stellte auf den Wert bezogen die mit Abstand bedeutendste Geldmenge bereit. Neuprägungen wurden vom Staat als Finanzierungsinstrument eingesetzt und die Münzen waren Teil der von ihm selbst benötigten finanziellen Infrastruktur. Die quantitative und qualitative Entwicklung der Nominale ist geeignet, Auskünfte über den jeweiligen Zustand der Staatsfinanzen zu geben.

Im Zuge der territorialen Ausdehnung Roms, wie sie sich zumal ab der mittleren Republik beschleunigte, nahm der Bereich der staatlichen Finanzen nicht nur dem Umfang nach ganz erheblich zu, sondern es vermehrten sich auch die Tätigkeitsfelder. Erst unter den Bedingungen der Kaiserzeit wurde das eher wuchernde Wachstum – mit zugleich großen Handlungsspielräumen für die Verfolgung privater Interessen bei den für den Staat handelnden Akteuren – in professionalisiertere Verwaltungsstrukturen gebracht. Diese trugen zugleich zu einer Annäherung der Verhältnisse in den verschiedenen Reichsteilen bei. Als Akteur dominant wurde der Prinzeps: Neben den bei ihm gebündelten umfassenden Entscheidungs- und Verwaltungsagenden füllte der Herrscher etliche Bereiche des staatlichen Finanzgebarens mit seinen eigenen Mitteln aus. Schon den Zeitgenossen war es kaum mehr möglich, zwischen den Geldern des Staates und jenen des Prinzeps zu unterscheiden.[3]

Angesichts des mehrhundertjährigen Zeitraums von den Anfängen der Republik bis zu Diokletian, dessen Neuordnungen auch für die Finanzverwaltung und für die Währung einen entscheidenden Einschnitt markieren, ist die Überlieferung zu den

---

1 Arist. pol. 1314 b8–9; ähnlich Cic. Manil. 7, 17; Tac. ann. 13, 50, 2. Das Werk des Cassius Dio durchzieht die Zusammengehörigkeit von Geld, Heer und Macht geradezu motivisch: Etwa 42, 49, 4 (Caesar); 53, 16, 1 (Augustus); 78, 10, 4 (Caracalla) bzw. die Kontroverse zwischen Agrippa (52, 6, 1) und Maecenas (52, 25, 3; 28, 1).
2 Zum Zusammenwirken zwischen Reichszentrale und lokalen Ebenen jetzt *Kritzinger*, Steuersystem, 101–128; s. auch den Beitrag von Günther in diesem Band.
3 Cass. Dio 53, 22, 2–4 und öfter; Tac. ann. 6, 2, 1; *Millar*, Emperor, 189–201; *Wolters, Nummi Signati*, 181–183.

imperialen Finanzen spärlich. Zumal an den Dimensionen des Reiches gemessen sind historische Nachzeichnungen zu Einnahmen, Ausgaben, Administration, Quantitäten oder Planung kaum möglich. Stattdessen sollen in einem systematischen Überblick knapp die entscheidenden Entwicklungen eingebunden werden. Grundsätzlich ist die Quellenlage für die Jahrhunderte der Kaiserzeit besser als für die Republik. Insbesondere die jetzt durch Ägypten vorhandene papyrologische Überlieferung gibt tiefere Einblicke etwa in Verwaltungsvorgänge, die mit der gebotenen Vorsicht für die Rekonstruktion von Verhältnissen in anderen Teilen des Reiches nutzbar gemacht werden können.[4]

II Einnahmen

Wenngleich in der Regel die Ausgaben die treibende Kraft sind, zu deren Bedeckung die Staaten entsprechende Einnahmen einfordern, so erscheint es für Rom nicht nur aus historischer Perspektive angemessener, von den Einkünften auszugehen.[5] Denn der frühe römische Staat erzielte Einnahmen zunächst als unmittelbarer Eigentümer von Grund und Boden. Die Verleihung von Nutzungsrechten für Ackerflächen, Obstwiesen und Weingärten, für Wälder und Seen, Steinbrüche, Bergwerke und Salinen sicherte ihm regelmäßige Erlöse in Form von vertraglich fixierten Fixsummen oder von Ertragsanteilen (*vectigalia*). Weiter erhob der Staat auf seinem Territorium Abgaben für die Einfuhr von Waren und für Transfer (*portoria*), dazu auf Umsätze.[6] Die Strafen für Verletzungen des öffentlichen Rechtes gingen an ihn und unter bestimmten Umständen kamen die Güter der Verurteilten in sein Eigentum (*bona damnatorum*). Anheim fielen ihm ebenfalls die herrenlosen (*bona vacantia*) bzw. nach den augusteischen Ehegesetzen die nicht vererbbaren Güter (*bona caduca*) seines Gebiets. Mit der Expansion Roms kam schließlich den mit Gewalt von außen herangeschafften Gewinnen eine wachsende Rolle zu und Einnahmen aus unmittelbarer Kriegsbeute sowie Kriegskostenentschädigungen gewannen überragende Bedeutung. Durch An-

---

4 Vor allem: *Jöhrdens*, Statthalterliche Verwaltung.
5 Zu den sogenannten direkten Steuern *Neesen*, Direkte Staatsabgaben, zu den indirekten Steuern *Günther*, *Vectigalia*. Gesamtüberblicke bei *Günther, S.*, Taxation in the Greco-Roman World: The Roman Principate, in: Oxford Handbooks Online. Oxford 2016 (https://www.oxfordhandbooks.com/view/10.1093/oxfordhb/9780199935390.001.0001/oxfordhb-9780199935390-e-38: letzte Abfrage am 29. 5. 2020); *Kritzinger, P.*, Das römische Steuersystem in der Kaiserzeit: Überlegungen zur Begrifflichkeit und zum Einzug, in: Marburger Beiträge zur antiken Handels-, Wirtschafts- und Sozialgeschichte, 36, 2018, 89–143. Die in den Altertumswissenschaften gebräuchliche Klassifizierung „direkte/indirekte Steuern" weicht vom Gebrauch in den Wirtschaftswissenschaften ab.
6 Zur Terminologie *Kritzinger*, Steuersystem, 91–101, der sich für die Weiterverwendung der antiken Begriffe ausspricht. Freilich wurden auch diese nicht konsequent gebraucht und unterlagen Wandlungen: vgl. etwa *Neesen*, Direkte Staatsabgaben, 76–78.

nexionen erweiterte sich zudem der dann wiederum vom Staat verpachtbare *ager publicus*.

Bürger wurden erst dann zu Beisteuern (*tributum*) herangezogen, wenn die genannten Einnahmequellen nicht ausreichten.[7] Dies beschränkte sich in der Regel auf Kriegszeiten. Die Beteiligung erfolgte als eine auf die Person bezogene und zumeist nach Vermögen gestaffelte Umlage. Für diese bot der Zensus, der den Grad der militärischen Teilhabe und der politischen Mitsprache regelte, eine geeignete Grundlage. Für derartige Umlagen der Bürger konnte die Rückzahlung vorgesehen sein, was unter günstigen finanziellen Verhältnissen sogar mit Zinsen erfolgte.[8] Bis in das 2. Jahrhundert v. Chr. hinein waren Kriege für die römische Elite aber stets auch ein Feld privaten Investments, durch die Übernahme der Ausrüstung, Versorgung der Truppen oder direkte Geldhilfen an den Staat. Diese Art der mit Gewinnabsicht erbrachten Leistungen ist nicht immer scharf vom *tributum* zu unterscheiden. Letzteres wurde anscheinend vor allem dann erforderlich, wenn die Lage für Privatunternehmer zu risikoreich oder nicht ausreichend lukrativ war.[9]

Die älteste auf Dauer eingeforderte Umsatzsteuer war die 357 v. Chr. eingeführte *vicesima libertatis*.[10] Sie erhob auf Freilassungen eine Abgabe in Höhe von 5 % des Sklavenwertes. Für die weitere Entwicklung nicht uncharakteristisch ist, dass die Einführung der Steuer mit einem Spezialzweck verbunden wurde, nämlich mit dem Aufbau eines goldbasierten staatlichen Reservefonds (*aerarium sanctius*).[11] Mit dem Fond sollte für den Fall einer abermaligen Bedrohung der Stadt durch die Gallier Vorsorge getroffen werden.

Roms Geschichte nahm allerdings eine andere Wendung. Die immer aggressivere äußere Expansion setzte eine Entwicklung in Gang, bei der die Stadt – trotz mancher Krisen im Einzelnen – nicht nur zunehmend von Kriegseinnahmen sowie von den aus Herrschaft abgeleiteten Einkünften lebte, sondern auch ganz erhebliche Überschüsse bildete. Einen illustrativen Einblick bietet Livius, der in seinem Geschichtswerk für die erste Hälfte des 2. Jahrhunderts v. Chr. die in gewaltigen Triumphzügen Jahr für Jahr durch Rom getragene Edelmetallbeute genauestens nach Stücken und Gewicht bemisst, und in gleicher Weise die nicht weniger regelmäßig in der Stadt eintreffenden Kriegskostenentschädigungen, die Gegner wie Karthago, die Seleukiden oder das Makedonenreich teils über Jahrzehnte zu entrichten hatten.[12] Als Rom dann ab der Mitte des 2. Jahrhunderts v. Chr. nach und nach zur direkten Beherrschung der besieg-

---

7 *Nicolet*, Tributum.
8 Etwa Liv. 39, 7, 4 f.; *Andreau*, Banking, 114–118.
9 *Bleckmann, B.*, Roman War Finances in the Age of the Punic Wars, in: *Beck, H./Jehne, M./Serrati, J.* (Hgg.), Money and Power in the Roman Republic. Leuven 2016, 82–96, insbes. 90–93; 95 f.
10 *Neesen*, Direkte Staatsabgaben, 140 f.; *Günther, Vectigalia*, 95–126.
11 Zu dieser Kasse *Woytek, Arma et Nummi*, 32–37. Zur Rolle des Goldes als Staatsreserve auch *Harris*, Credit Money, 175.
12 Mit der älteren Literatur: *Kay*, Economic Revolution, 21–42. Der Quellenwert der überaus detaillierten Angaben ist strittig.

ten Territorien überging, wurden die Abgaben auf Dauer gestellt. Der verwaltungsarme römische Herrschaftsapparat übernahm in aller Regel die vorgefundenen Abgabensysteme und wohl ebenso die Quoten – nur, dass diese jetzt an die neue Vormacht zu zahlen waren.

Die aus der Expansion erzielten Einnahmen erreichten einen derartigen Umfang und eine Stetigkeit, dass die römischen Bürger nach der Eroberung Makedoniens 167 v. Chr. nicht mehr zu einem *tributum* herangezogen wurden.[13] Die wenigen Ausnahmen waren den Bürgerkriegen geschuldet, so nach der Ermordung Caesars und vor der Schlacht von Actium.[14] Die von den Exponenten strittiger Legitimation eingeforderten Abgaben zeigen immerhin an, dass derartige Umlagen grundsätzlich möglich blieben.[15] Nach der mittleren Republik wurde der italische *ager publicus* großenteils in vollgültigen Privatbesitz überführt, so dass diese Ländereien für Staatseinnahmen ebenfalls ausfielen. Ab 60 v. Chr. verzichtete der Staat auf eine Zollerhebung in Italien. Die Hauptlast der Staatsfinanzierung war jetzt auf die neu attribuierten und als Herrschaftsgebiet empfundenen Provinzen und deren Bewohner übergegangen.[16]

Die steuerliche Privilegierung von römischem Bürgergebiet gegenüber Provinzialboden sowie Besitzern des römischen Bürgerrechtes gegenüber peregrinen Reichsbewohnern machte bei jeder Steuererhebung die Trennlinie zwischen Herrschern und Beherrschten sichtbar. Um den durch derartige Benachteiligungen im frühen 1. Jahrhundert v. Chr. hervorgerufenen Bundesgenossenkrieg zu befrieden, erhielten die aus Provinzperspektive ohnehin kaum von den Römern als Herrschaftsträger zu unterscheidenden italischen Bundesgenossen schließlich das römische Bürgerrecht und das Land südlich des Po wurde zum römischen Bürgergebiet. Von Anfang an steuerbefreit war der Boden der außerhalb Roms angelegten römischen Bürgerkolonien. Hingegen waren im Provinzgebiet wohnende römische Bürger den dortigen lokalen Steuern unterworfen. Zwischenstufen bei den Bodenkategorien und Personengruppen, verbunden mit vielfachen Privilegierungen, milderten das Raster aus Bürgern und Nichtbürgern bzw. Bürgergebiet und peregrinen Territorien. Mit den zahlreichen Möglichkeiten des sozialen Aufstiegs dürfte diese Vielfalt dazu beigetragen haben, dass steuerliche Ungleichheiten zwar mehrmals nach der Neueinrichtung einer Provinz,

---

13 Plin. nat. 33, 56; vgl. Plut. Aemilius Paullus 38, 1. Überbetont sind die politischen Auswirkungen bei *Tan*, Public Finance, der mit dem Ende des *tributum* die politischen Mitsprachemöglichkeiten der Bürger beschnitten sieht und 167 v. Chr. als tiefen Einschnitt erkennt.
14 *Neesen*, Direkte Staatsabgaben, 12 f.; 194 f.
15 Bei Ausbruch des Bürgerkrieges 68 n. Chr. scheint auch Nero die Bürger mit einem *tributum* belastet zu haben: Suet. Nero 44, 1 f.
16 *Neesen*, Direkte Staatsabgaben, 10–12; dort auch S. 7 f. zur Begründungssystematik. Zu steuerlichen Angleichungen zwischen den Provinzen in der Kaiserzeit: *Lo Cascio, E.*, The Early Roman Empire: The State and the Economy, in: *Scheidel, W./Morris, I./Saller, R.* (Hgg.), Cambridge Economic History of the Greco-Roman World. Cambridge 2007, 619–647, insbes., 631–633; dazu auch *Neesen*, Direkte Staatsabgaben, 19–98.

aufs Ganze gesehen jedoch eher selten als politische Konfliktlinie innerhalb des Imperium Romanum hervortraten.

Hinzu kam, dass von den sogenannten indirekten Steuern, den Umsatz- und Transitabgaben, alle Bewohner des Reiches betroffen waren. Wohl auch vom Ertrag am gewichtigsten waren die Zölle.[17] Sie wurden an den äußeren Grenzen des Reiches erhoben, dazu an Passagen bzw. beim Wechsel in definierte Zonen innerhalb des Reiches. An der östlichen Außengrenze des Reiches betrug der Zoll 25 % vom Warenwert. Trotz der prohibitiv erscheinenden Höhe – und etwa Klagen des Tiberius über den römischen Geldabfluss zu fremden Völkern – waren die Zölle nicht protektionistisch, sondern fiskalisch und den enormen Gewinnmöglichkeiten der Händler beim Import östlicher Luxusprodukte wie Gewürze, Edelsteine oder Seide durchaus angepasst.[18] Zwischen den großräumigen Zollbezirken des Römischen Reiches betrugen die Abgaben im Regelfall 2,5 % des Warenwerts. Gegenüber den Kosten für Landtransporte fielen die Binnenzölle kaum ins Gewicht und können auch als Gebühr für die bereitgestellte Infrastruktur verstanden werden.

Unter Augustus neu eingeführt wurde eine Erbschaftssteuer (*vicesima hereditatium*).[19] Auch deren Einnahmen in Höhe von 5 % waren zweckgebunden. Mit den Geldern wurde das eigens geschaffene *aerarium militare* ausgestattet, eine Separatkasse, aus der die Angehörigen des neu entstandenen Berufsheeres am Ende ihres Dienstes eine stattliche Versorgungsprämie erhielten.[20] Als ein mit dem neuen politischen System verbundener Wendepunkt kann angesehen werden, dass die Erbschaftssteuer von den römischen Bürgern zu entrichten war. Vor allem die Senatoren leisteten erheblichen Widerstand gegen die Abgabe.[21] Über die Tatsache der Bürgerbesteuerung hinaus waren sie als Angehörige der obersten Zensusklasse besonders betroffen. Doch Augustus ging von dem Ansatz einer Bürgerbesteuerung nicht ab. Seine möglicherweise als Finte vorgebrachte Alternative eines *tributum* zur Ausstattung des *aerarium militare* hätte die Bürger einer regelmäßig mit dem Zensus – und nicht nur im Erbschaftsfall – wirksam werdenden Besteuerung unterworfen und den Peregrinen gleichgestellt. Doch faktisch leitete die neue Steuer auch so einen Belastungsausgleich zwischen Bürgern und Nichtbürgern ein.

Für die Finanzstruktur und den Geldfluss hatte die neue Steuer überdies den Vorteil, dass wieder signifikante Einnahmen in Italien generiert wurden. In den frühen Jahren des Augustus war das *aerarium* nicht zuletzt aufgrund der hohen in der Hauptstadt anfallenden Ausgaben – denen vor Ort nur geringe Einnahmen und keine

---

17 Mit der älteren Literatur: *Kritzinger et al.* (Hgg.), Zollwesen. Dort insbes. der Beitrag *Kritzinger, P.*, Das römische Zollwesen bis in das 3. Jh. n. Chr., 11–55.
18 Tac. ann. 3, 53, 4.
19 *Neesen*, Direkte Staatsabgaben, 136–140; *Günther*, Vectigalia, 23–94.
20 *Speidel*, Geld und Macht; *Wolters*, Finanzkrise, 186–195; s. auch den Beitrag von *Stoll* in diesem Band.
21 Cass. Dio 55, 25, 1–6. Zu den Freigrenzen: Plin. Paneg. 37,1–40,5.

Reserven gegenüberstanden – wiederholt zahlungsunfähig geworden.²² Die zu ihrem größten Teil in Italien anfallende Erbschaftssteuer vermochte die Handlungsfähigkeit des *aerarium* nachhaltig wieder herzustellen.²³ Da die an der Peripherie des Reiches auszuzahlenden Einnahmen des *aerarium militare* mit den von diesen Provinzen nach Rom abzuführenden Steuern an das stadtrömische *aerarium* gegengerechnet werden konnten, erübrigte die neue Abgabe etliche Geldtransporte.²⁴

Darüber hinaus wurde das *aerarium militare* mit einer wohl allein auf Auktionen bezogenen Umsatzsteuer von 1 % ausgestattet (*centesima rerum venalium*).²⁵ Manches in der Geschichte der Auktionssteuer bleibt undeutlich: Möglicherweise war sie schon zuvor erhoben und nun vom *aerarium* zum *aerarium militare* umgewidmet worden. Von Tiberius wurde die Steuer auf 0,5 % reduziert, wobei er die Mindereinnahmen durch eine Übertragung der Einkünfte aus der neuen Provinz Kappadokien ausglich. Unter Caligula wurde die Steuer zumindest in Italien zur Gänze abgeschafft. Insgesamt dürften die aus dieser Abgabe erzielten Erträge begrenzt geblieben sein und in ihrer Bedeutung für das *aerarium militare* deutlich hinter den Einnahmen aus der Erbschaftssteuer zurückgestanden haben.

Fast unmittelbar danach wurde von Augustus abermals zweckgebunden eine Sklavenverkaufssteuer für den ständigen Unterhalt einer stadtrömischen Feuerwache eingeführt.²⁶ Die Abgabe von 2 % auf den Sklavenwert wurde spätestens unter Claudius auf 4 % erhöht. Es dürfte sich allerdings um eine städtische, keine reichsweit erhobene Steuer gehandelt haben. Auch die auf die Stadt bezogenen Abgaben werden in Rom in das *aerarium* gekommen sein.²⁷

Ein allein stadtrömischer oder anderer lokaler Bezug dürfte schließlich für die meisten jener Steuern gelten, die nur isoliert in der historiographischen Überlieferung aufscheinen: Bekannt werden Abgaben für bestimmte Gruppen wie Lastenträger oder Prostituierte, spezifische Steuern für Prozesse oder Vergleiche, Abgaben auf in Garküchen gekaufte Speisen oder auf den zum Gerben des Leders benötigten Urin.²⁸ Gerade die letzte, durch Vespasians Bonmot „*non olet*" bekannt gewordene Abgabe illustriert die Zufälligkeiten der Überlieferung: Genaue Höhe und Bemessungsgrundlage, Reichweite oder Dauer dieser Steuern sind fast durchgehend unbekannt.

---

22 *Wolters, R.*, The Emperor and the Financial Deficits of the *aerarium* in the Early Roman Empire, in: *Lo Cascio, E.* (Hg.), Credito e moneta nel mondo Romano. Bari 2003, 147–160.
23 Als *XX (Vicesima) P(opuli) R(omani)* erscheint die Abgabe in CIL III 2922 (= ILS 5598). Zum hohen Aufkommen in Italien und der dortigen differenzierten Verwaltungsstruktur zur Eintreibung der Erbschaftssteuer: *Günther, Vectigalia*, 71 f.
24 So auch *Herz, P.*, Die Arbeitsweise der staatlichen Finanzverwaltung in der Kaiserzeit, in: *Urso, G.* (Hg.), Moneta, mercanti, banchieri. Mailand 2003, 167–184; bes. 171 f.
25 *Günther, Vectigalia*, 127–147.
26 *Günther, Vectigalia*, 149–154.
27 *Eich, A.*, Pecunia nervus rerum, in: *Wojciech, K./Eich, P.* (Hgg.), Die Verwaltung der Stadt Rom in der Hohen Kaiserzeit. Paderborn 2018, 167–195, insbes. 171–177; unten Kap. 23.
28 Suet. Cal. 40 f.; Vesp. 23, 3; *Günther, Vectigalia*, 155–160.

Zu den Abgaben im weitesten Sinne gehören schließlich die *munera*, bezahlte oder unbezahlte Leistungspflichten, die der Staat von seinen Einwohnern einfordert.[29] Diese umfassen unter anderem Straßenbau, das Stellen von Reit- und Zugtieren (*vehiculatio*), die Duldung von Einquartierungen (*hospitatio*) oder – zumal in Kriegsgebieten – unbezahlte oder zu einem Fixpreis zu liefernde Lebensmittel (*annona; coemptio*). Häufigkeit und Zwangscharakter der nur noch unzureichend oder überhaupt nicht mehr bezahlten Leistungen nahmen vom zweiten zum dritten Jahrhundert erheblich zu, für deren Erbringung in den Kommunen Angehörige der Elite und Magistrate haftbar gemacht wurden.[30]

III Ausgaben

An erster Stelle sowohl ihrer politischen Bedeutung nach als auch hinsichtlich ihrer Größenordnung stehen unter den Ausgaben des römischen Staates die Unterhaltskosten für das Heer.[31] Anders war dieses noch in der Republik, als das jeweils nur für bestimmte Unternehmungen mobilisierte Bürgerheer zumeist aus den unmittelbaren Kriegserträgen unterhalten werden konnte. Erst mit den länger andauernden Kämpfen weit entfernt von Rom, die Präsenzen außerhalb der eigentlichen Feldzugssaison erforderten – und als zugleich die Erfolge ins Stocken gerieten –, wuchsen die vom Kriegsverlauf unabhängige Versorgung und Bezahlung des Heeres zu einem eigenen Faktor. Von den gravierenderen logistischen Problemen abgesehen konnte zumindest der zusätzliche Finanzbedarf zumeist noch aus Reserven und den Erträgen anderer Kriegsschauplätze getragen werden. Erst die Bürgerkriege der späteren Republik, die ihrer Struktur nach keine Erträge für das *aerarium* abwerfen konnten, überdehnten die finanziellen Ressourcen nachhaltig; Caesar plünderte die Staatskasse schließlich zur Gänze.[32]

Die faktische Anerkennung stehender Truppen und ihre Institutionalisierung als Berufsheer war eine der wichtigsten Neuerungen des Prinzipats. In etwas über 25 Legionen leisteten 150.000–200.000 Bürger für mindestens 16–20 Jahre ihren Dienst. Innerhalb der Truppenkörper gab es geregelte Besoldungsstufen und eine beim Ausscheiden aus dem Dienst gezahlte Prämie in Höhe von mehr als 13 Jahresgehältern

---

29 *Neesen*, Direkte Staatsabgaben, 8 f.; 16; 104–116; 142–148; 157–161; *ders.*, Die Entwicklung der Leistungen und Ämter (*munera et honores*) im Römischen Kaiserreich des zweiten bis vierten Jahrhunderts, in: Historia, 30, 1981, 203–235.
30 *Neesen*, Munera, insbes. 228–235.
31 Überblicke zu den Ausgaben bei *Duncan-Jones*, Money and Government, 33–46; *Wolters*, Nummi Signati, 211–223; *Katsari*, Monetary System, 36–54. Zum Heer: *Speidel*, Geld und Macht, 113–121 und *Stoll* in diesem Band.
32 Cass. Dio 41, 17, 1 f.; Bezifferung der Bestände bei Plin. nat. 33, 56. Zur teils widersprüchlichen Überlieferung *Woytek*, Arma et Nummi, 46–57.

trat bald an Stelle der Ansiedlungen in geschlossenen Kolonien.[33] Den Sold ergänzten die zu unterschiedlichen Anlässen gewährten Geldgeschenke, die *donativa*, die den Soldaten auch einen Ersatz für die immer seltener erzielte Beute boten. Von nahezu gleicher Gesamtstärke wie die Legionen waren die in zunehmend festere Organisationsformen überführten Truppen der vormaligen Verbündeten Roms, deren Besoldung als *auxilia* jetzt gleichfalls der römische Staat übernahm. Hinzu kamen die Flotte sowie der Unterhalt des stadtrömischen Elitekorps, der Prätorianer.

Auch die Administration erwuchs erst mit der Bürokratisierung und der Professionalisierung der Kaiserzeit zu einer nennenswerten finanziellen Größe. Während der Republik nahmen die in der Regel senatorischen Amtsträger ihre staatlichen Aufgaben zumeist noch mit eigenem Hauspersonal wahr. In der Kaiserzeit entwickelte sich ein festes Besoldungsschema, mit üppigen Prämien für die Statthalter der Provinzen, die verschiedenen Praefekten und Legionslegaten sowie die wachsende Zahl ritterlicher Amtsträger.[34] Für mittlere und niedere Verwaltungsaufgaben griff man weiterhin auf regionale und lokale Strukturen zurück oder installierte diese, dazu kam das Heer. Die Soldaten nahmen nicht nur Ordnungs- und Polizeiaufgaben wahr, sondern sie beteiligten sich auch wesentlich an der Errichtung und Bereithaltung der Infrastruktur, dem Bau von Brücken, Straßen und Kanälen bis hin zur Ausbeutung von Bergwerken. Mit einer reinen Rubrizierung der Unterhaltskosten des Heeres als „Kriegskosten" oder „äußere Sicherheit" würde man den umfassenden öffentlichen Funktionen und Tätigkeiten der Berufssoldaten im Reich nicht gerecht.[35]

Hinsichtlich der Versorgung der Bevölkerung und sozialer Fürsorge behielt die Hauptstadt eine Sonderposition. Die in der innenpolitischen Konkurrenz der späteren Republik aufgekommenen politischen Stützungen des Getreidepreises und die Getreidespenden für die Hauptstadtbewohner wurden nicht aufgegeben, sondern systematisiert. Caesar und Augustus definierten die Gruppe von Empfängern kostenlosen Getreides, die sich als *plebs frumentaria* innerhalb der *plebs urbana* etablieren konnte.[36] Die Zugehörigkeit zu dieser Gruppe verschaffte Status und war losgelöst von der etwaigen Angewiesenheit auf die kostenlosen Rationen. Freiwerdende Plätze innerhalb der 150.000 Empfänger wurden durch Los nachbesetzt. Weiterhin trug der Staat Sorge für die Getreidesicherheit der Millionenstadt insgesamt, einschließlich Preissubventionen bei Teuerungen. Auch diesbezüglich sprang der Kaiser gelegentlich mit eigenen Mitteln ein. Er war es auch, der der *plebs frumentaria* zu bestimmten Anläs-

---

33 Cass. Dio 55, 23, 1; *Speidel*, Geld und Macht, 141–146.
34 Quantifizierungen bei *Duncan-Jones*, Government and Money, 37–39. *Katsari*, Monetary System, 48 f. misst den Ausgaben für die Administration hohes Gewicht für die In-Umlauf-Bringung von Münzen zu.
35 *Herz*, P., Finances and Costs of the Roman Army, in: *Erdkamp*, P. (Hg.), A Companion to the Roman Army. Malden et al. 2007, 306–322, insbes. 319.
36 *Reese*, A., Die Bürger und ihr Kaiser. Die *plebs urbana* zwischen Republik und Prinzipat. Diss. phil. Bochum 2004.

sen unter dem Titel der Getreidespenden erhebliche Geldgeschenke (*congiaria*) zukommen ließ, vielfach in Entsprechung zu den *donativa* für die Soldaten.[37]

Gleichfalls aus den Mitteln des *aerarium* getragen oder unterstützt wurde die Ausrichtung von Spielen in der Hauptstadt, wobei auch hier der Prinzeps oft selbst als Förderer auftrat.[38] Ähnlich verhielt es sich mit Bauten. Während der Republik wurden zahlreiche öffentliche Bauwerke, wie etwa die Basilica Aemilia, die Basilica Sempronia oder das Pompeiustheater, von Angehörigen der großen Familien errichtet und finanziert. Schon mit Caesar beginnend waren es dann die Principes, die ihrem Repräsentationsbedürfnis in bislang nicht gekannter Größenordnung Geltung verschafften, zumal in der Hauptstadt (Kaiserfora, *domus Flavia*, Kolosseum, Thermen etc.). Für große Infrastrukturmaßnahmen wie die Errichtung von Straßen, Kanälen und Häfen oder den Bau von Wasserleitungen trat regulär die Staatskasse ein. Derartige Großprojekte waren durch den Beschäftigungseffekt immer auch Sozialfürsorge.[39] Dem Sozialbereich sind ansonsten nur noch die dann unter Nerva gegründeten Alimentarstiftungen zur Unterstützung der italischen Jugend zuzuordnen sowie die Katastrophenhilfen, mit denen der Staat oder der Kaiser durch Steuererleichterungen, direkte Geldhilfen oder Finanzierung von Bauten Not linderten bzw. einen Wiederaufbau unterstützten.[40]

Gewichtig und von wachsendem Umfang waren auf der Ausgabenseite schließlich noch die Subsidien, Zahlungen an außenpolitische Partner, deren Wurzeln in der pauschalen Entlohnung alliierter Truppen über Auszahlung an deren Befehlshaber lagen. Subsidien wuchsen im Laufe der Kaiserzeit zu einem festen Element der Außenpolitik, nahmen allerdings auch Züge von Stillhaltegeldern an, welche in Schwächephasen des Reiches von fremden Herrschern und Heerführern unter Androhung von Gewalt gefordert wurden. Für die severische Zeit merkt der in finanziellen Angelegenheiten gemeinhin gut informierte Cassius Dio an, dass die außenpolitischen Zahlungen ihrem Umfang nach den Unterhaltskosten des Gesamtheeres entsprochen hätten.[41]

---

37 Zusammenstellungen bei *Duncan-Jones*, Money and Government, 39–41; 248–250; 257; *Drexhage, H.-J./Konen, H./Ruffing, K.*, Die Wirtschaft des Römischen Reiches (1.–3. Jahrhundert). Berlin 2002, 53–55.
38 Vgl. etwa R. Gest. div. Aug. 22 f.
39 Abermals ist an das Vorbild Augustus zu erinnern: R. Gest. div. Aug. 19–31; *Duncan-Jones, R.*, Structure and Scale in the Roman Economy. Cambridge 1990, 174–184; *Drexhage/Kohnen/Ruffing*, Wirtschaft, 31–33.
40 *Duncan-Jones, R.*, The Economy of the Roman Empire. Quantitative Studies. 2. Aufl. Cambridge 1982, 288–319; *Lo Cascio*, Princeps, 223–311.
41 Cass. Dio 79, 17, 3. Dies kann schwerlich eine regelmäßige Summe gewesen sein. Vielleicht entspricht sie auch nur dem in cash zu zahlenden Soldanteil. Unter Macrinus erhielten die Parther 200 Millionen Sesterzen: Cass. Dio. 79, 27, 1. Zu den Subsidien *Wolters, Nummi Signati*, 225 f.

IV Kassen und Verwaltung

Zentrale Kasse des römischen Staates war das *aerarium populi Romani* im Tempel des Saturn unterhalb des Kapitols (auch: *aerarium Saturni*).[42] Im *aerarium* lagen ungeprägtes und geprägtes Metall einschließlich fremder Münzen. In das *aerarium* gelangten alle Einnahmen des Reiches und aus ihm wurden sämtliche Ausgaben bestritten. Mit dem wachsenden Reich etablierten sich in den Provinzen allerdings *fisci* als Unterabteilungen des *aerarium*.[43] Vorteil war, dass nicht mehr sämtliche Erträge nach Rom geführt und auch die Ausstattung der Statthalter von diesen nicht mehr mitgenommen werden musste, sondern vor Ort eine gewisse Bargeldreserve verfügbar blieb, die sofortige Handlungsfähigkeit herstellte. Am Ende der Amtszeit eines Statthalters wurden die Bilanzen der Provinz nur noch buchhalterisch mit dem *aerarium* verrechnet. Allein die nicht erforderlichen Überschüsse wurden nach Rom verbracht bzw. in eine Provinz, die auf Geldzuschüsse angewiesen war. Als Ersatz für einen Provinzial*fiscus* konnten die Staatsgelder bei einer Publikanengesellschaft vor Ort deponiert werden.[44]

Mit der Übertragung gleich mehrerer Provinzen an Augustus – unter ihnen ertragreiche wie Gallien und kostenintensive wie die Grenzregionen an Rhein und Donau – war dem Prinzeps noch vor der Abrechnung mit dem *aerarium* ein interner Finanzausgleich zwischen seinen Amtsbereichen möglich.[45] Da es faktisch kein Ende der jeweiligen „Statthalterschaften" des Prinzeps gab und damit auch keinen Zeitpunkt einer Rechenschaftspflicht, entzog sich der Finanzbereich der kaiserlichen Provinzen dem *aerarium*. Eine Folge war, dass die finanziellen Möglichkeiten der Zentralkasse schmolzen. Gleich mehrmals werden für die frühe Kaiserzeit Engpässe bekannt, die der Prinzeps jeweils großzügig ausglich. Vorteil der freiwillig gewährten Hilfe war, sich einer regulären Abrechnung seiner Provinzen und damit Kontrolle zu entziehen. Eine Übersicht zu sämtlichen Finanzen des Reiches war nur noch beim Prinzeps möglich.[46] Deren tatsächliche Kontrolle verlagerte sich von den Quästoren als traditionell das *aerarium* leitenden Magistraten zu einem vom Herrscher privat eingesetzten Sekretär, dem *a rationibus*.[47] Dass Augustus ca. 15 v. Chr. die Edelmetallprägung von Rom

---

[42] *Corbier*, Aerarium. Allgemein zu den Kassen: *Wolters, Nummi Signati*, 174–202.
[43] *Alpers*, Finanzsystem.
[44] Cic. fam. 2, 17, 4; 3, 5, 4; *Wolters, R.*, Geldverkehr, Geldtransporte und Geldbuchungen in römischer Republik und Kaiserzeit: Das Zeugnis der schriftlichen Quellen, in: RBN, 152, 2006, 23–49, insbes. 41–44; *Herz*, Finances and Costs, 318.
[45] Auch für das Folgende: *Wolters*, Financial Deficits; vgl. *Lo Cascio, E.*, The Finances of the Roman Empire: Budgetary Policy, in: *Kolb, A. (Hg.)*, Herrschaftsstrukturen und Herrschaftspraxis. Konzepte, Prinzipien und Strategien der Administration im römischen Kaiserreich. Berlin 2006, 25–34, insbes. 28–31.
[46] Cass. Dio 53, 30, 2; Tac. ann. 1, 11, 3 f.; Suet. Aug. 101, 3 (Augustus); Cass. Dio 59, 9, 4 (Tiberius); Suet. Cal. 16, 1 (Caligula).
[47] Zu den Aufgaben in domitianischer Zeit: Stat. silv. 3, 3, 85–105; *Wolters, Nummi Signati*, 183 f.; *Herz*, Arbeitsweise, 176–178; *Schmall*, Patrimonium, 159–171.

nach Lugdunum – und damit in eine Provinz unter seiner alleinigen Kontrolle – verlegte, wo diese bis Nero verblieb, war ein nicht weniger bedeutender Schritt zur Stärkung der kaiserlichen Finanzverwaltung.[48]

Als staatliche Kasse anzusprechen ist auch das *patrimonium* des Prinzeps.[49] Dem Herrscher als mit Abstand reichstem Privatmann und größtem Grundbesitzer seiner Zeit gehörten über das ganze Reich verteilt Landgüter und Wälder, Minen, Steinbrüche und Ziegeleien. Diese wurden von ihm selbst bewirtschaftet oder verpachtet. Hinzu kamen Monopole, etwa für Purpur und Papyri. Von den nach Einfluss suchenden oder ihren Status verteidigenden Familien wurde der Herrscher überdies vielfach bei Erbgängen mitbedacht.[50] Unter den an ihn gelangten Geschenken nahm schließlich das Kranzgold (*aurum coronarium*) eine besondere Rolle ein.[51] Nach hellenistischem Vorbild überreichten ihm dieses die einzelnen Gemeinden zu bestimmten Anlässen. Im Verlauf der Kaiserzeit verlor das Kranzgold jeden freiwilligen Charakter und wurde immer konsequenter eingefordert.

Über die bereits angeführten öffentlichen Verwendungen der Mittel aus dem *patriomonium* hinaus waren vor allem noch die Kosten für die Hofhaltung von Gewicht. Hinzu kamen die teils stattlichen Geldhilfen – als Kredit oder als Geschenk – an Einzelpersonen oder Personengruppen. Die im Tatenbericht des Augustus zusammengestellten Aufwendungen aus eigenen Mitteln addieren sich auf 2,4 Milliarden Sesterzen. Dies entspricht 50–60 Millionen pro Jahr bzw. annähernd einem Zehntel der jährlichen Staatsausgaben.[52]

Das *patrimonium* wurde an den jeweils nachfolgenden Prinzeps weitergegeben, selbst wenn dieser außerhalb der Familie stand. Konsequent bildeten sich die *res privata* neu heraus, als ein nicht an die Herrschaft gebundenes und privat vererbbares Eigentum des Prinzeps.[53]

Innerhalb der nur rudimentär ausgebauten Verwaltung der Republik wurde die Steuereintreibung zumeist privaten Pächtern oder Pachtgesellschaften für einen Zeitraum von in der Regel 5 Jahren übertragen.[54] Auf diese Weise lagerte der Staat auch die Administration sowie sämtliche Risiken der Eintreibung aus, erkauft durch den Verzicht, das Steuerpotential selbst voll auszuschöpfen. Ansporn der Gesellschaften

---

48 *Wolters, Nummi Signati*, 45–85.
49 *Schmall, Patrimonium*; *Maiuro, Res Caesaris*.
50 Die in seinen letzten beiden Jahrzehnten erhaltenen Erbschaften bezifferte Augustus auf 1,4 Mrd. Sesterzen: Suet. Aug. 101, 3: Eine einzige Erbschaft des Tiberius umfasste 400 Millionen Sesterzen: Sen. benef. 2, 27, 1 mit Suet. Tib. 49, 1; *Millar, Emperor*, 153–156.
51 *Neesen, Direkte Staatsabgaben*, 142–145.
52 Die Summe ist im Anhang der Res Gestae aufaddiert. Die Größenordnung findet sich wieder bei den von Nero angeführten Privataufwendungen für den Staat: Tac. ann. 13, 31, 2 (40 Milllionen HS); 15, 18, 3 (60 Millionen HS jährlich) bzw. auch bei der Gesamtbezifferung der Geschenke Neros: Tac. hist. 1, 20, 1 f.: 2,2 Milliarden HS.
53 *Lo Cascio, Princeps*, 97–149; *Schmall, Patrimonium*, 522–528; 535–565.
54 *Malmendier, Societas publicanorum*.

war es, bei der Steuererhebung einen Gewinn über den mit dem Staat vereinbarten Betrag hinaus zu erzielen. Die Legitimität einer Forderung war für die Steuerzahler nicht immer leicht nachzuvollziehen und die *publicani* wurden in den Provinzen allenfalls von den Statthaltern überwacht. Die Reden des Cicero gegen Verres geben einen illustrativen Einblick in die Anfälligkeit des Systems für Missbrauch und Korruption.[55]

In der Kaiserzeit nahm der Staat die Steuereintreibung zunehmend in eigene Hände und baute dazu eine insbesondere von ritterlichen Beamten getragene Verwaltung aus.[56] Nero führte eine Publikationspflicht für steuerliche Veränderungen ein.[57] Epigraphische Zufallsfunde wie das Zollgesetz von Asia (*Lex Portorii Asiae*) zeigen eindrucksvoll die sich verfeinernde steuerliche Erfassung und Durchdringung: die Kategorisierung unterschiedlichster Güter und Vorgänge, Ermäßigungen und Freistellungen für bestimmte Waren, Personengruppen, Anlässe oder Zeiträume, das Ausstellen von Quittungen, die Regelung von Einspruchsverfahren und anderes mehr.[58]

Die verschiedenen Kassen konnten in gemeinsamer Verwaltung sein. Insbesondere der kaiserliche Patrimonialbesitz wurde in den Provinzen zumeist von den Trägern staatlicher Ämter mitverwaltet. Auch die Trennung der Gelder muss nicht notwendigerweise physisch gewesen sein, sondern blieb durch die Buchführung gewährleistet. Zumal in jüngerer Zeit hat die Forschung zahlreiche Zeugnisse für umfangreiche clearing-Aktivitäten zwischen verschiedenen regional und funktional differenzierten Kassen zusammengetragen, welche nicht zuletzt Bargeldtransporte erübrigten.[59]

V Münzprägung, Geldpolitik und Geldumlauf

Die Herstellung der Reichsmünzen lag beim römischen Staat und die Prägung erfolgte in der Regel in der Hauptstadt. Eine einheitliche Münze senkte Transaktionskosten und trug zum Funktionieren des Reiches bei, zugleich konnte sie die Einheit des Reiches sinnfällig machen. In den Umlauf gebracht wurden neugeprägte Münzen vermutlich ausschließlich durch Staatszahlungen.

Gemessen an der Entwicklung der griechischen Poleis im Süden der Apennin-Halbinsel, ebenso am Aufstieg der Stadt in Mittelitalien, setzte die Münzprägung in Rom erst spät ein.[60] Um 300 v. Chr. wurden schwergewichtige rechteckige (ca. 1,6 kg:

---

55 Zur Bereicherung der Aristokratie an Stelle des Staates vgl. insbesondere *Tan*, Public Finance.
56 *Brunt, P. A.*, Publicans in the Principate, in: ders. (Hg.), Roman Imperial Themes. Oxford 1990, 354–432.
57 Tac. ann. 13, 51, 2 f.; das Gegenbeispiel bei Caligula: Suet. Cal. 41; Cass. Dio 59, 28, 11.
58 *Cottier et al. (Hg.)*, Customs Law.
59 *Lo Cascio*, Finances, 29–31; *Eich*, Pecunia, 183–189. Vgl. auch *Speidel*, Geld und Macht, 155–159 sowie zu Formen des bargeldlosen Verkehrs *von Reden, S.*, Money and Finance, in: *Scheidel, W. (Hg.)*, The Cambridge Companion to the Roman Economy. Cambridge 2012, 266–286, insbes. 276–279.
60 *Burnett, A.*, Early Roman Coinage and Its Italian Context, in: *Metcalf (Hg.)*, Handbook, 297–314.

aes signatum) und runde Bronzebarren (ca. 330 g und Teilwerte: *aes grave*) gegossen sowie gleichzeitig feine Silbermünzen nach griechischem Gewichtsstandard (ca. 7 g) mit daran gebundenem überbewertetem Kleinkupfer geprägt. Mit den unterschiedlichen Systemen konnten sowohl der mittelitalische Schwergeldumlauf wie der monetär weitaus modernere südliche Kontaktraum bedient werden. Doch Umfang und wirtschaftliche Bedeutung blieben für beide Geldformen bis zum letzten Drittel des 3. Jahrhunderts v. Chr. gering. Die Ausprägung der Silbermünzserien wird heute eher als kulturelle Teilhabe und Selbsthellenisierung Roms gesehen.[61] Da in dieser Zeit dem Anschein nach auch fremde Münzen kaum in die Tiberstadt gelangten, existierte wohl nur ein geringer Bedarf für Münzgeld.[62] Der in der Antike immer wieder zu beobachtende Zusammenhang zwischen Münzprägung und Kriegsführung bzw. Heerwesen dürfte auch hier die Erklärung bieten: Im Gegensatz zu den hellenistischen Berufs- und Söldnerheeren war die militärische Organisation Roms mit einem Bürgerheer und sich selbst versorgenden alliierten Truppen weitaus weniger auf Münzgeld angewiesen.[63]

Erst die letzte Silbermünzserie des 3. Jahrhunderts v. Chr., die sogenannten *quadrigati*, besaß geldwirtschaftliches Gewicht. Die massenhafte Herstellung dieses Münztyps mit beschleunigt absinkendem Silbergehalt ist schwerlich vom 2. Römisch-Karthagischen Krieg zu trennen. In dieser Notzeit wurde in Rom erstmals auch Gold zu Münzen geschlagen. Am Wendepunkt des Krieges, nach der Einnahme Capuas, fand die Stadt die Kraft zu einer neuen Währung: Mit dem Silberdenar als Leitmünze hatte das Denarsystem fast ein halbes Jahrtausend Bestand. Ab Caesar wurde es durch eine regelmäßige Goldprägung ergänzt. In einer fein abgestuften Münzreihe aus Gold-, Silber- und Buntmetallmünzen entsprach ein Aureus – nach einem abermaligen Reformschritt im Bereich der Buntmetalle durch Augustus – 1600 Quadranten als kleinstem Nominal.

Sieht man von Italien und Sizilien ab, so wurden während der nachfolgenden Expansionsphasen des Reiches die vorgefundenen lokalen Sorten zumeist in das römische Währungssystem integriert, teils wurden diese Sorten sogar unter römischer

---

61 So *Burnett*, Early Roman Coinage, 311 f.
62 *Burnett, A./Molinari, M. C.*, The Capitoline Hoard and the Circulation of Silver Coins in Central and Northern Italy in the Third Century BC, in: van Alfen, P./Bransbourg, G./Amandry, M. (Hgg.), FIDES. Contributions to Numismatics in Honor of Richard B. Witschonke. New York 2015, 21–119; zur Forschung *Kemmers, F.*, The Functions and Use of Roman Coinage. An Overview of 21st Century Scholarship. Leiden/Boston 2019, 45–47.
63 Die These von *Coarelli, F., Argentum Signatum. Le origini della moneta d'argento a Roma*. Rom 2013, dass Rom aufgrund seiner staatlichen Entwicklung bereits im 3. Jahrhundert über eine signifikante Silberprägung verfügt haben musste und seine daraus abgeleitete Frühdatierung insbesondere der *quadrigati* kann durch die Datierung dieser Münzen mit numismatischen Methoden nicht getragen werden. Die Kontroverse wurde ausführlich in verschiedenen Beiträgen der Annali Istituto Italiano di Numismatica 60, 2014 aufgenommen. Vgl. dort insbes. *Burnett, A./Crawford, M. H.*, Coinage, Money and Mid-Republican Rome. Reflections on a Recent Book by Filippo Coarelli, 231–265.

Hoheit fortgeprägt.[64] Der Integration kam entgegen, dass der Wert der Edelmetallmünzen nahezu überall an die Substanz gebunden war, während für den Kleingeldbereich eine breite Akzeptanz fiduziärer Nominale existierte. Bestrebungen, die eigenen Münzen oder mit ihnen die eigenen Bilder durchzusetzen, gab es in Rom nach der existentiellen Auseinandersetzung im Westen so gut wie nicht mehr. In Ägypten, wo seit den Ptolemäern die Münzen gegenüber der Substanz nominal erheblich überbewertet waren, behielt man die schlechte Münze ebenfalls bei – und mit ihr für Ägypten den Status eines nach außen hin abgeschlossenen Währungsraums innerhalb des Reichs.

An der monetär oft weniger entwickelten Peripherie des Reiches wurde der Münzgeldgebrauch insbesondere durch das dort stationierte römische Heer vorangetrieben. Über die Bedürfnisse der Soldaten verbreitete sich das Soldgeld ins Umland und zu den Zivilisten, welche es für den eigenen Austausch nutzten und für Steuerzahlungen benötigten. Im Münzspektrum einzelner Regionen spiegelt sich die Ankunft und der Abzug von Truppen teils unmittelbar.[65] Im auch historisch tiefer monetarisierten Osten des Reiches behielten hingegen die Städte ihre gewichtigere Rolle für die Münzversorgung.

Während die Städte des westlichen Mittelmeerraums spätestens unter Claudius eine eigene Münzherstellung aufgaben, blieb die lokale Prägetradition im Osten bis im letzten Quartal des 3. Jahrhunderts erhalten, ja, sie erlebte ab den Severern sogar noch einmal einen besonderen Aufschwung.[66] Die vorwiegend auf Bronze beschränkte städtische Prägung entlastete die Zentrale von eigener Vorsorge für die reichsweite Kleingeldbereitstellung. Schon bald nach dem Wechsel zum Silber als Basis des Währungssystems um die Mitte des 2. Jahrhunderts v. Chr. hatte sich der römische Staat nur noch eingeschränkt um die Herstellung von Buntmetallmünzen gekümmert: Zwischen Sulla bis zu den späten Jahren des Nero gab es teils jahrzehntelange Prägelücken mit korrespondierenden Zeugnissen von Kleingeldmangel im Reich.[67] Die Münzpolitik folgte dem Zahlungsbedarf des Staates und entsprechend seinen Zahlungspflichten prägte er vor allem Großgeld. Kompensiert wurde dieses – neben der Erlaubnis und vielleicht sogar Förderung der städtischen Prägungen – durch eine hohe Toleranz hinsichtlich lokaler Behelfe im Kleingeldbereich, wie etwa Münzimitationen und Halbierungen.[68] Gerade für das eigentlich staatsnahe militärische Umfeld sind derartige Ersatzlösungen typisch. Auch die massenhafte Herbeischaffung umgelaufenen alten Kleingelds aus teils weit entfernten Regionen konnte

---

64 *Crawford*, Coinage and Money; *Kemmers*, Roman Coinage, 55–59.
65 *Peter, M.*, Untersuchungen zu den Fundmünzen aus Augst und Kaiseraugst. Berlin 2001, 91 f.; weitere Beispiele bei *Kemmers*, Roman Coinage, 59 f.
66 Dazu die fortlaufend erscheinenden Bände des Roman Provincial Coinage sowie der Sammelband *Howgego et al.* (Hgg.), Coinage and Identity. Dort insbes. *Burnett, A.*, The Roman West and the Roman East, 171–180.
67 *Wolters*, Nummi Signati, 132–144; 161.
68 *King, C. E.*, Roman Copies, in: *King/Wigg* (Hgg.), Coin Finds, 237–263.

zuletzt mehrfach numismatisch nachgewiesen werden, wobei die Frage nach den Akteuren noch durchaus offen ist.[69]

VI Quantifizierungen und Entwicklungen

Zu den Einnahmen, Ausgaben und Beständen des Reiches gibt es in den Quellen einige isolierte, jedoch schwer einzuschätzende quantifizierende Angaben. Von numismatischer Seite können die Nachzeichnung von Prägerhythmen, Prägemengen und Prägestandards weitere Informationen zum Zustand der Staatsfinanzen geben.

Für die Republik intensiv diskutiert wurde die von Keith Hopkins auf der Grundlage von Michael Crawfords Quantifizierung der Prägestempel erstellte Graphik:[70] Danach stieg im Römischen Reich die umlaufende Geldmenge von der Mitte des 2. bis zur Mitte des 1. Jahrhunderts v. Chr. um ungefähr das Zehnfache. Bei aller nachfolgend vorgebrachten Kritik bietet die Graphik immer noch eine brauchbare Orientierung und veranschaulicht die wachsende Rolle des Münzgeldes zumal für den Staat.[71] Der Anstieg korrespondiert mit dem Zugang Roms zu den Silberminen im Westen, dem Zufluss der durch Alexander den Großen mobilisierten östlichen Edelmetalle aufgrund der Expansion sowie schließlich dem Übergang zum Silber als Standard für Zahlungen und Zählungen in Rom. Nochmals stärker vermehrte sich die Geldmenge in den Bürgerkriegen der spätesten Republik, nicht zuletzt durch die Goldprägung. Deren Anteil an den Neuprägungen blieb zwischen Augustus und Nero besonders hoch, und Goldmünzen scheinen in der frühen Kaiserzeit schnell einen Anteil von rund 50 % an der nominalen Geldmenge erklommen zu haben.[72] Wie die Finanzgeschichte im Zusammenwirken mit der schriftlichen Überlieferung numismatisch äußerst dicht nachgezeichnet werden kann, ist für die Jahre 49–42 v. Chr. exemplarisch vorgeführt worden, auch unter Einbezug der kommunikativen Funktion der Münzen in Zeiten politischer Konkurrenz.[73]

---

69 *Frey-Kupper, S./Stannard, C.*, Evidence for the Importation and Monetary Use of Blocks of Foreign and Obsolete Bronze Coins in the Ancient World, in: *Woytek*, Infrastructure, 283–354; *Kemmers*, Roman Coinage, 51 f.
70 *Hopkins, K.*, Taxes and Trade in the Roman Empire (200 B.C.–A.D. 400), in: *ders.*, Sociological Studies in Roman History (hg. v. *Kelly, Ch.*), Cambridge 2017, 213–259 (Erstveröffentlichung 1980).
71 Zusammenfassungen bei *Wolters, Nummi Signati*, 37–44; *Hollander, Money*, 17–20. Zur Monetarisierung nach dem 2. Römisch-Karthagischen Krieg: *Kay*, Economic Revolution, 85–128; dort auch 298–304 der Versuch, die Einnahmen und Ausgaben in der späteren Republik zu quantifizieren.
72 Repräsentativer als andere Fundplätze sind diesbezüglich der frühkaiserzeitliche Katastrophenhorizont von Kalkriese sowie der flavische von Pompeii mit ca. 3–5 % des Geldwerts in Bronzemünzen (Wertanteil Gold: Kalkriese ca. 45 %; Pompeii ca. 60 % [aktuelle Zahlen]). Vgl. auch *Wolters, R.*, Bronze, Silver or Gold? Coin Finds and the Pay of the Roman Army, in: Zephyrus 53/54, 2000/01, 579–588, 586.
73 *Woytek, Arma et Nummi*.

Für die Nachzeichnung der Staatsausgaben in der Kaiserzeit bietet die Soldentwicklung einen geeigneten Ansatz. Im neuen System hatten die Heereskosten einen Anteil von gut 2/3 an den Staatsausgaben.[74] Die seltenen, aber dann sprunghaften Solderhöhungen korrespondieren in einer langfristigen Perspektive einerseits mit der zunehmenden Prägeintensität, andererseits mit der verminderten Substanz der Edelmetallnominale:[75] Durch Absenkung des Münzfußes und/oder Verschlechterung der Legierung wurden aus derselben Edelmetallmenge deutlich mehr Münzen hergestellt.

Derartige Reduktionen der Substanz waren bis zu einem gewissen Grad auch für Edelmetallmünzen ohne Beeinträchtigung ihrer Akzeptanz möglich, denn die römischen Münzen waren schon in der späteren Republik im gesamten Mittelmeerraum mehr oder weniger konkurrenzlos. Der parallele Umlauf nennwertgleicher Münzen unterschiedlicher Metallqualität, wie besonders lang und deutlich bei den rund 20 % überbewerteten Legionsdenaren des Marcus Antonius ersichtlich, belegt, dass sich im Alltagsgebrauch der Nominalwert durchgesetzt hatte.[76] Damit im Einklang steht die juristische Behandlung des Geldes, wonach Münzen Preis waren, nicht Ware.[77] Von den Nutzern wurden die Münzen erst dann nicht mehr nominal behandelt, wenn die Substanz gleichzeitig umlaufender Münzen allzu weit auseinanderklaffte: Die gezielte Auswahl von werthaltigeren Münzen als Spargelder markiert ebenso wie das sukzessive Verschwinden bestimmter Münzen aus dem Geldumlauf – als Folge von Einschmelzung oder Abfluss jenseits der Reichsgrenzen – wann diese Grenze überschritten wurde.

Offen verschlechtert wurde die Substanz der Edelmetallmünzen erstmals unter Nero, bei Aurei um beinahe 10 % und Denaren um rund 25 % gegenüber Augustus.[78] Die vorherrschenden Erklärungen sind fiskalischer Natur oder sie sehen die Maßnahme als Anpassung an die abgenutzten älteren Münzen bzw. des Denars an die Standards des östlichen Mittelmeerraums.[79] Letzteres erklärt nicht die gleichzeitige Reduktion des Goldgewichts. Der kurzfristig erzielbare fiskalische Ertrag blieb begrenzt. Doch langfristig verringerte die unsymmetrische Substanzverminderung die Herstel-

---

74 *Duncan-Jones*, Money and Government, 45; *Wolters, Nummi Signati*, 222–227. Zum Sold: *Speidel, M. A.*, Sold und Wirtschaftslage der römischen Soldaten, in: *Alföldi, G. (Hg.)*, Kaiser, Heer und Gesellschaft in der römischen Kaiserzeit. Gedenkschrift für Eric Birley. Stuttgart 2000, 65–94, insbes. 72–84. *Rathbone, D. W.*, The Imperial Finances, in: *Bowman, A. K./Champlin, E./Lintott. A. (Hgg.)*, The Cambridge Ancient History X. Cambridge 1996, 309–323, insbes. 312 und *Katsari*, Monetary System, 3–40 setzen den Anteil der Heereskosten deutlich geringer an. Nicht ausreichend gewürdigt erscheint mir dabei, dass die Soldkosten im Unterschied zu vielen anderen Staatsausgaben regelmäßig abzudecken waren.
75 *Wolters, Nummi Signati*, 395–410.
76 *Butcher/Ponting*, Metallurgy, 161–167; 459 f.
77 Dig. 18, 1, 1 (Paulus); *Wolters, Nummi Signati*, 356–360.
78 Vgl. *Butcher/Ponting*, Metallurgy, 701–705. Zu den Münzfüßen (Gold: 1/40 d. röm. Pfundes zu 1/45; Silber: 1/84 zu 1/96): Plin. n.h. 33,47; 132. Zwischen Augustus und Nero gab es bereits schleichende Gewichtsreduktionen. Noch unter Nero wurden 68 n. Chr. die Standards wieder etwas angehoben.
79 *Butcher/Ponting*, Metallurgy, 441–446; 690–692; vgl. *Rathbone*, Finances, 319.

lungskosten für Denare und machte die in den Jahrzehnten zuvor nur schwache Silberausmünzung wieder wirtschaftlich.

Die minderwertige Ausprägung der Edelmetallmünzen beschleunigte sich ab den Severern parallel zu einer wachsenden Prägeintensität. Mit dem sogenannten Antoninian, der nominal 2, real jedoch nur 1,5 Denaren entsprach, führte Caracalla eine offen überbewertete Silbermünze ein.[80] Trotz anfänglicher Zurücknahme setzte sich die neue Münze zwei Jahrzehnte später durch und verdrängte dann schnell die Denare. Grundsätzlich konnte auch eine fiduziär ausgebrachte Silbermünze innerhalb eines an den Metallwert gebundenen Münzsystems durch einen garantierten Wechselkurs zum Gold abgesichert werden, zumal die hochreine Ausprägung von Gold beibehalten wurde. Doch unterlagen die Aurei im 3. Jahrhundert einer fortschreitenden Gewichtsreduktion.[81] Die immer stärker in der Substanz absinkenden Antoniniane dürften diese Reduktion vorangetrieben haben, um den Wechselkurs beizubehalten und das Gold zu schützen. In einem sich beschleunigenden Prozess wurden die durch Steuern eingenommenen Edelmetallmünzen immer konsequenter in neu errichteten Münzstätten eingeschmolzen, um gleich vor Ort reduziert und für Staatszahlungen weiterverwendet zu werden.

Die erhebliche Geldmengenvermehrung musste nicht zwingend einen parallelen Preisanstieg auslösen, wie es die ältere Forschung vor allem in Anlehnung an die Quantitätstheorie voraussetzte und dabei das 3. Jahrhundert als Zeitalter der Inflation beschrieb.[82] Auf theoretischer Ebene ist neben der schlechterdings unmöglichen Erfassung der Umlaufgeschwindigkeit zu berücksichtigen, dass das Münzgeld selbst in der mittleren und späteren Kaiserzeit immer noch in neue Regionen sowie weitere Lebens- und Wirtschaftsbereiche vorstieß: Die Geldmengenvermehrung wurde durch eine so erweiterte Warenseite ausgeglichen. Zu den Unwägbarkeiten der Gegenseite gehört, dass Buchgeld, Kredite und Wechsel, ggf. auch Rohmetalle und andere nichtmonetäre Objekte die Geldmenge vermehren konnten und vermehrten.[83] Die Soldaten erhielten z. B. kaum mehr als ein Drittel ihres Soldes in bar ausgehändigt, während die Kosten für Kleidung, Ausrüstung, Verpflegung etc. nebst Abzügen für die Truppenkasse nur buchhalterisch aufschienen.[84] Auch unter den Einnahmen forderte der

---

80 Allgemein: *Strobel, K.*, Geldwesen und Währungsgeschichte des Imperium Romanum im Spiegel der Entwicklung des 3. Jahrhunderts n. Chr. – Wirtschaftsgeschichte im Widerstreit von Metallismus und Nominalismus, in: *ders.*, Ökonomie, 86–186; *Estiot, S.*, The Later Third Century, in: *Metcalf (Hg.)*, Handbook, 538–560. Abweichend zum Wechselkurs des Antoninians: *Bland, R.*, From Gordian III to the Gallic Empire (AD 238–274), ebd., 514–537, insbes. 515–521.
81 *Bland*, Gordian, 521–523.
82 S. auch *Ruffing* in diesem Band. Zur Anwendbarkeit der Quantitätstheorie: *Hollander*, Money, 137–141; *Howgego, Ch.*, Some Numismatic Approaches to Quantifying the Roman Economy, in: *Bowman, A./Wilson, A. (Hgg.)*, Quantifying the Roman Economy. Methods and Problems. Oxford 2009, 287–295.
83 *Hollander*, Money, 1–14; 31–57; vgl. auch *von Reden*, Money and Finance, 276–279 sowie *Haklai* in diesem Band.
84 *Speidel*, Sold, 74–76; *Herz*, Finances, 309–313.

Staat noch während der gesamten Kaiserzeit einen gewichtigen Teil der Steuern natural ein, insbesondere Getreide, mit zunehmendem Anteil im 3. Jahrhundert.[85]

Der erst in den 270er Jahren eingetretene sprunghafte Preisanstieg ist am ehesten als Vertrauensverlust zu erklären, befördert vermutlich überdies durch einen sich ins Gegenteil verkehrenden Reformversuch Aurelians:[86] Bei den Edelmetallen war die Substanz der älteren Münzen mit jener der immer schneller reduzierten neuen Münzen schon nach kurzer Zeit nicht mehr kompatibel und Selektionen dürften auch für weniger geschulte Nutzer bald zum Alltag gehört haben. Die offiziellen Wechselkurse zwischen Gold und Silber waren ab der Mitte des Jahrhunderts kaum mehr durchsetzbar.[87] Damit verloren die nur noch fiduziär ausgebrachten Silbermünzen ihre materielle Absicherung. Zahlungen in Gold, dessen Wert sich wieder allein durch das Gewicht bestimmte, wurden zu einem Privileg. Der weitgehende Fortfall von Goldmünzen für Zahlungszwecke dürfte wiederum den staatlichen Bedarf an Silbermünzen verstärkt und deren Substanzverschlechterung nochmals beschleunigt haben. Erst die Wiedereinführung eines stabilen, für jedes Einzelstück im Gewicht garantierten Aureus unter Diokletian, der dann unter Konstantin als „(Aureus) Solidus" etablierten Leitmünze, verschaffte in einem grundlegend erneuerten System wieder Währungsstabilität.[88]

VII Haushaltsplanung und Haushaltsausgleich

Das *aerarium* war der Idee nach die mit Barreserven gefüllte Zentralkasse des Römischen Staates. Ebenso wurden dort die *rationes* des Reiches aufbewahrt, deren Bestände für verschiedene Zeitpunkte der späteren Republik überliefert sind.[89]

Mit der Provinzialisierung wuchs der Umfang der staatlichen Finanzen kontinuierlich. Die Komplexität wurde bewältigt durch regionale und funktionale Unterteilungen sowie abgemildert durch sich überrollende Budgets. So war der mit Abstand größte Ausgabeposten während der Kaiserzeit, die Besoldung des Berufsheeres, aufgrund weitgehend stabiler Truppenstärke sowie äußerst seltener Soldsteigerungen über Jahrzehnte mehr oder weniger fix. Auf der Gegenseite erleichterte die voraus-

---

85 *Duncan-Jones*, Structure and Scale, 187–198. Zur kontroversen Einschätzung des Umfangs der Naturalabgaben: *Katsari*, Monetary System, 66 f.
86 *Rathbone, D. W.*, Monetisation, not Price-Inflation, in Third-Century A. D. Egypt?, in: *King/Wigg* (Hgg.), Coin Use, 321–339; *Strobel*, Geldwesen, insbes. 127–149; *Katsari*, Monetary System, 124–136. Zu Aurelian: *Haklai-Rotenberg*, Aurelian.
87 *Elliott, C. P.*, The Acceptance and Value of Roman Silver Coinage in the Second and Third Centuries AD, in: NC, 174, 2014, 129–152, insbes. 140–148.
88 *Estiot*, Third Century, 548–550.
89 Bestände: Plin. nat. 33, 55 f.; Aufzeichnungen: Plut. Cato minor 18. Zu den weniger institutionalisierten und kontrollierten Finanzströmen im 3. Jahrhundert v. Chr.: *Bleckmann*, War Finances, 84–89.

greifende Festsetzung von Steuersummen an Gemeinden oder Gesellschaften die Planungen.

Für einzelne Provinzen des Reiches finden sich in den Quellen Gegenüberstellungen von Kosten und Ertrag. Sie deuten an, dass die Ausgaben einer Provinz zunächst durch deren Einnahmen gedeckt wurden.[90] Die gemeinsame Finanzadministration der aufgrund ihrer Truppenpräsenz kostenintensiven germanischen Provinzen mit der ertragsstärkeren *Belgica* ist ein Beispiel dafür, wie ein Ausgleich zwischen unterschiedlichen Provinzen direkt institutionalisiert wurde.[91] Für derartige Gegenrechnungen waren weder Nachbarschaft noch gleichartige Kassenpositionen erforderlich: So wurden die entgangenen Einnahmen aus der Auktionssteuer, die dem *aerarium militare* zustand, durch das dem *aerarium Saturni* zustehende *tributum* Kappadokiens kompensiert bzw. erhielt Capua, als Ersatz für durch Veteranenansiedlung entgangene Pachterträge, die Einnahmen Kretas im Umfang von jährlich 1,2 Millionen Sesterzen zugewiesen.[92] Über das ganze Reich verteilt darf man von einem breiten Netz derartiger auf Dauer angelegter oder fallbezogener Gegenrechnungen zwischen Regionen und Kassen ausgehen, welche definierte Einnahmen und Ausgaben direkt aneinander banden.

Für den Haushaltsausgleich in Republik und Kaiserzeit ist wesentlich, dass ein Großteil der Ausgaben direkt an vorhandene Einnahmen gebunden war: Die Errichtung von Bauwerken, Größe von Spielen, Geschenke an Volk oder Soldaten erfolgten in gewissem Rahmen nach Haushaltslage. Sie konnten durch zusätzliche Einnahmen wie Beute oder Strafen veranlasst, im gegenteiligen Fall aber verschoben oder ausgesetzt werden. Selbst die Entlassung der Berufssoldaten mit ihren hohen Prämien war nicht unabhängig von den finanziellen Möglichkeiten.[93]

Gewissermaßen in die Funktion des *tributum* trat in der Kaiserzeit das *patrimonium* des Herrschers als Reservekasse letzter Hand. Derartige Unterstützungen erfolgten offenbar stets als Zuschuss. Die Heranziehung von Reichsbewohnern zu außerordentlichen Leistungen und Abgaben war ein weiteres Element, mit dem insbesondere vor Ort flexibel reagiert werden konnte. Doch schon im 2. Jahrhundert wurden die *munera* immer öfter und regelmäßiger eingefordert und entwickelten sich zu einem festen Instrument der Finanzierung.[94]

---

90 Strab. 2, 5, 8 (116): 4, 5, 3 (200); App. pr. 5; vgl. auch Vell. 2, 39, 1 und Cass. Dio 75, 3, 2 f. *Lo Cascio*, Finances, 29. Zum Provinzprinzip ebenso Cass. Dio 52, 25, 5.
91 *Herz*, Arbeitsweise, 178–183; Eck, W., Organisation der Steuer- und Abgabenerhebung in Gallien und Germanien von Augustus bis ins 3. Jh. n. Chr. – ihr Reflex in den epigraphischen Zeugnissen, in: *Soraci, C. (Hg.)*, Fiscalità ed epigrafia nel mondo romano. Rom 2020, 35–49. Derartige direkte Ausgleichsmechanismen konnten auch durch die Übertragung mehrerer Aufgabenbereiche an dieselbe Person erreicht werden.
92 Kappadokien: Tac. ann. 2, 42, 4; Cass. Dio 56, 28, 4 ff.; Kreta: Vell. 2, 81, 2; vgl. Cass. Dio 49, 14, 5.
93 Tac. ann. 1, 17, 2 f.; 35, 2; 36, 3; 78, 2 (Tiberius); Suet. Nero 32, 1 (Nero). Zur schwierigen Versorgung der Bürgerkriegstruppen durch Octavian: Cass. Dio 51, 3, 1–4, 8; 17, 6–8 ff.; *Wolters*, Finanzkrise.
94 Illustrativ ist die zeitgenössische Klage des Senators Cassius Dio: 78, 9, 1–7.

Wiederholt wurden bei als strukturell erkannten Defiziten Sparkommissionen gebildet.[95] Ein Ergebnis konnten neue Steuern sein. Generell war die Reichsebene hinsichtlich neuer Abgaben jedoch äußerst zurückhaltend. Diese scheinen stets mit zusätzlich aufgekommenen Aufgaben verbunden bzw. begründet gewesen zu sein. Beispiele sind die Einrichtung des *aerarium sanctius*, des *aerarium militare* sowie die – wohl städtischen – Beiträge für die römische Feuerwehr. Angesichts der schmalen Überlieferung zur Einführung neuer Steuern irritiert gleichwohl, mit welcher Selbstverständlichkeit die für uns kaum erkennbaren steuerlichen Maßnahmen unter Caligula oder Vespasian von der antiken Historiographie zur negativen Charakterisierung der Herrscher eingesetzt wurden.[96] Eher selten waren auf Reichsebene auch Erhöhungen, dann in der Regel Verdoppelungen von Steuersätzen. Die Verbreiterung der Besteuerungsgrundlage soll schließlich Beweggrund für die Ausweitung des römischen Bürgerrechtes durch Caracalla gewesen sein.[97]

Auch in der Kaiserzeit fielen die Steuerentscheidungen in Abstimmung mit dem Senat, doch der Herrscher wurde in der öffentlichen Wahrnehmung für diesen Politikbereich verantwortlich gemacht. Prominent herausgestellte Steueraufhebungen unter Caligula, Claudius oder Nero zeigen an, dass die Abgabenentwicklung nicht nur in eine Richtung verlief. Steuersenkungen oder Steuerbefreiungen waren ein Element herrscherlicher Repräsentation und wurden etwa in Münzbildern verbreitet.[98] Augustus, vielleicht Traian, Hadrian und Mark Aurel erließen umfassende Steueramnestien.[99] Erkennbar ist ein 15jähriger Rhythmus (3 *lustra*), der auch bei anderen steuerlichen Maßnahmen als Planungsperiode durchscheint.[100]

---

95 Vgl. etwa Cass. Dio 55, 25, 4f. (Augustus); 60, 10, 4 (Claudius); Tac. ann. 15, 18, 4 (Nero); Tac. hist. 4, 40, 2 (Vespasian); Plin. paneg. 62, 2; epist. 2, 1, 9; Cass. Dio 68, 2, 3 (Nerva); Wolters, Nummi Signati, 187; 229–234.
96 Suet. Cal. 40f.; Vesp. 16, 1f.; 23, 3. Das Gegenbeispiel, dass die Bewohner des Reiches nicht grenzenlos belastet werden konnten, bei Suet. Tib. 32, 2; Cass. Dio 71, 3, 3; SHA Marc. 17, 4; vgl. auch Tac. ann. 2, 56, 4; Suet. Nero 10, 1.
97 Cass. Dio 78, 9, 4f.: Dazu verdoppelte Caracalla die diesbezüglich schlagend werdenden Erbschafts- und Freilassungssteuern. Von Macrinus wurden beide Steuern wieder auf den üblichen Satz von 5% zurückgesetzt.
98 Wolters, R., Remissio. Die Ankündigung von Steueraufhebungen in der Römischen Kaiserzeit, in: Beutler, F./Hameter, W. (Hgg.), „Eine ganz normale Inschrift". Festschrift für Ekkehard Weber. Wien 2005, 507–520.
99 Hadrian: CIL VI 967 (= ILS 309); Cass. Dio 69, 8, 1. Die auch in der Legende von Sesterzprägungen (RIC II.3, Nr. 262–265) genannten 900 Millionen Sesterzen entsprechen im 2. Jahrhundert ungefähr dem Haushaltsvolumen eines Jahres. Auf den Gesamtzeitraum gesehen verzichtete Hadrian also auf ca. 7% der jährlichen Steuereinnahmen. Die sich aus der Amnestie des Marc Aurel 178 für die vorangegangene 45 Jahre ergebende Summe wird nicht bekannt: Cass. Dio 72, 32, 1f. Die Szene der Verbrennung von Schuldtafeln auf den im Trajansforum gefundenen sog. Anaglypha Traiani (?)/Hadriani (?) wird mittlerweile mehrheitlich Hadrian zugeordnet.
100 *Duncan-Jones*, Money and Government, 59–61.

Bei extremer Finanznot kam es in der Republik zum Verkauf von *ager publicus*.[101] Für die Kaiserzeit werden Versteigerungen kaiserlichen Inventars mit Finanzengpässen verbunden:[102] Doch scheint dieses eher ein Akt kaiserlicher Selbstdarstellung gewesen zu sein, als für die Reichsfinanzen schlagend. Eine derartige Versteigerung konnte, wie bei Marcus Aurelius, die Not und persönliche Einsatzbereitschaft dokumentieren, vielleicht knüpfte sie auch an das Vorbild des Augustus an.[103] Die Zeitpunkte deuten ansonsten darauf hin, dass es bevorzugt um die öffentliche Bloßstellung des verschwenderischen Lebensstils des jeweiligen Vorgängers ging.

Zu den in der griechischen Welt verbreiteten staatlichen Kreditaufnahmen griff Rom nicht, wohl nicht nur in Ermangelung von Banken entsprechender Größe: Es scheint, dass es in Rom kein akzeptiertes Konzept für eine Staatsverschuldung gab. Sieht man von den Bürgerkriegen ab, so war vor allem die Hochphase des 2. Römisch-Karthagischen Krieges eine Ausnahme, als der römische Staat zahlreiche Zahlungsaufschübe erbat und auch direkte Geldhilfen entgegennahm. Noch vor dem Ende des Krieges wurde allerdings mit der Rückerstattung begonnen. Charakteristisch ist, dass Rom selbst die im griechischen Osten seit Jahrhunderten etablierte Kreditaufnahme der Städte immer wieder regulierend zu beschränken versuchte.[104]

Ein anderer Weg zur Herstellung eines Haushaltsausgleichs konnten monetäre Maßnahmen sein. Grundsätzlich erfolgten Zahlungen des Staates in jenen Münzen, die zuvor durch Steuern eingenommen worden waren. Der darüber hinaus gehende Anteil der Neuprägungen ist schwer zu bestimmen. Richard Duncan-Jones' Schätzung von 25 % ist sicherlich zu hoch.[105] Prägerhythmen und -quantitäten waren höchst unregelmäßig und für die Zeitpunkte spielte auch der kommunikative Bedarf an neuen Bildern eine Rolle, etwa zu Herrschaftsbeginn. Die Neuprägungen selbst konvertierten die aufgrund von Eigentum, durch Pacht oder steuerliche Abgaben erzielten Naturalerträge des Staates aus den Bergwerken in Zahlungsmittel, ihre Basis waren also reguläre Staatseinnahmen.

Zur Ausmünzung von verarbeiteten Edelmetallen wie Gefäße, Schmuck oder Bauschmuck kam es nur in extremen Notsituationen und den Bürgerkriegen, wobei die Ressourcen von Gemeinden und Einzelpersonen gestellt oder gefordert wurden.[106] Ein anderer Weg monetärer Staatsfinanzierung war, die Substanz der dem Grundsatz nach werthaltigen Edelmetallmünzen bei unverändertem Nominalwert zu senken

---

101 Liv. 28, 46, 4–6; vgl. 31, 13, 7.
102 Etwa *Duncan-Jones*, Money and Government, 10; die Quellen bei *Wolters, Nummi Signati*, 233.
103 Cass. Dio 51, 4, 7 f.
104 *Andreau*, Banking, 114–122; zu den Städten: *ebd.*, 125. Völlig für sich steht in der Überlieferung die Zustimmung des Senats zur Aufnahme einer Staatsanleihe über 60 Millionen HS am Beginn der Herrschaft Vespasians: Tac. hist. 4, 47, 1. Umgesetzt wurde das Vorhaben nicht.
105 *Duncan-Jones*, Money and Government, 111: Das umlaufende Geld würde sich dann schneller erneuern, als dieses die Münzfunde anzeigen.
106 Val. Max. 7, 6, 4 (86 v. Chr.); Tac. ann. 15, 45, 1 f. (nach dem Brand Roms). Bürgerkriege: App. civ. 4, 75, 330 (Brutus); Plut. Galba 20, 2 f.; Hdt. 7, 3, 5 (Maximinus Thrax).

und so die vorhandenen Ressourcen zu strecken. Eine derartige Reduktion des Silbergehalts um mehr als 50 % innerhalb weniger Jahre ließ während des 2. Römisch-Karthagischen Krieges das Didrachmensystem kollabieren.[107] Die für jeden bemerkbare, in Summe jedoch auch weitaus geringere Gewichtsreduktion des Goldes unter Nero zweieinhalb Jahrhunderte später bewirkte zwar innerhalb kürzester Zeit – und deutlich schneller als beim noch stärker entwerteten neronische Silber – ein konsequentes Auskippen der älteren Goldmünzen, doch Schaden für das Münzsystem als Ganzes blieb aus. Die Reform unterstützende legislative Maßnahmen sind nicht bekannt. Die Bemühungen des Staates dürften sich vor allem darauf gerichtet haben, die älteren Goldmünzen schneller einzuziehen, als die Nutzer.[108]

Das einfach zu handhabende und sowohl in einer akuten Krise als auch strategisch planend einsetzbare Mittel der Metallstreckung wurde überraschend zurückhaltend genutzt. Einer allzu leichtfertigen Substanzverschlechterung standen fraglos auch die Erfahrungen entgegen, dass die In-Umlauf-Bringung leichterer Münzen die alten Münzen aus dem Umlauf verdrängen würde: Der Staat hatte jedoch ein genuines Eigeninteresse an einer stabilen Währung und ausreichendem Umlaufgeld. Auch normative Vorgaben beeinflussten: Die Qualität der Münzen war Gegenstand moralischer Urteile, die auf den Herrscher zielten. Die Verbesserungen des Münzstandards in den letzten Jahren Neros und zumal unter Domitian sind wirtschaftlich nicht leicht zu erklären und dürften von dem Bemühen dieser Herrscher beeinflusst gewesen sein, eine auch in der Substanz gute Münze auszugeben.[109]

Doch vor allem waren Münzverschlechterungen als Notmaßnahme lange Zeit gar nicht erforderlich. Die Einnahme- und Ausgabesituation konnte zwar schwanken, doch vor den Severern war das Reich nicht chronisch defizitär.[110] Beim Tod des Tiberius und des Antoninus Pius werden enorme Summen als Vorräte des Staates benannt, mit denen die Ausgaben gleich mehrerer Jahre hätte bestritten werden können. Auch wenn sich die Situation beim Tod Caligulas, nach dem Bürgerkriegsjahr 69 n. Chr. und auch beim Tod des Commodus völlig gegensätzlich verhielt: Auf Basis der regulären Einnahmen schienen bei Zurückhaltung in den Ausgaben große Finanzreserven rela-

---

107 *Hollstein, W.* (Hg.), Metallanalytische Untersuchungen an Münzen der Römischen Republik. Berlin 2000, 92–99; 138.
108 Ein Reflex könnte Suet. Nero 44, 2 sein, die Einforderung scharf geprägter Edelmetallmünzen durch Nero. Den Nutzern selbst war das Einschmelzen von Edelmetallmünzen verboten, was natürlich nichts über die Praxis aussagt: Paul. sent. 5, 25, 1; Dig. 48, 10, 9, 1 f. (Ulpian); *Wolters, Nummi Signati*, 362–371.
109 *Walker, D. R.*, The Metrology of the Roman Silver Coinage. 3 Bde. Oxford 1976–1978, 106–110; *Howgego*, Quantifying, 290 f. Den Versuch zur Herstellung einer besseren Münze unter Pertinax können *Butcher, K./Ponting, M.*, The Beginning of the End? The Denarius Coinage in the Second Century, in: NC, 172, 2012, 63–83, insb. 82 nicht mehr bestätigen.
110 Anders wiederholt Armin Eich, etwa: *Eich*, Berufsheer; *ders.*, Der Wechsel zu einer neuen grand strategy unter Augustus und seine langfristigen Folgen, in: HZ, 288, 2009, 561–611.

tiv schnell aufbaubar.[111] Erst von Septimius Severus wurden Münzverschlechterungen in großem Stil zur Staatsfinanzierung eingesetzt und dann als Mittel schnell überdehnt.[112] Getrieben wurde die Entwicklung unverkennbar von den Ausgaben, allem voran von den sprunghaften Erhöhungen des Soldes, der sich in weniger als vierzig Jahren versiebenfachte. In den zwei Jahrhunderten zuvor gab es lediglich eine Solderhöhung, im Ausmaß von 33 % unter Domitian.[113]

Schaut man abschließend auf den Anteil des Staates an der Wirtschaftsleistung des Reiches insgesamt, so war dieser selbst in der hohen Kaiserzeit vergleichsweise gering. Schätzungen liegen bei unter 10 %.[114] Doch trotz des geringen Staatsanteils und einer allein über Staatsausgaben möglichen Münzversorgung war die Wirtschaft des Römischen Reiches nicht untermonetarisiert.[115] Denn neben dem Münzgeld stellten die zahlreichen Formen des Buch- bzw. Kreditgeldes in großem Ausmaß Liquidität bereit und boten die erforderliche Flexibilität. Sowohl beim Staat, als auch im privaten Wirtschaftsverkehr waren die bargeldlosen Instrumente weit verbreitet.[116] Interventionen durch den Herrscher in Zeiten politischer Unruhe zeigen das Bewusstsein dafür, den Kreditmarkt durch günstig bereitgestelltes Geld zu stabilisieren und so jene umfassende Liquidität über die Münzen hinaus zu erhalten, die auf *fides* basierte.[117]

Bibliographie

Alpers, M., Das nachrepublikanische Finanzsystem. Fiscus und *fisci* in der frühen Kaiserzeit. Berlin/New York 1995.
Andreau, J., Banking and Business in the Roman World. Cambridge 1999.
Butcher, K./Ponting, M., The Metallurgy of Roman Silver Coinage. From the Reform of Nero to the Reform of Trajan. Cambridge 2014.
Corbier, M., L'*aerarium Saturni* et l'*aerarium militare*: Administration et prosopographie senatorial. Rom 1974.
Cottier, M. et al. (Hgg.), The Customs Law of Asia. Oxford 2008.

---

111 Überschüsse beim Tod des Tiberius: 2,7 Mrd. HS (Suet. Cal. 37, 3) bzw. 2,3 oder 3,3 Mrd. HS (Cass. Dio 59, 2, 6); des Antoninus Pius: 2,7 Mrd. HS (Cass. Dio 74, 8, 3); des Commodus: 1 Mill. HS (Cass. Dio 74, 5, 4).
112 Die Graphiken von *Elliott*, Acceptance, 134 (Denare) und 132 (Antoniniane) zeigen anschaulich die Entwicklung. Zu bedenken ist, dass die Substanzverschlechterungen für die Empfänger frisch geprägter Münzen kaum feststellbar waren. Die gleichzeitige Anhebung des Gewichts der Denare durch Septimius Severus unterstreicht das Heimliche der Maßnahme.
113 *Speidel*, Sold, 84. Die Kosten für die Solderhöhung Caracallas beziffert Cass. Dio 79, 36, 3 auf 280 Millionen HS pro Jahr. Zur Wahrnehmung der Gegenwart durch diesen Autor auch oben Anm. 1.
114 *Lo Cascio*, State and Economy, 622 f.
115 *Harris*, Credit Money, 184.
116 *Von Reden*, Money, 92.
117 So explizit Tac. ann. 6, 17, 3. Vgl. Suet. Aug. 41, 1; Cass. Dio 55, 12, 3a (Augustus); Suet. Tib. 48, 1; Cass. Dio 58, 21, 5 (Tiberius).

Crawford, M. H., Coinage and Money under the Roman Republic. Italy and the Mediterranean Economy. London 1985.
Duncan-Jones, R., Money and Government in the Roman Empire. Cambridge 1994.
Eck, W., Die staatliche Organisation Italiens in der hohen Kaiserzeit. München 1979.
Eich, A., Das Berufsheer der frühen und hohen Kaiserzeit und die Verarmung der kaiserlichen Zentrale, in: *De Blois, L./Lo Cascio, E. (Hgg.)*, The Impact of the Roman Army (200 BC–AD 476). Leiden 2007, 107–127.
Günther, S., Vectigalia nervos esse rei publicae. Die indirekten Steuern in der Römischen Kaiserzeit von Augustus bis Diokletian. Wiesbaden 2008.
Haklai-Rotenberg, M., Aurelian's Monetary Reform: Between Debasement and Public Trust, in: Chiron, 41, 2011, 1–39.
Harris, W. V., Credit-Money in the Roman Economy, in: Klio, 101, 2019, 158–189.
Hollander, D. B., Money in the Late Roman Republic. Leiden/Boston 2007.
Howgego, Ch./Heuchert, V./Burnett, A. (Hgg.), Coinage and Identity in the Roman Provinces. Oxford 2005.
Jöhrdens, A., Statthalterliche Verwaltung in der Römischen Kaiserzeit: Studien zum *praefectus Aegypti*. Stuttgart 2009.
Katsari, C., The Roman Monetary System. The Eastern Provinces from the First to the Third Century AD. Cambridge 2011.
Kay, Ph., Rome's Economic Revolution. Oxford 2014.
King, C. E./Wigg, D. G. (Hgg.), Coin Finds and Coin Use in the Roman World. Mainz 1996.
Kritzinger, P./Schleicher, F./Stickler, T. (Hgg.), Studien zum römischen Zollwesen. Duisburg 2015.
Lo Cascio, E., Il princeps e il suo impero. Studi di storia amministrativa e finanziaria Romana. Bari 2000.
Maiuro, M., Res Caesaris. Ricerche sulla proprietà imperial nel Principato. Bari 2012.
Malmendier, U., Societas publicanorum. Staatliche Wirtschaftsaktivitäten in den Händen privater Unternehmer. Köln/Weimar/Wien 2002.
Metcalf, W. E. (Hg.), The Oxford Handbook of Greek and Roman Coinage. Oxford 2012.
Millar, F., The Emperor in the Roman World. 2. Aufl. London 1992.
Neesen, L., Untersuchungen zu den direkten Staatsabgaben der römischen Kaiserzeit (27 v. Chr.–284 n. Chr.). Bonn 1980.
Nicolet, Cl., Tributum. Recherches sur la fiscalité directe sous la République romaine. Bonn 1976.
Schmall, S., Patrimonium und *Fiscus*. Studien zur kaiserlichen Domänen- und Finanzverwaltung von Augustus bis Mitte des 3. Jahrhunderts n. Chr. Diss. phil. Bonn 2011.
Speidel, M. A., Geld und Macht. Die Neuordnung des staatlichen Finanzwesens unter Augustus, in: *Millar, F. et al. (Hgg.)*, La révolution romaine après Roland Syme. Bilans et perspectives. Vandoeuvres-Genève 2000, 113–166.
Strobel, K. (Hg.), Die Ökonomie des Imperium Romanum. Strukturen, Modelle und Wertungen im Spannungsfeld von Modernismus und Neoprimitivismus. St. Katharinen 2002.
Tan, J., Power and Public Finance at Rome, 264–49 BCE. Oxford 2017.
Wolters, R., Nummi Signati. Untersuchungen zur römischen Münzprägung und Geldwirtschaft. München 1999.
Wolters, R., Gab es eine Finanzkrise in den späten Jahren des Augustus? Münzprägung, Soldaten und Finanzströme im frühen Prinzipat, in: Chiron, 51, 2021, 167–209.
Woytek, B., Arma et Nummi. Forschungen zur römischen Finanzgeschichte und Münzprägung der Jahre 49–42 v. Chr. Wien 2003.
Woytek, B. (Hg.), Infrastructure and Distribution in Ancient Economies. Wien 2018.

Werner Tietz
25 Landwirtschaft und Villawirtschaft

I Einleitung

Die Landwirtschaft bildet unbestritten das ernährungsphysiologische Rückgrat jeder Gesellschaft und somit auch der römischen. Ein überwältigender Großteil der Bevölkerung – Schätzungen gehen von etwa 80 % aus, je nachdem, inwiefern man auch Wirtschaftssektoren wie den Lebensmittelhandel oder die Herstellung landwirtschaftlicher Geräte einbezieht, die mittelbar von der Landwirtschaft lebten – sicherte sein Einkommen aus der Produktion von Feldfrüchten und tierischen Nahrungsmitteln sowie durch die ebenfalls landwirtschaftlichen Sektoren Nutztierzucht, Pflanzen- und Blumenzucht sowie Forstwirtschaft.[1] Wenn sich der Überblick auf den folgenden Seiten hauptsächlich mit dem römischen Italien vom 2. Jh. v. Chr. bis ins 3. Jh. n. Chr. beschäftigt, so ist das vor allem der Quellenlage geschuldet, deren Fokus natürlicherweise auf der zentralen Region des Reiches liegt, wo sich aufgrund des Einflusses und der Präsenz führender sozialer Gruppen aus der Reichselite sowohl die Konstanten dieser konservativsten aller Wirtschaftsformen als auch die ebenfalls beobachtbaren Dynamiken der Transformation besser greifen lassen als anderswo. Allerdings gibt es zahlreiche Regionen des Imperium Romanum, denen man wohl zurecht eine ähnliche Dynamik wie dem zweifellos privilegierten Italien zuschreiben kann. So müssen die Voraussetzungen für eine einträgliche Landwirtschaft in der Kaiserzeit auch im exportorientierten Südspanien sowie in Gallien in der Nachbarschaft der großen Militärlager am Rhein ideal gewesen sein, aber auch sonst im Umfeld großer urbaner Zentren.[2]

Wie auch sonst in den Altertumswissenschaften finden sich Quellen zur römischen Landwirtschaft sowohl in der literarischen Überlieferung als auch in eher archäologischem Material wie Inschriften, Münzen und vor allem einzelnen Bodenfunden und umfangreichen -befunden. Aufgrund der zentralen Rolle der Landwirtschaft für die gesellschaftliche Realität und das Selbstverständnis der römischen Führungsschicht ist die Quellenlage in der römischen Literatur recht gut.

Dass aber gerade die römische Führungsschicht, die für einen Großteil unserer literarischen Quellen selbst verantwortlich zeichnet, zumindest in der Rhetorik des Diskurses den Anspruch aufrechterhielt, den – postulierten – agrarischen Idealen der

---

1 *Pleket*, Wirtschaft, 71 und öfter; *Bowman/Wilson*, Introduction, 20–22. Wie groß genau der Anteil der Landwirtschaft am römischen Bruttosozialprodukt war, lässt sich selbstverständlich mangels empirischer Daten nicht feststellen. Ein weiterer Grund ist, dass ein Großteil der Arbeit von Menschen verrichtet wurde, die dies nur saisonal oder neben ihrer hauptsächlichen Beschäftigung taten: *Shaw*, Sheaves, 11–23.
2 *Pleket*, Wirtschaft, 61.

Vorfahren nachzueifern, erschwert die Interpretation dieser Dokumente im Hinblick auf die hier im Fokus stehende wirtschaftliche Realität. In einer häufig diskutierten Anekdote werden die beiden luxuriösen Villen des Senators Ap. Claudius Pulcher (Consul 54 v. Chr.) und des römischen Ritters Q. Axius gegenübergestellt. Beide verfügen über höchsten Luxus auf aktuellem Niveau, doch die des Axius bleibt in dem Vergleich dennoch Sieger, denn sie besitzt darüber hinaus auch landwirtschaftlich produktive Elemente, gegen welche die exquisiten Meisterwerke griechischer Kunst bei Pulcher geradezu als sinnlos erscheinen.[3] Derartiges findet sich – mal mehr, mal weniger versteckt – vielfach in den erhaltenen Quellen, und so lassen sich diese leichter als Beiträge zum zeitgenössischen Moraldiskus als zum Zustand der römischen Landwirtschaft interpretieren.[4]

Ein weiterer besonderer Umstand ist gerade mit Blick auf die literarische Überlieferung, dass die mit scheinbar nüchternen Prosawerken zur römischen Landwirtschaft hervorgetretenen und gerade von Arbeiten zur antiken Realität vielzitierten Autoren alles andere als bloße Fachschriftsteller sind, sondern dass auch deren scheinbar so technische und oft auch trockene Werke neben ihrem offensichtlichen Nutzen für unser Verständnis der realen Gegebenheiten und des vorstellbaren theoretischen Wissens oft zusätzlich ausgesprochen stilisiert und von den Intentionen ihrer Autoren geprägt sind. Dies gilt zumal, da sie alle vor der Aufgabe standen, sich in den die gesamte römische Antike hindurch zu beobachtenden Diskurs um den Bauern als traditionelles und moralisch einwandfreies Rückgrat von Staat und Armee, Wirtschaft und Gesellschaft einschreiben. Der Lohn harter Arbeit, die idealisierte Qualität der schmalen aber zuverlässigen Erträge und nicht zuletzt der *mos maiorum* als zwar größtenteils konstruierte, doch darum nicht weniger wirkmächtige urrömische Tradition seit Romulus stehen dabei im Vordergrund. Dies gilt nicht nur für offensichtliche Fälle wie Vergils *Georgica*, einem Werk epischer Dichtung, sondern auch für die scheinbar nüchternen, sachbezogenen Werke Catos, Varros und Columellas, die man unter die agrarischen ‚Fachschriftsteller' im engeren Sinn rechnet. Selbst das spätantike, mit Sachkenntnis und realen Bezügen reicher noch als seine Vorgänger gefüllte Landwirtschaftsbuch des Palladius ist nicht gänzlich frei davon.

Hinsichtlich der verfügbaren Daten steht die Forschung zur römischen Landwirtschaft heute vor allem dank archäologischer Forschungen dennoch auf recht stabilen Beinen. Die gerade in Italien zahlreichen Grabungen und andere Feldforschungen ergänzen sich immer mehr und in immer größerer Zahl und Genauigkeit, aber auch was die Schärfe der Methodik angeht. Erhebliche Beiträge hierzu liefert auf archäologischer Seite auch der Einsatz naturwissenschaftlicher Techniken, die bis vor wenigen Jahrzehnten nicht zur Verfügung standen. Dies betrifft häufig die Datierung einzelner Befunde, etwa durch die Analyse von erhaltenen Blütenpollen, kann aber gerade zur

---

3 Varr. rust. 3, 2, 1–18. Ebd., 3, 2, 5: *vestigium ubi sit nullum Lysippi aut Antiphili, at crebra sartoris et pastoris*; Purcell, Villa, 151–153.
4 Diderich, Agrarhandbücher; Meißner, Fachliteratur; Tietz, Hirten, 21–32.

römischen Landwirtschaft auch strukturelle Informationen liefern, etwa was die Nutzung verschiedener Kulturpflanzen, Haustierarten und der naturräumlichen Ressourcen wie Wasser, Holz und Stein angeht.[5]

Und schließlich hat die Landwirtschaft auch das Interesse der modernen Wirtschaftswissenschaften erregt, deren Modelle Anwendung auf die vorliegenden Daten finden. Methodische Probleme dieses Vorgehens, die besonders in der Zufälligkeit der Überlieferung historischer wie archäologischer Daten und ihrem häufig fehlenden antiken Kontext liegen, führen bei einem solchen Vorgehen freilich oft in die Aporie, und auch die Frage nach den Möglichkeiten eines nachhaltigen, den demographischen Erfordernissen entsprechenden Wachstums der römischen Landwirtschaft lässt sich vermutlich kaum klären. Dennoch haben schon jetzt viele derartig ausgerichtete Arbeiten wichtige Beiträge zum Verständnis einzelner Agrarregionen oder Sektoren der Landwirtschaft geliefert.[6]

II Naturräumliche Determinanten und der Umgang mit ihnen

Die landwirtschaftliche Struktur einer Region wird – bei aller Bedeutung, die menschlichen Fähigkeiten und Entscheidungen zukommt – maßgeblich von den naturräumlichen Vorgaben geprägt (s. Schulz und Günther in diesem Band). Besonders das Klima und die Bodenqualitäten, aber auch das Relief der Landschaft, die anzutreffende wilde Vegetation und das Vorhandensein von Gewässern jeder Art bestimmen das ländliche Wirtschaften. Sowohl die Agrarschriftsteller als auch die übrigen Quellen lassen eine hohe Sensibiliät dafür erkennen, für welche Art Landschaft sich welcher landwirtschaftliche Betrieb am besten eignete, wobei die archäologische Dokumentation dies freilich bei weitem nicht immer bestätigt. Die Gründe für diese Divergenzen sind vielfältig und dürften in verschiedenen äußeren Zwängen zu suchen sein. Insbesondere Kapitalknappheit und mangelnde Infrastruktur standen wohl nur allzu oft dabei im Weg, die Landschaft nach zeitgenössischem Wissensstand ideal zu bewirtschaften. Auch in diesen Fällen hatte man sich freilich stets so gut wie möglich den naturräumlichen Gegebenheiten anzupassen.[7]

Grundsätzlich herrschen im mediterranen Klima bei kurzen Übergangsjahreszeiten heiße, trockene Sommer und milde, feuchte Winter vor, woran sich seit der Antike wenig geändert hat. Die übrigen Voraussetzungen für die römische Landwirtschaft wichen aber von einer Region zur anderen stark voneinander ab. Das antike Italien – d. h. die Apenninhalbinsel südlich der Poebene – verfügte mit Etrurien, Latium und

---

5 *Von Reden*, Wirtschaft, 99–101; *Hollander*, Farmers, 10–11.
6 *Temin*, Market, 1–24; *von Reden*, Wirtschaft, 100–104.
7 *Hollander*, Farmers, 20–22.

Kampanien über drei Regionen mit den besten Voraussetzungen für Landwirtschaft: Es war warm genug für Sommer- wie Wintergetreide, wobei Hügel und ein Westwind von der See im Sommer die Hitze milderten und für einen verträglichen Feuchtigkeitshaushalt sorgten. Auch bedingt winterharte Gewächse, wie besonders der Ölbaum, gerieten unterhalb von 400 Höhenmetern nicht in Gefahr, da die Temperaturen nie in kritische Bereiche abrutschten und sie mit ihren tiefen Wurzeln auch sehr trockene Sommer überstehen konnten. Die Böden dieser Regionen wurden durch den kontinuierlichen Zerfallsprozess des anstehenden vulkanischen Gesteins immer wieder neu mineralisiert. Weniger begünstigt waren etwa Bruttium, Apulien und Kalabrien, wo das Land ebenso sehr unter der Hitze des Sommers wie unter der Kälte der winterlichen Nordwinde litt, die nicht wie im Fall der westlichen Landstriche Italiens durch den von Nordwesten nach Südosten verlaufenden Apenninkamm abgehalten wurden. Viele Kulturpflanzen konnten dort nur mithilfe künstlicher Bewässerung angebaut werden, und beim Getreideanbau beschränkte man sich auf Wintergetreide. Das Wissen, dass für dieses ein kurzer Frost nach dem Keimen durchaus von Vorteil ist, war nach unseren Quellen allgemein verbreitet.[8] Für Herdentierhaltung in diesen benachteiligten Regionen benötigte man eine Sommerweide, etwa in den Abbruzzen, wobei diese Form der Transhumanz auch durch den zweimal im Jahr zurückzulegenden, oft mehrere hundert Kilometer langen Weg viele Probleme bezüglich der Sicherheit, des Wegerechts und der Kosten aufwarf; und nicht zuletzt führten solche Reste nomadischen Lebens in einer ansonsten gut regulierten ländlichen Gesellschaft mit ihren festen Grundstücksgrenzen häufig zu Konflikten mit den ansässigen Bauern.[9]

Die Landwirtschaft im römischen Italien dominierten auf dieser Grundlage vor allem vier Arten von Feldfrüchten. Neben der sogenannten Mediterranen Trias aus Weizen/Gerste, Wein und (Oliven-)Öl gehören auch die verschiedenen Hülsenfrüchte als wichtigste Proteinlieferanten dazu. Der Anbau von Wein und Öl ist freilich nur bis in eine Höhe von etwa 400 m über dem Meeresspiegel möglich, die in Italien vor allem im Apenninrücken deutlich überschritten wird. Da überdies dort die Landschaft stark zergliedert ist und nur wenige größere Fruchtebenen existieren, ist eine historische Entwicklung zu beobachten, in der sich in Küstennähe in den fruchtbareren Landstrichen aufgrund des höheren Kapitalbedarfs vor allem Öl- und Weinbau etablierten, während im Binnenland mit seinen zahlreichen, weitgehend isolierten Siedlungskammern mit schwacher Infrastruktur Hülsenfrüchte, anspruchsloses Getreide und daneben viel extensive Kleinviehhaltung dominierten. Gerade die dichten Wälder des Apenninrückens boten beste Voraussetzungen für die extensive Haltung von Schweinen und Kleinvieh. Die küstennahen Schwemmebenen Süd-, aber auch Mittelitaliens schließlich wurden aufgrund ihrer mangelnden Eignung für den Feldbau und den häufig drohenden Überschwemmungen, die umfangreiche Drainage erfordert hätten, im Laufe der Zeit immer mehr als Großviehweiden genutzt.[10]

---

8 Hor. carm. 3, 16, 26–27.
9 *Tietz*, Hirten, 140–145.
10 *Carter*, Metaponto.

Weitgehend geklärt ist die Frage, inwiefern bestimmte Fruchtwechselsysteme den römischen Bauern bekannt sein konnten, beziehungsweise von ihnen genutzt wurden. Stand zunächst im Vordergrund, ob es die maßgeblich im Mittelalter entwickelte Dreifelderwirtschaft gab oder nicht, hat man inzwischen erkannt, dass diese nicht die einzige Alternative zu alternierenden Jahren von Bebauung und Brache war. Diversifikation von Anbaupflanzen sowie besonders die den römischen Fachautoren bekannten Möglichkeiten, mit Gründüngung für eine Erholung des Bodens zwischen Phasen des Getreideanbaus zu sorgen, trugen zu einem regional unterschiedlichen Bild der Bodennutzung im Rahmen der römischen Landwirtschaft bei, die sich dabei der Dreifelderwirtschaft kaum unterlegen zeigt.[11]

III Der römische Kleinbauernhof und die unterbäuerlichen Schichten der Plebs Rustica

Bei der Beschäftigung mit den ländlichen Unterschichten des römischen Italien stößt man auf ein dichtes lokales Netzwerk von sozialen und wirtschaftlichen Beziehungen. Die Familien von Kleinbauern, Häuslern, Hirten, Gelegenheitsarbeitern, kleinen Handwerkern, fahrenden Händlern und nicht zuletzt den ganz Armen und Arbeitsunfähigen waren für ihren Lebensunterhalt aufeinander angewiesen. Speziell im Winter, wenn auch auf den Großgütern die Arbeit knapp wurde, konnten solche Bindungen als soziales Netz wirken.

Den prominentesten Platz nehmen in unseren Quellen die auf Subsistenzbasis wirtschaftenden Kleinbauern ein. Soweit der antike Diskurs greifbar ist, geht er von einer grundsätzlichen Identität der Römer als Bauernvolk aus, und gerade der spezielle Status des Landbesitzes beim Rekrutenzensus der Republik trug hierzu entscheidend bei. Wenn die häufig aus der Perspektive der Elite verfassten römischen Quellen – und beileibe nicht nur die Agrarschriftsteller – den Kleinbauern zum Thema nehmen, zeichnen sie gerne das Bild vom genügsamen Selbstversorger auf eigenem Land, der seine Feldfrüchte und Nutztiere derart diversifiziert, dass er zu jeder Jahreszeit und für jede ernährungsphysiologische Anforderung das Notwendige an Nahrung, Kleidung, Baumaterial und Brennstoff aus dem eigenen Hof verzehren kann;

---

11 Zur Diskussion um die Dreifelderwirtschaft, bei der verschiedene Getreide, Hülsenfrüchte und Brache in geschickter Anordnung dazu führten, dass ein Feld nur jedes dritte Jahr brachzuliegen hatte s. *White*, Farming 110–144 (mit negativem Ergebnis). Differenzierter zu den römischen Verhältnissen (etwa unter Einbezug regionaler Unterschiede, der im Frühjahr auch im Mittelmeerraum aussähbaren Hirse oder auch der Tatsache, dass die mediterrane Landwirtschaft neben Getreide weitere Schwerpunkte bei Öl und Wein auswies, deren Erträge nicht durch eine Dreifelderwirtschaft gesteigert werden konnten) *Pleket*, Wirtschaft, 75–79; *Tietz*, Hirten, 206–210.

aus diesem Grund wird den Bauern auch die größte Ehrlichkeit zugesprochen, da sie niemanden betrügen – das heißt einen Aufschlag erheben – müssten, um ihren Lebensunterhalt zu erwirtschaften; Überschüsse können dabei zwar durchaus anfallen, doch stets zufällig und nur in einem Maße, das zwar gelegentliche Einkäufe auf dem städtischen Markt ermöglicht, doch nie zu einem einkalkulierten oder gar ernsthaften Faktor des Wirtschaftens wird.[12]

Die Mediterrane Trias steht immer im Vordergrund, ergänzt um Hülsenfrüchte, Rübengewächse und Gemüse. Dementsprechend dreht sich in den literarischen Quellen zur Subsistenzwirtschaft zurecht viel um die richtige Zeitplanung, Einteilung der Arbeitskraft und nicht zuletzt um Methoden zur Haltbarmachung, da im Winter kaum frische pflanzliche Nahrung gewonnen werden konnte.[13] Die idealisierende und damit verfälschende Tendenz dieser Schriften ist offensichtlich, entsprach doch dem meist uneingeschränkt positiv gesehenen *mos maiorum* eine Ernährungsethik, die eine schlichte, nahezu rein vegetarische Kost vorsah, deren Zutaten entweder man selbst oder die (Dorf-)Gemeinschaft erzeugte – ein deutlicher Gegensatz zu den tatsächlichen Lebensumständen der römischen Elite.[14] Tatsächlich sorgten die römischen Bauern aber bei kleinen und mittleren Betriebsgrößen für eine Diversifizierung der Anbaupflanzen und Nutztiere, um insbesondere im Winter genügend zu essen zu haben. Erntemöglichkeiten sollten vom Beginn des Frühjahrs bis in den Spätherbst hinein bestehen, und nach Möglichkeit war man bestrebt, die Feldfrüchte und tierischen Produkte durch Lufttrocknen, Einsalzen oder Einlegen für den Winter haltbar zu machen. Tiere, die man mangels Futter absehbar nicht über den Winter bringen konnte, wurden im Spätherbst geschlachtet. Kleinbauernhöfe verfügten daher neben Feldern für die Grundnahrungsmittel meist über intensiv bebaute Gärten, die konservierbares Wurzelgemüse lieferten, sowie über Kleinvieh und Geflügel. Ersteres konnte auf Land oder in Wälder im öffentlichen Besitz getrieben werden, letzteres ließ sich auf der noch so geringen Hoffläche oder in kleinen Ställen halten.[15] Eier, Ziegen- und Schafkäse sowie das getrocknete Fleisch dieser Tiere bildeten im Winter eine wichtige Nahrungsergänzung, und einzelne Produkte dieser *pastio villatica* wie etwa das Fleisch von gemästetem Geflügel und Stallhasen konnten auch von Kleinbauern in der Nähe größerer Ortschaften vermarktet werden.

Auch bezüglich der sozialen Hierarchie auf dem Land erweisen sich unsere römischen Texte mitunter als mehr von theoretischen und idealisierten Prinzipien als von

---

12 Die beiden meistzitierten Stellen hierzu sind Cato agr. praef.; Cic. off. 1, 150–150; s. ansonsten *Diderich*, Agrarhandbücher; *Meißner*, Fachliteratur.
13 Cato agr. 103 und öfter; Varr. rust. 1, 57. Vor allem das gesamte Werk des Palladius ist nach Arbeitsmonaten gegliedert; Apic. 1, 20–25; Hor. sat. 2, 2, 57–58; 116–122; *Tietz*, Hirten, 177–184; *Bartoldus*, Palladius, 37–42 und öfter.
14 Zur vereinzelten Kritik an derlei rigiden und unzeitgemäßen Vorgaben des *mos maiorum* s. *Tietz*, Hirten, 146–148.
15 *Bartoldus*, Palladius, 181–213 (zur Haltung von Hofgeflügel bis hin zu Pfauen und Fasanen); 215–230 (zur Haltung von Schafen, Ziegen und Schweinen).

der ländlichen Realität geprägt. Als soziale Keimzelle gilt auch hier der kleinbäuerliche Familienbetrieb, dessen Hausvater an der Spitze für die wirtschaftlichen Kontakte zur Außenwelt sorgt. Unschwer zu erkennen ist darin die patrifokale und gentilizische Struktur der römischen Elite, die sich in unseren Quellen vor allem artikuliert. In der Realität verschwamm diese scheinbar so klare Ordnung freilich. Auch weibliche Angehörige des Bauernhofs sorgten für eine Verwurzelung in der ländlichen Gesellschaft, und die personenrechtliche Trennung von Freien und Sklaven wurde nur allzu oft zugunsten praktischer Lösungen aufgegeben, die häufig spezialisierte oder bewährte Sklaven in Positionen über freien Tagelöhnern aufsteigen ließ, und teilweise sogar zu eigenständig wirtschaftenden Pächtern, die von freien kaum zu unterscheiden waren.[16]

Soziale Gruppen unterhalb des Kleinbauerntums werden in den Quellen eher vernachlässigt. Ihre Wirtschaftsweise ist daher vor allem aus beiläufigen Bemerkungen der römischen Autoren zu erschließen. Die von Cato dem Älteren und anderen ausgesprochene Empfehlung, man solle Landgüter in Gegenden mit einer bereits fest verwurzelten Struktur anderer Höfe oder zumindest an Verkehrswegen anlegen, spielt unter anderem darauf an, dass es nahezu zwingend zum Wirtschaften römischer Kleinbauernhöfe gehörte, überschüssige Arbeitskräfte als Saisonarbeiter oder Tagelöhner an größere Güter abzugeben und ihrerseits bei Bedarf Arbeitskräfte aus klein- und unterbäuerlichen Schichten rekrutieren zu können.[17] Die grundsätzliche Extensivität der Landwirtschaft der römischen Binnenregionen schuf dort natürlicherweise Arbeitskräftereservoirs für die intensiv bewirtschafteten Küstenregionen. Die Villen wiederum mussten aufgrund ihrer Spezialisierung meist festes Fachpersonal (in der Regel männliche Sklaven) besitzen, jedoch waren meist keine festen Kräfte für die Hochphasen des Arbeitseinsatzes bei Ernte und Pressung von Wein und Oliven vorhanden, die jeweils mit großer Geschwindigkeit zu erledigen waren. In der Kaiserzeit gab es zu diesem Zweck spezialisierte Firmen, welche große Arbeitsgruppen aus den subsistenzorientierten Regionen Italiens zur Saisonarbeit in die Küstenregionen führten.[18] Diese Symbiose trug dazu bei, dass das Kleinbauerntum in Italien trotz aller Tendenzen zur Konzentration des Grundbesitzes ungebrochen fortbestand, die insbesondere in der Nähe größerer Städte und an wichtigen Verkehrswegen als problematisch wahrgenommen wurde.[19]

Abgesehen von Menschen, die sich in solchen Unternehmen verdingen konnten, bleibt der Beitrag der unterbäuerlichen *plebs rustica* zur römischen Landwirtschaft

---

16 *Scheidel*, Grundpacht, 131–142; *Tietz*, Hirten, 291–294.
17 Cato. agr. 1, 3.
18 Suet. Vesp. 1. Zu weiteren Belegen für große und kleine Unternehmen diesen Typs aus dem gesamten Mittelmeerraum s. *Shaw*, Sheaves, 73–88.
19 Plin. nat. 18, 35; Mart. 3, 58, 45. Die hierzu immer wieder geäußerten Kritiken beziehen sich vor allem auf den dem *mos maiorum* zuwiderlaufenden Verbrauch von Ackerland in günstiger Lage zu Luxuszwecken oder zur extensiven Viehzucht: *Tietz*, Hirten, 264–265 und öfter; *Zarmakoupi*, Luxury, 3–8.

weitgehend im Dunkeln, soweit sie nicht als Bedienstete von Grundbesitzern auftreten, etwa als Hirten oder Erntehelfer. Nur vereinzelt lässt sich greifen, dass Mobilität, und dabei vor allem die Bereitschaft, jede sich bietende Gelegenheit zu ergreifen, für das Auskommen zu sorgen, die Voraussetzung für ihr Überleben war.[20]

IV Die römischen Villen zwischen Investment und Prestigegut

Seit dem 3. Jahrhundert v. Chr., in dem Rom und sein Territorium endgültig in die italische Wirtschaft eingebunden waren, kam ein neuer Typ landwirtschaftlichen Besitzes auf, die Villa. Unabhängig von der Quellengattung steht in den römischen Texten bei diesem Begriff immer ihr produktiver Aspekt im Vordergrund. Während bei Cato dem Älteren der Begriff *villa* noch die Bezeichnung für das Haupthaus eines Landgutes ist, steht er spätestens seit dem 1. Jahrhundert n. Chr. für die Gesamtheit einer bestimmten Form landwirtschaftlichen Besitzes. Dabei war auch klar, dass es sich nicht um ein ärmliches Anwesen handelte, sondern dass es stets einen repräsentativen Teil der Villa gab, der nicht dem eigentlichen Zweck (*utilitas*) der Lebensmittelproduktion diente, und selbst bei den Anbaupflanzen und Nutztieren gewisse Unterschiede in dieser Hinsicht gemacht wurden.[21] Bei einer solchen *villa rustica* wurde ein etwa vorhandener repräsentativer Teil (der einen eigenen Gebäudeteil oder auch nur wenige Zimmer umfassen konnte) *villa urbana* genannt. Größere küstennahe Anwesen abseits urbaner Zentren hießen *villae maritimae*, wobei gerade im römischen Italien die Meeresnähe implizierte, dass es sich um ein Anwesen mit großem „urbanen" Teil handelte.[22] Häufig gehörten mehrere Villen zu einem Komplex von Großgrundbesitz, dem *fundus* oder *latifundium*. Innerhalb dieses Rahmens besitzt der Begriff *villa* eine Fülle von Bedeutungen und ist bis Palladius um 400 n. Chr. einem stetigen Bedeutungswandel und seiner Erweiterung unterworfen, bis er schließlich von der rein landwirtschaftlichen Produktionsstätte bis zur Freizeit- und Urlaubsresidenz der römischen Eliten reicht.

Das wohl wichtigste Unterscheidungskriterium zwischen Villa und Subsistenz- oder Kleinbauernhof ist das Kapital des Villeneigentümers, das ihm Kalkulationen über das laufende Jahr hinaus gestattete. Das ergibt sich aus den drei am häufigsten in den antiken Texten genannten, miteinander zusammenhängenden Unterschieden: der Größe, der weitgehenden Spezialisierung auf ein marktfähiges Produkt und der

---

20 *Rathbone*, Society, 149–166; *Shaw*, Sheaves, 79–88. Einblick in die zahlreichen Tätigkeitswechsel eines Tagelöhners bietet insbesondere die Spottinschrift CIL IV 10150 aus Pompeii, die eben hierauf abhebt.
21 Vitr. 6, 6, 5; *Purcell*, Villa, 160–161; 208–209 und öfter.
22 Zu diesen Meeresvillen und ihren nachrangigen wirtschaftlichen Teilen s. *Zarmakoupi*, Naples.

Marktorientierung. Diversifizierung wie bei einem Kleinbauernhof wurde zwar in unterschiedlichem Umfang gepflegt, musste aber nicht zwangsläufig betrieben werden. Am signifikantesten sind wohl Fälle eigener Fleischerzeugung zusätzlich zu den jeweiligen marktfähigen *cash crops*. Ansonsten zeigen die erhaltenen Villen das Kapital ihrer Besitzer in umfangreichen Vorratskellern. Cato der Ältere empfiehlt für Wein- und Ölgüter solche Keller mit einem Fassungsvermögen von mehreren Ernten, und das mit ausdrücklich formulierten Ziel, die besten Preise abwarten zu können.[23] Ob dies so exakt befolgt wurde, lässt sich kaum feststellen, aber die Kombination dieser großen Vorratskeller mit der Tatsache, dass etwa auch gutausgestattete Villen am Golf von Neapel jede denkbare Freifläche bis an die Hausmauern heran zum Anbau (in diesem Fall von Wein) nutzten, zeigt den Vorrang wirtschaftlicher vor repräsentativen Aspekten dieser Villen.

Ein weiteres Unterscheidungsmerkmal der Villenwirtschaft gegenüber dem Subsistenzbauerntum ist die vielfältige Form der anzutreffenden Arbeitsorganisation, die sich nicht allein auf die Familie des Eigentümers stützen konnte und häufig auch nicht sollte. In nahezu allen belegten Fällen sorgte ein *vilicus*, meist ein zuverlässiger Sklave oder (seltener) Freigelassener des Grundbesitzers (*dominus*) als Verwalter zusammen mit seiner Familie für den Gutsbetrieb.[24] Cato der Ältere nennt für die Stammbelegschaft einer Villa von 25 ha je nach Spezialisierung bis zu 16 erwachsene Personen, und neuere Berechnungen, besonders zur vorindustriellen Getreideproduktion, stützen diese Zahl.[25] Abhängig von Topographie, Infrastruktur und Produktionsschwerpunkt eines Anwesens konnte die Bewirtschaftung durch Sklaven, Pächter oder auch die starke Ergänzung einer kleinen, in der Regel aus Sklaven bestehenden Stammbelegschaft durch freie Lohnarbeiter im Vordergrund stehen. Insbesondere die Möglichkeit, zu Hochzeiten der landwirtschaftlichen Arbeit freie Lohnarbeiter einzusetzen, die ansonsten als Teil der ländlichen Unterschichten ein selbstversorgerisches Leben in Armut führten oder auch nur als zeitweise überzählige Arbeitskräfte auf einem Subsistenzbauernhof entbehrlich waren, wird häufig nicht in entsprechende Überlegungen einbezogen.[26]

Die Frage der relativen Rentabilität von Sklaven und freien Lohnarbeitern sowie – bei entsprechender Größe der Villa – Pächterfamilien ist schon vielfach diskutiert worden. Verpachtungen wurden dabei häufig als unrentabel eingestuft. Sie wurden als bequemste vorkapitalistische Weise der Bewirtschaftung großer Güter durch *absentee landlords* angesehen, deren einziges Interesse am regelmäßigen Eingang ih-

---

[23] Cato agr. 3, 2. Ebd. 11, 1 gibt Cato für Weingüter einen wünschenswerten Speicherraum von fünf Ernten an; *Tietz*, Hirten, 24–25.
[24] *White*, Farming, 353–355.
[25] Cato agr. 10, 1; 11, 1. Zu den Berechnungen auf Grundlage ethnographischer Vergleiche s. *Shaw*, Sheaves, 11–23.
[26] Vgl. etwa *de Ligt*, Change, 594–597, in dessen ansonsten sehr gründlicher Analyse ländlicher Arbeitsleistung saisonaler Einsatz von Arbeitskräften nicht vorkommt. *Temin*, Market, 115–138 widmet sich hingegen ausführlich diesem und anderen Phänomenen des freien Arbeitsmarkts.

rer mageren Renten lag.[27] Freilich belegt der gut dokumentierte Wettbewerb um zuverlässige, sachkundige Pächter bzw. Kolonen, wie wenig sicher auch diese Form der Renten sein konnte, wenn man sich gar zu desinteressiert zeigte. Im Gegenteil zeigen die vielen Anreize, die man Pächtern gab, um sie zur Erwirtschaftung höherer Erträge anzuspornen (wozu vor allem die Möglichkeit der Besetzung ungenutzten Landes und die Teilpacht bei Verzicht auf einen voll in Geld zu erbringenden Pachtzins gehörten), dass das Pächterwesen durchaus auch für Pachtnehmer Vorteile bringen konnte.[28] Welche Art des Personals die richtige war, hing vor allem von der Ausrichtung eines Gutes ab. Je höher die Spezialisierung auf eine Anbaupflanze, desto geringer dürfte der Bedarf an festen, das ganze Jahr hindurch beschäftigten Sklaven gewesen sein, und je mehr Diversifikation betrieben wurde, umso mehr Arbeit gab es über das Jahr, welche Sklavenhaltung attraktiv machte. Dass dies die zentralen Überlegungen eines Gutsherrn sein mussten, zeigen zahlreiche Überlegungen zu Arbeitseinteilung, Zeitplanung und Anreizen, die man Sklaven/-innen, die sich bewährt hatten (etwa als Vorarbeiter oder als Mütter mehrerer Kinder), zu geben bereit war.[29]

Schließlich stand bei Villen stets ein Produktionszweig gegenüber den anderen deutlich im Vordergrund. Eine solche Spezialisierung, etwa auf Öl oder Wein, zeigt sich in den Quellen allenthalben, etwa wenn Cato von Wein- oder Ölgütern spricht, obwohl er dort auch mit anderen Nutzpflanzen und -tieren rechnet. Hochwertige und berühmte Agrarprodukte aus Italien, gerade auch Wein, wurden aus manchen Regionen, die den Bedarf der umliegenden Ortschaften mehr als deckten und aufgrund der Qualität hohe Preise erwarten konnten, ins ganze Imperium exportiert.[30] Nach Catos Zeugnis freilich war die ökonomische Welt durchschnittlicher römischer Villen (zumindest im 2. Jahrhundert v. Chr.) recht begrenzt. In seinem Werk über die Landwirtschaft beschreibt er einen integrierten Markt, der große Teile Kampaniens umfasste, jedoch kaum darüber hinausgriff.[31]

Teilweise, wie im von der Rinderzucht dominierten Süditalien, spielte bei der Spezialisierung die Bodenqualität eine Rolle. Bei den fruchtbaren Landschaften Mittelitaliens aber entschied man sich in der Regel für die am leichtesten zu vermarktenden *cash crops*. Angesichts der mit dieser Spezialisierung verbundenen Risiken bei Unwettern, Seuchen oder auch politischer Unruhe pflegten Besitzer mehrerer Güter ihren Grundbesitz regional zu diversifizieren.[32] Auch die einzelnen Villen betrieben, wohl ebenfalls mit dem Gedanken der Absicherung, häufig neben der Hauptproduktion eine Art Subsistenzwirtschaft zum eigenen Verbrauch des Villenpersonals. Cato

---

27 Zum Absentismus s. *Pleket*, Wirtschaft, 90–99; *Tietz*, Hirten, 196–201.
28 Dies betrifft sowohl die senatorischen Güter (Plin. epist. 9, 37) als auch den gewaltigen Grundbesitz des Kaisers, der in zahlreiche kleinere *villae* unter einem *vilicus* unterteilt zu sein pflegte, und deren Fläche ihrerseits wieder in einzelne Landlose für Kolonenfamilien (CIL VIII 25902).
29 Varr. rust. 1, 17; Colum. 1, 8, 15–20.
30 *Silver*, Trade, 292–293.
31 Cato agr. 22; 135; *de Ligt*, Change, 591–592.
32 Cic. S. Rosc. 20; Plin. epist. 3, 19.

gibt bei der Beschreibung eines idealen Guts für Olivenölproduktion das 240 *iugera* (60 ha) und insgesamt 13 ständige Arbeitskräfte umfassen solle, an, dass dazu auch sechs voll ausgestattete Pflüge, ein Webstuhl sowie ein Schweine- und ein Schafhirt gehörten.[33] Auf dem ebenfalls ideal gedachten, erheblich spezialisierteren Weingut von 100 *iugera* (25 ha) mit 16 Personen sollte es nach Cato doch zumindest einen Schweinehirten geben.[34] Vermutlich in diesen Zusammenhang und nicht in einen Diskurs über engstirniges Autarkiestreben gehört auch die vielzitierte Bemerkung Catos des Älteren, ein tüchtiges Familienoberhaupt solle mehr verkaufen als einkaufen.[35]

V Ertragsfähigkeit, Nachhaltigkeit und Eingriffe des römischen Staates

Verlässliche Daten zur Ertragsfähigkeit römischer Äcker, Gärten und Nutztiere liegen bislang lediglich vereinzelt und in großen chronologischen und regionalen Abständen voneinander vor. Dazu stehen sie häufig in einem problematischen Kontext von Übertreibungen, Luxuskritik oder der kritischen Auseinandersetzung des einen antiken Fachautoren mit dem anderen. Zu Weizen, Wein und Olivenöl äußern sich römische Autoren aber immerhin so genau, um Folgendes wahrscheinlich zu machen: Während Getreide in Italien nur mäßige Erträge brachte, waren bei Wein und Öl beträchtliche Einkünfte für die Bauern möglich.[36]

Steigern ließen sich diese Ergebnisse durch Dünger, etwa tierischen Kot, wobei derjenige von Vögeln richtigerweise bevorzugt und zu hohen Preisen verkauft wurde. Als Dünger denkbar waren aber auch verschiedene Arten zermahlenen Gesteins, aus dem man Kalzium und Nitrogen gewinnen konnte.[37]

Daneben war vor allem Gründüngung zur Anreicherung des Bodens mit Stickstoff üblich. Die exakten chemischen Zusammenhänge waren dabei unklar, doch den Wert solcher Düngemethoden kannte man aus Erfahrung und teilweise sicher auch aus

---

33 Cato agr. 10, 1–5.
34 Cato agr. 11, 1–2.
35 *Patrem familias vendacem, non emacem esse oportet*: Cato. agr. 2; Hollander, Farmers, 75–76.
36 Colum. 3, 3, 4 geht augenscheinlich von einem Verhältnis von Aussaat zu Ernte von eins zu vier aus. Angesichts der an dieser Stelle leicht herablassenden Beschreibung kann man das wohl kaum wörtlich nehmen, wohl aber hat Ciceros überschwängliches Lob von Leontinoi auf Sizilien viel Gewicht, wo dieses Verhältnis angeblich eins zu zehn lautete und sonst nirgends erreichbar war (Cic. Verr. 3, 47; 112); Hollander, Farmers, 71–72; Tietz, Hirten, 154–157. Zu Wein und Öl s. Tietz, Hirten, 148–151; Hollander, Farmers, 72–73. Vgl. de Vos, Landscape, 172–174 mit auf archäologischen Daten beruhenden Zahlen zum römischen Nordafrika.
37 Plin. nat. 17, 42–53; White, Farming, 125–145; Tietz, Hirten, 206–210; eine Liste der Gehalte belegter römischer Dünger an den drei hauptsächlichen Düngestoffen Stickstoff, Phosphorsäure und Kaliumkarbonat bei White, Farming, 145.

der Lektüre der zahlreichen Fachautoren, die heute allenfalls noch in Fragmenten oder auch nur Werktiteln überliefert sind.[38]

Zur Ertragsfähigkeit von Nutztieren liefert die Archäologie die aussagekräftigsten Zeugnisse. Die durch Knochenfunde belegte Größe von Ziegen, Schafen, Schweinen und Rindern deutet darauf hin, dass in der römischen Antike ein hoher Grad an Sachkenntnis sowohl bei der Zucht durch Auslese als auch bei der Pflege von Nutztieren vorlag.[39] Nicht umsonst also (und wohl auch wegen der geringen Kosten für Unterhalt und Arbeitseinsatz) kursierte in der römischen Elite die Haltung, Nutztierhaltung sei die profitabelste Nutzung von Land.[40]

Viehhaltung aber bedeutete extensive Nutzung von Land und Verzicht auf Erträge. Angesichts insgesamt relativ schmaler Margen bei der Bewirtschaftung von Land ist mit einem starken Interesse der römischen Institutionen für die Landwirtschaft zu rechnen. Die Sicherstellung der häufig prekären Lebensmittelversorgung – nicht nur, aber ganz besonders – für die stets wachsende und zur Versorgung aus dem eigenen Umland unfähige Millionenstadt Rom zählte bereits in der Republik zu den legitimatorischen Grundlagen der senatorischen Führungsschicht und wurde in der Kaiserzeit, als sich der Princeps als Patron des gesamten *populus Romanus* verstanden wissen wollte, zu einer der wichtigsten Staatsaufgaben überhaupt. Der Lebensmittelimport aus denjenigen Reichsregionen, die aufgrund ihrer Geologie ohnehin große Überschüsse erwirtschafteten – neben Ägypten vor allem Sizilien und die Region um Karthago – stellte nur eine unter mehreren Maßnahmen dar. Daneben standen die Anreize zur Urbarmachung neuer Flächen und die Anlage von Kolonien in bisher extensiv genutzten Land. Beides wurde lange als rein ‚fiskalische', von oben gelenkte und verwertete Maßnahmen verstanden, doch ist diese Haltung mittlerweile dem Verständnis gewichen, dass so auch auf *ager publicus* und kaiserlichen Domänen, die gerade in den Provinzen einen Gutteil der agrarisch genutzten Fläche ausmachten, eigenständig wirtschaftende Bauern und auch Pächter ihr Einkommen erhöhen konnten.[41]

Die größte Herausforderung bei der Frage nach der richtigen Bewirtschaftung der Böden war freilich das Gleichgewicht zwischen größtmöglichem Ertrag und Nachhaltigkeit. Das Bewusstsein, dass zügelloser Raubbau die Böden schnell auslaugte, war durchaus verbreitet.[42] Was Felder, Wiesen und vor allem den Wald angeht, wusste man durchaus mit den Wachstumszyklen umzugehen. Wälder, die als Weidegründe oder wegen wilder Früchte genutzt wurden, pflegte man ganz selbstverständlich. Ein

---

38 Zahl und Umfang dieser nahezu völlig verlorenen Werke sind kaum greifbar, dürften jedoch immens gewesen sein: *Kron*, Food, 157–158.
39 *Tietz*, Hirten, 155–156; *Kron*, Food, 158–160.
40 Eine eindrucksvolle Zusammenstellung der vielen Zeugnisse bei *Hollander*, Farmers, 62–71.
41 *De Vos*, Landscape, 157–159; *Tietz*, Hirten, 274–281.
42 Colum. 1, 7, 3. Selbst der jüngere Plinius, beileibe kein Fachschriftsteller, beklagt sich über rücksichtslose Ausbeutung seines Landes durch überschuldete Pächter, die „schon nicht mehr daran glaubten, sie würden [den Boden] für sich selbst schonen": Plin. epist. 9, 37, 2.

Beispiel dafür ist ein *saltus Neronianus* in der Nähe von Thugga in Nordafrika, ein oder mehrere forstwirtschaftliche Gutsbestriebe, die unter Nero konfisziert und als Ganzes verpachtet worden waren. Als Vespasian das Gut später wieder einzog und an Kleinpächter vergab, fielen die Baumbestände rasch der Rodung zugunsten von Olivenhainen und Weingärten zum Opfer. Zuvor aber hatten weder der neronische Pächter noch die vorigen Besitzer größere Schritte zur Intensivierung unternommen.[43] Anders ging man freilich insbesondere in grenznahen Regionen Mitteleuropas vor, wo natürliche Ressourcen wie Wälder und Brachen teilweise schonend bewirtschaftet, häufig aber auch rasch und rücksichtslos ausgebeutet wurden.[44]

VI Herausforderungen und Transformationen

Die römische Geschichte brachte vor allem für Italien einen tiefgreifenden Strukturwandel in der Landwirtschaft. Das Entstehen der Millionenstadt Rom, aber auch die starke Urbanisierung vor allem Latiums, Kampaniens und Etruriens konnten nicht folgenlos bleiben. Max Weber hat für diese Städte den Begriff der Konsumentenstadt geprägt, der einen Siedlungsplatz bezeichnet, der seine Versorgung mit Lebensmitteln und anderem Notwendigen nicht durch eigene Produktivität – etwa auf den Wirtschaftssektoren Handel, Handwerk und Dienstleistungen – sichert, sondern vor allem durch soziopolitisch begründete Macht[45] (s. auch Zuiderhoek in diesem Band). Das Anwachsen solcher Zentralorte mit ihrer einen verfeinerten Lebensstil pflegenden Elite und der großen damit verbundenen Zahl an nicht-agrarischen Abhängigen – Spezialisten, Zulieferer, Bettler, Sklaven – musste für eine tiefgreifende Änderung der marktorientiert wirtschaftenden Bauerngüter in der Umgebung sorgen. Mit Gewinn zu vermarktende Produkte wie Obst, frisches Gemüse, Olivenöl, Wein und auch Blumen verdrängten allmählich die Produktion von Gerste, Weizen und leicht konservierbaren Hülsenfrüchten aus dem unmittelbaren Umfeld der Städte in weniger attraktiv gelegene Regionen.[46]

Ein weiterer Faktor in dieser Entwicklung war die ab dem 2. Jh. v. Chr. regulierte Getreideversorgung Roms, bei der zunächst Höchstpreise festgesetzt wurden (123 v. Chr.) und die sich schließlich zu einer kostenlosen (ab 58 v. Chr.) kaiserlichen Getreideverteilung entwickeln sollte. Ermöglicht wurden diese Eingriffe in die wirtschaftliche Entwicklung durch die politisch-militärische Macht Roms, und auch in

---

43 *De Vos*, Landscape, 155–157.
44 *Nenninger*, Wald, passim.
45 Einen differenzierten Überblick hierzu liefert *Kolb, F.*, Die Stadt im Altertum. München 1989, 12–16 und öfter.
46 Auch wenn man als Kleinbauer dieser Entwicklung widerstehen konnte, gestaltete sich das Leben nach Angabe unserer Quellen alles andere als unproblematisch. Diese Entwicklung war alles andere als unproblematisch: *Purcell*, Villa, 154–157.

den übrigen großen Zentren Italiens, wo die öffentliche Lebensmittelversorgung (*annona*) nicht direkt vor Ort war, veränderten Importe aus Afrika, Spanien und dem Osten des Mittelmeerraumes das Verhalten der Märkte nachhaltig und beeinflussten so die landwirtschaftliche Produktion.[47] (s. auch Kap. 26 Stoll)

Die erhaltenen römischen Schriftquellen der Kaiserzeit beschreiben die entsprechenden Transformationsprozesse aufgrund ihrer Perspektive lange nach den Ereignissen, ihrer moralisierenden Grundhaltung und nicht zuletzt aufgrund ihres Fokus auf den strukturstarken Küstenregionen Mittelitaliens nur unzureichend. Nach wie vor populär – auch in Teilen der Sekundärliteratur – sind Erzählungen von der Sklavenschwemme im Zuge der großen Eroberungen des 2. Jh. v. Chr., die zur Vertreibung und Verelendung der italischen Kleinbauern geführt und unter anderem die Gracchischen Reformen ausgelöst habe, sowie die von der Monopolisierung des italischen Bodens durch einige wenige *absentee landlords*, die gerade das wertvollste Land in Mittelitalien, aber auch die meisten übrigen Regionen, nicht mehr landwirtschaftlich genutzt, sondern durch ausgedehnte, unproduktive Luxusvillen zweckentfremdet hätten.[48] Tatsächlich kann kein Zweifel daran bestehen, dass die erfolgreichen römischen Kriege große Mengen an – in der Anschaffung – billigen Sklaven nach Italien brachten und dass die römische Elite, die von den Kriegen vor allem profitierte, diese Profite vorzugweise in italischem Land anlegte. So entstand Preisdruck zum einen auf diejenigen Bauern, für die Saisonarbeit auf wohlhabenden Nachbargütern einen erheblichen Nebenverdienst bildete, zum anderen auf Pächter, die nun auf teurem Boden saßen und mit Erhöhungen des Pachtzinses fertigwerden mussten.[49]

Bei genauerem Hinsehen offenbaren sich bei diesen stark vereinfachenden Sichtweisen freilich erhebliche Probleme. Das Ackergesetz des Tiberius Gracchus von 133 v. Chr. (*lex Sempronia agraria*) befasste sich lediglich mit Land im öffentlichen Besitz Roms. Die dort festgelegte Höchstgrenze von 500 *iugera* (etwa 125 ha) für den Landbesitz eines Einzelnen (für Kinder konnten noch einmal bis zu 500 *iugera* hinzukommen) betraf dementsprechend ausschließlich diesen *ager publicus*, nicht Land im Privateigentum, und nicht einmal der zehn Jahre später wesentlich radikaler vorgehende Gaius Gracchus dachte daran, Privateigentum römischer Bürger anzutasten.[50]

Vor allem aber liefert seit einiger Zeit die Archäologie als Ergebnis großflächiger Surveys und naturwissenschaftlicher Untersuchungen immer mehr Daten zur ländli-

---

47 *Pleket*, Wirtschaft, 82–86.
48 S. besonders Plut. Tib. Gracchus 8–9; Plut. C. Gracchus 5–8; App. civ. 1, 1–4. Wenn dies in neueren Publikationen auch kaum so deutlich angesprochen wird, finden sich doch häufige Generalisierungen in diese Richtung: *Roselaar*, Public Land, 223–228 und öfter. *De Ligt*, Change, 591 freilich nennt die Berichte Plutarchs und Appians zurecht „impressionistic", schließt sich im Folgenden aber dem traditionellen Bild aufgrund der Zensuszahlen und der mannigfaltigen literarischen Berichte an.
49 Eine gründliche Analyse der Probleme vieler römischer Bauern des 1. Jh. v. Chr. bei *Roselaar*, Public Land, 225–230. *Temin*, Market, 29–52 legt nahe, dass auch lokale römische Märkte in das überregionale Netzwerk der Preisbildung eingebunden bzw. von diesem betroffen waren; vgl. *Silver*, Trade, 294.
50 *Flach*, Agrargeschichte, 47–53; *de Ligt*, Change, 590–592; *Roselaar*, Public Land, 230–243.

chen Siedlungsstruktur Italiens, die nun in einem differenzierten Licht erscheint. Aus diesen ergibt sich das wahrscheinliche Bild eines in vielen, beileibe nicht nur den weniger attraktiven Regionen die gesamte Antike hindurch lebendigen Kleinbauerntums. Dies betrifft vor allem große Teile Umbriens und Etruriens, sowie wohl den gesamten Apenninrücken. Auch wenn einige der Ergebnisse früher Oberflächenuntersuchungen mittlerweile durch besser Datierungsmethoden korrigiert wurden, bleibt das Bild dort recht klar. So veränderte sich nach aktuellem Wissensstand die Zahl der Gehöfte vom 2. Jh. v. Chr. bis zum 3. Jh. n. Chr. nur wenig, was zumindest andeutungsweise eine Stabilität auch der Wirtschaftsstrukturen nahelegt.[51] Wenn dies auch nichts über die Besitzstruktur aussagt, in der selbstverständlich auch Pachtparzellen im Großgrundbesitz vorgekommen sein dürften: Die Existenz freier Kleinbauern, ob auf eigenem Grund oder als Pächter, scheint dadurch jedenfalls gesichert. Auch im Küstensaum Etruriens legen die bisherigen Untersuchungen nahe, dass dort eine gemischte Wirtschaftsregion vorlag, in der – ganz im Sinne Catos des Älteren – Großbetriebe neben Kleinbauernhöfen lagen.[52] Lediglich in den Ebenen Unteritaliens – dem mit einer Ausnahme einzigen Herkunftsgebiet der von der durch Tiberius Gracchus eingesetzten Agrarkommission errichteten Grenzsteine zur Neuzuweisung von Staatsland – zeigt sich eine klare Verschiebung von kleinen Getreide- und Ölproduzenten hin zu Großbetrieben für die Rinderzucht: Die Zahl der Gehöfte nahm nach 200 v. Chr., als das Land vieler Verbündeter Hannibals konfisziert wurde, dramatisch ab, und im archäologisch nachweisbaren Knochenbefund dominierten seitdem Rinder über Kleinvieh; auch die in dieser Region vorgenommenen Analysen von Blütenpollen legen mit einem signifikanten Anstieg von Wiesenpflanzen und einem entsprechenden Rückgang von Kulturpflanzen nahe, dass hier tatsächlich extensiv wirtschaftende Viehzüchter Land besetzten, das zuvor intensiv für den Anbau von Grundnahrungsmitteln genutzt worden war.[53] Da gleichzeitig auch die Zahl der heute nachweisbaren Gehöfte abnahm, ist wohl an einen Übergang des Landes örtlicher Bauern in den Großgrundbesitz der römischen Elite zu denken.

Alles in allem blieb Italien aber agrarisch überaus leistungsfähig. Die Stadt Rom deckte noch in der Kaiserzeit trotz aller Importe und trotz der in der antiken Literatur vielbeklagten, in ihren realen Ausmaßen jedoch durchaus zweifelhaften Umwidmung großer Flächen guten Bodens zugunsten von reinen Luxusvillen etwa drei Viertel ihres Wein- und immerhin etwa ein Viertel ihres Olivenölbedarfs aus Italien selbst.[54] Die archäologisch erforschten Villen im Gebiet um den Vesuv herum etwa zeigen bis

---

51 Zu verschiedenen älteren Oberflächenforschungen s. *Barker/Lloyd*, Landscapes. Dass die dort präsentierten Ergebnisse teilweise mit heute veralteten Methoden gewonnen wurden, tut dem Gesamtbild nur wenig Abbruch: *Hoyer, D. C.*, An Interdisciplinary Approach to Republican Agriculture in Central and Southern Italy, in: *Keaveney/Earnshaw-Brown (Hgg.)*, The Italians on the Land, 67–78. Im Detail zurecht kritisch äußern sich *de Ligt*, Change, 592; 597–599; *Roselaar*, Public Land, 16 und öfter.
52 S. die Beiträge von *P. Arthur, J. Attolini* und *J. Lloyd* in: *Barker/Lloyd (Hgg.)*, Landscapes.
53 *Carter*, Metaponto, 244–247 mit Abb. 1. 20–22.
54 *Marzano*, Hinterland, 93–98.

zum Ausbruch des Vesuvs im Jahr 79 n. Chr. intensive landwirtschaftliche Nutzung des Bodens, insbesondere für den Weinanbau, für den man etwa bei den Villen im heutigen Boscoreale die Reben bis unmittelbar an die Gebäudemauern heran pflanzte.[55]

VII Nach der Bücher-Meyer-Kontroverse: Makrostrukturelle Evaluation der römischen Landwirtschaft

Ganz entgegen ihrer überwältigenden Bedeutung für die römische Wirtschaft fand die Landwirtschaft häufig nur wenig Interesse in der wirtschaftsgeschichtlichen Forschung. Dies ist wissenschaftsgeschichtlich begründet. In der Vergangenheit waren abstrahierende Studien zur antiken Wirtschaft lange von einer Kontroverse bestimmt, die von dem Ökonomen Karl Bücher losgetreten worden war, der die antike Wirtschaft als Ganzes als primitiv abtat, woraufhin sie der Althistoriker E. Meyer ebenso radikal auf eine Stufe mit den fortschrittlichsten Regionen Europas unmittelbar vor Erfindung der Dampfmaschine stellte. Man suchte in dieser Kontroverse vorrangig die Existenz als fortschrittlich bewerteter Wirtschaftszweige und -elemente nachzuweisen oder zu widerlegen. Die derart positionierten sogenannten Primitivisten und Modernisten fanden – in freilich immer differenzierterer Form – zahlreiche Anhänger, erstere etwa in F. Heichelheim und M. I. Finley, letztere in M. Rostovtzeff und K. Hopkins (s. Reinhardt in diesem Band). Hauptargumente waren jeweils die Beurteilung des Wachstums, der technischen Entwicklung, der Rationalität des Wirtschaftens und des Grades der Integration der antiken Märkte im Sinne Max Webers, der den hauptsächlichen Unterschied des vormodernen Europas zur Antike im dort bestehenden „ungeheuren Konglomerat interdependenter Märkte" sah.[56]

Diese häufig unter den ideologischen Vorzeichen der jeweiligen Epoche geführte Kontroverse war, wie sich herausstellte, nie im Sinne der einen oder anderen Haltung zu entscheiden, doch ist sie heute – nicht zuletzt aufgrund des archäologischen Fortschritts – einer differenzierteren und weniger emotionalen Betrachtung einzelner Regionen sowie der Suche nach quantifizierbaren Daten gewichen, die in aktuelle volkswirtschaftliche Modelle eingepasst werden könnten. Gerne aber werden etwa Ertragszahlen, Arbeitsorganisation und Marktstrukturen der frühen Neuzeit, insbesondere des 17./18. Jh. in Frankreich, Großbritannien und den Niederlanden herange-

---

[55] Ausführlich zur Einordnung dieser marktorientierten Produktionsstätten in die kampanische Villengegend s. *de Caro*, Boscoreale; vgl. *Tietz*, Hirten, 221–224; 252.
[56] Einen differenzierten Überblick über diese Debatte liefert *Pleket*, Wirtschaft, 31–55; vgl. *Rathbone*, Society; *von Reden*, Wirtschaft, 91–98.

zogen, um durch Analogschlüsse aus diesen wesentlich besser dokumentierten Epochen die Lücken zu ergänzen, welche die römischen Quellen nur allzu oft lassen.[57]

Raum muss auch der Frage eingeräumt werden, inwieweit das Wirtschaften der römischen Villenbesitzer – den Subsistenzbauern boten sich in der Regel kaum Alternativen – dem folgte, was man häufig wirtschaftlich rational nennt. Hierzu gehören vor allem Fragen der Kalkulation bzw. der Buchführung. Tatsächlich lassen unsere Quellen kaum einmal erkennen, dass etwa bei der Entscheidung, ob man Sklaven, Lohnarbeiter oder fest auf dem Hof angestellte Freie einsetzte, oder bei der Berechnung erwartbarer künftiger Erträge beim Landkauf alle wesentlichen Faktoren in die Rechnung einbezogen wurden. Speziell Überlegungen zu den Unterhaltskosten und Amortisierungszeiträumen treten bei Cato, Varro, Columella und Palladius kaum auf.[58]

Gleichwohl geben die zahlreichen überlieferten Anekdoten, Moralpredigten und Episoden des Eigenlobs, die sich in der römischen Literatur finden,[59] Anlass zu der Vermutung, dass man sehr wohl auch in der römischen Elite ein Auge darauf hatte, dass die Villen, große wie kleinere, profitabel betrieben wurden. Sklaven waren vor allem dort rentabel, wo das gesamte Jahr über Arbeit anfiel, die eine gewisse Spezialisierung erforderte, wohingegen in allen anderen Fällen Freie, ob fest angestellt, als Pächter oder als Lohnarbeiter, die billigere Variante waren. Aber auch unter der Voraussetzung, dass den Grundbesitzern aus der römischen Elite immer die rationalste Variante des Arbeitskräfteeinsatzes zur Verfügung stand, zeigt sich doch, dass kaum ein Villenbesitzer rein wirtschaftlich rational dachte. Dies ist auch gar nicht anzunehmen, denn damals wie heute spielen Faktoren wie der Wunsch nach angemessener Repräsentation, nach Bequemlichkeit sowie zahlreiche andere eine Rolle für entsprechende Entscheidungen. Die Frage ist also zu stellen, welche Gründe es für diese oder jene Entscheidung gab, nicht, ob diese abstrakten Rationalitätskriterien standhalten können. Es kann bei allen regionalen und sozialen Unterschieden aber festgehalten werden, dass mit Ausnahme Italiens die römische Landwirtschaft alles andere als eine Sklavenwirtschaft war; Subsistenzwirtschaft, Pächterwesen und der Einsatz freier Lohnarbeiter auf Zeit waren für einen Großteil der römischen Produktion verantwortlich.[60]

Skepsis bezüglich des technischen Fortschritts in der Antike ist freilich durchaus angebracht, auch wenn eine Liste der antiken Erfindungen, die für die Landwirtschaft nutzbar gemacht wurden oder hätten gemacht werden können, durchaus eindrucksvoll ist (s. auch Schneider in diesem Band). Pflüge, Karste und andere Werkzeuge, die sich auf den ersten Blick kaum fortentwickelten, entfalteten doch durch die Verwendung von mehr oder besserem Metall im Laufe der Jahrhunderte eine erheblich ge-

---

57 Z. B. *Pleket*, Wirtschaft, 25–31; *Shaw*, Sheaves, 11–47 und öfter. Grundsätzliches zu dieser auch dort als unumgänglich eingestuften Methode bei *de Ligt*, Change, 591–591.
58 *Pleket*, Wirtschaft, 96–99.
59 Eine knappe Zusammenstellung mit weiterführenden Hinweisen hierzu bei *Purcell*, Villa, 153–154.
60 *Pleket*, Wirtschaft, 86–96; 99–102; *von Reden*, Wirtschaft, 121–123; *Tietz*, Hirten, 288–294.

steigerte Wirkung, die sich auch in die Breite der römischen Welt auswirkte. In Britannien wie in Syrien arbeiteten die römischen Bauern mit Werkzeugen ähnlicher Qualität. Die spektakulären, auf den ersten Blick wegweisenden und rationalisierend wirkenden Erfindungen wie ein Erntegerät, welches Ähren nicht nur abschnitt, sondern im selben Arbeitsgang einem Sammelkorb zuführte (die sogenannte Gallische Erntemaschine), ungeheure Anlagen hintereinander gereihter Wassermühlen (in Südfrankreich) oder eine wassergetriebene, über mehrerer Kurbelwellen mechanisierte Säge (für Marmorblöcke im kleinasiatischen Dokimeion genutzt) hatten im Gegensatz dazu nur regionale Wirkung und wurden anderswo nicht aufgegriffen.[61] Dies brachte man häufig mit einer angeblichen Fortschrittsfeindlichkeit der römischen Führungsschicht in Verbindung, die zwar als Großgrundbesitzer zweifellos über das höchste Kapital verfügte, aber nicht an der rationalen Steigerung der Produktivität interessiert gewesen sei, solange sie von den schmalen Einkünften nur weiterhin ihren gewohnten Lebensstil pflegen konnte; dies wiederum führte, wie M. I. Finley es ausdrückte, zu einer sozialen Schicht der Gentlemen Farmers, und die so umschriebene Kombination aus Desinteresse, Absentismus und mangelnden Investitionen gerade der größten Einkommen in der römischen Gesellschaft führte nach ihm zwangsläufig zur Stagnation.[62]

Solche häufig ideologisch hinterlegten Argumentationen moderner Forscher gehen aber wohl am Kern der Sache vorbei. Dies betrifft auch die Entschuldigungen der römischen Oberschicht, die man gelegentlich vorbrachte, etwa, dass ein Einsatz der ‚Gallischen Erntemaschine' eben nur in den großen Ebenen Nordostgalliens sinnvoll sei, in den hügeligen Regionen Italiens und anderswo wegen der Beschaffenheit des Geländes dagegen nicht. Schließlich handelt es sich aber um wenig mehr als eine von einem einzelnen Zugtier oder gar einem Menschen bewegte Schubkarre, die nicht viel Manövrierraum beanspruchte oder etwa nur auf riesigen, flachen Ebenen einsetzbar gewesen wäre – und selbst diese gab es in Italien, Sizilien, Nordafrika und anderen Getreidezentren der Mittelmeerwelt zuhauf.

Nicht zu unterschätzen ist nämlich der beträchtliche Fortschritt, der in der römischen Landwirtschaft durch die Fortentwicklung und den Transfer von Wissen zu erzielen war. Wichtige Fortschritte, etwa bei der richtigen Pfropfung von Obstbäumen, in der Tierheilkunde und ganz grundsätzlich das Wissen um den richtigen Zeitpunkt für die Ausführung bestimmter Arbeiten nehmen sich weniger spektakulär aus, trugen aber erheblich zur Ertragssteigerung bei. Auch ständig zunehmende Verbesserungen bei Vermessung und Arbeitsorganisation wirkten still, doch sicher erheblich ertragssteigernd.[63]

---

61 *Bartoldus*, Palladius, 105–108; s. auch den Beitrag von *Schneider* in diesem Band.
62 *White*, Farming, 446–454. Zusammenfassend und kritisch setzt sich damit *Purcell*, Villa, 162–166 auseinander.
63 *Flach*, Agrargeschichte, 1–28; *Bartoldus*, Palladius, 136–140; 146–148; 246–248; *Tietz*, Hirten, 12–13; 178–179; 212–214; *von Reden*, Wirtschaft, 117–118.

Der Fortschritt in der römischen Landwirtschaft ist also eher als langsame, aber kontinuierliche und effektive Entwicklung zu sehen. Die Suche nach einer Abfolge einzelner revolutionärer Entdeckungen hat in der älteren Forschung den Blick hierauf zuweilen verstellt. Vieles, was erst das Mittelalter zu prägen und genuin aus diesem zu stammen scheint, wie etwa Windmühlen und die Dreifelderwirtschaft, ist das Ergebnis antiker Entwicklungen.[64] Die Antike wie das Mittelalter stellen in Bezug auf technische Entwicklung in der Landwirtschaft Perioden der ‚Eotechnischen Phase' nach der Definition von Lewis Mumford dar, in der Wirtschaft und Natur vor der ‚industriellen Revolution' eine Symbiose eingingen, die trotz des Fehlens revolutionärer Erfindungen stetig voranschritt.

Schließlich bleibt zu fragen, ob die römische Landwirtschaft in der Lage war, ein nachhaltiges Wirtschaftswachstum hervorzubringen, das sich in steigenden Realeinkommen und damit einem sich steigernden Lebensstandard niedergeschlagen habe. Eine Möglichkeit hierzu wäre eine sich ständig intensivierende Integration der (ländlichen) Märkte und ihrer bäuerlichen Zulieferer. Vor kurzem wurde grundsätzlich und mit teilweise guten Argumenten infrage gestellt, dass die römischen Kleinbauern marktfern und vor allem für den Eigenbedarf produziert hätten. Selbst der bescheidenste Subsistenzbauer hätte es sich angesichts der tiefgreifenden Monetarisierung des Imperium Romanum zumindest in dessen Kernregionen durchaus leisten können, im Hinblick auf den Verkauf und damit den Erwerb von – im Gegensatz zu Lebensmitteln – unbegrenzt lagerfähigem und jederzeit nach Belieben einsetzbarem Geld zu produzieren, anstatt stets darauf zu achten, zu jeder Jahreszeit etwas selbst Produziertes zu essen zu haben.[65] Dem wird man in dieser Pauschalität kaum zustimmen können, denn vor allem scheinen die überlieferten oder archäologisch erkennbaren Betriebsgrößen römischer Kleinbauern zu gering zu sein, um ein Konzept zur Grundlage des Wirtschaftens machen zu können, das den bewussten Verzicht auf den Anbau von Grundnahrungsmitteln auf Teilen der zur Verfügung stehenden Fläche in der Hoffnung in Kauf nimmt, dort genügend *cash crops* zu erzeugen, um den drohenden Mangel abzuwenden.[66] In vielen Fällen wird man schlicht mit einer unzureichenden Qualität nicht selbst ohne weiteres herstellbarer Gebrauchsgegenstände wie Handmühlen, Schuhwerk, Gebäuden und anderem rechnen müssen.

Ganz grundsätzlich stehen vormoderne Gesellschaften vor dem Problem der Malthusianischen Falle. Der bis heute virulenten Theorie von Thomas Robert Malthus, einem britischen Ökonomen des frühen 19. Jh., zufolge war eine nachhaltig positive Entwicklung der Produktion und des Pro-Kopf- Einkommens schlechterdings nicht

---

64 *Greene*, Innovation.
65 *Hollander*, Farmers, 53–57, letztlich vor allem mit dem Argument der archäologisch nachgewiesenen, sehr starken Monetarisierung auch ländlicher Regionen des Imperium Romanum.
66 *Hollander*, Farmers, 94–96; *Tietz*, Hirten, 162–165. Eine besonders klare Sprache sprechen hierbei die sehr kleinen Landlose bei Koloniegründungen und zur Veteranenversorgung, die wohl immer voraussetzen, dass zusätzlich gemeinschaftlich nutzbares Land zur Verfügung stand: *Roselaar*, Public Land, 54–63 (mit einer tabellarischen Übersicht).

möglich, da entsprechende Ansätze rasch wieder durch steigende Geburtenraten aufgefressen wurden; lediglich Seuchen oder Kriege mit hohen Bevölkerungsverlusten ließen im Anschluss regional länger andauernde Steigerungen zu.[67] Bei aller Vorsicht hat man dies auch für die Antike zu untersuchen unternommen und dabei ähnliche Mechanismen festgestellt.[68] Nicht zuletzt die erwähnte, von M. I. Finley entwickelte und bis heute wirkmächtige Theorie von der unproduktiven Stagnation der römischen Landwirtschaft trug ihren Teil dazu bei, die römische Antike in der Malthusianischen Falle gefangen zu sehen.

Es bleibt freilich angesichts der insgesamt durchaus positiven demographischen Entwicklung des antiken Mittelmeerraumes von 700 v. Chr. bis 300 n. Chr. zu fragen, ob sich nicht doch die allgemeine Entwicklung und gezielte Versuche, die Erträge zu steigern (etwa durch ständige Ausdehnung auch auf weniger attraktive Anbauflächen unter kaiserlichem Druck oder durch Vermehrung des archäologisch nicht nachweisbaren, im schriftlichen Quellenbestand aber gut hervortretenden Wissens um naturwissenschaftliche Zusammenhänge), nachhaltig positiv ausgewirkt haben könnten. Die negativen Faktoren, die letztlich zu einem Rückgang der landwirtschaftlichen Produktivität in der Spätantike führten, lagen wohl weniger in einem zyklischen System, wie es sich Malthus vorstellte oder auch mangelnder Rationalität in wirtschaftlichen Denken der Antike begründet, sondern in der Auflösung der wirtschaftlichen Integration großer Teile der Mittelmeerwelt, dem Niedergang der großen Städte als zentrale Orte für Umschlag und Vermarktung und letztlich auch der zunehmenden Regionalisierung und zahlenmäßigen Rückgangs des damit als stabilisierender Wirtschaftsfaktor ausfallenden römischen Militärs.[69]

VIII Schluss

Außerhalb der römischen Städte drehte sich das ganze Leben um die Erzeugung dessen aus der Umwelt, was zum Leben gebraucht wurde.[70] Dies trifft zwar auf alle vorindustriellen Gesellschaften zu, doch die römische Landwirtschaft scheint in der Erfüllung dieser Aufgabe erstaunlich erfolgreich gewesen zu sein. Verschiedene Formen der Mangelernährung waren wesentlich weniger ausgeprägt als in anderen Epochen, teilweise bis ins 19. Jahrhundert. Die als Indikator ebenfalls wichtige durchschnittliche Größe römischer Menschen, Nutztiere und Früchte wurde in weiten

---

67 *Von Reden*, Wirtschaft, 111–113.
68 *Temin*, Market, 220–239.
69 Zur Rolle von Städten und Militär s. *Pleket*, Wirtschaft, 102; weiterführend zur grundsätzlichen Regionalisierung der römischen Wirtschaft: *Bowman/Wilson*, Economy, 15–17. Zur Spätantike *Cheyette*, Disappearance.
70 *Purcell*, Villa, 151.

Teilen Südeuropas erst im 20. Jh. wieder erreicht.[71] Bei aller gebotenen Vorsicht gegenüber derlei Statistiken[72] bleibt wohl doch die Vermutung, dass es zwar nicht die von der Forschung lange vergeblich gesuchte technologische Entwicklung war, wodurch die recht gute Versorgung der römischen Bevölkerung gewährleitet wurde, sondern das überregional ständig zunehmende Wissen um die richtige Pflege und Auslese von Pflanzen und Tieren. Während man diese Ergebnisse in der Bücher-Meyer-Kontroverse noch vor allem als Argumente für eine hohe oder niedrige Bewertung der Kapazitäten der römischen Landwirtschaft verwendet hat, wird man sie künftig vor allem als Ansatz für weitere Überlegungen zu unseren erhaltenen Quellen verstehen. Hieraus und aus intensiver interdisziplinärer Zusammenarbeit zwischen Geschichts- und Naturwissenschaften ist noch viel Aufschluss über Wesen, Funktionsweise und Vernetzung der römischen Landwirtschaft zu erwarten.

Bibliographie

Barker, G./Lloyd, J. (Hgg.), Roman Landscapes. Archaeological Survey in the Mediterranean Region. Rom/London 1991.
Bartoldus, M. J., Palladius Rutilius Taurus Aemilianus. Welt und Wert spätrömischer Landwirtschaft. Augsburg 2012.
Bender, H., Agrargeschichte Deutschlands in der römischen Kaiserzeit innerhalb der Grenzen des Imperium Romanum, in: Lüning, J./Jockenhövel, A./Capelle, T. (Hgg.), Deutsche Agrargeschichte. Vor- und Frühgeschichte. Stuttgart 1997, 263–374.
Bowman, A./Wilson, A., Introduction. Quantifying Roman Agriculture, in: *dies.* (Hgg.), The Roman Agricultural Economy. Organization, Investment, and Production. Oxford 2013, 1–32.
De Caro, S., La villa rustica in località Villa Regina a Boscoreale. Rom 1994.
Carter, J. C., Discovering the Greek Countryside at Metaponto. Ann Arbor 2006.
Cheyette, F. L., The Disappearance of the Ancient Landscape and the Climatic Anomaly of the Early Middle Ages: A Question to Be Pursued, in: Early Medieval Europe, 16/2, 2008, 127–165.
Diderich, S., Römische Agrarhandbücher zwischen Fachwissenschaft, Literatur und Ideologie. Berlin 2007.
Flach, D., Römische Agrargeschichte. (HdA, Bd. III 9) München 1990.
Förtsch, R., Archäologischer Kommentar zu den Villenbriefen des jüngeren Plinius. Mainz 1993.
Frayn, J. M., Subsistence Farming in Roman Italy. London 1979.
Franconi, T. V. (Hg.), Fluvial Landscapes in the Roman World. (JRArch Suppl., Bd. 104) Portsmouth 2015.
Garnsey, P., Cities, Peasants, and Food in Classical Antiquity. Cambridge 1998.
Greene, K., Technological Innovation and Economic Progress in the Ancient World: M. I. Finley Re-Considered, in: The Economic History Review, 53, 2000, 29–59.
Heimberg, U., Villa Rustica. Leben und Arbeiten auf römischen Landgütern. Darmstadt 2011.
Hollander, D. B., Farmers and Agriculture in the Roman Economy. Oxon/New York 2019.

---

71 *Kron*, Food, 156–160.
72 Erhebliche Unsicherheiten rühren zwangsläufig aus der mangelhaften Quantifizierbarkeit von Grabkontexten, Knochenfunden und bildlichen Darstellungen gegenüber den Massen empirischer Daten aus der Neuzeit. Zu den Schwierigkeiten bei der Anwendung von Theorien und Modellen aus der heutigen Wirtschaftswissenschaft auf antike Gesellschaften s. *Temin*, Market, 1–24; *von Reden*, Wirtschaft, 86–87; *Bowman/Wilson*, Economy, 1–10.

Hugues, J. D., Environmental Problems of the Greeks and Romans. 2. Aufl. Baltimore 2014.
Keaveney, A./Earnshaw-Brown, L. (Hgg.), The Italians on the Land. Changing Perspectives on Republican Italy Then and Now. Newcastle upon Tyne 2009.
Kron, G., Food Production, in: *Scheidel, W. (Hg.)*, The Cambridge Companion to the Roman Economy. Cambridge 2012, 156–174.
De Ligt, L., The Economy. Agrarian Change during the Second Century, in: *Rosenstein, N./Morstein-Marx, R. (Hgg.)*, A Companion to the Roman Republic. Malden 2010, 590–605.
Marzano, A., Agricultural Production in the Hinterland of Rome, in: *Bowman, A./Wilson, A. (Hgg.)*, The Roman Agricultural Economy. Oxford 2013, 85–106.
Meißner, B., Die technologische Fachliteratur der Antike. Struktur, Wissen und Wirkung technischen Wissens in der Antike (ca. 400 v. Chr.–ca. 500 n. Chr.). Berlin 1999.
Mielsch, H., Die römische Villa, Architektur und Lebensform. 2. Aufl. München 1997.
Nenninger, M., Die Römer und der Wald. Untersuchungen zum Umgang mit einem Naturraum am Beispiel der römischen Nordwestprovinzen. Stuttgart 2001.
Oehme, M., Die römische Villenwirtschaft. Untersuchungen zu den Agrarschriften Catos und Columellas und ihrer Darstellung bei Niebuhr und Mommsen. Bonn 1988.
Peters, J., Römische Tierhaltung und Tierzucht. Rahden 1998.
Pleket, H. W., Wirtschaft, in: *Vittinghoff, F. (Hg.)*, Handbuch der europäischen Wirtschafts- und Sozialgeschichte I. Stuttgart 1990, 25–160.
Purcell, N., The Roman Villa and the Landscape of Production, in: *Cornell, T. J./Lomas, K. (Hgg.)*, Urban Society in Roman Italy. London/New York 2017, 151–179.
Rathbone, D. W., Economic Rationalism and Rural Society in Third-Century A. D. Egypt: The Heroninos Archive and the Appianus Estate. Cambridge 1991.
Von Reden, S., Antike Wirtschaft. Berlin/Boston 2015.
Roselaar, S. T., Public Land in the Roman Republic. A Social and Economic History of *Ager Publicus* in Italy, 396–89 BC. Oxford 2010.
Scheidel, W., Grundpacht und Lohnarbeit in der Landwirtschaft des römischen Italien. Frankfurt a. M. 1994.
Shaw, B., Bringing in the Sheaves. Economy and Metaphor in the Roman World. Toronto et al. 2013.
Silver, M., A Forum on Trade B, in: *Scheidel, W. (Hg.)*, The Cambridge Companion to the Roman Economy. Cambridge 2012, 292–295.
Spurr, M., Arable Cultivation in Roman Italy, c. 200 B. C.–c. A. D. 100. London 1986.
Temin, P., The Roman Market Economy. Princeton 2013.
Tietz, W., Hirten, Bauern, Götter. Eine Geschichte der römischen Landwirtschaft. München 2015.
De Vos, M., The Rural Landscape of Thugga. Farms, Presses, Mills, and Transport, in: *Bowman, A./Wilson, A. (Hgg.)*, The Roman agricultural economy. Oxford 2013, 143–218.
White, K. D., Agricultural Implements in the Greco-Roman World. London 1967.
White, K. D., Roman Farming. London 1970.
Zarmakoupi, M., Designing for Luxury on the Bay of Naples. Villas and Landscapes (c. 100 BCE–79 CE). Oxford 2014.

Oliver Stoll
26 Wirtschaft und Militär

I Frieden

1 Staat, Staatsfinanzen und Militär

Die beständige Kriegführung, die mit der Formierung und Expansion des Imperiums einherging, bedeutete eine erhebliche strukturelle Belastung an personellen und materiellen Ressourcen, besonders seit dem 3. Jh. v. Chr. und während der Einverleibung der hellenistischen Großmächte sowie den Punischen Kriegen (s. aber Pol. 3, 89, 9, der die unerschöpflichen Ressourcen Roms an Nachschub und Rekruten konstatiert). Gleichzeitig bedeuteten diese Kriege und Siege auch Einkünfte an Konfiskationen, Reparationen, Beute, Sklaven, Tributen und Ressourcen in den neuen Gebieten des Reiches, etwa die spanischen Bergwerken nach dem 2. Punischen Krieg, die mit als Voraussetzung für die Entwicklung einer komplexen Geldwirtschaft und wirtschaftlichen Wachstum gesehen werden dürfen (s. auch den Beitrag von *Wolters* in diesem Band). Zudem führten die Anstrengungen im Flottenbau und bei der Ausrüstung sowie in der Logistik zu einem ‚Wirtschaftsboom' in Handwerk und Handel. Die Bedürfnisse von Staat und Militär lieferten einen Impuls für die Intensivierung von Produktion und Handel. Die durch die langfristige Abwesenheit von Haus und Hof extrem belasteten Milizsoldaten der Republik wurden seit spätestens dem 3. Jh. v. Chr. mit regelmäßigem Sold versorgt (z. B. Pol. 6, 39, 12–15).[1] Die Standardgröße eines Konsularheeres der Mittleren Republik dürfte nicht weit über 20–30.000 Mann gelegen haben, freilich variierte die Größe der zu besoldenden Kontingente für uns unkontrollierbar.

Was hier nun zum Thema Wirtschaft und Militär folgt, und weitgehend auf die römische Kaiserzeit und die Spätantike fokussiert ist, kann nicht mehr als ein lückenhafter Einblick in ein komplexes Beziehungsgeflecht sein; allgemeingültige Aussagen fallen schwer bzw. es könnten hier und da Unschärfen auffallen, die entstehen, wenn man berücksichtigt, dass es ‚die' römische Armee nicht gegeben hat, sondern zumindest in der Kaiserzeit eine Vielzahl von Provinzheeren von z. T. sehr eigenem Charakter, der (zusammen eben mit dem notwendigen wirtschaftshistorischen Aspekt diesbezüglicher Betrachtungen) weitestgehend noch ein Forschungsdesiderat darstellt.

Unter Augustus wurde die Armee in einem Prozess, dessen einzelne Schritte (13 v. Chr.; 5 n. Chr., 6 n. Chr.) hier nicht nachvollzogen werden müssen, zu einer stehenden Berufsarmee (v. a. 25 Legionen; insges. dürften im 1. Jh. das Heer und die Flotte etwa 300.000 Mann stark gewesen sein, im 2. Jh. darf man 450–480.000 Mann rechnen), zu einer Dauerinstitution mit all ihren Kosten, über die der *princeps*, der

---

[1] *Rathbone*, Finance, 158–176, hier: 159.

ja immer zugleich ‚Herr des Heeres', alleiniger Oberbefehlshaber, war, Bescheid wusste.[2] Man konnte mit diesen Ausgaben bzw. Leistungen Politik machen (R. Gest. div. Aug. 15–16; man denke auch an die Geldgeschenke, die *donativa*, vor allem an die städtischen Truppen), musste aber auch Wege zur Finanzierung finden (z. B. 6 n. Chr. mit der Einrichtung des *aerarium militare*, der Veteranenkasse; zur Veteranenversorgung: R. Gest. div. Aug. 17; Cass. Dio 55, 24, 9; reguläre Zahlungen aus den Steuern aller Provinzen/Staatseinnahmen, die in das *aerarium Saturni* flossen). Zum Grundgehalt (*stipendium*), das während der Kaiserzeit an drei Terminen im Jahr, offensichtlich im Zusammenhang mit feierlichen Zeremonien (Ios. bell. Iud. 5, 9, 1–2 Auszahlung durch Titus vor Jerusalem; Arr. per. P. E. 6, 10 Auszahlung in den Kastellen durch den Statthalter Arrian; Soldabholung (?): Tab. Vindol. II 154[3]), ausgezahlt wurde (und das natürlich nach Truppengattung und nach Rang und Funktion beträchtlich differierte, was eine Berechnung der wirklichen Personal-Kosten unmöglich macht!), kamen noch beträchtliche Ausgaben in Form von *donativa*, dazu dann am Ende der Dienstzeit Entlassungsgelder bzw. Kosten für Landzuteilungen (*praemia veteranorum*), seit dem 3. Jh. bzw. seit Diokletian auch regelmäßige Naturalzahlungen (*annona militaris*). Für das Verhältnis der Truppen zum Kaiser, auf den sie jährlich einen feierlichen Eid ablegten und ihre Treue/*fides* versicherten, war die finanzielle, wirtschaftliche bzw. soziale Absicherung ein entscheidender Loyalitätsfaktor,[4] der im Staatshaushalt beträchtlich zu Buche schlug. Dass Tiberius von einem Wolf sprach, den er bei den Ohren halte, kann man in dieser Hinsicht verstehen (Suet. Tib. 25, 1) und man hat bereits in der Antike die Militärausgaben als größte Belastung für den Staat gesehen (4. Jh.: Anon. de rebus bell. 5, 1)! Die von Zeit zu Zeit vorgenommenen Solderhöhungen[5] (etwa unter Domitian, Septimius Severus, Caracalla, Maximinus Thrax) avancierten die Soldaten zwar zu privilegierten Teilen der Garnisonslandschaften, führten jedoch reichsweit zum Verfall der römischen Währung, zu Münzverschlechterung und Inflation.

Was der Unterhalt von militärischen Gebäuden und Einrichtungen gekostet hat, was der Tierbedarf und vieles mehr – wir wissen es nicht. Natürlich waren auch die Ausgaben für die Flotten (Sold, Unterhalt der Flotteneinheiten und Marineeinrichtungen),[6] also die zwei Reichs- und die acht Provinzialflotten, ein beträchtlicher Kostenfaktor der Staatsausgaben, obwohl auch hier vieles im Dunkel bleiben muss. Wie übrigens in den 480er Jahren mit dem Ende des weströmischen Reiches auch die staatliche Besoldung im Bereich des raetisch-norischen Limes endet, kann man aus

---

2 Vgl. Tac. ann. 1, 11, 4: Eine Denkschrift für den Nachfolger Tiberius und den Senat enthielt genaue Angaben über Bürger und Bundesgenossen unter Waffen, Flotteneinheiten, Steuern, notwendige Spenden und Ausgaben etc.; s. a. Suet. Aug. 101, 4: auch die Standorte waren aufgezählt.
3 *Birley*, Garrison, 79: „stipendiatum" in Eburacum; *ebd.*, weitere Hinweisen auf *numeratio* (Geldauszahlung für die Kohorte) etc.: Tab. Vindol. II 242 und 327 (Geldtransport *in aere minuto*).
4 *Campbell*, Emperor, 157–176; *Hebblewhite*, Emperor, 71–119, allgemein s. a. *Speidel*, Heer, 53–84; zur *annona militaris* siehe dort 90–93, insbesondere aber *Mitthof*, Annona.
5 Siehe auch *Rathbone*, Finance, 159–160.
6 Vergleiche aber *Konen*, Classis, 34–351; *Elliott*, Eagles, 35–74.

der Vita des Heiligen Severin gut nachvollziehen (Eugipp, Vita Sanct. Sev. 20, 1 zu Soldaten, die in Italien ein *publicum stipendium* holen sollen).

Zwar kann man das Militär und die Veteranenversorgung als größten Ausgabeposten des Staates bezeichnen (Schätzungen gehen bis 75 % des Staatshaushaltes: laufende Kosten des Berufsheeres, aber auch finanzielle Belastungen während militärischer Operationen; Entlassungsgelder[7]), aber sicher auch als ‚Motor der Wirtschaft im Dauerbetrieb': Wo Militär im Einsatz war, gab es Konsum und gleichzeitig entstanden neue Handwerks- und Handelsstrukturen in Garnisonen (oder an Einsatzorten), neue Konsumentenschichten und neue Märkte: In den Grenzzonen kann man das besonders gut nachvollziehen. Diese waren Bereiche größten (staatlichen und privaten) Konsums und damit einhergehender ökonomischer Transformation.[8] Andererseits ist das System der Versorgung des Heeres und das Verhältnis zwischen Zivilbevölkerung und Militär, speziell auch, was wirtschaftliche Belastungen angeht, sicher nicht immer positiv beurteilt worden. Wir kennen dazu epigraphisch überlieferte „Hilferufe" aus den Provinzen, aber auch literarische Quellen,[9] die entsprechende Bedrückungen formulieren oder gar als Gründe für Widerstand gegen Rom anführen (z. B. Sacrovir-Aufstand: Tac. ann. 3, 40–47); Papyri und Rechtsquellen spiegeln widerrechtliche Abweichungen vom gesetzlich Zulässigen (Einquartierung, Stellung von Tieren und Booten, Geldzahlungen etc.) durch Militärpersonal ebenfalls wider (etwa Dig. 1, 18, 6, 5–7; PSI 5, 446); charakteristischerweise sind es immer wieder Gemeinwesen an den großen Straßen, auf denen Truppenbewegungen stattfinden, die Grund zur Beschwerde haben:[10] Der Autor der Vita Probi (SHA Vita Probi 22, 4–23, 3) träumt in seiner ‚Utopie' vielleicht bezeichnenderweise, dass Soldaten überhaupt nicht mehr nötig wären und fügt hinzu, dass dann die Provinzialen auch keine *annona* mehr geben müssten, dass keine Soldzahlungen mehr aus öffentlichen Kassen nötig seien, dass dann der Staat sein Geld und seinen Wohlstand dauerhaft bewahren könne;

---

7 *Campbell*, Emperor, 161–176 mit Rechenbeispielen für die Militärausgaben, die er mit 40 % des Staatshaushaltes ansetzt: z. B. 350–380 Millionen Sesterzen unter Augustus, 800 Millionen pro Jahr unter Caracalla; bis zu 75 % schätzt etwa *Hebblewhite*, Emperor, 103; s. a. *Rathbone*, Finance, 173–176 und *Wierschowski*, Heer, 220. Allgemein s. a. *Herz*, Finances, 306–322.
8 *Parker*, Feeding, 212 oder auch *Phang*, Approaches, 135. *Verboven, K. S.*, Good for Business. The Roman Army and the Emergence of a 'Business Class' in the Northwestern Provinces of the Roman Empire (1st Century BCE–3rd Century CE), in: *de Blois, L./Lo Cascio, E. (Hgg.)*, The Impact of the Roman Army (200 BC–AD 476). Economic, Social, Political, Religious and Cultural Aspects. Proceedings of the Sixth Workshop of the International Network Impact of Empire. Capri, 29. März–2. April 2005. Leiden/Boston 2007, 295–313 zur Entstehung von „military markets" und „Business Classes" in den Nordwestprovinzen des Imperiums. Vgl. *Wierschowski*, Heer, 139–151.
9 Eine wertvolle Auswahl an Quellen bietet *Campbell*, Army, 174–180. Charakteristische Belege aus der Spätantike: *Hebblewhite*, Emperor, 102–104.
10 Vgl. hier auch Plin. epist. 10, 77–78; OGIS 609; CIL III 12336; SEG XXVI 1392 umreißt dagegen Nutzungsberechtigte des staatlichen Transportsystems als *militantes*, sie mussten in festgesetztem Rahmen unterstützt werden, wenn sie einen Marschbefehl hatten.

weder der Kaiser habe finanzielle Zwänge, noch der Landbesitzer – ein goldenes Zeitalter wäre das!

2 Heeresversorgung, Militär und Steuern

In der *Historia Augusta* findet sich der Ausspruch des Alexander Severus, man habe Soldaten nicht zu fürchten, wenn sie mit Kleidung, Waffen, Schuhwerk versorgt und satt seien und Geld im Gürtel hätten (SHA Alex. 52, 3). Die Versorgung des Militärs und die Gewährleistung der Logistik stellte eine große Herausforderung für Kaiser, Staat, Administration und auch die Regimenter selbst dar. Selten gibt es Berechnungen des Gesamtbedarfes, gelegentlich aber Aufstellungen[11] für einzelne Provinzen bzw. Provinzheere, etwa für Syrien oder Raetien: Beim *exercitus Syriacus* betrug der Bedarf an Getreide beispielsweise am Beginn des 2. Jh. jährlich gut 8200 Tonnen, dazu noch 2500 Tonnen Futter für die Pferde, der Gesamtbedarf des 2. Jh. wird grob auf 150.000 Tonnen Getreide pro Jahr für die gesamte Armee geschätzt. Zur Erfüllung des Bedarfes war ein Geflecht von ‚Komponenten' nötig: Provinziale Kontributionen (und lokale Produzenten, s. I 4), bei der *annona militaris* unterstützt durch die Getreideversorgungskanzlei in Rom (*praefectus annonae*), dann für die Koordination vor Ort die für alles in ihrer Provinz verantwortlichen Statthalter (Dig. 1, 16, 9 pr.) sowie insbesondere die *procuratores Augusti* mit ihren Stäben und abkommandierten Militärchargen. Jedoch lassen sich auch in den Einheiten Verantwortliche ausmachen, die das System der Truppenversorgung betreuten,[12] der Lagerpräfekt (*praefectus castrorum*) etwa in den Legionen, auch die *primipili*, bei denen sich interessante ökonomische Betätigungen in diesem Rahmen feststellen lassen. Hier ist vor allem das *lustrum primipili* zu nennen: Diese ranghöchsten Zenturionen der Legionen scheinen für den *pastus* zuständig gewesen zu sein, die Lieferung und Verteilung bzw. auch den Ankauf von Gütern aus der *annona* und den Handel und deren ‚Weiterverbringung' in ‚unterversorgte' Gebiete, also in den eigenen Regimentsbereich, wo eben Bedarf bestand[13] und wo die Offiziere dann bei Ablieferung auch Gewinne einstreichen konnten, wenn ihnen die Kosten vergütet wurden. *Primipili* (und deren privates Personal) aus den

---

[11] Kehne, P., Logistik, in: *Sonnabend, H. (Hg.)*, Mensch und Landschaft in der Antike. Lexikon der Historischen Geographie. Stuttgart/Weimar 1999, 313; für Raetien *Herz*, Militär, 79–107; zu Syrien *Kissel*, Untersuchungen, 34–37. Gesamtbedarf: *Campbell*, Army, 140. Für Niedergermanien s. *Elton*, Frontiers, 67.

[12] Dig. 49, 16, 12, 2 weist allen Offizieren eine gewisse Verantwortung zu, vor allem den Tribunen, die auch bei der Verteilung von Nahrung auf Betrug achten sollen.

[13] *Mócsy, A.*, Das *Lustrum Primipili* und die *Annona Militaris*, in: ders., Pannonien und das römische Heer. Ausgewählte Aufsätze. Stuttgart 1992, 106–120 rechnet mit Korruption und Fehlverhalten (Unterschlagung) bei diesen Aktionen: Korruption in militärischem Zusammenhang wäre ein interessantes Thema, vgl. kurz *Roth*, Logistics, 275 zu diesem Problem. *Ott*, Beneficiarier, 142–149 zur Rolle der Benefiziarier bei der Kontrolle bzw. Verwaltung der Heeresversorgung.

Donaulegionen sind epigraphisch (CIL V 808; 8237; ILS 4222) etwa in dieser Funktion in der zentralen Adriahafenstadt Aquileia belegt, wo sie sicher Verpflegung bzw. logistische Massengüter für ihre Truppenverbände beschafften.[14] Die Erhebung und auch der Kauf zustehender bzw. zusätzlich benötigter Güter, die Verwaltung und Verteilung der Versorgungsgüter war in den Regimentern (auch der Hilfstruppen) auf mehrere Schultern bzw. Ränge und Funktionsträger verteilt, auch wenn die genaue Abgrenzung der Aufgaben und Kompetenzen nicht leicht erkennbar sind (*summus curator* und *curatores* in Reitereinheiten; *optiones, signiferi* in den Legionen und Auxilien, z. B. CBFIR 781 und CIL VIII 18224 aus Lambaesis, beide Male im Zusammenhang mit Lebensmittelankauf).[15] In den Papyri sind entsprechende Transaktionen schlaglichtartig überliefert: die vom Gaustrategen festgesetzte Abgabe von Getreidemengen aus einem bestimmten Dorf und ihre Auslieferung an einen dazu abkommandierten Soldaten der ala in Koptos (P. Amherst 2, 107, 185 n. Chr.); die Bestätigung eines *procurator* einer anderen Ala an die „Heupächter" (auf dem Gelände der *ala* vielleicht), dass er die monatliche Heulieferung bekommen und die Transportkosten bezahlt habe (RMR 80, 130 n. Chr.). Wer aber hat einen gewissen Sempronius (P. Mich. 3, 206) beauftragt, Brot nach Alexandria, bzw. Nikopolis, „zu den Soldaten" zu bringen und wer hat ihn bezahlt[16] und wer waren Octavius und Candidus, die in Tab. Vindol. II 343 große Mengen Getreide und Häute, außerdem Sehnen als Wirtschaftsgüter zum Thema machen? Soldaten, vielleicht *optiones* oder zivile Unternehmer, die wegen des Nachschubs in engem Kontakt zum Militär standen (auch ein großer Fuhrpark ist in diesem Zusammenhang immer wieder erwähnt,[17] gleichwohl in offiziellem Auftrag auch zivile Fuhrunternehmer und Spediteure für das Militär transportierten: O. Bu Njem 75–81 – Getreide nach Gholaia[18])? Natürlich hatten die Provinzialen, Dörfer oder bestimmte Berufsgruppen, auf Befehl der Provinzialverwaltung auch andere Güter (gegen Bezahlung) an das Militär zu liefern, etwa Speerschäfte[19] oder, wie in BGU 1564 (138 n. Chr.)

---

14 Zu den Geschäften der *primipili* vgl. *Kissel*, Untersuchungen, 47–48; 161–166 und ausführlich *Stoll*, Männer, 100–122 zu diesem ‚Managementmodell'. Verwaltungsstrukturen der Latifundien- und Dominiallandbewirtung sind hier als Vorbild für die Verwaltungsstrukturen eines ‚Offiziershaushaltes' zu erkennen, vgl. dazu auch *Stoll*, Melonen, 248. Wo sind noch solche spezifischen Transferprozesse zu beobachten (außer bei den *procuratores*), kann man einmal fragen – sicher etwa bei den Finanzspezialisten, die *Stauner*, Finanzliteralität, 193–253 behandelt hat! Vgl. *Stoll*, Neckarschwaben, 45–48.
15 Hier sind bestimmte Aufgabenbereiche in Frieden und Krieg noch systematisch zu betrachten: Wer ist und was z. B. tut ein *curator copiarum exercitus*, was genau ein *procurator annonae ob expeditionem*, welche ‚Ämter' dieser Art sind noch überliefert? Handelt es sich nur um Militärs?
16 *Reinard*, Kommunikation, 537–544.
17 *Birley*, Garrison, 92–93. Wie genau erwarb das Militär Güter von Zivilisten: Requirierung, Steuerzahlung mit Quittung, Einkauf auf lokalen oder regionalen Märkten und/ oder Handel? Hier gibt es zu wenige Einzelstudien, gleichwohl natürlich die Quellensituation nicht in vielen Fällen eine Betrachtung wie *Grønlund Evers*, Vindolanda, zulässt. Klar ist außerdem auch, dass sich nicht für alle Provinzen, Zeiten und Situationen gleichermaßen gültige Aussagen gemacht werden können.
18 *Stauner*, Schriftwesen, 47–51.
19 Manchmal kontrollierten die Militärs auch vor Ort die zivile Produktion: in CIL XIII 2828 beaufsichtigt ein Zenturio in einem *vicus* im Gebiet der Haeduer die Handwerker, die Rüstungen herstellen.

die Weber von Philadelphia, Bekleidung – Tuniken, weiße Syrische Mäntel, Material für das *valetudinarium*. Dieses Material ging aber auf Befehl des Statthalters nach Kappadokien und war nicht für den *exercitus Aegyptiacus* bestimmt. Mit P. Oxy. 64/ 4434 (2. Jh.) haben wir einen Beleg für eine Bestellung von „syrischen Mänteln" für die *legio III Cyrenaica* in Bostra (ausgehändigt an einen *optio* der Legion), die in Oxyrhynchos getätigt worden war. Ob auch das bleierne Warenetikett aus dem flavisch-traianischen Kastell von Groß-Gerau, das an einem recht großen Stück *cilicium* befestigt gewesen war,[20] einer zugeschnittenen Decke aus kilikischen Ziegenhaaren, Teil einer offiziellen Lieferung gewesen ist oder ein Privatkauf, wird sich nicht erweisen lassen; immerhin ist es Beleg für ein Textil kleinasiatischer Machart und für den entsprechenden Bedarf bzw. Markt sowie auch für einen Textilhandwerker, der von einem Soldaten zum Zuschneiden beauftragt worden ist.

Die Anwesenheit von Garnisonen in einer Provinz und einer Grenzzone (s. auch später, I 4) und die Notwendigkeit der Versorgung schuf neue Märkte und stimulierte entsprechend regional, überregional und auch über die Provinz hinaus die Entstehung neuer oder effektiverer Wirtschaftsstrukturen (Landwirtschaft, Handwerk, Handel) und die Möglichkeit von Profit und freiem Markt bzw. vernetzten Märkten, denn nicht alles, was mit Armeewirtschaft zu tun hatte, gehörte in den Bereich der Steuern und Abgaben, von Zwangsleistungen.[21] Zudem waren die Militärbasen ja in die Verkehrsstruktur der Provinzen eingebunden, befanden sich in strategisch günstiger Lage, meist auch an älteren Verbindungen, die über die Grenzen des Imperiums hinaus führten. Vielleicht sollte man Garnisonen und zugehörige Siedlungen (welchen Einfluss nahm überhaupt die militärische Lagerverwaltung und der Kommandeur der Einheiten, auf deren Territorium die ‚rechtlich unselbstständigen Siedlungen' der *canabae* und *vici* lagen, direkt regulierend auf deren Wirtschafts- und Gewerbestruktur?) mehr als Wirtschaftszentren und ‚Handelsstützpunkte' verstehen. Die *vici* der verkehrsgünstig liegenden Kastelle hatten erkennbare Marktplätze[22] in den Torbereichen (etwa in Zugmantel oder bei der Saalburg), dort wurde gehandelt und produziert.

Insbesondere Kavallerieeinheiten benötigten regelmäßig neue Pferde, deren Beschaffung ein zur Rekrutierung analoges Verfahren zeigt:[23] Der Statthalter bzw. sein

---

Die Salzherstellung, die Salinen oder den Salzhandel in die Garnisonen des Rhein-Maas-Delta-Gebietes könnte ein anderer Zenturio, diesmal der *legio VI Victrix*, beaufsichtigt haben, der von den *salinatores* der Menapier und Moriner mit einer Ehreninschrift bedacht wird (CIL XI 390–391).

20 *Becker, Th./Scholz, M.*, Decken für die Truppe – ein Bleietikett aus Groß-Gerau, in: hessenARCHÄOLOGIE. Jb. für Archäologie und Paläontologie in Hessen, 2015, 66–69. Auch der heilige Severin in Passau schätzte solche kilikischen Decken: Eugipp. Vita Sanct. Sev. 39, 2.

21 Ähnlich *Campbell*, Army, 140–141.

22 *Stoll*, Melonen, 242–243 mit Anm.

23 Vgl. RMR 99a, b; 208 n. Chr. Papyrus aus Dura Europos; s. a. RMR 87 zur Rekrutierung; archäologisch nachgewiesene Zuchtfarmen etwa im Batavergebiet – Rijseijk, Wijk bij Duurstede; für die Feldzüge des Germanicus wurden in Gallien so viele Pferde rekrutiert, dass dort Unwillen entstand: Tac. ann. 2, 5.

officium, weist den Einheiten, in unserem Fall der *cohors XX Palmyrenorum*, Pferde zu und informiert den Kommandeur über Kennzeichen und Preis der Tiere, die dann in den Akten vor Ort verbucht wurden. Natürlich mussten die Regimenter Bestand und/oder Verlust von Tieren im Rahmen des akribisch arbeitenden militärischen Administrationsapparates einer Stationierungsprovinz ebenso melden bzw. bestätigen (RMR 83), wie den Verlust von Waffen und Ausrüstung (Tab. Luguval. 14) oder den Erhalt von Getreidezuteilungen (Tab. Luguval. 6–9: *ala Gallorum Sebosiana* in Carlisle).[24] Wie Abrechnungen und Kontoführungspapiere von Legionen und Auxilien zeigen (RMR 68–72),[25] konnten den Soldaten zu den drei Soldauszahlungsterminen beträchtliche Summen von ihrem ‚Bruttolohn' abgezogen werden, die in den Bereich der Logistik gehören (Heugeld, Verpflegungsgeld/ *in victum*, Kosten für Schuhwerk bei allen drei Auszahlungen und Bekleidung bei der dritten Auszahlung z. B. in RMR 68), sicher hafteten sie bei Verlust von Ausrüstung oder mussten zumindest genaue Rechnung ablegen (Dig. 49, 15, 2, 2).[26] Am Beginn des Prinzipats des Tiberius beschweren sich die meuternden Legionäre (Tac. ann. 1, 17, 4) über ihren wenigen Sold, von dem dann noch Abzüge für Nahrung, Gewänder und Ausrüstung anfielen: Wie wir noch sehen werden, versorgten sich daher Soldaten auch gerne ‚privat', bei Kleidung, Nahrung, sogar Waffen: Nehmen wir etwa den in Ägypten dienenden ursprünglichen Flottensoldaten Claudius Terentianus als Beispiel, der seinen Vater bittet, ihm Ausrüstungsgegenstände zu schicken und mehrfach auch neue Kleider (P. Mich. 8, 467–468; 2. Jh. Karanis) oder den angehenden Zenturio Metilius Crispus bei Plin. epist. 6, 35 der von seinem Patron 40.000 Sesterzen für Ausrüstung und Zubehör erhalten hatte. Selbst für Zelte und dann für *dolabrae* (= Pionieräxte, z. B. für den genannten Terentianus, der auch noch ein Schwert, Speere, Tunika, Mantel, Socken und Schuhe wünscht) sind Privatkäufe an Ausrüstung belegt.[27]

---

24 *Stauner*, Schriftwesen, 35–55. Zum Pferdebedarf vgl. beispielsweise *Herz*, Militär, 90–91; 96: Selbst für das kleine raetische Provinzheer vor Stationierung der Legion geht Herz von einem jährlichen Bedarf von ca. 1000 Pferden aus; vgl. auch *Herz*, Logistik, 35–38.
25 *Stauner*, Schriftwesen, 66–72, etwa zu RMR 68. Die Summe von 247,5 Drachmen (von 300 Drachmen), die zur Deckung der genannten Ausgaben nach dem gängigen Erklärungsmodell vom Sold direkt einbehalten wurde (für Versorgung und Ausrüstung) scheint beträchtlich. Wann das System dieser Abzüge aufgehört hat (spätes 2. Jh.; 3. Jh.? Zusammenhang mit der Etablierung der regelmäßigen *annona militaris*?), dazu siehe *Hebblewhite*, Emperor, 90 mit Anmerkungen.
26 In Dig. 49, 15, 2, 2 wird der Verlust der Waffen als Schande bezeichnet; Dig. 49, 16, 3, 13 regelt, dass ein Soldat, der im Krieg seine Waffen verloren oder verkauft hat, mit dem Tod zu bestrafen sei, allerdings wird auch die schimpfliche Degradierung als Alternative genannt. Bei Paulus, Dig. 49, 16, 14, 1, gilt der Verlust oder Verkauf der Waffen als schweres Verbrechen, das der Desertion gleichkam, insbesondere, wenn der Beschuldigte alle Waffen verkauft hatte. Aber der Teilverkauf war ebenso strafbar: Handelte es sich um Beinschienen und Armschutz, erhielt der Delinquent Schläge. Bei Verkauf von Panzer, Schild, Helm und Schwert aber kam das der Desertion auch im Strafmaß gleich.
27 Immer noch gibt es grundsätzlichen Klärungsbedarf zur Frage des Waffenbesitzes im Imperium: Dass Soldaten auch private Waffen haben konnten, ist mittlerweile mehr als gut belegt, siehe zum Beispiel *Fischer*, Armee, 77–79; 82–83. Aber auch die Strukturen von Produktion und auch Handel mit diesen Waffen bedürfen weiterer Forschung.

In dem Papyrus RMR 47 aus Dura Europos (223–235 n. Chr.) erkennen wir Reiter, die Gerste für das Regiment besorgen und solche, die Männer, die Gerste holen, eskortieren sollen. In RMR 63 (105/106 n. Chr.), dem *pridianum* der in Stobi (Macedonia) stationierten *cohors I Hispanorum Veterana eq.*, wird es noch interessanter: Hier sind Männer vermerkt, die in Gallien Kleidung holen,[28] ebenso Getreide, dann einige, die Pferde besorgen sollen, offenbar ebenfalls nicht in der Stationierungsprovinz und auch einige, die in den Minen von Dardania arbeiten. In der eigenen Provinz holen Soldaten Vieh aus den Bergen, bewachen Zugvieh und Getreide[29] und tun Dienst bei Getreideschiffen (*naves frumentariae*). In RMR 10 (80–87 n. Chr.) bewachen Legionäre der *III Cyrenaica* in langfristigen Abordnungen (von vier bis mehr als 10 Monaten) zentrale Getreidespeicher in Alexandria, Getreidekonvois oder werden zur Hafenaufsicht oder Flusspatrouille abgestellt. Die Versorgungsgüter des Militärs überquerten häufig (mehrfach) Zollgrenzen innerhalb des Imperiums, waren jedoch, soweit man weiß, abgabenfrei.[30] Wein aus Italien für die Truppen in Germanien oder aus Gallien für die Garnison in Vindolanda (Tab. Vindol. II 344: hier hatte vielleicht auch der „*homo transmarinus*" als Händler sein Auskommen; die Amphoren am Mons Claudianus belegen spanische, gallische, syrische Weine in der Ostwüste), Öl aus Spanien nach Britannien, Töpferprodukte aus Gallien nach Britannien, niederrheinisches Getreide zur Versorgungsbasis South Shields oder britisches Getreide für Feldzüge des Caesars Julian, Getreide aus den Überschussregionen der Gallia Belgica für die Rheinarmee – das war Routine: Wie gesagt, Heereslogistik kannte keine Provinzgrenzen, war ein Phänomen vernetzter Märkte, Heeresversorgung erforderte ein Netzwerk aus lokalen, regionalen, überregionalen und zentralen Ressourcen. Aber damit ist auch klar, dass es sich hier nicht um ein überall gleich aussehendes System handelte, sondern um eines, das auch durch ökonomische Konditionen vor Ort geprägt wurde. Die Güter, die vom Zoll ausgenommen waren, trugen Plomben. Entsprechend sind für Legionen, Kohorten und Alae Bleiplomben überliefert[31] (vgl. Dig. 49, 4, 9, 7; AE 2002, 1167a–b): Zollfreiheit für die Armee – ein ökonomischer Steuerungsmechanismus!

---

[28] Auch der Soldat Valentinus in Tab. Vindol. II 255 holt militärische Bekleidung in Gallien, u. a. Militärumhänge, Tuniken, Kapuzenmäntel.

[29] *Elton*, Frontiers, 68 mit Anm. 183 mit weiteren Quellenbelegen, dann auch 75 Anm. 211 zum Vergleich der wichtige Hinweis auf P. Dura 100 (Pferde, Getreide, Getreideschiff) aus dem 3. Jh. Die Männer der Tungrer-Kohorte in Vindolanda scheinen ebenfalls Getreidetransporte (auf Wagen) zu bewachen: *Birley*, Garrison, 90–91.

[30] Dig. 39, 4, 4, 1 und 39, 4, 9, 7. Tac. ann. 13, 53 erinnert daran, dass ökonomische Transaktionen über Provinzgrenzen hinweg unter Beteiligung von Militäreinheiten nicht immer mit Erfolg gekrönt waren: Hier scheitert ein dem Gütertransport und als Kommunikationsader dienender Kanalbau zwischen Mosel und Saone, der durch obergemanisches Militär ausgeführt werden soll, am Widerstand des Statthalters der Belgica. Die Passage macht auch deutlich, dass die Binnengrenzen des Imperiums noch stärker in den Blick genommen werden müssen, wenn es um die Behandlung von Wirtschaftsprozessen geht: Siehe jetzt einzelne Beiträge in *Della Casa/Deschler-Erb*, Frontiers. Einsatz von Militärpersonen über Provinzgrenzen hinweg: *Stoll*, Heer, 330–332 mit Beispielen.

[31] *Stoll*, Männer, 109–110 mit weiteren Belegen (etwa aus Lyon).

Mit der *annona militaris*, einer Steuer aus Naturalabgaben (Wein, Öl, Rauchfleisch u. a.), vor allem aber an Getreide, die es bereits früher als außerordentliche Steuer gegeben hatte, die zur Verpflegung der Truppen eingezogen worden war, wurde die Provinzialbevölkerung ab dem späten 3. Jh. direkt und ‚institutionalisiert' für den Unterhalt der Armee in die Pflicht genommen, denn die *annona* wurde nun mit der Grundsteuer verbunden und als Zuschlag zu dieser erhoben (ab dem 4. Jh. dann zunehmend adaeriert, also in Geld, nicht mehr als Naturalien ausgezahlt). Der Kaufkraftverlust der Besoldung konnte so aufgefangen oder in seinen Folgen gemindert werden; die Auszahlung des Soldes stellte praktisch nur noch ein Aufgeld zur Naturalsteuer dar, die nun die eigentliche Grundlage der militärischen Lebenshaltung war. Die mit dem Transport von Massengütern verbundenen Probleme führten dann aber bereits im 4. Jh., wieder zu einer graduellen Rückkehr zu Geldzahlungen.[32] Die Speicherung der Naturalabgaben erfolgte in großen Depots, teils in Städten, teils in festungsartigen Gebäuden an verkehrsgünstigen Punkten (archäologisch nachgewiesen: z. B. Veldidena/Wilten, Pons Aeni/Pfaffenhofen); ein komplexer Apparat aus zivilen Beamten und militärischen Funktionsstellen kümmerte sich um die Versorgung, die sich mit der Heeresstruktur gewandelt hatte. Cod. Theod. 7, 4, 5, ein Gesetz des Jahres 360 (Constantius II./Iulian), zeigt, dass Truppenverbände aus solchen Magazinen mit Marschproviant versorgt worden sind.

Handwerker aller Art, die für die Bedürfnisse des täglichen Dienstbetriebes arbeiteten,[33] gab es in allen Truppengattungen des Militärs; in den Lagern und Kastellen befanden sich *fabricae*, Werkstätten,[34] und auch außerhalb der Garnisonen konnten sich *fabricae* befinden, in denen oftmals ein großer Teil der Soldaten beschäftigt war. Bekannt ist der Statusbericht der etwa 800 Mann starken, nominell milliaren *Cohors I Tungrorum* aus Vindolanda, in dem im späten ersten Jh. (ca. 85–92 n. Chr.) der Einsatz von 337 Mann und 2 Zenturionen in Coria (Corbridge) vermerkt wird, die dort möglicherweise auch in *fabricae* arbeiteten (Tab. Vindol. II 154; Eisenverarbeitung, Werkzeug- und Waffenherstellung ist dort belegt). Waffenbeschaffung funktionierte auch durch Kontrakte zwischen der Privatwirtschaft und den militärischen Konsumenten, die vielleicht aus Qualitätssicherungsgründen die Aufträge ‚begleiteten': Vielleicht meint das die Inschrift CIL XIII 2828, die davon berichtet, dass ein *centurio* der *IIII Flavia* Brustpanzerhersteller im Gebiet der Haeduer beaufsichtigt hatte. Das militärische und das zivile Handwerk im Umfeld der Garnisonen dürften in aller Regel eng verwoben gewesen sein.[35]

---

32 *Lee*, History, 161; ders., War, 85–87.
33 Etwa Baubereich, Schmiedebetrieb und Metallverarbeitung, Wagner, Lederhandwerk. Vgl. Dig. 50, 6, 7 zu den *immunes*.
34 Zu einer Legionswerkstatt/*fabrica legionis*, die *Spathae* und Schilde sowie Bögen und sogar Artillerieteile produziert: P. Berlin inv. 6765; das Werkstattpersonal bestand hier nicht nur aus Legionären, sondern auch aus Hilfstruppensoldaten, Zivilisten und Sklaven, die den Soldaten gehörten; *gladiarius* in Vindonissa: CIL XIII 11504.
35 *Whittaker*, Supplying, 204–234. ‚Zivile Werkstätten' im Bereich der Kastelldörfer, die militärischen Zubehör und Waffen herstellen: *Fischer*, Armee, 78 mit Hinweisen.

In der Spätantike führte die Verwaltungs- und Territorialreform Diokletians auch zu Veränderungen im Heereswesen, hier seien die *fabricae* genannt, die dann zentrale staatliche Werkstätten darstellten, die netzwerkartig von Gallien und Italien bis in den Osten über das Imperium verbreitet waren.[36] Die dortige Produktion von Waffen und Ausrüstung (auch die Kleidungsproduktion, gewährleistet durch kommunale Steuermaßnahmen/*vestis militaris*) stand unter staatlicher Kontrolle und stellte diese unter Neustrukturierung von Produktionsbereichen als Massenware zur Ausgabe bereit; die Standorte werden sorgfältig gewählt worden sein (Produktionskontinuität vor Ort, vorhandene Strukturen, Rohstoffnähe, Nähe großer Militäreinheiten). Selten gelang bislang der archäologische Nachweis einer in der Notitia Dignitatum überlieferten Fabrica, wie etwa (wenigstens indirekt) in Carnuntum, wo Not. dign. occ. 9, 20 eine Schildfabrik vermerkt ist (*scutaria Carnutensis*).

Von den Militärfachschriftstellern behandelt insbesondere Vegetius zur Logistik und dem regimentsinternen Wirtschaftsleben gehörende Aufgabenbereiche bzw. Dienststellungen, wie die des *praefectus legionis* (Veg. mil. 2, 9, 5) und des *praefectus castrorum* (Veg. mil. 2, 10, 2–5) sowie des *praefectus fabrorum* (Veg. mil 2, 11, 1–5). Hier sind Tiere, Bekleidung, Verpflegung, Waffen und Werkstätten, legionseigene Handwerker in den *fabricae*, wie auch das Sanitätswesen und der Tross, Fahrzeuge und Packpferde erwähnt, dazu Bauholz und Gebäudeunterhalt. Die Vorsorge für Futter und Verpflegung wird in Veg. mil. 3, 3, 1–12 behandelt und auch die Frage, wie groß ein Heer sein sollte (Veg. mil. 3, 1, 5–7): Die Beschaffung von Nahrung und Wasser für Tiere und Pferde wird als Schwierigkeit erwähnt, auch die große Gefahr, die einer Knappheit an Verpflegung innewohnt („*rei frumentariae difficultas*"). Mangel und Hunger, fehlender Nachschub an Futter und Getreide seien „schlimmer als Eisen" (Veg. mil. 3, 3, 1[37]), den Feind müsse man an diesem Punkt schwächen (Veg. mil. 3, 3, 3) – ein Gedanke, den wir später, bei Behandlung der ‚Wirtschaftskriegführung' noch einmal behandeln werden!

3 Einsatzkonzepte im Frieden und Wirtschaft

Das Straßennetz des Imperiums – im 2. Jh. ungefähr 100.000 km Fernstraßennetz – hatte u. a. strategisch-militärische und ökonomische Funktionen, war Instrument der Herrschaft und der wirtschaftlich-infrastrukturellen Erschließung und Strukturierung der imperialen Räume. An diesen Lebensadern, die Garnisonen, Städte und Siedlungen, Gebiete mit Gutshöfen und landwirtschaftlich genutzte Regionen verbanden und das Verschieben von Armeen, Waren und Menschen sowie Ideen und Informationen

---

[36] *Fischer*, Armee, 81: für Britannien, Nordafrika, Spanien und Ägypten fehlen uns die Kenntnisse; wie funktionierten hier Produktion und/oder Belieferung in der Spätantike? Vgl. *Lee*, War, 89–94; insb. 94 zur *vestis militaris*.

[37] Außer Futter und Getreide erwähnt Veg. mil. 3, 3, 9–10 Holz, Wein, Essig, Salz.

ermöglichten, gab es Einrichtungen zur Organisation und Sicherung des Verkehrs, die z. T. vom Militär betrieben wurden (*beneficiarii, stationarii/stationes*).[38] Zugleich kann man sagen, dass Straßen der Kontrolle und Überwachung dienten, sie gewährleisteten schnelle militärische Präsenz: Gut erkennbar ist das etwa bei den *praesidia*, die an den Trassen in der östlichen ägyptischen Wüste, die zu wichtigen Ressourcen führten (Steinbrüche), für die Sicherheit der Wege sorgten. Die von Koptos zu den Häfen Myos Hormos und Berenike am Roten Meer sowie in die genannten Steinbruchgebiete führende Straße (*via Hadriana*) war durch Brunnen und kleine Kastelle gesichert, Reisende wurden kontrolliert und benötigten Passierscheine. Die Sicherheit der Wasserstellen war wichtig – eine Inschrift (AE 1948, 136: 334 n. Chr.) von einer *agraria statio* in der *provincia Arabia* berichtet vom Bau eines befestigten Reservoirs, weil dort zuvor regelmäßig die Männer beim Wasserholen von Sarazenen massakriert worden waren. Wer die Kontrolle über das Wasser hatte, logistische Schlüsselstellen der Handelskarawanen und Nomaden, notwendige Rast- und Versorgungsplätze einnahm, der konnte die Transhumanz der Nomaden ebenso wirksam beobachten, wie die Ressourcen von Banditen beschneiden.

Der Unterhalt und die dauernde Reparatur der Straßen waren ein Signet der funktionierenden Ordnungsmacht. Zur Sicherung der Handels- bzw. der Fernhandelswege und Händler an den Außengrenzen des Imperiums wurden bisweilen gehörige Anstrengungen unternommen, wie die Zeugnisse für militärische Präsenz am Roten Meer und in Südarabien zeigen[39] (Bauinschriften des 2. Jh. der *legio VI Ferrata* und der *legio II Traiana* vom Farasan-Archipel, weit südlich des letzten ägyptischen Hafens Berenike, für Gebäude und Hafeneinrichtungen: AE 2005, 1639; AE 2007, 1659). Auch die Graffiti römischer Soldaten des 2. und 3. Jh. in Hegra und Umgebung, etwa in der Oase Al-'Ula (Saudi-Arabien) an der Weihrauchstraße, gehören hierher. Die militärische Sicherung durch die *legio III Cyrenaica* und berittene Hilfstruppen, darunter auch *dromedarii*, rund 900 km entfernt von ihrem Standort Bostra, diente dort vor allem dem Schutz und der Kontrolle der Karawanenhandelsströme. Zuletzt darf noch auf den Zenturio derselben Legion hingewiesen werden, der in Dumata (Jawf, Saudi Arabien) postiert war, im Wadi Sirhan, das als Handelskorridor durch die Arabische Wüste an den Persischen Golf diente.[40]

In der zivilen Verwaltung der Provinzialgebiete und auch bei der administrativen Begleitung aller militärischer Routine-Aufgaben des Statthalters, spielten aus ihren Regimentern abkommandierte schreib- und sachkundige Militärs (Amtstagebücher,

---

38 Siehe etwa *Ott*, Beneficiarier, 85–12; *Nelis-Clément*, Beneficiarii, 133–210. Militär und Straßen allgemein *Speidel*, Heer, 501–513.
39 *Speidel*, ‚Almaqah, 241–258, dort auch zu den Auswirkungen auf das Handelsvolumen und die fiskalischen Gewinne für die Staatskasse; *Speidel*, Heer, 633–649 zu Inschriften aus Saudi-Arabien und der Herrschaft am Roten Meer; siehe auch *Speidel*, Fernhandel, 155–193, v. a. 158–163.
40 *Stoll*, Männer, 34–38.

Kommunikation allgemein) stets eine große Rolle,[41] nämlich im Stab des jeweiligen Statthalters (*officium*). Die Größe dieses Stabes hing vom Rang der Provinz ab, oft waren es mehrere hundert Personen – in Niedergermanien waren etwa 200 Soldaten in der Verwaltung des Statthalters tätig, darunter auch die *beneficiarii consularis*. In diesem Zusammenhang sind auch die hochrangigen *centuriones* und auch explizit *centuriones regionarii* zu nennen, die in ländlichen Regionen Verwaltungsfunktionen ausübten und auch in wirtschaftlichen Belangen tätig gewesen sind. Zumindest übte deren Ordnungsfunktion (auch im Hinblick auf das Räuberunwesen) auf die lokale Wirtschaft so günstigen Einfluss aus, dass man sie öfter im epigraphischen Befund entsprechend belobigt wiederfindet.[42]

Der Bau der Straßen steht des Öfteren explizit mit der Erschließung von erobertem und zugewonnenem Gebiet im Zusammenhang (s. etwa CIL V 8002; 8003 „*Alpibus bello patefactis*"), Straßenbaumaßnahmen lassen im Vorfeld von Feldzügen strategische Planungen gut erkennen (Ios. bell. Iud. 3, 6, 2). Das Militär spielte beim Bau und bei der Planung der bisweilen unter Überwindung erheblicher Geländeschwierigkeiten angelegten Straßen nicht selten eine wichtige Rolle, wie viele Inschriften (Bauinschriften und Meilensteine: z. B. CIL VIII 2728 = ILS 5795; AE 1984, 607; ILS 151.2479; CIL III 206; 8267; CIL XI 5947) aber auch Bildzeugnisse (wie etwa besonders bekannt auf der Traianssäule in Rom) belegen, auf denen Bautrupps der Legionen bei der Arbeit zu sehen sind (vgl. auch Ios. bell. Iud. 3, 5, 1.5 zur ‚Werkzeugausstattung' der Legionäre; Corbulo behauptete, die Römer könnten mit der *dolabra* die Feinde besiegen: Frontin strat. 4, 7, 2). Bekanntlich ist dort auch die berühmte Donaubrücke des Apollodor bei Drobeta abgebildet, denn natürlich gehört auch der Brückenbau hierher: Die Funktionalität dieser Bauten ist mit strategischem Denken und der Ideologie verbunden, die die Römer mittels technischer (und auch taktischer) Meisterleistungen zu Herrn über Mensch und Natur machen (Caes. Gall. 4, 17, 1–18, 4 Rheinbrücke Caesars; Cass. Dio 68, 13, 1–14, 1 zur Brücke bei Drobeta); Straßen und Brücken sind sichtbarer Ausdruck der *maiestas imperii* (Vitr. prooem. 1, 2), der „Würde des Imperiums". Das Militär baute auch Wasserleitungen (AE 1928, 136; 137; CIL III 14383), Wasserhebewerke (ILS 8903), Kanal- und Hafenanlagen (IGLSyr. III 1137–1139; ILS 9115), half provinzübergreifend beim Bau von Kanälen, die den Warentransport erleichterten (Plin. epist. 10, 41–42, 61–62) und trug insgesamt zu infrastrukturellen Entwicklungen bei, die entscheidend für das effektive Funktionieren der Wirtschaft waren. Auch für den ‚Landesausbau' im agrarischen Sinn konnten Truppen direkt eingesetzt werden, Augustus und später auch Probus sollen Soldaten in Ägypten befohlen haben, Bewässerungskanäle und Kanalnetzwerke instand zu setzen (Suet. Aug. 18, 2 und SHA

---

41 Zu den zivilen Aufgaben der Armee (etwa Steuerverwaltung/-erhebung; Transport von Naturalsteuern, administrative Erfassung der Bevölkerung, Zensus, Rechtsprechung; Polizeifunktion) vgl. *Palme*, Aufgaben, 299–328, v. a. 308–328.
42 *Stoll*, Integration, 70–72; 100. Ehreninschrift eines *collegium mercatorum* aus Seia in Canatha für einen *centurio* der *legio IIII Scythica:* IGR III 711–713; 1230.

Vita Probi 9, 3–4), „zur Steigerung des landwirtschaftliche Ertrags", heißt es da – überhaupt war landwirtschaftliche Tätigkeit (genauso wie Betätigung im Handwerk, s. u.) im engeren Sinn im Dienstalltag nicht fremd.[43]

Steinbrüche und Minen (*metalla*), die dem Kaiser als Grundeigentümer gehörten und die entweder direkt verwaltet oder verpachtet waren, wurden auch vom Militär betrieben oder überwacht:[44] Im Brohltal arbeiteten niedergermanische Legionen und Flotteneinheiten (CIL XIII 7695–7712, 7723), am Krimhildenstuhl bei Bad Dürkheim Legionen Obergermaniens (Ber. RGK 74, 1937, 74, Nr. 80, 2). Auch Arbeitsvexillationen beim Kalkbrennen sind in Niedergermanien belegt (Iversheim: CIL XIII 7943–7946), genauso in unmittelbarer Nähe des Lagers Lauriacum, wo die Soldaten der *II Italica* für notwendige Baumaßnahmen 12 große Kalkbrennöfen betrieben, die unlängst archäologisch nachgewiesen werden konnten. In Ägypten ist die Beteiligung des Militärs an den operativen Prozessen und als Sicherheitsinstanz im unmittelbaren Bereich des Steinbruchbetriebes am Mons Claudianus oder des Mons Porphyrites sowie auch entlang der Straßen im Bereich der ägyptischen Ostwüste, auf der sich Versorgungskarawanen, Händler und Prostituierte, militärisches und ziviles Steinbruchpersonal und Waren aller Art bewegten, durch Ostraka und Inschriften sowie archäologische Befunde (etwa die *praesidia* selbst) überaus gut belegt.[45] Die Schiffe der Provinzialflotten[46] übernahmen neben der Kontrolle der Flussgrenzen und dem Transport mit Versorgungsgütern für die Regimenter und Kastelle in ihrem Handlungsbereich auch Aufgaben in der Unterstützung von öffentlichen Bauprojekten, etwa beim Transport von Trachyt-Blöcken von Steinbrüchen bei Bonn zur ‚Baustelle Vetera'" (ILS 2907); ferner waren Flottenangehörige in der Ziegelproduktion[47] tätig, wie sich entlang des niedergermanischen Limes oder auch für die *classis Britannica* in der gesamten Provinz leicht nachweisen lässt. Auxiliareinheiten und Legionen betrieben eigene Ziegeleien (*tegulariae*: Großkrotzenburg, Frankfurt-Nied, Königshofen, Bad Abbach) und produzierten in großem Umfang gestempeltes Ziegelmaterial bzw. Baukeramik für militärische und öffentliche Bauvorhaben: Die *cohors IIII Vindelicorum* in Großkrotzenburg[48] lieferte am obergermanischen Limes von Neuwied bis Jagsthausen und Walldürn und in die Provinzhauptstadt Mainz. Auch dabei spielten vom Militär betriebene Transportschiffe mainabwärts eine Rolle, in der Wetterau erfolgte der Transport mit geeigneten Flachbodenschiffen[49] auch über die kleineren Wasserläufe (Nidda, Wetter).

---

43 Grundsätzlich *Stoll*, Heer, 452–511 zu Armee und Agrarwirtschaft; zu den Arbeiten am Bewässerungssystem auch *Palme*, Aufgaben, 302–304.
44 Allgemein s. *Hirt*, Mines, 168–201. Vgl. Tac. Agr. 12, 6 der *metalla* als „*pretium victoriae*" bezeichnet. Siehe auch *Stoll*, Heer, 222–268.
45 Man vergleiche jetzt *Symonds*, Protecting, etwa 28–29.
46 Vgl. etwa *Konen*, Classis, 373–389; 390–402; ders., Bedeutung, 327–340; *Elliott*, Eagles, 81; 10–108.
47 *Konen*, Classis, 402–414; *Elliott*, Eagles, 97–102.
48 *Stoll, O.*, Hölzer, Ziegel und Soldaten: *nullus locus sine genio. Dea Candida Regina* auf einem neuen Altar aus dem *vicus* von Großkrotzenburg, Hessen, in: Germania, 90, 2012 [ersch. 2014], 127–144.
49 *Konen*, Classis, 229–243 zu den Fracht- und Spezialschiffen.

Ressourcen (Holz und Tone) konnten dabei auch außerhalb des Reichsgebietes (Limesdurchgänge!) eingeholt werden.[50] Bekannt sind die zwischen 206 und 214 n. Chr. datierten Altäre von Holzfällerkommandos der Mainzer *legio Primigenia XXII p.f.*, die im Vorfeld der Grenze arbeiteten (Stockstadt, Obernburg, Trennfurt) und Holz aus den Wäldern von Spessart und Odenwald über den Main ins Innere Obergermaniens verschifften. Die Legionen waren in Germanien oder in Britannien am Abbau von Bleivorkommen beteiligt (*legio II Augusta* 49 n. Chr. in den Mendips im Südwesten Englands: RIB 2404, 2; für Germanien Tac. ann. 11, 20 Minenarbeit als Grund zur Beschwerde); in Villalis und Luyego in Spanien sind in den Gold-Minengebieten Arbeitsvexillationen der Auxilia und Legionssoldaten, dazu auch die *beneficiarii* des *procurator Augusti*, epigraphisch belegt (CBFIR 855–858). Ebenso gelingt ein Nachweis von Vexillationen auch in Moesia Inferior (Montana: z. B. *legio XI Claudia*),[51] wo die Armee die Minengebiete sicherte; auch dort lässt sich deren Mitwirken in der Verwaltung und zugleich die Anwesenheit von *beneficiarii consulares* belegen. Flottensoldaten (*classis Britannica*) waren in Britannien in das Eisenverhüttungswesen involviert, bei der Produktion, bei der Kontrolle der Arbeiten oder dem Vertrieb an die Garnisonen in England und auch in andere Provinzen:[52] In Weald/ Kent, Ost- und Westessex sowie Surrey, finden sich Zeugnisse ihrer Tätigkeit vom 1. bis zum 3. Jh. n. Chr., etwa Schürfgruben und Verhüttungsöfen.

Die Benefiziarier (*beneficiarii consularis*; 'Stationen' und Weihebezirke etwa in Obernburg, Osterburken), vom Statthalter abkommandierte *principales* aus den Legionen, waren nicht nur eine Sicherheits- oder 'Straßenpolizei', sondern kontrollierten auch Personentransit und Warenverkehr, waren im Bereich des Zollwesens tätig und hatten auch Aufgaben in der Wirtschaftsverwaltung der Provinzen[53] (der Nachweis der 'Vergesellschaftung' von Kastelle(n), Zollstation und von Benefiziariern kann definitiv gelingen, wie etwa im Raum Passau bzw. Passau-Innstadt, an der Grenze zwischen *Raetia* und *Noricum*; AE 1977, 59; CIL III 5691; CBFIR 272):[54] Der Fundort vieler

---

[50] Betrieb und/ oder überwachte das Militär auch 'Wirtschaftsposten' außerhalb des Reichsgebietes, wie etwa die 'Stationen' vor dem norisch-pannonischen Limes? Dazu vgl. *Stoll, Heer,* 483–491.

[51] *Hirt, Mines,* 186–196. Zur Rolle der *beneficiarii procuratoris* und *b. consulares* in den Minengebieten als Verbindungsmänner zwischen der Finanzadministration der Provinz und der Minenverwaltung bzw. der Verwaltung der Minen und dem Statthalter und der Provinzialadministration oder möglicherweise auch bei der Steuererhebung vor Ort (oder auch als 'Sicherheitspolizei'?) vgl. *Hirt, Mines,* 199–200; dazu auch *Ott, Beneficiarier,* 151–155 und dann *Nelis-Clément, Beneficiarii,* 259–264.

[52] *Konen, Classis,* 414–415; *Elliott, Eagles,* 92–101; *Mason, Navy,* 114–115.

[53] Siehe etwa *Ott, Beneficiarier,* 129–55 und vor allem *Nelis-Clément, Beneficiarii,* 211–268, vor allem 243–259.

[54] Vergleiche hier die sog. Zollinschrift von Lambaesis/AE 1914, 234 und CIL XIII 11816; siehe auch Tac. hist. 4, 64, 1; 65, 3: Militärposten bei Zollstationen; Militaria in großer Zahl sind aus Pons Aeni, der Zollstation Pfaffenhofen am Inn, bekannt: *Weber, M.*, Militärische Ausrüstungsgegenstände, Pferdegeschirrbestandteile und Fibeln aus dem römischen Vicus Pons Aeni/Pfaffenhofen, in: BVbl., 72, 2007, 151–233. Siehe auch *Ott, Beneficiarier,* 137–142 zu deren Bedeutung bei der Verwaltung von Zöllen und Abgaben, *ebd.,* 139–140 zur *lex portorii* aus Lambaesis.

Inschriften der Benefiziarier, die auch in der niederen Rechtspflege bestimmte Aufgaben hatten (z. B. nahmen sie Beschwerden und Anzeigen aus der Bevölkerung entgegen) lag im Bereich militärischen Nutzlandes, in Domänen- oder Bergwerksbezirken und auf kaiserlichem Boden, der direkt von der Provinzialadministration verwaltet wurde; die Postengebäude standen an Straßen, Kreuzungen, bei Lagern, in Städten und bei Häfen und überall da, wo Verkehr, Warenaustausch und Handel stattfand, auch wenn dieser über das Reichsgebiet hinaus und von außerhalb ins Imperium hinein stattfand. Der Posten von Osterburken (und das Kastell) etwa liegt nur eine Tagesetappe entfernt von größeren germanischen Siedlungen an der unteren Tauber.

Während der Regierungszeit des Augustus versuchte man in einer großen militärischen Anstrengung, die Stammesterritorien östlich des Rheins und bis zur Elbe zu unterwerfen und zu annektieren, ein Plan, der schließlich scheiterte, bekanntlich hat Tiberius später eine Wende in der Germanienpolitik vollzogen. Möglicherweise waren bei den Eroberungsplänen (in Germanien wie generell bei den augusteischen Kriegen) doch auch fiskalische Gesichtspunkte leitend, da sich der Prinzeps eben gezwungen sah, auch auf diesem Weg für das neue stehende Heer eine stabile Finanzierungsgrundlage zu schaffen. Dass die vermeintlich rückständigen und unterentwickelten germanischen Gebiete keinen Anreiz für einen vor allem fiskalisch denkenden Eroberer boten, scheint falsch zu sein, vielmehr lässt sich zeigen, dass es dem Imperium hier nicht um kurzfristige Beuteabschöpfung ging, sondern, dass man eine langfristige In-Wert-Setzung der annektierten Territorien als Ziel hatte – eine Art „Entwicklungsimperialismus".[55]

4 Garnisonen und Wirtschaft – Limeszonen als Wirtschaftszonen

Der militärische Ausbau, die Anwesenheit von Garnisonen, bedeutet die Basis für die wirtschaftliche Blüte der jeweiligen Region und bisweilen sogar die Grundlage für die Entwicklung ziviler Strukturen in ehemals eher strukturarmen Gebieten. In gewisser Weise setzten die Armee und die mit Verwaltung und Logistik beschäftigten Amtsträger, die von einem umfänglichen Stab aus militärischen Chargen aller Art (meist aus den Legionen) unterstützt wurden, die Rahmenbedingungen der Wirtschaft. Erhellend ist hier ein Blick auf die Rolle der Statthalter oder der für die Logistik besonders wichtigen Finanzprokuratoren, wie etwa der des in Trier residierenden *procurator provinciae Belgicae et duarum Germaniarum*, der u. a. auch für die Bezahlung des

---

[55] Eich, A., Der Wechsel zu einer neuen *grand strategy* unter Augustus und seine langfristigen Folgen, in: HZ, 286/3, 2009, 561–611, v. a. 585–587 zum Einsetzen der fiskalischen Durchdringung der Germania bereits während der Eroberungsphase (Kupfer-, Bleigruben, Silbergewinnung; Einflussnahme auf Siedlungsstrukturen), S. 590: ‚fiskalische Erfassungskriege'; s. a. Eich, A., Warum Germanien? Überlegungen zu den Motiven der augusteischen Expansionspolitik, in: HZ 306/1, 2018, 31–70, v. a. 52–69 zur Kritik an dieser These.

Soldes der Truppen am Obergermanischen Limes sowie die Auszahlung anderer von der Truppe benötigten Gelder zuständig war und auch sonst weitreichende, regelnde Funktionen im Nachschub- und Verpflegungswesen des Amtsbereiches wahrnahm (Verteilung von Abgaben/Naturalabgaben, Ankäufe/*frumentum emptum*, Transporte).[56] Die Provinzialprokuratoren setzten für das Einsammeln wie für den Aufkauf und die Verteilung von Nahrungsmitteln Militärpersonen, oft über die Provinzgrenzen hinweg, ein.[57] Sie waren verantwortlich für Beschaffung und Transport der Versorgungsgüter, zumindest teilweise auch mehr oder weniger direkt mit der Verteilung an die Garnisonen beschäftigt. Dies erforderte einen gehörigen Aufwand an Routineschriftverkehr und Kommunikation (Bedarfsmeldungen, Bestandslisten etc.) zwischen dem Prokurator bzw. seinem Büro und den Kommandanturen der Garnisonen und deren Posten, die zu den von ihm betreuten Armeen gehörten, zudem darf man davon ausgehen, dass auch Soldaten und Offiziere der zu versorgenden Regimenter dienstlich ständigen Kontakt mit dem Amtssitz des Prokurators hielten.[58]

Die Grenzzonen des Imperiums sind Zonen intensiven Wirtschaftslebens und der Entwicklung ökonomischer Strukturen, und die Militärplätze und Garnisonen darin Zentralorte regionaler Räume wirtschaftlicher Betriebsamkeit; die Armee als Motor der Wirtschaft – das gilt von Rhein und Donau bis in den Osten des Reiches. Nordafrika beispielsweise wurde so zu einer der ökonomisch produktivsten Zonen – bis in die Spätantike hinein reich an Olivenbaumkulturen und ertragreichem Ackerland für den Getreidebau. Die Armee und ihre Stationierungs- und Einsatzsituation veränderte das Erscheinungsbild an der Peripherie des Reiches und das wirtschaftliche und soziale Leben[59] der jeweiligen Region und der einzelnen

---

56 Siehe auch *Remesal-Rodriguez*, Heeresversorgung, passim zur Rolle der Prokuratoren und zur Ölversorgung als verteilendem Warentransport (nicht als echtem Handelsgeschäft) unter Kontrolle des Staates, außerdem *ders.*, Baetica and Germania. Notes on the Concept of 'Provincial Interdependence' in the Roman Empire, in: *Erdkamp, P. (Hg.)*, The Roman Army and the Economy. Amsterdam 2002, 293–308. Zum Prokurator in Trier und den militärischen Verbindungen zu den Regimentern s. *Stoll*, Neckarschwaben, 40–44.
57 *Kissel*, Untersuchungen, 142–151; *Palme*, Aufgaben, 308–316. Siehe auch *Adams*, Logistics, 229; vgl. auch Strabo 3, 4, 20 zu den Aufgaben eines Prokurators.
58 *Stoll*, Neckarschwaben, 44–48. *Stauner*, Finanzliteralität, 193–253 ermöglicht einen interessanten Einblick und einen Ansatz, den man für die Wirtschaftsverwaltung im Umfeld der Truppen weiterverfolgen könnte: die hier auch notwendige finanztechnische Skripturalität ist Ausdruck administrativer Rationalität, die eben auch in anderen Bereichen des Themas ‚Heer und Wirtschaft' zu finden ist. Zum *officium* des Prokurators (auch kaiserliche Sklaven und Freigelassene) und entsprechenden Belegen für die Organisation aus dem Bereich der *legio III Augusta* in Nordafrika: *Herz*, Logistik, 41–42 und *ders.*, Finances, 312.
59 Vergleiche auch das theoretische Modell bei *Stoll*, Integration, 98. Wichtig wären mehr Lokalstudien zu Wirtschaft und Logistik, wie sie bislang etwa nur für Nordafrika oder den Norden Britanniens sowie den Osten vorliegen: *Taylor, I. D.*, The Logistics of the Roman Army in North Africa. Diss. phil. Fayetteville 1997 und *Onken, B.*, Wirtschaft an der Grenze. Studien zum Wirtschaftsleben in den römischen Militärlagern im Norden Britanniens. Diss. phil. Kassel 2003; *Kissel*, Untersuchungen; *Stoll*,

Standorte:⁶⁰ Die Bevölkerung wuchs durch unterschiedlichste ‚Migrationsphänomene' (auch die Soldatenfamilien gehören hierher⁶¹), es entstanden Siedlungen bei den Garnisonen und in deren Umfeld, mit Handwerksbetrieben, Gewerbe und Dienstleistungsbetrieben;⁶² es bestand ein ständiger Austausch von Personen und Waren, die Monetarisierung schritt voran.⁶³ Das Rheinland mit seinen Garnisonen etwa war über die Flüsse und Straßen, über Maas, Mosel oder Rhone, mit Gallien, Spanien, Italien und Rom selbst verbunden, wie archäologische Funde oder epigraphische Belege zeigen lassen. Was genau bedeutete der Abfluss der in Gallien erwirtschafteten Steuergelder und Naturalabgaben in die zunächst weniger produktiven Grenzgebiete am Rhein, wo sie über die Subsidierung des Militärs hinaus für ökonomischen und kulturellen Aufschwung sorgten (oder ebenso für die Balkanprovinzen im Bezug auf die Donautruppen), im Einzelnen für die ‚Geberprovinzen' und ihre Ökonomie? Welche Rückwirkungen gibt es hier genau? In den Garnisonszonen entstanden Landwirtschaftsbetriebe bzw. siedelten sich an, auf Überschussproduktion ausgerichtete Gutshöfe, *villae rusticae*. Zumindest teilweise ist diese Aufsiedlung zur schnellen und effektiven Erschließung der Provinzgebiete mit staatlicher Förderung vor sich gegangen, wie man im Regensburger Umland nachweisen konnte.⁶⁴ Die Stationierung der Legion *III Italica* und der entsprechende Bedarf gehen mit dem genannten Phänomen einher. Soldaten und Veteranen (sowie deren Familien) waren durch die regelmäßige Besoldung, Sonderzahlungen, Abfindungen und Ersparnisse

---

Männer. Natürlich fungierten Soldaten auch als ‚Kulturträger' (Sprachen, Kulte, kulturelle Traditionen und Mentalitäten): *Stoll*, Integration, passim, etwa 176–208; *Speidel*, Heer, 515–544; zur kulturellen Eigenart der Limeszonen siehe *Della Casa/Deschler-Erb*, Frontiers, 25–34 (A. Heising). Zuerst Zerstörung, dann „development" s. *Phang*, Approaches, 135; s. auch *Lee*, History, 162. Allgemein zu den „commercial activities" in der Grenzzone s. *Elton*, Frontiers, 277–95.

60 Es gibt definitiv viel zu wenige Kleinraumstudien; außer der Studie zur Wirtschaft Vindolandas (*Grønlund Evers*, Vindolanda, passim) bleibt eine Suche im wesentlich erfolglos. Für einzelne Garnisonen und Militärzonen müsste am besten interdisziplinär geforscht werden – nicht immer liegen ohnehin so viele auswertbare Schriftzeugnisse vor, wie in Vindolanda: Archäologie, Zooarchäologie, Paläobotanik, Alte Geschichte – ein gutes Beispiel für das Potential solcher Studien ist der reichhaltige Sammelband von *Stallibrass, S./Thomas, R. (Hgg.)*, Feeding the Roman Army. The Archaeology of Production and Supply in NW Europe. Oxford 2008, der die Versorgung der Armee im nordwestlichen Europa in den Blick nimmt. ‚Transkulturelle Wirtschaftsräume' – ‚strukturell-funktionale Wirtschaftsräume': es lassen sich verschiedene theoretische Modelle zur Analyse der Wirtschaftsräume denken: *Stoll*, Melonen, 235–237.

61 Siehe etwa *Stoll*, Frauen, 20–51, v. a. S. 35–49; *Stoll, O.*, Legionäre, Frauen, Militärfamilien. Untersuchungen zur Bevölkerungsstruktur und Bevölkerungsentwicklung in den Grenzprovinzen des Imperium Romanum, in: Jb. RGZM, 53/1, 2006 [ersch. 2008], 217–344.

62 Das schließt die notorisch mit Soldaten in Verbindung gebrachte Prostitution ein, die sich selbst auf Ostraka aus der ägyptischen Ostwüste, etwa im Posten von *Didymoi* oder durch den Zolltarif von Koptos/OGIS 2, 674 nachweisen lässt.

63 Vgl. für Numidien und die Einführung einer Geldwirtschaft durch das (lange Zeit die einzige Geldquelle darstellende) Militär: *Campbell*, War, 95.

64 Siehe dazu und mit anderen Beispielen *Stoll*, Heer, 467–469 und *ders.*, Melonen, 245–246.

mit einer hohen Kaufkraft ausgestattet und bildeten mit ihren privaten und dienstlichen Bedürfnissen den bedeutendsten Wirtschaftsfaktor in den Grenzzonen: Beleg für die täglichen Geschäfte und die Rolle der Truppen dabei können auch die städtischen Münzprägungen des Nahen Ostens sein, in ihren Prägerhythmen und -volumina, aber auch in ihren Bildtypen, in denen im Rahmen der Selbstdarstellung oft die Verflechtung zwischen Garnison und Stadt erkennbar ist.[65] Die Münzbilder mit Regimentssymbolen und Göttern der Garnisonen und Veteranenkolonien reflektieren die Bedeutung des Militärs auch für das Wirtschaftsleben und die dazu notwendige Sicherheit. Das nach Bedarf ausgeprägte städtische Bronzegeld – das gilt auch für Städte als logistische Stützpunkte, durch die die Truppen zu einem Kriegsschauplatz zogen und nicht nur bei dauerhafter Präsenz – hat seine Funktion als Wechselgeld bei allen wirtschaftlichen Transaktionen vor Ort gespielt, was zum Beispiel die in Dura Europos zirkulierenden Münzen (80 % städtisches Bronzegeld unterschiedlicher Herkunft) bestätigen können.[66] Der Input der Monetisierung in Militärprovinzen lässt sich etwa bei den Stiftungen für Synagogen abschätzen: In Iudaea steigt der Anteil von Geldstiftungen auf 60 %, was mit der durch die Anwesenheit des Militärs verbundenen Prosperität der lokalen Geschäftsleute erklärt wird. Rechtsgeschäfte zwischen Militärs und Zivilisten sind häufiger auch in Papyri des Nahen Ostens belegt, etwa in den aus der Zeit vor dem Bar Kohba-Krieg stammenden P. Murabba'at 114 und in P. Yadin 11 – beide Male sind die Soldaten Kreditgeber, die Einheimischen aus Iudäa sind die Kreditnehmer, im letzten Fall etwa Judah, Sohn des Eleazar Kthousion aus dem Dorf Ein Gedi und Magonius Valens, *centurio* der dort stationierten *cohors I milliaria Thracum*.[67]

Die Zone der für die Versorgung in den Limesprovinzen wichtigen *villae rusticae*, die fruchtbares Gebiet für Getreideanbau oder Viehzucht besetzen und meist an Bach- und Flussläufen sowie in der Nähe von Verkehrswegen und Absatzmärkten liegen, scheint – zumindest in Obergermanien – nicht unmittelbar an die Limeslinie heranzureichen: Wahrscheinlich gibt es hier einen Bereich ausschließlich militärischer Nutzung (*territorium*; *prata* sind beide Begriffe, die für militärische Sperrzonen epigraphisch überliefert sind, etwa in Spanien, Dalmatien und Pannonien[68]), der auch die von der Truppe betriebenen wirtschaftlichen Einrichtungen beherbergte (Futter- und Viehwiesen; die Garnison in Vindolanda hatte eine profitorientierte Geflügelfarm und

---

[65] *Stoll*, Integration, 380–417 und *ders.*, Kentaur und Tyche – Symbole städtischer Identität? Resaina, Singara und ihre Legionsgarnisonen im Spiegel städtischer Münzprägungen, in: *Blömer, M./Facella, M./Winter, E.* (Hgg.), Lokale Identität im Nahen Osten. Kontexte und Perspektiven. Stuttgart 2009, 245–340; *ders.*, Heer, 59–76.
[66] *Stoll*, Integration, 403–406.
[67] *Stoll*, Integration, 61; 73. Allgemein für den Einfluss des Militärs im Nahen Osten auf die regionale Wirtschaft in der Kaiserzeit vgl. auch *Pollard*, Soldiers, 171–211, *ebd.*, 182–191 zu entsprechenden Transaktionen zwischen Zivilisten und Militär, 191–198. Zur Geldwirtschaft; *ders.*, Soldiers, 213–239 entsprechend zur Spätantike.
[68] *Elton*, Frontiers, 128 mit Anm. 181: z. B. ILS 2454–2456; 5969.

betrieb Schweinehaltung sowie eine eigene Brauerei;[69] Ziegeleien und Steinbrüche für den Bau von Militäreinrichtungen, wie den Kastellen, die in der Regel aus lokalem Material gebaut wurden; Ton-, Sand- und Kalkgruben).

Die Anwesenheit des Militärs und dessen Bedarf führte zu einer Intensivierung und Blüte der Landwirtschaft und des Landesausbaus sowie der Tierwirtschaft, die auch mit der Einführung neuer und ertragreicherer Nutzpflanzen und den effektiven Methoden der römischen Landwirtschaft und Tierhaltung bzw. Tierzucht zusammenhängen, bei denen sich innerhalb des Reiches (und auch darüber hinaus) ein deutlicher Austausch an Informationen und ein regelrechter Technologietransfer nachweisen lassen.

Die Grenzen in Britannien, Germanien, in Afrika oder im Nahen Osten, etwa im Bereich des mittleren Euphrat mit Dura Europos, markierten in der Regel (!)[70] ein großes Zivilisations- und Wohlstandsgefälle, sie stellten aber keine unüberwindlichen Festungsgürtel dar, sondern dienten vielmehr der Kontrolle des alltäglichen grenzüberschreitenden Waren- und Personenverkehres; das lässt sich in Germanien[71] ebenso nachweisen wie im Nahen Osten, wo etwa die epigraphischen und papyrologischen Zeugnisse aus dem genannten „Pompeji des Ostens", Dura Europos, die intensiven und vielfältigen Wirtschaftsprozesse einer Grenzzone begreifen helfen. Den Kontrollaspekt zeigt bereits früh die berühmte Tacitus-Passage (Tac. Germ. 41; vgl. auch Tac. hist. 4, 64) bezüglich der Hermunduren, denen man Handelsgeschäfte im Inneren der Raetia und den Grenzübertritt, im Gegensatz zu anderen Stämmen, erlaubt, denen man „nur Waffen und Lager" zeige. Gerade am Obergermanisch-Rätischen Limes lässt eine bemerkenswerte Anzahl von sogenannten Limesdurchlässen und die Lage der Kastelle an z. T. vorrömischen, natürlichen Verkehrswegen auf einen kontrollierten, kanalisierten Grenzverkehr und intensive, eben friedliche Kontakte und Austauschprozesse zwischen dem Provinzialgebiet und den Germanengruppen vor dem Limes schließen; natürlich bewegten sich auch römische Händler jenseits des Limes und die Germanen hatten großes Interesse an wirtschaftlicher Interaktion, die entsprechend geregelt werden konnte. Zudem ist eine intensive militärische Nutzung des Vorlandes des Limes nachweisbar (Viehweiden, Rohstoffe). Auch die der militärischen Verwaltung unterstellten Kastellvici mit ihren Werkstätten und Wirtschaftsbetrieben, Dienstleistern und Märkten dürften für die Versorgung des Militärs und den Austausch, z. B. mit den Germanen, eine entscheidende Rolle gespielt haben.

---

69 *Birley*, Garrison, 94; 130–131 mit Belegen. Allgemein s. *Whittaker*, Supplying, 204–234.
70 *Parker*, Feeding, 212–213 weist zu Recht darauf hin, dass „the economic impact of the Roman army in the East is more difficult to measure"; natürlich sind dort Urbanisierung, ökonomische Entwicklung und auch der Faktor Bevölkerungsdichte in Betracht zu ziehen. Die Garnisonen befinden sich oftmals im unmittelbaren Bereich bereits bestehender Städte, was eine besondere Austauschsituation schafft, die vielerlei Auswirkungen hat, natürlich auch ökonomische, dazu *Stoll*, Integration, passim.
71 Reger grenzüberschreitender Handel zwischen der Limeszone und den Germanen s. etwa *Ruffing, K.*, Friedliche Beziehungen. Der Handel zwischen den römischen Provinzen und Germanien, in: *Schneider, H. (Hg.)*, Feindliche Nachbarn. Rom und die Germanen. Köln 2008, 153–165.

Bei der Interpretation der *limites* als ‚Wirtschaftsgrenzen' und der Frage nach deren Funktionieren, müssen die Limesdurchgänge,[72] dazu die Rolle der *beneficiarii* und ihrer *stationes* neue Erwägung finden. Einzelne Bauten oder Details bei den Limesdurchgängen[73] (und auch die besondere Größe der zu den Limesdurchgängen gehörenden Wachttürme, dazu die Bezüge zum Straßennetz und zur Besiedlung des germanischen Vorfeldes, müssen sicher noch systematisch betrachtet werden und könnten zu einer entsprechenden Beurteilung beitragen. Dieser Forschungsbedarf besteht natürlich für alle Außengrenzen des Imperiums. Wie reagierten die Wirtschaftsregionen vor dem Limes auf die Anwesenheit der Soldaten? Auch hier gibt es zu wenige Studien: Dass hier in Ackerbau und Viehzucht der Handel in der Limeszone auch für Regionen außerhalb des Reiches einen Effekt gehabt haben könnte, legen Indizien etwa für Northumberland nahe, wo jenseits vom Hadrianswall Belege für Getreidebau und Rinderzucht sich mit der römischen Anwesenheit deutlich steigern: ein „expansionist effect".[74]

5 Privatgeschäfte von Soldaten

Zunächst sind hier private Lebensmittelkäufe zu nennen, die die vom Heer ausgegebenen Lebensmittelrationen ergänzen. Essen ist in der Korrespondenz der Soldaten ein wichtiges Thema: in Vindolanda ebenso wie in den Ostraka der Ostwüste Ägyptens, wo Soldaten häufig Angehörige um entsprechende ‚Care-Pakete' bitten (Wadi Fawakhir: Gerste, Öl, Gemüse, Wein oder Fleisch werden erbeten). Die Einkaufslisten des Kommandeurs in Vindolanda genauso wie archäobotanische Befunde in einer Offizierslatrine am niedergermanischen Limes (Alphen aan den Rijn) zeigen den Bedarf an Artikeln, die es in der normalen Heeresverpflegung nicht gab (indirekt natürlich auch den Handel damit und das Angebot des Marktes, der den Bedarf deckte: Austern, bestimmte Fische, edle Weine und seltene Gewürze – Importe, aber auch

---

72 *Hodgson, N.*, Gates and Passages across the Frontiers: The Use of Openings through the Barriers of Britain, Germany and Raetia, in: *Visy, Z. (Hg.)*, Limes XIX. Proceedings of the XIXth International Congress of Roman Frontier Studies held in Pécs. Hungary, September 2003. Pécs 2005, 183–188; s. für Raetien auch *Sommer, C. S.*, No way to go? Gates and gaps in the Raetian Wall, in: *Breeze, D. J./Jones, R. H./Oltean, I. A. (Hgg.)*, Understanding Roman Frontiers. A Celebration for Professor Bill Hanson. Edinburgh 2015, 37–53; *Symonds*, Protecting, 171–172.
73 Vgl. das „Blockhaus" bei ORL WP 13/50 oder die „gepflasterte Stube" im WP 14/15; WP 13/22 mit zwei Durchgängen; WP 13/43 mit Resten einer monumentalen Inschrift. Die auffälligen „Blockhäuser", wie sie im ORL genannt worden sind, bedürfen in jedem Fall noch einer genaueren systematischen Untersuchung: Wie sieht der Zusammenhang zu Limesdurchgängen, Kleinkastellen aus; was lässt sich über ihre Funktion vermuten? Gibt es spezifische Funde?
74 *Campbell*, War, 93. Zu Effekten römischer Tierzucht auf die Germanen – und allgemein zum Technologietransfer im Agrarbereich: *Stoll*, Heer, 421–451; 491–511.

lokale Marktprodukte wie Eier und Hühner oder Äpfel: z. B. Tab. Vindol. II 302).[75] Auch bei Kleidung wissen wir das: Berühmt ist die Bitte um Sandalen, Socken und Unterhosen aus Vindolanda (Tab. Vindol. II 346) oder aber der Briefwechsel des Iulius Apollinaris aus Bostra,[76] der das reiche Warenangebot in der Arabia beschreibt (Tyrische Waren, Kleider, Ebenholz, Perlen, Salben), auch den täglichen Handelsverkehr mit Ägypten (Händler aus Pelusion) und gleichzeitig Kleidung aus Ägypten schicken lässt (P. Mich. 8, 465 und 466, 107/108 n. Chr.): Außerdem fällt ihm eine Marktlücke auf,[77] die er mittels Kameraden, die zwischen Bostra und Alexandria pendeln, schließen und vielleicht auch ausnutzen will; seine Mutter soll aus Karanis groben Leinenstoff schicken. Nebenbei zeigt gerade dieser Briefwechsel auch, wie schnell Märkte auf die Anwesenheit zahlungskräftiger Käufer reagierten (und er zeigt auch die überregionalen Wirtschaftsbeziehungen zur alten Stationierungsprovinz; welche Folgen hat die Dislokation auf lokale Wirtschaftsstrukturen?), denn die Legion war gerade erst (106 n. Chr.) aus Ägypten in die neue Provinz Arabia transferiert worden und dann über Petra in ihr neues Standlager Bostra gelangt, das dann durch die Anwesenheit der Legion eine lange wirtschaftliche Blüte erreichte und wie viele Garnisonsstädte des Ostens eine enge Beziehung zu ‚ihrer' Legion entwickelte.[78]

Auch Soldaten und Offiziere (zu den Veteranen s. unten unter III) als Grundbesitzer und Geschäftsleute lassen sich belegen, man sieht sie in den Papyri Ägyptens als Pächter und Verpächter, immer wieder auch in Kapitalgeschäften: als Gläubiger in Geld- und Naturaldarlehen, als Schuldner. Freilich fehlt hier die Möglichkeit einer exakten Bewertung auf größerer Grundlage: Welchen Umfang hatten solcher Geschäfte, handelt es sich um mehr oder weniger zufälligen Nebenerwerb oder gibt es ein ‚privates militärisches Unternehmertum'?

II Krieg

1 Vorbereitung und Versorgung

Natürlich hat Krieg – der zu häufig allein auf politische und militärische Zielsetzungen hin betrachtet wird – in vielfältiger Weise ein denkbar enges Wechselverhältnis

---

[75] *Wierschowski*, Heer, 112–125 zu den Privatkäufen von Soldaten; *Stoll*, Frauen, 31. Den Einfallsreichtum der Soldaten bei der Beschaffung von Essen behandelt *Symonds*, Protecting, 46–48 auch mit Befunden von anderen Limites. Siehe auch *Stoll*, Melonen, 238–241.
[76] *Reinard*, Kommunikation, 922–937.
[77] *Wierschowski, L.*, Soldaten und Veteranen der Prinzipatszeit im Handel- und Transportgewerbe, in: MBAH 1/2, 1982, 31–46 auch zu ‚geschäftlichen Zusatzeinnahmen' durch Soldaten, die dadurch auch erleichtert waren, dass Soldaten an den Provinzgrenzen keine Zollabgaben zu leisten hatten. Bei Apollinaris bin ich mir aber nicht sicher, ob das Leinen nicht doch eher Privatbedarf ist.
[78] *Stoll*, Städte, 439–462, v. a. 446–448; 450.

zur Ökonomie, obwohl das Beziehungsgeflecht in all seiner Komplexität für die römische Antike niemals untersucht worden ist (z. B. Auswirkungen des Krieges auf die Wirtschaft im eigenen Staat, Auswirkungen der Truppenverschiebungen auf ökonomische Strukturen in Stationierungsprovinzen oder -regionen, ökonomische Motivationen zur Kriegführung: Bedarf an agrarisch nutzbarem Land, Streben nach Ausbeutung von Ressourcen oder geopolitische und wirtschaftlich günstige Lage des Feindgebietes als Motiv des Angriffes oder intendierte Sicherung und/oder Erlangung von Handelswegen; Auswirkungen auf den ‚Feindstaat', inkl. Beute, Reparationen und Tribute;[79] Auswirkungen der Kriegführung, etwa durch Zerstörung und Verwüstung, auf Landschaft und Ökologie[80] und damit auch auf die Wirtschaft; Bevölkerungsverschiebungen mit ökonomischer Motivation; Rückwirkungen auf den Sieger?). In jedem Fall bestimmen wirtschaftliche Aspekte Kriege, so wie Kriege Wirtschaft prägen: Alle zentralen Bereiche des Krieges können von der Ökonomie beeinflusst sein: Ursachen, Ziele, Kriegführung, Kriegsfolgen. Gab es aber ‚Wirtschaftskriege' in der Antike, Handelskriege, Krieg um Märkte?[81] Wir können auch hier nur einige Aspekte ansprechen.

Die Truppenbewegungen im Umfeld von Kriegszügen[82] belasteten unmittelbar die Provinzialen (auch die *annona militaris* entstand in diesem Umfeld zum Unterhalt der Truppen[83]). Provinzweit musste die Versorgung, auch durch Requisition, gewährleistet werden, die Provinzialen hatten Dienstleistungspflichten (städtische Honoratioren übernahmen bisweilen diese Bürde: z. B. für Ancyra OGIS 544; AE 1913, 170),[84] Truppen wurden an vorher festgelegten Punkten des Weges einquartiert (SHA Alex. 45, 2; 47, 1) und Transportmittel mussten zur Verfügung gestellt werden, Nahrungsmittel und Futter waren bereitzustellen bzw. zu speichern, oft mit einem erheblichen

---

79 Für die Republik gibt es Vorarbeiten: *Müller, H.*, Reparationszahlungen an Rom zur Zeit der römischen Republik, in: Tyche 24, 2009, 77–95 mit Quellensammlung zu den längerfristigen ökonomischen Belastungen der Besiegten (etwa Antiochoskrieg: Pol. 21, 17, 4–5; Liv. 38, 38, 13).
80 Ein für die römische Zeit selten behandeltes Thema: vgl. ausschnitthaft und knapp *Hughes, J. D.*, Warfare and Environment in the Ancient World, in: *Campbell, B./Tritle, L.* (Hgg.), The Oxford Handbook of Warfare in the Classical World. Oxford 2013, 128–139; siehe auch unten II 3 zu Plünderung und Brandschatzung. In Ios. Bell. Iud. 5, 262–264; 522–523 beispielsweise wird klar, dass bei der Belagerung Jerusalems für den römischen Bedarf in einem Radius von 16 km Bäume gefällt wurden!
81 Hierzu vgl. bislang besonders *Speidel*, Fernhandel, 155–193, etwa S. 157 contra M. Finley in diesem Punkt, der davon ausging, dass es Handelskrieg und Kriege um Märkte in der Antike nicht gegeben habe.
82 Versorgung der Truppen im Krieg: für die Republik siehe grundsätzlich und umsichtig *Erdkamp*, Hunger, für Republik und Prinzipat (264 v. Chr.–235 n. Chr.) siehe *Roth*, Logistics. Bezogen auf die Kampagnen der ersten drei Jh. in Osten des Reiches s. immer noch *Adams*, Logistics (Straßenbau, Infrastruktur allgemein; Bedarf und logistische Planung: Planung, Sammlung von Gütern, Speicherung) und natürlich auch insgesamt umfassender *Kissel*, Untersuchungen. Überblickend vgl. den glänzenden Artikel von *Kehne*, Logistics, 323–338.
83 *Mitthof*, Annona, 56–57; 66–67.
84 Weitere Beispiele s. bei *Kissel*, Untersuchungen, 84–88.

planerischen Vorlauf.[85] Das Verhalten der Militärs auf dem Durchzug oder rigoroses Handeln (der Militärbehörden) bei der Eintreibung von Abgaben konnte zu Beschwerden der Provinzialbevölkerung führen, die epigraphisch oder papyrologisch belegt sind. Von Sammelstellen und Depots darf man ausgehen, entlang der Vormarschwege wurden diese Militärbasen für die Logistik angelegt, etwa im Kleinasien des 2. und 3. Jh., mit Blick auf die Feldzüge Roms gegen den großen Gegner im Osten, die Parther und dann die Sasaniden, oder dann eben auch für die Versorgung der Aufmarschräume entlang des Euphrats.[86] In den größeren Städten am Weg ‚boomte' die Wirtschaft in solchen Fällen, durchziehende oder überwinternde und kurzfristig stationierte Truppen hatten einen ‚Garnisonseffekt', Handwerk und Handel konnten hier wie dort immense Preise verlangen. Das Höchstpreisedikt des Diokletian und seine Intention[87] – nämlich auch die Gier rücksichtsloser Preistreiber auf den Märkten, die dem Bedarf des Militärs dienten, etwa im Bereich der Garnisonen und Etappenquartiere (die *praefatio* des Erlasses prangert im Paragraph 14 konkret an, dass dort wegen des Nachfrageschubs das Preisniveau für Güter das normale Niveau um mehr als das Achtfache übersteigt), zu regulieren – ist ein gutes Beispiel dafür und ebenso Beleg für den in großen Dimensionen ablaufenden Handel an den bedeutenden Truppentrassen Richtung Feind, wie auch die städtischen Münzprägungen (auch die sog. Signamünzen in Kleinasien), die konkretes Zeugnis des entsprechenden militärisch-zivilen Geldverkehrs sind.[88]

Die Gewährleistung des Nachschubs im Krieg hatte für jeden Feldherrn Priorität (s. auch unten II 3). Bereits in der Republik wurde der Transport an Versorgungsgütern aus entfernteren Provinzen und aus dem Gebiet von Verbündeten neben der Versorgung aus dem Land des Feindes (Fouragieren, Plündern: Liv. 34, 9, 12 *„bellum se ipsum alet"*) Standard.[89] Vorräte konnte in gewissem Umfang mitgeführt werden (zum Tross und den Händlern kommen wir später noch: z. B. Caes. Gall. 6, 37, 2), es

---

85 Zur zentralen Planung siehe *Kehne*, Logistics, 330–331; zur Vorsorge im Bereich der Infrastruktur (v. a. Speicher, Depots; Etappenlager etc.) *Speidel*, Herrschaft, 80–99, der zu Recht betont, dass man einmal alle Zeugnisse für solche Anlagen sammeln müsse. *Elton*, Frontiers, 65 mit Anm. 179: Hier ist als Beispiel der Zug Valentinians I. gegen die Quaden gewählt: Der Kaiser verweilte mit seinem Heer 375 zur unmittelbaren Vorbereitung drei Monate in Carnuntum, der Truppentransfer hatte aber schon über ein Jahr vorher begonnen. Die Versorgung großer Truppenverbände, die an einem Ort versammelt sind, kann aus logistischen Gründen sehr problematisch werden: Vell. 2, 113, 1 zu einem Beispiel aus tiberischer Zeit.
86 *Speidel*, Heer, 255–271 zu pannonischen Truppen auf dem Weg in den Osten (Severerzeit); *Speidel, M. A.*, Les longues marches des armées romaines. Réflets épigraphiques de la circulation des militaries dans la province d' Asie au IIIème s. apr. J.-C., in: Cah. du Centre Gustave Glotz, 20, 2009, 199–210. Magazine und Depots in der ‚Kriegszone' bei den Feldzügen der Republik: *Erdkamp*, Hunger, 20–21; 46–83, dort auch zum Transport der Güter. Allgemein s. auch *Herz*, Logistik, 24–27.
87 *Speidel, M. A.*, Wirtschaft und Moral im Urteil Diokletians. Zu den kaiserlichen Argumenten für Höchstpreise, in: Historia, 58/4, 2009, 486–505, *ebd.*, 488–493 speziell zum Los der Soldaten.
88 *Stoll*, Integration, 400–406 mit Anm.
89 *Erdkamp*, Hunger, 84–140.

gab natürlich auch Nachschublinien mit Depots und Proviantverantwortlichen (z. B. Caes. Gall. 7, 3, 1). Zu allen Zeiten hatte Requirieren aber zwei Nachteile: Es kostete Zeit und war – je nachdem, wie der Feind vorsorgte – eher erfolglos und gefährlich, da die dazu eingesetzten Soldaten den Überfällen des Feindes in besonderer Weise ausgesetzt waren (vgl. Frontin. strat. 2, 5, 31; Hunger als Folge: Caes. Civ. 3, 47–48).

Neben der Anlage von Straßen waren auch die Kommunikationswege zu Wasser für die Logistik der vorrückenden Truppen strategisch entscheidend: Den Transport logistischer Güter (und Truppentransporte)[90] für die Feldarmeen gewährleisteten hier die auf den Flüssen patrouillierenden Provinzialflotten (z. B. *classis Britannica, classis Germanica*) und die Schiffe der Legionsregimenter[91] sowie eigens zusammengestellte und gebaute Kontingente. Das zeigt sich bereits bei den Unternehmungen des Germanicus 15/16 n. Chr. in Germanien, mit angeblich 1000 Schiffen, auf denen auch Artillerie, Pferde und Vorräte befördert wurden (s. Tac. ann. 2, 6, 1–4; neben dem Frachtraum war auch die Geschwindigkeit ein Argument für die Wahl des Wasserweges, außerdem die Erfahrungen mit langen und gefährlichen Trosswegen in Germanien: Tac. ann. 2, 5, 2–4). Man erkennt die Bedeutung der Wasserwege für die Logistik aber genauso während der Markomannenkriege, als etwa 169/70 n. Chr. M. Valerius Maximianus, der schon zuvor in den Partherkriegen des Lucius Verus für die Nachschubtransporte an der Schwarzmeerküste zuständig gewesen war, nun die Getreideversorgung der in Pannonien operierenden Truppen sicherstellen sollte. Dazu standen ihm Flottensoldaten der beiden Reichsflotten und der *classis Britannica* sowie Reiterabteilungen zur Verfügung, mit deren Unterstützung der Transport der logistischen Güter auf der oberen Donau von Raetien nach Pannonien gesichert und kontrolliert wurde (EDCS 13600417: „ […] ad deducend(a) per Danuvium quae in annonam Panno(niae) / utriusq(ue) exercit(uum) denavigarent praepos(ito) vexillation(um) […]")[92] oder während des desaströsen Perserkrieges des Iulian im Jahr 363, als dieser seine auf dem Tigris operierende Nachschubflotte vernichten lässt (Amm. 24, 7, 4–6) – strategisch eine unsinnige Entscheidung, die die Truppe vom Nachschub abschnitt, denn die Lasttiere, die dann zum Einsatz kamen, reichten zur Versorgung nicht aus und

---

90 Zum Beispiel *Konen, Classis*, 229–243; 373–389.
91 Dazu z. B. *Mason*, Navy, 120–121. Man denke hier an die *navalia* der *legio XXII Primigenia* in Mainz (CIL XIII 6712; 6714; AE 1911, 225) und die entsprechenden Ziegeldarstellungen mit Kriegsschiffen; vgl. auch den *gubernator* der *legio XVI Flavia Firma* bei Stoll, Integration, 71 Anm. 297. Ein Anker der *legio XVI* in Mainz: CIL XIII 10029, 309. Hier fehlen noch systematische Einzelstudien. Auch die zahlreichen Transportprähme, die im Umfeld der rheinischen Militärlager (von Mainz bis Zwammerdam) gefunden worden sind, können als Bestandteil des lokalen Garnisonsbestandes an Wasserfahrzeugen betrachtet werden.
92 Gleichzeitiger Ausbau der Häfen im Adriaraum und dem Schwarzmeergebiet durch die Legionen: ILS 2287 aus Salona, über diese Häfen kam der Nachschub zur mittleren Donau. Die Bildwelt der Säulenmonumente und Historischen Reliefs in Rom sollte in dieser Hinsicht einmal systematisch untersucht werden: Donaufrachtschiffe mit Gütern, Flachbodenschiffe, Getreideernte etc. Wie werden Logistik und Infrastruktur hier in das darstellerische Konzept eingebaut?

die Sasaniden hatten das Getreide vor den Römern in feste Plätze gerettet und es deren Nutzung entzogen (Zos. 3, 28, 3). Größere Lager an den Flüssen konnten als zentrale Umschlagplätze dienen, wie etwa Xanten (Vetera) bei der Lippemündung in den Rhein, das bei den Germanienfeldzügen den Nachschub für die weiter im Osten operierenden Invasionsarmeen weiterleiten konnte oder das von Tiberius 4 n. Chr. an der als Verkehrs- und Transportweg wichtigen Lippe angelegte Lager Anreppen mit seinen riesigen Magazinbauten, die den Ort zu einem Versorgungszentrum für militärische Vorstöße machte, die von hier aus ins Landesinnere Germaniens vorgetragen wurden. Für den immensen Nachschubbedarf wurden spezielle (vorgeschobene) Versorgungsstützpunkte[93] als eine Art Anlaufstellen für das wasser- und landgestützte Logistiksystem ausgebaut, wie offenbar etwa auch das Kastell von South Shields 208 n. Chr (Schottlandfeldzug des Septimius Severus) mit zweiundzwanzig Speichern (und einem Hafen) und in dem gleichen Zusammenhang auch Cramond, als Entladestation am Firth of Forth. Überhaupt lagen Häfen und Schiffsländen, wo möglich, häufig in der Nähe von Kastellen (s. etwa *Segedunum*/Wallsend am Ostende des Hadrianswalls) und dienten sicher z. T. auch dem ‚zivilen Handel', wie sich etwa in Krefeld-Gellep[94] gut erkennen lässt.

Die Sicherung der Logistik und des immensen Bedarfes eines Expeditionsheeres[95] war essentiell – allzu oft tauchen hungernde Soldaten in den Quellen nicht auf. Und wenn die Soldaten dann aber doch, gerade auf einem Feldzug, Hunger litten, konnte das gefährlich werden, zumal für den Kaiser, wenn er denn selbst im Felde war, wie man gut bei Gordian III. und den Intrigen seines für den Nachschub zuständigen Nachfolgers Philippus Arabs sehen kann (SHA Gord. 29, 2–3; 6): Hunger und Materialmangel riefen Unzufriedenheit hervor und Unruhe. Philippus Arabs machte sich offenbare Versorgungsmängel zu eigen und/oder führte diese vielleicht aktiv herbei, was er als Prätorianerpräfekt leicht auch tun konnte. In der Version bei Zosimus I 18 f. und bei Zon. 12, 18 töten die unzufriedenen Soldaten sogar den Kaiser infolge Hungers und Mangels an Kriegsmaterial. Der Historiker Ammianus Marcellinus (Amm. 25, 7, 4) bezeichnet den Hungertod als schändlichste und elendste Todesart eines Soldaten. Gerade Ammian überliefert immer wieder entsprechende Passagen, die die Bedeutung der Bevorratung und der klugen Logistik aufzeigen: so etwa bei Behandlung der Alamannen- und Frankenfeldzüge des Constantius II. Als sich im Frühjahr 354 bei *Cabillonum* wegen schlechten Wetters die Belieferung mit Lebensmitteln verzögerte, murrten die Soldaten: Der zuständige Prätorianerpräfekt Rufinus musste persönlich die Verzögerung erklären, was ihn fast das Leben kostete (Amm. 14,

---

93 *Konen*, Classis, 385; vgl. auch *Kehne*, Strategie, 282–284.
94 *Stoll*, Melonen, 241–242.
95 Vgl. das beeindruckende Rechenbeispiel bei *Kehne*, Strategie, 270; 273–277 für die Tiberiusfeldzüge in Germanien 4 und 5 n. Chr. für ein Heer von drei Legionen und Hilfstruppen, zusammen etwa 25.000 Mann, dazu 3800 Pferden und 7000 Maultieren: Gesamtverpflegungsbedarf von 56 Tonnen pro Tag.

10, 1–5). Ein guter Princeps dagegen ist einer, der weiß, wie es um die Lebensmittelvorräte steht (SHA Hadr. 11, 1; SHA Alex. 15, 5). Die Unzufriedenheit der Soldaten, die aus mangelnder Versorgung entsteht (auch aufgrund der Gier der Produzenten und Händler, die zu hohe Preise verlangen), steht als Motivation auch hinter dem bereits erwähnten sog. Preisedikt Diokletians, so dass man hier noch einmal anhand einer gezielten wirtschaftspolitischen Maßnahme sieht, wie auch in diesem Bereich den Interessen der Soldaten Sorge getragen werden muss, um die Loyalität zum Kaiser zu erhalten und Aufruhr, Verschwörungen oder gar Usurpationen im Vorfeld zu vermeiden.[96]

2 Tross

Der Erwerb von Kriegsbeute gehört zu den am besten bekannten ökonomischen Faktoren bei der Kriegsursachenforschung; der Zugewinn an Vieh und Sklaven (letzterer ist schon früh, geradezu als Instrument römischer Kriegführung zu bezeichnen)[97] ist bereits in der homerischen Dichtung ein Motiv. Versklavung bzw. Massenversklavung, Verkauf, Deportation (hier auch z. T. mit wirtschaftlichem Hintergrund[98]) waren in der gesamten Antike ,normale' Begleitumstände einer ,totalen Kriegführung' und Teil des umfassenden Beute- und Eroberungsrechtes der Sieger (die „Ware Mensch" blieb bis in die Spätantike ein Wirtschaftsfaktor). Nach dessen Vorstellungen konnten Sklaven den Soldaten des Siegers als Beute überlassen – normalerweise hatte der Soldat aber Beute abzuliefern und der Kommandeur entschied dann, wie damit verfahren wurde (s. etwa Pol. 10, 16; Onas. 35, 1–3) – oder aber sofort weiterverkauft werden.[99] In den Wirtschaftsräumen des Imperiums spielten diese ökonomischen Ressourcen

---

96 *Stoll*, Integration, 405–406 mit Anm. 84.
97 *Weiler*, Kriegsgefangene, 129–149; *Welwei*, Kriegsgefangenschaft, 1694. Totale, schrankenlose Kriegführung und Leiden der Zivilbevölkerung: *Ziegler, K.-H.*, ,Vae victis' – Sieger und Besiegte im Lichte des Römischen Rechts, in: *Kraus, O.* (Hg.), ,Vae victis!' Über den Umgang mit Besiegten. Göttingen 1998, 45–66, v. a. 46; 53–58; *Raaflaub, K. A.*, War and the City: The Brutality of War and its Impact on the Community, in: *Meineck, P./Konstan, D.* (Hgg.), Combat Trauma and the Ancient Greeks. Houndmills/Basingstoke 2014, 15–46.
98 Siehe auch *Stoll O.*, ,Nulla erunt bella, nulla captivitas'? Aspekte der Kriegsgefangenschaft und Gefangene als Mediatoren römischer Technologie im Sasanidenreich, in: *Günther, S./Ruffing, K./Stoll, O.* (Hgg.), Pragmata. Beiträge zur Wirtschaftsgeschichte der Antike im Gedenken an Harald Winkel. Wiesbaden 2007, 117–149. Vgl. etwa auch Liv. 26, 47, 2 zu Handwerkern aus Karthago; weitere Hinweise bei *Welwei*, Kriegsgefangenschaft, 1695–1696.
99 *Weiler*, Kriegsgefangene, 134. Den Kommandeur Titus sehen wir als Handelnden beim Umgang mit Sklaven nach der Eroberung von Jerusalem, wo angeblich 97.000 Gefangene gemacht worden waren (Ios. Bell. Iud. 6, 420–421); Ios. Bell. Iud. 6, 384 sieht man, dass der Verkauf durch den Feldherrn zum geringsten Preis erfolgen musste, wegen des großen Angebots und der geringen Zahl der Käufer wie Josephus meint, der hier das Prinzip der antiken Marktwirtschaft auf den Punkt bringt. Einen Zusammenhang zwischen Massenversklavungen und Preisverfall hat es in jedem Fall gegeben.

als Arbeitskräfte eine erhebliche Rolle. Sklavenhändler (*mangones, lixae*[100]) folgten dem Tross und kauften die Ware auch direkt (*sub corona vendere*). Wie über die feindliche Bevölkerung konnte der Sieger auch über deren bewegliche Habe (*praeda/* Beute) verfügen, das Land fiel an den Staat bzw. den Kaiser. Händler, die auch Lebensmittel verkauften bzw. zubereiteten (Sall. Iug. 45), Marketender also (*lixae*: Frontin. strat. 2, 4, 8; Amm. 28, 4, 3: Köche und Bäcker; *lixae* eines Regimentes: z. B. AE 1996, 1336) und andere ‚Dienstleistende', auch Prostituierte, gehören zu den für den Tross erwähnten Personen, der selbstverständlich auch eine rein militärische Komponente hatte (Gepäck und Ausrüstung inkl. Artillerie u. a. auf Wagen, ‚Trossknechte' und Eseltreiber, die auch Futter für die Trag- und Zugtiere[101] und Nahrung besorgen konnten) und militärischer Diszipiln unterstand (Veg. mil. 3, 6, 13; 19–20): Zwar sind Zahlen ungewiss, aber mit den Frauen und Kindern[102] sowie den Sklaven der Soldaten, die ebenfalls belegt sind (Varusarmee: Cass. Dio 56, 20, 1–2), konnte der Tross die Größe der Armee erreichen, die er begleitete (Tac. hist. 2, 87; 3, 33; Quint. inst. 8, 6, 42).

3 Wirtschaftliche Kriegführung?

Die Fachschriftsteller (etwa Onasander, Frontin, Vegetius) sind bislang in dieser Hinsicht nicht betrachtet worden, gleichwohl sich dort insbesondere zur Logistik (Proviant, Getreide, Wein, Öl, Mahlzeiten, Tross, Märkte etc.), aber auch sonst zum Thema Krieg und Wirtschaft Einiges finden ließe. Hunger und Durst werden bisweilen als Druckmittel gegen Feinde eingesetzt (Frontin. strat. 2, 1, 1; 4), entweder in der Schlacht oder aber besonders häufig immer wieder im Zusammenhang mit Belagerungen (Frontin. strat. 4, 5, 18–20: unnütze Esser werden ausgewiesen, auch die eigenen Familien, wie dann auch bei Caesars Belagerung von Alesia (Caes. Gall. 7, 78, 1–5);[103] Lebensmittelpreise steigen, Häute, Blätter etc. werden aus Not gegessen; s. a. Frontin. strat. 3, 5, 1–2). Besonders eindringlich sind die Schilderungen des Hungers der Belagerten in Jerusalem (70 n. Chr.) bei Flavius Josephus (bell. Iud. 5, 10, 2–4; 5, 12, 3; 5, 13, 7); der Hunger geht mit Teuerungen, Plünderung und Mord einher, mit einem Verlust an gesellschaftlichem Zusammenhalt und Moral: Schwache, Alte, Frauen und Kinder waren die Hauptleidtragenden; die Häuser und Gassen füllten sich mit Hungertoten und Verhungernden, es werden Hungerödeme und Menschen, die Mist, Schuhsohlen

---

100 *Stoll*, Frauen, 31 zur Diskussion um die Bedeutung dieses letztgenannten Begriffes.
101 Die Bedeutung der Tiere für die Militärgeschichte (und für die Wirtschaftsgeschichte) beginnt eben erst wirklich gewürdigt zu werden, s. z. B. *Mayor, A.*, Animals in Warfare, in: *Campbell, G. L.* (Hg.), Oxford Handbook of Animals in Classical Thought and Life. Oxford 2014, 282–293. Zum Tross und all seinen Bestandteilen insgesamt s. a. *Roth*, Logistics, 79–116.
102 *Stoll*, Frauen, 20–51, v. a. 21–22; 29–31.
103 Der Vorschlag findet sich ebenso bei Veg. mil. 4, 7, 10 und Onas. 42, 23. Zu Hunger und Durst bei Belagerungen vgl. *Kern, P. B.*, Ancient Siege Warfare. Bloomington 1999, 286–322 und dann vor allem auch 323–351.

und Leder, Viehfutter und anderes mehr essen, erwähnt; vereinzelt werden auch Fälle von Kannibalismus geschildert (Ios. bell. Iud. 6, 3, 3–4: Mutter und Säugling). Die Belagerungsarmee dagegen (Ios. bell. Iud. 5, 12, 4; 5, 13, 4) erhält regelmäßig Getreide und Speisen in Menge und Überfülle aus Syrien und den Nachbarprovinzen! Seltener sind wirkliche strategische Maßnahmen geschildert, wie die Verwüstung und das Umpflügen von Äckern und Getreide durch die Invasionsarmee (Frontin. strat. 3, 4, 1; 3, 15, 3) oder die befohlene Unterbrechung von Wasser- und Futterzufuhr (Caes. Gall. 7, 36, 5; Vorsorge, damit der Feind das nicht tun kann/Bevorratung: Veg. mil. 4, 7, 1–10; 4, 30, 5–6).

Dass Hunger ein Kampfmittel sein kann, sagen Frontin (strat. 4, 7, 1) und Vegetius gleichermaßen – „Hunger sei schlimmer als Eisen" (Veg. mil. 3, 3, 1), den Feind müsse man an diesem Punkt schwächen, das sei die „stärkste Waffe" (Veg. mil. 3, 3, 3: „[...] *maximum telum* [...]"): Vegetius fasst mil. 3, 3, 3–12 die notwendigen Maßnahmen vor einem Kriegszug zusammen: Der Feind müsse Mangel leiden, selbst aber müsse man ausreichend versorgt sein (Veg. mil. 3, 3, 3; vgl. Onas. 12, 1–2 Nahrungsmangel und Niederlagen). Truppen und Aufwand müssten genauestens berechnet werden (eine interessante Passage: mil. 3, 3, 3; Versorgungsberechnung *„per capita"*: mil. 3, 3, 9): Futter, Getreide und andere Nahrungsmittel liefern nach Vegetius gewöhnlich die Provinzialen und diese logistischen Güter werden vorher angefordert und an günstigen Punkten des Vormarsches, gesichert und in ausreichender Menge, gesammelt. Bei Bedarf werden Sonderabgaben erhoben, denn es gebe keinen sorgenfreien Besitz von Reichtum, wenn er nicht durch die Waffen bewahrt werde (Veg. mil. 3, 3, 4), die Armee also als „Beschützer und Bewahrer des eigenen Wohlstandes"! Dem Feind aber, wiederholt Vegetius hier noch einmal, müsse die Möglichkeit genommen werden, Vieh, Wein, Getreide zu bekommen (Veg. mil. 3, 3, 6); ausdrücklich wird in diesem Zusammenhang auch die Sperrung von Straßen erwähnt, das Abriegeln von Zufuhrmöglichkeiten bzw. es wird erwartet, dass auch der Feind das tut („... *interclusis itineribus* ...": Veg. mil. 3, 3, 7). Onasander 6, 11 formuliert drastisch, man müsse den Terror in das Feindesland tragen, es könne geplündert und gebrandschatzt werden, denn ein Verlust an Geld/Besitz und Getreideerträgen verkürze die Kriegführung im Land des Feindes (allerdings empfiehlt er diszipliniertes Vorgehen beim Fouragieren und Plündern: Onas. 10, 7–8[104]) und natürlich wird die Armee aus dem Land des Feindes ernährt (Onas. 6, 13–14): Ein guter General sorge dafür, dass seine Märkte und Händler gesichert seien und die Nachschubbasen mit Waren und Versorgungsgütern beschickt werden können. Was (disziplinierte) Plünderung und Beute angeht, also wirtschaftlichen Gewinn für den einzelnen Soldaten und auch den Staat: Onasander (35, 1–3) hat hier interessante Gedanken, die zum nächsten Punkt überleiten können. Der Kommandierende hat große Freiheit, zu lenken, was die Plünderung selbst angeht, aber auch im Umgang mit dem als Beute erworbenen Vermögen; es sei nicht Charakteristi-

---

[104] Vergleiche hier auch Onas. 35, 1–3 über die entsprechende Verantwortung des Generals. Pol. 10, 16 bewundert die Römer für ihre Disziplin beim Plündern.

kum des Krieges, dass sich das ganze Heer bereichere und die Soldaten ungehindert Gewinn hätten, manchmal aber sei ihr Gewinn doch so groß, wie dem Vermögen der Besiegten und auch dem Reichtum von deren Territorium entsprechend.

4 Sieg und Beute – Friedensverträge und wirtschaftliche Regelungen

Die Präsentation der reichen Beute im Rahmen von Triumphzügen[105] war Normalität und konstitutiver Teil der Siegesprozession.[106] Aus dem Erlös des Verkaufes eines Teiles der Beute konnte der siegreiche General (oder der Kaiser) öffentliche Bauten finanzieren (*ex manubiis*: Tempel des Mars Ultor/Res Gestae 22; Amphitheatrum Flavium: CIL VI 40454a2), mit Auswirkungen auf das Baugewerbe und Handwerk in Rom. Tribute und Steuern verlängerten den immensen Gewinn dann über den Moment des Triumphes hinaus. Beute und kriegerischer Zugewinn bedeuteten ökonomische Veränderung: Bekannt sind die Halbierung der Verkaufs- und Verbrauchssteuer nach der Annexion Kappadokiens (Tac. ann. 2, 42, 4) oder die Zugewinne für den Staat aus den dakischen Goldbergwerken und dem Erlös aus dem Verkauf der immensen Sklavenmenge nach den Dakerkriegen des Traian, die die Preise auf dem Sklavenmarkt verdarben. Wirtschaftlich nachteilige Folgen für einen der Gegner hatten viele Friedensschlüsse, nehmen wir etwa den zwischen Probus und den Germanen (SHA Vita Probi 13–14), die Rom Geiseln, Getreide und Vieh aller Art abliefern müssen. Wirtschaftliche Regelungen, die vom Militär überwacht werden mussten, die sich auf einen wirtschaftlichen Austausch beziehen, lassen sich etwa im Umfeld der langwierigen Markomannenkriege des Marcus Aurelius und des Commodus erkennen (165–182 n. Chr.): Den Germanen wurde hier (nicht immer, aber als Verhandlungsgegenstand ist der intendierte Grenzübertritt aus ökonomischen Gründen zu erkennen) etwa die Möglichkeit eingeräumt, sich zu vereinbarten Zeiten an festgelegten Orten zu Handelszwecken über die Grenze zu begeben, freilich gibt es auch hier Beute, die Rom einstreicht, etwa Getreide, Pferde, Vieh und Rekruten (Cass. Dio 72, 11, 15–16; 19; 73, 2, 3, 1–2).

---

[105] Nennen wir hier nur den bei Plut. Aemilius Paullus 32, 2–34, 8 geschilderten Triumph des Aemilius Paullus 167 v. Chr. über Perseus mit 400 goldenen Kränze, Kunstschätzen auf 250 Wagen, 2250 Talenten Silbermünzen (58,9 t); dieser Krieg machte Rom so reich, dass künftig den Bürgern keine Steuer mehr auferlegt werden brauchte, sagt Cicero, off. 2, 76; oder nehmen wir den Triumph des Vespasian und des Titus Ios. Bell. Iud. 7, 132–157, der auch in Staatsreliefs mit ‚Beutebildern' am Titusbogen seinen Niederschlag gefunden hat.
[106] Östenberg, I., Staging the World: Spoils, Captives, and Representations in the Roman Triumphal Procession. Oxford 2009, 19–188 speziell zur Beute und den Kriegsgefangenen.

5 Die andere Seite der Medaille: Niederlagen und Friedensverträge

Friedensverträge können zu allen Zeiten mit den unterschiedlichsten wirtschaftlichen Transaktionen und Regeln verbunden sein, die gleichzeitig Rechtsbindungen schaffen. Für die Republik haben wir bereits Kontributionen, Sachleistungen an den Staat, Beiträge und Kriegsentschädigungen, Tribute und Strafen als Staatseinkünfte erwähnt, sie waren regelmäßige Bestandteile von Staats- und Kriegsverträgen.[107]

Auch in der Kaiserzeit und Spätantike hat es entsprechende Vertragswerke und die mit diesen verbundenen ‚ökonomischen Kriegsfolgen' gegeben, die systematisch allerdings niemals ausgewertet und betrachtet worden sind.[108] Mit den kaiserzeitlichen Verträgen scheinen differenziertere wirtschaftspolitische Regelungen verbunden, die strategischen und territorialen Fragen assoziiert sind. Im Vordergrund stehen weniger rein vordergründige materielle Abwägungen und Gewinne (natürlich gibt es auch hier Tribute, Reparationen, Geiselstellungen), sondern längerfristige Bindungen (zumindest als Intention) und Weichenstellungen. Zwei Beispiele unterschiedlicher Zeitstellung, von entgegengesetzten Enden des Imperiums müssen hier genügen: Da sind einmal die Verträge und Friedensschlüsse der Kaiser Mark Aurel und seines Sohnes Commodus, die während der Markomannenkriege mit den germanischen Völkern jenseits der Donau geschlossen worden sind (169–180 n. Chr.).[109] Diese hatten eine deutlich wirtschaftliche Dimension, die man als wirtschaftspolitisch motivierten Eingriff in die Limeszonen als Wirtschaftsräume ansehen kann: Einige der 16 besser bekannten Fälle von Verträgen regeln etwa das Recht des germanischen Zuganges zu den Märkten im Imperium oder legen Marktplätze und Markttage fest, andere bestimmen siedlungsfreie Zonen oder unterbinden Handelsverkehr, regeln Landanweisungen. Dann soll hier noch der Friedensvertrag von 298 n. Chr. zwischen dem Sasanidenherrscher Narse und dem siegreichen Diokletian genannt werden, der für Rom territoriale und strategische Vorteile (mit den transtigritanischen Provinzen) bedeutete, der aber auch mit vorteilhaften handels- und wirtschaftspolitischen Regelungen verbunden war.[110] So wurde etwa Nisibis am Tigris als einzige Grenzstation für den Handel zwischen den Reichen festgelegt, was den Handel der sasanidischen Seite stark einschränkte und

---

107 *Kehne, P.*, In republikanischen Staats- und Kriegsverträgen festgesetzte Kontributionen und Sachleistungen an den römischen Staat: Kriegsaufwandskosten, Logistikbeiträge, Kriegsentschädigungen, Tribute oder Strafen?, in: *Burrer, F./Müller, H.* (Hgg.), Kriegskosten und Kriegsfinanzierung in der Antike. Darmstadt 2008, 260–280.
108 Das geschieht aktuell im Rahmen einer Passauer Dissertation zum Thema Friedensverträge und Wirtschaftspolitik in Kaiserzeit und Spätantike (M. Happach); und auch das Thema Beute wird in einer Passauer Dissertation für die Kaiserzeit umfänglich behandelt (F. Wieninger).
109 *Stahl, M.*, Zwischen Abgrenzung und Integration: Die Verträge der Kaiser Mark Aurel und Commodus mit den Völkern jenseits der Donau, in: Chiron, 19, 1989, 289–317.
110 *Winter, E.*, Handel und Wirtschaft in Sasanidisch-(Ost-)Römischen Verträgen und Abkommen, in: MBAH, 6/2, 1987, 47–58.

zugleich sicherheitspolitische Vorteile für Rom brachte. In jedem Fall hatte die Diplomatie im Zusammenhang mit Kriegsfolgen und entsprechenden Verträgen eine Bedeutung bei der Durchsetzung ökonomischer Interessen, handelspolitische Maßnahmen gehörten als Instrument zur Regelung der Machtverhältnisse an den Limites. Natürlich waren auch Friedensverträge am Ende kriegerischer Handlungen, die für die Römer mit einer Niederlage endeten, gegebenenfalls genauso mit ökonomischen Klauseln verbunden: Nehmen wir als Beispiel die Situation im Umfeld des Todes von Gordian III. im Krieg gegen Shapur I. und den Thronwechsel zu Philippus Arabs 244 n. Chr., als ein „schändlicher Friedensvertrag" (Zos. 3, 32) zwischen Shapur I. und dem neuen Kaiser geschlossen werden musste. Die in diesem Rahmen *einmalig* geleistete Geldzahlung von 500.000 Denaren (obwohl eher *aurei* gemeint sind) werden in den *Res Gestae Divi Saporis* (ŠKZ § 9) als *phoroi*, also als „Tribut", bezeichnet.[111] Die sasanidische Inschrift erweckt also den Eindruck einer dauerhaften Tributpflicht und Abhängigkeit des römischen Kaisers. In dessen offizieller Propaganda allerdings, wenn man etwa Münzprägung oder Titulatur betrachtet, findet sich eine ganz andere Wertung der Vorgänge: „*Pax fundata cum Persis*" – der Vertrag wird als Erfolg gerühmt (Münzen des Jahres 244). Und seit etwa Mitte 244 n. Chr. trägt er „*Persicus Maximus*" und „*Parthicus maximus*" (zumindest sporadisch) im Titel, was in einem starken Gegensatz zu den Geschehnissen und den tatsächlichen Bedingungen des Friedens steht.

III Nach dem Dienst – Veteranen, ein Epilog

Nach der ehrenvollen Entlassung (*honesta missio*) waren die Veteranen der Legionen und auch der Hilfstruppen wirtschaftlich gut aufgestellt: Versehen mit rechtlichen Privilegien (die Auxiliarveteranen v. a. mit dem neu erlangten Bürgerrecht, sonst vor allem durch Steuer- und Leistungsfreiheit im Bereich der *munera personalia* und *mixta* und Befreiung von *portoria, vectigalia, angaria*; Veteranen aller Truppenarten waren dabei aber nicht unbedingt gleichgestellt: P. Fouad I 21, SB VIII 9668), den ausgezahlten Spareinlagen (*deposita*), Entlassungsgeldern bzw. den *praemia militiae* in Form von Land- oder Geldzuweisungen, waren sie finanziell wohl meist gesichert. Auch hier können die Papyri Ägyptens weiterhelfen, wenn es um die wirtschaftliche Situation dieser Männer und ihre Netzwerke geht, etwa die Archivtexte der Legions-Veteranen Aelius Sarapammon und Aelius Syrion[112] (3. Jh.). In den besser erforschten

---

111 Zu den ökonomischen Begleiterscheinungen von Kriegen gibt es für die Spätantike recht wenige Arbeiten: s. nur Lee, War, 101–122, etwa S. 121 mit einer Tabelle zu Subsidienzahlungen an Hunnen, Goten und Sasaniden.
112 Vergleiche *Sänger, P.*, Veteranen unter den Severern und frühen Soldatenkaisern. Die Dokumentensammlungen der Veteranen Aelius Sarapammon und Aelius Syrion. Stuttgart 2011 und auch *Mitthof, F.*, Soldaten und Veteranen in der Gesellschaft des römischen Ägypten (1.–2. Jh. n. Chr.), in: *Alföldy, G./Dobson, B./Eck, W.* (Hgg.), Kaiser, Heer und Gesellschaft in der Römischen Kaiserzeit. Gedenkschrift für Eric Birley. Stuttgart 2000, 377–405.

arsinoitischen Dörfern (Karanis, Philadelphia) treten uns Veteranen als recht homogene Gruppe entgegen, sie gehörten zur hellenisierten ländlichen Oberschicht bzw. eher oberen Mittelschicht, waren Landbesitzer von bescheidenem Wohlstand. Anders Sarapammon und Syrion aus dem mittelägyptischen Gau Herakleopolites: Sarapammon war ein wohlhabender Mann, der über beträchtlichen Grundbesitz verfügte und Land verpachtete, er genoss in seinem sozialen Umfeld Ansehen und Wertschätzung. Auch die sozio-ökonomische Situation des Syrion lässt ahnen, dass regional basierte Studien für wirtschaftsgeschichtliche Betrachtungen der Provinzgeschichte gewinnbringend sein könnten. Ein Großpachtangebot des Veteranen für kaiserliche Ländereien bzw. einen Großgrundbesitz aus dem *usiakos logos* in den Gemarkungen von zwölf Dörfern, zeigt deutlich dessen finanzielle Situation, die ihn Männern der städtischen Oberschicht ähneln lässt, mit denen er in Herakleopolis auch Verbindung hatte. Er fungierte dort als Darlehensgeber, vielleicht hatte er dort, in der Gauhauptstadt, mit Frau und Sklaven, seinen Wohnsitz. Auch die Angehörigen des Syrion verfügten über Landbesitz, so dass wir nebenbei auch Einblick in die Situation einer ‚Militärfamilie' erhalten: *Veteranikoi* (IGR III 1187, 1266) werden diese im Nahen Osten bisweilen genannt und auch dort zeigen entsprechende Studien, die auch für andere Provinzen gemacht werden könnten, dass diese Veteranen und ihre Familien, v. a. auf dem weniger städt. entwickelten Umland der Militärstandorte, einen Elitenstatus einnahmen, der sich epigraphisch sehr gut durch ihr entsprechend belegtes Engagement in der lokalen Verwaltung bzw. Selbstverwaltung, Wirtschaft sowie im Bereich der lokalen Kulte belegen lässt:[113] Veteranen sind als gesellschaftlich bedeutende, markante Gruppe in der Provinzialgesellschaft und ihrer Wirtschaft deutlich sichtbar.

Das Grundkapital der Veteranen konnte auch im Bereich von Handel und Handwerk eingesetzt werden, wobei alte Verbindungen, etwa bei der Belieferung von Einheiten des Heeres, höchst förderlich waren (Veteran der *I Minervia* als Händler mit Töpferwaren: ILS 7531; *negotiator gladiarius* – Veteran der *XXII Primigenia*: ILS 2472). Ein wenig erfolglos ist allerdings der Veteran Dionysius Amyntianus, Ex-Soldat der *ala Apriana*, der in P. Oxy. 36, 2760 Beschwerde führt, weil er eine Lieferung von Tüchern oder Decken in staatlichem Auftrag an Legionäre der *II Traiana* bzw. in deren Lager abzugeben hatte und ihm dann diese Lieferung nach langer Wartezeit noch nicht einmal abgenommen worden zu sein scheint. Die Ansiedlung in der Nähe der alten Regimenter ist epigraphisch gut belegbar,[114] die genaue Rolle der häufiger erscheinenden „*veterani et cives consistentes*", z. B. in den *canabae „ad legionum V Macedonicam*" von Troesmis (ILS 2474) etwa kann aber noch genauer untersucht werden, auch und insbesondere deren Zusammenwirken mit der lokalen Militärverwaltung. In den Papyrusarchiven Ägyptens (z. B. im Gemellus-Archiv oder dem Tiberianus-Archiv[115]) lässt sich gut ein Personennetzwerk aus Soldaten und Veteranen sowie

---

113 *Stoll*, Männer, passim.
114 *Stoll*, Männer, 59–100.
115 *Reinard*, Kommunikation, 508–531, etwa zum Legionsveteranen Gemellus (Ende 1./Anf. 2. Jh. n. Chr.); 693–768 (2. Jh. n. Chr.).

den jeweiligen Familien erkennen, das für die individuelle Gestaltung der Wirtschaftstätigkeit von Bedeutung gewesen ist.

Bibliographie

Adams, J. P., Logistics of the Roman Imperial Army: Major Campaigns on the Eastern Front in the First Three Centuries A. D. Diss. phil. New Haven 1976.
Birley, A., Garrison Life at Vindolanda. A Band of Brothers. Stroud 2002.
Campbell, J. B., War and Society in Imperial Rome, 31 BC–AD 284. London/New York 2002.
Campbell, J. B., The Emperor and the Roman Army, 31 BC–AD 235. Oxford 1984.
Campbell, J. B., The Roman Army, 31 BC–AD 337. A Sourcebook. London 1994.
Della Casa, Ph./Deschler-Erb, E. (Hgg.), Rome's Internal Frontiers. Proceedings of the 2016 RAC Session in Rome. Zürich 2016.
Elliott, S., Sea Eagles of Empire. The *Classis Britannica* and the Battles for Britain. Stroud 2016.
Elton, H., Frontiers of the Roman Empire. London 1996.
Erdkamp, P., Hunger and the Sword. Warfare and Food Supply in Roman Republican Wars (264–30 B.C.). Amsterdam 1998.
Fischer, Th., Die Armee der Caesaren. Archäologie und Geschichte. Regensburg 2012.
Grønlund Evers, K., The Vindolanda Tablets and the Ancient Economy. Oxford 2011.
Hebblewhite, M., The Emperor and the Army in the Later Roman Empire, AD 235–395. London/New York 2017.
Herz, P., Die Logistik der kaiserzeitlichen Armee. Strukturelle Überlegungen, in: *Erdkamp P. (Hg.)*, The Roman Army and the Economy. Amsterdam 2002, 19–46.
Herz, P., Finances and Costs of the Roman Army, in: *Erdkamp P. (Hg.)*, A Companion to the Roman Army. Oxford 2007, 306–322.
Herz, P., Wirtschaft und Militär in der römischen Provinz Raetia, in: *Herz, P./Schmid, P./Stoll, O. (Hgg.)*, Handel, Kultur und Militär. Die Wirtschaft des Alpen-Donau-Adria-Raumes. Berlin 2011, 79–107.
Hirt, A. M., Imperial Mines and Quarries in the Roman World. Organizational Aspects 27 BC–AD 235. Oxford 2013.
Kehne, P., War- and Peacetime Logistics: Supplying Imperial Armies in East and West, in: *Erdkamp P. (Hg.)*, A Companion to the Roman Army. Oxford 2007, 323–338.
Kehne, P., Zur Strategie und Logistik römischer Vorstöße in die *Germania*: Die Tiberiusfeldzüge der Jahre 4 und 5 n. Chr., in: *Kühlborn, J.-S. (Hg.)*, Rom auf dem Weg nach Germanien: Geostrategie, Vormarschtrassen und Logistik. Mainz 2008, 253–301.
Kissel, T. K., Untersuchungen zur Logistik des Römischen Heeres in den Provinzen des griechischen Ostens (27 v. Chr.–235 n. Chr.). St. Katharinen 1995.
Konen, H. C., Classis Germanica. Die römische Rheinflotte im 1.–3. Jahrhundert n. Chr. St. Katharinen 2000.
Lee, A. D., War in Late Antiquity. A Social History. Oxford 2007.
Lee, A. D., Military History in Late Antiquity: Changing Perspectives and Paradigms, in: *Richardson, S. F. C. et al. (Hgg.)*, Recent Directions in the Military History of the Ancient World. Claremont 2011, 145–166.
Mason, D. J. P., Roman Britain and the Roman Navy. Stroud 2009.
Mitthof, F., Annona militaris: Die Heeresversorgung im spätantiken Ägypten. Ein Beitrag zur Verwaltungs- und Heeresgeschichte des Römischen Reiches im III bis VI Jh. n. Chr. 2 Bde. Florenz 2001.
Nelis-Clément, J., Les beneficiarii: militaires et administrateurs au service de l'empire. (Ier s. a. C.–Vie s. p. C.). Bordeaux 2000.
Ott, J., Die Beneficiarier. Untersuchungen zu ihrer Stellung innerhalb der Rangordnung des Römischen Heeres und zu ihrer Funktion. Stuttgart 1995.

Palme, B., Zivile Aufgaben der Armee im kaiserzeitlichen Ägypten, in: *Kolb, A. (Hg.)*, Herrschaftsstrukturen und Herrschaftspraxis. Konzepte, Prinzipien und Strategien der Administration im römischen Kaiserreich. Berlin 2006, 299–328.

Parker, S. Th., Feeding the Late Roman Army on the Southern Arabian Frontier, in: *Breeze, D. J./Jones, R. H./Oltean, I. A. (Hgg.)*, Understanding Roman Frontiers. A Celebration for Professor Bill Hanson. Edinburgh 2015, 212–223.

Phang, S. E., New Approaches to the Roman Army, in: *Richardson, S. F. C et al. (Hgg.)*, Recent Directions in the Military History of the Ancient World. Claremont 2011, 105–144.

Pollard, N., Soldiers, Cities, and Civilians in Roman Syria. Ann Arbor 2000.

Rathbone, D. W., Military Finance and Supply, in: *Sabin, Ph./van Wees, H./Whitby, M. (Hgg.)*, The Cambridge History of Greek and Roman Warfare. Bd. 2: Rome from the Late Republic to the Late Empire. Cambridge 2007, 158–176.

Reinard, P., Kommunikation und Ökonomie. Untersuchungen zu den privaten Papyrusbriefen aus dem kaiserzeitlichen Ägypten I, II. Rahden/Westf. 2016.

Remesal-Rodriguez, J., Heeresversorgung und die wirtschaftlichen Beziehungen zwischen der Baetica und Germanien. Stuttgart 1997.

Roth, J., The Logistics of the Roman Army at War (264 BC–AD 235). Leiden 1998.

Speidel, M. A., Heer und Herrschaft im Römischen Reich der Hohen Kaiserzeit. Stuttgart 2009.

Speidel, M. A., Herrschaft durch Vorsorge und Beweglichkeit. Zu den Infrastrukturanlagen des kaiserzeitlichen römischen Heeres im Reichsinneren, in: *Kolb, A. (Hg.)*, Infrastruktur und Herrschaftsorganisation im Imperium Romanum. Herrschaftsstrukturen und Herrschaftspraxis III. Akten der Tagung in Zürich 19.–20. 10. 2012. Berlin 2014, 80–99.

Speidel, M. A., Almaqah in Rom? Zu den Beziehungen zwischen dem kaiserzeitlichen Imperium Romanum und Südarabien im Spiegel der dokumentarischen Quellen, in: ZPE, 194, 2015, 241–258.

Speidel, M. A., Fernhandel und Freundschaft zu Roms *amici* an den Handelsrouten nach Südarabien und Indien, in: Orbis Terrarum, 14, 2016, 155–193.

Stauner, K., Das offizielle Schriftwesen des römischen Heeres von Augustus bis Gallienus (27 v. Chr.–268 n. Chr.). Eine Untersuchung zu Struktur, Funktion und Bedeutung der offiziellen militärischen Verwaltungsdokumentation und zu deren Schreibern. Bonn 2004.

Stauner, K., Finanzliteralität im Imperium Romanum am Beispiel der *argentarii* und *signiferi*: Dokumentationsexperten im zivilen und militärischen Finanzwesen (späte Republik–Prinzipatszeit), in: Tyche, 29, 2014, 193–253.

Stoll, O., Römisches Heer und Gesellschaft. Gesammelte Beiträge 1991–1999. Stuttgart 2001.

Stoll, O., Zwischen Integration und Abgrenzung: Die Religion des Römischen Heeres im Nahen Osten. Studien zum Verhältnis von Militär und Zivilbevölkerung im kaiserzeitlichen Syrien und den Nachbarprovinzen. St. Katharinen 2001.

Stoll, O., „Incedere inter milites, habere ad manum centuriones ... iam et exercitus regerent!' Frauen und römisches Militär – eine schwierige Beziehung?, in: *Brandl, U. (Hg.)*, Frauen und Römisches Militär. Beiträge eines Runden Tisches in Xanten vom 7. bis 9. Juli 2005. Oxford 2008, 20–51.

Stoll, O., Tres faciunt collegium? Zwei Neckarschwaben, aufgetaucht aus der Mosel. Bemerkungen zu einer römischen Weihinschrift aus Trier (AE 1978, 504), in: Trierer Zeitschrift, 75/76, 2012/2013 [ersch. 2014], 33–54.

Stoll, O., Ehrenwerte Männer: Veteranen im römischen Nahen Osten der Kaiserzeit. Eine Studie zur Wirtschafts-, Sozial- und Kulturgeschichte der nahöstlichen Provinzen anhand papyrologischer und epigraphischer Zeugnisse. Berlin 2015.

Stoll, O., Melonen, Mähmaschinen und Manager. Limeszonen als transkulturelle (Wirtschafts-)Räume, in: *Droß-Krüpe, K./Föllinger, S./Ruffing, K. (Hgg.)*, Antike Wirtschaft und ihre kulturelle Prägung – The Cultural Shaping of the Ancient Economy. Wiesbaden 2016, 235–266.

Symonds, M., Protecting the Roman Empire. Fortlets, Frontiers, and the Quest for Post-Conquest Security. Cambridge 2018.

Weiler, I., Versklavte Kriegsgefangene im Wirtschaftsleben des Altertums mit besonderer Berücksichtigung des *Bellum Iudaicum* von Flavius Iosephus, in: *Dornik, W./Gießauf, J./Iber, W. M. (Hgg.)*, Krieg und Wirtschaft. Von der Antike bis ins 21. Jahrhundert. Innsbruck 2010, 129–149.

Welwei, K.-W., Kriegsgefangenschaft, in: HAS (Handwörterbuch der Antiken Sklaverei, Bd. 2) Stuttgart 2017, 1691–1697.

Whittaker, C. R., Supplying the Army. Evidence from Vindolanda, in: *Erdkamp, P. (Hg.)*, The Roman Army and the Economy. Amsterdam 2002, 204–234.

Wierschowski, L., Heer und Wirtschaft. Das römische Heer der Prinzipatszeit als Wirtschaftsfaktor. Bonn 1984.

Wolfgang Spickermann
27 Wirtschaft und Religion

I Einleitung

Im Folgenden gehe ich wie Jörg Rüpke von einer substantiellen, nicht formalen Definition von Wirtschaft aus. Anders als die amerikanische *economics of religion*, die nicht zuletzt auf Max Weber zurückgeht, geht es bei der Produktion und Verteilung knapper Güter in erster Linie nicht darum, mit der Theorie rationaler Entscheidungen das Verhalten religiöser Individuen zu analysieren.[1] Für das Römische Reich kann dies im Verlauf seiner langen Geschichte in einzelnen Phasen aufgrund seiner Heterogenität nur durch einen lokalgeschichtlichen und punktuellen Zugriff erfolgen, will man sich nicht auf die Stadt Rom allein beschränken. Wegen der Komplexität, Diversität und Offenheit des religiösen Feldes sind keine modernen ökonomischen Kriterien anwendbar.[2] So kann es daher nur darum gehen, substantielle Felder zu skizzieren, die die Dimensionen des Verhältnisses von Wirtschaft und Religion im Römischen Reich in verschiedenen Facetten aufscheinen lassen. Die gewählten Beispiele müssen dabei eklektisch bleiben, um den Rahmen eines Handbuchs nicht zu sprengen. Kulte und Rituale haben in ihrer Dynamik die Wirtschaft im gesamten Reich beeinflusst und verändert, die etablierten Institutionen tangiert und neue religiöse Zentren geschaffen, die mit Konsum und Produktion verbunden waren. Vor allem in den Provinzen des Ostens konnten traditionelle Tempel ihre wirtschaftliche Bedeutung auch unter römischer Herrschaft aufrechterhalten. Der Aufwand für die Religion im Römischen Reich mobilisierte damit einen erheblichen Verbrauch an Finanzen und Ressourcen insgesamt, aber es gab immer wieder Spannungen zwischen der traditionellen religiösen Praxis und den damit verbundenen Kosten. Ein Teil der Forschung spricht dabei von einer „Tempelökonomie" und betont die große wirtschaftliche Bedeutung der Kulte, während ein anderer Teil das Gegenteil behauptet und unterstreicht, dass die Kulte eine Bremse für den Wirtschaftskreislauf dargestellt haben, da sie erhebliche Ressourcen banden.[3] Generell ist das Thema Religion in der Wirtschaftsgeschichte aber unterrepräsentiert, im ‚Handbuch der Europäischen Wirtschafts- und Sozialgeschichte' kommt es beispielsweise noch nicht vor; im ‚Oxford Handbook of the Economics of Religion' fehlt die Antike.[4] Weitergehende systematische Studien hat Beate Dignas für Kleinasien vorgelegt.[5] Für Ägypten ist immer noch das zweibändige Werk von Walter Otto maßgebend; ferner finden sich wichtige Ana-

---

1 *Rüpke*, Religion, 273 f. mit Fn. 1.
2 *Gordon/Raja/Rieger*, Economy, 266.
3 Vgl. *Dignas*, Economic Dimension, 207.
4 *McCleary*, Religion.
5 *Dignas*, Asia Minor; dies., Economic Dimension.

lysen in den Darstellungen von Alan Chester Johnson.[6] Für griechische Heiligtümer der vorrömischen Zeit ist die Monographie von Marietta Horster grundlegend.[7]

Eine Gesamtüberblick auf dem neuesten Forschungsstand mit umfangreicher Bibliographie bietet der Aufsatz von Richard Gordon, Rubina Raja und Katharina Rieger.[8]

Das dynamische Wechselspiel zwischen Religion und Wirtschaft schuf ein komplexes System, das in der Forschung zu wenig Beachtung gefunden hat. Grundlegende Fragen sind hierbei die Ökonomie von Heiligtümern und deren materielle Ressourcen, die wirtschaftliche Bedeutung von Festen und Spielen, die Rolle von Priesterinnen und Priestern, Kultgemeinschaften und Euergetinnen und Euergeten (Wohltätern), der rechtliche Rahmen zur Aufrechterhaltung einer religiösen Infrastruktur im öffentlichen und im privaten Raum und schließlich die Schutzgottheiten der Wirtschaft selbst.

Nicht behandelt werden hier die wirtschaftlichen Auswirkungen des Christentums, die wie beispielsweise die Apostelgeschichte und der berühmte Brief des Plinius zeigen, sich lokal auch schon vor dem 4. Jh. n. Chr. spürbar bemerkbar machen konnten.[9]

II Ökonomie von Tempel- und Tempelland

Sichtbarste Zeichen der Götterverehrung in der griechisch-römischen Antike waren ihre Häuser, die Tempel, die in nahezu jedem antiken Gemeinwesen zu finden waren und in der Regel die aufwendigsten Investitionen in Religion darstellten. Sie sind gleichsam auch das sichtbarste Zeichen für die Investition großer finanzieller Ressourcen und von erheblichem handwerklichem Aufwand. Die täglichen Rituale und die wiederkehrenden Feste erforderten zusätzlich regelmäßige Investitionen; Bezirke um die Tempel beherbergten häufig (heilige) Märkte und Tempelschätze beinhalteten manchmal riesige Reichtümer, die besten Beispiele hierfür sind sicherlich Delphi und die Akropolis in Athen.[10] Das für Rom eingängigste Symbol einer Verbindung von Religion und Wirtschaft ist der Saturntempel, in dessen Vorbau das *Aerarium populi Romani* untergebracht war. Der ursprüngliche Bau dieses Tempels auf dem Forum Romanum war wohl bereits unter Tarquinius Superbus initiiert worden, nach der Überlieferung wurde er spätestens 493 v. Chr. eingeweiht.[11] In jedem Fall stand er in einem engen Zusammenhang mit der Gründung der frühen römischen Republik, die

---

6 *Otto, W.*, Priester und Tempel im hellenistischen Aegypten. 2 Bde. Leipzig 1959.
7 *Horster*, Landbesitz.
8 *Gordon/Raja/Rieger*, Economy.
9 Apg. 19, 23 (Silberschmiede in Ephesos), vgl. dazu *Gordon/Raja/Rieger*, Economy, 273; Plin. ep. X 96. Zur Wirtschaft in den frühen christlichen Gemeinden: *Drexhage*, Wirtschaft.
10 Vgl. *Dignas*, Economic Dimension, 207; zur Akropolis: *Sassu*, Sanctuary.
11 Macr. Sat. I 8, 1; Dion. Hal. ant. IV 1, 4.

das öffentliche Vermögen unter den Schutz des Gottes Saturn stellte. Noch Munatius Plancus hatte diesen Tempel 42 v. Chr. mit Geldern aus der Beute der Gallischen Feldzüge renoviert.[12] Tempel dienten auch in Rom und später im Römischen Reich als Schatzkammern und Banken, und die verantwortlichen Priester kamen so zu wirtschaftlicher und damit manchmal auch zu politischer Macht. Dennoch blieben sie reine Depositbanken zur Sicherung von Vermögen, im Unterschied zu östlichen Traditionen wurde kein Geld verliehen.[13] Aus der wohl in das Jahr 58 v. Chr. zu datierenden *lex templi* des Iupiter Liber-Tempels von Furfo ist z. B. zu erfahren, wann Geld als profanes Deposit zu gelten hat, welches zurückerstattet werden kann und wann es sich um eine Gabe an die Götter handelt.[14]

Schon zu Zeiten der Republik war es üblich, dass die Mehrzahl der Investitionen in Heiligtümer auf private Initiativen zurückging. Wichtige Beispiele sind die „Feldherrentempel" *ex manubiis* (aus der Kriegsbeute), insbesondere auf dem Marsfeld, wo Feldherren nach einem Sieg ihre Kriegsbeute weihten.[15] Beispielsweise reiste Lucius Mummius nach seiner Einnahme von Achaia und der Zerstörung Korinths 146 v. Chr. durch Griechenland, ließ zahlreiche Bronzestatuen abtransportieren und verteilte die geraubten Kunstgegenstände schließlich großzügig in ganz Italien.[16] In Rom ließ er vier Jahre nach diesen Ereignissen und seinem Triumph in Erfüllung seines Gelübdes einen inschriftlich bezeugten Tempel des Hercules Victor errichten.[17] Wolfgang Wohlmayr hält den Inschriftenblock für die Kultbildbasis des *ex manubiis* finanzierten Tempels.[18] Ab der Mitte des 2. Jahrhunderts v. Chr. wurden die Tempel aufwendiger gebaut und damit erheblich kostspieliger. Anstatt Tuff wurde jetzt griechischer Marmor und Travertin aus Tibur verwendet. Als erster errichtete auf diese Weise Q. Caecilius Metellus Macedonicus, der Sieger im 3. Makedonischen Krieg 151–148 v. Chr., 146 v. Chr.

---

12 CIL VI 1316 = CIL XI 44 = ILS 41: 3: *L(ucius) Plancus L(uci) f(ilius) co(n)s(ul) / imp(erator) iter(um) de manib(iis)*; Suet. Aug. 29.
13 *Rüpke*, Religion, 282; generell zur institutionellen Bedeutung von Heiligtümern: *Maucourant*, L'Économie.
14 CIL IX 3513 = CIL I² 756 = ILS 4906; vgl. AE 2010, 399.
15 Vgl. z. B. Flaminius oder Aemilius Paullus: Plut. Aemilius Paullus XXXII 33; vgl. Plin. nat. XXXIV 55. Dazu *Strocka, V. M.*, Kunstraub in der Antike, in: ders. (Hg.), Kunstraub – ein Siegerrecht? Historische Fälle und juristische Einwände. Berlin 1999, 9–26, hier 18; *Spickermann, W.*, Kultisches und Religiöses bei Polybios, in: *Grieb, V./Koehn, C.* (Hgg.), Polybios und seine Historien. Beiträge einer Tagung in Hamburg im April 2010. 1. Aufl. Stuttgart 2013, 301–318, hier 311.
16 *Wohlmayr*, Mummius, 143.
17 CIL I 626 = CIL VI 331: *L(ucius) Mummi(us) L(uci) f(ilius) co(n)s(ul) duct(u) / auspicio imperioque / eius Achaia capt(a) Corint(h)o / deleto Romam rediet / triumphans ob hasce / res bene gestas quod / in bello voverat / hanc aedem et signu(m) / Herculis Victoris / imperator dedicat*; vgl. *Spickermann, W.*, Monumental Inscriptions, in: *Raja, R./Rüpke, J.* (Hgg.), A Companion to the Archaeology of Religion in the Ancient World. (Blackwell Companions to the Ancient World. Literature and Culture) Chichester 2015, 412–424.
18 *Wohlmayr*, Mummius, 142. Zu den Siegesmonumenten der punischen Kriege allgemein: *Pietilä-Castrén*, Victory Monuments.

einen luxuriösen Tempel für Iupiter Stator auf dem Marsfeld, der von Portiken umsäumt war. Er hatte hierfür den griechischen Architekten Hermodoros von Salamis engagiert.[19] Vor dem Tempel ließ er aus Makedonien mitgebrachte Statuen platzieren. Hermodoros soll auch einen weiteren Tempel des Mars beim *circus Flaminius* gebaut haben.[20] Wahrscheinlich handelt es sich um den von Decimus Iunius Brutus Callaicus nach seinem erfolgreichen Spanienfeldzug errichteten Tempel, in dem er die mitgebrachten Kolossalstatuen von Ares und Aphrodite unterbrachte.[21] In der Linie der erfolgreichen Generäle steht auch der Geschichtsschreiber und Konsul von 129 v. Chr. C. Sempronius Tuditanus der aufgrund des Zeugnisses von zwei Fragmenten einer Inschrift aus Aquileia nach seinem Triumph über die illyrischen Iapoden und Histrier dem Flussgott Timavus ein Heiligtum weihte.[22] Sulla konfiszierte anlässlich seines Feldzuges gegen Mithridates mehrere Vermögen griechischer Heiligtümer.[23] Doch entschädigte er später die Heiligtümer von Epidaurus, Delphi und Olympia mit ehemals thebanischem Land.[24]

An die Stelle der miteinander konkurrierenden Mitglieder der römischen Nobilität, die nach Triumph und der Ausrichtung von Spielen ihre Tempel zunächst aus der Kriegsbeute finanzierten,[25] trat später der Princeps. Schon Caesar hatte 54 v. Chr. mit dem Bau eines eigenen Forums begonnen, in dessen Zentrum sich der Tempel der mythischen Stammmutter der Iulier, Venus Genetrix, befand. Für die hierfür enteigneten Hausbesitzer habe Caesar laut Cicero, der Mitglied der hierfür eingesetzten Kommission war, allein 60 Millionen Sesterze (HS) aus eigenen Mitteln aufgewendet, Sueton und Plinius sprechen sogar von 100 Millionen HS, die er aus Beutemitteln – wohl aus dem Gallischen Krieg – aufgewendet habe.[26] Caesar hat das noch unvollendete Forum anlässlich seines Triumphes von 46 v. Chr. mit großem Aufwand feierlich einweihen lassen.[27] Es wurde dann nach dem Tod des Dictators 44 v. Chr. von seinem Adoptivsohn Octavian/Augustus fertiggestellt.[28] Augustus selbst, der erste Princeps, schuf nicht nur sein 2 v. Chr. eingeweihtes eigenes Forum mit dem Mars Ultor-Tempel

---

19 Vell. 1, 11, 3; 5; Vitr. 3, 2, 5. Dazu *Frank*, Rome, 286.
20 Vell. II, 13 Halm p. 120. Vgl. *Frank*, Rome, 286 f. mit weiteren Beispielen.
21 Plin. nat. 36, 4, 26 ; vgl. *Frank*, Rome.
22 CIL I 652a = CIL V 8270 = ILS 8885 = Inscr. Aquil. I 28: *[C(aius) Sempronius C(ai) f(ilius) C(ai) n(epos) Tuditanus co(n)s(ul)] / [6] / [descende]re et Tauriscos C[arnosque et Liburnos] / [ex montib]us coactos m[---] / [diebus te]r quineis qua[ter ibei? hostes? super]avit / [sueis (astreis)] signeis consi[lieis prorut]os Tuditanus / [ita Roma]e egit triump(h)u[m, aedem hic] dedit Timavo / [sacra pat]ria ei restitu[it et magist]reis tradit*. Plin. III 129 berichtet außerdem von der Aufstellung eines Standbildes des Tuditanus mit Inschrift.
23 Plut. Sulla 12, 3–5; App. Mithr. 54; Diod. 38, 7; s. a. Paus. 9, 7, 5 f.; 9, 27, 3; 9, 33, 6 u. 10, 19, 2; dazu *Dignas*, Asia Minor, 117 f.
24 App. Mithr. 54; Paus. 9, 7, 5 f.
25 Dazu grundlegend *Pietilä-Castrén*, Victory Monuments.
26 Cic. Att. 4, 16, 8; Suet. Iul. 26, 2; Plin. nat. 36, 24.
27 Cass. Dio. 43, 22. Er hatte den Venustempel vor Pharsalos gelobt: App. civ. 2, 68 u. 102.
28 Zum Forum Iulium: *Coarelli, F.*, Rom. Ein archäologischer Führer. Freiburg 1980, 103–107.

ex manubiis[29], sondern baute weitere Tempel, darunter den Apollotempel auf dem Palatin[30] und restaurierte neben dem Kapitol 82 Heiligtümer in Rom.[31] Weihegeschenke aus der Kriegsbeute, die auf dem Kapitol, im Tempel des Apollon, der Vesta und des Mars Ultor dargebracht wurden, sollen Augustus insgesamt 100 Millionen HS gekostet haben.[32] Die Ausgaben für sein Forum, die Tempel, Weihegaben und Spiele werden auf insgesamt ca. 250–300 Millionen HS zu schätzen sein.[33] Augustus stellt sich hier bewusst in die Tradition der siegreichen Feldherren, die *ex manubiis* Heiligtümer weihten und Beutestücke darin ausstellten, verstand es aber, alle Vorgänger bei weitem zu übertreffen. Er setzte damit auch Maßstäbe für alle seine Nachfolger, die in Rom eigene Akzente zu setzen suchten. So verschlangen die Großprojekte des Claudius mehrere 100 Millionen HS.[34] Selbst der sprichwörtlich sparsame Vespasian gab große Summen für Bauwerke aus und ließ u. a. das Templum Pacis mit der Beute des Iudaea-Feldzuges bauen.[35] Domitian gab den Bau eines eigenen Forums mit einem Tempel für seine Lieblingsgottheit Minerva in Auftrag, welches schließlich nach seiner *damnatio memoriae* zum Nervaforum wurde.[36] Trajan investierte einen großen Teil seiner dakischen Kriegsbeute zwischen 107 und 113 n. Chr. in den Neubau eines riesigen Forums, welches seine Säule beherbergte und welches schließlich von seinem Nachfolger Hadrian mit einem Tempel für Trajan und seine Gattin Plotina abgeschlossen wurde.[37] Die große Zeit der Tempeldedikationen aus Kriegsbeute in Rom endete spätestens mit dem Paradigmenwechsel durch Hadrian, der die Reichsgrenzen sicherte, statt weitere Eroberungskriege zu führen. Natürlich endeten damit nicht die kaiserlichen Investitionen in Tempelbauten. Antoninus Pius baute in der Nähe des Pantheons nicht nur einen Tempel für die Verehrung Hadrians, sondern ließ auch für seine schon gegen Ende Oktober 140 n. Chr. verstorbene und posthum vergötterte Gattin Faustina die Ältere in prominenter Lage auf dem Forum einen Tempel errichten, der nach seinem Tode auch ihm gewidmet werden sollte.[38]

Investitionen in Heiligtümern, insbesondere aus Kriegsbeute, waren für die Mitglieder der römischen Nobilität und später für die Kaiser nicht nur Symbol für die Sieghaftigkeit Roms, sondern auch die Überlegenheit der eigenen *gens* (Sippe). Stan-

---

29 R. Gest. div. Aug. c. 21: *In privato solo Martis Ultoris templum forumque Augustum ex manubiis feci.*
30 R. Gest. div. Aug. c. 19 u. RG app. 1.
31 R. Gest. div. Aug. app. 2. Zu den Bauten des Augustus s. auch Suet. Aug. 29.
32 R. Gest. div. Aug. c. 21; vgl. *Rüpke*, Religion, 280.
33 Vgl. die Schätzungen bei *Frank*, Rome, 14 f.
34 *Ruffing/Konen/Drexhage*, Einführung Wirtschaft, 55.
35 Zum Templum Pacis: Plin. nat. 36; 24; *Coarelli*, Rom, 133–135; zum außerordentlichen Bauaufwand der Flavier: *Frank*, Rome, 54 f.
36 *Duncan-Jones*, Roman Empire, 42 geht bei Domitian von einem Volumen von 20–60 Millionen HS jährlich für öffentliche Bauten aus.
37 *Coarelli*, Rom, 133.
38 *Spickermann, W.*, Ein „frommer" Kaiser? Religiöse Strömungen und Kaiserkult unter Antoninus Pius, in: AW, 2, 2019, 26–30, hier S. 26.

den die Mitglieder der Nobilität in der Republik noch in Konkurrenz zueinander, so monopolisierten die Kaiser den Triumph und die damit verbundenen enormen materiellen Aufwendungen auf sich. Schon Caesar hatte durch den Bau eines eigenen Forums die Investitionen ins nie dagewesene gesteigert, sein Adoptivsohn Augustus übertraf ihn bei weitem und blieb Vorbild für spätere Kaiser, bis mit Hadrian die Reichsideologie eine andere Richtung bekam und in der Folgezeit die materiellen Ressourcen und natürlich auch die Mittel aus Kriegsbeute insgesamt zurückgingen. Um überhaupt einen Anhaltspunkt für das Ausgabevolumen für den Unterhalt der damals ca. 90 römischen Tempel zu haben, geht Roch Knapowski für die Zeit von 49–45 v. Chr. ohne die oben erwähnten Kosten für das Caesarforum von etwa 7,4 Millionen HS aus, wobei er ein Promille der Baukosten eines Tempels dafür ansetzt.[39] Jörg Rüpke sieht die jährlichen Aufwendungen für öffentliche Spiele und Tempel bei 10 bis ca. 30 Millionen HS.[40] Wie diese nur summarisch zusammengestellten Kosten sich in der Kaiserzeit entwickelten bleibt unbekannt. In Relation dazu erforderte die Ernährung eines Erwachsenen im 2. Jahrhundert n. Chr. jährlich rund 500 HS, für Kleidung sind weitere 100 bis 200 HS zu veranschlagen, für Kinder ist ca. die Hälfte zu rechnen, dazu kommen zahlreiche weitere Ausgaben. Allein der Weizenbedarf eines siebenköpfigen Haushalts wird auf mindestens 1131,5 HS jährlich geschätzt.[41] Bis 83/4 n. Chr. lag der Jahressold eines einfachen Legionärs bei 900 HS, er stieg im 2. Jahrhundert auf 2400 HS und im 3. Jahrhundert schließlich auf 3600 HS.[42] Um eine vierköpfige Familie ernähren zu können, müsste ein Töpfer täglich ca. 50 Keramikartikel verkaufen (= ein Umsatz von 12,5 HS), und aus erhaltenen Verträgen für Arbeiter in den dakischen Goldbergwerken wissen wir, dass ein Arbeiter im Jahr 164 n. Chr. in ca. einem halben Jahr 70 Denare verdienen konnten, wenn er jeden Tag zur Arbeit kam.[43]

Auch bedingt durch diese kaiserlichen Vorbilder, wurden während der Kaiserzeit Heiligtümer mehrheitlich von Privatpersonen oder Personengruppen finanziert. Daneben traten Ortsgemeinden mit öffentlichen Mitteln für den Bau von Heiligtümern ein. Dies belegen zahlreiche Inschriften. Dabei waren die Kosten der Heiligtümer in der Provinz deutlich geringer als in Rom. Die höchsten inschriftlich belegten Kosten für einen Tempel im römischen Nordafrika sind mit 600.000 HS aus Lambaesis überliefert, die niedrigsten aus Magifa in der Numidia Proconsularis liegen bei 8000 HS. Die größten Heiligtümer in Leptis Magna und Karthago werden aber deutlich kostspieliger gewesen sein. Richard Duncan-Jones errechnet damit einen Meridian von 43.500 HS für Nordafrika.[44] Priester wurden häufig durch zum Heiligtum gehöriges

---

39 *Knapowski*, Staatsrechnungen, 55; vgl. *Rüpke*, Religion, 275.
40 *Rüpke*, Religion, 276.
41 *Ruffing/Konen/Drexhage*, Einführung Wirtschaft, 178 mit Lit.
42 *Ruffing/Konen/Drexhage*, Einführung Wirtschaft, 179.
43 *Ruffing/Konen/Drexhage*, Einführung Wirtschaft, 182. Zu den Goldbergwerken: CIL III p. 948 X 164 n. Chr. vgl. dazu *Treggiari*, Labour, 51.
44 *Duncan-Jones*, Roman Empire, 75.

Tempelland oder fromme Spenden unterhalten. Tacitus berichtet, dass die Priester des Tempels des Divus Claudius in Camulodunum/Colchester im Vorfeld des Boudicca-Aufstandes alles Vermögen vergeudet hätten.[45] Dabei dürfte es sich um Pachterträge von Tempelland oder möglicherweise um spezielle Steuern gehandelt haben, für welche die Priesterschaft zuständig war.[46] Besonders im Osten des Reiches verfügten diejenigen Heiligtümer, die auf eine lange, vorrömische Geschichte zurückblicken konnten, in der Regel über große Vermögen und Landbesitz. Sie standen nun unter der Verwaltung römischer Magistrate und später letztinstanzlich des Kaisers. Kaiser und Statthalter fungierten so als Mediatoren zwischen Heiligtümern und kleinasiatischen Städten.[47] So versucht beispielsweise der Prokonsul Paullus Fabius Persicus 44 n. Chr. durch ein Edikt die Einnahmen des berühmten Artemision von Ephesos sicher zu stellen, weil dessen finanzielle Situation desolat geworden war.[48] Aus dem Westen des Reiches existieren zahlreiche Inschriften von Privatleuten und Kollegien, die Tempel unterschiedlichster Größe und Zuordnung von einer Kapelle bis hin zu einem Podiumstempel auf dem städtischen Forum gestiftet haben, teilweise auch für deren Ausstattung aufkamen und mehrfach auch testamentarisch deren Unterhalt sicherten, bzw. Gelder für Feste und Spiele bereitstellten. Ferner kamen zahlreiche Privatpersonen für den Wiederaufbau oder die Renovierung zerstörter oder verfallener Heiligtümer auf.[49]

Im Osten des Reiches gab es teilweise schon vor der hellenistischen Epoche bestehende Heiligtümer, die über großen Landbesitz und eigene Einnahmen aus Pachterträgen verfügten.[50] Dabei waren die religiösen Zentren meist auf die Städte konzentriert.[51] Dies gilt natürlich in erster Linie für den berühmten Tempel in Jerusalem, welcher bekanntlich 70 n. Chr. zerstört wurde und dessen Tempelsteuer im Anschluss

---

45 Tac. ann. 14, 31: *Ad hoc templum divo Claudio constitutum quasi arx aeternae dominationibus adspiciebatur, delectique sacerdotes specie religionis omnes fortunas effundebant.*
46 *Collingwood*, Britain, 56 f.
47 Vgl. *Dignas*, Asia Minor, 139–222; für den Westen: *Gordon/Raja/Rieger*, Economy, 292.
48 IEphesos IA 17–19; vgl. dazu *Dignas*, Asia Minor, 141 f.; *ders.*, Economic Dimension, 211 f.; *Ruffing*, Heiligtum, 583. Für das Agieren der Statthalter in Kleinasien: *Dignas*, Asia Minor, bes. 141–156; 178–188; *Drexhage*, Wirtschaftspolitik, 118–122; *Gordon/Raja/Rieger*, Economy, 267.
49 Als Beispiele dienen eine Inschrift aus Vesontio/Besançon, die von einer zweimaligen Renovierung eines verfallenen Heiligtums berichtet: CIL XIII 5373: *Deo Mercurio Cisso/nio Dubitatia Castula / natione Syria templum / et porticus vetustate / conla<p=B>sum denuo de suo / restituit;* und eine Stiftung aus Wettingen bei Baden: CIL XIII 5233: *Deae Isidi templum a solo / L(ucius) Annusius Magianus / de suo posuit vik(anis) Aquensib(us) / ad cuius templi ornamenta / Alpinia Alpinula coniux / et Peregrina fil(ia) | (denarios) C dede/runt l(ocus) d(atus) d(ecreto) vicanorum.* Diese Summen sind so gering, dass sie nur dem Unterhalt des Heiligtums dienen konnten; vgl. *Lobüscher, T.*, Tempel- und Theaterbau in der Tres Galliae und den germanischen Provinzen. Ausgewählte Aspekte. (Kölner Studien zur Archäologie der römischen Provinzen, Bd. 6) Rahden/Westf. 2002, 114.
50 Vgl. *Gordon/Raja/Rieger*, Economy, 274.
51 *Castritius, H.*, Studien zu Maximinus Daia. (Frankfurter Althistorische Studien, Bd. 2) Kallmünz 1969, 52.

zum *fiscus Iudaicus* umgewandelt wurde. Aber auch andere größere östliche Heiligtümer dürften ähnlich organisiert gewesen sein. Lukian von Samosata berichtet im 2. Jahrhundert n. Chr. über den Tempel der Dea Syria in Bambyce, wohin größere Geldsummen aus Arabien, Phönikien und Babylonien, wie auch aus Kappadokien, Kilikien und Assyrien fließen würden.[52] In Ägypten war schon durch die letzte Herrscherin, Kleopatra, das Tempelland teilweise eingezogen und der Einfluss der Priesterschaft beschnitten worden. Unter der römischen Herrschaft wurde die Macht und der Einfluss der großen hieratischen Tempel weiter beschränkt, allerdings wurde die Beschlagnahmung von Land durch direkte staatliche Subventionen und Steuerbefreiungen oder Anteile von Erlösen aus Landverpachtungen ausgeglichen.[53] Dies geschah aber bei weitem nicht einheitlich.[54] Weiterhin gab es nach wie vor private Stiftungen und Verpflichtungen. In Busiris verpflichtet sich der Topogrammateus Aunes in augusteischer Zeit gegenüber den Priestern eines Tempels, 13 Artaben Speltweizen zu stiften, um damit ein Jahr lang Brot backen zu können.[55] Zu den Tempeln konnten auch nach den römischen Konfiskationen von Land weiterhin landwirtschaftliche Betriebe und ganze Handwerksbetriebe wie Mühlen und Brauereien gehören.[56] Der römische Staat war hierbei allerdings bemüht, die Tempel unter einer strikten finanziellen Kontrolle zu halten, um das Anhäufen von Überschüssen zu vermeiden.[57]

Zu den reichsten heiligen Landbesitzern in Kleinasien gehörte offenbar der große Artemistempel in Ephesos, dessen Gebiet durch zahlreiche Grenzsteine außerhalb der unmittelbaren Umgebung des Heiligtums bezeugt ist. Möglicherweise mussten die Epheser einige Teile dieses Landes für die Abgaben während der Bürgerkriege aufbringen, wurden aber später von Augustus entschädigt.[58] Wahrscheinlich beherbergte das Artemision noch während der Kaiserzeit einen beachtlichen Tempelschatz.[59] Inwieweit während der Zeit der Republik die *publicani* (Steuerpächter) auf Tempelvermögen Zugriff hatten, ist nicht ganz zu klären. Der Eingriff der Statthalter ist jedoch belegt, wie am Beispiel des oben erwähnten Prokonsuls Paullus Fabricius Persicus 44 n. Chr. deutlich wird. Meistens erfolgten solche Eingriffe, wenn die Finanzierung der Heiligtümer gefährdet war. Es lag auch im Interesse der römischen Erobe-

---

52 Lukian. Syr. Dea 10; 16; vgl. *Frank, T.*, An Economic Survey of Ancient Rome. Bd 4: Roman Africa, Roman Syria, 247 f.; *Gordon/Raja/Rieger*, Economy, 282.
53 Vgl. BGU IV 1200 Busiris (Herakleopolites) 2/1 v. Chr.; P Tebt. II 302 Teptunis 71/2 n. Chr.; P. Oxy. XII 1434 Oxyrhynchos 107/8 n. Chr.; dazu *Johnson/Tenney*, Roman Egypt, 639; grundlegend hierzu *Otto*, Hellenistisches Aegypten, 258–405, der konstatiert, dass die Zeugnisse für Tempeleinnahmen in Ägypten ab dem 2.–3. Jh. n. Chr. zurückgehen (403 f.); ferner *Ruffing*, Heiligtum, 574–581. Zur Rolle des Augustus in Ägypten: *Herklotz*, Prinzeps.
54 Dazu *Jördens*, Verwaltung, 338–343.
55 BGU IV 1202.
56 Beispiele bei *Johnson/Tenney*, Roman Egypt, 640.
57 *Ruffing*, Heiligtum, 578. Bsp. für private Stiftungen: *Gordon/Raja/Rieger*, Economy, 284 f.
58 *Dignas*, Economic Dimension, 211.
59 *Dignas*, Economic Dimension, 213 f.

rer, wenn die Tempel als oft wohlhabende Landbesitzer und Investoren dauerhaft intakt blieben, zumal, wenn man in Notzeiten darauf zurückgreifen wollte.[60] Der Proconsul von 23–21 v. Chr., Sextus Appuleius, ließ beispielsweise aus den Einnahmen der „heiligen Felder" des Artemisions die „Straße der Kureten" pflastern.[61]

Die Kaiser traten in Folge von Katastrophen häufig als Wohltäter in Provinzstädten auf.[62] Grundsätzlich ist hierbei zu beachten, dass es keine allgemeine imperiale Strategie der wirtschaftlichen Förderung bestimmter Religionen gab und die Aufwendungen für Heiligtümer und damit verbundene Kulte immer von den materiellen Ressourcen der oft kleinräumigen städtischen oder ländlichen Gemeinden abhingen. Ausgenommen sind der Heereskult und der Kaiserkult im Heer. Von den Entscheidungen der Institutionen der Gebietskörperschaften und der Initiative dort ansässiger Euergeten und Spendergruppen hing es schließlich ab, welcher Anteil vom Gesamteinkommen der Gemeinde für die verschiedenen dort gepflegten Kulte aufgewendet wurde, wobei durch eine lückenhafte Überlieferung die dazu notwendigen Berechnungen heute nicht mehr durchgeführt werden können.[63] Im Übrigen ist für die Kaiserzeit davon auszugehen, dass ein großer, wenn nicht der größte Teil der materiellen Aufwendungen für Kultbauten in diejenigen des Kaiserkultes geflossen ist, die sich auch nahezu in jedem Provinzort und sogar an Fernhandelsstandorten außerhalb des Reiches finden.[64] Auch reiche Frauen traten häufig als Stifterinnen von Heiligtümern oder Teilen derselben auf.[65]

III Tempel als Wirtschaftszentren

Verbreitet wurden die verschiedenen Kulte insbesondere durch das Militär, das sehr mobil und natürlich selbst auch ein Wirtschaftsfaktor war. Hier unterscheiden sich die kaiserlichen (Militär-)Provinzen deutlich von den senatorischen, wie etwa Asia Minor, wo größere Militärlager als eigene Wirtschaftszentren fehlen. In einigen Teilen des Römischen Reiches führte auch die römische Art des Opfers zu wirtschaftlichen Veränderungen, da beispielsweise die Tieropfer und damit auch der Konsum von

---

60 Vgl. *Dignas*, Economic Dimension, 217.
61 AE 1966, 425 = AE 1991, 1502; vgl. dazu *Spickermann*, Monumental Inscriptions, 416 Nr. 5.
62 *Frank*, Rome, 101.
63 Vgl. *Rüpke*, Religion, 274. Zum Euergetismus im Osten: *Cramme*, Euergetismus; *Zuiderhoek*, Munificence; allgemein: *Eck*, Kaiserzeitliche Städte.
64 Zu Kaiserkult und Fernhandel: *Metzler, D.*, Kaiserkult außerhalb der Reichsgrenzen und römischer Fernhandel, in: *Drexhage, H. J./Pekáry, T./Sünskes Thompson, J.* (Hgg.), Migratio et Commutatio. Studien zur alten Geschichte und deren Nachleben. Thomas Pekáry zum 60. Geburtstag am 13. September 1989 dargebracht von Freunden, Kollegen und Schülern. St. Katharinen 1990, 196–200.
65 Vgl. *Spickermann, W.*, Mulieres ex voto. Untersuchungen zur Götterverehrung von Frauen im römischen Gallien, Germanien und Rätien, 1.–3. Jahrhundert n. Chr. (Bochumer historische Studien. Alte Geschichte, Bd. 12) Bochum 1994, 428–434.

Fleisch deutlich anstiegen. Die Götter fordern Opfer und Weihegaben. Schweine und Hausgeflügel standen oft im Mittelpunkt familiär finanzierter Rituale, auch in Gebieten, in denen Rinder oder Ovicapriden reichlicher oder wichtiger in Bezug auf eine bessere Haltung und Ernährung sein könnten. Größere Nutztiere wurden in der Regel bei öffentlichen Festen geopfert. Von den Opfertieren wurden nur wenige, meist minderwertige Teile wirklich geopfert, der Rest wurde verkauft und im Heiligtum konsumiert. Zu dem Kreis der Profiteure gehörten Viehzüchter, Getreide- und Futtermittelhändler, Viehhändler, Gehilfen der Priesterschaft und die Schlachter und Fleischverkäufer der lokalen Märkte.[66] Die christlichen Polemiken gegen die Opfer und die Devotionalien trafen damit auch immer einen der wirtschaftlichen Nerven einer Stadt oder eines Kultzentrums.[67]

In zahlreichen Tempeln wurden einzeln oder gemeinschaftlich niedergelegte Münzopfer gefunden, manchmal wurden die Münzen durch Einhacken dem täglichen Gebrauch entzogen oder es gab spezielles Weihegeld. Dies lässt u. a. darauf schließen, dass es Wechselstuben in Heiligtümern gab, prominentestes Beispiel ist die Vertreibung der Geldwechsler aus dem Jerusalemer Tempel durch Jesus.[68] In vorindustriellen Gesellschaften war Religion auch ein Regulativ des Marktsystems. Heiligtümer waren schon im vorrömischen griechischen und etruskischen Italien spätestens ab dem 5. Jahrhundert v. Chr. Zentren des wirtschaftlichen Austausches, der handwerklichen Produktion und letztlich des Konsums. Für Gallien und Germanien sind zahlreiche Heiligtümer oft an der Provinz- oder Civitasgrenze in der Regel in Verbindung mit *vici* in der Funktion von regionalen Kultzentren belegt. Abgesehen von vorrömischen Traditionen der gallischen Stammesgemeinden markierten und demonstrierten diese ‚Grenzheiligtümer' auch die neue Territorialordnung.[69] Diese Kultbezirke in Form von lokalen Zentren an der Peripherie der *civitates* dienten der ländlichen Gesellschaft offenbar als Versammlungsorte für kulturelle, wirtschaftliche und vielleicht auch rechtliche Bedürfnisse, vor allem aber zur Pflege des gemeinsamen Kultes von Unterabteilungen *(pagi)* der *civitates*. Dabei konnten die Heiligtümer und dortige Zusammenkünfte der Landbevölkerung vorrömische Traditionen haben.[70] Diese Art der reli-

---

66 *Gordon/Raja/Rieger*, Economy, 274–276.
67 Vgl. *Castritius*, Maximinus Daia, 58–60.
68 Vgl. *Gordon/Raja/Rieger*, Economy, 274; zum Geldumlauf generell: *von Reden*, Money.
69 Vgl. *Scheid, J.*, Aspects religieux de la municipalisation. Quelques réflexions générales, in: *Dondin Payre, M./Raepsaet Charlier, M. T.* (Hgg.), Cités, municipes, colonies. Les processus de municipalisation en Gaule et en Germanie sous le Haut Empire romain. (Publications de la Sorbonne. Histoire ancienne et médiévale, Bd. 53) Paris 1999, 381–423, hier 402.
70 *Raepsaet-Charlier, M. T.*, Les Gaules et les Germanies, in: *Lepelley, C.* (Hg.), Rome et l'intégration de l'Empire, Bd, 2. 2. Aufl. Paris 1998, 143–195, hier 178; vgl. *Galsterer, H.*, Romanisation und einheimische Traditionen, in: *Schalles, H. J./von Hesberg, H./Zanker, P.* (Hgg.), Die römische Stadt im 2. Jahrhundert n. Chr. Der Funktionswandel des öffentlichen Raumes: Kolloquium in Xanten vom 2. bis 4. Mai 1990. (Xantener Berichte, Bd. 2) Köln 1992, 377–389, hier 386; *Roymans, N.*, Tribal Societies in Northern Gaul. An Anthropological Perspective. (Cingula, Bd. 12) Amsterdam 1990, hier S. 74.

giösen Zentren mit Kulttheatern und Thermen finden sich aber nur im Südwesten im Gebiet der traditionellen Stammesgemeinden, nicht aber am Niederrhein oder in den Mittelgebirgsregionen.[71] Die endgültige Festlegung der Civitasgrenzen nach dem Bataveraufstand und die damit verbundene Neukonstituierung einiger Gebietskörperschaften haben den Ausbau solcher peripheren Zentren enorm gefördert. Große Kultzentren wie z. B. auf dem Donon oder in Nuits-St. Georges ‚Le Bolards' werden gemeinsam durch Unterabteilungen der angrenzenden Gebietskörperschaften oder gar durch diese selbst finanziell und personell unterhalten worden sein.[72] Kleinere lokale Kultplätze befanden sich in nichtstädtischen Siedlungen (*vici*), von denen jede einen heiligen Bezirk gehabt haben wird. Zu deren Bewohnern (*vicani*), die für den Unterhalt des Kultplatzes aufkamen, gehörte auch die umwohnende Landbevölkerung, die den Ort zu Feier- und Markttagen aufsuchte.[73] In Kleinasien scheint es Heiligtümer mit Privilegien gegeben zu haben, an bestimmten Tagen sogenannte heilige Märkte abzuhalten.[74] Viele Heiligtümer besaßen zu solchen Anlässen auch das Privileg der Steuerfreiheit.[75] Das Heraion von Samos bildete beispielsweise einen der wichtigsten Wirtschaftsfaktoren auf der Insel. Seit hellenistischer Zeit erforderten seine Einkünfte aus Ernteerträgen, Pachtgebühren, Spenden und Strafgeldern etc. sowie auch seine Ausgaben einen eigenen Verwaltungsapparat mit einer Kassenbehörde und den Tempelpflegern als Aufsichtsorgan.[76] Damit waren diese Heiligtümer auch wichtige Zentren des wirtschaftlichen Austausches.

Größere Einnahmen verbuchten Heiligtümer vornehmlich des Apollon und des Aesculapius, welche Heilkulte mit entsprechenden medizinischen Anwendungen boten. Aelius Aristeides schildert plastisch besonders im 1. Buch seiner *Hieroi Logoi* solche Anwendungen. Zu größeren Heilkulten gehörten nicht nur Priesterinnen und Priester, sondern auch eine ausgebildete Ärzteschaft, die mit den um Heilung ersuchenden Personen regelrechte Kuren, verbunden mit Tempelschlaf und anderen Ritualen durchführten. Sehr günstig war das Vorhandensein einer Heilquelle.[77] Solche Heilkuren waren für die Besucher nicht nur kostspielig, auch ließen sie bei glückli-

---

71 Vgl. die zusammenfassenden Bemerkungen bei *Derks, T.*, Gods, Temples and Ritual Practices. The Transformation of Religious Ideas and Values in Roman Gaul. (Amsterdam Archaeological Studies Bd. 2) Amsterdam 1998, 244; *Lobüscher*, Tempelbau, 33–36.
72 *Scheid*, Municipalisation, 402–404 sieht in den inschriftlich bezeugt Kurien verfassten Untereinheiten der *civitates* und nicht etwa Sippenverbände oder Männerbünde.
73 Vgl. *Spickermann, W.*, Die germanischen Provinzen als Feld religionshistorischer Untersuchungen, in: *Spickermann, W./Cancik, H./Rüpke, J.* (Hgg.), Religion in den germanischen Provinzen Roms. Tübingen 2001, 3–48, hier 26 f. Für Kleinasien vgl. zu den Städten: *Wörrle*, Fest, zur Finanzierung hier bes. 151–163; zu den ländlichen Ansiedlungen in Kleinasien: *Schuler, C.*, Ländliche Siedlungen und Gemeinden im hellenistischen und römischen Kleinasien. (Vestigia, Bd. 50) München 1998.
74 Die ist z. B. für Baetocaece bezeugt: *Dignas*, Asia Minor, 157 f.
75 Strab. 10, 5, 4; vgl. *MacMullen*, Market-Days, 336.
76 *Transier, W.*, Samiaka. Epigraphische Studien zur Geschichte von Samos in hellenistischer und römischer Zeit. Diss. phil. Mannheim 1985, 107–110; 137 f.
77 Vgl. grundlegend *Steger, F.*, Asklepios. Medizin und Kult. Stuttgart 2016.

cher Heilung ihres Leidens auch ein *ex voto* oder sogar ein Weihedenkmal zurück. Als eindrucksvolle Beispiele seien hier die durch günstige Umstände erhaltenen hölzernen Funde von den Sources-de-la-Seine genannt.[78] Dass eine Thermalquelle mit einem Heilkult für die wirtschaftliche Prosperität einer gesamten Stadt sorgen kann, zeigt das Beispiel des Ploutonions von Hierapolis.[79] Eine Satire auf einen solchen Heilkult, dem auch prominente Römer anhingen, ist Lukians Schrift auf den Lügenpropheten Alexander, der unter der Herrschaft des Antoninus Pius in Abonuteichos in Paphlagonien den Kult der mit Asklepios verbundenen Orakelschlange Glykon einführte, nach Lukian vor allem, um sich als Scharlatan am Aberglauben seiner Zeitgenossen zu bereichern.[80]

IV Feste und Spiele

Die antike Festkultur war immer auch mit religiösen Ritualen verbunden und sorgte im ganzen Reich für einen regelrechten Wallfahrtsbetrieb. Austragungsorte waren Städte oder größere Heiligtümer, die infolge mit einem größeren Besucherandrang rechnen konnten. Menschenmassen mussten verpflegt und untergebracht werden und führten in der Regel Geld mit. Das zog wiederum eine große Anzahl von Händlern und Kaufleuten an, die Großereignisse nutzten, um Geschäfte zu machen. Demnach waren Feste und Spiele (*ludi*), die oft mit Jahrmärkten verbunden waren, immer auch ein nicht unerheblicher Wirtschaftsinput für den jeweiligen Austragungsort.[81] Damit gab es – vor allem auch im Osten des Reiches – eine Städtekonkurrenz, insbesondere um die Austragung von Festen des Kaiserkultes.[82] Außer den Großereignissen gab es zahlreiche kleinere Feste in der Regel zum Einweihungstag (*dies natalis*) eines Heiligtums.

---

78 Vgl. *Spickermann, W.*, Germania Superior. Religionsgeschichte des römischen Germanien 1. (Religion der römischen Provinzen, Bd. 2) Tübingen 2003, 65 f. Zum Heilpilgern im Westen des Reiches: *Grünewald, M.*, Heilpilgern in den Nordwest-Provinzen des Römischen Reiches – Grundlage christlichen Pilgerns im Mittelalter?, in: *Ariantzi, D./Eichner, I.* (Hgg.), Für Seelenheil und Lebensglück. Das byzantinische Pilgerwesen und seine Wurzeln. (Byzanz zwischen Orient und Okzident, Bd. 10) Mainz 2018, 43–55.
79 S. dazu den Beitrag von *Ruffing*, Hierapolis.
80 Vgl. dazu *Elm von der Osten, D.*, Die Inszenierung des Betruges und seiner Entlarvung. Divination und ihre Kritiker in Lukians Schrift „Alexander oder der Lügenprophet, in: *dies.* (Hg.), Texte als Medium und Reflexion von Religion im römischen Reich. (Potsdamer altertumswissenschaftliche Beiträge, Bd. 14: Alte Geschichte) Stuttgart 2006, 141–157; *Gordon/Raja/Rieger*, Economy, 288.
81 Dies betont zurecht *MacMullen*, Market-Days, 336; vgl. *Castritius*, Maximinus Daia, 53; *Gordon/Raja/Rieger*, Economy, 279–281. Zur römischen Festkultur in Ägypten vgl. grundlegend *Perpillou-Thomas*, Fêtes; zu Kleinasien: *Wörrle*, Fest; zu Achaia: *Bowersock*, Achaia, 649–653.
82 Grundlegend hierzu die Beiträge in *Rüpke, J.*, Festrituale in der römischen Kaiserzeit. (Studien und Texte zu Antike und Christentum, Bd. 48) Tübingen 2008.

Für die Analyse der Kosten, welche die Spiele selbst verursachten, ist die Quellenlage äußerst dürftig. In der Regel wurden sie an religiösen Festtagen veranstaltet und waren immer mit kultischen Handlungen verbunden. Für einen senatorischen Politiker, wollte er zu höchsten Ämtern gelangen, war es sehr wichtig, Spiele zu finanzieren, insbesondere während er die Ädilität bekleidete. Caesar hatte sich seinerzeit für seine aufwendigen Spiele hoch verschuldet.[83]

Für andere Mitglieder der römischen Elite werden bezüglich der Ausrichtung und Kosten der Spiele nur Extremfälle überliefert, die kaum verallgemeinert werden dürfen und möglicherweise übertrieben sind. Zwei Angaben lassen sich für regelmäßige jährliche Kosten anführen: Livius berichtet, dass während des 2. Punischen Kriegs 217 v. Chr. die finanzielle Beteiligung des Gemeinwesens an den vom 4.–19. September stattfindenden *ludi magni (Romani)* von 200.000 auf 333.333 1/3 HS erhöht wurde.[84] Zum Ende der Regierungszeit des Tiberius (14–37 n. Chr.) sind Beträge zwischen 380.000 und 760.000 HS für die *ludi Romani plebei* und *Apollini* verzeichnet. Es handelt sich hier um feste stattliche Zuschüsse, die von den spielgebenden Magistraten aus eigenen Geldern bis auf ein Mehrfaches der Summe aufgestockt werden konnten.[85] Jörg Rüpke setzt für mehrtägige größere Spiele 1–3 Millionen HS an.[86] Aufwendungen für Säkularspiele, etwa die des Augustus 17 v. Chr., die des Antoninus Pius zur 900-Jahr-Feier oder die u. a. durch zahlreiche Münzbilder dokumentierte 1000-Jahr-Feier Roms durch Philippus Arabs 248 n. Chr. betrugen ein Vielfaches der genannten Summen.[87]

Feste in den Provinzen sind mehrfach belegt. Im Osten des Reiches fanden die traditionellen großen Agone und Feste zu Ehren der Götter auch unter römischer Herrschaft statt. Die Kosten hierfür variieren erheblich. Panhellenische Spiele, wie die in Olympia, dürften die kostspieligsten gewesen sein. Dabei war auch entscheidend, in welchem Intervall die Feste stattfanden. Selten sind konkrete Zahlen überliefert; der schon erwähnte Proconsul von Asia Paullus Fabricius Persicus beschränkte beispielsweise die Ausgaben für die Penteterischen Spiele von Ephesus auf 4500 Denare (18.000 HS).[88] Im Konfliktfall konnte der Kaiser direkt in die Belange der veranstaltenden Poleis eingreifen. Aus dem kleinasiatischen Alexandria Troas sind drei Briefe Hadrians inschriftlich überliefert, welche offenbar auf Beschwerden einer Synode von dionysischen Techniten reagieren, unter denen man wohl Künstler im weitesten Sinne verstehen kann.[89] Diese hatten sich offenbar über erhebliche finanzielle Einbu-

---

83 Plut. Caesar 5, 4.
84 Liv. 22, 10, 7; Ps.-Ascon. 217, 8; vgl. *Rüpke*, Religion, 275.
85 *Fasti Antiates ministrorum*: Inscr. It. XIII, 2, n. 26 p. 208–210; für eine Erhöhung durch einen Prätor: Cass. Dio 54, 17, 4; vgl. *Rüpke*, Religion, 275 Anm. 8.
86 *Rüpke*, Religion, 275.
87 Antoninus Pius: Aur. Vict. Hist. abb. 15, 4; SHA Ant. Pius 10, 9; SHA Gord. 33, 3.
88 IEphesos Ia 27; II 106 f.; vgl. *Dignas*, Asia Minor, 155.
89 *Petzl/Schwertheim*, Hadrian, 27–33.

ßen durch den teilweisen oder gänzlichen Ausfall von Agonen beklagt.[90] Hadrian befiehlt daraufhin ohne Rücksicht auf städtische Autonomie die Durchführung der Spiele, verbietet die Umwidmung von Mitteln, die für die Spiele vorgesehen waren und sagt den Städten Hilfe zu, die unverschuldet in finanzielle Schwierigkeiten gekommen waren (Z.8–11). Auch die Auszahlungen von Prämien an die Sieger werden geregelt (Z. 20–27). Im zweiten Brief des Kaisers greift er noch mehr in die Belange von Städten und Heiligtümern ein, indem er den Spielezyklus in Süditalien, Griechenland und dem westlichen Kleinasien neu regelt (Z. 62–79).[91] Wie in Ägypten wird damit unmittelbar auch in die Verwaltung und Finanzen von Heiligtümern eingegriffen. Gleichzeitig vermochte sich der Synodos der dionysischen Techniten als unabhängige Instanz neben Polis und Tempel zu etablieren und unmittelbar mit dem Kaiser zu kommunizieren.[92]

Um ein Beispiel aus dem Westen des Reiches zu nennen: Der reiche Freigelassene und Augustalis der Colonia Iulia Concordia in Oberitalien, Marcus Acutius Noetus, stiftete seiner Stadt testamentarisch eine Summe von 400.000 HS für die Abhaltung von jährlichen Festen, Festmählern und Götterspeisungen und noch einmal dieselbe Summe zur Unterstützung der *annona* in Form einer dauerhaften Stiftung.[93] Der Nachlass wird dabei in Landbesitz mit einem jährlichen Ertrag von 5–6% oder in Form von Darlehen (12%) angelegt worden sein. Fulviomario Broilo errechnet bei niedriger Schätzung einen Ertrag von mindestens 20.000 HS jährlich jeweils für Spiele und die *annona*.[94] Wenn man – wie oben beschrieben – die Lebenshaltungskosten eines Erwachsenen zu dieser Zeit insgesamt auf ca. 700–800 HS jährlich ansetzt, ist dies eine ansehnliche Rendite.

V Kultgeräte, Statuen, Devotionalienproduktion und -handel

Jedes Heiligtum hatte eine Ausstattung mit heiligen Geräten für rituelle Zwecke oder als Deposit und selbstverständlich auch Statuen aus verschiedensten Materialien, darunter das Kultbild. Bei inschriftlich dokumentierten Gebäudestiftungen sind Kultbilder (*signa, agalma*) manchmal eigens genannt.[95] Dion von Prusa erwähnt in seiner rhodischen Rede, man könne schon für 500 bis 1000 Drachmen Standbilder errich-

---

90 Vgl. *Petzl/Schwertheim*, Hadrian, 35.
91 *Petzl/Schwertheim*, Hadrian, 8–17 = SEG LVI 2006, 1358; vgl. dazu *Ruffing*, Heiligtum, 585.
92 *Ruffing*, Heiligtum, 586.
93 CIL V 1897–1900 = 8664; zur Form der Stiftung: *Duncan-Jones*, Roman Empire, 132–138.
94 Broilo, F., Iscrizioni lapidarie latine del Museo nazionale Concordiese di Portogruaro. (Collezioni e musei archeologici del Veneto) Rom 1980, 81 no. 34. Vgl. die Liste ähnlicher Stiftungen bei *Duncan-Jones*, Roman Empire, 171–184.
95 Beispiele bei *Spickermann*, Germania Superior, 359.

ten.⁹⁶ M. Bang legt hierbei Tetradrachmen zugrunde und rechnet diese in 2000 bzw. 4000 HS um. Bangs verdienstvolle Aufstellung der bis dato inschriftliche überlieferten Statuen- und Statuettenpreise ergibt eine Spanne von 100 HS für eine kleine Marmorstatuette des Mars bis 1,5 Millionen HS für eine 1567,16 Pfund schwere Silberstatue des Hadrian.⁹⁷

Spiele und größere Heiligtümer führten zu einer größeren Devotionalienproduktion, die ihren Höhepunkt zu bestimmten Festtagen finden konnte. Pilger konnten Devotionalien in den Heiligtümern oder in deren näherer Umgebung erwerben und auch als Andenken mitnehmen.⁹⁸ Das berühmteste Zeugnis für die Herstellung von Miniaturtempeln für die Artemis Ephesia ergibt sich aus dem Aufruhr der Silberschmiede, die ihre Göttin gegen die Predigten des heiligen Paulus verteidigten.⁹⁹ Wie immer diese Episode auch bewertet wird, die Statuetten der Artemis Ephesia und Miniaturen aus verschiedenen Materialien lassen sich fast im gesamten Römischen Reich nachweisen, ihre Distribution war enorm. Wahrscheinlich wurden größere und kleinere Devotionalien auch in andere Heiligtümer exportiert, wobei ein Teil des Profits an das Artemision in Ephesos gegangen sein muss.¹⁰⁰

Die Varianz der bezeugten Devotionalien reicht von Terrakotten, Backwaren, Holz- und Wachsvotiven oder gar Votiven aus Metall bis zu den häufig in der unmittelbaren Nähe eines Heiligtums befindlichen Steinmetzwerkstätten, die Altäre und Bildwerke mit und ohne Inschriften produzierten. Gelegentlich gefundene Zeugnisse von vorgeschlagenen Votivformeln und Götternamen zeigen, dass man Votivaltäre sozusagen als Massenware kaufen konnte. Zum Beispiel wurden die Kultplätze an der Küste im Bereich der Überseehäfen für Nehalennia, die Schutzgöttin der Schelde und vielleicht des Gebietes der Frisiavones, nach dem stärkeren Einsetzen des Britannienhandels Ende des 1./Anfang des 2. Jahrhunderts n. Chr. zu Kultstätten der Britannienfahrer. Durch fromme Stiftungen entstanden so große Tempel. Die qualitätvollen Votive aus Stein, von denen ca. 250 bezeugt sind, erforderten außerdem eine größere Werkstatt vor Ort, die – aufgrund der Ähnlichkeit einiger Altäre – zum Teil für Colijnsplaat und Domburg gemeinsam produziert hat.¹⁰¹ Aufgrund des immer gleichen Typs ist zu vermuten, dass die Heiligtumsbesucher aus einer Palette vorgefertigter Variationen

---

96 Dion Chrys. 14, 59.
97 Bang in *Friedländer, L.*, Darstellungen aus der Sittengeschichte Roms in der Zeit von Augustus bis zum Ausgang der Antonine, Bd. 4 (Anhänge). 9. Aufl. Leipzig 1921, 312–325; vgl. auch die Beispiele bei *Gordon/Raja/Rieger*, Economy, 282.
98 Grundlegend: *Kötting, B.*, Art. Devotionalien, in: Rivista di archeologia cristiana. Città del Vaticano, 3, 1957, 862–871, hier 863–866; vgl. *MacMullen*, Market-Days, 337; *Gordon/Raja/Rieger*, Economy, 286.
99 Apk. 19, 23.
100 *Castritius*, Maximinus Daia, 58; vgl. *Dignas*, Economic Dimension, 212; *Gordon/Raja/Rieger*, Economy, 277.
101 *Stuart, P./Bogaers, J. E. A.*, Nehalennia. Römische Steindenkmäler aus der Oosterschelde bei Colijnsplaat. (Collections of the National Museum of Antiquities at Leiden, Bd. 11) Leiden 2001, 26; 46 f. P. Stuart denkt an eine Beeinflussung durch Köln.

wählen konnten, obwohl, wie im Fall einer Gruppe lothringischer Kohlekalkaltäre zu vermuten ist, es auch Stifter gab, die ihre Weihegaben mitbrachten. Jedenfalls ist aufgrund der relativ großen Finanzkraft der Stifter mit einer regelrechten Devotionalienindustrie zu rechnen. Bei diesen handelte es sich fast ausnahmslos um Personen, die wegen geschäftlicher oder dienstlicher Gründe über den Ärmelkanal nach Britannien übersetzen wollten oder sich auf der Rückreise befanden. Ferner dürften sich in erreichbarer Nähe Hafenanlagen, Gewerbebetriebe und die Filialen großer Handelsunternehmen befunden haben, die wiederum mit Siedlungen verbunden waren, in denen die Menschen lebten, und die auch für den Unterhalt der Heiligtümer aufkamen.[102] Die gefundenen Monumente datieren ausnahmslos in die Zeit von etwa 150–250 n. Chr.[103] Die hohe Zahl der Weihedenkmäler dokumentiert den Strom wohlhabender Dedikanten von und nach Britannien, wir wissen aber nichts über die Bedeutung der Göttin und die Art ihres Kultes innerhalb der *civitas Friasiavonum*.

Es wird ferner bei größeren Heiligtümern Produktionsstätten für Terrakotten etc. gegeben haben. So ist zu vermuten, dass der Töpfereibezirk des *vicus* von *Cardena*/Karden den darüber befindlichen Tempelbezirk auf dem Martberg entsprechend versorgt haben wird.[104] Auch scheint das Fest der capitolinischen Trias in der *Colonia Claudia Ara Agrippinensium*/Köln am 13. September ausgiebig gefeiert worden zu sein. Offenbar hat die besonders für die Produktion sitzender Muttergottheiten bekannte Servandus-Werkstatt für diesen Termin eigens Terrakotten von Gottheiten angefertigt, die zu diesem Fest erworben werden konnten und danach vielleicht den Hausaltar zierten. Für letzteres spricht, dass beide Belegexemplare der Jahre 164 und 165 n. Chr. an entfernten Orten der Germania Superior, in einem Fall sogar im Opferzusammenhang, gefunden wurden. Die Besitzer werden sie in der CCAA erworben haben.[105] Eine sehr große Anzahl von Bronzefragmenten belegt ferner die Existenz einer großen Werkstatt von Bronzegießern, welche die Ausgräber in einem Gebäude in der Nähe der Kultanlage des Mars Augustus am Ruisseau-d'Héria vermuten.[106] Im Bereich des großen Heiligtums mit Kulttheater in Mandeure für den lingonischen Schutzgott Mars Cicollos wurden neben 314 keltischen, u. a. des sequanischen Häuptlings Togirix, auch 600 römische Münzen von Augustus bis Commodus, gallische Keramik, Bronzeplättchen, Kasserollendedikationen und 200–300 Bronzeglöckchen gefunden. Zu den wichtigsten Fundstücken gehört auch eine bronzene *carnyx*. Der heilige Bezirk war damit der Katalysator für die urbane Entwicklung des *vicus Epomanduorum*.[107] Im

---

102 Vgl. *Stuart/Bogaers*, Nehalennia, 44.
103 *Stuart/Bogaers*, Nehalennia, Nr. A 54 (188 n. Chr.); A 33 (193 n. Chr.); A 5 (223 n. Chr.); Nr. B 37 (227 n. Chr.).
104 *Spickermann*, Germania Superior, 114 f.
105 Vgl. hierzu *Spickermann*, Germania Inferior Religionsgeschichte des römischen Germanien 2. (Religion der römischen Provinzen, Bd. 3) Tübingen 2008, 171 f. mit Lit.
106 *Mangin M.*, Villards d'Héria (Jura), in: *Petit, J. P./Mangin, M. (Hgg.)*, Atlas des agglomérations secondaires de la Gaule belgique et des Germanies. (Archéologie aujourd'hui) Paris 1994, 110.
107 *Spickermann*, Germania Superior, 75 mit Lit.

Bereich des Heiligtums auf dem Monterberg bei *Burginatium*/Altkalkar am Niederrhein wurden insgesamt 1800 Münzen, Bronze- und Edelmetallobjekte gefunden, die darauf schließen lassen, dass sie vor Ort erworben werden konnten und möglicherweise auch dort produziert wurden.[108]

Angefügt sei noch, dass Kultgegenstände aus Stein und Bronze vor allem in der Spätantike oft entfernt und umgewidmet worden sind. Es gibt zahlreiche Zeugnisse für die Entfernung ursprünglicher Stiftungsinschriften und die Anbringung neuer Widmungen[109] oder gar die Umsetzung und Neuinterpretation von Statuen.[110]

VI Priesterschaften/Kultgemeinschaften

Berufskollegien, die insbesondere in der Kaiserzeit von den Behörden zur Erleichterung der Steuererhebung und öffentliche Aufträge herangezogen wurden, hatten immer auch religiöse Aufgaben und spielten oft eine wichtige Rolle bei der Finanzierung öffentlicher Gebäude und Feste. Außerdem war für die Mitglieder bei der Aufnahme eine *summa honoraria* fällig, die von Stadt zu Stadt unterschiedlich sein konnte. Dies gilt auch für den Zugang zu den städtischen Priesterämtern, die mit einem gewissen Status verknüpft waren. Da aus Rom selbst keine entsprechenden Inschriften bekannt ist, stammt das meiste Zahlenmaterial über Aufnahmegelder aus den Provinzen.

Für reiche Freigelassene, die keines dieser Priesterämter bekleiden konnten, war das Augustalenkollegium ein gewisser Ersatz, welches auch ein exklusiver Kreis war, da man für die Aufnahme viel bezahlen musste. Jörg Rüpke spricht von durchschnittlich 2000 HS.[111] Die *seviri Augustales* waren für die Pflege des Kaiserkultes in Italien und den Provinzstädten verantwortlich. So war der Eintritt in das Kollegium in der Regel Anlass für eine Aufnahmegebühr (*summa honoraria*) und andere Abgaben (*mu-*

---

108 Zuletzt *Spickermann*, Regionale Zentren und „Stammes"heiligtümer in Nordgallien und Germanien, in: *Lehner, M./Schrettle, B. (Hgg.)*, Tempelberg und Zentralort? Siedlungs- und Kultentwicklung am Frauenberg bei Leibnitz im Vergleich. Akten des Kolloquiums vom 4.–5. Mai 2015 im Schloss Seggauberg/Steiermark. (Studien zur Archäologie der Steiermark, Bd. 1) Wien 2016, 197–209, hier S. 203 mit Lit.
109 Prominente Beispiele sind die wieder aufgestellten Iupitersäulen rechts des Rheins nach dem Alemannenüberfall 233 n. Chr. (z. B. CIL XIII 7352 Heddernheim u. AE 2000, 1083 Ladenburg).
110 Hierzu *Brandenburg, H.*, Zur Umsetzung von Statuen in der Spätantike, in: *Drexhage, H. J./Pekáry, T./Sünskes Thompson, J. (Hgg.), Migratio et Commutatio*. Studien zur alten Geschichte und deren Nachleben. Thomas Pekáry zum 60. Geburtstag am 13. September 1989 dargebracht von Freunden, Kollegen und Schülern. St. Katharinen 1990, 235–246; *Boppert, W.*, Zur Umdeutung römischer Steindenkmäler am Beispiel der Celima-Stele, in: *Bauchhenss, G. (Hg.)*, Akten des 3. Internationalen Kolloquiums über Probleme des provinzialrömischen Kunstschaffens, Bonn, 21.–24. April 1993. (Beihefte der Bonner Jahrbücher, Bd. 51) Köln/Bonn 1996, 9–19.
111 *Rüpke*, Religion, 281.

nera), die aber gelegentlich auch erlassen werden konnten.[112] Die Höhe der *summa honoraria* dürfte jeweils durch eine *lex collegii* festgelegt worden sein.

Als besonders habgierig galten die Kultfunktionäre der Isisgemeinden. Apuleius beschreibt in seinen Metamorphosen, dass die Einweihung in die Mysterien der Isis im Tempel auf dem Marsfeld in Rom besonders kostspielig war und sein ganzes Vermögen erforderte.[113] Diese sprichwörtliche Habgier hatte schon zuvor unter Tiberius zur Verbannung des Isiskultes aus Rom 19 n. Chr. beigetragen. Sueton berichtet im 36. Kapitel seiner Lebensbeschreibung des Tiberius (14–37 n. Chr.), dass dieser fremden Kulte, insbesondere ägyptische und jüdische, unterdrückte und die Anhängerinnen und Anhänger zwang, ihre liturgischen Gewänder und Geräte zu verbrennen. Außerdem habe er Juden zum Militärdienst in besonders unwirtlichen Provinzen verpflichtet und gegen Androhung lebenslänglicher Sklaverei die Juden und ähnliche Sekten aus Rom verbannt. Die Astrologen habe er ebenfalls ausweisen wollen, doch davon Abstand genommen, wenn sie ihre Kunst aufgaben. Der Geschichtsschreiber Tacitus bestätigt das Vorgehen gegen ägyptische und jüdische Kulte.[114] Die Zeugen der Bürgerkriege und der Eroberung Ägyptens waren noch nicht alle gestorben und Augustus hatte bekanntlich aus diesem Grunde dem Isiskult, obwohl er in Rom schon lange eingeführt war, reserviert gegenübergestanden. Schließlich war Isis auch ein Symbol für Ägypten und galt als fremde, unrömische Gottheit.[115]

Die Priestermähler galten als besonders aufwendig, für ein einfaches Opfer mit Mahl im Routinekult eines Kollegiums sind 60–100 HS, Opfer mit Mahl für eine kleine

---

112 CIL IX 3959; 5448; XI 1344: *gratis factus* und AE 1931, 10 (= AE 1933, 154 = AE 1975, 396); AE 1994, 14; CIL III 3851; 10767; V 4431; 5749; XI 1030; 1228; 5757; IRC IV 10; InscrIt X 5, 282: *gratuitio*; ein reicher Seidenhändler aus Gabiae stiftete nicht nur einen Venustempel mit Inventar, sondern auch Kopfgelder für die Mitglieder verschiedener städtischer Gemeinschaften, darunter das Augustalenkollegium, das dazu zusammen mit den Decurionen jährlich zum Geburtstag seiner Tochter ein Festmahl abhalten sollte: CIL XIV 2793 = ILS 5449 (15.5.168 n. Chr.): *Veneri Verae felici Gabinae / A(ulus) Plutius Epaphroditus accens(us) velat(us) negotiator sericarius templum cum / signo aereo effigie Veneris item signis aereis n(umero) IIII dispositis in zothecis et / <v=B>al<v=B>is aereis et aram aeream et omni cultu a solo sua pecunia fecit cuius ob / dedicationem divisit decurionibus sing(ulis) | (denarios) V item VIvir(is) Aug(ustalibus) sing(ulis) | (denarios) III item taber/nari(i)s intra murum negotiantibus | (denarios) I et HS X m(ilia) n(ummum) rei publ(ica) Gabinor(um) intulit ita ut ex / usuris eiusdem summae quodannis IIII K(alendas) Octobr(es) die natalis Plutiae Verae / filiae suae decur(iones) et VIvir(i) Aug(ustales) publice in triclinis suis epulentur quod si / facere neglexserint(!) tunc ad municipium Tusculanor(um) HS X m(ilia) n(ummum) pertineant / quae confestim exigantur loc(o) dato decreto decur(ionum) / dedicata Idibus Mai(i)s L(ucio) Venuleio Aproniano II L(ucio) Sergio Paullo II co(n)s(ulibus).* Zu den Augustalen: Spickermann, W., Augustales, in: Heinen, H. (Hg.), Handwörterbuch der antiken Sklaverei. (Forschungen zur antiken Sklaverei. Beih. 5/2) Stuttgart 2017, 296–298, hier 297.

113 Apul. met. 11, 28.

114 Tac. ann. 2, 85.

115 Zuletzt Nagel, S., Isis im Römischen Reich. Teil 1: Die Göttin im griechisch-römischen Ägypten. Teil 2: Adaption(en) des Kultes im Westen. (Philippika, Bd. 109) Wiesbaden 2018; Spickermann, W., Vom Bacchanalienfrevel bis zum Schadenszauber. Der antike Polytheismus und die Gewalt im Römischen Reich, in: Winter, F. (Hg.), Religion und Gewalt. (Theologie im kulturellen Dialog, Bd. 34) Graz 2019, 43–65, hier 61.

Gruppe ca. 250 HS; die *epula* für Augustalen sind mit 400–600 HS überliefert. Am teuersten waren die szenischen *ludi* mit ca. 2000 HS pro Tag.[116] Die jährlichen Kosten für die regelmäßigen monatlichen Treffen der großen römischen Priesterkollegien dürften im fünfstelligen Bereich oder darüber gelegen haben.[117] Dazu kamen Löhne für Hilfspersonal und Staatssklaven, die wohl aus der Staatskasse getragen wurden. Die Priester blieben dabei stets unbesoldet, nur die Vestalinnen bekamen ein Stipendium und die unter den senatorischen und ritterlichen Priester stehenden Curiones erhielten ein *aes Curionum*. *Sportulae*, Donative, die nach den gemeinsamen Mahlzeiten verteilt wurden, sind für die *fratres Arvales* (100 HS für die *fratres*, 10 für die anderen Teilnehmer) und viele munizipale Kollegien belegt und waren vielleicht auch beim Pontifikalkollegium üblich.[118]

VII Rechtliche Aspekte von Religion

C. Plinius Secundus, der Jüngere schrieb während seiner Zeit als außerordentlicher Statthalter von Bithynien und Pontus (ab 111 n. Chr.) am Ende seines Lebens in einem seiner berühmten Briefe an Kaiser Traian:

> Vor meiner Ankunft, o Herr haben die Einwohner von Nikomedien damit begonnen, ein neues Forum an ihr bisheriges anzubauen. An der einen Ecke befindet sich ein uraltes Heiligtum (*aedes*) der Magna Mater, das entweder umgebaut oder verlegt werden muss, vor allem deswegen, weil es viel tiefer liegt als die neue Anlage, die sehr hoch wird. Als ich mich erkundigte, ob es eine Stiftungsurkunde für diesen Tempel gibt, erfuhr ich, dass man hier eine andere Sitte der Tempelweihe hat als bei uns. Erwäge also, o Herr, ob Deiner Meinung nach ein Heiligtum, für das es keine Stiftungsurkunde gibt, ohne Verstoß gegen religiöse Vorschriften verlegt werden darf. Das wäre auf jeden Fall das Zweckmäßigste, falls religiöse Rücksichten es nicht verbieten.[119]

Der Augustus und Pontifex Maximus antwortet ihm, dass der Tempel verlegt werden könne, da es auf dem Boden eines fremden Gemeinwesens keine solche Weihungen gäbe, wie sie nach römischem Recht üblich seien.[120] Dieses Reskript Traians ist häufig diskutiert worden. Einerseits kann es kaum für *coloniae* als Städte römischen Rechts in Anspruch genommen werden, andererseits unterscheiden sich die Verhältnisse im Osten des Reiches mit griechisch-hellenistischen Traditionen deutlich von denen des Westens. Ferner bezieht sich das Beispiel des Plinius auf einen Tempel auf öffentlichem Grund. Zu fragen wäre auch, ob und wie sich – im römischen wie im peregrinen

---

116 *Rüpke*, Religion, 277.
117 Sen. Ep. 95, 41; vgl. *Rüpke*, Religion, 277.
118 *Rüpke*, Religion, 278 f. Munizipale Decurionen und Augustalen bekamen mit 8–20 HS vergleichsweise wenig.
119 Plin. epist. 49 (Übers. Giebel, M.).
120 Plin. epist. 50; vgl. dazu *Dignas*, Asia Minor, 130.

Umfeld – der Status von öffentlichen und privaten Heiligtümern unterscheidet. Für das öffentliche Iupiterheiligtum eines Vicus enthält z. B. die schon erwähnte *lex templi* aus dem oskischen Furfo genauere Bestimmungen über den Verkauf von Weihegeschenken und die Verwendung des Erlöses.[121]

Eine klare Trennung zwischen öffentlichem und privatem Raum ist dabei nicht immer eindeutig zu leisten. Dies gilt natürlich nicht für monumentale Anlagen auf den Foren größerer Siedlungen, bleibt aber bei kleineren, manchmal vereinzelt liegenden Tempeln oft unklar. Streng genommen ist ein privater Charakter der außerhalb des Hausaltars und nicht ausdrücklich *in suo* bzw. *solo privato* gesetzten Weihedenkmälern und Kultgebäuden nur selten eindeutig erkennbar. Dies gilt auch für Kapellen und Tempelbezirke bei *villae rusticae*. Mögen solche Heiligtümer auch auf privaten Grund gestanden haben und damit rechtlichen privaten Charakters waren, wurden sie nicht allein von der Familie des Grundeigners benutzt und standen faktisch in einem öffentlichen Raum. Gleiches gilt für Heiligtümer innerhalb von bestimmten Stadtvierteln wie den Matronentempel in Xanten, der wenig repräsentativ in die Insula 20 eingebaut war.[122]

Nach griechischem und römischem Recht blieb ein Kultgebäude und damit auch das Grundstück, auf dem es stand oder gestanden hatte, selbst nach der Zerstörung *sacrum*. Im Rechtssinne gilt aber, dass alle Dinge nur dann als *sacrum* – d. h. dem menschlichen Zugriff entzogen – gelten, wenn sie öffentlich konsekriert wurden. Was jemand für sich selbst als *sacrum* erklärt, gilt rechtlich als profan.[123] Bei öffentlichen Kultplätzen und -bezirken ist diese Unterscheidung relativ unproblematisch, sie konnten sich selbst überlassen und später gegebenenfalls von Grund auf erneuert werden. Nur die Gemeinde konnte einen öffentlichen Kultplatz als *locus sacer* konsekrieren und war auch zuständig für dessen Schutz und Instandhaltung. Kultplätze auf privatem Gelände konnten rechtlich nicht als *sacer* gelten, gelten aber faktisch als *quasi*

---

121 CIL IX 3513.
122 Zum Heiligtum: *Follmann-Schulz, A. B.*, Die römischen Tempelanlagen in der Provinz Germania Inferior, in: Aufstieg und Niedergang der römischen Welt: Geschichte und Kultur Roms im Spiegel der neueren Forschung II 18,1, 1986, 672–793, hier S. 773–776; zur Ausstattung ausführlich: *Freigang, Y.*, Das Heiligtum der Insula 20 in der Colonia Ulpia Traiana, in: Xantener Berichte, 6, 1995, 139–234, hier 139–234.
123 Vgl. Dig. 1, 8, 6, 3 (Marcianus 3 inst.): *Sacrae autem res sunt hae, quae publice consecratae sunt, non privatae: si quis ergo privatim sibi constituerit sacrum sacrum constituerit, sacrum non est, sed profanum. semel autem aede sacra facta etiam diruto aedificio locus sacer manet*; dazu *Frateantonio, C.*, Kulte des Xantener Raums, in: *Spickermann, W./Cancik, H./Rüpke, J.* (Hgg.), Religion in den germanischen Provinzen Roms. Tübingen 2001, 173–191; 184 n. 59; vgl. *Spickermann, W.*, Kultorganisation und Kultfunktionäre im Gebiet der Colonia Ulpia Traiana, in: *Grünewald, T.* (Hg.), Germania inferior: Besiedlung, Gesellschaft und Wirtschaft an der Grenze der römisch-germanischen Welt; Beiträge des deutsch-niederländischen Kolloquiums im Regionalmuseum Xanten, 21.–24. September 1999. Berlin et al. 2001, 212–240, hier 224 n. 84. Zum Sakralrecht allgemein: *Wissowa, G.*, Religion und Kultus der Römer. Unveränderter Nachdruck der 2. Aufl. 1971. (Handbuch der klassischen Altertumswissenschaft, Bd. 5/4) München 1912, 467–479.

consecrata.[124] Auch hier hat das Heiligtum ein eigenes Statut (*lex*) und feiert seinen *dies natalis*. Private Kultplätze sind damit zwar nicht rechtlich so doch faktisch dem allgemeinen Verkehr entzogen.[125] So gibt es kaum Zeugnisse dafür, dass ein Kultplatz von seinem ursprünglichen Eigentümer oder dessen Nachkommen wieder profan genutzt wurde.[126]

Das inschriftlich überlieferte Stadtrecht der *Colonia Iulia Genetiva*/Urso aus dem Jahr 44 v. Chr., welches üblicherweise auch als verbindlich für andere Kolonien angesehen wird, erwähnt *magistri ad fana templa delubra*, die von den Decurionen ernannt werden.[127] Duovirn und Decurionen beschließen in den zehn Tagen nach der Gründung einer Kolonie über den Festkalender und die Abhaltung der *sacra publica* (c. 64) und in 60 Tagen über Regelungen zur Finanzierung der öffentlichen Kulte und Kulthandlungen (c. 69), Duovirn und Aedile sind ferner für die Abhaltung von szenischen Spielen für Iupiter, Iuno und Minerva zuständig (c. 70 u. 71).[128] Wir dürfen daher auch für spätere Kolonien wie *Aventicum* annehmen, dass die entscheidenden Beschlüsse über die öffentlichen Kulte der Stadtgemeinde und den damit verbundenen Bau oder die Neugestaltung von Heiligtümern binnen 60 Tagen nach Gründung der *colonia* gefasst wurden.[129] Dies bedeutete für die Stadtgemeinden, unabhängig davon über welche Mittel sie verfügten, jedenfalls einen erheblichen finanziellen Aufwand. Dies betrifft insbesondere auch den Cigognier-Komplex in Aventicum, dessen Planung und bauliche Realisierung einige Jahre in Anspruch nahm, weil er eben nicht auf einem schon vorhandenen Kultplatz errichtet wurde und die dortige Profanbebauung planiert werden musste.[130]

---

124 Cic. Att. 12, 19, 2; vgl. *Wissowa*, Kultus, 468 f.
125 *Wissowa*, Kultus, 477 u. n. 8.
126 Dies würde auch gegen den Rechtsgrundsatz verstoßen, dass heilige Gegenstände und Plätze niemandes Eigentum sein können: Dig. 1, 8, 6, 2 (Marcianus 3 inst.): *Sacrae res et religiosae et sanctae in nullius bonis sunt*; vgl. Dig. 41, 2, 30, 1 (Paul. 15 ad Sab.): *Possessionem amittimus multis modis, veluti si mortuum in eum locum intulimus, quem possidebamus: namque locum religiosum aut sacrum non possumus possidere et pro privato eum teneamus, sicut hominem liberum* u. Dig. 45, 1, 83, 5 (Paul. 72 ad. ed.): *Sacram vel religiosam rem vel usibus publicis in perpetuum relictam (ut forum aut basilicam) aut hominem liberum inutiliter stipulor*.
127 CIL II 5439 = ILS 6087 c. 128; vgl. *Ladage, D.*, Städtische Priester und Kultämter im Lateinischen Westen des Imperium Romanum zur Kaiserzeit. Diss. phil. Köln 1971, 24; *Scheid*, Municipalisation, 397.
128 Vgl. *Frateantonio*, Kulte, 181 f.; *Spickermann*, Kultorganisation, 232.
129 Vgl. *van Andringa, W.*, Cultes publics et statut juridique de la cité des Helvètes, in: Ternes, C. M./ Paul, F. jun. Burke (Hgg.), Roman religion in Gallia Belgica and the Germaniae: actes des 4es Rencontres Scientifiques de Luxembourg. (Bulletin des antiquités Luxembourgeoises, Bd. 22) Luxembourg 1994, 169–194; hier 177.
130 Vgl. zum Vorhergehenden *Spickermann, W.*, Kultplätze auf privatem Grund in den beiden Germanien, in: Sartori, A. (Hg.), Dedicanti e „cultores" nelle religioni celtiche. VIII Workshop F.E.R.C.AN., Gargnano del Garda (9–12 maggio 2007). (Quad. di Acme, Bd. 104) Milano 2008, 305–328.

VIII Die göttlichen Schutzmächte der Wirtschaft

Mercurius, der mit dem griechischen Hermes gleichgesetzt wurde, galt als Götterbote sowie Gott der Kaufleute und Diebe und genoss in Gallien und Germanien eine größere Popularität als in Rom selbst.[131] In der Regel wird er mit einer Geldbörse in der Hand und dem Caduceus dargestellt. Bis heute lebt er im französischen Mercredi, dem *dies Mercurii*, fort. Dass seine Gleichsetzung mit dem griechischen Hermes auch in Germanien bekannt war, zeigt eine Weihung an Mercurius Quillenius aus dem Mithräum von Groß-Gerau in Obergermanien.[132] Hier wird auf den mythischen Geburtsort des Hermes, den Berg Kyllene in Arkadien, angespielt, wo er von der Pleiade Maia geboren worden sein soll.[133] Im Bereich des heiligen Bezirkes bei den Thermen in *Aquae Granni*/Aachen wurde der Altar eines einheimischen Mannes an Mercurius Susurrio gefunden.[134] Dieser Beiname des Mercurius ist sonst nicht mehr bezeugt und man bezeichnet ihn entweder als Beschützer der Geldgeschäfte oder gar als einen Orakelgott.[135] Ebenso sind ein Mercurius Negotiatori,[136] ein Mercurius Nundinatorius[137] und ein Iupiter Nundinarius bezeugt.[138] Sowohl Iupiter als auch Mercurius und viele andere Gottheiten dienten dem Handel weiter durch die Menschenmassen, die sie durch ihre Heiligtümer anzogen, Menschenmassen, die einen Markt für den Austausch von Waren boten. Die Spiele des Zeus in Olympia eröffneten einen so günstigen Rahmen, dass man sein Fest auch den Mercatus Olympicus nennen konnte;[139] in *Baetocaece*/Tall Husayn in Syrien fanden beim Tempel des Iupiter Baetocaeceni „umsatzsteuerfreie Monats-Feriae am fünfzehnten und dreißigsten" eines jeden Monats statt.[140] Apollos Fest in Delos wurde zu Recht als „kommerzielle Angelegenheit" bezeichnet.[141] Seine Mutter Leto zog Massen zu den *panegyreis* in Lykien, seine Schwes-

---

131 Vgl. *Spickermann*, Germania Superior, 380–384.
132 *Hupe, J.*, Studien zum Gott Merkur im römischen Gallien und Germanien, in: Trierer Zeitschrift, 60, 1997, 53–227, hier 196 f. B 13.
133 Vgl. zuletzt *Hirschler, M.*, Das anikonische Kultbild des Hermes im elischen Kyllene, in: Eirene, 51, 2015, 197–219.
134 CIL XIII 12005: *Merc/urio Susurri/oni Victori/nus Vadini filius /⁵ v(otum) s(olvit) l(ibens) m(erito) l(oco) p(ublice) d(ato)* (in den Fundamenten des Münsteroktogons, 2./3. Jahrhundert).
135 Vgl. *Heichelheim, F. M.*, Art. Mercurius, keltisch und germanisch, in: Paulys Realencyclopädie der classischen Altertumswissenschaft XV (1) 1931, 982–1016, hier Sp. 998, Nr. 202; vgl. *Spickermann, W./De Bernardo Stempel, P. D.*, Keltische Götter in der Germania Inferior? Mit einem sprachwissenschaftlichen Kommentar von Patrizia de Bernardo Stempel, in: *Spickermann, W./Wiegels, R. (Hgg.)*, Keltische Götter im Römischen Reich. Akten des 4. Internationalen Workshops „Fontes Epigraphici Religionis Celticae Antiquae" (F.E.R.C.AN.) vom 4.–6. 10. 2002 an der Universität Osnabrück. (Osnabrücker Forschungen zu Altertum und Antike-Rezeption, Bd. 9) Möhnesee 2005, S. 125–148, hier 146.
136 CIL XIII 7360 (Heddernheim), 11644a (Hultehouse) u. AE 2010, 510 (Acqui Terme/Liguria)
137 CIL XIII 7569 (Wiesbaden)
138 CIL III 3936 = 10820 = ILS 7116 (Desni Degoi/Pannonien).
139 Iust. 13, 5, 3; vgl. Cic. Tusc. 5, 9. Zum Charakter der Isthmischen Spiele: Liv. 33, 32, 2.
140 CIL III 184 = OGIS 262 = IGRR 3.1020 (256–258 n. Chr.).
141 Strab. 10, 5, 4.

ter Artemis bekanntlich nach Ephesus; in den östlichen Provinzen waren die heiligen Tage anderer Götter – wie bereits gezeigt – auch Markttage, und es wurden Anstrengungen unternommen, um mögliche Konflikte bei der Planung zwischen den religiösen Spielen verschiedener Städte zu vermeiden.[142]

Ein besonderes Beispiel einer Göttin der Kaufleute ist das der oben erwähnten Dea Nehalennia, die Schutzgottheit der Schelde. Die Mehrzahl ihrer inschriftlich bezeugten Verehrer nicht aus dem Umkreis ihrer Heiligtümer, sondern war meist in einer Handelsmission angereist, um nach Britannien überzusetzen.

IX Schluss

Eine quantitative Analyse der Ausgaben und Einnahmen von religiösen Einrichtungen und ihrer Entwicklung und damit eine auf konkreten Zahlen beruhende Untersuchung des Verhältnisses Religion und Wirtschaft im Römischen Reich zu verfassen, ist ein nahezu aussichtsloses Unterfangen. Einerseits bedürfte es hierzu eine umfassende und kommentierte Datenbank aller dem kultischen Bereich zuzuordnenden überlieferten Zahlenangaben, andererseits könnten auch diese Daten angesichts der Zufälligkeit ihrer Überlieferung nur allgemeine Tendenzen aufzeigen. Dieser Beitrag konnte nur Bereiche dieses weitreichenden Themas skizzieren und mit möglichst aussagekräftigen Beispielen illustrieren. Berechnungen, wie hoch der tatsächliche Aufwand für Kult und Ritual war, lassen sich weder lokal noch regional und schon gar nicht für das gesamte Reichsgebiet anstellen. Dazu fehlt auch jede chronologische Differenzierung. Man wüsste zu gerne, welchen Anteil am Gesamteinkommen des Reichsgebietes und seiner Teile dieser Aufwand jeweils gehabt hat. Dass er teilweise enorm war, geht aus den genannten Beispielen deutlich hervor. Ein Heiligtum konnte aus öffentlichen Mitteln, durch einzelne Euergeten oder gar Gruppen errichtet und auch eine Zeit lang betrieben worden sein, beim Wegfall der Mittel für seinen Unterhalt blieb es häufig dem Verfall überlassen, bis sich neue Geldmittel zu seiner Renovierung fanden, oder es wurde ganz aufgegeben. Umgekehrt ist auch nicht genau zu ermitteln, welchen wirtschaftlichen Input Baumaßnahmen, religiöse Feste, die Devotionalienproduktion und vor allem die religiösen Spiele hatten. Es ist wohl deutlich geworden, dass die wirtschaftliche Rolle der Kulte, die Tempelökonomie, groß war. Es fehlen allerdings die Zahlen, um seriös zu berechnen, ob der wirtschaftliche Nutzen höher war als die Bindung von Ressourcen. Überhaupt wäre diese Berechnung ein Anachronismus, weil in der Antike Religion und Politik, Sakrales und Profanes nicht zu trennen waren. Eine solche Unterscheidung würde voraussetzen, dass etwa ein Gemeinwesen tatsächlich die Wahl gehabt hätte, keine Tempel zu bauen. Welche enormen wirtschaftlichen Auswirkungen die vermehrte Auflassung von Heiligtümern oder

---

142 Vgl. *MacMullen*, Market-Days, 336.

gar deren Zerstörung mit dem Erstarken des Christentums gehabt haben muss, lässt sich kaum beziffern.[143] Den wirtschaftsfördernden Effekt religiös motivierter Baumaßnahmen weiß aber auch das frühe Christentum zu schätzen. So schreibt Bischof Basilius von Caesarea († 379) in einem Brief an den Statthalter Elias, in welchem er auf die Funktionen seines caritativen Zentrums Basilea vor den Toren Caesareas eingeht:

> Wem tun wir Unrecht, wenn wir Herbergen bauen für die Fremden, welche auf der Durchreise hier anwesend sind, sowie für die, welche krankheitshalber irgendeiner Pflege bedürfen, wenn wir solchen Menschen die erforderliche Erquickung bereitstellen, Krankenpfleger, Ärzte, Lasttiere und Begleiter? Zwangsläufig folgen diesen auch Gewerbe, solche, die zum Leben nötig sind und solche, die zu einer verfeinerten Lebensführung erfunden worden sind, ferner andere, für die Werkstätten erforderliche Häuser. All das ist eine Zierde für den Ort, für unseren Statthalter aber ein Aushängeschild, da der gute Ruf auf ihn zurückfällt.[144]

Bibliographie

Albers, J., Campus Martius. Die urbane Entwicklung des Marsfeldes von der Republik bis zur mittleren Kaiserzeit. (Studien zur antiken Stadt, Bd. 11) Wiesbaden 2013.
Bowersock, G. W., § 10 Achaia, in: *Fischer, W. (Hg.)*, Handbuch der europäischen Wirtschafts- und Sozialgeschichte. Bd. I. Stuttgart 1980–1993, 639–653.
Collingwood, R. J. et al. (Hgg.), An Economic Survey of Ancient Rome. Bd. 3: Roman Britain/Roman Spain / Roman Sicily / La Gaule Romaine. Paterson 1959.
Cramme, S., Die Bedeutung des Euergetismus für die Finanzierung städtischer Aufgaben in der Provinz Asia. Diss. phil. Köln 2001.
Davies, P. J. E., Architecture and Politics in Republican Rome. New York 2017.
Dignas, B., Economy of the Sacred in Hellenistic and Roman Asia Minor. (Oxford Classical Monographs) Oxford 2002.
Dignas, B., Sacred Revenues in Roman Hands: The Economic Dimension of Sanctuaries in Western Asia Minor, in: *Mitchell, S./Katsari, C. (Hgg.)*, Patterns in the Economy of Roman Asia Minor. Swansea 2005, 207–224.
Drexhage, H. J., Wirtschaft und Handel in den frühchristlichen Gemeinden (1.–3. Jh. n. Chr.), in: Römische Quartalschrift für Christliche Altertumskunde und Kirchengeschichte, 76, 1981, 1–72.
Drexhage, H. J., Wirtschaftspolitik und Wirtschaft in der römischen Provinz Asia in der Zeit von Augustus bis zum Regierungsantritt Diokletians. (Asia Minor Studien, Bd. 59) Bonn 2007.
Drinkwater, J. F., Gallic Personal Wealth, in: Chiron, 9, 1979, 237–242.
Duncan-Jones, R., The Economy of the Roman Empire. Quantitative Studies. 2. Aufl. Cambridge 1982.
Eck, W., Der Euergetismus im Funktionszusammenhang der Kaiserzeitlichen Städte, in: *Christol, M./Masson, O. (Hgg.)*, Actes du Xe Congrès international d'épigraphie grecque et latine, Nîmes, 4–9 octobre 1992. (Publications de la Sorbonne. Série Histoire ancienne et médiévale, Bd. 42) Paris 1997, 305–331.

---

143 Zu diesem Problemkomplex jetzt auch: *Scherrer, P./Spickermann, W. (Hgg.)*, Spätantiker Polytheismus im Westen des Römischen Reiches, Akten des Symposiums in Graz 2019. (Keryx, Bd. 6) Graz 2021.
144 Bas. epist. 94.

Frank, T., (Hg.), An Economic Survey of Ancient Rome. Bd. I: Rome and Italy of the Republic. Paterson 1959.
Gordon, R. L./Raja R./Rieger, A. K., Economy and Religion, in: *Rüpke, J./Woolf, G. (Hgg.)*, Religion in the Roman Empire. (Die Religionen der Menschheit, Band 16/2) Stuttgart 2021, 262-305.
Herklotz, F., Prinzeps und Pharao. Der Kult des Augustus in Ägypten. (Oikumene: Studien zur antiken Weltgeschichte, Bd. 4) Frankfurt a. M. 2007.
Horster, M., Landbesitz griechischer Heiligtümer in archaischer und klassischer Zeit. (Religionswissenschaftliche Versuche und Vorarbeiten, Bd. 53) Berlin/New York 2004.
Jördens, A., Statthalterliche Verwaltung in der römischen Kaiserzeit. Studien zum *praefectus Aegypti*. (Historia Einzelschriften, Bd. 175) Stuttgart 2009.
Johnson, A./Tenney, F. (Hgg.), An Economic Survey of Ancient Rome. Bd. 2: Roman Egypt to the Reign of Diocletian. Paterson 1959.
Knapowski, R., Die Staatsrechnungen der römischen Republik in den Jahren 49-45 v. Chr. (Untersuchungen zur römischen Geschichte, Bd. 4) Frankfurt a. M. 1967.
MacMullen, R., Market-Days in the Roman Empire, in: Phoenix, 24/4, 1970, 333-341.
Maucourant, J., À propos de l'économie des sanctuaires de l'Antiquité: une perspective institutionnaliste, in: Topoi, 12-13/1, 2005, 117-132.
McCleary R. M. (Hg.), The Oxford Handbook of the Economics of Religion. Oxford 2011.
Perpillou-Thomas, F., Fêtes d'Égypte ptolémaïque et romaine d'après la documentation papyrologique grecque. (Studia hellenistica, Bd. 31) Louvain 1993.
Petzl, G./Schwertheim, E., Hadrian und die dionysischen Künstler. Drei in Alexandria Troas neugefundene Briefe des Kaisers an die Künstler-Vereinigung. (Asia Minor Studien, Bd. 58) Bonn 2006.
Pietilä-Castrén, L., Magnificentia publica. The Victory Monuments of the Roman Generals in the Era of the Punic Wars. (Commentationes Humanarum Litterarum, Bd. 84) Helsinki 1987.
Von Reden, S., Money in Classical Aniquity. Cambridge 2010.
Rüpke, J., Was kostet Religion?: Quantifizierungsversuche für die Stadt Rom, in: *Kippenberg, H. G./Luchesi, B. (Hgg.)*, Lokale Religionsgeschichte. Marburg 1995, 273-287.
Ruffing, K./Konen, H./Drexhage, H. J., Die Wirtschaft des Römischen Reiches (1.-3. Jahrhundert): Eine Einführung. (Studienbücher Geschichte und Kultur der Alten Welt) Berlin 2002.
Ruffing, K., Heiligtum und Staat in der römischen Kaiserzeit - ein Vergleich zwischen Asia Minor und Ägypten, in: Gymnasium, 115, 2008, 573-586.
Ruffing, K., Thermalquellen und Kult - das Beispiel Hierapolis, in: *Olshausen, E./Sauer, V. (Hgg.)*, Die Landschaft und die Religion. Stuttgarter Kolloquium zur Historischen Geographie des Altertums 9, 2005. (Geographica historica, Bd. 26) Stuttgart 2009, 287-300.
Sassu, R., Sanctuary and Economics. The Case of the Athenian Acropolis, in: Mediterraneo Antico, 13/1-2, 2010, 247-261.
Treggiari, S. M., Urban Labour in Rome: *mercennarii* and *tabernarii*, in: *Garnsey, P. (Hg.)*, Non-Slave Labour in the Greco-Roman World. Section of the 7th International Economic History Conference, Held in Edinburgh from 13-19 August, 1978. (Cambridge Philological Society Supplementary Volume, Bd. 6) Cambridge 1980, 48-64.
Wörrle, M., Stadt und Fest im kaiserzeitlichen Kleinasien. Studien zu einer agonistischen Stiftung aus Oinoanda. (Vestigia, Bd. 39) München 1988.
Wohlmayr, W., Mummius in Olympia und Rom, in: *Asamer, B./Florens Felten, K./Hiller, S. (Hgg.)*, Temenos. Festgabe für Florens Felten und Steffen Hiller. Wien 2002, 141-147.
Zuiderhoek, A., The Politics of Munificence in the Roman Empire. Citizens, Elites, and Benefactors in Asia Minor. (Greek Culture in the Roman World) Cambridge/NY 2009.

Merav Haklai
28 Credit and Banking

I Introduction

The title of this chapter implies that Roman financial life resembled modern practice in two important respects: firstly, that one of the core activities of the Roman banking sector was to provide credit to its customers; and, secondly, that in the Roman world, just as in modern economic life, most financial credit was created by, or advanced via banks. In recent decades, these assumptions have been scrutinised by scholars investigating the literary, legal, and documentary record from the Roman world. In fact, when it comes to studying the Roman economy, credit and banking are two themes which do not entirely overlap. The Roman economy was based heavily on agriculture, and credit was often advanced also in a non-monetary form. Within the monetised economy, a significant portion of Roman credit affairs was conducted without the involvement of the banking sector (compare chap. 19 by Eich). It relied on social networks and was based on family, patronage, instrumental friendship (*amicitia*), and obligations between members of religious and professional associations (*collegia*). A variety of financial specialists existed, belonging to different strata of society, with bankers forming a specific category within a much larger group.

Ground-breaking work by Raymond Bogaert on Greek banking and, subsequently, by Jean Andreau on Roman banking contributed tremendously to the study of ancient bankers as a specific category of professionals, as distinct from other categories of intermediaries and financial entrepreneurs.[1] Their methodology promoted a typological approach to the different names for professionals in the banking sector: *trapezitai* in the Greek world and *argentarii* and later also *nummularii* and *coactores argentarii* in the Roman world. They defined ancient bankers as professionals who accepted deposits, offered cashier and payment services to their clients, and occasionally advanced loans, some of which were offered out of the sums they received as deposits.[2] For the Roman world, these loans, Andreau argued, were mostly short-term and often low-risk, as clients could withdraw their deposits at any given time.[3]

Since the publications of the monumental studies of Bogaert and Andreau, the role played by bankers in providing credit to finance productive activities, and the sophistication of Roman financial affairs at large, have been continuously studied and debated. Some scholars have stressed the importance of financial entrepreneurs who were not professional bankers.[4] These were sometimes called *faeneratores* (profes-

---

1 Bogaert, Origines; *id.*, Banques; Andreau, Financière; *id.*, Banking.
2 Bogaert, Origines, 30; Andreau, Financière, 17–24; *id.*, Banking, 30–31; 40–44.
3 Andreau, Financière, 656–659; *id.*, Banking, 44–45; 148–151.
4 Andreau, Banking, 50–63; Verboven, Faeneratores; *id.*, Capital Markets.

sional moneylenders) and *negotiatores* (businessmen) and they made up a very heterogeneous group, which included members of the Roman equestrian and senatorial elite, their freedmen and other dependants, as well as independent individuals of lower social standing. Some scholars have argued that bankers were involved also in middle- and long-term loans and that the Roman banking sector played a pivotal role in financing commercial enterprises.[5] However, other scholars emphasised that papyri from Roman Egypt indicate that, at least there, most bankers had little to do with lending money deposited by their clients.[6] A third line of argument focused on bankers and other financiers as mediators in situations of asymmetric information in local networks of commerce and finance, whose business helped to reduce uncertainties as well as lower transaction costs.[7] All in all, over the past two decades, scholars have been stressing the importance of credit in the Roman economy and, with it, the potential for the existence of Roman credit money, whether or not bankers were involved in its creation.[8]

This chapter gives an overview of financial credit in the Roman world; namely, loans of money or loans recorded in monetary terms. It starts with general remarks on Roman credit culture, followed by a chronological narrative of the history of Roman credit, both as a wide social practice and as an economic phenomenon intertwined with Rome's political history. Then come three technical sections: the first describes some of the legal procedures for contracting credit; the second describes the procedures for providing guarantees to secure that credit; the third is an inventory of Roman financial instruments. Next comes a short chronological summary of Roman banking. The chapter concludes with a synopsis of the discussion on the capacity or incapacity of the Roman banking sector to facilitate the creation of credit money.

II Roman "credit culture"

Roman financial credit was embedded in social practices and attitudes, which are often called Roman "credit culture" (*Schuldenkultur*). It was rooted in social structures that go back to archaic Rome and to fundamental Roman phenomena, such as patronage, instrumental friendship (*amicitia*), and citizenship. Roman patronage was an all-encompassing system that created a reciprocal yet asymmetric dependent relationship between unequal parties:[9] the *patronus* provided support and protection (*beneficia*) and in return, the *cliens* offered services of various kinds (*officia*). Both sides

---

5 *Rathbone/Temin*, Intervention.
6 *Lerouxel*, Banque Privée, 169–197.
7 *Bange*, Kreditgeld; *Lerouxel*, Transaction Costs, 162–184; *id.*, Marché.
8 *Harris*, Revisionist; *Hollander*, Money. For support of the involvement of the banking sector, see *Bange*, Kreditgeld.
9 *Saller*, Patronage, 11–15; *Verboven*, Friends, 49.

supported one another socially, politically, legally, and economically, in both private and public life. Ties of patronage are already apparent in the Twelve Tables, Rome's first codification of the law, which dates to the mid-5th century BC.[10] Throughout Roman history, both patron and client were subject to a morally-binding relationship, which was based on trust (*fides*) and was firmly fixed in terms of both custom and legal formalities. This omnipresent social institution affected Roman credit practices deeply. Patrons were expected to support their clients economically in various ways: providing gifts of money,[11] standing surety,[12] advancing low-interest and interest-free money loans,[13] and otherwise facilitating economic interactions.[14] Thus, Roman patronage promoted cultural traits that supported trustworthiness and prosociality.[15]

Amicitia, like patronage, was a binding Roman social institution, which underlay Roman credit culture. It refers to the social, political, and philosophical aspects of friendship, and sometimes is translated as 'instrumental friendship'. It is usually used to describe the relationship between people of the same social status, but sometimes also the relationship of high-ranking Romans with their (free) dependants. For Roman aristocrats, mutual *amicitia* was often hereditary. *Amici* were expected to support each other in trials, during elections, in official duties, and also economically.[16] *Amici* who belonged to the Roman elite often provided one another with interest-free loans or loans at low rates of interest and otherwise facilitated each other in credit based transactions. By the second half of the 1st century BC, *amicitia* affected the conduct of Roman financial credit profoundly, as is evident from the Ciceronian corpus.[17] The fact that, during the imperial period, these loans were less politically important than under the Republic does not reduce their economic significance.[18] Evidence from the first centuries AD shows that, during the imperial period too, Roman financial affairs depended heavily on personal ties, not only those between family members and *amici*, but also those of religious and professional associations.[19]

---

10 Lex XII tab. VIII, 21; Serv. Aen. 6, 609; *Cornell*, Beginnings, 289–291. However, there are scholars who question the authenticity of this fragment; see, *Verboven*, Friends, 55–57, with further bibliography.
11 Hor. epist. 1, 7, 80; *Saller*, Patronage, 122–124.
12 Sen. benef. 1, 2, 4; *Verboven*, Friends, 143.
13 Plin. epist. 3, 11; *Saller*, Patronage, 120–122.
14 *Saller*, Patronage, 119–144.
15 *Hoyer, D.*, Money, Culture, and Well-Being in Rome's Economic Development, 0–275 CE. Leiden/Boston 2018, 19–30, who advanced a similar line of argument to explain the role of prosociality in the evolution of elite Roman benefaction practices.
16 Plin. epist. 1, 24, where Pliny writes to a certain Baebius Hispanus asking for his help in getting a good price when buying an estate for his friend, Gaius Suetonius Tranquillus.
17 *Andreau*, Banking, 9–28; *Verboven*, Friends; *Harris*, Revisionist.
18 *Andreau*, Banking, 140–143.
19 For cults and sanctuaries, see *Dignas, B.*, Economy of the Sacred in Hellenistic and Roman Asia Minor. Oxford 2002. For *collegia*, see *Liu, J.*, The Economy of Endowments: The Case of the Roman *collegia*, in: *Verboven/Vandorpe/Chankowski (eds.)*, Pistoi, 231–256.

III Roman credit: a historical narrative

The history of Roman financial credit began centuries before the Romans started using coins and was embedded in practices that were first created in an in-kind economy. In archaic Rome, as in other ancient Mediterranean societies, loans of food staples, seeds, and agricultural equipment predated the use of coins and set the basis for later regulations governing credit and financial interaction. In the mid-5th century BC, Rome did not use coins; but we learn from the Twelve Tables that some sort of money was used, called *pecunia*, which probably referred to weighed bronze ingots.[20] There were real contracts, which were concluded formally in the presence of witnesses "by means of bronze and scale" (*per aes et libram*): namely, *mancipium/ mancipatio* for the transfer of ownership and *nexum* for contracting debt bondage.[21] Debts were recognised as part of an inheritance.[22] Defaulting on loan repayments could be met with capital punishment, enslavement, or bond slavery within the community (*nexum*).[23] And, according to Tacitus, a first attempt was made to monitor and restrict loans and rates of interest (Tac. ann. 6, 16). The somewhat peculiar rate Tacitus mentions in this context, eight and a third percent, is the same as the rate reported by Livy for a provision enacted in 357 BC by the Plebeian assembly (Liv. 7, 16). Whether interest rates were, indeed, restricted in the Twelve Tables, or whether Tacitus preserved a tradition that attributed to the mid-5th century BC a provision passed a century later, one thing is clear: during the early Republic, loans, whether in kind or in money, were a continuous source of social discord and a threat to the social order; and repeated attempts were made to bring them under control by means of legislation.[24]

Our sources for archaic Rome, written centuries after the events they describe, show the early days of the Roman Republic to have been a period of social strife, intensified by economic discord. Archaic Rome was a socially divided community, in which economic and other conditions drove the poorer segments of society namely, the Plebeians, to borrow vast amounts from the better-off elite, who were mostly Patricians. Within Patricio-Plebeian political struggle, which is known in the scholarship as the "Conflict of the Orders",[25] credit played a pivotal role. According to the Romans' own tradition, the First Secession of the Plebs in 494 BC was sparked by the sorrows of one man, who, like many Roman citizens in the early 5th century BC,

---

[20] Lex XII tab. V, 3; V, 7; *Crawford, M. H.*, Coinage and Money Under the Roman Republic: Italy and the Mediterranean Economy. London 1985, 20.
[21] Lex XII tab. VI, 1; VIII, 22; Gai. inst. 3, 173–175.
[22] Lex XII tab. V, 9; Cod. Iust. 3, 36, 6 (Gord.); 2, 3, 26 (Diocl. et Maxim.).
[23] For capital punishment, Lex XII tab. III, 6; for enslavement, Gell. 20, 1, 47; for bond slavery, Varro ling. 7, 105.
[24] *Aubert*, Republican, 164–166.
[25] *Cornell*, Beginnings, 242–292; 327–344; *Raaflaub, K. A. (ed.)*, Social Struggles in Archaic Rome: New Perspectives on the Conflict of Orders. 2nd ed. Oxford 2005.

suffered the wretchedness of Roman debt bondage, *nexum* (Liv. 2, 23, 1–8). Bond slavery is known from other contemporary Mediterranean societies, and in Rome, where citizenship did not depend on possession of landed property, this institution lasted for centuries.[26] The dishonour inflicted on *nexi* was irreversible and increased the dangers that loans imposed on the social order. In 367 BC, as part of the revolutionary Plebeian legislation of Licinius and Sextius, it was ruled that interest paid by debtors would be deducted from the principal and that the balance could be repaid in three equal yearly instalments (Liv. 6, 35). A decade later, in 357 BC, the *lex Duilia Memnenia de unciario fenore*, restricted the rate of interest to eight and a third percent (Liv. 7, 16). After fifteen years, in 342 BC, the *lex Genucia de feneratione* prohibited loans at interest altogether (Liv. 7, 42, 1). Clearly, debt and the few ways of being released from it were a continuous source of Plebeian agitation. Yet, these laws did not reduce social unrest caused by debt bondage. Roman literary tradition tells of a young debtor who, as a *nexus*, was abused cruelly by his creditor (Livy calls him a *faenerator*, a moneylender) and his misfortune received such public sympathy that it eventually led, in 326 BC, to the *lex Poetelia Papiria*, which prohibited bond slavery (Liv. 8, 28; Varro ling. 7, 105). With the abolition of *nexum* in the last decades of the 4th century BC, the failure to repay loans and other debts was no longer a fault (*noxa*) that deserved punishment (*poena*); and, at least formally, debt became a matter of economic capacity and not of civil or personal status.[27]

Financial credit continued to be a source of civic unrest throughout the history of the Roman Republic and the imperial period.[28] The Roman state repeatedly intervened to limit interest rates (*faenus/usura*[29]), restricted lending transactions, and sometimes even prohibited lending at interest altogether. Ancient sources contain at least 27 references to such legislative measures intended to control lending at interest and to protect debtors against harsh measures inflicted upon them by creditors.[30] In the late Republic, a maximum legal rate was re-enforced by Sulla's *lex Cornelia Pompeia* of 88 BC;[31] while in 51 BC, once again, a maximum legal interest rate was set at one percent per month, which is twelve percent per annum and was called the *centesimae usurae* (Cic. Att. 5, 21, 13). For centuries, the twelve percent yearly rate continued to be the maximum legal rate for loans throughout the Roman world (with maritime loans being an exception).[32] Roman jurists often referred to the notion of a maximum

---

26 *Silver*, Nexum, who suggested that the broad use of *nexum*-contracts was connected to the rules on interest which appeared in the Twelve Tables, as well as to the fact that repayment in labour services permitted interest rates above the legally permitted rate to be concealed.
27 *Phillipson*, Debt, 1234; *Aubert*, Republican, 165–166.
28 Tac. ann. 6, 16, 1.
29 *Andreau, J.*, Le vocabulaire de l'intérêt à la fin de la république, in: *Verboven/Vandorpe/Chankowski* (eds.), Pistoi, 201–210.
30 *Billeter*, Zinsfuss, 134–157; *Aubert*, Republican, 167.
31 *Andreau*, Banking, 91–92.
32 Paul. sent. 2, 14, 2–4; Cod. Iust. 4, 2, 8 (Diocl., 293); *Billeter*, Zinsfuss, 163–177; *Kaser*, Privatrecht 1, 496–497; *Andreau*, Banking, 92.

legal interest rate and the absence of the *centesima* from Justinian's Digest[33] is explained by the fact that by the 6th century AD the maximum legal interest rate varied from twelve percent.[34]

During the Hellenistic period, Rome was introduced to money in the form of coins, while its monetary economy underwent major growth. As Rome became a stronger political player, first in the Apennine Peninsula and later in the Mediterranean world, two major features characterised her involvement in the Mediterranean economic system. One was increasing competition with Carthage, which, right from the start, was on a strong commercial footing. The other was Rome's introduction to, and adoption of, Greek-Hellenistic financial practices and financial sophistication. No doubt that from the beginning of the 3rd century BC onwards, the Roman use of money, the operations of bankers and banking institutions, and the use of debt in general had undergone major development. Our information on Roman financial affairs during the 3rd century BC is somewhat fragmentary; yet, despite this, lending on a large scale surely took place and even increased as the century progressed. At the beginning of the Second Punic War (218–202 BC), thousands of indebted Roman citizens were unable to repay their loans (Liv. 23, 14, 3–4). During the first years of that war, military expenditure mounted up rapidly and in 210 BC, the Roman state itself had to resort to borrowing from its own citizens. In 204 BC, it was decided that these loans would be repaid in three instalments (Liv. 29, 16, 1–3); while in 200 BC a large number of citizens were still demanding the repayment of the third instalment (Liv. 31, 13, 2–3).

In the aftermath of the Second Punic War, Rome emerged as the hegemonic power in the Mediterranean, a fact that benefited the Romans' financial affairs greatly. Money lending on a significant scale became a common phenomenon in Roman economic life. In 198 BC, once again, the state intervened to restrict the interest rates (Liv. 32, 27, 3–4). To avoid this and other restrictions, Roman creditors made financial arrangements with business partners from Rome's allies (*socii*), who were not subject to Roman laws, assigning to them the debts of Roman citizens (Liv. 35, 7, 2, calls this practice *nomina transcribere*), who now could legally be charged on the basis of unrestricted interest rates. This increased debt burden resulted in another intervention by the state intended to resolve the situation. In 193 BC, a provision was passed to the effect that "allies and those with Latin rights (*socii ac nomine Latino*[35]) should be subject to the same laws dealing with loans as Roman citizens" (Liv. 35, 7, 3–5; quotation in 35, 7, 5). Two important points arise from Livy's report regarding the sophistication of Roman financial affairs in the first decade of the 2nd century BC: first, both money lending and the ways creditors acted, so as to evade legal restrictions, were taking place on a large scale. Second, by the end of the 3rd century, Roman and Italian

---

33 Dig. 22, 2, 4, 1 (Papin. 3 respon.) is an exception.
34 *Billeter*, Zinsfuss, 267–268.
35 That is, people who received rights of commerce (*commercium*) with Roman citizens.

financial affairs were extremely intertwined, a situation that would be intensified and expanded to the provinces during the 2nd century BC.

The most significant change in Roman finance, however, occurred during the 2nd and 1st centuries BC. The fragmentary historical record for the 2nd century relies heavily on later evidence, which preserves the memory of the great dealings of leading senators. Cato the Elder, for example, is said to have forced his borrowers to form a large sailing company of fifty partners, with each providing a ship, whereby he joined in with one ship, via his freedman (Plut. Cato maior 21, 6). In the mid-2nd century BC, Scipio Aemilianus was fulfilling a legal family obligation for the enormous sum of 1.2 million sesterces (HS), in which he was assisted by the endeavours of a banker (Pol. 31, 27, 6). A considerable portion of financial credit was being transacted within the equestrian and senatorial elite, based on social commitments, such as family ties, patronage, *amicitia*, and religious and professional associations (*collegia*). Roman legal institutions, such as *societates*, enabled the financing of middle- and long-term transactions without any need to resort to loans. In a sleeping partnership one associate (*socius*) would provide the sums for a given operation, while another would manage the business and do most of the work.[36] In addition, members of the Roman elite were able to profit from loans advanced to their slaves as part of their *peculium* (Plut. Cato maior 21, 7–8) and they would run their business through the activities of their freedmen (Petron. 76, 9).

Our records from the 1st century BC enable a much more detailed picture of the Roman credit environment to be built up and this is thanks mainly to the Ciceronian corpus.[37] Credit was by no means restricted to loans, however. Sales paid in instalments were an integral part of credit; for example, Cicero bought a share in the *horti Culviani* from T. Hordeonius in three instalments (Cic. Att. 13, 46, 3; 16, 2, 1). Real-estate was purchased by members of the elite for enormous sums: for example, Cicero's house on the Palatine Hill was purchased for 3.5 million HS (Cic. fam. 5, 6, 2) and C. Albanius bought an estate from C. Pilius at a price of 11.5 million HS (Cic. Att. 13, 31, 4). This was probably often facilitated by records of debts (*nomina*, on which see section 6), which the vendor had held with a banker or some other elite financier (Cic. off. 3, 59). When such sales were conducted at auction, bankers (*argentarii*) were often involved (Cic. Caecin. 16). Credit was by no means taken up by the elite classes alone. The Debt Law of Ephesus, dated to 85 BC (SIG³ 742), contained provisions intended to maintain the support of the less privileged classes in the city of Ephesus in its pro-Roman policy against Mithridates, King of Pontus, and lists private lending of all sorts whose creditors voluntarily agreed to ease the obligations of their debtors. Among the different kinds of cancelled debt mentioned (ll. 50–52), one finds maritime loans, *cheirographa* (on which see section 6), *paratheke* (deposits, on which see section 4), mortgages and re-mortgages, as well as sales and payments in instalments.

---

36 *Andreau*, Banking, 151–152.
37 *Harris*, Revisionist; *Hollander*, Money.

From the early 2nd century BC onwards, if not earlier, members of the Roman elite often supplied credit to local communities of provincials, which resulted in a mixture of private business with public affairs. In effect, credit became a way to run the Roman state. *Publicani*, associations (*societates*) of Roman citizens, often of the equestrian order, leased contracts from the state to perform public works and to supply services, most notoriously the collection of taxes.[38] Often, they conducted large-scale commercial and logistical projects, basing their business on credit. For example, after the Roman defeat at Cannae in 216 BC, the state relied on *societates* of *publicani* to supply the Roman armies in Hispania and requested additional time for the payment of existing obligations already contracted with the *publicani*. The latter were now requested, in effect, to provide the state with a certain type of credit (Liv. 23, 48, 10–23, 49, 4). In the mid-2nd century BC, many public works and rights of usage throughout Italy and beyond were leased out by the state and, according to Polybius, just about everyone were involved in such contracts: "For certain people are the actual purchasers from the censors of the contracts, others are the partners of these first, others stand surety for them, others pledge their own fortunes to the state for this purpose" (Pol. 6, 17).

The largest and most profitable of the *publicani*'s activities was the collection of taxes and other public revenues. Public contracts awarding tax collection franchises were sold to the highest bidder, often a *societas publicorum*, which reimbursed its associates with the profit made; effectively by extracting sums from provincials that exceeded the tax rate set by the state. The exploitation of provincials was an intrinsic element of the system. As early as 171 BC, representatives from Hispania appeared before the Senate to complain about Roman abuses. In 149 BC a perpetual court was set to rule in such cases, and in 123 BC Gaius Sempronius Gracchus delegated jurisdiction rights of these courts to the equestrian order. Financial abuse of provincials was often founded on usurious interest rates and was a continuous source of profit for private individuals in Rome, as we learn from Livy's remark: "where there was a *publicanus*, there was no law and no freedom to the allies" (Liv. 45, 18, 4). By the early 1st century BC, Roman and Italian businessmen were a common phenomenon in the cities of the Hellenistic east. In 88 BC, the hatred caused by these debt-based relationships led the Greeks of Asia Minor to comply enthusiastically with the call of Mithridates, King of Pontus, to attack Romans and Italians living among them; and on a specific day, 80.000 people were massacred (Val. Max. 9, 2, 3; App. Mithr. 22–23). In the aftermath of the First Mithridatic War (88–82 BC), the Roman governor Lucius Licinius Lucullus appreciated the severity of the situation of provincials in Asia Minor and took considerable measures to ease their debt burden. This included setting a one percent maximum interest rate and cancelling any interest payments that superseded the sum of the original loan (Plut. Lucullus 20). These provisions were still valid

---

[38] *Badian, E.*, Publicans and Sinners: Private Enterprise in the Service of the Roman Republic. Ithaca/NY 1983; *Malmendier, Societas*.

in the 50s BC, although at times loosely enforced by Roman governors, as is shown in Cicero's report on the repayment of debt of the people of Salamis in Cyprus (Cic. fam. 5, 21, 10–12).[39]

The financial interests of Romans in the provinces, *publicani* and other businessmen, continued to influence Roman politics. In 66 BC, they are mentioned by Cicero as part of his line of argument in support of Pompeius' supreme command in the Third Mithridatic War (73–63 BC) (Cic. Manil. 17–18). His words stress the interconnected nature of Roman financial affairs: "For, coinciding with the loss by many people of large fortunes in Asia, we know that there was a collapse of credit (*fidem concidisse*) at Rome owing to suspension of payment" (Cic. Manil. 19). Lending by private Romans to foreign rulers could become a political issue, as shown in the case of Ptolemy XII Auletes' return to power in Egypt in the 50s BC (Cic. Rab. Post. 6; Cic. fam. 7, 17, 1; Strab. 17, 1, 11 (796)). The appreciation of Romans of the influences between war and its gains or losses on the one hand, and credit affairs in the city of Rome itself on the other, re-emerged later in the same century. When, in 29 BC, in his Alexandrian triumph, Augustus brought to Rome the spoils from Egypt "he made ready money so abundant, that the rate of interest fell, and the value of real estate rose greatly" (Suet. Aug. 41, 2).

The financial exploitation of provincials was by no means restricted to the Hellenistic East.[40] In 70 BC, or shortly afterwards, when Cicero defended the former governor of Transalpine Gaul, Marcus Fonteius, he admitted that "under this praetor Gaul was overwhelmed with debt" and stressed how absurd it was that no documents recording illegal financial deeds were brought against Fonteius when "not a penny (*nummus*) changes hands in Gaul without the transaction being recorded in the books of Roman citizens" (Cic. Font. 11–12). Clearly, the expansion of Roman credit affairs was a characteristic of Roman rule in the provinces and lending money was a hallmark of Roman civilisation.[41] By the mid-1st century BC, state and private finance were intertwined and relied extensively on credit arrangements, which allowed the transfer of funds without the physical movement of coins (Cic. fam. 2, 17, 4). This trend continued and, in fact, intensified during the imperial period. By the mid-1st century AD, Seneca had 40 million HS in outstanding debt claims in one province alone (Cass. Dio 62, 2, 1; 61, 10, 3). Yet, imperial Roman authorities tried to limit the borrowing of provincial civic communities; as is attested in an edict from AD 44 issued by the governor of Asia, Paullus Fabius Persicus (*I. Ephesos* Ia 17–19). Evidence of similar legislation can be found in the Latin West: the *lex Irnitana* (Chs. 79–80), inscribed in Spain in AD 91, sets a limit of 50.000 HS per year for borrowings by cities. And we learn from Pliny the Younger's correspondence with the emperor Trajan (AD 98–117)

---

39 *Bange*, Kreditgeld, 124–130.
40 *Elliott*, Economic Theory, 118–126.
41 It should be noticed that in Cic. Font. 11–12, Cicero talked of debt (*aes alienum*), businessmen (*negotiatores*), and tax-collectors (*publicani*) but failed to mention bankers explicitly.

that civic public loans were to some extent overseen by Roman imperial administration (Plin. epist. 10, 54–55), so as to prevent communities from falling into severe debt.

The emperors' intervention in financial affairs was a hallmark of imperial benefaction and was manifested, among other things, by the advancement of interest-free loans to their subjects. In a famous paragraph, Suetonius tells that Augustus "often showed generosity to all classes when occasion offered. [...] whenever there was an excess of funds from the property of those who had been condemned, he loaned it without interest (*usum eius gratuitum iis*, literally "to use it gratuitously") for fixed periods to any [persons] who could give security for double the amount" (Suet. Aug. 41, 2). In times of financial crisis, emperors often showed grace by facilitating credit, as was the case in the credit crisis of AD 33, when Tiberius (AD 14–37) advanced 100 million HS as interest-free loans for a three-year period, subject to securities consisting of landed-property (Suet. Tib. 48; Tac. ann. 6, 16–17; Cass. Dio 58, 21, 1–5).[42] Two centuries later, Alexander Severus (AD 222–235) provided the public with somewhat similar benefactions, consisting of interest-free loans (SHA Alex. 21, 2; 26, 2; 40, 2).

IV Legal procedures for contracting credit

The wide range of legal procedures used to create Roman credit relations indicates, too, that credit was a widespread phenomenon in the Roman world. Financial credit could be created in various ways, loans being one of the more straightforward kinds. The pre-payment of rents and salaries was a widespread practice in the ancient Mediterranean and Rome was no exception. Because crops can only be harvested at certain times of the year, whereas cultivation will continue across multiple seasons, both wages and agricultural tenancies were often based on a system of deferred deliveries. Numerous lease contracts from around the Roman world show that a tenancy was frequently contracted for long periods of time, with payment deferred until after the harvest.[43] This, clearly, is a form of credit relationship, in which the granting of rights of use and enjoyment was reciprocated with rent given on credit. In papyri from Roman Egypt, one finds another type of credit/lease transaction, sometimes called *antichresis*, in which the creditor received rights of use and enjoyment in landed property belonging to the debtor as a way of extinguishing a particular debt, either through repayment of the capital or deduction of the interest.[44] Furthermore, sale in

---

[42] *Tchernia, A.*, The Crisis of AD 33, in: The Romans and Trade. (Oxford Series on the Roman Economy) Oxford 2016, 174–187 [Reprint of: Remarques sur la crise de 33, in: *Lo Cascio, E. (ed.)*, Credito e monetà nel mondo romano: Atti degli Incontri capresi si storia dell'économia antica (Capri 12–14 ottobre 2000). Bari, 2003, 131–146].

[43] E.g. Dig. 19, 2, 19, 3 (Ulp. 32 ad ed.). *Rathbone*, Rationalism; *Kehoe, D. P.*, Law and the Rural Economy in the Roman Empire. Michigan 2007, 147–154; *von Reden*, Money, 93–94; *Elliott*, Economic Theory, 90–96.

[44] *Rupprecht*, Greek Law, 331.

advance of delivery was a common form of agricultural credit, evident at Rome from the 2nd century BC (Cato agr. 144–147) until the time of Justinian in the 6th century AD (Dig. 18, 1, 39, 1 (Iulian. 15 dig.)).[45] Sale on credit was a type of agrarian loan, which was sometimes configured as a type of purchase contract, in which the seller-borrower received a pecuniary sum that was reciprocated with agricultural produce only after the harvest. Similar transactions also appear in Demotic and Greek documents from Roman Egypt, where the formulae used are considered to be either a late Hellenistic or early Roman development.[46] All of these transactions sprang from the seasonal nature of agriculture and involved, one way or another, deferred delivery; thus, they created credit-based relationships. In the Roman world credit was an integral element of the farming scene.

In agriculture as well as in other sectors of the Roman economy, loans remained a central method for creating credit. In Roman law, a loan could be either a real obligation or a consensual one. When created as a consensual obligation, it was often formed using a *stipulatio*, which arose verbally from a question-and-answer formula that enabled an agreement to be customised to the specific needs of the parties.[47] It is likely that a major proportion of Roman credit affairs was facilitated in this way. However, because *stipulatio* did not need to be in written form, these loans often left no record behind for posterity.[48] Debts, although distinguished from loans, could also be created via a *stipulatio*, in which case they resulted in *pecunia credita*, literally "money/wealth put on credit". Lastly, *stipulatio* habitually supplemented the more rigid legal formats used to create credit (on which see below) and it permitted the parties to settle certain important loan mechanisms, such as the rate of interest or payment in instalments.

When loans were created as real obligations, this was achieved via specific legal contracts, namely *mutuum, commodatum,* and *depositum. Mutuum* was a loan advanced for the purpose of consumption,[49] where an equivalent in kind, quantity, and value was to be repaid.[50] As such, *mutuum* was most suited to the contracting of

---

45 *Bagnall, R. S.*, Price in Sales on Delivery, in: GRBS, 18.1, 1977, 85–96; *Jördens, A.*, Kaufpreisstundungen (Sales on Credit), in: ZPE, 98, 1993, 263–282; *Rathbone*, Rationalism, 210–211; 239; *Erdkamp*, Grain, 120–134.
46 For Demotic texts, see *Manning, J.*, Demotic Law, in: *Westbrook, R. (ed.)*, A History of Ancient Near Eastern Law. Leiden 2003, 846. For Greek texts, see *Rupprecht*, Greek Law, 331. A somewhat similar practice is known from Talmudic sources; see *Erdkamp*, Grain, 131.
47 Dig. 12, 1, 2, 5 (Paul. 28 ad ed.). On *stipulatio*, see Dig. 44, 7, 1, 7 (Gai. 2 aur.); 45, 1, 5, 1 (Pomp. 26 ad Sab.); *Kaser*, Privatrecht 1, 168–170; 538–543.
48 On documenting stipulations, see *Meyer, E. A.*, Legitimacy and Law in the Roman world: *"Tabulae"* in Roman Belief and Practice. Cambridge 2004, 115–150; 253–265.
49 French and English have no vocabulary for immediately differentiating *mutuum* from *commodatum*. Usually *mutuum* is translated as "prêt à la consummation"/"loan for consumption", and *commodatum* as "prêt à usage"/"loan for use". In German, a distinction is maintained by translating *mutuum* as "Darlehen" and *commodatum* as "Leihe".
50 Dig. 12, 1, 2. pr. (Paul. 28 ad ed.); 12, 1, 3 (Pomp. 27 ad Sab.); Inst. Iust. 3, 14. pr.; *Kaser*, Privatrecht 1, 530–531.

financial loans, although it had the disadvantage of not accounting for interest payments.[51] Any interest agreed had to be contracted separately, either via a *stipulatio* or via a *pactum*, which supplemented the *mutuum*. If the repayments were defaulted on, a creditor could bring an *actio certae creditae pecuniae* or a *condictio certae pecuniae* against the borrower,[52] and a judge decided whether to order or to exempt the borrower from paying a fixed sum of money.[53] Unlike *mutuum*, in a *commodatum* and also in a *depositum*, the very same thing lent had to be returned.[54] *Commodatum* was a loan advanced for the sake of use, but not for consumption.[55] *Depositum* was, officially, a loan advanced for the sake of safekeeping, which could not be used nor yield interest.[56] From the 2nd century AD, if not beforehand, in practice some deposits were made available for the use of depositaries and also yielded interest for depositors.[57] Eventually, the rules were eased slightly, in order to accommodate some of the consequences arising from treating monetary deposits as an investment channel;[58] this practice is known by legal scholars as *depositum irregulare*.[59]

In the eastern provinces, Greek law offered other platforms for contracting loans, which were also used widely by Roman citizens. The prevalent use of Greek terminology in Roman legal sources together with documentary evidence preserve common methods for contracting credit relations. The three main Greek formulae used to contract credit were *daneion*, *chresis*, and *paratheke*. In the Roman period, *daneion* was probably the most frequently applied formula for business credit. It usually contained a clause stating the rate of interest and sometimes a clause relating to securities. *Chresis*, too, was commonly used. It often was characterised by a fixed duration, a lack of any real surety, and a lack of specified rate of interest.[60] *Paratheke* was perceived by contemporaries as equivalent to the Latin *depositum*,[61] although the

---

51 Dig. 12, 1, 2, 1 (Paul. 28 ad ed.); Gai. inst. 3, 90; Inst. Iust. 3, 14. pr.; *Kaser*, Privatrecht 1, 170–171; 530–533.
52 *Kaser*, Privatrecht 1, 170–171; 531–532; 592–594.
53 Rather than estimating the sum to be paid; Gai. Inst. 4, 49–52; *Kaser*, Privatrecht 1, 492.
54 This could have raised a confusion between the two contracts, e.g. Dig. 16, 3, 24 (Papin. 9 quaest.), who speaks of a hundred *nummi* given in *commodatum* for safekeeping, where eventually the transaction is held to be a *depositum*.
55 *Kaser*, Privatrecht 1, 530–534. E.g. Dig. 13, 6, 3, 6 (Ulp. 28 ad ed.); 13, 6, 4 (Gai. 1 de verb. oblig.); 13, 6, 5, 3 (Ulp. 28 ad ed.); 13, 6, 10, 1 (Ulp. 29 ad Sab.).
56 Dig. 13, 6, 1, pr. (Ulp. 30 ad ed.); *Kaser*, Privtrecht 1, 534–536.
57 Dig. 17, 1, 34, pr. (Afric. 8 quaest.); 16, 3, 26, 1 (Paul. 4 respon.); 12, 1, 10 (Ulp. 2 ad ed.); Cod. Iust. 4, 34, 4 (Gord., 238–244).
58 Dig.16, 3, 28 (Scaev. 1 respon.); 32, 37, 5 (Scaev. 18 dig.); 26, 7, 7, 4 (Ulp. 35 ad ed.).
59 *Kaser*, Privatrecht 1, 536; *Bürge, A.*, Fiktion und Wirklichkeit: Soziale und rechtliche Strukturen des römischen Bankwesens, in: ZRG RA, 117, 1987, 536–537; *Zimmermann*, Obligations, 215–219.
60 *Haklai*, Credit, 437–460; *Tenger, B.*, Die Verschuldung im römischen Ägypten (1.–2. Jh. n. Chr.). St. Katharinen 1993.
61 Dig. 16, 3, 26, 1 (Paul. 4 respon.); 32, 37, 5 (Scaev. 18 dig.).

range of situations in which it was used was significantly wider than safekeeping; and it was often a formula that enabled a deposit, in practice, to yield interest.[62]

Maritime loans were a special category of money lending and were subject to special legislation.[63] These loans generally conformed to Greek-Hellenistic practice, with some differences. Roman maritime loans usually financed cargo and voyage expenses, rather than the purchase of ships; and different rules applied to the voyage and the periods before and after it.[64] Other than this, maritime loans had two well-known peculiarities: first, repayment was depended on the safe arrival of the ship and its cargo. This meant that borrowers were not liable for shipwreck or for the loss of the cargo at sea. Second, no limit was imposed on maritime interest rate.[65] This enabled creditors to cope with the unexpected dangers involved in seafaring. To face the risks of maritime lending, Roman creditors frequently used agents (*institores*) and created associations of partners (*societates*) to finance trade by sea;[66] a mechanism used as early as the 2nd century BC (Plut. Cato maior 21, 6).

V Legal procedures for contracting sureties and securities

In Rome, like in many other societies, there were two common ways to guarantee loan repayments: sureties and securities. Surety is a personal security, where an individual or a group promises to pay the loan in the event that a debtor defaults. In the Roman world, appointing sureties was often preferred by creditors, because it relied on the social standing (*dignitas*) and social connections (patronage, *amicitia* etc.) of all of the parties involved: debtor, creditor, and guarantor. In the Roman value system, these features of social capital were dearer than physical assets; hence, it was easier for creditors to guarantee the repayments for their possessions using sureties.[67] In Roman law, sureties were contracted with an *adpromissio* that was drafted in the form of a *stipulatio*, a question-and-answer formula. Three types of sureties are known: *sponsor*, *fidepromissor*, and *fideiussor*. *Sponsio* was the oldest type. It only guaranteed debts created by way of a *stipulatio* and was restricted to Roman citizens.

---

62 Kaser, Privatrecht 1, 534, n. 1; Haklai, Credit.
63 Dig. 14, 2 (De lege Rodia de iactu); 22, 2 (*De nautico faenore*); 47, 9 (*De incendio ruina naufragio rate nave expugnata*); Kaser, Privatrecht 1, 532–3; Sirks, Sailing; Rathbone, Maritime.
64 Dig. 22, 2, 1 (Mod. 10 pandec.); 22, 2, 3 (Mod. 4 reg.); 22, 2, 4, pr (Papin. 3 respon.); 45, 1, 122, 1 (Scaev. 28 dig.); Paul. sent. 2, 14, 3.
65 Dig. 22, 2, 5, pr (Scaev. 6 respon.); Paul. sent. 2, 14, 3; Cod. Iust. 4, 33, 2 (Diocl., 286). Justinian was the first to limit maritime interest rate to twelve percent per annum; Cod. Iust. 4, 32, 26, 2 (Iust., 528).
66 Aubert, J.-J., Les *institores* et le commerce maritime dans l'Empire romain, in: Topoi, 9, 1999, 145–164; Sirks, Sailing; Rathbone, Maritime, 212–216.
67 Zimmermann, Obligations, 115; von Reden, Money, 99.

Fidepromissio resembled *sponsio*, with the main difference that it was available also to non-Romans. By the late 3rd century BC, financial credit became a prevalent practice and the need arose to protect the interests of sureties against the malpractice of creditors. Various pieces of legislation aimed at protecting sureties, especially the *lex Furia testamentaria*, enacted sometime during the turn of the 2nd century BC, eventually made *sponsio* and *fidepromissio* procedures less attractive to creditors. By the late Republic, a third type of surety, *fideiussio*, superseded the previous two; it had the advantage of not being restricted to *stipulatio* and was able to secure any debt, no matter how contracted.[68] This shift suggests that the use of credit became even more widespread than before.

While sureties rely on the prestige of the individuals involved, securities serve to guarantee the repayment of a loan using real assets. Even though Roman law did not regard *nexum*, Roman debt bondage, as a genuine type of security, a *nexus* in effect placed himself as a pledge.[69] With abolition of the *nexum* in 326 BC, loan repayments could no longer be guaranteed through the use of labour services and creditors found other ways of protecting their interests, namely: *fiducia cum creditore*, and *pignus*. Both were legal arrangements that go back to the 5th century BC. *Fiducia cum creditore* was used whenever a pledge fell under an archaic Roman category called *res mancipi*, which included "lands and houses on Italic soil, slaves, animals for draught or burden, such as oxen, horses, mules, and asses, and rustic praedial servitudes."[70] It was a transaction that involved two different procedures:[71] the first was a type of sale, which involved the transfer of ownership from debtor to creditor.[72] The second was an agreement based on trust (*fides*), which stipulated that once a loan was repaid, the creditor would return ownership of the pledge to the debtor. The parties could agree to transfer ownership but not possession, which could create a *de facto* mortgage. During the late Republic unscrupulous behaviour of creditors who sold pledges before loans were in default, resulted in legal developments that eventually made *fiducia cum creditore* less attractive to creditors. By the 1st century AD, if not beforehand, another Roman form of providing real security became prominent: *pignus*.

Pignus was a far less formal procedure that passed only bonitary ownership;[73] hence, it could be enjoyed by non-Romans too.[74] Originally, it was a real obligation

---

68 Gai. inst. 3, 118–123; *Kaser*, Privatrecht 1, 660–666; *Zimmermann*, Obligations, 117–121.
69 *Phillipson*, Debt, 1234; *Silver*, Nexum, 220.
70 Gai. inst. 2, 14a.
71 On *fiducia cum creditore*, see *Phillipson*, Debt, 1234–1237; *Kaser*, Privatrecht 1, 458–462; id., Privatrecht 2, 312–318; *von Reden*, Money, 100.
72 In Roman law, ownership was the most extensive right of holding, as opposed to a right of possession, available to Roman citizens by way of either *mancipatio* or *in iure cassio*, but not by *traditio*.
73 Bonitary ownership exerts its effects on ownership over *res nec mancipi*, "things which are not mancipi", and the right of possession obtained through the informal acquisition of ownership, such as a *traditio*.
74 Only by those who received the rights of commerce (*commercium*).

that involved the actual transfer of the pledge, but from an early stage *pignus* could be contracted while the pledge remained with the debtor. During the 3rd century BC, the *lex commissoria* introduced a clause that gave creditors bonitary ownership over pledges once debtors defaulted. Further legislation was introduced as a result of everyday farming practices that protected the interests of creditors and absentee landowners.[75] By the 2nd century AD, movable property physically brought onto leased property were pledged automatically,[76] and pledging the entire property of debtors and tenants became common practice.[77] Despite this, it was recognised that a creditor was not necessarily entitled to the full value of a pledge.[78] Nevertheless, selling off pledges was often to the advantage of creditors. By the early 3rd century AD, the right of creditors to sell a pledge seems to have been taken for granted.[79] And, by the early 4th century, frequent malpractices by creditors caused the emperor Constantine to abolish the *lex commissoria* altogether.[80]

A third type of real security was the *hypotheca*.[81] It originated from the Greek *hypotheke*, which often took the form of real-estate serving as a mortgage. It first appeared in a Roman legal context in its Greek form in the 1st century BC.[82] From the 1st century AD, it was preserved (again, in Greek) in the edicts of the Roman governors of Egypt,[83] as well as in questions addressed to Roman jurists.[84] By the 2nd century AD, *hypotheca* had entered Roman legal jargon: the jurist Salvius Julianus used it as a normal legal term and Gaius wrote an essay titled *de formula hypothecaria*, as did the early 3rd-century jurist Aelius Marcianus.[85] Whereas Marcianus held *hypotheca* to be a synonym of *pignus*,[86] his contemporary Ulpian differentiated *pignus* from *hypotheca*, understanding the latter as a pledge by which the debtor retained possession.[87] Both opinions still appear as late as the 6th century AD.[88]

---

75 Gai. inst. 4, 147; Inst. Iust. 4, 6, 7.
76 Dig. 2, 14, 4, pr (Paul. 3 ad ed.); 20, 2, 2 (Marcian. *ad form. hypothec.*); Cod. Iust. 4, 65, 5 (Alex., 223).
77 Dig. 13, 7, 28, pr (Iulian. 11 dig.); Inst. Iust. 4, 6, 7.
78 Dig. 13, 7, 6, pr (Pomp. 35 ad Sab.).
79 Dig. 13, 7, 4 (Ulp. 41 ad Sab.); 13, 7, 5 (Pomp. 19 ad Sab.).
80 Cod. Iust. 8, 34, 3 (Const., 326).
81 On *hypotheca* and *pignus*, see *Phillipson*, Debt, 1237–1242; *Kaser*, Privatrecht 1, 463–469; *id.*, Privatrecht 2, 312–318; *Zimmermann*, Obligations, 116; 220–229; *Harris, E. M.*, Hypotheca in Roman Law and hypotheke in Greek Law, in: *Legras, B. (ed.)*, Transferts culturels et droits dans le monde grec et hellénistique. Paris 2012, 433–441.
82 Cic. fam. 13, 56, 2.
83 Edict of Ti. Julius Alexander (AD 68), see OGIS 669, l. 24 f.; edict of M. Mettius Rufus (AD 89) quoted in the famous 'Petition of Dionysia', see P. Oxy. 2, 237, viii, 27–43, esp. l. 32.
84 Dig. 17, 1, 60, 4 (Scaev. 1 resp.); 20, 1, 34, 1 (Scaev. 27 dig.).
85 Dig. 4, 3, 33, 4 (Iulian. 4 opin.); 20, 1, 4 (Gai. *ad form. hypothec.*); 20, 1, 5 (Marcian. *ad form. hypothec.*).
86 Dig. 20, 1, 5, 1 (Marcian. *ad form. hypothec.*).
87 Dig. 13, 7, 9, 2 (Ulp. 28 ad ed.).
88 Inst. Iust. 4, 6, 7.

Nevertheless, the usefulness of all Roman real securities was impaired by a lack of publicity; especially since pledges could be provided without any actual transfer of the pledge from debtor to creditor. Pledging the same property to multiple creditors was unknown before the 2nd century BC but from the 1st century BC onwards, it became an ever-growing practice. Between the 1st and the 3rd centuries AD, a complicated legislative corpus was dedicated to creating an order of priority for creditors' rights over pledges.[89] This shows that pledging the same property multiple times was very common. The literary sources are often biased towards loans of large sums, backed up by real property; whereas the legal sources are often biased towards high-value pledges, such as jewellery and slaves. Even so, documentary evidence, such as the Sulpicii archive from the 1st-century AD Puteoli near Pompeii (on which, see section 7), shows that most pledges consisted of low-value movables.[90]

VI Roman financial instruments

Various records, documents, and legal procedures were used in the Roman world as financial instruments. These enabled credit arrangements to be used as financial instruments for balancing accounts, transferring obligations, and facilitating exchange in general; thereby, in effect, acting as credit money.[91] Not all Roman financial instruments related to credit in a straightforward way. Already in the 2nd century BC, wealthy Romans sometimes possessed shares (*partes*) in both private and public commercial companies; these were not credit arrangements in themselves but were often part of larger economic enterprises that involved credit (Plut. Cato maior 21, 6; Pol. 6, 17). By the 1st century BC, possession of *partes* was fairly common, especially in businesses of *societates publicanorum*; *partes* were sometimes traded (Cic. Verr. 2, 1, 143) and their pricing seems to have varied over time (Cic. Vatin. 12, 29).[92]

Roman adoption of Greek financial practices, jargon, and legal formats appears also with regard to financial instruments. In Greek law, *syngraphe* and *cheirographon* were written formats that recorded contractual obligations. They were used commonly by provincials in the eastern provinces and, as such, gradually came to be used by Romans too. By the 1st century BC, Romans used *syngrapha* customarily in credit arrangements, at least in the provinces.[93] In the mid-70s BC, the city of Tenos in Thessaly set an inscription to honour Lucius Aufidius Bassus for easing the terms of repayment of debts he inherited from his father, formatted as *syngraphae* (IG 12, 5, 860, ll. 19–27). In 54 BC, Cicero criticised Gaius Trebatius Testa for his haste in extract-

---

[89] Dig. 40, 4, 5 (Ulp. 3 ad Sab.); 20, 4, 14 (Paul. 14 ad plaut.).
[90] *Andreau*, Banking, 75; *von Reden*, Money, 100.
[91] *Bange*, Kreditgeld, 43–160.
[92] *Malmendier*, Societas, 249; 267; *Hollander*, Money, 48–51; *Bange*, Kreditgeld, 86–87.
[93] *Hollander*, Money, 44–48; *von Reden*, Money, 111.

ing money from a province via a *syngrapha* (Cic. fam. 7, 17, 1). And, as governor of Cilicia, Cicero had decreed an edict concerning public accounts, debts, interest, *syngraphae*, and other business of the *publicani* (Cic. Att. 6, 1, 15). By the 1st century AD, *chirographum* became part of the Roman legal jargon;[94] as is attested in many of the Sulpicii Tablets, which carry the word *chirographum* on their side. Yet, from a purely legal perspective, even as late as the mid-2nd century AD, *syngraphae* and *chirographae* were still categorised as *obligationes litterarum* that affected *peregrines* that is, non-Romans; but when recording a contract that was legally created otherwise, for example, via a *stipulatio*, they could be used between Romans also (Gai. inst. 3, 134). By the early 3rd century AD, *chirographae* were fully incorporated in Roman law. They were a common form to record debts and as such could be sold (Dig. 30, 44, 5 (Ulp. 22 ad Sab.)); and if stolen or destroyed, the sum stated in them as a debt would be the basis for estimating the compensation to the owner of the document (Dig. 47, 2, 27, pr (Ulp. 41 ad Sab.)).

Roman citizens customarily recorded loans by writing entries in account books showing income (*accepta*) and expenditure (*expensa*). Sums owed were entered into the accounts under the name (*nomen*) of the debtor; hence, debts are often called *nomina*.[95] In effect, *nomina* represented an abstract store of wealth. In the 1st century BC, Cicero mentioned a victim of Verres' malpractice who had no cash for payment since he held his money in *nomina* (Cic. Verr. 2, 5, 17). And, in the 2nd century AD, the jurist Scaevola mentioned a banker (*argentarius*) who had held almost all of his assets in *nomina* (Dig. 40, 7, 40, 8 (Scaev. 24 dig.)). *Nomina* functioned also as an alternative to cash in the performance of purchases; thereby it enabled money to be transferred without the physical movement of coins.[96] However, such transactions required the agreement of all of the parties involved. For example, in 49 BC, Cicero's friend Atticus appears to have refused a request by Cicero's brother, Quintus, to pay off a debt by assigning to Atticus funds owed to Quintus by Egnatius (Cic. Att. 7, 18, 4); and, in 45 BC, Cicero hesitated whether or not to accept some of the *nomina* offered by Faberius as payment for his debt (Cic. Att. 12, 5a; 13, 3, 1).

There were several legal procedures that enabled the transfer of debts.[97] One of them was a *nomen transcripticium*, which can be translated as "a transfer entry". In the time of Augustus, Livy used this term to describe the delegation of debts in the early 2nd century BC by Roman creditors to their associates from Rome's allies (*socii*), who then extracted usurious interest rates (Liv. 35, 7, 2). In the mid-2nd century AD, Gaius stated that a *nomen transcripticium* created an *obligatio litteris* in one of two

---

[94] *Bange*, Kreditgeld, 69–82; *Sirks, B. A. J.*, Chirographs: Negotiable Instruments?, in: ZRG RA, 133, 2016, 265–285; *Verboven*, Capital Markets, 397.
[95] *Harris*, Revisionist; *Hollander*, Money, 51–52; *von Reden*, Money, 112; *Bange*, Kreditgeld, 43–68; *Verboven*, Capital Markets, 398–399.
[96] Cic. off. 3, 59: *nomina facit, negotium conficit* ("[he] entered the amount upon his ledger and completed the transfer"); Cic. Att. 13, 3, 2.
[97] *Von Reden*, Money, 112–113; *Bange*, Kreditgeld, 106–112; *Verboven*, Capital Markets, 398–402.

possible ways: either "from object to person" (*a re in personam*), which facilitated sale and lease on credit; or "from person to person" (*a persona in personam*), which enabled another person to assume a debt instead of the debtor (Gai. inst. 3, 128–130). Another common procedure used to transfer debts was called *delegatio debitoris* and it enabled a creditor to transfer a claim of his to a third party. The first evidence of this dates from the mid-2nd century BC (Cato agr. 149, 2), while the phenomenon appears to have become common by the late Republic (Cic. fam. 2, 17, 4), and was still a conventional practice in the first decades of the 3rd century AD (Dig. 46, 2, 11 (Ulp. 27 ad ed.)). There were other mechanisms to transfer debts in the 2nd and 1st centuries BC, these were sometimes called *permutatio*, generally an exchange of one thing for another, and here used to signify the exchange of financial obligations specifically, which in practice allowed the long-distance transfer of money without the physical movement of coins.[98]

From the 1st century BC, if not earlier, records of debts could themselves be sold. In 45 BC, Cicero considered an offer by a certain Vettienus to buy a debt assigned to him by Caesar for half price.[99] In the first decades of the 3rd century AD, Ulpian says that selling a *chirographum* means selling the claim for a debt (*nomen*).[100] In AD 260, the emperors Valerian and Gallienus decreed that in the case of *nomina* given as part of a dowry the husband should be treated like one who had purchased a debt (*qui nomen emerit*).[101] Centuries later, the re-selling of *nomina* at a price lower than their nominal value was so common that in AD 506, the emperor Anastasius ruled that purchasers of *nomina* could only claim the price they paid for them.[102] Thus, it appears that there was a market for buying and selling debts; whether or not this had enabled the existence of a market of negotiable paper money based on credit obligations remains a topic for debate.[103]

VII Roman banking: a historical narrative

Bankers first appeared in the Roman forum during the last two decades of the 4th century BC (Liv. 9, 40, 16), most likely following the practice of the Greek *trapezitai*.[104] It is conceivably possible to link their appearance with the abolition of bond slavery (*nexum*) only a few years earlier, in 326 BC, which made debt relations purely a matter

---

98 Hollander, Money, 40–44; von Reden, Money, 112–113; Bange, Kreditgeld, 113–119.
99 Cic. Att. 12, 3, 2; Andreau, Financière, 690–693.
100 Dig. 30, 44, 5 (Ulp. 22 ad Sab.).
101 Cod. Iust. 4, 10, 2 (Valer. et Gall., 260).
102 Cod. Iust. 4, 35, 22 (Anast., 506).
103 For support of such a market, see *Harris*, Revisionist; for objections, see *Verboven*, Capital Markets.
104 *Andreau*, Financière, 337–340.

of economic capacity.[105] During the 3rd century BC, as coins became part of Roman economic scenery, bankers probably provided services to a growing number of Romans. The earliest Roman banker whose name has come down to us was Lucius Fulvius. He lived during the second Punic war and was referred to as an *argentarius*.[106] By the beginning of the 2nd century BC, professional moneylenders were common enough to attract senatorial censure: in 198 BC, Cato the Elder, acting as Praetor, expelled from Sardinia all those who practiced money lending at interest (*faeneratores*) (Liv. 32, 27, 3–4). From the turn of the 2nd century BC, we have the evidence of Plautus' comedies, in which bankers appear frequently and seem to have been a commonplace of Roman everyday life, at least in an urban context.[107] Plautus uses a mixture of Greek and Roman banking terminology.[108] His plays offer a satirical portrayal of Roman *argentarii*.[109] Plautus' bankers conducted their business in the Roman forum quite openly.[110] They provided their clients with ways to arrange payments[111] by keeping money on deposit[112] and by lending out money.[113] Several references in Plautus' plays show that bankers accepted deposits and also advanced loans;[114] and they might have utilized their clients' deposits to facilitate their lending operations.[115]

The 2nd century BC saw an expansion of Roman banking enterprises with a number of significant developments. First, Roman deposit-bankers, the *argentarii*, started to provide credit to buyers at auction sales on a regular basis. By the 1st century BC, *argentarii* were customarily lending money to finance auction sales, especially in the western provinces.[116] Second, by the second half of the 2nd century BC, in Praeneste in the vicinity of Rome, there is evidence of another type of bankers: the *nummularii*.[117] The *nummularii* were primarily coin-assessors and money-changers and centuries later, in the first half of the 2nd century AD, they also came to receive deposits, but they did not participate in auctions.[118] Third, from the mid-2nd century BC, appear also the *coactores*, professionals who accepted commission on the amounts they

---

105 *Aubert*, Republican, 166.
106 Plin. nat. 21, 8; *Andreau*, Banking, 30.
107 *Andreau*, Financière, 222–224; 333–335; 346–355; *Kay*, Revolution, 116–124.
108 *Andreau*, Financière, 333–334; *Kay*, Revolution, 119; de Callataÿ, F., Comedies of Plautus and Terence: An Unusual Opportunity to Look into the Use of Money in Hellenistic Time, in: RBN, 161, 2015, 17–53, who argues that Plautus' plays mostly reflect Hellenistic banking practices.
109 Plaut. Cas. 25–28; Persa 433–436, 442–423; Pseud. 296–298.
110 Plaut. Capt. 449; Pseud. 1229–12230.
111 Plaut. Capt. 449; Curc. 618.
112 Plaut. Capt. 192–193; Persa 433–436.
113 Plaut. Epid. 141–145; Curc. 508, 682.
114 Plaut. Aul. 530; Cas. 23–28; Curc. 371–379; Pseud. 296–298.
115 *Andreau*, Financière, 350–352; 583–588; *Kay*, Revolution, 123–124.
116 *Andreau*, Banking, 30–31; 149–151; García Morcillo, M., Auctions, Bankers and Public Finance in the Roman World, in: Verboven/Vandorpe/Chankowski (eds.), Pistoi, 257–276.
117 *Andreau*, Financière, 195–196.
118 *Andreau*, Financière, 177–219.

looked after for their clients.[119] In the 1st century BC, a fourth type of professional bankers appear, the *coactores argentarii*, who were both money-changers and deposit-bankers.[120] All of the Roman bankers we know of were males and in the imperial era, if not beforehand, it was forbidden for women to act as *argentarii*.[121]

By the late 160s BC, Roman bankers were entrusted with enormous sums of money and at least some of them had close commercial ties with the senatorial elite.[122] When Scipio Aemilianus paid each of his two adoptive aunts a dowry worth 25 talents, the sums had been deposited with a banker (*trapezites*) and payments were processed to the husbands of his aunts via a written order (*diagraphe*) (Pol. 31, 27, 6–7). The banker, it seems, made the respective payments, which were equivalent to 1.2 million HS, not with huge amounts of coins or precious metal but rather, by writing the sums into the husbands' accounts.[123] In fact, as early as the first decades of the 2nd century BC, money deposited with bankers could be transferred by means of a written entry made in the records of the same banker (*nomina*).[124] In the 2nd century AD, Scaevola mentioned an *argentarius* who had held almost all of his assets in written accounts (*in nominibus*).[125]

The financial affairs of Roman bankers were not restricted to Italy alone. By the mid-2nd century BC and throughout the following century, Italian bankers were operating on the island of Delos, the great Greek emporium of the day in the eastern Mediterranean. Some of them had done so with great success, as is testified in Delian honorific inscriptions.[126] By the end of the 2nd century BC, professional moneylenders in Italy were prominent enough to promote objection to legislation that they felt harmed their businesses. For example, in 133 BC, moneylenders (*daneistai*), whose loans were guaranteed by mortgages on public land, opposed the agrarian legislation of Tiberius Gracchus (App. civ. 1, 10). From the early 1st century BC, at the latest, Roman bankers could carry out their business as a partnership (*societas*) and by legal custom an *argentarius* was obligated to honour the commitments of his *socii* (Rhet. Her. 2, 13, 19). Roman legal sources give further evidence on the extent and the sophistication of the activities of the banking sector, which flourished in the first two and

---

119 Cato agr. 150, 2; *Andreau*, Financière, 139–141.
120 *Andreau*, Financière, 140–167.
121 Dig. 2, 13, 12 (Callistr. 1 ed. monitor.); *Andreau*, Banking, 31.
122 *Silver, M.*, Roman Economic Growth and Living Standards: Perceptions Versus Evidence, in: Anc. Soc., 37, 2007, 191–252, esp. 208; *Kay*, Revolution, 121–122.
123 *Harris*, Revisionist, 12.
124 Plaut. Asin. 440, who speaks of a banker that *scribit nummos*; *Harris*, Revisionist, 16; *Kay*, Revolution, 121.
125 Dig. 40, 7, 40, 8 (Scaev. 24 dig.).
126 IG 1520 (c. 150 BC); IG 1725 (c. 100 BC); IG 1726–1729 (first half of the 2nd century BC); *Bogaert*, Banques, 187–190.

a half centuries AD.[127] This is reflected, for example, in detailed regulations on the order of priority of creditors in the recovery of assets following bankruptcy.[128]

Several archives of tablets from the 1st century AD, found in Pompeii and its vicinity namely, Herculaneum and Agro Murecine just outside the walls of Pompeii, contain receipts of payments, debt contracts, sales contracts, and other legal documents, which record the operations of bankers and moneylenders. The first archive was discovered in 1875 and consists of tablets that belonged to Lucius Caecilius Iucundus, an *argentarius* or a *coactores argentarius* who lived in Pompeii during the Julio-Claudian period.[129] In the 1940s and 1950s, two more archives were discovered: first, the tablets of Herculaneum, some of which relate to loans made by individuals;[130] and then, in 1959, the Murecine tablets, which record the dealings of the Sulpicii, who conducted their business mainly in the city of Puteoli situated beside the bay of Naples.[131] While Lucius Caecilius Iucundus was clearly a professional banker, there has been some debate whether or not the four Sulpicii appearing in the Murecine Tablets were, in fact, professional bankers.[132] Some scholars believe they were,[133] while others hold them to have been financiers and moneylenders but not bankers (*argentarii*), strictly speaking, as they did not accept deposits regularly.[134] Either way, the Sulpicii were clearly professional financiers, who sometimes advanced loans and who were otherwise involved in facilitating credit. All three archives provide evidence of a complex network of interdependent businesses among bankers and financial entrepreneurs, their slaves and their freedmen, who were operating with credit quite frequently: advancing short-term loans at auctions, lending money at interest, transacting business dealings with traders, and generally, being involved in production and commercial activity.

As far as the social status of bankers is concerned, they appear to have belonged to the lower segments of society. In Plautus' comedies, written in the early 2nd cen-

---

127 *Andreau*, Financière; *Petrucci, A.*, L'organizzazione delle imprese bancarie alla luce della giurisprudenza romana del Principato, in: *Lo Cascio, E. (ed.)*, Credito e monetà nel mondo romano, Bari 2003, 99–129.
128 Dig. 16, 3, 7, 2 (Ulp. 30 ad ed.), who mentions *nummulari*; 16, 3, 8 (Papin. 9 quaest.), who mentions *argentarii*; 42, 5, 24, 2 (Ulp. 63 ad ed.), who mentions *mensularii*. On *mensularii*, see *Andreau*, Financière, 224–225; on *mensa* and *mensula* as indicating the business of Roman bankers, see *id.*: 457–467.
129 CIL 4, 3340; *Andreau*, Jucundus; *id.*, Banking, 35–36.
130 TH 70, 71, 74. The Tabulae Herculanenses were first published in a series of articles by V. Arangio Ruiz and G. Pugliese Carratelli in the Journal Parola del Passato (1946–1961). Recently, they were republished in *Camodeca, G.*, Tabulae Herculanenses: edizione e commento, Vol. 1. Rome 2017.
131 *Camodeca*, Puteola; *id.*, TPSulp.
132 *Lerouxel*, Marché, 204–220.
133 *Camodeca*, TPSulp., 22–26; 187–188; *Jones, D.*, The Bankers of Puteoli: Finance, Trade and Industry in the Roman World. Cambridge 2016, 79–84.
134 *Andreau*, Banking, 71–79; *id.*, Investment, 417–435; *Lintott*, Freedmen, 556; *Verboven*, Capital Markets.

tury BC, bankers are even compared to pimps and whores.[135] During the 1st century BC, the profession received some respectability. The epigraphic record, for example, shows bankers advertising their occupation as a positive component of their social identity.[136] By that period, banking was a well-established profession in Rome and Cicero notes in passing that it is best to discuss the whole subject of how to acquire and to invest money with "those excellent men who sit at the central Gate of Janus" (Cic. off. 2, 87). Still, bankers were generally of a low social standing. Many of the bankers and professional moneylenders, which appear in the documentary evidence originating from the 1st century AD in the bay of Naples, are freedmen and the sons of freedmen.[137] As the scale of banking operations grew, some bankers accumulated large enough fortunes to enable their offspring to ascend the social ladder. Mark Antony's propaganda taunted Octavian (the future Augustus) for being the grandson of an *argentarius* and a *nummularius* (Suet. Aug. 2, 3; 4, 2). Whether or not this was actually true, this type of propaganda could only be effective if enough people believed it. Clearly, the 1st century BC saw remarkable social mobility in the highest stratum of Roman elite.[138] This continued in the 1st century AD. The emperor Vespasian (AD 69–79), for example, was the grandson of a *coactor argentarius* and his father was a tax-collector and later practiced lending at interest (Suet. Vesp. 1, 2–3).

During the second half of the 3rd century AD, the Roman banking sector suffered tremendous difficulties, owing to the coin debasement of the 3rd century and other misfortunes of that period. Between 260 and the 330s–340s, the historical record mentions no *argentarius* or *coactores argentarii*. When the word *argentarius* reappears in the second quarter of the 4th century AD, it means usually a silversmith or a metalworker. In the eastern, Greek-speaking provinces, bankers are hardly mentioned during the 3rd century. However, in the 4th century AD *trapezitai* appear in the works of Saint Basil as well as in the relatively abundant papyrological evidence from Roman Egypt.[139]

VIII Credit, banking, and credit money in the Roman world

The influence of the banking sector on Roman credit affairs is a much debated topic. In his monumental work from 1987, Andreau defined bankers in the Roman west as

---

135 Plaut. Curc. 506–511; Truc. 66–73.
136 Verboven, *Faeneratores*, 212.
137 CIL 4, 3340; *Andreau*, Jucundus; *id.*, Banking, 35–36; *Camodeca*, Puteolano; *id.*, TPSulp.; *Lintott*, Freedmen.
138 On the 1st-century BC *argenterius* C. Octavius, see *Andreau*, Banking, 87; *Mayer, E.*, The Ancient Middle Classes. Urban Life, Economics, and a New Aesthetic in the Roman Empire, 100 BCE–250 CE. Cambridge 2012, 43.
139 *Andreau*, Banking, 32–34; *Bogaert, R.*, Les documents bancaires de l'Égypte gréco-romaine et byzantine, in: Anc. Soc., 31, 2001, 173–288.

providers of cashier services, who also received deposits and lent money.¹⁴⁰ Andreau relied on Bogaert's work from 1966, which defined ancient Greek banking as a commercial profession that included both receiving deposits from clients and lending money.¹⁴¹ Decades later, when Bogaert studied the banking business in Greco-Roman Egypt, he modified his initial definition following available documentary evidence; and defined banking as a profession that included assessing and exchanging coins, accepting deposits from clients, and acting as a cashier in making payments on their clients' behalf.¹⁴² Lending money was removed from the category of essential activities that define a banker owing to lack of evidence; this is despite hundreds of papyri recording banking-operations and credit transactions in Greco-Roman Egypt.¹⁴³ Thus, it appears that, for Roman Egypt, where a relative abundance of documentary evidence is preserved on papyri, bankers were a commonplace of everyday life, also in the more rural towns of the Fayum, and were approached by people who did not possess large sums of money.¹⁴⁴ However, they did not lend large sums out of deposits received from clients.¹⁴⁵ This is contra to the view that bankers were involved in middle- and long-term loans and that the Roman banking sector played a pivotal role in financing commercial enterprises.¹⁴⁶

As to the existence of Roman credit money, several statements can be made. Firstly, a credit market existed and was acknowledged as such by Romans living in the period between the 1ˢᵗ century BC and the mid-3ʳᵈ century AD. Interest rates differentiated sharply (Dig. 13, 4, 3 (Gai. 9 ad ed. pro.)). High-value and long-distance trade was heavily supported by credit.¹⁴⁷ Despite regional differences in structure and organisation of credit markets, local networks were of high importance and credit affairs were closely engaged with agriculture and commercial activities.¹⁴⁸ Secondly, several institutions supported imperial and social mechanisms that enabled the operation of Roman credit markets. Tax-farmers and fiscal bureaus created an infrastructure for imperial networks of financial credit, private and public.¹⁴⁹ Local compulsory registers, such as the *bibliotheke enktesen* (public "archive of acquisitions"), which was created in Egypt between AD 68–72 and recorded mortgages and loans taken out

---

140 *Andreau*, Financière, 17–24.
141 *Bogaert*, Origines, 30.
142 For Ptolemaic Egypt, see *Bogaert, R.*, Les opérations des banques de l'Égypte ptolémaïque, in: Anc. Soc., 29, 1999, 49–145, esp. 135. For Roman Egypt, see *id.*, Égypte Romaine, esp. 216.
143 *Bogaert*, Égypte Romaine, 213–216, for Roman Egypt. *Lerouxel*, Banque Privée, 192–194, who refutes the three sole documents that *Bogaert*, Égypte Romaine, 265, argued that might refer to bankers who were also creditors.
144 *Lerouxel*, Transaction Costs; *id.*, Marché, 93–144.
145 *Lerouxel*, Banque Privée.
146 *Rathbone*, Maritime; *Rathbone/Temin*, Intervention.
147 *Rathbone*, Maritime.
148 *Terpstra*, Trading; *Bange*, Kreditgeld, 120–136; *Lerouxel*, Marché, 220–224 ; 269–287; *Andreau*, Investment.
149 E.g. *Malmendier*, Societas; *Terpstra*, Trading, 171–220.

on real estate, reduced uncertainties thereby facilitated credit affairs.[150] Yet, credit affairs were heavily dependent on social networks. Reputation mechanisms played an important role in Roman business networks and Roman law provided normative and regulatory framework for credit relations.[151] Thirdly, financial instruments existed that were transferable, acted as means of payment and resources for fulfilment of obligations, and were in themselves traded for a varying price.[152] These, in effect, acted as credit money.[153] The lack of both a central bank and clearing institutions in the Roman world does not refute the existence of credit money,[154] nor does it reduce the contribution of the banking sector in creating it, mainly by issuing certificates for monetary obligations that could later become transferable.[155]

IX Summary and Conclusion

Credit was a widespread social and economic practice in Rome, intertwined with Rome's political history from the earliest days of the republic. Roman financial credit was embedded in fundamental social institutions and practices, such as family ties, patronage, instrumental friendship (*amicitia*), and religious and professional associations (*collegia*). It was rooted in an agricultural economy that was heavily based on credit arrangements, and this continued to affect credit regulation also during the centuries when Rome was a monetised society. As Rome became a stronger political player in the Mediterranean world, Romans rapidly adopted Greek-Hellenistic financial practices and financial sophistication. Bankers first appeared in the Roman forum during the end of the 4th century BC. From the 3rd century BC, money lending on a significant scale became a common phenomenon in Roman economic life, often without the involvement of bankers. By the end of that century, Roman and Italian financial affairs were extremely intertwined. By the 2nd century BC, members of the Roman elite regularly supplied credit to provincial communities, which resulted in a mixture of private business with public affairs. In effect, credit became a way to run the administration of empire. Professional moneylenders, bankers and other financiers, were a commonplace of Roman everyday life, surely in an urban context. During the 1st and 2nd centuries AD, different kinds of bankers (*argentarii, nummularii, coactores argentarii*) and financial entrepreneurs (*faeneratores, negotioatores*) increasingly expanded their business, geographically and in intricacies. Between the

---

150 *Lerouxel*, Transaction Costs; *id.*, Marché, 152–192.
151 *Bange*, Kreditgeld, 120–136; *Terpstra*, Trading; but see reservations in *Verboven*, Capital Markets, 404–409.
152 See section 6.
153 *Bange*, Kreditgeld, 137–160.
154 *Harris*, Revisionist, 10.
155 *Bange*, Kreditgeld.

1st century BC and the mid-3rd century AD, ongoing development of complex legal corpora to regulate financial activities and financial instruments (*nomina, syngraphae, chirographae* etc.) give evidence to the growing sophistication of Roman credit affairs, which flourished until the severe coin debasement and other misfortunes of the 3rd century AD reduced its scale.

Even if one holds the view that bankers probably did not themselves create credit that increased Rome's money supply, the banking sector and the larger milieu of Roman financiers, to which it belonged, did still play a significant brokerage role in situations of asymmetric information. Despite the fact that bankers did not advance the major part of Roman financial credit, they functioned as important intermediaries between creditors and debtors.[156] The economics of credit is the economics of information,[157] and the undisputed contribution of the banking enterprise to Roman credit markets was in providing securities and gapping asymmetric information, thereby facilitating the creation of loans and the circulation of documents recording financial obligations that, in effect, functioned as credit money.[158] It was the omnipresence of bankers and other financiers in Roman local social networks that allowed credit relations to exceed the narrow circles of family members, *amici*, business partners, and membership in religious and professional associations, and facilitated the circulation of monetary obligations, thereby expanding the financial instruments available for conducting economic transactions.

Bibliography

Andreau, J., Les Affaires de Monsieur Jucundus. Rome 1974.
Andreau, J., La vie financière dans le monde romain: Les métiers de manieurs d'argent (IVe siècle av. J.-C.- IIIe siècle ap. J.-C.). Rome 1987.
Andreau, J., Banking and Business in the Roman World. Cambridge 1999.
Andreau, J., Capital and Investment in the Campanian Tablets, in: *Erdkamp, P./Verboven, K./Zuiderhoek A. (eds.)*, Capital, Investment and Innovation in the Roman World. Oxford 2020, 417–435.
Aubert, J.-J., The Republican Economy and Roman Law: Regulation, Promotion, or Reflection? in: *Flower, H. I. (ed.)*, The Cambridge Companion to the Roman Republic. Cambridge 2004, 160–178.
Bange, M., Kreditgeld in der römischen Antike. Ursprünge, Entstehung, Übertragung und Verbreitung. (Pharos, Vol. 33) Rahden 2014.
Billeter, G., Geschichte des Zinsfusses im griechische-römischen Altertum bis auf Justinian. Leipzig 1898.
Bogaert, R., Les origines antiques de la banque de dépôt: Une mise au point accompagnée d'une esquisse des opérations de banque en Mésopotamie. Leiden 1966.
Bogaert, R., Banques et banquiers dans les cités grecques. Leiden 1968.
Bogaert, R., Les opérations des banques de l'Égypte romaine, in: Ancient Society, 30, 2000, 135–269.

---

156 *Lerouxel*, Banque Privée; followed by *Bange*, Kreditgeld, 162–164; and further detailed in *Lerouxel*, Marché.
157 *Lerouxel*, Banque Privée, 176.
158 *Bange*, Kreditgeld, 162–164; 194–195; *Lerouxel*, Transaction Costs; *id.*, Marché.

Camodeca, G., L'archivio Puteolano dei Sulpicii. Naples 1992.
Camodeca, G., Tabulae Pompeianae Sulpiciorum (TPSulp.): Edizione critica dell'archivio puteolano dei Sulpicii. Rome 1999.
Cornell, T. J., The Beginnings of Rome. Italy and Rome from the Bronze Age to the Punic Wars (c. 1000–264 BC). London/New York 1995.
Elliott, C. P., Economic Theory and the Roman Monetary Economy. Cambridge 2020.
Erdkamp, P., The Grain Market in the Roman Empire: A Social, Political and Economic Study. Cambridge 2005.
Haklai, M., Credit and Financial Capital in Roman Egypt, in: *Erdkamp, P./Verboven, K./Zuiderhoek, A. (eds.)*, Capital, Investment and Innovation in the Roman World. Oxford 2020, 437–460.
Harris, W. V., A Revisionist View of Roman Money, in: JRS, 96, 2006, 1–24.
Hollander, D. B., Money in the Late Roman Republic. Leiden/Boston 2007.
Kaser, M., Das römische Privatrecht, Erster Abschnitt: Das altrömische, das vorklassische und klassische Recht. 2nd ed. München 1971.
Kaser, M., Das römische Privatrecht, Zweiter Abschnitt: Die nachklassischen Entwicklungen. 2nd ed. München 1975.
Kay, P., Rome's Economic Revolution. (Oxford Studies of the Roman economy) Oxford 2014.
Lerouxel, F., La banque privée romaine et le marché du crédit dans les tablettes de Murecine et les papyrus d'Égypte romaine, in: *Verboven/Vandorpe/Chankowski (eds.)*, Pistoi, 169–197.
Lerouxel, F., The βιβλιοθήκη ἐγκτήσεων and Transaction Costs in the Credit Market of Roman Egypt, in: *Kehoe, D. P./Ratzan, D. M./Yiftach, U. (eds.)*, Law and Transaction Costs in the Ancient Economy. Ann Harbor 2015, 162–184.
Lerouxel, F., Le marché du crédit dans le monde romain (Égypte et Campanie). Rome 2016.
Lintott, A., Freedmen and Slaves in the Light of Legal Documents from First-Century AD Campania. Classical Quarterly, 52/2, 2002, 555–565.
Malmendier, U., Societas publicanorum. Staatliche Wirtschaftsaktivitäten in den Händen privater Unternehmer. Cologne/Vienna 2002.
Phillipson, D. E., Development of the Roman Law of Debt Security, in: Stanford Law Review, 20/6, 1968, 1230–1248.
Rathbone, D., Economic Rationalism and Rural Society in Third-Century A. D. Egypt: The Heroninos Archive and the Appianus Estate. Cambridge 1991.
Rathbone, D., The Financing of Maritime Commerce in the Roman Empire, I–II AD, in: *Lo Cascio, E. (ed.)*, Credito e moneta nel mondo Romano. Atti degli Incontri capresi di storia dell'economia antica (Capri 12–14 ottobre 2000). Bari 2003, 197–229.
Rathbone, D./Temin, P., Financial Intervention in First Century AD Rome and Eighteenth Century England, in: *Verboven/Vandorpe/Chankowski (eds.)*, Pistoi, 371–419.
Rupprecht, H.-A., Greek Law in Foreign Surroundings: Continuity and Development, in: *Gagarin, M./Cohen, D. (eds.)*, The Cambridge Companion to Ancient Greek Law. Cambridge 2005, 328–42.
Von Reden, S., Money in Classical Antiquity. (Key Themes in Ancient History) Cambridge/New York 2010.
Saller, R. P., Personal Patronage under the Early Empire. Cambridge 1982.
Silver, M., The Nexum Contract as a 'Strange Artifice', in: RIDA, 59, 2012, 217–238.
Sirks, B. A. J., Sailing in the Off-Season with Reduced Financial Risk, in: *Aubert, J.-J./Sirks, B. A. J. (eds.)*, Speculum Iuris: Roman Law as a Reflection of Social and Economic Life in Antiquity. Ann Arbor 2002, 134–150.
Terpstra, T. T., Trading Communities in the Roman World. Leiden 2013.
Verboven, K., The Economy of Friends: Economic Aspects of *amicitia* and Patronage in the Late Republic. Brussels 2002.
Verboven, K., Faeneratores, negotiatores and Financial Intermediation in the Roman World (Late Republic and Early Empire), in: *Verboven/Vandorpe/Chankowski (eds.)*, Pistoi, 211–230.
Verboven, K., Capital Markets and Financial Entrepreneurs in the Roman World, in: *Erdkamp, P./Verboven, K./Zuiderhoek, A. (eds.)*, Capital, Investment and Innovation in the Roman World. Oxford 2020, 381–416.

Verboven, K./Vandorpe, K./Chankowski, V. (eds.), *Pistoi dia tèn technèn*. Bankers, Loans and Archives in the Ancient World. Studies in honour of Raymond Bogaert. (Studia Hellenistica, Vol. 44) Leuven 2008.

Zimmermann, R., The Law of Obligations. Roman Foundations of the Civilian Tradition. Oxford 1996.

Miko Flohr
29 Manufacturing in the Roman World

If the fourth century AD *Expositio Totius Mundi et Gentium* (Description of the world and its people) is anything to go by, cities and regions throughout the Roman world could be identified by what they produced: page after page, the anonymous author of the text highlights the locally manufactured consumer goods – particularly textiles – for which the regions of the empire were renowned.[1] As a text, the *expositio* is unique, but it stands in a firm Hellenistic and Roman tradition. Laodicea on the Lycus in Phrygia, which was highlighted as a centre for textile manufacturing in the *expositio*, was routinely praised for its wool production by authors from the Roman imperial period, as were cities like Tarentum and Mutina in Italy.[2] People, both groups and individuals, could freely be identified (or self-identify) as craftsmen – and not to their detriment. According to Dio Chrysostom, the lower classes at Tarsos were colloquially known as the 'weavers', though they were not necessarily all involved in textile production.[3] In Ephesos, the urban community erected a statue for a famous athlete from Alexandria who was nicknamed, as the inscription says, 'the fuller'.[4] Manufacturing, it seems, was a central part of the everyday experience in the Roman world, and could play a central role in thinking about the identity of places and people alike.

Nevertheless, for most of the nineteenth and twentieth centuries, the craftsman remained a marginal figure in the historiography of the Roman world: deemed economically irrelevant, and socially peripheral, few scholars were prepared to study the fragmentary and biased literary sources, or to sit down with the vast, but complex epigraphic or papyrological evidence, while the interpretative possibilities of the archaeological record were long underestimated by archaeologists and ancient historians alike.[5] This all began to change, slowly, from the 1960s onwards, but it was not until the late 1990s that a true debate on Roman crafts and manufacturing began to

---

1 Drexhage, H.-J., Die Expositio Totius Mundi et Gentium. Eine Handelsgeographie aus dem 4. Jahrhundert n. Chr., in: MBAH, 2/1, 1983, 3–41.
2 On these textile centres see *Flohr, M.*, The Wool Economy of Roman Italy, in: *Dross-Krüpe, K./Nösch, M.-L. (eds.)*, Textiles, Trade and Theories. From the Ancient Near East to the Mediterranean, Karum – Emporion – Forum. Beiträge zur Wirtschafts-, Rechts- und Sozialgeschichte des Östlichen Mittelmeerraums und Altvorderasiens. Ugarit/Münster 2016, 49–62; *id.*, Textiles, Trade and the Urban Economies of Roman Asia Minor, in: *Piesker, K. (ed.)*, Wirtschaft als Machtbasis. Vormoderne Wirtschaftssysteme in Anatolien. Byzas (DAI Abteilung Istanbul) Berlin 2017, 21–41.
3 Dion Chrys. 34, 21–23.
4 SEG 37, 888.
5 For historical overviews of these debates see *Flohr, M./Wilson, A.*, Roman Craftsmen and Traders. Towards an Intellectual History, in: *idd. (eds.)*, Urban Craftsmen and Traders in the Roman World. (Oxford Studies on the Roman Economy) Oxford, 2016, 23–54.

emerge.[6] Since then, however, studies of previously unexplored sets of evidence, and more theoretically informed approaches to the traditional sources, have essentially completely transformed the field, and have resulted in a substantial revaluation of both the role of crafts and manufacturing within the economy, and their potential for economic historians to assess developments in the structure and performance of the Roman economy: even if the Roman economy remained firmly rooted in agriculture, and was profoundly shaped by Rome's overarching political structure rather than by anything else, the emergence of a highly visible and profoundly professionalized manufacturing economy presents a key historical development that sets the Roman economy apart from its immediate Mediterranean predecessors and successors. At the same time, the rich and varied evidence for the scale and organization of a range of manufacturing industries from the Roman period offers unique possibilities for assessing the functioning of a complex, pre-modern economy outside the traditional interpretative cocoon of Medieval and Early Modern Europe.

In the light of these discussions, the present chapter aims to offer a concise overview of the economic history of crafts in the Roman world. It will focus particularly on four aspects of everyday manufacturing practice. The first section of the chapter serves to put manufacturing practice in its immediate economic context, by assessing the relation between production and consumption. Then, focus will be on the knowledge and skills involved in making consumer goods, and on the practical organization of the production process in workshops. The final section, then, will address the social contexts in which the production process was embedded. In discussing these issues, it is of course impossible to do justice to the immense variation that characterized the Roman world, and inevitably, implicit focus will be on those areas and regions in the Mediterranean from which most of the evidence comes. These, as is well known, were the more densely urbanized, wealthier, and economically well-integrated parts of the Roman world, and as such, they cannot be considered representative of the Roman world at large. However, they also were the regions where increased economic integration and emerging urban consumer cultures created the circumstances underlying key developments in the economic history of manufacturing in the Roman world.

I Manufacturing and Consumption

There is no intrinsic need, in human society, for a class of people spending their professional lives making specialized subsets of goods for others: many of society's

---

6 See esp. *Mattingly, D. J./Salmon, J.*, Economies beyond Agriculture in the Classical World. London 2000; *Wilson, A.*, Urban Production in the Roman World. The View from North Africa, in: Papers of the British School at Rome, 70, 2002, 231–74.

more urgent everyday material needs can be made by non-specialists, within households: there is no need for trained professionals to produce the basic kitchenware necessary to do the everyday cooking; making textiles from wool (or flax) has been a primarily domestic task since the fourth millennium BC.[7] Obviously, specialized and experienced craftsmen can make such objects faster, and can produce according to higher quality standards, but having a substantial sector of professional craftsmen is not intrinsically necessary even for fairly complex human societies. On the one hand, thus, the sheer fact *that* the Roman world saw the emergence of substantial numbers of professional craftsmen producing a wide range of goods already is a highly fundamental aspect of its economic history; on the other hand, this professionalization should be understood against the background of considerable, and continuing craft production in domestic contexts, away from market exchange – particularly in the less densely urbanized regions of the Roman world: professionalization was a variable, not a constant.

1 Roman Imperial Consumer Cultures

Nevertheless, compared to the Greek and Hellenistic periods, the archaeological record leaves little doubt that the Roman period was, throughout the Mediterranean and in Roman Europe, more materially wealthy, both in terms of the quantity of consumer goods circulating, and in terms of their increased variation and complexity.[8] This is particularly clear from the perspective of domestic consumer goods. While less painted display pottery was produced than in the heydays of Greek vase-painting – its role was presumably taken over by decorated vases in precious metals – the last century BC saw the emergence of a refined type of table pottery with a glossy red slip. This so-called *terra sigillata* quickly became (and long remained) immensely popular throughout the Roman world, and was accessible for large groups of people, in the Mediterranean and in Roman Europe. Available in a large variety of forms, including plates, cups and bowls, it offered a comfortable material basis for everyday tabling.[9] Around the same period, the Roman world saw the emergence and spread of blown glass, which equally came to enrich the everyday lives of many people, rich and poor, throughout the Roman empire.[10] At the same time, there also appears to

---

[7] On the early history of weaving see *Barber, E. J. W.*, Prehistoric Textiles: The Development of Cloth in the Neolithic and Bronze Ages with Special Reference to the Aegean. Princeton 1991.
[8] See e.g. *Jongman, W.*, The Early Roman Empire: Consumption in: *Scheidel, W./Morris, I./Saller, R. (eds.)*, The Cambridge Economic History of the Greco-Roman World. Cambridge 2007, 592–618.
[9] On terra sigillata see *Fülle, G.*, The Internal Organization of the Arretine Terra Sigillata Industry: Problems of Evidence and Interpretation, in: JRS, 87, 1997, 111–55.
[10] For glass see *Stern, E. M.*, Roman Glassblowing in a Cultural Context, in: AJA, 103, 1999, 441–84; *Larson, K. A.*, Cheap, Fast, Good: The Roman Glassblowing Revolution Reconsidered, in: JRA, 32, 2019, 7–22.

have been a much larger distribution of bronze consumer goods, and these appear to have been more complex, and more finely crafted than earlier bronzewares.[11] Even if developments in the nature and spread of wooden objects elude us, it is clear that Roman houses presented a fundamentally different consumer reality from their Greek predecessors. This is further supported by the fact that so many houses, including those of people belonging to middling groups, appear to have had decorated walls, figurative mosaics, or both, and that quite a few also had gardens with smaller or larger sculpture collections.

The body was another focal point of Rome's imperial consumer culture, and this not only expressed itself in the spread of bathing over the entire Roman empire, but also in a flourishing dress economy. While wool and flax remained the two dominant raw materials in clothing production, there is an emergence of higher-quality fibers that became renowned (and used) throughout the Roman world, such as black wool from Phrygia, and white wool from Mutina.[12] At the same time, there appears to have been an increasing variation in the range of garments worn, and private wardrobes, such as those reported in several Egyptian pawnbroker's records, seem both substantial, and varied, and there is a substantial intensification in industries of clothes maintenance like fulling and mending.[13] Moreover, following the invention and spread of tanning, the imperial period saw the emergence of true leather, which led to the appearance of a rich and varied foot-ware economy.[14] While neither leather nor textiles have been preserved in substantial quantities, the evidence suggests that dress consumption in the Roman world was both richer and more varied than it had been in earlier periods.

If the Roman world consumed more, more had to be produced, and this inevitably led to demand from the people making all these products for instruments and installations needed in their production process: no clothes were made, no leather was cut, and no bronze was shaped into its final form without blacksmiths producing scissors, shears, knives or hammers. At the same time, as many of these production processes used specialized fire installations, there was a clear market for craftsmen with expertise in making (and maintaining) these. The same is true for wooden installations like looms, and, in the food industry, olive- and wine-presses – not to mention

---

11 Metal consumer goods remain badly studied, but see *Brown, D.*, Bronze and Pewter, in: *Strong, D./Brown, D. (eds.)*, Roman Crafts. London 1976, 25–42; *Sherlock, D.*, Silver and Silversmithing, in: *Strong, D./Brown, D. (eds.)*, Roman Crafts. London 1976, 11–24.
12 *Flohr*, Wool Economy; *id.*, Textiles.
13 See esp. *Flohr, M.*, The World of the Fullo. Work, Economy and Society in Roman Italy. (Oxford Studies on the Roman Economy) Oxford 2013.
14 *Van Driel-Murray, C.*, Fashionable Footwear: Craftsmen and Consumers in the North-West Provinces of the Roman Empire, in: *Wilson, A./Flohr, M. (eds.)*, Urban Craftsmen and Traders in the Roman World. (Oxford Studies on the Roman Economy) Oxford 2016, 132–52; *id.*, Tanning and Leather, in: *Oleson, J. P. (ed.)*, Oxford Handbook of Engineering and Technology in the Classical World. Oxford 2008, 483–95.

flour mills. Moreover, it is clear, both from the demographic geography of the Roman world, and from the archaeological record, that many consumer goods, including foodstuffs, were consumed rather far away from where they were produced, indicating a need for containers allowing for their transportation, both overland, and overseas. There was an almost continuous need for sacks, barrels, and transport amphorae, which were made in large numbers and in highly standardized shapes, so that they could be easily stacked in storage facilities and in ships and handled by those involved in transport. Amphorae had specialized forms, with particular types used for particular foodstuffs; while the amphora itself emerged in the first millennium BC, if not before, the Roman world saw an explosion in their production, and both increased standardization and variation in forms.[15] As these *amphorae* make clear, there was, underlying the imperial consumer cultures of the Roman world, an entire range of manufacturing practices that supported crafts and trade.

2 Manufacturing and Trade

Not only food was transported over longer distances in large quantities than had been the case in the Greek and Hellenistic worlds: it is clear that many everyday consumer goods, including pottery, glass, metal wares and textiles, were consumed, in substantial numbers, at places far away from where they had been produced. The extent of this movement is most dramatically visible in the case of late-Republican and early imperial red-slipped pottery tableware, where a few production regions saw their wares exported over large areas. For instance, Southern Gaulish Ware, produced in the first century CE in large production centres such as La Graufesenque and Lezoux, was exported throughout Roman Europe, serving both the legions on the Rhine and Roman Britain (for mass production and trade, see also Kap. 27 Spickerman).[16] Later on, by the mid-imperial period, the entire western Mediterranean market, including that of the Italian peninsula, was dominated by so-called African Red Slip Ware, which may have spread over the Mediterranean as a by-product of the transport of foodstuffs, such as grain and olive oil, from Roman North Africa to Rome.[17]

---

15 On amphorae see *Peacock, D./Williams, D. F.*, Amphorae and the Roman Economy: An Introductory Guide. London 1986.
16 See e.g. *Fulford, M.*, Procurators' Business? Gallo-Roman Sigillata in Britain in the Second and Third Centuries AD, in: *Wilson, A./Bowman, A. (eds.)*, Trade, Commerce, and the State in the Roman World. (Oxford Studies on the Roman Economy) Oxford 2018, 301–25, with references. See also *Wallace-Hadrill, A.*, Rome's Cultural Revolution. Cambridge 2008, 407–421.
17 *Bonifay, M.*, The Distribution of African Pottery under the Roman Empire, in: *Wilson, A./Bowman, A. (eds.)*, Trade, Commerce, and the State in the Roman World. (Oxford Studies on the Roman Economy) Oxford 2018, 335–41.

Other goods, however, also are known to have circulated over larger distances. Literary sources occasionally hint at this in rather explicit terms. Cato, for instance, advised the readers of his guide to agriculture to collect their implements in specific places in central Italy – for each implement, he lists one or several cities where it could be found.[18] Diodorus Siculus sketches a system in which iron won at Elba was refined and worked into all kinds of metal tools in Puteoli and other harbor towns, and from there was sent to places all over the known world.[19] Strabo highlights how the city of Patavium sent large quantities of finished textiles to Rome.[20] Clement of Alexandria emphasizes how, in his days, Alexandrians were clothed in linens from Cilicia.[21] While the link between place of production and place of consumption archaeologically rarely is as explicit as it is in the case of pottery, objects of glass and metal occasionally can be shown to have travelled quite substantially. One well-known example are the inscribed bronze cauldrons made in Campania, which have been found not only in places like Pompeii, but also along the Rhine Limes, and even in Danish peat bogs.[22]

The Roman World, thus, was a world of consumer goods on the move. At the same time, this picture should not be exaggerated: at any given moment, most properties of most people would be fairly local in origin, and there were entire categories of craft products that, by their very nature, did not move – including the decorations on the walls and floors of houses. Moreover, the movement of portable consumer goods over larger distances was no radical new phenomenon of the Roman imperial period: refined pottery from the Aegean had been circulating over the western Mediterranean from at least the Archaic Period onwards.[23] Still, the scale of movement, the range of goods transported, and particularly the distances involved increased substantially in the Roman world.

Nevertheless, while the picture on the macro-scale may be relatively clear, it is much harder to translate this to the micro-scale. That is to say, it is one thing to suggest that a city was involved in export-oriented production in one good or another, but it is quite another thing to understand how this worked in everyday practice for craftsmen and traders: were goods produced for middlemen specializing in this export-oriented transport, or were they bought up by traders? There is very little direct evidence for this, though particularly in the case of textiles, there is some evidence for specialized traders buying up products in one place, and selling them in another place – we know of a *vestiarius* from *Narbonensis* working in Rome, and one from

---

18 Cato agr. 22.
19 Diod. 5, 13.
20 Strab. 5, 1, 7.
21 Clem. Al. Paedagogus 2, 11.
22 *Wallace-Hadrill*, Rome's Cultural Revolution, 404–6.
23 *Boardman, J.*, The Athenian Pottery Trade. The Classical Period, in: Expedition, 21/4, 1979, 33–39; *Osborne, R.*, Pots, Trade and the Archaic Greek Economy, in: Antiquity, 70, 1995, 31–46.

Rome working in Mutina.²⁴ Still, it remains generally unclear as to whether these traders went to the producer's workshop to buy their clothes, or went to a local market. In several cities in Roman North Africa, there is epigraphic evidence for a specialized cloth market, but it is unclear whether these markets were import- or export-related.²⁵ Yet the emergence of *fora* (marketplaces) on the countryside, and the commercialization of *fora* and *agorai* in many cities suggests that local market squares offered a readily available infrastructure for craftsmen to sell their products.²⁶

3 Craftsmen and Retailers

While the relation between craftsmen and traders can only rarely be identified in the evidence, there is ample evidence for the extent to which manufacturing establishments were involved in direct retail, and that evidence overwhelmingly points to a practice in which it was pretty much the norm for most categories of craftsmen to have some form of direct contact with the people buying their products. First and foremost, this has to do with the fact that the most commonly available accommodation for workshops in urban contexts had a direct connection with the public sphere and was designed to facilitate both manufacturing and retail. For instance, at Pompeii, about half of all identifiable workshops occupied a *taberna*, and no less than two thirds was in some way or another internally connected to one: even the larger workshops, which were often situated in the back parts of houses, generally retained a connection with a shop; at Herculaneum, the picture was similar.²⁷ In the well-excavated *vicus* of Oberwinterthur in Switzerland, many of the narrow strip-houses lining the main road of the settlement appear to have had a workshop directly on the street, with living quarters further to the back.²⁸ The archaeology of workshops, in other words, clearly suggests an architectural formalization of the relation between manu-

---

24 CIL 6, 9662; CIL 11, 868. There also is a number of inscriptions referring to transalpine traders. Cf. Rice, C., Mercantile Specialization and Trading Communities: Economic Strategies in Roman Maritime Trade, in: Wilson, A./Flohr, M. (eds.), Urban Craftsmen and Traders in the Roman World. (Oxford Studies on the Roman Economy) Oxford 2016, 99.
25 See esp. Wilson, A., Timgad and Textile Production, in: Mattingly, D. J./Salmon, J. (eds.), Economies beyond Agriculture in the Classical World. London 2000, 271–296.
26 See on this issue Flohr, M., Fora and Commerce in Roman Italy, in: id. (ed.), Urban Space and Urban History in the Roman World. (Studies in Roman Space and Urbanism) London 2020, 198–220.
27 Flohr, M., Nec Quicquam Ingenuum Habere Potest Officina? Spatial Contexts of Urban Production at Pompeii, AD 79, in: BABesch, 82/1, 2007, 129–48; Monteix, N., Les Lieux de Métier: Boutiques et Ateliers d'Herculanum, in: Collection Du Centre Jean Bérard. Rome 2010.
28 Jauch, V./Roth, M., Römisches Handwerk in Oberwinterthur/Vitudurum, in: Archäologie der Schweiz, 27/1, 2004, 40–45.

facturing and retail, even though some of the largest known workshops of the ancient world, at Ostia and Rome, appear to have had no retail facilities at all.[29]

The close connection between manufacturing and retail also is apparent from iconographic evidence. Depictions of craftsmen at work not only show the practicalities of the production process, but often also interaction with customers.[30] For instance, paintings on the façade of the workshop of the textile dealer Verecundus at Pompeii show, on one side of the entrance, his feltmakers in action; on the other side, there is a selling scene with a counter and an exposition of products.[31] Similarly, the funerary relief of the blacksmith Atimetus from Rome shows, on one of the sides, the artisan at work in his smithy, and, on the other, the same person selling his ware in what seems to be a portable market stall.[32] Thus, even craftsmen who did not sell their products in the workshop itself, could be directly involved in retail on a regular, if not everyday basis. Texts referring to streets named after specific groups of artisans, or inscriptions commemorating artisans that were visibly active in a specific location – such as Pitzitus, the fuller associated with the Macellum Liviae at Rome – also suggest many artisans were profoundly implicated in direct retail.[33] Most urban artisans, thus, seem to have had relatively close connections with the final consumers of their products.

While it is perhaps likely that manufacturing in the Greek world also had been strongly oriented toward the users of their products, it seems that the presence of specialized and permanent retail facilities in direct association with workshops was a development of the later Hellenistic and Roman period and was less common in the Greek world. For instance, at Olynthos, there appears a much stronger separation between production and retail, with the former taking place in houses, and the latter on the market.[34] In many Greek cities, permanent facilities for retail were not only rare, but when attested, they also seem too small and too dark to have accommodated a workshop.[35] At the same time, there may have been many Roman artisans who worked in their own house, without a shop, and sold their ware on a regular basis to one or more traders with whom they were in frequent touch. Such a scenario may

---

29 *Flohr*, World of the Fullo, 78–79.
30 The best collection remains *Zimmer, G.*, Römische Berufsdarstellungen. Berlin 1982.
31 See *Flohr*, World of the Fullo, 283–84; cf. *Zimmer*, Römische Berufsdarstellungen, 128.
32 See *Hawkins, C.*, Roman Artisans and the Urban Economy. Cambridge 2016, 130–32; *Zimmer*, Römische Berufsdarstellungen, 180–82.
33 On streets named after groups of artisans see *Droß-Krüpe, K.*, Spatial Concentration and Dispersal of Roman Textile Crafts, in: *Wilson, A./Flohr, M. (eds.)*, Urban Craftsmen and Traders in the Roman World. (Oxford Studies on the Roman Economy) Oxford 2016, 334–351; *Goodman, P.*, Working Together: Clusters of Artisans in the Roman City, in: *Wilson, A./Flohr, M. (eds.)*, Urban Craftsmen and Traders in the Roman World. (Oxford Studies on the Roman Economy) Oxford 2016, 301–333. For Pitzitus see AE 1958, 273. Cf. *Flohr*, World of the Fullo, 266.
34 *Cahill, N.*, Household and City Organization at Olynthus. New Haven 2002, 236–281.
35 See below, p. XXX.

particularly have applied to rural craftsmen who operated for the supra-local market – such as the potters from the large production centres in Italy, Gaul and Germany, or rural weavers in wool-producing regions who made textiles for sale alongside their other agricultural duties.

II Knowledge and Skill

Manufacturing in the Roman world depended on the skills and technologies known and used by craftsmen, both for the quantity of output, and for the quality of the product. In the eyes of the Roman elite, specialist skills and (trained) expertise mattered more than technology, but it is relevant to note that crafts were, at the same time, also seen as *invented* knowledge: several authors, most notably the Elder Pliny, give the names of individuals – mostly from the Hellenistic world – who were thought to have invented certain crafts.[36] This suggests that three aspects of everyday manufacturing practice should be seen as indicative for the understanding of its economic history: technological innovation, transfer of knowledge, and specialization.

1 Technological innovation

For most of the twentieth century, there was a consensus that technology, particularly in crafts, remained mostly stagnant throughout classical antiquity.[37] While it is true that there are key production processes that seem to have undergone only marginal innovations, and while innovations that had a dramatic effect on productivity were not widely applied, it is clear that there were continuous developments in technological practice throughout the Mediterranean in the late Republic and Early imperial period. In most cases, these innovations improved the quality of the product rather than that they increased the quantity of the output, but that does not, of course, render them economically meaningless.

In manufacturing, the flagship innovation of the Roman world undoubtedly was the emergence of transparent, blown glass. While glass had existed since the second Millennium BCE, and was used for extremely colourful, hand-shaped vases from the classical Greek period onwards, glass-blowing was invented in the first century BCE, probably in the Levant, and subsequently developed in Italy, from where it spread, rather quickly, over the entire Roman Empire, so that by the first century CE, blown

---

[36] Plin. nat. 7, 191–209. See also *Bartol, K.*, The Lost World of Inventors: Athenaeus' Sentimental Heurematography, in: Palamedes, 1, 2006, 85–96.
[37] *Finley, M. I.*, Technical Innovation and Economic Progress in the Ancient World, in: The Economic History Review, 18/1, 1965, 29–45; *Greene, K.*, Technological Innovation and Economic Progress in the Ancient World: M. I. Finley Re-Considered, in: The Economic History Review, 53/1, 2000, 29–59.

glass vases and flasks could be found in all regions of the Roman world. It seems clear that in the quick spread of glass-blowing, and in the experiments with coloring that preceded the invention of transparent glass, consumer preferences were leading. The same pattern can be seen in innovation in pottery production, where improvements in firing technology and experiments with glazing techniques were fundamental to the changing appearance of fine tableware.[38] In textile production, several experiments with loom-design also seem to have been motivated on the basis of qualitative, rather than quantitative considerations.[39] Further, while the proliferation of metal objects was to a considerable extent related to increased levels of mining, innovations in metallurgy led to the spread of several new alloys, such as pewter, which, again, was mainly used in the consumer good economy, as a cheaper substitute for silver.[40]

One field of technology where efficiency rather than quality seems to have been the leading driver of innovation is food processing, and particularly, milling. The use of rotary power, and the development of large, animal-driven flour mills were innovations of Late Republican Italy, and increased the milling capacity of professional bakers.[41] The discovery of semi-finished flour mills of Italian lava in several Mediterranean shipwrecks highlights how this technology (but not necessarily also the stone-cutter's know-how underlying it) was exported to overseas provinces.[42] From the imperial period onwards, water power also began to be used to operate flour mills, and it is increasingly recognized that this happened on a significant scale: evidence for water-powered mills has been found throughout the Roman west, including in Roman Europe. An extreme example of the application of water-power can be found in Barbegal, near Arles, where a large flour mill operated by water-power was built at the end of a side branch of the main aqueduct that provided the city with fresh water; it is now believed to date to the second century CE.[43] Beyond the use of water-power, complex water-technology was used more broadly in manufacturing establishments. It particularly played a key role in large fulling establishments, which refined and recovered woollen garments. In the larger fulling workshops in Pompeii, Ostia and Rome, clothes were washed out in multi-basin rinsing complexes, which were organized following a principle of countercurrent exchange, where the water

---

[38] See *Flohr, M.*, Innovation and Society in the Roman World, in: Oxford Handbooks Online. Oxford 2016.
[39] On loom design see esp. *Wild, J. P.*, The Roman Horizontal Loom, in: AJA, 91/3, 1987, 459–471.
[40] On pewter see *Brown*, Bronze and Pewter.
[41] On the evolution of milling see *Curtis, R. I.*, Food Processing and Preparation, in: *Oleson, J. P.* (ed.), Oxford Handbook of Engineering and Technology in the Classical World. Oxford 2008, 373–379.
[42] *Peacock, D.*, The Roman Millstone Trade: A Petrological Sketch, in: World Archaeology, 12/1, 1980, 43–53.
[43] *Leveau, Ph.*, Les moulins de Barbegal, les Ponts-Aqueducs du Vallonde l'arc et l'histoire naturelle de la Vallée des Baux, in: Comptes Rendus Des Séances de l'Académie Des Inscriptions et Belles-Lettres s. n. 1995, 115–144.

flowed through the complex from basin to basin in one direction, while the clothes followed the opposite direction, arriving in cleaner water each basin.[44] The system both sped up the washing out procedure, and facilitated a more efficient use of water, therefore bringing down production costs.

2 Professional knowledge

Despite what Roman authors say about skilled artisans, there is a clear and unequivocal development toward a reduced dependence on professional skills in multiple Roman crafts. The classic example is refined domestic pottery, which was no longer decorated by painting, but in relief, so that use could be made of molds. Additionally, the forms of vases became less complex, and less frequently included loose parts (like ears), so that they, too, could be more easily produced by molds, thus demanding fewer skills from the person running the potting wheel. Similar developments can be seen in domestic decoration: wall-paintings increasingly used repetitive patterns, lines, and standardized ornamental motifs.[45] In mosaics, the exceptionally complex and refined *opera vermiculata* of the last centuries BC gave way to floor mosaics using larger pieces that were less time-consuming and easier to lay.[46] It is likely that these developments were related to increased consumer demand from people outside the wealthy elite, who could now afford such products but not when they were made to the highest standards, and at the same time represented a potentially rewarding market for artisans.[47]

The archaeology of larger workshops in Roman Italy shows a similar tendency toward de-skilling. In the large bakeries of Ostia and Rome, the production process appears to have been rigidly subdivided in a number of small tasks – the milling of the flour, the mixing of the ingredients, the kneading of the dough, the shaping of the loaves and the baking of the bread – meaning that the individual workers would spend most of the time performing just a small number of relatively easy tasks, and specialist expertise could be restricted to those parts of the workshop where it was necessary – such as in operating the oven. In the large fulleries of Ostia and Rome, this division of labour is even explicitly reflected in the architecture of the workshops: a large majority of the work force spent its day in fulling installations, where textiles were treated with alkaline chemicals (such as fuller's earth and ammonia won from urine) by trampling them, scrubbing them, and wringing them out; the subsequent

---

44 *Flohr*, World of the Fullo.
45 See on this development e.g. *Wallace-Hadrill, A.*, Houses and Society in Pompeii and Herculaneum. Princeton 1994, 164–174.
46 On the stylistic development in mosaics see *Dunbabin, K.*, Mosaics of the Greek and Roman World. Cambridge 1999.
47 See e.g. *Mayer, E.*, The Ancient Middle Classes. Urban Life and Aesthetics in the Roman Empire 100 BCE–250 CE. Cambridge 2012, 99–212.

step in the process, was managed by the advanced water technology discussed in the previous section; typically, the most complex part of fulling in terms of skills – the brushing, shearing and polishing of the textiles – was carried out elsewhere.[48] Thus, here too, there seems to be a more efficient use of skills, and a more rigid separation between skills-intensive and unskilled tasks.

Still, of course, in many crafts, specialized skills played a central role, and the transmission of these skills was a very central aspect of the history of these crafts – and of everyday craft practice. Building upon practices developed in the Greek and Hellenistic period, craftsmen throughout the Roman world worked with apprentices, who came to their workshop for a fixed period (often, a number of years) to contribute to the work force, and pick up the essential skills in the process.[49] Series of preserved apprenticeship contracts from Oxyrhynchus in Roman Egypt show how this practice was deeply embedded into local craftsmen communities and how care was taken to secure the rights of both apprentices and craftsmen.[50] Indeed, craftsmen themselves often sent their own sons as an apprentice to other craftsmen, both within the same trade, and in other sectors of the manufacturing economy. Literary sources, epigraphic evidence, and legal texts leave little doubt that apprenticeship was a regular element in urban crafts throughout the Roman Mediterranean. As this resulted into many links between workshops, it highlights that we should think of groups of urban craftsmen as *de facto* communities of practice, within which practical knowledge about crafts could circulate relatively easily. It also seems clear that at least some apprenticeships transcended local boundaries, fostering to an exchange of knowledge between cities. While apprenticeship, as an institution, had emerged before the Roman period, it probably profited from increasing levels of urbanization, and the increased integration between urban markets, and thus contributed to relatively well-integrated webs of knowledge that in many cases appear to have covered large parts of the urbanized Mediterranean. Outside this privileged zone, however, circulation of knowledge, particularly at the supra-local level, may have been much more complex.

3 Specialization

A third key component of craft practice concerned specialization: to which extent did craftsmen or workshops begin to limit themselves to narrowly circumscribed subsets of products, or even to a subset of treatments belonging to a larger production process? This is an aspect of Roman manufacturing that has been relatively well re-

---

48 *Flohr*, World of the Fullo, 163–70.
49 On apprenticeship see *Tran, N., Dominus Tabernae*. Le statut de travail des artisans et des commerçans de l'occident Romain. (Bibliothèque des Écoles Françaises d'Athènes et de Rome) Rome 2013, 147–185; *Hawkins*, Roman Artisans, 232–238.
50 *Hawkins*, Roman Artisans, 178–179.

searched, and it can be discussed on several levels. First and foremost, it is clear that the Roman imperial period saw an explosion of the number of job-titles that have been epigraphically and papyrologically attested.[51] This is partially a direct product of the epigraphic habit and the resulting production of large numbers of inscriptions, and partially a result of the numbers of papyri known from the Roman imperial period. However, the sheer number of jobs recorded, and the precise circumscription they seem to give of the products involved do suggest that the epigraphic and papyrological records reflect a substantial level of specialization.[52] As far as the epigraphic record is concerned, it is however also clear that there was an enormous variation in the diversity of crafts between smaller and larger cities – indeed, a large majority of crafts, and particularly those that seem to have been more specialist in nature, are attested only in inscriptions from the Roman metropolis. From an economic perspective, this makes sense: in larger markets, it is more convenient and less risky to focus on a specific niche market, rather than producing a broader range of goods, as it both attracts customers, and brings down production costs. In smaller markets, with a more limited consumer audience, offering a broader range of goods and/or services made it easier to survive – indeed, comments by Xenophon suggests that this principle was understood as early as the fourth century BC.[53] It is therefore likely, again, that the general increase in urbanization and the increasing size of cities, created relatively favourable circumstances for specialization in at least some cities in the Roman world.

It is harder to reconstruct to which extent this increasing specialization also led to a carving up of production processes in smaller parts, though it is true that there appears to be a separation between materials preparation and object fabrication throughout the Roman economy. For instance, it is clear that there were specialized tanners turning hides into leather, but they are not generally associated with the artisans using their leather to make shoes, sacks or belts. Similarly, there appear to have been workshops involved in the production of raw glass operating independently of artisans who worked that glass into flasks, bottles and bowls; indeed, multiple shipwrecks with larger quantities of raw glass have been found in the Mediterranean.[54] In metal-working, the extraction of metal from the ore was always separated from the process of making metal objects – iron or bronze – as is attested by the

---

51 Von Petrikovits, P., Die Spezialisierung des Römischen Handwerks, in: *Jankuhn, H. et al. (eds.)*, Das Handwerk in Vor- und Frühgeschichtlicher Zeit. Göttingen 1981, 63–132; *Joshel, S. R.*, Work, Identity and Legal Status at Rome. London 1992.
52 *Ruffing, K.*, Die Berufliche Spezialisierung in Handel und Handwerk. Untersuchungen zu ihrer Entwicklung und zu ihren Bedingungen in der Römischen Kaiserzeit im Östlichen Mittelmeerraum auf der Grundlage Griechischer Inschriften und Papyri. Rahden/Westf. 2008.
53 Xen. Kyr. 8, 2, 5.
54 See *Foy, D.*, An Overview of the Circulation of Glass in Antiquity, in: *Wilson, A./Bowman, A. (eds.)*, Trade, Commerce, and the State in the Roman World. (Oxford Studies on the Roman Economy) Oxford 2018, 267–72.

proliferation of ingots, though it seems alloy-making was mostly the business of those who made the final product. In textile production, it seems as if in the case of wool, spinning and weaving were integrated into one workshop, but optional treatments like dyeing and fulling were done by independent professionals; conversely, the Prices Edict of Diocletian (301 AD) supposes a substantial trade in linen yarn.[55] In several large centres of pottery production, such as La Graufesenque, it seems that firing was done in large kilns that were somehow shared by the wares of multiple craftsmen, suggesting that the shaping and the firing of pots were done in different workshops.[56]

III Organizing production

Roman craftsmen generally appear to have operated permanent workshops filled with specialized equipment, and the historical development of both these workshops and the equipment is fundamental to the economic history of Roman crafts, which saw a development from a world of small-scale and moveable production facilities toward a much more varied landscape, which also included rationalized work environments with larger, and more permanent equipment.

1 Production facilities

The archaeological remains of Roman workshops show considerably more remains of specialized manufacturing equipment than their Greek and Hellenistic counterparts, but this picture is partially misleading: a fundamental innovation in the layout of Roman workshops was the use of concrete-based construction techniques for production facilities, and this had a profound impact not only on the design of work-environments, but also on their archaeological visibility. To some extent, thus, we simply can see much better than in Greek or Hellenistic contexts how the production process was organized. Nevertheless, there is also evidence suggesting that workshop design itself became more complex and rationalized.

Urban workshops were, roughly, situated in three different contexts: in shops, in houses, and in purpose-built production halls. As argued above, shops were the most common accommodation for workshops in urban contexts. Generally, these spaces were large enough to accommodate a small workshop with one craftsman and a few workers, but they were too small for workshops operating on a larger scale. For medium-sized establishments, houses offered more possibilities, and in several cities

---

55 Ed. Diocl. 26.
56 *Wilson, A.*, Large-Scale Manufacturing, Standardization, and Trade, in: *Oleson, J. P. (ed.)*, Oxford Handbook of Engineering and Technology in the Classical World. Oxford 2008, 398.

in Italy, examples of houses giving over their *atrium* or even (parts of) their peristyle area to manufacturing have been found. Generally, they appear to have done so without losing their domestic function. At Pompeii, this is the common arrangement for the mills-bakeries of the city, and for the larger fulling-workshops and dyeworks; most of these houses seem to belong to the wealthier half of Pompeian society; a few can be associated with the city's urban elite.[57] Workshops in purpose-built production halls have thus far mostly been found in Rome and Ostia. These factory-like buildings accommodated large, proto-industrial bakeries and fulling workshops.[58] Whether this category of workshops existed more broadly remains unknown, due to our poor understanding of the archaeology of large cities like Antioch, Alexandria and Constantinople.

The design of larger workshops betrays a clear design to streamline the production process: while in small, *taberna*-sized workshops, equipment would be distributed along the walls, without necessarily a clear order, larger workshops would tend to organize their layout so that the production sequence could proceed uninterrupted. Bakeries, for instance, would have an arrangement where the flour would proceed in a linear direction from the milling room through the kneading and bread-shaping room to the oven, from which the loaves would be moved to a place where they could cool down.[59] To facilitate this, many ovens were equipped with serving hatches next to their entrance that would connect directly to the bread-shaping room and to the cooling-down room. Fulling workshops would be organized in such a way that the fulling installations were clustered close to the dirtiest basin of their rinsing complex, where the textiles began the rinsing procedure, while facilities for follow-up treatments were often clustered at the clean end of the complex, where the textiles left it.[60] Such rationalized layouts appear to have become more common and elaborate with the emergence of larger workshops, and they point to developments that, however exceptional they were, can arguably be discussed in terms of proto-industrialization. In any case, there appear to have been few historical parallels for these workshops before early modern Europe.

2 Materials

The mechanisms through which craftsmen acquired the raw materials they needed to do their work are as important as they are badly understood. It is clear that some

---

57 *Monteix, N.*, Contextualizing the Operational Sequence: Pompeian Bakeries as a Case-Study, in: Wilson, A./Flohr, M. (eds.), Urban Craftsmen and Traders in the Roman World. (Oxford Studies on the Roman Economy) Oxford 2016, 153–179; *Flohr, M.*, The Textile Economy of Pompeii, in: JRA, 26, 2013, 53–78.
58 See *Wilson*, Large-Scale Manufacturing; *Flohr*, World of the Fullo.
59 *Monteix*, Pompeian Bakeries.
60 *Flohr*, World of the Fullo, 156–70.

categories of craftsmen, particularly potters, often worked closely to places where their raw material could be won, but even in these circumstances, it remains unclear who owned the clay, and how it ended up in the hands of the potters.[61] Conversely, it is clear that in most other branches of manufacturing, raw materials came from further away, and were pre-processed before transport, but even in those cases it remains unknown to which extent raw materials were simply sold freely on the market, or rather circulated in more limited private networks that provided craftsmen with what they needed on a regular basis. Series of stamps on some ingots suggest these could change hands multiple times before they arrived in the hands of a craftsman, crucial details remain unknown.[62] In the textile economy, there is something to say for a scenario in which weavers acquired their wool from specialized wool merchants – *lanarii* – but it is also possible that they were provided with wool, and saw their products bought up by one the same *lanarius*. However, even in Egyptian papyri, such a putting-out system is nowhere explicitly attested, and there generally appear to have been few direct ties between the categories of craftsmen involved in the wool economy.[63]

Another fundamental aspect of Roman manufacturing economies that has until recently remained virtually unstudied, is the impact of the continuous demand of many urban workshops for fuel.[64] This demand for fuel was substantial, and was not limited to artisans: all cities, independent of their size, offered a substantial market for professionals supplying fuel. While multiple substances could be used, wood and, particularly, charcoal, were leading the market, and even if many cities could fuel their manufacturing economy from within their own territory, particularly in more densely urbanized regions, local supply was not unlimited. While there is no explicit evidence for trade in either burning wood or charcoal, it is clear that all workshops that used ovens or furnaces had to maintain continuous economic ties with people supplying their everyday fuel.

Finally, several types of workshops would have needed to acquire, on a regular basis, the chemical agents used in their production process. For instance, fullers needed fullers' earth and ammonia; dyers needed alum and whatever dyestuffs they would want to use; tanners needed oak. The snippets of information that have been preserved suggest that the supply economies of some of these agents were fairly complex

---

61 See, e.g. *Poblome, J.*, The Potters of Ancient Sagalassos Revisited, in: *Wilson, A./Flohr, M. (eds.)*, Urban Craftsmen and Traders in the Roman World. (Oxford Studies on the Roman Economy) Oxford 2016, 377–404.
62 See on one of these ingots *Monteix, N.*, Les Lingots de Plomb de l'atelier VI, 12 d'Herculanum et Leur Usage, in: *Lehoërff, A. (ed.)*, L'artisanat Métallurgique Dans Les Sociétés Anciennes En Méditerranée Occidentale. Techniques, Lieux et Formes de Production. Rome 2004, 365–78.
63 *Droß-Krüpe, K.*, Wolle – Weber – Wirtschaft: Die Textilproduktion der römischen Kaiserzeit im Spiegel der papyrologischen Überlieferung. Wiesbaden 2011, 170–190.
64 *Wilson, A.*, Raw Materials and Energy, in: *Scheidel, W. (ed.)*, The Cambridge Companion to the Roman Economy. Cambridge 2012, 149–151.

and institutionalized. Several papyri record that transport of alum to and from oases in Egypt was in fact taxed, and some of the archaeological evidence suggests an alum trade that used its own specific type of amphora.[65] Pliny comments elaborately on the various types of fuller's earth that could be used by fullers, indicating their diverse origins; at the same time, chemical analysis of fuller's earth from Pompeii has indicated it had been imported from beyond the Bay of Naples area.[66] In the case of some of the pigments used in dyeing wool, it is even clear that their local availability was a key factor in the local clustering of workshops. For instance, Hierapolis in Phrygia was the only place where wool could be dyed in a certain type of red, leading to the emergence of quite a substantial export-oriented textile economy.[67] Similarly, the local availability of *murex* shells was the key reason why several coastal regions developed into renowned centers of purple dyeing. Even if the overall growth of Roman consumer economies meant that the overall demand for these chemical agents rose substantially over time, not all of these chemicals would typically be regularly available locally in the less densely populated parts of the Roman World. In combination with a relative absence of consumer demand, this may, in some places, have presented a disincentive for local entrepreneurs to invest in certain workshop types.

3 Labor

Obviously, it was a key concern for any workshop to have enough workers on the shop floor with the right sets of skills and expertise. In terms of economic risk, labor is a complicated factor for artisans, particularly in situations where they had to deal with significant fluctuations in productivity – either because of the seasonal rhythm of the production cycle, or because of the unpredictability of consumer demand. On the one hand, having a permanently employed work force – whatever the precise construction – could be a liability when a business faced a period of low productivity; on the other hand, having a very flexible work force had disadvantages in terms of skill and work-flow. As some have argued recently, it has to be assumed that in many branches of the manufacturing economy, fluctuations in productivity were part of the everyday workshop economy, and not all of these were predictable.[68]

As far as the social composition of workshops can be traced in the textual and archaeological evidence, the overwhelming majority of workshops was organized

---

65 P. Col. 6, 228. On *alum amphorae* discovered at Pompeii see *Borgard et al.*, Recherches sur les productions artisanales à Pompéi et Herculanum.
66 *Flohr*, World of the Fullo, 171–72.
67 *Ruffing, K.*, Driving Forces for Specialization: Market, Location Factors, Productivity Improvements, in: *Wilson, A./Flohr, M. (eds.)*, Urban Craftsmen and Traders in the Roman World. (Oxford Studies on the Roman Economy) Oxford 2016, 126–27.
68 *Hawkins*, Roman Artisans, 23–65.

around a household.⁶⁹ Some of these households could be very big, but most were fairly small and, in composition, resembled a modern nuclear family, including a man, a woman, and children. Obviously, such households have a natural life cycle, and their internal labor capacity varied over time, though it is clear that in many cases both men and women participated in operating the workshop – albeit in different roles. Iconographic evidence suggests that women would often be involved in retail, perhaps alongside running the household, while their husbands would be the expert craftsmen running the production process.⁷⁰ Some tombstones and inscriptions even depict workshops as if they were two-person affairs, with no other people involved than the couple in charge of it, and throughout the Roman world, particularly in smaller settlements, this may have been the most common model. Nevertheless, it is clear that in many workshops, a larger number of people were involved.

If a household was unable to provide all the labor needed to keep the workshop running, there were several options. The most flexible way to acquire the additional labor, from the craftsman's perspective, would be to hire it, and it seems clear that, by the imperial period, wage labor had become a widespread practice in large parts of the Roman world: the Prices Edict of Diocletian highlights the maximum wages that laborers could ask for a day's work.⁷¹ A disadvantage of flexible wage labor is that, in principle, it does not come with the specific skills needed for the more difficult tasks of the production process: hiring labor on a temporary basis is easier for unskilled work than it is for skilled work. In many cases such flexibility would not be needed of course, so that craftsmen may look for more durable professional relations. One important, and well-documented way to create additional labor capacity for a longer period without paying a high price in terms of wages was to have apprentices who could contribute to the production process while learning the craft in its full complexity.⁷²

In the case of larger households investing in manufacturing, one option would be to set some of the slaves belonging to the family to work in the workshop, or to acquire one or more slaves specifically for the purpose. In some of the houses with workshops at Pompeii, the work rooms appear to have been closely associated with a zone of domestic service facilities, including the kitchen, suggesting the two were run by the same group of people – presumably slaves belonging to the household.⁷³ The large funerary monuments for the domestic servants of several wealthy senatorial families of Rome included a range of people who were commemorated for their profession; while these craftsmen may primarily have worked to satisfy the internal needs of the household, several have been thought to have been involved in market-

---

69 Cf. *Hawkins*, Roman Artisans, 192–95.
70 See e.g. *Kampen, N.*, Image and Status: Roman Working Women in Ostia. Berlin 1981.
71 See Ed. Diocl. 7.
72 See above, p. 730.
73 Cf. *Flohr*, Urban Poduction at Pompeii, 141.

oriented production as well.⁷⁴ Some inscriptions refer to craftsmen manumitting their own slave workers.⁷⁵ Still, slave labor should not a priori be seen as universal or pervasive – slaves were expensive and not necessarily easily available, and therefore beyond the reach of many modest craftsmen households. At the same time, it has been suggested that for the large production halls in Rome and Ostia, which were not associated with private households, wage-labor rather than slavery would seem the more logical *modus operandi*.⁷⁶

IV Entourage and Networks

A crucial aspect of the economic history of manufacturing in the Roman world lies in the ways in which craftsmen were embedded in their social contexts, and how the social networks and power relations in which they were entangled contributed to the economic performance of their workshops. All craftsmen by necessity entertained a wide range of social ties within their urban communities, not in the last place those with their customers and those with the people commonly spending their day in the direct urban environment of their shops and workshops – many of these were craftsmen themselves. However, from an economic perspective, two categories of social ties seem especially relevant. First, inevitably, craftsmen and entrepreneurs were somehow embedded into networks of patronage that conditioned their access to financial resources. Second, as a group, many groups of urban craftsmen appear to have been united in local professional associations.

1 Patronage

If patronage was a central phenomenon in Roman society, many workshops must have participated in networks dominated by the social superiors of their owner or manager. Unfortunately, in our evidence, such networks tend to remain almost completely invisible, and even where they are visible, the evidence offers very little information about their nature and functioning.

One context where it is relatively straightforward to reconstruct direct social ties between a workshop and what may vaguely be called social superiors is in the case of workshops that were physically associated with larger houses, but not internally connected to them. At Pompeii, several large elite houses appear to have had intimate structural relations with adjacent workshops, even though these were structurally

---

74 On the epigraphy from Rome see *Joshel*, Work, Identity and Legal Status at Rome.
75 *Hawkins*, Roman Artisans, 130–132.
76 *Flohr*, World of the Fullo, 270–272.

independent and had their own living accommodation. Indeed, several of these houses can be associated with multiple of such workshops. One example is a small fullery along the Via Stabiana at Pompeii, which was part of the large House of the Citer Player.[77] The workshop had a large, decorated back room with a *triclinium* offering living accommodation; along the walls of the workshop ran the water pipe feeding the private baths of the adjacent house indicating the close connection between the two. Undoubtedly, the owner of this elite villa played some role in the lives of the craftsmen operating the workshop, as he would have had a direct financial interest in the economic success and continuity of the fullery: when a workshop was part of a larger domestic complex, it is extremely likely that its owner or manager had easy and regular access to someone with a good social and economic position, and at least had a theoretical opportunity to take economic advantage of this connection. At the same time, many workshops were much more independently set up. In such cases, patronage networks remain invisible in the archaeological evidence, though this does not imply that they did not exist.

A specific category of patronage ties that has some visibility in the epigraphic record concerns the ties between freedmen and their former owners. Particularly in the city of Rome, and in the Italian peninsula, inscriptions set up by or commemorating craftsmen allude to their freedmen status, suggesting they retained the ties with their former owner as a vivid part of their social identity. In Interamna Lirenas, the *pistor* (baker) and *sevir augustalis* M. Orbius Princeps, a freedman, set up a tomb for three people, two of which were also related to his former owner.[78] At Spoletium, a group of late Republican *magistri quinquennales* of the local association of *fullones* that set up an altar to Minerva consisted of three *liberti* and one slave – the active use of their freedmen identity suggests that these fullers entertained lasting ties with the local elite households to which they once (or in one case still) belonged, and it is possible that these households had had some influence on the fact that these four fullers had become *magistri quinquennalis* of the local association.[79] Still, the precise nature of these ties, and their economic relevance on an everyday basis remains implicit. Moreover, there also is substantial evidence in the epigraphic record for craftsmen from Roman Italy that did *not* advertise such ties – because they never had them. For instance, C. Atilius Iustus, a second century CE *sutor caligiarius* building a funerary tomb for himself and his wife in Mediolanum, makes clear in the inscription on the tomb that he was freeborn.[80] Outside Italy, epigraphic discourse remains mostly tacit about the legal status of craftsmen.

Essentially, therefore, the role of individual patronage in the everyday lives of craftsmen remains badly understood. One has to assume that many craftsmen had a

---

77 Workshop I 4, 7. Cf. *Flohr*, World of the Fullo, 297.
78 CIL 10, 5346.
79 CIL 11, 4771.
80 CIL 5, 5919.

direct interest in maintaining close ties of patronage whenever they were available, as these ties could be decisive for the economic success of their workshops: many artisans would have been dependent on others for at least some of their practical economic needs, particularly when they needed loans or other forms of financial support for the maintenance or extension of their workshop, or for the purchase of expensive work installations. For instance, given the high prices of looms recorded in papyri, it is likely that starting weavers had difficulty buying one; indeed, it is attested that at least some Egyptian weavers periodically paid rent for their loom.[81] In these cases, it is clear that outside actors – patrons or businessmen – could be fundamental to the economic success of craftsmen. What can be argued is that in the more densely urbanized regions of the Roman world, the existence of increasingly wealthy, locally rooted urban elites made that such ties were more readily available, thus potentially making it easier for craftsmen to invest in workshops on a slightly larger scale.

2 Professional Associations

Yet even if many craftsmen may have had their own personal ties to patrons, many also appear to have had ties to a more-or-less formalized network of peers through their membership of a local professional association. The existence of such associations is particularly well-attested for Roman Italy, Asia Minor, and Egypt, but the evidence suggests that it was a common phenomenon in urban contexts throughout the Roman world, perhaps with the exception of Roman North Africa. The nature of associations varied somewhat according to the size of the city. For instance, many smaller cities in Roman Italy had simply *collegia* of *fabri* and *centonarii*, both of which in reality may have been umbrellas for a wider range of specialized craftsmen which were locally present in small numbers.[82] In larger cities professional organizations appear to have been more strongly specialized.

There has been considerable debate as to the nature of these professional associations, particularly concerning their economic impact.[83] Most direct evidence for professional associations is related to the civic and religious activities in which they were involved, and may be taken to suggest that they performed social rather than economic functions – *collegia* can be seen honoring their benefactors, burying their deceased members, and erecting altars for the gods, and evidence from Asia Minor shows how certain professional associations had their own reserved places in the local theatre

---

81 *Droß-Krüpe*, Wolle – Weber – Wirtschaft, 187.
82 See, on the *centonarii*, Liu, J., *Collegia Centonariorum:* The Guilds of Textile Dealers in the Roman West. Leiden/Boston 2009, 57–96.
83 On this debate see *Verboven*, Professional *Collegia*, 187–195 with references. Cf. v*an Nijf*, O. M., The Civic World of Professional Associations in the Roman East. Amsterdam 1997, 12–18.

or stadium.⁸⁴ A limited number of sources, however, makes explicitly clear that professional associations could also be used to defend the financial interests of their members. An Egyptian papyrus from mid-second century records a guild of fullers and dyers in the Arsenoite nome litigating against a tax official who has made them pay too much tax.⁸⁵ Several other papyri indicate that professional associations were more broadly used as a channel through which craftsmen paid their taxes.⁸⁶ Given this paucity of evidence, it remains unclear how often professional associations used their collective power to advance a collective economic cause.

Nevertheless, there can be no doubt that, because of their sheer existence, professional associations presented craftsmen with a meaningful instrument in negotiating their collective and individual economic well-being. In Italy, there is ample evidence that local elites maintained close ties with leading professional associations in their town, often acting as benefactor or patron of one or even multiple *collegia*. For instance, at Aquileia, the former *quattuorvir* C. Valerius Eusebes became patron of the *collegium* of *centonarii*, while C. Pettius Phitatus ended up as *patronus* of the *collegia* of *fabri* and *centonarii*.⁸⁷ Even if contacts between a collegium and its patron were incidental rather than daily in nature, it is clear that *collegia* as a collective, and, therefore, at least some of their individual members as well, had regular access to the highest circles in urban society. This, in fact, created circumstances under which local elites could easily play a role in financing investment in manufacturing even if they did not personally have a lot of craftsmen in their personal patronage networks – if they wanted too.

At the same time, as the example of the fullers and dyers from Egypt makes clear, professional associations could, and did, represent groups of craftsmen vis-à-vis the urban authorities, and thus stave off collective economic threats, or negotiate settlements in the case of conflicts. While the evidence offers few straightforward examples of this, the so-called *lis fullonum* about the payment of rent for the premises of a collegium in third century CE Rome makes clear that organizations of craftsmen could defend their interests successfully, even against powerful opponents.⁸⁸ Arguably, as an institution professional associations offered craftsmen an infrastructure that made it easier for them to exert collective influence on forces that would be beyond the social reach of individual craftsmen, and could protect their interests when necessary. This does not mean that they did so continuously: their everyday character may very well have been primarily social, though this, too, strengthened the economic ties between craftsmen and thus offered economic advantages. The proliferation of epi-

---

84 See esp. van Nijf, Professional Associations, 209–240.
85 P. Tebt. 287.
86 See, e.g. *Bagnall, R./Worp, K.*, Two Nominations of Goldsmiths to Collect Taxes, in: ZPE, 59, 1985, 67–70. See also P. Mich 5, 245.
87 CIL 5, 1012; CIL 5, 749.
88 See *Tran, N.*, Le 'Procès des Foulons': L'occupation litigieuse d'un espace vicinal par des artisans romains, in: Mélanges de l'École Française de Rome: Antiquité, 119/2, 2007, 597–611.

graphic evidence for professional associations throughout the Roman world suggests that local craftsmen were ready to act upon these social and economic opportunities.

III Discussion

In many places, practices and contexts of manufacturing in the Roman world may have resembled those in the Greek and Hellenistic worlds. As has been argued in this chapter, part of the story about craft production in the Roman world is that it is simply much more explicitly visible in the evidence. Many craftsmen had small workshops, which they operated on the basis of their acquired skills, with limited means, and with a small, household-based work force, and they often would sell their products on the spot, or on the local market square. There is no question that in many places small-scale, consumer-oriented production in many branches of the manufacturing economy continued to present the norm. In this sense, the Roman manufacturing economy remained a typically non-industrial phenomenon. Yet this should not be seen as the leading narrative in the economic history of manufacturing in the Roman world.

Much more important than what stayed the same is what appears to have changed. More than its Greek and Hellenistic predecessors, Roman manufacturing economies can occasionally be seen to operate on a larger scale, both in their integration over larger distances, and in the dimensions of investment. Urbanization, and the emergence of urban consumer cultures in which there was a substantial and continuous demand for high quality consumer goods, changed the dynamics of the manufacturing economy: these developments in several places, particularly in the Mediterranean, created scope for investment on a larger scale and fostered many craftsmen to rationalize the operation of their workshop, and favor good-looking products that were relatively easy to make over finely crafted products that may have been of higher quality but required a higher input of skilled labor, which was not always easily available.

Thus, if the Roman manufacturing economy operated within the limits of what was possible in a non-industrial society, it did so in a very specific way that is different, qualitatively and quantitatively, from Late Medieval and Early Modern Europe, but can neither be put on a par with Classical and Hellenistic Greece – not in structure, and not in performance. Roman manufacturing economies were not necessarily on average considerably more advanced than their predecessors, but they were, arguably, more varied, and included a broader spectrum of phenomena and institutions that made it possible for craftsmen and investors to make more money, and serve a broader consumer base. More than anything else, these developments, some of which have been highlighted in this chapters, should constitute the leading narrative of the economic history of manufacturing in the Roman world.

Bibliography

Dross-Krüpe, K., Wolle – Weber – Wirtschaft: Die Textilproduktion der Römischen Kaiserzeit im Spiegel der Papyrologischen Überlieferung. Wiesbaden 2011.
Finley, M. I., Technical Innovation and Economic Progress in the Ancient World, in: The Economic History Review, 18/1, 1965, 29–45.
Flohr, M., Innovation and Society in the Roman World, in: Oxford Handbooks Online. Oxford 2016.
Flohr, M., Nec Quicquam Ingenuum Habere Potest Officina? Spatial Contexts of Urban Production at Pompeii, AD 79, in: BABesch, 82/1, 2007, 129–48.
Flohr, M., Textiles, Trade and the Urban Economies of Roman Asia Minor, in: Piesker, K. (ed.), Wirtschaft als Machtbasis. Vormoderne Wirtschaftssysteme in Anatolien. Berlin 2017, 21–41.
Flohr, M., The Wool Economy of Roman Italy, in: Dross-Krüpe, K./Nösch, M.-L. (eds.), Textiles, Trade and Theories. From the Ancient Near East to the Mediterranean, Karum – Emporion – Forum. Beiträge zur Wirtschafts-, Rechts- und Sozialgeschichte des Östlichen Mittelmeerraums und Altvorderasiens. Ugarit/Münster 2016, 49–62.
Flohr, M., The World of the Fullo. Work, Economy and Society in Roman Italy. (Oxford Studies on the Roman Economy) Oxford 2013.
Fülle, G., The Internal Organization of the Arretine Terra Sigillata Industry: Problems of Evidence and Interpretation, in: JRS, 87, 1997, 111–55.
Greene, K., Technological Innovation and Economic Progress in the Ancient World: M. I. Finley Re-Considered, in: The Economic History Review, 53/1, 2000, 29–59.
Hawkins, C., Roman Artisans and the Urban Economy. Cambridge 2016.
Joshel, S. R., Work, Identity and Legal Status at Rome. London 1992.
Kampen, N., Image and Status: Roman Working Women in Ostia. Berlin 1981.
Larson, K. A., Cheap, Fast, Good: The Roman Glassblowing Revolution Reconsidered, in: JRA, 32, 2019, 7–22.
Liu, J., Collegia Centonariorum: The Guilds of Textile Dealers in the Roman West. Leiden/Boston 2009.
Monteix, N., Les Lieux de Métier: Boutiques et Ateliers d'Herculanum. (Collection Du Centre Jean Bérard) Rome 2010.
Ruffing, K., Die berufliche Spezialisierung in Handel und Handwerk. Untersuchungen Zu ihrer Entwicklung und zu ihren Bedingungen in der Römischen Kaiserzeit im Östlichen Mittelmeerraum auf der Grundlage griechischer Inschriften und Papyri. Rahden/Westf. 2008.
Tran, N., Dominus Tabernae. Le Statut de Travail Des Artisans et des Commerçans de l'occident Romain. (Bibliothèque des Écoles Françaises d'Athènes et de Rome) Rome 2013.
Van Driel-Murray, C., Fashionable Footwear: Craftsmen and Consumers in the North-West Provinces of the Roman Empire, in: Wilson, A./Flohr, M. (eds.), Urban Craftsmen and Traders in the Roman World. (Oxford Studies on the Roman Economy) Oxford 2016, 132–152.
Van Driel-Murray, C., Tanning and Leather, in: Oleson, J. P. (ed.), Oxford Handbook of Engineering and Technology in the Classical World. Oxford 2008, 483–95.
Verboven, K., Professional Collegia: Guilds or Social Clubs, in: Ancient Society, 41, 2011, 187–95.
Von Petrikovits, H., Die Spezialisierung des Römischen Handwerks, in: Jankuhn, H. et al. (eds.), Das Handwerk in Vor- und Frühgeschichtlicher Zeit. Göttingen 1981, 63–132.
Wilson, A., Large-Scale Manufacturing, Standardization, and Trade, in: Oleson, J. P. (ed.), Oxford Handbook of Engineering and Technology in the Classical World. Oxford 2008, 393–417.
Wilson, A., Urban Production in the Roman World. The View from North Africa, in: Papers of the British School at Rome, 70, 2002, 231–74.
Zimmer, G., Römische Berufsdarstellungen. Berlin 1982.

Christoph Schäfer
30 Vernetzung der Wirtschaft: Handel, Mobilität und Warenzirkulation

I Vernetzung als Phänomen in der römischen Wirtschaft

In den ersten Jahrhunderten bis zum Aufstieg Roms als Regionalmacht spielte der Warenaustausch über teils große Distanzen noch eine untergeordnete Rolle in der römischen Wirtschaft. Dies änderte sich allerdings mit der Kontrolle der italischen Halbinsel und erst recht mit der Expansion in den gesamten Mittelmeerraum sowie weit darüber hinaus. In der Kaiserzeit reichte der römische Wirtschaftsraum schließlich von Nordafrika bis nach Britannien, Germanien und in den Donauraum, vom Schwarzen Meer bis nach Vorderasien.

Die geographischen Rahmenbedingungen für die Vernetzung der römischen Wirtschaft begünstigten vor allem die Verbindungen über die Wasserwege, die sich sowohl über See als auch über die Flüsse erstreckten.[1] Dabei fungierte das Mittelmeer als zentrale Drehscheibe, die Seerouten führten allerdings auch über den Atlantik bis nach Britannien und Irland, im Osten ins Schwarze Meer und vom Roten Meer bis nach Indien. Für die Erschließung des Hinterlandes erlangte das römische Straßensystem eine herausragende Bedeutung, als Lebensadern des Imperiums fungierten allerdings neben den See- vor allem die Flussverbindungen, allen voran die großen Ströme Rhône und Nil, aber auch Rhein und Donau.

Wesentlich zur Intensivierung der Vernetzung trug die Ausbreitung griechisch-römischer Konsumgewohnheiten bei, insbesondere der Ess- und Trinkgewohnheiten. Kaum siedelten sich römische Militärs und Zivilisten an der Peripherie des Imperiums an, wurden in großem Stil auch Nahrungsmittel wie Wein und Öl sowie Ölbeiprodukte über weite Distanzen herbeigeschafft, insbesondere dann, wenn diese nicht vor Ort produziert werden konnten.

Verbindungen und Interdependenzen bestanden schon früh in der Wirtschaft der römischen Welt, aber erst durch die Vernetzung einer Fülle von Handelsplätzen nahm sie jene dynamische Entwicklung, die zu einer bislang nie gekannten Intensität des Warenaustauschs auch von Massengütern über enorme Distanzen und infolgedessen letztlich zu Abhängigkeiten etwa bei der Lebensmittelversorgung der Metropolen führte. Rom als berühmtestes Beispiel war auf den massenhaften Import von Getreide, Öl und vielem mehr angewiesen, aus der näheren und weiteren Umgebung konnte die Bevölkerung schon ab den Zeiten der Mittleren Republik nicht mehr ernährt wer-

---

1 *Horden/Purcell*, Corrupting Sea, 133–143; *Abulafia*, Mittelmeer, 17–2; 9–15; vgl. *Broodbank*, Middle Sea, 54–60; 596–607.

den.² Das Aufblühen der Städte stand in Wechselwirkung mit der zunehmenden Leistungsfähigkeit des See- und Flusstransportwesens, die erst das Entstehen solch bevölkerungsreicher Metropolen, aber auch die Prosperität in den Grenzräumen etwa entlang des Limes möglich machte. In den Grenzprovinzen wurde diese Entwicklung angeheizt durch die Kaufkraft, die mit der Stationierung des gutbezahlten römischen Militärs einherging.

II Gegenseitige Beeinflussung von Handel und Mobilität

Einen wesentlichen Faktor der Mobilität stellte das Militär dar, da die Einheiten nicht selten weit entfernt von der Heimat stationiert wurden. Bei äußeren Bedrohungen und größeren Konflikten mussten zudem oftmals Detachments (*vexillationes*) von einer Grenzregion wie Germanien oder dem Donauraum abgezogen und über teils weite Distanzen beispielsweise bis nach Syrien verlegt werden, weil im Rückraum der Grenzprovinzen in der Regel keine oder viel zu schwache Reserven standen.³ Begünstigt wurde die Mobilität überdies durch den *cursus honorum* der Elite, die viele römische Bürger als Beamte oder auch im Rahmen der Offizierslaufbahn im Lauf ihrer Karriere in ganz unterschiedliche, teils weit entfernte Gebiete brachte.

Mit dem Handel, der mit der Expansion des Imperiums einen immer stärkeren Aufschwung nahm, erhöhte sich zugleich auch die Mobilität der in diesem Metier tätigen Akteure, die wir insbesondere über die epigraphische Überlieferung greifen.⁴

Das weite Ausgreifen der Akteure wirkte wiederum als Treiber für den Fernhandel, der in der Kaiserzeit seine Blüte erlebte. Patrick Reinard hat erst kürzlich nachgewiesen, dass etwa der Transithandel durch Ägypten mit Waren aus Indien vornehmlich von Italikern organisiert und dominiert wurde. Die Vertreter großer Handelsunternehmen waren demnach in wesentlichem Umfang auch jenseits des Meeres aktiv. Dass sie dabei von ihrem Mitarbeiterstab unterstützt und teilweise auch begleitet wurden, steht außer Frage. Die Geschäfte wurden also erstaunlich direkt abgewickelt.⁵

III Zunehmende Vernetzung – Rom als aufstrebende See- und Handelsmacht

Die Profitabilität von Handelsverbindungen und mithin die Vernetzung hängen entscheidend ab von den Transportkosten. In der Antike wie heute erweist sich für Mas-

---

2 Vgl. *Herz*, Studien, u. a. 24–38, s. auch den Beitrag von *Marzano* in diesem Band.
3 Aristeid. 67; 78. Vgl. *Le Bohec*, Die römische Armee, 165–203.
4 *Broekaert*, Navicularii, passim; *Schmidts*, Akteure, 131–150.
5 *Reinard*, Proto-Globalisierung, passim.

sengüter der Seetransport als die günstigste Möglichkeit. Für die frühe Republik können wir nicht nur aufgrund der dürftigen Quellenlage, sondern auch angesichts der eingeschränkten Potentiale, Macht über See zu projizieren oder auch nur eine Handelsflotte mit nennenswerter Tonnage zu betreiben, feststellen, dass Rom noch nicht zu den bedeutenden Handelsmächten im Mittelmeerraum gehörte. Dennoch gab es auch in dieser frühen Zeit schon einen gewissen Handelsverkehr über See, wie die karthagisch-römischen Verträge zeigen.[6]

Mit den überseeischen Operationen des ersten und dann erst recht des zweiten punischen Krieges setzte ein so erheblicher Güterverkehr über die See ein, dass die hierdurch entstanden Gewinnaussichten die römische Gesellschaft, aber auch die Wirtschaft massiv veränderten. Längst hatten die Senatoren auch in den Handel und ganz besonders in den Seehandel investiert. Ihnen gehörten seegängige Schiffe, wie die von Livius tradierte *lex Claudia de nave senatorum* aus dem Jahr 218 v. Chr. bestätigt. Livius behauptet, dieses Gesetz sei von dem Volkstribun Q. Claudius mit Unterstützung eines einzigen Senators, des C. Flaminius, durchgebracht worden. In der *lex Claudia* wurde festgelegt, dass kein Senator ein seegängiges Schiff mit einer Ladekapazität von mehr als 300 Amphoren besitzen solle. Das habe man für den Transport der landwirtschaftlichen Erträge als hinreichend angesehen, „jeder Gewinn sei den Senatoren unziemlich erschienen."[7] Seine Unterstützung des Gesetzesvorschlags habe den Flaminius bei der Nobilität verhasst gemacht, ihm aber die Gunst der *plebs* und infolgedessen ein zweites Konsulat verschafft. Der politische Hintergrund, auf dem das Gesetz eingebracht wurde, und die Ziele, die der Volkstribun Q. Claudius und der ihn unterstützende C. Flaminius verfolgten, sind umstritten.[8] Fest steht allerdings, dass das *plebiscitum* zum ökonomischen Aufstieg des römischen Ritterstandes maßgeblich beigetragen hat.[9] Es bleibt die Frage, wieweit die Aktivitäten der Senatoren im Transportwesen hier tatsächlich eingeschränkt wurden. Klaus Bringmann hat überzeugend dargelegt, dass die *lex Claudia* nur auf die Seeschifffahrt in staatlichem Auftrag zielte, es sich also nicht um ein grundsätzliches Verbot des Eigentums an seegängigen Handelsschiffen handelte.[10] Kai Ruffing hat schließlich gezeigt, dass es sich hier um ein Gesetz zur Unterbindung von „Insidergeschäften" handelte.[11] Ganz offensichtlich sollte verhindert werden, dass diejenigen, welche die Strategie im Krieg gegen Karthago bestimmten und damit auch die Operationsziele festlegten, die zum guten Teil in Afrika und Spanien lagen, zugleich vom hierdurch verursachten enormen Transport der Nachschubgüter profitierten. Hierüber muss ein Konsens in der Nobilität bestanden haben, keiner gönnte dem anderen einen solchen Profit, der wie-

---

6 *Günther*, Karthago und Sizilien, 114f; *Ameling*, Karthago, 130–134.
7 Liv. 21, 63, 3 f.; *Ruffing*, Senator, 75.
8 Eine ausführliche Darstellung der Diskussion bietet *Baltrusch*, Regimen morum, 32 ff.
9 Vgl. *Schäfer*, Spitzenmanagement, 15.
10 *Bringmann*, Lex Claudia, 316–318.
11 *Ruffing*, Senator, 84 f.

derum die Machtverhältnisse in der römischen Aristokratie deutlich hätte verändern können. Nur so ist es zu erklären, dass die *lex Claudia de nave senatorum* nicht verhindert wurde, wo doch bei ernsthaftem Widerstand in der Nobilität das Veto eines der zehn Volkstribunen mit Leichtigkeit hätte herbeigeführt werden können.

Für die späte Republik ist zwar die Vorstellung von der Unvereinbarkeit des senatorischen Standes mit dem Engagement im Handel vielfach bezeugt.[12] Dennoch suchten und fanden die in ihren Aktivitäten eingeschränkten Senatoren Mittel und Wege, an den gewinnträchtigen Unternehmungen im Seehandel zu partizipieren. Schon der ältere Cato investierte in Seehandelsunternehmungen und war Teilhaber eines derartigen Unternehmens, für das fünfzig Investoren und ebenso viele Schiffe zusammengebracht wurden. Plutarch berichtet darüber hinaus, er habe die Beteiligung durch seinen Freigelassenen Quinctio abwickeln lassen, der dann auch mitgefahren sei.[13] Auf den ersten Blick könnte man denken, Cato habe über einen Strohmann agiert, allerdings gilt es zu bedenken, dass hierbei allein schon der Wunsch nach Überwachung der Durchführung von Seehandelsaktivitäten ausreicht, um die Vorgehensweise zu rechtfertigen. Gerade der Einsatz eines Freigelassenen, der einerseits juristisch voll handlungsfähig war, auf den der Herr andererseits aber über die Pflicht, *operae* (Dienste) zu leisten, noch immer Zugriff besaß, spricht für einen Fall indirekter Stellvertretung. Längst existierten mit den *institores* und *procuratores* (Geschäftsführer) die Positionen für eine solche Aufgabenübertragung.[14] Der Seehandel war also ein profitables Geschäft für Senatoren genauso wie für alle anderen Investoren.

Dabei gilt es zu betonen, dass man nicht unbedingt Eigner eines gesamten Schiffes sein musste. Oftmals ging es um eine Schiffsbeteiligung. Noch interessanter war, wie das Beispiel Catos zeigt, die Beteiligung an einer ganzen Handelsflottille, da hier das Risiko durch Schiffbruch weiter gemindert wurde.

IV Stellvertreter als Voraussetzung für Mobilität und Fernhandel

In einem seiner Briefe an Lucilius schreibt Seneca: „Wer des Reichtums bedarf, fürchtet um ihn. Niemand aber hat Freude an einem sorgenträchtigen Gut: Er bemüht sich nämlich ihm etwas hinzuzufügen. Und während er über die Vermehrung nachdenkt, vergisst er die Nutzung. Er nimmt Rechnungen entgegen, vernachlässigt das Forum, und wälzt das Kalendarium (=Schuldbuch). So wird aus dem Geschäfts*herrn* ein *pro-*

---

12 Cic. Flacc. 70 f. Cic. Verr. 2, 5, 44 ff. Cic. fam. 13, 22, 2. Cic. off. 1, 150 f. Vgl. *d'Arms*, Senator's Involvement in Commerce, 77–89; *Schleich*, Handelsaktivitäten, 82–90.
13 Plut. Cato maior 21, 6. Vgl. *Kienast*, Cato, 35; 142, Anm. 30; *Meier*, Res publica amissa, 69; *Shatzman*, Senatorial Wealth, 260.
14 *Schäfer*, Spitzenmanagement, 21–36.

curator."[15] Lassen wir Senecas hier formulierte Geringschätzung für Tätigkeiten im Bereich der Verwaltung großer Vermögen oder Unternehmen beiseite, dann zeigen sich zum einen der Bedarf an Stellvertretern im Management und zum anderen die Anforderungen an deren Tätigkeit.

Ein gutes Beispiel für den schon im 3. Jh. v. Chr. vorhandenen Bedarf an geeigneten Fachkräften für die Guts- und Vermögensverwaltung ist der Fall des Konsuls M. Atilius Regulus, der im ersten punischen Krieg zusammen mit seinem Kollegen L. Manlius Vulso die römischen Truppen kommandierte, die im Frühsommer des Jahres 256 v. Chr. eine Landungsoperation an der afrikanischen Küste durchführten. Als Manlius dann abberufen wurde, blieb Regulus als alleiniger Oberbefehlshaber in Afrika zurück.[16] Persönlich geriet er dadurch in eine prekäre Situation, als nämlich der *vilicus* (Verwalter) auf seinem Landgut starb und der *mercennarius* (Tagelöhner) mit dem *instrumentum rusticum* (landwirtschaftliches Gerät) entwich.[17] Infolgedessen bat er darum, dass man einen Nachfolger für ihn selbst senden und ihn ablösen möge, damit er sein Land bewirtschaften könne und seine Frau mit den Kindern nicht ohne Unterstützung bliebe.[18] Obwohl das Gut des Regulus gemessen an den Latifundien späterer Jahrhunderte als ausgesprochen klein und unbedeutend angesehen werden kann, erwies sich die Konstellation *vilicus* und *mercennarius* demnach schon damals als unzureichend für eine echte Absicherung dieses senatorischen Vermögens im Fall einer längeren Abwesenheit des *dominus*. Das Einspringen des Senats im Fall des Atilius zeigt, dass bis zur Mitte des 3. Jh. v. Chr. noch keine hinreichende Regelung für die Stellvertretung in ökonomischen Belangen gefunden worden war.

Mit der Ausweitung des Fernhandels, die vielfach eine längere Abwesenheit der Kaufleute von Rom und Italien erforderlich machte, wuchsen die Probleme und Risiken.[19] Hinzu kam die Zunahme der Fernreisen von Mitgliedern der römischen Oberschicht im Rahmen von Gesandtschaften oder durch die Übernahme von Ämtern in der Provinzialverwaltung. Nicht zuletzt auch durch den Militärdienst wurde eine immer größere Zahl von Bürgern an der rechtzeitigen Wahrnehmung ihrer wirtschaftlichen Interessen in der Heimat gehindert.

So entwickelte man für die private Vermögensverwaltung spätestens im 2. Jh. v. Chr. die Rechtsfigur des *procurator*. Hierbei können wir zwei Grundtypen unterscheiden. Während nämlich einige Prokuratoren auf der Basis eines *iussum* von Seiten des *dominus* handelten, wurden andere aufgrund eines *mandatum* tätig.[20]

---

15 Sen. epist. 14, 18.
16 Vgl. *Fantar*, Régulus, 75; 79 f.; *Lazenby*, Punic War, 97–101.
17 *Schäfer*, Spitzenmanagement, 13.
18 Val. Max. 4, 4, 6. Vgl. Frontin. strat. 4, 3, 3. Sen. dial. 12, 12, 5 ff. De vir. illustr. 40, 2; *Bürge*, Mercennarius, 88 ff.; *Lazenby*, Punic War, 101.
19 Vgl. *d'Arms*, Social Standing, 22 ff.
20 Dig. 27, 3, 3 (Pomponius); 34, 3, 8, 6 (Pomponius); Dig. 15, 3, 17 (Africanus); Dig. 17, 1, 31 (Iulianus); Dig. 21, 1, 51, 1 (Africanus). Vgl. *Behrends*, Prokuratur, 1971, 231 ff.; *Kaser*, Privatrecht, 265; 587; *Schäfer*, Spitzenmanagement, bes. S. 27 ff.

Voraussetzung für die Bestellung eines per *iussum* eingesetzten *procurator omnium rerum* war eine Reise, die den *dominus* aus Italien hinausführte.[21] Aufgrund der begrenzten Einsatzmöglichkeiten des *procurator omnium rerum* entwickelte sich als Alternative u. a. für den Einsatz im Fernhandel und die Vermögensverwaltung über größere Entfernungen hinweg alsbald die Figur des *procurator cui mandatum est*.[22]

Da die Antike keine direkte Stellvertretung in Rechtsgeschäften kannte, nahm man für die Abwicklung von (Handels-)Geschäften zu einer Reihe von Hilfskonstruktionen Zuflucht, wobei dem Problem der Bevollmächtigung eine zentrale Bedeutung zukam. So kommt im 2. Jahrhundert n. Chr. die Rechtsfigur des Prokurators ohne Auftrag auf, dessen Maßnahmen durch den Geschäftsherrn nachträglich anerkannt werden können (*ratihabitio*). Hierzu bemerkt Gaius: „Es gibt sogar Juristen, die glauben, dass auch der als *procurator* gilt, der keinen (!) Auftrag hat, wenn er das Geschäft nur im guten Glauben (*bona fide*) übernommen hat und dafür Sicherheit (*satisdatio*) stellt, dass der Geschäftsherr (*dominus*) das Ergebnis anerkennen wird."[23]

Die *procuratores* stellten sozusagen die Spitze der möglichen Stellvertreter für einen *dominus* dar. Dem entspricht ihre problemlose Zulassung vor Gericht einzig aufgrund der Tatsache, dass sie durch eigene Sicherheitsleistung (*satisdatio*) die Anerkennung ihrer Maßnahmen durch den *dominus* garantierten. Dies erweiterte ihren Handlungsspielraum erheblich. Schließlich waren sie jetzt in der Lage, auch ohne direktes Mandat unvorhergesehene Probleme zu meistern. Voraussetzung war allerdings, dass ihr Eintreten dem *dominus* zum Vorteil gereichte. Der Geschäftsherr und auch ein etwaiger Prozessgegner konnten sich darauf verlassen, dass ihnen kein Schaden entstehen würde, lag doch das gesamte Risiko bei dem selbständig handelnden *procurator*.

Die durch *mandatum* eingesetzten Stellvertreter waren demnach weit besser mit Vollmachten für eine dauerhafte Bewirtschaftung von Gütern und die ständige Betreuung von Handelsunternehmen oder Vermögenswerten ausgestattet als jene, die ihre Position auf der Basis des *iussum* nur bis zur Rückkehr der von Italien abwesenden Eigentümer bekleideten.[24]

Bei der Untersuchung der epigraphischen Zeugnisse für Mandatsprokuratoren fällt der hohe Prozentsatz der Freigelassenen unter diesen Funktionsträgern auf.[25] Gegenseitiges Vertrauen und die enge persönliche Bindung zwischen einem aus dem Sklavenstand hervorgegangenen Mandatsprokurator und der Familie seines Geschäftsherrn boten eine hervorragende Basis für eine verantwortungsvolle Tätigkeit.

---

21 Cic. Caecin. 20, 57.
22 Cic. de orat. 1, 249. Vgl. *Aubert*, Business Managers, 154; 185; *Schäfer*, Spitzenmanagement, 111–159.
23 Gai. inst. 4, 84.
24 Dies spiegelt sich nicht zuletzt auch in der unterschiedlichen Haftung für von ihnen getroffene Personalentscheidungen wider. Während die *procuratores omnium rerum* mit der *actio institoria* zur Rechenschaft gezogen werden konnten, wurde diese *actio* gegen die Manadatsprokuratoren nicht gegeben. Vgl. *Schäfer*, Spitzenmanagement, 47.
25 Vgl. u. a. CIL VI, 9834 = Dessau 7387.

So konnten ein Einsatz von ehemaligen Sklaven als dauerhaft angestelltes Führungspersonal von langer Hand vorbereitet und die Kandidaten für eine solche Tätigkeit adäquat ausgebildet werden. Spätestens bei Übernahme der Prokuratur mussten sie allerdings freigelassen werden, denn *procuratores* waren grundsätzlich persönlich frei, andernfalls hätten sie die Rechtsvertretung nicht in vollem Umfang wahrnehmen können.[26] Der *procurator* gehörte also zu den herausragenden Figuren der römischen Wirtschafts- und Vermögensverwaltung, die den Fernhandel und die Vernetzung der römischen Wirtschaft erst möglich machten.

Das Ausmaß der Handlungsfreiheit und die Kompetenz zum Abschluss von Geschäften auf Distanz wuchsen zusehends seit dem 2. Jahrhundert v. Chr., ehe sie dann in der Kaiserzeit ihr Optimum erreichten. Damit waren die Voraussetzungen geschaffen für einen Warenverkehr, der von Indien bis nach Britannien und von Nordafrika bis an Rhein und Donau sowie in den Schwarzmeerraum reichte und vom Massenguttransport dominiert wurde.

V Sicherheit der Handelswege – Piraterie und Raub

Eine wichtige Voraussetzung für die ökonomische Vernetzung stellte die Sicherheit der Handelswege dar, die einerseits durch Piraterie und Wegelagerei, aber auch durch die Eingriffe anderer (Handels-)Mächte gefährdet werden konnte. Wenn diese Übergriffe überhandnahmen, griff Rom zu militärischen Maßnahmen, wie es Cicero in seiner Rede über den Oberbefehl des Cn. Pompeius eindrucksvoll auf den Punkt bringt: „Unsere Vorfahren haben oftmals Kriege geführt, wenn unsere *mercatores* und *navicularii* ungerecht behandelt wurden."[27] Tatsächlich nennt Polybios als Auslöser für den Krieg, den Rom 229–228 gegen die Illyrer führte, deren Übergriffe auf italische Kaufleute, die teils ausgeplündert, teils ermordet oder verschleppt worden seien. In der Haltung, die er der illyrischen Königin Teuta in den Mund legt, wird die Problematik der Sicherheit auf dem Meer deutlich. Teuta erklärte sich offenbar bereit anzuordnen, dass den Römern von Staatswegen kein Unheil widerfahre, für Privatpersonen aber könne sie nicht garantieren, weil sie keine gesetzliche Handhabe habe, die Illyrer an der Freibeuterei zur See zu hindern.[28] Die Römer allerdings sahen das in diesem Fall anders und führten den ersten Illyrischen Krieg. Die Grenzen zwischen staatlichen Attacken auf Handelsschiffe und -stützpunkte und privater Freibeuterei waren fließend, zumal vielfach Privatpersonen, die als Unternehmer Piratenschiffe oder so-

---

26 Zum hohen Anteil der Freigelassenen bei den Mandatsprokuratoren vgl. auch *Schäfer*, Spitzenmanagement, 181–201.
27 Cic. Manil. 11.
28 Pol. 2, 8; *de Souza*, Pirates, 56 f.

gar ganze Piratenflotten ausrüsteten und bemannten, von kriegführenden Mächten angeheuert wurden und die jeweilige Marine verstärkten.[29]

Lange Zeit duldete auch Rom die Piraterie und kooperierte sogar mit den Piraten des östlichen Mittelmeerraumes, die nicht nur Waren, sondern auch Sklaven lieferten. Als schließlich aber ganze Flotten von Seeräubern bis ins westliche Mittelmeer vordrangen, wurden zu Beginn des 1. Jahrhunderts v. Chr. Roms ökonomische Interessen, insbesondere die Getreideversorgung erheblich beeinträchtigt. Dies führte zur Übertragung des Oberbefehls auf Cn. Pompeius Magnus, der 67 v. Chr. in einer konzertierten Aktion mit Gewalt und Diplomatie das gesamte Mittelmeer von der Piratenplage befreite, die Überlebenden begnadigte und ansiedelte, und so Rom nicht nur zur beherrschenden Seemacht auch im Osten des Mittelmeeres machte, sondern sich selbst eine umfangreiche Klientel aus ehemaligen Piraten schuf.[30]

In den Bürgerkriegen zwischen Caesar und Pompeius sowie Octavian und Antonius spielten die Kriegs- und Versorgungsflotten auf allen Seiten eine wichtige Rolle. Mit dem Angriff auf die Versorgungsrouten des Antonius, leitete M. Agrippa die entscheidende Phase im Bürgerkrieg ein.[31] Mit der Seeschlacht von Actium[32] zwischen Octavian und Agrippa auf der einen und Antonius mit Kleopatra auf der anderen Seite endete 31 v. Chr. die Ära der großen Seekriege der Antike und damit auch der massiven Störungen des Handels durch Krieg und Piraterie. Auch wenn letztere nicht gänzlich ausgerottet werden konnte, wurde sie doch deutlich zurückgedrängt.[33] Das Mittelmeer war zum *mare nostrum* der Römer geworden. In der Kaiserzeit wurden Flottenverbände zur Sicherung der Seewege an strategisch wichtigen Plätzen fest stationiert. Wichtigste Standorte waren Misenum und Ravenna, wobei die *classis praetoria Misenensis* ein besonders enges Verhältnis zum Kaiser hatte.

Auch zu Lande machten Räuber die Verkehrswege und manchmal sogar ganze Landstriche unsicher. Dies galt gleichermaßen für Italien und für die Provinzen.[34] Sie organisierten sich gelegentlich in Banden, deren Hauptleute sogar eine gewisse Berühmtheit erlangen konnten wie etwa der Anfang des 3. Jahrhunderts n. Chr. in Italien operierende Bulla Felix. Er hielt mit seiner Bande zwei Jahre lang Behörden und vor allem die bessergestellte Bevölkerung in Atem, ehe man ihm das Handwerk legen konnte.[35] Unter Umständen konnten die räuberischen Akte durch soziale Not motiviert werden wie etwa im Falle der in Gallien auftretenden Bagauden. Obwohl die Gefahr durch Räuber und Diebe nie ganz ausgeschaltet werden konnte, sorgte die

---

29 *De Souza*, Pirates, 57.
30 *De Souza*, Piracy, 161–178.
31 *Schäfer*, Transportkapazitäten, 167–172.
32 Plut. Ant. 64 ff.; Cass. Dio 50, 31 ff.
33 *De Souza*, Piracy, 204–210.
34 Vgl. z. B. zum Verschwinden römischer Bürger in Italien Plin. epist. 6, 25. Überfälle und Morde in den Provinzen sind vor allem in den Inschriften bezeugt, etwa in ILS 2646, 5795 u. 8504.
35 Zu Bulla Felix vgl. *Grünewald*, Räuber, 157–172.

römische Obrigkeit doch auch im Binnenland für ein hohes Maß an Sicherheit, was wiederum die Voraussetzungen für den umfangreichen Handelsverkehr schuf.[36]

VI Technischer Fortschritt und Infrastruktur

Eine der Voraussetzungen für die Blüte des Handels in der späten Republik und der Kaiserzeit waren die technischen Fortschritte im Schiffbau und die Schaffung einer Infrastruktur, welche die Nutzung sowohl der Land- als auch der Seeverbindungen möglichst gefahrlos und mit einem kalkulierbaren Zeit- und Kostenaufwand möglich machte (s. auch Schneider in diesem Band).

Allein aus dem 1. und 2. Jahrhundert n. Chr. sind inzwischen mehr als 500 Wracks und Relikte von Schiffen bekannt. Römische Handelsschiffe wurden in höchst unterschiedlichen Größen gebaut. Technischer Fortschritt wurde besonders erreicht beim Bau des Rumpfs, bei der Zahl der Masten sowie der Vergrößerung der Segelfläche, bei der Konstruktion von Lenzpumpen, Ankern und Steuerrudern. Zwei Verfahren zur Verbindung der Planken waren üblich, einmal das „Vernähen" mittels Schnüren und Knoten. Schon in republikanischer Zeit dominierte allerdings das Nut- und Feder-Verfahren, bei dem stabile Hartholzplättchen in die Planken eingelassen und mit Holzstiften verzapft wurden. Doppelte Beplankung war schon bekannt und wurde gelegentlich verwendet, wenn Schiffsrümpfe besonders stabil und dicht gebaut werden sollten. Bis Ende des 3. Jahrhunderts n. Chr. wurden Schiffsrümpfe zum Schutz gegen Muschelbewuchs auch mit Blei beschichtet.[37]

In Gallien, Germanien und Britannien kam ab dem 1. Jahrhundert n. Chr. eine weitere Methode des Schiffbaus in Gebrauch, bei der die Planken ausschließlich mit zahlreichen Eisennägeln an den Spaten befestigt wurden. Die Plankennähte wurden kalfatert. Ein Beispiel dieser römisch-keltischen Bauweise ist ein Wrack aus London (Blackfriars) aus der Mitte des 2. Jahrhunderts n. Chr. mit einer Länge von 14 m und einer Breite von 6,5 m und 50 Tonnen Tragfähigkeit. Die Tonnage römischer Frachter lag schwerpunktmäßig zwischen 60–80 und 300 Tonnen, in Ausnahmefällen wurden aber auch deutlich größere Schiffe eingesetzt. So hatte der Superfrachter Isis, der wegen eines Sturms im 2. Jahrhundert n. Chr. im Piraeus Schutz suchte, eine Länge von 53 m, 14 m Breite und eine Kapazität von ca. 1300 Tonnen.[38]

Transportiert wurden die Güter auf unterschiedlichste Art, wobei Amphoren für den Transport von Flüssigkeiten eine herausragende Stellung einnahmen. Daneben finden sich beispielsweise in einem vor Hyères gesunkenen Schiff des 1. Jahrhunderts v. Chr. auch fest installierte große Keramikgefäße mit 2000–2500 l Fassungsvermögen,

---

36 Umfassend zur Quellenproblematik, zur Terminologie und zum Räuberunwesen *Grünewald*, Räuber, 7–39.
37 *Warnking*, Blütezeit, 369–377.
38 Lukian. nav. 5–9. Vgl. *Bockius*, Schifffahrt, 83.

die als Tanks genutzt wurden. Getreide wurde vielfach in Säcken transportiert, andere Waren wiederum in Ballen.

Durch die vielfältigen Innovationen wurden nicht nur die Manövrierfähigkeit und die Geschwindigkeit der Schiffe erhöht, auch die Hochseetüchtigkeit konnte deutlich verbessert werden. Dies führt zu der Erkenntnis, dass römische Handelsschiffe selbstverständlich über die offene See und auch bei Nacht fuhren, insbesondere wenn die technischen und nautischen Rahmenbedingungen gegeben waren.[39] All dies steigerte maßgeblich die Wirtschaftlichkeit des Seehandels.

Vom 27. Mai–14. September war das Meer für die Schifffahrt geöffnet, zwischen 10. März und 27. Mai sowie 14. September bis 11. November war die Seefahrt eingeschränkt. Vom 11. November bis 10. März (*mare clausum*) sollte der Schiffsverkehr ruhen. Aus den Schriftquellen wissen wir allerdings, dass in den Untersuchungsgebieten die Grundregel des *mare clausum*, d. h. die Einstellung der Schifffahrt in den Wintermonaten keinesfalls immer befolgt wurde, auch dies ein Grund für die Steigerung des Seehandels.[40]

Die seegängigen Schiffe wurden zumeist gesegelt. Nur selten kam eine begrenzte Anzahl von Riemen zum Einsatz. In Häfen wurden sie häufig mit kleinen Ruderbooten geschleppt. In den Häfen an der Küste wurden die Güter auf Binnenschiffe umgeladen, die mit niedriger Bordwand und geringem Tiefgang für den Flusstransport geeignet waren.

Die Schiffbarkeit der Flüsse ermöglichte einen rentablen Transport von Massengütern über weite Distanzen auch im Binnenland, wie Strabo bezogen auf die Baetica eindrucksvoll darlegt, indem er hervorhebt, der Überfluss an Früchten lasse sich wegen der Menge an Handelsschiffen leicht verkaufen. Dies bewirkten die Flüsse und ihre Mündungsarme, weil man sie – anfangs unter Ausnutzung der Tide – nicht nur mit kleinen, sondern auch mit großen Binnenschiffen befahren könne.[41] Tatsächlich bildeten die Wasserwege das Rückgrat des Güterverkehrs, damals wie heute war der Transport auf dem Wasserweg die mit Abstand kostengünstigste Art Waren über größere Distanzen an die Abnehmer zu bringen.

Die Binnenschiffe unterschieden sich – nicht anders als heutzutage – von den Seeschiffen in Form und Antriebsarten ganz erheblich. Vornehmlich handelte es sich um Prahme, flachgehende, relativ einfach konstruierte kastenartige Fahrzeuge mit rampenartigem Bug und Heck. Diese Plattbodenfahrzeuge waren stabil gebaut und konnten bis zu 40 m lang und 5,5 m breit werden. Die meisten Prahme waren allerdings deutlich kleiner. Ihre Traglast lag zumeist zwischen 10 t und 65 t, was ein Vielfaches zum Transport auf einem Karren mit maximal ca. 1 t ausmachte.[42]

---

39 Zur Seefahrt über das offene Meer vgl. *Arnaud*, Les Routes, 28 u. 107 ff.; ders., Periplus, 27; *Warnking*, Blütezeit, 162–167; 176–178.
40 Vgl. Veg. mil. 4, 39, 2 ff. *Warnking*, Blütezeit, 131–134.
41 Strab. 3, 2, 4.
42 *Bockius*, Antike Prahme, 439–493; ders., Antike Prahme und ihre Rolle in der Binnenschifffahrt, 624; *de Weerd*, Schepen, passim.

Für die Fahrt auf den Flüssen wurden verschiedene Antriebsarten eingesetzt. So wurde stromauf (Bergfahrt) vielfach getreidelt, allerdings war man hierbei auf einigermaßen befestigte Treidelpfade angewiesen.[43] Welchen Aufwand man diesbezüglich entlang wichtiger Wasserstraßen trieb, wird an einer Strecke mit hoher Fließgeschwindigkeit wie der Donau am Eisernen Tor deutlich. Hier wurde schon unter Tiberius 33/34 n. Chr. ein Treidelpfad teils aus dem Felsen herausgehauen, teils mittels eines Bohlenweges konstruiert, den in den Felsen eingelassene Balken trugen. Dieser Treidelpfad wurde unter Domitian im Jahr 92 renoviert und unter Trajan weiter ausgebaut. Flankierend zum Bau des Pfades beseitigte man nicht zuletzt die *scrofulae*, Steinbrocken, welche dicht unter der Wasseroberfläche die Durchfahrt gefährdeten.[44]

Auch die Investitionen in den Bau von Kanälen an schwierigen Flussstrecken belegen die Bedeutung der Binnenschifffahrtsstraßen und dürfen als Indiz gelten, wie groß der Umfang des Warentransports auf ihnen gewesen ist. Beispiele für derartige Baumaßnahmen sind der ebenfalls am Eisernen Tor gebaute 3,2 km lange, ca. 60 m breite und von 14 m hohen Deichen eingefasste Kanal zur Umgehung der Stromschnellen sowie die Instandsetzung des Kanals zwischen dem Nil und dem Roten Meer durch Trajan.[45]

Nicht überall waren allerdings die Bedingungen für das Treideln gegeben, wenn etwa Auenlandschaften das Anlegen von Treidelpfaden erschwerten. Hier musste man Staken, sich also mittels einer Stakstange am Flußgrund abstoßen und so Vortrieb erzielen, ein Verfahren, das im Vergleich zum Treideln dreimal so viel Kraftaufwand erforderte.[46]

Manche Binnenschiffe waren zusätzlich mit Segeln ausgestattet, deren Einsatz die Besatzung deutlich entlasten konnte. Wie gut diese Antriebsart funktionierte, wurde bei experimentalarchäologischen Untersuchungen aufgezeigt, in denen sich herausgestellt hat, dass auch derart plumpe Fahrzeuge recht gute Segeleigenschaften hatten und nicht nur „Vor dem Wind", sondern auch seitlich zur Windrichtung mit „Halbem Wind" gesegelt werden konnten. Angesichts der leichten Handhabung der in römischer Zeit dominierenden Rahsegel konnten selbst Prahme auf den häufig mäandrierenden Flüssen mit ständig wechselndem Windwinkel immer wieder durch Segel angetrieben werden.[47]

Gesicherte Daten zu den Treidelzeiten auf dem Rhein gibt es erst aus der frühen Neuzeit. Hieraus lässt sich ableiten, dass man in Talfahrt (stromab) täglich bis zu 100 Flusskilometer bewältigen konnte, dagegen betrug die Treidelzeit bei Bergfahrt (stromauf) von Köln nach Mainz (ca. 160 km) 52 bis 78 Stunden. Hinzu kamen Verzögerungen. So musste an der Einmündung von Nebenflüssen die Flussseite gewechselt

---

43 *Campbell*, Rivers, 212 f.
44 *Weithmann*, Donau, 114 f.
45 *Bockius*, Schifffahrt, 91 f.
46 *Campbell*, Rivers, 212; *Hofmann-von Kap-herr/Schäfer*, Schifffahrt, 80 f.; dies., Binnenschiff, 42 f.
47 Zu den Segeleigenschaften *Hofmann-von Kap-herr/Schäfer*, Schifffahrt, 81–83.

werden. Nachts konnte man nicht treideln, außerdem brauchten Pferde und Menschen ihre Ruhezeit. Damit verlängerte sich die Treidelzeit auf 5–6 Tage, d. h. man bewältigte im Durchschnitt nur 25–32 km pro Tag. In römischer Zeit wurden jedoch in der Regel keine Pferde, sondern Menschen eingesetzt, sodass sich die Zeit eher noch verlängerte. Daher ist für antike Verhältnisse eine Tagesstrecke von ca. 15–20 km realistisch.[48]

Ein Ochsenkarren hingegen schaffte pro Tag etwa 10–16 km, dies allerdings auf der Straße.[49] Denn komplettiert wurde das Netz an Handelswegen durch die Straßenverbindungen, die wiederum die an der See und den Flüssen liegenden Handelsplätze mit den urbanen Siedlungen im Landesinneren verbanden und diese an die maritimen, littoralen, fluvialen und limnischen Handelsströme anschlossen. Dabei gilt es zwischen den Fern- bzw. Reichsstraßen, den *viae publicae*, und den Vicinalstraßen (*viae privatae*) zu unterscheiden, die lokale oder bestenfalls regionale Bedeutung hatten, aber die entscheidende Anbindung für die Gutshöfe oder Siedlungen schufen, die nicht an einer *via publica* lagen.[50] Die regelmäßige und intensive Nutzung erforderte allerdings ein hohes Maß an Qualität im Straßenbau.[51] Hierfür stellte der römische Staat gewisse Ressourcen bereit. So lagen Bau und Unterhalt der *viae publicae* in Italien in öffentlicher Hand und wurden über die Staatskasse, das *aerarium Saturni*, oder durch den Kaiser finanziert. In den Provinzen wurde der Straßenbau als *munus publicum* gehandhabt, weshalb hier vor allem die ländlichen Anrainer und die Gemeinden verantwortlich zeichneten. Lediglich beim Brückenbau konnte man auf Unterstützung durch die Reichszentrale hoffen.[52] In geringerem Maß war das römische Militär in den Straßen- und Brückenbau involviert, immerhin besaßen die Straßen eine entscheidende Bedeutung für die schnelle Verlegung von Truppen und Material, insbesondere, wenn es galt, unwirtliches Gebiet wie etwa die Alpen zu durchqueren.[53]

In jedem Fall aber waren gut ausgebaute Straßen absolut notwendig für die Umsetzung des Verteidigungskonzepts der Kaiserzeit, als die Truppen fast komplett in den Grenzprovinzen stationiert waren, sodass bei größeren Einfällen oder Bedrohungen die Verstärkungen aus anderen Reichsteilen abgezogen und zur Stabilisierung der Lage sowie für einen Gegenschlag erst herangeführt werden mussten. Aus den Inschriften der Soldaten können wir ersehen, dass sie oft mehrfach in ihrer Dienstzeit durch das gesamte Imperium verlegt worden waren, um derartige Krisen zu bewälti-

---

48 Zum frühneuzeitlichen Treideln auf dem Rhein *Volk*, Mittelrhein, 448. Zu den Erkenntnissen unter Berücksichtigung der papyrologischen Überlieferung des römischen Ägypten. *Reinard*, Arsinoites, 80–102. Vgl. auch *Schäfer*, Oil for Germany, 238.
49 *Hopkins*, Models, 104; *Schneider*, Straßen, 88.
50 *Schneider*, Straßen, 86 f.; *Klee*, Lebensadern, 14–21.
51 Art und Qualität des Straßenbaus *Klee*, Lebensadern, 32–61.
52 *Pekáry*, Reichsstraßen, 113 f.; *Eck*, Organisation Italiens, 79; *Rathmann*, Reichsstraßen, 136–142.
53 Zum Anteil des Militärs am Straßenbau *Rathmann*, Reichsstraßen, 31–41.

gen. Diese notwendige Mobilität des Militärs wirkte regelrecht als Katalysator auf die Vernetzung der Zivilgesellschaft.[54]

Über die zahlreichen Straßenverbindungen wurden schließlich auch kleine und mittlere Siedlungen sowie landwirtschaftliche Betriebe wie Villen und Latifundien an das Verkehrsnetz und damit an die Märkte angeschlossen. Sogar in unwirtlichen Gegenden und dünn besiedelten Regionen gab es ausgebaute, regelmäßig genutzte Wege. Dies galt etwa für die Karawanenwege durch die Wüsten Afrikas und Asiens, soweit sie in römischem Hoheitsgebiet lagen oder an die römischen Handelsrouten angeschlossen waren.[55]

Betrachten wir die hohen Investitionen in die Verkehrsinfrastruktur im Imperium und die hieraus resultierenden vergleichsweise günstigen Transportkostenverhältnisse, verwundert es nicht, dass selbst Massengüter wie Getreide, Öl und Wein über lange Distanzen rentabel gehandelt wurden.

VII Akteure des Handels

Die Akteure, die den mit Mobilität einhergehenden Handel im Imperium trugen und gerade in der Kaiserzeit zum Blühen brachten, waren keine Kleinhändler, sondern schon mit mittleren bis größeren Transaktionen beschäftigt.

Die Schlüsselfiguren für weiterreichende Handelsaktivitäten stellten *mercatores* und *negotiatores* dar. Ihre Arbeitsfelder und Kompetenzbereiche lassen sich allerdings kaum differenzieren, da die Begriffe *mercator* und *negotiator* in der Kaiserzeit praktisch synonym gebraucht wurden.[56] Ein Beispiel für ihre Tätigkeit bietet der Handel mit Olivenöl aus der Baetica. Dort kauften *mercatores* in bestimmten Gebieten Öl auf, wobei sie im Geschäftsverkehr mit den Besitzern auch *diffusores* als Agenten einsetzten.[57] Auch die *negotiatores* konnten direkt beim Produzenten die Ware kaufen, um diese dann in den Fernhandel einzuspeisen. Sie werden allerdings in der Kaiserzeit tendenziell eher mit größeren Handelsgeschäften in Verbindung gebracht. Am Ende der Transaktion konnten sie wiederum in größerem Stil die Güter an Großkunden oder Zwischen- bzw. Kleinhändler abgeben.

Die *termini* sind zwar nicht als Berufsbezeichnungen im strengeren Sinn zu verstehen, sowohl *mercatores* als auch *negotiatores* konnten aber mit Epitheta versehen werden, die auf ihre speziellen Geschäftsfelder hinwiesen wie bei den in Rom beleg-

---

54 Vgl. z. B. AE 1929, 167 = AE 2000, 647: *L(ucius) Tettius Crescens / domo Roma / vix(it) ann(os) (vac) / expeditionib(us) interfui(t) / Daciae bis Armeniae / Parthia(e) et Iudaea(e) / se vivo sibi fec(it)*. Vgl. Le Bohec, Die römische Armee, 168–174; Pollard/Berry, Legionen, 37.
55 *Sidebotham*, Erythra Thalassa, 59–67; 74–77.
56 *Kneißl*, Mercator, 73–81.
57 Vgl. *Remesal-Rodríguez*, Ölproduktion, 103.

ten *negotiatores oleari ex Baetica* oder bei L. Marius Phoebus, der als *mercator olei hispani ex provincia Baetica* bezeichnet wird.[58]

In jedem Fall trieben sie Handel in großem Stil. Hinter ihnen standen zumindest zum Teil die Inhaber großer Vermögen, wenn sie nicht selbst sogar zu dieser Schicht gehörten. Die *negotiatores* – denn dies wird in der Kaiserzeit der dominierende Ausdruck – organisierten und bewältigten das gewaltige Handelsvolumen, das in der Kaiserzeit vor allem durch die Nachfrage der Metropolen, aber auch durch die Bedürfnisse der zahlungskräftigen Truppen in den Grenzprovinzen aufkam.

Dabei entstanden weitreichende Netzwerke, wie das der aus Spanien stammenden Caecilii, deren Familienmitglieder zum Teil in Rom ansässig waren.[59] In der Mitte des 2. Jahrhunderts übernahmen nicht weniger als acht Freigelassene der D. Caecilii Aufgaben im Handel mit baetischem Öl.[60] Und tatsächlich tauchen sie unter den *tituli picti* der Kölner Amphoren auf.[61]

Selbst Angehörige des römischen Militärs mischten im Handel mit, das zeigt eine Inschrift aus Trier, in der ein Marinesoldat der *classis Germanica* als *negotiator cervesarius artis offecturae* (also als Dunkelbierhändler) bezeichnet wird.[62]

Eine solche Nebentätigkeit war den Soldaten keineswegs verboten, sofern sie die Dienstpflichten nicht tangierte.[63] Wie lohnend dies für alle Beteiligten war, wird deutlich, wenn man sich klarmacht, dass Soldaten und später auch Veteranen von Binnenzöllen befreit waren.[64] Infolgedessen wurden Soldaten und Veteranen wohl auch ganz bewusst von Händlern in deren Transaktionen eingebunden.

Im Seehandel gestaltet sich die Sachlage noch komplizierter, jedenfalls sind die Akteure nicht immer ganz eindeutig zu fassen. Fest steht, dass der Seehandel weitgehend in der Hand von Privatleuten lag. Ab der Mitte des 3. Jahrhunderts v. Chr. tau-

---

58 Zu den *negotiatores oleari* CIL VI, 1625b =ILS 1340. Vgl. *Kneißl, Mercator*, 78. Zu L. Marius Phoebus CIL VI, 1935 = ILS 7489. Vgl. *le Roux, Negotiator Olearius*, 606–615.
59 *Broekaert, Navicularii*, 329–336.
60 CIL XV, 3751–3785.
61 *Ehmig, Tituli picti*, 394; 402.
62 BerRGK 1927, 41 = AE 1928, 183 = AE 1941, 168 = CSIR IV, 3, 426. Vgl. *Wierschowski*, Soldaten und Veteranen, 36 ff.; *Jacobsen*, Austausch, 56; 69; *Tchernia, Les Romains*, 331. Was die „*ars offectura*" angeht, gibt es zwei mögliche Interpretationen: Zum einen könnte sich die Wendung auf das Bier beziehen, zum anderen könnte sie bedeuten, dass der Mann Bierhändler und Händler gefärbten Tuches war. Letzteres würde jedoch erfordern, dass man ein et ergänzt, also: *negotiator cervesarius (et) artis offectur(a)e*. Seltsam ist die Wendung allerdings auch, wenn man von dunklem Bier ausgeht, da man eigentlich erwarten würde, dass „artis" weggelassen wird. Wenn man dunkles Bier hätte bezeichnen wollen, hätte man einfach sagen können: *negotiator cervesae offecturae*. Parallelen gibt es nicht. Dunkles Bier ist also eine Option.
63 *Wierschowski*, Soldaten und Veteranen, 31 ff.
64 Städten, aber auch Individuen konnte Zollfreiheit gewährt werden. So bestätigte Nero ein älteres Privileg, durch das alle Soldaten von Zöllen befreit waren. Eigentlich sollte dies nur Güter für den persönlichen Gebrauch betreffen, wie aber sollte man dies kontrollieren, solange der Umfang des Handels im Rahmen blieb. Tac. ann. 13, 51. Vgl. auch das Monumentum Ephesenum, das Zollgesetz der Provinz Asia, EA 14, § 26.

chen römische Handelsschiffe sowohl in der Adria als auch vor der afrikanischen Küste auf.[65] Die bereits angesprochene *lex Claudia de nave senatorum* sorgte für den Aufstieg der *publicani*, die sich häufig zu *societates* zusammenschlossen, um als Privatunternehmer staatliche Aufträge wie die Versorgung der römischen Legionen im 2. Punischen Krieg zu bekommen.[66] In der späten Republik übernahmen vermögende Ritter (*equites*) als *publicani* mit solchem Erfolg derartige Seehandelsaktivitäten sowie andere Staatsaufträge wie etwa die Steuereintreibung in den Provinzen, dass der Ausdruck fast schon als Synonym für Angehörige des *ordo equester* gebraucht wurde.[67] Die in der mittleren und späten Republik entstehenden Rechtsfiguren zur Stellvertretung (*procuratores*) ermöglichten allerdings den Senatoren ebenfalls im Handel tätig zu sein, oft engagierten sie aber auch Strohmänner, um ihre Teilhaberschaft an Handel und Geldverleih zu verschleiern.

Der Transport von Waren über See und die Abwicklung der Transaktionen mit den Abnehmern am Bestimmungsort lag jedoch vor allem in den Händen von Reedern und Schiffsbesitzern (*exercitores*). Um Waren über See zu transportieren, musste man nämlich nicht unbedingt Eigentümer (Eigner) eines Schiffes sein, man konnte ein Fahrzeug auch pachten.[68] Eine solche Konstellation findet im römischen Privatrecht ihren Niederschlag. Der Jurist Ulpian hält fest: „Wir nennen denjenigen *exercitor*, dem alle Nutzungen und Einkünfte zufließen, ob er nun *dominus navis* ist oder das Schiff von dem *dominus navis* komplett gepachtet hat, entweder befristet oder auf Dauer."[69] Pachtete der *exercitor* ein Schiff, hatte er die vereinbarte Summe zu zahlen ohne Rücksicht auf die Zahl der tatsächlichen geleisteten Transporte, er trug also das wirtschaftliche Risiko. Je mehr Fahrten das Schiff innerhalb der Pachtdauer machte umso profitabler wurde das Geschäft für den *exercitor*![70]

Bei den *navicularii* ist meist unklar, ob sie auf eigene Rechnung oder für Kapitalgeber agierten. Oftmals traten sie als Schiffseigner auf, und zwar vor allem im Seehandel, was nicht ausschloss, dass sie auch selbst ein Schiff führen konnten. Ansonsten lag die Schiffsführung meist in Händen des *magister navis* oder des *gubernator*. Die *navicularii* fungierten eher als Transporteure bzw. Spediteure, der An- und Verkauf von Waren gehörte eher nicht zu ihren Aufgaben.[71] Die Nachweise für *navicularii* verdichten sich in bedeutenden Hafenstädten wie Arles und Narbonne.[72]

---

65 Pol. 1, 83; 2, 8.
66 Liv. 23, 48, 10–23, 49, 4. Vgl. *Malmendier*, Societas, 28–30; 69 f.
67 Cic. Planc. 23.
68 Auch wenn seine Gestalt fiktiven Charakter hat, liefert Trimalchio ein wichtiges Indiz, schließlich schreibt Petron ihm eine Doppelfunktion als Eigner und Pächter von Schiffen zu. Petron. 76, 1. Vgl. *Arnaud*, Ancient Sailing-Routes, 72.
69 Ulp. Dig. 14, 1, 1, 15: *Exercitorem autem eum dicimus, ad quem obventiones et reditus omnes perveniunt, sive is dominus navis sit sive a domino navem per aversionem conduxit vel ad tempus vel in perpetuum.* Vgl. *Aubert*, Business Managers, 59; *Stelzenberger*, Kapitalmanagement, 96; *Fleckner*, Kapitalvereinigungen, 311.
70 *Jakab*, Risikomanagement, 252; *Schäfer*, Gebrauchte Schiffe, 102 f.
71 *Warnking*, Blütezeit, 152 f.; *Arnaud*, Cities, 141–148.
72 Dazu jetzt *Schmidts*, Akteure, 46 ff.

Der *magister navis* konnte zwar auch das Schiff führen, eigentlich zeichnete er aber in Vertretung des Eigners für Ladung und Passagiere verantwortlich. Man könnte ihn also eher als den Manager des Schiffes verstehen.[73] Hingegen war die Schiffsführung das Kerngeschäft des *gubernator*, der sich somit als Skipper und Steuermann auf die nautische Seite der Seefahrt konzentrierte.[74]

Die *nautae* hingegen scheinen sich eher auf die Binnenschiffahrtswege konzentriert zu haben. Der Begriff beschreibt weniger einen Seemann als vielmehr einen Transportunternehmer.[75]

In der Kaiserzeit wurden private Schiffseigner besonders zur Versorgung der Stadt Rom mit Grundnahrungsmitteln herangezogen. Dabei kam der Getreideflotte, die auf der Seeroute von Alexandria über Zypern und entlang der kleinasiatischen sowie der griechischen Küste ägyptisches Getreide nach Rom brachte, besondere Bedeutung zu. Die Kaiser motivierten die Schiffseigner zur Beteiligung an der Getreideversorgung durch die Vergabe von Privilegien.[76] Jetzt wurden auch *corpora* oder *collegia* geschaffen, die den Schiffseignern ihre Handelsaktivitäten erleichterten. In der Spätantike wurde die Mitgliedschaft in diesen Vereinigungen für die *navicularii* obligatorisch und ihre Rechte und Pflichten gesetzlich genau geregelt.[77] Der Ausbau der Häfen während des Principats und Niederlassungen (*stationes*) in fremden Hafenstädten boten den *navicularii* konkrete Unterstützung bei der Organisation der Fahrten und der Abwicklung der „oversea" Geschäfte.

VIII Das Verhältnis der Transportkosten über Seerouten, Binnenwasserstraßen und Landwege

Auch wenn die Versuche, einen Transportkostenindex zu berechnen verschiedentlich kritisch hinterfragt wurden, lassen sich dennoch unter Einbeziehung der zur Verfügung stehenden Zeugnisse Korridore erkennen, mit denen man näherungsweise eine realistische Einschätzung der Verhältnisse vornehmen kann.[78] Je mehr neue Erkenntnisse etwa zum Verlauf von Seerouten, Fahrzeiten von Schiffen oder auch zum Treideln, Staken und Segeln auf den Flüssen sowie zu den Leistungen von Karren oder Tragtieren auf den jeweiligen Straßen erarbeitet werden, umso präziser lassen sich

---

73 Dig. 14, 1, 1, 1–2. *Warnking*, Blütezeit, 106–109; vgl. auch *Rougé*, Commerce Maritime, 234–238; *Casson*, Ships and Seamanship, 317 f.
74 *Warnking*, Blütezeit, 154.
75 *Schmidts*, Akteure, 13 ff.
76 Suet. Claud. 18, 2; Tac. ann. 13, 51, 2.
77 Cod. Theod. 13, 5.
78 Kritisch, aber keineswegs ablehnend äußern sich *Drexhage/Konen/Ruffing*, Wirtschaft, 140 f.

Tab. 1: Transportkostenverhältnis gemäß Transportart (nach P. Arnaud).

Seeweg (Alexandria – Rome)	1
Fluss (stromab)	3.84
Fluss (stromauf)	7.7
Lagune	5.7
Land (Kamel oder Esel)	33.84
Land (Karren)	42.3

die Modellrechnungen gestalten bzw. korrigieren.[79] Angesichts der Bemühungen der Forschung um die Quantifizierung der römischen Wirtschaft ist auf diesem Feld noch viel zu erwarten.

Maßgeblich war lange Zeit die von Richard Duncan-Jones vorgenommene Kalkulation. Er hat nach Auswertung der Schriftquellen zum Warentransport die Relation der Transportkosten von See-, Fluss- und Landtransport im Imperium Romanum auf 1:4,9:28–56 berechnet.[80]

Dies erscheint als eine durchaus vorsichtige Schätzung. Allerdings hat M. Polfer die hohen Kosten für den Landtransport in Zweifel gezogen und stattdessen die von D. P. S. Peacock herangezogenen Daten zum Verhältnis der Transportkosten im England des 18. Jahrhunderts als realistischer favorisiert. Peacock kommt dabei zu einer Relation von 1:4,7:22,6 für den Transport über See, auf Binnenwasserstraßen und über Land.[81] Dagegen hat Pascal Warnking in seiner kürzlich erschienenen Untersuchung zu den Rahmenbedingungen und der Wirtschaftlichkeit des römischen Seehandels überzeugend dargelegt, dass nicht die Entfernung und das Transportmittel, sondern vielmehr die Reisezeit den entscheidenden Faktor bei den Transportkosten darstellt.[82]

Pascal Arnaud hat erst kürzlich im Vergleich zu Peacock eine noch deutlich differenziertere Berechnung erstellt. Er berücksichtigt die Eigenheiten des Segelantriebs und die Tatsache, dass es infolge der vorherrschenden Windsysteme und der Segeleigenschaften der Schiffe „gute" und „schlechte", das heißt direkte und Umwege erfordernde Seerouten für die antiken Frachter gab. Durch Einbeziehen solcher Faktoren kommt er zu der Erkenntnis, dass die Kosten zwischen Seetransport und Landtransport in einem Verhältnis von mindestens 1:30 standen.[83]

In jedem Fall muss man konstatieren, dass der Seeweg um ein Vielfaches günstiger als der Landweg war. Das bedeutet zugleich, dass Güter, die über See transportiert wurden, eine in etwa um das 30–40fache höhere Reichweite besaßen. So gestaltete sich selbst für nicht sonderlich wertvolle Massengüter der Handel über weite Distan-

---

79 *Warnking*, Seehandel, 30–34.
80 *Duncan-Jones*, Economy, 368.
81 *Polfer*, Transport, 288 ff.; *Peacock*, The Rhine, 49.
82 *Warnking*, Blütezeit, bes. 145–148; 361–363.
83 *Arnaud*, Reconstituting the Maritime Routes, 21–35, Tabelle 3.1.

zen rentabel. Die Kosten für den Landtransport auf den Karawanenwegen durch unwirtliche Gebiete müssen noch deutlich über den hier kalkulierten Relationen gelegen haben, hinzu kamen im Fernhandel mit Asien Abgaben und Zölle beim Transfer durch fremde Reiche. So erwähnt Plinius die hohen Kosten, die durch den Karawanenhandel entstanden. Allein 688 Denare veranschlagt er als Zölle und Abgaben pro Kamel, bevor es überhaupt die römische Grenze erreichte. Dabei waren die Kosten für Unterkunft Verpflegung und Personal noch nicht eingerechnet.[84]

IX Darlehen und bargeldloser Kapitalverkehr als Treiber für den Seehandel

Als Treiber für den Seehandel erwiesen sich juristische Regelungen etwa für das Seedarlehen oder die Sicherheitsleistung und die nachträgliche Anerkennung für das Handeln im Auftrag Dritter (*ratihabitio*).[85] Mit ihnen wurde Rechtssicherheit geschaffen, und zwar gerade für den Handel über See.

Eine besondere Herausforderung waren Finanztransaktionen über lange Distanzen speziell bei der Seefahrt. Bei Sturmschäden etwa konnten Reparaturen notwendig werden, durch die unvorhergesehene Ausgaben in fremden Häfen anfielen, für die der Kapitän (*magister navis, gubernator*) nicht hinreichend Bargeld mit sich führte. Für derartige Notfälle bot das Römische Recht mit der *actio exercitoria* ein Rechtsinstrument, das entsprechende Darlehen und sogar bargeldlosen Kapitaltransfer fern der Heimat ermöglichte.[86] Nach Ulpian haftete der *exercitor*, d.h. derjenige der von den Gewinnen profitierte, für offene Rechnungen bei Handwerkern und Lieferanten. Es war dem *magister navis* sogar möglich, einen für Schiffsreparaturen aufgenommenen Kredit durch ein weiteres Darlehen abzulösen, das im Anschluss – wohl zu günstigeren Konditionen – bei professionellen Geldverleihern aufgenommen worden war.[87] Der archäologische Befund erlaubt es uns, diese Regelungen schon für die frühe Kaiserzeit anzunehmen: In den zahlreichen kaiserzeitlichen Schiffswracks wurden nämlich kaum Münzen gefunden, was sich im späten 3. Jahrhundert n. Chr. jedoch signifikant ändert. Anscheinend funktionierte das geschilderte Darlehensprinzip jetzt nur noch eingeschränkt oder gar nicht mehr, daher wurden jetzt wieder größere Summen an Bargeld an Bord mitgeführt.[88]

---

84 Plin. nat. 12, 65. Vgl. *Schuol*, Charakene, 385.
85 *Schäfer*, Spitzenmanagement, 42 ff.
86 Die Rechtsfigur des *exercitor* beschreibt denjenigen, der regelmäßig die Gewinne erhielt, die ein Schiff abwarf, unabhängig davon, ob er der Eigentümer war. Ulp. Dig. 14, 1, 1, 15; *Wacke*, Klagen, 299 f.; *Stelzenberger*, Kapitalmanagement, 96 f.
87 Ulp. Dig. 14, 1, 1, 11. Vgl. *Stelzenberger*, Kapitalmanagement, 100.
88 *Harris*, Roman Money, 254, betont, dass die Münzfunde in Wracks darauf hindeuten, „that merchants became much more coin-dependent from the late third century AD onwards." Vorher habe es praktisch keine *coin hoards* in Wracks gegeben. Vgl. ebd., 227; *Parker*, Ancient Shipwrecks, 227.

X Profitabilität, Transaktionskostenökonomik und irrationales Verhalten

Die Wirtschaftlichkeit im römischen Handel hing entscheidend von Innovationen ab, die als Profitabilitätstreiber wirkten. Dies waren zu Lande etwa der Ausbau des römischen Straßennetzes zumindest teilweise mit öffentlichen Geldern, die Etablierung geeigneter Karren und Zuggeschirre, bei den Binnenwasserstraßen diverse Wasserbaumaßnahmen, die Anlage von Landungsplätzen und Flusshäfen, Treidelpfaden, Kanälen und Speicherbauten. Im Seehandel ermöglichte die Einführung des hydraulischen Zements, einer Mischung von Puzzolanerde und Kalk, die Beton auch unter Wasser aushärten ließ, die Anlage künstlicher Kais, Molen, ja ganzer Häfen.[89]

Am Seehandel lassen sich die für die Profitabilität relevanten, aber auch die irrelevanten Positionen beispielhaft demonstrieren: Aus Sicht des Händlers (nicht des Reeders) beeinflussten Lagerkosten, Heuer und Verpflegung sowie die Nutzungsdauer der Schiffe nur in geringem Maß die Profitabilität der Handelsgeschäfte. Nichts oder wenig konnte der Unternehmer ändern an Besatzungsstärke, Anschaffungs- und Unterhaltskosten für das Schiff, an Zöllen und Steuern oder auch am Seewurf, falls dieser zur Rettung des Schiffes im Sturm nötig wurde. Langfristig interessant war hingegen die Schiffsgröße. Die Positionen, die der Händler jedoch bei jedem Seehandelsgeschäft beeinflussen konnte, lagen im Warenpreis (Ein- und Verkaufspreis), der wesentlich von der richtigen Wahl des Beschaffungs- und des Absatzmarktes abhing, sodann in der Reisedauer, die wiederum abhängig war von den meteorologischen Verhältnissen und der gewählten Route, die gegebenenfalls zwei oder mehr Handelsfahrten in der jährlichen Saison erlauben konnte. Die Kapitalkosten für das jeweilige Geschäft stellten ebenfalls einen flexiblen und bedeutenden Faktor dar. Und schließlich blieb noch das Problem des Schwunds im Verlauf des Transports, mit dem Händler zu allen Zeiten zu kämpfen hatten. Als wirkungsvollste Hebel zur Steigerung der Profitabilität erwiesen sich jedoch die Marge und die Reisedauer, die etwa durch Fahrten über die offene See verkürzt werden konnte.[90]

Es steht außer Zweifel, dass auch die antiken Händler bei ihren Aktivitäten Gewinn erzielen wollten. Das Streben nach Reichtum war fest im Denken der Gesellschaft verankert.[91] Strabon berichtet über die hohen Gewinnmargen aus dem Indienhandel.[92] Dennoch diktierte das Gewinnstreben nicht uneingeschränkt das Verhalten der Akteure, denn Profit wurde nicht nur um seiner selbst willen gemacht, vielmehr diente er bei den Bessergestellten, und das waren die Fern- und Großhändlern nun

---

89 Zur Puzzolanerde *Wölfel*, Wasserbau, 67–69; *Grewe*, Meisterwerke, 44.
90 *Warnking*, Blütezeit, 340–380; ders., Business Model, 174–187; ders., Seehandel, 27–29; 34–36.
91 Cic. off. 3, 63: *Neque enim solum nobis divites esse volumus, sed liberis, propinquis, amicis maximeque rei publicae.*
92 Strab. 17, 1, 13 (798).

einmal, zum Erreichen eines sozialen Status.[93] Gezielte Spenden, also zielgerichteter Euergetismus (Wohltaten), ermöglichten gesellschaftlichen Aufstieg oder das Absichern der eigenen Position und der der Familie. Gerade durch Handel reich gewordene Freigelassene konnten so in Kreise der Gesellschaft vorstoßen, die ihnen ansonsten verschlossen geblieben wären. Gewinne konnten umgesetzt werden in soziales Kapital.[94] Insofern wirkten neben der Gewinnmaximierung auch andere Effekte auf das Verhalten der Akteure, ganz im Sinne der Neuen Institutionenökonomie (NIE). Dabei spielt derzeit auch für die altertumswissenschaftliche Forschung gerade die für den Handel so wichtige Transaktionskostentheorie oder Transaktionskostenökonomik eine große Rolle. Sie geht von dem allen Individuen eigenen Bestreben aus, die Transaktionskosten zu minimieren, wobei die Akteure aber gleichzeitig nur in begrenztem Umfang rationalen Handlungsmustern verpflichtet sind.[95]

Als Beispiel für ein solches Verhalten kann der Handel mit baetischem Öl nach Germanien gelten. Zwei Hauptrouten wurden hierfür genutzt, zum einen der Seeweg durchs Mittelmeer in die Rhônemündung, anschließend mit Binnenschiffen die Rhône und Saône hinauf, über Land an die Mosel und von dort über den Flussweg an die Bestimmungsorte am Rhein. Zum anderen fuhr man über den Atlantik in die Rheinmündung, wo die Ware auf Binnenschiffe umgeladen wurde, die das Öl anschließend den Rhein hinauf zu den Abnehmern brachten. Die Fahrt über See auf dem Atlantik dauerte jedoch kaum länger als der Transport nach Arles, wobei noch dazu die Gefahr für Schiff und Besatzung im Golfe du Lion mindestens doppelt so hoch war wie beim Überqueren der Biskaya! Darüber hinaus war die Atlantikroute nicht nur wesentlich schneller, sondern durch das Vermeiden des Landwegs auch deutlich preisgünstiger.[96]

Für große Unternehmer, die ihre Geschäftsverbindungen zumindest im römischen Westen weiträumig installiert und entlang der möglichen Routen keine stärkeren sozialen Bindungen hatten, lag die Priorisierung der Atlantikroute auf der Hand. Anders sah es anscheinend bei den *negotiatores* und *nautae* mit sozialen Verflechtungen in den Orten an der Rhône aus. Für sie spielten neben Möglichkeit zur Cabotage eher noch ihr Sitz in Arles oder Lyon sowie persönliche Verbindungen in den Nordwesten bzw. entlang der Route eine Rolle. Insofern passen die nicht allein rational, unter dem Gesichtspunkt der Profitabilität erklärbaren Handlungsmuster der Akteure auf der Rhône-Saône-Mosel-Route bestens in den theoretischen Ansatz der Transportkostenökonomik.[97]

---

93 Cic. parad. 6. Bes. *ebd.*, 6, 43.
94 Zum Euergetismus *Beck*, Euergetismus, bes. 124–151; *Engfer*, Munifizenz, bes. 42–46; 88; 122. Zur Gewinnerzielungsabsicht und dem Streben von Händlern nach gesellschaftlichem Aufstieg *Warnking*, Blütezeit, 344–347. Zur Unterordnung des Profits unter das soziale Kapital *Morley*, Trade, 5.
95 *Ruffing*, Wirtschaft, 12 f.
96 *Schäfer*, Oil for Germany, 219–241.
97 Vgl. z. B. *Richter/Furobotn*, Neue Institutionenökonomik, 50 f.; *Schmidt*, Wirtschaft, 267 ff.

XI Globalisierungseffekte

Globalisierungseffekte zeigen sich schon in den römischen Provinzen. In Britannien wie in Germanien entstand insbesondere angesichts des dort stationierten Militärs eine dauerhaft gleichbleibende Wirtschaftslage, die als konstante Marktstruktur[98] zu begreifen ist bzw. als ein „Wirtschaftsgefüge, das sich auf ihre Bedürfnisse und ihre Kaufkraft konzentrierte".[99] Im direkten Einzugsgebiet wurden Getreide, Fleisch und andere Nahrungsmittel verhandelt, wohingegen Olivenöl und Wein importiert werden mussten. Große Volumina an Wein kamen dabei anfangs aus dem Mittelmeerraum, aus Italien, Spanien, Nordafrika und sogar aus der Ägäis.

Kombiniert man nun die Amphorenbefunde aus Britannien und der Region um Nijmegen mit den Zeugnissen für die hier belegten Händler, wird deutlich, dass die große Menge des an der Rheinmündung ankommenden Olivenöls nicht allein Ölhändler angezogen hat, vielmehr tauchen jetzt auch Fischsaucen (*allec*)- und Salz-Händler an der niedergermanischen Küste auf. Diese Güter wurden in großem Stil mit Binnenschiffen rheinaufwärts geschafft. Damit stellte sich hinsichtlich der Talfahrt die Frage nach möglichen Handelsgütern. Offenbar waren die Prahme zunächst nicht ausgelastet, eine günstige Transportkostensituation entstand, die eine über den Amphorenbefund fassbare Entwicklung auf dem niedergermanischen Weinmarkt evozierte: Gallischer Wein erreichte ab der zweiten Hälfte des 1. Jahrhunderts n. Chr. eine dominante Stellung in der Germania inferior. Offenbar wurde er „stromab" von den Kaufleuten und Schiffern verhandelt, die anschließend „stromauf" Öl, Salz und Fischsauce zu den Lagern und Siedlungen entlang des Rheins brachten.[100]

Diese Entwicklung erfasste auch Britannien. Offenbar wurde ab der zweiten Hälfte des 1. Jahrhunderts n. Chr. auch gallischer Wein aus der Germania inferior in die Inselprovinz exportiert. Einen Beleg dafür stellen die Gauloise 4-Amphoren dar, die in Britannien bis in antoninische Zeit nachgewiesen werden können.[101] Damit stellt sich die Marktentwicklung folgendermaßen dar: Bis in die Mitte des 1. Jahrhunderts n. Chr. wurde Wein aus der ganzen Mittelmeerwelt in die Germania inferior verhandelt. Angesichts der durch den Ölhandel über die Atlantikroute geschaffenen Transportkapazitäten den Rhein hinab, wird ab (spät)neronischer Zeit der Markt zunehmend mit billigerem gallischen Wein geflutet. Dieser war – wie die Gauloise 4-Amphoren zeigen – am Rhein quantitativ sehr stark vertreten, was dazu führt, dass die gallischen Produzenten mit ihren Produkten auch den britannischen Weinmarkt übernehmen und die Konkurrenz aus dem Mittelmeerraum weitgehend verdrängen. Bis in die Mitte des 2. Jahrhunderts n. Chr. dominiert denn auch in Britannien der gallische Wein den Markt. Indirekt hat also der enorme Transport von Olivenöl aus der Baetica über den

---

98 *Reinard*, Verhalten, 11–88.
99 *Drexhage/Konen/Ruffing*, Wirtschaft, 190.
100 *Reinard/Schäfer*, Ex provincia Britannia, 57–65.
101 *Onken*, Wirtschaft, 73 f.; *Tyers*, Roman Pottery, 86.

Atlantik nach Germanien Globalisierungseffekte auf dem Weinmarkt in der Germania inferior und in Britannien hervorgerufen.[102]

Der florierende Handel hielt bis ins 3. Jahrhundert an, ehe er dann einen deutlichen Rückgang erlebte. Neben Faktoren wie zunehmender Unsicherheit der Verkehrs- und Handelswege in der zweiten Hälfte des 3. Jahrhunderts sowie dem Rückgang der Produktivität der Landwirtschaft infolge des Klimawandels ist vor allem der sinkende Edelmetallgehalt der Währung Ursache für den Niedergang des Fernhandels, obwohl dieser in geringerem Umfang weiter existierte. Als das Vertrauen der Bevölkerung in die Währung schwand, nahm eine Krise ihren Lauf, von der sich der römische Handel nie mehr in vollem Umfang erholt hat.[103]

Handel, Warenzirkulation und die damit einhergehende Mobilität waren tragende Säulen für die Etablierung und Stabilisierung des Imperium Romanum. Sie bewirkten in der Bevölkerung eine zunehmende Identifizierung mit dem Reich, seinen Normen, dem Rechtssystem und dem Lebensstil. Die Senkung der Transportkosten durch den Ausbau des Seehandels erhöhte entscheidend die Reichweite auch von Massengütern wie Öl, Wein und Getreide. Neue digitale Methoden eröffnen der altertumswissenschaftlichen Forschung Perspektiven hin auf eine Quantifizierung der römischen Wirtschaft. Dies ermöglicht einen immer differenzierteren Einblick in die Prozesse und Effekte einer Ökonomie, in der wir über einen Beobachtungszeitraum von vielen hundert Jahren sogar Globalisierungsphänomene verfolgen können!

Bibliographie

Arnaud, P., Ancient Sailing-Routes and Trade Patterns: the Impact of Human Factors, in: *Robinson, D./Wilson, A. (Hgg.)*, Maritime Archaeology and Ancient Trade in the Mediterranean. Oxford 2011, 61–80.

Arnaud, P., Cities and Maritime Trade under the Roman Empire, in: *Schäfer, Ch. (Hg.)*, Connecting the Ancient World. Mediterranean Shipping, Maritime Networks and their Impact. Rahden/Westf. 2016, 115–172.

Arnaud, P., Le Periplus Maris Erythraei: une oeuvre de compilation aux préoccupation géographiques, in: Topoi, Suppl. 11, 2012, 27–61.

Arnaud, P., Les routes de la navigation antique. Itinéraires en Méditerranée. Paris 2005.

Arnaud, P., Reconstituting the Maritime Routes of the Roman Empire, in: *Ducruet, C. (Hg.)*, Advances in Shipping Data Analysis and Modeling. London 2018, 21–35.

Abulafia, D., Das Mittelmeer. Eine Biographie. Frankfurt a. M. 2011.

Ameling, W., Karthago. Studien zu Militär, Staat und Gesellschaft. München 1993.

Aubert, J.-J., Business Managers in Ancient Rome. A Social and Economic Study of *Institores*, 200 B.C.– A.D. 250. Leiden et al. 1994.

Baltrusch, E., Regimen morum. Die Reglementierung des Privatlebens der Senatoren und Ritter in der Römischen Republik und frühen Kaiserzeit. München 1989.

---

102 *Reinard/Schäfer*, Ex provincia Britannia, 65 f.
103 *Drexhage/Konen/Ruffing*, Wirtschaft, 193–201; vgl. *Harper*, Fatum, 184 f.; 195–237.

Beck, M., Der politische Euergetismus und dessen vor allem nichtbürgerliche Rezipienten im hellenistischen und kaiserzeitlichen Kleinasien sowie dem ägäischen Raum. Rahden/Westf. 2015.
Behrends, O., Die Prokuratur des klassischen römischen Zivilrechts, in: ZRG, 88, 1971, 215–299.
Bockius, R., Antike Prahme. Monumentale Zeugnisse keltisch-römischer Binnenschifffahrt aus dem 2. Jh. v. Chr. bis ins 3. Jh. n. Chr., in: Jahrb. RGZM, 47/2, 2000 (2003), 439–493.
Bockius, R., Antike Prahme und ihre Rolle in der Binnenschiffahrt der gallisch-germanischen Provinzen, in: *Oosting, R./van den Akker, J. (Hgg.)*, Rivierscheepvaart. Inleidingen gehouden tijdens het negende Glavimans-Symposium, Vleuten-De Meern, 16 mei 2003. Amersfoort 2006, 6–24.
Bockius, R., Schifffahrt und Schiffbau in der Antike. Stuttgart 2007.
Bringmann, K., Zur Überlieferung und Entstehungsgrund der *lex Claudia de nave senatoris*, in: Klio, 85, 2003, 312–321.
Broekaert, W., Navicularii et *Negotiantes*. A Prosopographical Study of Roman Merchants and Shippers. Rahden/Westf. 2013.
Broodbank, C., The Making of the Middle Sea. A History of the Mediterranean from the Beginning to the Emergence of the Classical World. London 2013.
Bürge, A., Der *mercennarius* und die Lohnarbeit, in: ZRG, 107, 1990, 80–136.
Campbell, B., Rivers and the Power of Ancient Rome. Chapel Hill 2012.
Casson, L., Ships and Seamanship in the Ancient World. Princeton 1971.
D'Arms, J. H., Senator's Involvement in Commerce, in: *d'Arms, J.-H./Kopff, D. (Hgg.)*, The Seaborne Commerce of Ancient Rome. Studies in Archaeology and History. Rom 1980, 77–89.
D'Arms, J. H., Commerce and Social Standing in Ancient Rome. Cambridge/London 1981.
De Souza, Ph., Piracy in the Graeco-Roman World. Cambridge 1999 (Pb 2002).
De Souza, Ph., Pirates and Politics in the Roman World, In: *Grieb, V./Todt, S. (Hgg.)*, Piraterie von der Antike bis zur Gegenwart. Stuttgart 2012, 47–73.
De Weerd, M. D., Schepen voor Zwammerdam. Academisch Proefschrift Universiteit van Amsterdam. Amsterdam 1988.
Drexhage, H.-J./Konen, H./Ruffing, K., Die Wirtschaft des Römischen Reiches. Eine Einführung. Berlin 2002.
Duncan-Jones, R., The Economy of the Roman Empire. Quantitative Studies. 2. Aufl. Cambridge et al. 1982.
Eck, W., Die staatliche Organisation Italiens in der Hohen Kaiserzeit. München 1979.
Ehmig, U., Tituli picti auf Amphoren in Köln II, in: Kölner Jahrbuch, 42, 2009, 393–445.
Engfer, K., Die private Munifizenz der römischen Oberschicht in Mittel- und Süditalien. Wiesbaden 2017.
Fantar, M. H., Régulus en Afrique, in: *Devijver, H./Lipinski, E. (Hgg.)*, Studia Phoenicia X. Punic Wars. Löwen 1989, 75–84.
Fleckner, A. M., Antike Kapitalvereinigungen. Ein Beitrag zu den konzeptionellen und historischen Grundlagen der Aktiengesellschaft. Köln/Weimar/Wien 2010.
Grewe, K., Meisterwerke antiker Technik. Mainz 2010.
Grünewald, Th., Räuber, Rebellen, Rivalen, Rächer. Studien zu *latrones* im Römischen Reich. Stuttgart 1999.
Günther, L.-M., Karthago und Sizilien. Die Entstehung und Gestaltung der Epikratie auf dem Hintergrund der Beziehungen der Karthager zu den Griechen und den nichtgriechischen Völkern Siziliens, (6.–3. Jh. v. Chr.). Hildesheim 1983.
Harris, W. V., A Revisionist View of Roman Money, 2006, published with addendum in: ders., Rome's Imperial Economy: Twelve Essays. Oxford 2011, 223–254.
Harper, K., Fatum. Das Klima und der Untergang des Römischen Reiches. München 2020.
Herz, P., Studien zur römischen Wirtschaftsgesetzgebung. Die Lebensmittelversorgung. Stuttgart 1988.
Hofmann-von Kap-herr, K./Schäfer, Ch., Experimentelle Archäologie trifft auf Schifffahrt. Ein römischer Prahm im Test, in: Antike Welt, 5, 2017, 76–83.
Hofmann-von Kap-herr, K./Schäfer, Ch., Ein römisches Binnenschiff im Experiment, in: *Wehmhoff, M./Rind, M. (Hgg.)*, Bewegte Zeiten – Archäologie in Deutschland. Berlin 2018, 40–43.
Hopkins, K., Models, Ships and Staples, in: *Garnsey, P./Whittaker, C. R. (Hgg.)*, Trade and Famine in Classical Antiquity. Cambridge 1983, 84–109.

Horden, P./Purcell, N., The Corrupting Sea. A Study of Mediterranean History. Malden et al. 2000.
Jacobsen, G., Primitiver Austausch oder freier Markt? Untersuchungen zum Handel in den gallisch-germanischen Provinzen während der römischen Kaiserzeit. St. Katharinen 1995.
Jakab, É., Risikomanagement beim Weinkauf. Periculum und Praxis im Imperium Romanum. München 2009.
Kaser, M., Das römische Privatrecht. Bd. 1: Das altrömische, das vorklassische und klassische Recht. München 1971.
Kienast, D., Cato der Zensor. Seine Persönlichkeit und seine Zeit. Heidelberg 1954 (ND Darmstadt 1979).
Klee, M., Lebensadern des Imperiums. Straßen im Römischen Reich. Stuttgart 2010.
Kneißl, P., Mercator – Negotiator. Römische Geschäftsleute und die Terminologie ihrer Berufe, in: MBAH, 2/1, 1983, 73–90.
Lazenby, J. F., The First Punic War. A Military History. London 1996.
Le Bohec, Y., Die römische Armee von Augustus zu Konstantin d. Gr. Stuttgart 1993.
Le Roux, P., Negotiator olearius: quelques remarques, in: *Revilla Calvo, V. et al. (Hgg.), Ex Baetica Romam.* Homenaje a José Remesal Rodríguez. Barcelona 2020, 605–618.
Malmendier, U., Societas publicanorum. Staatliche Wirtschaftsaktivitäten in den Händen privater Unternehmer. Köln et al. 2002.
Meier, Ch., Res publica amissa. Eine Studie zu Verfassung und Geschichte der späten römischen Republik. Wiesbaden 1966 (ND 1988).
Morley, N., Trade in Classical Antiquity. Cambridge 2007.
Onken, B., Wirtschaft an der Grenze. Studien zum Wirtschaftsleben in den römischen Militärlagern im Norden Britanniens. Diss. phil. Kassel 2003.
Parker, A. J., Ancient Shipwrecks of the Mediterranean and the Roman Provinces. Oxford 1992.
Peacock, D. P. S., The Rhine and the Problem of Gaulish Wine in Roman Britain, in: *du Plat Taylor, J./ Cleere, H. (Hgg.)*, Roman Shipping and Trade: Britain and the Rhine Provinces. London 1978, 49–51.
Pekáry, Th., Untersuchungen zu den römischen Reichsstraßen. Bonn 1968.
Polfer, M., Der Transport über den Landweg – ein Hemmschuh für die Wirtschaft der römischen Kaiserzeit, in: Helinium, 31, 1991, 273–295.
Pollard, N./Berry, J., Die Legionen Roms. Darmstadt 2013.
Rathmann, M., Untersuchungen zu den Reichsstraßen in den westlichen Provinzen des Imperiums. Mainz 2003.
Reinard, P., Proto-Globalisierung und Agency-Dilemma? Der Indienhandel und seine Zeugnisse in der römischen Kaiserzeit, in: *Reinard, P./Schäfer, Ch. (Hgg.)*, Domestic Trade and Maritime Trade in the Eastern Mediterranean and Ancient Near East. Contributions of a joint conference of the Melammu Society and the Transmare Institute Trier. Münster 2022 (im Druck).
Reinard, P., „...treidelten wir das Schiff mit Mühe in den Hafen des Arsinoites" – Überlegungen zu den Akteuren in der Binnenschifffahrt und zu Quantifizierungsmöglichkeiten, in: DCO, 6, 1, 2020, 80–119.
Reinard, P., Zum marktwirtschaftlichen Verhalten in der römischen Kaiserzeit: Individueller Wirtschaftsraum, Preis(in)transparenz und konstante Marktstrukturen, in: ScrMerc, 46, 2017, 11–88.
Reinard P./Schäfer, Ch., Ex provincia Britannia. Untersuchungen zu *negotiatores* und Handelswegen in Atlantik- und Nordsee-Raum sowie im gallisch-germanischen Binnenraum, in: *Ruffing, K./Droß-Krüpe, K. (Hgg.), Emas non quod opus est, sed quod necesse est.* Beiträge zur Wirtschafts-, Sozial-, Rezeptions- und Wissenschaftsgeschichte der Antike. Wiesbaden 2018, 45–84.
Remesal-Rodríguez, J., Ölproduktion und Ölhandel in der Baetica: Ein Beispiel für die Verbindung archäologischer und historischer Forschung, in: MBAH, 2/2, 1983, 91–111.
Richter, R./Furobotn, E. G., Neue Institutionenökonomik. Eine Einführung und kritische Würdigung. 4. Aufl. Tübingen 2010.
Rougé, J., Recherches sur l'organisation du commerce maritime en meditérranée sous l'empire romain. Paris 1966.

Ruffing, K., ne quis senator navem maritimam haberet. Zur Wirtschaftsmentalität in der mittleren römischen Republik, in: MBAH, 38, 2020, 75–87.
Ruffing, K., Die Wirtschaft in der griechisch-römischen Antike. Darmstadt 2012.
Schäfer, Ch., Gebrauchte Schiffe – Potential oder Risikofaktor? Eine Annäherung, in: *Reinard, P./Rollinger, Ch./Schäfer, Ch. (Hgg.)*, Wirtschaft und Wiederverwendung. Beiträge zur antiken Ökonomie. Gutenberg 2019, 99–104.
Schäfer, Ch., Oil for Germany. Some Thoughts on Roman Long-Distance Trade, in: *Ch. Schäfer (Hg.)*, Connecting the Ancient World. Mediterranean Shipping, Maritime Networks and their Impact. Rahden/Westf. 2016, 211–248.
Schäfer, Ch., Spitzenmanagement in Republik und Kaiserzeit. Die Prokuratoren von Privatpersonen im Imperium Romanum vom 2. Jh. v. Chr. bis zum 3. Jh. n. Chr. St. Katharinen 1998.
Schäfer, Ch., Transportkapazitäten und Logistikprobleme bei der Versorgungsflotte des Antonius im Feldzug gegen Oktavian, in: *Günther, S./Ruffing, K./Stoll, O. (Hgg.)*, Pragmata. Beiträge zur Wirtschaftsgeschichte der Antike im Gedenken an Harald Winkel. Wiesbaden 2007, 167–172.
Schleich, M., Überlegungen zum Problem senatorischer Handelsaktivitäten. Teil 1: Senatorische Wirtschaftsmentalität in moderner und antiker Deutung, in: MBAH, 2/2, 1983, 65–90.
Schmidt, St., Stadt und Wirtschaft im römischen Ägypten. Die Finanzen der Gaumetropolen. Wiesbaden 2014.
Schmidts, Th., Akteure und Organisation der Handelsschifffahrt in den nordwestlichen Provinzen des Römischen Reiches. Mainz 2011.
Schneider, H.-Ch., Die Bedeutung der römischen Straßen für den Handel, in: MBAH, 1/1, 1982, 85–96.
Schuol, M., Die Charakene. Ein mesopotamisches Königreich in hellenistisch-parthischer Zeit. Stuttgart 2000.
Shatzman, I., Senatorial Wealth and Roman Politics. Brüssel 1975.
Sidebotham, S. E., Roman Economic Policy in the Erythra Thalassa 30 B.C.–A.D. 217. Leiden 1986.
Stelzenberger, B., Kapitalmanagement und Kapitaltransfer im Westen des Römischen Reiches. Rahden/Westf. 2008.
Tchernia, A., Les Romains et le commerce. Neapel 2011.
Tyers, P., Roman Pottery in Britain. London 1996.
Wacke, A., Die adjektizischen Klagen im Überblick. Erster Teil: Von der Reeder- und der Betriebsleiterklage zur direkten Stellvertretung, in: ZRG, 111, 1994, 280–362.
Warnking, P., A Business Model for Roman Maritime Trade, in: *Schäfer, Ch. (Hg.)*, Connecting the Ancient World. Mediterranean Shipping, Maritime Networks and their Impact. Rahden/Westf. 2016, 173–210.
Warnking, P., Der römische Seehandel, in: *Eger, Ch. (Hg.)*, Warenwege – Warenflüsse. Handel, Logistik und Transport am römischen Niederrhein. Xanten 2018, 25–44.
Warnking, P., Der römische Seehandel in seiner Blütezeit. Rahmenbedingungen, Seerouten, Wirtschaftlichkeit. Rahden/Westf. 2015.
Weithmann, M. W., Die Donau. Ein Europäischer Fluss und seine 3000-jährige Geschichte. Regensburg 2000.
Wierschowski, L., Soldaten und Veteranen der Prinzipatszeit im Handel und Transportgewerbe, in: MBAH, 1/2, 1982, 31–48.
Wölfel, W., Wasserbau in Alten Reichen. Berlin 1990.

Kai Ruffing
31 Krise des 3. Jahrhunderts und Transformationen in der Spätantike

In der Forschung wird dem dritten nachchristlichen Jahrhundert aufgrund seines Charakters als Periode des Übergangs in die Spätantike mit ihren allfälligen struktur- und kulturgeschichtlichen Änderungen eine hohe Bedeutung insofern zugemessen, als eben diese Veränderungen mit den Zeitläuften dieses Zeitabschnitts erklärt werden. Dementsprechend wird die Zeit als eine solche der ‚Krise' verstanden, die sich auf alle Lebensbereiche des Imperium Romanum ausgewirkt hätte. Das üblicherweise gelieferte Szenario könnte man zusammenfassend etwa folgendermaßen beschreiben: An Rhein und Donau drückten ‚die Germanen' auf die Grenzen des Reiches, wobei der Limes die anstürmenden Horden nur bedingt aufhalten konnte. Im Gegenteil, germanische Stammesverbände drangen immer wieder in das Gebiet des Imperiums ein, was mit großflächigen Zerstörungen und Plünderungen einherging; schließlich kam es zum Fall des Limes, während im Osten die Sāsāniden die Keile ihrer gepanzerten Kavallerie tief in den Körper des Reiches trieben. Mit dieser krisenhaften Entwicklung an der Peripherie ging eine solche im Innern einher: Mit den sogenannten Soldatenkaisern gelangte ein neuer Sozialtypus an die Herrschaft, die freilich immer kurzlebiger war und sich ständigen Usurpationen gegenübersah, die wiederum zu Bürgerkriegen führten. Das römische Militär entwickelte sich dementsprechend immer mehr zu einer Bedrückung der Bevölkerung, was insbesondere für die oberen Schichten der Gesellschaft galt. Die Bedürfnisse des Militärs führten zu einem immer stärkeren Steuerdruck, einem immer konsequenteren Zugriff des Staates auf die Steuersubjekte und einem immer weiter um sich greifenden Rückgriff des römischen Staates auf Zwang sowie zu immer mehr staatlichen Eingriffen in die Wirtschaft. Unter diesen Belastungen zerbrach die Einheit des Reiches, was seinen Ausdruck im Gallischen und Palmyrenischen Sonderreich fand. Auf dem Gebiet der Wirtschaft wurde nach dem gängigen Narrativ die Krise noch durch den Ausbruch einer reichsweiten Inflation befeuert, die im Wesentlichen auf dem durch die Autoritäten immer weiter verminderten Feingehalt des Denars bzw. des Antoninians beruhte, was die Wirtschaft zutiefst beeinträchtigt hätte. Die krisenhafte Entwicklung wurde noch durch im Innern des Reiches wütende Epi- bzw. Pandemien verstärkt, die ihren Ausgang von der ‚Antoninischen Pest' nahmen und ihren Höhepunkt in der ‚Cyprianischen Pest' fanden, die zu großen Bevölkerungsverlusten führten.[1] Diesem, eine traurige Aktualität habenden Krisenphänomen wurde am Ende des 20. und zu Beginn des

---

1 Vgl. etwa *Christ, K.*, Geschichte der römischen Kaiserzeit. Von Augustus zu Konstantin. 4. Aufl. München 2002, 696–702; *Giardina*, Transition; *Alföldy*, Sozialgeschichte, 218–229; 254–272. Zu den genannten Epi- bzw. Pandemien vgl. etwa *Harper*, Fate, 65–118; 136–145.

21. Jahrhunderts noch die Veränderung des Klimas hinzugefügt: Demzufolge hätte das *Roman Climate Optimum* die Entwicklung des Reiches wenn nicht gänzlich ermöglicht, so doch stark begünstigt, und eine Verschlechterung des Klimas in Gestalt einer Kaltzeit die Krise des Reiches bedingt oder doch befeuert, die damit gleichsam ein Präludium zum Untergang Roms gebildet hätte.[2]

Nun ist der Charakter des dritten nachchristlichen Jahrhunderts als einer Zeit der umfassenden Reichskrise im allgemeinen sowie gerade auf dem Gebiet der Wirtschaft in Frage gestellt worden, was insbesondere den langjährigen Forschungen von Karl Strobel und der Dissertation von Christian Witschel zu verdanken ist.[3] Dementsprechend wurde auch eine Diskussion um den heuristischen Wert einer historiographischen Kategorie ‚Krise' in Gang gesetzt,[4] weswegen der Zeitraum nicht zuletzt auch als ein solcher der Transformation bzw. des beschleunigten Wandels bezeichnet, der Begriff der Krise aber gleichwohl verteidigt und beibehalten wurde und wird.[5] Solches gilt auch für die wirtschaftsgeschichtlich orientierte Forschung. Dies zeigt sich etwa im von Andrea Giardina verfassten Kapitel zum 3. Jh. in der einflussreichen *Cambridge Economic History of the Greco-Roman World*, in der die wirtschaftlichen Zustände im Römischen Reich in den düstersten Farben gemalt werden.[6] Dabei lässt Giardina diese Krise der Wirtschaft nicht erst im dritten Jahrhundert beginnen, sondern verortet sie – wie vor ihm auch andere strukturgeschichtlich orientierte Arbeiten[7] – in der Regierungszeit Mark Aurels.[8] Die Zeit seiner Herrschaft wird damit zu einer solchen des Übergangs, die von der wirtschaftlichen Prosperität des Reiches in die Depression des 3. Jh. führte. Für eine solche Interpretation wurden insbesondere zwei Problemkreise verantwortlich gemacht, nämlich die beginnende „Entwertung" des Denars und der Ausbruch der ‚Antoninischen Pest' mit ihren tatsächlichen und vermeintlichen Konsequenzen. In der Tat wurde in der Forschung bereits für die Herrschaft des Philosophen auf dem Kaiserthron eine zu beobachtende Verringerung des Feingehalts des Denars mit dem Beginn einer Inflation in Verbindung gebracht, die sich jedoch aufgrund der aus der Zeit überlieferten Preisangaben nicht nachvollziehen lässt. Auch wird damit der in der Forschung anzutreffenden Einlassung, Mark

---

2 Zum Klima und seinen Auswirkungen auf die historische Entwicklung des Kaiserreichs vgl. *Harper*, Fate, 14–15; 129–136; *Harper/McCormick*, Reconstructing, bes. 36–38. Kritische Erörterungen zu den Positionen von Harper und McCormick in Hinsicht auf die unmittelbaren Auswirkungen von Klima und Pandemien finden sich bei *Sessa*, Environmental; *Huebner*, Plague. Siehe ferner *Haldon et al.*, Plagues (1) und Plagues (2); *Bresson*, Fates.
3 Vgl. *Strobel*, Inflation; *ders.*, Imperium; *ders.*, Geldwesen; *Witschel*, Krise.
4 Zur Geschichte des Krisenbegriffs und seiner Verwendung in der Forschung vgl. *Gerhardt, Th.*, Zur Geschichte des Krisenbegriffs, in: *Johne, K. P./Hartmann, U./Gerhardt, Th.* (Hgg.), Deleto paene imperio Romano. Transformationsprozesse des Römischen Reiches im 3. Jahrhundert und ihre Rezeption in der Neuzeit. Stuttgart 2006, 381–410. Zur Kritik an demselben vgl. *Alföldy*, Sozialgeschichte, 259–272.
5 Vgl. *Johne/Hartmann*, Krise; *Lo Cascio*, Dimensione, 877–880; *Alföldy*, Sozialgeschichte, 254–272.
6 Vgl. *Giardina*, Transition, bes. 763.
7 Vgl. dazu *Ruffing*, Maßnahmen, 223–227.
8 Vgl. *Giardina*, Transition, 757.

Aurel habe durch die vermeintliche Entwertung des Denars seinen Krieg gegen die Markomannen finanziert, der Boden entzogen.[9]

Deutlich komplexer liegen die Dinge jedoch in der Frage nach den Auswirkungen, die die sogenannte ‚Antoninische Pest', bei der es sich der *communis opinio* zufolge um die Pocken gehandelt haben wird, auf Wirtschaft und Gesellschaft des Imperium Romanum zeitigte. Ohne jeden Zweifel gab es unter Mark Aurel eine epidemische Krankheit, deren Ausbruch später gegen Ende des 4. Jh. n. Chr. in der Historia Augusta mit dem Feldzug des Verus gegen die Parther in Verbindung gebracht wurde.[10] Der Ausbruch einer Seuche in Aquileia und die Beschreibung der Symptome derselben finden sich auch an verschiedenen Stellen im Werk des Galen.[11] Die Konsequenzen, die der Ausbruch der Epidemie hatte, sind in der Forschung notorisch umstritten und lassen sich letztlich auf der Grundlage der zur Verfügung stehenden Quellen nicht eruieren, zumal nicht jede epigraphisch oder papyrologisch überlieferte Urkunde mit der Nennung einer ansteckenden Krankheit sich zwangsläufig auf die ‚Antoninische Pest' beziehen muss. Dies gilt umso mehr, wenn man sich vergegenwärtigt, dass epidemische Krankheiten in den dicht bevölkerten Städten des Reiches und in den Militärlagern eher die Regel denn die Ausnahme gewesen sein dürften. So liegen denn auch die Schätzungen des eingetretenen Bevölkerungsverlustes – und damit auch das Abschätzen des Ausmaßes der strukturellen Auswirkungen der epidemischen Krankheit(en) – weit auseinander und reichen von 1 % bis zu 30 % der Bevölkerung.[12] So wird diese sogenannte Pest einerseits als ein Hauptgrund für eine strukturelle, im zweiten Jahrhundert beginnenden Krise der reichsrömischen Wirtschaft angesehen,[13] während ein anderer Teil der Forschung zu dem Ergebnis kommt, dass sie für die römische Welt keine katastrophalen Konsequenzen zeitigte.[14] Lässt man nun die in strukturgeschichtlichen Belangen gebotene methodische und interpretative Vorsicht bei der Einvernahme literarischer Quellen walten,[15] berücksichtigt man darüber hi-

---

9 Vgl. *Ruffing*, Maßnahmen, 228–230.
10 SHA Aur. 13, 3–6; SHA Verus 8, 1–3.
11 Galen. de libris suis (ed. Kühn XIX, p. 18); de arte medendi 5, 12 (ed. Kühn X 360–361); Comment. 1. in Hippocratis librum 6. Epidemiorum Aph. 29 (ed. Kühn XVII. 1 885).
12 Vgl. nur die verschiedenen Ansätze in *Lo Cascio*, Impatto, und die zusammenfassenden Bemerkungen dazu von *Harris*, Pestilence. Vgl. ferner *Haldon et al.*, Plagues (2), 2–5.
13 Vgl. *Jongman*, Gibbon; *ders.*, Change; *Duncan-Jones*, Plague.
14 Vgl. *Bruun*, Plague; *ders.*, Mancanza.
15 Vgl. dazu *Müller, S.*, Lukian, Ammianus Marcellinus, der Ausbruch der „Antoninischen Pest" und die literarische Tradition von Götterzorn und Krankheit, in: *Hoffstadt, Chr. et al.* (Hgg.), Zwischen Vorsorge und Schicksal. Über die Beherrschbarkeit des Körpers in der Medizin. (Aspekte der Medizinphilosophie, Bd. 15) Bochum/Freiburg 2014, 115–134 sowie insbesondere *Klinkott, H.*, Parther – Pest – Pandora-Mythos. Katastrophen und ihre Bedeutung für die Regierungszeit von Marc Aurel, in: *Grieb, V. (Hg.)*, Marc Aurel – Wege zu seiner Herrschaft. Gutenberg 2017, 285–306. S. a. allgemein *Groß-Albenhausen, K.*, Seuchen im 3. Jahrhundert – ein methodisches Problem, in: *Meier, M. (Hg.)*, Pest. Die Geschichte eines Menschheitstraumas, Stuttgart 2005, 78–85 zu den methodischen Problemen, die die diesbezügliche Auswertung der Quellen mit sich bringt.

naus, dass die Advokaten maximaler struktureller Auswirkungen den ‚Schwarzen Tod' des Mittelalters als Vergleichshorizont heranziehen, obwohl es sich bei der epidemischen Erkrankung keineswegs um die Pest, sondern wohl die Pocken gehandelt hat, und bedenkt man darüber hinaus die interpretative Gefahr, ein in der literarischen Überlieferung prominentes Ereignis gleichsam mit Quellen zu unterfüttern, die in keiner notwendigen Beziehung dazu stehen, und auf diese Weise eine mächtige Meistererzählung zu schaffen,[16] wird man gut daran tun, die ‚Antoninische Pest' nicht als ein Hauptcharakteristikum für den Ausbruch einer Wirtschaftskrise im dritten nachchristlichen Jahrhundert zu vereinnahmen. So wurde denn auch in der Forschung geltend gemacht, dass das Verantwortlichmachen der ‚Antoninischen Pest' für Veränderungen in den die wirtschaftliche Entwicklung sichtbar machenden archäologischen Befunden der Gebrauch eines *deus* bzw. einer *pestis ex machina* ist.[17]

Bleibt die sogenannte ‚Cyprianische Pest', mit der wir uns freilich im fortgeschrittenen dritten nachchristlichen Jahrhundert bewegen. Dieselbe hat weit weniger Aufmerksamkeit in der Forschung gefunden als die ‚Antoninische Pest', wobei die Zeugnisse für dieselbe ausschließlich der literarischen Überlieferung entstammen.[18] Den dokumentarischen Quellen ist bezüglich der Folgen dieser Krankheit, die in den literarischen Quellen als überaus verheerend dargestellt werden, nur wenig zu entnehmen, wie Sabine Huebner überzeugend gezeigt hat. Die Prägung von Münzen mit einer Abbildung des Apollo Salutaris unter Trebonianus Gallus mag als ein Hinweis auf den Ausbruch einer Epidemie in den beginnenden 50er Jahren gedeutet werden, ist aber nicht als zwangsweise als ein Hinweis auf dieselbe zu interpretieren. Und auch der reichen papyrologischen Überlieferung aus dem Ägypten des 3. Jh. sind keine Zeugnisse zu entnehmen, die eindeutig mit der ‚Cyprianischen Pest' in Verbindung gebracht werden können. Und auch archäologische Zeugnisse sind für ein Massensterben in ihrer Zeit nicht anzuführen.[19] Wiederum besteht dementsprechend ein großes Spannungsfeld zwischen der literarischen Überlieferung, die jedenfalls hinsichtlich der Rekonstruktion strukturgeschichtlicher Realien keineswegs eine ungefilterte, direkte Erkenntnis liefert, und den dokumentarischen Quellen, die selbst für das vermeintlich von der Pest so hart getroffene Ägypten keine einschneidenden demographischen, sozialen oder wirtschaftlichen Folgen erkennen lassen. Nimmt man die literarische Überlieferung dementsprechend hinsichtlich eines größeren Ausbruches ernst, so hat sie zu den Bedrängnissen der Zeitläufte beigetragen, ist aber keineswegs als eine Ursache einer Wirtschaftskrise des Reiches auszumachen.[20] Die Bewertung der strukturgeschichtlichen Auswirkungen der ‚Antoninischen Pest' und der ‚Cyprianischen

---

16 Vgl. zu diesem methodischen Fallstrick *Sessa*, Environmental, 236–237 am Beispiel der Justinianischen Pest.
17 Vgl. *Esmonde Cleary*, West, 466.
18 Vgl. nun aber die Analyse von *Huebner*, Plague, sowie *Haldon et al.* Plagues (2), 5–6 gegen *Harper*, Fate, 137–145.
19 Vgl. *Huebner*, Plague, 163–169.
20 Vgl. *Huebner*, Plague, 170.

Pest' bleibt damit bestenfalls schwierig. Man wird aber angesichts des Befundes der dokumentarischen Quellen und der Erwägung der wohl gegebenen dauernden Präsenz epidemischer Krankheiten in den antiken Gesellschaften gut daran tun, sie jedenfalls nicht als ein wesentliches Moment für die wirtschaftliche Entwicklung zu bewerten.

Damit wird aber die Inflation bzw. genauer gesagt die Hyperinflation in Gestalt des beschleunigten Kaufkraftverfalls des Münzgeldes im Laufe des dritten nachchristlichen Jahrhunderts zum Dreh- und Angelpunkt der Bewertung der wirtschaftlichen Entwicklung als krisenhaft. In weiten Teilen der Forschung wurde bis zum Ende des 20. Jh. diese Inflation aus der Verringerung des Feingehaltes des Denars geschlossen, womit sich dieselbe somit über das gesamte 3. Jh. erstreckte.[21] Dem liegt ein metallistisches Verständnis des Münzgeldes als Realwertgeld zugrunde insofern zugrunde, als der Wert einer Münzeinheit als Kehrwert des allgemeinen Preisniveaus bestimmt und Inflation als längerfristiger Anstieg des allgemeinen Preisniveaus gesehen wird; dementsprechend hätte die Verringerung des Feingehaltes Auswirkungen auf das Preisniveau und die gegenseitige Stellvertretbarkeit der Nominale des trimetallischen römischen Münzsystems haben müssen.[22] Nun steht Dank der in den 70er Jahren an den Münzen durchgeführten Analysen völlig außer Frage, dass der Feingehalt des Denars seit der Regierungszeit des Nero mehr oder minder fortlaufend verringert wurde und solche Verringerungen seit dem Beginn des dritten nachchristlichen Jahrhunderts immer häufiger wurden, bis in der Regierungszeit des Gallienus der Silbergehalt der Münze bestenfalls noch symbolisch war.[23] Freilich widersprechen die aus der Zeit überlieferten Preisangaben einer Auffassung, die Verringerung des Feingehaltes hätte zu einer Krise geführt, fundamental. Gerade die reiche Überlieferung von Preisen in den Papyrusurkunden aus dem römischen Ägypten demonstriert eindrücklich, dass vor der Regierungszeit von Aurelian von Inflation in keiner Weise die Rede sein kann. Erst ab 270 n. Chr. lässt sich in der Provinz am Nil ein rapider Geldwertverfall beobachten.[24] Nun wurde Ägypten häufiger als ein Sonderfall apostrophiert, da es vermeintlich ein vom Rest des Reiches abgeschlossenes Währungsgebiet gewesen sei. Aber selbst wenn man geneigt wäre, eine solche Einlassung gelten zu lassen,[25]

---

21 Vgl. dazu *Ruffing*, Wirtschaft, 817–820.

22 Vgl. *Strobel*, Geldwesen, 88–89; 91–93.

23 Vgl. *Ehling*, Münzwesen, 850–852, bes. 852. Zu den besagten Analysen des Feingehaltes vgl. *Walker, D. R.*, The Metrology of the Roman Silver Coinage. Part I from Augustus to Domitian. (BAR Supplementary Series, Bd. 5) Oxford 1976; ders., The Metrology of the Roman Silver Coinage. Part II from Nerva to Commodus. (BAR Supplementary Series, Bd. 22) Oxford 1977; ders., The Metrology of the Roman Silver Coinage. Part III from Pertinax to Uranius Antoninus. (BAR Supplementary Series, Bd. 40) Oxford 1978.

24 Vgl. *Drexhage, H.-J.*, Zur Preisentwicklung im römischen Ägypten von ca. 260 n. Chr. bis zum Regierungsantritt Diokletians, in: MBAH, 6/2, 1987, 30–45; *Rathbone*, Monetisation, 322–325; *Strobel*, Geldwesen, 127–131. Siehe zu Preisen, Mieten, Pachten und Löhnen im römischen Ägypten *Drexhage*, Preise.

25 Vgl. dagegen *Walser, A. V.*, Zur Rolle des Geldes im Handel zwischen dem Imperium Romanum, Südarabien und Indien in der frühen Kaiserzeit, in: MBAH, 20/2, 2001, 81–107, hier 93.

demonstrieren die in den Papyrusurkunden vom Mittleren Euphrat ebenso wie die in den Graffiti des Nebuchelos-Archivs aus dem Haus der Archive in Dura Europos genannten Preise mit wünschenswerter Deutlichkeit, dass auch in dieser Region bis in die 50er Jahre des dritten nachchristlichen Jahrhunderts von einer wie auch immer gearteten Inflation nicht die Rede sein kann. Und in Ephesos in der Provinz Asia sind in der Tat noch in den 60er Jahren des 3. Jh. Preise in Bronzemünzen formuliert worden, was gleichfalls deutlich gegen die Existenz einer wie auch immer gearteten Inflation spricht.[26] So wurden in der Forschung folgerichtigerweise die Aktionen bzw. Reformversuche des Kaisers Aurelian auf dem Gebiet des Münzwesens für einen Zusammenbruch des Vertrauens der Akteure in die Geldillusion und damit die Wertaufbewahrungsfunktion der Nominale des zunehmend fiduziären Währungssystems verantwortlich gemacht, der auch die Annexion Ägyptens durch die Palmyrener befördert worden sein mag.[27] Auf der Grundlage des numismatischen Befundes im Osten des Imperium und unter Anwendung der Geldmengentheorie hat Constantina Katsari eine alternative Erklärung für das Eintreten der Hyperinflation in der Regierungszeit Aurelians geliefert. Dementsprechend hat die Reduktion des Feingehaltes des Denars zu einem Ansteigen des Münzausstoßes der Münzprägestätte in Rom geführt, die gleichzeitig den Ausstoß von Kleingeld reduzierte. Dies führte unter anderem auch zu einem Anwachsen der Produktion von Bronzemünzen, den sogenannten Greek Imperials, in den Städten im Osten des Reiches, da die Reduktion der Produktion von Bronzemünzen in Rom zu Knappheiten von Kleingeld im Osten führte. Die Verhältnisse verschlimmerten sich dann in der Zeit zwischen Maximinus Thrax und Gallienus noch weiter. Der von Caracalla eingeführte *Antoninianus*, dem ein Wert von zwei Denaren zu eigen war, verdrängte seit Gordian III. den Denar gänzlich. Gleichzeitig verschwand der aus Gold geprägte *Aureus* immer mehr, während bis in die Zeit des Gallienus die Zahl der ausgeprägten Silbermünzen bei gleichzeitiger weiterer Verringerung des Feingehaltes immer weiter anstieg und das Bronzegeld völlig aus dem Umlauf verschwand. Damit war in der Regierungszeit des Gallienus das trimetallische Währungssystem, das Augustus im Imperium Romanum etabliert hatte, zusammengebrochen, da weder Goldmünzen für größere Transaktionen noch Bronzemünzen für die Abwicklung von alltäglichen Transaktionen zur Verfügung standen und jede Bewegung auf dem Markt bei Barzahlungen durch den heillos überbewerteten Antoninian gewährleistet wurde. Die unter Aurelian einsetzende Inflation war die gleichsam folgerichtige Konsequenz.[28] Freilich schließen sich beide Erklärungen nicht gegensei-

---

26 Vgl. *Ruffing*, Wirtschaft, 823.
27 Vgl. *Strobel*, Geldwesen, 139–144; *Verboven*, Demise; *Ehling*, Münzwesen, 157; *Haklai-Rotenberg*, Reform. In welchem Umfang die politischen Irrungen und Wirrungen zu einer Beeinträchtigung des Vertrauens in das umlaufende Münzgeld geführt haben, *Reinard, P.*, ›Altes Ptolemäisches‹ und ›neues kaiserliches‹ Geld in den Papyri des 3. Jahrhunderts n. Chr. Beobachtungen zum Verlust der Geldillusion, in: *Eckhardt, B./Martin, K. (Hgg.)*, Eine neue Prägung. Innovationspotentiale von Münzen in der griechisch-römischen Antike. (Philippika, Bd. 102) Wiesbaden 2016, 119–153 trefflich gezeigt.
28 Vgl. *Katsari*, System, 104–166, bes. die Zusammenfassung 165–166. Vgl. aber *Strobel*, Geldwesen, 137–138, der von der fortdauernden Nutzung der Aurei bis in die Zeit des Aurelian ausgeht.

tig aus. Offenkundig suchte Aurelian jedenfalls wieder ein zumindest bimetallisches Währungssystem zu etablieren, indem er nicht nur Aurei mit unterschiedlichen Münzfüßen ausprägten, sondern auch Denare emittieren ließ. Gleichzeitig veränderte er die Nennwerte der Nominale und führte einen deutlich überbewerteten Reformantoninian ein, der einen Wert von 20 alten Antoninianen haben sollte.[29] Solches mag im Verbund mit den bislang gemachten Erfahrungen der ökonomischen Akteure, die eine Verdrängung der Gold- und Bronzemünzen erfahren hatten und mit Antoninianen konfrontiert worden waren, die bestenfalls einen symbolischen Realwert hatten, zum Ausbruch der Hyperinflation geführt haben. Jedenfalls hat bereits Kay Ehling die immer schneller anwachsende Geldmenge als Ursache für die unter Aurelian einsetzende Inflation ausgemacht, die dann durch die Reformen des Kaisers ausgelöst wurde, die für die Bargeld benutzende Bevölkerung einen großen Teil des Wertes der vor der Reform ausgeprägten Münzen vernichtete.[30]

Die Folgen für das Wirtschaftsleben, aber auch den römischen Staat und die Kaiser selbst, deren Position ja nicht zuletzt auch auf der Akzeptanz durch das römische Militär beruhte, dürften tiefgreifend gewesen sein, wurde doch hier die strukturelle Integrität des weitestgehend monetarisierten Staats- und Wirtschaftslebens beeinträchtigt bzw. gänzlich in Frage gestellt. Offenkundig versuchten die Kaiser Tacitus und Carus zumindest auf regionaler Ebene einen abgewerteten Reformantoninian einzuführen, aber diese Bemühungen scheiterten ebenso offensichtlich wie die des Aurelian. Ferner scheint Probus die Geldmenge weiter kräftig erhöht zu haben. Jedenfalls dürfte die weitere Erhöhung der Geldmenge eine, wenn auch verfehlte, Reaktion auf die steigenden Preise und Löhne gewesen sein.[31] Insbesondere stellte die Inflation aber ein legitimatorisches Problem für die Kaiser insofern dar, als durch die Inflation die Kaufkraft der Soldzahlungen an die Soldaten bzw. die Funktionsträger des Reiches stark in Mitleidenschaft gezogen wurde, wie ja auch das 301 n. Chr. erlassene Höchstpreisedikt Diokletians in seiner Präambel insbesondere darauf abstellt, dass die Soldaten nicht Opfer willkürlicher Preiserhöhungen werden sollten.[32] Freilich, das Wirtschaftsleben ging weiter, wie die Papyri aus dem römischen Ägypten zeigen. Nur die Summen, die zur Disposition standen, waren gänzlich andere als in den Jahren zuvor. So schlug etwa der Kauf einer Sklavin zu einem Zeitpunkt zwischen den Jahren 279 und 282 n. Chr. mit mindestens 7 Talenten, also umgerechnet 42.000 Drachmen zu Buche,[33] während noch im Jahr 269 oder 270 n. Chr. eine solche für 5000 + x Drachmen zu haben war.[34] Mit anderen Worten: Ungeachtet der Kriterien für die Preisbildung

---

29 Vgl. dazu *Strobel*, Geldwesen, 139–144.
30 Vgl. *Ehling*, Münzwesen, 854–859. Siehe aber *Strobel*, Geldwesen, 142–143; *Haklai-Rotenberg*, Reform, 17–18. Vgl. ferner *ebd.*, 11, die schlicht Aurelians Bedürfnis, die verschiedenen Münzstätten unter eine Autorität zu stellen, als Motiv für die Reformen Aurelians sieht.
31 Vgl. *Ehling*, Münzwesen, 859.
32 Ed. Diocl. 14 (ed. Lauffer).
33 P. Strasb. IV 264.
34 SPP XX 71 (Hermupolis).

beim Sklavenkauf war der Preis um mehr als das Achtfache gestiegen. So stellten das beschädigte Vertrauen in das Währungssystem und die daraus resultierende Hyperinflation ohne Zweifel eine schwere Hypothek für die Wirtschaft dar, die ungeachtet aller Bemühungen Diokletians erst mit der gänzlichen Neufassung des Währungssystems unter Konstantin beseitigt werden sollte. Von einer wirklich krisenhaften Entwicklung der Wirtschaft ist damit erst ab der Mitte der 70er Jahre des dritten nachchristlichen Jahrhunderts zu sprechen. Und doch: Trotz dieser Hypothek funktionierten Staat und Wirtschaft letztlich weiter, auch wenn es nahezu zwei Generationen dauern sollte, bis die Währungsturbulenzen und die daraus resultierenden Teuerungen gänzlich überwunden waren.

Wenn die Wirtschaft des Imperium Romanum daher erst im letzten Viertel des 3.Jh. auf struktureller Ebene in Mitleidenschaft gezogen wurde und wenn auch die demographischen Verhältnisse im Gefolge der Epidemien weniger dramatisch waren, als Teile der Forschung sie sehen, stellt sich die Frage nach der vermeintlichen Krise der Wirtschaft im dritten nachchristlichen Jahrhundert umso dringlicher. Nun ist keineswegs zu leugnen, dass die außen- und innenpolitischen Irrungen und Wirrungen der Zeitläufte auch Bedrückungen für die Wirtschaft bzw. das Wirtschaftsleben mit sich brachten. Selbstverständlich gilt dies auch und gerade für Gebiete und Örtlichkeiten, die von der Kriegführung der Römer und ihrer Gegner betroffen waren. Dabei wurde die Bevölkerung jenseits der Kombattanten gewisslich stark durch die Aktionen der römischen Einheiten selbst wie auch durch die ihrer jeweiligen Gegner in Mitleidenschaft gezogen, zumal die Plünderung und die Verbringung von Wertsachen auch und gerade als ein Ziel etwa der germanischen Stammesverbände zu gelten hat. Dies gilt offensichtlich nicht nur für Dinge, sondern auch für Personen, wie etwa der berühmte Augsburger Siegesaltar zeigt, in dessen Inschrift ausgeführt wird, die römischen Truppen hätten im Zuge ihres Sieges gegen Semnonen und Iuthungen auch italische Kriegsgefangene befreit.[35] Jedenfalls waren germanischen Stammesverbände in der Lage, tief in römisches Provinzialgebiet einzudringen. Die Ereignisse des Jahres 259 n. Chr., in dem germanische Verbände über den Rhein bis nach Italien gelangten, gingen als der ‚Limesfall' in die moderne Historiographie ein und bilden ein Beispiel für die Dimensionen des Problems, dem sich die Römer gegenübersahen.[36] Im Osten gestalteten sich die Dinge seit der Etablierung der Herrschaft der Sāsāniden im irani-

---

35 AE 1993, 1231.
36 Eine kritische Diskussion des Limesfalls und eine Neubewertung der Verhältnisse am Limes liefert *Heeren*, Limesfall. Vgl. ferner *Strobel*, Reichskrise, 185–186. Zu den germanischen Völkern im 3. Jh. an Rhein und Donau vgl. *Goltz, A.*, Die Völker an der nordwestlichen Reichsgrenze (Rhein und obere Donau), in: *Johne, K.-P./Hartmann, U./Gerhardt, Th.* (Hgg.), Die Zeit der Soldatenkaiser. Krise und Transformation des Römischen Reiches im 3. Jahrhundert n. Chr. (235–284). Berlin 2008, 427–447 und *ders.*, Die Völker an der mittleren und nordöstlichen Reichsgrenze (Mittlere und untere Donau sowie Schwarzmeergebiet), in: *Johne, K.-P./Hartmann, U./Gerhardt, Th.* (Hgg.), Die Zeit der Soldatenkaiser. Krise und Transformation des Römischen Reiches im 3. Jahrhundert n. Chr. (235–284). Berlin 2008, 449–464.

schen Großreich durch Ardašīr I. im Jahr 224 n. Chr. gleichfalls immer schwieriger für die Römer, da der erste Sāsāniden-König bereits 230 n. Chr. erstmals seine Truppen auf römisches Gebiet führte und damit eine über Jahrhunderte hinweg reichende, an kriegerischen Auseinandersetzungen reiche Beziehung zwischen dem iranischen Großreich und dem Römischen Reich begründete, die bis zur Niederlage der Sāsāniden gegen die Araber im 7. Jh. n. Chr. trotz mancherlei Friedensschlüssen fortbestehen sollte. Im 3. Jh. n. Chr. war es aber insbesondere sein Sohn Šābuhr I., der sich aus römischer Sicht zu einer Geißel des Ostens des Römischen Reiches entwickelte und insgesamt drei Feldzüge gegen das Römische Reich unternahm. Dem im Jahr 256 n. Chr. fiel unter anderem Dura-Europos, eine blühende Metropole am Mittleren Euphrat, zum Opfer, das erobert und zerstört wurde. Er nahm im Jahr 260 n. Chr. nicht nur den Kaiser Valerian gefangen, den Šābuhr nach seinem Tod häuten lassen und dessen Haut er dann ausstellen lassen haben soll,[37] sondern plünderte und verheerte auch weite Teile Nordsyriens, Kilikiens und Kappadokiens, ohne freilich eine dauerhafte Herrschaft über die römischen Gebiete westlich des Euphrat etablieren zu können.[38] Ohne Zweifel brachte die Eliminierung eines blühenden Siedlungs- und Wirtschaftszentrums wie Dura-Europos erhebliche wirtschaftliche Folgen mit sich, die für den betroffenen Raum jedenfalls ausgeprägte strukturelle Veränderungen und somit eine erhebliche Rezession zur Folge gehabt haben dürften. Und auch die Strukturen des Fernhandels im Osten des Reiches wurden durch die politischen Irrungen und Wirrungen der Zeitläufte verändert. Als Aurelian das Palmyrenische Sonderreich liquidierte, schieden damit auch die Palmyrener, die zuvor eine überaus wichtige Rolle im Handel zwischen dem Osten und dem Imperium Romanum spielten,[39] als Händler aus,[40] zumal die Sāsāniden offenkundig bewusst und erfolgreich die in den Jahrhunderten zuvor etablierten Handelsstrukturen attackierten.[41] Auch die archäologischen Befunde aus Köln und Umgebung sowie aus Mainz liefern allen Anlass, die Auswirkungen der Einfälle in das Reich für eine Rezession in diesen Regionen verantwortlich zu machen.[42]

---

[37] Vgl. dazu *Rollinger, R./Wiesehöfer, J.*, Kaiser Valerian und Ilu-bi'di von Hamat. Über das Schicksal besiegter Feinde, persische Grausamkeit und die Persistenz altorientalischer Traditionen, in: *Baker, H./Kaniuth, K./Otto, A.* (Hgg.), Stories of Long Ago. Festschrift für Michael D. Roaf. Münster 2012, 497–515.
[38] Zur Geschichte des Sāsāniden-Reiches im 3. Jh. und seinen Auseinandersetzungen mit den Römern vgl. grundlegend *Wiesehöfer, J.*, Das Reich der Sāsāniden, in: *Johne, K.-P./Hartmann, U./Gerhardt, Th.* (Hgg.), Die Zeit der Soldatenkaiser. Krise und Transformation des Römischen Reiches im 3. Jahrhundert n. Chr. (235–284). Berlin 2008, 531–569.
[39] Vgl. dazu *Seland, E.*, Ships of the Desert and Ships of the Sea. Palmyra in the World Trade of the First Three Centuries CE. (Philippika, Bd. 101) Wiesbaden 2016.
[40] Vgl. *Sartre, M.*, The Middle East under Rome. Cambridge 2005, 357–358.
[41] Vgl. *Daryaee, T.*, Palmyra and the Sassanians in the Third Century AD, in: *Lapatin, K./Raja, R.* (Hgg.), Palmyra and the East. (SPAH 6) Turnhout 2022, 39–44.
[42] Vgl. *Päffgen, B.*, Köln und sein Umland zur Zeit der Soldatenkaiser (235–285 n. Chr.), besonders im Hinblick auf das Gallische Sonderreich, in: *Fischer, Th.* (Hg.), Die Krise des 3. Jahrhunderts n. Chr. und das Gallische Sonderreich. Akten des Interdisziplinären Kolloquiums Xanten 26. bis 28. Februar 2009. (Schriften des Lehr- und Forschungszentrums für die antiken Kulturen des Mittelmeerraumes – Cen-

Und doch, auch wenn selbstverständlich Teile des Reiches unter den Zeitläuften physisch und damit auch wirtschaftlich litten, erfuhren andere Teile nicht nur keine oder nur wenige Behelligungen, sondern sahen eine positive oder jedenfalls keine negative wirtschaftliche Entwicklung. Nicht zuletzt mochte mancher Schaden, der durch marodierende germanische Truppen angerichtet worden war, auch schnell wieder behoben werden können. So stammt aus dem in der Provinz *Gallia Belgica* gelegenen *vicus* Dahlheim eine Inschrift, der zufolge die Bewohner desselben im Zusammenspiel mit einem Zenturio der *legio VIII Augusta* die Portikus eines Bades, die durch die Barbaren gewaltsam zerstört worden war, aus eigenen Mitteln wiederhergestellt haben.[43] Apropos Gallien: Die Einfälle germanischer Gruppen hatten zur Folge, dass in den Städten Galliens ein immenses Bauprogramm gestartet wurde, durch das über 80 % der bislang nicht oder nicht adäquat befestigten 125 Städte in Festungsstädte umgewandelt worden sind. Legt man den dafür betriebenen Aufwand und die damit einhergehende wirtschaftliche Leistungsfähigkeit in den gallischen Provinzen zugrunde, dann kann man nur zu einem Schluss gelangen: Die gallischen Provinzen erfuhren im dritten nachchristlichen Jahrhundert weder einen ökonomischen noch einen demographischen Zusammenbruch, sondern ganz im Gegenteil deutet sich hier eine gewisse Blüte an, denn ansonsten wären – v. a. auch vor dem Hintergrund der sonstigen Bautätigkeit – diese Anstrengungen kaum möglich gewesen.[44] In der Tat ist es nicht unmöglich, das 2. Jh. in den westlichen Provinzen als eine Zeit des übermäßigen Wachstums und damit als Ausnahme zu sehen, während das 3. Jh. eine Rückkehr zu dem sah, was die strukturellen Voraussetzungen der Wirtschaft überhaupt ermöglichten.[45] Auch eine Neubewertung der wirtschaftlichen Verhältnisse in Roms Hafenstadt Ostia zwischen dem dritten und dem fünften nachchristlichen Jahrhundert führte dazu, für diesen Zeitraum gleichfalls von einer prosperierenden Wirtschaft zu sprechen, die freilich strukturellen Änderungen unterlag.[46] Und für das römische Nordafrika kann man sogar eine Blüte der Wirtschaft im 3. Jh. konstatieren.[47] Die Beispiele für wirtschaftliche Prosperität im 3. Jh. ließen sich noch vermehren.[48] Besonders instruktiv ist in dieser Hinsicht freilich das quellenreiche Ägypten, auf das diesbezüglich

---

tre for Mediterranean Cultures (ZAKMIRA), Bd. 8) Wiesbaden 2012, 97–150, bes. 104–111 und 130–134; Heising, A., Mogontiacum/Mainz im dritten Viertel des 3. Jahrhunderts. Ein quellenkritischer Forschungsbericht, in: *Fischer, Th. (Hg.)*, Die Krise des 3. Jahrhunderts n. Chr. und das Gallische Sonderreich. Akten des Interdisziplinären Kolloquiums Xanten 26. bis 28. Februar 2009. (Schriften des Lehr- und Forschungszentrums für die antiken Kulturen des Mittelmeerraumes – Centre for Mediterranean Cultures (ZAKMIRA), Bd. 8) Wiesbaden 2012, 151–196, bes. 183–188.
43 AE 2011, 777.
44 Vgl. *Bachrach, B. S.*, The Fortification of Gaul and the Economy of the Third and Fourth Centuries, in: JLA, 3, 2010, 38–64.
45 Vgl. *Esmonde Cleary*, West, bes. 463–466.
46 Vgl. *Boin, D.*, Ostia in Late Antiquity. Cambridge 2013, 71.
47 Vgl. *Witschel*, Landwirtschaft, 119–122.
48 Vgl. dazu *Ruffing*, Wirtschaft, 833–839.

abschließend ein kurzer Blick geworfen sei. Selbstverständlich war auch die Provinz *Aegyptus* keine Insel der Seligen im Reigen der Behelligungen, die das dritte nachchristliche Jahrhundert für die Bewohner des Römischen Reiches bereithielt. So demonstriert ein Privatbrief aus dem 3. Jh. n. Chr. den Ausbruch von Unruhen (wohl) in Alexandria, bei denen es auch zu Fällen von Kannibalismus gekommen ist.[49] Auch blieb das Provinzialgebiet nicht von Einfällen bzw. Raubzügen etwa von libyschen Stämmen verschont, freilich ist deutlich zu bezweifeln, dass es sich bei diesen Aktionen um mehr als Raubzüge handelte. Auch die in den literarischen Quellen genannten Einfälle der Blemmyer entpuppen sich bei näherem Hinsehen als äußerst problematische Nachrichten, so dass ein allgemeines Anwachsen der Bedrohung römisch beherrschten Gebietes nicht nachzuweisen ist.[50] Im Gegenteil: Wie Patrick Reinard gezeigt hat, scheint nach Auskunft der dokumentarischen Quellen die Sicherheitslage im 2. Jh. n. Chr. deutlich angespannter gewesen zu sein als im 3. Jh. n. Chr., was nicht zuletzt an der Kooperation der römischen Staatlichkeit mit den Nomaden in der Östlichen Wüste lag.[51] Bis zum Ausbrechen der Inflation unter Aurelian leisteten sich die Gaumetropolen, denen erst von Septimius Severus das Recht auf eine eigene Ratsversammlung zugesprochen worden war, eine offensichtlich kostspielige Baupolitik, die jedenfalls von ökonomischen Schwierigkeiten wenig erkennen lässt. Hinzu traten die Aufwendungen, die man sich für Spiele und Athleten leistete. Mit anderen Worten: Man litt offensichtlich an keinem Mangel an Geld, um diese Aufwendungen zu finanzieren. Damit nicht genug leistete man sich Oxyrhynchos in einer vermeintlich überaus krisenhaften Zeit den Luxus von Getreideverteilungen, die gewisslich nicht ganz günstig waren.[52] Öffentliche Bautätigkeit, ein stets offenes Ohr für die Belange der Agonistik und ostentative Getreideverteilungen an ohnehin in ökonomisch behaglichen Verhältnissen lebende Individuen der lokalen Oberschicht im fortgeschrittenen 3. Jh. demonstrieren nicht nur die Zahlungskräftigkeit der Metropolen, sondern auch ein weiteres: Das Aufwenden von Geld durch die öffentliche Hand setzte positive wirtschaftliche Akzente insofern, als zumindest die Bautätigkeit auch Geld in die Hände von Handwerkern spülte. Hingewiesen sei hier nur auf einen Betrag von fast 400.000 Drachmen, die in der Metropole Hermopolis für die öffentlichen Bauten aufgewendet wurden.[53] Man kann offensichtlich hier also nicht von einer wie auch immer gearteten Krise sprechen, sondern die Dinge standen in Ägypten nicht so schlecht, jedenfalls so lange, bis es zum Ausbruch der Inflation kam.

Fasst man das bisher Gesagte zusammen, so wird offenkundig, dass die wirtschaftlichen Verhältnisse im Imperium Romanum des dritten nachchristlichen Jahr-

---

[49] P. Oxy. XLII 3065.
[50] Vgl. dazu *Ruffing*, Prosperität, 234–237; *Reinard*, Konfrontation, 221–234; 243–255.
[51] Vgl. *Reinard*, Konfrontation, 254–255; *Cuvigny, H.*, Trogodytes et Blemmyes, entre documents et littérature, in: *dies. (Hg.)*, Blemmyes. New Documents and New Perspectives. Including O. Blem. 1–107. (Documents de fouilles de l'IFAO, Bd. 52) Kairo 2022, 41–59, hier 56.
[52] Vgl. *Ruffing*, Prosperität, 226–232.
[53] SB X 10299, 167 = SPP V 127 (v) = SPP XX 68 (264 n. Chr.).

hunderts lokal stark unterschiedlich waren. Orten und Regionen, die unmittelbaren Kriegshandlungen ausgesetzt waren, die angesichts der Eigentümlichkeiten antiker Kriegsführung auch fatalere Folgen für die Landbewohner gehabt haben werden, stehen Orte und Regionen gegenüber, in denen die Wirtschaft keinen größeren Einschränkungen unterlag bzw. positive Entwicklungen nahm. Selbstverständlich brachten die Zeitläufte angesichts der Einfälle germanischer Völker und den Kriegen gegen die Sāsāniden zwangsläufig strukturelle Veränderungen insofern mit sich, als sich allein durch die ständigen Bewegungen der Truppen die wirtschaftliche Balance verschieben musste. Gerade an der Peripherie des Reiches hatten die Legionen und Hilfstruppen der römischen Armee für eine erhebliche Nachfrage von Individuen gesorgt, die vom Staat mit einem Grundsortiment an Nahrungsmitteln versorgt wurde und – anders als weite Teile der Bevölkerung – regelmäßig und gut besoldet wurde.[54] Im Umfeld der Lager und Kastelle der römischen Armee waren darüber hinaus Frauen und Kinder der Soldaten ansässig, auch wenn der römische Staat die de facto Ehen seiner Soldaten nicht anerkannte. Nachvollziehbaren Erwägungen von Simon James zufolge betrug das zahlenmäßige Verhältnis zwischen den Soldaten und ihrem Anhang 1:3; mithin kamen auf einen Soldaten im Schnitt drei weitere Individuen in den so konstituierten Militärgesellschaften.[55] Damit etablierte der römische Militärapparat an der Peripherie des Reiches und damit gleichsam auf der grünen Wiese eine mächtige Nachfrage, auf deren Befriedigung sich die Wirtschaft im näheren und weiteren Umfeld der Garnisonen ausrichtete.[56] Über weite Teile des ersten und zweiten Jahrhunderts hinweg konnten die römischen Soldaten trotz der militärischen Erweiterungen des Reiches eine vergleichsweise ruhige Kugel schieben. Die Zeitläufte des dritten Jahrhunderts brachten hier Veränderungen mit sich, denn nun waren die Truppen in den vielfältigen Operationen gebunden, mussten auch herbe Niederlagen einstecken und manche Operation ohne jede Hoffnung auf Beute durchführen. In den Garnisonsorten waren dementsprechend die Konsumenten, die gleichzeitig Ernährer ihrer Familien waren, nicht mehr vor Ort, waren von Gefangennahme, Verwundung, Verstümmelung und dem Tod bedroht. Neben den emotionalen Behelligungen, die dies für Frauen und Kinder mit sich brachte,[57] waren die besagten, für die Soldaten sehr realen Gefahren für ihren familiären Anhang eine ökonomische Katastrophe, wenn sie denn eintraten. Zumindest waren Frauen und Kinder nach der Anerkennung von Soldatenehen durch Septimius Severus oder Caracalla nunmehr erbberechtigt. Gleichwohl wird man nicht fehl in der Schlussfolgerung gehen, dass sich durch die Abwesenheit der Soldaten und die möglichen ökonomischen Konsequenzen aus den Fährnissen des Krieges zumindest eine Delle in der Nachfrage nach Konsumgütern ergab.

---

54 Vgl. dazu *Speidel, M. A.*, Sold und Wirtschaftslage römischer Soldaten, in: *ders.*, Heer und Herrschaft im Römischen Reich der Hohen Kaiserzeit. Stuttgart 2009, 407–437.
55 Vgl. *James*, Dura, 300. Zu den Militärgesellschaften vgl. grundlegend *Stoll*, Militärfamilien.
56 Zu Heer und Wirtschaft s. auch den Beitrag von *Stoll* in diesem Band.
57 Vgl. *Stoll*, Militärfamilien, 34–49.

Und doch kam die Präsenz der Soldaten dann anderen Orten im Reich zugute, in denen ihre Anwesenheit wegen der ihnen eigenen Kaufkraft positive ökonomische Akzente setzte. Side in Kleinasien ist ein diesbezügliches Paradebeispiel.[58] Für die Zivilbevölkerung, die zum Opfer von Zerstörungen und Plünderungen geworden war, dürften diese Ereignisse auch zu einer Einschränkung des Konsums geführt haben, was damit auch einen Rückgang der Nachfrage in den betroffenen Regionen bedeutete. Die totale Zerstörung von Städten bedeutete gleichzeitig die völlige Vernichtung wirtschaftlicher Strukturen vor Ort. Wiederum sei auf Dura-Europos verwiesen, das ja, wie oben bereits erwähnt, 256 n. Chr. durch die Sāsāniden zerstört wurde. Diese Zerstörung bedeutete die Auflösung eines Ober- und Marktzentrums, das von 10.000–15.000 Individuen bevölkert gewesen war.[59] Dementsprechend hatte Dura Europos vor seiner Zerstörung eben auch als Absatzort für die landwirtschaftliche Produktion eines Streifens von 100 km entlang des Mittleren Euphrat und darüber hinaus auch für den unteren Khabur gedient.[60] Damit entfiel in der besagten Region jede Notwendigkeit für eine marktorientierte Landwirtschaft gänzlich und damit dürfte auch der regionale Handel zusammengebrochen sein, da kein anderes Oberzentrum an die Stelle der zerstörten Stadt trat. Mit anderen Worten: Hier, wie auch an anderen Orten des Römischen Reiches, hat sich das Volumen des Handels reduziert, während andernorts – wie etwa im römischen Ägypten – die wirtschaftliche Entwicklung der Zeit positive Akzente für denselben gesetzt hat, wie die eben erwähnte Bautätigkeit, die Geld in die Taschen auch unterer Bevölkerungsschichten brachte. Und auch die Kaiser hegten offenkundig noch im fortgeschrittenen dritten Jahrhundert Vertrauen in die Kräfte des Marktes und der Handel Treibenden, wie ein Brief des Gallienus aus dem Jahr 267 n. Chr. an Rat und Volk von Side zeigt, in dem er den Import von Weizen nach Side vom Zoll befreit und ausführt, hierdurch würden die Händler umso bereitwilliger einen Liefervertrag mit den Sideten schließen.[61] Offensichtlich waren die Bemühungen des Gallienus, die sich hier von Maßnahmen der Kaiser im zweiten Jahrhundert nicht unterscheiden, die den Städten den Ankauf von Getreide in Ägypten zu niedrigen Preisen erlaubten,[62] von Erfolg gekrönt, denn die Bewohner von Side ließen den entsprechen Brief in Stein meißeln und öffentlich aufstellen. Mit anderen Worten: In einer Zeit, die Teilen der Forschung nahezu als der Höhepunkt der vermeintlichen Wirtschaftskrise des dritten Jahrhunderts gilt, hält der Kaiser es offenbar zurecht für ausreichend, einem Mangel an Getreide durch das Aussetzen eines Zolles in Höhe von 2,5 % als Anreiz für Händler beizukommen.[63] Dies scheint weder auf

---

58 Vgl. dazu *Ruffing*, Prosperität, 835.
59 Zu der Einwohnerzahl vgl. *James*, Dura, 300.
60 Vgl. *Ruffing*, K., Economic Life in Roman Dura-Europos, in: *Kaizer, T.* (Hg.), Religion, Society and Culture at Dura-Europos. (Yale Classical Studies, Bd. 38) Cambridge 2016, 190–198.
61 *Nollé*, Gallienus, 305–306.
62 Vgl. *Jördens, A.*, Statthalterliche Verwaltung in der römischen Kaiserzeit. Studien zum *praefectus Aegypti*. (Historia Einzelschriften, Bd. 175) Stuttgart 2009, 195–198.
63 Zu dem in der Inschrift erwähnten Zoll vgl. *Nollé*, Gallienus, 323.

eine allgemeine bedrängende Wirtschaftskrise noch auf eine solche des Handels zu deuten.

Auch und gerade für den Fernhandel zwischen dem Imperium Romanum und Indien bzw. Zentralasien wurde geltend gemacht, dass die Krise des 3. Jh. erhebliche Auswirkungen hatte und einen fundamentalen Strukturwandel wenn nicht eingeleitet, so doch erheblich begünstigt hätte, da einerseits den Händlern aus dem Römischen Reich Konkurrenz anderer Ethnien erwachsen sei und andererseits technische Innovationen auf dem Gebiet der nautischen Technik die eine Veränderung der wesentlichen Destinationen für Waren aus diesem Handel mit sich gebracht hätten.[64] Nun ist angesichts des oben bereits Gesagten für manche Güter in der Tat eine Delle in der Nachfrage nach denselben zu erwarten und spätestens mit dem Eintreten der Inflation in der Regierungszeit Aurelians dürfte man mit einer Verringerung des Volumens zu rechnen haben. Gleichwohl lassen sich aber bis tief in das 3. Jh. n. Chr. Kontinuitäten im Osthandel festmachen.[65] Dass selbst die intensiven kriegerischen Auseinandersetzungen mit dem Sāsāniden-König Šābuhr, die ja im Jahr 256 n. Chr. zur Zerstörung von Dura-Europos geführt hatten, den Handel über Palmyra nicht zum Erliegen brachten, zeigt eine Inschrift aus demselben, die in das Jahr 257/258 n. Chr. datiert und die erfolgreiche Abwicklung einer Handelsreise in eben diesem Zeitraum illustriert.[66] Und auch in Ägypten finden sich Quellen, die das Fortbestehen der Handelskontakte nach Indien bzw. in die Welt des Indischen Ozeans illustrieren. Besondere Beachtung verdient in diesem Kontext eine Weihinschrift aus diesem Zeitraum, die zwei Fernhändlerinnen nennt, die sich auf diesem Gebiet als Großhändlerinnen betätigten.[67] Die Prominenz der Verarbeitung von Seiden sowie von ohne Zweifel aus dem Süd- und Osthandel stammenden Drogen und Aromata im diokletianischen Höchstpreisedikt demonstriert eindringlich das Fortbestehen der Nachfrage nach diesen Gütern noch am Ende des 3. Jh. bzw. dem Beginn des 4. Jh., und dies in einer Zeit, in der die kaiserliche Zentrale weiterhin mit dem Vertrauensverlust in die Währung des Reiches zu ringen hatte.[68] Gewiss, im Handel in der Welt des Indischen Ozeans tauchten neue Akteure auf bzw. treten diese neuen Akteure in unseren Quellen deutlicher hervor. Dies gilt etwa im Roten Meer für das Reich von Aksum, das sich

---

64 Vgl. Nappo, D., The Impact of Third Century Crisis on the International Trade with the East, in: Hekster, O./de Kleijn, G./Slootjes, D. (Hgg.), Crises and the Roman Empire. Proceedings of the Seventh Workshop of the International Network Impact of Empire (Nijmegen, June 20–24, 2006). (Impact of Empire, Bd. 7) Leiden/Boston 2007, 233–244.
65 Zu den Strukturen des Ost- und Südhandels in der Kaiserzeit s. auch den Beitrag von *Ruffing* in diesem Band.
66 IGLS XVII.1 74.
67 SEG VIII 703 = SB V 7539 = AE 1930, 53. Vgl. zu dieser Inschrift *Ruffing, K.*, Militärische und zivile Seefahrt im Roten Meer. Einige Überlegungen zu SEG VIII 703 = SB V 7539 = AE 1930, 53, in: Onken, B./Rohde, D. (Hgg.), In omni historia curiosus. Studien zur Geschichte von der Antike bis zur Neuzeit. Festschrift für Helmuth Schneider zum 65. Geburtstag. (Philippika, Bd. 47) Wiesbaden 2011, 23–30.
68 Ed. Diocl. 20 und 36.

zu einem zentralen Umschlagsplatz entwickelte,[69] oder die Sogdier, die im Kontext des Zerfalls des Kushan-Reiches als Händler auf der sogenannten Seidenstraße prominent werden.[70] Die strukturellen Verschiebungen dürften freilich eher im politischen Bereich, will sagen von Reichsbildungen nicht zuletzt auf Kosten von zuvor etablierten Herrschaftsbereichen auch und gerade in Zentralasien sowie im östlichen Afrika geschuldet sein denn einer (Wirtschafts-)Krise des Römischen Reiches.

Betrachtet man die Entwicklungen, soweit sie sich in den Quellen greifen lassen, insgesamt, so ist ohne jedes Wenn und Aber das dritte nachchristliche Jahrhundert alles andere als eine Zeit der ungebremsten und ungetrübten wirtschaftlichen Entwicklung zu sehen. Ohne jeden Zweifel brachten die Einbrüche germanischer Völker an Rhein und Donau Zerstörungen, Plünderungen und nicht zuletzt auch Verschleppungen mit sich. Dasselbe gilt für die Kriege mit den Sāsāniden. Hinzukamen die kriegerischen Auseinandersetzungen innerhalb des Römischen Reiches, die für ein Nämliches sorgten. Die hiervon betroffenen Gebiete erlitten angesichts der Gnadenlosigkeit antiker Kriegführung, die sich auch gegen die Bevölkerung und ihre Lebensgrundlagen richtete, ebenso zweifellos eine starke Beeinträchtigung ihrer wirtschaftlichen Entwicklung. Gleichzeitig lassen sich für viele Regionen des Imperiums Anzeichen einer wirtschaftlichen Prosperität gewinnen. Mit anderen Worten: Wirtschaftliche Prosperität und wirtschaftliche Beeinträchtigung bzw. wirtschaftlicher Ruin lagen direkt nebeneinander. Allein schon dies macht es schwierig von einer reichsweiten negativen wirtschaftlichen Entwicklung im 3. Jh. zu sprechen. Hinzu kommt ein weiteres Moment: Die häufig geltend gemachte Inflation des 3. Jh. ist kein Strukturmoment, das über den gesamten Zeitraum hinweg zu beobachten wäre, sondern dieselbe tritt erst im Zuge der Münzreformen Aurelians und damit im letzten Viertel des Jahrhunderts ein. Ohne jede Frage brachten Inflation und damit einhergehend der Verlust des Vertrauens der Marktteilnehmer in die Wertaufbewahrungsfunktion der umlaufenden Münzen erhebliche Schwierigkeiten für den römischen Staat und seine Wirtschaft mit sich. Hinsichtlich der Rolle, die ‚Antoninische' und ‚Cyprianische Pest' spielten, lassen sich letztlich keine genaueren Aussagen gewinnen, da es in den Quellen keinerlei Hinweis darauf gibt, welches Ausmaß an Übersterblichkeit sie in einer Gesellschaft verursachten, in der epidemische Krankheiten die Regel, und nicht die Ausnahme waren. Die Sicht auf die dokumentarischen Quellen wie auch die den literarischen Quellen innewohnenden interpretatorischen Problematiken lassen hinsichtlich des Ausmaßes der Bevölkerungsverluste eine gewisse, wenn nicht deutlich zu artikulierende Skepsis angeraten erscheinen. Auch gilt es die Subsumpti-

---

69 Vgl. *Beaujard, Ph.*, The Worlds of the Indian Ocean. A Global History. Bd. 1: From the Fourth Millennium BCE to the Sixth Century CE. Cambridge 2019, 578–580.
70 Zum Ende des Kushan-Reiches vgl. *Wieseḧofer, J./Ruffing, K.*, The End of the Kushan Empire, in: *Gehler, M./Rollinger, R./Strobl, Ph.* (Hgg.), Decline, Erosion and Implosion of Empires. (Universal- und kulturhistorische Studien) Stuttgart (im Druck). Zu den Sogdiern und ihrer Rolle im Handel auf der ‚Seidenstraße' *de la Vaissière, É.*, Sogdian Traders. A History. (Handbook of Oriental Studies, Bd. 8/17) Leiden/Boston 2003.

onslogiken, etwa aus Hinweisen auf eine ansteckende Krankheit in einer Inschrift auf *die Pest* zu schließen, kritisch zu hinterfragen. Hinzu tritt die Frage, wie denn die im vierten Jahrhundert ohne Zweifel gegebene wirtschaftliche Leistungsfähigkeit des Reiches im Falle massiver Bevölkerungsverluste erklärt werden kann.

Angesichts des Gesagten sollte trotz der Beharrungskräfte, die dem Begriff Krise in der Forschung zu eigen sind, problematisiert werden, ob derselbe eine geeignete historiographische Kategorie für die Analyse wirtschaftsgeschichtlicher Fragestellungen ist. Vielversprechender scheint es zu sein, hier nach Wachstum, Stagnation und Rezession der wirtschaftlichen Entwicklung zu fragen.[71] Tut man solches für das Imperium Romanum insgesamt, so drängt sich der Eindruck regional stark divergierender Entwicklungen auf. Diese ermöglichten es dem Imperium Romanum, die stürmischen Entwicklungen der Spätantike, die nicht zuletzt aus der wirtschaftlichen Attraktivität desselben resultierten, über einen langen Zeitraum hinweg abzuwettern, wozu auch und gerade eine ausgeprägte wirtschaftliche Leistungsfähigkeit von Nöten war. Mit anderen Worten: Auch wenn die Zeitläufte des 3. Jh. belastend waren und die Sollbruchstellen der Struktur des Römischen Reiches bloßlegten, war diese Struktur offensichtlich stark genug, um die Veränderungen in der Zeit danach auszuhalten und durch die Reformen zu Beginn des 4. Jh. eine stabile Entwicklung möglich zu machen.

Bibliographie

Alföldy, G., Römische Sozialgeschichte. 4. Aufl. Stuttgart 2011.
Bresson, A., Fates of Romes, in: JRS, 110, 2020, 233–246.
Bruun, Chr., The Antonine Plague and the 'Third Century Crisis', in: *Hekster, O./de Kleijn, G./Slootjes, D. (Hgg.)*, Crises and the Roman Empire. Proceedings of the Seventh Workshop of the International Network Impact of Empire (Nijmegen, June 20–24, 2006). (Impact of Empire, Bd. 7) Leiden/Boston 2007, 201–217.
Bruun, Chr., La mancanza di prove di un effetto catastrofico della „peste Antonina" (dal 166 d. c. in poi), in: *Lo Cascio, E. (Hg.)*, L'impatto della „peste Antonina". (Pragmateiai, Bd. 22) Bari 2012, 123–165.
Drexhage, H.-J., Preise, Mieten/Pachten, Kosten und Löhne im römischen Ägypten bis zum Regierungsantritt Diokletians. St. Katharinen 1991.
Duncan-Jones, R. P., The Antonine Plague Revisited. In: Arctos, 52, 2018, 41–72.
Ehling, K., Das Münzwesen, in: *Johne, K.-P./Hartmann, U./Gerhardt, Th. (Hgg.)*, Die Zeit der Soldatenkaiser. Krise und Transformation des Römischen Reiches im 3. Jahrhundert n. Chr. (235–284). Berlin 2008, 843–860.
Esmonde Cleary, S., The Roman West, AD 200–500. An Archaeological Study. Cambridge 2013.
Giardina, A., The Transition to Late Antiqutiy, in: *Scheidel, W./Morris, I./Saller, R. (Hgg.)*, The Cambridge Economic History of the Greco-Roman World. Cambridge 2007, 743–768.
Haklai-Rotenberg, M., Aurelian's Monetary Reform: Between Debasement and Public Trust, in: Chiron, 41, 2011, 1–39.

---

71 So wurden die Kategorien Rezession und Stagnation von Christian Witschel auch gewinnbringend auf die Entwicklung in Afrika angewendet: *Witschel*, Krise, 16–17.

Haldon, J. et al., Plagues, Climate Change, and the End of an Empire: A Response to Kyle Harper's *The Fate of Rome* (1): Climate, in: History Compass, 2018, DOI: 10.1111/hic3.12508.
Haldon, J. et al., Plagues, Climate Change, and the End of an Empire: A Response to Kyle Harper's *The Fate of Rome* (2): Plagues and a Crisis of Empire, in: History Compass, 2018, DOI: 10.1111/hic3.12506.
Harper, K., The Fate of Rome. Climate, Disease and the End of an Empire. Princeton 2017.
Harper, K./McCormick, M., Reconstructing the Roman Climate, in: *Scheidel, W. (Hg.)*, The Science of Roman History. Biology, Climate, and the Future of the Past. Princeton 2018, 11–52.
Harris W. V., The Great Pestilence and the Complexities of the Antonine-Severan Economy, in: *Lo Cascio, E. (Hg.)*, L'impatto della „peste Antonina". (Pragmateiai 22) Bari 2012, 331–338.
Huebner, S. R., The „Plague of Cyprian": A Revised View of the Origin and Spread of a 3rd-Century CE Pandemic, in: JRA, 34, 2021, 151–174.
Heeren, St., The Theory of 'Limesfall' and the Material Culture of the Late 3rd Century, in: Germania, 94, 2013, 185–209.
James, S., The Roman Military Base at Dura-Europos, Syria. An Archaeological Visualization. Oxford 2018.
Johne, K.-P./Hartmann, U., Krise und Transformation des Reiches im 3. Jahrhundert, in: *Johne, K.-P./ Hartmann, U./Gerhardt, Th. (Hgg.)*, Die Zeit der Soldatenkaiser. Krise und Transformation des Römischen Reiches im 3. Jahrhundert n. Chr. (235–284). Berlin 2008, 1025–1053.
Jongman, W. M., Gibbon Was Right: The Decline and Fall of the Roman Economy, in: *Hekster, O./de Kleijn, G./Slootjes, D. (Hgg.)*, Crises and the Roman Empire. Proceedings of the Seventh Workshop of the International Network Impact of Empire (Nijmegen, June 20–24, 2006). (Impact of Empire, Bd. 7) Leiden/Boston 2007, 183–199.
Jongman, W. M., Roman Economic Change and the Antonine Plague: Endogenous, Exogenous, or What?, in: *Lo Cascio, E. (Hg.)*, L'impatto della „peste Antonina". (Pragmateiai, Bd. 22) Bari 2012, 253–263.
Katsari, C., The Roman Monetary System. The Eastern Provinces from the First to the Third Century AD. Cambridge 2011.
Lo Cascio, E., La dimensione finanziaria e monetaria della crisi del III secolo d. C., in: Studi Storici, 49, 2008, 877–894.
Lo Cascio, E. (Hg.), L'impatto della „peste Antonina". (Pragmateiai, Bd. 22) Bari 2012.
Nollé, J., Ein Brief des Kaisers Gallienus an Side. Herrscherliche Hilfe bei einer Versorgungskrise, in: Chiron, 47, 2017, 303–337.
Rathbone, D. W., Monetisation, Not Price-Inflation in Third-Century A. D. Egypt, in: *King, C. E./Wigg, D. G. (Hgg.)*, Coin Finds and Coin Use in the Roman World. The Thirteenth Oxford Symposium on Coinage and Coinage History. (Studien zu Fundmünzen der Antike, Bd. 10) Berlin 1996, 321–339.
Reinard, P., Konfrontation und Kooperation jenseits des Niltals. Rom und die Wüstenstämme von Baratit, dem Hypotyrannos der Barbaren, bis zu Diokletian, in: *Ruffing, K./Droß-Krüpe, K. (Hgg.)*, Emas non quod opus est, sed quod necesse est. Beiträge zur Wirtschafts-, Sozial-, Rezeptions- und Wissenschaftsgeschichte der Antike. Festschrift für Hans-Joachim Drexhage zum 70. Geburtstag. (Philippika, Bd. 125) Wiesbaden 2018, 205–259.
Ruffing, K., Wirtschaftliche Prosperität im 3. Jahrhundert: Die Städte Ägyptens als Paradigma? in: *Johne, K.-P./Hartmann U./Gerhardt, Th. (Hgg.)*, Deleto paene imperio Romano. Transformationsprozesse des Römischen Reiches im 3. Jahrhundert und ihre Rezeption in der Neuzeit. Stuttgart 2006, 223–241.
Ruffing, K., Die Wirtschaft, in: *Johne, K.-P./Hartmann U./Gerhardt, Th. (Hgg.)*, Die Zeit der Soldatenkaiser. Krise und Transformation des Römischen Reiches im 3. Jahrhundert n. Chr. (235–284). Berlin 2008, 817–841.
Ruffing, K., Finanzpolitische und wirtschaftliche Maßnahmen unter Marc Aurel, in: *Grieb, V. (Hg.)*, Marc Aurel – Wege zu seiner Herrschaft, Gutenberg 2017, 223–247.
Sessa, K., The New Environmental Fall of Rome: A Methodological Consideration, in: JLA, 12, 2019, 211–255.
Stoll, O., Militärfamilien in den Militär- und Garnisonsgesellschaften der Limeszonen des Imperium Romanum. Familienleben trotz „Eheverbots", in: MBAH, 38, 2020, 1–73.

Strobel, K., Inflation und monetäre Wirtschaftsstrukturen im 3. Jh. n. Chr. Zu Daniel Sperbers Bild der wirtschafts- und währungsgeschichtlichen Krise, in: MBAH, VIII/2, 1989, 10–31.

Strobel, K., Das Imperium Romanum im ‚3. Jahrhundert'. Modell einer historischen Krise? Zur Frage mentaler Strukturen breiterer Bevölkerungsschichten in der Zeit von Marc Aurel bis zum Ausgang des 3. Jh. n. Chr. (Historia Einzelschriften 75) Stuttgart 1993.

Strobel, K., Geldwesen und Währungsgeschichte des Imperium Romanum im Spiegel der Entwicklung des 3. Jahrhunderts n. Chr. – Wirtschaftsgeschichte im Widerstreit von Metallismus und Nominalismus, in: *ders. (Hg.)*, Die Ökonomie des Imperium Romanum. Strukturen, Modelle und Wertungen im Spannungsfeld von Modernismus und Primitivismus. (Pharos, Bd. 17) St. Katharinen 2002, 86–168.

Strobel, K., Die sogenannte Reichskrise des 3. Jh. n. Chr. im Spiegel historischer, regionaler und lokaler Diversität: Grundlagen einer historisch-archäologischen Quellenkritik, in: *Auer, M./Hinker, Chr. (Hgg.)*, Roman Settlements and the "Crisis" of the 3rd Century AD. (Ager Aguntinus, Bd. 4) Wiesbaden 2021, 181–213.

Verboven, K., Demise and Fall of the Augustan Monetary System, in: *Hekster, O./de Kleijn, G./Slootjes, D. (Hgg.)*, Crises and the Roman Empire. Proceedings of the Seventh Workshop of the International Network Impact of Empire (Nijmegen, June 20–24, 2006). (Impact of Empire, Bd. 7) Leiden/Boston 2007, 245–257.

Witschel, Chr., Krise – Rezession – Stagnation? Der Westen des römischen Reiches im 3. Jh. n. Chr. (FAB, Bd. 4) Frankfurt a. M. 1999.

Witschel, Chr., Neue Forschungen zur römischen Landwirtschaft, in: Klio, 83, 2001, 113–133.

Kai Ruffing
32 Wirtschaft an den Grenzen des Reiches

I Republik

Mit dem Sieg über die Karthager im 1. Punischen Krieg und der Einrichtung von *Sicilia* als erster Provinz überschritten die Römer die in der Forschung sogenannte ‚imperiale Schwelle'. Diese Einrichtung einer römischen Provinz auf Sizilien war gleichsam der Startschuss für eine vergleichsweise rasante Entwicklung, die mit dem Sieg der Römer über Hannibal im 2. Punischen Krieg im Jahr 201 v. Chr. und den darauf folgenden kriegerischen Auseinandersetzungen mit den hellenistischen Königreichen noch erheblich an Fahrt gewann, hatten sich die Römer doch spätestens im Jahr 146 v. Chr. mit dem Ende des 3. Punischen Krieges und der damit einhergehenden Zerstörung Karthagos sowie der in demselben Jahr erfolgten Zerstörung von Korinth zur absoluten Vormacht im Mittelmeerraum aufgeschwungen. Auch in der Zeit der seit 133 v. Chr. besonders virulent werdenden inneren Krise der römischen Republik setzte sich die Ausweitung des römischen Herrschaftsbereichs fort, so dass am Ende der Republik große Teile der Mittelmeerwelt teilweise direkt durch die Einrichtung von Provinzen, und teilweise indirekt durch die Etablierung von Klientelreichen beherrscht wurden. Wie eng der Handlungsrahmen der Klientelkönigreiche war, demonstriert der unlängst in der Forschung gemachte Vorschlag, die Herrscher derselben als ‚provinziale Könige' zu bezeichnen.[1] Dementsprechend fluide sind die Grenzen des Imperium Romanum in dieser Zeit; auch die Intensitäten der Herrschaft in den verschiedenen Gebieten der Mittelmeerwelt sind sehr unterschiedlich. Dies gilt nicht zuletzt sogar auch für Gebiete, die als provinzialisiert galten, wie das Beispiel der hispanischen Provinzen trefflich zeigt.[2]

Jedenfalls brachten militärische Expansion und politische (Vor-)Herrschaft auch die Etablierung von Handelsbeziehungen jenseits des römischen Herrschaftsgebiets mit sich. So begannen die Römer im größeren Stil mit der Verhandlung von italischem Wein nach Gallien,[3] ferner wurden aus dem Osten der mediterranen Welt Sklaven in großem Stil importiert, ein Geschäft, bei dem offenkundig große Gewinne eingestrichen wurden.[4] Die Projektion militärischer Macht in die Welt des Mediterraneums

---

1 Vgl. *Ish-Shalom, T. A.*, Provinicial Monarchs as an Eastern *Arcanum Imperii*: 'Client Kingship', the Augustan Revolution and the Flavians, in: JRS, 111, 2021, 153–177.
2 Vgl. *Meister, F.*, Der Krieg des Sertorius und seine spanischen Wurzeln. Untersuchungen zu Krieg und Akkulturation auf der Iberischen Halbinsel im 2. und 1. Jh. v. Chr. (Studien zur Geschichtsforschung des Altertums, Bd. 16) Hamburg 2007, bes. 42–56.
3 Vgl. *Morel, J.-P.*, Early Rome and Italy, in: *Scheidel, W./Morris, I./Saller, R.* (Hgg.), The Cambridge Economic History of the Greco-Roman World. Cambridge 2007, 487–510, hier 506–507; *Kay*, Revolution, 141–145.
4 Vgl. *Kay*, Revolution, 202–204.

brachte eine überragende, wenn nicht überwältigende Stellung der Römer auch auf wirtschaftlichem Gebiet mit sich, die nicht zuletzt zu einer Neuausrichtung der Handelsnetzwerke führte.[5] In der Konsequenz wurden etwa Vereinigungen römischer Händler bzw. Geschäftsleute (*hoi pragmateuomenoi Romaioi* o. ä.) im Osten allgegenwärtig,[6] wofür Delos sicherlich das spektakulärste Beispiel bildet.[7] Während es für den Osten der mediterranen Welt insbesondere die Inschriften sind, die die Allgegenwärtigkeit römischer Händler dokumentieren, lassen die literarischen Quellen den Schluss zu, dass die Verhältnisse im Westen ähnlich waren.[8] Insbesondere Caesars Schrift über den Gallischen Krieg lässt erahnen, wie aktiv römische Händler in Gallien (und Britannien) waren, werden sie doch gleich zu Beginn als Ursache für die Verweichlichung der Gallier angeführt, ferner als Grund genannt, einen Alpenpass zu besetzen, oder etwa unter die Opfer von Massakern der Gallier gezählt.[9] Darüber hinaus finden sich auch Niederlassungen von Händlern in Gebieten jenseits der direkten Herrschaft der Römer, was die Intensität der Handelsbeziehungen dokumentiert.[10]

Es waren aber nicht nur Händler, die ihren Geschäften jenseits der Grenzen nachgingen. Roms überwältigende politische Durchsetzungsfähigkeit im Verbund mit den immer größeren Vermögen, die Senatoren im Allgemeinen sowie die zur Nobilität zählenden Angehörigen des Senats im Besonderen anzuhäufen vermochten, gaben den letzteren die Möglichkeit, Geschäfte und Politik trefflich miteinander zu vermischen. Ein in diesem Kontext beredtes Beispiel bildet Caius Rabirius Postumus, der als Finanzaufseher des von den Römern nach Ägypten zurückgeführten Ptolemaios XII. eingesetzt wurde und als solcher das Land ausplünderte.[11] Offenkundig waren Aulus Gabinius und Pompeius als herausragender Kopf im Senat an diesem Manöver beteiligt.[12] Die bemerkenswerte Vermischung von Gelderwerb und Politik wird im berühmten Kleopatra-Papyrus noch deutlicher. Nach Auskunft dieses Dokuments wurden einem Gefolgsmann des Marcus Antonius im Zuge seiner Auseinandersetzungen mit dem nachmaligen Augustus finanzielle Vorteile für den Import von Wein nach und den Export von Getreide aus Ägypten eingeräumt.[13] Insbesondere für Ritter und Senatoren stellten die Jahre der späten Republik damit eine Art Goldgräberzeit dar, die weidlich auf Kosten der immer mehr von den Römern abhängigen Gemeinwesen und Könige ausgenutzt wurde.

---

5 Vgl. dazu *Maschek, D.*, Der römische Bürgerkrieg. Archäologie und Geschichte einer Krisenzeit. Darmstadt 2018, 53–59.
6 Vgl. *Ruffing*, Mobilität, 134–135.
7 Vgl. dazu *Ruffing*, Moblität, 144; *Kay*, Revolution, 197–202.
8 Vgl. *Kay*, Revolution, 192–193.
9 Caes. Gall. 1, 1, 3; 3, 1, 2; 7, 3, 1; 7, 55, 5.
10 Vgl. *Graßl*, Händlersiedlungen.
11 Vgl. dazu *Huß, W.*, Ägypten in hellenistischer Zeit, 332–30 v. Chr. München 2001, 687–697.
12 Vgl. dazu *Schäfer*, Kleopatra, 28–29.
13 P. Bingen 45 = *Jördens*, TUAT NF 2, 383, Nr. 10. Vgl. dazu *Schäfer*, Kleopatra, 203–206.

Einen besonderen Fall bildet der römische Handel im *Regnum Noricum*, das letztlich ohne einen Schwertstreich und ohne einen Schuss unter direkte römische Herrschaft fiel, nachdem es jahrzehntelang in einer engen wirtschaftlichen Austauschbeziehung zu den Römern gestanden hatte. Die Gründung der römischen Kolonie Aquileia im Jahr 186 v. Chr. brachte im Laufe des 2. Jh. v. Chr. eine deutliche Intensivierung der ökonomischen Kontakte zwischen römischen Kaufleuten und den Kelten Noricums mit sich. Auf der römischen Seite war insbesondere das Eisen nachgefragt, über das die Kelten dank der reichhaltigen Vorkommen in der südalpinen Region verfügten. Die steigende Intensität des Warenaustauschs zwischen den norischen Kelten und den römischen Händlern führte im Laufe des 1. Jh. v. Chr. zur Anlage einer permanenten, blühenden Siedlung auf dem Magdalensberg unweit des heutigen Klagenfurt, die, wie die archäologischen Funde und Befunde sowie die epigraphischen Quellen zeigen, eben dem Handel mit Eisen diente.[14] Damit bildet die Siedlung auf dem Magdalensberg ein eindrucksvolles Zeugnis für die Intensität der Handelsbeziehungen römischer Händler mit den dem Imperium benachbarten Völkern in der Zeit der Republik.

II Die Kaiserzeit – Wirtschaft in den Grenzzonen

Die Etablierung der militärbasierten Autokratie des Augustus brachte in dieser Hinsicht erhebliche Veränderungen mit sich, die sich unter den auf ihn folgenden Imperatoren verfestigten. Einerseits war die Zeit der stürmischen Expansion vorbei, die allenthalben Gelegenheiten geschaffen hatte. Hierdurch etablierten sich Grenzzonen des Reiches,[15] in denen die Bewohner des letzteren mit den Nachbarvölkern und auch darüber hinaus mit weiter entfernten Regionen in einen engeren wirtschaftlichen Kontakt traten. Es ist daher folgerichtig, diese Grenzzonen mit Oliver Stoll als transkulturelle Wirtschaftsräume zu bezeichnen.[16]

Einen Motor der Entwicklung von wirtschaftlichen Austauschbeziehungen in den Grenzzonen des Römischen Reiches bildete die römische Armee.[17] Die Stationierung von Legionen und Hilfstruppen an der Peripherie des Reiches schuf eine erkleckliche

---

14 Vgl. *Egger, R.*, Die Stadt auf dem Magdalensberg. Ein Großhandelsplatz. Die ältesten Aufzeichnungen über den Metallwarenhandel auf dem Boden Österreichs. (Österreichische Akademie der Wissenschaften, Philosophisch-Historische Klasse, Denkschriften, Bd. 79) Graz/Wien/Köln 1961; *Gassner, V./ Jilek, S./Ladstätter, S.*, Am Rande des Reiches. Die Römer in Österreich. Wien 2002, 63–65; *Graßl, H.*, Das Gold der Noriker, in: MBAH, 24/1, 2005, 31–38; *Gregoratti, L.*, Roman Traders as a Factor of Romanization in Noricum and in the Eastern Transalpine Region, in: *Roselaar, S. T. (Hg.)*, Processes of Cultural Change and Integration in the Roman World. Leiden/Boston 2015, 239–252, hier 239–244.
15 Zu den Grenzzonen des Reiches vgl. *Whittaker*, Frontiers. Einen Überblick zu den neueren Forschungen zum Thema Grenze liefert *Ruffing*, Fringes, 201–210.
16 Vgl. *Stoll*, Melonen.
17 Zu Heer und Wirtschaft s. auch den Beitrag von *Stoll* in diesem Band.

Nachfrage nach Gütern jenseits der Grundversorgung und der Bedürfnisse der Armee selbst seitens einer Konsumentengruppe, die über ein regelmäßiges und vergleichsweise hohes Einkommen verfügte und daher als zahlungskräftig zu gelten hat.[18] Gesteigert wurde diese Nachfrage noch durch die im Umfeld der Lager und Kastelle lebenden Familien der Soldaten,[19] was zur Ausbildung von Zivilsiedlungen im Umfeld der Garnisonen führte. Gerade im Westen des Römischen Reiches brachte die Stationierung der Legionen und Hilfstruppen damit eine tiefgreifenden Neuausrichtung der wirtschaftlichen Strukturen mit sich. Darüber hinaus wurden die Gebiete hierdurch ein Bestandteil der mediterranen Netzwerke und damit nicht zuletzt auch der weit über die klassische Welt hinausreichenden Handelsbeziehungen, wie etwa die Erwähnung des Verkaufs von Pfeffer in den Vindolanda-Tablets zeigt.[20] Gleichzeitig waren römische Händler jenseits des Imperium bei den Nachbevölkern präsent und gingen dort ihren Geschäften nach. Auf der anderen Seite bildete die mit der Stationierung von Soldaten einhergehende Bildung kleinerer und größerer Märkte auch einen Anreiz für die jeweiligen Nachbarn, ökonomische Austauschbeziehungen zu etablieren. Über diese Beziehungen an einigen Grenzzonen des Reiches wird im Folgenden ein kurzer Überblick zu geben sein, der freilich keinerlei Anspruch auf Vollständigkeit erheben kann. Gleichwohl ist er geeignet, die wirtschaftliche Strahlkraft des Reiches und die wirtschaftlichen Austauschbeziehungen zwischen im Römischen Reich lebenden Akteuren und den Nachbarvölkern zu illustrieren.

Die Etablierung der römischen Herrschaft in Britannien brachte die Römer in Kontakt mit Stämmen, die nördlich der eine bemerkenswerte Fluidität aufweisenden Grenzzone in Gestalt des Stangate und des Hadrians- bzw. des Antoninus-Walls im heutigen Schottland lebten. Hier, wie auch an den anderen Rändern des Reiches, greift es gänzlich zu kurz, die Beziehungen zwischen den Römern und den eisenzeitlichen Gesellschaften allein als Konfliktgeschichte zu beschreiben. Auch wenn diese Konflikte einen deutlicheren Niederschlag in den literarischen Quellen gefunden haben und selbstverständlich das Ringen römischer Provinzverwalter wie dem sattsam bekannten Agricola und römischer Kaiser um die militärische *materies gloriae* einerseits sowie Überfälle und Raubzüge der im Norden lebenden Stämme andererseits Kampfhandlungen mit sich brachten, zeigt doch die materielle Überlieferung im heutigen Schottland die Existenz von friedlicheren Beziehungen zur römischen Welt auf. Ob diese Funde durch Handel oder durch andere Austauschbeziehungen in den Norden der britischen Insel gelangten, ist letztlich nicht zu eruieren. Bemerkenswert ist aber die offensichtliche Bevorzugung von Gegenständen aus dem Imperium, die geeignet

---

18 Vgl. dazu *Speidel, M. A.*, Sold und Wirtschaftslage römischer Soldaten, in: *ders.*, Heer und Herrschaft im Römischen Reich der Hohen Kaiserzeit. Stuttgart 2009, 407–437.
19 Zur Militär- bzw. Garnisonsgesellschaft vgl. *Stoll, O.*, Militärfamilien in den Militär- und Garnisonsgesellschaften der Limeszonen des Imperium Romanum. Familienleben trotz „Eheverbots", in: MBAH, 38, 2020, 1–73.
20 Tab. Vindol. II 184.

waren, die soziale Distinktion ihres Besitzers in den eisenzeitlichen Gesellschaften zu unterstreichen. Auf der anderen Seite fanden Handwerkserzeugnisse aus dem Norden auch ihren Weg an den Wall.[21] Auch Irland geriet durch die Einvernahme Britanniens gleichfalls in den römischen Orbit. Tacitus setzt in seinem Agricola die Präsenz von Händlern auf der grünen Insel als gegeben voraus, woraus man auch auf die Existenz intensiverer Handelskontakte folgern kann.[22] Die zahlreichen Funde von Gütern aus dem Römischen Reich in Irland brachten Patrick Reinard dazu, eine Anlage in dem nördlich von Dublin gelegenen Drumanagh als einen Handelsstützpunkt zu interpretieren, der das Ergebnis der ökonomischen Beziehungen gewesen ist.[23]

Intensive Kontakte lassen sich auch zwischen der unter direkter römischer Herrschaft lebenden Bevölkerung und den germanischen Stämmen an Rhein und Donau feststellen, die in der Forschung eine größere Aufmerksamkeit gefunden haben.[24] Wie für Britannien, so waren hier neben den unbestreitbar gegebenen gewalttätigen Auseinandersetzungen ökonomische Austauschbeziehungen die Regel. Die literarischen Quellen in Gestalt von Tacitus und Cassius Dio setzen bei verschiedenen Gelegenheiten die Präsenz von Händlern in Germanien voraus. Und auch wenn die kaiserzeitlichen Literaten selbstverständlich nicht die Perspektive der einheimischen Bevölkerung einnehmen, so konstatieren sie doch das Interesse der letzteren am Zugang zu römischen Märkten, wie insbesondere an den Friedensverträgen Mark Aurels sichtbar wird, der den Zugang zu den Märkten bzw. den Entzug desselben als Bestrafung bzw. Belohnung einsetzte. Die Kontrolle über die Zulassung von Germanen zu den Märkten auf Provinzialgebiet mag darüber hinaus auch durch fiskalische Interessen des römischen Staates motiviert gewesen sein.[25] Wie schon im Falle der britischen Inseln, ist es auch hier schwierig, aus den archäologisch nachgewiesenen Materialien römischen Ursprungs auf die Form und den Charakter der Austauschbeziehungen zu schließen, durch die diese römischen ‚Importe' in die germanische Welt gelangt sind.

---

21 Vgl. *Mattingly*, Possession, 437–439; *Hunter, F.*, Stories from Black Bangels: Jewellry and Other Finds of Jet-Like Materials in Roman Scotland, in: *Collins, R/McIntosh, F. (Hgg.)*, Life in the Limes. Studies of the People and Objects of the Roman Frontiers. Presented to Lindsay Allason-Jones on the Occasion of Her Birthday and Retirement. Oxford/Philadelphia 2014, 152–165; *ders.*, Beyond Hadrian's Wall, in: *Millet, M./Revell, L./Moore, A. (Hgg.)*, The Oxford Handbook of Roman Britain. Oxford 2016, 178–202.
22 Tac. Agr. 24,2. Vgl. *Reinard*, Irland, 6–7.
23 Vgl. *Reinard*, Irland, 20–22. Zu den römischen Funden in Irland vgl. ferner *Mattingly*, Possession, 448–452; *Cahill Wilson, J.*, Et tu, Hibernia? Frontier Zones and Culture Contact – Ireland in a Roman World, in: *González Sánchez, S./Guglielmi, A. (Hgg.)*, Romans and Barbarians beyond the Frontiers. Archaeology, Ideology and Identities in the North. (Themes in Roman Archaeology, Bd. 1) Oxford/Philadelphia 2017, 48–69, hier 52–56.
24 Vgl. *Tausend*, Bedeutung; *Wolters, R.*, Zum Waren- und Dienstleistungsaustausch zwischen dem Römischen Reich in der Zeit des Prinzipats. Eine Bestandsaufnahme, in: MBAH, 9/1, 1990, 14–44; *ders.*, Der Waren- und Dienstleistungsaustausch zwischen dem Römischen Reich in der Zeit des Prinzipats. Eine Bestandsaufnahme. Teil 2, in: MBAH, 10/1, 1991, 78–132; *Wolters*, Funde; *Ruffing*, Beziehungen; *Voß/Wigg-Wolf*, Finds; *Frank*, Prestigegut; *Karlsen*, Handel; *Ruffing*, Fringes, 210–215.
25 Vgl. *Ruffing*, Beziehungen, 159–160; *ders.*, Fringes, 211–212.

Fakt ist aber, dass sich auch und gerade im Lichte der neuesten Forschungen intensive Austauschbeziehungen zwischen den germanischen Völkern und Stammesverbänden und dem römischen Reich eruieren lassen. In der Tat ergeben sich in diesem Kontext deutliche regionale Unterschiede, die sich einerseits wenig überraschend auf die Nähe bzw. die Distanz zum römischen Provinzialgebiet gründen. Hier deutet sich nachvollziehbarerweise eine Aufwertung römischer Waren zum Gut, durch das sein Besitzer Prestige erlangen konnte, in Entfernungen vom Römischen Reich an, in denen die Waren nicht mehr prinzipiell verfügbar waren.[26] Aber auch in unmittelbarer Nähe zum Provinzialgebiet lassen sich deutliche Unterschiede zwischen einzelnen Regionen hinsichtlich des Zuflusses römischer Materialien feststellen.[27] Diese mögen nicht zuletzt auch mit den sich wandelnden Strukturen römischer Präsenz zu tun haben, so dass etwa die Errichtung römischer Kastelle gleichsam den kleinen Grenzverkehr beförderte.[28] Sie mögen aber nicht zuletzt auch durch eine unterschiedliche Attitüde römischer Politik gegenüber den einheimischen Gruppen und Stammesbildungen bedingt gewesen sein.[29] Auf der anderen Seite zeigten die Römer auch ein deutliches Interesse an der Ausbeutung von Ressourcen außerhalb des Provinzialgebiets, wofür der von den Römern initiierte und von den Einheimischen dann fortgeführte Bleiabbau im Sauerland in augusteischer Zeit das bemerkensteste Beispiel ist, gelangte dieses Blei doch bis nach Italien.[30] Die immense römische Nachfrage nach dem Metall löste damit also strukturelle Veränderungen in Gebieten aus, die deutlich außerhalb des römischen Herrschaftsgebiets lagen. Solches gilt übrigens auch für die Einrichtung von Gruben innerhalb des Reiches.[31] Doch zurück zur Bleiförderung im Sauerland: Wie Ausgrabungen in Soest gezeigt haben, wurden die germanischen Produzenten bzw. Verarbeiter des Bleis gleichzeitig in die Lage versetzt, römische Produkte zu erwerben, während im Gefolge des Bleis auch Salz und Fleisch ihren Weg in die römische Provinz gefunden haben dürften.[32]

Sowohl für Britannien als auch für Germanien darf man daher folgern, dass die Errichtung der römischen Herrschaft in der Nachbarschaft auch ökonomische Austauschbeziehungen mit sich brachte. Diese wiederum lösten nicht zuletzt auch soziale Veränderungen aus, die im Verbund mit politischen bzw. diplomatischen Bemühungen der römischen Seite auch Veränderungen in der sozialen und politischen Struktur aufseiten der einheimischen Gruppierungen mit sich brachten.[33]

---

26 Vgl. *Karlsen*, Handel, 587–590.
27 Vgl. *Frank*, Prestigegut, 545–546.
28 Vgl. dazu *Ruffing*, Fringes, 213–214.
29 Vgl. *Voß/Wigg-Wolf*, Finds.
30 Vgl. dazu *Kritzinger, P.*, Ein neues Zeugnis eines alten Bekannten: Bleisiegel, Bleihandel und Bleiproduktion im freien Germanien, in: MBAH, 35, 2017, 87–107; *Pfeffer*, Blei.
31 Vgl. *Hirt, A. M.*, Mines and Economic Integration of Provincial 'Frontiers' in the Roman Principate, in: *Roselaar, S. T.* (Hg.), Processes of Cultural Change and Integration in the Roman World. Leiden/Boston 2015, 201–221.
32 Vgl. *Pfeffer*, Blei, 538 und 541–542.
33 Vgl. *Whittaker, C. R.*, Trade and Frontiers of the Roman Empire, in: *Garnsey, P./Whittaker, C. R.* (Hgg.), Trade and Famine in Classical Antiquity. Cambridge 1983, 110–127, hier 116–121; *Mattingly*,

Von den Bedingungen, wie sie Britannien und Germanien boten, unterschieden sich diejenigen an den östlichen Grenzzonen des Römischen Reiches fundamental, war der Nachbar hier doch das iranische Großreich der Parther, mit dem die Römer häufiger Kriege führten. Auf der einen Seite bildet dieser Bereich dank einer reichhaltigeren Überlieferung zumindest für die Region am Mittleren Euphrat ein gutes Beispiel für das Wirtschaftsleben am Rand des Römischen Reiches, auf der anderen Seite liefen auch Fernhandelsverbindungen an den Persischen Golf und damit in die Welt des Indischen Ozeans durch diese Grenzzone hindurch. Freilich unterschieden sich die Bedingungen in diesem Bereich nicht nur durch die deutlich unterschiedliche Geomorphologie der Region, sondern auch durch das Gegenüber der Römer. Während in Germanien und Britannien auf der Gegenseite losere politische Verbände agierten, stand hier ein in einer langen Tradition wurzelndes Reich auf der anderen Seite, dessen Herrscher ihre eigene politische Agenda verfolgten und sich – wie ihr römischer Gegenpart – als universale Könige darstellten, mit denen man auf einem diplomatischen Level interagierte und die eine eigene Sicht auf die Grenzen ihres Reiches pflegten.[34] Diese diplomatischen Kontakte zwischen den Parthern und den Römern sind nicht zuletzt auch im Kontext des römischen Fernhandels nach Südarabien und Indien zu sehen.[35] Darüber hinaus brachten die unterschiedliche politische Verfasstheit, die Geomorphologie und die Aridität des Klimas in den Grenzbereichen zwischen den Parthern und dem Imperium Romanum andere Strukturen des wirtschaftlichen Austauschs zwischen den beiden Reichen mit sich. Nun ist die Wirtschaftsgeschichte des Partherreichs in gewisser Weise ein Stiefkind der einschlägigen Forschung gewesen.[36] Bemerkenswerterweise ist in Sachen des Handels im Wesentlichen der Fernhandel durch das Partherreich in das Römische Reich Gegenstand der Forschung und der Quellen, Handelskontakte zwischen dem Partherreich und Imperium Romanum werden – soweit ich sehe – eher selten thematisiert. Wie man das von Herodian kolportierte Angebot Caracallas an Artabanos IV. zu bewerten hat, beide Reiche durch die Hochzeit zwischen ihm und der Tochter des Partherkönigs zu vereinen und dadurch u. a. einen Warenaustausch zu ermöglichen, der bislang nur durch Schmuggel vonstattenging, weswegen die angesprochenen Waren in beiden Reichen knapp seien, sei an dieser Stelle dahingestellt.[37] Möglicherweise deutet dies auf ein Bewusstsein für

---

Possession, 452; *Wells, P.*, Die Barbaren sprechen. Kelten, Germanen und das römische Europa. Darmstadt 2007, 260–263;267–269; *Voß/Wigg-Wolf*, Finds, 121.
34 Vgl. *Whittaker*, Frontiers, 63; *Benoist, St.*, The Emperor Beyond the Frontiers: A Double Mirror as a 'Political Discourse', in: *Slootjes, D./Peachin, M. (Hgg.)*, Rome and the World beyond Its Frontiers. (Impact of Empire, Bd. 21) Leiden/Boston 2016, 45–64.
35 Vgl. *Speidel*, Fernhandel, bes. 181.
36 Überblicke liefern *Hackl*, Wirtschaft; *Fabian, L.*, The Arsakid Empire, in: *von Reden, S. (Hg.)*, Handbook of Afro-Eurasian Economies. Bd. 1: Contexts. Berlin/Boston 2020, 205–239, hier 231–233; *Wiesehöfer, J.*, Evidence for Arsakid Economic History, in: *von Reden, S. (Hg.)*, Handbook of Afro-Eurasian Economies. Bd. 1: Contexts. Berlin/Boston 2020, 477–496.
37 Hdt. 4, 10, 4.

die Existenz möglicher Nachfrage nach Waren des jeweils anderen und die Knappheit derselben in beiden Reichen, bestenfalls könnte sogar der Schmuggel Realität gewesen sein. Jedoch mag sich der Handel mit Gütern des täglichen Bedarfs über die Zollgrenze in das Imperium Romanum hinein gleichsam von selbst verboten haben, wurde doch zumindest auf Waren aus dem Fernhandel ein solcher in Höhe von 25 % fällig, wie die Erwähnung zweier Pächter dieses Zolls in den Inschriften von Palmyra zeigt.[38] Wie sich die Dinge in Sachen Zollerhebung auf Importe aus dem Römischen Reich auf der parthischen Seite gestalteten, ist in den Quellen nicht zu eruieren.[39] Angesichts des Gesagten sowie der späteren Festlegung von festen Orten für den Handel in den Friedensverträgen zwischen Römern und Sāsāniden wird man möglicherweise auf eine geringe Rolle des Warenaustauschs in den Grenzzonen selbst schließen können.[40] So scheint sich der Handel in der römisch-parthischen Grenzzone im Wesentlichen auf den Fernhandel beschränkt zu haben, jedenfalls soweit es die Quellen erkennen lassen. Darauf könnte man auch eine Notiz in der aus der zweiten Hälfte des 4. Jh. n. Chr. stammenden *Expositio totius mundi et gentium* beziehen, der zufolge der Überfluss an Waren bei den Persern – also im Sāsāniden-Reich – aus der ihnen gegebenen Möglichkeit stammt, mit allen ihren Nachbarn Handel zu treiben.[41] Eine Ausnahme von dieser Regel könnte wiederum das Tal des Khabur gebildet haben, in dem die Grenze zwischen dem Imperium Romanum und jenem der Parther eher fluide gewesen zu sein scheint, was wiederum intensivere Kontakte zwischen und mit der dort ansässigen Bevölkerung auf beiden Seiten der Grenzzone mit sich gebracht haben wird.[42]

Auch entlang der sich entlang der Sahara erstreckenden Grenzzonen bildeten nicht nur militärische Konflikte, sondern auch der ökonomische Austausch zwischen dem Römischen Reich und seinen Nachbarn die Realität. So demonstriert insbesondere das an Quellen so reiche römische Ägypten, dass die Beziehungen zwischen der römischen Staatsgewalt und den Nomaden – auch in der östlichen Wüste Ägyptens – zwischen Konfrontation und Zusammenarbeit changierten, wobei die letztere eben auch ökonomische Austauschbeziehungen zur Folge hatte.[43] In den Grenzzonen des

---

38 IGLS XVII. 1 196 (161 oder 163 n. Chr.); IGLS XVII. 1 197 (174 n. Chr.).
39 Vgl. *Hackl*, Wirtschaft, 122–123; *Hartmann*, Wege, 461–464. *Sommer*, Steppengrenze, 207 geht von der Existenz von Außenzöllen aus, jedenfalls soweit es die Waren aus dem Fernhandel mit Indien betrifft. Vgl. ferner *Gregoratti*, Trade, der von einer aktiveren Involvierung der Arsakiden in den Handel nach Indien ausgeht.
40 Zu den Friedensverträgen und ihren ökonomischen Auswirkungen vgl. immer noch grundlegend *Winter, E.*, Handel und Wirtschaft in Sasanidisch-(Ost)-Römischen Verträgen und Abkommen, in: MBAH, 6/2, 1987, 46–74.
41 E XIX.
42 Vgl. dazu *Ruffing*, Fringes, 215–216.
43 Vgl. *Reinard, P.*, Konfrontation und Kooperation jenseits des Niltals. Rom und die Wüstenstämme von Baratit, dem Hypotyrannos der Barbaren, bis zu Diokletian, in: *Ruffing, K./Droß-Krüpe, K.* (Hgg.), Emas non quod opus est, sed quod necesse est. Beiträge zur Wirtschafts-, Sozial-, Rezeptions- und Wissenschaftsgeschichte der Antike. Festschrift für Hans-Joachim Drexhage zu. 70. Geburtstag. (Philip-

heutigen Tunesiens und Tripolitaniens deutet der archäologische Befund ebenfalls auf einen intensiveren Austausch zwischen Bewohnern des Imperium Romanum und Auswärtigen. So lässt sich hier etwa die Verbringung von Vieh durch Herdenwanderung aus den vor der eigentlichen Wüste gelegenen Gebieten in das Reich nachweisen. Darüber hinaus mögen römischen Landeigentümer auch saisonale Arbeitskraft aus den Herdenwanderungen betreibenden Gruppierungen in der Grenzzone geschöpft haben. Hinzu wird der Import von Wildtieren in das Imperium, möglicherweise auch der von Sklaven getreten sein.[44]

Diese wenigen, exemplarischen Bemerkungen zu direkten Austauschbeziehungen in den Grenzzonen des Römischen Reiches zeigen die ökonomische Strahlkraft des Römischen Reiches auf. Diese resultierte zuvörderst aus der Stationierung eines erheblichen bzw. des größeren Teiles der römischen Berufsarmee an der Peripherie des Reiches. Dieselbe generierte eine erhebliche Kaufkraft an derselben, die aber nicht nur nach innen, in das Reichsgebiet hineinwirkte und für die strukturelle Veränderungen in den Randprovinzen sowie die Neuausrichtung von Handelsrouten sorgte, sondern eben auch wohl nicht zuletzt durch die Entwicklung von Zivilsiedlungen im Umfeld der Lager einerseits Nachfrage nach Waren aus dem Reich jenseits des direkten Herrschaftsgebiets, andererseits aber eben auch selbst Nachfrage nach Gütern aus den nicht direkt beherrschten Regionen generierte. Auf den britischen Inseln, in Irland und in Germanien sorgten Waren aus dem Römischen Reich dort, wo sie nicht selbstverständlich zur Verfügung standen und damit zu soziale Distinktion ausdrückenden Prestigegütern wurden, für sozio-politische Veränderungen, die man unter dem Begriff der Ethnogenese subsumieren kann. Ökonomische Kontakte, bisweilen auch bewusst von der römischen Staatlichkeit eingesetzt, dienten nicht zuletzt auch der Stabilisierung der Grenzzonen, wie zumindest das in den Quellen mehrfach aufscheinende und situativ bewilligte Begehr germanischer Völker nach Zugang zu römischen Märkten sowie die im römischen Ägypten nachzuweisenden Interaktionen zwischen Nomaden und römischer Staatlichkeit zeigen. Ähnliches deutet sich auch für Afrika an. Eine Untersuchung, die sich den Grenzzonen des römischen Reiches und ihren wirtschaftlichen Bedingtheiten insgesamt widmet, steht freilich noch aus.

III Die Kaiserzeit – der Fernhandel

Jenseits dieser im unmittelbaren Umfeld der Grenzzonen und möglicherweise auch in mittlerer Distanz zu diesen ablaufenden Interaktionen wurden auch Waren über weitere Entfernungen gehandelt. Dieser ‚Fernhandel des Römischen Reiches', wie der

---

pika, Bd. 125) Wiesbaden 2018, 205–259; *Cuvigny, H.*, Trogodytes et Blemmyes, entre documents et littérature, in: *dies. (Hg.)*, Blemmyes. New Documents and New Perspectives. Including O. Blem. 1–107. (Documents de fouilles de l'IFAO, Bd. 52) Kairo 2022, 41–59, hier 56.
44 Vgl. *Wilson*, Trade, 414–416.

deutsche Titel der einschlägigen, in der Mitte der 50er Jahre auf Englisch vorgelegte Monographie von Sir Mortimer Wheeler lautet,[45] hat seit jeher das Interesse der Forschung gefunden und dabei doch stets sehr unterschiedliche Bewertungen erfahren. Die Entwicklung der reichsrömischen Gesellschaft sorgte jedenfalls für eine Nachfrage nach Gütern, die aus fernen Regionen in das Reich importiert wurden. Denn es waren nicht nur die imperialen Führungs- und Oberschichten im Verbund mit den lokalen Oberschichten – also die Angehörigen von *ordo senatorius*, *ordo equester*, *ordines decurionum* und Bouleuten –, die immense oder doch größere Vermögen zu akkumulieren in der Lage waren, sondern gleichzeitig ermöglichten die Zeitläufte auch die Entstehung von heterogenen Mittelschichten im Reich, die ebenfalls in der Lage waren, Güter und Waren aus dem Fernhandel zu konsumieren. Freilich richtete sich die Aufmerksamkeit der Forschung nicht zuletzt angesichts der Quellenlage eher auf Routen und die Funde von Waren denn auf die unterschiedlichen Akteure, die aufgrund ihres divergierenden kulturellen und sozialen Hintergrunds mit dem im Fernhandel nahezu zwangsläufig auftauchenden Agenten-Problem unterschiedlich umgingen. Darüber hinaus hat sich der Fokus der den Fernhandel thematisierenden Forschung auch insofern verschoben, als Wheeler in seinem besagten Buch noch den gesamten Handel thematisierte, während in der aktuellen Forschung sehr deutlich die Handelskontakte nach Indien und Zentralasien im Mittelpunkt der Aufmerksamkeit stehen und etwa der Transsaharahandel ein viel geringere Beachtung gefunden hat. Nichtsdestoweniger besitzen Termini wie ‚Bernsteinstraße' oder ‚Weihrauchstraße' bzw. gar ‚Seidenstraße' und der über sie abgewickelte Handel eine ausgeprägte Suggestivkraft, die vor dem geistigen Auge das Bild von intensivem Handel und Wandel entstehen lassen. Indes verbieten sich Aussagen über die tatsächlichen Volumina von selbst, auch wenn man zumindest in Bezug auf diejenigen in der Welt des Indischen Ozeans gewisse Vorstellungen gewinnen kann. Doch dazu später mehr.

Zu den aus größerer Entfernung herbeigeschafften Gütern gehörte der Bernstein, der auch Abnehmer in Italien fand und über die sogenannte Bernsteinstraße dorthin gelangte. Die wesentlichen Informationen zu dem Handel mit Bernstein, sieht man einmal von Funden desselben auf dem Gebiet des Imperiums ab, stammen vom älteren Plinius, der berichtet, derselbe würde von den Germanen nach Pannonien gebracht.[46] Selbiger erzählt auch von einer in Carnuntum ihren Ausgang nehmenden Expedition an ein Gestade Germaniens in der Regierungszeit Neros, die nicht nur der Bereisung dieses Gebietes und seiner Handelsplätze diente, sondern auch so viel Bernstein mitgebracht habe, dass bei den Spielen in Rom größter Luxus durch die Verwendung desselben zur Schau gestellt wurde.[47] Nun dient die Geschichte ohne Zweifel der moralischen Diskreditierung Neros, aber man wird dennoch guten Gewissens davon ausgehen können, dass Bernstein jedenfalls in so großen Mengen nach

---

45 *Wheeler*, Fernhandel.
46 Plin. nat. 37, 43.
47 Plin. nat. 37, 45.

Rom gelangen konnte, dass er in der Literatur als Marker für übermäßigen Luxus dienen konnte. Wenig später mokiert sich auch Tacitus über die durch den Erwerb von Bernstein begangene Verschwendung, indem er bemerkt, den Germanen sei derselbe nichts wert und sie wunderten sich über die von den Römern für diesen erlegten Preise, ja sie hätten sogar keine Bezeichnung für denselben gehabt, bis die Römer ihm durch ihre Verschwendungssucht einen Namen gaben.[48] Beide Notizen zeigen jedenfalls, dass sich der Bernstein zumindest im Kaiserhaus und unter den Angehörigen von Senatoren- und Ritterstand einer gewissen Wertschätzung erfreute, weswegen das Gut zumindest bis in die Hauptstadt gelangte. Welche Akteure in und jenseits Pannoniens auf römischer Seite in diesem Geschäftsfeld tätig waren, bleibt unbekannt.[49] Jedoch gibt es Hinweise auf die besondere Rolle, die Aquileia im Handel mit dem Baumharz spielte.[50] Das Fehlen einer einschlägigen Berufsbezeichnung für den Handel mit Bernstein gibt jedenfalls Grund, das Volumen desselben als nicht übermäßig groß zu betrachten.

Wie oben bereits angemerkt, genießt der Transsaharahandel in den letzteren Jahren eine größere Aufmerksamkeit,[51] die jedoch hinter dem Interesse für den Handel im Indischen Ozean zurückbleibt. Dieses geringere Interesse ging mit der Einschätzung einher, die Handelsverbindungen mit dem subsaharischen Afrika seien von überschaubarer Bedeutung gewesen. Demgegenüber zeigen neuere Untersuchungen die Bedeutung dieses Handels auf, der insbesondere von den im südlichen Libyen beheimateten Garamanten getragen wurde. Es war freilich nicht die Nachfrage im Imperium Romanum bzw. diejenige in der Region südlich der Wüste, die den Handel befeuerte, sondern die der Garamanten, deren Kultur auf den Austausch mit dem Norden und dem Süden angewiesen war. Im Zuge dessen wurden einige Waren in der Tat vom Süden durch die Wüste nach Nordafrika verhandelt, aber es wurden auch Güter durch eine Reihe weniger weit reichender Austauschbeziehungen gehandelt.[52] Zu diesen Gütern mögen auch Sklaven gezählt haben, deren Verhandlung nach den Erwägungen von Andrew Wilson im 2. und 3. Jh. n. Chr. ein ähnliches Ausmaß wie der mittelalterliche und frühneuzeitliche Handel erreicht haben könnte.[53]

Wie oben schon angemerkt, fand und findet der Handel in die Welt des Indischen Ozeans die größte Aufmerksamkeit der Forschung, weswegen er gleichzeitig exem-

---

48 Tac. Germ. 45.
49 Zum Themenkomplex vgl. *Wielowiejski, J.*, Bernsteinstraße und Bernsteinweg während der römischen Kaiserzeit im Lichte der neueren Forschung, in: MBAH, 3/2, 1984, 69–87.
50 Vgl. *Ubel, H.*, Die „Bernsteinstraße" als Verkehrsader des römischen Militärs zwischen Aquileia und Karnuntum bis zum Ende des 2. Jh. n. Chr., in: *Herz, P./Schmidt, P./Stoll, O. (Hgg.)*, Handel, Kultur und Militär. Die Wirtschaft des Alpen-Donau-Adria-Raumes. (Region im Umbruch, Bd. 4) Berlin 2011, 181–203; bes. 182.
51 Vgl. insbes. *Wilson*, Trade; *Mattingly, D. J.*, To South and to North: Saharan Trade in Antiquity, in: *Eckardt, H./Rippon, St. (Hgg.)*, Living and Working in the Roman World: Essays in Honour of Michael Fulford on his 65th Birthday. Portsmouth 2013, 169–190; *Mattingly et al.*, Trade; *Wilson*, Frontier.
52 Vgl. *Wilson*, Trade, 417–419; *ders.*, Frontier, 599–604.
53 Vgl. *Wilson*, Trade, 427; *ders.*, Frontier, 606.

plarisch für die unterschiedlichen, sich bisweilen in Orthodoxien auswachsenden Paradigmen steht, unter denen die Wirtschaft der Antike erforscht wurde. So nahm Wheeler in seinem schon erwähnten Buch über den Fernhandel des Römischen Reiches eine eher modernistische Sicht der Dinge ein.[54] In den 60er Jahren folgte James Innes Millers grundlegende Monographie zum Handel mit Gewürzen und Aromata, die nicht zuletzt durch ihren ungeheuren Materialreichtum besticht.[55] In den 70er Jahren legte Manfred G. Raschke eine kritische Neubewertung von drei Themenkreisen vor, die für die Untersuchung der Handelsbeziehungen in die Welt des Indischen Ozeans stets das größte Interesse der Forschung auf sich zogen. Namentlich betrachtete er den Seidenhandel, die Rolle von Mittelsleuten und den Handel mit Gewürzen und Aromata. Raschke betonte in seinem Beitrag insbesondere das Fehlen einer weitsichtigen Wirtschaftspolitik des römischen Staates in Bezug auf diesen Handel.[56] Eben diese stand dann auf der Agenda der Forschung in den folgenden Jahren. In diesem Kontext sind insbesondere die Arbeiten von Steven E. Sidebotham, der sich insbesondere der Östlichen Wüste Ägyptens annahm,[57] und Gary K. Young zu nennen, der diesbezüglich die Gesamtheit der Handelsbeziehungen in den Osten in den Blick nahm.[58] Das zu Beginn des 21. Jh. einsetzende, immer größer werdende Interesse an der antiken Wirtschaftsgeschichte brachte im Verbund mit der Gegenwartserfahrung der Globalisierung gleichsam eine Flut von Studien zum Römischen Osthandel mit sich.[59] Studien zu einzelnen Bereichen der verschiedenen bzw. zu Akteuren bereichern das Forschungsfeld. In diesem Kontext ist einerseits die Östliche Wüste Ägyptens mit dem Haupthafen für den Handel in das Rote Meer zu nennen.[60] Die Östliche Wüste als ein wesentlicher Bereich des Routensystems bietet dabei nicht nur archäologische Funde und Befunde, sondern auch einen erstaunlichen Reichtum an dokumentarischen Schriftquellen. Zu diesen tritt ein spektakuläres, in der Wiener Papyrussammlung beheimatetes Dokument in Gestalt des Muziris-Papyrus, der die Abwicklung eines Kreditgeschäftes sowie diejenige von Zollangelegenheiten im Kontext einer Handelsfahrt nach Indien zum Gegenstand hat.[61] Andererseits ist Palmyra und der von den Palmyrenern getragene Osthandel zu nennen,[62] der nicht zuletzt im Kontext von Fragen des Kulturkontakts in Syrien und mit dem Partherreich thematisiert wird.[63] Wohl

---

54 *Wheeler*, Fernhandel.
55 *Miller*, Spice.
56 *Raschke*, Studies.
57 *Sidebotham*, Policy.
58 *Young*, Trade.
59 Genannt seien hier die wesentlichen monographischen Studien: *Tomber*, Trade; *Seland*, Ports; *McLaughlin*, Rome; *ders.*, Empire; *Evers*, Worlds; *Cobb*, Rome.
60 *Sidebotham*, Berenike, mit einer Zusammenfassung und den Ergebnissen der diesbezüglichen Forschungen.
61 SB XVIII 13167. Vgl. dazu die grundlegende Studie von *de Romanis*, Pepper.
62 Vgl. zuletzt *Seland*, Ships.
63 Vgl. *Sommer*, Steppengrenze, 145–226 sowie die Beiträge in *ders.* (Hg.), *Inter duo Imperia*. Palmyra between East and West. (Oriens et Occidens, Bd. 31) Stuttgart 2020.

nicht zuletzt unter dem Eindruck der ‚Neuen Seidenstraße' und der bereits erwähnten zeitgenössischen Globalisierung genießen die ‚Seidenstraßen' und damit auch die an ihnen beheimateten Kulturen und Gesellschaften einschließlich ihrer Wirtschaftsgeschichte eine größere Aufmerksamkeit der Forschung,[64] worüber nicht zuletzt das jüngst erschiene Handbuch zur Wirtschaft Afro-Eurasiens ein beredtes Zeugnis ablegt.[65] War damit bislang ein Großteil der Forschung zum Handel in den Osten und damit auch zu den Kontakten zwischen den einzelnen Kulturen einem römischen und damit einem mediterranen Blickwinkel geschuldet, so herrscht in der gegenwärtigen Forschung das begrüßenswerte Bemühen vor, das Römische Reich nicht als *das* Imperium zu verstehen, sondern als *ein* Imperium in Afro-Eurasien, das – sei es mittelbar, sei es unmittelbar – über das Vehikel des Handels auch in kulturellen Austauschbeziehungen zu den Imperien, Staatlichkeiten und Gesellschaften Afro-Eurasiens stand,[66] eine Forderung, die übrigens schon Raschke am Ende der 70er Jahre erhoben hatte.[67] So war das Imperium Romanum in der chinesischen Literatur zwar bekannt, aber es wurde als ein Utopia dargestellt, das mit den Realitäten Roms wenig zu tun hatte. Umgekehrt blieben auch in der mediterranen Welt die Vorstellungen vom Han-Reich bestenfalls blass. Gleichwohl vermittelte die Präsenz von Waren vom jeweils anderen Ende der eurasischen Welt ein Bewusstsein über die Existenz des Anderen.[68]

Der Handel zwischen dem Imperium Romanum und der Welt des Indischen Ozeans wurde durch die Herausbildung eines afro-eurasischen Weltsystems ermöglicht, dessen Anfänge in das 6./5. Jahrhundert zurückreichen. Die Entwicklung des Achaimeniden-Reichs, das unter Dareios I. auch den unteren Lauf des Indus vereinnahmte,[69] etablierte die Verbindungen zwischen der mediterranen Welt, Iran und Zentralasien sowie Indien, das wiederum Kontakte in den Osten hatte.[70] Diese Verbindungen intensivierten sich während der Zeit des Kaiserreiches nicht zuletzt aufgrund der römischen Expansion in den Osten der mediterranen Welt, des Fortbestehen des iranischen Großreichs in Gestalt des Partherreichs, der Entwicklung des Kushan-Reiches und der Expansion des Han-Reiches in den Westen, so dass die Entwicklungen die Entstehung eines afro-eurasischen Weltsystems mit sich brachten.[71] In der Forschung

---

64 *Liu, X.*, The Silk Road in World History. Oxford 2010; *Benjamin*, Empires.
65 *Von Reden (Hg.)*, Handbook.
66 Vgl. dazu *von Reden/Speidel (Hgg.)*, Economy, 699–700.
67 Vgl. *Raschke*, Studies, 605; 676–677.
68 Vgl. dazu *Ruffing, K.*, Nach Westen und dann immer geradeaus... Zum Seidenfernhandel über Palmyra in das Imperium Romanum, in: *Wagner-Hasel, B./Nosch, M.-L. (Hgg.)*, Gaben, Waren und Tribute. Stoffkreisläufe und antike Textilökonomie. Akten eines Symposiums (9./10. Juni 2016 in Hannover). Stuttgart 2019, 317–330.
69 Vgl. dazu *Ruffing, K.*, India, in: *Jacobs, B./Rollinger, R. (Hgg.)*, A Companion to the Achaemenid Empire, Bd. 1. Hoboken 2021, 711–715.
70 Vgl. *Beaujard*, Worlds, 293; 300–302.
71 Vgl. *Benjamin*, Empires, 2–3; *Beaujard*, Worlds, 322–334.

werden der Prozess bzw. die Austauschbeziehungen auch als Oikomenesierung bzw. Globalisierung bezeichnet.⁷²

Im Rahmen der Abwicklung des Handels wurden verschiedene Routensysteme genutzt. Welche Akteure die jeweiligen Routen benutzten, hing zum einen mit ihrer geographischen Herkunft und dementsprechend auch mit den vornehmlichen Absatzgebieten für ihre Waren ab, darüber hinaus aber auch und wesentlich von ihrer Fähigkeit, das Prinzipal-Agenten-Dilemma zu lösen, das sich bei der Abwicklung des komplexen Handels in den Osten und Süden stellte. Für dieses Dilemma fanden die jeweiligen Akteure bedingt durch ihren sozio-kulturellen Hintergrund divergierende Lösungen.⁷³ Selbstverständlich galt dies nicht nur für die Händler aus dem römischen Reich, sondern auch für alle anderen Akteure im Handel, die bisweilen in den Quellen aus der griechisch-römischen Welt sichtbar werden. Für den vorliegenden Kontext mag es jedoch angemessen sein, ausschließlich nähere Ausführungen zu den Händlern aus dem römischen Reich zu machen.

Zunächst zu den Routen, die aus dem römischen Herrschaftsgebiet in die Welt des Indischen Ozeans führten. Die in den Quellen am besten dokumentierte Route ist diejenige von Ägypten nach Arabien, Ostafrika und Indien, die nicht nur in der literarischen Überlieferung aufscheint, sondern auch in der subliterarischen Überlieferung in Gestalt des *Periplus Maris Erythraei* auftaucht und durch verschiedenste dokumentarische Quellen wohl dokumentiert ist. Folgt man dem älteren Plinius (nat. 6, 102–103), dann war der Ausgangspunkt der Route das in der Nähe von Alexandrien gelegene Iuliopolis, von dem aus man über den Nil nach Koptos gelangte, das an der engsten Stelle zwischen dem Niltal und der Küste des Roten Meeres lag. Dort wurden die Waren auf Kamele umgeladen und durch die Wüste nach Berenike transportiert, das nicht zuletzt aufgrund der Wind- und Strömungsverhältnisse im Roten Meer Ausgangs- wie auch Zielpunkt der Fahrten nach Axum sowie an die Südküste Arabiens, nach Ostafrika und in den Indischen Ozean war. In Indien gelangte man sich den Süd-West-Monsun zunutze machend in die im Nordwesten des Subkontinents gelegenen Häfen Barbarikon und Barygaza sowie die im Südwesten gelegenen Häfen Muziris und Nelkynda.⁷⁴ Auch die Palmyrener nutzten auf dem Weg zum Persischen Golf einen Fluss in Gestalt des Euphrats. Die von Palmyra ausgehenden Karawanen erreichten den letzteren bei Hit, von wo aus die Waren wohl vorzugsweise auf Schlauchflößen, den sogenannten Keleks, den Euphrat hinab nach Spasinu Charax verbracht wurden. Dasselbe bildete nicht nur den Ausgangs- und Zielpunkt für die indischen Häfen, sondern war auch in den Handel mit der Ostküste Arabiens einbezo-

---

72 Vgl. *Seland, E. H.*, The Indian Ocean and the Globalisation of the Ancient World, in: West and East, 7, 2008, 64–79; *Schuol, M.*, Globalisierung in der Antike? Seegestützter Fernhandel zwischen Rom und Indien, in: Orbis Terrarum, 12, 2014, 273–286.
73 Vgl. *Ruffing*, Trade.
74 Vgl. den Überblick bei *Young*, Trade, 28–51; *Ruffing*, Wege, 369–371.

gen, insbesondere in denjenigen mit Omana.[75] Die beiden hier nur kurz angedeuteten Routensysteme dürften die bedeutendsten gewesen sein. Die Zeitläufte des 3. Jh. n. Chr. brachten den offenkundig totalen Niedergang des palmyrenischen Handels mit sich, worauf Hatra und Nisbis im nördlichen Mesopotamien größere Bedeutung als Umschlagsplätze im Handel erlangten.[76] Letzteres profitierte in diesem Kontext von seiner zwischen Römern und Sāsāniden im Friedensvertrag festgeschriebenen Rolle als einziger Ort des Handels zwischen beiden Parteien.[77] Erwähnenswert ist darüber hinaus die sogenannte Weihrauch-Straße, auf der die Nabatäer den Karawanenhandel zwischen Südarabien und wohl insbesondere den Küstenstädten Syriens abwickelten, gleichzeitig aufgrund der Lage ihrer Hauptstadt Petra aber sowohl Anschluss an die Routensysteme im Roten Meer als auch an den Persischen Golf hatten.[78] Mit Ausnahme der ‚Weihrauchstraße' eint die Route durch den Persischen Golf und diejenige durch das Rote Meer, dass für weite Teile der Strecke Fluss und Meer die Möglichkeit des Wassertransports boten, während man offenkundig den Anteil des Landtransports zu minimieren gedachte. Dennoch gibt es in den Quellen Hinweise auf die Nutzung einer ausschließlichen Landroute nach Zentralasien, wo dann der Anschluss an den Weg nach China gewonnen werden konnte. Argumente dafür liefern zum einen die *Stathmoi Parthikoi* des Isidoros von Charax, der eine gut ausgebaute Route von Zeugma den Euphrat hinab nach Seleukia am Tigris und von dort über Antiocheia Margiana bis nach Alexandropolis in Arachosien beschreibt. Mag der Handel auch nicht das vorzügliche Motiv für die Anlage einer solchen das Partherreich durchquerenden Straße gewesen sein, so spricht nichts gegen ihre Nutzung zu diesem Behufe.[79] Schließlich findet sich auch beim Geographen Ptolemaios die Notiz einer Reise zu Handelszwecken auf der Landroute nach China, im Zuge derer die Beauftragten eines gewissen Maes alias Titianos bis zum Steinturm, was jedenfalls auf eine Reise bis hinter Samarkand an die Grenze des chinesischen Herrschaftsbereichs deuten mag.[80]

Die Handelskontakte zwischen der Welt des Indischen Ozeans und der Welt des Römischen Reiches wurden dementsprechend über eine Vielzahl von Routen abgewickelt, die weitgehend durch die geographischen und klimatischen Gegebenheiten sowie den Willen der jeweiligen Staatlichkeiten und Gesellschaften bedingt waren, die notwendige Infrastruktur zu errichten und zu erhalten sowie den institutionellen

---

75 Vgl. dazu *Young*, Trade, 139–140; *Ruffing*, Wege, 363–364; *Rollinger, R./Ruffing, K.*, Schlauchflöße und Schwimmschläuche an Euphrat und Tigris in der römischen Kaiserzeit, in: *Breitwieser, R./Frass, M./Nigthingale, G.* (Hgg.), Calamus. Festschrift für Herbert Graßl zum 65. Geburtstag. (Philippika, Bd. 57) Wiesbaden 2013, 403–418; *Seland*, Ships, 45–55; 59–61.
76 Vgl. *Sommer*, Steppengrenze, 391–392; *Palermo*, Edge, 52; 103–105.
77 Vgl. *Palermo*, Edge, 52.
78 Vgl. *Young*, Trade, 90–99; *Ruffing*, Wege, 367; *Hackl/Jenni/Schneider*, Quellen, 72–74; *Sidebotham*, Berenike, 209–211.
79 Vgl. *Ruffing*, Wege, 364 pace *Hartmann*, Wege.
80 Vgl. dazu *Young*, Trade, 190–191; *Ruffing*, Wege, 364–365; *Heil, M./Schulz, R.*, Who was Maes Titianus?, in: JAC, 35, 2015, 72–84; *Benjamin*, Empires, 137–140.

Rahmen für den Handel und unter Umständen auch seine fiskalische Abschöpfung zu schaffen. Beides wurde von unterschiedlichen Akteursgruppen genutzt, wobei sich für einzelne Gruppierungen ohne Frage Schwerpunkte in der Nutzung von Routensystemen ergeben. Auch mögen bestimmte Waren – hier ist etwa an den Pfeffer zu denken[81] – gleichfalls bevorzugt von bestimmten Gruppen gehandelt worden sein. Auch wenn die aus dem Imperium Romanum stammenden Akteure selbstverständlich nicht die einzigen waren, die im Fernhandel tätig waren, und etwa auch die Präsenz etwa von Indern im römischen Herrschaftsbereich bezeugt ist,[82] beschränken sich die folgenden Bemerkungen angesichts des hier gegebenen thematischen Schwerpunkts auf die ersteren. Die Errichtung der römischen Provinz Aegyptus brachte sehr schnell das Engagement von römischen Bürgern bzw. von Italikern im Indienhandel über die Nilprovinz mit sich. In der Überlieferung sind insbesondere Familien aus Kampanien, die in engerer Beziehung mit Puteoli, in dieser Zeit der Haupthandelshafen Roms an Tyrrhenischen Küste, standen. Die schon zuvor etablierten Verbindungen zwischen Puteoli und Alexandria halfen dementsprechend beim Engagement im Indienhandel. Diese römischen Bürger nutzten, soweit es insbesondere der epigraphische Befund, aber auch die Ostraka des Nikanor-Archivs erkennen lassen, Sklaven und Freigelassene als Agenten im Handel im Indischen Ozean. Gleichzeitig engagierten sich auch Alexandriner und andere der gräko-ägyptischen Oberschicht zuzuordnende Personen im Indienhandel, die im Wesentlichen auf freie Personen als Agenten im Handel zurückgriffen.[83] Die Palmyrener wiederum waren insbesondere auf der Route über den Euphrat und den Persischen Golf aktiv, obwohl sie im 3. Jh. n. Chr. auch auf der Route über Ägypten ihren Geschäften nachgingen.[84] In den epigraphischen Quellen tauchen die Händler als Gemeinschaft auf, die offenkundig nicht zuletzt durch familiäre bzw. tribale Bande zusammengehalten wurden.[85] Dabei konnten sie sich in der Fremde auf ein Netz von palmyrenischen Gemeinschaften stützen, die den späteren ‚fondachi' in der italienischen Seerepubliken Venedig und Genua offensichtlich nicht unähnlich waren.[86] Während die genannten Akteursgruppen die intensive Aufmerksamkeit der Forschung genossen, gilt dies weniger für die Diaspora-Juden, deren Beteiligung am Fernhandel unter Nutzung eigener Netzwerke aber in jüngerer Zeit von Monika Schuol ausgelotet und wahrscheinlich gemacht wurde.[87]

---

81 Vgl. *de Romanis*, Pepper, 59–124.
82 Vgl. *Cobb*, Rome, 149–155; *Beaujard*, Worlds, 388–389.
83 Vgl. *Ruffing*, Trade, 204–208.
84 Zu möglichen Gründen vgl. *Cobb, M. A.*, Palmyrene Merchants and the Red Sea Trade, in: *Sommer, M. (Hg.)*, Inter duo Imperia. Palmyra between East and West. (Oriens et Occidens, Bd. 31) Stuttgart 2020, 65–83, bes. 75–82.
85 Vgl. *Seland, E. H.*, The Rise of the Merchant Princes? Scale, Status, and Wealth in Palmyrene Trade, in: *Sommer, M. (Hg.)*, Inter duo Imperia. Palmyra between East and West. (Oriens et Occidens, Bd. 31) Stuttgart 2020, 85–94.
86 Vgl. *Seland*, Ships, 34–45; *Ruffing*, Trade, 208–209.
87 Vgl *Schuol, M.*, Mit Thora und Kamel. Jüdische global players in den antiken Transportnetzwerken zwischen Rom und Indien, in: *Binder, C./Börm, H./Luther, A. (Hgg.)*, Diwan. Untersuchungen zu Ge-

Abschließend seien einige Bemerkungen über Volumen und Bedeutung des römischen Handels mit der Welt des Indischen Ozeans gemacht. Auch hierzu existieren selbstverständlich divergierende Vorstellungen in der Forschung, die jeweils von den herrschenden Paradigmen bzw. Orthodoxien der Erforschung der Wirtschaft des Römischen Reiches abhängig waren und sind. Da etwa ein Kernsatz der primitivistischen Auffassung die geringe Bedeutung des Handels in der Antike ist, werden dementsprechend Bedeutung und Volumen desselben in der so orientierten Forschung als gering angesehen.[88] In der jüngeren Forschung wurde das Volumen des Römischen Ost- und Südhandels insbesondere vor dem Hintergrund der Höhe der staatlichen Einnahmen durch die fiskalische Abschöpfung in Gestalt des 25 % Zolls auf die Einfuhr von Waren diskutiert. Zahlen sind Mangelware, insbesondere solche, die belastbar wären. So nennt der ältere Plinius einmal 50.000.000 HS, die jedes Jahr für den Einkauf von Waren in Indien ausgegeben würden,[89] und an anderer Stelle beziffert er die Ausgaben für Waren aus Indien und von den Serern auf 100.000.000 HS.[90] Strabo erwähnt die Anzahl der Schiffe – 120 –, die in der Regierungszeit des Augustus jährlich die Reise nach Indien gewagt hätten.[91] Nun wird man gut daran tun, solche Zahlen, die in der literarischen Überlieferung genannt werden, bestenfalls für atmosphärische Angaben zu halten. Wirklich belastbare Zahlen liefert mit einer Ausnahme wiederum ausschließlich die papyrologische Überlieferung in Gestalt der schon oben genannten Urkunde aus der Wiener Papyrussammlung, in der auf dem Verso die Waren einer Schiffsladung gegenüber dem Zoll deklariert wurden, deren Gesamtwert mehr als 9.330.964 dr. und damit HS betragen haben dürfte.[92] Hinzu tritt eine Inschrift aus Palmyra, in der die Einkünfte aus dem 25 %igen Zoll auf 89.478.564 HS und 2 Obolen beziffert werden.[93] Dementsprechend unterschiedlich sind die Schlussfolgerungen in der Forschung. So gelangte Gary Young in Erwägung der genannten Zahlen zu dem Schluss, dass die plinianischen Zahlen irgendwie einen Eindruck über die tatsächliche Höhe der staatlichen Einkünfte geben,[94] während Raoul McLaughlin den Wert der aus Indien importieren Waren auf 1.000.000.000 HS und dementsprechend die Höhe der Zolleinkünfte auf 250.000.000 HS + x bzw. 300.000.000 HS veranschlagt.[95] Sehr viel vorsichtiger ist schließlich Federico de Romanis, der gleichfalls die Möglich-

---

schichte und Kultur des Nahen Ostens und des östlichen Mittelmeerraumes im Altertum. Festschrift für Josef Wiesehöfer zum 65. Geburtstag. Duisburg 2016, 493–515. S. a. *Cobb*, Rome, 66–68.
88 Vgl. etwa *Finley, M. I.*, The Ancient Economy. 2. Aufl. Berkeley/Los Angeles 1985, 132 zu den bei Plin. nat. 6, 101 und nat. 12, 84 überlieferten Zahlen. *Pekáry, Th.*, Die Wirtschaft der griechisch-römischen Antike. Wiesbaden 1979, 101 zur geringen Bedeutung des Handels in der Antike.
89 Plin. nat. 6, 101.
90 Plin. nat. 12, 84.
91 Strab. 2, 5, 12.
92 Vgl. *de Romanis*, Pepper, 249 Table 10.6.
93 Vgl. *de Romanis*, Pepper, 320.
94 Vgl. *Young*, Pepper, 210–211.
95 Vgl. *McLaughlin*, Rome, 160–172; ders., Empire, 226–227.

keit unterstreicht, solche hohen Summen aus dem vorhandenen Zahlenmaterial zu extrapolieren, aber dennoch zur Vorsicht mahnt und zu dem Schluss gelangt, dass die staatlichen Einkünfte aus dem Osthandel jedenfalls die 20.000.000 bzw. 30.000.000 HS übertrafen, die die Steuer auf Gladiatorenspiele unter Marc Aurel einbrachte.[96]

IV Schluss

Die wenigen Bemerkungen zur wirtschaftlichen Präsenz Roms in und jenseits seiner Grenzzonen zeigen deutlich, wie weit das Reich jenseits derselben ausstrahlte. In der Republik machten sich die römischen Händler und Geschäftsleute die sich aus der Expansion ergebende Konnektivität zu Nutze, um im gesamten Mittelmeerraum ihre Geschäfte zu betreiben. Nicht zuletzt half denselben die überragende Machtstellung der imperialen Republik, aus dieser Gemengelage heraus Gewinne zu generieren. Nachdem im Zuge der Etablierung der militärbasierten Autokratie des Augustus relativ feste Grenzzonen etabliert waren, traten Bewohner des römischen Herrschaftsgebiets in wirtschaftlichen Austausch mit den Nachbarn, was insbesondere für den Norden und Westen des Imperiums gilt. Diese Austauschbeziehungen beförderten nicht zuletzt auch ethnogenetische Prozesse weit jenseits der Grenzzonen. Auch entlang der Sahara ist ein grenznaher wirtschaftlicher Austausch festzustellen, darüber hinaus sorgten die Konsumptionsbedürfnisse des Garamantenreichs auch für eine deutliche Belebung des Transsaharahandels, durch den Waren aus der Subsahara-Zone in die römische Welt gelangten. Deutlich komplexer gestaltete sich die Rolle des Römischen Reiches im Handel mit der Welt des Indischen Ozeans. Hier ist es auf der Makroebene angemessen, das Römische Reich und die aus ihm stammenden Akteure als den westlichen Bestandteil eines afro-eurasischen Weltsystems zu sehen, innerhalb dessen römische Händler vorzugsweise nach Indien gelangten, über das wiederum der Anschluss zum östlichen Ende dieses Weltsystems in Gestalt des Han-Reiches hergestellt wurde. Hinsichtlich des Volumens und der fiskalischen Bedeutung des Handels mit dem Osten vermitteln die zur Verfügung stehenden Quellen zwar den Eindruck, dass insbesondere der letztere erheblich war. Freilich sollte man sich hüten, aus den letztlich wenigen wirklich belastbaren Angaben allzu kühne Extrapolationen vorzunehmen, durch die man zu allzu weit reichenden Schlüssen gelangt. Wie dem aber auch sei, ohne Zweifel stellt die römische Kaiserzeit eine Epoche dar, in der Waren aus dem Osthandel auch im Westen weithin verfügbar waren und nicht zuletzt durch eine recht zahlungskräftige Kundenschicht auch bis in die Peripherie des Reiches hinein auf breiterer Ebene konsumiert werden konnten.

---

96 Vgl. *de Romanis*, Pepper, 318–320.

Bibliographie

Beaujard, Ph., The Worlds of the Indian Ocean. A Global History. Bd. I: From the Fourth Millennium BCE to the Sixth Century CE. Cambridge 2019.
Benjamin, C., Empires of Ancient Eurasia. The First Silk Roads Era, 100 BCE–250 CE. Cambridge 2018.
Cobb, M. A., Rome and the Indian Ocean Trade from Augustus to the Early Third Century CE. (Mnemosyne, Bd. 418) Leiden/Boston 2018.
De Romanis, F., The Indo-Roman Pepper Trade and the Muziris Papyrus. Oxford 2020.
Evers, K. G., Worlds Apart Trading Together. The Organisation of Long-Distance Trade Between Rome and India in Antiquity. Oxford 2017.
Frank, K., Zwischen Prestigegut, Beute und Import – römische Funde rechts des Rheins, in: *Eger, Chr. (Hg.)*, Warenwege – Warenflüsse. Handel, Logistik und Transport am römischen Niederrhein. (Xantener Berichte, Bd. 32) Darmstadt 2018, 545–560.
Graßl, H., Römische Händlersiedlungen in der späten Republik und in der frühen Kaiserzeit, in: *Heftner, H. (Hg.)*, Ad fontes! Festschrift für Gerhard Dobesch zum 65. Geburtstag am 15. September 2004. Wien 2004, 295–301.
Gregoratti, L., Indian Ocean Trade: The Role of Parthia, in: *Cobb, M. A. (Hg.)*, The Indian Ocean Trade in Antiquity. Political, Cultural and Economic Impacts. London/New York 2019, 52–72.
Hackl, U., Handel und Wirtschaft, in: *Hackl, U./Jacobs, B./Weber, D. (Hgg.)*, Quellen zur Geschichte des Partherreichs. Textsammlung mit Übersetzungen und Kommentaren Bd. 1. (Studien zur Umwelt des Neuen Testaments, Bd. 83) Göttingen 2010, 111–124.
Hackl, U./Janni, H./Schneider, Chr., Quellen zur Geschichte der Nabatäer. Textsammlung mit Übersetzung und Kommentar. (NTOA, Bd. 51) Freiburg/Göttingen 2003.
Hartmann, U., Wege durch Parthien – Straßen, Handelsrouten und Kommunikation im Arsakidenreich, in: *Woytek, B. (Hg.)*, Infrastructure and Distribution in Ancient Economies. Proceedings of a Conference Held at the Austrian Academy of Sciences, 28–31 October 2014. Wien 2018, 445–472.
Karlsen, H.-J., Römisch-germanischer Handel zwischen Rhein und Elbe, in: *Eger, Chr. (Hg.)*, Warenwege – Warenflüsse. Handel, Logistik und Transport am römischen Niederrhein. (Xantener Berichte, Bd. 32) Darmstadt 2018, 577–595.
Kay, Ph., Rome's Economic Revolution. Oxford 2014.
Mattingly, D., An Imperial Possession. Britain in the Roman Empire, 54 BC–AD 409. London 2006.
Mattingly, D. J. et al. (Hgg.), Trade in the Ancient Sahara and Beyond. Cambridge 2017.
McLaughlin, R., Rome and the Distant East. Trade Routes to the Ancient Lands of Arabia, India and China. London 2010.
McLaughlin, R., The Roman Empire and the Indian Ocean. The Ancient World Economy and the Kingdoms of Africa, Arabia and India. Barnsley 2014.
Miller, J. I., The Spice Trade of the Roman Empire. 29 B. C. to A. D. 641. Oxford 1969.
Palermo, R., On the Edge of Empires. North Mesopotamia During the Roman Period (2nd–4th Centuries CE). London/New York 2019.
Pfeffer, I., Germanisches Blei für Rom. Zum Bleibergbau in Südwestfalen, in: *Eger, Chr. (Hg.)*, Warenwege – Warenflüsse. Handel, Logistik und Transport am römischen Niederrhein. (Xantener Berichte, Bd. 32) Darmstadt 2018, 535–544.
Raschke, M. G., New Studies in Roman Commerce with the East, in: ANRW, II/9/2, 1978, 604–1378.
Reinard P., arma ultra litora Iuvernae promovimus – Römer in Irland?, in: MBAH, XXXI, 2013, 1–36.
Ruffing, K., Wege in den Osten: Die Routen des römischen Ost- und Südhandels (1.–2. Jh.), in: *Olshausen, E./Sonnabend, H. (Hgg.)*, Zu Wasser und zu Land. Verkehrswege in der antiken Welt. Stuttgarter Kolloquium zur Historischen Geographie des Altertums 7, 1999. (Geographica Historica, Bd. 17) Stuttgart 2002, 360–378.
Ruffing, K., Die regionale Mobilität von Händlern und Handwerkern nach den griechischen Inschriften, in: *Olshausen, E./Sonnabend, H. (Hgg.)*, „Trojaner sind wir gewesen" – Migrationen in der Antiken

Welt. Stuttgarter Kolloquium zur Historischen Geographie des Altertums 8, 2002. (Geographica Historica, Bd. 21) Stuttgart 2006, 133–149.

Ruffing, K., Friedliche Beziehungen. Der Handel zwischen den römischen Provinzen und Germanien, in: *Schneider, H. (Hg.)*, Feindliche Nachbarn. Rom und die Germanen. Köln/Weimar/Wien 2008, 153–165

Ruffing, K., The Trade with India and the Problem of Agency in the Economy of the Roman Empire, in: *Bussi, S. (Hg.)*, Egitto dai Faraoni agli Arabi. Atti del Convegno: Amministrazione, Economia, Società, Cultura dai Faraoni agli Arabi, Milano, Università degli Studi. Pisa/Rom 2013, 199–210.

Ruffing, K., Economic Life on the Fringes of the Roman Empire, in: JAC, 35/2, 2020, 199–239.

Schäfer, Chr., Kleopatra. Darmstadt 2006.

Seland, E. H., Ports and Political Power in the Periplus: Complex Societies and Maritime Trade on the Indian Ocean in the First Century AD. Oxford 2010.

Seland, E. H., Ships of the Desert and Ships of the Sea. Palmyra in the World Trade of the First Three Centuries CE. (Philippika, Bd. 101) Wiesbaden 2016.

Sidebotham, S. E., Roman Economic Policy in the Erythra Thalassa 30 B. C.–A. D. 217. (Mnemosyne, Bd. 91) Leiden 1986.

Sidebotham, S. E., Berenike and the Ancient Maritime Spice Route. Berkeley/Los Angeles/London 2011.

Sommer, M., Roms orientalische Steppengrenze. Palmyra – Edessa – Dura-Europos – Hatra. Eine Kulturgeschichte von Pompeius bis Diocletian. 2. Aufl. Stuttgart 2018.

Stoll, O., Melonen, Mähmaschinen und Manager. Limeszonen als transkulturelle (Wirtschafts-)Räume, in: *Droß-Krüpe, K./Föllinger, S./Ruffing, K. (Hgg.)*, Antike Wirtschaft und ihre kulturelle Prägung. (Philipika, Bd. 98) Wiesbaden 2016, 235–266.

Speidel, M. A., Fernhandel und Freundschaft. Zu Roms *amici* an den Handelsrouten nach Südarabien und Indien, in: Orbis Terrarum, 14, 2016, 155–193.

Tausend, K., Die Bedeutung des Importes aus Germanien für den römischen Markt, in: Tyche, 2, 1987, 217–227.

Tomber, R., Indo-Roman Trade. From Pots to Pepper. Bristol 2012.

Von Reden, S. (Hg.), Handbook of Ancient Afro-Eurasian Economies. Bd. 1: Contexts. Berlin/Boston 2020.

Von Reden, S./Speidel, M. A., Economy, Frontiers, and the Silk Road in Western Historiographies of Graeco-Roman Antiquity, in: *von Reden, S. (Hg.)*, Handbook, 693–727.

Voß, H.-U./Wigg-Wolf, D., Romans and Roman Finds in the Central European Barbaricum: A New View on Romano-Germanic Relations?, in: *González Sánchez, S./Guglielmi, A. (Hgg.)*, Romans and Barbarians Beyond the Frontiers. Archaeology, Ideology and Identities in the North. (Themes in Roman Archaeology, Bd. 1) Oxford/Philadelphia 2017, 105/124.

Wheeler, M., Der Fernhandel des Römischen Reiches in Europa, Afrika und Asien. München/Wien 1965.

Whittaker, C. R., Frontiers of the Roman Empire. Baltimore/London 1994.

Wilson, A., Saharan Trade in the Roman Period: Short-, Medium- and Long-Distance Trade Networks, in: Azania, 47, 2012, 409–449.

Wilson, A., Trade across Rome's Southern Frontier. The Sahara and the Garamantes, in: *Wilson, A./Bowman, A. (Hgg.)*, Trade, Commerce, and the State in the Roman World. Oxford 2018, 599–624.

Wolters, R., Römische Funde in der *Germania magna* und das Problem römisch-germanischer Handelsbeziehungen, in: *Franzius, G. (Hg.)*, Aspekte römisch-germanischer Beziehungen in der frühen Kaiserzeit. (Quellen und Schrifttum zur Kulturgeschichte des Wiehengebirgsraums, Bd.1) Espelkamp 1995, 99–117.

Young, G. K., Rome's Eastern Trade. International Commerce and Imperial Policy 31 BC–AD 305. London/New York 2001.

Liste der Autorinnen und Autoren

Martin Bentz: Studium der Klassischen Archäologie, Alten Geschichte und Ur- und Frühgeschichte in Köln, Florenz und Göttingen. Promotion 1989 in Göttingen, Habilitation 1997 in Regensburg. Professor für Klassische Archäologie an der Universität Bonn. Seine Forschungsschwerpunkte liegen unter anderem in der griechischen und etruskischen Siedlungs- und Wirtschaftsarchäologie.

Johannes Eberhardt: Nach dem Studium der Geschichtswissenschaften und Musikerziehung in Erfurt erfolgte die Promotion zum Thema Musikkultur in der Spätantike. Langjährige Interessen im Bereich der Numismatik in ihrer ganzen Breite führten Johannes Eberhardt an das Münzkabinett der Staatlichen Museen zu Berlin, wo er seit 2015 zunächst als Postdoktorand des Deutschen Archäologischen Instituts im Bereich der antiken Fundmünzenerfassung tätig war. Vor seiner Rückkehr an das Münzkabinett als Wissenschaftlicher Museumsassistent beteiligte er sich an der digitalen Veröffentlichung der Sammlung des Seminars für Alte Geschichte an der Universität Freiburg. Seit 2019 kuratiert er im Münzkabinett der Staatlichen Museen zu Berlin als Wissenschaftlicher Mitarbeiter die neuzeitliche Numismatik und Medaillenkunst im deutschsprachigen Raum.

Armin Eich: Studium der Fächer Geschichte und Latein 1986 bis 1992 an der Universität zu Köln. Promotion in Passau 1997 mit einer Arbeit zur Politischen Literatur in der römischen Gesellschaft und Habilitation ebenda 2003 mit der 2006 publizierten Monographie Die politische Ökonomie des antiken Griechenland. Er lehrt heute Alte Geschichte an der Bergischen Universität Wuppertal. Seine Schwerpunkte sind unter anderem historische Friedensforschung, antike Ökonomie, Literatur und Psychologie.

Miko Flohr: Studium der Altertumswissenschaften an der Radboud Universität in Nijmegen, dort auch Promotion in Klassischer Archäologie. Derzeit Lecturer in Alter Geschichte an der Universität Leiden. Seine Forschung konzentriert sich auf die sozialen, wirtschaftlichen und kulturellen Folgen der römischen Herrschaft auf den Alltag in den städtischen Gemeinden Italiens. Kürzlich ist von ihm unter dem Titel Urban Space and Urban History in the Roman World (2021) eine Untersuchung des städtischen Wandels im ersten Jahrhundert n. Chr. erschienen.

Sabine Föllinger: Studium der Klassischen Philologie in Freiburg, München, Rom; Promotion 1994 in Freiburg; Habilitation 2000 in Mainz; seit 2011 Professorin für Klassische Philologie/Gräzistik an der Philipps-Universität Marburg; Forschungsschwerpunkte: antike Philosophie, v. a. Biologie/ antike ökonomische Literatur/ antike Tragödie/ antiker Dialog. Publikationen: Ökonomie bei Platon (2016); zusammen mit Evelyn Korn (Hgg.), Von besten und zweitbesten Regeln. Platonische und aktuelle Perspektiven auf individuelles und staatliches Wohlergehen (2019), 3–22; Ethopoiie und Fiktionalität des Dialogs, in: G. M. Müller (Hrsg.), Figurengestaltung und Gesprächsinteraktion im antiken Dialog (2021), 55–67.

Sven Günther: Studium der Alten Geschichte, Mittleren und Neuen Geschichte sowie Rechtswissenschaften/Öffentliches Recht an der Johannes Gutenberg-Universität Mainz; Promotion ebenda 2008. Er ist Full Professor of Classics and Ancient History am Institute for the History of Ancient Civilizations, Northeast Normal University, Changchun, China, und dort auch Vizedirektor. Seine Forschungsschwerpunkte liegen in der Rechts-, Wirtschafts- und Sozialgeschichte; Numismatik; Rezeptionsgeschichte.

Merav Haklai: Bachelor in Geschichte und Wirtschaftswissenschaften und Master in Alter Geschichte an der Universität von Tel Aviv. Promotion 2014 an der Universität Oxford. Derzeit ist sie Lecturer im Fachbereich Geschichte an der Ben-Gurion University of the Negev. Ihre Forschungsschwerpunkte liegen in der Rechts-, Wirtschafts- und Geldgeschichte des Römischen Reiches und des römischen Ägypten und im Jüdischen Recht unter römischer Herrschaft.

Marietta Horster: Studium der Geschichtswissenschaft und Lateinischen Philologie und Promotion 1995 in Köln. Habilitation in Rostock 2002. Sie ist seit 2010 Inhaberin des Lehrstuhls für Alte Geschichte an der

Johannes Gutenberg-Universität Mainz. Ihre Forschungsschwerpunkte liegen im Bereich Wissenstransfer und Bedingungen von Textproduktion, in römischer Organisation von Herrschaft, in griechischen und römischen Kulten; zu letzterem u. a.: Hellenistic Festivals: Aspects of Economic Impact on Cities and Sanctuaries (2020); Sacred Personnel as Role Models in the Post-Classical Period (2021).

Christian Mann: Studium der Alten Geschichte, Klassischen Archäologie und Lateinischen Philologie in Freiburg/Breisgau und Perugia, Promotion 1999 in Freiburg, Habilitation 2005 in Freiburg. Seit 2011 Professor für Alte Geschichte an der Universität Mannheim. Forschungsschwerpunkte sind Antike Demokratie(n) und Sportgeschichte.

Annalisa Marzano: Bachelor und Master an der Università di Firenze und Promotion 2004 an der Columbia University in New York. Sie ist gewähltes Mitglied der Academia Europaea und Fellow der Society of Antiquaries of London sowie der Royal Historical Society. Bis 2021 war sie Professorin für Alte Geschichte an der Universität Reading und seitdem Professorin für Klassische Archäologie an der Università di Bologna. Kürzlich publizierte sie Plants, Politics and Empire in Ancient Rome (2022).

Astrid Möller: Studium der Alten und Neueren Geschichte sowie Klassischen Archäologie an der Freien Universität Berlin und in Oxford; Promotion 1990 an der FU Berlin; Habilitation 2002 an der Albert-Ludwigs-Universität Freiburg, wo sie Alte Geschichte lehrt. Ihre Forschungsschwerpunkte liegen in der griechischen Sozial- und Wirtschaftsgeschichte sowie der Historiographie.

Patrick Reinard: Studium der Geschichte, Lateinischen Philologie und Klassischen Archäologie an der Universität Trier von 2003 bis 2010 und Promotion in Alter Geschichte im Jahr 2014 an der Philipps-Universität Marburg. Seit 2021 ist er Juniorprofessor für Papyrologie an der Universität Trier. Seine Forschungsschwerpunkte liegen in der Papyrologie und Epigraphik, Geschichte des Griechisch-Römischen Ägyptens, antiken Wirtschafts- und Sozialgeschichte sowie Wissenschaftsgeschichte.

Dorothea Rohde: Studium der Alten Geschichte, Griechischen Philologie und Philosophie an den Universitäten Bonn, Münster und Rom. Anschließend forschte und lehrte sie an der Universität Kassel, wo sie 2008 mit einer Dissertation über die Integration von *collegia* in römischen Hafenstädten promoviert wurde. Im gleichen Jahr wechselte sie an die Universität Bielefeld. Dort habilitierte sie sich 2017 mit einer 2019 publizierten Untersuchung zu den öffentlichen Finanzen Athens. Ihre Forschungsschwerpunkte liegen auf dem Gebiet der griechischen und römischen Sozial- und Wirtschaftsgeschichte, der antiken Stadt und antiken Religionsgeschichte inklusive des frühen Christentums, der Epigraphik und der Papyrologie.

Andrea Roppa: Promotion 2010 an der Università degli Studi di Padova und anschließend Forschungsaufenthalte in Großbritannien und den USA. Von 2018 bis 2020 war er STARS Research Fellow an der Universität Padua und Co-Direktor des *Landscape Archaeology of Southwest Sardinia* (LASS) Projekts. Seine Forschungsinteressen liegen in der materiellen Kultur, Vernetzung und kulturellen Identität städtischer und ländlicher Gemeinschaften im westlichen Mittelmeerraum von der Eisenzeit bis zum Hellenismus, mit einem Schwerpunkt auf der Insel Sardinien. Zusammen mit M. Botta und P. van Dommelen hat er zuletzt den Band Il Mediterraneo Occidentale dalla fase fenicia all'egemonie cartaginese: dinamiche insediative, forme rituali e cultura materiale nel V secolo a.C. (2021) herausgegeben.

Kai Ruffing: Studium in Geschichte und Latein von 1988 bis 1994 bzw. von 1994 bis 1997 in Alter Geschichte, Neuerer und Neuester Geschichte und Lateinischen Philologie an der Westfälischen Wilhelms-Universität Münster. Dort erfolgte im Jahr 1997 die Promotion. 2005 habilitierte er sich an der Philipps Universität Marburg. Seit 2013 ist er Professor für Alte Geschichte an der Universität Kassel. Seine Forschungsschwerpunkte bilden die antike Wirtschaftsgeschichte, die Kontakte zwischen der mediterranen Welt und Altvorderasien und die Historiographie. Gemeinsam mit Kerstin Droß-Krüpe gab er jüngst einen Sammelband mit dem Titel Markt, Märkte und Marktgebäude in der antiken Welt (2022) heraus.

Christoph Schäfer: Studium der Alten Geschichte sowie Mittleren und Neueren Geschichte und Buchwesen von 1983 bis 1988 an der Johannes Gutenberg-Universität Mainz und der Université de Bourgogne in

Dijon. Promotion 1990 in Mainz und Habilitation 1997 an der Universität Hamburg. Seit 2008 ist er Professor für Alte Geschichte in Trier. Seine Forschungsschwerpunkte liegen im Hellenismus, in der Sozial- und Wirtschaftsgeschichte der römischen Republik und Kaiserzeit, in der Geschichte der Spätantike bis zur Völkerwanderung und besonders in der Geschichte und Technik der antiken Schifffahrt. Er hat mehrere Projekte zur experimentellen Archäologie und Rekonstruktion römischer Schiffe geleitet, deren Ergebnisse in zahlreichen Publikationen vorliegen.

Walter Scheidel: Studium und Promotion in Alter Geschichte an der Universität Wien. Habilitation 1998 an der Universität Graz. Seit 2008 ist er Dickason Professor in the Humanities an der Stanford University, USA. Seine Forschungsschwerpunkte liegen in der antiken Wirtschafts- und Sozialgeschichte, vormodernen Demographie sowie der vergleichenden Weltgeschichte von Arbeit, Ungleichheit, Lebensstandards und Staatsentwicklung. In seinem Buch The Great Leveler (2017), das unter dem Titel Nach dem Krieg sind alle gleich 2018 ins Deutsche übersetzt wurde, untersucht er die Geschichte der Ungleichheit vom Anfang der Geschichte bis zur Gegenwart.

Oliver Schipp: Studium der Alten, Mittleren und Neueren Geschichte, Klassischen Archäologie und Papyrologie an der Johannes Gutenberg-Universität Mainz und an der Universität Trier. Nach Abschluss des Magisterstudiums (2002) promovierte er 2007 an der Universität Trier mit einer Arbeit zum spätantiken Kolonat. Von 2006 bis 2008 war er Koordinator dieses Graduiertenkollegs und Lehrbeauftragter für Alte Geschichte an der Universität Trier. Das Referendariat für das Lehramt Latein und Geschichte absolvierte er 2010 am Studienseminar in Wiesbaden und ist seitdem als Lehrer tätig. Forschungsschwerpunkte sind die Sozial- und Rechtsgeschichte der Spätantike und des Frühmittelalters mit besonderer Berücksichtigung des Kolonats und der Sklaverei.

Helmuth Schneider: Studium der Geschichte und Philosophie an den Universitäten Tübingen und Marburg, wo er 1973 in Alter Geschichte promoviert wurde. Habilitation in Alter Geschichte an der Freien Universität Berlin 1986. Von 1991 bis 2011 war er Professor für Alte Geschichte an der Universität Kassel. Seine Forschungsschwerpunkte sind die Wirtschafts-, Sozial- und Technikgeschichte. Seine Einführung in die antike Technikgeschichte erschien 1992. Zwischen 1996 und 2002 gab er zusammen mit H. Cancik und M. Landfester den Neuen Pauly heraus.

Helga Scholten: Studium der Geschichte und Soziologie an der Heinrich-Heine-Universität Düsseldorf und Promotion in Alter Geschichte ebendort 1994. Sie habilitierte sich an der Gerhard-Mercator-Universität Duisburg im Mai 2001. Sie ist apl. Professorin für Alte Geschichte an der Ruhr-Universität Bochum, wo sie von 2017 bis 2022 als Akademische Oberrätin tätig war. Ihre Forschungsschwerpunkte liegen in der Kultur- und Geistesgeschichte, der Wirtschafts-, Sozial- und Technikgeschichte des archaischen und klassischen Griechenlands sowie der Spätantike.

Raimund Schulz: Studium der Fächer Geschichte, Latein und Erziehungswissenschaften an der Universität Göttingen. Promotion 1991 in Alter Geschichte an der Technischen Universität Berlin und Habilitation ebendort 1996. Seit 2008 ist er Professor für Allgemeine Geschichte unter besonderer Berücksichtigung der Alten Geschichte an der Universität Bielefeld. Sein Forschungsschwerpunkte sind Seefahrt und Entdeckungsgeschichte, Krieg und imperiale Expansion im globalen Kontext der Antike. Dazu publizierte er u. a. die Bücher Feldherren, Krieger und Strategen. Krieg in der Antike von Achill bis Attila (2012) sowie Abenteurer der Ferne. Die großen Entdeckungsfahrten und das Weltwissen der Antike (2016), das mittlerweile in mehreren Übersetzungen vorliegt.

Wolfgang Spickermann: Studium in Bochum von 1979 bis 1985, Promotion 1991 und Habilitation 2001 in Osnabrück. Universitätsprofessor für Alte Geschichte am Institut für Antike FB Alte Geschichte und Epigraphik der Universität Graz und assoziierter Fellow am Max-Weber-Kolleg der Universität Erfurt. Seine Forschungsschwerpunkte sind die römische Religions- und Sozialgeschichte, die Lateinische Epigraphik, Staat und Kirche in der Spätantike sowie die Kultur- und Geistesgeschichte des 2. Jahrhunderts n. Chr., insbesondere am Beispiel des Lukian von Samosata. Zuletzt erschien von ihm, zusammen mit Peter Scherrer herausgegeben, Spätantiker Polytheismus im Westen des Römischen Reiches (2021).

Liste der Autorinnen und Autoren

Oliver Stoll: Studium der Klassischen Archäologie, Alten Geschichte, Vor- und Frühgeschichte sowie der Provinzialrömischen Archäologie an den Universitäten Mainz und Freiburg. Promotion 1992 in Mainz (Klassische Archäologie); Habilitation in Mainz im Jahr 2001 (Alte Geschichte). Seit 2007 ist er Professor für Alte Geschichte an der Universität Passau. Forschungsschwerpunkte liegen in der Militärgeschichte der Antike, Religions-, Sozial- und Wirtschaftsgeschichte der römischen Kaiserzeit, antiker Fachliteratur, Technikgeschichte und Geschichte der römischen Provinzen.

Werner Tietz: Studium der Geschichte, Alten Geschichte, Lateinischen Philologie und Klassischen Archäologie in Tübingen (1991–1999). Promotion in Alter Geschichte in Tübingen 2002, Habilitation in Alter Geschichte an der LMU München 2009. Aktuell Professur für Alte Geschichte an der Universität zu Köln. Vor kurzem zum Thema ist von ihm erschienen: Seasonal Labor and Migratory Work in the Roman Empire, in: A. Lichtenberger/R. Raja (Hgg.), The Archaeology of Seasonality (2021), 25–38.

Sven Tost: Studium der Alten Geschichte und Klassischen Archäologie an der Universität Wien; Promotion 2004; wissenschaftlicher Mitarbeiter an der Papyrussammlung der Österreichischen Nationalbibliothek in Wien. Seine Forschungsschwerpunkte liegen in der Papyrologie, Wirtschafts-, Sozial- und Verwaltungsgeschichte.

Sitta von Reden: Studium der Fächer Geschichte, Volkswirtschaft und Latein an den Universitäten Freiburg, Berlin und Cambridge. 1993 Promotion in Alter Geschichte an der Universität Cambridge und 2004 Habilitation an der Universität Augsburg. Seit 2010 ist sie Professorin für Alte Geschichte an der Universität Freiburg im Breisgau. Von 2017 bis 2023 leitete sie dort das interdisziplinäre Forschungsprojekt Beyond the Silk Road, aus dem das dreibändige Handbook of Ancient Afro-Eurasian Economies (2019 bis 2023) hervorging.

Beate Wagner-Hasel: Studium von 1969 bis 1975 der Fächer Geschichte, Germanistik und Publizistik in Münster und an der FU sowie der TU in Berlin. Promotion 1980 in Berlin und Habilitation 1995 in Darmstadt. Von 2001 bis 2018 war sie Professorin für Alte Geschichte an der Leibniz Universität Hannover. Sie ist Mitherausgeberin der Zeitschrift Historische Anthropologie und Verfasserin zahlreicher Studien zur antiken Wirtschaftsgeschichte, etwa Der Stoff der Gaben. Kultur und Politik des Schenkens und Tauschens im archaischen Griechenland (2000, engl. The Fabric of Gifts (2020)); Die Arbeit des Gelehrten. Der Nationalökonom Karl Bücher (1847–1930) (2011); und zusammen mit Marie-Louise Nosch Gaben, Waren und Tribute. Stoffkreisläufe und antike Textilökonomie (2019).

Andreas Victor Walser: Studium der Alten Geschichte und Volkswirtschaftslehre an der Universität Zürich; Promotion ebenda 2008. Nach Tätigkeit bei der Kommission für Alte Geschichte und Epigraphik des Deutschen Archäologischen Instituts und an der LMU München ab 2016 zunächst Assistenzprofessor, seit 2022 Außerordentlicher Professor für die Geschichte der Alten Kulturen vom östlichen Mittelmeer bis zum Mittleren Osten an der Universität Zürich. Zu seinen Forschungsschwerpunkten gehören die griechische Epigraphik, die Sozial- und Wirtschaftsgeschichte der griechischen Welt sowie die Rezeptionsgeschichte der Antike.

Reinhard Wolters: Studium der Geschichte, Germanistik, Katholischen Theologie und Publizistik in Bochum, Bonn, Münster und Wien; Promotion: Ruhr-Universität Bochum 1987; Habilitation: Technische Universität Braunschweig 1995; von 2000 bis 2010 Leiter der Numismatischen Arbeitsstelle am Institut für Klassische Archäologie der Universität Tübingen; seit 2010 Professor für Numismatik und Geldgeschichte an der Universität Wien und Vorstand des gleichnamigen Instituts. Seine Forschungsschwerpunkte liegen in der antiken Numismatik, Geld- und Wirtschaftsgeschichte sowie den römisch-germanischen Beziehungen.

Arjan Zuiderhoek: Studium der Alten Geschichte an den Universitäten Groningen und Cambridge und Promotion 2006 an der Universität Groningen. Er ist derzeit Associate Professor für Alte Geschichte an der Universität Gent. Seine Forschungs- und Publikationsschwerpunkte liegen in der antiken Stadtgeschichte, der Sozial- und Wirtschaftsgeschichte sowie der sozialwissenschaftlich orientierten Politikgeschichte insbesondere des römischen Ostens. Er ist Autor unter anderem von The Ancient City (2016).

Index

Abrechnung 121, 141, 155, 157–159, 437, 452, 463, 535, 540, 545, 550, 592, 635
Abrechnungsliste (Erechtheion) 291, 339, 397, 410
Achaimenidenreich 103, 110, 799
Adria 198, 633, 652, 757
aerarium, s. auch Finanzen, Haushalt, Rom, 534–535, 538, 544–545, 630, 666, 754, und Kap. 24
Aigina 92, 102–103, 110, 199, 219, 425, 438, 492, 495–496
Afrika 36, 201–202, 221, 297, 490, 513, 520–521, 524, 534, 544, 551, 559, 620, 647, 747, 755, 757, 783, 795, 797, 800
- Nordafrika 70–71, 85, 110, 125, 130, 200, 212, 186, 309, 314, 319, 321, 324–325, 391, 526, 549, 572, 619, 624, 644, 670, 743, 745, 749, 763, 778, 797
Afro-Eurasien 799, 804
Ägäis 141, 197–199, 222, 233, 349, 390, 396, 437, 450, 459, 464, 490, 492, 495, 502, 504, 518, 724, 763
ager publicus 130, 537, 563, 585–586, 603, 618, 620–621
Agonothesie, auch Agon, 345, 444–445, 451
agora 97, 337, 399, 408–409, 500, 523, 725
Agrarwirtschaft, s. auch agrarische Feste, agrarischer Reichtum, Landwirtschaft, Wirtschaft 12, 15–16, 20, 22, 37, 74, 130, 192, 197, 241, 259, 282, 293, 308, 310, 318, 320–321, 330, 466, 496, 641, 701, 710, und Kap. 15 und 25
- Agrarentwicklungen 34, 326, 330
- Agrargesellschaft, s. auch Gesellschaft 49, 155, 159, 228, 250, 255
- Agrarnutzung 72, 321, 650
- Agrarprodukte, s. auch Produkt, Landwirtschaftsprodukte 190, 259, 322–324, 330, 392
- Agrarproduktion, s. auch Produktion, Landwirtschaftsproduktion 157, 282, 309, 469, 514
- Agrarreichtum 277, 493
- Agrarschriftsteller, s. auch Cato, Columella, Varro, landwirtschaftliche Literatur 129, 256, 260–261, 272, 298, 300
Ägypten, s. auch Alexandria, Bewässerung, Nil, Ptolemäer, 11, 13, 19, 26–27, 92, 103, 106, 127, 192, 198–199, 210, 212–213, 217, 220, 222, 236, 241, 247, 251, 281, 315, 318, 323–325, 327, 328–329, 333, 364–365, 390, 395, 403, 409, 415, 421, 441, 456, 460, 474–475, 477, 490, 492–493, 501, 526, 542, 665, 678, 682, 734–735, 740, 744, 758, 798, 800, und Kap. 6
- Altes Ägypten 245, 314, 475
- Mittelägypten 476, 660
- Oberägypten 476
- Ptolemäisches Ägypten, s. auch Ptolemäer, 267, 270–271, 273, 275, 351, 366, 372, 381, 400, 455, 475–476, 478, 503, 672, 788
- Römisches Ägypten, s. auch Provinz, Rom, Römische Zeit 57, 267, 275, 544, 551–552, 563, 572, 584, 596, 634–635, 639, 640–641, 648–649, 659, 722, 730, 739, 772–775, 778–779, 781–782, 794–795, 801
Akropolis, s. auch Athen 70, 131, 337, 342, 349, 415, 464, 666, und Kap. 28
Alexander III. (d. Gr.), s. auch Hellenismus, Makedonen, Philipp II., Ptolemäer, Seleukiden 112, 419, 433, 454, 474–475, 597
Alexanderzug 105, 355, 426, 432, 503
Alexandria (in Ägypten), s. auch Ägypten, Alexander III., Ptolemäer, 143, 151, 236, 245, 400, 475, 544, 636, 649, 699, 719, 724, 733, 758–759, 802
Al Mina 325–327, 492
Alpen, s. auch Noricum 200, 286, 289, 544, 640, 754
amicitia, s. Kap. 28
Amphoren, s. auch Keramik, Transport, 28, 74, 79, 81, 84, 123, 133, 231, 246, 297, 324, 326, 360, 366, 407, 487, 492, 496, 504, 551, 579, 636, 723, 735, 745, 751, 756, 763, und Kap. 21
annona, s. auch Getreide, Steuergetreide, 82, 546, 548, 551, 553, 555, 564–565, 589, 620, 678, und Kap. 26
- *annona militaris*, s. auch Militär 151, 546, 551, 553
- *cura annonae* 200, 551
- *praefectura annonae* 202, 551
Antoninische Dynastie, s. auch Antoninus Pius, Commodus, Marcus Aurelius 552, 554, 763
Antoninische Pest 61, 771–772
Antoninus Pius 453, 604, 669, 676–677, 790
Aphrodite, s. auch Gott/Göttin, Venus 254, 263, 448, 452, 552, 623, 668

apoikia, s. auch Kolonie, Kolonisation, 197, 319–322, 341, 391–392, 493
Apollon, s. auch Artemis, Delos, Delphi, Gott/Göttin, 34, 253, 264, 407, 436, 446, 451–452, 454–456, 477, 479–481, 669, 675, 686, 772
Arabien 194, 196, 236, 251, 313, 323, 639, 649, 672, 777, 793, 800–801
Arachne 264
Arbeit, s. auch Arbeiter, Arbeitskraft, Arbeitstiere, 156, 166, 171, 173, 177, 192, 220, 228, 235–238, 240, 244, 249–250, 259, 267–268, 314, 359, 360, 364–365, 370–371, 374, 377, 379–381, 384, 428, 430, 433, 438, 466, 479, 500, 637, 640–642, 670, 755, und Kap. 11, 12, 16, 25 und 29
- Arbeitgeber 460, 479
- Arbeitsdienst 152, 264, 268, 361, 366
- Arbeitsleistung 231, 255, 267, 278, 333, 452, 477, 479
- Arbeitsmarkt, s. auch Markt 34, 500–501, 549, 570
- Arbeitsorganisation 69, 75, 156, 232, 314
- Arbeitsprozess 131, 227, 244
- Arbeitsteilung s. auch Spezialisierung 34, 70, 78, 79, 131, 152, 167, 171, 177 209, 222, 235, 253, 256, 257, 260, 331, 380, 394, 399, 452, 500
- Arbeitsverhältnisse 227, 396, 399
Arbeitsvertrag, s. auch Recht, Vertrag 157
- körperliche Arbeit 231, 233, 401, 402
- Textilarbeit 254, 261, 263–268, 276, 278
- Wollarbeit 225, 260, 264, 266, 276
Arbeiter/in, s. auch Arbeit, Arbeitskraft, 78, 283, 289, 290, 339, 408, 479, 500, 636, 637, 642, 670, und Kap. 12, 25 und 29
- freie Arbeiter, s. auch Bürgerrecht 285
- Gelegenheitsarbeiter 298, 394
- Gesinde, s. auch Hausangestellte 285
- Grubenarbeiter, s. auch Bergbau, Bergwerk 642
- Landarbeiter, s. Kap. 15 und 25
- Lohnarbeiter, s. auch Lohn 294, 295, 298, 300, 402, 405
- Minderfreie Arbeiter, s. auch Kolonat, Metoiken 282
- Saisonarbeiter, s. auch Saisonalität 285, 286, 384, 394, 795
- unfreie Arbeiter/innen, s. auch Sklaven/innen 282, 285, 288, 292, 379
Arbeitskraft, s. auch Arbeit, Arbeiter/in 69, 145, 151, 152, 153, 157, 218, 227, 240, 241, 250, 310, 330, 359, 366, 367, 368, 373, 374, 379, 382, 396, 414, 431, 460, 479, 501, 641, 655, 795
- Arbeitskräftepotential 359
Arbeitstiere 228, 231, 237, 250
Archaik 10, 17, 19, 59, 61, 192, 229, 231, 239, 285, 289, 308, 335, 345, 354, 369, 371, 376, 384, 408, 410, 414, 421, 435, 438, 445, 453–454, 456, 459, 460, 560, 692, 694, 704, 724, und Kap. 20 und 21
Archäobotanik 36, 66, 67, 308, 316, 576, 648, und Kap. 3
Archäologie 3, 9, 15, 17–18, 22, 28–29, 31, 35, 90, 93, 95–96, 99, 106, 113, 115, 121, 129, 134, 147, 149, 158, 191, 221, 223, 229, 241, 244, 247, 251, 257, 286, 334, 349, 359, 363, 368, 370, 383, 396, 408, 436, 453, 487, 489, 491–492, 502, 505, 532, 542, 560, 563, 576, 637–638, 641, 645, 720–721, 723–724, 726, 729, 732–733, 735–736, 738, 760, 772, 777, 789, 791, 795, 798, und Kap. 3, 13, 21 und 25
- Experimentalarchäologie 36–37, 68, 753
- Unterwasserarchäologie, s. auch Schiffswrack 36
- Surveyarchäologie 67, 360, 383
Archäopathologie 308, und Kap. 3
Archäozoologie 36, und Kap. 3
Architektur, s. auch Bauwirtschaft, Vitruvius, 70–71, 74, 196, 231, 238, 245, 247–249, 250, 293, 316, 337, 403, 436, 522, 525, 726, 729, und Kap. 16
- Architekt, s. auch Baumeister 232–233, 248, 290–291, 342, 569, 668
- Instandhaltung 153, 443, 452, 568, 570, 684, 739
- öffentliche 70, 100, 105, 121, 129, 131, 198, 337, 354, 469
- Reparaturen 157, 452, 481, 639, 760
- Wirtschaftsarchitektur 81–82, 202
Archiv 121, 132, 147, 148, 150, 267, 268, 417, 450, 659–660, 706, 711, 713, 774, 802
Ares, s. auch Gott/Göttin, Mars 668
Aristokratie, s. auch Elite 164, 170–171, 173, 215, 285, 289, 299, 300–301, 311–312, 316–317, 326, 329–330, 360, 373, 421, 445, 491, 497–498, 526, 535, 543–544, 569, 693, 746
- Senatsaristokratie, s. auch Senat 263
argentarii 292, 566–567, und Kap. 28
Aristoteles 1, 9, 42, 91, 235, 270, 274, 291, 294, 299, 338–339, 390, 404–407, 424, 486, 583, und Kap. 7
Armut s. auch Reichtum, Wohlstand, 56–58, 176, 265, 282, 300, 399, 406, 615

Artemis, s. auch Apollon, Artemis-Tempel, Gott/Göttin 438, 447–449, 678–679
- Artemis-Votive 436
Artemis-Tempel, s. auch Artemis, Ephesos 99, 232, 436, 438, 455–456, 481
Arzt, s. auch Asklepios, Krankheit, Medizin, Pandemie 272, 288, 290–291, 390, 499, 675, 686
Asien, s. auch China, Indien, Kleinasien 2, 36, 194, 221, 501, 503, 755, 760
- Asia, s. auch Provinz 440, 456, 538, 540, 542, 544, 548, 594, 673, 699, 777, 779
- Innerasien 323
- Ostasien, s. auch China 214
- Südasien, s. auch Indien 68, 214
- Vorderasien 390–391, 395, 409, 421, 743, und Kap. 13
- Zentralasien 323, 782–783, 796, 801
Asklepios, s. auch Arzt, Gott/Göttin, Medizin, 447, 451–452, 676
Assyrien, s. auch Mesopotamien, 391, 393–395, 494, 672, und Kap. 13
Athen, s. auch Akropolis, Klassik, 1, 8, 10, 20, 41–43, 47, 49, 70, 78–79, 84–85, 97, 102, 104–105, 110–112, 124, 128, 132–133, 163–164, 167–168, 170, 176, 198–199, 204, 218, 224, 233, 242, 258–259, 264–266, 269, 274–275, 289, 291, 316, 319, 321, 328, 376, 395–399, 401, 403, 407–410, 459, 463–465, 467, 469–471, 474, 477, 480, und Kap. 14, 17, 18 und 20
- Attika 69, 102–103, 176, 194, 204, 218, 233, 274, 319, 321, 347–348, 350, 364, 368, 373, 383, 398, 405, 418, 426, 428–431, 436, 439, 441, 443–444, 449–450, 452, 463, 469–470, 486, 492, 495–496, 500–502, 522
Athene, s. auch Gott/Göttin/Göttin, Minerva, 234, 253, 263–265, 269, 341, 393, 401–402, 406, 408, 415, 440, 446–447, 453, 464
Athener 8, 168, 170, 199, 253, 265, 274, 289, 300, 334, 337–339, 341, 343, 347, 349–351, 399, 404, 437, 455, 473, und Kap. 17
Atlantik 52, 61, 106, 193–194, 196, 198, 202, 247, 513–516, 551, 762–764
Attisch-Delischer Seebund 199, 334, 399, 446, 497, und Kap. 17
Augustus 108, 543–545, 555, 564–565, 568, 630, 641, 643, 668–670, 672, 677, 681–683, 699, 700, 707, 712, 774, 789, 803–804
Aurelian, s. auch Kaiser, Reichskrise, Soldatenkaiser 554, 600, und Kap. 31

aurum coronarium 545, 593
Autarkie, s. auch Subsistenz 10, 12, 20, 25, 164, 175–176, 285, 362, 373, 385, 402, 466
- Autarkiebestreben 22, 617

Baetica, s. auch Provinz, Spanien, 28, 202, 551, 572, 579, 752, 755–756, 762, 763
Banken, s. auch Kredit, Tempel, Zins, 42, 131, 151, 292–293, 500, 603, 667, und Kap. 19 und 28
- Bankgeschäfte 292, 500
- Bankier 41–42, 132, 292, 495, 566, 572
- Depositen 461, 466–467, 480, 641
Barbaren 580, 778
Bauer, s. auch Subsistenzbauerntum, Landwirtschaft, Agrarwirtschaft 58, 129, 192, 221, 230–231, 250, 256, 259, 262, 281–282, 285, 286–287, 297, 299, 301, 310, 317, 393, 402, 405–406, 428, 430, 563, 575–576, 713, und Kap. 15 und 25
- Bauernhof, s. auch Wirtschaftsarchitektur, 74, 384
- Bauernkalender 166
- Kleinbauerntum 54, 75, 395, 429
- Königsbauern, s. auch König, 294, 376
- Pachtbauern, s. auch Pacht, 286, 297
Bauwirtschaft, s. auch Architektur, Vitruvius, 75, 80, 250, 288, 395, 580, 640, 657, und Kap. 23
- Baufinanzierung, s. auch Finanzierung, 334, 352, 417
- Bauherr 454
- Bauhütte 289
- Baukosten 416–417, 419, 452
- Bauleute 460
- Baumaterial, s. auch Holz, Material, *opus caementicium*, Stein, 231, 247, 248, 250, 314
- Baumeister, s. auch Architekt, 231, 291, 342
- Bauprojekt 67, 70, 314, 352, 395, 397, 453, 550, 641
- Baustelle 232, 249, 397, 479
- Bautätigkeit 337, 499, 532, 549, 590–591, 639–641, 647, 667–671, 673, 683, 685, 687–688, 738, 758, 761, 778–779, 781
- Bautechnik 247, 249–250
- Bauwerk 232–233, 247–248, 337, 435, 453, 487, 490, 496–497, 517, 522, 549, 591, 601, 648, 653, 657, 666, 669, 733, 779
behavioral economics 51, 54–55
Belgica, s. auch Gallien, Provinz, Trier 601, 636, 643, 778
Benefiziarier 642–643

Bergbau, s. auch Metall, 69, 129, 188, 204, 231, 242, 244, 255, 287, 309, 316, 348, 380, 469, 470
- Bergbauregion, s. auch Laureion 69, 129, 242, 515, 518, 525, 549, 642–643
- Bergbautechnik, s. Kap. 10
Bergwerk 69, 138, 152, 169, 200, 243, 287, 584, 590, 603, 630, 657, 670
- Bergleute, s. auch Grubenarbeiter, 287
- Bergwerksbesitzer, s. auch Privatgruben, 228
- Bergwerkskonzessionen 347–348, 351
- Bergwerksordnung 129, 287
- Minen 69, 197, 593, 597, 636, 641
Bernstein 68, 796–797
Bevölkerung, s. auch Demographie, Bevölkerungswachstum, 3–4, 25, 27, 59, 61–63, 67, 71–73, 75, 106, 112, 127, 129, 150, 153, 155, 176, 187, 192, 194, 197–198, 200, 205, 334, 363, 376, 476, 493, 548, 553–554, 590, 631, 637, 643, 645, 650–651, 655, 764, 774, 776, 791, 794, und Kap. 9 und 13
- Bevölkerungsdichte 62, 361, 491, 735, 744, 771
- Bevölkerungsgruppe 317, 329
- Bevölkerungsrückgang 314, 316, 626, und Kap. 31
- Bevölkerungsschicht 421, 755, 781
- Bevölkerungszahl 319, 392
- freie Bevölkerung, s. auch Bürger, Bürgerrecht 268
- Landbevölkerung, s. auch Agrarwirtschaft, Landwirtschaft 250, 255, 265, 285, 295–296, 361, 607, 674–675
- Sklavenbevölkerung, s. auch Sklaven/-innen 294, 426, 531
- stadtrömische Bevölkerung 238, 534, 627, 743, und Kap. 23
- unfreie Bevölkerung, s. auch Kolonen, Sklaven/-innen 379, 397
Bevölkerungswachstum, s. auch Bevölkerung, Demographie 200, 205, 233, 282, 318–319, 326, 330, 584, 609, und Kap. 9
Bewässerung (künstliche) s. auch Agrarwirtschaft, Landwirtschaft, Wasserversorgung 130, 156, 194, 201, 205, 236, 241, 576–577, 610, 640, und Kap. 15
Bosporanisches Reich, s. auch Schwarzes Meer 292, 350, 471
Bosporus, s. auch Byzanz, Schwarzes Meer 198, 347, 492
Brache, s. auch Agrarwirtschaft, Landwirtschaft 477, 479, und Kap. 15 und 25

Brentano, Lujo 17
Brief, s. auch Cicero, Plinius d. J. 121, 143, 154–155, 157–158, 178–179, 267, 295, 396, 400, 461, 478, 539, 568, 575, 649, 666, 677–678, 683, 688, 746, 779, 781
Britannien, s. auch Zinninsel 125, 200, 490, 551, 624, 636, 641–642, 647, 652, 679–680, 687, 744, 749, 751, 763–764, 788, 790–793
Bronze, s. auch Bergbau, Kupfer, Metall, Zinn 83, 120, 129, 141, 267, 289, 322–323, 326, 328–329, 341, 348, 369, 392, 395, 403, 440, 442, 460, 476, 547, 550, 595–596, 646, 667, 680–681, 774–775, und Kap. 10
Bronzezeit, s. auch Eisenzeit, Mykene, Tiryns 141, 229, 459, 513, 521, und Kap. 13
Bücher-Meyer-Kontroverse 10, 12, 24, 43, 46–47, 50, 622, 627
Bundesgenossenkrieg, s. auch Athen, Attisch-Delischer Seebund, 204, 336, 418
Bürger, s. auch Bürgerrecht, Polis, 12, 17–19, 151, 170, 174, 179, 181, 220, 270, 299, 300, 302, 337–338, 340, 344–347, 355, 376, 396–397, 404–406, 408–409, 414, 417–420, 425, 443–445, 453, 481, 500, 747
- Ackerbürgertum, s. auch Bauern 74
- Bürgerfrauen, s. auch Frauen 258, 259
- Bürgergemeinschaft 19, 334, 351, 354, 374, 440, 444, 449, 454, 456
- Bürgerschaft 172, 219, 275, 396, 456
- Freie Bürger 216, 296, 397–398
- römische Bürger 219, 296, 300, 537, 541–542, 545, 553, 620, 744, 802, und Kap. 24
Bürgerrecht, s. auch Bürger, Polis, Staat, 19, 151, 168, 219, 292, 294–295, 298–299, 307, 327, 338, 343, 346, 355, 374, 390, 397, 407, 420, 498, 541, 542, 553, und Kap. 24
Bürgerstatus 219, 262, 266, 268, 274, 294, 344
Byzanz, s. auch Bosporus 109, 427
Byzantinische Zeit, s. auch Römische Zeit, Spätantike 69, 147, 156

Caesar, s. auch Augustus, Gallien, Pompeius 298, 539, 562, 565, 589, 590–591, 595, 640, 655, 668, 670, 677, 750, 788
Caligula 588, 602, 604
Caracalla, s. auch Antoninian, *constitutio Antoniniana*, 552, 599, 602, 630, 774, 780, 793
Caracalla-Thermen 80, 768
Casal Bertone 574

Cato d. Ä., s. auch Agrarschriftsteller 179, 239, 240, 256, 262, 300–301, 697, 701, 708–709, 724, und Kap. 25
Chariten 253, 263–264
chirographum/chirographae 707–708, 715
China, s. auch Ostasien, 50, 89, 107, 210, 220, 482, 799, 801
chora, s. auch Polis 321, 383
– Hinterland 79, 82, 89, 190, 193–194, 314, 320–322, 330, 517, 520, 524, 566, 578–579, 743
– Umland 12, 20, 25, 62, 194, 198, 223, 309, 314, 321–322, 382, 428, 438, 491, 596, 618, 645
Chrematistik 42, 169, 175–176
Cicero 256, 262, 270–271, 276, 284, 290, 292, 298, 300, 463, 538–539, 541, 559–560, 568, 594, 668, 749, und Kap. 7 und 28
Claudius (Kaiser) 263, 588, 596, 602, 669, 671
coactores argentarii 691, 710, 712–713
colonia, s. auch Kolonie, Provinz, Stadt 546, 678, 680, 683, 685
Columella, s. auch Agrarschriftsteller 179, 201, 240, 256, 260 262, 266, 300, 365, 575, 576, 608, 623
Commodus, s. auch Antoninische Dynastie, Marcus Aurelius 286, 552, 604, 657–658, 680
complexity economics 51, 59, 63
constitutio Antoniniana, s. auch Bürgerrecht, Caracalla, römischer Bürger, 151, 295, 553, 602

Darlehen, s. auch Finanzierung, Kredit, Zinsen 93, 131–132, 156, 158, 292, 442, 455, 502, 649, 660, 678, 760, und Kap. 19 und 28
Datenbank, s. auch Digitalisierung 68, 82, 85, 95, 414, 687
Delos, s. auch Apollon, Kykladen 34, 82, 128, 133, 274, 349, 436–437, 452–453, 455–456, 477, 480, 505, 542, 686, 710, 788
Delphi, s. auch Apollon, Kult, Religion, Tempel 70, 133, 416, 494–495, 666, 668
Demographie, s. auch Bevölkerung 4, 8, 34, 61–62, 66, 71, 86, 380, 441, 559, 609, 626, 723, 772, 776, 778, und Kap. 9 und 13
Demosthenes, s. auch Athen, Philipp II. 265, 275, 290, 292, 341–342, 345, 466, 470–471, 498, 502
Demotisch (Sprache), s. auch Ägypten, 701
Digitalisierung, s. auch Methodik 115, 94–95
– Digitale Geisteswissenschaften 89

Diokletian, s. auch Kaiser, Tetrarchen 555, 583, 630, 638, 658
– Höchstpreisedikt, s. auch Preis 122, 129, 133, 651, 654, 732, 736, 775, 782
– Münzreform, s. auch Münze 108, 555, 583, 600, 776
– Steuerreform, s. auch Steuern 151, 562, 583
Distribution 20, 27, 42, 49, 52, 65, 74, 81, 171, 227, 504, 563–565, 579, 679, 722
– Distributionsmechanismus 86
– Redistribution 20, 30, 48, 50, 158, 333, 391, 517, 525, 549
Domitian, s. auch Flavier, Vespasian 91, 604–605, 630, 669, 753
Donativ, s. auch Geschen, Soldaten 550, 590–591, 630, 683
Donau 592, 633, 640, 644–645, 652, 658, 743–744, 749, 753, 769, 783
Düngung, s. auch Agrarwirtschaft, Landwirtschaft, Produktivität, 201, 611, 617, und Kap. 15

Ehe, s. auch Hochzeit 213, 215, 217, 274–277, 285, 296, 448, 584
– Ehefrau, s. auch Frauen 216, 256, 257, 263, 267, 274, 276–277, 400
– Ehemann 257, 276, 402
– Ehepaar 216, 453
– Ehepartner/in 127, 215–216
– Eheschließung 213, 215
Eigentum 41, 55, 59, 150, 156, 169, 177–178, 180, 293, 297, 441, 472, 499, 584, 593, 603, 620, 745
– Eigentumsrecht, s. auch Recht 33, 52, 498
Einbettung, s. auch *embedded economy*, Karl Polanyi 2, 20, 23–24, 33, 172, 315, 329, 442, 513, 692, 694, 720, 730
Eisen, s. auch Bergbau, Metall 194, 230–231, 241–242, 288, 398, 403, 452, 460, 490, 637, 642, 751, 789, und Kap. 13
Eisenzeit, s. auch Bronzezeit, 203, 219, 487–489, 740, 791, und Kap. 13 und 21
Elektron, s. auch Bergbau, Lydien, Metall, 99–100, 459, 494, 497, und Kap. 4
Eliten, s. auch Aristokratie, 22, 31, 49, 53–54, 126, 140, 153, 166, 179–180, 201, 211, 214–215, 217, 228, 256, 262, 265, 267, 272, 274, 276, 283, 311–312, 314, 318, 322, 330, 348, 359–360, 372, 376, 379, 383, 404, 409, 418, 437–439, 444, 450, 456–457, 460, 468, 471, 473, 477, 489, 496, 500, 532–533, 539, 588–589, 611–

614, 618–620, 622–623, 677, 692–693, 695, 697–698, 710, 727, 729, 737–740
- Elitennetzwerke, s. auch Netzwerk 83, 317, 456, 543, 554
- Landbesitzende Elite 50, 265, 369, 375, und Kap. 25
- Stadtelite, s. auch Polis 15–16, 20, 22, 140, 660, 733, und Kap. 23

embedded economy, s. auch Einbettung, Karl Polanyi 20, 23–24, 33, 42, 49–50, 172, 514, 714, 737

Energie 227–228, 231, 236, 250

Ephebie 336, 430, 448

Ephesos, s. auch Artemision, Ionien, Kleinasien 99, 233, 420, 480, 697, 719, 774, und Kap. 18 und 27

epidoseis 346, 420

Epigraphik, s. auch Inschriften 3, 15, 22, 26, 28–29, 31, 93, 150, 330, 368, 376, 396, 416, 437, 444, 453, 479, 486, 489, 495, 592, 594, 633, 744, 748, 771, 789, 802, und Kap. 5 und 26

Epikureer 178

Erbe 83, 271, 273–274, 276, 295, 348, 375, 468, 471, 584, 587, 593, 781
- Erbstreit 256, 375, 471, 489

Etrurien, s. auch Italien 84, 111, 199–200, 490, 513, 523, 525, 610, 619, 621

Etrusker, s. auch Italien 103, 106, 200, 317, 320, 325, 329, 513, 517, 519, 521, 674

Euböa 198–199, 318–319, 325, 328, 383, 414, 492, 494

Eubulos 338, 340, 418

eudaimonia 406

Euergetismus, s. auch Eliten, Polis 128, 355, 548, 563, 567, 666, 673, 687, 762

Euphrat, s. auch Mesopotamien 142, 647, 651, 774, 777, 781, 793, 800–802

Existenzminimum, s. auch Subsistenz 286

Fabrik, s. auch Industrie, Manufaktur, Ziegelfabrik, 12, 14, 30, 96, 288, 290, 292, 638
- Fabrikarbeiter, s. auch Arbeiter/in 14
- Halbfabrikate, s. auch Produkte 70
- Münzfabrik, s. auch Münze, Geld, Nominal 98, 110

faenerator 693, 695, 709, 714

Fayyum, s. auch Ägypten, 143–144, 475–477

Fernhandel, s. auch Handel, Netzwerke, 20, 23, 28, 31, 37, 112, 158, 202, 289, 302, 310, 324–325, 489, 639, 693, 744, 746–749, 755, 760, 764, 777, 782, und Kap. 32
- Außenhandel 171, 456, 504
- Überregionalhandel 81, 246, 550, 649, und Kap. 20

Feste 100, 201, 257–259, 269, 272, 311, 340–342, 354, 402, 493, 503, 548, Kap. 16 und 27
- Agrarfeste, s. auch Agrarwirtschaft, Bauern, Landwirtschaft 257–258
- Hochzeiten, s. auch Ehe 330, 615, 793
- Öffentliches Bankett 451

Fisch 231, 270–271, 315–316, 501, 525, 560, 567, 573, 649, 763
- Fischereirechte 438, 455
- Fischfang 204, 273, 425, 455
- Fischzucht 256, 455, 578
- Überfischung 188

Finanzen, s. auch *aerarium*, *fiscus*, Geld, Haushalt, Staat, 42, 128, 153, 174, 232, 406, 415–416, 422, 431, 442, 446, 472, 479, 498, 561, 567, 577, 631–632, 643, 659, 660, 666, 671, 675, 678, 692, 700, 737, 760, 788, und Kap. 14
- Finanzdienstleistungen, s. auch Banken, Kredit 462, 566
- Finanzkraft 242, 680
- Finanzkrise, s. auch Krise, Tiberius 418, 580
- Finanzpolitik 446
- Finanzquelle 441, 498
- Finanzsystem 4, 13, 128, 414, 418

Finanzierung 23, 85, 105, 112, 132, 242, 272, 290, 310, 414, 417–418, 420–421, 435, 437, 440–441, 445, 450–451, 463, 468–469, 473, 478–480, 499, 575–576, 630, 643, 657, 667–668, 670, 672, 674, 677, 681, 685, 754, 771, 779
- Finanzierungslücke 440, 463
- Grundfinanzierung 435, 449
- Kasse (*thesauros*) 181
- Kultfinanzierung, s. auch Gott/Göttin, Kult, Religion 480, und Kap. 18 und 27
- Refinanzierung 424
- Unterfinanzierung 449

Finley, Moses I., s. auch Primitivismus 164, 172, 229, 283, 343, 413, 432, und Kap. 1

fiscus, s. auch Finanzen, Haushalt 545–546, 592, 672

Flavier, s. auch Vespasian 391, 634, 657

Fleisch, s. auch Agrarwirtschaft, Landwirtschaft, Viehwirtschaft 157, 262, 270, 393, 520, 525, 560, 562, 564, 569, 612, 615, 637, 648, 674, 763, 792

forum 249, 263, 559–560, 565–566, 666, 668–671, 683, 708–709, 714, 747
Frauen, s. auch Ehefrau, Frauenarbeit 127, 167–168, 175, 213, 215–216, 219–220, 230–231, 233, 237, 245, 250, 284–285, 292, 299, 301, 364, 373, 392–393, 399, 400, 402, 405, 419, 420, 426, 444, 655, 660, 673, 747, 780, und Kap. 11
Fremde 146, 168, 220, 311, 317, 397–398, 403, 420, 445, 457, 491, 493, 496, 498, 501, 587, 591, 682–683, 688, 760
– Metoiken 19, 168, 295, 340, 343, 345, 348, 351, 397–398
– Peregrine 295, 586–587, 683
frumentationes, s. *annona*

Gallien, s. auch Caesar, Kelten, 16, 110, 125, 200, 246, 270, 286, 297, 585, 592, 607, 624, 636, 638, 645, 667–668, 674, 680, 686, 750–751, 763, 778, 787–788
– Nordgallien, s. auch Belgica, 241, 624
– Südgallien, s. auch Narbonne, 75, 79, 85, 245, 289
– römisches Gallien 16
Gallienus, s. auch Reichskrise, Soldatenkaiser, 708, 773–774, 781
Garten 261–263, 276, 367, 371, 383, 385, 488, 575–577, 772
Gehöft, s. auch Bauern 72, 74, 285, 382, 384, 621
– Einzelgehöft 72, 361, 384
– Kleingehöft 75, 285
Geld, s. auch Nominal, Monetarisierung, Münze, Numismatik 8, 41–42, 121, 151–153, 171–172, 174–175, 178, 182, 201, 261, 266, 276–277, 286, 341–342, 345–346, 349, 381, 417, 487–488, 494–498, 500–501, 531, 533–534, 536–537, 540, 543–544, 547, 554, 616, 625, 630–632, 635, 637, 644, 646, 649, 656, 659, 671–672, 674, 676–677, 681, 687, 741, 760, 773–774, 781, und Kap. 4, 17, 18, 19, 24 und 28
– Geldgeschäfte 292, 686
– Geldmenge 432, 550, 774–775
– Geldstrafe 440, 540, 675
– Geldtheorie 163, 175
– Geldverleih 271–272, 566, 572, 667, 757, 760
– Geldvermehrung, s. auch Inflation 167, 175, 550, und Kap. 31
– Geldwirtschaft 12, 17–18, 24, 629, 651
– Lösegeld, s. auch Kriegsgefangene 311–312, 330, 413, 425–426

– öffentliches Geld, s. auch Finanzierung, Haushalt 340, 352–353, 545, 568, 761, 779
– prämonetäres Geld 327, 459
– Schaugeld (*theorika*) 340, 352
Gemüse, s. auch Agrarwirtschaft, Garten, Landwirtschaft, 256, 262, 367–368, 383, 429, 612, 619, 648
Gerberei, s. auch Leder 404, 588
Germanen 553, 769, 776, 778, 780, 783, 791–792, 795–797
Germanien, s. auch Limes 28, 115, 125, 200–202, 286, 551, 674, 686, 727, 743–744, 751, 762–764, 791–793, 795–796
– Obergermanien, s. auch Mainz, Provinz, Rhein, 79, 601, 680, 686
– Niedergermanien, s. auch Köln, Provinz, Rhein, 241, 601, 763–764
Geschenk, s. auch Weihgeschenk, Euergetismus 49, 83, 166, 311–312, 315, 330, 350, 446, 448, 461, 468, 488, 539, 590–591, 593, 601, 630, 693
– Gabentausch 48
– Gastgeschenk 83, 268, 394, 489
Gesellschaft, s. auch Norm
– Gesellschaftsentwicklung 33, 156
– Gesellschaftsgruppen, s. auch Bevölkerungsgruppen 18, 125, 536, 666
– Gesellschaftsschichten, s. auch Bevölkerungsgruppen 153, 300, 505, 762, 770
– gesellschaftliches Ansehen, s. auch Prestige 126, 174, 179, 299–300, 390, 404, 410
– gesellschaftliche Konventionen, s. auch Norm, Normierung 33, 140, 297, 404
– Konkurrenzgesellschaft 473
– Pastoralgesellschaft, s. auch Viehwirtschaft, Transhumanz 313
– vorindustrielle Gesellschaft, s. auch Industrie 26, 227–228, 281, 285, 626, 674
– vormoderne Gesellschaft, s. auch Modernismus, Primitivismus 209, 221, 250, 625
Gesetze, s. auch Institutionen, Institutionenökonomik, Recht, Ulpian 54, 111, 128, 132, 170, 172, 174, 180, 205, 265, 28–287, 297, 333, 406, 459, 462, 475, 540, 584, 594, 620, 745, und Kap. 28
– archaische Gesetze, s. auch Archaik 327, 439, 496, 532
– Gesetzgebung 100, 113, 150, 406, 561, 745
– Gesetzgeber s. auch Kaiser, Polis 115, 174, 177
– Gesetzestexte 121, 124, 130, 637

- gesetzliche Regelungen 104, 133, 158, 562, 631, 749, 758
Getreide, s. auch Agrarwirtschaft, *annona*, Landwirtschaft, Mühle 74–75, 84, 92–93, 151, 173, 192, 200, 202, 230, 239, 240–241, 250, 253, 258–261, 271, 286, 402, 429, 430, 441, 493, 501, 615, 625, und Kap. 15
- Getreideanbau 229, 236, 321, 322, 610–611, 617, 621
- Getreidehandel, s. auch Handel 192, 199, 341, 493, 546, 755, 763–764, 781
- Getreidehändler, s. auch Händler 173, 493, 674, 781
- Getreideimport 8, 199, 218, 321, 499, 504, 536, 743, 788
- Getreidesorten 194, 316, 610
- Getreidetransport, s. auch *annona*, Transport 82, 246, 492, 543, 548, 552, 752
- Getreideversorgung, s. auch *annona*, Versorgung 85, 173, 199–200, 247, 341, 346, 534, 546, 551, 590, 620, 750, 758, 781, und Kap. 26
- Getreideverteilung, s. auch *annona* 181, 218, 590–591, 620, 779, und Kap. 26
- Steuergetreide, s. auch *annona* 158, 314, 346, 350, 422, 534, 546, 548, 551, 600, und Kap. 26
Gewerbe 9, 78, 81, 130, 157, 238, 269, 293, 398–399, 408, 486, 496, 645, 680, 688
- Dienstleistungsgewerbe 254
- Gewerbetreibende 22, 281–282, 302
- Gewerbesteuer, s. auch Steuern 151
- Handelsgewerbe, s. auch Handel 158, 486
- Montangewerbe, s. auch Bergbau, Metall 287
- Textilgewerbe, s. auch Arbeit, Textilhandwerk, Textilien 157, 253, 299
Gewinn 100–101, 114, 152, 167, 176, 180, 182, 192, 228, 287, 293, 382, 406, 424, 432, 455, 468, 470–472, 491, 502, 532, 535, 547, 550, 584, 587, 594, 619, 632, 654, 656–658, 660, 745–746, 760, 762, 787, 804
- Gewinnmaximierung 172, 533, 762
- Gewinnorientierung 173, 473, 585, 761
- Gewinnsteigerung 172, 190
- Gewinnstreben 182, 228, 243, 491, 761
- Zinsgewinn, s. auch Zins 467, 468
Gewürze, s. auch Handel, Rotes Meer 68, 152, 323, 503, 587, 648, 798
Glas 75, 78, 392–393, 563, 564, und Kap. 10
Globalisierung, s. auch Konnektivität, Welthandel 763–764, 798–800

Gold, s. auch Bergbau, Metall, Nominal, 194, 242–244, 275, 302, 311, 315, 348, 393, 397, 402, 414–415, 432, 452, 474–476, 490, 642, 657, 670, 774–775, und Kap. 4 und 24
Gott/Göttin, s. auch Asklepios, Aphrodite, Apollon, Ares, Athene, Hera, Hermes, Iuno, Iupiter, Kult, Mars, Prometheus, Religion, Weihung, Zeus 114, 230, 234, 256, 259, 285, 300–301, 314–315, 375, 381, 393, 396, 401, 403, 424, 462, 464, 646, 739, und Kap. 16, 18 und 27
Grab, s. auch Inschrift, 76, 260, 272, 318–319, 324, 328–329, 394, 441, 516, 520–521, 525–526, 570, 577, 738
- Begräbnispraxis 317
- Grabdenkmal 31, 264–265, 272
- Gräberfeld 316, 517
- Grabmonument 129
- Grabrelief 249
- Grabstein 127, 211, 215, 288, 302, 736
- Grabstele 288, 314
Gracchische Reformen, s. auch Tiberius Gracchus 130
Grenze, s. auch Militär, 142, 190, 309, 322, 414, 425–426, 430, 587–598, 610, 621, 669, 672, 674, 760, 770, und Kap. 26 und 32
- Grenzgebiet 2, 592, 619, 674, 744
- Grenzprovinzen, s. auch Provinz 283, 297, 744, 756
- Grenzsicherung 433
- Stadtgrenzen 218, 674–675
Greshams Gesetz s. auch Geldmenge, Nominal 476

Hadrian, s. auch Kaiser 249, 287, 453, 602, 648, 653, 669–670, 677–679, 790
Hafen s. auch Hafenzoll, Handel, Schiffe 74, 81–82, 138, 158, 192, 199–200, 249, 311, 315, 317, 325–326, 329, 346–347, 392, 395–396, 410, 420, 431, 438, 469, 490, 633, 636, 639, 653, 798, 802
- Flusshafen 82
- Hafenbau, s. auch Architektur, Bauwirtschaft 188, 202, 228, 249, 640, 680
- Hafenbecken 82, 249
- Hafenstadt, s. auch Stadt, Ostia, Portus, Piräus, Puteoli 71, 82, 197, 271, 325, 438, 464, 475, 757–758, 778
- Hafensteuer, s. auch Steuern, 460
- Handelshafen 327, 802
- Umschlagshafen 82

Handel, s. auch Fernhandel, Getreidehandel, Händler, Kommerz, Sklavenhandel, Weinhandel, 8–11, 14, 15, 16, 17, 22–25, 30–31, 67–68, 74, 81, 84–85, 93, 98, 110–112, 132–133, 168, 171, 175–176, 187, 193, 199, 209, 227, 234, 245–246, 248–250, 254, 271, 309–310, 312, 322–323, 326–327, 330, 397, 415, 436, 470, 472, 478, 532, 534, 549, 554, 607, 619, 629, 631–632, 643, 648–649, 651, 653, 658, 660, 679, 686–687, 777, 781, 782, und Kap. 20, 30 und 32
- Agrarhandel, s. auch Agrarwirtschaft, Landwirtschaft 324, 325
- Etappenhandel 326
- Freihandel 137, 327
- Großhandel 180, 270
- Indienhandel, s. auch Gewürze, Indien 36, 247
- kapitalistischer Handel, s. auch Kapitalismus 15
- Kleinhandel 270, 271
- Küstenhandel 310
- Lokalhandel 29, 81, 201, 310, 324, 330
- Markthandel, s. auch Markt 17, 22, 23, 24
- Seehandel, s. auch Schiffe, Seerouten 9, 25, 191, 297, 438, 468, 469, 470, 471, 482
- Welthandel 132
- Zwischenhandel 82, 180, 270, 271
Handelsinteressen 195, 310, 320, 415, 657, 782
- Handelseinfluss 104
- Handelskontakte 20, 200, 438–439
Handelsrouten, s. auch Fernhandel, Schiff, Seerouten 83, 68, 152, 205, 233, 314, 325, 469
Händler, s. auch Getreidehändler, Handel 122, 133, 228, 233, 270–271, 297, 311–312, 317, 326, 329, 391, 405–406, 409, 426, 431, 436, 438–439, 452, 456, 488–489, 494–496, 500, 502, 542, 587, 611, 636, 639, 641, 647, 651, 654–656, 660, 674, 676, 777, 781–783, und Kap. 30
- Fernhändler 330, 782
- Kleinhändler 395, 489
- Markthändler, s. auch Markt 472
- Weinhändler, s. auch Wein 478
- *negotiatores* 660, 686, 755–756, 762
Handwerk, s. auch Handwerker, Gewerbe, Produktion 8–9, 22, 31, 35, 130, 227, 231, 235, 244, 251, 253–256, 267, 269, 309, 314, 432, 438, 619, 629, 631, 634, 637, 641, 651, 657, 660, 666, und Kap. 12 und 16
- Handwerksbetrieb 436, 470, 645, 672
- Handwerksprodukte 23, 323, 791

- Handwerksproduktion, s. auch Produktion 25, 31, 75, 158, 316, 674
- Handwerkszweig, s. auch Gerberei, Schmied, Töpferei, Weberei 131, 267
- Kleinhandwerk 157
- Kunsthandwerk 75
- Textilhandwerk, s. Textilien 254, 270, 634
- Töpferhandwerk, s. Amphoren, Keramik, Ton, Töpferei 254, 270
Handwerker, s. auch Arbeit, Arbeiter/in, Handwerk, Gewerbe, Produktion, Schmied, Zimmermann 22, 66, 76, 79, 157, 227–228, 231–232, 235, 237, 242, 245, 270, 314, 317, 329, 339, 374, 436–437, 452, 460, 488, 611, 637–638, 760, 779, und Kap. 12 und 16
- Handwerkerviertel, s. auch Arbeiterviertel 78
Haus, s. auch *oikos* 42, 132, 234, 253, 261–262, 266, 392–393, 398, 400, 402, 408, 517, 522, 525, 562, 567, 569, 615, 630, 668, 680, 684, und Kap. 29
- Hausangestellte, s. auch Arbeit, Gutsverwalter, Sklaven/-innen 71, 291, 545, 567, 570, 590
- Hausarbeit, s. auch Arbeit, Frauen 253, und Kap. 11
- Hausfrau, s. auch Ehefrau, Frauen 261, 263
- Hausgemeinschaft 286, 299, 680, 684
- Hausinventar 86, 275
- Hauswirtschaft, s. auch Wirtschaftsstil 8–10, 16, 17–19, 24, 43, 308, 315, 318, 330, 613, und Kap. 11 und 15
Haushalt, s. auch *oikos*, Finanzen 46, 74, 84, 153, 209–210, 215–217, 230, 242, 245, 256, 265, 267, 272, 291, 309, 316, 393, 405, 442, 467, 477–478, 488, 523, 544–545, 569, 600–601, 603, 630–631, und Kap. 15 und 29
- Domänenhaushalt 145
- Ein-Paar-Haushalt 216
- Haushaltsabrechnung, s. auch Abrechnung 157
- Haushaltsdossier 145
- Haushaltsplan 352, 600
- Haushaltsstruktur 210, 216
- Kleinfamilienhaushalt 216
- Mehrpersonenhaushalt 216, 670
Haustypus, s. auch Bauernhaus, Villa 71
- Brunnenhaus, s. auch Wasserversorgung 233
- Landhaus, s. auch Villa 286
- Wohnhaus 373, 384
Heeren, Arnold 7–8
Heichelheim, Fritz M. 254, 622, und Kap. 1
Hellenismus, s. auch Alexander III., Makedonen, Ptolemäer, Seleukiden 12, 15, 19, 75, 81, 95,

105, 109, 124, 241, 248, 273, 286, 294, 335–336, 342, 354, 364, 368, 374, 377, 380–381, 383–384, 390, 399–400, 408–409, 419–422, 425, 463, 474, 479, 503, 593, 595, 630, 671, 675, 683, 696, 699, 703, 714, 720–721, 723, 726–727, 730, 732, 741, 787, und Kap. 18
- Hellenistische Königreiche, s. auch Alexander III., Hellenistische Könige, Makedonien, Ptolemäer, Seleukiden 242, 376, 432, 474–475, 503

Hephaistos, s. auch Gott/Göttin, Handwerk, Schmied 234, 253, 393, 401, 406, 408

Hera, s. auch Gott/Göttin, Iuno, Samos 289, 436, 461, 463, 494, 675

Hermes, s. auch Gott/Göttin, Mercurius 254, 407, 449, 686

Herodot, s. auch Perserkriege 112, 328, 364, 393, 403–404, 486, 513

Hesiod 192, 255–256, 258, 261, 285, 300–301, 310, 326, 394–395, 401–402, 436, 486, 488–489, und Kap. 15

Hethiter, s. auch Bronzezeit 141, 314

Hilfsmittel 78, 93, 243, 254

Holz, s. auch Schiffbauholz, Wald 70, 119–121, 133, 194, 198, 231–232, 235, 237, 239, 248, 288, 314–315, 363, 370, 373, 379, 393, 397–398, 425–426, 442, 452–453, 568, 604, 642, 649, 679, 722, 734, 751
- Abholzung 188, 204, 315, 361
- Bauholz, s. auch Bauwirtschaft 198, 367, 427, 468, 638
- Feuerholz, s. auch Energie 260, 265, 367
- Holzbestand 197, 204
- Holzfass, s. auch Amphore, Transport, Wein 246
- Holzkohle, s. auch Energie 231, 734
- Holztafel 121, 123, 140–141

Homer 83, 192, 234, 268, 284, 299, 310, 312, 320, 325, 486–487, 489, 494, 496, 654, und Kap. 16
- Homerische Zeit, s. auch Archaik, Bronzezeit, Mykene 9, 217, 334, 368
- Ilias 265, 310, 425
- Odyssee 261, 285, 312, 324, 326, 360, 424

homo oeconomicus 12, 17, 163–165, 172–174, 177, 181

Hopkins, Keith 24–25, 51, 211, 218, 282, 547, 597, 622

hypotheca/hypotheke 474, 479, 481, 705

Imbros, s. auch Ägäis 199

Immobilien 132, 439, 442, 455, 473

Indien, s. auch Handel 35, 115, 198, 210, 247, 482, 744, 749, 782

Indikator, s. auch Quantifizierung 83, 210, 221, 439, 473, 626

Industrie, s. auch Protoindustrialisierung, Vorindustrielle Gesellschaft 10, 75, 138, 400, und Kap. 23 und 29
- Industrielandschaft 16
- Industrielle Revolution 19, 227, 278
- Industrielles Zeitalter 14, 283

Inflation, s. auch Geldvermehrung 109, 113, 122, 554, 599, 631, und Kap. 31

Infrastruktur, s. auch Häfen, Straßen, Transport 144, 152, 227, 246, 248–251, 395, 443, 496, 497–498, 532, 542–543, 549, 584, 587, 590–591, 609–610, 615, 638, 640, 666, 751, 755, 801

Innovation 31, 49, 51, 75, 201, 337, 439, 503, 752, 761

technische Innovation, s. auch Technik, Technologie 49, 51–52, 229, 238, 293, 381, 564, 568, 727–729, 732, 782, und Kap. 10 und 29

Inschriften, s. auch Epigraphik 27, 31, 140, 265–266, 271, 274–275, 278, 286, 289, 290–291, 302, 334, 369, 375–376, 397–398, 410, 414, 416, 419–420, 422, 428, 431, 435–438, 444–445, 449, 453–454, 461–463, 465, 470, 481, 486, 490–491, 569–570, 608, 643, 670, 679, 681, 687, 710, 794, 803, und Kap. 5
- Grabinschriften, s. auch Grab 140, 216, 271, 292, 552
- inschriftliche Quellen 8, 16, 34, 141, 271, 532, 542, 552, 570, 637, 639–641, 659, 667–668, 671, 685, 707, 754, 756, 776, 778, 782, 784, 788
- Kleininschriften 27, 28

Institution, s. auch Institutionenökonomik, 3, 20, 33, 67, 94, 140–141, 145, 147, 154, 205, 283, 308, 312, 337, 340, 343, 346, 352, 354, 406, 439, 442, 444, 448, 451, 471, 475, 477, 479, 482, 485, 492, 496, 526, 533, 536, 538, 546, 549, 559, 618, 629, 666, 673, 693, 695, 696, 697, 713, 714, 730, 740–741, und Kap. 2
- Institutionalisierung 97, 154, 354–355, 494, 501, 589, 601, 637, 735
- institutionelle Dezentralisierung 110
- Institutionengefüge 354, 461
- Institutionsformen 187, 479, 499
- Institutionsrahmen 15, 192, 329, 435–436, 512–513, 801

- Institutionenwandel 2, 145, 156, 329
- Öffentliche Institutionen, s. auch Staat 202, 450
- Privatinstitutionen 450
- Tauschinstitutionen 311

Institutionenökonomik/NIÖ, s. auch North, Douglass 2, 32–33, 160, 255, 282, 406, 498, 511, 762, und Kap. 1 und 2

Investition 30, 105, 111, 209, 212, 282, 297, 366, 419, 424, 435, 441, 446, 448–449, 451–453, 456, 497–498, 500, 532, 573–574, 576–577, 585, 614, 624, 66–667, 669–670, 702, 712, 735–736, 739–741, 753, 755, und Kap. 14, 19 und 28
- Investoren 348, 585, 673, 745–746

Ionien, s. auch Kleinasien 98, 101, 318, 323, 368, 391, 395, 439, 491–492, 494

isoteleia (Abgabengleichheit), s. auch Steuern 348

Israel, s. auch Juden 142, 195, 314–315, 318, 323, 401, 515

Italien 28, 70, 72, 74–75, 79, 85, 101, 103–104, 108, 124–125, 130, 199–200, 212, 215, 218–220, 222, 224, 240, 248, 265, 286, 297, 310, 320, 324–325, 365, 490, 492, 521, 531 532, 534, 542, 545, 554, 561–564, 575, 586–588, 591, 596, 631, 636, 638, 645, 667, 674, 681, 698, 710, 719, 727–729, 733, 738–740, 744, 747–750, 754, 763, 776, 792, 797, 802
- Mittelitalien, s. auch Etrurien, Latium 73, 101, 107, 111, 199, 247, 329, 521, 526, 594–595, 724
- Norditalien 108, 189, 219, 246, 281, 678
- Süditalien, s. auch Kampanien, Magna Graecia, Sizilien 101, 222, 320, 464, 492, 494, 513, 519, 678
- Unteritalien 4, 70, 125, 320, 325

Iuno, s. auch Gott/Göttin, Hera 115

Iupiter, s. auch Gott/Göttin, Kult, Religion, Tempel, Zeus, und Kap. 27

Juden, s. auch Israel 218, 436, 682, 802
Julian (Kaiser), s. auch Kaiser, Spätantike 436, 637, 652

Kaiser, s. auch Antoninische Dynastie, Soldatenkaiser, Tetrarchen, und einzelne Kaiser 115, 122, 130, 132, 156, 201–202, 205, 211, 214, 220, 263, 268, 272, 282, 286–287, 295, 297, 451, 453–454

Kampanien, s. auch Italien 35, 108, 199–200, 610, 616, 619, 724, 802

Kapital, s. auch Kapitalismus, Kommerz, Marx, Karl, Smith, Adam 12, 14, 272, 442, 466, 469– 470, 500, 572, 609–610, 614–615, 624, 649, 760–762, und Kap. 2 und 28
- Bankenkapital, s. auch Banken 469
- Betriebskapital 287
- Eigenkapital 466
- Grundkapital 660
- Humankapital 210
- Kapitalanleger, s. auch Investoren 473, 502, 757
- Kapitaleinkommen 374
- Kapitalgeber, s. auch Investoren 469, 757
- Privatkapital 469
- Startkapital 368
- Stiftungskapital, s. auch Stiftungen 442

Kapitalismus 10, 12–13, 16, 24, 281, 512, 572, und Kap. 2

Karthager, s. auch Karthago 103, 198, 424, 491, 513, 538, 585

Karthago, s. auch Nordafrika, Phönizier, Punische Kriege, Tunesien 110, 241, 324–325, 490, 518–521, 560–561, 618, 670, 696

Kelten, s. auch Britannien, Gallien 83, 103, 106, 108–110, 115, 680, 751, 789

Keramik, s. auch Amphore, Terra Sigillata, Ton, Töpferei 75, 78–79, 84, 119–120, 123, 131, 231, 244–245, 308, 312, 316, 318, 325–326, 328, 373, 394–395, 439, 465, 469, 487, 492–493, 496, 500, 503, 573, 642, 680, 721, 723–724, 727, 729, 734, 751, und Kap. 21
- Attische Keramik, s. auch Athen 79, 84, 318, 438–439, 496
- Keramikherstellung, s. auch Produktion, Handwerk, Handwerker, Gewerbe 30, 75, 77–78, 85, 230, 293, 391–392, 404, 728, 732
- Keramikware 131, 141, 670

Klassik 9, 17, 19, 71, 104, 128, 133, 219, 222, 266, 335–336, 342, 369, 371, 373, 383, 409, 418, 422, 460, 462–463, 465, 470, 473, 478, 494, 496, 511, 514, 722, 741, und Kap. 2 und 18
- Frühklassik 269
- Klassisches Altertum 9, 512, 560, 572, 727, 790
- Klassisches Athen, s. auch Athen 20, 70, 218, 224, 266, 289, 343, 374, 419, 432, 496
- Klassisches Griechenland 214, 218, 229, 231, 741
- Spätklassik 104, 106, 124, 368, 380

Kleinasien, s. auch Asien, Ionien 103, 125, 129, 271, 308–309, 311, 316, 318, 325, 329, 390, 437, 441–442, 450, 493–494, 504, 543, 624, 651, 665, 671–672, 675, 678, 698–699, 739, 758, 781
- Nordöstliches Kleinasien 369

- Südliches Kleinasien 475
- Südöstliches Kleinasien 441
- Westliches Kleinasien 100, 459, 460, 464

Klima 60–62, 67, 142–144, 287, 360, 362–364, 367, 371–372, 381, 609, 793, 801, und Kap. 8
- Mikroklima 3–4, 363
- Roman Climate Optimum 61, 203, 205, 770

Klimawandel 61, 62, 72, 313, 764, 770, und Kap. 8

Köln, s. auch Claudius, Germanien, 247, 680, 753, 756, 777

Kolonat 157–549, 554, 576, 616, und Kap. 12

Kolonie, s. auch *apoikia*, *colonia*, Kolonisation 70, 84, 198, 315, 322–323, 390, 392, 492–493, 515, 586, 590, 618, 685, und Kap. 21
- Kolonialimperialismus 50, 137
- Koloniegründung 200, 323, 491, 618, 685, 789

Kolonisation, s. auch *apoikia*, Kolonie, Migration, Phönizische Kolonisation 18, 191, 192, 222, 394, 491, und Kap. 21

Konnektivität, s. auch Globalisierung, Netzwerke 37, 61, 66, 104, 107, 193, 482, 554, 559, 574, 699, 804, und Kap. 21

Kommerz, s. auch Handel, Kapitalismus 42, 45–46, 49, 310, 322, 407, 410, 513–514, 524, 526–527, 562, 566, 568–569, 572, 576–577, 686, 725

Kommerzialisierungsgrad 222

König, s. auch Alexander III., Philipp II., Philipp III., Ptolemäer, Seleukiden 333, 350, 360, 371, 377, 391, 393, 401, 415, 419, 421–423, 444–445, 454, 460, 468–469, 488–489, 543, 749, 787–788, und Kap. 13
- *basileis/basileus* 192, 317, 329, 392–393, 402
- Hellenistische Könige 95, 354, 374, 376, 413, 424, 427, 431–432, 451, 453–454, 475–476, 503, 787
- Königliche Banken, s. auch Banken 476–477
- Königliche Münzen, s. auch Münzen 103, und Kap. 19
- Königsherrschaft 12, 369
- Königsland, s. auch *patrimonium* 286, 374
- Persische Könige, s. auch Achaimenidenreich, Parther, Perser, Sasaniden 198, 204, 350, 395, 777, 782, 793

Konsum 67, 81, 84–85, 227, 312, 326, 366, 395, 521, 523, 631, 665, 673–674, 780–781, 796, und Kap. 29
- Konsumenten 50, 76, 485, 637, und Kap. 29
- Konsumentenproletariat 11
- Konsumentenschicht 24–25, 631, 790
- Konsumentenstadt, s. auch Max Weber, Stadt 11–12, 20, 22–23, 25, 46, 202, 221, 533, 572, 619
- Konsumgewohnheiten 228, 744
- Konsumgüter, s. auch Handelsgüter, Handelswaren 16, 158, 389, 780
- Konsuminteressen 310
- Konsumkapazität 326
- Konsumkredite, s. auch Kredit 468, 471–473, 478
- Konsumkultur 314, 318, 326
- Konsumption 8, 10, 42, 505, 511, 514, 519, 522–524, 527, 701–702, 804
- Konsumptionsmuster 86, 322
- Konsumverhalten 34, 65, 83, 159, 293, 316–317

Koptisch (Sprache) 137

Koptos, s. auch Ägypten, Handel 633, 639, 800

Korinth 78, 85, 198, 204, 232, 289, 317, 319, 325, 395, 404, 408, 459, 492, 495–496, 667, 787

Korsika 535

Krankheiten, s. auch Arzt, Asklepios, Medizin, Pandemie 61–62, 72, 127, 209, 210–213, 283, 291, 320, 571, 688, 771–773, 783, 784

Kredit, s. auch Banken, Darlehen 41–43, 49, 50, 93, 131–132, 277, 420, 450, 455, 500, 535, 539, 566, 593, 600, 603, 605, 761, und Kap. 19
- Kreditfinanzierung 327, 468–469, 470
- Kreditgeld, s. auch Geld 93, 605
- Kreditgeschäfte 131–132, 292, 440, 798
- Kreditvergabe 440–441, 455, 603, 646
- Kreditwesen 8, 455

Kreta 103–104, 195, 198, 259, 264, 294, 318–319, 324–325, 346, 369, 379, 395, 397, 419, 425, 427, 461, 489–490, 495, 518, 601

Krieg, s. auch Bundesgenossenkrieg, Feldzugssaison, Militär, Peloponnesischer Krieg, Punische Kriege, Soldaten 105, 112, 192, 204, 233, 242, 261, 381, 396, 399, 404–405, 438, 440, 442, 453, 455, 471, 475, 488, 492, 498–499, 534, 536–537, 543, 552–553, 584–586, 589–590, 597, 603–604, 620, 626, 668–669, 672, 677, 682, 745, 747, 749, 750, 757, 771, 777, 780, 782–783, 787–788, 793, und Kap. 14 und 17
- Kriegführung 100, 336–337, 595, 776, 780, 783
- Kriegsarbeit, s. auch Arbeit 263
- Kriegsdienst 299, 351
- Kriegsgefangene, s. auch Lösegeld, Sklaven/-innen 287, 776
- Kriegshandwerk 268, 403, 404

- Kriegszüge, s. auch Alexanderzug 115, 230, 533
- Seekrieg, s. auch Attisch-Delischer Seebund, Kriegsschiffe, Triere 233, 750

Krieger, s. auch Militär, Soldaten 284, 294, 326, 329, 393, 402, 408

Kriegsbeute, s. auch Sklaven/-innen 330, 533–535, 584, 590, 601, 667–670, 780
- Beutetheorie 33

Krise 58, 79, 190–191, 205, 380–381, 384, 420, 440, 550, 553–554, 580, 585, 604, 700, 755, 764, 788, und Kap. 31
- Dauerkrise 192
- Finanzkrise, s. auch Tiberius 418, 431, 700
- Krisenbegrenzung 190–191
- Krisenbewältigung 191–192, 193
- Krisensituationen 132, 498
- Krisenzeiten 105, 113, 192, 537
- ökologische Krise, s. auch Klima, Klimawandel, Ökologie 307
- ökonomische Krise 431

Kult, s. auch Finanzierung, Gott/Göttin 355, 408, 480, 660, und Kap. 18 und 27
- Kultbudget 463

Kultivierung, s. auch Agrarwirtschaft, Landwirtschaft 63, 296, 330, 365, 366–367, 376, 516–517, 575–576, 577–578, 700

Kupfer, s. auch Bergbau, Bronze, Metall 232, 242, 270, 277, 287, 309, 393, 439, 490, 595

Kykladen, s. auch Ägäis 70, 274–275, 318, 368, 395, 480, 494–495

Kyrene, s. auch Nordafrika 268, 342

Landwirtschaft, s. auch Agrarwirtschaft, Bewässerung, Terrassierung, Viehwirtschaft 8–9, 22, 24–25, 67, 69, 71, 74, 129, 173, 176, 188, 199, 201, 222, 227–229, 231, 238–241, 251, 253–257, 259, 282, 283, 285–287, 294, 296, 300–301, 313, 322, 330, 392, 394, 397, 418, 428–430, 432, 440, 485, 489, 497, 554, 634, 647, 745, 781, und Kap. 15 und 25
- Landgewinnung 366, 372, 381
- landwirtschaftliche Betriebe, s. auch Bauern, Villa 74, 157, 645, 672, 755, und Kap. 15 und 25
- landwirtschaftliche Nutzung 204, 359, 361, 432, 638
- landwirtschaftliche Produkte, s. auch Produkt 74, 79, 381, 440, 449
- landwirtschaftliche Produktion, s. auch Produktion 17, 23, 293, 428, 781
- landwirtschaftliche Produktivität, s. auch Produktivität 329, 764
- landwirtschaftliche Tätigkeit 310, 360, 374–375, 378, 641, 747
- landwirtschaftliche Techniken, s. auch Technik 299, 747, und Kap. 10
- landwirtschaftliche Waren, s. auch Getreide, Oliven, Waren, Wein 74, 79, 158, 492
- Monokulturen 188, 380

Latein 47, 119, 122, 124, 137, 255–256, 284–285, 702
- Lateinischsprachiger Westen 122, 127, 699

Latifundien, s. auch Agrarwirtschaft, Landwirtschaft, Villa, Wirtschaftsstil 75, 79, 441, 614, 747, 755

Latium, s. auch Italien, Latein 199, 560, 609, 619

Laurion, s. auch Athen, Bergbau, Silber 69, 103, 169, 194, 242, 287, 333, 470, 497, 500

Lebensstandard 56, 62, 216, 219, 308, 320, 625

Lebensunterhalt, s. auch Arbeit, Lohn, Subsistenz 283, 285, 299, 395–398, 402, 404, 611–612

Leder, s. auch Gerberei, Produkte 293, 469, 501, 560, 588, 656, 722, 731

Lefkandi, s. auch Euböa 492, und Kap. 13

Lemnos, s. auch Ägäis 199, 311–312, 488

Lesbos, s. auch Ägäis 366, 443

Levante, s. auch Israel, Phönizien, Syrien 490, 503, und Kap. 13

Limes, s. auch Germanien 724, 744, 770, und Kap. 26
- Limesfall, s. auch Reichskrise 776

Liturgie 12–13, 152–153, 275, 344, 373, 381, 417, 420, 444, 468, 499, 545, 553, und Kap. 14
- Choregie 334, 344–345
- Trierarchie, s. auch Triere 417, und Kap. 14
- Syntrierarchie, s. auch Triere 344

Logistik, s. auch Versorgung 68, 152, 198, 330, 503, 548, 556, 562, 589, 689, und Kap. 26
- Tross, s. Kap. 26

Lohn, s. auch Arbeit, Arbeiter/in, *misthos* 26–27, 111, 256, 265, 268, 273, 277–278, 335–336, 338–339, 350, 397, 406, 410, 450, 460, 476, 479, 591, 608, 635, 683, 701, 736, 737, 775, und Kap. 12
- Lohnangaben 14, 159
- Lohnniveau 339
- Tagelöhner 267, 339, 397, 613, 747

Lohnarbeit, s. auch Arbeit 22, 254, 561, 736
- Lohnarbeiter, s. auch Arbeiter/in 153, 267, 402, 405, 615, 623
- Lohnarbeiterwirtschaft 24

Lydien, s. auch Elektron, Kleinasien, Sardeis 99–101, 103, 125, 459–460, 482
Lykurg (Athenischer Finantbeamter), s. auch Athen, Gesetze, Recht 334, 343, 353

Magistrat, s. auch Statthalter 121, 284, 338–339, 341, 354, 441–442, 455, 535, 542, 644, 551, 562–564, 589, 592, 671, 677
Magna Graecia, s. auch *apoikia*, Italien, Kolonisation, Sizilien 92, 102, 198–200, 325, 492, 495
Mainz, s. auch Germanien, Limes, Rhein 29, 247, 292, 641–642, 753, 777
Makedonen, s. auch Alexander III., Ptolemäer, Seleukiden 95, 286, 415, 421–422, 427, 431–433, 468–469, 474–476, 585
Makedonien, s. auch Alexander III., Hellenismus 106, 193, 198–199, 275, 318, 325, 347, 354, 369, 427, 475, 492, 499, 561, 586, 668
Malthus, Thomas, s. auch Demographie 63, 625–626
– Malthusianische Falle 205, 625–626
– Neo-Malthusianisches Modell 59, 62–63
Mangel, s. auch Armut 70, 112, 126, 165, 171–173, 194, 222, 377, 431, 596, 603, 609–610, 612, 624–626, 638, 653, 656, 779, 781, 803
Manufaktur, s. auch Fabrik, Handwerk, Industrie, Produktion 29, 78, 157, 289–290, 293, 400, 469–470, 472, 572, 574, und Kap. 29
Marcus Antonius, s. auch Augustus, Caesar 593, 750, 788
Marcus Aurelius, s. auch Antoninische Dynastie, Antoninische Pest 205, 271, 552, 602–603, 657–658, 770–771, 791, 804
Markt, s. auch Marktpreise, Markthandel, Arbeitsmarkt 30, 79, 85, 97, 100, 132–133, 171, 193, 200, 253–255, 262, 265, 289, 311, 327, 329–330, 346–347, 368–369, 394, 398, 417, 436, 438, 441, 443, 445, 455, 459, 460–464, 466, 472, 476, 486, 499, 501–504, 548, 552, 622, 634, 636, 647–649, 656, 675, 686, 763, 774, 781, 783, 790, und Kap. 1
– Absatzmarkt 201–202, 251, 646, 761
– Lokalmarkt 158, 251, 281, 285, 460, 470, 476, 485, 500, 551, 612, 674
– Marktentwicklung 34, 193, 197, 631, 763
– Markterschließung 79, 82
– Marktgeschehen 20, 132–133, 278, 282
– Marktgesetzlichkeiten 163, 171–173
– Marktintegration 160, 505, 542, 616, 622, 625
– Marktmechanismen 79, 84, 282
– Marktnachfrage 283, 492, 494, 500
– Marktorientierung 2, 160, 615, 619, 781
– Marktplatz 81, 309, 327, 361, 399, 500, 549, 634, 658
– Marktproduktion 254, 266, 278, 410, 649
– Marktsystem 22, 34, 37, 505, 674
– Marktzugang 114, 493, 625, 658, 755, 791, 795
– periodischer Markt 201
Marktwirtschaft 2, 19, 32, 35, 171, 394
– marktwirtschaftliche Gesetze 173
– marktwirtschaftliche Mechanismen 66
– marktwirtschaftliche Prozesse 164, 172
– marktwirtschaftliches Verhalten 32, 480, 620
Mars, s. auch Ares, Gott/Göttin, Krieg 291, 657, und Kap. 27
Marx, Karl 17
– Marxismus 282–283, 414
Massilia, s. auch *apoikia*, Südgallien 101–102, 104, 321–322, 493
Maße 70, 81, 91–92, 111, 150–151, 158, 311, 327, 330, 395, 496, 498
– Gewichte 81, 123, 133, 328, 329–330, 496, und Kap. 4
– Messtechnik 37, 288, 624
Material, s. auch Holz, Stein, Metall 8, 34, 119–120, 123, 140–142, 195, 198, 205, 235, 267, 288, 323, 328, 341, 390, 426, 442, 452–453, 548, 634, 647, 653, 666, 670, 673, 678–679, 754, 791, 792, 798, und Kap. 3 und 4
– Materialwert 9, 336, 350, 402, 425, 439
Materielle Kultur, s. auch Archäologie, 400, und Kap. 3 und 4
Materielle Überlieferung, s. auch Archäologie, 31, 37, 134, 390, 451, 790, und Kap. 3 und 4
Maximinus Thrax, s. auch Kaiser 630, 774
Mechanik 624, und Kap. 10
Medien 89, 93, 96, 99, 106, 107, 114–115, 120, 140–141, 148, 150, 193
Medizin, s. auch Arzt, Asklepios 210–211, 291, 560, 675
Mercur, s. auch Gott/Göttin, Hermes, 686
merismos (Budgetierung), s. auch Finanzen 353–354
Mesopotamien, s. auch Assyrien, Euphrat, Tigris 50, 194, 324, 328, 333, 365, 459, 801
Metall, s. auch Bergbau, Metallversorgung, Münzen, Bronze, Elektron, Eisen, Gold, Kupfer, Platin, Silber, Zinn 68–70, 78, 119–120, 140, 194, 197, 232, 239, 242, 244, 302, 319, 322–323, 327, 330, 384, 460, 469, 476,

482, 487, 490, 492, 494, 508, 623, 679, 792, und Kap. 4 und 24
- Edelmetall, s. auch Gold, Platin, Silber 120, 194, 198, 242–243, 318, 326–327, 347, 415, 419, 436, 474, 487–488, 494, 496, 550, 681, 764
- Metallabbau 69, 308, 309
- Metallgewinnung 227, 309, 316
- Metallreichtum, s. auch Laurion, Spanien 68, 324, 490
- Metallurgie, s. Kap. 10
- Metallverarbeitung, s. auch Schmied 75, 92, 230–231, 293, 316, 391, 432
Methodik s. auch Archäologie, Digitalisierung, Epigraphik, Numismatik, Papyrologie
- Archäometrische Methodik 70
- bildwissenschaftliche Methodik 66, 543
- 'cross-over-history'-Methodik 35
- demographische Methodik, s. auch Demographie und Kap. 9
- digitale Methodik, s. auch Digitalisierung 36–37, 85, 97, 116, 764
- komparatistische Methodik 34, 335, 360–361
- literaturgeschichtliche Methodik 32, 771
- naturwissenschaftliche Methodik 36, 66–67, 85, 203, 223, 608, 620, 626–627
- quantifizierende Methodik, s. auch Quantifizierung 34, 67, 149, 160, 416, 438, 590, 597, 759, 764
- sozialwissenschaftliche Methodik 2, 34
- sozialhistorische Methodik 23
- wirtschaftsarchäologische Methodik 29, 35, und Kap. 3
- wirtschaftshistorische Methodik, s. auch Wirtschaftsgeschichte 3, 23, 35, 116, 254, 312, 322, 334–335, 413, 416, 622, 660, 665, 770, 784, 798, 799
Migration, s. auch Kolonisation, Mobilität 79, 197, 209, 222, 309, 319–320, 324, 354, 396, 410, 491, 504, 645
Milet, s. auch Ionien 197, 325, 382, 424, 446, 448, 454–455, 461, 493–494
Militär, s. auch Krieg, Soldaten 4, 17–18, 23, 110, 180, 188, 197, 218, 220, 228, 242, 283, 287–288, 296, 301, 310, 329, 335–336, 341, 344, 346, 350–352, 354, 360, 395, 464, 469, 474, 476, 487, 494, 498, 531–532, 534–535, 542–544, 547, 553–554, 585, 595–596, 607, 619, 626, 673, 682, 743–744, 747, 749, 754–756, 763, 770–771, 775, 780, 787, 789–790, und Kap. 17 und 26
- Armee 201–202, 531, 536, 550–551, 608, 780, 789–790, 795, und Kap. 17 und 26

- Ausrüstung 288, 381, 396, 413–414, 497, 585, 599, 629, 635, 638, 655
- Garnisonen 420, 780, 790, und Kap. 26
- Heer 151, 336, 503, 536, 544, 546, 548, 550, 553, 673, und Kap. 17, 24 und 26
- Waffen 230, 242, 254, 288, 307, 376, 392, 396, 398, 410, und Kap. 17 und 26
- Waffenfabrik, s. auch Fabrik 288
Minerva, s. auch Athena, Gott/Göttin 669, 685, 738
misthos, s. auch Lohn 284, 291, 338–339, 340, 342, 414
- *mistophoria* 339
Mitgift, s. auch Ehe 463, 473, und Kap. 11
Mittelmeer 68, 81, 83, 85, 89, 143, 242, 247, 360, 364, 486, 490, 743, 750, 762, und Kap. 8 und 13
- Mittelmeerraum 3, 35, 68, 106, 141, 242, 247, 250–251, 260, 278, 289, 354, 365, 367, 444, 459, 492, 496, 598, 626, 743, 745, 750, 763
- Mittelmeerwelt 11, 218, 534, 624, 626, 763
- Ostmittelmeer 4, 18, 68, 70, 85, 110, 124, 142, 223, 431, 441, 447, 471, 474, 490, 598, 620, 750
- Westmittelmeer, s. auch Lateinischsprachiger Westen 18, 100, 110, 596, 750
Mobilität, s. auch Handel, Kolonisation 94, 97, 111, 190–191, 201, 209, 220–222, 311–313, 317–318, 320, 362, 402, 410, 438, 614, und Kap. 20 und 30
- mobile Münzstätten, s. auch Münze, 110
Modernismus, s. auch Primitivismus 11, 19, 24, 29, 31, 485, 622, 798
Monetarisierung, s. auch Geld, Münze, Nominal 30, 100, 158, 188, 242, 432–433, 435, 447, 461, 476–477, 482, 512
Monopol 12, 79, 133, 157, 172, 176, 263, 314, 329, 353, 460, 620
staatliches Monopol, s. auch Staat 152, 382, 400, 437, 593, 670
Mühle, s. auch Getreide 69, 79, 290, 297, 393, 625, 672, und Kap. 10
- Getreidemühle, s. auch Getreide, 74, 383, 393
- Mühle von Barbegal 75, 238
- Olynthmühle 75
- Rotationsmühle 75, 290
- Wassermühle 75, 524
- Windmühle 625
Munizipalisierung, s. auch Stadt 144, 153
Münze, s. auch Geld, Metall, Monetarisierung, Nominal 68, 81, 85, 120, 140, 159, 242, 329,

348, 415, 432–433, 448, 531, 547, 550, 607, 674, 677, 680–681, 760, 773–775, 783, und Kap. 4, 19, 22 und 24
- Münzgeld 178, 242, 275, 531, 554, 773
- Münzprägung 328, 433, 772, 774

Mykene 141, 307, 313, 316
- Mykenische Zeit, s. auch Bronzezeit, Homerische Zeit 254, 264, 267, 269, 307–308, 327, 333, 391–392, 410, 459, 487

Narbonne, s. auch Südgallien 462, 757
Naukratis, s. auch Ägypten 151, 325, 327, 493, 496
Nautik, s. auch Schiffe 37, 317, 330, 437, 752, 758, 782
Nehalennia (Göttin) 679–680
Nero 91, 249, 546, 593–594, 596–598, 603–604, 619, 763, 773, 796
Netzwerke, s. auch Eliten, Handel 96, 100–102, 106, 278, 308, 311, 325, 385, 436, 438–439, 456, 533, 536, 539, 542, 611, 636, 638, 659–660, 756, 790, 802, und Kap. 20
- Handelsnetzwerke 322, 325, 487, 495–496, 499, 504–505, 788
- Netzwerkbildung 308
- Netzwerkanalyse 67
- Tauschnetzwerke 158, 212, 323
Neupythagoreer 178
Nichoria 316
Nil, s. auch Ägypten 26, 143, 194–195, 236, 313, 327, 475–476, 493, 743, 753, 773, 800, 802
Nominal, griechisch
- Dekadrachme 98
- Didrachme 102–103, 105, 328, 604
- Drachme 92, 102, 104, 111, 267, 275–276, 328, 336, 342–343, 345–346, 348–349, 397, 417, 419–420, 422, 426, 448–449, 678, 775, 779, und Kap. 19
- Litra 91, 98, 104–105, 111
- Mine 275–276, 328
- Obol 92, 102, 104, 111, 267, 336, 339–340, 397, 399, 417, 422, 803
- Stater 92, 98, 100, 102–104, 110–111, 328, 460–461, 495
- Tetradrachme 102, 104, 328, 679
- Tridrachme 102
Nominal, persisch
- Dareikos 103, 422
- Siglos 103
Nominal, römisch
- Antoninian 599, 605, 769, 774–775
- Aureus 92, 108, 111, 243–244, 595, 598–600, 659, und Kap. 31
- Denar 91–92, 107–109, 243, 595, 598–599, 659, 670, 677, 760, 769–775
- Dupondus 92
- Quadrans 92
- Semis 90, 92
- Sesterz 91–92, 108, 111, 276, 277, 290, 593, 601, 635, 668
- Solidus 109, 111, 600, und Kap. 31
Nominal, s. auch Geld, Metall, Monetarisierung, Münze 158, 495, 773–775, und Kap. 4, 19 und 24
nomos 111, 447, und Kap. 7
Noricum, s. auch Alpen, Kelten 630, 642, 789
Norm, s. auch Gesellschaft 115, 140, 404, 764, und Kap. 7
- normatives Prinzip 217
- normative Trennung 310
- normative Vorgaben 604
- Sozialnorm 20, 140, 389
- Verhaltensnormen 20
Normierung 90, 98, 108, 111, 360, 475
- Normdaten 97
North, Douglass, s. auch Neue Institutionen Ökonomik 32, 51–55
Numismatik 3, 15, 31, 333, 547, 597, 774, und Kap. 4

Obst, s. auch Agrarwirtschaft, Garten, Landwirtschaft 151, 155, 253, 256, 258, 262, 271, 316, 367, 371, 373, 379, 383, 429, 560, 566, 575–577, 579, 584, 619, 624
oikos, s. auch Haus, Haushalt 285–286, 299, 390, 392–393, 402, 410, und Kap. 15
Ökologie, s. auch Klima 61–62, 127, 130, 223, 307, 316, 362, 364, 367, 380, 385, 650, und Kap. 8
Öl 27, 74, 82, 133, 152, 155, 261, 315, 365, 382, 452, 610, 615–616, 636–637, 648, 655, 743, 755–756, 762, 764
- Ölbäume 194, 253, 402, 610
- Ölhandel, s. auch Handel 84, 763
- Olivenöl, s. auch Oliven 158, 202, 239, 240, 318, 440, 449, 492–493, 496, 504, 551, 610, 617, 619, 621, 755, 763
- Ölpresse 74, 239, 370, 383
- Ölproduktion, s. auch Produktion 75, 202, 360, 382, 617, 621
Oliven, s. auch Öl 189, 229, 230, 240, 256, 322, 429, 439, 613–614, 644, und Kap. 15

Olympia, s. auch Gott/Göttin, Kult, Peloponnes, Religion, Tempel, Wettbewerb, Zeus 70, 341, 395, 416, 436, 439, 442, 445, 453, 455, 493–494, 668, 677, 686

Opfer, s. auch Gott/Göttin, Kult, Religion 99, 259, 341–342, 369, 402, und Kap. 18 und 27

opus 255, 284

opus caementicium 248–250

Orient 11, 141, 188, 245, 251, 267, 308, 391, 394–395, 490, 515–516, 518, 524

Ostia, s. auch Latium 71, 81–82, 200, 202, 270–271, 778

Östliche Wüste, s. auch Ägypten, Handel, Rotes Meer 138, 158, 636, 639, 641, 648, 779, 794, 798, 800

ostrakon, s. auch Amphoren, Keramik 13, 18–19, 31, 139, 140–141, 151, 641, 648, 802

Pacht, s. auch Kolonat, *publicani* 243, 271, 274–275, 286–287, 297, 373, 376–377, 460, 463, 466, 476, 537–539, 547, 593, 601, 603, 615–616, 619, 621, 641, 660, 671–672, 675, 757, und Kap. 14 und 18
- Pachtvertrag 286, 296, 547
- Pachtzins, s. auch Zins 159, 296, 466, 616, 620
- Staatspacht, s. auch *ager publicus*, *publicani*, Staat 14, 374, 585

Palastkultur, s. auch Bronzezeit, Homerische Zeit, Mykene, Tiryns 333, 487, und Kap. 13

Palmyra, s. auch Reichskrise, Sonderreiche 774, 777, 782, und Kap. 32

Pandemie 212, 769, 784
- Antoninische Pest, s. auch Antoninische Dynastie, Marcus Aurelius 205, 212, 553, 769–773
- Cyprianische Pest 205, 769, 772, 783
- Justinianische Pest 205

Papyrologie 3, 13, 15, 26–27, 29, 31, 93, 267, 271, 542, 552, 584, 771–772, 803, und Kap. 6

Papyrus 13, 18–19, 31, 119, 121, 123, 210, 267, 382, 400, 410, 477–478, 493, 531, 593, 773–775, 788, 798, 803, und Kap. 6 und 26

Parther 109, 553, 651–652, 659, 771, und Kap. 32

Pasion 292, 467–468, 500

patrimonium 544–545, 593–594, 601
- *munus patrimonii* 153

Peisistratiden, s. auch Athen, Tyrannis 233, 395, 453, 497–498

Peloponnes 102, 199, 316, 319, 325, 369, 384, 443, 495, 505

Peloponnesischer Krieg s. auch Athen, Perikles, Sparta, Thukydides 79, 199, 300, 336, 342, 344, 350, 354, 396, 404, 418, 421, 428–429, 437, 463–464, 498

Pergament 121, 123, 140, 142, 146, 151

Perikles, s. auch Athen, Attisch–Delischer Seebund, Peloponnesischer Krieg, Thukydides 300–301, 338, 343, 349, 404, 415–416, 429

Perser, s. auch Achaimeniden, Persische Könige, Sasaniden 8, 93, 99, 105, 141, 198, 204, 350, 395, 403, 415, 439, 474, 494, 503, 659, 794
- Perserreich 18, 197–198, 209, 422, 432, 460

Perserkriege, s. auch Herodot 198, 261, 396, 414, 453, 497

Persepolis 103, 432

Philipp II., s. auch Alexander III., König, Makedonen 336, 347, 432, 454

Philipp V., s. auch Hellenismus, König, Makedonen, Ptolemäer, Seleukiden 427, 431

Philippus Arabs, s. auch Kaiser, Reichskrise, Soldatenkaiser 653, 659, 677

Philodem 178

Phönizier, s. auch Karthago, Levante, Sidon, Tyros 103, 141, 198, 394, 426, 488–489, 492, und Kap. 13
- Phönizien 366, 392, 410, 490, 672
- phönizische Kolonisation 191, 490–491
- phönizischer Kulturraum 18

pignus 704–705

Piraten 199, 233, 317, 326, 383, 419, 424, und Kap. 30
- Piraterie 330, 423, 489, 494

Piräus, s. auch Athen, Hafen 92, 198, 342, 396, 398, 448, 498–499, 501, 751

Pithekussai 319, 325–329, 492

Platin, s. auch Metall, Bergbau 110

Platon, 204, 231, 234–235, 256, 275, 299, 404–407, 486, und Kap. 7

pleonexia 171, 406

Plinius d. Ä. 90, 112, 204, 239–241, 243–244, 262, 265, 527, 668, 727, 735, 760, 796, 800, 803

Plinius d. J., s. auch Brief 272, 291, 301, 548, 575, 666, 683, 699

Polanyi, Karl, s. auch Einbettung, *embedded economy* 19–21, 23, 172, 327, 465, 493

Polis, s. auch Bürger, Stadt 4, 16–17, 102, 109, 124, 128, 131, 133, 168, 175–176, 198–199, 217–218, 221–222, 270, 273, 286, 294–295, 307, 310, 321, 328, 369, 373–376, 381, 383, 397, 404,

407–409, 414, 417, 420, 425, 427, 430–431, 433, 435, 437–439, 444, 447, 450, 457, 460, 462, 464, 474, 479–480, 486, 497, 499, 501, 503, 678, und Kap. 14
- Poliskasse 415–417, 480
- Polisleben 174, 380
- Polisökonomie, s. auch Wirtschaft 472
- Poliswelt 392, 415
- Stadtstaat 4, 8, 16–17, 19, 221, 309–310, 327, 330, 437, 459

Pomona (Göttin) 253

Pompeii 71, 75, 77–78, 81, 85, 132, 237, 240–241, 271, 597

Pompeius, s. auch Caesar 263, 541, 749–750, 788

Portus (Ostia) 82, 571, 573

Preis 26–27, 32, 34, 84, 111, 122, 132–133, 172, 311–312, 342, 351, 406, 417, 426, 446, 450, 473, 482, 486, 499, 501–502, 505, 538, 554, 589, 590, 598–600, 615–617, 620, 635, 651, 654–655, 657, 762, 773–776
- Getreidepreis 35, 554, 590, 781
- Höchstpreis, s. auch Diokletian 122–123, 619, 651, 775, 782
- Kaufpreis 158, 311, 315, 478, 482, 502, 761
- Marktpreis, s. auch Markt 9, 417
- Preisangabe 14, 27, 126, 133, 770, 773
- Preisbildung 8, 159, 486, 501, 775
- Preisentwicklung 112, 133, 159, 172
- Preisniveau 339, 651, 773

Prestige, s. auch Gesellschaft 316, 322, 345, 355, 418, 424, 494, 544, 549, 792
- Prestigegüter 228, 311, 324, 330, 394, 614, 795
- Sozialprestige 22, 291, 293, 300, 346, 369, 392

Primitivismus, s. auch Moses I. Finley 11–12, 17, 25, 30, 486, 622, 803

Primitivismus-Modernismus-Kontroverse 19, 31

Prinzipal-Agenten-Theorie 33
- Agenten-Problem 796, 800

Privatbesitz 2, 14, 156, 177, 310, 327, 545, 586, 620, und Kap. 19
- Privatdomänen 129–130, 145, 201
- Privatgruben, s. auch Bergbau, Bergwerk 287
- Privatlandbesitz 20, 22–25, 153, 286, 376–377, 620
- Privatvermögen 293, 545, 593, 747

Prometheus, s. auch Gott/Göttin 234, 401

Produkt 25, 66, 74, 76, 78–79, 84–85, 111, 122, 133, 152, 171, 201, 209, 259, 267–268, 277, 316, 322–324, 333, 363, 381, 460, 494–495, 501, 504–505, 548–549, 636, 649, 744, 763, und Kap. 12, 16 und 25

- Abfallprodukt 143, 349
- Ausgangsprodukt 393
- Endprodukt 76, 402
- Fertigprodukt 70, 503
- Halbfertigprodukt 70, 503
- Nebenprodukt 368, 433
- Sekundärprodukt 366

Produktion, s. auch Industrie, Gewerbe, Handwerk, Fabrik, Manufaktur 4, 8, 10, 12, 14–17, 22–23, 25, 29–31, 65, 74–75, 78–79, 124, 152, 157, 202, 245, 249, 251, 254, 266–267, 278, 316, 318, 321, 323–324, 330, 359, 373, 380–382, 423, 428, 432, 469, 470–471, 473, 486, 504, 629, 638, 642, 665, 674, 774, und Kap. 12, 16 und 25
- Massenproduktion 15, 30, 79, 282
- Produktionsmenge 67, 75–76
- Produktionsmittel 30, 153
- Produktionsprozess 8, 65, 75, 96, 131, 160, 244
- Produktionsschritte 35, 157
- Produktionsstätten 14, 16, 25, 29, 78, 235, 505, 680
- Produktionssteigerung, s. auch Wirtschaftswachstum 25, 201, 496
- Produktionsweise 78, 86
- Produktionszentrum 12, 20, 79–80, 85

Produktivität 24, 75, 153, 167, 209, 222, 241, 250–251, 282, 319, 321, 329, 381–382, 547, 554, 619, 624, 626, 644, 764

Prokurator 243, 287, 544–545, 547, 632–633, 642–644, 746–749, 757

Prosperität 68, 192, 204, 319, 320, 321, 325, 404, 646, 676, 744, 770, 778, 783

Proto-Industrialisierung, s. auch Industrie 31, 282

Provinz 71, 122, 124–125, 130, 216, 219, 220, 240, 243, 247–248, 282, 302, 431, 454, 457, 477, 618, 670, 673–674, 677, 681–682, 747, 750, 754, 757, 774, 778–779, 787, 791–792, 802, und Kap. 22, 24 und 26
- Grenzprovinz 283, 297, 744, 754, 756, 795
- Nordwestliche Provinzen, s. auch Britannien, Gallien, Germanien 247
- Östliche Provinzen, s. auch Ägypten, Asia, Syrien 248, 665, 687
- Provinzhauptstadt, s. auch Alexandria, Köln, Mainz, Trier 143
- Provinzialkult, s. auch Kult 457
- Provinzprägung 95, 108
- römische Provinzen, s. auch Römische Zeit, Statthalter 22, 79, 216, 248, 295, 763, 776, 790

- Westliche Provinzen, s. auch Lateinischsprachiger Westen 248, 250, 778
Ptolemäer, s. auch Ägypten, Hellenistischer König 92, 216, 273, 286, 366, 382, 432, 453, 596, 788, und Kap. 6 und 19
- Ptolemäerreich 106, 355
- Ptolemäischer Staat, s. auch Staat 12
- Ptolemäische Zeit 13, 364
publicani 243, 592, 594, 672, 757, und Kap. 22
- *societates publicanorum* 537, 757
Punische Kriege, s. auch Karthago 200, 242, 257, 277, 534, 538, 629, 677, 745, 747, 757, 787
Puteoli, s. auch Hafen, Ostia 132, 200, 249, 271, 802

Quantifizierung, s. auch Methodik 3, 34, 67–68, 149, 160, 416, 438, 590, 597, 759, 764
Quästor, s. auch Magistrat 539, 544, 592
Quittung, s. auch Abrechnung 121, 132, 151, 154–155, 157–159, 462, 594

Recht, s. auch Bürgerrecht, Gesetze 1, 33–34, 97, 122, 143, 148, 154, 179, 200–201, 205, 250, 273–274, 307, 335, 338, 351, 391, 399, 403, 406, 425, 467, 474–475, 498, 499–501, 505, 583–584, 613, 631, 634, 658–659, 666, 674, 683–685, 749, 758, 760, und Kap. 12 und 22
- Arbeitsrecht, s. auch Arbeit 406
- Gebrauchsrecht 177
- Gläubigerrecht, s. auch Kredit 462
- Kreditrecht, s. auch Kredit 479–480
- Nutzungsrecht 156, 274, 584
- Privatrecht 11, 757
- Rechtsgeschäfte 132, 141, 646, 748
- Rechtspflege 150, 643
- Staatsrecht, s. auch Staat 11
- Strafrecht 154
- Verfügungsrecht 138, 156, 310
- Verrechtlichung 30, 33
- Vertragsrecht, s. auch Vertrag 478, 482
- Wegerecht, s. auch Straßen 610
- Weiderecht, s. auch Viehwirtschaft 369
- Zivilrecht 154
Reichskrise, s. auch Aurelian, Krise, Limesfall, Pandemie, Philippus Arabs 124, 554, 600, und Kap. 31
Reichtum, s. auch Wohlstand 155, 160, 169–170, 175–176, 178, 181, 204, 263, 273, 275–277, 282, 361, 369, 374, 404, 413, 432, 488–489, 535, 656–657, 746, 761

- Reichtumskritik 164, 171
Religion, s. auch Gott/Göttin, Kult, Weihung 4, 18, 27, 33, 35, 99, 114–115, 121, 204, 212, 218, 228, 232, 256, 285, 314, 330, 341, 342, 344, 354, 380, 389, 403, 406, 408, 493, 505, 550, 555, und Kap. 18 und 27
- Priester 151, 269, 273, 315, 327, 463, und Kap. 18 und 27
- Pilgerwesen 445–446, 450, 454, 679
- religiöse Legitimation 97, 315, 329
- religiöse Praktiken 205, 311, 330
- Religionsgeschichte 95
Repetundenprozesse, s. auch Gesetze, Provinz, Recht, Statthalter 540–541, 546
Ressourcen, s. auch Rohstoffe 17, 65, 68, 76, 78, 86, 93, 103, 110, 138, 150, 152, 193–194, 198, 201, 214, 253, 300, 322, 329–330, 350, 415–416, 432, 534, 589, 603–604, 629, 636, 639, 642, 650, 654, 665–666, 670, 673, 687, 754, 792
- natürliche Ressourcen 194–195, 199, 380, 531, 609, 619
- Ressourcenakkumulierung 145, 191
- Ressourcengewinnung, 68, 75, 86, 98, 152, 157, 199, 227, 617
- Ressourcennutzung 30, 72
- Ressourcenverteilung, s. auch Distribution 187, 190, 194
Rhein, s. auch Germanien, Köln, Mainz 247, 592, 608, 636, 640, 643–645, 653, 675, 681, 769, 776, 783, und Kap. 30
- Rheinmündung 202
Rheinzabern, s. auch Terra Sigillata 29, 79
Rhodos, s. auch Ägäis 263, 265, 271, 355, 366, 420, 426, 428, 456, 480, 504
Rohstoffe, s. auch Ressourcen 68–69, 76, 158, 198, 205, 314, 331, 373, 437, 490, 493, 495, 503, 541, 638, 647
- Rohstoffgewinnung, s. auch Bergbau, Bergwerk, Saline, Steinbruch 8–69, 119, 157, 227
Römische Zeit 8, 13, 76, 144, 147–148, 150–152, 154, 156, 273, 342, 355, 456, und Kap. 23–31
- archaisches Rom s. auch Archaik 24, 560, 692, 694, 704, 724
- Römische Kaiserzeit, s. auch Kaiser 2, 28, 31, 33, 35, 92, 95, 110, 124, 153, 179, 218, 223, 262, 268, 271, 281–282, 286–288, 290–292, 302, 432, 435, 440–442, 445, 447, 449–450, 453, 455–456, und Kap. 23–31
- Römische Republik 35, 95, 107, 125, 130, 179, 180, 203, 224, 242–243, 249, 462, 611, 618,

629, 651, 658, 666–667, 670, 672, 723, 727–728, 738, 743, 745–746, 751, und Kap. 22–24 und 28
– Spätantikes Rom, s. auch Spätantike 109
Rostovtzeff, Michael I. 15–16, 622
Rotes Meer, s. auch Handel 158, 247, 314, 323, 639, 782, 798, 800–801, und Kap. 30

Saison, s. auch Saisonarbeiter 361, 384, 502, 505, 761
– Feldzugssaison, s. auch Krieg, Militär, Soldaten 422, 428, 589
– Schifffahrtssaison, s. auch Schiffe 336
Salz 152, 199, 612, 634, 638, 763, 792
– Saline 255, 455, 584, 634
Samos, s. auch Hera 198, 233, 265, 436, 461, 463, 480, 494, 675
Sardeis, s. auch Lydien 99, 103, 436
Sardinien 68, 195, 200, 309, 319, 323–325, 490, 534–535
Sasaniden 19, 109, 553, 651, 653, 658–659, 769, 776–777, 780, 794, 801
Schiffe, s. auch Handel, Nautik, Saison, Triere, Unterwasserarchäologie 37, 81–82, 195, 271, 277, 297, 311, 317, 336, 352, 396, 468, 488–490, 492, 497, 499–500, 636, 641, 652–653, 803, und Kap. 10, 11 und 30
– Flotte 198–199, 233, 247, 277, 334–336, 341, 346, 396, 499, 590, 630, 745, 750, 756, 758, und Kap. 17 und 26
– Handelsschiff 82, 469, 473, 501
– Kriegsschiff, s. auch Militär, Trierarchie, Syntrierarchie 198, 334, 344, 349–350, 396, und Kap. 17
– Schiffbau 187, 194, 204, 231, 317, 330, 352, 354, 395, 410, 437
– Schiffbauholz, s. auch Holz 198, 204, 415, 417, 499
– Schifffahrt 190, 324
– Schiffsbesitzer 271, 297, 346, 438, 448, 496, 502
– Schiffswrack 37, 82–83, 437, 487, 490, 542
Schmied, s. auch Bergbau, Bergwerk, Handwerk, Handwerker, Metall 231, 234–235, 254, 266, 402, 474, 679, und Kap. 16
Schwarzes Meer 18, 85, 104, 354, 364, 390, 415, 450, 492, 495, 504, und Kap. 8, 13 und 30
Seerouten, s. auch Handel, Handelsrouten 197, 202, 317, 743, 758–759
Seide, s. auch China 267, 503, 587, 782
– Seidenstraße 188, 783

Seleukiden, s. auch Hellenismus, Hellenistische Könige, Ptolemäer 286, 420, 431–432, 454, 474–475, 504, 585, 801
Senat, s. auch Republikanisches Rom 249, 263, 265, 272, 277, 297, 561, 568–570, 575, 587, 590, 602, 608, 618, 673, 677, 683, 692, 697–698, 709–710, 736, 745–747, 757
Severer, s. auch Caracalla, Kaiser 144, 453, 546, 552–554, 564–565, 591, 596, 599, 604–605, 630, 632, 653, 700, 779–780
Sidon, s. auch Phönizier 311–312, 314, 318, 488, 489
Siedlung 69, 71–72, 74, 78, 84, 106, 129, 144, 148, 199, 205, 221, 230, 361, 377, 383, 392, 410, 443, 490, 492, 505, 601, 619, 634, 638, 643, 645, 680, 684, 754–755, 763, 777, 789
– Ansiedlung 372, 456, 492–493, 590, 660
– Besiedlung 72, 74, 384, 648
– Siedlungsdichte 69, 144, 218, 317, 610, 658, 754–755
– Siedlungsgeographie 144
– Siedlungsmuster 67
– Siedlungsplätze 141, 143–144
– Siedlungsraum 200, 314, 492, 531
– Siedlungsstruktur 65, 71, 86, 384, 621
– Siedlungstätigkeit 204, 492, und Kap. 13
– Zivilsiedlung 288, 550, 675, 790, 795
Silber, s. auch Bergbau, Metall 194, 242–243, 309–312, 315, 393, 401–402, 415, 432, 449, 490, 493–497, 500–501, 679, 773–774, und Kap. 4, 14, 19 und 24
– Silberbergbau, s. auch Bergbau, Bergwerk, Laurion 69, 169, 242, 287, 432
Sizilien, s. auch Magna Graecia, Syrakus 4, 18, 70, 92, 102–104, 111, 192, 195, 198–200, 222, 309, 319–325, 400, 415–417, 422, 425, 464, 490, 492–493, 534–535, 538, 541, 595, 617–618, 624, 787
Sklaven/-innen s. auch Sklavensteuer, Sklavengesetze 22, 69, 71, 74–75, 158, 175, 198, 214, 217, 218–220, 264, 266, 275, 317, 323, 335, 339, 364, 384, 419, 424, 431, 437, 465, 467, 470, 490, 500, 503, 544, 683, 748, 749, 750, 776, 788, 795, 797, 802, und Kap. 12, 16, 25 und 26
– Sklavenarbeit, s. auch Arbeit 12, 21, 24, 71, 74, 470, 488
– Sklavenhaltergesellschaft, s. auch Gesellschaft 22
– Sklavenhandel, s. auch Handel 222–223

- Sklaverei 8–9, 14, 24, 227, 229, 425–426, 489, 531, 541, 682
- Sklavinnen, s. auch Frauen 775, und Kap. 11

Smith, Adam 181–182

Soldaten, s. auch Krieg, Militär 156, 242, 278, 288, 317, 335–336, 344, 350, 454, 460, 534, 536, 546, 550, 590–591, 596, 599, 601, 754, 756, 775, 780–781, 790, und Kap. 17 und 26
- Hopliten 335, 340, 376, 396, 414, 417–418, 429
- Reiterei 337, 633, 636, 652
- Söldner 317, 336, 350, 491, 493–494, 497, 503, 595, und Kap. 17
- Söldnerarbeitgeber 106
- Veteranen 204, 503, 545–546, 549–550, 601, 756, und Kap. 26

Soldatenkaiser, s. auch Aurelian, Philippus Arabs, Reichskrise, Sonderreiche 554–555, und Kap. 31

Sonderreiche, s. auch Palmyra, Reichskrise, Soldatenkaiser 777–778

Spanien 68, 100, 110, 130, 189, 194, 198, 200, 210, 243–244, 247, 281, 286, 319, 323–325, 538, 540, 551, 607, 620, 629, 636, 642, 645, 646, 668, 745, 756, 763
- Iberische Halbinsel 125, 241–243, 246, 309, 322–325, 490

Sparta, s. auch Peloponnes, Peloponnesischer Krieg 104, 170, 259, 264, 267, 274, 294, 397, 403, und Kap. 14 und 17

Spätantike 4, 19–20, 24, 72, 108, 110–112, 124, 127, 203, 228, 245, 249, 265, 268, 278, 282, 287–288, 296–297, 301, 351, 436, 446, 546–547, 551–552, 554–555, 608, 626, 629, 638, 644, 654, 658, 681, 758, und Kap. 31

Spezialisierung 69, 74–75, 78, 81, 131, 139, 157–158, 235, 256, 267, 310, 366, 370, 373–374, 380, 390–391, 394–395, 399, 410, 461, 486, 500, und Kap. 12 und 25

Staat, s. auch Staatsrecht, Polis, Königsstaat, Staatspacht, Staatliches Monopol 12, 18, 23, 32–33, 36, 69, 128, 145, 147, 151–152, 157, 160, 192, 202, 221, 288, 369, 374, 391, 398, 400, 407, 424, 438, 440–441, 486, 494, 496, 608, 614, 618, 672, 745, 749, 757, 775–776, 779–780, 783, 791, 794–795, 798–799, 801, 803–804, und Kap. 7, 13, 19, 20, 22, 24 und 26
- staatliche Redistribution, s. auch annona, Distribution 158
- Staatseingriffe 20, 81, 128, 132, 503, 505, 614, 757, 769

- Staatseinnahmen 17, 470, 481
- Staatskasse, s. auch *aerarium*, Haushalt 8, 481, 500, 683, 754, und Kap. 14
- Staatskontrolle 151, 297, 414
- Staatsverträge, s. auch Vertrag 133

Stadt, s. auch *chora*, Konsumentenstadt, Polis, Stadteliten, Stadtversorgung 11–12, 25, 71, 74, 78–79, 101, 104, 106, 108–109, 112, 125, 127, 144, 198, 210, 218, 221, 233, 248, 309, 314, 320, 322, 337–338, 347, 354, 382–383, 408–409, 414–415, 419–420, 426, 428, 430–431, 435, 438, 441–442, 446, 450, 462, 481, 487, 501, 550, 646, 674, 676, 678, 681, 684–685, 781
- Hauptstadt 103, 143, 202, 534, 587, 590–591, 594, 641, 660, 797, 801
- Stadtemissionen, s. auch Geld, Münze, Nominal 105, 107
- Stadtentwicklung 81
- Stadtwirtschaft, s. auch Wirtschaftsstil 10, 17–19

Stagnation, s. auch Wirtschaftswachstum 31, 34, 144, 624, 626, 784

Statthalter, s. auch Magistrat, Provinz 122, 431, 456, 590, 592, 594, 630, 632, 634, 639–640, 642–643, 671–672, 683, 688, und Kap. 22

Stein, s. auch Bergbau, Ressourcen, Rohstoffe 101, 140, 200, 274, 323, 328, 370–371, 398, 402, 427, 451, 454, 465, 473, 609–610, 617, 621, 681, 753, und Kap. 3, 5 und 10
- Kalkstein 200
- Marmor 70–71, 141, 228, 271, 288, 408, 452, 454, 462, 624, 667, 679
- Steinbruch 152, 158, 197, 287, 380, 391, 425, 584, 593, 639, 641, 647, 672
- Steinmetz, s. auch Arbeiter, Bauwirtschaft 288, 314, 395, 397, 679

Steuern, s. auch Finanzen, Gewerbesteuer, Sklavensteuer, Staat, Steuergetreide, Viehsteuer, Zoll 4, 13, 106, 128, 150–152, 154, 156–157, 159, 200, 267, 271, 286, 296, 366, 374, 414, 419, 422, 424, 431, 469, 477, 496, 630, 632, 634, 645, 657, 671, 761, 769, 804, und Kap. 14, 22 und 24
- Steueradministration 13, 152, 155, 351, 536, 538
- Steueraufkommen 151, 282
- Steuerdruck 144, 157, 769
- Steuereinkünfte 23, 151, 228, 319, 354, 382, 481, 547, 549–550, 553
- Steuererhebung 151, 414, 497, 535–536, 547, 594, 681, 757

- Steuerfreiheit 436, 445, 499, 532, 602, 659, 672, 675, 686
Steuerformen 539
- Auktionssteuer 588, 601
- Besteuerungstypologie 8
- Deichsteuer 153
- Direkte Steuer 343
- Hafensteuer, s. auch Hafen 460
- indirekte Steuer 152, 346
- Kopfsteuer 151, 546
- Kornsteuer, s. auch *annona*, Steuergetreide 151, 546
- Landsteuer 555, 637
- Naturalsteuer 637, 645
- Sklavensteuer, s. auch Sklaven/-innen 151, 545, 585, 588
- Sondersteuer, s. auch *aurum coronarium* 151, 418, 420
- Tempelsteuer, s. auch Tempel 671
- Umsatzsteuer 588, 686
- Verbrauchssteuer, s. auch Konsum 657
- Verkaufssteuer 545, 657
Stiftungen, s. auch Euergetismus, Stiftungskapital 440–442, 444, 450, 463, 480, 591, 646, 672, 678–679, 681, 683
Stoa (Philosophie) 179
Straßen, s. auch Infrastruktur, Landtransport, Transport 23, 81, 200, 246, 462, 550, 590, 673, und Kap. 26 und 30
- Straßenbau, s. auch Bauwirtschaft 228, 290, 352, 542, 589, 591
- Straßennetz 70, 188, 248, 392, 542
Subsistenz, s. auch Autarkie, Existenzminimum, Überschuss 31, 164, 316, 321, 362, 380, und Kap. 25
- Subsistenzbauerntum, s. auch Bauer 367, 392, und Kap. 15 und 25
- Subsistenzwirtschaft 12, 22–23, 30, 171, 201, 281, 385, 392
Substantivismus (vs. Formalismus) 29, 48–54, 485
Sulpicii 132
Symmorien 344–345, 351, 498
Symposium 318
syngrapha, s. auch Darlehen, Kredit 502
Syrakus, s. auch Sizilien 98, 102, 105, 198, 236, 287, 291, 321, 354, 395, 407, 416, 422, 424–425, 492–494, 538
Syrien, s. auch Levante 142, 245, 308, 311, 314, 325, 328, 330, 441, 475, 492, 624, 632, 634, 637, 650, 687, 744, 777, 798, 801

Tarraconensis, s. auch Provinz, Spanien 243
techne 255, 263, 269, 284, 360, 381
Technik, s. auch Technologie 1, 25, 27, 78–79, 187, 193, 204, 254, 283–284, 293, 317, 319, 322, 326, 330, 337, 342, 364, 432, 460, 462, 467, 478, 481–482, 538, 608, 640, 752, 782, und Kap. 10 und 16
- Anbautechnik, s. auch Agrarwirtschaft, Landwirtschaft 201, 322, 330
- Technikgeschichte 9, 30, und Kap. 10
- technischer Fortschritt 4, 22, 24, 31, 201, 209, 278, 293, 381, 419, 432, 490, 622–623, 625, 627, 751, 782
Technologie 3–4, 9, 35, 68–69, 75–76, 85, 318, 320, 374, 431, 490, 550, und Kap. 10 und 16
- Technologietransfer 79, 647
Tempel, s. auch Kult, Opfer, Religion, Tempelsteuer 70, 92, 123, 196, 232, 249, 259, 269, 271, 294, 307, 341, 354, 377, 391, 395, 408, 462, 494, 500, 503, 548, 657, und Kap. 18 und 27
- Tempelbank, s. auch Banken 463, 477–482
- Tempelbau 341, 409–410
- Tempelschatz, s. auch *aerarium* 425, 463–464, 466, 480–481
Terra Sigillata, s. auch Keramik, Massenproduktion, Rheinzabern 79–80, 123, 131, 244, 289
- Produktionsstätten, s. auch Produktion 29, 85
Terrassierung, s. auch Agrarwirtschaft, Landwirtschaft 74, 318, 330, und Kap. 15
Tetrarchen, s. auch Diokletian, Reichskrise 122, 298, 427, 555
Textilien, s. auch Weberei 84, 120, 316, 323, 373, 399, 504, 634, und Kap. 11
- Leinen 267, 315, 493, 649
- Spinnen 74, 78, 250, und Kap. 11
- Textilherstellung, s. auch Produktion 75, 78, 228, 245, 391, 400
- Textilgewerbe, s. auch Gewerbe 157, 293, 299, 400
- Wolle 133, 157, 230–231, 250, 323, 368, 369, 382, 393, 400, und Kap. 11
Thasos 70, 133, 340, 347, 366, 415, 462, 504
Theben 267, 311, 407, 426, 668
Theophrast 178, 360, 363, 367, 370, 372, 379, 486, 501
Thessalien 192, 259, 294, 316, 369, 379, 397, 420, 495
Thrakien 95, 192, 194, 198, 274, 347, 390, 403, 415, 432, 492, 497

Thukydides, s. auch Peloponnesischer Krieg 192, 242, 261, 300, 397, 404, 415–417, 425, 431, 486
Tiber 199, 249, 595
Tiberius, s. auch Kaiser 587–588, 604, 630, 635, 643, 653, 677, 687, 753
Tiberius Gracchus 620–621
Tigris, s. auch Mesopotamien 652, 659, 801
Tiryns, s. auch Homerische Zeit, Mykene 313, 316
Ton, s. auch Amphoren, Keramik, Töpferei 200, 230–233, 244–245, 249, 282, 289, 369, 409, 642
- Tonscherbe, s. auch *ostrakon* 139–141
- Tontafel 141, 267
Topographie 72, 143–144, 362, 408, 410, 615
Traian, s. auch Kaiser 362, 408, 410, 615, 669, 753
Traiansforum, s. auch *forum* 249, 640
Transaktionskosten 33, 282, 293, 595, 761, 762
- Transaktionskostentheorie 2, 33
Transformation 19, 144, 308, 313, 552, 555, 607, 619–620, 631, und Kap. 31
Transport, s. auch Infrastruktur, Straßen, Schiffe, Amphoren 32, 34, 36, 70, 84, 92–93, 115, 133, 141, 151, 157–158, 231–233, 246, 271, 289, 314, 325, 366, 426–427, 430, 432, 446, 469, 477–478, 482, 502, 504, 548, 551, 594, 633, 667, 800, und Kap. 30
- *cursus publicus* 548
- Flusstransport 202, 641
- Gütertransport 27, 158, 247, 312, 324–325, 430, 492, 504, 542, 545, 548, 637, 640–641, 644, 651, 652
- Landtransport 25, 37, 70, 81, 246, 587, 801
- Seetransport 37, 81, 197, 801
- Transportkosten 9, 70, 81, 193, 633
- Transportmittel 81, 312, 317, 542, 650
- Transporttechnik, s. auch Technik 188, 227
- Transportwege 69, 200, 653
- Transportwesen 23, 37, 152, 227, 228, 246
Trier, s. auch Belgica, Gallien, Provinzhauptstadt 643, 756
Triere, s. auch Schiff, Militär, Trierarchie 233, 336, 354, 414–415, 417–418
Tripolitanien 795
Tunesien, s. auch Karthago 795
Tyrannis, s. auch Archaik, Peisitratiden, Sizilien 233, 266, 395, 398, 404, 421–422, 424–425, 453
Tyros, s. auch Phönizier 310, 314–315, 319, 323, 489, 649

Überschuss, s. auch Subsistenz 50, 62, 78, 171, 213, 326, 362, 374, 380, 385, 485, 636, 645
Ugarit 328
Ulpian, s. auch Gesetze 705, 708, 757, 760

Varro, s. auch Agrarschriftsteller 179, 201, 240, 256, 260, 300, 360, 577–578, 608, 623, 695
Venus, s. auch Aphrodite, Gott/Göttin 171, 668
Versorgung 25, 112, 181, 190–192, 194, 200, 202, 485, 503–505, 531, 534, 536, 585–587, 589, 596, 605, 750, 757
- Getreideversorgung, s. auch Getreide 85, 173, 200, 546, 619, 750, 758
- Grundversorgung, s. auch Existenzminimum, Lebensunterhalt, Subsistenz 151, 181, 194, 200, 618–619, 790
- Selbstversorgung, s. auch Autarkie, Subsistenz 12, 30
- Stadtversorgung, s. auch Stadt 81, 546, 551, 590, 618, 743, 758
- Wasserversorgung 144, 153
Vertrag 275, 294–296, 406, 422, 427, 440, 471, 478, 480, 482, 532, 584, 658–659, 781, 801
- Vertragstheorie 33
Verwaltung, s. auch Finanzverwaltung, Steuerverwaltung 112, 130, 143–145, 150–151, 153, 155–156, 159, 178, 564, 570, 580, 671, 700, 714, 747, 749, 790, und Kap. 22, 24 und 26
- Gutsverwalter 145, 615, 747
- Verwaltungsapparat 150–151, 675
Vespasian, s. auch Flavier, Kaiser 567, 588, 602, 619, 669, 712
Vesta, s. auch Gott/Göttin 669, 683
Vieh, s. auch Viehsteuer 129, 494, 610, 636, 647, 654, 656–657, 795
- Kleinvieh 157, 610, 612, 621
- *pastio villatica*, s. Kap. 23
- Transhumanz 199, 201, 610, 639
- Viehbestand 151, 157
- Viehwirtschaft 74, 157, 199, 201, 488, 618, 621, 646, 648, 747
Villa 74–75, 549, 755, und Kap. 25
- *villa rustica* 74, 286, 645–646, 684, und Kap. 25
- Villen-System 201, und Kap. 25
Vitruvius, s. auch Bauwirtschaft, Architektur 229, 238–239, 249
Volkswirtschaft 10, 18–19, 167, 622

Währung, s. auch Geld, Münze, Nominal 459, 461, 463, 475–476, 482, 495, 504, 554–555, 583, 595–596, 600, 604, 630, 764, 773–776, 782

Wald, s. auch Holz, Schiffbauholz 194, 198, 204, 321, 368, 610, 612, 618–619, 642
- Entwaldung 68
Waren, s. auch Produkt 25, 27, 34, 66, 78–80, 82–85, 111, 133, 157, 159, 197, 203, 547, 584, 587, 594, 598–599, 634, 638, 645, 649, 654–656, 661, 679, 686, 782, und Kap. 20, 30 und 32
- Warenaustausch, s. auch Handel, Tauschnetzwerke 19, 112, 193, 643, 647, 789, 793–794
- Warenströme 133, 533, 542
- Warenverbreitung 66, 83–84
- Warenverkehr 24, 152, 642
Weber, Max, s. auch Konsumentenstadt 8–9, 11–12, 32, 202, 283, 460, 533, 619, 622, 665
Weberei, s. auch Textilien 74, 78, 230–231, 400, 634
- Buntweberei 263
- Weberinnen, s. auch Arbeiter, Frauen 389, 393–394, und Kap. 11
Weihung 264–265, 408, 642, und Kap. 18 und 27
- Gewandweihung, s. auch Textilien, Weberei 269
- Weiheformel 124
- Weihegaben 230, 480
- Weihgeschenke, s. auch Geschenk, Stiftungen 415, 436–437, 445, 461
- Weihinschrift 265, 277, 402, 782
Weihrauchstraße, s. auch Handel, Handelsrouten 639, 796, 801
Wein 27, 74, 82, 84–85, 133, 155, 158, 194, 230, 239, 246, 261, 310, 318, 322, 429, 448–449, 488, 492–493, 502, 504, 636–637, 648, 655–656, 744, 755, 763–764, 787, und Kap. 15 und 25
- Weinbau 229, 240, 256
- Weingarten 151, 258, 259, 275, 584
- Weingewinnung 75, 239, 257–258, 318, 321–322
- Weinhandel, s. auch Handel 28, 84, 133, 478, 487, 504, 763–764, 788
- Weinpresse, s. auch Ölpresse 74, 239
- Weinwirtschaft 28
Weltsystemtheorie 331, 799, 804
Wenamun 315
Werkzeuge 66, 69, 74, 93, 227, 231, 234–235, 242, 250, 288, 307, 389, 398, 623–624, 637, 640
Wettbewerb/*agon* 342, 429
- wirtschaftlicher Wettbewerb 202, 616

Wirtschaftsstil 26, 30,
- Domuswirtschaft, s. auch Haus, Haushalt 24
- Industriewirtschaft, s. auch Industrie 10
- Latifundienwirtschaft, s. auch Agrarwirtschaft, Landwirtschaft, Latifundien 75
- Münzwirtschaft, s. auch Geld, Münze, Nominal 99, 110, 112
- Naturalwirtschaft, 90
- Pachtwirtschaft, s. auch Pacht, 156
Wirtschaftsgeographie 144
Wirtschaftswachstum 2, 33–34, 67, 82, 160, 205, 253, 278, 282, 320, 330, 410,547, 609, 622, 625, 629, 778, 784
Wirtschaftswissenschaft 1, 3, 23, 24, 86
Wohlstand, s. auch Reichtum 176, 250, 285, 360, 374–375, 389, 392, 394, 402, 409–410, 437, 472, 631, 647, 656, 660
Wohltätigkeit, s. Euergetismus, Stiftungen

Xenophon 1, 204, 299, 360, 370, 372, 377, 379, 381, 396, 404–405, 422, 426, 455, 486, 498, 500–501, 503, und Kap. 7 und 11

Zensus 127, 210, 277, 545–546, 585, 587, 611
Zeus, s. auch Gott/Göttin, Iupiter, Olympia 253, 402, 406, 414, 462, 686
Ziegel 78, 123, 248–249, 270, 288, 393, 426, 453, 641
- Ziegelei 249, 270, 593, 641, 647
- Ziegelfabrik, s. auch Fabrik 79
Zinn, s. auch Bergbau, Bronze, Metall 110, 194, 198, 242, 326, 490
- Zinninsel, s. auch Britannien 194, 490
- Zinnstraße 68, 490
Zinsen, s. auch Darlehen, Kredit 158, 296, 345, 420, 440, 441–442, 455, 502, 539, 585, 616, 620, und Kap. 19
Zimmerleute, s. auch Handwerker, Holz 288, 394, 397–398, 405, 410
Zoll, s. auch Hafen, Handel 327, 346–347, 350–351, 418, 437, 445, 469, 496, 499, 537–538, 545, 547, 550, 586–587, 594, 636, 642, 756, 760–761, 781, 794, 798, 803
zoon oikonomikon, s. *homo oeconomicus*
zoon politikon, s. auch Aristoteles 176
Zypern, s. auch Levante 194, 198, 242, 392, 410, 439, 475, 490, 758, und Kap. 13

www.ingramcontent.com/pod-product-compliance
Lightning Source LLC
Chambersburg PA
CBHW080921300426
44115CB00018B/2908